Sistema Constitucional Tributário

Dos fundamentos teóricos aos *hard cases* tributários

— ESTUDOS EM HOMENAGEM AO MINISTRO LUIZ FUX —

Conselho Editorial
André Luís Callegari
Carlos Alberto Alvaro de Oliveira
Carlos Alberto Molinaro
Daniel Francisco Mitidiero
Darci Guimarães Ribeiro
Draiton Gonzaga de Souza
Elaine Harzheim Macedo
Eugênio Facchini Neto
Giovani Agostini Saavedra
Ingo Wolfgang Sarlet
Jose Luis Bolzan de Morais
José Maria Rosa Tesheiner
Leandro Paulsen
Lenio Luiz Streck
Paulo Antônio Caliendo Velloso da Silveira

S623   Sistema constitucional tributário: dos fundamentos teóricos aos hard cases
tributários: estudos em homenagem ao ministro Luiz Fux / Adilson Rodrigues Pires ... [et al.]; Marcus Lívio Gomes, Andrei Pitten Velloso (organizadores). – Porto Alegre: Livraria do Advogado Ediotra, 2014.
670 p.; 25 cm.
Inclui bibliografia.
ISBN 978-85-7348-895-1

1. Direito tributário. 2. Direito constitucional. 3. Imunidade tributária.
4. Tributos. 5. Direito internacional privado - Impostos. I. Pires, Adilson
Rodrigues. II. Gomes, Marcus Lívio. III. Velloso, Andrei Pitten.

CDU 34:336.2
CDD 343.04

Índice para catálogo sistemático:
1. Direito tributário   34:336.2
2. Direito constitucional   342

(Bibliotecária responsável: Sabrina Leal Araujo – CRB 10/1507)

Marcus Lívio Gomes
Andrei Pitten Velloso
Organizadores

Sistema Constitucional Tributário
Dos fundamentos teóricos aos *hard cases* tributários
— Estudos em Homenagem ao Ministro Luiz fux —

◊ Adilson Rodrigues Pires ◊ Aires Barreto ◊ André Mendes Moreira
◊ Andrei Pitten Velloso ◊ Arthur M. Ferreira Neto ◊ Betina Treiger Grupenmacher
◊ Eduardo Maneira ◊ Fábio Zambitte Ibrahim ◊ Francisco Carlos Rosas Giardina
◊ Gilson Pacheco Bomfim ◊ Gustavo Brigagão ◊ Gustavo da Gama Vital de Oliveira
◊ Igor Muniz ◊ Ives Gandra da Silva Martins ◊ Janssen Hiroshi Murayama
◊ José Eduardo Soares de Melo ◊ José Luis Castro Rodriguez
◊ José Marcos Domingues ◊ Leandro Paulsen ◊ Letícia de Santis Mendes de Farias Mello
◊ Luís Cesar Souza de Queiroz ◊ Luís Eduardo Schoueri ◊ Luiz Gustavo A. S. Bichara
◊ Marcos Correia Piqueira Maia ◊ Marcus Lívio Gomes ◊ Micaela Dominguez Dutra
◊ Oswaldo Othon de Pontes Saraiva Filho ◊ Paulo Caliendo ◊ Paulo de Barros Carvalho
◊ Pedro M. Herrera Molina ◊ Pedro Rodrigo Marques Schittini ◊ Regina Helena Costa
◊ Ricardo Lobo Torres ◊ Ricardo Lodi Ribeiro ◊ Ricardo Mariz de Oliveira
◊ Ronaldo Redenschi ◊ Sacha Calmon Navarro Coêlho
◊ Sergio André Rocha ◊ Talita Félix

Porto Alegre, 2014

© dos autores, 2014

Capa, projeto gráfico e diagramação
Livraria do Advogado Editora

Revisão
Rosane Marques Borba

Direitos desta edição reservados por
Livraria do Advogado Editora Ltda.
Rua Riachuelo, 1300
90010-273 Porto Alegre RS
Fone/fax: 0800-51-7522
editora@livrariadoadvogado.com.br
www.doadvogado.com.br

Impresso no Brasil / Printed in Brazil

Apresentação

A obra que ora se apresenta pretende explicitar os fundamentos do Direito Constitucional Tributário e descortinar os complexos e relevantes temas dessa disciplina que se encontram na iminência de serem julgados pelo Supremo Tribunal Federal em ADIs e ADCs e, principalmente, através da sistemática da Repercussão Geral.

Trata-se de iniciativa acadêmica voltada a homenagear o Ministro Luiz Fux, um dos maiores juristas do país e um dos magistrados que mais se dedicou ao julgamento de temas tributários complexos nos tribunais superiores.

O Ministro Luiz Fux foi aprovado em primeiro lugar em todos os processos seletivos de que participou. Foi membro do Ministério Público do Estado do Rio de Janeiro e depois ingressou na Magistratura Estadual do Estado do Rio de Janeiro. Após quatro anos de sua promoção para Desembargador do TJERJ, foi nomeado Ministro do Superior Tribunal de Justiça, onde presidiu a 1ª Turma e a 1ª Seção no biênio de 2007/2009. Na 1ª Seção de Direito Público, teve atuação destacadíssima, ao redigir quase uma centena de Recursos Repetitivos, em especial em matéria tributária. Em fevereiro de 2011, foi nomeado Ministro do Supremo Tribunal Federal, passando a enfrentar o Direito Tributário pelo prisma constitucional.

Paralelamente ao exercício da magistratura, o Ministro Luiz Fux exerce intensa atividade acadêmica, sendo o atual decano da Faculdade de Direito da UERJ. Livre--Docente, Doutor e Professor Titular de Direito Processual Civil desta faculdade, é autor de diversos livros e dezenas de artigos acadêmicos.

Como se não bastasse o profundo conhecimento jurídico, expressado pelo sacerdócio à magistratura e à academia, o homenageado mostra sensibilidade aguçada para a música, como guitarrista, e traduz perfeitamente o provérbio latino *mens sana in corpore sano*, possuindo o grau de faixa coral de jiu-jitsu.

A metodologia adotada na análise dos temas buscou reforçar a dialética que deve permear as discussões da ciência jurídica, com a participação de juristas, advogados, professores, juízes e procuradores, todos com profundo conhecimento dos problemas atinentes à temática tributária.

A honra de coordenar obra de tal envergadura representa imensa responsabilidade, ônus compartilhado com os maiores especialistas do Brasil, que colaboraram com os textos que a compõem. Esperamos que, pela qualidade ímpar dos artigos, a tarefa tenha sido desempenhada a contento.

Marcus Lívio Gomes
Andrei Pitten Velloso
Organizadores

Sumário

— 1 —
FUNDAMENTOS DA TRIBUTAÇÃO E PRINCÍPIOS CONSTITUCIONAIS TRIBUTÁRIOS

1.1. Legalidade e o sobreprincípio da segurança jurídica na revogação de normas tributárias
Paulo de Barros Carvalho...13

1.2. Segurança jurídica e mutações jurisprudenciais: a incidência do IPI nas importações feitas por não contribuintes. Necessidade de reversão do entendimento atual do STF, com modulação de seus efeitos. Tema 643 – Repercussão Geral.
Sacha Calmon Navarro Coêlho e *André Mendes Moreira*...............................37

1.3. Segurança jurídica e modulação de efeitos nas ações rescisórias em matéria tributária
Leandro Paulsen..55

1.4. Imposto sobre a renda, os princípios da irretroatividade e da anterioridade e a Súmula 584 do STF
Luís Cesar Souza de Queiroz..79

1.5. O princípio da capacidade contributiva, o acesso à Justiça e outros desafios à Jurisprudência do Supremo Tribunal. Estudo de caso: o imposto sobre serviços, a locação de coisas e o afretamento de embarcações
José Marcos Domingues..99

1.6. Vedação ao confisco e Repercussão Geral
Micaela Dominguez Dutra..117

1.7. A efetivação do princípio da não cumulatividade para os prestadores de serviços tributados pelo ICMS
Eduardo Maneira e *Marcos Correia Piqueira Maia*......................................131

1.8. A relativização do sigilo bancário em face da Administração tributária: necessário confronto entre direitos relativos à privacidade com outros direitos fundamentais dos contribuintes e com outros valores da República Federativa do Brasil
Oswaldo Othon de Pontes Saraiva Filho..145

1.9. Federalismo fiscal, jurisdição constitucional e conflitos de competência em matéria tributária: o papel da lei complementar
Gustavo da Gama Vital de Oliveira...197

— 2 —
IMUNIDADES TRIBUTÁRIAS

2.1. Imunidade das entidades sem fins lucrativos
Ives Gandra da Silva Martins...213

2.2. O Supremo Tribunal Federal e a imunidade tributária dos cemitérios: templos de qualquer culto
Luís Eduardo Schoueri...223

2.3. A imunidade tributária do livro eletrônico e a jurisprudência do Supremo Tribunal Federal
Regina Helena Costa..245

2.4. Imunidade tributária do livro digital: fundamentos e alcance
Andrei Pitten Velloso..257

2.5. A imunidade tributária do livro eletrônico no STF
Ricardo Lodi Ribeiro...273

2.6. Imunidade tributária dos livros eletrônicos
Gustavo Brigagão e *Letícia de Santis Mendes de Farias Mello*................295

— 3 —
TRIBUTOS NA CONSTITUIÇÃO

3.1. ICMS na Constituição
José Eduardo Soares de Melo...311

3.2. Isenção parcial e redução de base de cálculo: institutos de idêntica natureza jurídica?
Talita Félix..333

3.3. ISS – Questões controversas submetidas à análise do Supremo Tribunal Federal
Ronaldo Redenschi..357

3.4. ISS na Constituição
Aires Barreto..377

3.5. O Imposto Sobre Serviços (ISS) e os planos de saúde. Análise do caso sob a ótica do Recurso Extraordinário nº 651.703-RG/PR, Relator o Ministro Luiz Fux
Luiz Gustavo A. S. Bichara e *Francisco Carlos Rosas Giardina*................405

3.6. COFINS: conceitos de receita e faturamento
Ricardo Mariz de Oliveira..415

3.7. O caso da contribuição ao Seguro de Acidentes do Trabalho (SAT)
Ricardo Lobo Torres...433

3.8. O custeio dos acidentes do trabalho no Brasil – controvérsias sobre a regulação administrativa
Fábio Zambitte Ibrahim...441

3.9. A Declaração de Inconstitucionalidade da chamada "Contribuição do Funrural" pelo STF e a inviabilidade de sua cobrança com base na Lei nº 10.256/01
Arthur M. Ferreira Neto..453

— 4 —
TRIBUTAÇÃO INTERNACIONAL

4.1. Exit taxes y libertades comunitarias:¿contradicciones o evolución en la jurisprudencia del TJUE?
Pedro M. Herrera Molina..473

4.2. Tratados internacionais em matéria tributária e a ordem jurídica interna
Betina Treiger Grupenmacher..499

4.3. Harmonização tributária, incentivos fiscais e cláusula de não discriminação no âmbito do MERCOSUL
Gilson Pacheco Bomfim..527

4.4. Harmonização tributária e princípio da não discriminação no MERCOSUL: uma breve incursão metodológica à luz dos ditames integracionistas
Pedro Rodrigo Marques Schittini..545

4.5. Harmonização Tributária na União Europeia e a Guerra Fiscal no Brasil
José Luis Castro Rodriguez...559

4.6. Harmonização da tributação indireta e o IVA no Tribunal de Justiça da União Europeia: reflexões para o federalismo brasileiro
Janssen Hiroshi Murayama..567

4.7. A tributação das controladas e coligadas no exterior: o que realmente restaria ao Supremo Tribunal Federal julgar?
Marcus Lívio Gomes...577

4.8. Tributação dos lucros no exterior – o que foi e o que ainda falta ser decidido
Igor Muniz...599

4.9. Tributação de controladas e coligadas no exterior
Paulo Caliendo...619

4.10. A (ir)retroatividade dos Direitos *Antidumping*
Adilson Rodrigues Pires...641

4.11. Tributação de lucros do exterior, o Supremo Tribunal Federal e os tratados internacionais tributários celebrados pelo Brasil
Sergio André Rocha...657

— 1 —

FUNDAMENTOS DA TRIBUTAÇÃO E PRINCÍPIOS CONSTITUCIONAIS TRIBUTÁRIOS

— 1.1 —

Legalidade e o sobreprincípio da segurança jurídica na revogação de normas tributárias

PAULO DE BARROS CARVALHO[1]

Sumário: 1. Considerações introdutórias; 2. Amplitude semântica do vocábulo "princípio"; 3. O Direito no mundo dos objetos culturais; 4. Os "princípios", na textura das várias linguagens jurídicas; 5. Os "princípios" e a compreensão do Direito; 6. "Princípios" como normas jurídicas que introduzem valores de grande importância para o ordenamento; 7. A classificação dos "princípios" em razão dos critérios de objetividade que presidem sua aplicação aos casos concretos; 8. Alguns "princípios" constitucionais tributários no sistema positivo brasileiro; 9. "Princípios" e "sobreprincípios" – "princípios" que operam para a realização de outros "princípios" superiores na escala hierárquica; 10. Sobreprincípio da segurança jurídica no campo dos tributos; 11. Algumas considerações sobre a complexidade da ordem tributária brasileira; 12. O jurista como semântico da linguagem do direito – A construção de sentido realizada a partir do conjunto de enunciados integrantes do sistema jurídico; 13. A interpretação dos vocábulos empregados pelo legislador; 14. Validade: relação de pertinência da norma com o sistema; 15. Vigência e eficácia; 16. Noções sobre o fenômeno da revogação; 17. Dinâmica e consistência do sistema do direito positivo: revogação e antinomias; 18. Leis temporárias e revogação a termo; 19. Conclusão: consistência do sistema, revogação tácita e o sobreprincípio da segurança jurídica.

1. Considerações introdutórias

Tema de extrema relevância, inerente a toda apreciação jurídica com pretensão sistemática, é o dos princípios constitucionais, em especial, o da segurança jurídica. No âmbito tributário, diante das frequentes alterações legislativas, referido primado assume função primordial. Esse é o motivo pelo qual procuraremos traçar, neste trabalho, os caracteres dos princípios jurídicos, evidenciando sua imprescindibilidade à compreensão do Direito, para, em seguida, discorrer sobre a segurança jurídica, sobreprincípio para o qual se volta todo o ordenamento brasileiro.

Nesse ponto, será útil tecer alguns esclarecimentos sobre o fenômeno da revogação, o modo pelo qual este se opera e seus efeitos perante a complexidade de normas que compõem o sistema do direito positivo. Tal incursão na Teoria Geral do Direito é requisito indeclinável para a identificação dos preceitos válidos e vigentes, em contraposição àqueles que não mais pertencem à ordem posta. Para atingir tal

---

[1] Professor Titular de Direito Tributário da PUC/SP e da USP

desiderato, não podemos deixar de fazer referência à atividade interpretativa, tendo em vista que somente a partir desta é possível a construção de sentido necessária à apreciação da validade normativa.

2. Amplitude semântica do vocábulo "princípio"

No campo das significações, o uso do signo "princípio" oferece farta variedade conotativa, de tal sorte que alcança todas as circunscrições de objetos, atuando nas quatro regiões ônticas. É uma palavra que frequenta com intensidade o discurso filosófico, expressando o "início", o "ponto de origem", o "ponto de partida", a "hipótese-limite" escolhida como proposta de trabalho. Exprime também as formas de síntese com que se movimentam as meditações filosóficas ("ser", "não ser", "vir-a--ser" e "dever-ser"), além do que tem presença obrigatória ali onde qualquer teoria nutrir pretensões científicas, pois toda a ciência repousa em um ou mais axiomas (postulados). Cada "princípio", seja ele um simples termo ou um enunciado mais complexo, é sempre susceptível de expressão em forma proposicional, descritiva ou prescritiva. Agora, o símbolo linguístico que mais se aproxima desse vocábulo, na ordem das significações, é "lei". Dizemos, por isso, que há uma lei, em Física, segundo a qual "o calor dilata os corpos", "os metais são bons condutores de eletricidade", "a matéria atrai a matéria na razão direta das massas e na razão inversa do quadrado das distâncias"; na Metafísica, apanhando como exemplo a filosofia de Schopenhauer, que a "vontade se constitui naquele ímpeto cego e irresistível que consubstancia o querer-viver universal": entre os objetos ideais, que a "transitividade" é uma lei lógica: $[(p{\rightarrow}q).(q{\rightarrow}r)] \rightarrow (p{\rightarrow}r)$, assim como a "reflexividade" também o é $(xRy) \rightarrow (yRx)$; em Economia, falamos em "lei da oferta e da procura", ao mesmo tempo em que afirmamos que a "História é fundamentalmente diacrônica", para ingressarmos nos domínios dos objetos culturais, onde ao lado de "leis" ou "princípios" descritivos, vamos encontrar as prescrições éticas, religiosas, morais etc., que ostentam o porte de autênticos "princípios". Como desdobramento dessa descritividade e prescritividade, lidamos com "princípios gerais" e "específicos", "explícitos" ou "implícitos", classificando-os como "empíricos", "lógicos", "ontológicos", "epistemológicos" e "axiológicos". Tudo isso é índice da riqueza significativa que a palavra exibe, compelindo-nos a um esforço de elucidação para demarcar o sentido próprio que desejamos imprimir ao vocábulo, dentro de seu plano de irradiação semântica. Impõe-se uma decisão para cada caso concreto, principalmente se a proposta discursiva pretender foros de seriedade científica.

3. O Direito no mundo dos objetos culturais

Enquanto camada de linguagem prescritiva de condutas, o direito positivo é uma construção do ser humano. Nesse sentido, dista de ser um dado simplesmente ideal, não lhe sendo aplicáveis, também, as técnicas de investigação do mundo natural. As unidades normativas selecionam fatos e regulam comportamentos, fatos e condutas recolhidos no campo social. Ora, o fato social, como processo de relação, é um fenômeno com sentido e, sem ele (sentido), que imprime direção aos fatos sociais, é impossível compreendê-los. Os fatos jurídicos, quer os previstos nos antecedentes das normas, quer os prescritos na fórmula relacional dos consequentes, apresentam-se na forma de fenômenos físicos (relações de causa e efeito) mais o sentido, isto é, o fim jurídico que os permeia. Sem a significação jurídica que presidiu a escolha do evento e inspirou a regulação da conduta, não há falar-se em fatos jurídicos e relações jurídicas. Essa parte do mundo empírico reivindica tratamento especial, que atente para seu lado dinâmico de ações e reações, no esquema de causa e efeito, mas que também o considere, fundamentalmente, naquilo que ele tem de significação, de sentido.

Quem se proponha conhecer o direito positivo não pode aproximar-se dele na condição de sujeito puro, despojado de atitudes axiológicas, como se estivesse perante um fenômeno da natureza ou uma equação algébrica. A neutralidade axiológica impediria, desde o início, a compreensão do sentido das normas, tolhendo a investigação. Além do mais, o conhecimento jurídico já encontra no seu objeto uma auto-explicação, pois o direito fala de si mesmo e este falar-de-si é componente material do objeto. Daí a função reconstrutiva do saber jurídico, expressa nas proposições descritivas da Ciência do Direito.

Demoremo-nos, porém, num ponto: se é impossível conhecer as normas do direito positivo sem estimar-lhes o valor, integrante que inere a todo o bem cultural, outra coisa bem distinta é compor o discurso jurídico-descritivo da Ciência aplicando-lhe, pela segunda vez, uma inclinação ideológica, vale dizer, estabelecendo juízos de valor que incidam nas proposições teoréticas do conhecimento científico, opinando sobre a justiça, a racionalidade ou sobre critérios de segurança ou de funcionalidade que certa ordem jurídica oferece ou não oferece, enquanto sistema de direito positivo. O jurista dogmático não deve julgar as normas do ordenamento, unicamente compreendê-las para bem descrevê-las. Assevera por isso Lourival Vilanova que o sujeito do conhecimento, quando trava contacto com o mundo dos conteúdos sociais e históricos, vem a travar contacto consigo mesmo e ao invés da relação pura sujeito-objeto, mescla-se essa relação com uma inevitável parcela de atitude prático-valorativa.[2]

Acontece que o "dever-ser", na modalidade do jurídico, pressupõe o "poder-ser", isto é, a possibilidade objetiva do comportamento regulado vir a realizar-se na plataforma das interações humanas. E esse "poder-ser" da conduta nada mais é que a liberdade de cumprir a ação prevista ou de omiti-la. Eis aqui o valor, expressão de um dos mais caros e proclamados bens da história do homem, fincado, irremediavelmente, na própria raiz do direito e sem o qual a formulação normativa carecerá de sentido deôntico. Inexiste a liberdade de exercer a conduta ou de atuar sua omissão e a disciplina da regra jurídica trará consigo um "sem-sentido" prescritivo, não de ordem sintática, mas de caráter semântico. Tal valor é um "prius" da análise jurídico-normativa.

4. Os "princípios", na textura das várias linguagens jurídicas

Empregamos "linguagem jurídica" para referir os sistemas de comunicação que se prestam a realizar ou a mencionar o fenômeno jurídico. Por essa locução designaremos o chamado "direito positivo", a Dogmática Jurídica ou Ciência do Direito em sentido estrito, bem como todos aqueles setores do conhecimento que tomam o sis-

---

[2] *O problema do objeto da Teoria Geral do Estado*, Recife, 1953.

tema do direito positivo como objeto de suas indagações, ainda que não o façam em termos exclusivos. Nessa linha de pensamento, é linguagem jurídica a da Filosofia do Direito e, dentro dela, a da Lógica Jurídica, a da Epistemologia do Direito, a da Axiologia do Direito e a da Ontologia Jurídica. Mas serão também "linguagem jurídica" a Sociologia do Direito, a Antropologia Cultural do Direito, a História do Direito e tantas mais que levem em conta de objeto o sistema das normas positivadas.

De um lado, como linguagem-objeto, temos determinada ordem jurídico-normativa, operando num ponto do tempo histórico e sobre dado espaço territorial; de outro, como metalinguagem descritiva, a Ciência do Direito em sentido estrito ou Dogmática Jurídica, voltada somente a compreender e relatar sua linguagem-objeto. A Filosofia do Direito comparece aqui na condição de metalinguagem se suas reflexões incidirem sobre a linguagem do direito positivo. As meditações filosóficas, entretanto, trabalham muitas vezes sobre construções científicas, momento em que assumem a hierarquia de uma metalinguagem. Outro tanto vale para os demais segmentos contidos no âmbito das "ciências jurídicas em sentido amplo".

Firmados nessas ponderações, é lícito acertar a existência de "princípios jurídicos" em todos os setores da investigação do Direito. E é com tal dimensão significativa que enunciamos os princípios ou leis ditas ontológicas: "tudo que não estiver juridicamente proibido, estará juridicamente permitido" e "tudo que não estiver juridicamente permitido, estará juridicamente proibido"; os princípios jurídicos empiricamente verificáveis, como, por exemplo: "de acordo com a Constituição vigente, o Brasil é uma república federativa" (princípios federativo e republicano). Há o princípio lógico jurídico segundo o qual "toda conduta obrigatória está necessariamente permitida" (em linguagem formalizada, diremos: (Op $\rightarrow$ Pp), em que "O" é o modal "obrigatório", "P", o "permitido" e "p" uma conduta qualquer). Esse "princípio" ou "lei" da Lógica Deôntico-Jurídica, aliás, é o fundamento da conhecida "ação de consignação em pagamento". Ao lado dele, por oportuno, podemos indicar a lei lógica da "idempotência do conjuntor", aplicada ao Direito: "Se duas ou mais normas servirem-se do mesmo antecedente e prescreverem a mesma regulação da conduta, então todas elas equivalem a uma só". Expliquemos o princípio, formalizando-o e, depois, mediante um exemplo prático e objetivo. A "lei" da idempotência do conjuntor (utilizada para o universo jurídico) assim se exprime, em linguagem formal: (Vp.Vp.Vp.Vp.Vp) $\equiv$ Vp, onde "V" é a notação simbólica da "proibição"; "p", uma conduta qualquer; ".", o conectivo da conjunção lógica; e "$\equiv$", a equivalência. No sistema da Constituição de 1967, havia três preceitos consagrando a "legalidade tributária": um genérico e dois específicos. Quer significar, por outro giro, que o legislador constitucional prescrevia: "só é permitido exigir tributo novo ou aumentar os existentes por meio de lei". Tal era o conteúdo de três normas constitucionais. Pelo princípio da idempotência do conjuntor, os três equivaliam a apenas um.

Bem, até aqui vimos princípios empíricos, ontológicos e lógicos. Examinemos outros. A "norma fundamental" kelseniana é um princípio epistemológico-jurídico, colocado na condição de pressuposto da atividade cognoscitiva do direito. Sem a "norma fundamental", ou regressaríamos ao infinito, jamais começando a tarefa cognoscente, ou sacrificaríamos o cânone do isolamento do objeto, sem o que o estudo não atingiria a dignidade de ciência. Outros princípios epistemológico-jurídicos são os da "homogeneidade sintática" e da "heterogeneidade semântica" das unidades normativas. Já nos domínios axiológicos mencionemos o "princípio da Justiça", da "igualdade", da "segurança", da "racionalidade", entre muitos outros.

Vistos por outro prisma, os "princípios" seriam gerais (a legalidade referida no art. 5º, II, da Constituição de 1988) ou específicos (a legalidade tributária instituída no art. 150, I, do mesmo Estatuto). Além disso, há os explícitos (art. 150, III, *b* – princípio da anterioridade tributária) e os implícitos (princípio da isonomia das pessoas políticas – União, Estados, Distrito Federal e Municípios). Cumpre observar que os princípios mencionados estão distribuídos entre a linguagem-objeto (direito positivo) e as metalinguagens jurídicas acima indicadas. Pois bem. Demos exemplos, tecemos considerações, elucidamos algum conteúdo, mas permaneceu aberta a questão principal: que é princípio?

5. Os "princípios" e a compreensão do Direito

Tomaremos como hipótese de trabalho o estudo do Direito sob o ponto de vista dogmático, a partir das estruturas normativas existentes aqui e agora, que se projetam sobre a realidade social para ordená-la, no que tange às relações interpessoais que nela se estabelecem, canalizando o fluxo das condutas em direção a certos valores que a sociedade anela e quer implantados. Reconhecemos no fenômeno jurídico algo extremamente complexo, em que interferem fatores de naturezas distintas, num intensivo processo de miscigenação. Afigura-se-nos um trabalho dificílimo ingressar em sua ontologia, para extrair dados de sua intimidade existencial, caso isto, porventura, seja possível, premissa que não pretendemos discutir. Nossa concepção há de caminhar predominantemente no padrão analítico da linguagem, respeitando aquela complexidade que salientamos como ínsita ao dado jurídico, mas ao mesmo tempo refletindo na consideração de que ali onde houver regulação jurídica haverá, inexoravelmente, proposições normativas que, escritas ou não escritas, hão de manifestar-se em linguagem. Ora, se isolarmos o universo normativo, naquilo que ele tem de fenômeno linguístico, aparecerá diante de nós um objeto uniforme (somente normas jurídicas), todas compostas na mesma organização sintática, vale dizer, mediante um juízo hipotético em que o legislador (sentido amplo) imputa, ao acontecimento de um fato previsto no antecedente, uma relação deôntica entre dois ou mais sujeitos, como consequente. A previsão fáctica ou "descritor", como suposto, implica a disciplina da conduta intersubjetiva, contida no "prescritor" (Lourival Vilanova). Nunca será demasiado insistir que tanto a ocorrência factual, como o comportamento regulado, têm de ser possíveis, para que a regra venha a ser aplicada, tornando-se individualmente eficaz.

Sobressai à evidência a homogeneidade sintática suso referida, porquanto todas as unidades do sistema terão idêntica estrutura lógica, a despeito da multiplicidade extensiva de seus vectores semânticos. O direito positivo, então, apresentar-se-á aos olhos da Dogmática como um conjunto finito, mas indeterminado, de normas jurídicas, nas quais surpreenderemos fatos jurídicos e relações jurídicas, associados por um ato de vontade de quem pôs as regras no sistema, ato psicológico este que o cientista coloca entre parênteses metódico, para não se imitir em territórios alheios, como, por exemplo, a Psicologia e outras ciências que poderiam explicar aspectos parciais do fenômeno. Todavia, se os fatos são jurídicos porque previstos em antecedentes normativos, remanesceria apenas um, o mais importante porque fundador do próprio sistema, sem a qualificação de jurídico, circunstância que viria a comprometer a uniformidade objetal: trata-se do acontecimento que dá origem à Constituição. É precisamente neste tópico que Kelsen trouxe a singela, porém genial contribuição da "norma fundamental", não posta, mas pressuposta, juridicizando aquele fato que ficara de fora, por imprimir-lhe o timbre de normatividade que lhe faltava. Fecha-se assim o conjunto, isolado na especificidade de seu objeto, uniforme porque composto tão somente de normas jurídicas, de tal modo que nele, conjunto, não encontraremos senão descritores e prescritores, bem como suas contrapartes factuais: fatos jurídicos e relações jurídicas.

O corolário natural de tudo quanto se expôs é que o direito positivo, formado unicamente por normas jurídicas, não comportaria a presença de outras entidades, como, por exemplo, princípios. Estes não existem ao lado de normas, coparticipando da integridade do ordenamento. Não estão ao lado das unidades normativas, justapondo-se ou contrapondo-se a elas. Acaso estivessem, seriam formações linguísticas portadoras de uma estrutura sintática. E qual é esta configuração lógica? Ninguém, certamente, saberá responder a tal pergunta, porque "princípios" são "normas jurídicas" carregadas de forte conotação axiológica. É o nome que se dá a regras do direito positivo que introduzem valores relevantes para o sistema, influindo vigorosamente sobre a orientação de setores da ordem jurídica.

A tipificação dos fatos que ingressam pela porta aberta das hipóteses normativas se dá mediante conceitos que o legislador formula: conceitos sobre os acontecimentos do mundo e conceitos sobre as condutas inter-humanas. Ocorre que todo o conceito, que tem como correlato expressional o termo, assim como o juízo o tem na proposição, todo o conceito, repetimos, é seletor de propriedades não só no Direito, como em qualquer região do conhecimento. Conceituar importa selecionar caracteres, escolher traços, separar aspectos, desprezando os demais. As singularidades irrelevantes, o legislador as deixa de lado, mesmo porque são em tal quantidade que o trabalho ganharia proporções infinitas. E surge o conceito, após a aplicação do critério seletivo que o legislador adotou, critério este que nada mais é que um juízo de valor expedido em consonância com sua ideologia, tomada a palavra, neste ensejo, como pauta de valores, tábua de referências axiológicas. Assim, valora o legislador fatos e condutas, tecendo o conteúdo de significação das normas jurídicas ou, em outras palavras, saturando as variáveis lógicas daquela estrutura sintática que é comum a todas as unidades do sistema. E, ao enfatizar esse ângulo da construção jurídico-normativa, estamos apenas reconhecendo ao direito positivo a condição de objeto cultural, anteriormente consignada. Mantenhamos na retentiva que os objetos do mundo cultural são, invariavelmente, portadores, de valores, como também os metafísicos, o que não se verifica com os objetos da natureza e com os da região ôntica dos ideais, ambos axiologicamente neutros.

Até esta parte, firmamos duas proposições que aceitamos por verdadeiras: a) o direito positivo é formado, única e exclusivamente, por normas jurídicas (para efeitos dogmáticos), apresentando todas o mesmo esquema sintático (implicação), ainda que saturadas com enunciados semânticos diversos (heterogeneidade semântica); e b) por outro lado, como construção do ser humano, sempre imerso em sua circunstância (Gasset), é um produto cultural e, desse modo, portador de valores, significa dizer, carrega consigo uma porção axiológica que há de ser compreendida pelo sujeito cognoscente – o sentido normativo, indicativo dos fins (*thelos*) que com ela se pretende alcançar.

Tal é a conclusão a que chegou Genaro Carrió, percorrendo caminhos um pouco distintos, em seu opúsculo sobre *Principios Jurídicos y Positivismo Jurídico:*[3] "De lo expuesto se sigue que no existe la pretendida 'diferencia lógica' entre las regras jurídicas y las pautas del tipo de la que expressa que a nadie debe permitírsele beneficiarse con su propria transgresión".

O autor argentino não chega a esse resultado partindo das premissas que adotamos. Seu objetivo foi, antes de mais nada, questionar a procedência de crítica ao positivismo jurídico, que o Professor Ronald M. Dworkin, da Universidade de Oxford, apresentou com o trabalho *The model of rules,*[4] e segundo o qual a análise e consideração adequada dos princípios ficaria prejudicada pela concepção positivista do fenômeno jurídico, já que tal concepção do Direito não deixa ver o papel central que na prática os princípios desempenham. É nesse sentido que parte do sistema de Hart,[5] para dele extrair argumentos que demonstrem a plena compatibilidade entre as normas jurídicas, examinadas pelo ângulo de sua positivação e os princípios que com elas combinam para formar o sistema do direito positivo.

Tendo seu pensamento mais próximo de Hart, em virtude das ligações que sempre manteve com a Universidade de Oxford, Carrió entende que o positivismo de Kelsen ofereceria menos recursos à sustentação de sua tese, não lhe permitindo dar os passos de que necessitava para alojar os princípios dentro da ordem jurídica, consoante os critérios que lhe pareciam justos. Nossa posição, contudo, é bem diversa, ainda que tenhamos de intuir certos desdobramentos que o mestre de Viena não empreendeu. Que não seja isso motivo de censuras, porquanto Carlos Cossio proclamou ter ido além de Kelsen sem haver transbordado os limites do próprio sistema kelseniano (foi além de Kelsen sem sair de Kelsen). E, de fato, há desdobramentos que se afiguram como corolários de uma teoria, não extraídos por aquele que a concebeu, mas que podem perfeitamente ser sacados por quem se dispuser a segui-la.

O que importa é que Genaro Carrió chega aos mesmos resultados, não só admitindo a existência de "princípios" dentro da ordem jurídica positiva, como reconhecendo que não há qualquer desencontro entre o esquema lógico das normas e o daqueles primados. Ainda que não ingresse na análise dos "valores", fala, insistentemente, no "peso" dos princípios, o que basta para identificar a referida concordância.

6. "Princípios" como normas jurídicas que introduzem valores de grande importância para o ordenamento

Recortemos determinado ambiente social. Os indivíduos da comunidade tendem a ter um núcleo consciente de valores básicos, advindos da contingência de viverem no mesmo território e no mesmo tempo histórico. Em derredor desse núcleo, contudo, a trajetória existencial de cada um vai depositando outros valores, reco-

---

[3] Abeledo-Perrot, Buenos Aires, 1970.

[4] 35 University of Chicago Law Review 14, 1967.

[5] *El concepto del derecho*, Buenos Aires, 1963.

SISTEMA CONSTITUCIONAL TRIBUTÁRIO – dos fundamentos teóricos aos *hard cases* tributários
Estudos em homenagem ao Ministro Luiz Fux

lhidos individualmente de tal arte que os padrões axiológicos das pessoas acabam apresentando variações muitas vezes sensíveis, repercutindo em fontes inesgotáveis de divergências, sempre que o homem se manifesta acerca de objetos de índole metafísica ou cultural. Seja uma obra literária, uma película cinematográfica, uma peça de mobiliário, uma crença religiosa, seja a interpretação de norma de direito positivo, os valores aparecem como centros significativos que expressam uma preferibilidade (abstrata e geral) por certos conteúdos de expectativa, ou melhor, por certos conjuntos de conteúdos abstratamente integrados num sentido consistente. Esses símbolos de preferência por ações indeterminadas permanentes, como alude Tércio Sampaio Ferraz Júnior,[6] consistindo em núcleos significativos muito abstratos, requerem outro mecanismo integrador, credenciado a imprimir-lhes um mínimo de consistência: é a função das ideologias, conjuntos de avaliação dos próprios valores. Atuam para avaliar os valores, já que estes, por sua abstração, se mostram abertos e flexíveis. As ideologias, por isso mesmo, operam como sistemas rígidos e limitados, que hierarquizam os valores, organizando-os e permitindo que os identifiquemos.

Muito bem. Toda vez que houver acordo, ou que um número expressivo de pessoas reconhecerem que a norma "N" conduz um vector axiológico forte, cumprindo papel de relevo para a compreensão de segmentos importantes do sistema de proposições prescritivas, estaremos diante de um "princípio". Quer isto significar, por outros torneios, que "princípio" é uma regra portadora de núcleos significativos de grande magnitude, influenciando visivelmente a orientação de cadeias normativas, às quais outorga caráter de unidade relativa, servindo de fator de agregação para outras regras do sistema positivo. Advirta-se, entretanto, que ao aludirmos a "valores" estamos indicando somente aqueles depositados pelo legislador (consciente ou inconscientemente) na linguagem do direito posto. Não cremos existir uma "região de valores", existente em si, como o *topos uranos* de Platão ou qualquer tipo de sistema suprapositivo de valores, ao modo de algumas vertentes jusnaturalistas. Aqueles de que nos ocupamos são os postos, centros significativos abstratos, mas positivados no ordenamento.

Se tais observações forem procedentes, cabe cogitar de uma hierarquia de valores jurídicos ou, de outra maneira, de uma classificação hierárquica das normas do direito positivo, elegendo-se como critério a intensidade axiológica nelas presente. Todavia, plantadas essas premissas, aquilo que se não pode admitir consoante assentamos linhas atrás, é a coalescência de "normas" e "princípios", como se fossem entidades diferentes, convivendo pacificamente no sistema das proposições prescritivas do direito. Os princípios são normas, com todas as implicações que esta proposição apodítica venha a suscitar.

A resistência de Kelsen em compor uma teoria da interpretação fundou-se, certamente, nesse profundo subjetivismo que acompanha o processo dialético de compreensão dos conteúdos normativos. Os radicais desconcertos entre as teorias doutrinárias, tendo em vista preceitos jurídicos, são exemplos eloquentes do cabimento dessa tese. Sabemos que as mensagens prescritivas dos arts. 29 a 31, da Constituição do Brasil, realizam o "princípio da autonomia dos municípios", confirmado pela análise do sistema vigente. Nada obstante, juristas de renome, menos

---

[6] *Introdução ao Estudo do Direito*. São Paulo: Atlas, 1993, p. 109.

inclinados ao "municipalismo", conquanto não neguem a indigitada autonomia, reduzem drasticamente a relevância dessas pessoas políticas, em suas interpretações, chegando ao ponto de designá-las por "entes menores". Esforçados nessa mesma inspiração, compreendem, ao pé da letra, o que preceitua o art. 187, parágrafo único, do Código Tributário Nacional, chegando ao resultado deplorável de admitir a "ordem" que o dispositivo estabelece, com o que relegam os Municípios a uma condição de flagrante inferioridade em face dos Estado, do Distrito Federal e da União, sobre violarem de maneira frontal o princípio implícito da isonomia das pessoas políticas de Direito Constitucional interno.

Desloquemos o foco da análise para o reino específico das imposições tributárias e encontraremos, desde logo, a discussão a propósito da existência ou não do "princípio da anualidade". Já expressamos nosso entendimento segundo o qual o velho primado desaparecera com o advento da Constituição de 1967. Em sentido contrário, porém, autores de prestígio não se cansam de invocá-lo, atribuindo-lhe lugar preeminente no quadro dos mais elevados princípios constitucionais tributários.

Já podemos extrair mais duas conclusões: a) o próprio saber se uma norma, explícita ou implícita, consubstancia um "princípio", é uma decisão inteiramente subjetiva, de cunho ideológico; e b) no que concerne ao conjunto dos princípios existentes em dado sistema, a distribuição hierárquica é função da estrutura axiológica daquele que interpreta, equivale a reconhecer, é função da sua ideologia.

7. A classificação dos "princípios" em razão dos critérios de objetividade que presidem sua aplicação aos casos concretos

É sedutora, ao menos no exame do primeiro instante, a classificação dos princípios levando-se em conta o grau de objetividade que se verifica no momento de sua efetiva aplicação. Há princípios que são postos em termos vagos e excessivamente genéricos, ao lado de outros, enunciados de modo tão preciso, que passam a ser escassas as dissenções a respeito de sua incidência numa situação concreta. Vamos aos exemplos. A Lei Fundamental, no art. 37, *caput*, expressa-se de maneira vaga ao impor que a administração pública obedeça ao princípio da "moralidade", tornando-se no mínimo duvidosa e discutível sua indicação numa faixa enorme de eventos reais. A "função social da propriedade" (art. 5º, XXIII, da Constituição) acha-se também envolvida por forte teor de indeterminação. E o mesmo se diga da "liberdade", da "segurança", da "racionalidade", do "bem comum", da "finalidade pública" etc. bem certo que toda a palavra encerra alguma vaguidade. Mas queremos insistir que existem fórmulas expressionais onde predomina densamente a indeterminação, ao lado de outras de fácil e intuitivo reconhecimento, em que a ocorrência do mundo exterior está visivelmente demarcada, sobrando pouco espaço para os desacordos de opinião. É o caso da irretroatividade tributária (art. 150, inciso III, *a*, da Lei Magna). Basta saber o momento em que se deu o fato jurídico tributário e confrontá-lo com aquele que marcou o início da vigência da lei instituidora ou majoradora do tributo. Temos para nós que o princípio que prestigia a casa como asilo inviolável do indivíduo (art. 5º, XI, da Constituição), bem como o que protege o sigilo de correspondência, das comunicações telegráficas e das telecomunicações telefônicas, todos eles, em maior ou menor amplitude, podem acomodar-se rigorosamente no plano da aplicação factual.

SISTEMA CONSTITUCIONAL TRIBUTÁRIO – dos fundamentos teóricos aos *hard cases* tributários
Estudos em homenagem ao Ministro Luiz Fux

Apesar da aparente simplicidade operativa, o critério que anima essa classificação procura transmitir uma objetividade que os valores não têm nem podem ter. A natureza eminentemente subjetiva desses núcleos significativos jamais poderá ser aprisionada, como se fora um mero fato cosmológico insularmente levado à análise. Fiquemos com sua operacionalidade, mas desde que reconheçamos a impossibilidade de fixar diretrizes objetivas e, portanto, com validade intersubjetiva, para delimitar valores. O que distrai nossa atenção entre as duas classes de princípios é que o legislador injeta valores (sempre subjetivos) em situações diferentes: incertas, indecisas, indeterminadas, as primeiras; limitadas e rigidamente delineadas, as últimas. Reflitamos sobre este tópico e estaremos autorizados a utilizar a classificação. Caso contrário seremos surpreendidos quando o legislador empregar o mesmo valor em hipóteses abertas, sem fronteiras onde o desenho recortado do suporte fáctico (Pontes de Miranda) não corresponda aos traços que a realidade material sugerir aos nossos sentidos. Eis o princípio da "igualdade" que pode ser tomado como exemplo. Ao projetar-se num dado acontecimento do mundo, essa diretriz experimenta curiosas configurações. Sabemos quanto difícil seria sustentar a discriminação entre homens e mulheres, no processo de seleção para ingresso na carreira do Ministério Público. A singela invocação do art. 5º, I, da Carta Constitucional vigente seria o bastante para tolher qualquer entendimento discriminatório. Ao mesmo tempo, em matéria publicada na *Folha de São Paulo*, em janeiro de 1992, Flávia Piovesan discutiu a interessante tese de benefícios pleiteados por pessoas do mesmo sexo vivendo "maritalmente". Tudo sobre o fundamento daquela norma que, sobranceira, estaria impregnando o sentido das demais regras do ordenamento. Num caso, o primeiro, a mera alusão ao primado da igualdade tem a força suficiente para decidir o problema. No segundo, em que a complexidade do desenho típico se vê agravada pela presença de outros valores, numa combinatória que suscita considerações mais profundas, o mesmo princípio perde seu aparente conteúdo de objetividade, não se prestando mais para, sem outros torneios retóricos, encaminhar a solução exegética.

Recobremos a lembrança de que as expressões linguísticas conservam sempre um mínimo de vaguidade em sua integridade compositiva, inafastável por maior que seja o esforço de argumentação para efeito de convencimento. Não há como escapar dessa porção movediça que se aloja nos termos e nos enunciados proposicionais, alimentando, incessantemente, os estudos semânticos. Admitir esse traço, porém, longe de trazer a insegurança que desde logo imaginamos, significa reconhecer que há uma matéria-prima própria para o discurso persuasivo, tecendo a linguagem jurídica que antecede a decisão normativa.

8. Alguns "princípios" constitucionais tributários no sistema positivo brasileiro

À moda daquelas pesquisas de laboratório, em que o cientista suspende o interesse pelas coisas do mundo para poder concentrar sua atenção exclusivamente no objeto que está sobre a lâmina do microscópio, vamos esquecer, por um pequeno intervalo de tempo, o sistema do direito positivo na sua finitude indeterminada de normas jurídicas, dirigindo nossa atenção para preceitos constitucionais que versam a temática dos tributos e, mais que isso, ostentem a estatura de renomados "princípios". De plano, uma distinção útil, porque esclarecedora: há princípios que valem para todo o ordenamento e, por via de consequência, aplicam-se ao campo tributário; assim como há "princípios" que regem, com foros de especificidade, o desempenho da função impositiva que o Estado exerce mediante o instrumento que chamamos "tributo". Entre os dois subdomínios, fiquemos com o último, a fim de imprimir ao presente trabalho a índole que almejamos. Sendo numerosos os comandos que o constituinte inseriu no Texto Supremo, com *status* de princípios tributários, separemos alguns para efeito de experiência. Vejamos, por exemplo, o "princípio da estrita legalidade", cravado na redação do art. 150, I, da Lei Maior. Tal diretriz aponta para a necessidade impostergável de que a entidade seja criada ou majorada por lei. Põe-se, desde já, um problema: lei no sentido estrito, isto é, lei ordinária, ou lei na sua acepção larga, vale dizer, todos os diplomas credenciados a introduzir normas inaugurais no ordenamento? Como outro elemento complicador não se pode esquecer que o sistema conecta este princípio com um valor extremamente caro para o setor: a tipicidade, isto é, ao conceber o legislador o ente tributário, estará jungido a fixar, em sua plenitude, o desenho integral da figura típica do gravame. Vê-se aqui uma conjunção de valores impregnando as proporções semânticas do princípio da estrita legalidade.

Sobre o da anterioridade, já assinalamos que grassa forte divergência entre os autores, no sentido de aceitá-lo como mera antecedência cronológica da lei que institui ou majora o tributo, tomando-se por referência o primeiro dia do exercício financeiro seguinte (art. 150, III, *b*, da CF), ou como tal, acrescido do consentimento dos administrados, manifestado na lei orçamentária, segundo prescrevia o velho princípio da anualidade. Atinando-se à possibilidade de acatamento do princípio da anterioridade até as vésperas da exigência fiscal, fala-se hoje no princípio da não surpresa que predica o conhecimento antecipado, por parte do sujeito passivo, daquilo que lhe será cobrado no ano subsequente, mas com antecedência significativa que, nos parâmetros inseridos pela Emenda Constitucional nº 42/2003, passa a ser de noventa dias (art. 150, III, *c*, do Texto Magno).

Queremos insistir na tese de que onde há princípios existem valores de magnitude para o sistema e tais valores vêm sempre acompanhados de elevado grau de indeterminação. Vejamos, por exemplo, o chamado princípio da proibição de confisco. É sobremaneira difícil opinar sobre o tema, e, quando o fazemos, utilizamos mecanismos intuitivos. A propósito deste assunto, lidamos com índices que, além de tudo, eles mesmos – os índices –, não podem ser objetivamente aceitos. Por certo que todos concordariam que uma alíquota de 25%, incidente sobre base de cálculo que tome o valor do imóvel como referência, caracterizará hipótese de confisco. Todavia, se colhermos outro imposto, que não seja cobrado periodicamente sobre o mesmo bem, como o do exemplo, mas que incida sobre produtos de consumo, ninguém se surpreenderá com uma alíquota de 350% percutindo no valor da operação de venda. Já dissemos algures que a doutrina do confisco não fora elaborada, permanecendo em solo estéril as construções que tomem esta figura em linha de consideração. Outro tanto se diga a respeito do princípio da capacidade econômica ou da capacidade contributiva do sujeito passivo da obrigação tributária. Por mais que a Ciência do Direito Tributário, principalmente a da Europa continental, tenha se esforçado para descrever o perfil desse primado, buscando limites e teorizando sobre possíveis demarcações práticas, nada de objetivo se realizou, permanecendo o quadro de incertezas que é, era e sempre foi. Sabe-se, quando muito, que o fato jurídico do tributo há de ser presuntivo de riqueza econômica, mesmo porque os números da pretensão impositiva hão de sair de avaliação que ele próprio ofereça. Porém, daí a pretender critérios intersubjetivamente válidos, constantes e satisfatórios, para dosar a carga tributária, vai uma distância realmente grande. Em parcelas homogêneas do universo de contribuintes ou de bens e situações que sejam tomadas como referência básica para a tributação, de fato o princípio se apresenta não só útil e imprescindível, como de fácil manipulação. Basta, contudo, o ingresso de outro valor significativo, implicado na situação, para que as opiniões se dividam. Saquemos um exemplo atual. O IPTU (Imposto Predial e Territorial Urbano) tem como base de cálculo o valor venal do imóvel, consoante planta elaborada pelas prefeituras municipais. Ponhamos também entre parênteses que, por tradição, houve um acomodamento das autoridades administrativas, correspondendo ao interesse direto das pessoas tributadas, de tal modo que, neste passo, a lei nunca foi cumprida. Inobstante isso, quantos problemas, quantas discussões se instauram, tendo como origem a cobrança dessa exação. Se a base de cálculo é o valor venal da propriedade, constante da planta de valores; se a alíquota é aquela indicada pela lei; onde estaria o ponto que irradia tantas disceptações? Afastando de cogitação o tema das atualizações, que cabe perfeitamente no espaço dos parênteses que abrimos e fechamos, não é penoso isolar casos em que a pretensão impositiva se torna discutível. Uma viúva, sem renda, que receba em herança determinado imóvel. Como atender sua obrigação tributária em relação ao IPTU? São ocorrências protocolares, não há dúvidas. Mas o que se quer demonstrar é que a aplicação do princípio da capacidade contributiva, para este imposto projetada sobre o "ser proprietário de bem imóvel no perímetro urbano do Município", está plenamente satisfeita ainda que remanesça um sentimento geral de injustiça em face da pretensão do Poder Público. É que a peculiaridade do evento trouxe à toma outros valores que afetam a singela consideração da capacidade econômica do contribuinte, tornando mais complexa a compreensão do tema. A concretude factual permite que surjam alternativas hermenêuticas, servindo ao jogo de interesses que penetra as interações sociais e proporciona elementos para as digressões retóricas imprescindíveis ao convencimento a propósito da direção jurídica a ser tomada.

9. "Princípios" e "sobreprincípios" – "princípios" que operam para a realização de outros "princípios" superiores na escala hierárquica

Coloquemos entre parênteses as corriqueiras dissenções ideológicas que separam os juristas em múltiplas direções e meditemos na organização de um conjunto qualquer de valores jurídicos. Há "princípios" e "sobreprincípios", isto é, normas jurídicas que portam valores importantes e outras que aparecem pela conjunção das primeiras. Vejamos logo um exemplo: a isonomia das pessoas políticas de Direito Constitucional interno tem importante repercussão no setor das imposições tributárias. Não há, contudo, formulação expressa que lhe corresponda no texto do direito positivo. Emerge pelo reconhecimento de outras normas que, tendo a dignidade de princípios, pelo *quantum* de valor que carregam consigo, fazem dele um "sobreprincípio". Realiza-se pela atuação de outros princípios. Assim também ocorre com o primado da justiça. Agora, há um princípio que sempre estará presente, ali onde houver direito: trata-se do cânone da certeza jurídica, entendido o termo não como garantia de previsibilidade da regulação da conduta (que é uma de suas acepções), mas como algo que se situa nos fundamentos do dever-ser, ínsita que é ao domínio do deôntico. Na sentença de um magistrado, que põe fim a uma controvérsia, seria absurdo figurarmos um juízo de probabilidade, em que o ato jurisdicional declarasse, como exemplifica Lourival Vilanova, que "A" possivelmente deve reparar o dano causado por ato ilícito seu. Não é sentenciar, diz o mestre, ou estatuir, com pretensão de validade, o *certum* no conflito de condutas. E, ainda que consideremos as obrigações alternativas, em que o devedor pode optar pela prestação "A", "B" ou "C", sobre uma delas há de recair, enfaticamente, sua escolha, como imperativo inafastável da certeza jurídica. Eis outro sobre princípio, mas de feição independente, pois querendo ou não querendo o legislador, havendo ou não havendo justiça, segurança ou qualquer valor jurídico que se colha para a experiência, as normas do sistema hão de consagrá-lo, para poder aspirar ao sentido deôntico. Regra do direito que não discipline comportamentos intersubjetivos com observância do princípio da certeza expressará um sem-sentido na linguagem do dever-ser. Torna-se evidente que a certeza jurídica é também um sobreprincípio, mas dotado de aspectos lógicos peculiares, que lhe atribuem preeminência sintática com relação a todos os demais.

O campo de irradiação semântica da locução "certeza jurídica", todavia, abriga também o sentido, como dissemos, de possibilidade de previsão, pelos destinatários da mensagem normativa, do modo como se dará a regulação da conduta. Dito de outra forma, a confiança de que, acontecidos certos eventos que a norma tipifica, os direitos e deveres prescritos estavam adredemente conhecidos, uma vez que as regras jurídicas repartem os comportamentos entre as três regiões materiais (permitido, proibido, obrigatório) e, ao fazê-lo, canaliza as condutas na direção de determinados valores. Essa proporção de sentido, mesmo que cabível como fonte de indagação, como autêntico valor do ordenamento, tem sempre a relatividade própria das questões ideológicas. Com efeito, que se pode prever se o fato "X" vai ou não ensejar a prestação jurídica "P" é alguma coisa perfeitamente admissível onde houver um pingo de racionalidade no sistema considerado. Entretanto, saber antecipadamente, como vão comportar-se os sujeitos da relação, no que tange ao cumprimento do dever jurídico ou com que intensidade o titular do direito subjetivo público vai exigir ou não o conteúdo da prestação, é assunto bem diferente. Dependerá da maneira pela qual a comunidade jurídica estiver utilizando seus signos, variação que depende de uma série de fatores extralinguísticos e circunstanciais, que ninguém pode prever com rigor. Estamos, aliás, na dimensão pragmática da linguagem do direito, caracterizada por forte oscilação de tendências e intensa variação de expectativas, responsável direta por mutações semânticas e sintáticas no conjunto dos signos.

10. Sobreprincípio da segurança jurídica no campo dos tributos

A segurança jurídica é, por excelência, um sobreprincípio. Não temos notícia de que algum ordenamento a contenha como regra explícita. Efetiva-se pela atuação de princípios, tais como o da legalidade, da anterioridade, da igualdade, da irretroatividade, da universalidade da jurisdição e outros mais. Isso, contudo, em termos de concepção estática, de análise das normas enquanto tais, de avaliação de um sistema normativo sem considerarmos suas projeção sobre o meio social. Se nos detivermos num direito positivo, historicamente dado, e isolarmos o conjunto de suas normas (tanto as somente válidas, como também as vigentes), indagando dos teores de sua racionalidade; do nível de congruência e harmonia que as proposições apresentam; dos vínculos de coordenação e de subordinação que armam os vários patamares da ordem posta; da rede de relações sintáticas e semânticas que respondem pela tessitura do todo; então será possível imitirmos um juízo de realidade que conclua pela existência do primado da segurança, justamente porque neste ordenamento empírico estão cravados aqueles valores que operam para realizá-lo. Se a esse tipo de verificação circunscrevermos nosso interesse pelo sistema, mesmo que não identifiquemos a primazia daquela diretriz, não será difícil implantá-la. Bastaria instituir os valores que lhe servem de suporte, os princípios que, conjugados formariam os fundamentos a partir dos quais se levanta. Vista por esse ângulo, difícil será encontramos uma ordem jurídico-normativa que não ostente o princípio da segurança. E se o setor especulativo é o do Direito Tributário, praticamente todos os países do mundo ocidental, ao reconhecerem aqueles vetores que se articulam axiologicamente, proclamam, na sua implicitude, essa diretriz suprema.

Nada obstante tudo que se disse, o direito existe para cumprir o fim específico de regrar os comportamentos humanos, nas suas relações de interpessoalidade, implantando os valores que a sociedade almeja alcançar. As normas gerais e abstratas, principalmente as contidas na Lei Fundamental, exercem um papel relevantíssimo, pois são o fundamento de validade de todas as demais, indicando os rumos e os caminhos que as regras inferiores haverão de seguir, mas é naquelas individuais e concretas que o direito se efetiva, se concretiza, se mostra como realidade normada, produto final do intenso e penoso trabalho de positivação. É o preciso instante em que a linguagem do direito toca o tecido social, ferindo a possibilidade da conduta intersubjetiva. Daí por que não basta o trabalho preliminar de conhecer a feição estática do ordenamento positivo. Torna-se imperioso pesquisarmos o lado pragmático da linguagem normativa, para saber se os utentes desses signos os estão empregando com os efeitos que a visão estática sugere. De nada adiantam direitos e garantias individuais, placidamente inscritos na Lei Maior, se os órgãos a quem compete efetivá-los não o fizerem com a dimensão que o bom uso jurídico requer. São múltiplos os exemplos que a realidade dos nossos dias oferece. A Constituição brasileira de 1967 previu, insistentemente (três vezes), a necessidade de lei para que qualquer obrigação tributária fosse criada. Todavia, distorcendo o conteúdo de significação que as palavras têm, as autoridades administrativas violentaram, em muitas oportunidades, aquele magno princípio. A instituição do "decreto-lei", nessa matéria, foi instrumento de iterativas transgressões a preceitos superiores. Tanto o Poder Executivo, quanto o Legislativo, utilizando o quadro de variação de sentido dos vocábulos jurídico-tributários, têm obtido orientações diversas daquelas fixadas no ordenamento, inúmeras vezes com a complacência do Poder Judiciário. Também nossa experiência com as "Medidas Provisórias" rendeu ensejo às mais desastrosas consequências. Não propriamente que os defeitos estivessem contidos na estrutura mesma desses diplomas, os quais, no Brasil, têm força de lei. Mas, em virtude da manipulação extravagante e arbitrária que fez delas, medidas provisórias, instrumentos que atentavam, a cada passo, contra a integridade de valores sobranceiros da ordem jurídica nacional.

A utilização inadequada de símbolos jurídico-normativos não se dá apenas com regras de "decretos-leis" ou de "medidas provisórias", diplomas que por suas próprias peculiaridades são vistos com restrições pela comunidade jurídica. A Lei nº 8.383/91, que foi editada no dia 31 de dezembro, pretendendo vigorar no ano subsequente, isto é, a partir de 1º de janeiro de 1992, começou a circular, tornando-se pública, tão só no dia 2 de janeiro. Ora, segundo o princípio da anterioridade, sua vigência deveria ficar protraída para o ano seguinte (01.01.93), uma vez que o sentido de "publicar" é "dar ao conhecimento público", "tornar o ato conhecido por todos", e tal providência veio a realizar-se somente com a circulação, no dia 2 de janeiro de 1992. Todavia, contra todas as expectativas, o Poder Público Federal defendeu a tese de que a "impressão" aconteceu em 21.12.91, o que seria suficiente para determinar a ciência dos administrados. Por mais absurda que seja a argumentação, o singelo uso de "circular", com o valor semântico de "publicar" modifica o conteúdo de significação do princípio da anterioridade, exatamente no instante máximo de sua concretude, evitando que a genuína concepção daquele primado chegue intacto ao plano das condutas intersubjetivas e desse modo, ameaçando a "segurança jurídica".

Desde logo se vê que sem atinarmos para aquilo que se passa na instância pragmática, pouco poderemos falar acerca dos valores que o sistema consagra para manter a atividade jurídico-tributária dentro de padrões de respeito para com o direito dos administrados, garantindo-lhe conquistas seculares. Cremos, por isso, que as investigações relativas ao princípio da segurança jurídica, em matéria tributária, não podem prescindir de incursão por esse plano semiótico, sob pena de não compreendermos a linguagem do direito positivo na sua complexa integridade constitutiva.

11. Algumas considerações sobre a complexidade da ordem tributária brasileira

Na qualidade de subdomínio da ordenação jurídico-positiva, nosso sistema tributário traz a marca indelével das particularidades do constitucionalismo praticado no Brasil. O quadro formado pela coexistência das quatro classes de pessoas políticas de direito constitucional interno (União, Estados-membros, Distrito Federal e Municípios), todas desfrutando de autonomia e estruturadas como entidades que se autocompõem, buscando o fundamento de validade de suas normas diretamente na Constituição da República, exibe, desde logo, uma feição peculiar ao sistema do direito posto, colocando de manifesto sua grande complexidade. Isso, ainda, passando por alto pela existência de outro ente político, a própria União, mas investida agora de soberania e operando como pessoa de direito constitucional na ordem externa, no direito das gentes.

Sabemos, perfeitamente, quão difícil tem sido a articulação dessas entidades, justapostas como detentoras de faixas próprias de competência impositiva, na medida em que se entrecruzam os problemas de ordem jurídica, política e social. Tudo para respeitar o modelo federativo implantado pela Constituição de 1988, mas que, de resto, já vem permeando a tradição histórica e jurídica do país há muito tempo.

Sobremais, é preciso salientar que todo esse arcabouço montado pelo legislador constituinte foi concebido dentro de padrões que tendem à fixidez, pois a Constituição brasileira é rígida, prevendo, expressamente, os meios e modos de possíveis modificações, todos eles reivindicando procedimentos especiais e mais complicados que os do rito comum. Aliás, em obra de imenso valor doutrinário, Geraldo Ataliba pôs em evidência esse traço, aliado, no setor específico dos tributos, àquilo que chamou de "abundância", quer dizer, o legislador constituinte, ao estabelecer número sobremaneira elevado de preceitos a propósito de matéria tributária, fê-lo no corpo de uma Constituição rígida, aspecto que imprime ao subsistema tributário brasileiro caráter de amplitude e firmeza sem paralelo nos ordenamentos de países que seguem o modelo do direito continental europeu. Torna-se necessário um esforço concentrado para mergulhar na amplitude textual e isolar os princípios fundamentais da ordem jurídica vigente para, daí avante, projetar estratégias de compreensão, passando à fase de construir o conteúdo, sentido e alcance do produto legislado.

Um mandamento qualquer só adquire *status* de jurídico por pertencer a determinado sistema de direito positivo, e o critério de pertinência é exatamente o sinal decisivo de sua validade. Uma norma "N" é válida no sistema jurídico "S" se, e somente se, pertencer a esse conjunto, o que significa admitir que foi produzida por órgão previsto pelo sistema, consoante procedimento específico nele também estipulado. Essa advertência nos conduz a duas conclusões imediatas: a) em termos jurídico-normativos, *existir* e *valer* são grandezas semânticas que se equivalem; e b) o conhecimento de qualquer das unidades normativas pressupõe o contacto com a totalidade do conjunto. Como já dissera Carnelutti, *"em torno de uma simples relação jurídica gira todo o sistema do direito positivo"*.

Breve exame dessas considerações preliminares nos aponta o despropósito consistente em procurar o teor significativo de uma regra de direito, nos estritos termos de sua configuração literal, ao mesmo tempo em que convoca nossa atenção para uma análise mais profunda das estruturas do direito positivo brasileiro.

12. O jurista como semântico da linguagem do direito – A construção de sentido realizada a partir do conjunto de enunciados integrantes do sistema jurídico

O ser humano vive imerso num universo de signos, decodificando-os a cada instante para situar-se no mundo da sua existência. A multiplicidade de sistemas sígnicos faz com que sua trajetória de vida seja uma atividade contínua de interpretação, lidando com códigos das mais variadas espécies. E o direito se oferece ao nosso conhecimento como um estrato de linguagem prescritiva de condutas intersubjetivas, que o legislador regula procurando canaliza-las em direção aos valores que a sociedade quer ver implantados.

A interpretação do direito, em tempos atuais, com os recursos da Semiótica e das teorias analíticas do discurso, pressupõe o contacto primeiro e necessário com o plano da expressão ou da literalidade textual. A partir de então, tem início o muitas vezes penoso processo de geração de sentido, já que as significações se situam na instância do conteúdo do texto, devendo ser *construídas* pelo sujeito do conhecimento. É nesse caminho gerativo, superados os obstáculos de natureza sintática, que o agente ingressa nos domínios da semântica e da pragmática, como intervalos semióticos imprescindíveis ao trabalho de elaboração, pesquisando as relações dos veículos sígnicos com as realidades, materiais ou imateriais, que eles pretendem significar, bem como os vínculos que se estabelecem entre os signos e seus usuários (pragmática).

Em outras palavras, e pondo entre parênteses as especulações lógico-sintáticas, sem as quais não se pode pensar em sentido semântico, o jurista aparece como o intérprete, por excelência, dos textos prescritivos do direito posto, atravessando, com sua análise construtiva, o sistema das normas positivadas, em que os comportamentos interpessoais se encontram modalizados em obrigatórios (O), proibidos (V) e permitidos (P).

Bem verdade que não se pode priorizar qualquer das dimensões semióticas, em detrimento das demais. Todavia, o momento semântico chama a atenção pelo modo intenso como qualifica e determina as questões submetidas ao processo dialógico que prepara a decisão, seja ela a judicial ou a de cunho meramente administrativo. Daí a exclamação de Alfredo Augusto Becker, cheia de força retórica, segundo a qual *o jurista nada mais seria que o semântico da linguagem do direito*. Em qualquer juízo ou tribunal as demandas girariam em torno de discussões sobre o conteúdo de significação dos diversos institutos, categorias e formas do direito posto. O *dubium* jurídico estaria incisivamente denunciado por um problema de feição semântica, se bem que tenhamos de admitir que tais dificuldades não aparecem sozinhas, pela presença inafastável dos aspectos sintáticos e pragmáticos que toda a linguagem necessariamente ostenta. Por isso, é-nos lícito afirmar que toda construção de sentido, no âmbito jurídico, há de ser realizada a partir do conjunto de enunciados integrantes do sistema do direito positivo, considerados em sua totalidade.

13. A interpretação dos vocábulos empregados pelo legislador

Toda espécie de linguagem apresenta-se composta por signos. Entretanto, um mero conjunto de signos não configura, necessariamente, linguagem. Para tanto, imprescindível que tais signos estejam ordenados de forma que possibilitem interação entre dois ou mais sujeitos. Onde houver linguagem haverá possibilidade de comunicação. Polarizemos nossas atenções, porém, nos sistemas idiomáticos, pois esses corpos de linguagem, dotados de amplos recursos para o desenvolvimento do processo de comunicação, são os utilizados pelo legislador.

Existem fatores que distorcem, dificultam ou retardam o recebimento da mensagem, tecnicamente denominados "ruídos". A ambiguidade e a vaguidade, por exemplo, são problemas semânticos presentes onde houver linguagem. Um termo é vago quando não existe regra que permita decidir os exatos limites para sua aplicação, havendo um campo de incerteza relativa ao quadramento de um objeto na denotação correspondente ao signo. Já a ambiguidade é caso de incerteza designativa, em virtude da coexistência de dois ou mais significados. Esclarecendo o assunto, escreve Luís Alberto Warat[7] que um termo é ambíguo quando existem dúvidas sobre qual seu âmbito de denotação, ao passo que será vago toda vez que, especificado seu campo denotativo, surgirem dúvidas em torno de sua extensão.

Como todas as palavras são vagas e potencialmente ambíguas (Alf Ross), mostra-se necessário, em qualquer análise de texto que se pretenda aprofundada, efetuar-se rigoroso estudo linguístico.

Recorde-se também, nesta oportunidade, a existência de diversos tipos de linguagem, interessando-nos, para os fins do presente trabalho, ressaltar as diferenças concernentes à linguagem natural ou ordinária, à linguagem técnica e à linguagem

---

[7] *O direito e sua linguagem*. 2. ed. Porto Alegre: Sergio Antonio Fabris, 1995, p. 79.

científica. A *linguagem natural* é aquela da qual se utilizam os seres humanos em sua comunicação ordinária, possuindo apreciável riqueza significativa, mas lidando com significações muitas vezes imprecisas, dada a intensidade com que se apresentam vagas e ambíguas. A linguagem natural não se presta, portanto, à elaboração de um discurso rigoroso, tendente à univocidade e formulado de modo satisfatoriamente preciso. *Linguagem técnica* é aquela que se assenta no discurso natural, mas aproveita, em quantidade considerável, palavras e expressões de cunho determinado, pertinentes ao domínio da linguagem científica. Já essa última, a *linguagem científica,* aparece quando se outorga a certos vocábulos ou expressões um valor semântico restrito, por meio de definições precisas.

As ponderações acima mostram-se de grande relevância para o estudo e a aplicação do direito positivo. Conforme já mencionei em trabalhos anteriores, a linguagem empregada pelo legislador na redação dos textos jurídicos é *técnica,* valendo dizer que parte do discurso natural, mas aproveita, em porção significativa, vocábulos e locuções de cunho determinado, pertencentes ao domínio científico. Ao ingressarmos na interpretação do direito posto, tal fator deve ser impreterivelmente considerado. O sentido das construções utilizadas pelo legislador não deve ser buscado, por isso mesmo, na linguagem ordinária, repleta de imprecisões. Mister se faz que a interpretação dos textos jurídicos se dê a partir das significações atribuídas pelo discurso científico, pois somente dessa maneira será possível alcançar-se o padrão preciso que aquele tipo de mensagem requer.

Ademais, se retivermos a observação de que o direito, como objeto cultural que é, carrega sempre valores, e se pensarmos que todo nosso empenho se dirige para construir as significações a partir de um estrato de linguagem, não será difícil verificar a gama imensa de obstáculos que se levantam no percurso da interpretação. De um lado, as estimativas, cambiantes em função da ideologia de quem interpreta; de outro, os ingentes problemas que cercam a metalinguagem, invariavelmente penetrada por dúvidas sintáticas e por questões semânticas e pragmáticas.

Conhecer o direito é, em última análise, compreendê-lo, interpretá-lo, conferindo conteúdo, sentido e alcance à mensagem legislada. Tal empresa, contudo, nada tem de singela. Requer o envolvimento do exegeta com as proporções inteiras do todo sistemático, incursionando pelos escalões mais altos e de lá regressando com os vetores axiológicos ditados por certas normas, a que chamamos de *princípios.*

14. Validade: relação de pertinência da norma com o sistema

As normas jurídicas, por serem constituídas em linguagem prescritiva, não são verdadeiras ou falsas, mas válidas ou não válidas, submetendo-se à lógica deôntica. Não são coincidentes com a realidade, mas, nas palavras de Lourival Vilanova,[8] incidentes nela, realidade, motivo pelo qual falta-lhes o *status* semântico de enunciado veritativo. A norma é válida antes mesmo da ocorrência do fato conotativamente descrito em sua hipótese, permanecendo como tal ainda que este nunca venha a concretizar-se, ou que, ocorrendo, não seja observado o comando preceituado na consequência normativa. Como assevera Tércio Sampaio Ferraz Júnior, *"o valer de uma*

---

[8] *As estruturas lógicas e o sistema do direito positivo.* São Paulo: Max Limonad, 1997, p. 90.

norma não depende da existência real e concreta das condutas que ela prescreve: mesmo descumprida, a norma vale".[9]

O conceito de validade pode ser construído a partir da própria definição de direito positivo. Sendo este o conjunto das normas jurídicas válidas, em determinadas coordenadas de tempo e de espaço, toda proposição normativa integrante do ordenamento jurídico apresentará validade. Ser norma válida, portanto, quer significar que esta mantém relação de pertinencialidade com determinado sistema, sendo a validade o vínculo que se estabelece entre a norma jurídica e o sistema do direito posto. A afirmação de que uma norma "N" é válida significa que pertence ao sistema "S". A validade não é, pois, um atributo que qualifica a norma jurídica, mas a relação de sua pertinência com determinado sistema jurídico.

Confundem-se, consequentemente, validade e existência. Afirmar que uma norma existe implica reconhecer sua validade em face de determinado sistema jurídico. Disso se pode inferir: ou a norma existe, está no sistema e é válida, ou não existe como norma jurídica. Ingressando no ordenamento, a norma jurídica tem validade e assim se mantém até que deixe de pertencer ao sistema. Uma vez introduzida na ordem do direito positivo, seja de forma regular ou irregular, a norma será válida e assim permanecerá até que outra a expulse.

15. Vigência e eficácia

Outros conceitos de extrema importância no estudo das normas jurídicas são a vigência e a eficácia, motivo pelo qual teceremos ligeiras considerações sobre elas.

Vigência é propriedade das regras jurídicas que estão prontas para propagar efeitos, tão logo aconteçam os fatos que elas descrevem. A norma jurídica se diz vigente quando está apta para qualificar fatos e determinar o surgimento de efeitos de direito, dentro dos limites que a ordem positiva estabelece.

A eficácia, por sua vez, pode ser analisada sob três ângulos: eficácia jurídica, eficácia técnica e eficácia social. A primeira (eficácia jurídica) confunde-se com o mecanismo lógico da incidência, consistente no processo em que, efetivando-se o fato previsto no antecedente normativo, projetam-se os efeitos prescritos no consequente. Em outras palavras, ocorrendo o fato jurídico (relato do evento no antecedente da norma), instala-se a relação jurídica. É a chamada causalidade jurídica, na terminologia de Lourival Vilanova. Eficácia jurídica é, por conseguinte, a propriedade de que está investido o fato jurídico de provocar a irradiação dos efeitos que lhe são próprios. Não é atributo da norma, mas do fato nela previsto.

Eficácia técnica consiste na condição que a norma jurídica ostenta, no sentido de descrever acontecimentos que, uma vez ocorridos, tenham o condão de irradiar efeitos jurídicos, sem que haja obstáculos que impeçam tal propagação. Há ausência da eficácia técnica de uma norma quando dificuldades de ordem material não permitem o relato em linguagem competente do evento previsto e dos efeitos para ele estipulados (ineficácia técnico-semântica). Ineficácia técnica há, igualmente, quando o preceito normativo não puder juridicizar o evento, inibindo-se o desencadeamento de seus efeitos, em virtude da falta de outras regras, de igual ou inferior hierarquia,

---

[9] *Introdução ao estudo do direito.* São Paulo: Atlas, 1993, p. 179.

ou, ao contrário, pela existência de outra norma inibidora de sua incidência (ineficácia técnico-sintática). Exemplo dessa última situação verifica-se nos casos em que há declaração de inconstitucionalidade de norma jurídica pela Suprema Corte por meio de controle difuso, com posterior suspensão da eficácia da regra mediante resolução do Senado. Dito de outro modo, quando uma norma tem sua inconstitucionalidade declarada pelo Supremo Tribunal Federal, por via de exceção, comunicando tal julgamento ao Senado da República, e este, pela figura legislativa da "resolução", manda suspender a eficácia técnica daquela regra, ela permanece vigente sem poder atuar, continuando também válida até que o órgão que a promulgou venha a expulsá-la do sistema.

Por fim, eficácia social diz respeito aos padrões de acatamento com que a comunidade responde às prescrições jurídicas. Há eficácia social da norma quando sua prescrição é respeitada pelos destinatários, sendo ineficaz aquela cujos preceitos não são cumpridos pelos sujeitos envolvidos na situação tipificada.

Do exposto, observa-se que validade, vigência e eficácia não se confundem. As normas válidas podem ser vigentes (plena ou parcialmente) ou não vigentes. Podem também estar em vigor e não apresentar eficácia técnica e, igualmente, ostentar ou não eficácia social. Pode, por outro lado, não estar em vigor, apresentando, porém, eficácia técnica e eficácia social. Todavia, não cabe falar de norma válida e vigente como dotada, ou não, de eficácia jurídica, já que tal caráter é qualidade de fatos jurídicos, não de normas.

16. Noções sobre o fenômeno da revogação

Vimos que, ingressando no ordenamento pela satisfação dos requisitos que se fizerem necessários, identificamos a validade da norma jurídica, que assim se manterá até que deixe de pertencer ao sistema. Mas, como opera tal exclusão? Muitos são os autores que apontam a revogação como o preciso instante em que a validade desaparece, deixando a norma de estar incluída no ordenamento do direito positivo. Como explicar, então, que a norma revogada continue sendo aplicada para situações de fato anteriores à sua revogação? Estariam os órgãos aplicando regras que não pertencem ao sistema? Obviamente que não. O conceito de revogação como forma de cortar-se a validade da norma é que precisa ser repensado. Entendemos, por isso, que a regra revogada permanece válida no sistema até que se cumpra o tempo de sua possível aplicação. Vencido o trato de tempo, pela ocorrência dos fatos extintivos que a legislação prevê, agora sim poderemos falar em desaparecimento da validade. O sistema "S" não conterá mais a norma "N".

Admitidas essas premissas, qual seria o papel da revogação? Com a regra revogatória, corta-se a vigência da norma por ela alcançada, de tal arte que não terá mais força para juridicizar os fatos que vierem a ocorrer depois da revogação. Continua, porém, vigente para os casos anteriores, sendo-lhes perfeitamente aplicável.

Poder-se-ia concluir, diante do exposto, que a revogação tolheria apenas a vigência, comprometendo-a para situações futuras, já que a regra de direito permaneceria em vigor com relação aos fatos passados. Compreendido o fenômeno desse modo, a revogação não tocaria a validade, que ficaria intacta. Entretanto, sempre que a norma jurídica seja revogada antes de ter adquirido vigência, ou quando a vigência for extinta após intervalo de tempo que impeça sua aplicação, nesses casos a revogação opera diretamente sobre a validade, agora sim, expulsando-a do sistema. Eis hipóteses em que a revogação não incide sobre a vigência, atingindo diretamente a validade.

17. Dinâmica e consistência do sistema do direito positivo: revogação e antinomias

O direito, sabemos, é fenômeno complexo. Uma forma, porém, de estudá-lo é isolar as manifestações normativas. Ali onde houver direito, haverá normas jurídicas. E onde houver normas jurídicas haverá, certamente, uma linguagem em que tais normas se manifestam. Não se trata, contudo, de algo estático, imutável. Ao contrário, o direito está em constante movimento, em que o legislador (em sentido lato), partindo de normas jurídicas de hierarquia superior, produz novas regras. Tudo, nos moldes previstos pelo próprio sistema jurídico.

O direito regula sua própria criação. Ele institui o modo pelo qual se opera a produção, modificação e extinção de suas normas, fazendo-o por meio das denominadas "regras de estrutura", as quais representam, para o sistema do direito positivo, o mesmo papel que as regras da gramática cumprem num idioma historicamente dado. Prescrevem estas últimas a forma de combinação dos vocábulos e das expressões para produzirmos orações, isto é, construções com sentido. À sua semelhança, as chamadas regras de estrutura determinam os órgãos do sistema e os expedientes formais necessários para que se editem normas jurídicas válidas no ordenamento, bem como o modo pelo qual são elas alteradas e desconstituídas.

Conquanto o sistema do direito positivo, sendo composto por linguagem prescritiva, admita a existência de contradições entre as unidades do conjunto, o próprio ordenamento costuma trazer estipulações que determinam qual das normas há de prevalecer. Vale lembrar a lição de Lourival Vilanova,[10] no sentido de que *"O só fato da contradição não anula ambas as normas. Nem a lei de não contradição, que é lei lógica e não norma jurídica, indicará qual das duas normas contradizentes prevalece. É necessária a norma que indique como resolver antinomia: anulando ambas ou mantendo uma delas"*. Exatamente essa é a função do art. 2º da Lei de Introdução ao Código Civil, nos termos do qual:

> Art. 2º Não se destinando à vigência temporária, a lei terá vigor até que outra a modifique ou revogue.
>
> § 1º A lei posterior revoga a anterior quando expressamente o declare, quando seja com ela incompatível ou quando regule inteiramente a matéria de que tratava a lei anterior.
>
> § 2º A lei nova, que estabeleça disposições gerais ou especiais a par das já existentes, não revoga nem modifica a lei anterior.
>
> § 3º Salvo disposição em contrário, a lei revogada não se restaura por ter a lei revogadora perdido a vigência.

Do dispositivo supra, observa-se que revogação pode dar-se *sem* ou *com* conflito de normas. No primeiro caso, tem-se a *revogação expressa*, que atinge diretamente um ou alguns enunciados (*v.g.*, "fica revogado o artigo X da lei Y" ou "revoga-se a lei Y"), enquanto na segunda hipótese opera-se *revogação tácita*, em que, diante da

---

[10] *Causalidade e relação no direito*. 4. ed. São Paulo: Revista dos Tribunais, 2001, p. 212.

ausência de indicação do dispositivo ou lei revogada, persiste conflito entre as duas legislações. Diz-se haver revogação expressa quando a lei revogadora manifestamente o declare, e haverá revogação tácita quando existir incompatibilidade entre lei anterior e lei posterior, ou, ainda, quando esta regular inteiramente a matéria de que tratava a lei anterior. Observando o direito positivo como texto, poderíamos dizer que a revogação expressa atua no plano da literalidade textual (S1) enquanto a revogação tácita ocorre no altiplano das significações, quer consideradas isoladamente (S2), quer articuladas na forma de juízo hipotético-condicional (S3).

Como anotamos, a solução das antinomias porventura existentes no sistema resolve-se pelos critérios estabelecidos pelo próprio sistema e não por outros meios. Nesse sentido, as referidas disposições da Lei de Introdução ao Código Civil funcionam como meta-regras, determinando como a norma perde sua vigência e é excluída do sistema. É com fundamento em suas determinações que se enunciam os princípios da *lex posterior derogat priori*, *lex superior derogat inferiori* e *lex specialis derogat generalis*.

18. Leis temporárias e revogação a termo

Existem diplomas normativos que trazem em seu bojo a chamada cláusula de vigência, mediante a qual autolimitam a produção de seus efeitos no tempo. Quando a legislação porta disposição desse tipo, prescreve sua própria revogação, que se consumará com o decurso de certo lapso temporal. São as chamadas *leis temporárias*, que encontram fundamento de validade na primeira parte do *caput* do art. 2º da Lei de Introdução ao Código Civil.

Há, ainda, espécies legislativas que introduzem no ordenamento regras de revogação condicionadas à verificação de evento futuro e certo, que pode consistir, por exemplo, na fixação de uma data. É o que fez o Decreto-lei nº 1.658/79, ao indicar o específico momento em que se operaria a extinção do estímulo fiscal instituído pelo art. 1º do Decreto-lei nº 491/69.

Isso não significa, porém, que as leis temporárias e documentos que introduzam no ordenamento norma de revogação a termo estariam livres, elas próprias, da revogação, por já conterem determinações revogatórias. Nada impede que seus dispositivos revogatórios sejam objeto de revogação. Assim, uma lei que traga a previsão de vigorar pelo prazo de 2 (dois) anos pode perfeitamente passar a regular condutas intersubjetivas por período indeterminado, caso a cláusula de vigência temporária seja revogada. Do mesmo modo, a cláusula de revogação a termo pode ser expurgada do sistema jurídico por outra que prescreva termo diverso ou que simplesmente exclua a previsão revogatória. Essa última hipótese pode ser observada nos diplomas legais que disciplinam o crédito-prêmio do IPI, instituído pelo art. 1º do Decreto-lei nº 491/69.[11] O Decreto-lei nº 1.658/69, pretendendo extinguir, gradualmente, o

---

[11] *"Art. 1º As empresas fabricantes e exportadoras de produtos manufaturados gozarão, a título de estímulo fiscal, de créditos tributários sobre suas vendas para o exterior, com o ressarcimento de tributos pagos internamente"*. O art. 4º do Decreto-lei nº 491/69 estendeu o referido benefício aos fabricantes que exportavam produtos industrializados por intermédio de empresas comerciais exportadoras: *"Art. 4º Os estímulos fiscais à exportação, inclusive os de que trata esta Lei, aplicam-se igualmente ao fabricante de produtos industrializados que tenha a sua exportação efetivada por intermédio de empresas exportadoras de cooperativas, de consórcio de exportadores, de consórcio de produtores ou de entidades semelhantes"*. O Decreto-lei nº 1.248/72, por sua vez, conferiu o incentivo aos produto-

referido incentivo fiscal, dispôs, no art. 1°, § 2°, que o estímulo seria reduzido em 5% a 31 de março, a 30 de junho, a 30 de setembro e a 31 de dezembro, de cada exercício financeiro, até sua total extinção em 30 de junho 1983. Trata-se, sem dúvida, de cláusula de revogação a termo. O Decreto-lei n° 1.722/79, todavia, inseriu no ordenamento nova regra revogatória a termo, prescrevendo que o mencionado benefício seria reduzido de 20% em 1980, 20% em 1981, 20% em 1982 e de 10% até 30 de junho 1983, de acordo com ato do Ministro de Estado da Fazenda. Com tal estipulação, operou-se extirpação do conteúdo normativo do art. 1°, § 2°, Decreto-lei n° 1.658/69, remanescendo no ordenamento a cláusula revogatória introduzida pelo Decreto-lei n° 1.722/79. Ainda, em momento posterior, foi publicado o Decreto-lei n° 1.724/79, dispondo sobre a possibilidade de o Ministro da Fazenda aumentar ou reduzir, temporária ou definitivamente, ou extinguir aquele benefício fiscal, conferindo-lhe plena liberdade regulatória a respeito do assunto. Diante desse documento normativo, tem-se por revogada, novamente, a cláusula de revogação a termo, uma vez que o Decreto-lei n° 1.724/79, ao atribuir ao Ministro da Fazenda a competência para quantificar o percentual do benefício, implicou contraposição ao dispositivo revogatório antes existente, retirando-o do sistema jurídico.[12] Desse modo, o incentivo fiscal em questão passou a ter seu período de vigência indeterminado.

19. Conclusão: consistência do sistema, revogação tácita e o sobreprincípio da segurança jurídica

Como significações construídas a partir dos enunciados prescritivos, as normas jurídicas existem num universo de discurso que é o sistema do direito posto. A esse respeito, tenho reiteradamente manifestado que são elas, aliás (as unidades desse conjunto), as entidades mínimas dotadas de sentido deôntico completo. Se pensarmos no conjunto de todas as normas jurídicas válidas, em determinado intervalo de tempo e sobre específico espaço territorial, inter-relacionadas sintática e semanticamente, segundo um princípio unificador, temos o direito positivo. O citado relacionamento sintático e semântico, como estrutura que é, torna-se imprescindível à configuração do sistema, ligando suas unidades normativas (repertório). Por isso, fala-se em *consistência* do ordenamento, exigindo que a atividade do aplicador paute-se por critérios prescritos pelo próprio sistema, de modo que prevaleçam interpretações uniformes e alicerçadas em elementos jurídicos.

Tal ordem de consideração assume especial relevância quando o objeto de análise envolve normas incompatíveis entre si, exigindo a aplicação de uma em detrimento da outra. Nessa hipótese, é preciso construir a mensagem normativa levando em conta o caráter sistemático do ordenamento, bem como as prescrições estipulativas de critérios a serem aplicados em eventuais conflitos de normas, critérios esses que, nos termos do art. 2° da Lei de Introdução ao Código Civil, abrangem aspectos de hierarquia, cronologia e especialidade. É mediante a aplicação de tais preceitos

---

res-vendedores que realizassem as exportações por intermédio de empresas comerciais exportadoras, ainda que não vinculadas a cooperativas, entidades de classe ou associações.

[12] Tal conclusão é confirmada pelo advento do Decreto-lei n° 1.894/91, que alterou o critério subjetivo da norma do crédito-prêmio, sem estipular termo final de vigência ou parâmetros de redução do incentivo.

que se opera a chamada *revogação tácita*, também denominada *revogação por incompatibilidade*.

Referidos critérios prestam-se, outrossim, a conferir segurança jurídica, na medida em que direcionam a atividade do aplicador, conferindo previsibilidade e estabilidade às relações intersubjetivas. O ordenamento brasileiro não se compadece com a indefinibilidade do comando aplicável. Por isso, o constituinte erigiu regras que servem como diretrizes aos destinatários normativos, tais como os princípios da legalidade, da igualdade, da irretroatividade, da anterioridade etc., cuja observância implementa o sobreprincípio da segurança jurídica, vetor relevantíssimo do sistema.

Tal ilação, entretanto, comporta duas verificações: uma, que se dá no plano sintático-semântico; outra, no plano pragmático da linguagem jurídico-normativa. A certificação sintático-semântica da existência daqueles princípios, em dado ordenamento, não garante o reconhecimento do sobreprimado da segurança jurídica, pois uma linguagem não pode prescindir de sua dimensão pragmática, e o direito positivo, como tal, é concebido para projetar-se sobre a região material das condutas intersubjetivas, disciplinando-as para a obtenção de certos valores. Sendo assim, de nada adiantam direitos e garantias individuais, placidamente inscritos na Lei Magna, se os órgãos a quem compete efetivá-los não o fizerem das maneiras que o bom uso jurídico requer. Não haverá respeito ao sobreprincípio da segurança jurídica sempre que as diretrizes que o realizem venham a ser concretamente desrespeitadas e tais situações infringentes se perpetuem no tempo, consolidando-se.

— 1.2 —

Segurança jurídica e mutações jurisprudenciais: a incidência do IPI nas importações feitas por não contribuintes. Necessidade de reversão do entendimento atual do STF, com modulação de seus efeitos. Tema 643 – Repercussão Geral.

SACHA CALMON NAVARRO COÊLHO[1]

ANDRÉ MENDES MOREIRA[2]

Sumário: Proêmio; 1. Introdução; 1.1. Definição de princípio jurídico; 1.2. Princípios implícitos e explícitos; 2. O Sistema Constitucional Tributário; 3. Princípio constitucional da segurança jurídica; 3.1. Funções e escopos de efetividade; 3.2. Princípio da certeza do direito; 3.3. A estabilidade sistêmica; 3.4. Princípio da proteção da confiança; 3.5. Princípio da Irretroatividade; 4. A necessária incidência do IPI na importação, mesmo quando esta for feita por não contribuintes do imposto; 4.1. A tributação indireta como instrumento fiscal alternativo aos tributos diretos; 4.2. Os problemas da tributação plurifásica cumulativa; 4.3. A plurifasia não cumulativa como opção; 4.4. As vantagens da plurifasia não cumulativa; 4.5. O histórico da implantação dos IVAs brasileiros: IPI e ICMS; 4.6. A jurisprudência acerca da incidência de IPI e ICMS nas importações de mercadorias por não contribuintes; 4.7. Nossa opinião: necessária incidência de ICMS (que já ocorre por força da EC nº 33/01) e de IPI nas importações por não contribuintes: inexistência de ferimento à não cumulatividade; 5. Conclusões.

Proêmio

Honrados com o convite formulado pelos Professores e Magistrados Andrei Pitten Velloso e Marcus Lívio Gomes para integrar este *liberamicorum* em justo louvor ao Ministro e Professor Luiz Fux, versaremos, conforme nos foi solicitado, sobre a temática da segurança jurídica em face das mutações jurisprudenciais e a necessária proteção da confiança do contribuinte nesse cenário.

---

[1] Professor Titular de Direito Tributário da UFRJ; Doutor em Direito Público pela UFMG; Presidente da Associação Brasileira de Direito Financeiro; Ex-Procurador Chefe da Fazenda Estadual de Minas Gerais.

[2] Professor Adjunto de Direito Tributário da UFMG; Doutor (USP) e Mestre (UFMG) em Direito Tributário; Diretor da Associação Brasileira de Direito Tributário.

Ainda dentro da proposta sugerida para este trabalho, a proteção da confiança será analisada à luz de tema cuja repercussão geral já foi reconhecida pelo STF e que, atualmente, aguarda julgamento pelo Plenário da Corte: a incidência do IPI nas importações por não contribuintes do imposto.

Tal escolha foi feita pois existe atualmente jurisprudência que entendemos equivocada, *data maxima venia*, dispensando o recolhimento do IPI quando o importador for pessoa física ou jurídica não contribuinte do imposto. O fundamento para tal benesse radica na impossibilidade de se compensar o IPI-importação com o IPI devido internamente pelo importador se este não for contribuinte em suas operações no país (a compensação será impossível, portanto, pelo fato de inexistir imposto a compensar). A partir dessa constatação, concluem os adeptos de tal corrente de pensamento que eventual incidência do IPI nas importações efetivadas por não contribuintes violaria a não cumulatividade tributária que o rege.

A nosso sentir tal medida fere a isonomia tributária entre os bens nacionais e estrangeiros, em favor destes últimos, contribuindo para agravar a situação da indústria nacional – que se sujeita ao pagamento do IPI independentemente de quem seja o seu comprador, contribuinte ou não do imposto. Ademais, temos que inexiste violação à não cumulatividade tributária pela incidência do IPI na importação realizada por não contribuinte do imposto. A impossibilidade de compensação decorre da simples inexistência de IPI a pagar, salvo o da importação.

Por esse motivo entendemos que seria louvável uma mutação da jurisprudência do STF em relação a este tema. Contudo, haja vista os inúmeros precedentes do STJ e também do próprio STF dispensando a recolha do IPI nas importações realizadas por não contribuintes, é fundamental que tal mudança de orientação se aplique apenas "pro futuro", com eficácia prospectiva, sob pena de impingir efeitos retroativos às normas tributárias (que emanam não apenas do Legislativo, mas também do Judiciário), em prejuízo da confiança do contribuinte.

As linhas a seguir buscam desenvolver os argumentos acima expendidos.

1. Introdução

1.1. Definição de princípio jurídico

O direito não é isento de valores. Como parte do mundo da cultura, o sistema jurídico apresenta carga axiológica cuja intensidade é mais acentuada em determinadas normas. A qualificação valorativa mais acentuada distancia a norma de parâmetros de concreção típicos das regras, de modo que, em função de seu papel sintático no conjunto, essas normas exercem influência sobre diversos segmentos do ordenamento.[3] A essas normas dá-se o nome de princípios, os quais cumprem o papel de "linhas diretivas que iluminam a compreensão de setores normativos, imprimindo-lhes ca-

---

[3] Analisando os diferentes usos do vocábulo "princípio", BARROS CARVALHO discrimina quatro conteúdos semânticos possíveis: (i) como norma jurídica de posição privilegiada e portadora de valor expressivo; (ii) como norma de posição privilegiada e que estipula limites objetivos; (iii) como os valores insertos em normas jurídicas de posição privilegiada, mas considerados independentemente das estruturas normativas. e (iv) como o limite objetivo estipulado em regra de forte hierarquia, tomado, porém , sem levar em conta a estrutura normativa (CARVALHO, Paulo de Barros. *Curso de Direito Tributário*. 23. ed. São Paulo: Saraiva, 2011, p. 192).

ráter de unidade relativa e servindo de fator de agregação num determinado feixe de normas".[4]

A normatividade dos princípios é questão que não alimenta, atualmente, candentes debates.[5] Decerto, existe quase um consenso de que a categoria "norma" é um gênero do qual "regras" e "princípios" são as espécies. No entanto, ainda perdura o debate sobre as formas de distinção entre essas duas espécies normativas, assim como sobre os caracteres definidores das normas principiológicas.[6] Ao longo dos muitos anos de desenvolvimento da dogmática, o conceito de princípios jurídicos se modificou em diversos aspectos, motivo pelo qual cumpre destacar algumas definições da espécie.

LARENZ qualifica os princípios jurídicos como "pautas diretivas de normação jurídica".[7] Importante é a remissão dos princípios à ideia de direito, sendo esse dado o principal critério distintivo entre regras e princípios segundo o autor. Ademais, falta aos princípios a concreção característica das regras, compreendida como o caráter de uma proposição jurídica, isto é, a conexão entre uma hipótese de aplicação e uma consequência jurídica. No entanto, a concreção pode variar de grau entre princípios, havendo, inclusive, alguns que podem ser aplicados tal como regras. Nessa linha, LARENZ divide os princípios em duas categorias:[8] princípios abertos (princípio do Estado de Direito, *v.g.*) e princípios com forma de proposições jurídicas (legalidade tributária, *v.g.*).

CANARIS elenca quatro características básicas dos princípios: (i) não valem sem exceção e podem entrar entre si em oposição ou em contradição; (ii) não têm a pretensão de exclusividade; (iii) ostentam seu sentido próprio apenas numa combinação de complementação e restrição recíprocas; e (iv) precisam, para sua realização, de uma concretização através de subprincípios e valores singulares, com conteúdo material próprio.[9]

DWORKIN define princípios como "um padrão que deve ser observado, não porque vá promover ou assegurar uma situação econômica, política ou social considerada desejável, mas porque é uma exigência de justiça ou equidade ou alguma outra dimensão da moralidade".[10] Para o autor, a distinção entre as espécies normativas é de natureza lógica. As regras são aplicáveis, tradicionalmente, à maneira do tudo-ou-nada (*all-or-nothing*), ou seja, de forma disjuntiva. Assim, dados os fatos que uma regra estipula, "então ou a regra é válida, e neste caso a resposta que ela fornece deve ser aceita, ou não é válida, e neste caso em nada contribui para a decisão".[11]

---

[4] CARVALHO, Paulo de Barros. *Curso de Direito Tributário*. 23. ed. São Paulo: Saraiva, 2011, p. 197.

[5] Cf. BOBBIO, Norberto. *Teoria Geral do Direito*. Trad. Denise Agostinetti. 3. ed. São Paulo: Martins Fontes, 2010, p. 309 .

[6] Cf. BONAVIDES, Paulo. *Curso de Direito Constitucional*. 27. ed. São Paulo: Malheiros, 2012, p. 298.

[7] LARENZ, Karl. *Metodologia da Ciência do Direito*. Trad. José Lamego. 4. ed. Lisboa: Fundação Calouste Gulbenkian, 2005, p. 674.

[8] LARENZ, Karl. *Metodologia da Ciência do Direito*. Trad. José Lamego. 4. ed. Lisboa: Fundação Calouste Gulbenkian, 2005, p. 682 – 683.

[9] CANARIS, Claus-Wilhelm. *Pensamento sistemático e conceito de sistema na ciência do direito*. Trad. A. Menezes de Cordeiro. Lisboa: Fundação Calouste Gulbenkian, 1989, p. 88.

[10] DWORKIN, Ronald. *Levando os direitos a sério*. Trad. Nelson Boeira. 2. ed. São Paulo: Martins Fontes, 2007, p. 36.

[11] DWORKIN, Ronald. *Levando os direitos a sério*. Trad. Nelson Boeira. 2. ed. São Paulo: Martins Fontes, 2007, p. 39.

Lado outro, os princípios operam de maneira diversa, porquanto não apresentam consequências jurídicas que se seguem quando as condições são dadas. Os princípios possuem dimensão estranha às regras: a dimensão de peso ou importância (*dimension of weight*), a qual permite a ponderação dessas normas na hipótese de intercruzamento (colisão). Desse modo, no caso de choques entre princípios, ocorre, somente, a não aplicação de um deles, e não a invalidação de um ou ambos.

ALEXY defende, semelhantemente a DWORKIN, que os princípios consistem em uma espécie de norma jurídica, por meio da qual são estabelecidos "deveres de otimização" aplicáveis em vários graus, segundo as possibilidades normativas e fáticas, ou seja, os princípios impõem que algo seja realizado "na medida do possível".[12] Desse modo, a ponderação é o modo peculiar de aplicação dos princípios, diferentemente das regras que são aplicadas mediante subsunção.[13]

Entre nós brasileiros, interessante definição foi dada por CELSO ANTÔNIO BANDEIRA DE MELLO, para quem princípio é o "mandamento nuclear de um sistema, verdadeiro alicerce dele, disposição fundamental que se irradia sobre diferentes normas compondo-lhes o espírito e servindo de critério para sua exata compreensão e inteligência, exatamente por definir a lógica e a racionalidade do sistema normativo, no que lhe confere a tônica e lhe dá sentido harmônico. É o conhecimento dos princípios que preside a intelecção das diferentes partes componentes do todo unitário que há por nome sistema jurídico positivo".[14]

1.2. Princípios implícitos e explícitos

Os princípios podem ser divididos mediante o emprego dos mais variados critérios. Por ora, entretanto, interessa-nos, somente, a distinção entre os explícitos e os implícitos.

Os princípios podem encontrar previsão expressa, resultado de opção do legislador constituinte, o qual elaborou dispositivo específico no qual se consubstanciará a norma. Nesse caso, tratar-se-á de princípio explícito, cujos exemplos são diversos: legalidade tributária (art. 150, I), isonomia (art. 150, II), anterioridade (art. 150, III, "b"), entre outros. Na hipótese de o princípio só ser cognoscível mediante alguma operação lógica (especialmente de natureza indutiva), não encontrando positivação em artigo da Constituição, essa norma será implícita. São exemplos de princípios implícitos: proteção da confiança, praticidade tributária, inviolabilidade da intimidade e de dados.

De fato, não importa se um princípio é explícito ou implícito, mas sim se existe ou não.[15] Não há uma hierarquia preestabelecida entre os representantes dessa espécie normativa, sendo os princípios implícitos tão importantes quanto os explícitos.[16] Na realidade, como aponta SOUTO MAIOR BORGES, citado por CARRAZZA, a

---

[12] ALEXY, Robert. *Teoria dos Direitos Fundamentais*. Trad. Virgílio Afonso da Silva. São Paulo: Malheiros, 2008, p. 90.

[13] ALEXY, Robert. *Conceito e validade do direito*. Trad. Gercélia Batista de Oliveira Mendes. São Paulo: Martins Fontes, 2009, p. 85.

[14] MELLO, Celso Antônio Bandeira de. *Curso de direito administrativo*. 29. ed. São Paulo: Malheiros, 2012, p. 974 – 975.

[15] CARRAZZA, Roque Antonio. *Curso de Direito Constitucional Tributário*. 28. ed. São Paulo: Malheiros, 2012, p. 47.

[16] SUNDFELD, Carlos Ari. *Fundamentos de Direito Público*. 4. ed. São Paulo: Malheiros, 2009, p. 150.

predominância de um princípio sobre o outro dependerá somente da abrangência de cada um.[17]

2. O Sistema Constitucional Tributário

Analisando a Constituição portuguesa, CANOTILHO afirmou se tratar de um sistema normativo aberto de regras e princípios.[18] Com efeito, essas considerações não ficam restritas à realidade jurídica portuguesa, sendo plenamente aplicáveis à Carta Magna brasileira, inclusive a cada um de seus subsistemas. Desse modo, o (sub)sistema constitucional tributário é um sistema dinâmico (como propugnado por KELSEN[19]) de regras e princípios, dotado de abertura para modificações em face das demandas presentes no meio (aos moldes da teoria dialógica de ROLF-PETTER CALLIESS[20]), com o objetivo de estabilizar contrafaticamente expectativas (em consonância com a teoria dos sistemas sociais de LUHMANN[21]).

O sistema constitucional tributário é formado pelo quadro orgânico das normas que versam matéria tributária, a nível constitucional. Como observa BARROS CARVALHO,[22] o mencionado sistema dispõe sobre os poderes estatais no campo da tributação, bem como sobre as medidas que asseguram as garantias imprescindíveis à liberdade das pessoas subordinadas a esses poderes. Nessa linha, empreende uma construção harmoniosa de normas e estruturas axiológicas, de modo a atingir o valor supremo da certeza e da segurança nas relações entre Administração e administrados.

Nessa senda, HELENO TORRES aponta o compromisso constitucional do Estado com a segurança jurídica no direito tributário, afirmando que "o Sistema Constitucional Tributário equivale a uma escolha da Constituição por fins, meios e valores que devem servir à criação e aplicação dos regimes jurídicos de todos os tributos, com a concretização de seus princípios e competências, o que é o mesmo que o prover de segurança jurídica permanentemente".[23] Por isso, o autor conclui, acertadamente, que a referência ao sistema constitucional tributário já é expressão de segurança jurídica, como "norma de proibição contra comportamentos normativos ou hermenêuticos contrários ao modelo sistêmico exigido ou dirigidos a comprometer sua efetividade (função de bloqueio); e como norma garantia, que permite a concreti-

---

[17] CARRAZZA, Roque Antonio. *Curso de Direito Constitucional Tributário*. 28. ed. São Paulo: Malheiros, 2012, p. 47.

[18] CANOTILHO decodifica sua afirmação por meio do seguinte esquema: "(1) – é um sistema jurídico porque é um sistema dinâmico de normas; (2) – é um sistema aberto porque tem uma estrutura dialógica (Calliess) traduzida na disponibilidade e 'capacidade de aprendizagem' das normas constitucionais para captarem a mudança da realidade e estarem abertas às concepções cambiantes da 'verdade' e da 'justiça'; (3) – é um sistema normativo, porque a estruturação das expectativas referentes a valores, programas, funções e pessoas, é feita através de normas; (4) – é um sistema de regras e de princípios, pois as normas do sistema tanto podem revelar-se sob a forma de princípios como sob a sua forma de regras" (CANOTILHO, J. J. Gomes. *Direito Constitucional e Teoria da Constituição*. 2. ed. Coimbra: Almedina, 1998, p. 1.033).

[19] KELSEN, Hans. *Teoria Geral do Direito e do Estado*. Trad. Luís Carlos Borges. 4. ed. São Paulo: Martins Fontes, 2005, p. 161 – 165

[20] Cf.: BONAVIDES, Paulo. *Curso de Direito Constitucional*. 27. ed. São Paulo: Malheiros, 2012, p. 131.

[21] LUHMANN, Niklas. *Sociologia do direito I*. Trad. Gustavo Bayer. Rio de Janeiro: Tempo Brasileiro, 1983, p. 62

[22] CARVALHO, Paulo de Barros. *Curso de Direito Tributário*. 23. ed. São Paulo: Saraiva, 2011, p. 190.

[23] TORRES, Heleno Taveira. *Direito Constitucional Tributário e Segurança Jurídica. Metódica da Segurança Jurídica do Sistema Constitucional Tributário*. São Paulo: Revista dos Tribunais, 2011a, p. 19.

zação dos princípios do sistema tributário, e da segurança jurídica, em particular, nas suas máximas possibilidades".[24] Com efeito, a segurança jurídica no sistema tributário é reflexo do garantismo constitucional no Estado Democrático de Direito.[25]

A adoção de um sistema tributário dotado de harmonia, clareza, transparência, inteligibilidade, praticabilidade, didática e comprovabilidade é essencial para diminuir a condição de incerteza em que vive o contribuinte. De fato, como afirmam KLAUS TIPKE e JOACHIM LANG,[26] o cidadão sente o Estado Tributário não como Estado de Direito, mas como insaciável Leviatã. Somente com um direito tributário fundado, construído e mantido pelo valor máximo da segurança jurídica, é possível reverter essa situação. Analisemos, então, este que pode ser considerado um sobreprincípio do ordenamento jurídico.

3. Princípio constitucional da segurança jurídica

3.1. Funções e escopos de efetividade

O homem necessita de segurança para conduzir, planificar e conformar autônoma e responsavelmente a sua vida.[27] Para tanto, atua o sistema jurídico, no qual é depositada a confiança pela população em virtude dos processos de institucionalização e de diferenciação sistêmica. No entanto, como em qualquer modelo de organização, o direito não é alheio a "potenciais riscos ou inseguranças, os quais podem se converter em arbítrio, em injustiça, em quebra das expectativas ou de situações já constituídas".[28] Desse modo, como esclarece HELENO TORRES, tem-se a facticidade da insegurança jurídica, cuja criação se dá intrassistemicamente. Nessa linha, a fim de propagar, no seio da comunidade social, o sentimento de previsibilidade quanto aos efeitos da regulação da conduta, lança-se mão do princípio da segurança jurídica.

O princípio (ou sobreprincípio) da segurança jurídica não encontra formulação expressa na Constituição da República, ainda que existam algumas alusões mais ou menos reflexas ao longo do texto constitucional (Preâmbulo, "caput" dos arts. 5º e 6º e art. 103-A).

Tradicionalmente, a segurança jurídica é considerada como uma derivação do postulado do Estado de Direito, tendo o Supremo Tribunal Federal no julgamento da Questão de Ordem na Petição nº 2.900/RS (2ª Turma, Rel. Min. GILMAR MENDES, j. 27.05.03) se orientado por esse raciocínio. No entanto, o princípio não pode ser reduzido a uma perspectiva histórica da conformação estatal, devendo ser reconheci-

---

[24] TORRES, Heleno Taveira. *Direito Constitucional Tributário e Segurança Jurídica. Metódica da Segurança Jurídica do Sistema Constitucional Tributário*. São Paulo: Revista dos Tribunais, 2011a, p. 19.

[25] Além de assegurar a segurança jurídica nas relações entre o ente tributante e o contribuinte, acrescentamos, na esteira de KLAUS TIPKE e JOACHIM LANG, os benefícios à aplicação do direito advindos da adoção do pensamento sistêmico: (i) adquirir critérios de interpretação teleológica; (ii) descobrir e colmatar lacunas da lei; e (iii) descobrir ofensas à regra da igualdade. (TIPKE, Klaus; LANG, Joachim. *Direito Tributário (Steuerrecht)*. v. I. Trad. Luiz Doria Furquim. Porto Alegre: Sergio Antonio Fabris, 2008, p. 180).

[26] TIPKE, Klaus; LANG, Joachim. *Direito Tributário (Steuerrecht)*. v. I. Trad. Luiz Doria Furquim. Porto Alegre: Sergio Antonio Fabris, 2008, p. 166.

[27] CANOTILHO, J. J. Gomes. *Direito Constitucional e Teoria da Constituição*. 2. ed. Coimbra: Almedina, 1998, p. 250.

[28] TORRES, Heleno Taveira. *Direito Constitucional Tributário e Segurança Jurídica. Metódica da Segurança Jurídica do Sistema Constitucional Tributário*. São Paulo: Revista dos Tribunais, 2011a, p. 21.

da a imanência da segurança jurídica a partir do sistema jurídico.[29] Decerto, trata-se de norma axiomática de qualquer ordem jurídica, dedutível dos direitos e garantias fundamentais.

O conteúdo do princípio da segurança jurídica é objeto de candentes debates na ciência do direito, tendo sido defendido por parcela da doutrina que se trata da mera exigência de positividade.[30] No entanto, em vista da diversificação dos papéis da aludida garantia, firmaram-se diferentes escopos de efetividade do princípio. De acordo com HELENO TORRES, as funções sistêmicas da segurança jurídica se operam, precipuamente, por meio de três núcleos: certeza, estabilidade e confiabilidade.

3.2. Princípio da certeza do direito

O princípio da certeza do direito é associado à segurança jurídica em âmbito formal, constituindo afirmação máxima do Estado de Direito.[31] Consoante o modelo normativo kelseniano, a produção de normas é o resultado de atos de vontade de autoridades, às quais foi atribuída competência por normas hierarquicamente superiores. A constatação dos elos sistêmicos de validade engendra, nos indivíduos, um efeito de certeza ou orientação sobre os parâmetros em que essas normas foram criadas e como elas se relacionam com o restante do sistema.

Nesse sentido, surge uma expectativa legítima derivada da certeza a respeito da validade das normas, de modo que haja confiança sobre os conteúdos normativos (e consequentemente sobre os direitos oriundos da aplicação dessas normas). O planejamento fiscal de uma empresa depende da orientação apresentada por atos normativos, projetando os efeitos da certeza, ou seja, da segurança jurídica para o futuro. Não se pode olvidar da função desempenhada pelas normas para a previsibilidade de condutas, pois, como afirmou BECKER, a finalidade do direito é "conferir certeza à incerteza das relações sociais".[32]

KLAUS TIPKE ressalta o papel do princípio da certeza do direito para a garantia da cognoscibilidade (acessibilidade cognitiva) das normas, contra diplomas normativos ininteligíveis ou de prejudicial indeterminação. Analisando sob a ótica do sistema alemão, o autor reputa "inconstitucionais preceitos legais por motivo de extrema indeterminabilidade (...), quando de qualquer modo não são aplicáveis, exequíveis, judiciáveis".[33] De fato, o problema da determinação do direito, isto é, da clareza da norma afeta a certeza no Sistema Tributário Nacional, sendo necessário "reduzir a indeterminação de suas regras, mediante ações e procedimentos que con-

---

[29] CANARIS destaca o papel da segurança jurídica no sistema jurídico, notadamente quanto aos vetores de "determinabilidade e previsibilidade do Direito, como estabilidade e continuidade da legislação e da jurisprudência ou simplesmente como praticabilidade da aplicação do Direito" (CANARIS, Claus-Wilhelm. *Pensamento sistemático e conceito de sistema na ciência do direito*. Trad. A. Menezes de Cordeiro. Lisboa: Fundação CalousteGulbenkian, 1989, p. 22).

[30] Para RADBRUCH, a segurança jurídica integra, em conjunto com a justiça e a utilidade, a ideia de direito, equivalendo à exigência de positividade da ordem jurídica (RADBRUCH, Gustav. *Filosofia do Direito*. Trad. Marlene Holzhausen. 2. ed. São Paulo: Martins Fontes, 2010, p. 108).

[31] TORRES, Heleno Taveira. *Direito Constitucional Tributário e Segurança Jurídica. Metódica da Segurança Jurídica do Sistema Constitucional Tributário*. São Paulo: Revista dos Tribunais, 2011a, p. 200.

[32] BECKER, Alfredo Augusto. *Teoria geral do direito tributário*. 3. ed. São Paulo: Lejus, 2002, p. 76.

[33] TIPKE, Klaus; LANG, Joachim. *Direito Tributário (Steuerrecht)*. v. I. Trad. Luiz Doria Furquim. Porto Alegre: Sergio Antonio Fabris, 2008, p. 246.

firam certeza aos conteúdos das competências, dos direitos e garantias inerentes às medidas de justiça do sistema tributário, para que se tenha estabilidade na aplicação das leis tributárias, a partir de uma construção de sentido orientada pelo fim sistêmico da segurança jurídica".[34]

3.3. A estabilidade sistêmica

A função da estabilidade sistêmica compreende a segurança jurídica objetiva, ou seja, a garantia de coerência e estabilidade do sistema jurídico. Esse escopo do princípio pode ser dividido em:

(i) estabilidade das formas;

(ii) estabilidade temporal;

(iii) estabilidade por calibração ou balanceamento do sistema de normas; e

(iv) segurança jurídica dos princípios.

No primeiro caso, busca-se a coerência estrutural, especialmente no que tange à coordenação de normas e órgãos entre si, com respeito à hierarquia, competência, procedimentos e diferenciações sistêmicas. Trata-se de espécie deveras semelhante ao princípio da certeza do direito.

Na hipótese da estabilidade temporal, a segurança jurídica cristaliza situações regularmente constituídas e direitos subjetivos do presente ou do passado, a fim de que produzam efeitos em épocas posteriores. Como exemplo, pode-se citar a proteção da coisa julgada, da preservação do direito adquirido e da irretroatividade de normas não benignas. Essas afirmações se entrelaçam com a teoria sistêmica de LUHMANN, para quem a normatividade busca desvendar o futuro, na medida em que a estabilização das expectativas projetadas no tempo é um dado necessário para viver racionalmente o presente.[35]

A segurança jurídica por calibração da ordem jurídica concerne à confiança legítima oriunda de diferentes casos inerentes ao funcionamento sistêmico, e que não são passíveis de solução com recurso à certeza jurídica, à estabilidade das formas ou à temporal,[36] sendo, portanto, uma modalidade residual.

Por último, a segurança jurídica pelos princípios representa uma típica garantia dos direitos fundamentais. Ao contrário dos efeitos anteriormente citados (irretroatividade, não contradição entre normas, preservação da hierarquia, *v.g.*), que são de natureza formal, a estabilidade do ordenamento por meio dos instrumentos de coerência da ordem dos princípios possui dimensão material, abrangendo todos os meios necessários "à efetivação dos princípios e valores, bem como o sopesamento, ademais das garantias constitucionais de proibição de excesso, proporcionalidade e razoabilidade".[37] Decerto, a segurança jurídica dos princípios é um reflexo do constitucionalismo do Estado Democrático de Direito, tornando o princípio uma garantia material.

---

[34] TORRES, Heleno Taveira. *Direito Constitucional Tributário e Segurança Jurídica. Metódica da Segurança Jurídica do Sistema Constitucional Tributário*. São Paulo: Revista dos Tribunais, 2011a, p. 203.

[35] LUHMANN, Niklas. *Sociologia do Direito II*. Trad. Gustavo Bayer. Rio de Janeiro: Tempo Brasileiro, 1985, p. 11.

[36] TORRES, Heleno Taveira. *Direito Constitucional Tributário e Segurança Jurídica. Metódica da Segurança Jurídica do Sistema Constitucional Tributário*. São Paulo: Revista dos Tribunais, 2011a, p. 207.

[37] TORRES, Heleno Taveira. *Direito Constitucional Tributário e Segurança Jurídica. Metódica da Segurança Jurídica do Sistema Constitucional Tributário*. São Paulo: Revista dos Tribunais, 2011a, p. 207.

3.4. Princípio da proteção da confiança

Como lembra MISABEL DERZI, citando MATTERN, o Estado de Direito não é apenas Estado das leis, pois administrar conforme a lei é antes administrar conforme o direito, razão pela qual a proteção da confiança e a boa-fé são componentes indivisíveis da legalidade, do Estado de Direito e da Justiça.[38] Como destaca a autora, a confiança legítima depositada no Estado apresenta dois pressupostos: (a) fato comissivo ou omissivo do ente estatal, realizado no passo, que desencadeará a confiança do cidadão, ou estará apto a fazê-lo; (b) configuração da confiança percebida e justificada.[39] De fato, o princípio da proteção da confiança compreende o passado (ato gerador estatal da confiança), mas se projeta para o futuro, tutelando a confiabilidade em sentido estrito.[40]

No direito tributário, a proteção da confiança ganha relevo em duas hipóteses distintas:

(i) nas situações ilícitas praticadas pelo Estado, indutoras de confiança, que não podem ser mantidas, ou o são precariamente, mas que, de todo modo, induzem a tutela da confiança do cidadão (benefícios fiscais concedidos sem a exigência previstas na Constituição ou em Lei, *v.g.*); e

(ii) nas situações lícitas que tenham delimitado a esfera jurídica do cidadão, ocorrendo, posteriormente, a modificação do quadro pela Administração Pública (revogação de benefícios concedidos, v.g.), o que fere as expectativas anteriormente geradas, nas quais o cidadão havia investido. Assim, MISABEL DERZI conclui que são dignas de tutela: a proteção da continuidade; a fidelidade ao sistema e à justiça; a proteção da disposição concreta e ao investimento.[41]

Vale aqui também registrar o fundamentado posicionamento de HELENO TORRES, que recusa a autonomia do princípio da proteção da confiança em relação ao princípio da segurança jurídica, visto que aquele é "manifestação do efeito de observância deste princípio na conduta de quem o alega".[42] Para o jurista pernambucano radicado em São Paulo, a confiança legítima se demonstra a partir do agir conforme a legalidade por parte de vários contribuintes, que nada mais é do que a expressão de segurança jurídica no sistema, a qual permite certeza e estabilidade das obrigações do cidadão.

3.5. Princípio da Irretroatividade

Decorrência lógica da segurança jurídica é a impossibilidade de aplicação retroativa do direito, que deve ser compreendida não apenas como um comando dirigido ao legislador, mas também ao Poder Judiciário. Afinal, mudanças de orientação na jurisprudência que agravem a situação do contribuinte somente devem valer *pro fu-*

---

[38] DERZI. Misabel Abreu Machado. *Modificações da jurisprudência. Proteção da confiança, boa-fé objetiva e irretroatividade como limitações constitucionais ao poder judicial de tributar*. São Paulo: Noeses, 2009, p. 377.

[39] DERZI. Misabel Abreu Machado. *Modificações da jurisprudência. Proteção da confiança, boa-fé objetiva e irretroatividade como limitações constitucionais ao poder judicial de tributar*. São Paulo: Noeses, 2009, p. 377.

[40] HELENO TORRES também discrimina os requisitos necessários para a comprovação da confiança legítima: (i) situação passível de proteção; (ii) legitimidade da conduta de quem alega a eficácia da confiança; (iii) titularidade; e (iv) ato de órgão ou de autoridade pública que contraria o direito exercido em um estado de confiança (TORRES, Heleno Taveira. *Direito Constitucional Tributário e Segurança Jurídica. Metódica da Segurança Jurídica do Sistema Constitucional Tributário*. São Paulo: Revista dos Tribunais, 2011a, p. 215- 216).

[41] DERZI. Misabel Abreu Machado. Modificações da jurisprudência. Proteção da confiança, boa-fé objetiva e irretroatividade como limitações constitucionais ao poder judicial de tributar. São Paulo: Noeses, 2009, p. 412.

[42] TORRES, Heleno Taveira. *Direito Constitucional Tributário e Segurança Jurídica. Metódica da Segurança Jurídica do Sistema Constitucional Tributário*. São Paulo: Revista dos Tribunais, 2011a, p. 217.

turo em matéria tributária.De fato, a estabilização dos direitos e fatos validamente constituídos no passado – fenômeno essencial para a previsibilidade do direito – traduz elemento indutor de confiabilidade no ordenamento.

A irradiação da segurança jurídica, que, aos moldes de uma garantia, não é passível de ponderabilidade, já é o suficiente para impedir os efeitos retroativos não benignos de atos normativos (que podem decorrer tanto da lei como de decisões judiciais, em especial dos Tribunais Superiores). Esse raciocínio é especialmente valioso para as ordens jurídicas que não preveem, expressamente, a irretroatividade das normas tributárias mais gravosas. Aludindo ao sistema alemão, KLAUS TIPKE aponta que a jurisprudência deduz o referido princípio a partir da relação mantida entre a segurança jurídica e os direitos fundamentais que seriam turbados pela aplicação retroativa das normas tributárias. Nesse sentido, a confiabilidade da Ordem Jurídica – entendida como uma condição fundamental das Constituições Liberais – seria deveras ameaçada caso o poder público fosse legitimado a ligar posteriormente à conduta do indivíduo ou às circunstâncias a ele referentes consequências jurídicas mais gravosas do que as vigiam no momento do comportamento juridicamente relevante do contribuinte.[43] Em outras palavras, não se pode desviar do aforismo *tempus regit factum*.

Albergada pelo princípio da não surpresa, a irretroatividade traduz a garantia do contribuinte em não ver seu planejamento fiscal frustrado diante da aplicação temporalmente regressiva de normas tributárias não benignas.[44] Nessa linha, o princípio analisado encontra-se amparado, igualmente, pela capacidade contributiva, uma vez que a constatação do signo de riqueza para a apuração do crédito tributário deve ser realizada contemporaneamente ao fato jurígeno.[45] Nesses mesmos termos, a doutrina tributária italiana supriu a ausência de uma vedação expressa à irretroatividade das leis no direito tributário, como se observa da obra de BENEDETTO COCIVERA.[46] Decerto, não há como se sustentar a existência de capacidade contributiva que não esteja legalmente qualificada no momento da ocorrência do fato traduzido como signo presuntivo de riqueza.

Obviamente, como leciona HELENO TORRES, a vedação à retroatividade das leis tributárias não se reveste de caráter absoluto, existindo, assim, algumas hipóteses em que as normas legais serão aplicadas a situações anteriores à vigência do diploma que as veiculou. Decerto, o princípio da interdição à retroatividade veda tudo aquilo que consiste em inovação de obrigações ou deveres mais gravosos para o contribuinte, traduzindo autêntico direito fundamental aplicável nos mais diversos eventos, como a criação de obrigações acessórias, aumento de multas, entre outros.[47]

Inobstante, fato é que a existência de posicionamento iterativo do Supremo Tribunal Federal sobre determinada matéria, dispensando o recolhimento do tributo pelos contribuintes que buscam a proteção judicial, serve de elemento norteador para

---

[43] TIPKE, Klaus; LANG, Joachim. *Direito Tributário (Steuerrecht)*. v. I. Trad. Luiz Doria Furquim. Porto Alegre: Sergio Antonio Fabris, 2008, p. 248.

[44] MANEIRA, Eduardo. *Direito Tributário. O princípio da não surpresa*. Belo Horizonte: Del Rey, 1994, p. 161.

[45] COÊLHO, Sacha Calmon Navarro. *Comentários à Constituição de 1988. Sistema Tributário*. Rio de Janeiro: Forense, 2006, p. 284.

[46] COCIVERA, Benedetto. *Principididirittotributario*. v. I. Milano: Giuffrè, 1959, p. 90.

[47] TORRES, Heleno Taveira. "Temporalidade e segurança jurídica. Irretroatividade e Anterioridade Tributárias". In: *Revista da PGFN*. v. 1, n. 1 (jan/jun. 2011). Brasília: PGFN, 2011b, p. 55.

todos os cidadãos do país. Assim, eventual mutação em jurisprudência pacificada que dispense o pagamento de tributo em determinada situação, caso ocorra, deve valer apenas *pro futuro*, para os fatos ainda não ocorridos, eis que os concretizados à luz da jurisprudência anterior, benéfica aos contribuintes, devem se submeter ao entendimento até então vigente nos Tribunais Superiores, para manutenção da estabilidade sistêmica e proteção da confiança do jurisdicionado.

É com base nessas premissas que analisaremos, a seguir, hipótese na qual entendemos ser necessária uma mudança de posição do STF, para determinar a tributação de fatos que, até então, têm sido considerados não tributáveis pela Corte Suprema. Tal modificação no entendimento do Tribunal, contudo, somente poderá atingir os fatos ocorridos após a mutação da jurisprudência.

É conferir.

4. A necessária incidência do IPI na importação, mesmo quando esta for feita por não contribuintes do imposto

Para adequada explanação do nosso ponto de vista, faz-se mister uma brevíssima incursão sobre os tributos indiretos e a não cumulatividade tributária, notas características do imposto federal *sub examine*. É ver.

4.1. A tributação indireta como instrumento fiscal alternativo aos tributos diretos

Apesar de HECTOR VILLEGAS[48] noticiar que a classificação dos tributos em diretos e indiretos é, dentre as espécies existentes, a mais antiga no mundo ocidental, impende notar que a tributação indireta foi utilizada de forma mais intensiva no final do século XVIII, especialmente no período pós-Revoluções burguesas.

Como até aquele momento histórico a carga tributária era em regra suportada apenas pela plebe, contribuindo o clero com suas preces e os nobres com suas vidas em caso de guerra, a utilização de um tributo que alcançasse de forma indistinta todos os cidadãos, no mesmo patamar, viabilizaria a implantação do princípio da igualdade, ao menos em seu aspecto formal.

Essa a gênese da tributação indireta, que, nascida monofásica, por necessidades de caixa do Estado, rapidamente se transformou em plurifásica, gravando as diversas fases de comercialização dos bens e serviços.

Foi a partir dessas premissas que o sistema de tributação plurifásico sobre o consumo se desenvolveu e, no primeiro quartel do século XX, já era utilizado nos cinco continentes, em países tão distintos quanto as Filipinas e a Alemanha.

A vantagem da plurifasia cumulativa é a sua simplicidade, haja vista que o *quantum* a ser pago ao Estado é obtido pela mera aplicação do percentual previsto em lei ao valor da operação ou prestação, sem necessidade de quaisquer adições ou deduções.

Outrossim, como há incidência nas várias etapas da cadeia produtiva, a alíquota não precisa ser alta para assegurar-se uma arrecadação satisfatória, o que contribui para a resignação dos contribuintes ao seu pagamento.

---

[48] VILLEGAS, Hector Belisario. *Curso de Finanzas, Derecho Financiero y Tributário*. 8. ed. Buenos Aires: Astrea, 2003, p. 161.

4.2. Os problemas da tributação plurifásica cumulativa

ADAM SMITH[49] creditou à Alcabala, tributo multifásico cumulativo que gravava o consumo de bens nas colônias da Espanha, o declínio do império então construído por aquele país.

Conforme relata JOHN DUE,[50] os problemas apresentados pela plurifasia cumulativa superaram os seus benefícios, pois o tributo ocasionava:

(a) *a verticalização dos agentes econômicos*, desencorajando a livre organização empresarial;

(b) *a impossibilidade de efetiva desoneração das exportações*, pois a mercadoria não exportada diretamente pelo seu produtor sofre uma ou mais incidências antes da venda ao exterior, subvertendo-se a lógica mundial de não exportar tributos;

(c) *o ferimento à isonomia na tributação dos bens importados*, que, na maior parte dos casos, estarão sujeitos a uma carga menor que a aplicada ao produto nacional. Este usualmente passa pela cadeia *produtor → distribuidor-atacadista → varejista* até chegar ao consumidor final, ao passo que os importados, se diretamente adquiridos pelo comprador final, terão incidência única no desembaraço aduaneiro;

(d) *falta de transparência*, porquanto não fica claro o peso do tributo no preço final da mercadoria vendida, já que esse dado irá variar conforme o número de etapas de circulação;

(e) o número de contribuintes é muito elevado e estes, ademais, não têm interesse em se auto-fiscalizar, já que a exação paga por um não é dedutível do valor devido pelo outro. Isso gera dois problemas:

(e.1) incentivo à sonegação;

(e.2) *dificuldades na fiscalização*: fato que levou A. SMITH a sustentar que a sua fiscalização "requer uma multidão de funcionários fazendários".[51]

4.3. A plurifasia não cumulativa como opção

Em face de tais problemas e à procura de alternativas para dinamizar o crescimento econômico sem prejudicar a arrecadação tributária, os países europeus intentaram, na primeira metade do século XX, buscar uma nova forma de tributação das operações com bens e serviços que não impactasse tão severamente o consumo e, via de consequência, permitisse o desenvolvimento mais acentuado das economias, então fortemente combalidas pelas guerras mundiais.

A solução adveio em 1954 com a adoção de uma proposta de MAURICE LAURÉ, Diretor da Administração Tributária francesa, que havia escrito poucos anos antes uma tese sobre a intitulada *tributação sobre o valor acrescido*.

Antes dele, contudo, vale registrar proposta similar do industrial VON SIEMENS, feita ao governo alemão em 1918, todavia rechaçada, bem como os estudos de CARL SHOUP, Professor de Yale e por muitos considerados o principal difusor do IVA no mundo.

O Imposto sobre o Valor Acrescido francês – primeira exação plurifásica não cumulativa sobre o consumo no mundo – era absolutamente distinto de tudo o que fora concebido até então: calculava-se o imposto devido sobre as transações comerciais realizadas pelo contribuinte em determinado período. No entanto, deduzia-se do valor a pagar o imposto suportado na aquisição de mercadorias utilizadas no processo produtivo. Assim, pouco a pouco o tributo era recolhido ao longo da cadeia produ-

---

[49] SMITH, Adam. *Uma Investigação sobre a Natureza e Causas da Riqueza das* Nações. 2. ed. Trad. por LIMA, Norberto de Paula. São Paulo: Hemus, 1981, p. 475.

[50] DUE, John F. *Indirect Taxation in Developing Economies*. Baltimore, London: Johns Hopkins, 1970, p. 120-3.

[51] SMITH, Adam. *Uma Investigação sobre a Natureza e Causas da Riqueza das* Nações, 2. ed. Trad. por LIMA, Norberto de Paula. São Paulo: Hemus, 1981, p. 475.

tiva, havendo, de um lado, a recuperação, via creditamento, do imposto incidente na etapa anterior e, de outro, a translação para a etapa seguinte, via mecanismo de preços, do tributo devido pelo contribuinte.

4.4. As vantagens da plurifasia não cumulativa

Em 1962, o Relatório NEUMARK (um dos maiores influenciadores da tributação europeia) recomendou a adoção do IVA pelos países do Mercado Comum Europeu, o que passou a ocorrer a partir do final da década de 1960.

O relatório afirmou que *a incidência sobre o valor acrescido viabiliza a liberdade de circulação de bens e serviços*, dois princípios basilares do Tratado de Roma (ao lado da livre circulação de pessoas e de capitais).

Assim, apesar de a apuração ser um tanto mais complexa e de as alíquotas dos IVAs serem necessariamente mais elevadas que as dos tributos incidentes em cascata, as vantagens superam os defeitos, tanto sob a ótica dos agentes produtores como sob a do Estado-arrecadador. Afinal:

(a) *o mecanismo de abatimento do tributo pago na etapa anterior gera uma fiscalização cruzada entre os próprios contribuintes*;

(b) *a neutralidade fiscal é obtida*, de modo que os agentes econômicos não precisam se verticalizar para reduzir os custos tributários, podendo concentrar-se na atividade em que tenham maior aptidão (produção, distribuição ou venda a varejo). Isso porque a dedução em cada etapa do tributo pago na anterior permite que o ônus tributário seja sempre equivalente à aplicação da alíquota sobre o preço final, fazendo com que o número de estágios de circulação da mercadoria ou prestação do serviço não influa no *quantum* devido;

(c) para o *comércio internacional*, as vantagens são expressivas:

(c.1) *a exportação pode ser efetivamente desonerada*, permitindo-se a devolução ao exportador do imposto que gravou os insumos utilizados na produção das mercadorias vendidas para o exterior – o que não é passível de ser feito em tributos plurifásicos cumulativos, nos quais é bastante difícil determinar o montante exato do gravame que incidiu no processo produtivo;

(c.2) *os produtos estrangeiros, quando tributados no desembaraço aduaneiro, serão efetivamente equiparados ao produto nacional*, porquanto a alíquota real do imposto equivalerá sempre à nominal, independentemente do número de operações de circulação da mercadoria;

(d) *a forma de cobrança confere transparência à exação*, eis que em todos os estádios de circulação do bem é possível saber quanto está sendo pago a título de tributo, que vem devidamente destacado na nota fiscal.

Hoje, o tributo francês é adotado por 165 nações, sob a nomenclatura de Imposto sobre o Valor Agregado.

4.5. O histórico da implantação dos IVAs brasileiros: IPI e ICMS

A não cumulatividade tributária foi trazida à baila no Brasil pelo vetusto Imposto de Consumo (IC) – antecessor do hodierno IPI – por meio da Lei nº 2.974/56. Restrita aos importadores, a norma lhes permitia abater o IC recolhido na importação do IC devido pela venda de bens no mercado interno.

Dois anos depois, a Lei nº 3.520/58 ampliou o alcance da não cumulatividade no IC ao permitir que o *industrial* deduzisse do montante a pagar o valor do imposto incidente sobre as *matérias-primas* utilizadas na produção.

Assim, apesar de se tratar, na origem, de um tributo plurifásico cumulativo, o IC foi se tornando – ainda que parcialmente – não cumulativo, primeiramente para os importadores e, na sequência, para os industriais, tudo no intervalo de 4 anos após a implementação plena do IVA na França.

Todavia, o marco efetivo da introdução da sistemática não cumulativa de tributação no país foi a Emenda Constitucional n° 18/65, que:

(a) extinguiu o Imposto de Consumo, substituindo-o pelo IPI, constitucionalmente não-cumulativo; e

(b) extinguiu o antigo imposto estadual sobre vendas e consignações (IVC, plurifásico e em cascata), criando o ICM, que também nasceu não-cumulativo por determinação constitucional.

Vale aqui notar que a adoção de um imposto plurifásico não cumulativo, tanto em nível federal como estadual, foi expressamente recomendada por CARL SHOUP, contratado à época pela Fundação Getúlio Vargas para elaborar um relatório sobre o sistema tributário brasileiro. Todavia, as principais ponderações de SHOUP na seara da não cumulatividade – a saber: a extensão do direito ao crédito no IPI para a aquisição de bens do ativo permanente e a necessidade de, antes da implementação do ICM, modernizar-se a Administração Tributária brasileira, despreparada à época para a arrecadação de um IVA cobrado desde a produção até o consumo final – foram ignoradas pelo Constituinte derivado de 1965.

Sem maiores alterações, a não cumulatividade tributária do IPI e do ICM foi mantida nas Constituições de 1967 e 1969, bem como na Constituição de 1988, agora já sob a égide do novel ICMS.

Tanto o IPI como o ICMS são clássicas exações sobre o consumo de bens e serviços. Trata-se de tributos indiretos, cujo ônus é juridicamente repassado ao adquirente dos bens e serviços em prol da preservação da neutralidade tributária e da premissa de se atingir a capacidade contributiva do consumidor final – e não dos contribuintes de direito.

4.6. A jurisprudência acerca da incidência de IPI e ICMS nas importações de mercadorias por não contribuintes

A regra mundialmente aplicada para exportações e importações predica que as saídas de mercadorias do país são desoneradas de tributos, ao passo que os ingressos de bens estrangeiros são gravados tal e qual os produtos nacionais. Trata-se de uma questão de isonomia, além de ser estratégica para o desenvolvimento de qualquer país.

Sendo assim, é normal que haja incidência tanto de ICMS como de IPI quando do ingresso de bens estrangeiros em território nacional.[52] Entretanto, dado que tais exações gozam do predicado da não cumulatividade, algumas pessoas físicas que traziam mercadorias do exterior para utilização pessoal passaram a questionar a exigência desses impostos, exigidos no desembaraço aduaneiro. Alegaram esses contribuintes a existência de violação à não cumulatividade, pois seria impossível a recuperação, pela pessoa física, do imposto pago na entrada do bem (como ela não é contribuinte, não possui conta gráfica para lançar os créditos referentes ao IPI e ao ICMS pagos na importação).

O tema foi apreciado pelo Pleno do STF em 1999 que, por maioria de votos, afastou a incidência do ICMS na importação feita por pessoas físicas (em conclusões integralmente aplicáveis ao IPI[53]). Além da não cumulatividade, a Suprema Corte arrimou-se no argumento de que o bem importado para uso próprio não pode ser

---

[52] Súmula 661 do STF (aplicável também ao IPI): "Na entrada de mercadoria importada do exterior, é legítima a cobrança do ICMS por ocasião do desembaraço aduaneiro."

[53] STF, Pleno, RE n° 203.075/DF, Relator p/ acórdão Min. MAURÍCIO CORRÊA, DJ 29.10.1999, p. 18.

considerado mercadoria por não ser destinado ao comércio, o que também afastaria a incidência do ICMS. Posteriormente o aresto ensejou a edição da Súmula nº 660, de acordo com a qual "não incide ICMS na importação de bens por pessoa física ou jurídica que não seja contribuinte do imposto."

Firmado esse entendimento, as pessoas físicas (e as jurídicas não contribuintes do imposto[54]) passaram importar as mais diversas mercadorias sem o pagamento do ICMS. Tal fato repercutiu nos cofres estaduais e levou o Constituinte derivado a promover uma alteração na redação do art. 155, § 2º, IX, *a*, de modo a tributar pelo ICMS todas as importações, feitas por pessoas naturais ou jurídicas, contribuintes ou não do imposto. Eis a redação do dispositivo após a EC nº 33/01, que corresponde ao texto atual da CR/88:

> Art. 155. (...).
> § 2.º O imposto previsto no inciso II [ICMS] atenderá ao seguinte:
> IX – incidirá também:
> a) sobre a entrada de bem ou mercadoria importados do exterior por pessoa física ou jurídica, ainda que não seja contribuinte habitual do imposto, qualquer que seja a sua finalidade, assim como sobre o serviço prestado no exterior, cabendo o imposto ao Estado onde estiver situado o domicílio ou o estabelecimento do destinatário da mercadoria, bem ou serviço;

Desde então, as importações passaram a se sujeitar ao ICMS, sem exceção – como, aliás, é o correto, inclusive por razões de isonomia com os produtos nacionais.

Já no que tange ao IPI, como não houve emenda constitucional para sujeitar todo produto importado à sua incidência, a Suprema Corte continuou pugnando pela impossibilidade de cobrança da exação das pessoas físicas importadoras de mercadorias para uso próprio.[55]

Como se vê, o precedente firmado para o ICMS foi transplantado para o IPI ao argumento de que "onde existe a mesma razão, prevalece a mesma regra de direito: *ubi eadem ratio, ibi eadem legis dispositio*".[56] As conclusões também se aplicam à importação de bens por pessoas *jurídicas* não contribuintes do IPI, dada a impossibilidade de concretização da não cumulatividade pela inexistência de etapa de circulação posterior que gere débitos a compensar com o IPI-importação.

4.7. Nossa opinião: necessária incidência de ICMS (que já ocorre por força da EC n° 33/01) e de IPI nas importações por não contribuintes: inexistência de ferimento à não cumulatividade

A nosso sentir, as decisões do STF acerca do não recolhimento de ICMS ou IPI na importação por não contribuintes (pessoas físicas ou jurídicas) são, *data venia*, equivocadas.

---

[54] *Inter alii*, diversos hospitais conseguiram, em juízo, afastar a incidência do ICMS na importação de equipamentos médicos destinados ao seu uso e consumo ou ativo permanente, dado que são sociedades simples, não contribuintes do imposto estadual.

[55] STF, Segunda Turma, RE-AgR nº 255.682/RS, Relator Min. CARLOS VELLOSO, DJ 10.02.2006, p. 14; STF, Primeira Turma, RE nº 550.170/SP, Relator Min. RICARDO LEWANDOWSKI, DJe 03.08.2011.

[56] STF, Segunda Turma, RE-AgR nº 255.682/RS, Relator Min. CARLOS VELLOSO, DJ 10.02.2006, p. 14. No mesmo sentido: STF, Segunda Turma, RE-AgR nº 272.230/SP, Relator Min. CARLOS VELLOSO, DJ 10.02.2006, p. 14.

O primeiro argumento utilizado pela Suprema Corte é de que o bem importado para utilização própria (seja por pessoa natural ou jurídica) não é mercadoria, posto que não se destina à mercancia. Ora, a qualificação de mercadoria dá-se sob o ponto de vista do alienante, nunca do adquirente do bem. A ser assim, as aquisições de bens para uso pessoal no mercado interno brasileiro também passariam ao largo da incidência de ICMS e IPI.

Vale lembrar que, sob a égide das Constituições pretéritas, o STF desonerou do ICM a importação de bens para o ativo imobilizado das empresas. O fundamento foi o de que o ativo não se destinava à circulação jurídica e sim à utilização pelos próprios importadores, razão pela qual refugiria ao alcance do imposto estadual.[57] Somente a partir da EC nº 23/83[58] o STF passou a sustentar que, *caso os Estados assim dispusessem em lei própria*, a importação de bens de capital *poderia* ser gravada pelo ICM – denotando que, *a priori*, a incidência do ICM na importação de ativo permanente era indevida, podendo, todavia, ser determinada pelo legislador.[59] Entretanto, não nos parece que tais inferências sejam corretas. O alienante das mercadorias (situado no exterior) as considera como bens sujeitos à mercancia. E, no IPI e no ICMS incidentes na importação, o importador brasileiro é, de certa forma, "substituto tributário" do vendedor situado no exterior, que não pode ser alcançado pelas leis nacionais. Sendo assim, tanto o IPI como o ICMS recolhidos na importação são devidos porque incidem sobre mercadorias, assim qualificadas sob o prisma do vendedor, em que pese as exações serem pagas pelo importador nacional (por ser impossível cobrá-las de outro modo). Portanto, o argumento em tela não possui sustentação jurídica, como de resto já ponderou MISABEL DERZI[60] em candentes críticas ao posicionamento do Supremo Tribunal Federal.

O segundo fundamento, este válido apenas para as pessoas físicas, é o de que a Constituição de 1988 – na redação anterior à EC nº 33/01 – estipulava que o ICMS seria devido ao Estado em que situado o *estabelecimento* do importador. Como a pessoa física não possui estabelecimento, mas sim *residência* ou *domicílio*, a Corte afastou a possibilidade de cobrança do ICMS na hipótese.

Entretanto, parece-nos que, neste caso, a interpretação do STF violou o princípio da isonomia.[61] Afinal, a concessão de benefícios fiscais ao fabricante estrangeiro – por meio da exoneração do ICMS e do IPI nas importações realizadas por pessoas físicas – fere a igualdade, além de ser danosa à indústria nacional. De fato, por que razão os empresários de outras plagas, quando na venda direta a cidadãos brasileiros, gozam da não incidência de ICMS e IPI sobre seus produtos, contrariamente ao que deve ser observado – sob pena de pesadas autuações – pelas empresas aqui estabelecidas? A mera ausência de menção a *domicílio* ou *residência* no texto constitucional

---

[57] STF, Segunda Turma, RE nº 88.176/SP, Relator Min. MOREIRA ALVES, DJ 29.12.1977.

[58] A Emenda Passos Porto, tendo em vista a jurisprudência que se firmara no âmbito do STF impedindo a incidência do ICM na importação de bens de capital ou para uso próprio das empresas, acrescentou o §11 ao art. 23 da CR/67-69: "Art. 23. (...). § 11. O [ICM] incidirá, também, sobre a entrada, em estabelecimento comercial, industrial ou produtor, de mercadoria importada do exterior por seu titular, inclusive quando se tratar de bens destinados a consumo ou ativo fixo do estabelecimento."

[59] STF, Primeira Turma, RE nº 107.984/RJ, Relator Min. SYDNEY SANCHES, DJ 06.05.1988, p. 10.632.

[60] BALEEIRO, Aliomar. *Direito Tributário Brasileiro*, 11ª ed. Atualizado por MISABEL ABREU MACHADO DERZI. Rio de Janeiro: Forense, 2001, p. 381.

[61] A isonomia é prevista na CR/88 tanto de forma genérica, no *caput* do art. 5º, como especificamente para as normas tributárias, no inciso II do art. 150.

quando da determinação de incidência do ICMS sobre bens importados (que, a nosso sentir, sequer precisaria estar expressa, pois decorreria da aplicação do princípio da isonomia) autoriza a conclusão de que pessoas físicas estariam desobrigadas da recolha desse imposto na importação? Não poderia a lei de normas gerais do ICMS e do próprio IPI suprir tal lacuna da Constituição? A resposta a essa última pergunta foi positiva nos votos vencidos dos Ministros JOBIM e GALVÃO quando do julgamento do *leading case* sobre o tema (RE nº 203.075/DF), aos quais nos filiamos. A nosso sentir, seja na importação por pessoa física ou jurídica, contribuinte ou não do IPI ou do ICMS, o direito da União e dos Estados de tributar decorre diretamente da isonomia plasmada na Constituição, bastando apenas que a legislação infraconstitucional assim o predique.

O terceiro e último argumento invocado pelo STF para não gravar as importações realizadas por pessoas físicas ou não contribuintes é o de que haveria ofensa à não cumulatividade tributária caso exigido o ICMS e o IPI em tais importações, na medida em que os não contribuintes restariam impossibilitados de se creditar dessas exações, pagas quando do desembaraço aduaneiro. Nada mais errôneo. A importação de mercadorias é uma situação atípica na qual há a concentração, em uma só pessoa (natural ou jurídica), das figuras do contribuinte *de jure* e *de facto*. Afinal, sendo inviável exigir-se que o exportador situado em território estrangeiro recolha ICMS e IPI aos cofres brasileiros, tal cobrança é feita do importador (que paga o tributo que seria devido pelo exportador). Caso o importador não seja contribuinte, ele reunirá as características de contribuinte *de jure* – por "substituição" do exportador situado além-mar – e *de facto*, suportando juridicamente o ônus econômico dos impostos não cumulativos.

Em face de tais razões temos por equivocado o posicionamento do STF que, até os dias atuais, declara não incidir IPI nas importações feitas por não contribuintes (assim como não procede, *data maxima venia*, o entendimento pela não incidência do ICMS na mesma situação no período anterior à EC nº 33/01).

5. Conclusões

O tema 643 – repercussão geral aguarda atualmente julgamento pelo STF, nos seguintes termos:

IPI – IMPORTAÇÃO – PESSOA NATURAL – AUTOMÓVEL – AUSÊNCIA DE ATIVIDADE EMPRESARIAL DE VENDA – AFASTAMENTO PELO JUÍZO – INCIDÊNCIA DO TRIBUTO RECONHECIDA NA ORIGEM – RECURSO EXTRAORDINÁRIO – REPERCUSSÃO GERAL CONFIGURADA.

Possui repercussão geral a controvérsia acerca da incidência do Imposto Sobre Produtos Industrializados – IPI na importação de veículo automotor, quando o importador for pessoa natural e o fizer para uso próprio, considerados ainda os limites da lei complementar na definição do sujeito passivo.

A nosso sentir, a incidência de IPI em qualquer tipo de importação se faz essencial para que os produtos estrangeiros sejam equiparados aos nacionais em termos tributários, sendo consonante com a Lei Maior o comando do CTN que determina o pagamento do IPI pelo importador de produtos industrializados (art. 46, I).

Todavia, como até o presente momento a jurisprudência da Suprema Corte sempre dispensou o pagamento do IPI quando das importações realizadas por pessoas físicas ou jurídicas não contribuintes do imposto, faz-se imperiosa a modulação dos efeitos da decisão que modificar o entendimento do Tribunal a esse respeito, em obediência à segurança jurídica, preceito maior do Sistema Constitucional Tributário. A não se proceder dessa forma, estar-se-á violando não apenas a proteção da legítima confiança do contribuinte – porquanto embasada em posicionamento iterativo do STF – mas também o princípio da irretroatividade das normas tributárias. Afinal, hodiernamente é ponto pacífico que as decisões judiciais dos Tribunais Superiores têm poder normativo, orientando as condutas não apenas das partes no processo, mas sim de todos os agentes econômicos.

Não se trata aqui de prestigiar o ponto de vista dos contribuintes ou do Fisco, mas sim de garantir àqueles que vivem sob a espada de Dâmocles da tributação a garantia de que, pautando suas condutas pelo entendimento em vigor do STF, elas serão legitimadas, mesmo se, *a posteriori*, a Suprema Corte modificar seu posicionamento.

— 1.3 —

Segurança jurídica e modulação de efeitos nas ações rescisórias em matéria tributária

LEANDRO PAULSEN[1]

Sumário: Introdução; Parte I – A segurança jurídica como princípio a ser ponderado e considerado; Capítulo 1: Segurança jurídica como princípio a ser ponderado; 1.1. O conflito com outros princípios fundamentais; 1.2. A segurança jurídica cede quando necessário à afirmação de princípios preponderantes, especialmente a supremacia da Constituição, a igualdade e a livre concorrência; Capítulo 2: Segurança jurídica como princípio a ser considerado; 2.1. A proteção da confiança, a estabilidade e a intangibilidade de situações e posições jurídicas como conteúdos a serem considerados em favor de todos; 2.2. A segurança jurídica prevalece quando a afirmação dos seus conteúdos seja preponderante em face dos demais princípios considerados; Parte II – Modulação de efeitos nas ações rescisórias. Ação rescisória em matéria tributária para o resguardo de um mínimo de segurança; Capítulo 3: Modulação de efeitos no juízo de constitucionalidade das leis; 3.1. Modulação de efeitos pelas diversas instâncias; 3.2. Reserva de Plenário e quórum qualificado como requisitos formais; Capítulo 4: A modulação na ação rescisória em matéria tributária quanto a relações continuativas em face de superveniente entendimento contrário do Supremo Tribunal Federal; 4.1. A rescisão de sentença inconstitucional se impõe para assegurar a supremacia da Constituição, a igualdade e a livre iniciativa; 4.2. A atribuição de efeitos prospectivos à rescisão se impõe para assegurar a validade dos atos legitimamente praticados sob a égide da coisa julgada, resguardando a confiança do contribuinte; Conclusão.

Introdução

Dentre os diversos temas que têm preocupado – e muito – os juristas, está a questão da segurança jurídica.[2] Princípio de elevadíssima importância que conforma

---

[1] Doutor em Direitos e Garantias do Contribuinte; Mestre em Teoria do Direito e Direito do Estado; Especialista em Filosofia e Economia Política; Professor de Direito Tributário da PUCRS; Desembargador Federal na 4ª Região.

[2] A renovada preocupação com a temática da segurança revela-se em numerosa e qualificada produção bibliográfica: em 2004, HELENO TAVEIRA TORRES publicou a primeira edição do seu *Direito Constitucional Tributário e Segurança Jurídica: metódica da segurança jurídica do sistema constitucional tributário*; em 2006, eu, LEANDRO PAULSEN, publiquei o livro *Segurança Jurídica, Certeza do Direito e Tributação: a concretização da certeza quanto à instituição de tributos através das garantias da legalidade, da irretroatividade e da anterioridade*; em 2008, RICARDO LODI RIBEIRO lançou seu livro *A Segurança Jurídica do Contribuinte: legalidade, não surpresa e proteção à confiança legítima*; em 2009, surgiu o valioso livro de MISABEL DERZI, *Modificações da Jurisprudência no Direito Tributário: proteção da confiança, boa-fé objetiva e irretroatividade como limitações constitucionais ao poder judicial de tributar*; em 2011, foi a vez de HUMBERTO ÁVILA compartilhar com a comunidade jurídica seu livro *Segurança Jurídica: entre permanência, mudança e realização no Direito Tributário*; ainda em 2011, DIEGO

a essência da própria ideia de Direito, desdobra-se sob inúmeras perspectivas num amplo espectro e, frequentemente, entra em conflito com outros princípios constitucionais.

Alguns institutos concretizadores da segurança jurídica têm sido relativizados.[3] Outrora considerada com traços mais rígidos, hoje a coisa julgada já não é mais óbice à revisão da solução de casos concretos sempre que envolva matéria constitucional (superação da Súmula 343). Ademais, houve alteração na legislação processual que passou a negar exigibilidade aos títulos executivos judiciais quando em confronto com nova jurisprudência do Supremo Tribunal Federal (art. 741, parágrafo único, do CPC). Chega-se a afirmar, inclusive, que a segurança não seria um valor em si, mas "qualidade de um sistema ou de sua aplicação", justificando-se apenas quando implique resguardo do que é justo.[4] Mas o movimento não é apenas de fragilização ou de superação da segurança em favor de outros princípios.

Também se têm compreendido melhor os diversos conteúdos normativos da segurança jurídica de modo a efetivá-los. A par da certeza do direito, da estabilidade e da intangibilidade de situações e de posições jurídicas, a proteção da confiança vem recebendo redobrada atenção.

É certo que a proteção da confiança, como princípio conexo ao da segurança ou, como preferimos, como um dos seus conteúdos, não é nova. Ainda que tenhamos mais consciência da necessidade de preservá-la e de como podemos construir normas justas para os casos concretos, certo é que já estava presente no CTN de 1966 quando protege o contribuinte que cumpre os atos normativos infralegais expedidos pela autoridade administrativa e que segue os critérios jurídicos adotados no exercício de lançamento, conforme seus arts. 100 e 146.[5]

De qualquer modo, pode-se afirmar que cada vez mais a proteção da confiança é incorporada ao ordenamento, evidenciando-se em enunciados inequívocos e merecendo a atenção dos juízes. A orientação doutrinária e jurisprudencial que anteriormente preservava a confiança do administrado de boa-fé em atos praticados pela Administração há mais de cinco anos, ainda que ilegais, por exemplo, deu origem ao art. 54 da Lei 9.784/99 (lei do processo administrativo).

E sua concretização passou a contar com instrumentos novos. Nesse sentido, aliás, vem ganhando relevo o instituto da modulação dos efeitos das declarações de inconstitucionalidade (art. 27 da Lei 9.868/99). Aqui, a inovação não visa à superação da barreira da segurança, mas à sua afirmação. Passa-se a reconhecer que, em determinados casos, a solução justa, também sob a perspectiva constitucional, exige a preservação do que foi realizado sob legítima expectativa, ainda que com fundamento em leis ou sentenças inconstitucionais.

CALDAS RIVAS DE SIMONE publicou *Segurança Jurídica e Tributação: da certeza do direito á proteção da confiança legítima do contribuinte.*

[3] Desimportante, para o objetivo deste trabalho, trabalhar preciosismos. A melhor expressão talvez não seja "relativização". Mas é por todos compreendida e bem revela a mudança de postura que ocorreu na compreensão da coisa julgada.

[4] ROCHA, Cármen Lúcia Antunes (coord). *Constituição e Segurança Jurídica: Direito Adquirido, Ato Jurídico Perfeito e Coisa Julgada.* Belo Horizonte: Fórum, 2004, p. 168.

[5] PAULSEN, Leandro. *Direito Tributário. Direito Tributário: Constituição e Código Tributário à luz da doutrina e da jurisprudência.* 15. ed. Porto Alegre: Livraria do Advogado, 2013, p. 896.

Em matéria tributária, principalmente no que diz respeito aos tributos que oneram a atividade produtiva e cuja incidência se repete periodicamente, esses problemas assumem contornos específicos. Novos ingredientes se somam, sendo necessário considerar a segurança, de um lado, e princípios como o da livre concorrência e o da isonomia, de outro. E o que dizer quando a modulação é suscitada não apenas para resguardar a eficácia de lei inconstitucional, mas também para assegurar a autoridade da jurisprudência consolidada em súmulas ou de decisões transitadas em julgado em sentido inverso àquele considerado como correto pelo Supremo Tribunal Federal?

A modulação de efeitos no controle difuso de constitucionalidade pelos diversos tribunais também é questão que se coloca. Sua utilização no julgamento de ações rescisórias é controvertida. Nesses casos, devem ser observados requisitos formais específicos? Pode-se, desde já, estabelecer uma diretriz para orientar a modulação nas ações rescisórias tributárias?

É sobre esse emaranhado jurídico que discorreremos, ainda que de modo simples e breve, neste artigo.

Parte I – A SEGURANÇA JURÍDICA COMO PRINCÍPIO A SER PONDERADO E CONSIDERADO

Capítulo 1: Segurança jurídica como princípio a ser ponderado

1.1. O conflito com outros princípios fundamentais

Inexiste um direito absoluto à segurança. Aliás, é lugar comum e pressuposto correto afirmar-se que nem mesmo o direito à vida é absoluto. A proteção à vida é expressamente excepcionada pela constituição, e.g., no caso de guerra declarada, em que cabível a aplicação da pena de morte. Ingo Sarlet, em seu *Curso de Direito Constitucional*, também aponta como evidência da ausência de caráter absoluto do direito à vida, a possibilidade de interrupção da gravidez em certos casos específicos, a legítima defesa e a licitude que se reconhece à ação policial que implique a morte de um sequestrador para resgatar seu refém, por exemplo.[6]

No âmbito estreito deste estudo, basta, como ponto de partida, o consenso de que nem a vida, nem a liberdade, nem a igualdade e tampouco a segurança, poderiam ser considerados direitos ou garantias absolutos. Muito menos se lhes pode atribuir caráter único ou hegemônico. As questões jurídicas são complexas e há diversos valores a preservar simultaneamente, com igual estatura.

Quando a segurança não disser respeito àquilo que é justo ou não estiver revestida de tal dimensão que revele em si mesma a justiça possível no caso, será necessário, no mínimo, prestar atenção àquilo que se estiver comprometendo. Será necessário olhar além da forma, questionar a finalidade dos procedimentos, perscrutar a utilidade da estabilização, enfim, verificar o que, afinal de contas, se está fazendo. Segurança do que, em detrimento de que, em quais circunstâncias, com qual finalidade é o que se tem de perguntar. Será necessário ter toda a clareza quanto à op-

---

[6] SARLET, Ingo; MARINONI, Luiz Guilherme; MITIDIERO, Daniel. *Curso de Direito Constitucional*. São Paulo: Revista dos Tribunais, 2012, p. 362/365.

ção realizada e verificar se a Constituição, em toda sua inteireza, acolhe determinada solução por ser a que realiza em maior medida o conjunto dos seus valores.

É comum, mesmo em matéria de princípios, vermos abordagens focadas em estabelecer polarizações, como se fosse adequado trabalhar com a lógica do tudo ou nada. Assim é que encontramos a exposição do conflito entre segurança e justiça como se fossem valores e princípios opostos e mutuamente excludentes.

Na busca da solução justa, a segurança é um elemento indispensável, embora insuficiente. Também precisamos estar atentos à igualdade, à solidariedade, à capacidade contributiva, à dignidade da pessoa humana e a tantos outros valores que, assumidos constitucionalmente como princípios jurídicos, possuem caráter normativo.

A segurança não se sustenta como um dogma, mas na medida em que se revele como a solução justa no caso. É possível ponderá-la e, por vezes, fazê-la ceder para conseguir concretizar outros valores que, em determinada situação específica, se imponham com maiores razões. Isso porque o compromisso do hermeneuta e aplicador do direito é com a totalidade da Constituição.

Lembre-se que os princípios são razões *prima facie*, são mandados de otimização que podem ser cumpridos em diferentes graus, sendo que a medida de cumprimento de cada qual depende das possibilidades fáticas e jurídicas.[7] Os princípios exigem um complexo processo de construção de soluções que realizem a Constituição do melhor modo, dando relevância a todos os valores em questão, e, dentro do possível, evitando comprometer a essência de quaisquer deles.

1.2. A segurança jurídica cede quando necessário à afirmação de princípios preponderantes, especialmente a supremacia da Constituição, a igualdade e a livre concorrência

Importante, para se proceder a uma ponderação adequada, é a identificação dos princípios relevantes no caso. Assim é que se terá clareza quanto aos bens jurídicos que devem ser protegidos.

Em casos relacionados à mudança de jurisprudência em matéria constitucional, diversos princípios se projetarão. De um lado, os conteúdos normativos da segurança jurídica a aconselharão que sejam resguardados os atos praticados e até mesmo, quem sabe, que se negue eficácia ao novo entendimento quanto a determinados contribuintes, quando tenham observado súmula anteriormente vigente ou agido sob a égide da coisa julgada. De outro lado, os princípios da supremacia da Constituição, da igualdade e da livre iniciativa exigirão que se restabeleça o conjunto dos valores sob os quais se organiza a sociedade e que constituem elemento de coesão.

TEORI ZAVASCKI é inequívoco quanto à importância de fazer cumprir a Constituição: "Guardar a Constituição, observá-la fielmente, constitui... condição essencial de preservação do Estado de Direito no que ele tem de mais significativo, de mais vital, de mais fundamental".[8]

---

[7] ALEXY, Robert. *Theorie der Grundrechte*; tradução de Virgílio Afonso da silva. *Teoria dos Direitos Fundamentais*. 2. ed. São Paulo: Malheiros, 2011.

[8] ZAVASCKI, Teori Albino. *Eficácia das Sentenças na Jurisdição Constitucional*. São Paulo: Revista dos Tribunais, 2001, p. 124 a 134.

É preciso, efetivamente, garantir a "força normativa da Constituição" e o "princípio da máxima efetividade da norma constitucional", conforme afirmado pelo Ministro GILMAR MENDES enquanto relator, no Supremo Tribunal Federal, do RE 328812 ED.

O Ministro CELSO DE MELLO, por sua vez, quando relator no julgamento do MS 26603, asseverou que "O exercício da jurisdição constitucional, que tem por objetivo preservar a supremacia da Constituição, põe em evidência a dimensão essencialmente política em que se projeta a atividade institucional do Supremo Tribunal Federal, pois, no processo de indagação constitucional, assenta-se a magna prerrogativa de decidir, em última análise, sobre a própria substância do poder". O Supremo Tribunal Federal é o guardião da Constituição. A interpretação que lhe atribui deve ser concretizada.

Também o princípio da igualdade, em suas diversas dimensões, por vezes exige a superação de regras individuais que eventualmente tenham sido produzidas com equívoco, para restabelecer a generalidade do direito.

JOSÉ SOUTO MAIOR BORGES frisa que, sem isonomia não há segurança, nem Estado Constitucional, porque a igualdade não se confina aos direitos e garantias individuais...[9]

KLAUS TIPKE destaca a importância não apenas da igualdade perante a lei, mas da igualdade na aplicação do direito. Chega a afirmar que se não for viável a "transposição uniforme" da lei para a realidade de modo a alcançar os contribuintes em geral, o tributo "será inconstitucional por atentar contra o princípio da igualdade".[10] Também invoca as lições de J. ISENSE no sentido de que "A lei por si só não garante ainda a justiça da imposição tributária. A igualdade se decide somente na execução. Não satisfaz à Constituição a mera determinação jurídica de igualdade na formulação do programa de imposição tributária através do Legislativo. Antes de tudo exige ela a igualdade de aplicação do direito em sua realização pela imposição uniforme para todos que preencherem o pressuposto de fato da lei".[11]

ANDREI PITTEN VELLOSO também trabalha essa perspectiva, afirmando que a igualdade "É um mandado imperativo, cujas exigências... tem de se impor coercitivamente no mundo real, a fim de que se logre a igualdade na execução das leis".[12] Destaca o entendimento do tribunal constitucional alemão no sentido de que "o princípio da isonomia impõe a tributação igual dos sujeitos passivos, tanto no âmbito normativo quanto no fático" e que "a isonomia das cargas tributárias depende essencialmente do direito vivo (*gelebten Recht*), dos efeitos da tributação real (*Beste uerungswirklichkeit*), e não só de leis de papel".[13] Importante, ainda, é a observação de ANDREI PITTEN VELLOSO no sentido de que a igualdade na imposição fática "vincula todos os órgãos estatais", vinculando os Poderes Executivo, Judiciário e

---

[9] BORGES, José Souto Maior. O princípio da segurança jurídica na criação e aplicação do tributo. *RDDT* 22, 1997, p. 29.

[10] TIPKE, Klaus. *Besteuerungsmoral und Steuermoral*; tradução de Luiz Dória Furquim. *Moral Tributária do Estado e dos Contribuintes*. Porto Alegre: Sergio Antonio Fabris Editor, 2012, p. 67.

[11] Idem, p. 68.

[12] VELLOSO, Andrei Pitten. *O Princípio da Isonomia Tributária: da teoria da igualdade ao controle das desigualdades impositivas*. Porto Alegre: Livraria do Advogado, 2010, p. 226.

[13] Idem, p. 227.

Legislativo, obrigado este a "editar leis que, por seus próprios conteúdos, propiciem condições para que sejam aplicadas de forma isonômica".

Pode-se afirmar, nessa linha, que cabe, ao Legislativo, assegurar a igualdade, instituindo tributos sem discriminações, ao Executivo, sua aplicação uniforme e, ao Judiciário, zelar pela afirmação pelo tratamento isonômico dos contribuintes. Não que isso justifique a extensão de benefícios ilegais mediante invocação da isonomia. Nesse caso, cabe fazer cessar o favor ilegal, e não universalizá-lo, conforme já decide o STF desde pelo menos 1950, segundo relata ANDREI PITTEN VELLOSO.[14] Mas também tal anulação depende de ponderação em face da proteção da confiança, conforme as circunstâncias fáticas.

Intimamente imbricado com a igualdade está o princípio da livre concorrência, imprescindível para assegurar a ordem econômica tal como prevista na Constituição brasileira. A igualdade em matéria tributária, tanto na instituição como na aplicação dos tributos, é requisito para que se possa garantir a livre concorrência.

A tributação não diz respeito tão somente a relações individuais entre determinado contribuinte e o Fisco. Não se trata, muitas vezes, de uma relação estanque, de um crédito ou uma dívida isolada. Certos tributos oneram a atividade produtiva de modo continuado. Incidem a todo o momento, como é o caso do imposto sobre produtos industrializados, do imposto sobre a circulação de mercadorias, do imposto sobre serviços, das contribuições sobre a receita e assim por diante. Tais tributos consubstanciam custos da atividade produtiva.

Assim é que diferenças entre contribuintes quanto ao regime jurídico a que estão submetidos relativamente a tais tributos, ou quanto à sua imposição ou cobrança, podem implicar flagrante e insustentável desequilíbrio no mercado.

Lembre-se que os mandados de segurança e as ações declaratórias têm eficácia que se projeta também para o futuro. A Súmula 239 do STF, segundo a qual a "decisão que declara indevida a cobrança de imposto em determinado exercício não faz coisa julgada em relação aos posteriores", só é aplicável quando discutido determinado lançamento em face de situações específicas que digam respeito a um exercício em particular. Conforme reconhece LUIZ GUILHERME MARINONI, "nas ações em que se pede a declaração de inexistência de débito tributário ou a expedição de ordem à Fazenda (ação mandamental, baseada no art. 461, CPC) ou à autoridade fazendária (mandado de segurança) para se abster de cobrar o tributo, alegando-se inconstitucionalidade, ilegalidade ou existência de imunidade ou de isenção, a coisa julgada não fica restrita a determinado período ou exercício, projetando-se, com força perene, para o futuro".[15]

Se o surgimento de decisões díspares sobre a mesma matéria é, de um lado, compreensível e tolerável, sua perpetuação causa violação à isonomia. Não se justifica submeter empresas que se encontrem em situação semelhante a carga tributária diversa a perder de vista. Fazê-lo, afeta a concorrência entre elas, rompendo com a exigência de que as condições de partida sejam iguais, e que o sucesso de uma ou

---

[14] VELLOSO, Andrei Pitten. *O Princípio da Isonomia Tributária: da teoria da igualdade ao controle das desigualdades impositivas*. Porto Alegre: Livraria do Advogado, 2010, p. 352.

[15] MARINONI, Luiz Guilherme. Coisa julgada inconstitucional: a retroatividade da decisão de (in)constitucionalidade do STF sobre a coisa julgada: a questão da relativização da coisa julgada. São Paulo: Revista dos Tribunais, 2008, p. 149/150.

outra decorra de razões relacionadas à boa condução dos seus negócios e à produtividade de cada qual.

Se a adequada aplicação da Constituição leva ao reconhecimento da constitucionalidade ou da inconstitucionalidade de uma determinada lei instituidora de tributo, assim deve ser para todos os contribuintes em idêntica situação. Trata-se de pressuposto para que se possa assegurar a liberdade de iniciativa. É indispensável que as regras do jogo sejam não apenas conhecidas, mas idênticas para os diversos empreendedores, salvas eventuais diferenças não arbitrárias que se justifiquem constitucionalmente.

A isonomia é princípio geral e tributário, constando dos arts. 5º, II, e 150, II, da Constituição. A livre iniciativa é princípio da ordem econômica, estampado no art. 170, inciso IV, da Constituição, merecendo atenção. EROS GRAU ressalta que a livre concorrência pressupõe "um quadro de igualdade jurídico-formal" e, valendo-se de Tércio Sampaio Ferraz Júnior, faz questão de referir que a livre concorrência "é garantia de oportunidades iguais a todos os agentes".[16]

Capítulo 2: Segurança jurídica como princípio a ser considerado

2.1. A proteção da confiança, a estabilidade e a intangibilidade de situações e posições jurídicas como conteúdos a serem considerados em favor de todos

O risco que se corre, quando se começa a falar na ponderação da segurança jurídica com outros princípios, é que se passe a simplesmente desconsiderá-la. Contudo, não se pode, de modo algum, colocá-la sequer em segundo plano.

Como princípio constitucional revelado por dedução do sobreprincípio do Estado de Direito e por indução a partir das diversas garantias constitucionais que especificam o que dele decorre com vista à preservação da segurança,[17] sempre deve ser considerado *tal qual* e *tanto quanto* os demais princípios constitucionais fundamentais.

Admite-se a ponderação da segurança e, até mesmo, que, em face disso, eventualmente tenha de ceder para a realização de outros valores que se afigurem preponderantes no caso. Seria de todo equivocado, porém, amesquinhar sua importância e deixar de realizá-la quando se imponha com maiores razões ou na medida em que seja compatível com a realização conjunta dos demais princípios considerados.

A ponderação de princípios não é instrumento de exclusão, mas de realização dos mandados de otimização para a concretização dos diversos valores constitucionais pertinentes a cada caso. Vale a advertência feita por HUMBERTO ÁVILA de

---

[16] P. 210 e 211.

[17] PAULSEN, Leandro. *Segurança jurídica, Certeza do Direito e Tributação: a concretização da certeza quanto à instituição de tributos através das garantias da legalidade, da irretroatividade e da anterioridade*. Porto Alegre: Livraria do Advogado, 2006, p. 33/47. Os fundamentos da segurança jurídica são abordados exaustivamente em: ÁVILA, Humberto. *Segurança Jurídica: Entre Permanência, Mudança e Realização no Direito Tributário*. São Paulo: Malheiros, 2011, p. 201/244. Aliás, Humberto já tratara da matéria em seu *Sistema Constitucional Tributário*, São Paulo: Saraiva, 2004, p. 295.

que não se deve admitir a restrição excessiva de qualquer direito fundamental.[18] A realização de um princípio não justifica o aniquilamento de outro.

Ao hermeneuta, não é dado ler tudo por uma perspectiva específica e particular, sob o influxo de um único princípio que, assim, venha a dominar ou condicionar todos os demais.[19] EROS GRAU, reiteradamente, destaca que "não se interpretam textos normativos constitucionais isoladamente, mas, sim, a Constituição no seu todo"; "não se interpreta a Constituição em tiras".[20]

Deve haver um concerto de princípios. Sua ponderação visa à concordância prática. No dizer de HUMBERTO ÁVILA, há um "dever de realização máxima de valores que se imbricam", um "dever de harmonizar os valores de modo que eles sejam protegidos ao máximo", "deve ser buscado um equilíbrio entre eles".[21]

A segurança jurídica é tradicionalmente pensada, em matéria tributária, como uma salvaguarda do contribuinte. A própria história das declarações de direitos e, adiante, da sua incorporação aos textos constitucionais, revela sua importância como contenção do arbítrio estatal. É que, originariamente, a tributação se punha como medida de força, e não como relação jurídica. E mesmo quando passou a ser estabelecida por instrumentos jurídicos, por vezes a lei estava ao alvedrio dos governantes. Daí por que o rol de direitos e garantias fundamentais volta-se, essencialmente, à proteção dos indivíduos contra atos arbitrários e abusivos do Estado.

Nesse sentido é que foram concebidas diversas garantias: a legalidade absoluta, a exigir que os tributos sejam instituídos por lei em sentido estrito com densidade suficiente para permitir a compreensão dos aspectos da norma tributária impositiva; a irretroatividade, a exigir que a lei seja prévia; as anterioridades, a exigir interstício mínimo de tempo entre a publicação da lei e o início dos seus efeitos. Tais limitações ao poder de tributar concretizam a segurança jurídica do contribuinte enquanto certeza do direito.

Outros institutos estabilizam situações jurídicas pelo decurso do tempo. O art. 146, III, *b*, da Constituição prevê que a decadência e a prescrição em matéria tributária sejam disciplinadas por lei complementar. Daí a recepção, com nível de lei complementar, dos arts. 150, § 4º, 173 e 174 do CTN, que cuidam da decadência do direito do Fisco de constituir o crédito tributário e da prescrição da possibilidade de cobrá-lo. Já o art. 168 do mesmo Código, em combinação com o art. 3º da LC 118/05, estabelece prazo para que o contribuinte possa buscar a repetição de pagamento indevido. Decorridos tais prazos sem o exercício dessas prerrogativas, já não podem mais ser exercidos ou reclamados os respectivos direitos.

Há dispositivos, ainda, que resguardam nitidamente a confiança do contribuinte nas orientações prestadas pelo Fisco e estabelecem que tenham caráter prospectivo as alterações de critérios jurídicos aplicados nos lançamentos, por exemplo. Nesse sentido, o art. 100 do CTN estabelece que a observância das normas complementares das

---

[18] ÁVILA, Humberto. *Teoria dos Princípios: da definição á aplicação dos princípios jurídicos*. São Paulo: Malheiros, 2003, p. 89.

[19] TRIBE, Laurence H; DORF, Michael C. *On Reading the Constitution*. Cambridge, Mass.: Harvard University Press.

[20] GRAU, Eros Roberto. *A Ordem Econômica na Constituição de 1988*. 11. ed. São Paulo: Malheiros, 2006, p. 166; Vide, também: *Ensaio e Discurso sobre a Interpretação/Aplicação do Direito*. São Paulo: Malheiros, 2002.

[21] ÁVILA, Humberto. *Teoria dos Princípios: da definição á aplicação dos princípios jurídicos*. São Paulo: Malheiros, 2003, p. 88.

leis e dos decretos (atos normativos, decisões administrativas com eficácia normativa, práticas reiteradamente observadas pelas autoridades administrativas e convênios entre os entes políticos) exclui a imposição de penalidades e a cobrança de juros de mora e inclusive a atualização do valor monetário da base de cálculo do tributo. O art. 146 do CTN, por sua vez, resguarda o contribuinte quanto às mudanças nos critérios jurídicos adotados pela autoridade administrativa para fins de lançamento. Os tribunais, outrossim, seguidamente invocam a boa-fé do contribuinte para afastar a pena de perdimento relativamente a produtos estrangeiros que tenham sido adquiridos por preço razoável no mercado interno, em estabelecimento aparentemente regular e mediante a expedição de documento fiscal, sem indícios de que fossem objeto de descaminho. Temos, em todos esses casos, a garantia da confiança do contribuinte.

Vislumbra-se a preocupação com a segurança jurídica, ainda, nos institutos do ato jurídico perfeito e do direito adquirido, forte no art. 5º, XXXVI, da CF e em normas infralegais que desdobram tais garantias em temas específicos da seara tributária. Formalizado adequadamente parcelamento de dívida tributária, mediante cumprimento dos seus requisitos legais, temos um ato jurídico perfeito que vincula o contribuinte e o fisco, produzindo todos os efeitos previstos nas normas gerais de Direito Tributário, como a suspensão da exigibilidade do crédito tributário (art. 151, VI, do CTN) e o consequente direito a certidões negativas de débito (art. 206 do CTN). Já no caso das isenções onerosas, cumpridas as condições, surge para o contribuinte direito adquirido ao gozo do benefício pelo prazo previsto em lei, restando impedida sua revogação (art. 178 do CTN). Tais institutos, como se vê, tornam intangíveis as posições jurídicas assim consolidadas.

A coisa julgada também recebe proteção constitucional do mesmo art. 5º, XXXVI. A garantia da sua incolumidade, aliás, é o ponto culminante do exercício do direito fundamental de acesso à justiça, essencial à proteção dos direitos em geral. Note-se que as questões tributárias são de elevada envergadura no nosso complexo sistema tributário, referido por Becker como um manicômio antes do Código de 1966,[22] mas que continua apresentando sinais de confusão e insanidade.[23]

Os diversos conteúdos da segurança jurídica, portanto, podem se apresentar relevantes em matéria tributária, protegendo o contribuinte. A eles se tem de prestar atenção sempre que a situação em que reste envolvido atraia sua aplicação.

Mas temos de alargar o foco, mas não nos restringirmos à proteção do contribuinte. Os direitos e garantias individuais não apenas protegem como obrigam a todos. São cláusulas fundamentais que pautam a convivência em sociedade. Beneficiários e obrigados são todos os possíveis sujeitos de direitos, sejam pessoas físicas ou jurídicas, privadas ou públicas no que lhes seja aplicável.

Cabe notar, ainda, que a incorporação do tributo ao plano do Direito, atribuindo-lhe a natureza de obrigação jurídica, colocou no mesmo plano o contribuinte devedor e o Estado credor, sujeitos de uma mesma relação jurídico-tributária, embora em polos distintos. A submissão à lei não apenas do contribuinte, mas também do Estado-Administração, implica reconhecer-lhes não apenas restrições, mas também prerrogativas. Sob o direito, assume o Fisco posições jurídicas que geram, também

---

[22] BECKER, Alfredo Augusto. *Teoria Geral do Direito Tributário*. 2. ed. São Paulo: Saraiva, 1972.

[23] Para uma revisão histórica do Direito Tributário brasileiro, consulte-se: FOLLONI, André. *Ciência do Direito Tributário no Brasil: crítica e perspectivas a partir de José Souto Maior Borges*. São Paulo: Saraiva, 2013.

para ele, legítimas expectativas. A lei tributária não está à sua disposição, não pode por ele ser alterada diretamente. É ele sujeito da relação jurídica estabelecida e também lhe deve ser reconhecida segurança.

Não é o fato de a lei advir do Legislativo, que é um poder do Estado, que justifica qualquer confusão entre o Estado-Legislador e o Estado-Administração. O Poder Legislativo materializa a representação dos cidadãos, disciplinando as diversas relações jurídicas, inclusive aquelas com o Estado, do que decorrem direitos e obrigações para todas as partes envolvidas.

Também em favor do Estado, portanto, se impõe a preservação da segurança em determinados casos. Mas não é possível que o Estado-Administração invoque seus próprios atos normativos infralegais eventualmente viciados para buscar a estabilização de situações em seu favor. Atentaria contra o brocardo *Nemo potest venire contra factum proprium*.[24] Assim é que algumas garantias são exclusivas do contribuinte, como a detalhada no art. 100 do CTN. No que diz respeito às situações constituídas em cumprimento à lei – que não está à disposição do Fisco e que, pelo contrário, a ele próprio é imposta e vincula – eventualmente lhe pode ser reconhecido algum grau de proteção.

JOSÉ SOUTO MAIOR BORGES bem destaca que "A consideração descomedida do direito do contribuinte (o seu decantado 'estatuto') introduz o império de individualismo jurídico e sua insensibilidade congênita para as aspirações sociais. A consideração exclusiva dos deveres sinaliza e arrasta para a hipertrofia do Estado". E adverte: "O estatuto tributário é não só do contribuinte. É do fisco e contribuinte numa relação isonômica".[25]

MISABEL DERZI, embora entenda que não cabe a proteção da confiança em favor do Estado, porquanto "todo aquele que tem posição soberana em relação aos acontecimentos/eventos não tem confiança a proteger",[26] admite a modulação de efeitos em seu favor quando se verifique "verdadeiro estado de necessidade administrativa", à vista dos "deveres mais elementares de financiamento dos serviços públicos essenciais".[27]

Ao decidir acerca da inconstitucionalidade da majoração, por lei ordinária, dos prazos decadencial e prescricional para a constituição e cobrança de créditos relativos a contribuições destinadas à Seguridade Social, o Supremo Tribunal Federal deu proteção ao Estado. Modulou os efeitos da declaração de inconstitucionalidade para impedir a repetição dos valores anteriormente exigidos pelo Fisco com suporte em lançamentos e cobranças que haviam sido realizados nos prazos de dez anos então previstos na lei ordinária inconstitucional quando ainda não tivessem sido objeto de questionamento administrativo ou judicial.[28]

A segurança, portanto, nos seus diversos conteúdos, deve ser promovida em favor do contribuinte, especialmente. Mas não se pode descartar a necessidade de se

---

[24] TORRES, Heleno Taveira. *Direito constitucional tributário e segurança jurídica: metódca da segurança jurídica no sistema constitucional tributário*. 2. ed. São Paulo: Revista dos Tribunais, 2012, p. 232.

[25] MAIOR BORGES, José Souto. "O princípio da segurança jurídica na criação e aplicação do tributo." *RDDT* 22, p. 24-29, 1997, p. 27.

[26] P. 606

[27] P. 607.

[28] STF, RE 559.882-9/RS, rel. o Min. GILMAR MENDES.

resguardar posições jurídicas do Fisco quando, parte na relação jurídico tributária, se tenha legitimamente orientado em determinado sentido e se depare com uma ruptura que viole demasiadamente sua posição jurídica, com graves prejuízos às suas expectitativas e ações, o que terá de ser, então, objeto de cuidadosa análise e ponderação.

2.2. A segurança jurídica prevalece quando a afirmação dos seus conteúdos seja preponderante em face dos demais princípios considerados

Admitimos que a segurança é um princípio a ser ponderado, mas jamais olvidado. A ponderação buscará a síntese dialética, a harmonização, a concordância prática dos princípios envolvidos, de modo que cada qual mereça aplicação na medida do possível e que nenhum deles tenha seu núcleo essencial afetado.

RAFAEL PANDOLFO ressalta que: "O cidadão deve ter condições de poder prever as possíveis intervenções do Estado sobre as pessoas para poder se preparar convenientemente. Deve, ainda, confiar que seu comportamento, de acordo com o direito vigente, seguirá sendo reconhecido pelo ordenamento jurídico com todos os efeitos jurídicos existentes quando da ocorrência do fato considerado juridicamente relevante. Para o cidadão, segurança jurídica significa, primeiro e fundamentalmente, a proteção de sua confiança. Assim, o agravamento inesperado da situação jurídica de um contribuinte pressupõe a violação do Princípio da Segurança Jurídica".[29] Adverte, ainda, que: "Os órgãos judiciais também estão sujeitos à limitação temporal representada pela irretroatividade, que não condiciona apenas o exercício da atividade legislativa exercida pelo Estado. Isso porque a situação jurídica na qual o contribuinte deposita sua confiança não é mero texto de lei (significante), mas a forma como a lei é interpretada e aplicada pelo Estado, em suas distintas personificações (Poder Legislativo, Executivo e Judiciário – significado)".[30]

PAULO DE BARROS CARVALHO já apontara a retroatividade como desvalor perante a estrutura do sistema jurídico brasileiro, seja produzida pelo Legislativo, pelo Executivo ou pelo Judiciário.[31]

MISABEL DERZI segue a mesma linha, invocando a garantia da irretroatividade das leis como critério para restringir a modulação de efeitos, entendendo que os mesmos critérios utilizados na sua aplicação "devem reger a irretroatividade das modificações jurisprudenciais".[32]

É importante ter em conta que os diversos conteúdos da segurança jurídica se tocam. A certeza do direito, protegida pela legalidade, pela irretroatividade e pelas anterioridades, tem relação direta com a proteção da confiança e com a intangibilidade do ato jurídico perfeito, do direito adquirido e da coisa julgada. Evidenciam as exigências da segurança sob perspectivas diversas, muitas vezes pertinentes, em conjunto, para a solução de determinado caso.

---

[29] PANDOLFO, Rafael. *Jurisdição constitucional tributária: reflexos nos processos administrativo e judicial.* São Paulo: Noeses, 2012, p. 89.

[30] Idem, p. 90.

[31] CARVALHO, Paulo de Barros. Segurança Jurídica e Modulação dos Efeitos. In: *Revista da FESDT*/Fundação Escola Superior de Direito Tributário. – v.1, n. 1. Porto Alegre: FESDT, 2008, p. 213.

[32] DERZI, Misabel. *Modificações na Jurisprudência no Direito Tributário: Proteção da confiança, boa-fé objetiva e irretroatividade como limitações constitucionais ao Poder Judicial de Tributar.* São Paulo: Noeses, 2009, p. 595.

A matéria tributária é produto de um número enorme de discussões judiciais. A farta, complexa e por vezes temerária produção normativa acaba por implicar questionamentos os mais variados, desafiando os juízes e tribunais a apontarem o direito efetivamente aplicável ao caso concreto.

Para que se tenha uma ideia, há centenas de temas representativos de controvérsia aguardando pronunciamento por parte do Superior Tribunal de Justiça e do Supremo Tribunal Federal; daquele, sob o regime dos recursos repetitivos; desse, sob o da repercussão geral.[33]

A dimensão numérica desse contencioso exige dos tribunais respostas cada vez mais rápidas, de modo que a prestação jurisdicional acompanhe a extraordinária dinâmica de uma sociedade imediatista, rápida, em que negócios e relações são estabelecidos, realizados e sucedidos rapidamente. Nesse contexto, PAULO DE BARROS CARVALHO reconhece que "não há espaço para meditações demoradas sob pena de aumentar o descompasso entre a regulação jurídico-normativa e o plano das condutas interpessoais". Também entende que "as mudanças de opinião são plenamente justificadas num mundo em que as informações crescem vertiginosamente, entrando em regime de complexas intersecções". O que considera inaceitável é que "as variações de entendimento porventura ocorrentes venham em detrimento daqueles que travaram contacto com o emissor da mensagem, acatando-a como legítima".[34]

Aliás, ainda com PAULO DE BARROS CARVALHO, mas em outro texto de sua autoria, importa termos em conta que: "Quando o assunto gira em torno de normas jurídicas, nosso pensamento se projeta, desde logo, para o Legislativo, mas é um equívoco pensar que os demais Poderes não editem regras jurídicas (aqui empregada a expressão como equivalente nominal de normas)".[35]

Para MISABEL DERZI, uma alteração da jurisprudência contém uma modificação da regra jurídica, pois as decisões judiciais sempre contêm um elemento abstrato e geral, o que justifica a ideia de casos repetitivos ou da transcendência dos efeitos da repercussão geral, por exemplo.[36] Pondera também que "a decisão judicial, no momento em que se firma em uma das alternativas possíveis de sentido dos enunciados legislativos, criando a norma específica e mais concreta do caso, e repetível para o mesmo grupo de casos, norma cabível dentro da norma legal, fecha as demais alternativas – antes possíveis".[37]

A via judicial, por certo, é o modo de que dispõe o contribuinte quando, não obtendo sucesso na esfera administrativa ou preferindo dela abrir mão, tem de buscar uma solução para conflitos de interesses com o Fisco. E o acesso à Justiça, diga-se, é garantia fundamental a serviço da segurança jurídica.

---

[33] A respeito do instituto da repercussão geral: PAULSEN, Leandro (coord.). *Repercussão Geral no Recurso Extraordinário: estudos em homenagem à Ministra Ellen Gracie*. Porto Alegre: Livraria do Advogado, 2011.

[34] Do prefácio de PAULO DE BARROS CARVALHO à obra de MISABEL DERZI, *Modificações na Jurisprudência no Direito Tributário: Proteção da confiança, boa-fé objetiva e irretroatividade como limitações constitucionais ao Poder Judicial de Tributar*. São Paulo: Noeses, 2009, p. XIII.

[35] CARVALHO, Paulo de Barros. "Segurança jurídica e modulação dos efeitos". *Revista da FESDT*, n. 1. Porto Alegre, 2008, p. 203-216.

[36] DERZI, Misabel. *Modificações na Jurisprudência no Direito Tributário: Proteção da confiança, boa-fé objetiva e irretroatividade como limitações constitucionais ao Poder Judicial de Tributar*. São Paulo: Noeses, 2009, p. 258/260.

[37] Idem, p. 257.

MISABEL DERZI frisa que a justiça não pode ser pensada na forma estática: "Antes da violação da confiança, necessariamente, haverá de ter ocorrido ato ou comportamento indutor... A proteção da confiança tem relação necessária com o tempo: o fato da confiança, situado no passado; a confiança que persiste no presente; a confiança que se projeta para o futuro".[38]

Há casos em que, não obstante a supremacia da constituição, a isonomia e a livre concorrência, será necessário resguardar a segurança no que tem de essencial, para que se preserve o contribuinte contra a incerteza do direito, preservando sua confiança quanto às normas aplicáveis e valorizando a função pacificadora da prestação jurisdicional.

Parte II – MODULAÇÃO DE EFEITOS NAS AÇÕES RESCISÓRIAS AÇÃO RESCISÓRIA EM MATÉRIA TRIBUTÁRIA PARA O RESGUARDO DE UM MÍNIMO DE SEGURANÇA

Capítulo 3: Modulação de efeitos no juízo de constitucionalidade das leis

3.1. Modulação de efeitos pelas diversas instâncias

O instituto da modulação dos efeitos, no direito brasileiro, não conta com fundamento constitucional expresso. Foi introduzido no direito positivo brasileiro através da lei que disciplinou as ações de controle concentrado de constitucionalidade.

O art. 27 da Lei 9.868/99 refere-se à modulação "tendo em vista razões de segurança jurídica ou de excepcional interesse social":

> Art. 27. Ao declarar a inconstitucionalidade de lei ou ato normativo, e tendo em vista razões de segurança jurídica ou de excepcional interesse social, poderá o Supremo Tribunal Federal, por maioria de dois terços de seus membros, restringir os efeitos daquela declaração ou decidir que ela só tenha eficácia a partir de seu trânsito em julgado ou de outro momento que venha a ser fixado.

Trata-se de instituto que está a serviço da segurança jurídica em diversas perspectivas, como para resguardar a intangibilidade de atos jurídico perfeitos e promover a proteção da confiança. Isso porque a lei vigente gera legítimas expectativas de que os atos praticados em conformidade com ela, presumidamente constitucional que é, tenham os seus efeitos assegurados. Afinal, o direito serve para regular a vida em sociedade, é diretriz, norte, referência do que se deve ou não fazer e das consequências dos nossos atos.

É verdade que, até a Lei 9.868/99 não tínhamos modulação de efeitos no direito brasileiro. Também é verdade que a sua introdução no direito positivo se deu na disciplina relativa ao controle concentrado de constitucionalidade e que, nessa medida, está prevista para ser exercida pelo Supremo Tribunal Federal. Mas sequer se fazia necessária previsão legal expressa; não é preciso autorização legal para ponderar valores e aplicar na maior extensão possível a Constituição. LUIZ GUILHERME MARINONI, aliás, afirma que a possibilidade de outorgar efeitos prospectivos à decisão de inconstitucionalidade "advém do princípio da segurança jurídica, o que significa que, ainda que se entendesse que tal norma (o art. 27 da Lei 9.868/1999)

---

[38] DERZI, Misabel. *Modificações na Jurisprudência no Direito Tributário: Proteção da confiança, boa-fé objetiva e irretroatividade como limitações constitucionais ao Poder Judicial de Tributar.* São Paulo: Noeses, 2009, p. 592.

se aplica apenas ao controle concentrado, não haveria como negar a possibilidade de se modular os efeitos da decisão proferida em recurso extraordinário". E vai além, entendendo que "a modulação de efeitos constitui um poder-dever do Tribunal".[39]

Além do mais, o sistema de controle de constitucionalidade brasileiro é complexo. Não se concentra numa Corte Constitucional. É exercido por todos os magistrados, desde a primeira instância e mesmo no âmbito do juizado especial de pequenas causas, passando pelos tribunais de justiça e regionais federais até o Superior Tribunal de Justiça, culminando nos juízos realizados pelo Supremo Tribunal Federal, como guardião da Constituição, em juízos concentrado e difuso.

O sistema, além de ser complexo, está em plena evolução. Note-se que, em 2004, a EC nº 45 criou o instituto da repercussão geral no recurso extraordinário. Surgiu como novo requisito de admissibilidade que condiciona o exame das matérias pelo Supremo Tribunal Federal à demonstração da existência de relevância econômica, política, social ou jurídica que ultrapasse os interesses subjetivos das partes, conforme disciplinado pela Lei 11.418/06, que acrescentou o art. 543-B ao CPC. Nessa sistemática, o Supremo Tribunal Federal reconhece a repercussão geral e, depois, julga seu mérito, sendo que a análise constitucional assim empreendida em controle difuso de constitucionalidade deve ser aplicada pelos demais tribunais. Com isso, a decisão que, a princípio seria "inter partes", acaba se projetando para toda a multiplicidade de processos que digam respeito à mesma matéria, legitimando a realização de juízo de retratação pelos tribunais para adequarem seus acórdãos ao entendimento do Supremo e prejudicando recursos extraordinários quando os acórdãos dos tribunais "a quo" estejam em conformidade com a sua orientação. A análise da constitucionalidade para a solução de caso concreto acaba se disseminando e assumindo caráter "erga omnes", ao menos indiretamente.

Quando se associa a repercussão geral à Súmula Vinculante – também criada pela EC nº 45/2004 mediante acréscimo do art. 103-A à Constituição –, temos, então, a atribuição de força vinculante ao entendimento que tenha sido considerado correto. E esse efeito vinculante não se restringe ao âmbito do próprio Judiciário, alcançando inclusive a Administração, de modo que se estanquem as inconstitucionalidades e que sejam evitados novos litígios e lides.

Dada a elasticidade do controle de constitucionalidade difuso, que acaba servindo de parâmetro e tendo aplicação indireta a outras situações, acaba-se trazendo para ele instrumentos próprios do controle concentrado. De fato, há uma grande preocupação com a "objetivação" do controle difuso nos recursos com repercussão geral, justificando que o tribunal escolha para julgar o recurso extraordinário que entender congregar a melhor fundamentação, que viabilize a participação de "amicus curiae" e que não esteja adstrito aos limites dos argumentos trazidos pelas partes. Para que o sistema funcione, o juízo de constitucionalidade tem de ser amplo e definitivo, não abrindo margem para rediscussões da matéria.

Outro aspecto que merece destaque e que aqui nos importa sobremaneira é que uma das primeiras modulações de efeitos realizada pelo Supremo Tribunal Federal em matéria tributária ocorreu em sede de recurso extraordinário e não de ação direta de constitucionalidade ou de inconstitucionalidade. Foi a questão, já referida, da

---

[39] SARLET, Ingo; MARINONI, Luiz Guilherme; MITIDIERO, Daniel. *Curso de Direito Constitucional*. São Paulo: Editora Revista dos Tribunais, 2012, p. 1006.

inconstitucionalidade dos arts. 45 e 46 da Lei 8.212/91 no que ampliavam para dez anos os prazos de decadência e de prescrição relativos ao lançamento e à execução de contribuições de seguridade social, fazendo pouco caso dos prazos quinquenais estabelecidos em nível de normas gerais pelos arts. 150, § 4º, 173 e 174 do CTN. Considerada a inconstitucionalidade da ampliação dos prazos, justamente por violação à reserva de lei complementar estampada no art. 146, III, a, da Constituição, o Supremo modulou os efeitos da decisão, determinando que não se aplicasse tal orientação aos valores já vertidos aos cofres públicos quando ainda não tivessem sido objeto de pleito administrativo ou judicial de devolução.[40]

Aliás, GILMAR MENDES destaca que, também no sistema americano, cujo controle de constitucionalidade tem caráter incidental ou difuso, "não é rara a pronúncia de inconstitucionalidade sem atribuição de eficácia retroativa, especialmente nas decisões judiciais que introduzem alteração de jurisprudência (*prospective overruling*)".[41] E mais, afirma que, exigindo-se como base constitucional para a limitação ou modulação de efeitos outro princípio que justifique a não aplicação do princípio da nulidade, "a declaração de constitucionalidade restrita revela-se abrangente do modelo de controle de constitucionalidade como um todo".[42]

A modulação de efeitos, portanto, embora prevista por lei para o controle concentrado, foi aplicada pelo Supremo também no controle difuso de constitucionalidade.

Tenho que a modulação é mesmo inerente ao controle de constitucionalidade porque diz respeito à ponderação dos valores constitucionais, o que, no sistema judicial brasileiro, cabe a todo juiz realizar. Viável a modulação, portanto, não apenas no controle concentrado, mas também no controle difuso, por todo e qualquer tribunal ou juiz. Os tribunais intermediários, aliás, já começam a realizar tal juízo de modulação de efeitos. Mas é preciso estabelecer parâmetros para tanto.

3.2. Reserva de Plenário e quórum qualificado como requisitos formais

A norma constitucional de reserva de plenário, constante do art. 97 da CF, retira dos órgãos fracionários a possibilidade de declaração da inconstitucionalidade das leis. Só o Plenário ou órgão especial dos tribunais é que pode fazê-lo.

A modulação diz respeito à extensão do juízo de inconstitucionalidade. O Tribunal resguarda a eficácia que até então tivera a lei inconstitucional, atribuindo à declaração de inconstitucionalidade efeitos apenas *ex nunc*, por entender que tal promove a ordem constitucional em maior grau do que teria a pura e simples declaração de inconstitucionalidade com efeitos *ex tunc*. Então, também na modulação de efeitos, ausente norma constitucional específica em sentido diverso, dever-se-ia observar a reserva de Plenário.

---

[40] Súmula Vinculante nº 8 e RE 559.882-9/RS. Conforme o voto condutor do Ministro Gilmar Mendes, foram considerados insuscetíveis de restituição os recolhimentos efetuados nos prazos previstos nos arts. 45 e 46 da Lei nº 8.212/91, cuja restituição não fora pleiteada administrativa ou judicialmente antes da conclusão do julgamento pelo Supremo Tribunal Federal.

[41] MENDES, Gilmar Ferreira; COELHO, Inocêncio Mártires; BRANCO, Paulo Gustavo Gonet. *Curso de Direito Constitucional*. 5. ed. São Paulo: Saraiva, 2010, p. 1448.

[42] Idem, p. 1449.

No AI-AgR 681730, o Ministro CELSO DE MELLO destacou a necessidade de observância da reserva de Plenário por ocasião da modulação de efeitos:

> [...] a utilização da técnica da modulação temporal dos efeitos da decisão de inconstitucionalidade qualifica-se como matéria reservada à competência do Pleno do Supremo Tribunal Federal, considerada a relevantíssima circunstância de que somente pode modular quem dispõe da prerrogativa de declarar a ilegitimidade constitucional de determinado ato do Poder Público, a significar, portanto, que se trata de tema estranho à esfera de atribuições jurisdicionais das Turmas desta Corte.
>
> Incide, pois, na espécie, o postulado constitucional da reserva de Plenário, cuja eficácia impede os órgãos fracionários do Tribunal (como as Turmas) de pronunciarem a inconstitucionalidade de atos estatais [...]

A necessidade de observância da reserva de plenário evidencia-se, também, na exigência do quórum qualificado de 2/3 dos membros do tribunal para a modulação, essa sim estabelecida específica e expressamente pelo já transcrito art. 27 da Lei 9.868/99.

Esse quórum estabelecido por lei tem de ser cumprido. Note-se que 2/3 é mais do que se exige para a declaração de inconstitucionalidade (maioria absoluta ou metade dos membros mais um). O legislador, ao exigir 2/3 para a modulação, o fez para dar ainda maior rigidez a esse tipo de juízo. Estabeleceu quórum de tal modo qualificado para que só ocorresse a modulação quando se tivesse sobradas razões para sustentar a eficácia, ainda que limitada no tempo, de diploma legal inconstitucional.

Conforme ensina o Ministro CELSO DE MELLO, no RE 353508 AgR, a declaração de inconstitucionalidade normalmente tem efeito *"ex tunc"*. Mas "... se registra, no magistério jurisprudencial desta Corte, e no que concerne a determinadas situações (como aquelas fundadas na autoridade da coisa julgada ou apoiadas na necessidade de fazer preservar a segurança jurídica, em atenção ao princípio da boa-fé), uma tendência claramente perceptível no sentido de abrandar a rigidez dogmática da tese que proclama a nulidade radical dos atos estatais incompatíveis com o texto da Constituição da República..."

Essencial, no ponto, retomar os ensinamentos do Ministro GILMAR MENDES, quando afirma em sede doutrinária:[43]

> [...] o princípio da nulidade continua a ser a regra também no direito brasileiro. O afastamento de sua incidência dependerá de um severo juízo de ponderação que, tendo em vista análise fundada no princípio da proporcionalidade, faça prevalecer a idéia de segurança jurídica ou Outro princípio constitucionalmente importante, manifestado sob a forma de interesse social relevante. [...] O princípio da nulidade somente há de ser afastado se se puder demonstrar com base numa ponderação concreta, que a declaração de inconstitucionalidade ortodoxa envolveria o sacrifício da segurança jurídica ou de outro valor constitucional materializável sob a forma de interesse social.

A decisão de modulação por órgãos fracionários, como são as turmas e seções dos tribunais, viola a reserva de plenário e a exigência de quórum qualificado. Ademais, implica substituição do juízo político do legislador quanto aos requisitos para a modulação, por outro sem suporte legal. Mesmo dispondo a lei sobre o controle concentrado, impõe-se sua aplicação por analogia ao controle difuso no que couber – como é o caso do quórum –, inclusive no âmbito dos tribunais intermediários, porquanto é um método de integração do ordenamento jurídico a ser observado.

Mas isso não tem acontecido. No Tribunal Regional Federal da 4ª Região, a questão da modulação surgiu em sede de ação rescisória distribuída à sua Primeira

---

[43] MENDES, Gilmar Ferreira; COELHO, Inocêncio Mártires; BRANCO, Paulo Gustavo Gonet. *Curso de Direito Constitucional*. 5. ed. São Paulo: Saraiva, 2010, p. 1446.

Seção, qual seja, a Ação Rescisória nº 0005693-30.2011.404.0000/PR. Na oportunidade, bem ponderou o Desembargador Federal LUIZ CARLOS DE CASTRO LUGON quando Vice-Presidente da Corte que, na condição de Presidente das diversas Seções, inclusive a de Direito Tributário, tinha de proferir voto de desempate quanto ao ponto, que a rescisão de sentença bem se equipara à declaração de inconstitucionalidade e que o requisito da reserva de plenário, bem como o quórum específico, teriam de ser observados. Mas a questão de ordem suscitada nesse sentido restou superada. Vejam-se os fundamentos em que se assentava:

> Entendo que a atribuição de efeitos apenas prospectivo na hipótese de procedência da ação rescisória é procedimento análogo à modulação dos efeitos da decisão que pode ocorrer na declaração de inconstitucionalidade de lei ou e ato normativo. E assim o é porque, em ambos os casos, o provimento concedido implica retirada do mundo jurídico de algo (legislação ou provimento judicial) que irradiou efeitos, e cuja invalidade terá impacto nas relações constituídas com base nesse ordenamento. Nos dois casos, tem-se situações fático-jurídicas já consolidadas, embasadas em leis ou ações judiciais que se presumiam, até então, plenamente legítimas e válidas. Portanto, é também totalmente assemelhada à preocupação quanto à eventual manutenção das relações estabelecidas, especialmente em face dos princípios da segurança jurídica, da boa-fé objetiva, e do ato jurídico perfeito.

> Tendo em conta tal similitude, parece-me necessário que se observe o mesmo procedimento aplicado na hipótese de declaração de inconstitucionalidade. Assim sendo, entendo que a apreciação do presente feito extrapola a competência desta 1ª Seção, devendo o processo ser remetido para a Corte Especial, aplicando-se analogicamente o art. 97 da Constituição... Em apoio à argumentação aqui desenvolvida, observe-se também o teor do art. 27 da Lei 9.898/99... Verifica-se, portanto, que a modulação dos efeitos de decisão exige, para sua declaração, quórum mais qualificado (dois terços) do que a própria declaração de inconstitucionalidade a ser apreciada pelo Supremo Tribunal Federal (maioria absoluta). Tal exigência é justificável, tendo em conta que a situação a analisar configura exceção á regra, onde o reconhecimento da inconstitucionalidade tem efeitos *ex tunc*.

> Diante dessas considerações, entendo que o presente processo deve ser remetido à Corte Especial deste Regional, a quem compete, por atribuição regimental, a análise de incidentes referentes à apreciação dos incidentes de argüição de inconstitucionalidade ou ato normativo.

Efetivamente, a modulação, seja na declaração de inconstitucionalidade em controle concentrado, seja no difuso, e mesmo nas ações rescisórias voltadas justamente à afirmação do entendimento do supremo quanto à matéria constitucional, depende da observância da reserva de plenário e do quórum de 2/3 dos membros.

Capítulo 4: A modulação na ação rescisória em matéria tributária quanto a relações continuativas em face de superveniente entendimento contrário do Supremo Tribunal Federal

4.1. A rescisão de sentença inconstitucional se impõe para assegurar a supremacia da Constituição, a igualdade e a livre iniciativa

No Direito Tributário, tratando-se de normas que surgem para vigência prospectiva sem um termo final e que incidem sempre que ocorram os fatos geradores nelas previstos, temos situação peculiar. No que diz respeito aos tributos que incidem sobre a atividade produtiva e sobre os atos negociais praticados pelas empresas, em geral, certo é que as relações jurídicas acontecem a todo momento, repetem-se e tendem a continuar ocorrendo. Assim, as ditas continuativas são a regra.

A atividade do Judiciário, por isso, não é orientada ao passado, tão somente. Fazer juízo quanto à constitucionalidade de uma lei, por exemplo, implica olhar não apenas para o passado, sob o ponto de vista jurídico e fático, mas também para o presente e para o futuro. As consequências do reconhecimento da sua inconstitucionalidade ou mesmo da sua constitucionalidade afetam situações já ocorridas, outras em curso e ainda situações futuras. Seus efeitos, portanto, se expandem.

Na medida em que estamos, nessas questões, tratando do regime jurídico a ser observado relativamente aos fatos que acontecerão no futuro também, não se pode olhar para eventual prestação jurisdicional já concluída como algo intangível. Estivesse a resguardar o passado, sim. Mas dispondo também para o futuro, forte na eficácia declaratória que condiciona o comportamento das partes, sua adequação à ordem constitucional material é impositiva.

A supremacia da Constituição, com o elevado significado que lhe deve ser atribuído, tem de prevalecer não apenas sobre leis inconstitucionais, justificando o reconhecimento da sua nulidade, mas também sobre sentenças inconstitucionais. Trata-se de um imperativo do sistema, até porque envolve a questão de igualdade, critério essencial de justiça. E a igualdade, em matéria tributária, não envolve simplesmente atribuir tratamento idêntico aos contribuintes considerados individualmente, mas assegurar que a tributação seja exigida de todos, mantendo neutralidade relativamente à concorrência entre os agentes econômicos.

TEORI ZAVASCKI, ao escrever o livro *Eficácia das Sentenças na Jurisdição Constitucional*, abriu espaço para cuidar do conflito entre a estabilidade jurídica e a justiça das sentenças. De um lado, admite que "ainda quando a prestação jurisdicional não tenha chegado a um resultado justo, mesmo assim é importante que a pendência judicial assuma caráter definitivo e imutável, ou seja, que adquira a qualidade de coisa julgada". Mas tem em conta que a coisa julgada "não é um valor constitucional absoluto", e, sim, "um princípio, como tal sujeito a relativização".[44] Entende que "se tratando de matéria constitucional, impõe-se admitir a rescisão da coisa julgada quando contrária à orientação do Supremo Tribunal Federal como modo de preservação da supremacia da Constituição e da igualdade perante a lei". Esses os fundamentos para a "substituição do parâmetro negativo da Súmula 343 (negativo porque indica que, sendo controvertida a matéria nos tribunais, não há violação literal a preceito normativo a ensejar rescisão) por um parâmetro positivo, segundo o qual a violação à Constituição na sentença que, em matéria constitucional, é contrária a pronunciamento do STF".[45]

LUIZ GUILHERME MARINONI não aceita essa construção. Entende que não pode retroagir sobre a coisa julgada (p. 154). Ainda assim, reconhece que, tratando-se de relação continuativa, como são via de regra as relações tributárias, declaração posterior de constitucionalidade ou de inconstitucionalidade pelo Supremo Tribunal Federal, em sentido contrário do que fundamentou a coisa julgada, deve prevalecer para o futuro como "*ius superveniens*", como se fora uma lei nova. Admite, portanto, que a declaração e inconstitucionalidade (ou de constitucionalidade) limite a eficácia temporal da coisa julgada. Tal solução lhe parece adequada sob a perspectiva da proteção da confiança: "protegendo-se a confiança e afirmando-se o princípio da segurança, a declaração de inconstitucionalidade não retroage sobre a coisa julgada, mas incide imediatamente sobre as relações em trânsito no tempo, dando-lhe as regulação constitucional própria ao momento em que se desenvolvem."

---

[44] ZAVASCKI, Teori Albino. *Eficácia das Sentenças na Jurisdição Constitucional*. São Paulo: Revista dos Tribunais, 2001, p. 124 a 134.

[45] Idem, p. 124 a 134.

Como se vê, por qualquer das perspectivas, acaba-se por considerar adequada a submissão de todos à correta aplicação da ordem constitucional, ainda que, anteriormente, determinado contribuinte tenha obtido, ao arrepio da Constituição, tutela jurisdicional que lhe favoreceu. Mesmo esse terá de passar a cumprir a Constituição.

A preponderância da supremacia da Constituição, da igualdade e da livre concorrência, efetivamente justificam a rescisão. Até porque cabe ao Judiciário fazer da Constituição força ativa. Conforme ensina o Ministro CELSO DE MELLO em sede doutrinária, "nenhum Poder da República tem legitimidade para desrespeitar a Constituição", "É preciso, pois, reafirmar a soberania da Constituição, proclamando-lhe a superioridade sobre todos os atos do Poder Público e sobre todas as instituições do Estado, o que permite reconhecer, no contexto do Estado Democrático de Direito, a plena legitimidade da atuação do Poder Judiciário na restauração da ordem jurídica lesada e, em particular, a intervenção do Supremo Tribunal Federal, que detém, em tema de interpretação constitucional, e por força de expressa delegação que lhe foi atribuída pela própria Assembleia Nacional Constituinte, o monopólio da última palavra".[46] Diga-se, ainda, que cabe a todos, inclusive ao Judiciário, zelar pela igualdade também na aplicação dos tributos e preservar a neutralidade da tributação em prol de uma ordem econômica hígida, baseada na livre iniciativa, que é avessa a privilégios de qualquer origem.

Note-se que os fundamentos para a rescisão são constitucionais. No dizer do Ministro GILMAR MENDES, "A manutenção de decisões das instâncias ordinárias divergentes da interpretação adotada pelo STF revela-se afrontosa à força normativa da Constituição e ao princípio da máxima efetividade da norma constitucional".[47] Não é necessário, portanto, qualquer esforço no sentido de enquadrar a hipótese no art. 485, V, do CPC. Não é essa previsão legal ordinária que justifica a rescisão. Constrói-se a regra autorizadora da rescisão como projeção direta dos referidos princípios constitucionais.

A possibilidade de rescisão das sentenças inconstitucionais, afastando-se o óbice da Súmula 343, é hoje pacífica nos tribunais. A modulação dos seus efeitos é que constitui fenômeno novo.

4.2. A atribuição de efeitos prospectivos à rescisão se impõe para assegurar a validade dos atos legitimamente praticados sob a égide da coisa julgada, resguardando a confiança do contribuinte

A jurisprudência é, sem dúvida, indutora de comportamentos. MISABEL DERZI, analisando determinado caso, chamou atenção para o fato de que, "com base no § 1º-A do art. 557 do Código de Processo Civil que determina possa o relator de um processo decidir, monocraticamente, o recurso interposto, em nome e por delegação do tribunal, se a Corte Suprema já tiver decidido sobre a constitucionalidade daquela lei ou ato normativo, numerosas decisões monocráticas da Corte foram proferidas, todas julgando os recursos a ela interpostos. Vários juízes da Corte fizeram acreditar na definitividade do entendimento anterior. Nessas circunstâncias, se não

---

[46] MELLO FILHO, José Celso. O Supremo Tribunal Federal e a defesa das liberdades públicas sobre a Constituição de 1988: alguns tópicos relevantes. In: PAULSEN, Leandro (coord.). *Repercussão Geral no Recurso Extraordinário: estudos em homenagem à Ministra Ellen Gracie.* Porto Alegre: Livraria do Advogado, 2011, p. 27/28.

[47] STF, Tribunal Pleno, RE 328812 ED, rel. Min. GILMAR MENDES, 2008.

podemos falar em irretroatividade, certamente será totalmente adequado falar em proteção da confiança, por meio da boa-fé objetiva".[48]

A consolidação da jurisprudência em súmula gera ainda maiores expectativas quanto à firmeza do entendimento. O direito aplicável à espécie, então, reveste-se da maior previsibilidade que o sistema enseja.

A Súmula, conforme PAULO DE BARROS CARVALHO, tem função estabilizadora, "instaurando como previsível o conteúdo da coatividade normativa", além do que promove "a orientação jurisprudencial", "dá previsibilidade decisória".[49]

Quando o Supremo analisou questão relacionada à revogação da isenção da COFINS das sociedades profissionais, matéria pacificada no STJ em favor dos contribuintes, acabou decidindo em sentido oposto. Forte no entendimento de que não há hierarquia puramente formal entre lei complementar e lei ordinária e no fato de que as matérias que não requerem lei complementar podem ser disciplinadas por lei ordinária ainda que anteriormente dispostas em lei complementar, considerou que a revogação da isenção pela Lei 9.430/96 fora válida, ainda que tenha implicado revogação do art. 6º, II, da LC 70/91. Surgiu então a discussão quanto à modulação ou não dos efeitos dessa decisão. O Tribunal, não obstante o respeito que se deve à jurisprudência, mormente quando consolidada em súmula, acabou por negar a modulação. Mas a matéria é bastante controvertida, tendo o Ministro CELSO DE MELLO se manifestado em sentido favorável à modulação.

Entendeu que não se poderia deixar de considerar que a posição jurisprudencial em favor dos contribuintes estava consolidada em súmula de tribunal superior. Uma alteração brusca quanto ao direito aplicável, implicaria violação à segurança jurídica, devendo, por isso, haver modulação dos efeitos.

Veja-se o que ponderou no AI 633563 ArR-ED, quando, embora respeitando o postulado do colegiado para afastar a pretensão de modulação no caso, conforme entendimento do Plenário, reiterou seu entendimento:

> Esse dado, a meu juízo, assume extrema importância, pois coloca em pauta a questão relevantíssima da segurança jurídica, que há de prevalecer nas relações entre o Estado e o contribuinte, em ordem a que as justas expectativas deste não sejam frustradas por atuação inesperada do Poder Público, como sucederia em situações, como a ora em exame, em que se registra clara ruptura de paradigmas, com a prolação de decisão que evidentemente onera a esfera jurídica do sujeito passivo da obrigação tributária.

> Não se desconhece que, na cláusula constitucional que contempla o direito à segurança, inclui-se a positivação do direito à segurança jurídica, sob pena de se ignorar, com grave lesão aos cidadãos, o atributo da previsibilidade das ações estatais, que norteia e estimula a adoção de padrões de comportamento por parte das pessoas em geral (e dos contribuintes em particular).

> Os cidadãos não podem ser vítimas da instabilidade das decisões proferidas pelas instâncias judiciárias ou das deliberações emanadas dos corpos legislativos.

> Assume relevo, desse modo, a asserção segundo a qual "o princípio da segurança jurídica supõe que o direito seja previsível e que as situações jurídicas permaneçam relativamente estáveis".

> A instabilidade das decisões estatais, motivada pela ruptura abrupta de critérios jurisprudenciais, que, até então, pautavam o comportamento dos contribuintes – cujo planejamento fiscal na matéria em causa traduzia expressão direta do que se continha na Súmula 276/STJ –, não pode nem deve afetar ou comprometer

---

[48] DERZI, Misabel. *Modificações na Jurisprudência no Direito Tributário: Proteção da confiança, boa-fé objetiva e irretroatividade como limitações constitucionais ao Poder Judicial de Tributar*. São Paulo: Noeses, 2009, p. 599/600.

[49] Do prefácio de PAULO DE BARROS CARVALHO à obra de MISABEL DERZI. *Modificações na Jurisprudência no Direito Tributário: Proteção da confiança, boa-fé objetiva e irretroatividade como limitações constitucionais ao Poder Judicial de Tributar*. São Paulo: Noeses, 2009.

a esfera jurídica daqueles que, confiando em diretriz firmada pelos Tribunais e agindo de acordo com esse entendimento, ajustaram, de boa-fé, a sua conduta aos pronunciamentos reiterados do Superior Tribunal de Justiça a propósito da subsistência, no caso, da isenção da COFINS.

Entendeu, o Ministro CELSO DE MELLO, que a segurança jurídica "há de prevalecer nas relações entre o Estado e o contribuinte, em ordem a que as justas expectativas deste não sejam frustradas por atuação inesperada do Poder Público, como sucederia em situações, como a ora em exame, em que se registra clara ruptura de paradigmas, com a prolação de decisão que evidentemente onera a esfera jurídica do sujeito passivo da obrigação tributária". Também apontou que "Os cidadãos não podem ser vítimas da instabilidade das decisões proferidas pelas instâncias judiciárias ou das deliberações emanadas dos corpos legislativos".

Destacou, ainda, com amparo nas lições do Ministro VICTOR NUNES LEAL, que a Súmula, "enquanto método de trabalho, várias e significativas funções, pois, como se sabe, o enunciado sumular (a) confere maior estabilidade à jurisprudência predominante nos Tribunais; (b) atua como instrumento de referência oficial aos precedentes jurisprudenciais nele compendiados; (c) acelera o julgamento das causas e (d) evita julgados contraditórios".

E prosseguiu afirmando que um dos atributos das Súmulas é conferir previsibilidade às futuras decisões judiciais nas matérias abrangidas pelos precedentes, atribuir estabilidade às relações jurídicas constituídas sob a sua égide, gerar certeza quanto à validade dos efeitos decorrentes de atos praticados de acordo com esses mesmos precedentes e preservar, assim, em respeito à ética do Direito, a confiança dos cidadãos nas ações do Estado. Admite, com isso, mesmo em temas de índole constitucional, que a revisão substancial da jurisprudência, derivada da ruptura de paradigmas, não se aplique sobre situações previamente consolidadas. Veja-se:

> [...] os postulados da segurança jurídica e da proteção da confiança, enquanto expressões do Estado Democrático de Direito, mostram-se impregnados de elevado conteúdo ético, social e jurídico, projetando--se sobre as relações jurídicas, inclusive as de direito público, sempre que se registre alteração substancial de diretrizes hermenêuticas, impondo-se à observância de qualquer dos Poderes do Estado e, desse modo, permitindo preservar situações já consolidadas no passado e anteriores aos marcos temporais definidos pelo próprio tribunal.

O Ministro CELSO DE MELLO ressalta o "alto significado jurídico e social que resulta da formulação sumular", que encerra "um resultado paradigmático pertinente a decisões judiciais futuras em torno da mesma controvérsia".

Para o contribuinte, efetivamente, a Súmula tem de servir de referência segura, diretriz de comportamento mais aperfeiçoada que a lei, porquanto sobre ela pressupõe já o conflito, o contraditório, a meditação, a decisão e a formação de uma orientação dos tribunais a respeito do seu conteúdo normativo.

A coisa julgada, por sua vez, é referencial ainda mais intenso de segurança. Não se trata de uma diretriz digna de confiança e que gere legítimas expectativas, o que já seria muito. A rigidez é ainda maior. Não há alternativa, sob pena de cumprimento compulsório, mediante execução.

É atributo da coisa julgada a imutabilidade da decisão judicial não mais sujeita a recurso. Existe a compreensão de que as discussões não podem ser infindáveis, pois não é desejável perpetuar pendências. É preciso estabelecer quem dá a última palavra para resolver os problemas e como se chega a essa definição.

A preponderância da segurança conferida pela coisa julgada, mesmo quando seu conteúdo normativo venha a se revelar posteriormente inconstitucional, exige modulação para atribuição de caráter prospectivo à rescisão.

Note-se que a coisa julgada implica posições jurídicas mais firmes que as decorrentes do ato jurídico perfeito. Isso porque o Judiciário, no exercício da função jurisdicional, já terá dado não apenas uma interpretação em tese, mas interpretado e aplicado a norma ao caso concreto, com definitividade, muitas vezes já tendo efetuado inclusive o juízo de constitucionalidade das normas pertinentes.

A modulação de efeitos em ações rescisórias traz, efetivamente, problemas adicionais. Isso porque, já não se está em face de uma lei inconstitucional, dispositivo genérico e, por vezes, impreciso. O que se tem em frente é uma decisão judicial transitada em julgado, norma para o caso concreto imposta pelo Estado em caráter definitivo. Norma concreta válida e legitimamente determinada, produto de prestação jurisdicional em que assegurados o contraditório e a ampla defesa, com os meios e recursos a ela inerentes, em fundamentadas decisões proferidas por magistrados investidos das suas funções.

As ações rescisórias são julgadas, via de regra, pelos tribunais de segunda instância. Não há previsão expressa de modulação de efeitos no caso. Mas há a necessidade de fazê-lo.

Se nas declarações de inconstitucionalidade em geral, pode o Supremo Tribunal Federal modular efeitos para preservar a certeza do direito e a proteção da confiança, que dirá da situação em que o que se tem a preservar são atos praticados não apenas em face de lei presumidamente constitucional, mas de norma concreta transitada em julgado. Há fundamentos ainda maiores para a preservação da segurança no caso.

A concessão que se faz, de ensejar a rescisória, afastando a Súmula 343, quando sobrevém entendimento do Supremo Tribunal Federal sobre matéria constitucional em sentido diverso do acórdão transitado em julgado, já é fruto de enorme esforço argumentativo e de delicada ponderação de princípios. Permitir que os efeitos da ação rescisória retroagissem, atentaria contra a segurança jurídica.

Para a preservação do sistema na sua inteireza, a relativização da coisa julgada tem de ser consequente, responsável e parcimoniosa, apenas na medida necessária para preservação de outros valores que se imponham. No caso das questões tributárias, o que efetivamente justifica a superação da coisa julgada é o caráter continuativo das relações. As obrigações se renovam, havendo a necessidade de evitar prática inconstitucional futura. Mas os atos praticados sob a égide da coisa julgada têm de ser preservados como imperativo de segurança.

Cabe destacar que não se trata perpetuar a coisa julgada, mas de resguardar os atos já praticados ao seu abrigo antes da rescisão. Exemplo disso são os pagamentos que tenham deixado de ser feitos ao abrigo da coisa julgada ou as compensações ou repetições já obtidas mediante seu cumprimento ou execução.

Prerrogativas que, à luz da coisa julgada, poderiam ser utilizadas pelo contribuinte, mas que ainda não tenham sido por ele exercidas por ocasião da rescisão, escapam da modulação. Ou seja, atos posteriores à rescisão só se justificam em conformidade com a adequada interpretação constitucional estabelecida e imposta também para as partes anteriormente vinculadas à coisa julgada rescindida.

Conclusão

Não há direitos nem garantias absolutos, de modo que a segurança não assume essa dimensão. O princípio da segurança jurídica pode entrar em conflito com outros princípios constitucionais, como a supremacia da Constituição, a igualdade e a livre concorrência, e, até mesmo, ter de ceder, ao menos em algum grau, para a realização desses princípios. Mas isso não autoriza a desconsideração nem o menosprezo à segurança. Há situações em que tem de prevalecer para que se resguarde um mínimo de certeza do direito, de confiança do contribuinte quanto às normas a cumprir e de intangibilidade de posições consolidadas, como as que decorrem da coisa julgada.

A supremacia da Constituição se impõe como condição de preservação do Estado de Direito. Deve-se dar a máxima efetividade ao Texto Constitucional, fazendo-o força ativa para a concretização dos valores por ela protegidos. Todos os Poderes estão sujeito à Constituição, devendo ser revistos seus atos inválidos para a restauração da ordem jurídica lesada.

A igualdade constitui critério essencial de Justiça, devendo ser considerada não apenas sob a perspectiva formal ou mesmo material, mas também no que diz respeito à sua efetivação no plano dos fatos. Cabe a todos os Poderes realizá-la, não se prestando, os argumentos de segurança, para justificar a manutenção indefinida de tratamentos diferenciados a contribuintes em idêntica situação.

A livre concorrência é princípio da ordem econômica. Sua promoção pressupõe que a tributação, enquanto carga que onera a atividade produtiva, revista-se de neutralidade. Seria incompatível com o mercado a perpetuação de privilégios, ainda que decorrentes de sentenças transitadas em julgado, porquanto a concorrência pressupõe oportunidades iguais.

A segurança jurídica é garantia destinada ao contribuinte, especialmente. Mas também em favor do Estado se pode ter de vir a garantir segurança, até porque é parte da relação jurídico-tributária e está, tanto quanto o contribuinte, sujeito e vinculado à lei.

Os conteúdos de segurança jurídica se complementam. A certeza do direito, a confiança do contribuinte, a estabilização e a preservação de situações e posições jurídicas constituem perspectivas distintas de uma mesma garantia. Dignas de confiança tem de ser não apenas a legislação, mas a jurisprudência. As Súmulas constituem diretrizes a serem observadas por todos, atribuindo previsibilidade inclusive à prestação jurisdicional, devendo-se garantir aos contribuintes que as possam ter como referências seguras. A coisa julgada, por sua vez, vincula absolutamente, sendo que o próprio ordenamento lhe atribui a característica da imutabilidade, só superável em situações específicas e mediante elevadas razões.

As ações rescisórias se viabilizam em face de sentenças inconstitucionais quando assim forem consideradas à luz da orientação definitiva do Supremo Tribunal Federal, a quem cabe dar a última palavra na matéria. É essencial ao Estado Democrático de Direito que todos estejam comprometidos com o cumprimento da Constituição e que haja instrumentos para fazer com que sejam a tanto obrigados. Tratando-se de relações continuativas, não se pode admitir que, sob a mesma Constituição, persistam tratamentos inconstitucionais, ainda que assegurados por tutela anteriormente concedida pelo Judiciário. As sentenças, como as leis, devem ter os seus vícios de inconstitucionalidade corrigidos de modo que não se perpetue a injustiça. A rescisão, nesses casos, também é imperativo de igualdade, valor esse que, por sua vez, constitui pressuposto da livre concorrência.

A modulação de efeitos, no controle de constitucionalidade, faz com que, na realização dos princípios de cunho material, não se tenha de impor sacrifício essencial aos diversos conteúdos de segurança que também são constitutivos da nossa ordem jurídica e que devem ser respeitados. A preservação da segurança, muitas vezes, é a solução mais justa.

Instituto introduzido por lei para o controle concentrado de constitucionalidade, a modulação de efeitos tem, em verdade, fundamento constitucional, orientando também o controle difuso. Constitui um complemento do juízo de constitucionalidade, de modo que pode ser realizada pelas diversas instâncias. Mas há de se respeitar a reserva de plenário e o quórum qualificado que a Constituição e a lei exigem, porquanto a manutenção dos efeitos de lei ou sentença inconstitucionais, ainda que relativamente a atos já praticados, constitui exceção, devendo ser justificada com sobradas razões também de cunho constitucional.

Nas ações rescisórias, não apenas é viável a modulação de efeitos, como se impõe. A coisa julgada é digna de toda a confiança, porquanto não se limita a criar legítimas expectativas, mas vincula e obriga. O respeito aos atos praticados sob a égide da coisa julgada, enquanto mantida, é de rigor. A rescisão, portanto, deve ter efeitos prospectivos.

– 1.4 –

Imposto sobre a renda, os princípios da irretroatividade e da anterioridade e a Súmula 584 do STF

LUÍS CESAR SOUZA DE QUEIROZ[1]

Sumário: 1 – As recentes decisões do Supremo Tribunal Federal que representam a aplicação da Súmula 584 e a não aplicação dos princípios da irretroatividade e da anterioridade em matéria de imposto sobre a renda; 2 – A origem da Súmula 584 do STF; 3 – O sentido dos princípios da irretroatividade e da anterioridade; 3.1 – O sentido do princípio da irretroatividade; 3.2 – O sentido do princípio da anterioridade; 4 – A plena aplicação dos princípios da irretroatividade e da anterioridade ao imposto sobre a renda; 5 – A total incompatibilidade da interpretação consubstanciada na Súmula 584 com os sistemas constitucionais vigentes desde a época de sua elaboração até os dias de hoje; 6 – O perigo da não aplicação dos princípios da irretroatividade e da anterioridade para a sociedade brasileira; 7 – A necessidade de a Constituição brasileira ser plenamente cumprida.

1 – As recentes decisões do Supremo Tribunal Federal que representam a aplicação da Súmula 584 e a não aplicação dos princípios da irretroatividade e da anterioridade em matéria de imposto sobre a renda

No ano de 1998, no julgamento do RE 194.612/SC,[2] a Primeira Turma do Supremo Tribunal Federal (STF) decidiu que um aumento da alíquota do imposto sobre a renda (para 18%) previsto pela Lei nº 7.988[3] (inciso I do art. 1º), publicada em 28.12.1989, já seria aplicável sobre o respectivo fato gerador concreto a se consumar no final do dia 31.12 desse mesmo ano. Na respectiva ementa, restou explicitado que tal entendimento era consonante com o enunciado da Súmula 584 do STF.

Eis a ementa do aludido julgado:

---

[1] Procurador Regional da República. Mestre e Doutor em Direito Tributário pela PUC/SP. Professor de Direito Financeiro e Tributário da Faculdade de Direito da UERJ (Graduação e Mestrado/Doutorado). Professor da Escola Superior do Ministério Público da União.

[2] RE 194.612/SC, Relator Min. Sydney Sanches, Primeira Turma, julgamento em 24/03/1998, publicação no DJ 08-05-1998. Há decisões da 1ª e da 2ª Turmas relacionadas ao tema da limitação à compensação de prejuízo fiscal prevista pelo art. 42 da Medida Provisória nº 812, de 31.12.94, convertida na Lei nº 8.981/85, que seguem esse entendimento (por exemplo: RE-AgR 433878/MG, 1ª Turma; RE-AgR 278466/RS, 2ª Turma). Até o presente instante, não há deliberação definitiva do Plenário sobre essa matéria, encontrando-se pendente de julgamento o RE 344994/PR.

[3] Observa-se que há um erro material na ementa do acórdão. Faz-se referência à Lei nº 7.968/88, quando a lei em exame é a Lei nº 7.988/88.

SISTEMA CONSTITUCIONAL TRIBUTÁRIO – dos fundamentos teóricos aos *hard cases* tributários
Estudos em homenagem ao Ministro Luiz Fux

DIREITO CONSTITUCIONAL, TRIBUTÁRIO E PROCESSUAL CIVIL. IMPOSTO DE RENDA SOBRE EXPORTAÇÕES INCENTIVADAS, CORRESPONDENTE AO ANO-BASE DE 1989. MAJORAÇÃO DE ALÍQUOTA PARA 18%, ESTABELECIDA PELO INC. I DO ART. 1º DA LEI Nº 7.968/89. ALEGAÇÃO DE VIOLAÇÃO AO ART. 150, I, "A", DA CONSTITUIÇÃO FEDERAL DE 1988. 1. O Recurso Extraordinário, enquanto interposto com base na alínea "b" do inciso III do art. 102 da Constituição Federal, não pode ser conhecido, pois o acórdão recorrido não declarou a inconstitucionalidade de tratado ou lei federal. 2. Pela letra "a", porém, é de ser conhecido e provido. 3. Com efeito, a pretensão da ora recorrida, mediante Mandado de Segurança, é a de se abster de pagar o Imposto de Renda correspondente ao ano-base de 1989, pela alíquota de 18%, estabelecida no inc. I do art. 1º da Lei nº 7.968, de 28.12.1989, com a alegação de que a majoração, por ela representada, não poderia ser exigida com relação ao próprio exercício em que instituída, sob pena de violação ao art. 150, I, "a", da Constituição Federal de 1988. *4. O acórdão recorrido manteve o deferimento do Mandado de Segurança. Mas está em desacordo com o entendimento desta Corte, firmado em vários julgados e consolidado na Súmula 584, que diz: "Ao Imposto de Renda calculado sobre os rendimentos do ano-base, aplica-se a lei vigente no exercício financeiro em que deve ser apresentada a declaração." Reiterou-se essa orientação no julgamento do R.E. nº 104.259-RJ (RTJ 115/1336). 5. Tratava-se, nesse precedente, como nos da Súmula, de Lei editada no final do ano-base, que atingiu a renda apurada durante todo o ano, já que o fato gerador somente se completa e se caracteriza, ao final do respectivo período, ou seja, a 31 de dezembro. Estava, por conseguinte, em vigor, antes do exercício financeiro, que se inicia a 1º de janeiro do ano subseqüente, o da declaração.* 6. Em questão assemelhada, assim também decidiu o Plenário do Supremo Tribunal Federal, no julgamento do R.E. nº 197.790-6-MG, em data de 19 de fevereiro de 1997. 7. R.E. conhecido e provido, para o indeferimento do Mandado de Segurança. 8. Custas "ex lege". (grifado)

No ano de 2001, no julgamento do RE 199.352/PR,[4] a Segunda Turma do STF decidiu que um adicional ao imposto sobre a renda instituído pelo Decreto-lei 2.462, publicado em 31 de agosto de 1988, já poderia (por ser constitucional) incidir sobre o fato gerador concreto a ser apurado em 31 de dezembro do próprio ano (1988), sem que restasse caracterizada ofensa aos princípios da irretroatividade e da anterioridade, pois a obrigação de pagar só venceria no ano subsequente (1989). Eis a ementa:

CONSTITUCIONAL. TRIBUTÁRIO. DECRETO-LEI Nº 2.462/88. ADICIONAL DE IMPOSTO DE RENDA. OBEDECIDOS OS PRINCÍPIOS DA IRRETROATIVIDADE E DA ANTERIORIDADE DA LEI TRIBUTÁRIA. O fato gerador do imposto de renda é aquele apurado no balanço que se encerra em 31 de dezembro de cada ano. O Decreto-lei 2.462 foi publicado em 31 de agosto de 1988. Foi respeitado o princípio da anterioridade da lei tributária. Recurso não conhecido.

No ano de 2005, esse entendimento foi reiterado no julgamento do RE-AgR 177091/PR.[5] Eis a ementa:

AGRAVO REGIMENTAL. RECURSO EXTRAORDINÁRIO. CONSTITUCIONAL. TRIBUTÁRIO. ADICIONAL DE IMPOSTO DE RENDA. DECRETO-LEI Nº 2.462/88. ALEGADA OFENSA AOS PRINCÍPIOS DA IRRETROATIVIDADE E DA ANTERIORIDADE DA LEI TRIBUTÁRIA. PRECEDENTES DA SEGUNDA TURMA. Este excelso Tribunal, por meio de julgamentos proferidos pela egrégia Segunda Turma, firmou a orientação de que o Decreto-Lei nº 2.462, de 31 de agosto de 1988, não violou os princípios da irretroatividade e da anterioridade tributária. Precedentes: RE 199.352, Relator para o acórdão Min. Nelson Jobim, RE 197.981 e RE 229.147-AgR, ambos de relatoria do Min. Carlos Velloso. Agravo regimental a que se nega provimento.

Na mesma linha, cabe destacar o decidido no RE-AgR 321.778/MG,[6] que em sua ementa faz expressa alusão à Súmula 584. O Relator desse acórdão, o Min. Carlos

---

[4] RE 199.352/PR, Relator para o acórdão Min. Nelson Jobim, Segunda Turma, julgamento em 06/02/2001, publicação no DJ 09-08-2002.

[5] RE-AgR 177091/PR, Relator Min. Carlos Britto, Primeira Turma, julgamento em 22/03/2005, publicação DJ 10-03-2006.

[6] RE-AgR 321.778/MG, Relator Min. Carlos Velloso, Segunda Turma, julgamento em 02/09/2003, publicação no DJ 26-09-2003.

Velloso, cita como um dos precedentes o antes referido RE 194.612/SC. Segue a ementa daquele julgado:

CONSTITUCIONAL. PROCESSUAL CIVIL. TRIBUTÁRIO. PROVIMENTO DO RECURSO PELO RELATOR. *IMPOSTO DE RENDA: MAJORAÇÃO DE ALÍQUOTA. SÚMULA 584/STF.* I. – Legitimidade constitucional da atribuição conferida ao Relator para arquivar, negar seguimento a pedido ou recurso e dar provimento a este – R.I./S.T.F., art. 21, § 1º; Lei 8.038/90, art. 38; C.P.C., art. 557, redação da Lei 9.756/98 – desde que, mediante recurso, possam as decisões ser submetidas ao controle do Colegiado. II. – Agravo não provido.

Em 2009, foi reconhecida a repercussão geral no RE 592396 RG/SP,[7] no qual se discute acerca da constitucionalidade da aplicação ao resultado apurado em 31.12.1989 do aumento da alíquota do imposto sobre a renda (para 18%) previsto pela Lei nº 7.988 (inciso I do art. 1º), publicada em 28.12.1989. Cabe lembrar que esse tema já havia sido julgado pela 1ª Turma do STF no julgamento do RE 194.612/SC (antes citado). Eis a ementa:

CONSTITUCIONAL. TRIBUTÁRIO. IMPOSTO DE RENDA SOBRE EXPORTAÇÕES INCENTIVADAS. MAJORAÇÃO DE ALÍQUOTA. PRINCÍPIOS DA ANTERIORIDADE E DA IRRETROATIVIDADE DA LEI TRIBUTÁRIA. RECURSO EXTRAORDINÁRIO 183.130/PR, REL. MIN. CARLOS VELLOSO, QUE TRATA DA MESMA MATÉRIA E CUJO JULGAMENTO JÁ FOI INICIADO PELO PLENÁRIO. EXISTÊNCIA DE REPERCUSSÃO GERAL.

Esse recurso, cujo julgamento se encontra pendente e que envolve a aplicação da Súmula 584 do STF, é de extrema relevância para a sociedade brasileira, pois envolve a correta aplicação dos princípios da irretroatividade e da anterioridade ao sistema do imposto sobre a renda.

Em tempo, ainda nessa mesma linha de entendimento, cumpre mencionar a decisão da Segunda Turma do STF, tomada no julgamento do RE 553508 AgR/PR em 03/052011. Segue a ementa:

CONSTITUCIONAL E TRIBUTÁRIO. IMPOSTO SOBRE A RENDA. PRINCÍPIO DA ANTERIORIDADE DA LEI TRIBUTÁRIA. MP 492/1994. 1. O Supremo Tribunal Federal possui o entendimento consolidado no sentido de que o fato gerador do imposto sobre a renda se materializa no último dia do ano-base, isto é, em 31 de dezembro. Assim, a lei que entra em vigor antes do último dia do período de apuração poderá ser aplicada a todo o ano-base, sem ofensa ao princípio da anterioridade da lei tributária. Precedentes. 2. Agravo regimental a que se nega provimento.

2 – A origem da Súmula 584 do STF

A adequada compreensão da origem e do efetivo fundamento da interpretação consolidada na Súmula 584 é essencial para que seja possível compreender a completa incompatibilidade dessa interpretação com o sistema constitucional vigente em nosso país.

A súmula 584 do STF possui o seguinte enunciado:

Ao imposto de renda calculado sobre os rendimentos do ano-base, aplica-se a lei vigente no exercício financeiro em que deve ser apresentada a declaração.

Essa súmula foi aprovada na sessão plenária da Suprema Corte do dia 15/12/1976 e publicada no Diário de Justiça dos dias 3, 4 e 5 de janeiro de 1977. Teve como precedentes o RE 74.594 (publicado no DJ de 23/3/1973), o RE 80.250 (publicado no DJ de 18/2/1975) e o RE 80.620 (publicado no DJ de 2/6/1975).

---

[7] RE 592396 RG/SP, Relator Min. Ricardo Lewandowski, julgamento em 04/06/2009, publicação DJe 19-06-2009.

O RE 74.594, julgado no dia 26 de fevereiro de 1973 e relatado pelo Ministro Xavier de Albuquerque, restou assim ementado:

IMPOSTO DE RENDA. ANO-BASE E EXERCÍCIO FINANCEIRO. INOCORRÊNCIA DE APLICAÇÃO RETROATIVA DA LEI. RECURSO EXTRAORDINÁRIO NÃO CONHECIDO.

É bastante elucidativa a apreciação da íntegra do relatório e do voto (único publicado) dessa decisão unânime:

RELATÓRIO. O SR. MINISTRO XAVIER DE ALBUQUERQUE: – A Primeira Turma do Tribunal Federal de Recursos decidiu nos termos desta ementa (f. 116): "MAGISTRADO – IMPOSTO DE RENDA – LANÇAMENTO. Reconhecida a obrigação de pagar o tributo, o contribuinte não pode fugir ao sistema legal. O Decreto-lei n° 62/66, art. 15°, revogou o disposto no art. 2° da Lei n° 4.480/64, para efeito de declaração do imposto de renda, a partir de janeiro de 1967. Assim, a nova lei deve ser atendida no lançamento imediato do imposto, que corresponde ao ano da apresentação da declaração. O ano-base representa, apenas, o critério para calcular-se o tributo.

Recorrem extraordinariamente os interessados, pelas letras *a* e *d*, alegando aplicação retroativa do Decreto-lei n° 62, de 21.11.66, e conseqüente ofensa ao art. 153, § 3° da Constituição, bem como dissídio com as Súmulas 97 e 112.

A Procuradoria-Geral opina pelo não conhecimento, ou pelo improvimento do recurso.

É o relatório.

VOTO: O SR. MINISTRO XAVIER DE ALBUQUERQUE (Relator): Em vários julgados que versaram a subscrição de letras imobiliárias do Banco Nacional de Habitação sobre aluguéis vencidos no correr de 1964, o Supremo Tribunal acolheu a distinção entre ano-base e exercício financeiro e repeliu a alegação, que também se fazia, de aplicação retroativa da lei. Um desses julgados, o do RE 65.612 (RTJ 537 666), é citado pelo eminente Ministro Aliomar Baleeiro no seu *Direito Tributário Brasileiro*. 4ª edição, p. 180, na seção relativa ao imposto de renda e sob a rubrica "ano-base".

À vista desses precedentes, a cuja doutrina se acostou o acórdão recorrido, não conheço do recurso.

Como informa a ementa, sustentou-se, no caso sob exame, a "inocorrência de aplicação retroativa da lei". O objeto de discussão em tal julgado foi a existência ou não de retroatividade. Atesta-se pela leitura da íntegra do acórdão que, em momento algum, se instaurou qualquer debate acerca da aplicação do *princípio da anterioridade*.

O voto do Ministro-Relator basicamente se reporta à tese já adotada em outros julgamentos, sendo mencionado especificamente o decidido no RE 65.612, que assim foi ementado:[8]

SUBSCRIÇÃO COMPULSÓRIA DE LETRAS IMOBILIÁRIAS DO B.N.H. INEXISTÊNCIA DE APLICAÇÃO RETROATIVA DA L. 4.494, DE 1964. DISTINÇÃO ENTRE ANO-BASE E EXERCÍCIO FINANCEIRO. RECURSO EXTRAORDINÁRIO CONHECIDO E PROVIDO.

Mais uma vez, pede-se especial atenção para o que foi decidido em tal precedente.

No julgamento do RE 65.612, discutiu-se sobre a possibilidade de serem instituídos recolhimentos compulsórios mediante a subscrição de letras de emissão do BNH anteriormente à Lei n° 4.494, de 25/11/1964. Tal lei dispôs acerca de duas exações (empréstimos compulsórios) que incidiriam sobre alugueres vencidos antes de ela entrar em vigor (vencidos durante todo o ano de 1964 – denominado *ano-base*), sendo certo, ainda, que o pagamento somente se daria no ano de 1965 (denominado *exercício financeiro*).[9]

---

[8] RE 65612/GB, Relator Min. Barros Monteiro, Julgamento: 25/03/1969, Primeira Turma, DJ 29-12-1969.

[9] Lei n° 4.494 de 25/11/1964, em sua redação original: "Art. 31. Os rendimentos percebidos por pessoas físicas ou jurídicas, proveniente de aluguéis de habitações cuja construção houver sido concluída na data da Lei, caracterizando-se a conclusão pela concessão do 'habite-se' pela autoridade municipal ou pela ocupação efetiva do imóvel, ficarão

Pelo exame dos arts. 31 e 32 da Lei nº 4.494/64, atesta-se que, em rigor, o "fato gerador" (descrito no antecedente e confirmado pela base de cálculo – critério material do consequente) é *auferir alugueres no ano anterior* (no caso, o ano de 1964), devendo o pagamento se realizar até o dia 31 de março de cada ano (no caso, o ano de 1965). Ora, apesar de a Lei nº 4.494 ter sido publicada somente em 25/11/1964, entendeu a Suprema Corte, vencidos o Ministro Raphael de Barros Monteiro, relator original, e o Ministro Aliomar Baleeiro, que todos os alugueres recebidos no ano de 1964, mesmo que antes de tal lei entrar em vigor, seriam tributados, inexistindo qualquer aplicação retroativa.

A partir da análise do voto do Ministro Djaci Falcão, percebe-se qual foi o fundamento da tese vencedora:

> Ambas as regras deixam claro a incidência atual, Isto é, a partir da vigência da lei, da contribuição compulsória por ela instituída. Apenas adota como base de cálculo para a fixação do quantum da contribuição o rendimento proveniente de aluguéis "auferidos no ano anterior". Não há cogitar de retroatividade da lei, para efeitos da cobrança do empréstimo compulsório. Os aluguéis percebidos em 1964, vale insistir, entram apenas como base de cálculo.

Desse modo, firmou-se na Suprema Corte a distinção entre o que foi denominado de *ano-base* (ano da ocorrência do fato, que tanto serve de critério para a incidência – referente ao *fato gerador abstrato* – quanto serve de base para a cobrança – *base de cálculo*) e *exercício financeiro* (ano da cobrança ou ano em que deve ser feito o pagamento).

Os outros dois precedentes da Súmula 584 – RREE 80.250 e 80.620 –, basicamente, limitam-se a realizar uma remissão à tese adotada no primeiro precedente, o referido RE 74.594.

> Portanto, resta demonstrado que nos três precedentes da Súmula 584 decidiu-se a questão (a aplicação do DL 62, de 21.11.66, sobre a renda auferida no próprio ano de 1966) mediante a exclusiva consideração do *princípio da irretroatividade*, tendo como base para a decisão o que fora decidido no RE 65.612.

Reitera-se que nos citados precedentes, em nenhum momento, houve qualquer debate tendo em conta o princípio da anterioridade, o qual, em 1966, como explicitado anteriormente, já existia e era expressamente aplicável ao imposto sobre a renda.

3 – O sentido dos princípios da irretroatividade e da anterioridade

A doutrina e a jurisprudência têm dissentido se os princípios da irretroatividade e da anterioridade informam a *validade*, a *vigência* ou a *eficácia* da norma jurídica.

---

sujeitos a um recolhimento equivalente a quatro por cento do valor dos ditos aluguéis auferidos no ano anterior, sob a forma de subscrição de letras de emissão do Banco Nacional de Habitação (Lei nº 4.380, de 21-8-64) adquiridas até o dia 31 de março de cada ano. Parágrafo único. Ao apresentar sua declaração para pagamento do Impôsto de Renda, ficarão os contribuintes obrigados a provar o recolhimento previsto neste artigo. Art. 32. Os aluguéis recebidos por pessoas físicas ou jurídicas de direito privado, pela locação de imóveis residenciais, de área útil superior a cento e oitenta metros quadrados, ficarão sujeitos ao recolhimento de seis por cento da importância total dos aluguéis auferidos no ano anterior, sob a forma de letras de emissão do Banco Nacional de Habitação adquiridas até o dia 31 de março de cada ano, sujeitos os contribuintes à comprovação prevista no parágrafo único do artigo anterior. Parágrafo único. Entende-se por área útil a área total de construção, deduzidas as paredes, bem como as partes comuns, se se tratar de apartamento, habitação coletiva ou vila. (...) Art. 34. As letras de emissão do Banco Nacional de Habitação serão resgatáveis a vinte anos do mês em que o recolhimento é devido, e vencerão juros de seis por cento ao ano, calculados sôbre o valor atualizado das letras".

Essa dissonância tem relação com a falta de consenso acerca das definições dos conceitos (fundamentais) de *validade*, *vigência* e *eficácia*. É de suma importância recobrar a definição desses três conceitos:[10]

a) validade – é a qualidade que toda e qualquer norma jurídica (norma que integra um sistema jurídico) possui, em função de ter sido regularmente produzida, isto é, em virtude de ter sido produzida em consonância com os requisitos estabelecidos pela correspondente norma de produção normativa – por isso, ao se afirmar que uma norma é jurídica, está se afirmando que ela é válida, que existe juridicamente, que pertence a um dado sistema jurídico;

b) vigência – é a qualidade da norma jurídica (válida, portanto) que está apta a produzir efeitos jurídicos, mediante a incidência sobre (o conceito de) fatos (jurídicos);

c) eficácia, que se concebe em duas diferentes acepções:

c.1) eficácia jurídica – considera-se expressão sinônima de *vigência*;

c.2) eficácia social ou efetividade – é a qualidade da norma jurídica que é cumprida pela maior parte de um grupo social.

Considerando essas definições, pode-se, desde já, asseverar que os princípios da irretroatividade e da anterioridade estão relacionados com o fenômeno da *validade*, pois, como será adiante demonstrado, tais princípios, que são aspectos de norma constitucional de produção normativa,[11] acabam por informar se a norma tem ou não fundamento constitucional de validade, ou seja, se a norma pertence ou não ao sistema jurídico.

3.1 – O sentido do princípio da irretroatividade

É mister esclarecer o devido significado do fenômeno da retroatividade. Toda norma jurídica, tributária ou não, apresenta uma estrutura lógica dual (A → C), onde o antecedente (A), primeira parte da norma, descreve uma situação de fato e funciona como condicionante, como implicante (→) do efeito jurídico prescrito na segunda parte da norma, a qual se denomina consequente (C). Daí a expressão: deve ser (D), se A então C (D (A → C)). Uma norma jurídica é retroativa (há quem diga: a norma com "efeitos retroativos") sempre que se reporta a um fato que ocorreu ou pode ter ocorrido no passado. Mais precisamente, a norma jurídica é retroativa sempre que seu antecedente descreve fato ou fatos que ocorreram ou podem ter ocorrido no passado. Portanto, uma norma veiculada por uma lei publicada em 22 de outubro de 2007, cujo antecedente descreve fatos ocorridos em período anterior ao dia da sua publicação é evidentemente retroativa.

---

[10] *Sujeição passiva tributária*. Rio de Janeiro: Forense, 2003, p. 122 e segs.

[11] Já se demonstrou em outro momento, que, quanto ao critério da espécie de conteúdo do antecedente e do consequente normativos – a norma jurídica se classifica em *de produção normativa* e *de conduta*. *Norma de produção normativa* é aquela cujo antecedente descreve uma específica situação de fato (de ocorrência possível), que se caracteriza por apresentar os requisitos necessários (sujeito, procedimento e declaração prescritiva) para que outra norma passe a pertencer (a ter validade – criação) ou deixe de pertencer (revogação) ao sistema jurídico, e cujo consequente apresenta uma estrutura relacional, composta por variáveis, que simboliza a norma jurídica a ser criada ou revogada. Distingue-se da *norma de conduta* que é aquela cujo antecedente descreve uma situação de fato qualquer (de possível ocorrência), e cujo consequente apresenta a regulação de uma conduta intersubjetiva, por meio de uma permissão (P), uma obrigação (O) ou uma proibição (V). *Imposto sobre a renda – requisitos para uma tributação constitucional*. Rio de Janeiro: Forense, 2003, p. 33.

O caráter retroativo da norma refere-se sempre ao antecedente, nunca ao consequente (prescritor ou mandamento) normativo. O consequente normativo está sempre projetado para o futuro. Carece de sentido deôntico (de sentido jurídico) um consequente normativo projetado para o passado. Eis elucidativo exemplo. Suponha que uma lei, publicada em 22 de outubro de 2007, prescreva a majoração do imposto sobre a renda. E que a norma veiculada por tal lei assim disponha: antecedente – se alguém tiver adquirido uma renda superior a um milhão de reais no ano de 2005; consequente – o titular da renda está obrigado a entregar à União Federal 50% do montante que superar aquele um milhão de reais, até o dia 31 de março de 2006. É um sem-sentido deôntico, em função da impossibilidade física (ôntica), obrigar alguém a cumprir uma conduta num instante anterior àquele em que a ordem é emanada.

Não resta dúvida de que haveria retroatividade ainda que o consequente estivesse projetado para o futuro. No exemplo citado, se o consequente prescrevesse que o contribuinte deveria pagar o tributo até o dia 31 de abril de 2008, esta norma, apesar de ter o consequente projetado para o futuro, seria evidentemente retroativa, pois seu antecedente se encontra projetado para o passado. Neste último exemplo, a norma é de cumprimento fisicamente possível (modo ôntico da possibilidade), que não significa dizer que é válida, que é constitucional.

O ponto de referência para que a norma seja qualificada como retroativa (ou seja, norma com o vetor semântico do antecedente projetado para o passado) é o átimo em que a norma começa a viger, ter vigência. Ao se falar em vigência é necessário ter em conta que ela é a qualidade da norma jurídica (válida, portanto) que está apta a produzir efeitos jurídicos, mediante a incidência sobre (o conceito de) fatos, descritos no antecedente normativo .

Norma com "efeito retroativo", diversamente do que possa parecer à primeira vista, nada tem que ver com a projeção para o passado do efeito jurídico disposto pelo consequente da norma (criação ou extinção de norma jurídica, se for efeito de norma de produção normativa; ou criação ou extinção de relação jurídica, se for efeito de norma de conduta), mas, como se disse, relaciona-se estritamente com a circunstância de o antecedente descrever um fato ocorrido (concretamente) ou que possa ter ocorrido (conjetura, hipótese) no passado.

Falar em "efeito retroativo" de norma significa a possibilidade de a norma tomar um fato ocorrido (ou que possa ter ocorrido) no passado e atribuir, como resultado, a produção, a implicação, a geração de certo efeito jurídico, o qual se projeta necessariamente para o futuro.

A fim de evitar mal-entendidos, parece mais adequada a expressão *norma com caráter retroativo* ou, simplesmente, *norma retroativa*.

Assim, se o antecedente refere-se à situação de fato que pode ter ocorrido antes de a norma jurídica iniciar sua vigência, tal norma é retroativa. O caráter retroativo da norma independe da efetiva ocorrência, no passado, daquela situação descrita pelo antecedente. É prescindível a verificação empírica. É suficiente o mero exame da norma jurídica. Mesmo que a situação de fato do passado, hipoteticamente descrita pela norma, não tenha efetivamente (concretamente) ocorrido, a norma manterá o seu caráter retroativo.

Esclarecido o sentido de norma com caráter retroativo, vale firmar que a Constituição de 1988, no Capítulo I – *Dos Direitos e Deveres Individuais e Coletivos*

– do Título II – *Dos Direitos e Garantias Fundamentais* –, manteve a tradição iniciada com a Constituição de 1934 (e silenciada pela Carta de 1937) e dispôs sobre a irretroatividade genérica, prescrevendo a fórmula segundo a qual "a lei não prejudicará o direito adquirido, o ato jurídico perfeito e a coisa julgada" (inciso XXXVI do art. 5º).[12]

Além disso, na Seção II – *Das Limitações do Poder de Tributar* – do Capítulo I – *Do Sistema Tributário Nacional* – do Título VI – *Da Tributação e do Orçamento* – a Constituição dispõe sobre três princípios relacionados ao fenômeno da *(ir)retroatividade* em matéria tributária. No inciso III do art. 150, encontram-se previstos os denominados *princípio da irretroatividade* (alínea "a" – irretroatividade pura e simples), *princípio da anterioridade* (alínea "b" – espécie de irretroatividade qualificada relacionada ao exercício financeiro) e *princípio da anterioridade nonagesimal* (alínea "c" – espécie de irretroatividade qualificada relacionada ao período de 90 dias). Além desse último dispositivo atinente ao princípio da anterioridade nonagesimal aplicável a todos os tributos (ressalvados os casos expressamente destacados – art. 150, § 1º), o qual somente foi introduzido pela Emenda Constitucional nº 42, de 19 de dezembro de 2003, a Constituição já dispunha, em sua redação original, sobre o princípio da anterioridade nonagesimal, contudo, exclusivamente aplicável às contribuições para a seguridade social, nos termos do § 6º do art. 195.[13]

A Constituição de 1988 é inovadora quanto ao tratamento do princípio da irretroatividade. Pela primeira vez na história brasileira, o texto constitucional garante uma *irretroatividade tributária específica* (relativa diretamente à instituição ou majoração de qualquer tributo), pura (não qualificada) e irrestrita (aplicável a todos os tributos sem qualquer limitação ou condicionamento material).

O princípio da irretroatividade em matéria tributária decorria (i) ora de uma *irretroatividade genérica ampla* (Constituição de 1824, art. 179, III, e Constituição de 1891, art. 11, item 1); (ii) ora de uma *irretroatividade genérica relacionada à proteção do direito adquirido, do ato jurídico perfeito e da coisa julgada* (Constituição de 1934, art. 17, inciso VII, e art. 113, nº 3; e Constituição de 1946, art. 141, § 3º; Constituição de 1967, art. 150, § 3º; e Constituição de 1967, com a redação conferida pela EC nº 1/1969, art. 153, § 3º); (iii) ora de uma *irretroatividade tributária qualificada, porém materialmente limitada*, designada como *princípio da anualidade tributária* (Constituição de 1946, art. 141, § 34; Constituição de 1967, art. 150, § 29); (iv) ora de uma *irretroatividade tributária qualificada, porém materialmente limita-*

---

[12] Constituição de 1988: "Art. 5º Todos são iguais perante a lei, sem distinção de qualquer natureza, garantindo-se aos brasileiros e aos estrangeiros residentes no País a inviolabilidade do direito à vida, à liberdade, à igualdade, à segurança e à propriedade, nos termos seguintes: (...) XXXVI – a lei não prejudicará o direito adquirido, o ato jurídico perfeito e a coisa julgada".

[13] Constituição de 1988: "Art. 150. Sem prejuízo de outras garantias asseguradas ao contribuinte, é vedado à União, aos Estados, ao Distrito Federal e aos Municípios: I – exigir ou aumentar tributo sem lei que o estabeleça; II – instituir tratamento desigual entre contribuintes que se encontrem em situação equivalente, proibida qualquer distinção em razão de ocupação profissional ou função por eles exercida, independentemente da denominação jurídica dos rendimentos, títulos ou direitos; III – cobrar tributos: a) em relação a fatos geradores ocorridos antes do início da vigência da lei que os houver instituído ou aumentado; b) no mesmo exercício financeiro em que haja sido publicada a lei que os instituiu ou aumentou; c) antes de decorridos noventa dias da data em que haja sido publicada a lei que os instituiu ou aumentou, observado o disposto na alínea *b*; (...) Art. 195. A seguridade social será financiada por toda a sociedade, de forma direta e indireta, nos termos da lei, mediante recursos provenientes dos orçamentos da União, dos Estados, do Distrito Federal e dos Municípios, e das seguintes contribuições sociais: (...) § 6º – As contribuições sociais de que trata este artigo só poderão ser exigidas após decorridos noventa dias da data da publicação da lei que as houver instituído ou modificado, não se lhes aplicando o disposto no art. 150, III, *b*."

da, designada como *princípio da anterioridade tributária* (art. 2º, inciso II, da EC n. 18/1965, que alterou o sistema tributário da Constituição de 1946; art. 153, § 29, da Constituição de 1967, com a redação conferida pela EC nº 1/1969 e com a redação conferida pela EC nº 8/1977).

O específico tratamento conferido ao *princípio da irretroatividade tributária* pela Constituição de 1988 dissipa toda e qualquer dúvida que pudesse existir acerca da completa impossibilidade de haver a instituição ou majoração de tributo com caráter retroativo. Por força do princípio da irretroatividade tributária, uma norma tributária (criada ou aumentada – com modificação aumentativa da respectiva carga) não pode se projetar, incidir sobre (o conceito de) fatos ocorridos antes de tal norma entrar em vigor. A projeção semântica da norma tributária está dirigida para fatos futuros, de possível ocorrência. Jamais poderá dirigir-se a fatos passados, já ocorridos no tempo e no espaço.[14]

O princípio da irretroatividade tributária está contido no aspecto material do antecedente de norma constitucional de produção normativa e pode ser assim definido:

> *Princípio da irretroatividade tributária* é um complemento condicionante do aspecto material (*declaração prescritiva*) do antecedente da norma constitucional de produção normativa, que estabelece a necessidade de, nas hipóteses de criação ou aumento de tributo, a declaração prescritiva (a ser elaborada pelo legislador infraconstitucional, em regra o ordinário) conter como *proposição implicante* (a qual corresponderá ao antecedente da norma tributária a ser produzida) a descrição do conceito de um fato de ocorrência possível e futura (com projeção semântica para o futuro), nunca a descrição do conceito de fato já ocorrido (concreto) ou que possa ter ocorrido (hipótese, conjetura) no passado (com projeção semântica para o passado).

Portanto, sempre que o princípio da irretroatividade tributária não for atendido, inexistirá a produção de norma jurídica (válida). Daí falar-se em norma inconstitucional – norma (não jurídica) que carece de fundamento constitucional de validade e que, por consequência, não pertence ao sistema jurídico brasileiro.

Esse entendimento tem sido adotado pelo Supremo Tribunal Federal, como demonstra a decisão dessa Corte, em sua composição plenária, no Recurso Extraordinário nº 111.954-PR, quando decidiu que um "decreto-lei" (a norma veiculada pelo decreto-lei) era *inconstitucional* (sem fundamento constitucional de validade), por ter afrontado o Princípio da Irretroatividade. Segue:

> Empréstimo Compulsório – Dec. – Lei 2.047, de 20/7/1983. Súmula 418.
>
> O empréstimo sujeita-se às imposições da legalidade e igualdade, mas, por sua natureza, não à anterioridade, nos termos do art. 153, § 29, "in fine", da Constituição Federal (demais casos previstos na Constituição). O Dec. – Lei 2.047/83, contudo, sofre de vício incurável: a retroação a ganhos, rendas – ainda que não tributáveis – de exercício anterior, já encerrado. *Essa retroatividade é inaceitável* (art. 153, § 3º, da Constituição Federal), fundamento diverso do em que se apoiou o acórdão recorrido. Recurso Extraordinário não conhecido, *declarada a inconstitucionalidade* do decreto-lei 2.047, de 20.7.83. (grifado)

Em igual sentido, decidiu a Suprema Corte no julgamento do Recurso Extraordinário nº 204.133-MG:

> TRIBUTÁRIO. ICMS. CORREÇÃO MONETÁRIA. TAXA REFERENCIAL DIÁRIA. INAPLICABILIDADE A FATOS GERADORES CONSUMADOS ANTERIORMENTE À SUA INSTITUIÇÃO. OFENSA AO *PRINCÍPIO DA IRRETROATIVIDADE* DAS LEIS. PRECEDENTE.
>
> 2. *Fato gerador consumado anteriormente à vigência* da Lei nº 8.177/1991. Incidência da TRD. Impossibilidade em face do princípio da irretroatividade, dado que a referida taxa altera não apenas a expressão nominal do imposto, mas também o valor real da respectiva base de cálculo. Precedente. Recurso extraordinário conhecido e provido. (grifado)

---

[14] *Imposto sobre a renda – requisitos para uma tributação constitucional.* Rio de Janeiro: Forense, 2003, p. 101.

A doutrina mais arguta já construía a irretroatividade plena e irrestrita em matéria tributária a partir da proteção ao direito adquirido, ao ato jurídico perfeito e à coisa julgada, a qual é adequadamente interpretada tendo em conta os princípios da segurança jurídica, do estado de direito e da certeza do direito. Conforme ensina o mestre Paulo de Barros Carvalho: "entre as limitações do poder de tributar inscreveu o constituinte de 1988 o princípio da irretroatividade (CF, art. 150, III, a). Por certo que a prescrição é despicienda, visto que a diretriz contida no art. 5°, XXXVI, da Constituição Federal é portadora deste mesmo conteúdo axiológico, irradiando-se por todo o universo do direito positivo, incluindo, portanto, a região das imposições tributárias".[15]

3.2 – O sentido do princípio da anterioridade

O princípio da anterioridade, tem assento no enunciado do art. 150, inciso III, alínea "b", da Constituição da República, segundo o qual "é vedado cobrar tributos no mesmo exercício financeiro em que haja sido publicada a lei que os instituiu ou aumentou".

Em termos mais rigorosos, como já se teve a oportunidade de expor,[16] a norma constitucional de produção normativa, ao regular a produção ou modificação aumentativa (relativa ao aumento do montante de dinheiro a ser entregue ao Estado) da norma tributária, determina que a declaração prescritiva a ser produzida (e que se transformará na futura norma tributária, p. ex., a norma do IR), só prevalecerá após a ocorrência de um evento futuro e certo (termo), qual seja, o encerramento do "exercício financeiro em que haja sido publicada a lei que os (tributos) instituiu ou aumentou".

Assim, a norma constitucional de produção normativa, no que toca à produção ou modificação aumentativa de norma tributária, descreve, em seu antecedente, um "fato complexo" composto por (a) sujeitos de direito, (b) um procedimento e (c) uma declaração prescritiva *submetida à ocorrência de um termo* – o início do exercício financeiro seguinte àquele em que houver sido publicada a respectiva lei (a lei veiculadora da norma tributária).

Portanto, pode-se dizer que:

Princípio da anterioridade é um complemento condicionante do aspecto material do antecedente da norma constitucional de produção normativa, que afeta o elemento *declaração prescritiva*, submetendo-o à ocorrência de um evento futuro e certo (termo) – o início do exercício financeiro seguinte àquele em que houver sido publicada a lei relativa à criação ou modificação aumentativa (que implique aumento do valor a ser entregue ao Estado a título de tributo) de norma tributária, ou seja, a norma tributária somente passará a integrar o sistema jurídico (ser válida, ter fundamento constitucional de validade) a partir do exercício financeiro seguinte àquele em que houver sido publicada a lei relativa à criação ou aumento do tributo.

---

[15] CARVALHO, Paulo de Barros. *Curso de direito tributário*. São Paulo: Saraiva, 2007, p. 169. No mesmo sentido: TORRES, Ricardo Lobo. Tratado de direito constitucional financeiro e tributário. Rio de Janeiro: Renovar, 2005, v. II, p. 512. CARRAZZA, Roque Antonio. *Curso de direito constitucional tributário*. São Paulo: 2001, p. 304; COÊLHO, Sacha Calmon Navarro. *Curso de direito tributário brasileiro*. Rio de Janeiro: Forense, 2006, p. 265; DERZI, Misabel Abreu Machado. Nota da atualizadora, *In* Baleeiro, Aliomar. *Direito tributário brasileiro*. Rio de Janeiro: Forense, 1999, p. 664.

[16] *Imposto sobre a renda – requisitos para uma tributação constitucional*. Rio de Janeiro: Forense, 2003, p. 102 e segs.

Dessa maneira, somente com o advento do *termo* previsto, estabelecido, pela norma constitucional de produção normativa é que a *declaração prescritiva*, produzida no mundo real, fenomênico, combinada com os outros fatos (cujos conceitos também encontram-se descritos no antecedente da norma constitucional de produção normativa) – *sujeitos de direito* e *procedimento* – terá, como efeito jurídico, a criação ou modificação de uma norma tributária.

O princípio da anterioridade, por estar contido em norma constitucional de produção normativa, apresenta-se como um dos requisitos constitucionais de validade da norma tributária. Se o princípio da anterioridade não for respeitado (no caso de se exigir a entrega de certo valor em dinheiro a título de tributo *no mesmo exercício financeiro em que é publicada a lei*) pelo legislador infraconstitucional, a norma (mensagem prescritiva) produzida é (juridicamente) inválida – não é norma jurídica, pois não integra o sistema jurídico. A norma tributária (válida) apenas exsurgirá (ingressará no sistema do Direito Positivo) quando do advento do *termo*, isto é, após o encerramento do exercício financeiro em que haja sido publicada a respectiva lei (a lei veiculadora da norma tributária).

Importa repisar que o Princípio da Anterioridade não afeta somente a vigência de uma norma validamente produzida, mas informa a própria validade da norma, a qual, somente depois de atendê-lo, torna-se jurídica.

Um exemplo bem esclarece essa assertiva. No mundo fenomênico, real, o Presidente da República e o Congresso Nacional, seguindo o procedimento constitucional previsto, emitem uma declaração prescritiva (a qual corresponde ao conteúdo da futura norma do IR) no sentido do aumento (aumenta-se a alíquota) do IR, para prevalecer (vigorar) a partir da data em que ocorrer a publicação (no mesmo exercício financeiro) da lei. Uma vez publicada essa lei, alguém que examinasse a norma (a mensagem prescritiva) por ela veiculada teria razão em afirmar: a lei (*norma legal*) é inconstitucional, pois ofende o princípio constitucional da anterioridade, tendo em vista que o imposto aumentado só pode ser exigido depois de alcançado o termo determinado pelo antecedente da norma constitucional de produção normativa, isto é, a partir do exercício financeiro seguinte àquele em que houver sido publicada a lei relativa à criação ou aumento do tributo.

Enquanto não estiver atendido o princípio da anterioridade, não tem cabimento cogitar do problema relativo à vigência. A questão atinente à vigência, por razão lógica, apenas surge quando já se encontra superado o problema da validade: *vigência é qualidade de norma jurídica (válida)*.

Diversa seria a situação, se o legislador ordinário, além de atender todos os requisitos constitucionais, em especial o princípio da anterioridade, estabelecesse um prazo maior para a norma entrar em vigor, qual seja, 60 dias depois de iniciado o exercício financeiro seguinte ao da publicação da respectiva lei.

Nesta hipótese, as duas figuras podem ser bem destacadas. A norma adquire *validade* (torna-se jurídica) a partir do início do exercício financeiro seguinte ao da publicação da respectiva lei. Contudo, a norma tributária (já válida, pois foi regularmente produzida) somente terá *vigência* quando for alcançado o termo escolhido pelo legislador infraconstitucional, ou seja, 60 dias depois de iniciado o exercício financeiro seguinte ao da publicação da respectiva lei.

Em suma, a *validade* decorre do cumprimento, no plano dos fatos, dos requisitos estabelecidos pela norma (no caso, constitucional) de produção normativa (onde está presente o princípio da anterioridade). A *vigência* depende do modo pelo qual o legislador perfaz a declaração prescritiva, a qual pode ser:

a) produzida para gerar efeitos imediatamente, isto é, logo após a publicação da lei (desde que a norma legal tributária já possua validade – por já ter sido alcançado o termo relativo ao princípio da anterioridade ou por este princípio ter sido afastado pela própria Constituição Originária[17]); ou

b) feita *a termo* (submetida a um período de *vacatio legis*, por mera vontade do legislador, não por exigência da norma constitucional de produção normativa), quer dizer, a norma produzida, apesar de já ser válida, ainda não está apta a produzir efeitos jurídicos, só adquirindo a vigência após ser alcançado o *termo* estabelecido pelo sujeito produtor da norma (o legislador infraconstitucional).

Deve-se ressaltar que o Supremo Tribunal Federal já firmou entendimento no sentido de a ofensa ao princípio da anterioridade caracterizar hipótese de *inconstitucionalidade*, isto é, de norma (*não jurídica*) que não tem fundamento de validade em norma constitucional de produção normativa. E mais, que o Princípio da Anterioridade apresenta-se como uma das denominadas *cláusulas pétreas* do sistema constitucional brasileiro, que mesmo por Emenda Constitucional não pode ser afastado. Seguem duas importantes decisões:

RE nº 182191-RJ[18]

TRIBUTÁRIO. IPTU. AUMENTO DA RESPECTIVA BASE DE CÁLCULO MEDIANTE APLICAÇÃO DE ÍNDICES GENÉRICOS DE VALORIZAÇÃO, APLICÁVEIS POR LOGRADOUROS, DITADOS POR LEI.

Caso em que *o instrumento normativo não poderia ser aplicado no mesmo exercício em que foi publicado, sem ofensa ao princípio da anterioridade.*

Acórdão que, para contornar o *óbice constitucional*, entendeu haverem os referidos índices sido estabelecidos por meio de ato regulamentar, com o que não evitou o vício da inconstitucionalidade que, nesse caso, residiria em *violação ao princípio da anterioridade.*

Somente por via de lei, no sentido formal, *publicada no exercício financeiro anterior*, é permitido aumentar tributo, como tal, havendo de ser considerada a iniciativa de modificar a base de cálculo do IPTU, por meio de aplicação de tabelas genéricas de valorização de imóveis, relativamente a cada logradouro, que torna o tributo mais oneroso.

Recurso extraordinário conhecido e provido. (grifado)

ADIN nº 939 – DF[19]

Direito Constitucional e **Tributário**.

Ação Direta de Inconstitucionalidade de Emenda Constitucional e de Lei Complementar.

I.P.M.F.

---

[17] A Constituição brasileira em sua redação originária já dispunha no § 1º do art. 150 sobre a não aplicação do princípio da anterioridade em certas hipóteses: "A vedação do inciso III, *b*, não se aplica aos impostos previstos nos arts. 153, I, II, IV e V e art. 154, II". Esse princípio também não era aplicável para a hipótese de empréstimo compulsório prevista no art. 148, I. Com o advento da Emenda Constitucional nº 42, de 19.12.2003, a redação do citado § 1º passou a ser a seguinte: "A vedação do inciso III, *b*, não se aplica aos tributos previstos nos arts. 148, I, 153, I, II, IV e V; e 154, II; e a vedação do inciso III, *c*, não se aplica aos tributos previstos nos arts. 148, I, 153, I, II, III e V; e 154, II, nem à fixação da base de cálculo dos impostos previstos nos arts. 155, III, e 156, I". Atesta-se que a EC 42/2003 não aumentou o rol das exceções ao princípio da anterioridade, além disso, tal emenda ampliou o âmbito de aplicação do princípio da anterioridade nonagesimal.

[18] RE 182191/RJ, Relator Min. Ilmar Galvão, Primeira Turma, julgamento em 07/11/1995, publicação DJ 16-02-1996.

[19] ADI 939/DF, Relator Min. Sydney Sanches, Pleno, julgamento em 15/12/1993, publicação DJ 18-03-1994.

Imposto Provisório sobre a Movimentação ou a Transmissão de Valores e de Créditos e Direitos de Natureza Financeira – I.P.M.F.

Artigos 5., par. 2., 60, par. 4., incisos I e IV, 150, incisos III, "b", e VI, "a", "b", "c" e "d", da Constituição Federal.

1. Uma Emenda Constitucional, emanada, portanto, de Constituinte derivada, incidindo em violação a Constituição originaria, pode ser declarada inconstitucional, pelo Supremo Tribunal Federal, cuja função precípua e de guarda da Constituição (art. 102, I, "a", da C.F.).

2. A Emenda Constitucional n. 3, de 17.03.1993, que, no art. 2., autorizou a União a instituir o I.P.M.F., *incidiu em vício de inconstitucionalidade*, ao dispor, no § 2º desse dispositivo, que, quanto a tal tributo, *não se aplica "o art. 150, III, "b" e VI", da Constituição*, porque, desse modo, *violou os seguintes princípios e normas imutáveis* (somente eles, não outros):

1. – o principio da anterioridade, que é garantia individual do contribuinte (art. 5., par. 2., art. 60, par. 4., inciso IV e art. 150, III, "b" da Constituição);

2. – o principio da imunidade tributária recíproca (que veda a União, aos Estados, ao Distrito Federal e aos Municípios a instituição de impostos sobre o patrimônio, rendas ou serviços uns dos outros) e que é garantia da Federação (art. 60, par. 4., inciso I,e art. 150, VI, "a", da C.F.);

3. – a norma que, estabelecendo outras imunidades impede a criação de impostos (art. 150, III) sobre:

"b"): templos de qualquer culto;

"c"): patrimônio, renda ou serviços dos partidos políticos, inclusive suas fundações, das entidades sindicais dos trabalhadores, das instituições de educação e de assistência social, sem fins lucrativos, atendidos os requisitos da lei; e

"d"): livros, jornais, periódicos e o papel destinado a sua impressão;

3. Em conseqüência, é inconstitucional, também, a Lei Complementar n. 77, de 13.07.1993, sem redução de textos, nos pontos em que determinou a incidência do tributo no mesmo ano (art. 28) e deixou de reconhecer as imunidades previstas no art. 150, VI, "a", "b", "c" e "d" da C.F. (arts. 3., 4. e 8. do mesmo diploma, L.C. n. 77/93).

4. Ação Direta de Inconstitucionalidade julgada procedente, em parte, para tais fins, por maioria, nos termos do voto do Relator, mantida, com relação a todos os contribuintes, em caráter definitivo, a medida cautelar, que suspendera a cobrança do tributo no ano de 1993. (grifado)

A partir do exame tanto da ementa quanto da íntegra desses acórdãos, fica evidenciado que, por força do princípio da anterioridade, a lei que dispuser acerca da instituição ou do aumento de tributo, se publicada em um exercício, somente pode implicar a incidência da nova norma sobre fato (fato jurídico tributário ou fato gerador concreto) que ocorra no exercício subsequente. Como se disse anteriormente, o princípio da anterioridade afeta o momento em que a norma tributária ingressa no sistema jurídico. Ele informa, pois, a obtenção da validade jurídica da norma tributária.

É importante salientar esse aspecto. Ela revela a absoluta inconsistência da interpretação consubstanciada na tese de que o princípio da anterioridade somente vedaria a cobrança, no próprio exercício em que publicada a respectiva lei, do tributo instituído ou aumentado. Assim, por exemplo, se uma lei, publicada em novembro de 2007, dispuser sobre a majoração da alíquota do imposto sobre a renda, segundo tal entendimento, seria possível (constitucional) que a norma legal incidisse sobre o fato (fato jurídico tributário ou fato gerador concreto) que viesse a ocorrer no final do próprio ano de 2007, suscitando o surgimento da correspondente obrigação tributária. Serviria o princípio da anterioridade como mero *mecanismo de postergação do vencimento do prazo de pagamento do tributo* para o ano subsequente ao da publicação da lei que dispusesse sobre a majoração, no caso em 2008.

Essa interpretação, que transforma o princípio da anterioridade em mero *mecanismo de postergação do vencimento do prazo de pagamento do tributo,* mereceu a devida repulsa por parte da doutrina[20] e jurisprudência[21] nacionais ante sua total carência de fundamento.

4 – A plena aplicação dos princípios da irretroatividade e da anterioridade ao imposto sobre a renda

É absolutamente incontestável que os princípios da irretroatividade e da anterioridade são aplicáveis ao imposto sobre a renda, como se conclui a partir de um exame da Constituição brasileira.

Urge repisar que a Constituição brasileira, no art. 150, III, alíneas "a", "b" e "c" dispõe, de forma genérica, sobre a aplicação dos princípios da irretroatividade, da anterioridade e, a partir da Emenda Constitucional nº 42/2003, da anterioridade nonagesimal a todos os tributos.[22]

Por outro lado, o §1º do mesmo art. 150 estabelece as exceções à aplicação dos princípios da anterioridade e da anterioridade nonagesimal nos seguintes termos:

Art. 150. Sem prejuízo de outras garantias asseguradas ao contribuinte, é vedado à União, aos Estados, ao Distrito Federal e aos Municípios:

[...]

§ 1º A vedação do inciso III, b, não se aplica aos tributos previstos nos arts. 148, I, 153, I, II, IV e V; e 154, II; e a vedação do inciso III, c, não se aplica aos tributos previstos nos arts. 148, I, 153, I, II, III e V; e 154, II, nem à fixação da base de cálculo dos impostos previstos nos arts. 155, III, e 156, I.

Está evidente que ao imposto sobre a renda somente não é aplicável o *princípio da anterioridade nonagesimal*, entretanto, é plenamente aplicável o *princípio da anterioridade*. E, quanto a este, assim está disposto desde o texto original da Constituição brasileira de 1988.

Importa ainda destacar que, no sistema constitucional brasileiro, o princípio da irretroatividade é aplicável à instituição ou majoração de todo tributo e que não há qualquer exceção para a sua aplicação.

Na Constituição brasileira, não há qualquer outra disposição especialmente aplicável ao imposto sobre a renda que disponha sobre a aplicação de tais princípios, pelo que não existe fundamento para qualquer dúvida acerca da plena aplicabilidade ao imposto sobre a renda dos *princípios da irretroatividade* e da *anterioridade*.

---

[20] Nesse sentido: CARVALHO, Paulo de Barros. *Curso de direito tributário*. São Paulo: Saraiva, 2007, p. 167; CARRAZZA, Roque Antonio. *Curso de direito constitucional tributário*. São Paulo: 2001, p. 167; COÊLHO, Sacha Calmon Navarro. *Curso de direito tributário brasileiro*. Rio de Janeiro: Forense, 2006, p. 263; DERZI, Misabel Abreu Machado. Nota da atualizadora. In: Baleeiro, Aliomar. *Direito tributário brasileiro*. Rio de Janeiro: Forense, 1999, p. 658-660; TORRES, Ricardo Lobo. Tratado de direito constitucional financeiro e tributário. Rio de Janeiro: Renovar, 2005, v. II, p. 560.

[21] ADI 513/DF, Relator Min. Célio Borja, Pleno, julgamento em 14/06/1991, DJ 30-10-1992; ADI 939/DF, Relator Min. Sydney Sanches, Pleno, julgamento em 15/12/1993, publicação DJ 18-03-1994; RE 448.558; RE 182191, Relator Min. Ilmar Galvão, Primeira Turma, julgamento em 07/11/1995, publicação DJ 16-02-1996; RE 234.605, Relator Min. Ilmar Galvão, Primeira Turma, julgamento em 08/08/2000, publicação DJ 01-12-2000 etc.

[22] Art. 150. Sem prejuízo de outras garantias asseguradas ao contribuinte, é vedado à União, aos Estados, ao Distrito Federal e aos Municípios: (...) III – cobrar tributos: a) em relação a fatos geradores ocorridos antes do início da vigência da lei que os houver instituído ou aumentado; b) no mesmo exercício financeiro em que haja sido publicada a lei que os instituiu ou aumentou; c) antes de decorridos noventa dias da data em que haja sido publicada a lei que os instituiu ou aumentou, observado o disposto na alínea b.

5 – A total incompatibilidade da interpretação consubstanciada na Súmula 584 com os sistemas constitucionais vigentes desde a época de sua elaboração até os dias de hoje

Não há espaço para hesitações acerca da total incompatibilidade da interpretação consubstanciada na Súmula 584 com os sistemas constitucionais vigentes desde a época de sua elaboração até os dias de hoje. Para tanto, basta um cotejo entre (a) o que foi disposto nas Constituições brasileiras de 1946 a 1988 e (b) o fundamento de cada um dos precedentes da Súmula 584, bem como dos recentes julgados que ressuscitaram essa súmula.

A – Flagrante violação do princípio da irretroatividade previsto desde a Constituição de 1824 e preservado até a Constituição de 1988

Como esposado anteriormente (item II.2), a Súmula 584, aprovada na sessão plenária da Suprema Corte do dia 15/12/1976 e publicada no Diário de Justiça dos dias 3, 4 e 5 de janeiro de 1977, tem como precedentes o RE 74.594 (publicado no DJ de 23/3/1973), o RE 80.250 (publicado no DJ de 18/2/1975) e o RE 80.620 (publicado no DJ de 2/6/1975). Os dois últimos julgados – o RE 80.250 e o RE 80.620 – reportam-se à tese adotada no primeiro precedente, o referido RE 74594. Este primeiro precedente, por sua vez, reporta-se à tese adotada em outros julgados (citando especificamente o RE 65.612), qual seja, a da distinção entre *ano-base* e *exercício financeiro*.

No RE 65.612, decidiu-se que, apesar de a Lei nº 4.494/64, ter sido publicada somente em 25/11/1964, ela poderia considerar (arts. 31 e 32) como "fato gerador" (descrito no antecedente e confirmado pela base de cálculo – critério material do consequente) fatos ocorridos antes de tal lei entrar em vigor (no ano-base), sem que a correspondente norma tributária fosse caracterizada como retroativa, já que o pagamento deveria ser feito somente no ano subsequente – em 1965 (exercício financeiro).

É preciso lembrar que no RE 65.612, apesar de ter sido considerada a existência de vedação constitucional a que norma tributária tivesse caráter retroativo, ainda assim se entendeu que a norma veiculada pelos arts. 31 e 32 da Lei nº 4.494/64 não ofendia o princípio da irretroatividade.

Ora, tendo em conta o correto sentido do princípio da irretroatividade (uma norma tributária criada ou aumentada não pode se projetar, incidir sobre o conceito de fatos ocorridos antes de tal norma entrar em vigor), está patente que, no julgamento do RE 65.612, desprezou-se clara hipótese de desrespeito ao princípio da irretroatividade, no tocante aos fatos (fatos geradores concretos) ocorridos em 1964, sendo irrelevante para tanto a previsão de que o pagamento deveria ser feito somente no ano de 1965.

Acaso se aceitasse a tese contida no julgamento do RE 65.612, inexistiria norma tributária retroativa, pois o consequente de toda e qualquer norma é sempre projetado para o futuro, isto é, o consequente normativo prescreve o dever de pagar tributo cujo vencimento do prazo para pagamento é necessariamente posterior à data da publicação da lei. Como se disse, não tem sentido ôntico-jurídico uma norma tributária obrigar que alguém pague certo valor antes de a respectiva lei ser publicada. Ter-se-ia norma tributária de cumprimento física e juridicamente impossível.

É lamentável que tenha sido construída essa interpretação contida no julgamento do RE 65.612, que se revela, desde a sua gênese, absurda e flagrantemente ofensiva ao princípio da irretroatividade (previsto desde a primeira Constituição brasileira – a Imperial de 1824 – e preservado até a Constituição de 1988), é mais lamentável ainda que tal interpretação tenha servido de referência para os RREE 74594, 80250 e 80620, os quais deram origem à Súmula 584, e revela-se absolutamente preocupante conceber que a Suprema Corte, sob a égide da atual Constituição, ainda aplique essa malfadada súmula.

B – Flagrante violação do princípio da anterioridade tributária previsto pela a EC nº 18/1965, pela EC nº 1/1969 e preservado pela Constituição de 1988

Se não bastasse ser flagrantemente ofensiva do princípio da irretroatividade, a interpretação contida nos RREE 74594, 80250 e 80620 é manifestamente violadora do princípio da anterioridade tributária.

É preciso não olvidar que, à época do advento do *Decreto-lei nº 62/66* (instrumento legal debatido nos RREE 74594, 80250 e 80620), vigia a Constituição de 1946, já alterada pelo disposto na Emenda Constitucional nº 18, de 1º de dezembro de 1965. Essa Emenda conferiu uma nova feição para o sistema constitucional tributário até então vigente.

Antes de adentrar no exame da realidade constitucional informada pela EC 18/1965, convém recordar que a primeira vez que surgiu no texto constitucional brasileiro uma garantia de irretroatividade qualificada em matéria tributária foi com o advento da Constituição de 1946, que dispôs no § 34 do art. 141 sobre a garantia que passou a ser designada como *princípio da anualidade tributária*. Por força dessa garantia, a instituição ou aumento de tributo passou a ficar condicionado à prévia autorização orçamentária, ressalvada a tarifa aduaneira e o imposto lançado por motivo de guerra.[23]

A EC 18/1965, entre outras disposições, determinou a abolição do *princípio da anualidade tributária* (art. 25), estabelecendo, em seu lugar, uma nova garantia tributária, uma nova espécie de irretroatividade qualificada em matéria tributária, a qual ficou conhecida como *princípio da anterioridade tributária* (inciso II do art. 2º).

Pela garantia prevista neste dispositivo,[24] a União, os Estados, o Distrito Federal e os Municípios não poderiam instituir imposto sobre o patrimônio e a renda, com

---

[23] Importa também lembrar que, no ano de 1963, antes portanto da alteração promovida pela referida EC nº 18/65, que introduziu o *princípio da anterioridade*, o Supremo Tribunal Federal, ao interpretar o § 34 do art. 141 da Constituição de 1946, consolidou o entendimento de que seria suficiente que a lei que dispusesse sobre a criação ou aumento de tributo fosse publicada num exercício para valer para o subsequente. Daí as Súmulas 66 e 67, ambas aprovadas na sessão plenária de 13/12/1963, que têm como referência o § 34 do art. 141 da Constituição de 1946, as quais assim dispõem: "Súmula 66: É legítima a cobrança do tributo que houver sido aumentado após o orçamento, mas antes do início do respectivo exercício financeiro."; "Súmula 67: É inconstitucional a cobrança do tributo que houver sido criado ou aumentado no mesmo exercício financeiro".

[24] Emenda Constitucional nº 18, de 1º de dezembro de 1965: "Art. 2º É vedado à União, aos Estados, ao Distrito Federal e aos Municípios: (...) II – cobrar imposto sobre o patrimônio e a renda, com base em lei posterior à data inicial do exercício financeiro a que corresponda; (...) Art. 25. Ressalvado o disposto no artigo 26 e seus parágrafos, ficam revogados ou substituídos pelas disposições desta Emenda o art. 15 e seus parágrafos, o art. 21, o § 49 do art. 26, o art. 27, o art. 29 e seu parágrafo único, os de ns. I e II do art. 30 e seu parágrafo único, o art. 32, o § 34 do art. 141, o

base em lei posterior à data inicial do exercício financeiro a que corresponda. Alerta-se para o fato de o princípio da anterioridade ter sido introduzido pela EC nº 18/65 somente para impostos sobre o patrimônio e a renda, nada dispondo quanto aos demais tributos.

Feito esse breve escorço sobre a realidade constitucional vigente em 1966, é surpreendente que, apesar de já existir no sistema brasileiro e ser expressamente aplicável ao imposto sobre a renda, nenhuma referência tenha sido feita ao princípio da anterioridade no julgamento do RE 74.594.

Uma possível explicação pode ser a circunstância de no julgamento do RE 65.612, precedente expressamente citado no RE 74.594, não se ter discutido acerca da aplicação do princípio da anterioridade ao previsto nos arts. 31 e 32 da Lei nº 4.494/64.

É natural que a matéria disposta nos arts. 31 e 32 da Lei nº 4.494/64 (publicada no DO de 25/11/1964) e que foi objeto de exame no RE 65.612 não tenha sido apreciada à luz do *princípio da anterioridade*, pois este só foi introduzido pela EC 18/1965. Por sua vez, também não poderia ser apreciada à luz do *princípio da anualidade tributária*, já que à época (novembro de 1964) o § 34 do art. 141 da Constituição de 1946 estava com a vigência suspensa pela EC 7/1964.

Todavia, quando do advento do DL nº 62/66, instrumento legal debatido nos RREE 74594, 80250 e 80620, já estava vigendo o princípio da anterioridade, não havendo, pois, a menor justificativa para esse princípio ter sido completamente ignorado.

Vale repisar que nos três precedentes da Súmula 584 decidiu-se a questão (a aplicação do DL 62, de 21.11.66, sobre a renda auferida no próprio ano de 1966) mediante a exclusiva consideração do princípio da irretroatividade, sem proceder a qualquer discussão relativa ao princípio da anterioridade. Ora, tendo em conta que o princípio da anterioridade foi inserido no sistema constitucional brasileiro pelo inciso II do art. 2º da Emenda Constitucional nº 18, de 1º de dezembro de 1965, e que tal princípio era expressamente aplicável ao imposto sobre a renda, é inadmissível que essa inovação constitucional tenha sido completamente ignorada naqueles três precedentes.

Considerando (i) esse gravíssimo vício que contaminou a gênese da Súmula 584, (ii) que o sentido do princípio da anterioridade restou preservado pela Constituição de 1988 e (iii) que o Supremo Tribunal Federal decidiu que tal princípio representa uma cláusula pétrea do sistema constitucional brasileiro (ADI 939), conclui-se que é totalmente insustentável aplicar nos dias atuais a interpretação consubstanciada na vetusta Súmula 584.

Urge ainda dizer que o completo afastamento da aplicação da Súmula 584, bem como a plena aplicação do princípio da anterioridade ao imposto sobre a renda independem da circunstância de o período de apuração do imposto sobre a renda ser anual, semestral, trimestral ou mensal (respectivamente, fato ocorrido, consumado no último instante do dia de cada ano, semestre, trimestre ou mês), porquanto, por força do princípio da anterioridade, seja qual for o período de apuração, a lei que dispuser sobre a instituição ou a majoração do imposto sobre a renda, se publicada em um

---

art. 202 e o art. 203 da Constituição, o art. 5º da Emenda Constitucional nº 3, a Emenda Constitucional nº 5 e os arts. 2º e 39 da Emenda Constitucional nº 10".

exercício, somente poderá implicar a incidência da nova norma com relação ao fato (ou aos fatos, no caso de período de apuração inferior ao anual) que ocorra(m) no exercício subsequente.[25]

6 – O perigo da não aplicação dos princípios da irretroatividade e da anterioridade para a sociedade brasileira

A existência de recentes decisões do STF que aplicam o entendimento consubstanciado na Súmula 584 representa gravíssimo risco para toda a sociedade brasileira, pois:

a) denota a possibilidade de se afrontar um dos valores mais caros do nosso sistema, presente desde a primeira Constituição Brasileira (a Imperial de 1824), qual seja o *princípio da irretroatividade* de normas que afetam a liberdade do cidadão, à medida que se permite que uma norma tributária possa incidir sobre fatos ocorridos antes de ela entrar em vigor (ano-base), ainda que prescreva que o pagamento será feito em momento posterior (exercício financeiro);

b) revela a possibilidade de serem criadas normas retroativas (com o critério temporal do antecedente da norma projetado para alcançar fato que ocorreu ou que pode ter ocorrido antes de a norma entrar em vigor) em qualquer área jurídica (tributária ou não), desde que o momento do cumprimento da obrigação (critério temporal do consequente normativo) seja posterior ao do início de vigência da norma;

c) torna sem qualquer utilidade a existência do princípio da anterioridade para o sistema do imposto sobre a renda, apesar de a Constituição Brasileira dispor que esse princípio a tal imposto é aplicável – ter-se-ia-se o equivalente a uma *interpretação contrária à Constituição* vigente ou a uma *reforma constitucional sem mudança de texto e ofensiva à cláusula pétrea* (o que expressa uma séria contradição, já que o próprio Supremo Tribunal Federal decidiu na ADI 939 que o princípio da anterioridade sequer por emenda constitucional pode ser afastado); e

d) provoca nefastos efeitos sobre o sobre o valor Segurança Jurídica, com sérios prejuízos para a higidez do sistema jurídico nacional.

7 – A necessidade de a Constituição brasileira ser plenamente cumprida

Ante todas as razões expostas, é salutar que toda a comunidade jurídica una esforços no sentido de afastar, uma vez por todas, a aplicação da interpretação consubstanciada na Súmula 584, porquanto essa é a única solução capaz de devolver coerência e racionalidade ao sistema constitucional brasileiro, em especial ao subsistema constitucional tributário atinente ao imposto sobre a renda.

---

[25] Segundo a sistemática do imposto sobre a renda das pessoas jurídicas atualmente vigente no Brasil (art. 1º da Lei nº 9.430/96), o lucro real dessas pessoas é determinado, de forma definitiva, com base numa apuração trimestral (período de apuração do fato *Renda*). Também pode ser apurado *anualmente*, desde que sejam feitos pagamentos mensais calculados *por estimativa*, sujeito a ajuste com base em declaração anual (art. 2º da Lei nº 9.430/96). O tema da periodicidade mínima para a apuração do fato *Renda* foi objeto de minuciosa apreciação em outra oportunidade. *Imposto sobre a renda* ..., p. 247 e segs.

Alcançar esse desiderato é missão essencial, que pode ser conquistada de modo mais rápido e eficiente, acaso não se perca de vista que o próprio Supremo Tribunal Federal, em momento anterior ao daqueles recentes julgados que ressuscitaram a desditosa Súmula 584 (conforme item II.1), decidiu de modo lapidar, com efeito *erga omnes*, *ex tunc* e vinculante, pela aplicação plena dos princípios da irretroatividade e da anterioridade tributária ao imposto sobre a renda, bem como pela impossibilidade de a interpretação consubstanciada na Súmula 584 subsistir ante as claras disposições da Constituição brasileira de 1988. Eis a ementa da Ação Direta de Inconstitucionalidade nº 513:[26]

AÇÃO DIRETA DE INCONSTITUCIONALIDADE. Lei nº 8.134/90 e *Manual para o preenchimento da Declaração do Imposto de Renda, Pessoa Física, ano-base 1990, exercício 1991*, no ponto relativo às instruções sobre a aplicação do coeficiente de correção monetária do imposto e de sua restituição.

I. No controle concentrado, de constitucionalidade, não se examina disposição não-normativa, tal o Manual de Declaração de Imposto de Renda. Ação não conhecida nessa parte.

II. *O parágrafo único, art. 11, da Lei nº 8.134/90 institui coeficiente de aumento do imposto de renda e, não, índice neutro de atualização da moeda. Por isso, ele não pode incidir em fatos ocorridos antes de sua vigência, nem no mesmo exercício em que editado, sob pena de afrontar as cláusulas vedatórias do art. 150, inciso III, alíneas "a" e "b", da Constituição Federal.* Assim é, porque *a obrigação tributária regula-se pela lei anterior ao fato que a gerou, mesmo no sistema de bases correntes* da Lei nº 7.713/88 (imposto devido mensalmente, à medida em que percebidos rendimentos e ganhos de capital, não no último dia do ano) em vigor quando da norma impugnada. Ainda quando a execução da obrigação tributária se projeta no tempo, ela surge, também nesse sistema, contemporaneamente ao seu fato gerador.

III. O ulterior acerto de créditos e débitos não é um novo fato gerador de obrigação tributária, mas, expediente destinado a permitir a aplicação da regra de progressividade do imposto direto.

IV. Alegação de só poder ter efeito EX NUNC a decisão que nulifica lei que instituiu ou aumentou tributo auferido pelo Tesouro e já aplicado em serviços ou obras públicas. Sua inaplicabilidade à hipótese dos autos que não cogita, exclusivamente, de tributo já integrado ao patrimônio público, mas, de ingresso futuro a ser apurado na declaração anual do contribuinte e recolhido posteriormente. Também não é ela atinente à eventual restituição de imposto pago a maior, porque está prevista em lei e terá seu valor reduzido pela aplicação de coeficiente menos gravoso.

V. Não existe ameaça iminente à solvência do Tesouro, à continuidade dos serviços públicos ou a algum bem política ou socialmente relevante, que justifique a supressão, *in casu*, do efeito próprio, no Brasil, do juízo de inconstitucionalidade da norma, que é a sua nulidade. É de repelir-se, portanto, a alegada ameaça de lacuna jurídica ameaçadora (Bedrohliche Rechtslücke).

VI. *Ação conhecida em parte e, nessa parte, julgada procedente para declarar a inconstitucionalidade do art. 11, parágrafo único, da Lei nº 8.134/90* (grifado)

O entendimento firmado no julgamento da ADI 513, de forma unânime e já com base na Constituição de 1988, possui extrema relevância para o tema em comento, não só por ser dotado de efeitos *erga omnes*, *ex tunc* e vinculante, mas, principalmente, por denotar um marco na história da Suprema Corte, em função da forma ampla e percuciente pela qual a matéria foi analisada. Nessa exemplar decisão, restou devidamente pontificado que:

a) os princípios da irretroatividade e da anterioridade são plenamente aplicáveis ao imposto sobre a renda, por força do disposto no art. 150, III, "a", "b" e § 1º, da Constituição;

b) independentemente de o período de apuração do imposto sobre a renda ser anual (fato ocorrido, consumado no final do dia 31 de dezembro de cada ano) ou mensal (fato ocorrido, consumado no final do último dia de cada mês), por força do princípio da anterioridade, a lei que dispuser sobre a instituição ou a majoração do

---

[26] ADI 513/DF, Relator Min. Célio Borja, Pleno, julgamento em 14/06/1991, DJ 30-10-1992.

SISTEMA CONSTITUCIONAL TRIBUTÁRIO – dos fundamentos teóricos aos *hard cases* tributários
Estudos em homenagem ao Ministro Luiz Fux

imposto sobre a renda somente poderá implicar a incidência com relação aos fatos ocorridos no exercício subsequente ao da sua publicação; e

c) o entendimento consolidado na Súmula 584 é totalmente incompatível com o sistema constitucional vigente, sendo seus fundamentos insustentáveis – o que explica a arguta afirmação do Ministro Sepúlveda Pertence em seu voto, acompanhando as manifestações dos Ministros Célio Borja, relator, e Marco Aurélio: "nunca me entusiasmei, para dizer o menos, com a doutrina subjacente à Súmula 584".

Esse emblemático julgamento da Ação Direta de Inconstitucionalidade nº 513 reafirma a necessidade e restaura a esperança de que o Supremo Tribunal Federal supere, de uma vez por todas, o entendimento consubstanciado na Súmula 584 (e adotado em recentes acórdãos desta Corte), fazendo com que prevaleça a interpretação consonante com a coerência do sistema, com a racionalidade dos argumentos e com os mais elevados valores constitucionais, a qual confere plena aplicação dos princípios da irretroatividade e da anterioridade ao imposto sobre a renda e proventos de qualquer natureza.

— 1.5 —

O princípio da capacidade contributiva, o acesso à Justiça e outros desafios à Jurisprudência do Supremo Tribunal. Estudo de caso: o imposto sobre serviços, a locação de coisas e o afretamento de embarcações

JOSÉ MARCOS DOMINGUES[1]

Sumário: Exórdio; Reflexão inicial; Capacidade contributiva, direito financeiro, tributo e gasto público; Conceituação, aplicação e eficácia do princípio; A capacidade contributiva na Jurisprudência; O imposto sobre serviços, a locação de coisas e o afretamento de embarcações; Considerações finais; Bibliografia.

Exórdio

A oportunidade de escrever um texto em homenagem ao Professor e Ministro Luiz Fux é uma honra conferida pelo convite, mas é sobretudo uma responsabilidade quando se considera um tema fundamental que está no epicentro de litígios postos ao crivo do Supremo Tribunal Federal, que tem deixado transparecer uma crescente e positiva preocupação com a densificação do princípio da capacidade contributiva como instrumento de verdadeira conformação da cidadania fiscal.

Reflexão inicial

Em 1988, ainda antes da promulgação da *Constituição Cidadã*, quando se publicou a primeira edição do nosso *Capacidade Contributiva*,[2] parecia necessário resgatar a história, a relevância e a juridicidade do princípio da capacidade contributiva,

---

[1] Professor Titular de Direito Financeiro (UERJ); Coordenador do Laboratório de Políticas Públicas e Justiça Fiscal (LAPPJUS-UERJ); Professor Adjunto da Universidade Católica de Petrópolis (UCP).

[2] DOMINGUES DE OLIVEIRA, José Marcos. *Direito Tributário – Capacidade Contributiva*. Rio de Janeiro: 2. ed. Renovar, 1998 (Prêmio Livro do Ano, de 1988, da Academia Brasileira de Direito Tributário). A tese dividiu-se originariamente em sete capítulos, em que se procurou indicar as grandes preocupações de então: realçar a relevância e a juridicidade do princípio, reconhecer-lhe a natureza constitucional, traçar-lhe os contornos conceituais e apresentar a sua possível eficácia, para afinal formular algumas conclusões decorrentes da convicção formada em torno da preceptividade do princípio, de sua aplicabilidade a todos os tributos e de sua utilização como vetor de controle jurisdicional da constitucionalidade das leis tributárias.

num momento em que a doutrina considerava-o um equívoco[3] e algo extrajurídico, um "E.T.", uma impossibilidade normativa, enfim.

Saía o Brasil de uma ditadura militar que havia revogado, pela Emenda 18, de 1965, o art. 202 da Constituição democrática de 1946, que consagrara a capacidade econômica do contribuinte como limite ao poder de tributar, na esteira do que fizeram a Magna Charta, a Declaração dos Direitos do Homem e do Cidadão, a jurisprudência norte-americana, a Constituição Italiana, diversas constituições latino-americanas, e as então recentes Constituições de Portugal e Espanha. E o Brasil não sabia como repor na Constituição esse princípio magno.

A Comissão Afonso Arinos preconizara o resgate da fórmula de 1946; mas a Constituinte encaminhava-se para o texto de literalidade apequenada que viria a vingar no §1º do art.145.

Na contemporaneidade, apresentam-se ao Supremo Tribunal Federal questões essenciais como o acesso à Justiça dos contribuintes *de facto* dos tributos indiretos, da inconstitucionalidade progressiva das leis sobre imposto de renda de color confiscatório em matéria de dedução de despesas com educação e dependentes (*v. g.* ADI 4927[4]), e de não atualização das respectivas faixas de incidência, sem perder de vista a questão da interferência das renúncias fiscais de tributos compartilhados nos repasses constitucionais verticais, bem como a temática do estudo de caso adiante: a locação de coisas imbricada com a prestação de serviços.

No exame dessas questões terá lugar de destaque o princípio da capacidade contributiva, como garantia tributária de valores constitucionalmente tutelados.

Capacidade contributiva, direito financeiro, tributo e gasto público

Estando imperiosamente presente na vida social como promotor do Bem Comum, o Estado precisa de receita para prover à despesa que financia o custo do serviço público.

A Despesa (*despesa pública* ou *gasto público*) determina que o Estado desenvolva uma intensa atividade destinada a amealhar, gerir e despender os recursos demandados para a obtenção e administração dos bens e do pessoal empregados no serviço público, funções essas que progressivamente têm substituído os processos rudimentares de espoliação e escravização dos vencidos em guerras de conquista, ou mesmo daqueles submetidos à dominação da força bruta no plano interno.

A Receita (ou *receita pública*) se constitui num conjunto de recursos financeiros (foros, laudêmios, aluguéis, preços ou *tarifas,*[5] ao lado do tributo, que é a sua expressão mais sofisticada e exuberante).

---

[3] Cf. BECKER, Alfredo A. *Teoria Geral do Direito Tributário*. 2. ed. São Paulo: Saraiva, 1972, p. 441 e segs.

[4] Cf. Supremo recebe ADI contra limites de dedução com educação no Imposto de Renda – *in* http://www.stf.jus.br/portal/cms/verNoticiaDetalhe.asp?idConteudo=234353.

[5] Embora vocábulo vulgarmente usado como sinônimo de preço público, tarifa é na verdade uma lista ou tabela de preços. Diz-se, então, *serviço tarifado* para referir-se ao serviço sujeito a cobrança não tributária feito pelo Estado ou por um concessionário deste.

O tributo é o instituto criado pelo Homem que permite, num clima de liberdade,[6] racionalizar juridicamente[7] o esforço de cooperação individual em prol da comunidade: ao mesmo tempo em que representa uma contribuição, constitui uma obrigação, permitindo ao seu destinatário exigi-lo daqueles que, por uma razão ou por outra, deixem de prestá-lo ou o façam em desconformidade com a norma vigente.

Dada a superação da escravização e da espoliação do vencido, do escambo, e com a monetização da economia, cumpre ao Estado a aquisição de bens através do *pagamento* em dinheiro dos citados recursos materiais (prédios, equipamentos, material de consumo) e humanos (trabalho de seus funcionários e serviços contratados a terceiros).

Surge, assim, a chamada *atividade financeira do Estado*, que se consubstancia exatamente na captação de receita, sua gestão e seu dispêndio, e que dá unidade e autonomia ao ramo do Direito que a tem inteiramente por objeto: o Direito Financeiro.[8]

O princípio da capacidade contributiva é o vetor valorativo do direito financeiro que une, do ponto de vista do contribuinte-provedor e do Estado-gestor dos recursos públicos, o direito tributário e o direito orçamentário, vertentes imprescindíveis da ordem juspolítica erigida em nome da proteção do cidadão-contribuinte e do direito da coletividade politicamente organizada de haver o tributo através do qual financiará as políticas públicas consentâneas à promoção do Bem Comum, razão de ser do Estado.[9]

Trata-se do princípio da *repartição equitativa do gasto público* que se encontra positivado em Constituições contemporâneas, como a Constituição Espanhola,

Art. 31.1 – Todos contribuirão ao custeio dos gastos públicos de acordo com sua capacidade econômica (...) mediante um sistema tributário justo". 31.2 – O gasto público realizará uma dotação equitativa dos recursos públicos e sua programação e execução responderão aos critérios de eficiência e economia", e a Constituição Portuguesa,

Art. 81º Incumbe prioritariamente ao Estado no âmbito econômico e social:

a) Promover o aumento do bem-estar social e econômico e da qualidade de vida das pessoas, em especial das mais desfavorecidas, no quadro de uma estratégia de desenvolvimento sustentável;

(...)

Art.103º 1. O sistema fiscal visa a satisfação das necessidades financeiras do Estado e outras entidades públicas e uma repartição justa dos rendimentos e da riqueza.

Não se olvide a Constituição Argentina, que dispõe desde sua promulgação em 1853/60 que os "gastos da Nação" serão providos, entre outras fontes, por "contri-

---

[6] "O imposto é uma técnica liberal" lembra Gabriel Ardant: "C'est le moyen de faire contribuer les individus aux dépenses de la vie en société, et aux besoin propes des dirigeants, tout en leur laissant le maximum de liberté. (...) l'impôt le (citoyen) laisse libre d'organizer sa tâche à sa guise, et de choisir les produits qu'il vendra pour se procurer l'argent nécessaire a l'apurement de sa dette" (*Histoire de L'Impôt*, Paris: Libr. Arthéme Fayard, 1971, vol. I, p. 11).

[7] "O poder fiscal é uma expressão ou manifestação do poder de império do Estado" (Dino Jarach, *apud* García Belsúnce. *Temas de Derecho Tributario*. Buenos Aires: Ed. Abeledo Perrot, 1982, p. 77).

[8] Cf. GIULIANI FONROUGE, C. M. *Derecho Financiero*. 7. ed. Buenos Aires: Depalma, 2001, v. I, p. 36-39. No mesmo sentido, é a lição de Álvaro Rodríguez Bereijo sobre a unidade essencial do fenômeno financeiro e a conexão entre ingressos e gastos públicos (*Introducción al estudio del derecho financiero*. Madrid: Instituto de Estudios Fiscales, 1976, p. 72.

[9] Cf., no ponto, Horacio Corti: "... a finalidade que dá à atividade financeira seu sentido constitucional: fazer efetivas as instituições da Constituição". *Derecho Constitucional Presupuestario*. 2. ed. Buenos Aires: Abeledo Perrot, 2011.

buições que equitativa e proporcionalmente à população imponha o Congresso" (art. 4º). E, na revisão constitucional de 1994, declarou-se que a distribuição dos recursos nacionais "será equitativa, solidária e dará prioridade a alcançar um grau equivalente de desenvolvimento, qualidade de vida e igualdade de oportunidades em todo território nacional" (art. 75, nº 2).

A Constituição Brasileira agasalha idêntica principiologia em harmônica conjugação do objetivo fundamental de construção de uma sociedade justa e solidária (art. 3º) com a determinação de graduação da carga tributária consoante a capacidade econômica[10] da cidadania (art. 145, § 1º). Ademais, a Carta Magna determina que a Administração Pública (e, nela, a Administração Fazendária ou Financeira) obedeça ao princípio da eficiência e da moralidade, entre outros (art. 37).

Significa dizer que a *repartição equitativa do gasto público* se exprime por uma vertente tributária, relativa à captação de Receita, e outra de natureza orçamentária, atinente à distribuição da Despesa.

Conceituação, aplicação e eficácia do princípio.

Na verdade, capacidade contributiva é explicitação jurídico-tributária da Igualdade e como tal claramente *constitucional*, no sentido humano e no sentido estatal. É exigência racional do Homem. E é requisito de estruturação de dever fundamental da Cidadania para cujo atendimento se organiza o Estado.

A conceituação do princípio como pressuposto da tributação, e como critério de graduação e limite do tributo, decorre dos sentidos absoluto e relativo da capacidade contributiva, sem o que não se dá consequência à ideia de *necessário mínimo* à vida humana digna, nem se garante a propriedade privada contra a chamada confiscatoriedade tributária, que estorva a liberdade de trabalho e de empresa.

O princípio da capacidade contributiva tem conteúdo programático enquanto diretriz da Justiça Fiscal, mas dispõe de força preceptiva ao exprimir a Igualdade no Direito Tributário. E, assim, aplica-se a todos os tributos, embora com diferentes níveis de intensidade.

Com o amadurecimento do pensamento, vimos a formular uma classificação[11] das espécies tributárias em razão da incidência do princípio da capacidade contributiva, que ilumina a classificação tripartite dos tributos – de um lado, o imposto e a contribuição de melhoria como tributos justificados pela capacidade contributiva; e de outro lado, as taxas como tributos apenas graduados por ela, sem prejuízo de que, em razão da natureza essencial de certos serviços públicos, ditos juridicamente *essenciais*, estabeleçam-se imunidades tributárias em garantia de direitos fundamentais, como se dá no caso da justiça gratuita e dos atos de registro civil que têm como destinatários os juridicamente necessitados.

Para quem entende que contribuições especiais e empréstimos compulsórios são verdadeiros impostos ou taxas, pela ontologia dos respectivos fatos geradores, a capacidade contributiva a eles se aplica naturalmente.

---

[10] Na Constituição Italiana, promulgada em 1947: "Art. 53 – Todos têm a obrigação de contribuir para as despesas públicas na medida de sua capacidade contributiva. O sistema tributário é inspirado nos critérios de progressividade".

[11] Cf. do Autor, "Espécies de Tributos". In: *Revista de Direito Administrativo*. Rio de Janeiro: Fundação Getúlio Vargas; Renovar, v. 183, ano 1991, p. 42-55.

A capacidade contributiva na Jurisprudência

A Jurisprudência do E. Supremo Tribunal Federal tem se debatido entre acórdãos que exaltam e aviltam a capacidade contributiva; entre arestos que a aplicam e outros que recusam a sua aplicação, e em muitos casos, a Corte se exime de se referir a ela, como se temesse o reconhecimento de sua eficácia às expressas.

Mas o princípio é muito mais eclético e denso do que se possa imaginar: o princípio da capacidade contributiva nasceu tributário,[12] mas se espraiou para todo o Direito Financeiro: ilumina a classificação de preços financeiros de Einaudi,[13] permitindo distinguir preços públicos de preços políticos ou subsidiados; está na obra de Marçal Justen Filho,[14] que veio a coincidir com a nossa tese, a aplicabilidade de "uma modalidade de princípio da capacidade contributiva" a circunstâncias subjetivas patrimoniais dos utentes de serviços tarifados; e está na dissertação de Aline Paola Câmara de Almeida,[15] a propósito das *tarifas sociais*.

Voltando à temática tributária, encontram-se manifestações contraditórias do Supremo Tribunal Federal em matéria de aplicabilidade do princípio até mesmo aos impostos, expressamente prevista na Constituição: antes da Emenda Constitucional nº 29/2000, o STF no Recurso Extraordinário-RE 153.771[16] declarou ser o IPTU progressivo fiscal inconstitucional por considerá-lo "um imposto real incompatível com a progressividade decorrente da capacidade econômica do contribuinte".

Já no julgamento do RE 423.768, sobre a progressividade do IPTU após a citada Emenda nº 29/2000, a propósito da declaração de inconstitucionalidade de lei municipal que a preconiza, por violação da isonomia e capacidade contributiva, o Tribunal Supremo, por unanimidade, em 1º de dezembro de 2010, votou pela validade da lei nos termos do voto condutor do Ministro Marco Aurélio. S. Exa., após mencionar os diversos enfoques dados pela Corte em relação à progressividade do IPTU, concluiu, ante a interpretação sistemática da Constituição Federal, com o cotejo do § 10 do seu art. 156 com o § 1º do seu art. 145, que a Emenda 29 veio "tão-só aclarar o real significado do que disposto anteriormente sobre a graduação dos tributos, não tendo abolido nenhum direito ou garantia individual, visto que a redação original da CF já versava a progressividade dos impostos e a consideração da capacidade econômica do contribuinte". O Relator reafirmou sua convicção, exposta em julgamentos anteriores ao advento da Emenda 29, de que o § 10 do art. 145 possui cunho social da maior valia, tendo como objetivo único, sem limitação do alcance do que nele está contido, o estabelecimento de uma gradação que promova justiça tributária, onerando os que tenham maior capacidade para pagamento do imposto.

---

[12] *Direito Tributário – Capacidade Contributiva*, op. cit., p. 103-107.

[13] Cf. BALEEIRO, Aliomar. *Uma Introdução à Ciência das Finanças*. 2. ed. Rio de Janeiro: Forense, 1958, v. I, p. 171-173.

[14] Teoria Geral das Concessões de Serviços Públicos. São Paulo: Dialética, 2003, p. 376.

[15] As tarifas e as demais formas de remuneração dos serviços públicos. Rio de Janeiro: Lumen Juris, 2009, p. 88-92.

[16] IPTU. Progressividade. No sistema tributário nacional é o IPTU inequivocamente um imposto real. Sob o império da atual Constituição, não é admitida a progressividade fiscal do IPTU, quer com base exclusivamente no seu artigo 145, § 1º, porque esse imposto tem caráter real que é incompatível com a progressividade decorrente da capacidade econômica do contribuinte, quer com arrimo na conjugação desse dispositivo constitucional (genérico) com o artigo 156, § 1º (específico).

Asseverou, no ponto, que a capacidade econômica do contribuinte há de ser aferida sob os mais diversos ângulos, inclusive o valor, em si, do imóvel.[17]

Quanto à aplicabilidade da capacidade contributiva aos demais tributos, também se vê uma certa dubiedade do E. STF: ao validar a taxa de fiscalização da CVM, fê-lo entendendo cabível a sua graduação em função do patrimônio líquido das empresas-contribuintes fiscalizadas (RE 177835[18]), sendo certo que a taxa não se encontra mencionada no § 1º do art. 145, que só se refere a impostos; já quando do julgamento do RE-ED 209.014,[19] a Corte Suprema entendeu que o princípio não se aplicaria às contribuições sociais "que não são subespécies do tributo a que alude o dispositivo".

Melhor ficar-se com outro precedente do STF (a ADC-MC nº 8[20]), em que a Corte reconheceu a aplicação do princípio da capacidade contributiva às contribuições previdenciárias, ao suspender alíquotas temporárias progressivas inclusive por entendê-las confiscatórias, proclamando que o efeito confiscatório se verifica "em função da totalidade da carga tributária, mediante verificação da capacidade de que dispõe o contribuinte, considerando o montante de sua riqueza (renda e capital) para suportar e sofrer a incidência de todos os tributos que ele deverá pagar".

---

[17] Cf. <http://redir.stf.jus.br/paginadorpub/paginador.jsp?docTP=AC&docID=622717>.

[18] "RE 177.835-PE. TRIBUNAL PLENO. EMENTA: CONSTITUCIONAL. TRIBUTÁRIO. TAXA DE FISCALIZAÇÃO DOS MERCADOS DE TÍTULOS E VALORES MOBILIÁRIOS – TAXA DA CVM. Lei nº 7.940, de 20.12.89. FATO GERADOR. CONSTITUCIONALIDADE. I. A taxa de fiscalização da CVM tem por fato gerador o exercício do poder de polícia atribuído à Comissão de Valores Mobiliários – CVM. Lei 7.940/89. Art. 20. A sua variação, em função do patrimônio líquido da empresa, não significa seja dito patrimônio a sua base de cálculo, mesmo porque tem-se, no caso, um tributo fixo. Sua constitucionalidade. II. – R.E. não conhecido". Consta do voto do Ministro Relator: "O que a lei procura realizar, com a variação do valor da taxa, em função do patrimônio líquido da empresa, é o princípio da capacidade contributiva – CF, art. 145, § 10. Esse dispositivo constitucional diz respeito aos impostos, é certo. Não há impedimento, entretanto, na tentativa de aplicá-lo relativamente às taxas, principalmente quando se tem taxa de polícia, isto é, taxa que tem como fato gerador o poder de polícia". E, para o Ministro NÉRI DA SILVEIRA: "Parto da presunção de que esse patrimônio traduza o volume de operações da empresa na Bolsa" (julgado em 22.04.1999 – cf. em http://redir.stf.jus.br/paginadorpub/paginador.jsp?docTP=AC&docID=223337).

[19] A regra de que *"os impostos terão caráter pessoal* e *serão graduados segundo* a *capacidade econômica* do *contribuinte"* (CF, art. 145, § 1°) não se aplica às *contribuições sociais,* que não são subespécies do tributo a que alude o dispositivo. Caso julgado pela 1ª Turma do STF em 22.04.1997 (cf. em http://redir.stf.jus.br/paginadorpub/paginador.jsp?docTP=AC&docID=242028).

[20] "A tributação confiscatória é vedada pela Constituição da República. A jurisprudência do Supremo Tribunal Federal entende cabível, em sede de controle normativo abstrato, a possibilidade de a Corte examinar se determinado tributo ofende, ou não, o princípio constitucional da não confiscatoriedade, consagrado no art. 150, IV, da Constituição. Precedente: ADI 2.010-MC/DF, Rel. Min. Celso de Mello. A proibição. constitucional do confisco em matéria tributária nada representa senão a interdição pela Carta Política, de qualquer pretensão governamental que possa conduzir, no campo da fiscalidade, à injusta apropriação estatal, no todo ou em parte, do patrimônio ou dos rendimentos dos contribuintes, comprometendo-lhes, pela insuportabilidade, da carga tributária, o exercício do direito a uma existência digna, ou a prática de atividade profissional lícita ou, ainda, a regular satisfação de suas necessidades vitais (educação, saúde e habitação, por exemplo). A identificação do efeito confiscatório deve ser feita em função da totalidade da carga tributária, mediante verificação da capacidade de que dispõe o contribuinte – considerado o montante de sua riqueza (renda e capital) – para suportar e sofrer a incidência de todos os tributos que ele deverá pagar, dentro de determinado período, à mesma pessoa política que os houver instituído (a União Federal, no caso), condicionando--se, ainda, a aferição do grau de insuportabilidade econômico-financeira, à observância, pelo legislador, de padrões de razoabilidade destinados a neutralizar excessos de ordem fiscal eventualmente praticados pelo Poder Público. Resulta configurado o caráter confiscatório de determinado tributo, sempre que o efeito cumulativo – resultante das múltiplas incidências tributárias estabelecidas pela mesma entidade estatal – afetar, substancialmente, de maneira irrazoável, o patrimônio e/ou os rendimentos do contribuinte. – O Poder público, especialmente em sede de tributação (as contribuições de seguridade social revestem-se de caráter tributário), não pode agir imoderadamente (pois a atividade estatal acha-se essencialmente condicionada pelo princípio da razoabilidade)" – julgamento em 13.10.199, Tribunal Pleno (cf. Disponível em <http://redir.stf.jus.br/paginadorpub/paginador.jsp?docTP=AC&docID=372907>).

O critério da capacidade contributiva está aí presente, como preconizado, para indicar o limite da pressão fiscal em face da dignidade da pessoa humana – o limite a partir do qual se tem o excesso desarrazoado, irracional, inconstitucional.

Nota-se, portanto, uma evolução positiva da Suprema Corte quanto à sindicabilidade da matéria em juízo.

Em 2008, Leonel Cesarino Pessoa,[21] veio a catalogar já 71 acórdãos do Supremo Tribunal Federal aflorando direta ou indiretamente o tema da capacidade contributiva.

Vejamos dois casos, de 2011, em que a capacidade contributiva parece como critério decisivo das controvérsias *sub judice*.

O primeiro, noticiado em 25 de abril daquele ano, se refere ao reconhecimento da repercussão geral de processo em que se discute se certa sociedade de economia mista tem imunidade de IPTU relativo a imóvel situado no Porto de Santos (SP). Por unanimidade, o Plenário Virtual do Supremo Tribunal Federal (STF) reconheceu a repercussão geral no RE 594.015,[22] interposto pela empresa estatal em questão contra decisão do Tribunal de Justiça do Estado de São Paulo que a considerou devedora do Imposto Predial e Territorial Urbano (IPTU) incidente em imóvel localizado no porto.[23]

Para o relator da matéria, Ministro Marco Aurélio, o Supremo Tribunal terá de definir o caso, observando o grande número de sociedades de economia mista, pessoas jurídicas de direito privado que ocupam bens de pessoa jurídica de direito público. "A imunidade subjetiva desta última estende-se à sociedade de economia mista? A resposta advirá do julgamento deste recurso extraordinário, com fidelidade absoluta à Constituição Federal", ressalta o Ministro.

O problema é delicado, preliminarmente, diria eu: é que a CODESP – que sucede de fato à Cia. Docas de Santos – empresa privada de capital aberto – é por sua vez 99,97% propriedade da União, e se apresenta em seu *website*[24] como a *autoridade portuária* do Porto de Santos. Assim, arrendou imóvel a sociedade de economia mista federal para que esta nele exercesse as atividades de operação e construção dos dutos, terminais marítimos e embarcações para o transporte de petróleo, derivados e de gás natural; a subsidiária integral foi em 1998 criada para exercer especificamente essas funções.[25]

Tem-se aqui a situação inusitada de uma *autoridade* ceder ou arrendar imóvel público a empresa privada (pois é isso que a sociedade de economia mista é) para exercício de atividade econômica lucrativa (pois é a isso que a empresa se dedica).

---

[21] "O princípio da capacidade contributiva na jurisprudência do Supremo Tribunal Federal", *in* Revista de Direito GV. Rio de Janeiro: FGV, n. 9/2009, p. 95-106.

[22] Cf. Disponível em <http://redir.stf.jus.br/paginadorpub/paginador.jsp?docTP=AC&docID=623645>.

[23] Há alegação de ilegitimidade passiva da sociedade de economia mista, parece que executada em 1994 (processo nº 994.05.115700-0, conforme consta do *site* <https://esaj.tjsp.jus.br/cpo/sg/show.do?processo.foro=990&processo.codigo=RMZ00MQ1O0000>), pois teria esta cedido o arrendamento a uma sua subsidiária integral, criada em 1998, que atende às atividades de transporte e armazenamento de petróleo e derivados, álcool, biocombustíveis e gás natural. Não há dados publicados que confirmem o cabimento da alegação processual, mas de qualquer forma não é esse o problema que nos ocupa aqui.

[24] <http://www.portodesantos.com.br>

[25] <http://www.transpetro.com.br/TranspetroSite/appmanager/transpPortal/transpInternet?_nfpb=true&_windowLabel=barraMenu_3&_nffvid=%2FTranspetroSite%2Fportlets%2FbarraMenu%2FbarraMenu.faces&_pageLabel=pagina_base>.

Deve haver muitos desses casos, de uma simbiose de capital e atividade econômica mista, pois, como reconheceu o Ministro Marco Aurélio, há um grande número de sociedades de economia mista que ocupam bens de pessoa jurídica de direito público. Daí a transcendência do tema, em boa hora definida, como de repercussão geral.

Ora, a questão central ou de fundo desse processo (e desse tipo de causa) é atinente ao princípio da capacidade contributiva, pois é ela que embasa a *imunidade recíproca* entre os entes da Federação.

É que, para lá de um evitar fricções e polêmicas intrafederativas, apenas, a imunidade recíproca atende à *inexistência de capacidade contributiva do Estado*, técnica e estritamente falando, pois o Estado não existe para produzir riqueza, mas para prestar serviços públicos que atendam a necessidades públicas (está em Duguit, em Baleeiro e em Hely Meirelles), sendo a capacidade contributiva o fundamento jurídico do imposto, que, isoladamente, o justifica e legitima, conforme a doutrina universal do Direito Tributário.

Portanto, se o Estado destaca patrimônio para com ele exercer atividade econômica – e o faz excepcionalmente, nos termos do art. 173 da CF, que reserva ao setor privado a primazia da atividade econômica, – então, não exerce atividade típica de estado, ou serviço público essencial, em sentido próprio ou estrito; equipara-se a sua empresa às demais empresas privadas, especialmente para fins tributários, aliás, nos precisos e justos termos do art. 173, § 1º, II, da CF. A empresa estatal demonstra, assim, capacidade contributiva e, na sua medida, pode e deve ser tributada.

O IPTU é um imposto sobre a propriedade; mas a propriedade é multifacetada, e se desdobra, por exemplo, no direito de usar da coisa, no caso, imóvel. O possuidor exerce uma ou mais faculdades, plena ou não, inerentes ao domínio (art. 1.196 do Cód. Civil); então, nos termos do art. 34 do CTN, cabe a discussão sobre a sua razoabilidade ao indicar o possuidor a qualquer título, detentor de capacidade contributiva, como possível contribuinte do IPTU.

Lembre-se que o STF tem precedente sobre a imunidade de IPTU (que então vislumbrou haver em favor da CODESP), propondo teste para a verificação da imunidade recíproca: 1. A afetação do bem a serviço imanente ao ente federado; 2. A atividade econômica destinada primordialmente a aumentar o patrimônio ou de particulares deve ser submetida a tributação, por apresentar-se como manifestação de riqueza e deixarem a salvo a autonomia política; e 3. A desoneração não deve ter efeito colateral nocivo à concorrência (trata-se do RE 253472, julgado em 25/08/2010, relatado pelo Min. Marco Aurélio, vencido, mas agora Relator vitorioso no reconhecimento da repercussão geral).

O segundo caso momentoso, conexo a capacidade contributiva, refere-se a decisão de 7 de abril de 2011, em que o Ministro Joaquim Barbosa suspendeu liminarmente a decisão do Superior Tribunal de Justiça segundo a qual só os contribuintes de direito podem discutir judicialmente a incidência do ICMS sobre demanda contratada de energia elétrica. Decidiu S. Exa. que:

> Nessas hipóteses, é lícito pôr em evidência o confronto entre o interesse jurídico de concessionárias de serviço e dos consumidores industriais de energia elétrica, pois presumivelmente os primeiros são pouco afetados patrimonial ou concorrencialmente por modificações da carga tributária cujo repasse ao próximo elo da cadeia produtiva é obrigatório. Portanto, neste momento de juízo inicial, próprio das medidas de urgência, é plausível que o desate da controvérsia ocorra pela aplicação direta da regra da capacidade

contributiva, em favor ou em desfavor dos consumidores industriais (art. 145, § 1º da Constituição como critério para definir o acesso ao judiciário).

Ora, veja-se a transcendência da temática!

Está-se na seara dos impostos indiretos, que peculiarmente se interessam pelo contribuinte de fato, até porque historicamente criados no final da Idade Média "para gravar as classes privilegiadas (clero e nobreza) não atingidas pela tributação direta".[26]

São conhecidas as dificuldades da repetição do indébito dos impostos indiretos – a Súmula 71 do STF a proibiu peremptoriamente; a Súmula 546 veio a admiti-la ao contribuinte *de jure* que provasse não haver recuperado do contribuinte *de facto* o respectivo quantum, tese consagrada no art. 166 do CTN.

Para lá de questões formais atinentes à obrigação tributária, não se pode fechar os olhos à realidade econômica material subjacente à tributação indireta; a Doutrina e a Constituição sabem que, nela, é a capacidade econômica do contribuinte de fato é que é visada pela Economia e pelo Direito; daí a não cumulatividade estrutural e a seletividade de incidências de IPI e ICMS! Daí, também, a imunidade tributária dos gêneros de primeira necessidade (art. 15 da CF de 1946), o pleito de Henry Tilbery[27] em favor da "exoneração do imposto de consumo dos bens *essenciais*", porque em última análise há que se levar em conta o bem-estar e capacidade contributiva do consumidor final.

Em nosso Direito Tributário – Capacidade Contributiva, chamamos a atenção para a figura da *capacidade contributiva de fato*, que se revela numa relação extra-tributária, privada, como a compra e venda mercantil, localizando-se em pessoa não indicada na lei como sujeito passivo do tributo incidente sobre a operação, mas teleologicamente visada por ela. E faço a seguinte achega:

> Não terá sido por outra razão, e aí se tem outra aplicação do princípio da capacidade contributiva, que o Supremo Tribunal Federal[28] chegou a reconhecer a legitimidade ativa *ad causam* do contribuinte *de facto* para requere a repetição de tributo pago pelo contribuinte de direito e a ele repassado, embora, a nosso ver, a tanto não autorize o art. 166 do Código Tributário Nacional. Da mesma forma, a Jurisprudência pátria, inclusive do Supremo Tribunal, veio a proclamar a legitimidade ativa de empreendedores de "projetos de interesse nacional" para impetrarem mandado de segurança visando garantir a vigência de isenções, que entendiam condicionais (art. 178 do CTN), concedidas às saídas de mercadorias realizadas pelos seus fornecedores, contribuintes *de iure* (RREE 104.504 e 105.486, etc.). Anote-se que o Supremo Tribunal reviu seu posicionamento através dos RREE 113.149 e 114.863, decidindo: "Quem tem direito à isenção em causa não é o contribuinte de fato, ou seja, o comprador das máquinas e equipamentos (...), mas, sim, o contribuinte de direito, que é o fabricante deles" (...) o que abre a expectativa quanto à possível revisão também da tese da legitimidade ativa do contribuinte de fato para pleitear repetição de indébito de imposto indireto.

Oxalá, tenha-se agora no caso do ICMS sobre demanda contratada de energia elétrica uma nova e proveitosa reviravolta na doutrina e na jurisprudência do STF, iluminada pelo princípio da capacidade contributiva. Se é ela que legitima os impostos; se é ela, portanto, que legitima o ICMS, então, o titular da capacidade contribu-

---

[26] "O costume antigo era que o povo contribuísse com os seus bens, a nobreza com seu sangue e o clero com suas preces" (resposta do Bispo de Sens ao apelo do Cardeal Richelieu para que o clero pagasse impostos) – cf. Hugon, Paul. O Imposto. São Paulo: Renascença, 1945, p. 65.

[27] "O conceito de essencialidade como critério de tributação".In: *Direito Tributário Atual*. São Paulo: Instituto Brasileiro de Direito Tributário; Resenha Tributária, 1990, v. 10, p. 3020-3024.

[28] RE 93.193. In: *Revista Trimestral de Jurisprudência*, v. 96, p. 938-943.

tiva de fato visada pela Constituição e pela Lei não pode ser sumariamente excluído do debate a respeito da relação jurídico-tributária em questão; tomem-se as cautelas devidas contra o enriquecimento sem causa, mas não se impossibilite o direito de petição. Não parece razoável no atual estágio do Estado de Direito que a forma se sobreponha à substância, no Direito em geral, e em especial no Direito Tributário.

O terceiro caso que releva realçar é o atinente à incidência ou não do imposto sobre serviços sobre o afretamento de embarcações, tão importante máxime no momento em que o Brasil se prepara para explorar as riquezas petrolíferas do chamado pré-sal.

O imposto sobre serviços, a locação de coisas e o afretamento de embarcações

Introdução ao tema. O ISS provém da reunião de quatro impostos anteriores à EC 18/65:

- o imposto municipal sobre indústrias e profissões (IIP) incidente sobre toda atividade lucrativa, inclusive serviços;

- o imposto municipal sobre diversões públicas (jogos e diversões públicas);

- o imposto estadual sobre transações, sobre certas prestações de serviços, como hospedagem, locação de móveis, consertos, construção civil, etc., parecendo uma espécie de IIP seletivo; e

- o imposto municipal de licença, que resvalava para o campo da taxa de alvará.

Malgrado o conselho do emérito Professor Carl Shoup, da Universidade de Columbia, com operosa influência na reforma tributária japonesa no pós-guerra, em seu relatório ao Governo Brasileiro propondo a criação de um IVA estadual que abrangesse os serviços, o que não veio a ser implementado, a Reforma do Sistema Tributário Nacional se deu com a bipartição de competências entre os Estados (aos quais, pelo ICM, coube a tributação das vendas de mercadorias – circulação de coisas, bens corpóreos) e os Municípios (a quem, pelo ISS, coube a tributação dos serviços, ou a prestação destes – circulação dos serviços, bens incorpóreos). Tivesse sido adotado o IVA estadual não estaríamos a discutir as lindes do ISS com o ICM ou com o atual ICMS...

Desde a EC 18/65 os Municípios têm competência para instituir o Imposto Sobre Serviços de Qualquer Natureza (na CF 67/69 e CF/88), tendo como fato gerador a *prestação* de serviços. Está no Código Tributário Nacional-CTN, no Decreto-lei nº 406/68 e na Lei Complementar nº 116/2003.

A dicção constitucional é fonte de polêmica quanto ao que seja *serviço* e quanto à sua *qualquer natureza*. E a formulação legal do fato gerador – *prestação* – tem instigado o debate jurídico.

A jurisprudência tradicional do Supremo Tribunal Federal-STF antes da virada do RE 116.121, julgado em 11.10.2000, sempre assentou o argumento de que, se coisas vendidas sujeitavam-se ao imposto sobre circulação de mercadorias – ICM, então coisas alugadas como negócio lucrativo, equivalendo a serviços prestados ou *vendidos*, deveriam submeter-se ao ISS, como antes estiveram abrangidos pelo imposto sobre indústrias e profissões – IIP (os precedentes são de 19.06.87 do Ministro

Carlos Madeira[29] (RE 112.947, 2ª Turma) e de 22.03.88 do Ministro Oscar Correa[30] (RE 115.103 e RE 113.383, ambos da 1ª Turma, com a curiosidade de lembrarem o princípio da capacidade contributiva para justificar a constitucionalidade da incidência.

Assim se ementou o RE 112.947:

ISS na locação de bens móveis. O que se destaca, *utilitatis causa*, na locação de bens móveis, não é apenas o uso e gozo da coisa, mas sua utilização na prestação de um serviço. Leva-se em conta a realidade econômica, que é a atividade que se presta com o bem móvel, e não a mera obrigação de dar, que caracteriza o contrato de locação, segundo o artigo 1.188 do Código Civil. Na locação de guindastes, o que tem relevo é a atividade com eles desenvolvida, que adquire consistência econômica, de modo a tornar-se um índice de capacidade contributiva do Imposto sobre Serviços".

Anote-se, aliás, capacidade contributiva é expressão tributária da isonomia[31] que lastreia recente voto do Ministro Gilmar Mendes em matéria de leasing internacional que, para ele, deve ser tributado pelo imposto sobre a circulação de mercadorias e serviços conexos – ICMS, já que o leasing financeiro interno é tributado pelo ISS, "ao passo que não há como tributar da mesma forma o arrendador externo" (voto no RE 540.829[32]).

Outro aspecto a considerar é que o ISS se classifica como imposto sobre a produção e o consumo (CTN, cap. IV, Título III do Livro Primeiro), e, sendo um tributo repassável ao tomador do serviço, tem-se que é um imposto que juridicamente incide sobre a produção do serviço, mas que é econômica e frequentemente suportado pelo consumidor/cliente.

Levando-se em conta a clássica fórmula de Adolf Wagner,[33] o ISS é um tributo que grava a riqueza acumulada do produtor do serviço, mas, em havendo repercussão do seu ônus, vai atingir a riqueza consumida do tomador do serviço – ambas são demonstrações de força econômica ou capacidade contributiva das partes envolvidas no contrato de prestação de serviços.

Essa característica do ISS não deve ser perdida de vista no exame do aspecto espacial do seu fato gerador, tanto que presente na referência que sempre se fez nas leis brasileiras ao contribuinte como sendo o prestador de serviços (v.g., o artigo 5º da Lei Complementar nº 116/2003), considerando-se o serviço prestado e o imposto devido no local do estabelecimento prestador ou, na falta do estabelecimento, no local do domicílio do prestador (artigo 3º).

As vinte e duas exceções do art. 3º confirmam a regra de que o ISS é devido em princípio no local da concepção ou produção do serviço, mas apenas demonstram

---

[29] Cf. Disponível em <http://redir.stf.jus.br/paginadorpub/paginador.jsp?docTP=AC&docID=203557>.

[30] Cf. Disponível em <http://redir.stf.jus.br/paginadorpub/paginador.jsp?docTP=AC&docID=205345> e <http://redir.stf.jus.br/paginadorpub/paginador.jsp?docTP=AC&docID=203920>.

[31] Cf. SÁINZ DE BUJANDA, Fernando. *Lecciones de Derecho Financiero*. 9. ed., Facultad de Derecho, Universidad Complutense, Madrid: 1991, p. 106; FERREIRO LAPATZA. *Curso de Derecho Financiero Español*, 14. ed., Marcial Pons. Madrid: 1992, p. 323.

[32] Cf. Disponível em <http://www.stf.jus.br/portal/cms/verNoticiaDetalhe.asp?idConteudo=181038&caixaBusca=> e <http://www.stf.jus.br/portal/processo/verProcessoAndamento.asp?incidente=2500614>.

[33] Riqueza adquirida, acumulada e consumida. Para Baleeiro, a renda e o capital suportam os impostos, "ora quando recebida (impostos sobre a renda e a propriedade), ora quando é objeto de atos jurídicos (impostos de selos sobre documentos que provam negócios), ou ainda quando os beneficiários dessa renda a gastam (impostos sobre o consumo etc.)" – BALEEIRO, Aliomar. *Uma introdução à ciência das finanças*. 13. ed. Rio de Janeiro: Forense, 1981, p. 258.

que o ISS também pode sê-lo no local da entrega ou consumo do serviço (neste sentido, os precedentes do Superior Tribunal de Justiça-STJ nos julgamentos do REsp 1.060.210, de 28.11.2012 (1ª Seção) e no AgRg no AREsp 150.904, de 21.03.2013 (1ª Turma).

Daí por que parece legítimo o § 1º do art. 1º da Lei Complementar do ISS ao dispor que "O imposto incide também sobre o serviço proveniente do exterior do País ou cuja prestação se tenha iniciado no exterior do País". Por duas razões principiológicas: primeiro por é na territorialidade do espaço nacional que se conclui a prestação do serviço com a sua entrega ao tomador; segundo porque o tomador do serviço, ao consumi-lo, demonstra capacidade contributiva, de facto.[34]

A verificação de uma capacidade contributiva específica nas prestações de serviço está na raiz das discussões sobre a incidência do ISS em face das operações de locação de coisas, especialmente bens móveis.

Na jurisprudência anterior ao RE 116.121 prevaleceu a ideia de que havia capacidade contributiva manifestada na operação de um negócio estruturado, empresariado e lucrativo, em que o locatário do bem móvel se prevalecia dessa *organização* que era, por assim dizer, levada a si pelo locador (assim foi no RE 112.947, Relator Ministro Carlos Madeira: ..."na locação de guindastes, o que tem relevância é a atividade com eles desenvolvida, que adquire consistência econômica, de modo a tornar-se um índice de capacidade contributiva").

Na jurisprudência hoje em vigor desde o julgamento do RE 116.121, de 11.10.2000, Relator designado Marco Aurélio, a tese também veio à tona, mas foi derrotada à consideração de que locação de coisa não é prestação de serviços, na forma da ordem jurídica brasileira, sendo sempre citado, ainda que como norma didática, o art. 110 do CTN – devendo o direito tributário observar o conteúdo dogmático dos institutos de direito privado usados pela Constituição para estabelecer os campos possíveis de incidência e a competência tributária.

É essa possível incidência que empolga as presentes reflexões.

O agenciamento marítimo. No julgamento do REsp 792.444, Relatora Ministra Eliana Calmon, em 6.09.2007, a 2ª Turma do STJ, decidiu ser "indevida a cobrança do ISS sobre serviços de agenciamento marítimo até o advento da Lei Complementar nº 116/2003". E de fato, a previsão para essa tributação só veio à luz com a edição do item 10.06 – Agenciamento marítimo – da lista anexa à lei complementar.

Ainda nesse julgamento, a 2ª Turma do STJ fixou entendimento, seguido depois pela 1ª Turma (REsp 1.054.144, de 17.11.2009), no sentido de não incidir o ISS sobre qualquer operação de afretamento de navios, forte na sua natureza jurídica de locação de bem móvel, na esteira do *leading case* da virada do STF no RE 116.121 que veio a desembocar na Súmula Vinculante 31, editada em 4.2.2010, *verbis*, "É inconstitucional a incidência do ISS sobre operações de locação de bens móveis".

Mais, partindo para a análise do agenciamento, corretagem ou intermediação no afretamento de navios (p. 7 do acórdão), entendeu que "mesmo considerando complexos os contratos de afretamento *por tempo* ou por viagem (e não meros contratos

---

[34] Cf. DOMINGUES-DE-OLIVEIRA, José Marcos. *Direito Tributário – Capacidade Contributiva*. 2. ed. Rio de Janeiro: Renovar, 1998, p. 86-88. No mesmo sentido, ROSEMBUJ, Tulio Raúl. *El hecho de contribuir*. Buenos Aires: Cooperadora de Derecho y Ciencias Sociales, 1975, p. 79, 81.

de locação de bem móvel), igualmente não são passíveis de tributação pelo ISS, porque a específica atividade de afretamento não consta na lista de serviços tributáveis. Assim, a Ministra Eliana Calmon concluiria pela "não incidência do ISS também sobre o agenciamento, corretagem ou intermediação no afretamento de navios" (*sic*).

Manifesta-se respeitosa dúvida sobre a correção das duas últimas afirmações do E. Superior Tribunal de Justiça-STJ.

Em primeiro lugar, a que me parece conter um engano mais evidente: a confusão entre agenciamento marítimo e agenciamento, corretagem ou intermediação NO afretamento de navios. Ora, agenciamento marítimo é o serviço consistente no "gerenciamento dos negócios de uma empresa de navegação em um determinado porto"; esse serviço é prestado por uma agência marítima, empresa que presta todo tipo de assistência necessária para os navios dos armadores clientes, por exemplo, programação de entrada e saída do navio, junto às autoridades portuárias, etc.

Ora, isso não se confunde com o agenciamento, corretagem ou intermediação no afretamento de navios, que parece se encaixar no item nº 10.05 da lista de serviços (Lei Complementar nº 116/2003) – "Agenciamento, corretagem ou intermediação de bens móveis ou imóveis, não abrangidos em outros itens ou subitens", certo que os navios são bens móveis, consoante doutrina e jurisprudência. Esta pode não ser uma operação padrão na indústria de petróleo e gás, mas tem valor teórico e também prático quando o caso se apresentar.

O outro ponto controverso do acórdão diz com a afirmação peremptória de "não incidir o ISS sobre qualquer operação de afretamento de navios", forte na sua natureza jurídica de locação de bem móvel, na esteira do *leading case* (RE 116.121) do Supremo Tribunal Federal-STF e da sua Súmula Vinculante nº 31.

Os afretamentos de embarcações. Parece não haver dúvida possível quanto à intributabilidade do afretamento a *casco nu* pelo ISS, pois trata-se de uma mera locação de embarcação em que o afretador pode até indicar tripulação e comandante. O STF nesse ponto concorda com o STJ (leia-se no AgR no RE 503.372, de 6.04.2010 (2ª Turma, Relator Ministro Joaquim Barbosa), revertendo julgamento do TJ-RJ que havia admitido ISS em afretamento a casco nu, quando "entendeu presente a prestação potencial e efetiva de serviços circundantes. Erros materiais e de classificação jurídica".

Já nos afretamentos por tempo e por viagem, o proprietário-armador, por um lapso de tempo ou trajeto, põe a embarcação à disposição do afretador, armada, tripulada.

Então, nestes casos, quer parecer que temos um contrato complexo, tão complexo como o famoso e sempre citado caso da locação de guindaste, com operador – como no RE 112.947, superado, e no caso do RE 116.121, inspirador da Súmula Vinculante nº 31.

Para o STJ afretamentos por tempo e por viagem são contratos complexos, que contêm pactos que não podem ser desmembrados (ou seriam contratos complexos impossíveis de serem desmembrados para fins fiscais, como seriam as "franchisings"). É o que consta do julgamento do REsp 1.054.144, de 2009, da 1ª Turma, que cita como precedentes o REsp 222.246 (1ª Turma, de 2000) e o REsp 189.225 (2ª Turma, de 2001).

O que se realça, para polemizar, é que, já no debate da Súmula Vinculante nº 31, houve discussão no Supremo Tribunal Federal, capitaneada pelo Ministro Joaquim Barbosa e protagonizada principalmente em face do Ministro Cezar Peluzo, quanto às situações em que locação de coisas e prestação de serviços se encontram juntas, sendo muito esclarecedora e insuspeita a intervenção do Ministro Marco Aurélio de que "quando da formalização do *leading case*, não houve o exame da matéria quanto à conjugação 'locação de bem móvel e serviço'" (discussão da Súmula Vinculante, lembrada pelo Ministro Joaquim Barbosa no ARE 656.709 AgR/RS, julgado em 14.02.2012). Antes do Ministro Marco Aurélio, ponderara o Ministro Joaquim Barbosa: "A minha preocupação foi em relação àquelas situações em que a prestação de serviços vem escamoteada sob a forma de locação. Por exemplo: locação de maquinário, e vem o seu operador. Nesta hipótese, muito comum".

Não se olvide o julgado do AgReg RE 602.057, de 9.02.2010) em que a 2ª Turma do STF, pelo voto do Ministro Eros Grau, afirmou que a jurisprudência do Tribunal se fixou no sentido de descaber ISS na locação de móveis, "desde que essa atividade não se confunda com a prestação de serviços". Era o caso de caminhão alugado com mão de obra para prestar serviço de transporte diferenciado. E cita em seu apoio outro precedente: o Agravo de Instrumento AI 699.051, de 17.04.2009 (Relator Ministro Ricardo Lewandowski).

O tema da não tributação da locação de coisas pelo ISS foi solucionado em nível constitucional pelo STF à luz do conceito de **serviço**, constitucionalizado para conformar a competência tributária municipal, como *não abrangendo, não englobando a locação de bens móveis*. Invocou-se à época o didático artigo 110 do CTN que diz o óbvio: a lei tributária não pode alterar o conceito de direito privado usado pela Constituição para definir competências tributárias, pois isso equivaleria a permitir emenda constitucional por lei ordinária.

A questão do ISS no afretamento, qualquer que seja, foi dirimida no STJ à luz do art. 2º da Lei nº 9.432/97, que dispõe sobre a ordenação do transporte aquaviário.

Incide aqui não mais o art. 110 do CTN, mas o art. 109 do Código, que dispõe:

Os princípios gerais de direito privado utilizam-se para pesquisa da definição, do conteúdo e do alcance de seus institutos, conceitos e formas, *mas não para definição dos respectivos efeitos tributários.*

O exemplo clássico de instituto de direito privado adotado pelo CTN e pelas leis de tributação, com efeitos tributários diversos, é o da quitação.[35] Exceto quando outorgada com ressalva, *quitação* no direito civil é o ato que visa "desonerar ou exonerar o devedor de *toda e qualquer* responsabilidade acerca da obrigação quitada",[36] gerando presunção em favor do devedor.

---

[35] Art. 319 c/c art. 322 do Código Civil.

[36] Por esse motivo, *não pode mais ser importunado pelo credor. Somente prova irretorquível de simulação, erro ou falsidade terá eficácia para anular os efeitos jurídicos* que deva produzir" (PLÁCIDO E SILVA. *Vocabulário Jurídico.* 7. ed. Rio de Janeiro: Forense, 1982, p. 16). No mesmo sentido: "A quitação certifica que ocorreu o pagamento. É portanto o documento que prova a extinção da obrigação e que *põe o devedor definitivamente salvo, contra temeridade de uma nova cobrança"*. (...) "obrigações com *pagamento em quotas periódicas – a regra é que basta a prova da última (...) está-se diante de uma presunção iuris tantun em favor do devedor"* (SAN TIAGO DANTAS. *Programa de Direito Civil II.* Rio de Janeiro: E. Rio, 1978, p. 59). Idem, CARVALHO SANTOS. *Código Civil Interpretado.* 3. ed. Rio de Janeiro: Freitas Bastos. Rio de Janeiro, 1945, v. XII, p. 152). "A quitação que libera o devedor deve ser total e irrevogável (...) verificando depois a imprecisão da prestação. Nesse caso, pode reclamar a diferença cabendo--lhe o respectivo ônus probatório para revogar a quitação" (...) quando se tratar de *pagamento em quotas periódicas, o pagamento da última parcela faz presumir o das anteriores"* (TEPEDINO, BARBOZA; MORAES. *Código Civil*

Pois bem, no direito tributário quitação também é o ato do credor que exonera o sujeito passivo, mas o agente do Fisco (que titular do crédito tributário não é, servindo apenas como seu gestor ou administrador) quando expede recibo (art. 55 da Lei federal n° 4.320/64) o faz dando uma *quitação sob reserva implícita de revisão do lançamento do crédito correspondente à obrigação tributária respectiva* (art. 139 c/c art. 113 do CTN), sempre que a lei o determine (art. 149, I) e desde que não decaído o direito da Fazenda. Ou seja, a quitação tem efeitos jurídicos diversos no direito privado e no direito dos tributos.

Ora, então, parece-me cabível o debate já inaugurado no STF quanto à tributabilidade pelo ISS dos serviços agregados à locação de coisas móveis, como é o caso do afretamento dos navios.

De fato, para o STF a questão parece atinar mais à "adequação da base de cálculo do tributo para refletir o vulto econômico da prestação de serviço, sem inclusão dos valores relacionados à locação", no caso de "locação de bens móveis associada a prestação de serviços; locação de guindaste e apresentação do respectivo operador" (AgReg no RE com Agravo 656.709-RS, de 14.02.2012). Lembro que ainda pende de julgamento o RE 614.434, do ano de 2010, Relator Joaquim Barbosa, digitalizados e conclusos a S. Exa. desde 21.10.2011[37] – entre partes uma companhia de operações e manutenções terrestres e marítimas, e o Município de Aracaju. Talvez esse caso possa dar ensejo à solução do problema aqui colocado, se estiver em discussão a segregação dos valores de locação de equipamento e dos serviços paralelos ou conexos, que não se deu no outro RE, o de n° 656.709, no qual, segundo a ementa, "a agravante poderia ter discutido, mas não o fez, a adequação da base de cálculo do tributo".

Base de cálculo como expressão econômica[38] do fato gerador – elemento subordinado ou subordinante? Está-se a recordar questão recorrente na doutrina.[39]

Considerações finais

Ao fim e ao cabo, relembre-se que o Professor Carl Shoup, um ilustre e emérito financista, de renome e experiência internacionais, foi contratado como consultor do Governo Brasileiro para a então cogitada reforma tributária de 1965; sugeriu um IVA estadual que abrangesse os serviços, o que não veio a ser implementado.

Para lá de tecnicalidades, é o princípio da capacidade contributiva, esse princípio magno do direito financeiro, que está na raiz do *bom conselho*, tendo em vista que o ICMS e ISS[40] são impostos que incidem sobre manifestações de riqueza afins: a produção e o consumo ou circulação de bens e serviços.

Interpretado. Rio de Janeiro: Renovas, 2004, v. I, p. 614-615). Essa é também a doutrina dos precedentes do STJ (REsp 728.361, de 2005, e REsp 1.265.890, 2011).

[37] Cf. Disponível em <http://www.stf.jus.br/portal/processo/verProcessoAndamento.asp?incidente=3888310>.

[38] FALCÃO, Amilcar de Araújo. *Fato gerador da obrigação tributária*. 4. ed. São Paulo: Revista dos Tribunais, 1977, p. 137-138.

[39] Quanto ao caráter subordinado da base de cálculo, como objeto do fato gerador, secundando a lição de JARACH, Dino. *O fato imponível*. trad. bras. da 3. ed. São Paulo: Revista dos Tribunais, 1984, p. 121), cf. DOMINGUES DE OLIVEIRA, José Marcos. "Contribuições parafiscais, finalidade e fato gerador". In: *Revista Dialética de Direito Tributário*. São Paulo: Dialética, v. 73, out. 2001, p. 57.

[40] E também o IPI, *ex vi* do artigo 46.

É sob a luz desse vetor epistemológico que, significativamente, se põem ao alto exame da Suprema Corte brasileira questões como o acesso à educação mercê de desconto sério de seu custo para fins de imposto de renda, o acesso do contribuinte de fato à Justiça, pena de confiscatoriedade branca pela via do processo, e a justiça da tributação pelo ISS de situações que desafiam a criatividade, o bom-senso e a acuidade de seus Juízes.

Mas, quiçá razões de índole histórico-político-federativa determinaram a criação de um ICM (ICMS) estadual e de um ISS municipal, e estão a doutrina e a jurisprudência desde então numa discussão sem fim sobre a competência de Estados e Municípios – que parece hoje a resumir-se à base de cálculo de locações de bens móveis conjugadas com serviços, ou, *in casu*, dos serviços nos afretamentos *por tempo* ou *por viagem* – em última análise algo que deveria escapar ao debate tributário – a vontade dos contribuintes – pois, nos expressos termos do artigo 3º do Código Tributário Nacional, que consagra a melhor doutrina universal, tributo é prestação *ex lege*, que surge independentemente da vontade do sujeito passivo, posto que não obrigação *ex voluntate*, em harmonia com o artigo 118 do Código.[41]

Será que o eventual manejo da base de cálculo poderá determinar a incidência ou a expressão de um imposto, o ISS? Esse trato há que ser juridicamente legítimo.

A discussão faz lembrar figuras como o *forum shopping*, o *treaty shopping*, o *transfer pricing* e planejamento tributário, mas tal não se contém no escopo deste trabalho que procurou apenas problematizar uma questão polêmica que está a merecer pacificação na jurisprudência do E. Supremo Tribunal Federal, trazendo segurança jurídica a certa vertente de importante setor fundamental para o desenvolvimento brasileiro.

Bibliografia

ALMEIDA, Aline Paola Câmara de. *As tarifas e as demais formas de remuneração dos serviços públicos*. Rio de Janeiro: Lumen Juris, 2009.

ARDANT, Gabriel. *Histoire de L'Impôt*. Paris: Libr. Arthéme Fayard, 1971.

BALEEIRO, Aliomar. *Uma introdução à ciência das finanças*. v. I. 2. ed. e 13. ed. Rio de Janeiro: Forense, 1958 e 1981.

BECKER, Alfredo A. *Teoria Geral do Direito Tributário*. 2. ed. São Paulo: Saraiva, 1972.

CARVALHO SANTOS, J. M. *Código Civil Interpretado*. 3. ed. Rio de Janeiro: Freitas Bastos, 1945, v. XII.

CORTI, Horacio. *Derecho Constitucional Presupuestario*. 2. ed. Buenos Aires: AbeledoPerrot, 2011.

DANTAS, San Tiago. *Programa de Direito Civil* II. Rio de Janeiro: Ed. Rio, 1978.

DOMINGUES DE OLIVEIRA, José Marcos. *Direito Tributário – Capacidade Contributiva*. 2. ed. Rio de Janeiro: Renovar, 1998.

——. Contribuições parafiscais, finalidade e fato gerador. In: *Revista Dialética de Direito Tributário*. São Paulo: Dialética, v. 73, out. 2001, p. 50-65.

——. Espécies de Tributos. In: *Revista de Direito Administrativo*. Rio de Janeiro: Fundação Getúlio Vargas; Renovar, v. 183, ano 1991, p. 42-55.

FALCÃO, Amílcar de Araújo. *Fato gerador da obrigação tributária*. 4. ed. São Paulo: Revista dos Tribunais, 1977.

FERREIRO LAPATZA, J. J. *Curso de Derecho Financiero Español*. 14. ed. Madrid: Marcial Pons, 1992.

GARCÍA BELSÚNCE, Horacio. *Temas de Derecho Tributario*. Buenos Aires: Abeledo Perrot, 1982.

---

[41] "Artigo 118. A definição legal do fato gerador é interpretada abstraindo-se: I – da validade jurídica dos atos efetivamente praticados pelos contribuintes, responsáveis, ou terceiros, bem como da natureza do seu objeto ou dos seus efeitos; II – dos efeitos dos fatos efetivamente ocorridos".

GIULIANI FONROUGE, C. M. *Derecho Financiero*. 7. ed. Buenos Aires: Depalma, 2001, v. I.

HUGON, Paul. *O Imposto*. São Paulo: Renascença, 1945.

JARACH, Dino. *O fato imponível*. São Paulo: trad. bras. da 3. ed. Abeledo Perrot; Revista dos Tribunais, 1984.

JUSTEN FILHO, Marçal. *Teoria Geral das Concessões de Serviços Públicos*. São Paulo: Dialética, 2003.

PESSÔA, Leonel Cesarino. O princípio da capacidade contributiva na jurisprudência do Supremo Tribunal Federal. In: *Revista de Direito GV*. Rio de Janeiro: FGV, n. 9/2009, p. 95-106.

PLÁCIDO E SILVA. *Vocabulário Jurídico*. 7ª ed. Rio de Janeiro: Forense, 1982.

RODRÍGUEZ BEREIJO, Álvaro. *Introducción al estudio del derecho financiero*. Madrid: Instituto de Estudios Fiscales, 1976.

ROSEMBUJ, Tulio Raúl. *El hecho de contribuir*. Buenos Aires: Cooperadora de Derecho y Ciencias Sociales, 1975.

SÁINZ DE BUJANDA, Fernando. *Lecciones de Derecho Financiero*. 9. ed. Madrid: Facultad de Derecho, Universidad Complutense, 1991.

TEPEDINO, Gustavo; BARBOZA, Heloiza Helena; MORAES, Maria Celina Bodin de. *Código Civil Interpretado*. Rio de Janeiro: Renovar, 2004, v. I.

TILBERY, Henry. "O conceito de essencialidade como critério de tributação". In: *Direito Tributário Atual*. São Paulo: Instituto Brasileiro de Direito Tributário; Resenha Tributária, 1990, v. 10, p. 3020-3024.

— 1.6 —

Vedação ao confisco e Repercussão Geral[1]

MICAELA DOMINGUEZ DUTRA[2]

Sumário: 1. Introdução; 2. O princípio da vedação ao confisco; 3. Princípio da vedação ao confisco como direito fundamental dentro do contexto do dever fundamental de pagar tributos; 4. O princípio da vedação ao confisco e o Supremo Tribunal Federal; 5. Conclusões; 6. Referências.

1. Introdução

Dando continuidade as análises feitas acerca dos grandes temas tributários que tiveram repercussão geral reconhecida pelo Supremo Tribunal Federal (STF), escolhemos, dentro de nossa linha de estudo, que envolve os direitos fundamentais do contribuinte, abordar o princípio da vedação ao confisco, como norte de análise, por reputá-lo extremamente importante dentro da construção e desenvolvimento de um sistema tributário erigido em um Estado Democrático de Direito nos termos do que dispõe o art. 1º da Constituição da República Federativa do Brasil (CRFB).

De fato, ninguém nega mais a necessidade de se contribuir com o Estado para que este possa garantir todos os direitos fundamentais elencados em sua Carta Constitucional, contudo, essa contribuição deve ter um patamar inferior e um superior, que norteiam a capacidade de contribuir. O confisco representa esse limite superior a partir do qual o contribuinte já não tem mais capacidade de permanecer contribuindo com o Estado, pois este teria ido além de suas forças, destruindo sua propriedade, acabando com a prática de algumas atividades econômicas, dentre outros.

Atente-se para o fato de que não abordaremos nesse texto a possibilidade de aplicação da pena de perdimento, dentro do âmbito penal, nem entraremos na discussão se ela é ou não cabível. A vedação ao confisco analisada se dá dentro da análise dos tributos e respectivas multas.

---

[1] Trabalho apresentado no âmbito do Programa de Pós-Graduação em Direito da Universidade do Estado do Rio de Janeiro-UERJ. Linha de Pesquisa: Finanças Públicas e Tributação. Requisito para aprovação na disciplina: Direito Tributário da Integração e Comunitário. Jurisprudência Tributária do Tribunal de Justiça da União Europeia, ministrada pelo Prof. Marcus Lívio Gomes em 2013.1.

[2] É doutoranda em Direito Tributário na Universidade do Estado do Rio de Janeiro – UERJ, mestre em Direito Constitucional pelo Instituto Brasiliense de Direito Público – IDP, especialista em Direito Tributário e Finanças Públicas pelo IDP e bacharel em Direito pela Universidade do Estado do Rio de Janeiro – UERJ. Atualmente, atua como advogada da Petróleo Brasileiro S/A – PETROBRAS.

Nesse ponto, relevante se torna o papel de um Tribunal Constitucional como o Supremo Tribunal Federal, que como guardião da Magna Carta, nos termos do *caput* de seu artigo 102, pode veicular parâmetros complementares de análise para os operadores do direito, com o fim de permitir que esses consigam no dia a dia dar efetividade a essa garantia constitucional.

O presente artigo busca enfrentar o tratamento que o Supremo Tribunal vem dando a esse importante princípio tributário constitucional, contudo, faz-se necessário, antes, de forma singela e contextual, desenvolver algumas linhas acerca dos contornos desse direito fundamental.

2. O princípio da vedação ao confisco

O artigo 150, inciso IV, da CRFB, veicula de forma expressa o princípio em análise, vedando a utilização de tributos com efeitos confiscatórios, a qual foi reputada direito fundamental do contribuinte. Ives Gandra considera que o constituinte foi extremamente feliz ao utilizar a expressão "efeito confisco", ao invés de apenas "confisco", isto porque, segundo o referido doutrinador, o "efeito" da imposição permite uma reflexão mais ampla sobre a intenção do legislador.[3]

Buscando esmiuçar o significado e origem do confisco, leciona Ives Gandra da Silva Martins:

> Os dicionários definem confisco como ato de apreender em favor do Fisco. É o mesmo que confiscação, que se origina do latim *confiscatio, onis*. Não apreender por força de lei justa, mas de ato de força.
>
> A evolução da figura revelou, nos diversos direitos nacionais, resultar em enorme resistência por parte dos sujeitos à penalidade, assim como passou a ter conotação por parte do Estado, foi substituído pelo próprio todo e o exercício do poder de confiscar estendido a todas as áreas estatais e a outros sujeitos que não apenas os passivos da relação jurídica tributária.
>
> Justificado, às vezes, como nos casos de guerra, de calamidade pública ou urgente necessidade nacional, na maior parte dos casos foi sempre rejeitado, por falta de sustentação jurídica ou fática, ao ponto de ter se constituído, em quase todos os sistemas jurídicos das nações civilizadas em figura interditada, como é o caso do Brasil.[4]

Agora, o que é confisco? Entendemos que Aliomar Baleeiro responde muito bem essa questão ao apresentar a seguinte definição: "são tributos confiscatórios os que absorvem parte considerável do valor da propriedade, aniquilam a empresa ou impedem o exercício de atividade lícita e moral".[5] Atente-se para o fato de que o confisco pode-se dar não só sobre a propriedade, mas também sobre a empresa e até em relação ao exercício de uma atividade econômica qualquer.

Reputa-se que a vedação ao confisco[6] é o limite superior da capacidade contributiva, pois esta existe até o momento em que o tributo passa a ferir o direito de

---

[3] MARTINS, Ives Gandra da Silva. Breves Comentários sobre a Capacidade Contributiva. *Revista Dialética de Direito Tributário*. São Paulo, n. 10, p. 12-18, jul. 1996.

[4] MARTINS, Ives Gandra da Silva. Capacidade Econômica e Capacidade Contributiva. *Caderno de Pesquisas Tributárias,* São Paulo, n. 4, 2ª tiragem, coedição CEU/Res. Tributária, p. 285/286, 1990.

[5] BALEEIRO, Aliomar. Op. cit., p. 564.

[6] Ricardo Lobo Torres coloca que a proibição do excesso, na qual está inserida a vedação ao confisco, é decorrente da sistemática dos direitos fundamentais. Ademais, aponta no contexto do excesso a vedação a atividade profissional (5º, XIII, da CRFB), e a proibição de exagero na tributação da família. (vide texto *Legitimação da Capacidade Contributiva*, op. cit., p. 435-436) Não fizemos esta distinção por entender que o a vedação ao confisco engloba todas as hipóteses.

propriedade, que, em nossa CRFB, foi elevado ao *status* de direito e garantia fundamental de aplicação imediata, nos termos do disposto no art. 5°, inciso XXII c/c § 1°, da CRFB, ou a impedir o exercício de atividade profissional, que, também é direito e garantia fundamental, nos termos do art. 5°, XIII c/c § 1° da CRFB.

Ou seja, tal previsão nada mais é do que um desdobramento da própria garantia ao direito de propriedade, veiculada no art. 5°, inciso XXII, da CRFB, afinal de nada adiantaria o constituinte defender a propriedade e permitir que a mesma fosse espoliada pela tributação, razão pela qual é despicienda a previsão veiculada pelo art. 150, inciso IV, da CRFB.

Por conseguinte, a partir do momento em que a tributação passa a macular a propriedade ou impedir a prática de atividade profissional, torna-se injusta e inconstitucional, por ferir a capacidade de contribuir do indivíduo.

Cabe invocar sábia lição de Tipke, segundo o qual "a capacidade contributiva termina, de todo modo, onde começa o confisco, que leva à destruição da capacidade contributiva".[7]

Hugo de Brito Machado tem o seguinte posicionamento sobre o efeito confiscatório nos impostos reais:

> Assim, poder-se-á considerar confiscatório o imposto, sobre o patrimônio, cuja alíquota seja superior à renda que razoavelmente se possa esperar seja produzida por aquele patrimônio. Pouco importa que o contribuinte, por quaisquer meios, aufira renda superior e consiga permanecer com o seu patrimônio intangível. Se o imposto tiver alíquota superior à renda que se pode razoavelmente esperar seja produzida pelo patrimônio, sobre o qual incide, será confiscatório. Por outro lado, um imposto com alíquota inferior àquele limite, mesmo que o contribuinte, por inabilidade como administrador, ou por qualquer outro motivo, não aufira renda suficiente para o respectivo pagamento, e tenha por isto de privar-se de parte de seu patrimônio, não será confiscatório.[8]

Trata-se de um conceito relativo, pois varia, inclusive, de sociedade para sociedade, bem como em relação ao papel do Estado frente a esta sociedade (se Estado mínimo, do bem-estar social, etc.).

Por exemplo, os países nórdicos apresentam uma tributação muito elevada, todavia não é vista como confiscatória já que o Estado, de fato, retorna aos seus cidadãos, por meio de serviços, todo o dinheiro recolhido via tributação. Explicamo-nos: nesses países a saúde pública, o ensino público, a calefação são fornecidos pelo Estado de modo satisfatório a todos os cidadãos de todas as classes sociais, que não precisam ter que contratar tais serviços para si, por meio de instituições privadas, fazem se o desejarem, mas o serviço estatal é fornecido a contento. Ou seja, o pagamento dos tributos é suficiente para garantir a esses indivíduos bons serviços, o que significa que além desse pagamento, não terão que arcar com novos gastos para obter serviços melhores.

Aqui no Brasil a situação é diferente, a tributação é alta, pois o Estado procura prestar tais serviços: saúde, educação, etc., mas eles são tão ruins que obrigam, por exemplo, a população que integra a classe média a pagar por tais serviços em uma instituição privada, ou seja, o pagamento é duplo: via tributação e pelo particular, então, nesse ponto, pode haver tributação confiscatória, pois a renda do indivíduo será

---

[7] TIPKE, Klaus. Op. cit., p. 67.

[8] MACHADO, Hugo de Brito.Op. cit.,"Pincípios..." p. 74.

muito comprometida, o que é agravado em um sistema onde a tributação da renda pessoa física é pobre em deduções.

Situações absurdas são facilmente perceptíveis, e quanto a estas não existe discussão. Todavia, o grande problema reside nas situações intermediárias.

No direito nacional não se tem um parâmetro construído sobre a questão. A maioria dos doutrinadores não enfrenta diretamente o tema, ou repassa a obrigação de sua análise para o Judiciário ou para o Legislativo, existe um julgado do Supremo Tribunal Federal que pode nos lançar luzes sobre essa questão, o qual será abordado no item 4.

Edilson Pereira Nobre Júnior nos traz uma importante contribuição feita pela Corte Suprema Argentina, que estabeleceu algumas premissas para a análise de uma tributação confiscatória:

a) considerando-se ser a lei a única expressão do poder tributário, descabida, quando do reconhecimento de inconstitucionalidade de um tributo confiscatório, o estabelecimento judicial de um percentual suportável, haja vista tal ser um exclusivo atributo parlamentar; b) a de qualificar-se como confiscatório o gravame que importe em desapoderar o sujeito passivo de mais de 33% da utilidade, renda ou desapoderar o sujeito passivo de mais de 33% da utilidade, renda ou benefício resultante de uma exploração razoável, ou do valor do capital; c) necessidade, além da exasperação do patamar indicado, que se cuide de tributo direto, porquanto, nos denominados tributos indiretos, cujo ônus é traspassado a terceiro, a sua incidência não se dá na medida da porção do capital ou da renda absorvida; d) com o objetivo de julgar a razoabilidade de um tributo, necessária a dedução do montante deste dos valores inerentes à mora, ou relativos à acumulação de outros tributos, razão pela qual a Câmara Federal (Sala do Contencioso Administrativo) não admitiu fossem inquinadas de inconstitucionais as sanções tributárias, qualquer que fosse a percentagem dessas.[9]

Ferreiro Lapatza faz uma observação quanto ao ponto muito pertinente, senão vejamos:

No puede desconocerse, pues, la prohibición de que el Estado se apodere, por vía fiscal, de las rentas y propiedades de un ciudadano. Prohibición que ha de referirse tanto al sistema tributario en su conjunto como a cada uno de los tributos que lo componen; pues resulta evidente que un solo impuesto puede confiscar el patrimonio o la totalidad de las rentas de un individuo.[10]

Concordamos com tal colocação, pois o confisco pode-se dar por um tributo ou por um sistema tributário mal estruturado, portanto, sua análise deve ser o mais ampla possível. Herbert Cornélio Pieter de Bruyn Junior,[11] também, defende que para a verificação do caráter confiscatório de um tributo deve ser levada em consideração a carga tributária global.

De fato, todo o direito tem um custo, que é arcado pelos cidadãos via tributação, todavia, para que tal sistema feche, faz-se fundamental que o serviço prestado pelo Estado dê vazão a todos os cidadãos, seja bom e eficaz, caso contrário, não haverá equilíbrio na equação, um setor da economia acabará saindo no prejuízo, e o sistema, por injusto, acabará desestimulando, de certa forma, o desenvolvimento econômico.

Para um país em desenvolvimento, como é o caso do Brasil, uma tributação que se concentra sobre a classe média, que não se utiliza da maioria dos serviços prestados pelo Estado, o que faz com que tenha que contratar tais serviços no mercado, sem

---

[9] NOBRE JUNIOR, Edilson Pereira. Op. cit., p. 52-53.

[10] *Apud* AMARAL JUNIOR, Victor R. do. *Temas Atuais de Direito Tributário*. REGO FEITOSA, Raymundo Juliano; QUEIROZ, Mary Elbe. (Coords.). Recife: ESAF, 2003, p. 310-311. v. 2.

[11] BRUYN JUNIOR, Herbert Cornélio Pieter de. *O Princípio do Não-Confisco*. São Paulo: Novas Conquistas, 2001.

que para tal haja possibilidade justa de dedução, tende a ser confiscatória, além de prejudicial ao desenvolvimento nacional.

Desse modo, após uma breve exposição acerca do princípio da vedação ao confisco, faz-se necessário enfrentar sua caracterização como direito fundamental dentro de nosso ordenamento.

3. Princípio da vedação ao confisco como direito fundamental dentro do contexto do dever fundamental de pagar tributos

Conforme já dito na introdução, vivemos no Estado Democrático de Direito, que, segundo Alberto Nogueira,

(...) surge como a modalidade mais avançada do chamado Estado de Direito, incorporando conteúdos da etapa anterior (Estado Social de Direito) e fazendo recair a tônica sobre o aspecto da participação dos cidadãos na realização de seus fins.

A germinação do Estado democrático de Direito surgiu em um longo e complexo processo cuja evolução passou por mais de um caminho, de tal sorte que, dele, pode-se dizer, tem-se o resultado da luta do homem em diversos cenários e contexto. Sem falar da obscura luta dos tempos passados e imemoriais, num horizonte mais visível se destacam as vertentes inglesa (Revolução Gloriosa, em especial o *Bill of Rights*, de 1688), norte-americana (Declaração de 1787) e francesa (Declaração de 1789), tudo conduzindo para um só fato, as garantias dos direitos fundamentais.[12]

Esse Estado, que garante tantos direitos fundamentais, tem um custo, o qual é arcado pela tributação, dever fundamental a todos imposto pelo simples fato de viver em uma sociedade. Nesse ponto, vale invocar lição de José Casalta Nabais, que dispõe:

Como dever fundamental, o imposto não pode ser encarado nem como um mero poder para o estado, nem como um mero sacrifício para os cidadãos, constituindo antes o contributo indispensável a uma vida em comunidade organizada em estado fiscal. Um tipo de estado que tem na subsidiariedade da sua própria ação (econômico-social) e no primado da autorresponsabilidade dos cidadãos pelo seu sustento o seu verdadeiro suporte. Daí que se não possa falar num (pretenso) direito fundamental a não pagar impostos.[13]

O dever fundamental de pagar tributos, tipificado na Constituição, no título VI – DA TRIBUTAÇÃO E DO ORÇAMENTO, capítulo I – DO SISTEMA TRIBUTÁRIO NACIONAL, apresenta como seu contraponto todos os direitos fundamentais que a Constituição da República Federativa do Brasil visa a assegurar, não apenas aqueles incluídos no rol do art. 5º, bem como outros espalhados pelo seu texto, e outros deles derivados nos termos do que faculta do próprio § 2º do referido artigo, que dispõe:

Art. 5º. Todos são iguais perante a lei, sem distinção de qualquer natureza, garantindo-se aos brasileiros e aos estrangeiros residentes no País a inviolabilidade do direito à vida, à liberdade, à igualdade, à segurança e a à propriedade, nos termos seguintes: (...)

§ 2º. Os direitos e garantias expressos nesta Constituição não excluem outros decorrentes do regime e dos princípios por ela adotados, ou dos tratados internacionais em que a República Federativa do Brasil seja parte.

O referido dispositivo constitucional veicula o conceito materialmente aberto de direitos fundamentais, segundo a concepção de Ingo Sarlet,[14] o que foi corroborado pelo Supremo Tribunal Federal, no julgamento da ADI nº 939-7, cuja decisão foi

---

[12] NOGUEIRA, Alberto. *Jurisdição das Liberdades Públicas*. 2003, p. 246.

[13] NABAIS, José Casalta. *O dever fundamental de pagar impostos*. Portugal: Almedina, p. 678.

[14] SARLET, Ingo Wolfgang. *A Eficácia dos Direitos Fundamentais*. Porto Alegre: Livraria do Advogado, 1998.

publicada no Diário Oficial da União em 18 de março de 1994, relatada pelo Ministro Sydney Sanches, no qual quedou estadeado que o princípio da anterioridade, veiculado no art. 150, inciso III, alínea "b", da CRFB, era também um direito fundamental por força do acima transcrito dispositivo constitucional. Recentemente, o STF, por meio de seu Pleno, ao julgar o RE 587.008/SP, sob relatoria do Ministro Dias Toffoli, em 02/02/2011, reafirmou essa orientação.

Exatamente em razão disso, defende-se que o princípio da vedação ao confisco é um direito fundamental, de suma importância em termos de tributação, tendo em vista que ele é o limite superior da tributação, busca gerar o equilíbrio entre o dever fundamental de pagar tributos, e os diversos direitos fundamentais assegurados pelo sistema, tais como: direito de propriedade (normalmente o mais afetado quando se trata de tributação) – art. 5º, inciso XXII, CRFB; direito ao exercício de atividade profissional, art. 5º, inciso XIII, CRFB, sendo na realidade um desdobramento destes direitos e garantias fundamentais, pois como já se disse no item 2, de nada adianta garantir a propriedade ou o exercício profissional, mas permitir que ambas sejam espoliadas pela tributação.

Desta forma, tendo em vista que o art. 5º, incisos XIII e XXII, CRFB, veicula a garantia do livre exercício de atividade profissional e do direito de propriedade, dos quais se pode inferir a vedação ao confisco, por ser consectário lógico da proteção desses direitos, bem como diante do próprio conceito materialmente aberto de direitos fundamentais, veiculado pelo § 2º do citado dispositivo constitucional, e inserido dentro de uma interpretação sistemática do texto constitucional, não há como negar a ele *status* de direito fundamental,[15] o que, obviamente, acarreta para si toda a sistemática que envolve esses direitos, na qual temos a possibilidade de aplicação imediata, nos termos do definido pelo § 1º do art. 5º, da CRFB, bem como sua definição como cláusula pétrea, nos termos do estabelecido pelo art. 60, § 4º, inciso IV, da CRFB.

Posto isto, delineados os contornos do princípio da vedação ao confisco, dentro da concepção adotada nesse artigo, vamos trazer os nortes interpretativos fornecidos pelo STF acerca dele.

4. O princípio da vedação ao confisco e o Supremo Tribunal Federal

O Supremo Tribunal Federal, em algumas ocasiões, ao longo dos anos, foi instado a se manifestar de forma direta acerca do princípio da vedação ao confisco, e trouxe alguns nortes de orientação sobre a aplicação do mesmo, contudo são poucos frente a necessidade de robustecer seus contornos para facilitar sua aplicação.

Ademais, reconheceu a repercussão geral em alguns recursos extraordinários em razão da violação ao princípio sobre análise, o que pode oferecer mais luzes ao debate.

Exatamente por isso, vamos dividir o desenvolvimento desse item da seguinte forma: a) parâmetros traçados pelo Supremo Tribunal Federal acerca do princípio

---

[15] Nesse ponto vale ressaltar a opinião de Dejalma Campos que defende que o art. 145, § 1º, da CRFB é cláusula pétrea, o que se diferencia do nosso ponto de vista, pois entendemos que o princípio da capacidade contributiva é cláusula pétrea, até porque entendemos que ele não se limita ao citado dispositivo constitucional.

da vedação ao confisco, e b) casos em que foi reconhecida a repercussão geral por ofensa ao art. 150, inciso IV, da CRFB.

a) Parâmetros traçados pelo Supremo Tribunal Federal acerca do princípio da vedação ao confisco:

Como já dito, não temos no direito interno um parâmetro acerca do que seja, de fato, confisco. Houve um julgado do STF, na ADI-MC 2010/DF, sob relatoria do Ministro Celso de Mello, in DJ de 30/09/1999, onde se considerou confiscatória a exigência de contribuição previdenciária dos servidores públicos federais com alíquota de 25%, pois se levou em consideração a tributação suportada por eles no âmbito dos tributos federais. Confira-se:

> A tributação confiscatória é vedada pela Constituição da República.
>
> A jurisprudência do Supremo Tribunal Federal entende cabível, em sede de controle normativo abstrato, a possibilidade de a Corte examinar se determinado tributo ofende, ou não, o princípio constitucional da não-confiscatoriedade consagrado no art. 150, IV, da Constituição. Precedente: ADI 1.075-DF, Rel. Min. CELSO DE MELLO (o relator ficou vencido, no precedente mencionado, por entender que o exame do efeito confiscatório do tributo depende da apreciação individual de cada caso concreto).
>
> A proibição constitucional do confisco em matéria tributária nada mais representa senão a interdição, pela Carta Política, de qualquer pretensão governamental que possa conduzir, no campo da fiscalidade, à injusta apropriação estatal, no todo ou em parte, do patrimônio ou dos rendimentos dos contribuintes, comprometendo-lhes, pela insuportabilidade da carga tributária, o exercício do direito a uma existência digna, ou a prática de atividade profissional lícita ou, ainda, a regular satisfação de suas necessidades vitais (educação, saúde e habitação, por exemplo).
>
> A identificação do efeito confiscatório deve ser feita em função da totalidade da carga tributária, mediante verificação da capacidade de que dispõe o contribuinte – considerado o montante de sua riqueza (renda e capital) – para suportar e sofrer a incidência de todos os tributos que ele deverá pagar, dentro de determinado período, à mesma pessoa política que os houver instituído (a União Federal, no caso), condicionando-se, ainda, a aferição do grau de insuportabilidade econômico-financeira, à observância, pelo legislador de padrões de razoabilidade destinados a neutralizar excessos de ordem fiscal eventualmente praticados pelo Poder Público.
>
> Resulta configurado o caráter confiscatório de determinado tributo, sempre que o efeito cumulativo – resultante das múltiplas incidências tributárias estabelecidas pela mesma entidade estatal – afetar, substancialmente, de maneira irrazoável, o patrimônio e/ou os rendimentos do contribuinte.
>
> O Poder Público, especialmente em sede de tributação (as contribuições de seguridade social revestem-se de caráter tributário), não pode agir imoderadamente, pois a atividade estatal acha-se essencialmente condicionada ao princípio da razoabilidade.

Frise-se que nesse julgado, o STF não analisou o confisco sob uma ótica ampla, considerando todo o sistema tributário nacional, nem sob uma limitada à esfera do tributo em comento. Optou-se por uma via intermediária, analisando o confisco dentro do contexto da oneração do sujeito passivo pela tributação instituída pela União Federal, sendo esse o parâmetro existente quanto à questão.

O STF também tem mantido o entendimento, fixado na ADI acima mencionada, de ser confiscatória a fixação de alíquotas progressivas na contribuição previdenciária do servidor público, confira:

> Agravo regimental no recurso extraordinário. Previdenciário. Servidor público. Contribuição previdenciária. Alíquota progressiva. Impossibilidade. Precedentes. 1. Esta Corte já decidiu que a instituição de alíquotas progressivas para a contribuição previdenciária dos servidores públicos ofende o princípio da vedação à utilização de qualquer tributo com efeito de confisco (art. 150, inciso IV, da Constituição Federal). 2. Agravo regimental não provido. (STF, 1ª Turma, AgR no RE 346197/DF, relator Ministro DIAS TOFFOLI, in DJe 222, divulgado em 09/11/2012)

Outro ponto relevante sobre o tema tem que ver com a aplicação do princípio do não confisco para as multas, apesar de essas não serem tributos. O Supremo Tribunal Federal, ao longo dos anos, tem estendido esse princípio constitucional tributário às penalidades pecuniárias, conforme demonstra a ementa dos julgados a seguir:

AGRAVO REGIMENTAL NO RECURSO EXTRAORDINÁRIO. MULTA FISCAL. CARÁTER CONFISCATÓRIO. VIOLAÇÃO AO ART. 150, IV, DA CONSTITUIÇÃO FEDERAL. AGRAVO IMPROVIDO. I – Esta Corte firmou entendimento no sentido de que são confiscatórias as multas fixadas em 100% ou mais do valor do tributo devido. Precedentes. II – Agravo regimental improvido. (STF, 2ª Turma, AgR no RE 657372/RS, relator Ministro RICARDO LEWANDOWSKI, in DJe 108, divulgado em 07/06/2013)

AGRAVO REGIMENTAL EM RECURSO EXTRAORDINÁRIO. TRIBUTÁRIO. PRINCÍPIO DO NÃO CONFISCO. APLICABILIDADE ÀS MULTAS TRIBUTÁRIAS. INOVAÇÃO DE MATÉRIA EM AGRAVO REGIMENTAL. IMPOSSIBILIDADE. AGRAVO IMPROVIDO. I – A vedação à utilização de tributos com efeito de confisco (art. 150, IV, da Constituição) deve ser observada pelo Estado tanto na instituição de tributos quanto na imposição das multas tributárias. II – A questão referente à não demonstração, pelo recorrido, do caráter confiscatório da multa discutida nestes autos, segundo os parâmetros estabelecidos pela jurisprudência desta Corte, não foi arguida no recurso extraordinário e, desse modo, não pode ser aduzida em agravo regimental. É incabível a inovação de fundamento nesta fase processual. III – Agravo regimental improvido. (STF, 2ª Turma, AgR no RE 632315/PE, relator Ministro RICARDO LEWANDOWSKI, in DJe 181, disponibilizado em 13/09/2012)

AGRAVO REGIMENTAL NO RECURSO EXTRAORDINÁRIO COM AGRAVO. TRIBUTÁRIO. MULTA. CARÁTER CONFISCATÓRIO. PRECEDENTES. 1. O princípio da vedação do confisco, previsto no art. 150, IV, da Constituição Federal, também se aplica às multas. Precedentes: RE n. 523.471-AgR, Segunda Turma Relator o Ministro JOAQUIM BARBOSA, DJe de 23.04.2010 e AI n. 482.281-AgR, Primeira Turma, Relator o Ministro RICARDO LEWANDOWSKI, DJe de 21.08.2009. 2. In casu o acórdão recorrido assentou: AGRAVO DE INSTRUMENTO. EXECEÇÃO DE PRÉ-EXECUTIVIDADE. MULTA PREVISTA NO ARTIGO 71, INCISO II, DO CÓDIGO TRIBUTÁRIO ESTADUAL. Diante da declaração de inconstitucionalidade do artigo 71, inciso II, do Código Tributário Estadual, o dispositivo perdeu sua eficácia e, consequentemente, os valores que nele sustentavam o título exequendo. Assim sendo, acolho a exceção de pré-executividade, ante a declaração de inconstitucionalidade do artigo 71, inciso II, do Código Tributário Estadual frente ao artigo 150, inciso IV, da Constituição Federal. Agravo conhecido e provido. 3. Agravo regimental a que se nega provimento. (STF, 1ª Turma, AgR no ARE 637717/GO, relator Ministro LUIZ FUX, in DJe 65, divulgado em 29/03/2012)

SEGUNDO AGRAVO REGIMENTAL NO AGRAVO DE INSTRUMENTO. ISS SOBRE ARRENDAMENTO MERCANTIL. VALOR DA MULTA. INTERPRETAÇÃO DE NORMA LOCAL. IMPOSSIBILIDADE. SÚMULA 280/STF. MATÉRIA INFRACONSTITUCIONAL. OFENSA REFLEXA. 1. A violação indireta ou reflexa das regras constitucionais não enseja recurso extraordinário. Precedentes: AI n. 738.145 – AgR, Rel. Min. CELSO DE MELLO, 2ª Turma, DJ 25.02.11; AI n. 482.317-AgR, Rel. Min. ELLEN GRACIE, 2ª Turma DJ 15.03.11; AI n. 646.103-AgR, Rel. Min. CÁRMEN LÚCIA, 1ª Turma, DJ 18.03.11. 2. A ofensa ao direito local não viabiliza o apelo extremo. 3. Os princípios da legalidade, do devido processo legal, da ampla defesa e do contraditório, da motivação das decisões judiciais, bem como os limites da coisa julgada, quando a verificação de sua ofensa dependa do reexame prévio de normas infraconstitucionais, revelam ofensa indireta ou reflexa à Constituição Federal, o que, por si só, não desafia a abertura da instância extraordinária. 4. A jurisprudência do Supremo Tribunal Federal firmou-se no sentido de que é aplicável a proibição constitucional do confisco em matéria tributária, ainda que se trate de multa fiscal resultante do inadimplemento pelo contribuinte de suas obrigações tributárias. Assentou, ainda, que tem natureza confiscatória a multa fiscal superior a duas vezes o valor do débito tributário. (AI-482.281-AgR, Rel. Min. Ricardo Lewandowski, Primeira Turma, DJe 21.8.2009). 5. A decisão judicial tem que ser fundamentada (art. 93, IX), ainda que sucintamente, mas, sendo prescindível que a mesma se funde na tese suscitada pela parte. Precedente: AI-QO-RG 791.292, Rel. Min. Gilmar Mendes, Tribunal Pleno, DJe de 13.08.2010. 6. In casu, o acórdão recorrido assentou: PROCESSUAL CIVIL – PROVA PERICIAL – DESNECESSIDADE. "Como o destinatário natural da prova é o juiz, tem ele o poder de decidir acerca da conveniência e da oportunidade de sua produção, visando obstar a prática de atos inúteis ou protelatórios (art. 130 do CPC), desnecessários à solução da causa. Não há que se falra em cerceamento de defesa pelo indeferimento de prova pericial, vês que, a par de oportunizados outro meios de prova, aquela não se mostre imprescindível ao deslinde do litígio" (AI n. 2003.010696-0, Des, Alcides Aguiar). TRIBUTÁRIO – ISS – OPERAÇÃO DE LEASING SOBRE BENS MÓVEIS – LEASING FINANCEIRO – INCIDÊNCIA – SÚMULA 8 DO TJ/SC. A ter da Súmula 18 deste Pretório, restou pacificado o entendimento de que "o ISS incide na operação de arrendamento mercantil de coisas móveis". ISS – LEASING – BASE DE CÁLCULO – VALOR EXPRESSO NO CONTRATO ACRESCIDO DE ENCARGOS PRESUMIDOS – IRREGULARIDADE. "A base de cálculo do ISS é o valor da prestação de serviços. Em se tratando de leasing, é o quantitativo expresso no contrato" (Edcl nos Edcl no AgRg no Ag n. 756212, Min. José Delgado), motivo pelo qual há que se reconhecer a manifesta irregularidade da inclusão de encargos "presumivelmente contratados" no quantum arbitrado pelo Fisco municipal. CONSTITUIÇÃO DO CRÉDITO TRIBUTÁRIO – MUNICIPIO – LOCAL DA PRESTAÇÃO DO SERVIÇO. Em relação à questão do local competente para o lançamento e recolhimento do ISS, está pacificado nos tribunais pátrios o entendimento de que "competente para a instituição e arrecadação do ISS é o Município em que ocorre a efetiva prestação do serviço, e não o local da sede do estabelecimento da empresa contribuinte" MULTA FICAL – NÃO PAGAMENTO DO DÉBITO – PRINCÍPIO DA VEDAÇÃO DE CONFISCO – INAPLICABILIDADE. 1. A imposição da multa pelo Fisco visa à punição da infração cometida pelo contribuinte, sendo a graduação da penalidade determinada pela gravidade da conduta praticada. Desse modo, afigura-se possível em razão da intensidade da violação, a imposição da multa em valor superior ao da obrigação principal. 2. Na ausência de critérios legais objetivos para fixação da pena de multa, a aplicação desta no patamar máximo deverá necessariamente vir acompanhada dos fundamentos e da motivação que a justifique. 7. Agravo regimental desprovido. (STF, 1ª Turma, AgR no AgR no AI 830300/SC, relator Ministro LUIZ FUX, in DJe 36, divulgado em 17/02/2012)

AÇÃO DIRETA DE INCONSTITUCIONALIDADE. §§ 2.º E 3.º DO ART. 57 DO ATO DAS DOSPOSIÇÕES CONSTITUCIONAIS TRANSITÓRIAS DA CONSTITUIÇÃO DO ESTADO DO RIO DE JANEIRO. FIXAÇÃO DE VALORES MÍNIMOS PARA MULTAS PELO NÃO-RECOLHIMENTO E SONEGAÇÃO DE TRIBUTOS ESTADUAIS. VIOLAÇÃO AO INCISO IV DO ART. 150 DA CARTA DA REPÚBLICA. A desproporção entre o desrespeito à norma tributária e sua conseqüência jurídica, a multa, evidencia o caráter confiscatório desta, atentando contra o patrimônio do contribuinte, em contrariedade ao mencionado dispositivo do texto constitucional federal. Ação julgada procedente. (STF, Tribunal Pleno, ADI 551/RJ, relator Ministro ILMAR GALVÃO, in DJ 14/02/2003)

Contudo, vale mencionar que uma das grandes dificuldades para que o STF se posicione sobre o tema, tem que ver com a impossibilidade de reanálise de fatos e provas em instância extraordinária, portanto, se o contexto fático e probatório da ocorrência do confisco não chegar completamente delineado no STF, a questão não será analisada, em razão do óbice existente no verbete nº 279 da súmula de jurisprudência do STF.

b) Casos em que foi reconhecida a repercussão geral por ofensa ao art. 150, inciso IV, da CRFB:

Temos hoje no Supremo Tribunal Federal os seguintes casos cuja repercussão geral foi admitida por violação ao princípio da vedação ao confisco:

Título	Leading Case	Relator	Mérito Julgado	Há Repercussão
Ampliação da base de cálculo e majoração da alíquota da COFINS pela Lei nº 10.833/2003, resultante da conversão da Medida Provisória nº 135/2003.	RE/570122	MIN. MARCO AURÉLIO	Não	Sim – Acórdão
Contribuição previdenciária sobre o terço constitucional de férias, os serviços extraordinários, o adicional noturno e o adicional de insalubridade.	RE/593068	MIN. ROBERTO BARROSO	Não	Sim – Acórdão

a) Inclusão do ICMS em sua própria base de cálculo; b) Emprego da taxa SELIC para fins tributários; c) Natureza de multa moratória fixada em 20% do valor do tributo.	RE/582461	MIN. GILMAR MENDES	Sim	Sim – Acórdão
Referibilidade e natureza jurídica da contribuição para o INCRA, em face da Emenda Constitucional n° 33/2001.	RE/630898	MIN. DIAS TOFFOLI	Não	Sim – Acórdão

A maioria dos casos acima relatados ainda não teve o seu mérito julgado, o que será extremamente relevante para analisar possíveis novos contornos para aplicação do princípio que possam ser ventilados pela Corte Constitucional. Abaixo, faremos um relato resumido de cada caso:

a) Ampliação da base de cálculo e majoração da alíquota da COFINS pela Lei n° 10.833/2003, resultante da conversão da Medida Provisória n° 135/2003:

O Tribunal Regional Federal assentou a harmonia da Lei n° 10.833/03 com a Constituição Federal, no que dispõe sobre a ampliação da base de cálculo e majoração de alíquota da Contribuição para Financiamento da Seguridade Social – COFINS.

Contudo o recorrente aponta violação aos artigos 1°, parágrafo único, 5°, cabeça, 61, 62, 150, incisos II e IV, 154, inciso I, 195, inciso I, alínea b, inciso IV e § 4°, além do artigo 246 do Diploma Maior. Diz que a Emenda Constitucional n° 20/1998, ao alterar a redação do inciso I do artigo 195 da Lei Fundamental, modificou a base de cálculo da Cofins. Ademais, esse tributo não poderia ter sido regulamentado pela Medida Provisória n° 135/03, em razão do disposto no artigo 246 da Carta de 1988. Alega que a Lei n° 10.833/03, resultante da conversão da referida norma, ao introduzir a sistemática da não cumulatividade, e ao mesmo tempo restringindo algumas atividades que viabilizam o direito ao crédito, ofendeu o princípio da isonomia. Defende o conflito, com a Constituição, da exclusão do regime não cumulativo para os contribuintes que recolhem o Imposto de Renda com base no lucro presumido.

Alega que a nova disciplina legal teria acarretado aumento da tributação, contrariando a finalidade descrita na exposição de motivos do diploma, bem como viola o princípio da proibição do confisco e da capacidade contributiva, e a necessidade de a matéria ser veiculada por lei complementar. Requer seja declarada a inexigibilidade da COFINS, ante o reconhecimento da inconstitucionalidade da Lei n° 10.833/03.

b) Contribuição previdenciária sobre o terço constitucional de férias, os serviços extraordinários, o adicional noturno e o adicional de insalubridade:

Busca o recorrente demonstrar que essa incidência viola o art. 195, § 5°, bem como o art. 150, IV, ambos da CRFB, tendo em vista que está a tributar algo que não comporá os proventos da inatividade, e gera um aumento na tributação.

c) Inclusão do ICMS em sua própria base de cálculo; Emprego da taxa SELIC para fins tributários; Natureza de multa moratória fixada em 20% do valor do tributo:

Aponta violação aos arts.150, I, III, e IV, e 155, II, da CRFB. Alega que o método de cálculo do ICMS onde se inclui o montante do imposto em sua própria base de cálculo contraria o princípio da vedação do bis in idem; bem como que a aplicação da taxa SELIC para fins tributários é inconstitucional; além do fato de ser confiscatória a multa moratória estabelecida em 20% do valor do tributo.

Esse caso chegou a ser julgado e apresentou a seguinte ementa:

1. Recurso extraordinário. Repercussão geral. 2. Taxa Selic. Incidência para atualização de débitos tributários. Legitimidade. Inexistência de violação aos princípios da legalidade e da anterioridade. Necessidade de adoção de critério isonômico. No julgamento da ADI 2.214, Rel. Min. Maurício Corrêa, Tribunal Pleno, DJ 19.4.2002, ao apreciar o tema, esta Corte assentou que a medida traduz rigorosa igualdade de tratamento entre contribuinte e fisco e que não se trata de imposição tributária. 3. ICMS. Inclusão do montante do tributo em sua própria base de cálculo. Constitucionalidade. Precedentes. A base de cálculo do ICMS, definida como o valor da operação da circulação de mercadorias (art. 155, II, da CF/1988, c/c arts. 2º, I, e 8º, I, da LC 87/1996), inclui o próprio montante do ICMS incidente, pois ele faz parte da importância paga pelo comprador e recebida pelo vendedor na operação. A Emenda Constitucional nº 33, de 2001, inseriu a alínea "i" no inciso XII do § 2º do art. 155 da Constituição Federal, para fazer constar que cabe à lei complementar "fixar a base de cálculo, de modo que o montante do imposto a integre, também na importação do exterior de bem, mercadoria ou serviço". Ora, se o texto dispõe que o ICMS deve ser calculado com o montante do imposto inserido em sua própria base de cálculo também na importação de bens, naturalmente a interpretação que há de ser feita é que o imposto já era calculado dessa forma em relação às operações internas. Com a alteração constitucional a Lei Complementar ficou autorizada a dar tratamento isonômico na determinação da base de cálculo entre as operações ou prestações internas com as importações do exterior, de modo que o ICMS será calculado "por dentro" em ambos os casos. 4. Multa moratória. Patamar de 20%. Razoabilidade. Inexistência de efeito confiscatório. Precedentes. A aplicação da multa moratória tem o objetivo de sancionar o contribuinte que não cumpre suas obrigações tributárias, prestigiando a conduta daqueles que pagam em dia seus tributos aos cofres públicos. Assim, para que a multa moratória cumpra sua função de desencorajar a elisão fiscal, de um lado não pode ser pífia, mas, de outro, não pode ter um importe que lhe confira característica confiscatória, inviabilizando inclusive o recolhimento de futuros tributos. O acórdão recorrido encontra amparo na jurisprudência desta Suprema Corte, segundo a qual não é confiscatória a multa moratória no importe de 20% (vinte por cento). 5. Recurso extraordinário a que se nega provimento.

d) Referibilidade e natureza jurídica da contribuição para o INCRA, em face da Emenda Constitucional nº 33/2001:

Alega-se que o acórdão recorrido, ao estabelecer que a natureza jurídica da contribuição para o INCRA seria de contribuição especial de intervenção no domínio econômico e que, portanto, encontraria respaldo no art. 149 da Constituição Federal, ofendeu o art. 173 da mesma Carta, pois referido dispositivo constitucional, limita a atuação estatal nessa intervenção. Como a contribuição em tela é destinada à reforma agrária não é o caso de intervenção no domínio econômico, mas sim de tentativa de solução de problema social. Ademais, aduz-se que a exigência da contribuição implica confisco, por ser uma contribuição que possui base de cálculo que já está constitucionalmente atrelada a outra contribuição social que, igualmente, incide sobre a folha de salários.

5. Conclusões

O presente artigo teve por finalidade demonstrar que o princípio da vedação ao confisco, que é um direito fundamental, tem sido analisado pelo Supremo Tribunal Federal ao longo do tempo, seja sob o prisma do tributo ou da multa tributária, e traz posicionamentos que auxiliam o estudioso do direito a entender quais os contornos estão sendo reconhecidos pelo Judiciário acerca do referido princípio.

Buscou-se analisar a visão da Suprema Corte tanto em relação a casos já julgados, bem como em relação a recursos extraordinários admitidos pelo reconhecimento de repercussão geral quanto ao tema, cujo acompanhamento e futuro julgamento podem trazer novas luzes para a aplicação do princípio da vedação ao confisco, sempre tendo em conta que nossa análise no presente artigo se limitou aos tributos e multas tributárias, não tendo nada que ver com pena de perdimento, nem eventuais desdobramentos penais que tal pode apresentar.

Ademais, procura-se incitar a comunidade jurídica a promover um estudo mais aprofundado acerca do tema, tendo em vista que o mero fato de se tratar de um conceito relativo não pode gerar a ineficácia ou inviabilidade de sua aplicação, tanto é que o próprio Supremo Tribunal Federal já o invocou diversas vezes como razão de decidir dos seus julgados, contudo se faz necessário um maior robustecimento das premissas de sua aplicação, o que se espera seja feito tanto pela Corte Constitucional, quanto pela doutrina nacional.

6. Referências

AMARO, Luciano. *Direito Tributário Brasileiro*. 10. ed. São Paulo: Saraiva, 2004.

ATALIBA, Geraldo. *Hipótese de Incidência Tributária*. 6. ed. São Paulo: Malheiros, 2003.

——. IPTU: Progressividade. *Revista de Direito Público*. São Paulo, n. 93, p. 233.

BALEEIRO, Aliomar. *Limitações Constitucionais ao Poder de Tributar*. 7. ed. atual. por Misabel Abreu Machado Derzi. Rio de Janeiro: Forense, 1997.

BORGES, José Souto Maior. *Lançamento Tributário*. São Paulo: Malheiros, 1999.

——. Direitos humanos e tributação. *Revista tributária e de finanças públicas*, v. 9, n.40, p. 188-224, set./out. 2001.

BUFFON, Marciano. *O princípio da progressividade tributária na constituição federal de 1988*. São Paulo: Memória Jurídica, 2003.

CAMPOS, Dejalma de. As Cláusulas Pétreas Tributárias. *Revista Dialética de Direito Tributário*, São Paulo, n. 9, p. 28-33, jun. 1996.

CARRAZZA, Roque Antonio. *Curso de Direito Constitucional Tributário*. 20. ed. São Paulo: Malheiros, 2004.

CARVALHO, Paulo de Barros. *Curso de Direito Tributário*. 16. ed. São Paulo: Saraiva, 2004.

—— Sobre Princípios Constitucionais Tributários. *Revista de Direito Tributário*: Cadernos de Direito Tributário. São Paulo, ano 15, n. 55, p. 143-155, jan./mar. 1991.

CASSONE, Vittorio. *Direito Tributário*. 11. ed. São Paulo: Atlas, 1999.

——. *Sistema Tributário Nacional na Nova Constituição*. 3. ed. São Paulo: Atlas, 1990.

COÊLHO, Sacha Calmon Navarro. *Curso de Direito Tributário Brasileiro*. 6. ed. Rio de Janeiro: Forense, 2001.

——. *Curso de Direito Tributário Brasileiro*. 8. ed. Rio de Janeiro: Forense, 2005.

CONTI, José Maurício. *Sistema Constitucional Tributário:* Interpretado pelos Tribunais. São Paulo, Belo Horizonte: Oliveira Mendes/Del Rey, 1997.

——. *Princípios Tributários da Capacidade Contributiva e da Progressividade*. São Paulo: Dialética, 1996.

COSTA, Alcides Jorge. Capacidade Contributiva. *Revista de Direito Tributário:* Cadernos de Direito Tributário. São Paulo, ano 15, n. 55, p. 297-302, jan./mar. 1991.

COSTA, Regina Helena. *Princípio da Capacidade Contributiva*. 2. e 3 ed. São Paulo: Malheiros, 1996, 1998.

DENARI, Zelmo. *Curso de Direito Tributário*. 8. ed. São Paulo: Atlas, 2002.

——. Cidadania e Tributação. *Revista Dialética de Direito Tributário*. São Paulo, n. 10, p. 44-53, jul. 1996.

DUTRA, Micaela Dominguez. *Capacidade Contributiva – Análise dos Direitos Humanos e Fundamentais*. São Paulo: Saraiva, 2010.

——. A aplicação do princípio da capacidade contributiva aos tributos no sistema tributário nacional. *Revista Fórum de Dir. Tributário – RFDT*, Belo Horizonte, ano 6, n. 35, p. 115-137, set./out. 2008.

FERRAZ, Roberto (Coord.) *Princípios e limites da tributação.*São Paulo: Quatier Latin, 2005.

GARCIA, Eusébio González. *Serie de Conferencias sobre Derecho Tributário*, Buenos Aires, Asociación Argentina de Estudios Fiscales, 1994, en particular la conferencia pronunciada el 18.8.1994.

HARADA, Kiyoshi. *Sistema tributário na constituição de 1988:* tributação progressiva. São Paulo: Juruá, 2006.

HOLANDA, Ana Neyle Olimpio. O principio da capacidade contributiva na Constituição Federal de 1988. *Tributação em Revista*, v. 7, n. 25, p. 17-30, jul./set. 1998.

HORVATH, Estevão. *O princípio do não confisco no direito tributário*. São Paulo: Dialética, 2002.

ICHIARA, Yoshiaki. *Direito Tributário*. 8. ed. São Paulo: Atlas, 1999.

LACOMBE, Américo Lourenço Masset. *Princípios Constitucionais Tributários*. 2. ed. São Paulo: Malheiros, 2000.

——. Igualdade e Capacidade Contributiva. In: CONGRESSO BRASILEIRO DE DIREITO TRIBUTÁRIO, 5. Separata de: *Revista de Direito Tributário*, p. 158, 1991.

LEMKE, Gisele. *Imposto de Renda*: os Conceitos de Renda e de Disponibilidade Econômica e Jurídica. São Paulo: Dialética, 1998.

LEONETTI, Carlos Araújo. *O imposto sobre a renda como instrumento de justiça social no Brasil*. Barueri: Manolo, 2003.

LODI, Ricardo. *Limitações Constitucionais ao Poder de Tributar*. Rio de Janeiro: Lumen Iuris, 2010.

MACHADO, Hugo de Brito. *Curso de Direito Tributário*. 25. ed. São Paulo: Malheiros, 2004.

——. *Os princípios jurídicos da tributação na Constituição de 1998*. São Paulo: Dialética, 2004.

——. O Princípio da Capacidade Contributiva. *Caderno de Pesquisas Tributárias*, coedição Resenha Tributária: Centro de Estudos de Extensão Universitária, São Paulo, n. 14, p. 125-126, 1989.

——. Supremacia Constitucional como Garantia do Contribuinte. *Revista dos Tribunais*: Caderno de Direito Tributário e Finanças Públicas, São Paulo, ano 9, n. 39, p. 23-48, jul./ago. 2001.

MARTINS, Ives Gandra da Silva (Org.). *A defesa do contribuinte no direito*. São Paulo: IOB, 2002.

——. Breves comentários sobre capacidade contributiva. *Revista Dialética de Direito Tributário*, n. 10, p. 12-18, jul. 1996.

——. Capacidade Econômica e Capacidade Contributiva. *Caderno de Pesquisas Tributárias*, coedição CEU/Resenha Tributária, São Paulo, n. 4, p. 285-286, 1990.

——. Os direitos fundamentais do ser humano. *Informativo Jurídico Consulex*, v. 21, n. 17, p. 11, 30 abr. 2007.

——. *O Sistema Tributário na Constituição*. 6. ed. São Paulo: Saraiva, 2007.

MARTINS, Sérgio Pinto. A capacidade contributiva como princípio constitucional. *LTR suplemento tributário*, v. 31, n. 46, p. 309-315, 1995.

NABAIS, José Casalta. *O Dever Fundamental de Pagar Impostos*. Coimbra: Almedina, 2000.

NEGRÃO, Luiz Felipe. Princípio jurídico da capacidade contributiva e taxa na Constituição de 1988. *Arch Interdisciplinar,* v. 9, n. 27, p. 159-180, 2000.

NEVES, Ana Paula Baeta. *A Reconstrução do Princípio da Capacidade Contributiva para o Imposto de Renda da Pessoa Física sob o enfoque da Declaração dos Direitos do Homem e do Cidadão*. Porto Alegre: Nuria Fabris, 2010.

NOBRE JUNIOR, Edílson Pereira. *Princípio constitucional da capacidade contributiva*. Porto Alegre: Fabris, 2001.

NOGUEIRA, Alberto. *Jurisdição das Liberdades Públicas*. Rio de Janeiro: Renovar, 2003.

OLIVEIRA JUNIOR, Dario da Silva. *Análise jurídica dos princípios tributários da legalidade, anterioridade e capacidade contributiva*. Rio de Janeiro: Lumen Juris, 2000.

OLIVEIRA, José Marcos Domingues de. *Capacidade Contributiva:* conteúdo e eficácia do princípio. 2. ed. Rio de Janeiro: Renovar, 1998.

PACHECO, Ângela M. M. Capacidade Contributiva. *Capacidade Contributiva: Cadernos de Pesquisas Tributárias*, coedição Resenha Tributária: Centro de Estudos de Extensão Universitária, São Paulo, n. 14, p. 305-307, 1989.

PIMENTA, Paulo Roberto Lyrio. Cláusulas Pétreas Tributárias. *Revista Dialética de Direito Tributário*. São Paulo, n. 92, p.40-46, maio 2003.

PIRES, Adilson Rodrigues. *Manual de Direito Tributário*. 10. ed. Rio de Janeiro: Forense, 1999.

——. *Princípios de Direito Financeiro e Tributário*: Estudos em Homenagem ao Professor Ricardo Lobo Torres. Rio de Janeiro: Renovar, 2006.

PONTES, Helenilson Cunha. O princípio da capacidade contributiva e extrafiscalidade: uma conciliação possível e necessária. *In Ordem Econômica e Social*. São Paulo: LTR, 1999.

QUARESMA, Regina (Coord.). *Direito constitucional brasileiro*: perspectivas e controvérsias contemporâneas.Rio de Janeiro: Forense, 2006.

ROSA JÚNIOR, Luiz Emygdio F. da. *Manual de Direito Financeiro e Direito Tributário*. 17. ed. Rio de Janeiro: Renovar, 2003.

SARLET, Ingo Wolfgang. *A Eficácia dos Direitos Fundamentais*. Porto Alegre: Livraria do Advogado, 1998.

——. *Dignidade da Pessoa Humana e Direitos Fundamentais na Constituição Federal de 1988*. 5. ed. Porto Alegre: Livraria do Advogado, 2007.

TABOADA, Carlos Palao. Isonomia e Capacidade Contributiva. *Revista de Direito Tributário*. São Paulo, n. 4, p. 126-134, 1978.

TAVOLARO, Agostinho Toffoli. Direitos humanos e tributação. In: *Dimensão Jurídica do tributo: homenagem ao professor Dejalma de Campos*. São Paulo: Meio Jurídico, 2003, p. 41-72.

——. Capacidade Contributiva. *Capacidade Contributiva: Cadernos de Pesquisas Tributárias*. São Paulo, coedição Resenha Tributária: Centro de Estudos de Extensão Universitária, São Paulo, n. 14, p. 196, 1989.

——. Estatuto do Contribuinte. *Revista Tributária e de Finanças Públicas*. São Paulo, ano 12, n. 58, p. 82-104, set./out. 2004.

TIPKE, Klaus; YAMASHITA, Douglas. *Justiça Fiscal e Princípio da Capacidade Contributiva*. São Paulo: Malheiros, 2002.

TIPKE, Klaus. *Sobre a Unidade da Ordem Jurídica Tributária. Estudos em Homenagem a Brandão Machado*. SHOUERI, Luís Eduardo e ZILVETI, Fernando Aurélio (coords.). São Paulo, 1998, p. 66.

TORRES, Ricardo Lobo. *Curso de Direito Financeiro e Tributário*. 12. ed. Rio de Janeiro: Renovar, 2005.

——. *Tratado de Direito Constitucional Financeiro e Tributário:* Os Direitos Humanos e a Tributação: Imunidade e Isonomia. Rio de Janeiro: Renovar, 1999. v. 3.

TROIANELLI, Gabriel Lacerda. Justiça e Capacidade Contributiva: a Questão dos Impostos Reais. *Revista Dialética de Direito Tributário*. São Paulo, n. 53, p. 43-51, fev. 2000.

UCKMAR, Victor. *Princípios Comuns de Direito Constitucional Tributário*. 2. ed. Tradução e notas ao Direito Brasileiro de Marco Aurélio Greco. São Paulo: Malheiros, 1999.

ZILVETI, Fernando Aurélio. *Princípios de Direito Tributário e a Capacidade Contributiva*. São Paulo: Quatier Latin, 2004.

— 1.7 —

A efetivação do princípio da não cumulatividade para os prestadores de serviços tributados pelo ICMS

EDUARDO MANEIRA[1]

MARCOS CORREIA PIQUEIRA MAIA[2]

Sumário: 1. Noções gerais da não cumulatividade; 2. Crédito físico e crédito financeiro: breves considerações; 3. Da inaplicabilidade do critério do crédito físico aos prestadores de serviços tributados pelo ICMS.

Com elevada honra aceitei o convite dos ilustres juízes federais Andrei Pitten Velloso e Marcus Lívio Gomes para participar do livro intitulado "Grandes Questões Tributárias no STF" em justa homenagem ao Ministro Luiz Fux, com a atribuição de discorrer sobre o princípio da não cumulatividade.

No Supremo Tribunal Federal temos um número significativo de recursos com repercussão geral, sendo que, apenas sobre não cumulatividade, somam 16 (dezesseis) os recursos extraordinários submetidos ao regime.[3] Tendo em vista que o homenageado, no período em que foi ministro do STJ, de 2001 a 2011, relatou o impressionante número de 147 recursos repetitivos e que dezenas desses tinham por objeto matéria tributária, é certo que a Suprema Corte contará com a sua valiosa participação na solução dessas grandes questões tributárias.

Espero que o presente artigo, elaborado em coautoria com o advogado e mestrando Marcos Maia, possa de alguma forma contribuir para que esta relevante obra sirva de insumo doutrinário a todos que se dedicam ao direito tributário e, especialmente, àqueles que têm a nobre missão de lhe conferir a melhor interpretação constitucional.

---

[1] Mestre em Direito Constitucional pela UFMG. Doutor em Direito Tributário pela UFMG. Professor de Direito Tributário da Universidade Federal do Rio de Janeiro. Presidente da ABRADT. Diretor da ABDF.

[2] Mestrando em Direito pela Universidade Cândido Mendes.

[3] Dentre eles, pode-se destacar: (i) RE nº 588.954: trata da discussão a respeito do direito do supermercado de escriturar créditos de ICMS sobre a energia elétrica utilizada no processo produtivo de alimentos que comercializa; (ii) RE nº 592.891: trata da discussão a respeito do creditamento de IPI na entrada de insumos provenientes da Zona Franca de Manaus; (iii) RE nº 601.967: trata da discussão a respeito da reserva de norma constitucional para dispor sobre o direito à compensação de créditos de ICMS; (iv) RE nº 628.075: trata da discussão a respeito da possibilidade de se escriturar créditos de ICMS decorrentes de operações oriundas de Estados que tenham concedido benefícios fiscais unilateralmente; (v) RE nº 704.815: trata da discussão a respeito do direito ao crédito de ICMS, após a Emenda Constitucional nº 42/03, decorrente da aquisição de bens de uso e de consumo empregados na elaboração de produtos destinados à exportação, independentemente de regulamentação infraconstitucional.

1. Noções gerais da não cumulatividade

A não cumulatividade é velha conhecida do direito pátrio. Inspirada no método de tributação de valor acrescido adotado pela França a partir do final da década de 1940, quando se criou a TVA (*Taxe sur la Valeur Ajoutée*), teve a sua origem no Brasil com a Lei nº 2.974/56, que a adotou de modo tímido para o antigo Imposto de Consumo (IC). Mas foi a partir da Emenda Constitucional nº 18/65 que adquiriu estatura constitucional, na medida em que os dois impostos sobre o consumo por ela criados, o IPI federal e o ICM estadual, nasceram não cumulativos. O parágrafo único do art. 11 e o artigo 12, § 2º, da EC nº 18/65 estabeleciam que o IPI e o ICM eram não cumulativos, abatendo-se em cada operação o montante cobrado nas anteriores. Oportuno destacar que, em relação ao ICM, havia a observação de que tal abatimento se daria "*nos termos da lei complementar*".

A Constituição de 1967 e a EC nº 1/69 reproduziram a não cumulatividade tal como concebida pela EC nº 18/65.

A Constituição da República de 1988 manteve a não cumulatividade para o IPI (art. 153, § 3º, II), para o ICMS (art. 155, § 2º, I, *a*, *b*) e a estendeu para os impostos residuais (art. 154, I). A EC nº 42/2003 acrescentou o § 12 ao art. 195, abrindo a possibilidade de se adotar a não cumulatividade para as contribuições sociais, destinadas à seguridade social.

De início, cabe esclarecer que por se tratar de tema vastíssimo, optamos por enfrentar apenas alguns pontos da não cumulatividade, excluindo desta abordagem, por exemplo, a sua aplicação às contribuições sociais. Até porque entendemos que o perfil constitucional das contribuições sociais sobre receitas dispensam a não cumulatividade, pois o fato gerador "auferir receita" não caracteriza as contribuições como tributos indiretos, plurifásicos e sobre o consumo. Ora, não existem receitas monofásicas, plurifásicas, cumulativas, não cumulativas; existem receitas brutas e líquidas, receitas contabilizadas pelo regime de caixa ou de competência, receitas auferidas ou não auferidas. A prova de que a não cumulatividade não integra o perfil constitucional da contribuição sobre a receita nos é dada pela própria Constituição ao prever a manutenção do regime cumulativo convivendo com o regime não cumulativo. Assim, iremos tratar daquela não cumulatividade umbilicalmente ligada aos impostos que gravam o consumo, especialmente o ICMS.

A não cumulatividade, como ocorre com várias outras normas constitucionais, pode ser interpretada como regra ou como princípio constitucional. Não há dúvidas quanto ao seu perfil de regra constitucional que contempla técnica ou método de apuração do *quantum debeatur* dos impostos sobre o consumo, de modo a garantir a neutralidade dos tributos indiretos para o contribuinte de direito. No entanto, não se pode desconhecer o seu conteúdo de princípio enquanto instrumento de realização de justiça tributária, de efetivação do princípio da capacidade contributiva e do não confisco.[4] Imposto cumulativo é imposto injusto, confiscatório e que fere a capacidade econômica do contribuinte de direito.

---

[4] Nesse sentido, já se manifestaram José Eduardo Soares de Melo e Luiz Francisco Lippo: "Porque devemos tomar a não-cumulatividade como um princípio constitucional? Já tivemos a oportunidade de dizer que os princípios constitucionais são vetores, são balizas, são regras de conduta constituídas de forte conteúdo axiológico (...). Sendo essenciais, a sua supressão do Texto inevitavelmente causaria um sério e enorme abalo em toda a estrutura do Estado. No caso da não cumulatividade, a sua supressão abalaria de maneira profunda a estrutura econômica sobre a qual foi

Por ter sede constitucional, a não cumulatividade, assim como os outros princípios e regras que habitam a Constituição, somente podem ser alterados por emendas constitucionais (desde que, evidentemente, não estejam ligados aos direitos fundamentais). Não cabe à lei complementar regular livremente o citado princípio constitucional, dando-lhe os mais variados perfis ao sabor das circunstâncias. Seria transformar o caráter rígido da Constituição em semiflexível e inventar outro processo de mutação constitucional.

De acordo com a Constituição de 1988, na mesma linha dos textos constitucionais que a antecederam, a não cumulatividade é o direito de compensar o que for devido em cada operação com o montante cobrado nas operações anteriores. Por outras palavras: a não cumulatividade permite que o imposto incidente (crédito fiscal) sobre as aquisições de bens e serviços vinculados ao processo de produção seja oposto ao montante do imposto decorrente (débito fiscal) das operações de vendas subsequentes, garantindo a natureza jurídica ontológica dos chamados impostos sobre o consumo, que devem ser suportados financeiramente pelo consumidor final.

O princípio da não cumulatividade é próprio dos tributos que comportam transferência do respectivo encargo financeiro, ou seja, é aplicável aos tributos indiretos que, por sua natureza, devem ser não cumulativos. No entanto, não se pode perder de vista que, sob a ótica econômica, todo e qualquer tributo repercute no preço das mercadorias e dos serviços pelo simples fato de ser considerado como custo na composição do preço.

Assim, deve-se fazer a distinção entre os conceitos de tributo direto, que deve ser suportado pelo contribuinte de direito, e custo fiscal, correspondente ao ônus financeiro de todos os tributos – diretos e indiretos – incidentes sobre a atividade, levado em conta no momento da definição dos preços de produtos e serviços, sob pena de conduzir o agente econômico à bancarrota. De sua vez, os tributos indiretos, ao invés de repercutirem difusamente do ponto de vista econômico, como se dá com os tributos diretos, têm a sua translação determinada pela Constituição por meio da não cumulatividade.

Importante frisar: a não cumulatividade não significa simples transferência econômica, mas verdadeiro repasse jurídico do ônus tributário, apenas possível nos tributos que por sua natureza são (ou devem ser) não cumulativos.

De sua vez, a cumulatividade significa o inverso disto. A cumulatividade ocorre quando uma mesma base é onerada duas vezes – o que é comum nos tributos plurifásicos, incidentes sobre o consumo –, porém sem a possibilidade de compensação da incidência anterior com a posterior, por motivos decorrentes de problemas na aplicação da não cumulatividade. Isto é, a cumulatividade jurídica é uma deformação da não cumulatividade, ou, melhor, a cumulatividade decorre da má aplicação da não cumulatividade.

Outra maneira de se enxergar o mesmo fenômeno seria entender que todo tributo plurifásico sobre o consumo seria cumulativo caso não existisse o antídoto chamado não cumulatividade.

---

organizado o Estado. Constituindo-se num sistema operacional destinado a minimizar o impacto do tributo sobre os preços dos bens e serviços de transportes e de comunicações, a sua eliminação os tornaria artificialmente mais onerosos (...). De outra parte, encareceria também o processo produtivo e comercial, reduzindo os investimentos (...), em face do aumento de custos ocasionado por esse artificialismo tributário oriundo da cumulatividade" (*A Não-cumulatividade tributária* (ICMS, IPI, ISS, PIS e COFINS), Editora Dialética, São Paulo, 2008, p. 99).

É proibido constitucionalmente imposto cumulativo. O art. 154, I, da CF/88, ao permitir que a União institua imposto novo, desde que seja não cumulativo, deve ser interpretado no sentido de que se este imposto for sobre o consumo e plurifásico, não pode ser cumulativo. No entanto, se a União instituir, por exemplo, um imposto sobre a propriedade de aeronaves e embarcações de passeio (lanchas, iates, etc.), que estão fora do campo de incidência do IPVA, este imposto poderia ser apontado como inconstitucional por não ser não cumulativo? Obviamente que não. Este eventual imposto sobre aeronave não seria cumulativo e nem tampouco não cumulativo; a sua natureza de imposto direto sobre a propriedade afasta estes conceitos, ou alguém já ouviu falar em IPTU cumulativo, IPVA cumulativo ou Imposto sobre a Renda cumulativo?

Assim, não se pode pensar em não cumulatividade em um ambiente que não seja o da tributação do consumo e, em se tratando de Brasil, não estamos falando de nada simples.

A tributação do consumo no Brasil é repartida entre a União que tributa o comércio de produtos industrializados por meio do IPI; os Estados que tributam o comércio das mercadorias em geral e os serviços de comunicação e de transporte interestadual e intermunicipal pelo ICMS; e os municípios que tributam a prestação de serviços pelo ISSQN.

Esta tripla competência para se tributar o consumo no Brasil sempre foi fator de problemas no sistema tributário. Nos moldes do IVA europeu, o ideal seria que se concentrasse na União e em um único imposto a tributação do consumo, mas o fato é que aqui não é assim e sabe-se das dificuldades de ordem política de se fazer uma reforma tributária que mexa, de fato, na estrutura do nosso sistema.

A anomalia da tributação sobre o consumo no Brasil não se restringe à sua repartição entre União, Estados e Municípios, mas também se deve ao fato de 26 Estados mais o Distrito Federal terem competência para instituir o mesmo imposto (ICMS), cuja incidência sobre as operações com mercadoria e alguns serviços repercute além dos territórios estaduais, tendo incontestável perfil nacional.

Os desafios que a doutrina e a jurisprudência enfrentam para dar o exato contorno constitucional à não cumulatividade são inesgotáveis, posto que se renovam permanentemente.

Desde a sua origem, a não cumulatividade se vinculou ao IPI e ao ICM, que gravavam o comércio de produtos e mercadorias industrializados ou não. Especificamente em relação ao ICMS – que está no foco do presente estudo –, é de se notar que a não cumulatividade está positivada no art. 155, § 2º, I, da Carta Magna, que tem a seguinte redação:

Art. 155. Compete aos Estados e ao Distrito Federal instituir impostos sobre:

(...)

II – operações relativas à circulação de mercadorias e sobre prestações de serviços de transporte interestadual e intermunicipal e de comunicação, ainda que as operações e as prestações se iniciem no exterior;

(...)

§ 2º O imposto previsto no inciso II atenderá ao seguinte:

I – será não-cumulativo, compensando-se o que for devido em cada operação relativa à circulação de mercadorias ou prestação de serviços com o montante cobrado nas anteriores pelo mesmo ou outro Estado ou pelo Distrito Federal".

O referido dispositivo, evidentemente, irradia efeitos na ordem jurídica e econômica. Dentre eles, o mais importante é a já citada transferência do ônus tributário ao consumidor final, desonerando-se os agentes produtivos ao longo da cadeia para se atingir a chamada neutralidade fiscal, de forma a amenizar os impactos decorrentes da incidência plurifásica.

A não cumulatividade só atinge a sua plenitude quando todos os agentes econômicos, por meio de um sistema de créditos e débitos, conseguem transferir para o elo seguinte o valor do imposto que foi suportado nas operações anteriores e, com isso, não sejam obrigados a majorar os preços de venda para se ressarcirem desses custos.

Frente a essas considerações, pergunta-se: como é possível aferir na prática se a não cumulatividade está sendo aplicada, neutralizando o efeito cascata do imposto?

Simples. Basta verificar se o montante total de imposto recolhido ao longo da cadeia equivale ao valor que resulta da aplicação da alíquota sobre o preço final de venda da mercadoria. Nas palavras do Ministro Ricardo Lewandowski, do Supremo Tribunal Federal, "o princípio ou técnica da não cumulatividade (...) objetiva, em última análise, *assegurar que o valor recolhido aos cofres públicos seja o correspondente à alíquota final incidente sobre o produto*, impedindo a incidência de tributo sobre tributo, em outras palavras, evitando o indesejado 'efeito cascata', o qual ocorreria caso o valor pago em cada etapa se agregasse ao produto, passando a integrar a base de cálculo nas etapas seguintes".[5] (Tribunal Pleno, RE nº 562.980/SC, julgado em 06.05.09, grifamos)

Esta é, portanto, a melhor forma de analisar na prática se o ICMS ao longo da cadeia não incidiu duas vezes sobre a mesma base. E o único meio de se evitar a ocorrência de tal evento – caracterizador da cumulatividade – é através da concessão de créditos em montante equivalente ao ICMS que gravou os materiais aplicados de forma direta na atividade-fim do contribuinte.

---

[5] Entretanto, é de se notar que a não cumulatividade não é aplicada de forma irrestrita, especialmente no caso do ICMS. Na Constituição (art. 155, § 2º, II, "a" e "b") encontram-se duas exceções que dizem respeito às situações em que a operação realizada pelo contribuinte é não tributada ou albergada por alguma isenção: se assim se enquadrar a operação de aquisição, o contribuinte adquirente não poderá escriturar créditos presumidos; se, por outro lado, for a operação de venda isenta ou não tributada, o contribuinte alienante deverá estornar os créditos decorrentes das operações anteriores (ICMS incidente na entrada). Tais situações, quando ocorrem, quebram totalmente a sistemática da não cumulatividade, por implicarem um recolhimento de ICMS ao longo da cadeia superior ao resultado da aplicação da alíquota sobre o valor final de venda. Confira-se o seguinte exemplo, em que há uma isenção na venda do atacadista para o varejista (considera-se uma alíquota de 10%):

Alíquota: 10%	Fabricante	Atacadista	Varejista	Consumidor
Preço de venda	30	70	120	-
Crédito	-	crédito estornado	isenção não gera crédito	-
Débito	3	isenção não gera débito	12	-
Total a recolher	*3*	0	*12*	-

Como visto, apesar do preço final ter sido de R$ 120,00 (o que deveria impor um pagamento de R$ 12,00 ao longo da cadeia), o total recolhido ao Erário foi de R$ 15,00, sendo essa a razão pela qual só se admitem como válidas as exceções à não cumulatividade que se encontram previstas na Carta Magna.

Até o advento da Constituição de 1988, a definição dos materiais que gerariam direito de crédito para os contribuintes do antigo ICM estava, de certo modo, bem definida. Entretanto, com a entrada em vigor da nova ordem constitucional, outra classe de agentes econômicos passou a se sujeitar aos ditames da não cumulatividade, integrando o rol de contribuintes do atual ICMS: os prestadores de serviços de comunicação e de transporte interestadual e intermunicipal.

Tal opção do constituinte originário gerou turbulências no sistema tributário, especialmente no que se refere à efetivação da não cumulatividade para os citados prestadores de serviços, os quais vêm encontrando fortíssima resistência por parte dos Estados-membros no momento em que escrituram os créditos decorrentes de bens indispensáveis às suas atividades essenciais. Não se admite, por exemplo, que os prestadores de serviço de comunicação possam se creditar dos bens necessários ao funcionamento de centrais telefônicas; no caso dos prestadores de serviço de transporte, os fiscos estaduais não permitem a tomada de crédito pela aquisição de óleo lubrificante, pneus, freios, etc., fundamentais para a manutenção e operação das locomotivas e caminhões.[6]

O grande problema em torno dessa restrição reside na equivocada tentativa de compatibilização do critério do "crédito físico" às peculiaridades da atividade desenvolvida pelos prestadores de serviço. De fato, pretender que os conceitos de matéria-prima, produto intermediário e material de embalagem já definidos para industriais e comerciantes (tradicionais contribuintes do ICM) sejam aplicados na eleição dos insumos passíveis de gerar crédito para os prestadores de serviços – cujas atividades não dão saída a qualquer bem físico, corpóreo – não poderia ter outro resultado que não fosse a manifesta violação do princípio da não cumulatividade.

Ora, como a prestação do serviço de transporte e de comunicação não envolve a venda de um produto tangível, as Administrações Tributárias (e, em alguns momentos, o próprio Poder Judiciário) classificam equivocadamente a maioria dos materiais adquiridos – por estarem presas ao clássico critério do crédito físico – como "bens de uso e consumo", os quais só passarão a gerar crédito a partir de 01.01.2020.[7]

Assim, a adequação do princípio da não cumulatividade à prestação de serviços se apresenta como ponto principal do presente estudo, a ser exposto nos tópicos abaixo.

2. Crédito físico e crédito financeiro: breves considerações

Conforme mencionado acima, a primeira vez que o princípio da não cumulatividade foi inserido em uma Carta Constitucional ocorreu em 1965, por meio da

---

[6] O Estado de São Paulo, por exemplo, admite que o contribuinte aproveite os créditos oriundos da aquisição de combustíveis, como gasolina e óleo diesel (Resposta à Consulta de Contribuinte nº 38/1997), mas, ao revés, veda o creditamento em relação aos demais insumos, tais como lubrificantes, pneus e peças de manutenção, salvo se puderem ser escriturados como ativo permanente (Resposta à Consulta nº 796/2003). Sendo ainda mais restritivo, o Estado do Rio de Janeiro inseriu dispositivo no RICMS/RJ autorizando apenas o direito de crédito sobre o óleo diesel adquirido diretamente de distribuidor (art. 46, §3º do Livro IV do Decreto nº 27.427/00), o que evidencia a completa arbitrariedade dos entes estaduais em relação à efetivação do princípio da não cumulatividade para os prestadores de serviços.

[7] Neste sentido, confira-se o art. 33, I, da Lei Complementar nº 87/96 (redação dada pela LC nº 138/10): "Art. 33. Na aplicação do art. 20 observar-se-á o seguinte: I – somente darão direito de crédito as mercadorias destinadas ao uso ou consumo do estabelecimento nele entradas a partir de 1º de janeiro de 2020".

Emenda nº 18, ato que ainda criou o antigo ICM e o IPI. A partir de então, travou-se em nosso país uma grande discussão a respeito dos bens que poderiam ou não gerar direito ao crédito do ICM pago nas operações anteriores.

Após um profundo debate doutrinário e jurisprudencial, chegou-se a uma definição básica sobre o grupo de materiais que poderiam ser enquadrados como "insumos" aptos a gerar créditos de ICM no momento de suas aquisições: são as chamadas matérias-primas,[8] os produtos intermediários[9] e os materiais de embalagem.[10]

Ou seja, somente os materiais que se incorporassem ao produto final (caso da matéria-prima e do material de embalagem) ou que fossem integralmente consumidos no curso do processo produtivo (caso dos bens intermediários) é que poderiam ser chamados de insumos na ótica do antigo ICM. Os demais produtos utilizados para a consecução da atividade do industrial e do comerciante, como os bens do ativo fixo e os chamados materiais de uso e consumo,[11] por exemplo, não gerariam créditos fiscais.

Tal critério de eleição dos insumos ficou conhecido como "crédito físico".[12] Evidentemente, o critério do "crédito físico" não era uma unanimidade. Muito pelo contrário. Os contribuintes do antigo ICM sustentavam que o rol de insumos não poderia se limitar a aqueles permitidos pelo referido critério, pois existe uma série de outros bens – cujas aquisições são tributadas pelo ICM – que influenciam decisivamente na composição do custo do produto vendido ou industrializado, de modo que deveriam gerar também direito de crédito, sob pena de ocorrer cumulatividade ao longo da cadeia.

No entender dos contribuintes, portanto, a incorporação física do bem adquirido ao produto final jamais poderia ter sido eleita como o elemento determinante para a sua definição como insumo, uma vez que, para se evitar a cumulação de ICM até a operação com o consumidor final, seria imperativa a adoção de um critério de cunho

---

[8] Classificam-se como matérias-primas os bens que se consomem e se transformam no curso do processo produtivo, agregando-se ao produto final. Trata-se de conceito intimamente ligado à atividade industrial, na medida em que na atividade do comerciante e do prestador de serviço, via de regra, não ocorre a transformação de materiais diversos em um produto acabado.

[9] De acordo com André Mendes Moreira, pode-se "definir produto intermediário como a mercadoria consumida de forma imediata e integral no processo produtivo, sem a qual este não se concretizaria. Assim é possível apontar três requisitos para caracterização do produto intermediário: (a) consumo imediato, porém sem incorporação ao produto final (do contrário, seria matéria-prima); (b) consumo integral; e (c) essencialidade ao processo produtivo. Por consumo imediato entende-se a utilização da mercadoria diretamente no processo produtivo, de forma intrínseca ou extrínseca ao bem fabricado (...). A exigência de consumo integral é definida com propriedade pelo STJ, que aponta o tempo de consumo como a pedra de toque para distinção entre os bens intermediários e aqueles integrantes do ativo permanente que são utilizados na atividade empresarial" (*A Não-Cumulatividade dos Tributos*. 2. ed. São Paulo: Editora Noeses, 2012, p. 360).

[10] É considerado material de embalagem, em linhas gerais, o produto que altera a apresentação da mercadoria após a sua colocação, incluindo todos os elementos que a componham, protejam ou assegurem a sua resistência.

[11] A nosso ver, materiais de uso e consumo são aqueles de vida útil inferior a um ano e que não são aplicados de forma essencial no curso do processo produtivo, como os materiais de escritório, por exemplo. Trata-se de uma definição feita por exclusão, obtida após a delimitação do conceito de insumo e de bem do ativo permanente. Os entes estaduais, com certo respaldo do Poder Judiciário, vêm conseguindo ampliar o conceito de material de uso e consumo por meio da redução do conceito de material intermediário, o que evidentemente acarreta cumulatividade na cadeia, pois aqueles só gerarão direito de crédito a partir de 2020.

[12] O conceito de ativo permanente pode ser obtido mediante a conjugação do art. 179, IV, da Lei nº 6.404/76 com o art. 301 do Regulamento do Imposto de Renda (Decreto nº 3.000/99). Em linhas gerais, enquadra-se como ativo permanente todo bem destinado à manutenção das atividades do contribuinte, cuja vida útil seja superior a 12 meses.

financeiro que permitisse a escrituração de créditos sobre todos os bens cujas aquisições impactassem economicamente o custo de venda/industrialização.

Nesse sentido, vale transcrever as palavras de Sacha Calmon Navarro Coelho, segundo o qual "o sistema da não cumulatividade repousa em um princípio fundamental: o de que se deve deduzir do imposto exigível em cada operação aquele imposto que gravou os elementos do preço (créditos financeiros). Somente a compensação total dos impostos pagos na aquisição de insumos, produtos intermediários, máquinas e demais bens do ativo fixo possibilita a não cumulação, a competitividade nos preços e a desoneração total do produtor ou comerciante" (Curso de Direito Tributário Brasileiro, Editora Forense, Rio de Janeiro, 10ª edição, 2009, p. 494).

O critério do "crédito financeiro", contudo, acabou não sendo acolhido pelos nossos Tribunais Superiores.

Foi nesse cenário delineado para industriais e comerciantes que foi promulgada a Constituição de 1988, transformando o antigo ICM em ICM**S**, o qual passou a gravar também a prestação de serviços de transporte e comunicação. Tal medida foi tomada com o objetivo de conceder maior autonomia financeira aos Estados-membros.

E é nesse momento que surge um novo grande problema em torno da escrituração dos créditos de ICMS, pois não é tarefa simples compatibilizar as regras já debatidas e fixadas para um imposto que historicamente incidiu sobre a venda de mercadorias com a atividade dos prestadores de serviços de transporte e comunicação.

Dito isso, passe-se ao ponto central do presente estudo.

3. Da inaplicabilidade do critério do crédito físico aos prestadores de serviços tributados pelo ICMS

O critério do crédito físico, conforme restou acima demonstrado, foi desenvolvido sob a égide do antigo ICM, tendo a atividade dos industriais e os comerciantes como único enfoque. As matérias-primas, os produtos intermediários e os materiais de embalagem foram escolhidos para compor o estrito rol de insumos, para os quais o direito de crédito decorreria da própria Constituição Federal, de modo que não poderia ser vedado ou amesquinhado por qualquer legislação estadual.

O que se extrai do referido entendimento, portanto, é que o núcleo do princípio da não cumulatividade – ou seja, o mínimo que seria por ele garantido – diz respeito apenas aos bens que se incorporam fisicamente ao produto final vendido pelo contribuinte (ou que se desgasta integralmente no curso do processo produtivo, como os bens intermediários). Para esse rol de insumos, o direito de crédito está garantido constitucionalmente, por compor o núcleo do princípio da não cumulatividade. A escrituração de créditos além desse "mínimo", entretanto, só poderia ocorrer caso fosse expressamente autorizada pelo legislador infraconstitucional. Esse é o entendimento que sempre vigorou no seio do Supremo Tribunal Federal, *in verbis:*

TRIBUTÁRIO. IMPOSTO SOBRE CIRCULAÇÃO DE MERCADORIAS E PRESTAÇÃO DE SERVIÇOS DE COMUNICAÇÃO E DE TRANSPORTE INTERMUNICIPAL E INTERESTADUAL. NÃO-CUMULATIVIDADE. DIFERENÇA ENTRE CRÉDITO FÍSICO E CRÉDITO FINANCEIRO. DISCUSSÃO SOBRE O MODELO ADOTADO PELA CONSTITUIÇÃO DE 1988. PROCESSUAL CIVIL. AGRAVO REGIMENTAL. 1. Esta Corte tem sistematicamente entendido que a Constituição de 1988 não assegurou direito à adoção do modelo de crédito financeiro para fazer valer a não-cumulatividade do ICMS, em toda e qualquer hipótese. Precedentes. 2. Assim, a adoção de modelo semelhante ao do crédito financeiro depende de expressa previsão Constitucional ou legal, existente para algumas hipóteses e com limitações na legislação brasileira. 3. A pretensão do contribuinte, de assemelhar o ICMS a modelo ideal de Imposto sobre Valor Agregado – IVA, sem prejuízo dos inerentes méritos econômicos e de justiça fiscal, não ressoa na Constituição de 1988. Agravo regimental ao qual se nega provimento. (RE 447.470 AgR, Rel. Min. JOAQUIM BARBOSA, Segunda Turma, julgado em 14/09/10)

Como visto acima, o Pretório Excelso é enfático no sentido de que o modelo do "crédito físico" é o que naturalmente decorre da Carta Magna. Ato contínuo, deixou consignado que a Lei Complementar nº 87/96 – que, atualmente, opera como lei de normas gerais da referida exação estadual – adotou uma sistemática de crédito financeiro "mitigado", pois admite o aproveitamento do ICMS pago quando da aquisição de bens do ativo permanente, de materiais de uso e consumo, de energia elétrica etc., mas, ao revés, postergou exercício de parte desse direito para o ano de 2020.[13]

O presente artigo, contudo, não tem por objetivo defender a sistemática do crédito físico ou do crédito financeiro. O que se pretende deixar consignado para fins de reflexão é o seguinte: a dualidade *crédito físico x crédito financeiro* foi erigida levando-se única e exclusivamente em consideração a atividade dos industriais e comerciantes. De fato, são esses contribuintes que se utilizam de matérias-primas, de produtos intermediários e de materiais de embalagem nas suas atividades, as quais resultam sempre na saída de bens "físicos" dos estabelecimentos. Para eles, é cabível (esteja correta ou não) a interpretação dada pelos nossos Tribunais Superiores de que só geram créditos os materiais que se agregam fisicamente ao produto final.

A grande questão é que essa dualidade, essa interpretação do princípio da não cumulatividade, não serve para os novos contribuintes do ICMS, por uma razão muito simples: eles são PRESTADORES DE SERVIÇOS, ou seja, não há produto final sobre o qual os insumos possam ser agregar fisicamente. A atividade deles é incorpórea, intangível.

Os prestadores de serviço de transporte e comunicação não usam matérias-primas, nem produtos intermediários e nem materiais de embalagem, naquela concepção clássica. Não há como se chegar ao seu rol de insumos mediante a contraposição desses conceitos com os chamados bens de uso e consumo, que são aqueles que o contribuinte utiliza na condição de consumidor final (e que, portanto, não estão inseridos no núcleo do postulado da não cumulatividade, na visão do crédito físico). Evidentemente, tudo o que o prestador de serviço compra para a sua atividade é integralmente consumido nela, não havendo nenhuma saída física do seu estabelecimento (ou seja, não há objeto ao qual possam se agregar os materiais adquiridos).

Assim, se for aplicada a clássica modelagem do crédito físico ao prestador de serviço de transporte e de comunicação, resta mais do que claro que todos os mate-

---

[13] Segue trecho do voto do Min. Joaquim Barbosa, relator do acórdão supracitado: "A melhor doutrina registra importante discussão acerca da caracterização da não-cumulatividade aplicável ao Imposto sobre Circulação de Mercadorias e Serviços – ICMS, isto é, se o crédito usado para compensar o que devido nas operações anteriores é financeiro ou físico. Porém, a jurisprudência desta Corte tem sistematicamente validado normas que se aproximas do conceito de crédito físico, que condiciona o direito à entrada de bens que, de algum modo, se integrem na operação da qual resultará a saída da mesma ou de outra mercadoria (industrialização ou comercialização). (...) De fato, o Supremo Tribunal Federal sedimentou a orientação segundo a qual o contribuinte não tinha direito de se creditar do imposto pago na aquisição de mercadorias destinadas ao uso, consumo e à integração do ativo fixo, no período anterior à Lei Complementar nº 87/96. (...) A Lei Complementar nº 87/96 adotou hipóteses de crédito financeiro mitigadas e procrastinou o exercício de parte deste direito para 01.01.2000. Essa data tem sido sistematicamente prorrogada (...)."

SISTEMA CONSTITUCIONAL TRIBUTÁRIO – dos fundamentos teóricos aos *hard cases* tributários
Estudos em homenagem ao Ministro Luiz Fux

riais adquiridos serão considerados como de mero "uso e consumo", de modo que não irão gerar direito à escrituração de crédito fiscal. E é justamente isso que vem ocorrendo em praticamente todos os Estados da Federação, os quais não admitem que as operadoras de telefonia e as empresas transportadoras se creditem dos bens mais necessários e indispensáveis às suas atividades, como o óleo lubrificante do motor, o fluido de freio, os equipamentos que compõem as centrais telefônicas etc.

Diante disso, pergunta-se: apesar de serem contribuintes do ICMS, estariam os prestadores de serviço de transporte e comunicação fora do alcance da não cumulatividade? Por acaso, o núcleo do referido princípio não lhes garantiria crédito algum para ser compensado com os débitos de ICMS que decorrem das suas atividades?

Ora, é evidente que não se pode disciplinar a atividade do prestador de serviço levando-se em consideração os conceitos que foram originalmente criados para industriais e comerciantes. A tentativa de enquadramento dos bens adquiridos pelos prestadores de serviços na clássica definição de matéria-prima, produto intermediário e material de embalagem para fins de eleição dos seus insumos é realmente inócua e só levará à violação do princípio da não cumulatividade.

Há, sem dúvida alguma, uma incompatibilidade entre os referidos conceitos provenientes da dualidade *crédito físico x crédito financeiro* e os novos contribuintes do imposto. Não se pode enquadrar, por exemplo, o óleo lubrificante e o fluido de freio adquirido por uma transportadora, ou um material fundamental para o funcionamento de determinada central telefônica, como simples bens de uso e consumo. Tratam-se, no caso, de verdadeiros insumos, sem os quais os prestadores de serviço não conseguem exercer suas atividades-fim. Tais materiais, inclusive, compõem o custo dos serviços que estarão sendo oferecidos, de modo que vedar o crédito sobre eles é compactuar com a cumulação de imposto ao longo da cadeia.

De acordo com André Mendes Moreira, "o insumo do industrial é diferente do insumo do comerciante, assim como do prestador de serviço. (...). Entretanto, por força das diversas decisões judiciais que, ao longo das décadas, simplesmente reproduziram o conceito de insumo industrial para as lides relativas ao ICM/ICMS, há uma grave falha de premissa nos Tribunais em relação a esse tema. O vocábulo insumo deve, a nosso sentir, ser compreendido como toda e qualquer aquisição necessária à atividade empresarial" (*A Não-Cumulatividade dos Tributos*, 2ª ed. São Paulo: Editora Noeses, 2012, p. 265).

O que se deve fazer, portanto, é delimitar o mínimo da não cumulatividade para os prestadores de serviços, assim como se fez para os industriais e comerciantes. Não há como se entender que tudo aquilo que o prestador de serviço adquire tem natureza de bem de uso e consumo, sem direito a crédito de ICMS. Com efeito, se o constituinte originário (de forma equivocada ou não) inseriu os prestadores de serviços de transporte e comunicação no âmbito do ICMS, é imperativo que se compatibilize o princípio da não cumulatividade com as suas atividades, o que só será possível mediante a definição de um critério que preserve um mínimo de créditos, imune às constantes tentativas de mitigação por parte dos Estados-membros.

Esse novo critério, a nosso ver, deveria garantir o direito de crédito sobre todos os materiais empregados de forma absolutamente necessária nos veículos utilizados na prestação do serviço de transporte, assim como nas centrais telefônicas de propriedade dos prestadores de serviço de comunicação, por exemplo, até porque esses materiais impactam decisivamente a composição do preço do serviço que será oferecido ao público.

A sistemática supracitada, inclusive, encontra respaldo na própria Lei Complementar nº 87/96, pois, se o seu art. 33, I, por um lado, só admite o creditamento de materiais de uso e consumo a partir de 2020 (conceito que, por óbvio, não pode ser aplicado indiscriminadamente aos prestadores de serviço, sob pena de violação ao princípio da não cumulatividade), o fato é que, por outro lado, o art. 20 garante a escrituração de créditos de ICMS sobre todos os bens que *não* sejam alheios à atividade do estabelecimento e que *não* resultem em uma prestação de serviço isenta ou não tributada (§ 1º).[14]

A esse respeito já se manifestou Misabel Abreu Machado Derzi:

> Em síntese, a Lei Complementar estabeleceu basicamente apenas dois requisitos na busca da legitimação dos créditos em discussão: (i) que sejam créditos relativos ao imposto incidente na aquisição de bens e mercadorias relativos a operações tributadas (...); (ii) que tais bens não sejam alheios à atividade do estabelecimento, mas úteis e necessários ao desenvolvimento de sua atividade operacional" (Limitações Constitucionais ao Poder de Tributar, Aliomar Baleeiro, atualizado por Misabel Abreu Machado Derzi, Editora Forense, 8ª edição, Rio de Janeiro, 2010, p. 763).

Sobre esse ponto, vale destacar que a Segunda Turma do Superior Tribunal de Justiça, ao julgar o REsp nº 1.175.166/MG, deixou consignado que o art. 20 teria ampliado *"a possibilidade de creditamento, pois fez referência apenas à vinculação dos insumos à atividade do estabelecimento, mas não à necessidade de que eles integrem o produto final (art. 20, § 1º)"*. Com base nisso, entendeu a referida Corte Superior que o prestador de serviço de transporte poderia se creditar de todos os bens que fossem aplicados e consumidos nos veículos de propriedade da empresa, como se vê abaixo:

> TRIBUTÁRIO. ICMS. CONTRIBUINTE PRESTADORA DE SERVIÇOS DE TRANSPORTE. PEÇAS DE VEÍCULOS UTILIZADOS NA ATIVIDADE. INSUMOS. CREDITAMENTO. ART. 20 DA LC 87/1996.
>
> 1. Hipótese em que a contribuinte pretende creditar-se do ICMS incidente sobre aquisição de mercadorias que classifica como insumos essenciais para a prestação do serviço, quais sejam peças para os veículos utilizados no transporte interestadual e intermunicipal. O Tribunal a quo reconheceu a possibilidade de creditamento apenas em relação a combustível, lubrificante, pneus, câmaras de ar e material de limpeza, por estarem previstos expressamente no art. 66, IV, do Regulamento do ICMS mineiro.
>
> 2. Antes da atual LC 87/1996, vigia o Convênio Interestadual ICMS 66/1988, que regulava nacionalmente o ICMS, com força de lei complementar federal. O art. 31, III, previa o creditamento relativo aos insumos desde que: a) fossem consumidos no processo industrial e b) integrassem o produto final na condição de elemento indispensável a sua composição.
>
> 3. Com base nessa legislação, o STJ firmou entendimento de que somente os insumos que atendessem a essas duas condições (consumidos no processo e integrantes do produto final) permitiriam o creditamento.
>
> 4. *Ocorre que a LC 87/1996 ampliou a possibilidade de creditamento, pois fez referência apenas à vinculação dos insumos à atividade do estabelecimento, mas não à necessidade de que eles integrem o produto final* (art. 20, § 1º).
>
> 5. *In casu*, o Tribunal de origem consignou que a perícia realizada em primeira instância aferiu que "determinados bens sofrem desgaste total no processo ínsito ao objeto social da empresa contribuinte". Porém, é

---

[14] "Art. 20. Para a compensação a que se refere o artigo anterior, é assegurado ao sujeito passivo o direito de creditar-se do imposto anteriormente cobrado em operações de que tenha resultado a entrada de mercadoria, real ou simbólica, no estabelecimento, inclusive a destinada ao seu uso ou consumo ou ao ativo permanente, ou o recebimento de serviços de transporte interestadual e intermunicipal ou de comunicação. § 1º Não dão direito a crédito as entradas de mercadorias ou utilização de serviços resultantes de operações ou prestações isentas ou não tributadas, ou que se refiram a mercadorias ou serviços alheios à atividade do estabelecimento. § 2º Salvo prova em contrário, presumem-se alheios à atividade do estabelecimento os veículos de transporte pessoal."

impossível afirmar ser isso incontroverso, como alega a contribuinte, já que o Tribunal de Justiça entendeu irrelevante para o deslinde da demanda, pois "tal fato por si só não altera a classificação legal dos bens e a limitação ao aproveitamento dos créditos pretendidos".

6. Os autos devem retornar à origem para que o TJ-MG analise as provas e verifique se os insumos suscitados pela contribuinte são, efetivamente, aplicados e consumidos na atividade-fim da empresa. Em caso positivo, deverá reconhecer o direito ao creditamento, nos termos do art. 20 da LC 87/1996, ainda que esses bens não integrem o produto final (prestação do serviço de transporte). (...)

8. *Recurso Especial parcialmente provido.* (STJ, Segunda Turma, REsp nº 1.175.166/MG, Rel. Min. Herman Benjamim, DJ de 26.03.10, grifos nossos)

O STJ, no caso acima, superou as linhas clássicas do critério do "crédito físico" para garantir que o transportador se aproveitasse do ICMS inerente aos bens aplicados diretamente em sua atividade-fim.[15] Aliás, é de se notar que o STJ, em momento algum, fez menção à aplicação do critério do "crédito financeiro" em detrimento do "crédito físico". O que se verifica, na verdade, é que o julgado simplesmente se desprendeu dessa dualidade *"crédito físico x crédito financeiro"* para se adequar à nova realidade dos prestadores de serviço, os quais podem se fundar no art. 20 da Lei Complementar nº 87/96 para fins de escrituração dos créditos sobre os insumos adquiridos.

Mais recentemente, a Primeira Seção do STJ, nos autos do REsp nº 842.270/RS, em que foi Relator o Min. Luiz Fux, analisou a discussão a respeito do direito de crédito das operadoras de telefonia sobre a energia elétrica utilizada para a consecução do serviço de comunicação. Na oportunidade, a Corte Superior entendeu que o princípio da não cumulatividade comporta três núcleos de incidência, razão pela qual o art. 33, II, da Lei Complementar nº 87/96,[16] que autoriza a escrituração de créditos sobre a energia elétrica *"consumida em processo de industrialização"*, deve ser interpretado conforme a Constituição para garantir que as operadoras de telefonia possam se aproveitar do ICMS inerente ao referido *insumo* de sua atividade, de modo a se evitar cumulação de imposto ao longo da cadeia. Trata-se, como se vê, de mais uma demonstração de que a antiga concepção do critério do crédito físico realmente não pode ser utilizada para balizar a aplicação do princípio da não cumulatividade aos prestadores de serviço tributados pelo ICMS.

Eis a ementa do julgado:

TRIBUTÁRIO. SERVIÇOS DE TELECOMUNICAÇÃO. ENERGIA ELÉTRICA. CREDITAMENTO. POSSI-BILIDADE. ART. 33, II, "B", DA LC 87/96. DECRETO 640/62. EQUIPARAÇÃO À INDÚSTRIA BÁSICA PARA TODOS OS EFEITOS LEGAIS. VALIDADE E COMPATIBILIDADE COM O ORDENAMENTO JU-RÍDICO ATUAL. ORDEM EM MANDADO DE SEGURANÇA CONCEDIDA. RECURSO ESPECIAL NÃO PROVIDO.

---

[15] O mesmo posicionamento foi reiterado alguns meses depois pela Segunda Turma do STJ, como se vê abaixo: "TRIBUTÁRIO – PROCESSO CIVIL – SUFICIÊNCIA DA PRESTAÇÃO JURISDICIONAL – JULGAMENTO CITRA PETITA – NÃO-OCORRÊNCIA – ICMS – CREDITAMENTO – TRANSPORTE DE CARGAS – VEÍCULOS, PNEUS, LUBRIFICANTES ETC. – POSSIBILIDADE – PRODUÇÃO PROBATÓRIA – NECESSIDADE DE RETORNO DOS AUTOS À ORIGEM. (...) 3. A partir da vigência da LC 87/96, os produtos intermediários e insumos imprescindíveis à atividade empresarial do contribuinte ensejam direito de crédito, em razão do princípio da não-cumulatividade. 4. Hipótese em que o contribuinte dedica-se à prestação de serviços de transporte de cargas e pretende creditar-se do imposto recolhido na aquisição de veículos, peças de reposição, combustíveis, lubrificantes etc., que foram considerados pelo acórdão recorrido como material de consumo e bens do ativo fixo. 5. Necessidade de retorno dos autos à origem para verificação de quais insumos efetivamente integram e viabilizam o objeto social da recorrente. 6. Recurso especial provido." (STJ, Segunda Turma, REsp nº 1.090.156/SC, Rel. Min. Eliana Calmon, julgado em 10.08.10)

[16] "Art. 33. Na aplicação do art. 20 observar-se-á o seguinte: (...) II – somente dará direito a crédito a entrada de energia elétrica no estabelecimento: (...) b) quando consumida no processo de industrialização".

1. O art. 1º do Decreto nº 640/62, que equiparou, para todos os efeitos legais, os serviços de telecomunicação à indústria básica, é compatível com o ordenamento jurídico vigente, em especial com a Lei Geral de Telecomunicações, com o Regulamento do IPI e com o Código Tributário Nacional.

2. O art. 33, II, "b", da LC 87/96 autoriza o creditamento do imposto incidente sobre energia elétrica quando "consumida no processo de industrialização". Como o art. 1º do Decreto 640/62 equipara, para todos os efeitos legais, a atividade de telecomunicações ao processo industrial, faz jus a impetrante ao creditamento pretendido.

3. Segundo a regra do art. 155, II, da CF/88, o ICMS comporta três núcleos distintos de incidência: (i) circulação de mercadorias; (ii) serviços de transporte; e (iii) serviços de comunicação.

4. *O princípio da não cumulatividade, previsto no § 2º do art. 155 da CF/88, abrange os três núcleos de incidência, sem exceção, sob pena de tornar o imposto cumulativo em relação a um deles.*

5. *No caso dos serviços de telecomunicação, a energia elétrica, além de essencial, revela-se como único insumo, de modo que impedir o creditamento equivale a tornar o imposto cumulativo, em afronta ao texto constitucional.*

6. *O art. 33, II, da LC 87/96 precisa ser interpretado conforme a Constituição, de modo a permitir que a não cumulatividade alcance os três núcleos de incidência do ICMS previstos no Texto Constitucional, e não apenas a circulação de mercadorias, vertente central, mas não única da hipótese de incidência do imposto.*

7. *O ICMS incidente sobre a energia elétrica consumida pelas empresas de telefonia, que promovem processo industrial por equiparação, pode ser creditado para abatimento do imposto devido quando da prestação dos serviços.*

8. *Recurso especial não provido.* (STJ, Primeira Seção, REsp nº 842.270/RS, Rel. Min. Luiz Fux, Rel. p/ Acórdão Min. Castro Meira, julgado em 23.05.12, grifamos)

Tal posicionamento foi reiterado em 12.06.13 pela Primeira Seção do STJ, dessa vez em sede de recurso repetitivo (REsp nº 1.201.635/MG, Rel. Min. Sérgio Kukina, cujo acórdão ainda não foi publicado). Contudo, mesmo diante desses julgados, a questão não se encontra definitivamente resolvida, pois caberá ao Supremo Tribunal Federal a palavra final sobre o tema. Inclusive, é de se notar que já existem alguns casos (sobre energia elétrica na prestação do serviço de comunicação) sendo analisados pelo Pretório Excelso, tendo um deles sido distribuído para o ora homenageado Min. Luiz Fux (RE nº 743.376/PR), oportunidade em que poderá exercer mais uma vez todo o seu brilhantismo.

Não há dúvidas de que o STF fará a adequação constitucional da não cumulatividade aos prestadores de serviço de transporte e comunicação, de forma que o referido princípio continue a ser instrumento de efetivação de justiça, capacidade contributiva e não confisco a todos os contribuintes de direito, sejam industriais, comerciantes ou prestadores de serviço.

— 1.8 —

A relativização do sigilo bancário em face da Administração tributária: necessário confronto entre direitos relativos à privacidade com outros direitos fundamentais dos contribuintes e com outros valores da República Federativa do Brasil

OSWALDO OTHON DE PONTES SARAIVA FILHO[1]

Sumário: 1. Introdução; 2. O sigilo bancário como nuança do direito constitucional fundamental à inviolabilidade da vida privada e da comunicação de dados; 3. A transferência do sigilo bancário para fins fiscais à luz da necessária ponderação de princípios, normas e direitos constitucionais; 4. A transferência do sigilo bancário para fins fiscais à luz da legislação infraconstitucional; 5. Outras reflexões sobre os sigilos bancário e fiscal em face dos dados cadastrais; 6. Jurisprudência do STF e do STJ relacionada com a transferência do sigilo bancário ao Fisco sem prévia intermediação do Poder Judiciário; 7. Conclusão; Referências bibliográficas.

1. Introdução

Este artigo, compondo esta obra, coordenada pelos ilustres juristas e magistrados Andrei Pitten Velloso e Marcus Lívio Gomes, homenageia o Excelentíssimo Senhor Ministro do Excelso Supremo Tribunal Federal Luiz Fux, a quem acompanho, especialmente, desde que Sua Excelência ocupou, com o brilhantismo de sempre, o cargo de Ministro do Egrégio Superior Tribunal de Justiça, sendo eu um dos inúmeros beneficiários de tantas lições, no âmbito do Direito, emanadas do eminente jurista.

Cuidará do controvertido tema do sigilo bancário em face da Administração tributária no Brasil, procurando harmonizar o direito à privacidade e da inviolabilidade da comunicação de dados com outros direitos dos contribuintes relacionados com os princípios da legalidade, da vedação de tratamento fiscal discriminatório, da capacidade contributiva, da livre concorrência, bem como com outros valores da República Federativa do Brasil.

---

[1] Mestre em Direito. Professor de Direito Tributário da Universidade Católica de Brasília – UCB. Consultor da União. Procurador da Fazenda Nacional de categoria especial. Diretor científico do periódico "Revista Fórum de Direito Tributário".

2. O sigilo bancário como nuança do direito constitucional fundamental à inviolabilidade da vida privada e da comunicação de dados

A Constituição brasileira de 1988 estipula, no seu artigo 5º, *caput*, incisos X e XII, como direitos fundamentais, a inviolabilidade da intimidade, vida privada, e não de dados informatizados em si, mas da comunicação restringida de dados (liberdade de negação da comunicação):

Art. 5º Todos são iguais perante a lei, sem distinção de qualquer natureza, garantindo-se aos brasileiros e aos estrangeiros residentes no País a inviolabilidade do direito à vida, à liberdade, à igualdade, à segurança e à propriedade, nos termos seguintes:

(...)

X – São invioláveis a intimidade, a vida privada, a honra e a imagem das pessoas, assegurado o direito a indenização pelo dano material ou moral decorrente de sua violação;

(...)

XII – É inviolável o sigilo da correspondência e das comunicações telegráficas, de dados e das comunicações telefônicas, salvo, no último caso, por ordem judicial, nas hipóteses e na forma que a lei estabelecer para fins de investigação criminal ou instrução processual penal;

Embora não previstos explicitamente no Texto Constitucional, por interpretação, sobretudo jurisprudencial, o sigilo bancário, como também o fiscal, tem sido concebido como entronizado, no Brasil, como corolário constitucional dos direitos fundamentais à intimidade e à vida privada e da inviolabilidade da interceptação da comunicação de dados.

Assim, a Constituição brasileira de 1988 veda a violação de algo pertinente à intimidade e à vida privada das pessoas, proíbe a intercepção da comunicação de dados, exatamente no momento em que essa comunicação esteja ocorrendo, sendo que, no caso, não são os dados em si que estão sendo protegidos.

Contudo, como não existem direitos absolutos,[2] a Constituição brasileira permite a relativização do direito à privacidade, nele incluso, a relativização de dados informatizados decorrentes da comunicação de dados, em regra, por meio de prévia ordem judicial, não apenas *a posteriori*.

De logo, para uma adequada exegese dos incisos X e XII do artigo 5º da Constituição da República Federativa do Brasil, impende realçar o dispositivo do "caput" do artigo 5º, que faz referência ao princípio da legalidade e, por duas vezes, ao princípio da igualdade, ao expressar "todos são iguais perante a lei, sem distinção de qualquer natureza" e "garantindo-se ... a inviolabilidade do direito à vida, à liberdade, à igualdade ...".

A preocupação com o princípio da igualdade é reforçada no primeiro inciso do artigo 5º da Constituição Federal, que dispõe: "homens e mulheres são iguais em direitos e obrigações, ..."; e, com o princípio da legalidade, é corroborada pelo segundo inciso: "ninguém será obrigado a fazer ou deixar de fazer alguma coisa senão em virtude de lei".

---

[2] Em diversas ocasiões, o STF tem assentado que o sigilo bancário não tem caráter absoluto, devendo ceder diante do interesse público, do interesse social e do interesse da justiça. Cf.. por exemplo, o acórdão decorrente do julgamento do RE nº 219.780-PE, Rel. Min. Carlos Velloso (*DJ* de 10/9/1999).

Isto já sugere a prevalência, sobretudo, do princípio da igualdade, conjuntamente com o princípio da legalidade, em confronto com o direito à inviolabilidade da privacidade e da comunicação de dados.[3][4]

Existe, hodiernamente, a predominância da tese de que, como direitos previstos, embora que implicitamente, na Constituição brasileira, o sigilo bancário – e fiscal também – só poderia ser relativizado nos termos de normas constitucionais, bem como que ressalvas constitucionais aos direitos fundamentais ao sigilo em nome da privacidade e à inviolabilidade da comunicação de dados deveriam ser interpretadas restritivamente.[5]

De modo que, como os sigilos bancário e fiscal são considerados nuances do direito constitucional à privacidade e à inviolabilidade da comunicação de dados, lei infraconstitucional alguma, nem sequer lei complementar, poderia, fora de parâmetros constitucionais, restringir ou limitar um direito constitucional fundamental.[6]

---

[3] Ricardo César Mandarino Barretto, no artigo Sigilo bancário – direito à intimidade ou privilégio. In: *Direito federal*: Revista da AJUFE – Associação dos Juízes Federais do Brasil, ano 21, número 69, jan./mar. 2002, p. 247 a 248, pondera que o direito à intimidade *não é absoluto e há de ser sopesado, avaliado, em conjunto com outros direitos, alguns individuais, muito mais importantes, como o direito à vida, à liberdade e, com muito mais razão, os direitos coletivos, capazes mesmo de tornar efetivos os próprios direitos individuais. É o caso do direito à igualdade, de contorno individual, mas que só será efetivo se efetivos forem os direitos coletivos.*

[4] Nesse sentido, também, cf. o magistério de Eurico Marcos Diniz de Santi, no artigo O sigilo e a lei tributária: transferência, controle e liberdade, direito à prova e a transferência do sigilo bancário para a administração tributária na Constituição e na Lei Complementar nº 105. In: *Sigilos bancário e fiscal*: homenagem ao jurista José Carlos Moreira Alves. SARAIVA FILHO, Oswaldo Othon de Pontes; GUIMARÃES, Vasco Branco (coords.), Belo Horizonte: Fórum, 2011, p. 583 a 634.

[5] Há, no entanto, quem entenda diferente. Colime-se, a esse respeito, trechos do voto do Min. Fancisco Rezek, proferido no MS nº 21.729, impetrado pelo Banco do Brasil contra o Procurador-Geral da República, entendimento que, embora até pareça mais razoável, não tem prevalecido: "Parece-me, antes de qualquer coisa, que a questão jurídica trazida à corte neste MS não tem estatura constitucional. Tudo quanto se estampa na própria Carta de 1988 são normas que abrem espaço ao tratamento de determinados temas pela legislação complementar. É neste terreno, pois, e não naquele da Constituição da República, que se consagra o instituto do sigilo bancário – do qual já se repetiu *ad nauseam*, neste país e noutros, que *não tem caráter absoluto*. Cuida-se de instituto que protege certo domínio – de resto nada transcendental, mas bastante prosaico – da vida das pessoas e das empresas, contra a curiosidade gratuita, acaso malévola, de outros particulares, e sempre até o exato ponto onde alguma forma de interesse público reclame sua justificada prevalência... Tenho dificuldade extrema em construir, sobre o artigo 5º, sobre o rol constitucional de direitos, a mística do sigilo bancário somente contornável nos termos de outra regra da própria Carta... O inciso X do rol de direitos fala assim numa *intimidade* onde a meu ver seria extraordinário agasalhar a *contabilidade*, mesmo a das pessoas naturais, e por melhor razão a das empresas... Do inciso XII, por seu turno, é de ciência corrente que ele se refere ao terreno das comunicações: a correspondência comum, as mensagens telegráficas, a *comunicação de dados*, e a comunicação telefônica. Sobre o disparate que resultaria do entendimento de que, fora do domínio das comunicações, os *dados* em geral – e a seu reboque o cadastro bancário – são invioláveis, não há o que dizer. O funcionamento mesmo do Estado e do setor privado enfrentaria um bloqueio. A imprensa, destacadamente, perderia sua razão de existir... Numa reflexão extralegal, observo que a vida financeira das empresas e das pessoas naturais não teria mesmo por quê enclausurar-se ao conhecimento da autoridade legítima – não a justiça tao só, mas também o parlamento, o Ministério Público, a administração executiva, já que esta última reclama, pela voz da autoridade fiscal, o inteiro conhecimento do patrimônio, dos rendimentos, dos créditos e débitos até mesmo do mais discreto dos contribuintes assalariados. Não sei a que espécie de interesse serviria a mística do sigilo bancário, a menos que se presumam falsos os dados em registro numa dessas duas órbitas, ou em ambas, e por isso não coincidentes o cadastro fiscal e o cadastro bancário das pessoas e empresas".

[6] Entretanto, há quem entenda, em face do preceptivo constitucional do art. 192 (*O sistema financeiro nacional, estruturado de forma a promover o desenvolvimento equilibrado do País e a servir aos interesses da coletividade, em todas as partes que o compõem, abrangendo as cooperativas de crédito, será regulado por leis complementares que disporão, inclusive, sobre a participação do capital estrangeiro nas instituições que o integram.* Redação dada pela EC nº 40/2003), que lei complementar seria o instrumento adequado, para a prever as ressalvas ao sigilo bancário. Outros consideram que o § 1º, do art. 145, da CF/1988, por utilizar a expressão "nos termos da lei", usou a palavra lei no sentido técnico de lei ordinária, bastando assim lei ordinária para disciplinar as hipóteses em que a Constituição brasileira autorizaria a transferência de matéria sigilosa.

Todavia, como proclamado no voto do Ministro Carlos Ayres Britto, por ocasião do julgamento do Recurso Extraordinário n° 389.808,[7] as informações e os dados protegidos pelo direito à privacidade são aqueles relacionados à esfera do "ser", vinculada a sua personalidade, a liberdade, e não àquela do "ter", mais relacionado com a propriedade, que, por dever ter função social, pode ser limitada por lei infraconstitucional.

Realmente, só excepcionalmente as informações e documentos bancários, relativos a meros números, a contabilidade fria, poderiam revelar alguma relação com a vida privada do contribuinte.

Aliás, adiante-se que esse perigo jamais estará presente quanto aos dados bancários gerais ou cadastrais dos contribuintes.

O homem é, essencialmente, um ser social, e, normalmente, encontra-se em constante comunicação.

Em suas relações com seus semelhantes, há a esfera do público, do transparente, do conhecido por todos, e existem diferentes graus de privacidade.

Segundo Tercio Sampaio Ferraz Junior, o direito fundamental à privacidade é o direito *de o indivíduo excluir do conhecimento de terceiros aquilo que a ele só é pertinente e que diz respeito ao seu modo de ser exclusivo no âmbito de sua vida privada.*[8]

Nesta área da privacidade, encontra-se, no ponto extremo, a intimidade, isto é, o direito de estar sozinho.

Intimidade é aquilo que, normalmente, não se compartilha com ninguém, são as convicções, os pensamentos mais íntimos e secretos, os sentimentos, desejos, pudores e as tendências, às vezes, inconfessáveis, que dão consistência à personalidade de cada um, e que até podem ser revelados, por decisão exclusiva da própria pessoa, a um grupo restrito de pessoas mais íntimas ou a certos profissionais, convolando-se em vida privada, podendo gerar, nesse caso, o sigilo profissional (CF, art. 5°, XIV).

Em outro patamar está a vida privada, ou seja, envolve a proteção de situações exclusivas de convivência, que só dizem respeito aos indivíduos que travam essa relação privada, e que compete apenas a eles a decisão de revelar ou não e a quem revelar.

Direito à vida privada é o direito ao resguardo de fatos ou dados, embora privados, mas relacionados com as opções pessoais de convivência, sendo, assim, algo compartilhado a um grupo restrito de pessoas: cônjuge, familiares, amigos ou mesmo a profissionais da inteira confiança do indivíduo que faz a discrição (sacerdotes, psiquiatras, psicólogos, advogados).

Insta colimar que está protegido pelo direito à privacidade tudo aquilo que somente ao indivíduo compete a decisão de desvelar ou não a outrem, bem como a resolução sobre a quem revelar.

---

[7] No RE n° 389.808, o STF, Tribunal Pleno, por cinco votos contra quatro, julgou inconstitucional o acesso direto, sem prévia ordem judicial, de dados bancários por parte da Receita Federal do Brasil (Acórdão publicado na íntegra na "Revista Fórum de Direito Tributário" n° 51, Belo Horizonte: ed. Fórum, maio e junho de 2011, p. 167 a 186).

[8] FERRAZ JUNIOR, Tercio Sampaio. *Sigilo de dados: o direito à privacidade e os limites à função fiscalizadora do Estado*, in "Cadernos de direito tributário e finanças públicas", ano 1, n° 1, Ives Gandra da Silva Martins (coordenador geral), São Paulo: ed. Revista dos Tribunais, out./dez. de 1992, p. 141.

Para Manoel Gonçalves Ferreira Filho: "Vida privada, como é óbvio, opõe-se à vida pública. Esta é a que se desenrola perante os olhos da comunidade. Assim, é conhecida de muitos e pode ser conhecida de todos. A vida privada é a que se desenvolve fora das vistas do público, perante, eventualmente, um pequeno grupo de íntimos. Compreende, portanto, a intimidade, isto é, a vida em ambiente de convívio, no interior de um grupo fechado e reduzido, normalmente, o grupo familiar".[9]

Como adverte Tercio Sampaio Ferraz Junior, a inviolabilidade de informações referentes à vida privada só tem pertinência para aquelas associadas aos elementos identificadores usados nas relações de convivência privativa, aos quais só dizem respeito aos que convivem, consequentemente, simples cadastros de elementos identificadores (nome, endereço, RG, CPF, filiação, etc.) não são protegidos.[10]

A este respeito, pede-se vênia para transcrever um outro trecho dos comentários de Ferraz Junior acerca da vida privada, *in verbis*:

> No que diz respeito à *vida privada*, e a informação de dados referentes às opções de convivência, como a escolha de amigos, ..., ou seja, de dados que embora digam respeito aos outros, não afetam, em princípio, direitos de terceiros (exclusividade de convivência). Pelo sentido inexoravelmente comunicacional da convivência, a vida privada compõe, porém, um conjunto de situações que, usualmente, são informadas sem constrangimento. São dados que, embora privativos – como o nome, endereço, profissão, idade, estado civil, filiação, número de registro público oficial, etc. – condiciona o próprio intercâmbio humano em sociedade, pois constituem elementos de identificação que tornam a comunicação possível, corrente e segura. Por isso, a proteção desses dados em si, pelo sigilo, não faz sentido... Em consequência, simples cadastros de elementos identificadores (nome, endereço, RG, filiação, etc.) não são protegidos. Mas cadastros que envolvam relações de convivência privada (por exemplo, as razões pelas quais a relação com um cliente foi interrompida) estão sobre proteção... Pensar de outro modo seria tornar impossível, no limite, o acesso ao registro de comércio, ao registro de empregados, ao registro de navio, etc., em nome de uma absurda proteção da privacidade.[11][12]

Impende adiantar que, sobretudo, os dados bancários cadastrais ou gerais dos contribuintes e as informações relativas à variação patrimonial e à movimentação financeira genérica dos mesmos não podem ser considerados sigilosos ou protegidos pelo direito à privacidade, pelo menos em relação à Administração tributária, que tem o dever de vigilância, vale dizer, o encargo contínuo de fiscalização e controle.[13]

Isso porque, com será explicitado posteriormente com mais detalhes, com supedâneo, principalmente, no artigo 145, § 1º, da Constituição brasileira, os próprios

---

[9] FERREIRA FILHO, Manoel Gonçalves. *Comentários à Constituição brasileira de 1988*, vol. 1. São Paulo: Saraiva, 1990, p. 36.

[10] FERRAZ JUNIOR, Tercio Sampaio. Sigilo bancário: privacidade e liberdade. In SARAIVA FILHO, Oswaldo Othon de Pontes; GUIMARÃES, Vasco Branco (Coords.). *Sigilo bancário e fiscal*: homenagem ao jurista José Carlos Moreira Alves. Belo Horizonte: Fórum, 2011, p. 114.

[11] FERRAZ JUNIOR, Tercio Sampaio. Sigilo de dados: o direito à privacidade e os limites à função fiscalizadora do Estado. In: *Cadernos de direito tributário e finanças públicas*, nº 1, p. 147 e 148.

[12] Sobre a inviolabilidade da honra e da imagem, de que trata o inc. X, do art. 5º, da CF/1988, Tercio Sampaio FERRAZ JUNIOR, no artigo e na obra logo acima identificados, p. 148, explicita: "A privacidade, nesse caso, protege a informação de dados que envolvam avaliações (negativas) do comportamento que, publicadas, podem ferir o bom nome do sujeito, isto é o modo como ele supõe e deseja ser visto pelos outros. Repita-se que o direito à privacidade protege a honra, o direito à inviolabilidade do sigilo de dados protege a comunicação referente a avaliações que um sujeito faz sobre outro e que, por interferir em sua honra, comunica restritivamente, por razões de interesse pessoal. É o caso, por exemplo, de cadastros pessoais que contêm avaliações negativas sobre a conduta (mau pagador, devedor impontual e relapso, etc.). No tocante à imagem, para além do que ela significa de boa imagem, assimilando-se, nesse caso, à honra, a proteção refere-se a dados que alguém fornece a alguém e não deseja ver explorada (comercialmente, por exemplo) por terceiros.

[13] Cumpre avivar que o lançamento dos créditos tributários é atividade privativa da autoridade administrativa fiscal (CTN, art. 142).

contribuintes e terceiros estão obrigados, por força da legislação tributária, a declarar tudo isso ao Fisco, em cumprimento de obrigações acessórias ou instrumentais, no interesse da arrecadação e da fiscalização dos tributos, nomeadamente, do imposto sobre a renda, de modo que, em relação a essa obrigação de informar, que independe da vontade do sujeito passivo do tributo, qualquer inexatidão ou omissão poderá gerar crime contra a ordem tributária.

Portanto, como os dados bancários revelam informes que os contribuintes estão legalmente obrigados a prestar ao Fisco, não se podendo advogar que esses dados sejam sigilosos em relação à Administração tributária, ou que haja, na espécie, o direito à privacidade e à inviolabilidade de comunicação de dados, nomeadamente, em relação à Receita Federal do Brasil, posto que, primeiro, a revelação desses dados ao Fisco não estão submetidas à decisão exclusiva da própria pessoa; depois, esses informes bancários não espelham situações que só dizem respeito ao indivíduo, pois trazem matérias do interesse da fiscalização e da arrecadação tributária e, portanto, do interesse da sobrevivência do Estado brasileiro.

De fato, como avivou o senhor Ministro Dias Toffoli, em voto também proferido no RE nº 389.808, os sujeitos passivos são obrigados a declarar, periodicamente, à Receita Federal do Brasil o seu patrimônio e a renda obtida, independentemente de prévia determinação judicial, sem que, devido a isso, jamais se houvesse vislumbrado qualquer descuramento ao direito à vida privada dos contribuintes.

Da mesma forma, não se pode considerar que haveria lesão à vida privada a transferência direta de dados dos contribuintes pelas instituições financeiras, como forma de viabilizar o controle ou a confirmação da exatidão das declarações já efetuadas ou que deveriam ter sido realizadas pelos próprios contribuintes.

Se os dados ou informes bancários fossem sigilosos, não podendo a administração tributária ter acesso a eles senão por prévia ordem judicial, da mesma forma, as declarações, impostas aos contribuintes por parte da legislação tributária, sobre os dados digitalizados ou informatizados dos contribuintes relativos a sua variação patrimonial, aos rendimentos e às despesas, também, só poderiam ser recebidas pelo Fisco mediante prévia e específica autorização judicial.

A argumentação supra prova a insensatez da tese, defendida por alguns, no sentido de que a Administração tributária só poderia ter acesso ao dados bancários dos contribuintes mediante prévia ordem judicial.

Ora, repita-se, se isso fosse verdade, então, os contribuintes só deveriam prestar declarações à Receita Federal para fins, por exemplo, do ajuste anual ou periódico do imposto de renda mediante prévia ordem judicial, o que seria, convenhamos, um verdadeiro absurdo.

Diante da imposição da legislação tributária, com respaldo no § 1º do artigo 145 da Constituição Federal, os contribuintes não têm, também, o direito de esconder ou omitir do Fisco, ou de negar à administração tributária o conhecimento de informações e dados bancários relacionados com suas variações patrimoniais ou com obtenções de rendas ou de quaisquer outros acréscimos patrimoniais e de pagamentos efetuados a terceiros.

Outrossim, não têm os indivíduos direito de que a instituição financeira deixe de informar ao Fisco dados, sobretudo, gerais ou cadastrais sobre se eles são seus clientes, os números dos CPFs ou CGCs, os valores totais movimentados, ou mesmo informações sobre os valores creditados ou debitados, os empréstimos obtidos, pois os bancos estão, também, obrigados por lei a prestar tais informações à administração tributária.

Ademais, este dever do sujeito passivo do tributo de nada omitir ou esconder à Administração tributária, e o consequente direito de o Fisco ter acesso a todos os dados que espelhem os rendimentos, o patrimônio e as atividades econômicas dos contribuintes, inclusive, os dados informatizados bancários, têm respaldo constitucional, ainda, nos poderes implícitos: se a Constituição atribui competência aos entes da Federação para tributar – que é o mais, o fim, para que todos os direitos sejam proporcionados aos cidadãos; obviamente, confere a eles o menos, o meio – o direito/dever de fiscalizar esses tributos eficientemente (CF, art. 37, *caput*).

Então, nesses casos, o acesso direto aos dados bancários dos contribuintes por parte da Administração tributária não significa intromissão indevida de terceiros, já que os contribuintes não têm o direito de esconder, omitir ou não revelar ao Fisco todos os seus dados, inclusive, os hospedados nos bancos, referentes a sua variação patrimonial, à obtenção de rendimentos, à realização de pagamentos a terceiros, à constituição de dívida, estando, ao contrário, obrigados por lei a tudo levar ao conhecimento do Fisco acerca de seu patrimônio, rendimentos ou atividades econômicas.

Aliás, repita-se que, embora exista o direito de ficar calado para não se incriminar (CF, art. 5º, LXIII),[14] omissão ou informação errada ou incompleta, nesse campo, configura crime contra a ordem tributária.[15]

Ressalte-se, outrossim, que *não se cuida, na espécie, de quebra de sigilo bancário, mas de transferência do sigilo bancário para o sigilo fiscal*: os contribuintes têm a garantia da mantença do sigilo em relação a terceiros, que não possuem justo título para ter ciência dessas informações sigilosas, isto é, esses dados e informes privados não serão divulgados ao público.

Ou seja, nesses casos, o sigilo não é, propriamente, quebrado, mas transferido da instituição financeiro para a Administração tributária.[16]

Assim, os dados informatizados bancários são sigilosos para terceiros, não para a Administração tributária, que, inclusive, tem autorização constitucional de identificar todos os dados pertinentes ao patrimônio, rendimentos e atividades econômicas dos contribuintes (CF, art. 145,§ 1º).

Ademais, não fere à Constituição brasileira o compartilhamento entre as Administrações tributárias federais, estaduais, distritais e municipais de cadastro de contribuintes, no interesse da fiscalização, arrecadação e cobrança de tributos, diante da autorização expressa das normas constitucionais do artigo 37, XXII; e do artigo 146, parágrafo único, inciso IV; normas acrescentadas pela Emenda Constitucional

---

[14] Assim dispõe o inciso LXIII do art. 5º da CF/1988: "o preso será informado de seus direitos, entre os quais o de permanecer calado, sendo-lhe assegurada a assistência da família e de advogado".

[15] A Lei nº 8.137, de 27/12/1990, dispõe: "Art. 1º Constitui crime contra a ordem tributária suprimir ou reduzir tributo, ou contribuição social e qualquer acessório, mediante as seguintes condutas: I – omitir informação, ou prestar declaração falsa às autoridades fazendárias;" "Art. 2º Constitui crime da mesma natureza: I – fazer declaração falsa ou omitir declaração sobre rendas, bens ou fatos, ou empregar outra fraude, para eximir-se, total ou parcialmente, de pagamento de tributo;".

[16] SARAIVA FILHO, Oswaldo Othon de Pontes. Sigilo bancário e a administração tributária. In: *Cadernos de direito tributário e finanças públicas* nº 11. São Paulo: Revista dos Tribunais, 1995, p. 57.

nº 42/2003,[17] sendo, pois, evidente a constitucionalidade do preceito do artigo 199 do Código Tributário Nacional.[18]

Sobre a exegese do mais polêmico inciso XII do artigo 5º da Constituição da República, ou seja, sobre a inviolabilidade da comunicação de dados, ou seja, a liberdade do indivíduo de comunicar algo ou de negar a transferência dessa comunicação para terceiros,[19] vale ressaltar que o Supremo Tribunal Federal tem afirmado, em várias ocasiões, que a inviolabilidade, a que trata a retrocitada norma constitucional, refere-se à intromissão ou interceptação da comunicação de dados, e não ao registro de dados.

Assim, no inciso XII do art. 5º da Lei Fundamental, na linha da lição de Sepúlveda Pertence (MS nº 21.729-4/DF), o que se protege é a comunicação de dados, é a interceptação indevida da comunicação de dados, por quem não tem justo motivo de ter acesso aos mesmos, não os dados em si mesmos, ou seja, não os dados comunicados, o que, de outra forma, tornaria impossível qualquer investigação administrativa, fosse qual fosse, e a própria declaração dos contribuintes para fins do imposto de renda.[20] [21] [22]

---

[17] O inciso XXII do art. 37 da CF, incluído pela EC nº 42/2003, apresenta a seguinte redação: "as administrações tributárias da União, dos Estados, do Distrito Federal e dos Municípios, atividades essenciais ao funcionamento do Estado, exercidas por servidores de carreiras específicas, terão recursos prioritários para a realização de suas atividades e atuarão de forma integrada, inclusive com o compartilhamento de cadastros e de informações fiscais, na forma da lei ou convênio." A seu turno, a respeito do regime único de arrecadação dos impostos e contribuições da União, dos Estados, do Distrito Federal e dos Municípios, eis o teor do inciso IV, parágrafo único, do art. 146, da CF, também incluso pela EC nº 42/2003: "a arrecadação, a fiscalização e a cobrança poderão ser compartilhadas pelos entes federados, adotado cadastro nacional único de contribuintes."

[18] Assim dispõe o CTN: "Art. 199. A Fazenda Pública da União e as dos Estados, do Distrito Federal e dos Municípios prestar-se-ão mutuamente assistência para a fiscalização dos tributos respectivos e permuta de informações, na forma estabelecida, em caráter geral ou específico, por lei ou convênio. Parágrafo único. A Fazenda Pública da União, na forma estabelecida em tratados, acordos ou convênios, poderá permutar informações com Estados estrangeiros no interesse da arrecadação e da fiscalização de tributos." (Parágrafo único incluído pela LC nº 104/2001).

[19] No XX Simpósio Nacional de Direito Tributário, prevaleceu a concepção de que o contribuinte, com base no art. 5º, inciso LXIII, poderia ficar calado, negar à Administração tributária informação ou documento exigido legalmente, para não se incriminar. Isto ocorrendo a solução, para o Fisco, seria apreender livros ou documentos, pelo auditor fiscal localizados, ou tributar por arbitramento, ou requerer ordem judicial para a obtenção do documento ou dado ou correspondência por meio de pedido de busca e apreensão – MARTINS, Ives Gandra da Silva (coord.). Crimes contra a ordem tributária. 4. ed. São Paulo: Revista dos Tribunais e CEU, 2002.

[20] Nesse diapasão, traga-se à colação o magistério do Ministro Nelson Jobim, em voto proferido no julgamento do RE nº 219.780/PE: "Passa-se, aqui, que o inciso XII não está tornando inviolável o dado da correspondência, da comunicação, do telegrama. Ele está proibindo a interceptação da comunicação dos dados, não dos resultados. Essa é a razão pela qual a única interceptação que se permite é a telefônica, pois é a única a não deixar vestígios, ao passo que nas comunicações por correspondência telegráfica e de dados é proibida a interceptação porque os dados remanescem; eles não são rigorosamente sigilosos, dependem da interpretação infraconstitucional para poderem ser abertos. O que é vedado de forma absoluta é a interceptação da comunicação da correspondência, do telegrama. Por que a Constituição permitiu a interceptação da Comunicação telefônica? Para manter os dados, já que é a única em que, esgotando-se a comunicação, desaparecem os dados. Nas demais, não se permite porque os dados remanescem, ficam no computador, nas correspondências etc." (RE nº 219.780/PE, Rel. Min. Carlos Velloso, DJ, 10 set. 1999, p. 23)

[21] Ainda a este respeito, transcreva-se outro trecho do voto do senhor Ministro Sepúlveda Pertence, proferido por ocasião do julgamento do Mando de Segurança nº 21.729-4/DF: "Seja qual for o conteúdo da referência dada no inciso XII, este é absolutamente inviolável. O que, a meu ver, mostra, para não se chegar a uma desabrida absurdidade da Constituição, a ter que concluir que se refere à comunicação de dados. Só, afinal, a telefonia é relativa, porque pode ser quebrada por ordem judicial, o que é fácil de entender, pois a comunicação telefônica é instantânea, ou se colhe enquanto ela se desenvolve, ou se perdeu a prova; já a comunicação de dados, a correspondência, a comunicação telegráfica, não, elas deixam provas que podem ser objeto de busca e apreensão. O que se proíbe é a intervenção de um terceiro num ato de comunicação, em todo o dispositivo, por isso só com relação à comunicação telefônica se teve de estabelecer excepcionalmente a possibilidade de intervenção de terceiros para se obter esta prova, que de outro modo perder-se-ia."

Destarte, a inviolabilidade é da intromissão no momento da comunicação ou da transmissão de dados informáticos, no interesse da defesa da privacidade, e não os dados em si mesmos, pois, em caso contrário, o contribuinte, com base na interpretação equivocada do inciso XII do artigo 5º da Constituição da República, poderia até deixar de cumprir a obrigação de entregar a sua declaração para fins do imposto de renda, alegando que a mesma se encontra em formato eletrônico ou digital, e, por isso, ele estaria protegido pelo sigilo de dados, pelo direito à privacidade!

Portanto, a inviolabilidade da comunicação de dados protege esta comunicação no interesse da defesa da privacidade, de forma absoluta, no momento em que ela está ocorrendo, sendo vedada a intercepção nesse instante.

A única exceção da inviolabilidade de comunicações diz respeito à comunicação telefônica, tendo em vista que esta é fugaz, se não for interceptada no momento da comunicação, o dado se perde, daí a Constituição no final do inciso XII do artigo 5º ter autorizado a relativização do direito à inviolabilidade da comunicação telefônica, desde que mediante ordem judicial, nas hipóteses e na forma que a lei estabelecer, para fins de investigação criminal ou instrução processual penal.

A Lei Suprema não autoriza a interceptação da comunicação de dados informáticos como dos informes bancários; mas, como tecnicamente o relato ou conteúdo da comunicação pode ser apartado desta, permite a obtenção posterior, por terceiro que tenha legítimo interesse, do resultado dessa comunicação, ou seja, o dado em si, e, em regra, mas não sempre, mediante ordem de autoridade judicial.

E isto, ou seja, nem sempre é necessário ordem de autoridade judicial, uma vez que, além do preceptivo constitucional do § 3º do artigo 53 assegurar o acesso direto de dados sigilosos por parte das Comissões Parlamentares de Inquérito, o § 1º do artigo 145 da Constituição brasileira faculta à Administração tributária investigar o patrimônio, os rendimentos e as atividades econômicas dos contribuintes, nos termos da lei razoável, e respeitando-se os direitos individuais, isto é, mantendo-se o sigilo em relação a terceiros, que não possuam autorização constitucional de ter acesso direto a esses dados.

Se os dados são sigilosos, ou seja, se espelham algo de um estado ou de uma relação exclusivamente privada, isto é, não são alguns daqueles que existem para o normal conhecimento público, eles só poderão ser transferidos segundo autorização expressa da Constituição Federal e nos termos da lei infraconstitucional, que regulamente essa autorização constitucional.

Ainda explicando: os dados em si, resultantes de uma comunicação de dados de conteúdo privado, só podem ser transferidos por ordem judicial, por decisão fundamentada de uma Comissão Parlamentar de Inquérito ou para a Administração tributária, no último caso, como faculta o § 1º do artigo 145 da Constituição da República.

Ressalte-se que, em relação à Administração tributária federal, não há de se cogitar de inviolabilidade da liberdade de comunicação de dados informáticos, posto que o contribuinte não tem, no caso, a livre e exclusiva vontade de escolher a quem comunicar; pois ele é, legalmente, obrigado a informar ao Fisco federal, sob pena de

---

[22] Na doutrina, cf. FERRAZ JUNIOR, Tercio Sampaio. Sigilo bancário, a Constituição Federal e a Lei Complementar n. 105/2001. In: *Direito Constitucional: liberdade de fumar, privacidade, Estado, direitos humanos e outros temas.* Barueri-SP: Manole, 2007, p. 168 a 171.

cometimento de crime contra a ordem tributária, todas os dados relacionados com seus rendimentos, pagamentos e doações efetuados a terceiros, a sua variação patrimonial, não havendo, aqui, em suma, liberdade de comunicação.

No que tange ao sigilo bancário, não há em relação à Administração tributária direito à privacidade, pois aí os dados informatizados relatados ou comunicados não são só pertinentes ao cliente do banco, ou apenas do interesse exclusivo dele.

Se o conteúdo do relatado ou dado comunicado for do conhecimento público, não há de se falar sequer em dado sigiloso em relação àqueles em que a Constituição Federal autorizou o acesso direto a ele.

Insta realçar, ainda, que essa transferência de sigilo, de bancário para o fiscal, pode ocorrer para fins de controle tributário, ou seja, como fito de fiscalização e arrecadação de tributos, não sendo, pois, necessário que a finalidade dessa transferência de dados bancários suceda com o escopo de investigação criminal ou instrução processual penal, requisito exigido, apenas e tão somente, no final do inciso XI do artigo 5º da Constituição da República, para a relativização do direito à inviolabilidade da comunicação telefônica.

De modo que, se alguém intercepta uma comunicação de dados eletrônicos, no momento, por exemplo, em que um cliente do banco ordena que se realize certa operação financeira, estará ocorrendo lesão ao inciso XII do artigo 5º da Lei Suprema.

Não haverá lesão alguma à inviolabilidade da comunicação de dados, uma vez que o dado pode ser apartado do ato da comunicação dele, se o acesso ao dado informatizado comunicado ocorrer, por parte dos órgãos públicos, que receberam autorização constitucional de acesso direto, em momento posterior ao da comunicação.

Esse dado informatizado, que sobrevive a essa comunicação, pode estar amparado por outro direito constitucional – o direito à vida privada, com base no inciso X do artigo 5º da Constituição Federal. Mas se o dado nada tem a ver com a intimidade ou vida privada, não há de se falar em sigilo algum.

Assim, em que pese, normalmente, os dados, documentos e informações, considerados amparados pelo sigilo bancário, tragam conteúdos, meramente, econômicos, mais relacionados com o direito à propriedade, que deve ter função social, excepcionalmente, e com muito esforço se pode considerar que eles podem guardar consigo informações e dados pertinentes ao direito à vida privada e à liberdade de comunicação de dados.

De modo que se pode entender que o sigilo bancário, como também o sigilo fiscal, se apresenta como espécie do gênero *right of privacy* – direito à privacidade.

Parece indiscutível que os dados bancários são sigilosos em relação a terceiros, que não tenham justo motivo para ter acesso a eles e que não receberam da própria Constituição autorização para o acesso direto a esses dados.

Já em relação às pessoas, que tenham legítimo interesse de acesso a dados bancários de outrem, mas não receberam da Constituição da República autorização para ter acesso direto a esses dados, os dados bancários só podem ser transferidos mediante prévia ordem judicial.

Contudo, diante também do predomínio ou supremacia do interesse público sobre o privado, é bem razoável entender que a Constituição brasileira de 1988 autoriza, com base no seu artigo 145, § 1º, que a Administração tributária tenha, por exemplo, acesso direto à declaração de pessoas físicas e jurídicas, para fins da fiscalização e arrecadação do imposto sobre a renda e proventos de qualquer natureza, mesmo que os informes estejam armazenados em dados digitais ou eletrônicos, e que tenha acesso a dados bancários dos contribuintes, em ambos os casos, sem a prévia intermediação do Poder Judiciário.

Não se pode olvidar que o direito à privacidade e à liberdade de comunicação de dados, previsto nos incisos X e XII do artigo 5º da Constituição brasileira de 1988, deve ser interpretado com os condicionamentos e ponderações do que consta, também, além do princípio da legalidade, do inciso II do artigo 5º, do artigo 150, I, do artigo 37, "caput", todos da Constituição da República, do que constam, ainda, no "caput" do mesmo artigo 5º, vale transcrever, que *todos são iguais perante a lei, sem distinção de qualquer natureza*, garantindo-se aos brasileiros e aos estrangeiros residentes no País a inviolabilidade do direito à vida, à liberdade, à igualdade, à segurança e à propriedade, nos termos seguintes ...", e na vedação de tratamento fiscal discriminatório entre contribuintes do inciso II do artigo 150 da mesma Carta Política.[23]

3. A transferência do sigilo bancário para fins fiscais à luz da necessária ponderação de princípios, normas e direitos constitucionais

Impende realçar que todos nós temos o direito de viver em um Estado fiscal democrático de direito. Estado este que garanta os direitos – direito à vida, à liberdade, à propriedade, à privacidade, e assim por diante; e imponha os deveres, tendo em vista o interesse público, em especial, o dever de respeito aos direitos alheios, e faça a intermediação entre os membros da sociedade, evitando todo e qualquer abuso de poder e o domínio dos mais poderosos em relação aos mais desfavorecidos.

E para que o Estado moderno possa desincumbir essa sua missão, além do combate ao desperdício de dinheiro público, o que se dá em duas frentes – com a guerra, sem trégua, contra a corrupção e a luta contra o emprego inadequado ou ineficiente dos recursos públicos – ele tem que arrecadar o que necessita, devendo exercer, para tanto, com eficácia e eficiência, a sua atividade fiscalizadora, inclusive possuindo meios de confrontar se os sujeitos passivos das relações jurídicas tributárias estão cumprindo corretamente ou não as suas obrigações principais, impostas por lei, como também as obrigações acessórias, estabelecidas pela legislação tributária, como, por exemplo, se os valores, que os contribuintes estão declarando, para o fim de incidência do imposto de renda, correspondem às quantias que foram movimentadas pelos contribuintes nos Bancos.

Afinal de contas, a sistemática de autoliquidação, por parte dos contribuintes (e o consequente lançamento, expresso ou tácito, por homologação, ou, de outra forma, o lançamento de ofício do que foi omitido ou declarado incorretamente) implica a possibilidade de a Administração tributária possuir instrumentos mais eficazes e

---

[23] Sobre a relevância dos princípios da legalidade e da igualdade para o deslinde da questão relativa ao direito à privacidade e ao sigilo bancário, cf. Eurico Marcos Diniz de SANTI (SANTI, Eurico Marcos Diniz de. O sigilo e a Lei Tributária: transparência, controle da legalidade, direito à prova e a transferência do sigilo bancário para a Administração tributária na Constituição e na LC nº 105. In: SARAIVA FILHO, Oswaldo Othon de Pontes; GUIMARÃES, Vasco Branco (Coords.). *Sigilo bancário e fiscal*: homenagem ao jurista José Carlos Moreira Alves. Belo Horizonte: Fórum, 2011, p. 615 a 617.

eficientes de fiscalização, sob pena de se manter uma hipocrisia fiscal, não se cumprindo, realmente, os princípios constitucionais da legalidade, da pessoalidade, generalidade e universalidade do imposto sobre a renda, da igualdade e da capacidade contributiva, da livre concorrência, princípios estes destinados a amparar os contribuintes (CF/1988, arts. 5º, *caput*, incisos I e II; 145, § 1º; 150, incisos I e II; 153, § 2º, inciso I; 170, *caput*, inciso IV; 173, § 4º).

Possuem os contribuintes, que não têm como fugir da tributação, pois são tributados na fonte, e os que declaram corretamente todos os seus rendimentos, o justo interesse de que o Estado fiscal zele pelo real cumprimento desses princípios constitucional-tributários, que não faça desses princípios, como diz o ditado popular, apenas diretrizes formais, *para "inglês" ver*, sob pena de terem eles de arcar com a inadequada incidência tributária, sabendo-se que o Estado tributa a quantia indispensável para o custeio dos gastos inerentes a ele, tudo em face da evasão ou sonegação fiscal de outros.

Nos dias de hoje, a maioria dos impostos são liquidados, pelos próprios contribuintes, com base em elementos que eles dispõem e que a administração tributária teria muito dificuldade em obter e confrontar, sem que disponha de adequados mecanismos de fiscalização, como o acesso direto dela às informações bancárias.

De fato, hodiernamente, o Poder Executivo deixou, para segundo plano, a condição de aplicador *ex officio* das normas tributárias, para assumir, com mais proeminência, a condição de fiscalizador, de controlador das atividades de liquidação de tributos efetuadas pelos sujeitos passivos das obrigações tributárias.

Aliás, a importância de se conferir maior eficiência aos meios de fiscalização tributária ganha relevo em face da economia globalizada em que vivemos, bem como diante da informatização, onde pode se dar o comércio virtual, com dificuldade adicional para o Fisco verificar a ocorrência de fatos geradores, caso não declarados pelos particulares contratantes.

O ganho de eficiência dos meios da fiscalização tributária e a consequente maior arrecadação do que é legalmente devido, o que já foi notado pela sociedade brasileira imediatamente após a publicação da Lei Complementar n° 105, de 10 de janeiro de 2001, que permite a transferência direta do sigilo bancário para a Administração tributária, traz, entre nós, a clara percepção de que os verdadeiros inimigos e concorrentes desleais dos contribuintes são aqueles que, com a hipócrita sacralização do direito à vida privada, e, apostando, assim, nas amarras e na ineficiência do Fisco, conseguem se evadir de suas obrigações tributárias, principais e acessórias, forçando o Estado, que não pode prescindir da arrecadação que lhe é necessária, a tributar, cada vez mais, os que não podem fugir da tributação e os que pagam os tributos honestamente, o que vai de encontro à razoabilidade da tributação, proporcionadora da liberdade, justamente, aquilo que o Estado fiscal visa a assegurar.

Como desabafa o Professor da Faculdade de Direito da Universidade de Coimbra Doutor José Cassalta Nabais:

> Com efeito, é de todo insustentável a situação a que uma parte significativa e crescente de contribuintes se conseguiu alcandorar, fugindo descaradamente e com assinalável êxito aos impostos. É insustentável pela receita perdida que origina e, consequentemente, pelo *apartheid* fiscal que a mesma provoca, desonerando

os *fugitivos* fiscais e sobrecarregando os demais contribuintes que, não podendo fugir aos impostos, se tornam verdadeiros reféns ou cativos do Fisco por impostos alheios.[24]

Em regra, a Constituição brasileira proíbe a violação, sem ordem judicial, de algo pertinente à intimidade e à vida privada das pessoas (CF, art. 5º, X) e veda, sempre, a interceptação dessa comunicação de dados informáticos (CF, art. 5º, XII), no interesse da privacidade (aqui, o inviolável não são os dados em si).

Da mesma forma em que, na busca e apreensão de correspondência ou de quaisquer bens ou documentos, se pode fazer por meio de prévia ordem judicial, concebe-se, diante de direitos constitucionais envolvidos, que haveria, no que tange aos segredos bancário e fiscal, uma reserva constitucional de jurisdição – a transferência do sigilo só poderia suceder após prévia autorização do Poder Judiciário (e não apenas *a posteriori*).

Existe, atualmente, a tese no sentido de que, como direitos previstos, embora que implicitamente, na Constituição brasileira, o sigilo bancário, como também o fiscal, só poderia ser relativizado nos termos de norma constitucional.

Bem como, defende-se que deva se utilizar de interpretação restritiva de norma constitucional, que limite direito fundamental.

Como se considera que os sigilos bancário e fiscal são nuanças do direito constitucional à privacidade e à inviolabilidade da comunicação de dados, lei infraconstitucional alguma, nem sequer lei complementar, poderia, fora de parâmetros constitucionais, restringir ou limitar um direito constitucional fundamental.

Embora se possa advogar, também, que o sigilo bancário estaria amparado, também, pelo segredo profissional ou pelo sigilo da fonte, de que trata o inciso XIV do artigo 5º da Constituição da República, tradicionalmente, no Brasil, essa concepção jamais prosperou, diante de convincentes magistérios de juristas de escol.

A respeito da exegese do parágrafo único do artigo 197 do Código Tributário Nacional, Aliomar Baleeiro, por exemplo, manifestou-se no sentido de que *os banqueiros não estão adstritos às mesmas regras éticas e jurídicas de sigilo. Em princípio só devem aceitar a ser procurados para negócios lícitos e confessáveis; diversa é a situação do advogado, do médico e do padre, cujo dever profissional lhes não tranca os ouvidos a todos os desvios de procedimento ético ou jurídico, às vezes conhecidos somente da consciência dos confidentes.*[25]

Paulo de Barros Carvalho, após reconhecer que, em princípio, tendo em vista o bem comum, todas as pessoas devem colaborar com as autoridades administrativas, prestando informações de que dispuserem acerca de bens, negócios ou atividades de terceiros, exclui dessa obrigação de mantença do sigilo profissional o médico, o advogado, o psicólogo, o padre, mas não a profissão de banqueiro.[26]

Mesmo considerando o sigilo bancário como nuança implícita do direito à privacidade, nenhum direito é absoluto, de modo que esse também pode sofrer relativização por prévia ordem judicial, ou mesmo sem a intermediação do Poder Judiciário, nas raras ressalvas autorizadas por outras normas constitucionais.

---

[24] NABAIS, José Casalta. Algumas reflexões sobre o actual Estado fiscal. In: *Revista Fórum de Direito Tributário*, nº 4. Belo Horizonte: Fórum, jul./ago de 2003, p. 113.

[25] BALEEIRO, Aliomar. *Direito tributário brasileiro*. 11. ed. atualizada por Misabel Abreu Machado Derzi. Rio de Janeiro: Forense, 2006, p. 993.

[26] CARVALHO, Paulo de Barros. *Curso de direito tributário*. 18. ed. São Paulo: Saraiva, 2007, p. 553 e 554.

Assim é que o § 3º do artigo 58 da Constituição brasileira de 1988[27] confere às comissões parlamentares de inquérito poderes de investigação próprios das autoridades judiciais, de modo que, desde que atendidas as exigências do referido preceito constitucional e de forma fundamentada, pode a CPI decidir ordenar a transferência, do banco para ela, do sigilo bancário de pessoa envolvida com determinado fato investigado

A controvérsia maior deste trabalho reside na questão de se definir se a Constituição Federal de 1988 teria autorizado também à Administração tributária o acesso direto ao sigilo bancário, independentemente, portanto, de prévia ordem judicial.

Ora, a Constituição brasileira confere aos entes da Federação o mais e os fins – o poder de tributar, para que estes obtenham receitas para atender aos seus encargos, inclusive possa garantir os direitos à vida, à liberdade, à igualdade, à privacidade, etc. (arts. 145 *caput* incisos I a III, 148, 149 e 195, 153 *caput* incisos I a VII, 154, I, e II, 155 *caput* incisos I a III, e 156 *caput* incisos I a III, etc.) – obviamente, ofereceu, também, aos respectivos Poderes Executivos o menos e os meios – a competência ampla de fiscalização, para viabilizar a arrecadação legalmente prevista e necessária.

Aqui, emerge a doutrina dos poderes implícitos: se a Constituição dá o poder de tributar,[28] impõe a observância efetiva dos princípios da legalidade (CF, art. 5º, *caput*, II; e art. 150, I), da igualdade (CF, art. 5º, *caput*, inciso I; art. 150, II) da capacidade contributiva (CF, art. 145, § 1º), da livre concorrência (CF, art. 170, IV; art. 173, § 4º), e exige eficiência da administração (CF, art. 37, *caput*), consequentemente, concede, também, o amplo poder de controle, de fiscalização sobre os rendimentos, o patrimônio e as atividades econômicas dos contribuintes.

Insta ressaltar que o sigilo bancário tem maior relação com o preceito do § 1º, do artigo 145 da Carta Política brasileira, que, dispõe que, *especialmente*, – ou seja, esta palavra significa *principalmente*, – para conferir efetividade aos objetivos da pessoalidade de alguns impostos, da igualdade no tratamento tributário conferido aos contribuintes e da capacidade contributiva, é facultado à Administração tributária, identificar, respeitados os direitos individuais, isto é conservando a privacidade e o sigilo dos dados recebidos, e nos termos da lei razoável,[29] o patrimônio, os rendimentos e as atividades econômicas dos contribuintes.

---

[27] Assim dispõe o § 3º do art. 58 da CF: "As comissões parlamentares de inquérito, que terão poderes de investigação próprios das autoridades judiciais, além de outros previstos nos regimentos das respectivas Casas, serão criadas pela Câmara dos Deputados e pelo Senado Federal, em conjunto ou separadamente, mediante requerimento de um terço de seus membros, para a apuração de fato determinado e por prazo certo, sendo suas conclusões, se for o caso, encaminhadas ao Ministério Público, para que promova a responsabilidade civil ou criminal dos infratores".

[28] A divisão constitucional do poder de tributar é estabelecida em várias normas da CF/1988: art. 145; art. 148; art. 149; art. 149-A; 195; art. 40; art. 239; art. 8º, IV; art. 240; 177, § 4º; art. 153; art. 154; art. 155; art. 156.

[29] Observe-se que o § 1º do art. 145 da CF prevê que o acesso, por parte da administração tributária, aos dados referentes ao patrimônio, aos rendimentos e às atividades econômicas dos contribuintes deve suceder mediante "lei", ou seja, parece defensável entender que a palavra "lei" foi utilizada aí no sentido técnico, "lei ordinária", não exigindo "lei complementar", mormente quando a matéria tratada seja do interesse exclusivo da União, não sendo dirigida a todos os entes da Federação. Quando a Constituição, numa norma específica, deseja que a lei disciplinadora ou regulamentadora seja lei complementar, ele dispõe isto de modo explícito. Nesse diapasão, decidiu, respectivamente, a Primeira Turma e o Plenário do STF, por ocasião dos julgamentos dos Recursos Extraordinários nº 225.655/PB (in *DJU* de 27.04.2000) e nº 225.602-CE (in *DJU* de 06.04.2001), que a lei de condições e limites, para alteração de alíquotas dos impostos regulatórios da economia, é a lei ordinária, dado que lei complementar só é exigível nos casos em que a Constituição, expressamente, determina, sendo certo que, no ponto, a Constituição excepciona a regra inscrita no art. 146, II.

A seu turno, como já mencionado, o sigilo bancário, como também o sigilo fiscal, tem relação implícita com o direito à vida privada e à inviolabilidade da comunicação de dados, direitos previstos nos incisos X e XII do artigo 5º da Carta Política de 1988.

Todavia, já no "caput" do mesmo artigo 5º, encontram-se dois realces ao o princípio da igualdade: "Todos são iguais perante a lei, sem distinção de qualquer natureza" e "garantindo-se aos brasileiros e aos estrangeiros residentes no País a inviolabilidade do direito ... à igualdade".

Já no inciso I do mesmo artigo 5º da Constituição Federal há outra referência ao princípio da igualdade: "homens e mulheres são iguais em direitos e obrigações, nos termos desta Constituição".

Logo no inciso seguinte, destaca a Constituição da República o princípio da legalidade, ou expressar que "ninguém será obrigado a fazer ou deixar de fazer alguma coisa senão em virtude de lei".

E, além da exigência de atendimento ao princípio da capacidade contributiva, explicitador no âmbito fiscal do princípio da igualdade tributária (CF, § 1º, do art. 145), no artigo 150, *caput*, incisos I e II, da mesma Constituição, existe outra exigência de cumprimento ao direito fundamental da pessoa humana de isonomia, especificamente, no âmbito tributário, e da obrigatoriedade da observância da lei, ao expressar que, *sem prejuízo de outras garantias asseguradas ao contribuinte*, e não ao Estado, ao fisco, de modo que estamos diante de direitos fundamentais e primários dos contribuintes, *é vedado à União, aos Estados, ao Distrito Federal e aos Municípios exigir ou aumentar tributo sem lei que o estabeleça; e instituir tratamento desigual entre contribuintes que se encontrem em situação equivalente, proibida qualquer distinção em razão de ocupação profissional ou função por eles exercida, independentemente da denominação jurídica dos rendimentos, títulos ou direitos.*

Assim, parece evidente que – embora as restrições aos direitos fundamentais devam ser interpretados restritivamente – no confronto entre os direitos fundamentais dos indivíduos da igualdade, da observância da legalidade, da capacidade contributiva; e os direitos fundamentais relativos à privacidade, a Constituição da República Federativa do Brasil concede prevalência ou supremacia aos primeiros.

Ademais, é razoável que se entenda que, no § 1º do artigo 145 da Constituição da República, está a autorização constitucional mais explícita de relativização, para a Administração tributária, da inviolabilidade do direito à vida privada (CF, art. 5º, X), neste se encontrando os informes resultantes da comunicação de dados no interesse da privacidade (CF, art. 5º, XII), incluso o sigilo bancário, independentemente de prévia determinação judicial, mormente no que diz respeito aos dados gerais ou cadastrais insusceptíveis de revelar algo da vida privada de quem quer que seja.

Destarte, é a própria Constituição, que cria outra ressalva ao direito à privacidade e, também outra exceção à consequente reserva de jurisdição, ao autorizar a transferência direta, da instituição financeira para a Administração tributária, de dados bancários, mesmos os sigilosos em relação a terceiros, com a comutação de sigilo bancário para o sigilo fiscal, tendo, assim, o Fisco a obrigação legal de manter o sigilo, conservando-se, pois, os sigilos bancário e fiscal perante terceiros.

A esse respeito, o próprio preceito do inciso XXXII, artigo 5º, da Constituição brasileira, ressalva do direito que todos têm a receber do Estado informações, aquelas sigilosas, no interesse da segurança não só do Estado, mas também da sociedade.

SISTEMA CONSTITUCIONAL TRIBUTÁRIO – dos fundamentos teóricos aos *hard cases* tributários
Estudos em homenagem ao Ministro Luiz Fux

Impende realçar que a Constituição Federal de 1988, no seu artigo 5°, *caput*, proclama que *todos são iguais perante a lei, sem distinção de qualquer natureza, garantindo-se a inviolabilidade do direito à igualdade*. O mesmo Estatuto Constitucional, no seu artigo 150, inciso II, veda a instituição de *tratamento desigual entre contribuintes que se encontrem em situação equivalente, proibida qualquer distinção em razão de ocupação profissional ou função por eles exercida, independentemente da denominação jurídica dos rendimentos, títulos ou direitos.*

É inerente à atividade da Administração ter acesso às informações bancárias, a fim de poder desempenhar o seu poder-dever de fiscalização. E isso para a perseguição de objetivos que a própria Constituição lhe impõe na concretização da justiça fiscal e, em última instância, dos princípios da igualdade e da legalidade que consagra.

De fato, a capacidade contributiva, informadora sob o aspecto fiscal do princípio da igualdade no tratamento tributário, consiste, segundo o magistério de Ricardo Lobo Torres, "em legitimar a tributação e graduá-la de acordo com a riqueza de cada qual, de modo que os ricos paguem mais e os pobres, menos".[30]

E como realçou o saudoso mestre da Faculdade de Direito da Universidade de Lisboa Doutor José Luís Saldanha Sanches, em palestra proferida, em Brasília, em 18 de fevereiro de 2001, no Simpósio Internacional sobre Sigilo Bancário, uma promoção da Escola da Advocacia-Geral da União Victor Nunes Leal: "Os sistemas de tributação, com base no rendimento e a atribuição de uma igualdade de tratamento a todos os contribuintes, constituem assim uma concretização do princípio da igualdade fiscal na medida em que a igualdade fiscal exige não apenas a igualdade na legislação, mas também a igualdade na aplicação da lei".

Impende ponderar que não tem muito sentido conceber que o contribuinte poderia alegar direito à vida privada, para obstar que ele ou terceiros em relação a ele – bancos, administradores de seus bens, cartórios, Detran, etc. –, em obediência à determinação legal, prestem informações ao Fisco de fatos de conteúdo econômico, que, embora possam, eventualmente, revelar algo da vida privada, sejam indispensáveis ao contínuo controle administrativo, caso contrário haveria uma enorme dificuldade de o Fisco tributar corretamente, segundo a lei, com a observância, na realidade, dos princípios constitucionais tributários da pessoalidade do imposto de renda e da capacidade contributiva (CF, art. 145, § 1°), da igualdade tributária (CF, art. 150, II) e da livre concorrência (CF, arts. 170, IV; e 173, § 4°).

Ademais, rezam os preceptivos constitucionais do artigo 1°, *caput*, incisos III e IV, e que a República Federativa do Brasil constitui-se em Estado Democrático de Direito e tem como uns dos seus fundamentos a cidadania, a dignidade da pessoa humana e os valores sociais do trabalho e da liberdade de iniciativa, dentre eles, a livre concorrência.[31]

A propósito, Alexandre de Moraes comenta:

---

[30] TORRES, Ricardo Lobo. *Tratado de direito constitucional, financeiro e tributário*, vol. III. Rio de Janeiro: Renovar, 1999, p. 334.

[31] Ricardo Cesar Mandarino BARRETTO. Sigilo bancário: direito à intimidade ou privilégio. In: *Direito federal: revista da AJUFE – Associação dos Juízes Federais do Brasil*, ano 21, n° 69, jan./mar. 2002, p. 248, adverte: "a igualdade jamais será atingida, se atingidos não forem os fundamentos da República, previstos no art. 1°, da Constituição Federal, consistente na cidadania, na dignidade da pessoa humana e nos valores sociais do trabalho e da livre iniciativa".

Os direitos humanos fundamentais, dentre eles os direitos e garantias individuais e coletivos consagrados no art. 5º, da Constituição Federal não podem ser utilizados como um verdadeiro escudo protetivo da prática de atividades ilícitas, nem tampouco como argumento para afastamento ou diminuição da responsabilidade civil ou penal dos atos criminosos, sob pena de total consagração ao desrespeito a um verdadeiro Estado de Direito.

Os direitos e garantias fundamentais consagrados pela Constituição Federal, portanto, não são ilimitados, uma vez que encontram os seus limites nos demais direitos consagrados pela Carta Magna (Princípio da Relatividade ou convivência das liberdades públicas).

Desta forma, quando houver conflito entre dois ou mais direitos ou garantias fundamentais, o intérprete deve utilizar-se do princípio da concordância prática ou da harmonização, de forma a coordenar e combinar os bens jurídicos em conflito, evitando o sacrifício total de uns em relação aos outros, realizando uma redução proporcional do âmbito de alcance de cada qual (contradição dos princípios), sempre em busca do verdadeiro significado da norma e da harmonia do texto constitucional com a sua finalidade precípua.

Apontando a relatividade dos direitos fundamentais, Quiroga Lavié afirma que os direitos fundamentais nascem para reduzir a ação do Estado nos limites impostos pela Constituição, sem contudo desconhecerem a subordinação do indivíduo ao Estado, como garantia de que eles operem dentro dos limites impostos pelo direito.

A própria Declaração dos Direitos Humanos e das Nações Unidas, expressamente, no seu art. 29, afirma que: toda pessoa tem deveres com a comunidade, posto que somente nela pode-se desenvolver livre e plenamente sua personalidade. No exercício dos seus direitos e no desfrute de suas liberdades, todas as pessoas estarão sujeitas às limitações estabelecidas pela lei com a única finalidade de assegurar o respeito dos direitos e liberdades dos demais, e de satisfazer as justas exigências da moral, da ordem pública e do bem-estar de uma ordem democrática. Estes direitos e liberdades não podem, em nenhum caso, serem exercidos em oposição com os propósitos e princípios das Nações Unidas. Nada na presente declaração poderá ser interpretado no sentido de conferir direito algum ao Estado, a um grupo ou uma pessoa para empreender e desenvolver atividades ou realizar atos tendentes à supressão de qualquer dos direitos e liberdades proclamados nessa Declaração.[32]

Ora, na prática, não há o reconhecimento adequado da cidadania, da dignidade humana de todos e a valorização da livre concorrência, se alguns contribuintes pudessem ou tivessem reconhecido o direito de omitir e manter, nos bancos, escondido do Fisco, rendimentos, variações patrimoniais e exercícios de atividades econômicas, enquanto outros, por questão de honestidade e solidariedade com a nação, ou por, simplesmente, não poderem fugir da tributação, por sofrerem tributação na fonte, como especialmente os assalariados, forem chamados, cada vez mais, por força da evasão e sonegação fiscal de outros, de difícil constatação por parte da fiscalização tributária, a arcar com as necessidades financeiras do Erário, tornando-se verdadeiros responsáveis por tributos devidos, de fato, por terceiros.

Aduza-se que um dos objetivos fundamentais da República Federativa do Brasil é *construir uma sociedade livre, justa e solidária* (CF/88, art. 3°, *caput*, inciso I).

Não há maior e mais relevante solidariedade do que cada um pagar seus tributos de acordo com a respectiva capacidade contributiva. Viabilizar que isto suceda, favorece a formação de uma sociedade brasileira realmente solidária.

Reconhecendo-se ao Fisco o direito de obter os meios adequados e eficientes de controle das ocorrências dos fatos geradores tributários, diante das declarações e dos dados recebidos, aí sim, os princípios constitucionais da legalidade, da pessoalidade do imposto de renda, da igualdade e da capacidade contributiva gerarão uma sociedade não só solidária, mas também justa.

Viabilizando-se uma sociedade solidária e justa, o Brasil formará, também, uma sociedade livre, com o afastamento da necessidade de alguns, por não poderem fugir

---

[32] MORAES, Alexandre de. *Direito Constitucional*. 8ª ed. São Paulo: Atlas, 2000, p. 58 a 59.

da tributação, suportarem os tributos devidos, escondidos ou sonegados por terceiros. O *apartheid* fiscal, que deteriora a liberdade dos contribuintes, que não têm como fugir da tributação, não prevaleceria.

E mais: a ordem econômica na Constituição do Brasil, fundada na valorização do trabalho humano e na livre iniciativa, tem por fim assegurar a todos a existência digna, conforme os ditames da justiça social, observado, entre outros princípios, o da livre concorrência (CF, arts. 1º *caput* incisos II, III e IV, e 170, *caput*, inciso IV).

Pode ser acrescentado, ainda, que a evasão e a sonegação fiscal também são combatidas, pela Carta Política Brasileira, quando ela reza que *a lei reprimirá o abuso do poder econômico que vise à dominação dos mercados, à eliminação da concorrência e ao aumento arbitrário dos lucros* (CF, § 4º do art. 173).

Ora, a incidência tributária é um dos fatores mais relevantes na fixação dos preços dos produtos e serviços: não há como se promover, verdadeiramente, a livre concorrência, se alguns possam contar com a falta de eficiência e eficácia da fiscalização tributária, e resolvam não declarar todos os seus rendimentos, todas suas atividades econômicas e variações patrimoniais, enquanto outros tudo declaram e pagam seus tributos correta e solidariamente, ainda que por não puder se esconder ou fugir da tributação.

O não reconhecimento de meios céleres e eficientes de fiscalização tributária contribuiria e muito para a geração de uma concorrência econômica desleal.

Insta observar que a Constituição Brasileira, no *caput* do artigo 37, estatui que a Administração pública obedecerá, entre outros princípios, o da legalidade, o da impessoalidade, o da moralidade e o da eficiência.

Ademais, o *caput* do artigo 70 da Lei Suprema indica a exigência de um outro princípio, a ser observado pela administração: o princípio da economicidade.

Insta, então, ressaltar que a Constituição Brasileira, além de garantir que a Administração Pública atue dentro da legalidade e da eficiência, observando os princípios da razoabilidade e da proporcionalidade (CF, art. 37, *caput* e art. 5º LIV), exige também que a Administração respeite os princípios da impessoalidade (ou finalidade) e da moralidade administrativa, o que implica a imparcialidade da administração pública.

Por força desses princípios, *os atos da Administração pública e de seus agentes em geral, especialmente os agentes fiscais, devem conter a maior eficiência possível, pela obrigação de prestarem uma boa administração, observando-se a honestidade, a boa-fé, a lealdade, a moderação, a discrição, a economicidade, a sinceridade, sem que possa existir qualquer inconfessável desejo de prejudicar ou beneficiar este ou aquele cidadão ou administrado.*[33]

Cumpre realçar a seguinte lição do jurista luso Antônio José Brandão, colhido do conhecido artigo *Moralidade administrativa*:

> [...] tanto infringe a moralidade administrativa o administrador que, para atuar, foi determinado por fins imorais ou desonestos, como aquele, que desprezou a ordem institucional, embora movido por zelo profissional, invade a esfera reservada outras funções, ou procura obter mera vantagem para o patrimônio a sua guarda. Em Ambos estes casos, os seus atos são infiéis à idéia que tinha de servir, pois violam o equilíbrio

---

[33] SARAIVA FILHO, Oswaldo Othon de Pontes. "Pesquisas tributárias: nova série nº 2 – O princípio da moralidade no direito tributário", Ives Gandra da Silva MARTINS (coord.). 2. ed. São Paulo: CEU e RT, 1998, p. 188.

que deve existir entre todas as funções, ou, embora mantendo ou aumentando o patrimônio gerido, desviam-se do fim institucional, que é o de concorrer para a criação do bem comum.[34]

As autoridades administrativas fiscais competentes para examinar as informações bancárias dos contribuintes, além de não terem mesmo qualquer interesse em se imiscuir na vida privada dos contribuintes, estando a isto proibidos por força do princípio da moralidade administrativa, também não têm o interesse de proporcionar a arrecadação a qualquer custo, mas sim, pretendem apenas propiciar, com o seu legítimo e eficiente trabalho de fiscalização, a arrecadação do que legalmente for devido.

Aliás, a hipocrisia, daqueles que temem que as autoridades administrativas tenham acesso direto aos dados bancários dos indivíduos, considerados sigilosos, é desmascarada quando eles mesmo não se importam que meros empregados de instituições financeiras privadas tenham total acesso às contas-correntes e aos investimentos das pessoas, nem se incomodam que os dados, obtidos por entidades de proteção ao crédito, sejam alienados aos bancos e às empresas comerciais, inclusive, acerca de preferências pessoais ou de desejos de consumo.

O magistrado federal Ricardo César Mandarino Barretto alerta:

Diante disso, revela-se exagerada essa sensibilidade nacional, quando se fala em quebra de sigilo bancário. A sociedade é tomada por uma espécie de estresse coletivo. É um verdadeiro "Deus nos acuda", parece que o holocausto está próximo, que a cidadania foi extirpada e a democracia está nos estertores. Em parte, toda essa comoção resulta na luta obstinada dos grandes contribuintes, aqueles que vivem da sonegação, em especial, para pretenderem manter privilégios, sob a justificativa de que o Estado não fornece serviços adequados e que é lícito resistir ao pagamento dos tributos. Com isso, cria-se a cultura da sonegação, "moralmente" justificada, fruto de uma relação aética entre o fisco e contribuinte... O que é lamentável é o fato de algumas mentes lúcidas do nosso país deixarem-se envolver por um discurso "humanitário", de falsos princípios, para, ingenuamente, trabalharem em favor dos sonegadores...

Pois bem, essa mesma elite toma-se de revolta quando o legislador permite que se use dados pessoais, de contas bancárias, para apurar o crédito tributário. Essa utilização de dados não implica em quebrar-se a intimidade, porque a divulgação é proibida. Ainda que se considere como quebra a utilização desses dados, a autorização legislativa para assim proceder-se foi instituída em nome de um bem maior, que é a persecução dos objetivos da República, consistentes na construção de uma sociedade livre, justa e solidária, na garantia do desenvolvimento nacional, na erradicação da pobreza, na redução das desigualdades sociais e regionais e na promoção do bem de todos (art. 3º, da Constituição Federal).

A única forma que dispõe o Estado para construir uma sociedade justa, erradicar pobreza e reduzir desigualdade é através da cobrança de impostos. Não existe outra, respeitando-se, evidentemente, as limitações ao poder de tributar.

Foi através da instituição do IPMF e seu sucedâneo CPMF, que o Estado brasileiro pôde constatar aquilo que os economistas, especialmente os técnicas da Receita já apontavam, que se sonega, em nosso país, o mesmo que se arrecada. Outro PIB brasileiro, de um trilhão e duzentos bilhões de reais constitui a base de cálculo da sonegação. (...) Isso significa que deixamos de ter metade das escolas, metade da segurança, metade da educação e, em um governo empenhado com os grandes interesses nacionais, metade da energia. Enfim, metade de tudo. Enfim, objetivos da República alcançados pela metade.[35]

Todos esses princípios constitucionais e o real cumprimento de todos eles apoiam a transferência direta do sigilo bancário para a administração tributária e demonstram a constitucionalidade dos preceptivos do artigo 5º, "caput", §§ 2º, 4º e 5º; e do artigo 6º, todos da Lei Complementar nº 105, de 10 de janeiro de 2001 (*DOU*, de 11.1.2001).[36]

---

[34] BRANDÃO, Antônio José. Moralidade administrativa, *RDA* v. 25, p. 459.

[35] BARRETTO, Ricardo Cesar Mandarino. Artigo e periódico já citados, 2002, p. 249, 250 e 252.

[36] Aqui estão os teores do art. 5º, *caput*, §§ 2º, 4º e 5º; e art. 6º, da LC nº 105/2001: "Art. 5º O Poder Executivo disciplinará, inclusive quanto à periodicidade e aos limites de valor, os critérios segundo os quais as instituições

Cumpre, ainda, ponderar que o direito não existe, e as normas jurídicas não podem ser interpretadas para amparar torpezas e proporcionar impunidades de quem comete ilegalidades.

Ademais, deve ser reconhecido que o interesse público, que é o interesse de toda a sociedade, deve ter supremacia em relação ao interesse individual privado.

Todo o conteúdo da vida econômica dos contribuintes, guardado nos bancos, deve ou deveria ter sido declarado pelos próprios contribuintes, quando do cumprimento de suas próprias obrigações acessórias, estipuladas pela legislação tributária, no interesse da arrecadação e da fiscalização dos tributos, de modo que não se pode, juridicamente, entender que os dados e informes bancários sejam tidos como sigilos para o Fisco, em nome da proteção da vida privada e da comunicação de dados informatizados, embora possam ser sigilosos para terceiros, que não tenham autorização legal, nem justo motivo para ter acesso a eles.

Saldanha Sanches, em seu último texto escrito de sua vida, em companhia de João Taborda Gama, corrobora:

> [...] se existe para o sujeito passivo uma obrigação de declarar a totalidade dos seus rendimentos (princípio da sujeição ilimitada ou *world wide taxation*), a verificação da conta bancária serve apenas para verificar a veracidade dessa declaração, pois os dados contidos na conta bancária só poderão acrescentar alguma coisa aos elementos já comunicados à Administração quando se tiverem verificado violações do dever de declarar.[37]

4. A transferência do sigilo bancário para fins fiscais à luz da legislação infraconstitucional

Em nível infraconstitucional, dispõe o "caput" do artigo 195 da Lei nº 5.172, de 25 de outubro de 1966 – Código Tributário Nacional, recebida pela Carta Política de 1988 com o *status* de lei complementar, que, *para os efeitos da legislação tributária, não têm aplicação quaisquer disposições legais excludentes ou limitativas do direito de examinar mercadorias, livros, arquivos, documentos, papéis e efeitos comerciais ou fiscais, dos comerciantes industriais ou produtores, ou da obrigação destes de exibi-los.*[38][39][40]

---

financeiras informarão à administração tributária da União, as operações financeiras efetuadas pelos usuários de seus serviços... § 2º As informações transferidas na forma do *caput* deste artigo restringir-se-ão a informes relacionados com a identificação dos titulares das operações e os montantes globais mensalmente movimentados, vedada a inserção de qualquer elemento que permita identificar a sua origem ou a natureza dos gastos a partir deles efetuados... § 4º Recebidas as informações de que trata este artigo, se detectados indícios de falhas, incorreções ou omissões, ou de cometimento de ilícito fiscal, a autoridade interessada poderá requisitar as informações e os documentos de que necessitar, bem como realizar fiscalização ou auditoria para a adequada apuração dos fatos. § 5º As informações a que refere este artigo serão conservadas sob sigilo fiscal, na forma da legislação em vigor". "Art. 6º As autoridades e os agentes fiscais tributários da União, dos Estados, do Distrito Federal e dos Municípios somente poderão examinar documentos, livros e registros de instituições financeiras, inclusive os referentes a contas de depósitos e aplicações financeiras, quando houver processo administrativo instaurado ou procedimento fiscal em curso e tais exames sejam considerados indispensáveis pela autoridade administrativa competente. Parágrafo único. O resultado dos exames, as informações e os documentos a que se refere este artigo serão conservados em sigilo, observada a legislação tributária".

[37] SANCHES, J. L. Saldanha; GAMA, João Taborda da. Sigilo Bancário: Crônica de uma Morte Anunciada. In: SARAIVA FILHO, Oswaldo Othon de Pontes; GUIMARÃES, Vasco Branco. (Coords.). *Sigilos Bancário e Fiscal – Homenagem ao Jurista José Carlos Moreira* Alves. Belo Horizonte: Fórum, 2011, p. 277.

[38] Súmula nº 439 do STF: "Estão sujeitos à fiscalização tributária ou previdenciária quaisquer livros comerciais, limitado o exame aos pontos objeto da investigação".

Avive-se o preceptivo do artigo 197, *caput*, incisos I a VII, do Código Tributário Nacional, que dispõe que várias pessoas, dentre elas *bancos, casas bancárias, Caixas Econômicas e demais instituições financeiras, mediante intimação escrita, são obrigadas a prestar à autoridade administrativa todas as informações de que disponham com relação aos bens, negócios ou atividades de terceiros.*

Como já mencionado, essa norma do artigo 197 do CTN, que expressamente inclui os bancos e demais instituições financeiras entre as pessoas obrigadas a prestar à autoridade administrativa tributária todas as informações de que dispunham com relação aos bens, negócios ou atividades de terceiros, foi assim comentada por Paulo de Barros Carvalho:

> Em princípio, todas as pessoas físicas ou jurídicas, públicas ou privadas, devem colaborar com as autoridades administrativas, prestando as informações de que dispuserem acerca de bens, negócios ou atividades de terceiros, quando instadas a fazê-lo. É da essência dos atos administrativos a finalidade de ordem pública, de modo que as colaborações prestadas aos agentes, no exercício regular de suas atribuições funcionais, se incorporam àquele objetivo que visa ao bem comum.[41]

Já o parágrafo único do artigo 197 do mesmo Codex estatui que obrigação acessória supra não abrange a prestação de informações quanto a fatos sobre os quais o informante esteja legalmente obrigado a observar segredo em razão de cargo, ofício, função, ministério, atividade ou profissão.

É relevante realçar que Paulo de Barros Carvalho, embora tenha citado o psicólogo, o médico, o advogado, o sacerdote dentre aqueles que não estão cometidos do dever de prestar as informações previstas no artigo 197, não coloca entre os exonerados do dever de informar à Administração tributária os banqueiros ou as instituições financeiras.[42][43]

E, de fato, os banqueiros e os bancos têm o dever de manter o sigilo em relação a terceiros, que não receberam da Constituição e de leis o direito de acesso direto aos dados e informes bancários de pessoas, mas não quando o direito a esse acesso é da Administração tributária.

---

[39] A respeito do art. 195 do CTN, Leandro Paulsen (*Direito tributário*: Constituição e Código Tributário à luz da doutrina e da jurisprudência. 12. ed. Porto Alegre: Livraria do Advogado; ESMAFE, 2010, p. 1249) apresenta a seguinte Ementa do Acórdão do STJ: "FISCALIZAÇÃO TRIBUTÁRIA. ART. 195 DO CTN. AUSÊNCIA DE VIOLAÇÃO DO SIGILO BANCÁRIO. PUBLICIDADE QUE REVESTE AS INFORMAÇÕES QUE DEVERIAM TER SIDO PRESTADAS. I – As indagações da Fazenda Pública referentes ao patrimônio líquido, tipos de fundos, taxa de administração e conta de escrituração não caracterizam violação ao sigilo bancário, sendo tais informações inerentes às atividades das instituições financeiras. II – Negando-se a instituição financeira de prestar as aludidas informações, tem-se como válida a aplicação de multa" (STJ, 1ª T., REsp 224.500/MG, Rel. Min. FRACISCO FALCÃO. Abr/05).

[40] Transcreva-se Ementa do Acórdão da 5ª T. do STJ, no HC nº 18.612/RJ, Rel. Min. GILSON DIPP, j. em 17/12/2002, DJ de 17/3/2003, p. 244, destacado por Hugo de Brito Machado SEGUNDO, in "Código Tributário Nacional: anotações à Constituição, ao Código Tributário Nacional e às Leis Complementares 87/1996 e 116/2003, São Paulo: Atlas, 2007", – "Os documentos e os livros que se relacionam com a contabilidade da empresa não estão protegidos por nenhum tipo de sigilo e são, inclusive, de apresentação obrigatória por ocasião das atividades fiscais. II. Tendo em vista o poder de fiscalização assegurado aos agentes fazendários e o caráter público dos livros contábeis e notas fiscais, sua apreensão durante a fiscalização, não representa nenhuma ilegalidade. Precedente. Ordem denegada".

[41] CARVALHO, Paulo de Barros. *Curso de direito tributário*, 18. ed. São Paulo: Saraiva, 2007, p. 553-365.

[42] CARVALHO, Paulo de Barros. Op. cit., p. 554.

[43] Tercio Sampaio FERRAZ JUNIOR corrobora: "Nem todo ofício, porém, está protegido pelo sigilo profissional: só aquele que, por natureza, exige a confidência ampla no interesse de quem confidencia. É o caso do médico, do advogado, do padre, do psicólogo, etc. Nos demais casos, a denúncia é uma possibilidade e até uma exigência." *Sigilo de dados: o direito à privacidade e os limites à função fiscalizadora do Estado*, in "Cadernos de direito tributário e finanças públicas", nº 1, p. 144.

Como já destacado, Aliomar Baleeiro reforça:

Não se conceberia que o advogado e o padre, por ex., fossem compelidos a devassar confidências recebidas em função de sua atividade, quando outras leis os garantem em função dessa atividade, contra delações a que se obrigarem, e até os punem se as fizerem (Cód. Penal, art. 154).

Não é, porém, o caso dos banqueiros, p.ex., que não são adstritos às mesmas regras éticas e jurídicas de sigilo. Em princípio *só devem aceitar e ser procurados para negócios lícitos e confessáveis*. Diversa é a situação do advogado, do médico e do padre, cujo dever profissional não tranca os ouvidos a todos os desvios de procedimento ético ou jurídico, às vezes conhecidos somente da consciência dos confidentes.[44]

A propósito, o Egrégio Superior Tribunal de Justiça reconheceu a obrigatoriedade de a Administradora de *shopping center* exibir documentos de terceiros, com supedâneo nos artigos 195, *caput*, e 197, inciso III, ambos do Código Tributário Nacional. Transcreva-se a Ementa do aludido acórdão:

STJ – 2ª Turma – RECURSO ESPECIAL Nº 201.459/DF, Rel. Min. Franciulli Netto:

RECURSO ESPECIAL – ALÍNEA "A" – TRIBUTÁRIO – MANDADO DE SEGURANÇA – ADMINISTRADORA DE SHOPPING CENTER – EXIBIÇÃO DE DOCUMENTOS ELABORADOS COM BASE NOS RELATÓRIOS DE VENDAS DAS LOJAS ADMINISTRADAS – OBRIGATORIEDADE – ARTIGOS 195, *CAPUT* E 197, INCISO III DO CTN.

O dever de prestar informações à autoridade fiscal não se restringe ao sujeito passivo das obrigações tributárias, ou seja, o contribuinte ou responsável tributário, alcançando também a terceiros, na forma prevista em lei.

Dispõe o artigo 195, caput do CTN que, "para efeitos da legislação tributária, não têm aplicação quaisquer disposições legais excludentes ou limitativas do direito de examinar mercadorias, livros, arquivos, documentos, papéis e efeitos comerciais ou fiscais dos comerciantes, industriais, ou produtores, ou da obrigação destes de exibi-los".

Impõe o artigo 197 do mesmo *Codex*, por seu turno, obrigação a terceiros de fornecer dados que auxiliem a atuação dos auditores fiscais, inserindo-se, dentre as pessoas jurídicas elencadas, empresas da modalidade da recorrente, administradora das lojas do Shopping Conjunto Nacional, situado nesta capital.

Forçoso concluir, dessarte, que não merece censura o v. acórdão proferido pelo Tribunal de Justiça do Distrito Federal e Territórios. Como bem ponderou o ilustre revisor da apelação, "a apelante dispõe de documentos comerciais que permitem ao fisco verificar possíveis irregularidades e mesmo evasão fiscal. A sua recusa não é legítima. Pouco importa não seja contribuinte do ICMS. Há obrigação dela em fornecer os documentos. É o que estabelece o art. 197 do CTN, segundo o qual as administradoras de bens – caso da impetrante – estão obrigadas a prestar, à autoridade administrativa, todas as informações que dispõe quanto aos bens, negócios ou atividades de terceiros".

Recurso especial não provido.[45]

No início de 2001, surgiu a Lei Complementar nº 105, que passou a dispor sobre o sigilo das operações de instituições financeiras e dar outras providências.[46]

Este capítulo deste artigo se concentrará, nomeadamente, na análise dos artigos 5º e 6º da Lei Complementar nº 105, de 10 de janeiro de 2001, que cuidam da transferência do sigilo bancário para a Administração tributária.

Tais preceptivos têm como supedâneo constitucional mais específico o § 1º do art. 145, que estatui que sempre que possível, os impostos terão caráter pessoal e serão graduados segundo a capacidade econômica do contribuinte, facultado à administração tributária, especialmente para conferir efetividade a esses objetivos, identificar,

---

[44] BALLEIRO, Aliomar. Op. cit., 1999, p. 993.

[45] Acórdão publicado na íntegra na *Revista Fórum de Direito Tributário*, n. 30, p. 223-228, nov./dez. 2007.

[46] Antes, a matéria da relativização do sigilo bancário era tratada pelo art. 38, da Lei nº 4.595/1964, recebida pelo art. 192, da Constituição Federal, de 1988, com o *status* de lei complementar, e expressamente revogada pelo art. 13, da LC 105/2001.

respeitados os direitos individuais e nos termos da lei, o patrimônio, os rendimentos e as atividades econômicas do contribuinte.

Assim, os dados bancários cadastrais, aos quais se refere artigo 5º, *caput* e § 2º, da Lei Complementar nº 105/2001, que devem ser encaminhados à Administração tributária da União, para que esta exercite, com explícita autorização constitucional do § 1º do art. 145, o seu dever de controle e de fiscalização continuada, nada podem revelar acerca da vida privada dos indivíduos, por isso também, em relação à Receita Federal do Brasil não são sigilosos.

Ademais, os contribuintes e as instituições financeiras estão obrigados por lei a informar à Receita Federal do Brasil todos os dados relacionados, nomeadamente, com os rendimentos e as variações patrimoniais dos contribuintes, não existindo, portanto, na espécie, sigilo algum, pelo menos em relação ao Fisco federal.

Nem há, nesse caso, violação à comunicação de dados informáticos, pois tais dados dos contribuintes do interesse da fiscalização tributária federal são obtidos após a realização da comunicação de dados, travada entre os clientes dos bancos e as instituições financeiras.

Assim, quanto ao artigo 5º da Lei Complementar nº 105, a autorização, na espécie, de transferência do sigilo de dados bancários gerais ou cadastrais apenas para a Administração tributária federal, deve-se a relevância dessas informações, para que o Fisco federal, como fruto de sua atuação no controle continuado, como recomenda o § 1º do artigo 145 da Lei das Leis, identifique o cumprimento correto das obrigações relativas ao imposto sobre renda e proventos de qualquer natureza.

Abra-se um parêntese, para ressaltar que o imposto sobre a renda e proventos de qualquer natureza é um típico tributo pessoal, ou seja, é um imposto, que, por sua própria natureza, a Receita Federal do Brasil, para efeito da correta tributação, deve ser informada sobre todos os rendimentos, os pagamentos efetuados, as deduções e abatimentos que o contribuinte faça jus, a variação patrimonial, os empréstimos obtidos, e assim por diante.

Na transferência do sigilo bancário para a administração tributária federal, de que cuidam os preceptivos do artigo 5º, "caput" e § 1º, da Lei Complementar nº 105/2001, não se está interceptando a comunicação de dados informatizados, mas o conteúdo dos dados informáticos já comunicados, dados estes que não têm o condão de propiciar qualquer revelação a respeito da privacidade das pessoas, já que tais informes não têm relação alguma ou tênue relação com a liberdade de comunicar e com o direito à privacidade, já que ou são notórios ou guardam mais pertinência com o direito de propriedade, que, como sabido, tem função social, nos termos da lei.

Assim, cumpre destacar que as informações, recebidas pela Secretaria da Receita Federal do Brasil, com base no artigo 5º, "caput" e § 2º, da Lei Complementar nº 105, limitam-se à identificação de montantes globais movimentados e do correspondente número de inscrição no CPF ou CNPJ da pessoa que promoveu essas movimentações financeiras, dados esses que são utilizados para cruzamento com as demais informações constantes dos sistemas da Secretaria da Receita Federal do Brasil, nomeadamente, os rendimentos declarados anualmente, por força de lei, pelas pessoas físicas e jurídicas.

Embora esta questão seja também controversa, impende dizer, em defesa da lei, que a autorização dada ao Poder Executivo, para a disciplina da *periodicidade* e dos *limites de valor*, para que as instituições financeiras informem à administração tributária da União, os montantes globais movimentados pelos usuários de seus serviços, não significa que somente o Chefe do Poder Executivo, por meio de decreto, poderia disciplinar essas matérias, podendo expedir atos administrativos normativos a autoridade ou o órgão incumbido por lei, conforme assentado por nossa Excelsa Corte Constitucional, nos julgamentos de vários Recursos Extraordinários.[47]

Mencione-se que questões de mera regulamentação quanto à periodicidade e ao limite de valores, a serem informados pelas instituições financeiras ao Fisco Federal, como já, explicitamente, autorizado pela lei complementar, devem ser disciplinadas por normas infralegais, pois elas estão sujeitas às constantes mutações de conveniência da fiscalização, pelas próprias variações da economia, ou da inflação, ou de capacidade de análise desses dados, por parte da Receita Federal do Brasil.

A propósito, o dever de informar ao Fisco no interesse da arrecadação e fiscalização tributária decorre de obrigação acessória ou instrumental, que, consoante o § 2º do artigo 113 do Código Tributário Nacional, é matéria da competência da "legislação tributária", expressão, que abrange, além da lei em sentido estrito (LC 105/201), os atos normativos expedidos pela Poder Executivo.

No caso em análise, a determinação para que as instituições financeiras encaminhem dados bancários genéricos de seus clientes ao Fisco federal foi estabelecida pelo artigo 5º da Lei Complementar 105/2001, sendo que o Decreto nº 4.489/2002 e a Instrução Normativa RFB nº 802/2007, simplesmente, regulamentaram a obrigação prevista em lei.

Tercio Sampaio Ferraz Junior faz os seguintes comentários à norma do § 2º do artigo 5º da Lei Complementar nº 105, de 10 de janeiro de 2001, que determina a transferência direta, sem a intermediação do Poder Judiciário, desses dados bancários genéricos ou cadastrais dos contribuintes da instituição financeira para a Administração tributária federal:

> Como ficaria, então, a quebra de sigilo bancário pela própria autoridade fiscal, sem autorização judicial? Estaria admitido, falando-se de interesse público primário? em que limites a autoridade fiscal pode exercer sua atuação fiscalizadora, no que diz respeito ao disposto nos incisos X e XII do art. 5º da C.F?
>
> O art. 174 da Constituição determina que o Estado, como agente normativo e regulador da atividade econômica, exerça, dentre outras, a função de fiscalização, na forma da lei. *Fiscalizar,* um dos sentidos da palavra controlar (cf. Fábio Comparato, p. 14), significa vigiar, verificar e, nos casos de anormalidade, censurar (Caídas Aulete: verbete *fiscalizar).* Fiscalização é, pois, vigilância, donde verificação continuada e, detectada a anormalidade, é censura. O acesso continuado a informações faz parte da fiscalização. Sem isso não há vigilância. O acesso intermitente, na verificação da anormalidade, faz parte da censura, que implica castigo, punição.
>
> A competência da administração fazendária para o exercício da função fiscalizadora encontra embasamento constitucional em vários dispositivos.
>
> Por exemplo, na prevenção (vigilância) e repressão (censura) do contrabando e do descaminho, em sua área de competência, ela é afirmada no art. 144, § 1º, II. Já o art. 145, § 1º, ao estabelecer o princípio da capacidade contributiva conforme o qual os impostos, sempre que possível, devem ter caráter pessoal e ser graduados, faculta à administração tributária, *"especialmente para conferir efetividade a esses objetivos, identificar, respeitados os direitos individuais e nos termos da lei, o patrimônio, os rendimentos e as atividades econômicas do contribuinte"...* De outro lado, porque o fez expressamente, admitiu, ao fazê-lo, implicitamente e *a contrario sensu,* que a identificação de patrimônio, rendimento e atividades econômicas

---

[47] Nesse sentido, cf. decisões do STF nos RREE nºˢ 225.655/PB (in *DJ* de 27/4/2000), 224.285/CE (in *DJ* de 28/5/1999) e 225.602/CE (in *DJ* de 6/4/2001).

do contribuinte é uma presunção da função fiscalizadora da administração tributária. Interpretar de outro modo é tornar impossível a exigência de declaração de bens, de rendimentos, etc.

Como se vê está aqui a possibilidade de se exigirem informações cadastrais relativas a nome, filiação, endereço e número de inscrição no CPF ou CGC, aliada a montantes das operações.

Que este tipo de dado possa ser exigido pela administração fazendária, no exercício da fiscalização *intermitente*, parece-me plausível. O art. 5º da Lei Complementar nº 105/01 refere-se, porém, à fiscalização *continuada*, em termos de vigilância. O que se pretende é alcançar, pelo cruzamento de cadastros de nomes, endereços, filiação (para os casos de homonímia) e número do CPF ou CGC, aliados a montantes, são pistas que conduzam a eventuais fraudes, como uso de documento fiscal falso, ou de terceiros, omissão de receita etc. O interesse da fiscalização não está, aí, na identificação das relações de convivência próprias da vida privada, mas na identificação de um documento oficial (CPF, CGC) e o respectivo portador e montantes operacionalizados. *Não* se quer atingir o *uso* do serviço (bancário, de cartão de crédito, etc.), mas a *identidade tributária* do usuário e o montante de sua movimentação financeira. É este dado e somente este dado que, não estando protegido pela privacidade, pode ser exigido sem a necessidade de processo instaurado...

Por outro lado, o Poder Público não pode ser inibido de exercer suas funções, mormente a de fiscalização, por isso que a própria Constituição, no rol mesmo dos direitos fundamentais, prevê o sigilo para atividades do próprio Estado. Quando o assunto envolve inviolabilidade de sigilo de dados privativos que protege o cidadão, mas não aquele interesse do cidadão cujo sentido social é primordial, o dever de fiscalização impõe, afinal, ao Fisco, na coleta e no tratamento dos dados, igual sigilo.

O sopesamento necessário entre essas duas premissas leva-me a entender que montantes de operações não fazem parte nem da intimidade nem da vida privada. Não perante a Administração Tributária (que deles tem o dever de sigilo, sendo inconstitucional sua comunicação a outros entes administrativos que não têm o mesmo dever).[48]

Não se pode colocar, nesses preceptivos do artigo 5º, "caput" e § 2º, da Lei Complementar, a pecha de inconstitucionalidade, por supostamente promoverem a quebra generalizada de sigilo bancário, ou a devassa indiscriminada de dados acobertados pelo direito à privacidade, isto porque o que é permitido ser transferido ao Fisco nada tem a ver com a vida privada de quem quer que seja.

Ademais, é o próprio § 1º do artigo 145 da Constituição da República que, com o escopo de tornar efetivos os princípios constitucionais tributários da legalidade, igualdade, da capacidade contributiva e o critério da pessoalidade do imposto de renda, faculta à Administração tributária investigar, de modo genérico e contínuo, independentemente de já terem sido identificados alguns suspeitos de sonegação, o patrimônio, os rendimentos e as atividades econômicas dos contribuintes.

Impende considerar, por outro lado, que, por ocasião do julgamento do Agravo Regimental em Inquérito nº 897-5/DF, o Supremo Tribunal Federal, em sessão plenária, decidiu que o sigilo bancário pode ser transferido sem a necessidade de prévia audiência da pessoa fiscalizada ou investigada.[49]

Cumpre refletir que existem, também, no Direito Tributário, os princípios da legalidade e da tipicidade, mas essa legalidade não precisa ser, totalmente, estrita, nem essa tipicidade totalmente fechada.

---

[48] FERRAZ JUNIOR, Tercio Sampaio. Sigilo bancário: privacidade e liberdade. In: *Sigilos bancário e fiscal*: homenagem ao jurista José Carlos Moreira Alves, 2011, p. 125 a 127. Cf., também, do mesmo autor, texto anterior bem semelhante no artigo *Sigilo de dados: o direito à privacidade e os limites à função fiscalizadora*, in "Cadernos de direito tributário e finanças públicas" nº 1, 1992, p. 148 a 150.

[49] Eis o teor da Ementa do Acórdão do Inq 897 AgR/DF, Rel. Min. Francisco Rezek: "INQUÉRITO. AGRAVO REGIMENTAL. SIGILO BANCÁRIO. QUEBRA. AFRONTA AO ARTIGO 5º, X E XII DA CF: INEXISTÊNCIA. INVESTIGAÇÃO CRIMINAL. CONTRADITÓRIO. NÃO PREVALECE. I – A quebra do sigilo bancário não afronta o artigo 5º, X e XII da Constituição Federal (Precedente: PET.577). II – O princípio do contraditório não prevalece na fase inquisitorial (HHCC 55.447 e 69.372; RE 136.239, *inter alia*). Agravo regimental não provido." (*DJ* de 24/3/1995, p. 6.806).

O que se depara, aqui, após a explícita permissão de acesso direto de informes bancários por parte da Administração tributária federal, é, em segundo lugar, com uma norma em branco[50] sobre modos ou procedimentos da fiscalização tributária e sobre obrigação tributária acessória de instituições financeiras de encaminhar dados no interesse da fiscalização tributária, matérias que decorrem da competência ampla da *legislação tributária* (expressão que abrange normas infralegais), e não da lei em sentido estritamente técnico (CTN, arts. 113, § 2°, e 194).

Enfatize-se que, consoante o artigo 113, § 2°, c/c o artigo 115, ambos do Código Tributário Nacional, a disciplina de obrigação tributária acessória, no interesse da arrecadação e fiscalização dos tributos, compete à "legislação tributária", e não apenas à lei em sentido estrito, não estando essa matéria inserta no âmbito da reserva legal do artigo 97 do mesmo *Codex*.

Cabe enfatizar que o § 2° do artigo 5° da Lei Complementar 105 autoriza, apenas, transferências de informações genéricas ou cadastrais quanto à identificação da pessoa que tem conta bancária com a instituição financeira, os montantes globais, periodicamente movimentados, vedada inserção de qualquer elemento que permita identificar a sua origem ou a natureza dos gastos a partir deles efetuados.

Repise-se que, normalmente, a transferência de tais dados genéricos ou cadastrais não chega a ponto de trazer perigo de se desvendar algo da vida privada ou da intimidade de quem quer que seja, mormente, se esses dados se referirem a pessoas jurídicas.

Destarte, esses dados genéricos cadastrais não estão protegidos pelo direito à vida privada e à intimidade em relação ao Fisco, embora, como aludido, se possa admitir que mesmo essas matérias estariam protegidas pelo sigilo bancário nas relações privadas, para obstar a bisbilhotice de terceiros particulares.

Ora o que pode haver de sigiloso, de privativo, com a transferência direta, por parte das instituições financeiras para o Fisco, de informes globais acerca de valores, periodicamente movimentados e de números dos respectivos CPFs, com o escopo de controle com outros elementos que, eventualmente, possa dispor a Receita Federal do Brasil, se o ordenamento jurídico pátrio determina que até mesmo a mais humilde das pessoas naturais declarem, elas mesmas ao Fisco, os totais dos seus rendimentos, suas atividades econômicas e a variação do seu patrimônio, via declaração do IRPF?

Justifica-se a necessidade do acesso direto a esses dados genéricos e cadastrais, justamente, para que a administração tributária federal possa controlar, continuamente, a exatidão e a inteireza das informações que os próprios contribuintes são obrigados, por lei, a prestar ao Fisco federal.

Da mesma forma, o que tem de sigiloso na transferência dessas informações sobre movimentações globais de pessoas jurídicas e os respectivos CNPJs, se elas próprias estão obrigadas, pela legislação tributária, a declarar ao Fisco os totais de seus rendimentos, suas atividades econômicas, e a respectiva variação patrimonial, tudo no interesse da fiscalização e da arrecadação do IRPJ? Se as sociedades anônimas e limitadas estão obrigadas, por leis comerciais (Lei n° 6.404/1976 e Lei n° 11.638/2007), a

---

[50] Norma em branco é admissível tanto no Direito Tributário, quanto no Direito Penal, sem que se possa falar em prejuízo ao princípio da legalidade, ou dano à reserva de lei complementar. Leis em branco são as de definição típica ou genérica e, às vezes, contêm *sanctio juris* determinada, prevendo ela mesmo a necessidade de sua complementação ou explicitação por outro diploma legal (em sentido amplo).

Oswaldo Othon de Pontes Saraiva Filho

publicar seus balanços contábeis no *Diário Oficial da União* e num jornal regional de alta circulação?

Aliás, nos termos do artigo 1º, inciso I, e do artigo 2º, inciso I, ambos da Lei nº 8.137, de 27 de dezembro de 1990, constitui crime contra a ordem tributária omitir informação ao Fisco ou omitir declaração sobre rendas.

Ademais, as pessoas jurídicas fazem questão de divulgar, por toda mídia, os recordes seguidos dos seus lucros, com vistas à obtenção de mais investimentos e a valorização de suas ações!

Aduza-se que defender que pessoa jurídica tem vida privada e intimidade, algo inerente ao espírito, ao âmbito psicológico das pessoas naturais, e que suas movimentações financeiras ou seus dados bancários estariam protegidos pelo sigilo bancário frente ao Fisco beira ao exagero, ainda mais diante dos já antigos dispositivos do artigo 195 do Código Tributário Nacional, que dispõe: *"Para efeitos da legislação tributária, não têm aplicação quaisquer disposições legais excludentes ou limitativas do direito de examinar mercadorias, livros, arquivos, documentos, papéis e efeitos comerciais ou fiscais dos comerciantes, industriais ou produtores, ou da obrigação destes de exibi-los"*, e do artigo 197 do mesmo *Codex*, segundo o qual *os bancos, casas bancárias, caixas econômicas e demais instituições financeiras são obrigadas a prestar à autoridade administrativa todas as informações de que disponham com relação aos bens, negócios ou atividades de terceiros.*

O montante movimentado, em uma instituição financeira, pode ser proveniente do total de rendimentos do contribuinte, sendo determinado, de forma nada clandestina, mas por lei, que os próprios contribuintes sejam obrigados a declarar à Receita Federal do Brasil a totalidade de seus rendimentos, e as instituições financeiras sejam, também, obrigadas a informar tais dados ao Fisco.

Enfatize-se que os informes bancários genéricos ou cadastrais, relativos a meros números frios, ao número de inscrição do cliente da instituição financeira na Receita Federal do Brasil, estão, normalmente, mais encaixados entre um dos instrumentos de defesa da propriedade (relativos ao *ter*), como proteção contra curiosidade, sem justo motivo, de terceiros ou concorrentes, sujeitos, pois, à relativização em face do interesse público predominante e da função social da propriedade.

Quando o pedido de informações aos bancos se insere nos elementos que permitam a identificação da origem e da destinação das movimentações financeiras (quem recebeu de quem, quem pagou a quem?), ou da natureza dos gastos a partir deles efetuados (o que comprou, em que loja?), informes, documentos, livros e registros de instituições financeiras, que poderão ser obtidos pela Administração tributária, desde que devidamente motivada a respectiva solicitação, segundo o procedimento estabelecido no § 4º do artigo 5º, quando dirigida ao próprio contribuinte, e no *caput* do artigo 6º da Lei Complementar nº 105, de 2001,[51][52] quando direcionada à instituição

---

[51] Assim dispõe o § 4º do art. 5º da LC nº 105/2001: "Recebidas as informações de que trata este artigo, se detectados indícios de falhas, incorreções ou omissões, ou de cometimento de ilícito fiscal, a autoridade interessada poderá requisitar as informações e os documentos de que necessitar, bem como realizar fiscalização ou auditoria para a adequada apuração dos fatos".

[52] A seu turno, reza o "caput" do art. 6º da LC nº 105/2001: "As autoridades e os agentes fiscais tributários da União, dos Estados, do Distrito Federal e dos Municípios somente poderão examinar documentos, livros e registros de instituições financeiras, inclusive os referentes a contas de depósitos e aplicações financeiras, quando houver processo

financeira, sendo que em todos os casos tem o Fisco o menor interesse de se imiscuir na vida privada dos contribuintes.

Contudo, nos casos logo acima referidos, nos quais excepcionalmente algo da privacidade poderia ser desvendado, as informações e os documentos, os registros estão protegidos pelo sigilo bancário, pois, repita-se, poderiam revelar alguma relação com a vida privada do contribuinte.

Todavia, o nome da pessoa, o número de inscrição no CPF ou CNPJ, se tem conta bancária em determinada instituição financeira, se a pessoa é de posses ou não, ora, tudo isso não se oculta, é, em geral, percebido pelos outros, no próprio convívio social e profissional. Em absoluto, não há, aqui, matéria sigilosa em relação ao órgão do Estado, que recebeu, da Constituição e da lei complementar, autorização para identificar o patrimônio, os rendimentos e as atividades econômicas dos contribuintes.

Imaginem o *nonsense* e o absurdo paranoico, se alguém pensasse: – "o conhecimento do meu nome (ou o número do meu CPF) é só para mim e os mais íntimos", ou coisa parecida!

Assim, pelo menos em relação ao Fisco, diante da autorização constitucional do § 1º do art. 145, pode-se dizer que esta matéria, tratada no artigo 5º, *caput*, e §§ 1º e 2º, da Lei Complementar 105/2001 não traz vedação constitucional alguma de relativização de sua transferência, abrindo, pois, espaço para disciplina infraconstitucional.

Pois bem, o § 4º do artigo 5º da Lei Complementar nº 105/2001 reza que recebidas as informações bancárias genéricas, *se detectados indícios de falhas, incorreções ou omissões, ou de cometimento de ilícito fiscal*, decorrentes do cruzamento de outras informações constantes dos sistemas da Receita Federal do Brasil, em especial, provenientes dos rendimentos declarados anualmente pelas pessoas físicas e jurídicas, a autoridade administrativa competente poderá instaurar um procedimento investigatório junto aos próprios contribuintes selecionados, podendo requisitar, com fundamentação específica, vale dizer, com indicação de fatos concretos e precisos referentes a todos os aspectos do objeto investigado, as informações e os documentos de que necessitar, que deram suporte àqueles montantes globais movimentados, bem como realizar fiscalização ou auditoria para a adequada apuração dos fatos, tudo em obediência ao disposto no § 4º do artigo 5º da supracitada lei, regulamentada no Decreto nº 4.489, de 28 de novembro de 2002, e na Instrução Normativa da RFB nº 802, de 27 de dezembro de 2007.

Insta ressaltar que, nas hipóteses do artigo 5º, "caput", §§ 2º e 4º, da Lei Complementar nº 105, de 10/1/2001, não há *quebra* de sigilo bancário, mas *transferência* do sigilo bancário, para o sigilo fiscal.

Isto é assegurado pelo § 5º do artigo 5º da Lei Complementar nº 1052001: As informações a que refere este artigo serão conservadas sob sigilo fiscal, na forma da legislação em vigor.

De modo que, embora não estejam as informações gerais, chamadas de cadastrais, coligidas pela Receita Federal do Brasil, com base no artigo 5º, *caput*, §§ 1º e 2º, da Lei Complementar nº 105, de 2001, protegidas pelo direito à privacidade, pelo menos, frente à Administração tributária, não poderá acontecer, na espécie, de

---

administrativo instaurado ou procedimento fiscal em curso e tais exames sejam considerados indispensáveis pela autoridade administrativa competente".

qualquer jeito, *quebra* de sigilo algum, pois o preceptivo do § 5° do mesmo artigo 5° assegura que todas as informações bancárias, recebidas com esteio no artigo 5°, *caput*, §§ 1° e 2°, serão conservadas sob o manto protetor do sigilo fiscal, na forma da legislação em vigor.

Reza, por outro lado, a norma do *caput* do artigo 6° da Lei Complementar n° 105, de 2001, regulamentada pelo Decreto n° 3.724, de 10 de janeiro de 2001, que *as autoridades e os agentes fiscais tributários da União, dos Estados, do Distrito Federal e dos Municípios somente poderão examinar documentos, livros e registros de instituições financeiras, inclusive os referentes a contas de depósitos e aplicações financeiras, quando houver processo administrativo instaurado ou procedimento fiscal em curso e tais exames sejam considerados indispensáveis pela autoridade administrativa competente.*

Assim, a partir da detecção de eventuais indícios de irregularidades tributárias decorrentes do cruzamento das informações, e observados os critérios de relevância e interesse fiscal, é que a Receita Federal do Brasil instaura um procedimento de fiscalização junto aos contribuintes selecionados, ou às instituições financeiras, o que possibilita a requisição e o exame dos documentos, por exemplo extratos bancários, que deram suporte àqueles montantes globais movimentados, desde que observado o rito previsto no art. 6º da Lei Complementar nº 105, de 2001, regulamentado pelo Decreto nº 3.724, de 10 de janeiro de 2001.

É relevante ressaltar que, em consonância com o parágrafo único do artigo 6° da Lei Complementar n° 105/2001, também, o resultado dos exames, as informações e os documentos a que se refere este artigo serão conservados em sigilo, observada a legislação tributária.

Portanto, de todo modo não é correto cogitar de *quebra* do sigilo bancário; mas de *transferência* do *sigilo bancário* para o *sigilo fiscal*.

Nessas fases, previstas no § 4° do artigo 5° e no *caput* do artigo 6° da Lei Complementar 105, é que poderá haver interseção com algo relacionado com a vida privada e a intimidade.

Assim também, repita-se, o preceito do § 5° do artigo 5°, em comento, assegura que estarão amparadas pelo sigilo fiscal as informações sigilosas, recebidas com base no mesmo artigo 5° da Lei Complementar 105, de 2001.

Posição radical em sentido contrário, exigindo-se prévia autorização judicial, para que a Administração tributária, simplesmente, exerça a sua função exclusiva de fiscalizar os tributos, na prática, inviabilizaria a fiscalização eficiente do imposto sobre renda e proventos de qualquer natureza, além de trazer maiores custos para a Administração fiscal, que vai de encontro do princípio da economicidade administrativa: a cada fiscalização demandaria um pedido específico ao Poder Judiciário, que já exaurido de demandas, certamente atrasaria a investigação e a pesquisa, nomeadamente diante de possíveis impetrações de recursos por parte dos contribuintes, contribuindo para a decadência do crédito fiscal, ou mesmo inviabilizaria a necessária fiscalização tributária, sendo esta indispensável para o real cumprimento dos princípios constitucionais da legalidade, da eficiência e economicidade administrativas, da pessoalidade do imposto de renda, da igualdade tributária, da capacidade contributiva e da livre e justa concorrência.

SISTEMA CONSTITUCIONAL TRIBUTÁRIO – dos fundamentos teóricos aos *hard cases* tributários
Estudos em homenagem ao Ministro Luiz Fux

Da mesma forma, documentos, livros e registros bancários obtidos pela Receita Federal do Brasil, com supedâneo no artigo 6º da Lei Complementar 105, tidos como protegidos pelo sigilo bancário, com possibilidade de ter algumas correlações com a vida privada e a intimidade, não levam, em verdade, à quebra de sigilo, mas à transferência de sigilo bancário para o sigilo fiscal.

Assim é que, cabe enfatizar o dispositivo do parágrafo único do artigo 6º da Lei Complementar 105/2001: o resultado dos exames, as informações e os documentos a que se refere este artigo serão conservados em sigilo, observada a legislação tributária.

Pondere-se, pois, que, em quaisquer hipóteses, esses informes, documentos, livros e registros bancários não estão sendo transmitidos para qualquer pessoa, para a curiosidade gratuita de algum particular ou mesmo concorrente, o que poderia justificar alguma limitação, mas para a Administração tributária, que tem justo motivo e mesmo o dever de ter ciência desses dados, no uso da autoexecutoriedade do seu poder de polícia, para efeito de atender às exigências constitucionais de eficiência administrativa (CF, art. 37, *caput*) quanto à identificação contínua do patrimônio, dos rendimentos e das atividades econômicas dos contribuintes, especialmente, para conferir efetividade aos princípios do caráter pessoal do imposto sobre a renda, da igualdade material e da capacidade contributiva (CF, art. 145, § 1º; art. 150, II).

Repise-se, mais uma vez, que, por força da legislação tributária, os próprios contribuintes são obrigados a apresentar ao Fisco a totalidade de seus rendimentos, a identificação de suas atividades econômicas e profissionais e suas situações patrimoniais.

Ademais, o artigo 10 da Lei Complementar 105, de 10/1/2001, alerta que a quebra de sigilo, fora das hipóteses autorizadas nesta Lei Complementar, constitui crime e sujeita os responsáveis à pena de reclusão, de um a quatro anos, e multa, aplicando--se, no que couber, o Código Penal, sem prejuízo de outras sanções cabíveis.

Na mesma linha, o artigo 11 da Lei Complementar nº 105, de 2001, adverte que o servidor público que utilizar ou viabilizar a utilização de qualquer informação obtida em decorrência da quebra de sigilo de que trata esta Lei Complementar responde pessoal e diretamente pelos danos decorrentes, sem prejuízo da responsabilidade objetiva da entidade pública, quando comprovado que o servidor agiu de acordo com orientação oficial.

Desse modo, e pelo já longo período de vigência da Lei Complementar nº 105, de 10 de janeiro de 2001, sem que tenham ocorrido maiores problemas, que deponham contra seus preceitos e sua aplicação, não há justificado receio quanto às normas dos artigos 5º e 6º da lei em baila.

Aliás, desde a edição da Lei Complementar nº 105, de 10 de janeiro de 2001, têm sido exemplar a seriedade e a discrição dos membros da Receita Federal do Brasil no sentido da mantença em sigilo dos dados bancários recebidos.

E isto tem ocorrido em face do princípio da moralidade administrativa, sem dúvida (CF, art. 37, *caput*), mas, também, pela certeza de que os agentes fiscais, simples agentes administrativos, têm de que eles mesmos estão sendo controlados, tanto internamente, no âmbito da própria administração tributária, como pelos próprios contribuintes, pelo Ministério Público, e pelo Poder Judiciário, de modo que o menor deslize significará a aplicação da pena administrativa de perda do cargo, a obrigação pessoal civil de indenizar à pessoa prejudicada, e a pena criminal de privação da liberdade física.

Pelo Poder Judiciário, também porque os órgãos desse Poder, a qualquer tempo, poderão ter o controle dos requisitos legais da transferência dos informes bancários, e da mantença no âmbito do sigilo fiscal de matéria amparada pelo sigilo bancário.

De modo que, sem ostentarem as garantias de ocupantes de cargos políticos, é razoável que se pense que os ocupantes de cargos meramente administrativos são bastante ciosos de suas responsabilidades na mantença de dados sigilosos, pois sabem das consequências nefastas, que, certamente, cairão sobre eles, caso ocorra qualquer quebra de sigilo.

Pode-se enfatizar, então, que, em quaisquer hipóteses, não há, a rigor, previsão de *quebra* de sigilo bancário, mas a mera transferência, com todas as garantias, de sigilo bancário para sigilo fiscal (CF, art. 5°, XXXIII).

Um outro ponto, que merece ser ponderado, diz respeito ao fato de a Administração tributária, diferentemente do Ministério Público, não ser, a um terceiro parcial.

A rigor, a Receita Federal, por exemplo, em sua ação de identificação de movimentações financeiras, não acusa quem quer que seja, ela está, apenas e tão somente, constatando dados. Ela não é parte acusadora, só faz o seu dever de fiscalização e controle.[53]

Ademais, a Administração tributária, ao realizar essa fiscalização, está desempenhando papel de terceiro, devidamente, autorizado pela própria Constituição (art. 145, § 1°) e pela Lei Complementar n° 105, de 2001 (arts. 5° e 6°).

E mais, conforme já ponderado, os informes genéricos encaminhados à Receita Federal do Brasil, em obediência ao artigo 5°, *caput*, §§ 1° e 2°, da Lei Complementar, nem sequer poderão alcançar algo das relações das pessoas, amparado pelo direito à privacidade, tendo mais relação com o direito à propriedade, relativo por natureza, devido à função social da mesma e do relevante interesse público prevalecente.

Não se pode olvidar que a administração tributária tem, também, a obrigação de ser imparcial, em cumprimento ao princípio da moralidade administrativa, prevista no *caput* do artigo 37 da Constituição Federal.

Assim, há razoabilidade na exegese no sentido de que o cumprimento do disposto nos artigos 5° e 6° da Lei Complementar n° 105 não representa interceptação clandestina no momento da comunicação de dados entre o correntista ou o cliente do banco e a instituição financeira (CF, art. 5°, XII), mas sim, a transferência posterior de dados bancários a uma pessoa, que está autorizada, de forma ostensiva, pela própria Constituição da República (art. 145, § 1°), a ter acesso a esses informes.

Por essa linha de interpretação, o § 1° do artigo 145 da Lei Suprema, como óbvia exceção aos preceitos constitucionais dos incisos X e XII do artigo 5°, transformando o sigilo bancário em sigilo fiscal, e com a observância do devido processo legal, atribui competência à lei, para disciplinar a forma como a Administração tribu-

---

[53] De fato, ao realizar tal fiscalização, a Receita Federal parte do pressuposto do que deve ser normal, ou seja, de que há inteira coincidência entre o que está declarado, para fins de imposto de renda, e os montantes movimentados ou depositados nas instituições financeiras. Nessa fase, nem sequer a Administração tributária é credora, pois, aí, ainda não existe o crédito tributário parcial ou definitivamente constituído. Eventualmente, passando a existir um crédito, definitivamente, constituído, decorrentes de dados obtidos de várias origens, não só de procedência bancária, a Fazenda Pública, representada pela Procuradoria da Fazenda Nacional, passa a ser parte, mas, nessa fase, a execução fiscal, se for o caso, se dará no âmbito e com a intermediação do Poder Judiciário.

SISTEMA CONSTITUCIONAL TRIBUTÁRIO – dos fundamentos teóricos aos *hard cases* tributários
Estudos em homenagem ao Ministro Luiz Fux

tária possa ter acesso aos dados e bancários dos contribuintes, independentemente de prévia intermediação do Poder Judiciário, tudo, principalmente, para conferir maior eficácia ao princípio da pessoalidade dos impostos, quando possível, e aos princípios da igualdade do tratamento fiscal e da capacidade contributiva

Ademais, a Constituição brasileira, de 1988, não coloca o sigilo bancário, em confronto com a Administração tributária, entre as matérias, obrigatoriamente, resguardadas no âmbito da reserva de jurisdição judicial. É o que se pode inferir dos julgamentos pelo Supremo Tribunal Federal da ADIn n° 1.790/DF.[54]

Por outro lado, cumpre ponderar que órgãos ou instituições, como o Ministério Público, o Tribunal de Contas da União e o Banco Central do Brasil, que, aliás, não receberam autorização constitucional, e de lei complementar para receber, diretamente, transferência de sigilo bancário dos clientes dos bancos (o que é muito relevante), não têm mesmo necessidade maior de receber a transferência da matéria sigilosa sem prévia intermediação do Poder Judiciário.[55]

A necessidade da Administração tributária é bem distinta, e esta diferença, facilmente, pode ser explicada e compreendida.

A Constituição da República, como se pode demonstrar com a norma do artigo 145, § 1°, deseja mesmo que a Administração tributária tenha, sobretudo, acesso a esses dados genéricos, como forma eficiente de se constatar se as declarações, por exemplo, para fins do imposto de renda, mesmo de pessoas insuspeitas, estão compatíveis com a movimentação financeira dos contribuinte.

A Administração Tributária, no mundo de hoje, numa economia globalizada, em que, num simples clique no *mouse* do computador, fortunas são transferidas de uma conta bancária para outra, de um continente para o outro, reclama, para o enfrentamento desta realidade e para o cumprimento das exigências constitucionais, meios mais rápidos e eficiência de fiscalização.

Não é de se esperar, *rogata venia*, que as necessárias rapidez e eficiência, reclamadas pela Constituição à Administração tributária, possam ser atendidas pelo Poder Judiciário, não por falta de esforço e de elevado espírito público de seus ilustrados membros, mas em face da sua combatida morosidade, fato imputado a ingente sobrecarga de processos que os senhores magistrados são instados a dar vazão e os inúmeros e quase intermináveis recursos.[56]

---

[54] Eis trecho da Ementa do Acórdão do STF, decorrente do julgamento da ADIMC n° 1.790/DF: "A convivência entre a proteção da privacidade e os chamados arquivos de consumo, mantidos pelo próprio fornecedor de crédito ou integrados em bancos de dados, tornou-se um imperativo da economia da sociedade de massas: de viabilizá-la cuidou o CDC, segundo o molde das legislações mais avançadas: ao sistema instituído pelo Código de Defesa do Consumidor para prevenir ou reprimir abusos dos arquivos de consumo, hão de submeter-se as informações sobre os protestos lavrados, uma vez obtidas na forma prevista no edito impugnado e integradas aos bancos de dados das entidades credenciadas à certidão diária de que se cuida: é o bastante a tornar duvidosa a densidade jurídica do apelo da arguição à garantia da privacidade, que há de harmonizar-se à existência de bancos de dados pessoais, cuja realidade a própria Constituição reconhece (art. 5°, LXXII, in fine) e entre os quais os arquivos de consumo são um dado inextirpável da economia fundada nas relações massificadas de crédito." (In *DJ* de 08/09/2000 p. 4).

[55] Isto pela simples razão de que, nesses casos, há, por parte desses órgãos, ciência do objeto investigado e a identificação das pessoas possivelmente envolvidas, diante de fortes indícios contra elas. Assim, não haveria maiores problemas, a não ser a morosidade de uma solução judicial definitiva, de se requerer, nesses casos, que o Poder Judiciário examinasse, previamente, o pedido fundamentado de transferência de matéria sigilosa.

[56] Aliás, a procrastinação da resolução das lides por meios de recursos não começa na esfera judicial, já no âmbito do processo administrativo fiscal, com os recursos administrativos a demora se instala. Esse transcurso exagerado de tempo, para que possa o Fisco obter dado informático bancário poderá, na maioria das oportunidades, gerar a decadência do direito de lançar o tributo decorrente do fato gerador escondido nos bancos.

Ademais, além da obrigação de atuar dentro da moralidade, buscando ser imparcial, a Constituição da República exige, ainda, da Administração, eficiência (CF, art. 37, *caput*), e, para que isto possa se tornar realidade, no âmbito da fiscalização tributária, faculta à Administração identificar, mantendo-se o sigilo e nos termos da lei, o patrimônio, os rendimentos e as atividades econômicas dos contribuintes, em especial, para que seja real, e não meramente para "inglês" ver, a maior vivência do caráter pessoal do imposto de renda e dos princípios da igualdade material, não só formal, do tratamento tributário e da capacidade contributiva (CF, art. 145, § 1º; art. 150, II).

A propósito, da mesma forma que a Administração tributária deve observar o princípio da moralidade administrativa, cabe, também, ao sujeito passivo adotar o mesmo princípio no cumprimento de suas obrigações tributárias e em suas relações jurídicas com o ente tributante.[57]

Os princípios da legalidade e da igualdade, neste incluso o princípio da capacidade contributiva, que nada mais é que informador, do ponto de vista estritamente fiscal, da isonomia tributária, são os princípios maiores e prevalecentes no Estado Democrático de Direito, pois proporcionam o bem maior, a finalidade do Direito e da existência do próprio Estado, que é a realização da justiça, a consecução do bem comum.

Ora, para atender a esses reclamos da própria Constituição brasileira, que, na prática, poderá se materializar com uma fiscalização tributária eficiente, é que a Lei Complementar nº 105, de 2001, no artigo 5º, "caput", § 2º, autoriza a Receita Federal do Brasil a ter acesso a esses informes bancários genéricos, independentemente de prévia autorização judicial.

Sem eles, devido à imensidão de fatos geradores que se sucedem, ao imenso número de contribuintes (praticamente incontável), às dificuldades, cada dia mais crescente, da fiscalização tributária, parte devido à necessidade de a Administração ter que tolerar que a maioria dos tributos, inclusive o imposto de renda, sejam autoliquidados pelos próprios contribuintes, parte devido à globalização da economia, e à facilidade incrível de fugas de dinheiro, inclusive, por meio de um simples clique no mouse de um computador, quando rendimentos volumosos podem ser, facilmente, escondidos, até em bancos de outros países e em paraísos fiscais, provavelmente, a Receita Federal não teria como ter conhecimento exato de eventual esquecimento, omissão, ou sonegação, e quem seriam esses relapsos ou sonegadores.

Se, ao final, for definido que a Receita Federal do Brasil não poderia ter acesso direto até mesmo aos dados genéricos, vale dizer, os totais globais movimentados, em determinado período, pelos contribuintes, e os respectivos números dos clientes dos bancos inscritos no CPF ou no CNPJ, dados que não poderão levar ao conhecimento de qualquer coisa, a menor que seja, pertinente à privacidade, como previsto no artigo 5º, §§ 1º e 2º, da Lei Complementar nº 105/2001, aí, praticamente, os únicos dados que a Receita Federal poderia obter, por si mesma, seriam as informações que os contribuintes corretos e de boa vontade não se negarem a transmitir a ela.

Que eficiência se pode esperar da Administração tributária (CF, art. 37, *caput*; art. 145, § 1º) nesse quadro, em que a interpretação constitucional concede amplos direitos aos contribuintes, mesmo os que, usual e patologicamente,

---

[57] SARAIVA FILHO, Oswaldo Othon de Pontes. O princípio da moralidade no direito tributário. In: *Pesquisas Tributárias* – nova série nº 2: "O princípio da moralidade no direito tributário. Ives Gandra da Silva Martins (coord.), São Paulo: CEU/RT, 1998, p. 198 a 199.

SISTEMA CONSTITUCIONAL TRIBUTÁRIO – dos fundamentos teóricos aos *hard cases* tributários
Estudos em homenagem ao Ministro Luiz Fux

cometem irregularidades fiscais, e nega quase tudo à Administração tributária em detrimento dos contribuintes corretos?

Como os direitos humanos da grande maioria dos contribuintes de legalidade tributária, de igualdade no tratamento fiscal, de graduação da tributação em confronto com a maior ou menor capacidade contributiva poderão, com eficácia e eficiência, ser materializados pela Administração tributária?

Os tributos devidos, facilmente, sofreriam evasão, em detrimento dos que não têm como fugir da tributação, em prejuízo da maioria da sociedade brasileira, sobretudo, os mais pobres, e do nosso País, que tem, pela Constituição e pelas leis, direito de arrecadar esses tributos sonegados, em decorrência da eficiência de sua Administração tributária.

Portanto, interpretação no sentido de negar acesso direto de dados, informes e documentos bancários, por parte do Fisco, – sobretudo os genéricos ou cadastrais, que podem possibilitar que a Administração tributária passe a desconfiar de contribuintes, até então, insuspeitos, – favorecendo, assim, aqueles que têm condições de usar os bancos, para esconder dinheiro e fugir da tributação, levando o Fisco a buscar tributar, cada vez mais onerosamente, os contribuintes, que não têm como escapar da tributação, vai, também, de encontro aos princípios constitucionais da razoabilidade e da proporcionalidade (CF, art. 5º, LIV) e da moralidade (CF, art. 37, *caput*).

Ademais, insta ressaltar que, no caso do artigo 5º, em especial, o caput, e os §§ 1º, 2º e 5º, da Lei Complementar nº 105, não há a menor possibilidade de se relacionar informes acerca da transferência dos valores globais movimentados e sobre o número de inscrição no CPF ou CNPJ dos usuários dos serviços bancários com a proteção de qualquer aspecto do direito à privacidade, de modo que, neste caso, nem sequer é exigível a motivação do ato de transmissão desses dados genéricos cadastrais.

Enfatize-se, que não é adequado se estender decisões do Supremo Tribunal Federal sobre o sigilo bancário, assim como o sigilo fiscal, em relação ao Ministério Público e ao Tribunal de Contas da União, visto que, nesses casos, não existe expressa autorização constitucional, nem há previsão de lei complementar, permitindo a transferência de matéria sigilosa, independentemente de prévia autorização judicial, como, contrariamente, sucede no caso da transferência direta do sigilo bancário para a Administração tributária.

O mesmo se pode dizer em relação à jurisprudência da Corte Constitucional brasileira acerca do sigilo bancário em relação ao Banco Central do Brasil, que, por sua vez,, não possui expressa autorização de norma constitucional, para o acesso direto a dados amparados pelo direito à privacidade.

Isto porque, como concebido neste trabalho, o preceito constitucional do § 1º do artigo 145 autoriza a Administração tributária o acesso direto de dados, informes e documentos bancários.

Portanto, os preceitos do artigo 5º, *caput*, §§ 1º e 2º, da Lei Complementar nº 105/2001 são plenamente razoáveis e proporcionais, sendo mesmo indispensáveis para que as exigências constitucionais dos artigos 37, *caput*, e 145, § 1º, possam, enfim, ser atendidas.

Como visto, também, no § 4º do artigo 5º e no artigo 6º da Lei Complementar nº 105/2001, há a autorização legal para o acesso de dados informáticos bancários dos contribuintes, com as exigências desta lei.

Essas normas do § 4° do artigo 5°, e do *caput* do artigo 6°, ambos da Lei Complementar n° 105, de 2001, respeitam o devido processo legal material, tendo em vista o apoio dos princípios expostos no *caput* do artigo 37 e no § 1° do artigo 145, ambos da Constituição Federal, sendo de se ressaltar que, nesses casos, o pedido de informes e documentos bancários deverão ser devidamente motivados ou fundamentados, inclusive, na hipótese do *caput* do artigo 6°, as autoridades tributárias e os agentes fiscais somente poderão ter acesso a documentos, livros e registros de instituições financeiras, inclusive os referentes a contas de depósitos e aplicações financeiras, quando houver processo administrativo instaurado ou procedimento fiscal em curso e tais exames sejam considerados indispensáveis pela autoridade administrativa competente.

Uma penúltima ponderação diz respeito à necessidade de não se permitir que a preocupação *romântica* com a defesa de um determinado direito constitucional seja exagerada, desarrazoada, sem, também, levar em consideração a realidade, a prevalência do interesse público e, sobretudo, a existência de outros valores e exigências constitucionais, inclusive, relativos aos direitos humanos dos contribuintes.

Existe o direito à privacidade, de um lado, mas será que esse direito poderia ser oposto ao Fisco quando a Constituição (art. 145, § 1°) e a Lei Complementar n° 105/2001 (mormente, o art. 5°, §§ 1°, 2° e 5°, mas também o § 4° do art. 5° e o art. 6°)[58] facultam à Administração tributária, com claras ressalvas ao artigo 5°, incisos XI e XII, e nos termos de lei complementar, o acesso direto desses dados e informes bancários, sobretudo os gerais ou cadastrais, nomeadamente, para que seja real a igualdade do tratamento fiscal, para que a tributação ocorra gradativamente de conformidade com verdadeira maior capacidade contributiva, e, enfim, para que a lei de tributação tenha eficácia, seja cumprida por todos?

Na realidade, além do direito/dever de ter a Administração tributária maior eficiência na sua missão de fiscalização e controle (CF, art. 37, *caput*), está na balança, de outro lado, o direito fundamental dos contribuintes honestos, que são a maioria dos domiciliados no País, os que sofrem tributação na fonte, os que não têm como fugir da tributação de ter uma carga tributária suportada com igualdade e justiça por todos os que estão, por lei, sujeitos às mesmas incidências tributárias, o direito que têm o cidadão e o contribuinte de que todos paguem tributo de acordo com a respectiva capacidade contributiva.

Esses sim são direitos fundamentais, a que devemos estar atentos e dar integral prevalência.

Mesmo porque até mesmo o mais ingênuo dos estudantes de direito já deve ter aprendido, certamente, que o direito não pode ser aplicado para proteger torpeza ou "irregularidades" de quem quer que seja. O Direito não ampara nunca, não dá refúgio a quaisquer ilicitudes.

Não é razoável em nome da excepcional possibilidade de dados da privacidade do cidadão serem desvendados, entre os números frios das movimentações financeiras e das contas bancárias, fato impossível de ocorrer com a aplicação do artigo 5° da Lei Complementar n° 105/2001, muito excepcionalmente possível com a aplicação

---

[58] Reza o art. 192 da CF/1988: O sistema financeiro nacional, estruturado de forma a promover o desenvolvimento equilibrado do País e a servir aos interesses da coletividade, em todas as partes que o compõem, abrangendo as cooperativas de crédito, será regulado por leis complementares que disporão, inclusive, sobre a participação do capital estrangeiro nas instituições que o integram. (Redação dada pela Emenda Constitucional n° 40, de 2003)

do artigo 6º da mesma lei, se possa impedir que a Receita Federal possa ter maior eficiência no cumprimento de sua missão constitucional e legal

Ademais, impende ressaltar que o *caput* do artigo 1º da Carta Magna, de 1988, reza que a República Federativa do Brasil se constitui em Estado Democrático de Direito, e o *caput*, inciso I do artigo 3º da mesma Carta Política dispõe que o Brasil tem como um dos objetivos fundamentais a construção de uma sociedade livre, justa e solidária.

Destarte, mostra-se até mesmo, absolutamente, incompatível com a ideia de Estado Democrático de Direito (CF, art. 1º, *caput*, art. 3º, I) a possibilidade de se tolerar que o mau contribuinte tenha qualquer direito de dificultar ou tornar ineficiente a coleta de dados genéricos por parte do Fisco, ou mesmo de tornar inacessível à Administração fiscal, na prática, rendimentos, atividades econômicas e propriedades tributáveis, cujos consequentes recursos, caso averiguados e arrecadados, via tributação, constituem, praticamente, no regime capitalista, no Estado integrante do neo-liberalismo, que possui escassas receitas originárias, a única forma de distribuição de renda e de realização de justiça social.

Da mesma forma, não se constrói uma sociedade livre, se alguns poucos têm reconhecido o privilégio nada democrático e jurídico de, na prática, fugir, com normalidade, da tributação, enquanto os outros sofrem, como válvula de escape, o aumento, cada vez maior da carga tributária do País, por força das necessidades de gastos e investimentos do Estado em vista do interesse comum.

Não se pode construir, caso seja imposta a diversidade perversa de tratamento fiscal, uma tributação e, de resto, uma sociedade justa e solidária, se os honestos e os que não podem fugir da tributação, os que só são tributados na fonte, que, na realidade, são os que levam o País nas costas, sustentando os gastos públicos, enquanto os que cometem esquecimentos ou omissões ou mesmo os que cometem, de modo contumaz e descarado, irregularidades fiscais ficam tranquilos na sua impunidade, acobertados pela incapacidade ou ineficiência impostas à Administração tributária, não pela Constituição, mas pela interpretação míope, sem razoabilidade e desvinculada da realidade, que alguns, mesmo com boa intenção, talvez por questão ideológica, de sobrepor o interesse privado ao irrenunciável interesse público, são levados a dar aos textos constitucionais (CF, art. 3º, *caput*, inciso I).

Prevalecendo a exegese de que a Administração tributária só poderia ter acesso a dados bancários mediante prévia autorização judicial, para uma parcela de nossa população, valerá a pena correr o risco, posto que muito dificilmente as "irregularidades" fiscais serão descobertas, sequer suspeitas trarão, já que não declaradas espontaneamente.

Além do mais, a demora de decisão final do Poder Judiciário, quanto ao acesso, por parte do Fisco, aos dados bancários de indicados contribuintes, morosidade esta imposta pelo ingente número de processos e pelos consequentes recursos judiciais, recursos, aliás, que já podem ter início no processo administrativo fiscal, tudo isso acarretaria, muito provavelmente, a decadência da grande maioria dos créditos sonegados.

Na realidade, lamentavelmente, um número considerável de maus cidadãos e privilegiados contribuintes aposta, justamente, na morosidade e na incapacidade de a Administração tributária ter acesso rápido e eficiente ao total de seus rendimentos, às suas movimentações financeiras e aos seus dados bancários genéricos, e assim acalentados, pretendem usar o Direito em favor de sua própria torpeza, e cometem irregularidades fiscais, sabendo que os rendimentos por eles informados na declaração para fins de imposto de renda, em atendimento à exigência legal, não coincidem com sua movimentação financeira ou com seus saldos bancários, com as riquezas escondidas, assim mesmo eles estão cientes de que terão muito mais possibilidades da mantença de sua impunidade.

Os verdadeiros cidadãos, as pessoas de bem nada têm a temer, pois sabem que não cometeram irregularidade alguma, estão seguros que procuram os bancos para cuidar de negócios lícitos, estão cientes de que existe total coincidência entre os rendimentos declarados para fins do imposto de renda e suas movimentações bancárias.

Se vier a prevalecer, no âmbito de nossa Corte Constitucional, interpretação em sentido contrário ao que está sendo defendido neste trabalho, não adiantaria a Constituição ter dado aos entes da Federação o mais, os fins, o poder de tributar, se não se considerar que há sim, dentro da própria Constituição, e nos termos da lei complementar, a contemplação do menos e dos meios, a correspondente e inseparável faculdade de a Administração tributária fiscalizar com plena eficiência, dentro do seu poder de polícia, dentro da autoexecutoriedade, que caracteriza os atos administrativos.

Esse *apartheid* fiscal tenderia, sucessivamente, a crescer em desrespeito a outros direitos humanos e valores constitucionais (CF/1988, art. 1º, *caput*, incisos III, IV; art. 2º; artigo 3º, *caput*, incisos I, II, III e IV; art. 5º, *caput*, incisos I, XIII, XXII, XXIII, XXXII, XLI; art. 37, *caput*; inciso XVIII; art. 144, § 1º, II; art. 145, *caput*, e § 1º; art. 147; art. 148; art. 149; art. 195, *caput*; § 4º do art. 177; art. 239; art. art. 146-A; art. 150, *caput*, incisos I, II, IV, §§ 6º e 7º; artigo 153; art. 154, *caput*, incisos I e II; art. 155; art. 156; art. 170, *caput*, incisos II, III, IV, V, VIII; art. 173, § 4º; art. 174, art. 192).

Por fim, cumpre, ainda, mencionar a juridicidade da transferência, por parte da Secretaria da Receita Federal do Brasil, de dados gerais ou cadastrais dos contribuintes à Procuradoria-Geral da Fazenda Nacional, que, aliás, compõe a Administração tributária federal, para que esta cumpra a sua missão legal de verificar a legalidade do lançamento tributário definitivo, inscrever e cobrar créditos da dívida ativa da União (CF/1988, art. 131, § 3º; LC nº 73/1993, art. 12, "caput", incisos I e II; Decreto-Lei nº 4.320/1964, art. 39, §§ 1º e 5º – recebido, pela CF de 1988 com *status* de lei complementar; Decreto-Lei nº 147/1967, arts. 1º, *caput*, inc. II; 13, *caput*, inc. IV, 16, inc. I, alíneas "a" e "b"; e 22; Lei nº 6.830/1980, art. 2º, § 4º; Lei nº 9.028/1995, art. 4º; Lei nº 11.457/2007, art. 23).

Ainda quanto ao sigilo fiscal, cabe enfatizar que o *caput* do artigo 198 do Código Tributário Nacional, com redação determinada pela Lei Complementar nº 104, de 10 de janeiro de 2001, veda a divulgação, por parte da Fazenda Pública ou de seus servidores, de informação obtida em razão do ofício sobre a situação econômica ou financeira do sujeito passivo ou de terceiros e sobre a natureza de seus negócios ou atividades.[59]

A seu turno, os preceptivos dos incisos I e II, do § 1º do artigo 198 do CTN (com redação dada pela LC 104/2001) ressalvam, além dos casos previstos no arti-

---

[59] FERRAZ JUNIOR, Tercio Sampaio. Sigilo de dados: o direito à privacidade e os limites à função fiscalizadora do Estado. In: *Cadernos de direito tributário e finanças públicas*, nº 1, 1992, p. 153, comenta: "Quando o assunto envolve inviolabilidade de sigilo de dados privativos que protege o cidadão mas não aquele interesse do cidadão cujo sentido social é duvidoso, o dever de fiscalização impõe, como vimos, ao Fisco, na coleta e no tratamento dos dados, igual sigilo".

go 199 do mesmo diploma legal do dever de sigilo fiscal nas restritas hipóteses de requisição de autoridade judiciária no interesse da justiça; ou de solicitações de autoridade administrativa no interesse da Administração pública, desde que comprovada a instauração regular do processo administrativo, no órgão ou na entidade respectiva, com o objetivo de investigar o sujeito passivo, a que se refere a informação, por prática, não de quaisquer crimes, mas, exclusivamente, por prática de infração administrativa.

Em relação ao sigilo bancário, o § 1º do artigo 3º da Lei Complementar nº 105, de 10 de janeiro de 2001, dispõe que dependem de prévia autorização do Poder Judiciário a prestação de informações e o fornecimento de documentos sigilosos solicitados por comissão de inquérito administrativo destinada a apurar responsabilidade de servidor público por infração praticada no exercício de suas atribuições, ou que tenha relação com as atribuições do cargo em que se encontre investido.

Já o § 2º do art. 198 do CTN (redação acrescentada pela LC 104/2001), que está, inseparavelmente, relacionado com o controvertido preceito do inciso II do § 1º, com o inciso I do § 3º do mesmo artigo 198, e com o art. 199, do mesmo Código dispõe que, nas hipóteses do inciso II do § 1º do artigo 198 e do artigo 199, ambos do mesmo Código, *o intercâmbio de informação sigilosa, no âmbito da Administração Pública, será realizado mediante processo regularmente instaurado, e a entrega será feita pessoalmente à autoridade solicitante, mediante recibo, que formalize a transferência e assegure a preservação do sigilo.*

Por sua vez, o § 3º do artigo 198 diz não ser vedada, isto é, não constitui sigilo fiscal, a divulgação de informações relativas a: I – representações fiscais para fins penais; II – inscrições na Dívida Ativa da Fazenda Pública, com a iniciação da fase executória, cujo processo é público; III – parcelamento ou moratória, tendo em vista, entre outros princípios, o da publicidade ou da transparência administrativa (CF, art. 37, *caput*).

Assim dispõe o art. 199 do CTN: A Fazenda Pública da União e as dos Estados, do Distrito Federal e dos Municípios prestar-se-ão mutuamente assistência para a fiscalização dos tributos respectivos e permuta de informações, na forma estabelecida, em caráter geral ou específico, por lei ou convênio.

Já o parágrafo único do artigo 199 do CTN reza que a Fazenda Pública da União, na forma estabelecida em tratados, acordos ou convênios, poderá permutar informações com Estados estrangeiros no interesse da arrecadação e da fiscalização de tributos.

A autorização para a transferência do sigilo fiscal entre as Administrações tributárias do artigo 199 do CTN está prevista no preceito do inciso XXII do artigo 37 da Constituição brasileira, segundo o qual "as administrações tributárias da União, dos Estados, do Distrito Federal e dos Municípios, ... atuarão de forma integrada, inclusive com o compartilhamento de cadastros e de informações fiscais, na forma da lei ou convênio".

Isto em harmonia com o disposto no "caput" do artigo 7º do Código Tributário Nacional, segundo o qual *a competência tributária*, ou seja, o poder de instituir tributo e legislar, plenamente, sobre ele, *é indelegável*, não constituindo, entretanto, delegação de competência, *a atribuição das funções de arrecadar, fiscalizar tributos ou de executar leis, serviços, atos ou decisões administrativas em matéria tributária, conferida por uma pessoa jurídica de direito público a outra.*

5. Outras reflexões sobre os sigilos bancário e fiscal em face dos dados cadastrais

A respeito deste controvertido tema dos dados cadastrais em cotejo com o direito à vida privada e à inviolabilidade de comunicação de dados, Tercio Sampaio Ferraz Junior leciona que, em regra, os elementos identificadores cadastrais são de conhecimento público e fornecidos sem qualquer constrangimento, não havendo de cogitar em sigilo que os envolva. Assim, segundo Ferraz Junior, distinguem-se, entre os dados cadastrais, que por sua vez não se identificam com todo o cadastro, os que exteriorizam relações de convivência privada ou uma comunicação restringida (liberdade de negação), e os simples elementos de identificação, que não se busca esconder do conhecimento público. Aqueles continuariam resguardados pela Constituição em face do direito à privacidade e à inviolabilidade da comunicação de dados, Esses, em si mesmo, não são sigilosos. Esses dados cadastrais são protegidos tão somente quando compõem relações de convivência privativa, envolvendo a liberdade de negação da comunicação.[60]

De modo que, em relação aos dados cadastrais ou gerais, ou de identificação, como o nome da pessoa, o número de inscrição no CPF ou CNPJ, a indicação de que o sujeito é cliente ou tem conta bancária em determina instituição financeira,[61] o fato de o indivíduo ser de posses ou não, ora, tudo isto não se oculta, é, em geral, percebido pelos outros, no próprio convívio social e profissional, embora, por exemplo, o indivíduo possa ter interesse de manter sigilo em relação a algum serviço que contratou com o Banco (locação de um cofre de segurança), não há, nem mesmo aqui, em absoluto, matéria sigilosa em relação ao órgão do Estado, que recebeu da Constituição[62] e da lei complementar[63] autorização, para identificar o patrimônio, os rendimentos e as atividades econômicas dos contribuintes, mesmo porque os contribuintes têm o dever legal de informar ao fisco federal tudo que interesse a fiscalização e a arrecadação do imposto de renda; tendo os agentes fiscais da Administração tributária o dever de manter sigilo da situação financeira dos contribuintes, visto que o sigilo bancário se transforma em sigilo fiscal.

---

[60] FERRAZ JUNIOR, Tercio Sampaio. Sigilo de dados: o direito à privacidade e os limites à função fiscalizadora do Estado. In: *Revista dos tribunais – cadernos de direito tributário e finanças públicas*, vol. 1, São Paulo: Revista dos Tribunais, out./dez. de 1992, p. 141 a 154.

[61] A questão sobre o fato de o sujeito ser cliente de um banco deve ou não ficar em sigilo é respondida por COVELLO, Sérgio Carlos. *O sigilo bancário*. São Paulo: 1991, p. 93: "Bernardino Gonzaga entende que esse é hoje corriqueiro e banal, de modo que a divulgação de que o indivíduo é cliente do estabelecimento bancário não constitui violação ao dever de reserva, especialmente porque é difícil, nos dias que correm, alguém não ser cliente de Banco ou não recorrer ao Banco para obter algum serviço. Certo é também que muitas vezes esse fato é notório, sendo mesmo comum a hipótese de o próprio cliente propalar a sua condição de cliente de determinado Banco como traço de *status* ou, então, para fazer o Banco seu agente de cobrança. Certas entidades filantrópicas divulgam até pelos meios de comunicação o número de suas contas bancárias com o fito de arrecadarem donativos através da instituição financeira. Onde há notoriedade, não há falar em segredo, muito menos em obrigação de segredo a cargo do Banco... Agora, a revelação de que determinada pessoa se vale dos serviços de caixa do Banco não nos parece constituir violação ao segredo, porque esse fato é corriqueiro, nos dias atuais. O Banco não é esconderijo."

[62] CF/1988, art. 145, § 1º.

[63] LC 70/1991, art. 12; e LC 105/2001, art. 5º, § 2º.

A privacidade, na espécie, está, portanto, protegida, quando a norma da lei complementar restringe a transmissão das informações, por parte das instituições financeiras, a simples informações cadastrais dos contribuintes usuários de serviços bancários, é dizer meros dados que identificam a pessoa em suas relações sociais, comerciais e com o Poder Público (nome, CPF, endereço, valor total movimentado), aliás a identificação dos nomes das pessoas faz parte da comunicação humana: ninguém tem identificação só para si mesmo ou para pessoas mais íntimas, o nome das pessoas é o mesmo para os outros, para o mundo.

O dado sigiloso, amparado pela Constituição, é o relativo à intimidade e à vida privada, e não todo e qualquer dado. Aquele pode ser relativizado, em regra, por ordem judicial.

A seu turno, o que a Lei Suprema protege é a interceptação da comunicação de dados, e não do dado em si. Caso contrário, repita-se, estaria inviabilizada qualquer fiscalização ou investigação direta por parte da Administração. Assim, dados não sigilosos, contidos em registros públicos, de notório conhecimento público, podem ser transferidos a terceiros, independentemente de intervenção judicial.

Ainda a esse respeito, embora reconhecendo-se que a questão ainda não se encontra assentada no âmbito do Poder Judiciário, cumpre mencionar que tanto o Supremo Tribunal Federal, como o Superior Tribunal de Justiça não consideram sigilosos, e, portanto, não protegidos pelo direito à privacidade e pela liberdade de negação da comunicação os dados públicos, como os são o registro de ajuizamento de ação de execução ou de lavratura de protestos, os dados cadastrais de entidades como SERASA, SPC, SERPRO, alguns desses entes, que prestam serviços de proteção do crédito, inclusive, repassam informações cadastrais de consumidores de forma onerosa a quem os solicita.

Impende, neste ponto, repisar o fato de a nossa Corte Constitucional, por ocasião do julgamento da ADIn nº 1.790/DF, ter admitido a legitimidade da transferência de registros de dados de clientes, provenientes de bancos de dados privados, por parte de estabelecimentos comerciais e instituições financeiras, com interesses eminentemente creditícios e comerciais. Afirmou-se então:

> A convivência entre a proteção da privacidade e os chamados arquivos de consumo, mantidos pelo próprio fornecedor de crédito ou integrados em bancos de dados, tornou-se um imperativo da economia da sociedade de massas: De viabilizá-la cuidou o CDC, segundo o molde das legislações mais avançadas: ao sistema instituído pelo Código de Defesa do Consumidor para prevenir ou reprimir abusos dos arquivos de consumo, hão de submeter-se as informações sobre os protestos lavrados, uma vez obtidas na forma prevista no edito impugnado e integradas aos bancos de dados das entidades credenciadas à certidão diária de que se cuida: é o bastante a tornar duvidosa a densidade jurídica do apelo da argüição à garantia da privacidade, que há de harmonizar-se à existência de bancos de dados pessoais, cuja realidade a própria Constituição reconhece (art. 5º, LXXII, in fine) e entre os quais os arquivos de consumo são um dado inextirpável da economia fundada nas relações massificadas de crédito. (ADIMC nº 1.790, Rel. Min. Sepúlveda Pertence, *DJ*, 8 set. 2000).[64]

Insta transcrever, nesse diapasão, as seguintes Ementas de Acórdãos do Superior Tribunal de Justiça:

EDcl no RMS 25.375/PA
PENAL. EMBARGOS DE DECLARAÇÃO NO RECURSO ORDINÁRIO EM MANDADO DE SEGURANÇA. PROCEDIMENTO INVESTIGATÓRIO CRIMINAL. DADOS CADASTRAIS OBTIDOS JUNTO AO BANCO

---

[64] SARAIVA FILHO, O. O. de P. Espinçado do artigo: O sigilo bancário e a administração tributária (LC nº 105/2001; IN-RFB nº 802/2007). In: *RFDT*, nº 34, p. 47.

DE DADOS DO SERPRO. INEXISTÊNCIA DE SIGILO FISCAL OU BANCÁRIO. RECURSO PARCIAL-
MENTE PROVIDO.

(...)

III – Não estão abarcados pelo sigilo fiscal ou bancário os dados cadastrais (endereço, nº telefônico e qualificação dos investigados) obtidos junto ao banco de dados do Serpro. Embargos parcialmente acolhidos,
com efeitos infringentes, para dar parcial provimento ao recurso. (*DJe* 2/2/2009).

STJ – REsp 1.038.272/RS

CIVIL E PROCESSUAL. AÇÃO DE INDENIZAÇÃO. DANO MORAL. INSCRIÇÃO NA SERASA. PROTES-
TO DE TÍTULO. FATO VERÍDICO. OMISSÃO NA COMUNICAÇÃO NO CADASTRO DA RÉ. CDC, ART.
43, § 2º.

I. Constatado que o protesto contra a autora constante nos registros da SERASA é fato verdadeiro, não
se configura o dever de indenizar pela não comunicação à devedora, notadamente porque a existência do
apontamento é informação de domínio público, que pode ser coletada pelos bancos de dados e órgãos
cadastrais dispensadas daquela providência pelo princípio da publicidade imanente.

II. Recurso não conhecido. (*DJe* 25/8/2008).

Nos casos acima, os dados cadastrais foram obtidos pelo Ministério Público
sem a existência de vínculo entre as informações das pessoas com qualquer segredo
ou sigilo delas.

Insta destacar a Ementa do Acórdão da 2ª Turma do Superior Tribunal de Justiça no Recurso Ordinário nº 16.897-RJ, que denegou pedido da SERASA, para não
repassar ao Poder Público estadual dados cadastrais, sob alegação de sigilo, *verbis*:

ADMINISTRATIVO. RECURSO ORDINÁRIO. MANDADO DE SEGURANÇA. SÚMULA 266/STF. INAPLI-
CABILIDADE. ÓRGÃO OFICIAL DE DEFESA DO CONSUMIDOR. REQUISIÇÃO DE INFORMAÇÕES
CADASTRAIS. ART. 55, § 4º, DO CDC. POSSIBILIDADE.

(...)

2. A atividade econômica da recorrente já revela que os dados requisitados não estão protegidos legalmente por sigilo. A SERASA repassa informações cadastrais de consumidores de forma onerosa a quem
os solicita. Descabida é a recusa ao Poder Público Estadual, representado por seu órgão de defesa do
consumidor, baseada em sigilo de dados que são transmitidos cotidianamente a outros interessados.

3. A notificação expedida pelo órgão estadual de defesa do consumidor em nada prejudica qualquer segredo industrial ou comercial da impetrante. O ente público não atua no mercado e nem pode utilizar as
informações requeridas para fazer concorrência com a recorrente.

4. Caso o ente público utilize ou divulgue tais informações em finalidades outras que não estejam vinculadas à defesa do consumidor, caberá ao titular dos dados divulgados postular a responsabilização por
eventual dano moral.

5. Os concessionários de serviços públicos estão impedidos de informar aos serviços cadastrais de consumidores, por força de norma local – Lei Estadual fluminense nº 3.762/02 –, a situação de inadimplência
dos seus usuários.

6. O ato de verificar se a recorrente ainda tem acesso a esse tipo de informação configura etapa de uma
apuração que, nos termos do art. 55, § 4º, do CDC, se inclui no rol de atribuições legais dos órgãos oficiais
de defesa do consumidor.

7. Recurso ordinário improvido. (*DJ* 06/09/2004 p. 183).

Foi constatado, no corpo deste trabalho, que a Administração tributária, para
que possa exercer com eficiência a fiscalização tributária continuada, em termos de
vigilância, tem autorização da Constituição Federal (art. 145, § 1º) e de lei complementar (LC 105/2001, art. 5º; e LC 70/1991, art. 12) para ter acesso a dados gerais ou
cadastrais dos contribuintes, estejam eles onde estiverem.

Por outro lado, à primeira vista, parece bastante razoável supor que a transferência de dados pessoais cadastrais públicos, que possam ser localizados em entes,
até mesmo privados, que elaboram e negociam tais dados – como as entidades prestadoras de serviço de proteção ao crédito, que, hoje em dia, praticamente ninguém

delas pode ficar incólume – não fere a vida privada, nem a liberdade de negação de comunicação, mesmo que esses dados estejam em guarda do Poder Público.

Da mesma forma, ressalvados os dados que identifiquem a situação econômica ou financeira das pessoas e a natureza e o estado de seus negócios ou atividades (CTN, art. 198, *caput*), é aceitável que os entes públicos, que tenham autorização legal, possam, também, receber de bancos ou da Administração tributária esses dados gerais ou cadastrais de clientes ou contribuintes, pois esses dados não estão amparados pelo sigilo fiscal.

Avive-se que o nome, o fato de a pessoa ser cliente de determinado banco, o número da conta-corrente, os números de documentos, emitidos pelo Poder Público, o CPF ou GGU e a carteira de identidade são, essencialmente, públicos, e estão impressos na própria folha de cheque, que circula à vontade, nada disso fazendo supor que haja algo de íntimo ou privativo, nem que exista algo que o interessado não deseje que seja divulgado.

6. Jurisprudência do STF e do STJ relacionada com a transferência do sigilo bancário ao Fisco sem prévia intermediação do Poder Judiciário

Embora a nossa Augusta Corte Constitucional não tenha se pronunciado conclusivamente sobre a questão da constitucionalidade do fornecimento de informações sobre movimentação bancária de contribuintes, pelas instituições financeiras, diretamente ao Fisco,[65] o que poderá suceder a qualquer momento diante da existência, no Excelso Pretório, das Ações Diretas de Inconstitucionalidade de nᵒˢ 2.386, 2.390, 2.397 e 4.010 e do Recurso Extraordinário nº 601.314, no qual o STF reconheceu a repercussão geral, mostra-se defensável e razoável a tese da constitucionalidade dos artigos 5º e 6º da Lei Complementar nº 105/2001, sob o principal argumento de que o § 1º do artigo 145 da Constituição Federal, de 1988 teria criado outra exceção ao direito à privacidade e à inviolabilidade da comunicação de dados,[66] dando autorização para a transferência direta de dados bancários da instituição financeira para a Administração tributária.

Milita, no entanto, a favor da constitucionalidade, em especial, do artigo 5º, mas também do artigo 6º da Lei Complementar nº 105/2001, isto com fundamento no artigo 145, § 1º, e no art. 37, *caput*, ambos da Carta Política de 1988, a decisão de nossa Corte Constitucional, na ADIn nº 1.790/DF, que, em face do artigo 5º, LXXII, *in fine*, do Estatuto Político, admitiu a legitimidade da transferência de registros de

---

[65] O Plenário do STF chegou a cassar medida liminar, que havia sido concedida monocraticamente na Ação Cautelar nº 33, que impedia a quebra direta de sigilo bancário da empresa GVA Indústria e Comércio S/A pela Receita Federal. A cautelar tinha o objetivo de dar efeito suspensivo ao Recurso Extraordinário nº 389.808, interposto na Corte pela referida empresa. Todavia, no julgamento do mérito do malsinado RE, o STF decidiu pela inconstitucionalidade do artigo 6º da Lei Complementar nº 105/2001, embora por insuficiente maioria de votos, com descuramento ao art. 97 da Constituição Federal (5 votos pela inconstitucionalidade, contra 4 votos pela constitucionalidade), além de a respectiva ementa do acórdão não corresponder com exatidão o que fora realmente decido nesse julgado pela maioria dos votos, daí terem a Procuradoria-Geral da República e a Procuradoria-Geral da Fazenda Nacional interposto embargos de declaração. (Acórdão publicado na íntegra na *Revista Fórum de Direito Tributário*, nº 51. Belo Horizonte: Fórum, referente aos meses de maio e junho de 2011, p. 167 a 186).

[66] Reza a primeira parte do § 3º do art. 58 da CF/88: "As comissões parlamentares de inquérito, que terão poderes de investigação próprios das autoridades judiciais, ...".

dados pessoais de clientes, sem prévia determinação judicial, e inclusive mediante remuneração, por parte de estabelecimentos comerciais e instituições financeiras com o escopo de proteção de créditos privados e do lucro, como uma faceta "inextirpável da economia fundada nas relações massificadas de crédito", o que denota que o acesso a tais sistemas de dados decorre das exigências de eficiência da economia capitalista, de modo que se pode supor que a mesma eficiência deve ser possibilitada para a fiscalização tributária, tendo em vista as exigências constitucionais de observância e aplicação do caráter pessoal do imposto de renda e dos princípios constitucionais da igualdade do tratamento fiscal e da capacidade contributiva, da moralidade e do devido processo legal material.

Da mesma forma, atua no sentido da presunção da constitucionalidade do artigo 5° (que, aliás, quanto a isto, dúvida alguma pode existir, tendo em vista que trata apenas de transferência de dados genéricos e cadastrais, sem qualquer interseção com a privacidade dos clientes das instituições financeiras) e do artigo 6° da LC n° 105/2001, o decidido no Mandado de Segurança n° 23.480 (DJU de 15 set. 2000, p. 119), que, entre outras decisões com igual teor,[67] restou expresso, com supedâneo do artigo 58, § 3°, da Lei Suprema, que a quebra ou transferência de sigilos bancário, fiscal e de registros telefônicos (mas não de interceptação da comunicação telefônica), susceptível de ser objeto de decreto de Comissões Parlamentares de Inquérito, não está coberta pela reserva absoluta de jurisdição que, contrariamente, resguarda outras garantias constitucionais, como a busca domiciliar (CF, art. 5°, XII), a interceptação telefônica (CF, art. 5°, XII), e, em regra, a decretação de prisão (CF, art. 5°, LXI).

Parenteticamente, na doutrina, a respeito do sigilo bancário e de sua proteção, e de não estar este direito sujeito ao domínio da reserva de jurisdição, insta trazer à reflexão o magistério de Gilmar Ferreira Mendes, Inocêncio Mártires Coelho e Paulo Gustavo Gonet Branco:

> O sigilo bancário tem sido tratado pelo STF e pelo STJ como assunto sujeito à proteção da vida privada dos indivíduos.
>
> Consiste na obrigação imposta aos bancos e a seus funcionários de discrição, a respeito de negócios jurídicos, presentes, passados, de pessoas com que lidaram, abrangendo dados sobre a abertura e o fechamento de contas e a sua movimentação.
>
> O direito ao sigilo bancário, entretanto, não é absoluto, nem ilimitado. Havendo tensão entre o interesse do indivíduo e o interesse da coletividade, em torno do conhecimento de informações relevantes para determinado contexto social, o controle sobre os dados pertinentes não há de ficar submetido ao exclusivo arbítrio do indivíduo. (STF, Pet 577, in RTJ 148/367).
>
> (...)
>
> O STF não toma a quebra do sigilo bancário como decisão integrante do domínio das matérias sob reserva de jurisdição. (STF, MS 23.452, *DJ* de 12/5/2000) ...
>
> O Sigilo haverá de ser quebrado em havendo necessidade de preservar um outro valor com status constitucional, que se sobreponha ao interesse na manutenção do sigilo.[68]

Enfatize-se que, por ocasião do julgamento do Agravo Regimental em Inquérito n° 897-5/DF, o Supremo Tribunal Federal, em sessão plenária, além de ter assentado que "a quebra do sigilo bancário não afronta o artigo 5° X e XII da Constituição

---

[67] Assim, na mesma senda, cumpre conferir o decidido pelo Augusto Pretório no Mandado de Segurança n° 23.452/RJ, Rel. Min. Celso de Mello, no Mandado de Segurança n° 21.729/DF, Rel. Min. Francisco Rezek.

[68] MENDES, Gilmar Ferreira; COÊLHO, Inocêncio Mártires; BRANCO, Paulo Gustavo Gonet. *Curso de direito constitucional*. São Paulo: Saraiva, 2007, p. 375.

Federal (Precedente: PET 577)", decidiu que o sigilo bancário pode ser transferido sem a necessidade de prévia audiência do investigado, tendo em vista que, como bem explicaram os senhores Ministros Carlos Velloso e Celso de Mello, tornando-se necessária a obtenção da prova por esse meio, deve ser *posta no ventre dos autos, não havendo de se cogitar da instauração incidental do contraditório em procedimento nitidamente qualificado pela nota da unilateralidade e da inquisitividade, aí* então, ou a partir daí ocorrerá o contraditório, ou seja, "o princípio do contraditório não prevalece na fase inquisitorial" (*DJU* 24 mar. 1995, p. 6806).

Felizmente, a jurisprudência do Egrégio Superior Tribunal de Justiça, já com supedâneo na Constituição Federal de 1988, se consolidou no sentido favorável da constitucionalidade e legalidade da transferência direta e imediata, pelas instituições financeiras à Administração tributária, de dados, informes e documentos bancários. Transcrevam-se, a título ilustrativo, as seguintes Ementas de Acórdãos:

STJ – T1 – AC nº 6.257/RS, Rel. Min. Luiz Fux, decisão por unanimidade de votos:
AÇÃO CAUTELAR. TRIBUTÁRIO. NORMAS DE CARÁTER PROCEDIMENTAL. APLICAÇÃO INTERTEMPORAL. UTILIZAÇÃO DE INFORMAÇÕES OBTIDAS A PARTIR DA ARRECADAÇÃO DA CPMF PARA A CONSTITUIÇÃO DE CRÉDITO REFERENTE A OUTROS TRIBUTOS. RETROATIVIDADE PERMITIDA PELO ART. 144, § 1º DO CTN.

1. O resguardo de informações bancárias era regido, ao tempo dos fatos que compõe a presente demanda (ano de 1998), pela Lei 4.595/64, reguladora do Sistema Financeiro Nacional, e que foi recepcionada pelo art. 192 da Constituição Federal com força de lei complementar, ante a ausência de norma regulamentadora desse dispositivo, até o advento da Lei Complementar 105/2001.

2. O art. 38 da Lei 4.595/64, revogado pela Lei Complementar 105/2001, previa a possibilidade de quebra do sigilo bancário apenas por decisão judicial.

3. Com o advento da Lei 9.311/96, que instituiu a CPMF, as instituições financeiras responsáveis pela retenção da referida contribuição, ficaram obrigadas a prestar à Secretaria da Receita Federal informações a respeito da identificação dos contribuintes e os valores globais das respectivas operações bancárias, sendo vedado, a teor do que preceituava o § 3º da art. 11 da mencionada lei, a utilização dessas informações para a constituição de crédito referente a outros tributos.

4. A possibilidade de quebra do sigilo bancário também foi objeto de alteração legislativa, levada a efeito pela Lei Complementar 105/2001, cujo art. 6º dispõe: *"Art. 6º As autoridades e os agentes fiscais tributários da União, dos Estados, do Distrito Federal e dos Municípios somente poderão examinar documentos, livros e registros de instituições financeiras, inclusive os referentes a contas de depósitos e aplicações financeiras, quando houver processo administrativo instaurado ou procedimento fiscal em curso e tais exames sejam considerados indispensáveis pela autoridade administrativa competente".*

5. A teor do que dispõe o art. 144, § 1º do Código Tributário Nacional, as leis tributárias procedimentais ou formais têm aplicação imediata, ao passo que as leis de natureza material só alcançam fatos geradores ocorridos durante a sua vigência.

6. Norma que permite a utilização de informações bancárias para fins de apuração e constituição de crédito tributário, por envergar natureza procedimental, tem aplicação imediata, alcançando mesmo fatos pretéritos.

7. A exegese do art. 144, § 1º do Código Tributário Nacional, considerada a natureza formal da norma que permite o cruzamento de dados referentes à arrecadação da CPMF para fins de constituição de crédito relativo a outros tributos, conduz à conclusão da possibilidade da aplicação dos artigos 6º da Lei Complementar 105/2001 e 1º da Lei 10.174/2001 ao ato de lançamento de tributos cujo fato gerador se verificou em exercício anterior à vigência dos citados diplomas legais, desde que a constituição do crédito em si não esteja alcançada pela decadência.

8. Inexiste direito adquirido de obstar a fiscalização de negócios tributários, máxime porque, enquanto não extinto o crédito tributário a Autoridade Fiscal tem o dever vinculativo do lançamento em correspondência ao direito de tributar da entidade estatal.

9. Processo cautelar acessório ao processo principal.

10. Juízo prévio de admissibilidade do recurso especial.

11. Ausência de *fumus boni juris* ante à impossibilidade de êxito do recurso especial.

12. Ação Cautelar improcedente. ("Revista Fórum de Direito Tributário" nº 8, pp. 181 a 189).

STJ – T2 – AgRg no REsp nº 1.063.610/SP, Rel. Min. Humberto Martins, decisão por unanimidade de votos:

Tributário e Administrativo – Quebra de sigilo bancário pela Administração – Possibilidade, desde que comprovada a prévia abertura de procedimento administrativo e seja a medida razoável e proporcional – Súmula 83/STJ – Alegação nova de abertura de processo administrativo – Impossibilidade – Súmula 7/STJ.

1. Não se nega que a Administração, após a LC 105/01, pode ter acesso às informações bancárias do contribuinte, na forma instituída pela Lei n. 10.174/01, sem a intervenção judicial, mas isto se dá apenas quando existente procedimento administrativo.

2. A Corte de origem nega a existência de processo administrativo. A UNIÃO alega a existência. Controvérsia que não pode ser objeto de recurso especial. Súmula 7/STJ.

Agravo regimental improvido. ("Revista Fórum de Direito Tributário" nº 42, pp. 227 a 229).

STJ – T1 – AgRg nos EDcl no REsp nº 1.135.908/SP, Rel. Min. LUIZ FUX, decisão por unanimidade de votos:

AGRAVO REGIMENTAL. TRIBUTÁRIO. QUEBRA DO SIGILO BANCÁRIO SEM AUTORIZAÇÃO JUDICIAL. CONSTITUIÇÃO DE CRÉDITOS TRIBUTÁRIOS REFERENTES A FATOS IMPONÍVEIS ANTERIORES À VIGÊNCIA DA LEI COMPLEMENTAR 105/2001. APLICAÇÃO IMEDIATA. ARTIGO 144, § 1º, DO CTN. EXCEÇÃO AO PRINCÍPIO DA IRRETROATIVIDADE. JULGAMENTO, PELA PRIMEIRA SEÇÃO, DO RECURSO ESPECIAL REPRESENTATIVO DE CONTROVÉRSIA (RESP 1.134.665/SP). MULTA POR AGRAVO REGIMENTAL MANIFESTAMENTE INFUNDADO. ARTIGO 557, § 2º, DO CPC. APLICAÇÃO.

1. A quebra do sigilo bancário sem prévia autorização judicial, para fins de constituição de crédito tributário não extinto, é autorizada pela Lei 8.021/90 e pela Lei Complementar 105/2001, normas procedimentais, cuja aplicação é imediata, à luz do disposto no artigo 144, § 1º, do CTN (Precedente da Primeira Seção submetido ao rito do artigo 543-C, do CPC: REsp 1.134.665/SP, Rel. Ministro Luiz Fux, julgado em 25.11.2009, *DJe* 18.12.2009).

2. O § 1º, do artigo 38, da Lei 4.595/64 (revogado pela Lei Complementar 105/2001), autorizava a quebra de sigilo bancário, desde que em virtude de determinação judicial, sendo certo que o acesso às informações e esclarecimentos, prestados pelo Banco Central ou pelas instituições financeiras, restringir-se-iam às partes legítimas na causa e para os fins nela delineados.

3. A Lei 8.021/90 (que dispôs sobre a identificação dos contribuintes para fins fiscais), em seu artigo 8º, estabeleceu que, iniciado o procedimento fiscal para o lançamento tributário de ofício (nos casos em que constatado sinal exterior de riqueza, vale dizer, gastos incompatíveis com a renda disponível do contribuinte), a autoridade fiscal poderia solicitar informações sobre operações realizadas pelo contribuinte em instituições financeiras, inclusive extratos de contas bancárias, não se aplicando, nesta hipótese, o disposto no artigo 38, da Lei 4.595/64.

4. O § 3º, do artigo 11, da Lei 9.311/96, com a redação dada pela Lei 10.174, de 9 de janeiro de 2001, determinou que a Secretaria da Receita Federal era obrigada a resguardar o sigilo das informações financeiras relativas à CPMF, facultando sua utilização para instaurar procedimento administrativo tendente a verificar a existência de crédito tributário relativo a impostos e contribuições e para lançamento, no âmbito do procedimento fiscal, do crédito tributário porventura existente.

5. A Lei Complementar 105, de 10 de janeiro de 2001, revogou o artigo 38, da Lei 4.595/64, e passou a regular o sigilo das operações de instituições financeiras, preceituando que não constitui violação do dever de sigilo a prestação de informações, à Secretaria da Receita Federal, sobre as operações financeiras efetuadas pelos usuários dos serviços (artigo 1º, § 3º, inciso VI, c/c o artigo 5º, *caput*, da aludida lei complementar, e 1º, do Decreto 4.489/2002).

6. As informações prestadas pelas instituições financeiras (ou equiparadas) restringem-se a informes relacionados com a identificação dos titulares das operações e os montantes globais mensalmente movimentados, vedada a inserção de qualquer elemento que permita identificar a sua origem ou a natureza dos gastos a partir deles efetuados (artigo 5º, § 2º, da Lei Complementar 105/2001).

7. O artigo 6º, da lei complementar em tela, determina que: "Art. 6º As autoridades e os agentes fiscais tributários da União, dos Estados, do Distrito Federal e dos Municípios somente poderão examinar docu-

mentos, livros e registros de instituições financeiras, inclusive os referentes a contas de depósitos e aplicações financeiras, quando houver processo administrativo instaurado ou procedimento fiscal em curso e tais exames sejam considerados indispensáveis pela autoridade administrativa competente. Parágrafo único. O resultado dos exames, as informações e os documentos a que se refere este artigo serão conservados em sigilo, observada a legislação tributária."

8. O lançamento tributário, em regra, reporta-se à data da ocorrência do fato ensejador da tributação, regendo-se pela lei então vigente, ainda que posteriormente modificada ou revogada (artigo 144, *caput*, do CTN).

9. O artigo 144, § 1º, do *Codex* Tributário, dispõe que se aplica imediatamente ao lançamento tributário a legislação que, após a ocorrência do fato imponível, tenha instituído novos critérios de apuração ou processos de fiscalização, ampliado os poderes de investigação das autoridades administrativas, ou outorgado ao crédito maiores garantias ou privilégios, exceto, neste último caso, para o efeito de atribuir responsabilidade tributária a terceiros.

10. Consequentemente, as leis tributárias procedimentais ou formais, conducentes à constituição do crédito tributário não alcançado pela decadência, são aplicáveis a fatos pretéritos, razão pela qual a Lei 8.021/90 e a Lei Complementar 105/2001, por envergarem essa natureza, legitimam a atuação fiscalizatória/investigativa da Administração Tributária, ainda que os fatos imponíveis a serem apurados lhes sejam anteriores (Precedentes da Primeira Seção: EREsp 806.753/RS, Rel. Ministro Herman Benjamin, julgado em 22.08.2007, *DJe* 01.09.2008; EREsp 726.778/PR, Rel. Ministro Castro Meira, julgado em 14.02.2007, *DJ* 05.03.2007; e EREsp 608.053/RS, Rel. Ministro Teori Albino Zavascki, julgado em 09.08.2006, *DJ* 04.09.2006).

11. A razoabilidade restaria violada com a adoção de tese inversa conducente à conclusão de que Administração Tributária, ciente de possível sonegação fiscal, encontrar-se-ia impedida de apurá-la.

12. A Constituição da República Federativa do Brasil de 1988 facultou à Administração Tributária, nos termos da lei, a criação de instrumentos/mecanismos que lhe possibilitassem identificar o patrimônio, os rendimentos e as atividades econômicas do contribuinte, respeitados os direitos individuais, especialmente com o escopo de conferir efetividade aos princípios da pessoalidade e da capacidade contributiva (artigo 145, § 1º).

13. Destarte, o sigilo bancário, como cediço, não tem caráter absoluto, devendo ceder ao princípio da moralidade aplicável de forma absoluta às relações de direito público e privado, devendo ser mitigado nas hipóteses em que as transações bancárias são denotadoras de ilicitude, porquanto não pode o cidadão, sob o alegado manto de garantias fundamentais, cometer ilícitos. Isto porque, conquanto o sigilo bancário seja garantido pela Constituição Federal como direito fundamental, não o é para preservar a intimidade das pessoas no afã de encobrir ilícitos.

14. O suposto direito adquirido de obstar a fiscalização tributária não subsiste frente ao dever vinculativo de a autoridade fiscal proceder ao lançamento de crédito tributário não extinto.

15. *In casu*, a autoridade fiscal pretende utilizar-se de dados da CPMF para apuração de crédito tributário anterior a janeiro de 2001, tendo sido instaurado procedimento administrativo, razão pela qual não merece reforma o acórdão regional.

16. À luz da novel metodologia legal, publicado o acórdão do julgamento do recurso especial, submetido ao regime previsto no artigo 543-C, do CPC, os demais recursos já distribuídos, fundados em idêntica controvérsia, deverão ser julgados pelo relator, nos termos do artigo 557, do CPC (artigo 5º, I, da Res. STJ 8/2008).

17. Ademais, a alegação de que "a regra do § 1º, do artigo 144, do CTN, somente se aplica quando o procedimento de fiscalização for posterior à sua entrada em vigor, o que não ocorre no presente caso", não infirma o entendimento exarado no âmbito de recurso especial representativo da controvérsia.

18. O agravo regimental manifestamente infundado ou inadmissível reclama a aplicação da multa entre 1% (um por cento) e 10% (dez por cento) do valor corrigido da causa, prevista no § 2º, do artigo 557, do CPC, ficando a interposição de qualquer outro recurso condicionada ao depósito do respectivo valor.

19. Deveras, "se no agravo regimental a parte insiste apenas na tese de mérito já consolidada no julgamento submetido à sistemática do art. 543-C do CPC, é certo que o recurso não lhe trará nenhum proveito do ponto de vista prático, pois, em tal hipótese, já se sabe previamente a solução que será dada ao caso pelo colegiado", revelando-se manifestamente infundado o agravo, passível da incidência da sanção prevista no

artigo 557, § 2º, do CPC (Questão de Ordem no AgRg no REsp 1.025.220/RS, Rel. Ministra Eliana Calmon, Primeira Seção, julgada em 25.03.2009).

20. Agravo regimental desprovido, condenando-se a agravante ao pagamento de 1% (um por cento) a título de multa pela interposição de recurso manifestamente infundado (artigo 557, § 2º, do CPC). (in *DJe* de 1º/07/2010).

Cabe mencionar que o Brasil tem interesse de permanecer comprometido, por meio de tratados internacionais, sobre a troca de informações tributárias, nos moldes da Convenção da Organização para a Cooperação e Desenvolvimento Econômico sobre Assistência Administrativa Mútua em Matéria Fiscal, e do preceituado no artigo 26 do Modelo de Convenção Fiscal sobre o rendimento e sobre o capital, da OCDE, e do artigo 26 do Modelo de Convenção sobre Bitributação entre Países desenvolvidos e em desenvolvimento das Nações Unidas, com vistas a trocas de informações fiscais, inclusive oriundas da transferência do sigilo bancário, diretamente entre as Administrações tributárias dos Países contratantes, com o fito de redução de evasões fiscais, obstar a bitributação[69] e aperfeiçoar a fiscalização aduaneira,[70] já fazendo parte do fórum global da transparência e troca de informações tributárias, criado pela OCDE, desde setembro de 2009, com a adesão do Brasil na reunião do México.[71] [72] [73]

A prevalência desta ou daquela interpretação dos vários dispositivos constitucionais e legais, no âmbito do Supremo Tribunal Federal, poderá favorecer ou embaraçar o nosso País em nível internacional, podendo, conforme o caso, manter a inclusão do Brasil dentre os países transparentes do ponto de vista da colaboração de informações fiscais, ou poderá o Brasil passar a ser classificado como paraíso fiscal.

De fato, brevemente, o Supremo Tribunal Federal examinará, nas Ações Diretas de Inconstitucionalidade[74] e no Recurso Extraordinário de repercussão geral,[75] se a transferência do sigilo bancário seria mesmo matéria do âmbito reserva constitucional de jurisdição, ou se poderia o Fisco ter acesso direto aos dados bancários dos contribuintes.

---

[69] Além de outros tratados sobre troca de informações tributárias, o Brasil tem em vigor cerca de 29 tratados internacionais sobre dupla tributação, sendo que todos eles trazem cláusula de troca de informações fiscais entre os Países contratantes.

[70] Além do Tradado do Mercosul, o Brasil possui 7 acordos internacionais de cooperação aduaneira, envolvendo cláusulas de troca de informações fiscais.

[71] Cf. VALADÃO, Marcos Aurélio Pereira. Troca de informações com base em tratados internacionais e os sigilos fiscal e bancário. In: *Sigilos bancário e fiscal*: homenagem ao jurista José Carlos Moreira Alves. Oswaldo Othon de Pontes Saraiva Filho; Vasco Branco Guimarães (coords.). Belo Horizonte: Fórum, 2011, p. 415 a 443.

[72] Em relação ao acesso às informações bancárias, a OCDE expediu, em 2007, o documento intitulado *Improving Access to Bank Information for Tax Purposes: The 2007 Progress Report.*

[73] O artigo 26, § 5º, da Convenção Modelo da OCDE, da mesma forma que a Convenção Modelo da ONU, propõe que o processo de troca de informações não seja demasiadamente oneroso, nem demasiadamente longo, de modo a não constituir um obstáculo ao acesso às informações fiscais, inclusas, as bancárias.

[74] Conforme já aludido, brevemente, o STF deverá examinar esta questão da constitucionalidade da transferência direta do sigilo bancário para a Administração tributária, quando dos julgamentos das ADIn's nº 2.386, requerida pela Confederação Nacional do Comércio; nº 2.390, impetrada pelo Partido Social Liberal; nº 2.397, ajuizada pela Confederação Nacional da Indústria; e nº 4.010, promovida pelo Conselho Federal da OAB.

[75] Está iminente o exame da constitucionalidade, pelo Plenário do STF, do *fornecimento de informações sobre movimentação bancária de contribuintes, pelas instituições financeiras, diretamente ao Fisco, sem prévia autorização judicial (Lei Complementar 105/2001),* e da *possibilidade de aplicação da Lei 10.174/2001 para apuração de créditos tributários referentes a exercícios anteriores ao de sua vigência,* o que sucederá quando do julgamento da Repercussão Geral em RE nº 601.314/SP, Rel. Min. Ricardo Lewandowski.

Para encimar, resta ponderar que não se aplicam à Administração tributária as decisões da Corte Constitucional brasileira no sentido de ser indispensável prévia autorização judicial para que o Ministério Público,[76][77] o Tribunal de Contas[78][79] e o Banco Central do Brasil[80] possam ter acesso a dados bancários sigilosos dos clientes das instituições financeiras, isto porque diferentemente dos três entes retrocitados, o Fisco tem, além de permissão da Lei Complementar nº 105/2001, expressa autorização constitucional para esse acesso direto.

7. Conclusão

Diante de todo o exposto, resta concluir pela constitucionalidade dos artigos 5º e 6º da Lei Complementar nº 105/2001, sob o principal argumento de que, além da exceção relativa às Comissões Parlamentares de Inquérito, que terão poderes de investigação próprios das autoridades judiciais (§ 3º do art. 58 da CF/88), o § 1º do artigo 145 da Constituição Federal, de 1988, prevê outra exceção ao direito à privacidade, inclusive da privacidade decorrente da inviolabilidade da comunicação de dados, dando autorização para a transferência direta de dados bancários da instituição financeira para a Administração tributária.

Destarte, como principais fundamentos constitucionais, para a transferência direta do sigilo bancário para a Administração fiscal, temos:

1º) a autorização expressa do artigo 145, § 1º, da Constituição brasileira, que representa exceção ao direito ao sigilo bancário (CF, art. 5º, X e XII), para que a Administração tributária tenha acesso direto a dados que lhe auxiliem a identificar o patrimônio, os rendimentos e as atividades econômicas dos contribuintes, possibilitando assim a real vivência do caráter pessoal do imposto de renda, da generalidade, universalidade e

---

[76] Se bem que o STF, no MS nº 21.729-4, impetrado pelo Banco do Brasil em face do Procurador-Geral da República, por ter solicitado diretamente àquele banco, sem a intermediação do Poder Judiciário, informações sobre concessão de empréstimos, subsidiados pelo Tesouro Nacional, com base em plano de governo, a empresas do setor sucroalcooleiro, tendo em vista o art. 129, VI e VIII, da CB/88, o art. 38 da Lei nº 4.595/64, e o art. 8º da LC nº 75/93, decidiu que não cabia ao BB negar, ao MP, informações sobre nomes de subsidiados pelo erário federal, sob invocação do sigilo bancário, em face da predominância, na espécie, do princípio da publicidade (VF, art. 37, *caput*). Nos demais casos, tem decidido o STF que, quando envolvidos direitos individuais, os preceptivos do artigo 129, incisos VI e VIII, da Constituição brasileira não autorizam a quebra do sigilo bancário ou, pela mesma razão, do sigilo fiscal – pelo MP. (A título ilustrativo, cf. STF-T2, RE nº 535.478-4/SC, in "Revista Fórum de Direito Tributário" nº 39, Belo Horizonte: ed. Fórum, maio/junho de 2009, p. 215 a 223).

[77] No *Habeas Corpus* nº 87.654-4, a T2 do STF decidiu que o sigilo fiscal, da mesma forma que o sigilo bancário, *nada mais é que um desdobramento do direito à intimidade e à vida privada*, devendo, pois, a sua legítima transferência submeter-se à prévia autorização judicial, tendo admitido, no entanto, que o CTN não veda a divulgação de informações relativas a representações fiscais ao MP para fins penais (CTN, art. 198, § 3º, I – LC nº 104/2001), o que não configura afronta ao sigilo fiscal (*RTJ vol.* 199-02, p. 727).

[78] No julgamento do Mandado de Segurança nº 22.801, o STF- Pleno, impetrado pelo Banco Central do Brasil contra o Tribunal de Contas da União, decidiu que a LC 105 não conferiu ao TCU poderes para determinar quebra de sigilo bancário, poderes conferidos ao Poder Judiciário (art. 3º), Poder Legislativo (art. 4º) e CPI (art. 4º, §§ 1º e 2º). Foram analisadas, também, as normas em conflito do art. 71, II; e art. 5º, X, da Constituição brasileira. (*DJ* de 13/3/2008).

[79] Em outro Mandado de Segurança de nº 27.091, impetrado pelo Secretário da Receita Federal do Brasil em face de o Tribunal de Contas da União pretender ter acesso amplo e irrestrito às informações gerenciais e operacionais da RFB, o Ministro do STF Gilmar Mendes, em 7/1/2008, por decisão monocrática, decidiu que a quebra do sigilo fiscal dos contribuintes só pode acontecer quando fundamentada nas hipóteses constitucionalmente autorizadas ao Poder Legislativo ou por ordem do Poder Judiciário.

[80] Transcreva-se Ementa do Acórdão do STF-T1, no RE 461.366/DF: Sigilo de dados – Atuação fiscalizadora do Banco Central – afastamento – inviabilidade. A atuação fiscalizadora do Banco Central do Brasil não encerra a possibilidade de, no campo administrativo, alcançar dados bancários de correntistas, afastando o sigilo previsto no inciso XII do artigo 5º da C F. (*RTJ* vol. 202-03, p. 1.254).

progressividade desse imposto, e dos princípios da vedação de tratamento fiscal discriminatório em relação aos contribuintes, da capacidade contributiva, da livre concorrência;

2º) é Direito fundamental dos contribuintes que o Estado zele pelo cumprimento desses princípios, obstando-se assim que os que não podem fugir da tributação venham a pagar, ainda mais, para fazer face aos tributos sonegados por outros.

3º) o STF, por ocasião do julgamento da ADIn nº 1.790/DF, já admitiu a legitimidade da transferência, mediante remuneração, de registros de dados pessoais e financeiros de clientes por parte de estabelecimentos comerciais e instituições financeiras, com o escopo de se conferir maior eficiência na proteção de créditos privados e do lucro;

4º) Corroboram, ainda, os fundamentos da República Federativa do Brasil, Estado fiscal democrático de direito, da dignidade da pessoa humana e os valores sociais do trabalho e da livre iniciativa, além dos objetivos do Brasil de construir uma sociedade livre, justa e solidária.

5º) há exigência, da Constituição da República, de 1988, que a Administração observe, além da moralidade – dever de ser imparcial – os princípios constitucionais da eficiência e da economicidade administrativa (CF, arts. 37, *caput*, 70 *caput*).

Referências Bibliográficas

ANDRADE, José Carlos Vieira de. *Os direitos fundamentais na Constituição portuguesa de 1976*. Coimbra: Almedina, 1987.

BALEEIRO, Aliomar. *Direito tributário brasileiro*, 11. ed. atualizada por Misabel Abreu Machado Derzi. Rio de Janeiro: Forense, 2006.

BARRETO, Ricardo Cesar Mandarino. Sigilo bancário: direito à intimidade ou privilégio. In: *Direito federal: Revista da AJUFE – Associação dos Juízes Federais do Brasil*, ano 21, nº 69, jan./mar. 2002, p. 245 a 259.

BELLOQUE, Juliana Garcia. "Sigilo bancário: análise da LC 105/2001", São Paulo: Ed. Revista dos Tribunais, 2003.

BRANDÃO, Antônio José. Moralidade administrativa. In: *Revista de Direito Administrativo* v. 25, p. 459.

BRASIL. Advocacia-Geral da União. Parecer nº GQ 110, de 9.9.1996, "Aprovo" Presidencial em 10.9.1996. *Parecer nº AGU/PRO-04/96*, da lavra de Miguel Pro de Oliveira Furtado. *Sigilo bancário e fiscal – submissão ao Poder Judiciário*, in "DO" de 12.9.1996, e "RDDT" nº 14, São Paulo: Dialética, novembro, 1996, p. 108 a 126.

CARVALHO, Paulo de Barros. *Curso de direito tributário*. 18. ed. São Paulo: Saraiva, 2007.

COÊLHO, Sacha Calmon Navarro. *Curso de direito tributário brasileiro*. 9. ed. Rio de Janeiro: Forense, 2006.

COSTA, Regina Helena. *Curso de direito tributario*: Constituição e Código Tributário Nacional. São Paulo: Saraiva, 2009.

COVELLO, Sérgio Carlos. *O sigilo bancário* (com particular enfoque na sua tutela civil). São Paulo: Editora Universitária de Direito, 1991.

——; COVAS, Silvânio. A ilegitimidade do Ministério Público para requisitar diretamente informações sigilosas às instituições financeiras. In: *Revista de direito bancário e do mercado de capitais*, ano 2, nº 5, São Paulo: Revista dos Tribunais, maio-agosto de 1999, p. 145 a 156.

FERREIRA FILHO, Manoel Gonçalves. *Comentários à Constituição brasileira de 1988*, v. 1, São Paulo: Saraiva, 1990.

FERRAZ JUNIOR, Tercio Sampaio. Sigilo de dados: o direito à privacidade e os limites à função fiscalizadora do Estado. In: *Revista dos tribunais – cadernos de direito tributário e finanças públicas*, v. 1, São Paulo: Revista dos Tribunais, outubro/dezembro de 1992, pp. 141 a 154.

——. *Direito constitucional*: liberdade de fumar, privacidade, Estado, direitos humanos e outros temas. Barueri: Manole, 2007.

——. Sigilo bancário. In: *Revista Fórum de Direito Tributário* nº 01, Belo Horizonte: Editora Fórum, 2003, p. 64 a 80.

——. Sigilo bancário: privacidade e liberdade. In Oswaldo Othon de Pontes Saraiva Filho; Vasco Branco Guimarães (coords.). "Sigilo bancário e fiscal: homenagem ao jurista José Carlos Moreira Alves", Belo Horizonte: editora Fórum, 201, pp. 105 a 130.

FOLMANN, Melissa. *Sigilo bancário e fiscal*: à luz da LC 105/2001 e Decreto 3.724/2001. Curitiba: Juruá Editora, 2001.

GRAMSTRUP, Erik Frederico. Sigilo fiscal e bancário: fundamentos normativos e principiológicos da quebra. In: Sigilo fiscal e bancário; PIZOLIO, Reinaldo; GAVALDÃO Jr. Jayr Viégas (coord.). São Paulo: *Quartier Latin*, 2005, p. 225 a 245.

GRECO, Marco Aurélio. O sigilo do fisco e perante o fisco. In: *Sigilo fiscal e bancário*. PIZOLIO, Reinaldo; GAVALDÃO Jr, Jayr Viégas (coord.). São Paulo: *Quartier Latin*, 2005, p. 73 a 90.

——. Sigilo bancário e a Lei Complementar nº 105/01. In: *Revista Fórum de Direito Tributário* nº 01, Belo Horizonte: Editora Fórum, 2003, p. 81 a 89.

JESUS, Damásio de. Crimes contra a ordem tributária. In: *Crimes contra a ordem tributária*. Ives Gandra da Silva Martins (coord.). 4. ed. São Paulo: Revista dos Tribunais; CEU, 2002, p. 425 a 460.

KRAUSE, Paul Medeiros. O sigilo bancário e os dados cadastrais. In: *A regulação jurídica do sistema financeiro nacional*. Fabiano Jamtalia (coord.). Rio de Janeiro: Lumen Juris, 2009, p. 147 a 158.

MACHADO, Hugo de Brito. *Comentários ao código tributário nacional*. vol. III. São Paulo: Atlas, 2005.

——. *Código Tributário Nacional*: anotações à Constituição, ao Código Tributário Nacional e às Leis Complementares 87/1996 e 116/2003. São Paulo: Atlas, 2007.

MARQUES, Carlos Alexandre. A natureza do pedido de quebra de sigilo bancário e fiscal e alguns comentários práticos da atuação do Ministério Público. In: *Revista dos Tribunais*, ano 86, vol. 736, 1997, p. 535 a 538.

MARTINS, Ives Gandra da Silva (coord.). *Crimes contra a ordem tributária*. 3. ed. São Paulo: Revista dos Tribunais; CEU, 1998.

MAZZILLI, Hugo Nigro. *Regime jurídico do Ministério Público*: análise do Ministério Público na Constituição, na Lei Orgânica Nacional do Ministério Público, na Lei Orgânica do Ministério Público da União e na Lei Orgânica do Ministério Público paulista, 6ª ed. São Paulo: Saraiva, 2007.

MENDES, Gilmar Ferreira *et al*. *Curso de direito constitucional*. São Paulo: Saraiva, 2007.

——; MARTINS, Ives Gandra da Silva. Sigilo bancário, direito de autodeterminação sobre informações e princípio da proporcionalidade. In: *Repertório IOB de Jurisprudência*. Caderno 1, nº 24, São Paulo: IOB, dez./1992, p. 438-436.

MORAES, Alexandre de. *Direito Constitucional*. 8. ed. São Paulo: Atlas, 2000.

NABAIS, José Casalta. Algumas reflexões sobre o actual Estado fiscal. *Revista Fórum de Direito Tributário*. Belo Horizonte, v. 1, n. 4, jul./ago. 2003, pp. 91-120.

PAULSEN, Leandro. *Direito tributário*: Constituição e Código Tributário à luz da doutrina e da jurisprudência. 12. ed. Porto Alegre: Livraria do Advogado, 2010.

PIZOLIO, Reinaldo; GAVALDÃO Jr., Jayr Viégas (coords.). *Sigilo Fiscal e bancário*. São Paulo: Quartier Latin, 2005.

QUEZADO, Paulo; LIMA, Rogério. *Sigilo bancário*. São Paulo: Dialética, 2002.

ROQUE, Maria José Oliveira Lima. *Sigilo bancário e direito à intimidade*. Curitiba: Juruá, 2001.

SANCHES, José Luís Saldanha. Segredo bancário e tributação do lucro real. In: *Estudos de direito contabilístico e fiscal*. Coimbra: Ed. Coimbra, 2000.

——; GAMA, João Taborda da. Sigilo Bancário: Crônica de uma Morte Anunciada. In: Oswaldo Othon de Pontes Saraiva Filho; Vasco Branco Guimarães. (Coords.). *Sigilos Bancário e Fiscal:* Homenagem ao Jurista José Carlos Moreira Alves. Belo Horizonte: Fórum, 2011, p. 269 a 290.

SANTI, Eurico Marcos Diniz de. O sigilo e a lei tributária: transferência, controle e liberdade, direito à prova e a transferência do sigilo bancário para a administração tributária na Constituição e na Lei Complementar nº 105. In: *Sigilos bancário e fiscal*: homenagem ao jurista José Carlos Moreira Alves. Oswaldo Othon de Pontes Saraiva Filho e Vasco Branco Guimarães (coords.). Belo Horizonte: Fórum, 2011, p. 583 a 634.

SARAIVA FILHO, Oswaldo Othon de Pontes. Sigilo bancário e a administração tributária. In: Cadernos de Direito Tributário e Finanças Públicas. São Paulo: Revista dos Tribunais, nº 11, 1995, p. 55 a 69.

——. Segredos bancário e fiscal relacionados com a Administração tributária e o Ministério Público, In: *Sigilos bancário e fiscal*: homenagem ao jurista José Carlos Moreira Alves. Oswaldo Othon de Pontes Saraiva Filho e Vasco Branco Guimarães (coords.). Belo Horizonte: Fórum, 2011, pp. 17 a 83.

——. Sigilo bancário e *right of privacy*. In: *Revista Consulex*, ano IV, nº 41, Brasília: Consulex, 2000, p. 65.

——. Sigilo bancário e fisco – uma análise constitucional. In: *Revista Consulex*, ano V, nº 108, Brasília: Editora Consulex, 2001, p. 24 a 30.

——. Sigilo bancário e tributário. In: *III colóquio internacional de direito tributário – III colóquio internacional de derecho tributário*. São Paulo: La Ley e IOB; A Thomson company, 2001, p. 447 a 484.

——. O sigilo bancário e a administração tributária (LC nº 105/2001; IN-RFB nº 802/2007). In: *Revista Fórum de Direito Tributário*, v. 34. Belo Horizonte: Fórum, julho/agosto de 2008, p. 31 a 109.

——. O Acesso de dados bancários por parte do fisco: a transferência do sigilo bancário para o sigilo fiscal. In: *Sigilo Fiscal e bancário*. PIZOLIO, Reinaldo; GAVALDÃO JR., Jayr Viégas. (coords.). São Paulo: Quartier Latin, 2005, p. 131 a 197.

——. "Pesquisas tributárias: nova série nº 2 – O princípio da moralidade no direito tributário". Ives Gandra da Silva MARTINS (coordr.). 2ª ed. São Paulo: CEU e RT, 1998, p. 183 a 199.

SCAFF, Fernando Facury. Sigilo fiscal e reserva de jurisdição. In: "RDDT" nº 71, São Paulo: Dialética, agosto-2001, p. 60 a 71.

TORRES, Ricardo Lobo. *Tratado de direito constitucional, financeiro e tributário*, vol. III. Rio de Janeiro: Renovar, 1999.

VALADÃO, Marcos Aurélio Pereira. Troca de informações com base em tratados internacionais e os sigilos fiscal e bancário. In: *Sigilos bancário e fiscal*: homenagem ao jurista José Carlos Moreira Alves. Oswaldo Othon de Pontes Saraiva Filho; Vasco Branco Guimarães (coords.). Belo Horizonte: Fórum, 2011, p. 415 a 443.

— 1.9 —

Federalismo fiscal, jurisdição constitucional e conflitos de competência em matéria tributária: o papel da lei complementar

GUSTAVO DA GAMA VITAL DE OLIVEIRA[1]

Sumário: 1. Objetivo; 2. A lei complementar como instrumento de solução de conflitos de competência no federalismo fiscal brasileiro; 3. Sistema tributário federal e o legislativo como intérprete da Constituição; 4. Conclusões; Bibliografia.

1. Objetivo

O objetivo do presente estudo é investigar qual o papel da jurisdição constitucional na definição dos limites de competência tributária, considerando especialmente a regra do art. 146, I, da CF que estabelece ser papel da lei complementar dirimir conflitos de competência, em matéria tributária, entre os entes da federação brasileira.

Não constitui propósito do presente trabalho investigar a solução para cada um dos diversos conflitos concretos de competência tributária entre os entes federativos que estão em discussão atualmente. Nosso intuito é sustentar que na solução específica desses conflitos é necessário reforçar o relevante papel da lei complementar no sistema brasileiro.

O tema em exame vem demandando manifestações do Superior Tribunal de Justiça e do Supremo Tribunal Federal, sendo oportuno para a presente ocasião, na qual se homenageia o Ministro Luiz Fux. Em sua passagem pelo Superior Tribunal de Justiça, o Ministro foi um dos protagonistas na consolidação de entendimentos jurisprudenciais de alta relevância no Direito Tributário. Não há dúvida de que como membro do Supremo Tribunal Federal, o Professor Luiz Fux continuará a prestar relevantes serviços para a solução das difíceis questões do direito tributário brasileiro.

Há no Supremo Tribunal Federal algumas demandas envolvendo conflitos de competência em matéria tributária entre entes federativos. A título exemplificativo:

1. ADI 4389 (Rel. Ministro Joaquim Barbosa): proposta pela Associação Brasileira de Embalagens – ABRAE, que visa a impugnar dispositivos da Lei Complementar nº 116/2003 ("13.05 – Composição

---

[1] Doutor e Mestre em Direito Público pela Universidade do Estado do Rio de Janeiro (UERJ). Professor Visitante de Direito Financeiro na Universidade do Estado do Rio de Janeiro (UERJ). Procurador do Município do Rio de Janeiro. Advogado. Diretor da Sociedade Brasileira de Direito Tributário (SBDT).

gráfica, fotocomposição, clicheria, zincografia...”). A autora pleiteia que se dê interpretação conforme a Constituição ao texto impugnado, de forma a fixar a incidência do ICMS sobre a atividade econômica de fabricação e circulação de embalagens e, em conseqüência, exclua-se a incidência do ISS nas operações de industrialização por encomenda de embalagens, destinadas à integração ou utilização direta em processo subseqüente de industrialização ou de circulação de mercadoria. A medida cautelar foi deferida pelo Pleno (DJE 25/05/2011), com eficácia apenas para o futuro (*ex nunc*).

2. ADI 4413 (Relator Ministro Joaquim Barbosa): proposta pela Confederação Nacional da Indústria, contra o mesmo item 13.05 da lista de serviços da LC 116/03, pretendendo afastar a incidência de ISS sobre atividades gráficas sempre que produzidos bens destinados a operações industriais ou comerciais posteriores (como manuais de instrução e bulas).

Nas ADINs 4389 e 4413, as autoras pretendem, em resumo, superar o entendimento consolidado pela Súmula 156 do Superior Tribunal de Justiça,[2] reafirmada no julgamento do Recurso Especial 1.092.206/SP, Relator Ministro Teori Albino Zavascki, sob o rito dos recursos repetitivos, nos termos do art. 543-C do CPC.

3. Repercussão Geral no Recurso Extraordinário 605.552 (DJ 16/05/2011, Relator Ministro Dias Toffoli): definição da incidência do ICMS ou do ISS nas operações relacionadas ao fornecimento de medicamento por farmácias de manipulação, considerando a previsão do item 4.07 da Lista de Serviços anexa à LC 116/03 (“serviços farmacêuticos”). Na hipótese, o Superior Tribunal de Justiça reformou acórdão do Tribunal de Justiça do Rio Grande do Sul que considerara devida a incidência do ICMS ante a preponderância da mercadoria em relação ao serviço.

4. Repercussão Geral no Recurso Extraordinário 660970 (DJ 21/06/2012, Relator para o acórdão o Ministro Luiz Fux): discussão sobre qual o imposto que deve incidir sobre operações de secretariado por rádio-chamada (“paging”), se o ICMS (incidente sobre serviços de comunicação) ou o ISS (item 29 da lista anexa ao DL 406/68 e item 17.02 da LC 116/03).

2. A lei complementar como instrumento de solução de conflitos de competência no federalismo fiscal brasileiro

A tributação da circulação de bens e serviços no sistema tributário brasileiro, segundo a Constituição de 1988, é baseada em três impostos de competência de entes distintos – IPI, ICMS e ISS. Não é objeto do presente estudo investigar a conveniência do modelo ou sua necessidade de reforma.[3]

Diante de tal cenário, cabe perguntar: a complexidade atual das atividades econômicas relacionadas à circulação de bens e serviços permite a construção, com razoável consenso, a partir exclusivamente dos preceitos constitucionais, dos significados de “produtos industrializados” (IPI), “circulação de mercadorias” (ICMS) e “serviços de qualquer natureza” (ISS)?[4]

---

[2] “A prestação de serviço de composição gráfica, personalizada e sob encomenda, ainda que envolva fornecimento de mercadorias, está sujeita, apenas, ao ISS”.

[3] As dificuldades da tributação sobre o consumo no Brasil, a partir da opção da partilha da competência por entes federativos diversos, costuma ser reiteradamente apontada pela doutrina que estuda o federalismo fiscal atual. Assim, a título exemplificativo, BOADWAY, Robin; SHAH Anwar. *Fiscal federalism*: principles and practiceof multiorder governance. New York: Cambridge Univeristy Press, 2009, p. 101, na qual se destacam as dificuldades de definição do ente federativo competente para a tributação, especialmente em relação às novas tecnologias (se mercadorias ou serviços) (“The interjurisdictional disputes between states and municipalities continue”).

[4] VELLOSO, Andrei Pitten. *Conceitos e competências tributárias*. São Paulo: Dialética, 2005, p. 328: “O texto constitucional insulado, fora de um contexto lingüístico e jurídico-social, nada significa: não passa de um aglomerado de formas gráficas, como os ideogramas de uma linguagem morta. São os usos lingüísticos, as tradições jurídicas, entre outros fatores, que, devidamente analisados e valorados pela atuação criativa do intérprete, lhe conferem significação.”

A rigidez do sistema tributário constitucional exigiria que a resposta à questão fosse positiva, mesmo admitindo a dificuldade de atingir o objetivo que ela propõe. A resposta negativa à questão seria, em tese, incompatível com a rigidez do sistema e reconheceria ao legislador complementar (na sua função de dirimir conflitos de competência entre os entes políticos – art. 146, I, CF) plena liberdade para, sob o pretexto de regular conflitos de competências, modificar de forma abusiva a distribuição da competência tributária conferida pela CF.[5]

Ocorre que a simples escolha pelo constituinte do nome para designar os impostos já deve oferecer ao intérprete indicação de seu fato gerador possível, como ressalta Amílcar de Araújo Falcão, muito embora o mestre da Universidade do Estado do Rio de Janeiro indicasse que o nome utilizado pela Constituição seria um dos elementos que deveria ser conjugado com *"as regras e princípios que decorrem do conjunto do sistema e das relações de tensão e de recíproca influência que provém da definição das diferentes áreas de competência"*.[6]

A doutrina brasileira costuma ressaltar com propriedade a irretocável advertência do Ministro Luiz Gallotti, externada em voto proferido em 1972, no sentido de que "(...) *se a lei pudesse chamar de compra o que não é compra, de importação o que não é importação, de exportação o que não é exportação, de renda o que não é renda, ruiria todo o sistema tributário inscrito na Constituição"*. (RE n. 71.758-GB, RTJ n. 66)

Ao tratar dos impostos em espécie, a doutrina também costuma ressaltar a importância da vinculação do legislador aos sentidos mínimos que são extraídos das locuções empregadas pela Constituição na definição da competência tributária. Nesta linha, Luís Cesar Queiroz adverte que o fato de se considerar a renda conceito indeterminado não importa em afirmar que se trata de um conceito vazio, sem limites máximos, bem como não permite deduzir que o legislador infraconstitucional possui total liberdade para defini-lo.[7]

Todavia, se as materialidades econômicas que fundamentam os três impostos precisam do reconhecimento de conceitos mínimos, que não estejam à livre disposição do legislador complementar, qual critério adotar para definir o imposto que incidirá em uma atividade econômica concreta?

A nosso ver, o processo de definição *precisa começar pelo exame da solução oferecida pela lei complementar*, instrumento eleito pela CF para "demarcação das fronteiras"[8] de cada um dos impostos mencionados na CF. É evidente que a solução oferecida pela lei complementar não pode ser soberana, insindicável à apreciação da jurisdição constitucional. Todavia, a superação do critério adotado pela lei complementar deve exigir *ônus argumentativo reforçado*, capaz de comprovar o manifesto

---

[5] GAMA, Tácio Lacerda. *Competência tributária*: fundamentos para uma teoria da nulidade. São Paulo: Noeses, 2011, p. 286: "(...) os enunciados inseridos em lei complementar mantêm com a Constituição um vínculo de complementação e subordinação. Esses enunciados complementares prescrevem o que os de natureza constitucional não estatuem, mas dentro dos limites fixados por estes. Por isso a lei complementar, a pretexto de desempenhar qualquer das funções referidas acima, não pode modificar os termos da mensagem constitucional tributária".

[6] FALCÃO, Amílcar de Araújo. *Sistema tributário brasileiro*. Rio de Janeiro: Financeiras, 1965, p. 51.

[7] QUEIROZ, Luís Cesar. *Imposto sobre a renda*: requisitos para uma tributação constitucional. Rio de Janeiro: Forense, 2003, p. 271.

[8] RIBEIRO, Ricardo Lodi; LOPES, Lívia Pinheiro. A industrialização por encomenda e os conflitos de competência entre o IPI e o ISS. *Fórum de Direito Tributário*, v. 54, 2011, p. 116.

descompasso do critério adotado pelo Legislador e a materialidade econômica indicada na CF.

A lei complementar tributária que disciplina conflito de competência deve desfrutar de uma espécie de *dupla presunção de constitucionalidade*. Além da presunção comum a todo ato normativo, conforme reconhece a doutrina, o reforço a tal presunção ocorre na medida em que a lei complementar foi o veículo eleito pela CF para cumprir a tarefa de dirimir conflitos de competência, visto que a CF não ofereceu critérios materiais claros de distinção entre as materialidades dos impostos.

A CF possui diversos dispositivos que consagram essa confiança do constituinte no papel da lei complementar para dirimir conflitos de competência. O art. 146, I, é apenas o dispositivo no qual essa ideia é mais evidente. Nos outros dispositivos que tratam dos impostos específicos a CF, quando ventilou a possibilidade de conflito com outro imposto, expressamente referiu a lei complementar como veículo de definição de tais controvérsias.

Ao tratar do ISS, no art. 156, a CF estabeleceu a incidência serviços de qualquer natureza, não compreendidos no art. 155, II, definidos em *lei complementar*. Ao dispor acerca do ICMS no art. 155, §2º, IX, a CF estabeleceu que o imposto incidirá também sobre o valor total da operação, quando mercadorias forem fornecidas com *serviços não compreendidos na competência tributária dos Municípios*.

As leis complementares que regulamentam tais dispositivos constitucionais (LC 87/96 – ICMS e LC 116/03 – ISS) repetiram os critérios preconizados pela CF. Assim é que a LC 87/96 estabeleceu no art. 2º que o ICMS incide sobre fornecimento de mercadorias com *prestação de serviços não compreendidos na competência tributária dos Município*s (inciso IV), bem como sobre o fornecimento de mercadorias com prestação de serviços sujeitos ao imposto sobre serviços *quando a lei complementar aplicável* expressamente o sujeitar à incidência do imposto estadual (inciso V). A LC 116/03, em seu art. 1º, § 2º, estabeleceu que *ressalvadas as exceções expressas na lista de serviços em anexo, os serviços nela mencionados não ficam sujeitos* ao ICMS, *ainda que sua prestação envolva fornecimento de mercadorias*.

Além de ser o veículo utilizado pela CF para dirimir conflitos de competência tributária, outros fatores militam a favor do prestígio das soluções adotadas pela lei complementar nessa seara.

É inegável que, diante de determinada atividade econômica situada em zona de penumbra, na qual seja difícil a definição acerca do reconhecimento de prestação de serviço ou de circulação de mercadorias, seguir o critério adotado pela lei complementar traz maior segurança jurídica para o contribuinte, que pode planejar seus negócios com previsibilidade acerca de qual tributação irá sofrer, ou seja, para que ente político deverá pagar o tributo.[9] Nesse sentido, a legalidade tributária cumpre plenamente seu papel de significar além da definição apenas do instrumento de criação ou aumento do tributo (legalidade como regra), conseguindo transmitir ao contribuinte

---

[9] Marcus Lívio Gomes alude à segurança objetiva, que significa o "conteúdo material de exigência de previsibilidade, certeza e calculabilidade por parte dos cidadãos quanto aos efeitos jurídicos de seus atos que gera uma expectativa a mais precisa possível de seus direitos e deveres". GOMES, Marcus Lívio. O Princípio da Anterioridade à luz da Jurisprudência do Supremo Tribunal Federal. In: CATÃO, Marcos André Vinhas; GOMES, Marcus Lívio (Org.). *Estudos sobre Direito do Comércio Internacional* – Homenagem ao Professor Adilson Rodrigues Pires. Teresópolis: TereArt, 2012,p. 312.

um significado de previsibilidade mínima indispensável ao desempenho regular da livre iniciativa (legalidade como princípio).

Do ponto de vista do Direito Financeiro, prestigiar o critério de solução de conflitos da lei complementar traz maior segurança jurídica também para a consolidação das finanças públicas de cada ente político. O modelo orçamentário é baseado principalmente no planejamento da expectativa de receita pública que o ente político espera arrecadar em cada exercício financeiro.[10] Se determinada atividade econômica se encontra em zona de penumbra entre a circulação de mercadorias e a prestação de serviços, e a lei complementar ofereceu uma solução para o conflito que oriente no sentido da tributação pelo ICMS ou pelo ISS, o Município ou o Estado poderá elaborar suas leis orçamentárias com base na expectativa de arrecadação daquela receita.

Se por força de entendimento jurisprudencial que venha a derrotar os critérios da lei complementar, a atividade econômica passe a não mais comportar a tributação pelo ISS, e sim, pelo ICMS, o planejamento financeiro do ente subnacional feito com base nos critérios oferecidos pela lei complementar ficará seriamente comprometido. Nestas situações, as rigorosas normas da Lei de Responsabilidade Fiscal (LC 101/00) sobre equilíbrio orçamentário podem não ser cumpridas pelos administradores públicos municipais, acarretando severas sanções para o administrador e para o próprio ente político, que pode se ver privado da continuidade de recebimento de transferências voluntárias ou recursos de operações de crédito.[11]

A doutrina costuma apontar que o esforço fiscal dos entes subnacionais dotados de competência para instituição de tributos próprios deve ser um dos principais parâmetros para a definição de critérios para as transferências intergovernamentais no federalismo fiscal.[12] No caso brasileiro, como exigir que Estados e Municípios cumpram essa atitude de responsabilidade fiscal sem assegurar o mínimo de previsibilidade acerca do campo de incidência de seus impostos?

Tais motivos nos levam ao entendimento de que a superação, pela jurisdição constitucional, dos critérios da lei complementar somente se justifica diante do *abuso de direito do legislador complementar* em face das materialidades econômicas que justificam cada um dos impostos no âmbito do controle judicial de constitucionalidade. O reconhecimento da invalidade de um critério adotado pela lei complementar não pode ocorrer *apenas* com base em razões de política fiscal ou de melhoria da racionalidade do sistema tributário.

É exatamente na hipótese de abuso do legislador complementar que a legitimidade da jurisdição constitucional mais se justifica à luz da noção de que cabe ao Judiciário conter os abusos que maiorias eventuais poderiam empreender na arena política em detrimento da autonomia financeira dos entes da federação, violando uma decisão política fundamental da ordem constitucional (art. 60, § 4º, inciso I, da CF). A projeção da forma federativa de Estado no campo das finanças públicas conduz a um elemento de limitação relevante que deve ser considerado pelas decisões legis-

---

[10] LC 101/00 (Lei de Responsabilidade Fiscal): "Art. 12. As previsões de receita observarão as normas técnicas e legais, considerarão os efeitos das alterações na legislação, da variação do índice de preços, do crescimento econômico ou de qualquer outro fator relevante e serão acompanhadas de demonstrativo de sua evolução nos últimos três anos, da projeção para os dois seguintes àquele a que se referirem, e da metodologia de cálculo e premissas utilizadas".

[11] Cf. LC 101/00 Art. 23, § 3º e art. 25.

[12] OATES, W. On The Evolution of Fiscal Federalism: Theory and Institutions. *National Tax Journal*, 61, 2008, p.325-327.

lativas adotadas com base no art. 146, I, da CF, e sua inobservância pelo Legislativo torna plenamente legítima a possibilidade de recurso à jurisdição constitucional.[13]

Exemplificando, o Executivo Federal poderia hipoteticamente liderar um movimento de esvaziamento absoluto da competência tributária dos municípios. Uma das armas principais desse movimento poderia ser a edição de leis complementares que, a pretexto de regularem conflitos de competência, estabeleçam a incidência do ICMS ou mesmo do IPI em situações nas quais seja possível demonstrar, *por meio de argumentação reforçada*, a violação dos sentidos mínimos das materialidades descritas na CF. Nesse cenário, a atuação da jurisdição constitucional poderia ser o *único caminho* para invalidar tais dispositivos em nome da supremacia constitucional.

O que se quer afirmar é que, diante de um conflito de competências em matéria tributária, no qual a jurisdição constitucional, especialmente pelo STF, é chamada a oferecer um juízo de constitucionalidade (ou interpretação conforme à Constituição), o caminho argumentativo a ser adotado deve começar pelo ônus de demonstrar o manifesto abuso cometido pelo legislador complementar no critério de solução de conflito adotado.

Ou seja, o primeiro passo no caminho de interpretação do STF não pode ser procurar extrair diretamente da Constituição um conceito ontológico de "circulação de mercadorias" ou "prestação de serviços", para somente em um segundo momento verificar se o legislador complementar "captou" corretamente os fatos que já estavam "latentes" da dicção constitucional.

É evidente que o caminho interpretativo proposto só é legítimo se assumirmos uma postura que negue a noção, predominante na doutrina tributária brasileira, de que o trabalho de repartição da competência tributária teria se exaurido no momento da edição da Constituição de 1988. Tal corrente doutrinária adota uma postura extremamente cética em relação ao papel da lei complementar prevista no art. 146, I, da CF.

Para tal corrente doutrinária, a repartição da competência tributária entre os entes da federação já foi esgotada com a promulgação da Constituição, de forma que o papel da lei complementar é somente explicitar o que já se encontra em estado latente na Constituição. Ou seja, não se costuma reconhecer nenhum papel de criação[14] ao legislador complementar na definição dos conflitos de competência, visto que estes já poderiam ser solucionados a partir da construção doutrinária das próprias materialidades que justificam os impostos mencionados na Constituição.[15]

---

[13] Sobre o papel das cláusulas pétreas financeiras e tributárias como vetores de interpretação constitucional, OLIVEIRA, Gustavo da Gama Vital de. Alguns parâmetros para a densificação das cláusulas pétreas tributárias e financeiras. *Revista Fórum de Direito Tributário*, v. 48, 2010, p.127-146.

[14] Para uma crítica a tal postura no Direito Tributário brasileiro, ROCHA, Sérgio André. A Deslegalização no Direito Tributário Brasileiro Contemporâneo: Segurança Jurídica, Legalidade, Conceitos Indeterminados, Tipicidade e Liberdade de Conformação da Administração Pública. In: ROCHA, Sergio André Rocha; RIBEIRO, Ricardo Lodi. (Org.). *Legalidade e Tipicidade no Direito Tributário*. Rio de Janeiro: Quartier Latin, 2008, p. 241: "(...) há de se reconhecer que a interpretação tem um viés criativo que faz com que não seja possível estabelecer aprioristicamente uma única norma jurídica que seja extraível de um determinado texto legal."

[15] Nesta linha, CARRAZZA, Roque Antônio. *Curso de direito constitucional tributário*. São Paulo: Malheiros, 2009, p. 916: "(...) as competências tributárias das pessoas políticas foram perfeitamente traçadas e distribuídas pela Constituição. Vai daí que a lei complementar prevista no art. 146 da CF não pode, de nenhum modo, alterar as faculdades privativas que a União, os Estados, os Municípios e o Distrito Federal têm para tributar". À luz da Constituição de 1946, em sentido semelhante, aduzia Geraldo Ataliba que em "matéria tributária tudo foi feito pelo constituinte, que aperfeiçoou integralmente o sistema, entregando-o pronto e acabado ao legislador ordinário, a quem cabe somente

Em linha contrária a tal entendimento, destaca Ricardo Lobo Torres que a Constituição não teve a pretensão de definir de modo exaustivo os fatos geradores dos impostos, de forma que o chamado fechamento do sistema deve ocorrer posteriormente, pela obra de complementação legislativa e pela manifestação da jurisprudência nos espaços deixados pelos princípios constitucionais tributários e pelas normas veiculadas por cláusulas gerais, ressaltando que jamais se obtém o "sistema tributário totalmente fechado", mesmo no plano infraconstitucional.[16] Ao tratar de modo específico do papel da lei complementar prevista no art. 146, I da CF, Ricardo Lobo Torres enfatiza que sua função é "evitar as invasões de competência resultantes das *insuficientes definições de fatos geradores dos impostos* (...)".[17]

Amílcar de Araújo Falcão, embora escrevendo à luz da CF de 1946, respondeu afirmativamente à indagação acerca da possibilidade de as normas gerais definirem os impostos de competência própria da União, Estados e Municípios, ressaltando que:

> A norma geral de direito financeiro, para cuja decretação é competente a União, evidentemente poderá editar os princípios de regulamentação e de atuação, para que a discriminação de rendas opere em toda a sua plenitude, para o que é necessário fixar-se de modo uniforme o conceito de cada um dos impostos especificamente discriminados (...).[18]

Luís Eduardo Schoueri também destaca o relevante papel da lei complementar para dirimir conflitos de competência, a partir da consideração de que o constituinte utilizou de tipos no elenco das materialidades dos impostos. A previsão do art. 146, I, da CF revela que o próprio constituinte previu a possibilidade de ocorrência de conflitos de competência, e *"impôs ao legislador complementar a tarefa de expressar a mesma realidade através de conceitos, seja por meio de definições de fatos geradores, bases de cálculo e contribuintes, seja através da imposição de limites em casos de conflitos".*[19]

3. Sistema tributário federal e o legislativo como intérprete da Constituição

A impossibilidade de serem extraídos conceitos ontológicos das materialidades previstas na Constituição restou bem evidenciada no voto do Ministro Joaquim Barbosa no RE 547245/SC (DJ 5/3/2010) no qual o STF admitiu a incidência do ISS nas operações de *leasing* financeiro:

> Parto da oportuna passagem inicial do voto do ministro-relator, no sentido de impropriedade de se sustentar a existência da correta natureza jurídica das operações, como se o conceito fosse ontológico, isto

---

obedecê-lo, em nada contribuindo para plasmá-lo". ATALIBA, Geraldo. *Sistema Constitucional Tributário Brasileiro*. São Paulo: Revista dos Tribunais, 1966, p. 21.

[16] *Tratado de direito constitucional financeiro e tributário*, v. I. Rio de Janeiro: Renovar, 2009, p. 49. Em obra anterior, há outra passagem do professor que ratifica tal ideia: "as peculiaridades da interpretação da Constituição, todavia, não a levam a se afastar dos métodos hermenêuticos empregados nos demais ramos de Direito nem a interromper drasticamente a comunicação com as leis ordinárias e com vida social, sob pena de se conspurcar o próprio princípio da unidade do Direito". TORRES, Ricardo Lobo. *Normas de interpretação e integração do Direito Tributário*. 2a ed. Rio de Janeiro: Forense, 1994, p. 51.

[17] Grifado. TORRES, Ricardo Lobo. *Tratado de direito constitucional financeiro e tributário*, v. II. Rio de Janeiro: Renovar, 2005, p. 429.

[18] FALCÃO, Amílcar de Araújo. *Sistema tributário brasileiro: discriminação de rendas*. Rio de Janeiro: Financeiras, 1965, p. 73.

[19] SCHOUERI, Luís Eduardo. *Direito Tributário*. São Paulo: Saraiva, 2011, p. 254.

é, nas palavras do Ministro Eros Grau, "como se institutos jurídicos pertencessem ao mundo natural". Não há um conceito constitucional absoluto, imutável, intuitivo através dos tempos para serviços, ditado pela ordem natural e que possa ser a priori violado por conceitos criados pela função especulativa a que aludiu Irving Copi.[20]

Em linha semelhante, o voto do Ministro Gilmar Mendes no RE 357.950 (DJ 15/08/2006), por ocasião do reconhecimento da inconstitucionalidade do art. 3°, § 1° da Lei 9.718/98:

> Na tarefa de concretizar normas constitucionais abertas, a vinculação de determinados conteúdos ao texto constitucional é legítima. Todavia, pretender eternizar um específico conteúdo em detrimento de todos os outros sentidos compatíveis com uma norma aberta constitui, isto sim, uma violação à Constituição. Representaria, ainda, significativo prejuízo à força normativa da Constituição, haja vista as necessidades de atualização e adaptação da Carta Política à realidade, [...] As disposições legais a ela relativas têm, portanto, inconfundível caráter concretizador e interpretativo. E isto obviamente não significa a admissão de um poder legislativo ilimitado. Nesse processo de concretização ou realização, por certo serão admitidas tão-somente normas que não desbordem os múltiplos significados admitidos pelas normas constitucionais concretizadas.

Em suma, deve ser reconhecido ao legislador complementar um verdadeiro espaço limitado de ponderação. Sua atividade não pode ser considerada como meramente declaratória do que já estaria contido implicitamente no texto constitucional, como se a lei fosse um mero instrumento técnico de execução da Constituição. Tal relação entre o papel do legislador em face da Constituição já é amplamente aceita pela doutrina constitucionalista como justificativa para a admissão da restringibilidade dos direitos fundamentais pela atividade legislativa.[21]

Assim, como adverte Luís Roberto Barroso, a Constituição não pode pretender ocupar todos os espaços jurídicos estatais, sob pena de asfixiar o exercício democrático, sendo mister reconhecer, no espaço de sentido possível dos preceitos constitucionais, que o Legislativo pode fazer as escolhas que julgue mais adequadas, pois como adverte o Professor:

> Não é possível pretender derrotar a vontade majoritária, em espaço no qual ela deva prevalecer, pela via oblíqua de uma interpretação jurídica sem lastro constitucional. Ao agir assim, o intérprete estaria usurpando tanto o papel do constituinte quanto do legislador.[22]

Não se pode esquecer que a opção da Constituição brasileira de detalhar a repartição da competência tributária não se afigura a regra dos demais países que adotam o federalismo fiscal, ou mesmo em países unitários nos quais a ideia de descentralização fiscal se faz presente, sendo comum que as Constituições dos demais países sejam praticamente omissas em relação a tal ponto. Apenas a Constituição alemã em certa medida pode ser comparada à Constituição brasileira na matéria, embora não se verifique o nível de rigidez da divisão brasileira, especialmente pela possibilidade,

---

[20] André Folloni, em análise crítica da ciência do direito tributário no Brasil, considera tal precedente do STF verdadeiro "julgamento-acontecimento", suscetível de determinar drásticas mudanças em relação à compreensão e aplicação do ISS e da tributação dos serviços em geral. FOLLONI, André. *Ciência do direito tributário no Brasil*: crítica e perspectivas a partir de José Souto Maior Borges. São Paulo: Saraiva, 2013, p. 381. O autor ressalta o voto do Ministro Joaquim Barbosa, no mesmo precedente, destacando que o mesmo em suas razões põe em dúvida "a existência de realidades absolutas, imutáveis e incontroversas, passíveis de reflexão científica" (p. 362).

[21] PEREIRA, Jane Reis Gonçalves. *Interpretação constitucional e direitos fundamentais*. Rio de Janeiro: Renovar, 2006, p. 309.

[22] BARROSO, Luís Roberto. Disciplina legal dos direitos do acionista minoritário e do preferencialista. Constituição e espaços de atuação legítima do Legislativo e do Judiciário. In: *Temas de direito constitucional*, v.III. Rio de Janeiro, Renovar, 2005, p. 314-315.

no país europeu, de competência concorrente entre a União e os Estados-membros em algumas hipóteses.[23]

É verdade que não cabe ao intérprete ignorar a opção do constituinte brasileiro, que decidiu pela divisão explícita dos campos de competência tributária, mas também não parece correto aprofundar as dificuldades que tal modelo desperta. Mesmo porque o entendimento de que seria possível, apenas através da leitura dos dispositivos constitucionais, construir um sistema acabado de divisão de competências tributárias conflita, a nosso ver, com a própria regra do art. 146, I, da CF.

A decisão constituinte de divisão rígida de competências tributárias deve ser observada, sendo a jurisdição constitucional o principal instrumento que assegura a observância de tal decisão. Todavia, não se pode negar que o Legislativo, quando chamado a construir o sistema tributário, também desfruta da condição de intérprete da Constituição,[24] e embora sua interpretação possa ser questionada no âmbito do STF, isso não significa que a jurisdição constitucional não possa adotar uma postura de autocontenção, que na hipótese presente nos parece ainda mais justificável.

Prestigiar o critério de solução de conflitos preconizado pela lei complementar permite ainda que as discussões sobre o aperfeiçoamento do sistema tributário sejam concentradas no Poder Legislativo. Assim, se determinado setor da atividade econômica considera que a lei complementar o submete a regime de tributação que julga irracional do ponto de vista da lógica empresarial, pode empreender esforços no sentido da discussão e modificação legislativa da regra.

No julgamento da medida cautelar na ADI 4389, o voto do Ministro Joaquim Barbosa, relator do feito, foi favorável ao afastamento da incidência do ISS na hipótese de atividades de composição gráfica que resultassem na produção de embalagens destinadas à integração ou utilização direta em processo subsequente de industrialização ou de circulação de mercadoria. O Ministro destacou que não se poderia equiparar a produção gráfica personalizada e encomendada para uso pontual e a produção personalizada e encomendada para fazer parte de complexo processo produtivo destinado a colocar bens em comércio. Também não se poderia, com o intuito de reduzir o ônus tributário total sobre a cadeia produtiva, que as atividades econômicas passem a ser verticalizadas, de modo a levar os agentes de mercado a absorver todas as etapas do ciclo produtivo. Ademais, destacou-se que na hipótese descrita a incidência do ICMS, pela aplicação da sistemática da não cumulatividade, implicava em tornar mais racional do ponto de vista econômico a tributação:

> A alíquota média do ICMS é de 18%, muito superior à alíquota máxima do ISS, de 5%. A pretensão dos contribuintes tem amparo econômico e se alinha com a harmonia entre carga e benefício econômico que deve orientar a tributação. Se o ICMS incidir, o valor cobrado poderá ser usado para calibrar o tributo devido na operação subseqüente, nos termos da regra constitucional da não-cumulatividade. Em sentido contrário, ainda que nominalmente inferior, a incidência do ISS agrega-se ao custo da produção e da

---

[23] RIBEIRO, Ricardo Lodi. A Constitucionalização do direito tributário. In: *Temas de Direito Constitucional Tributário*. Rio de Janeiro: Lumen Juris, 2009, p. 6.

[24] Daniel Sarmento critica a visão de que o Poder Judiciário deve ser visto como o único intérprete da Constituição, pois tal leitura descarta a autocontenção judicial bem como tenderia a desprezar a possibilidade de que sejam travados construtivos diálogos interinstitucionais entre diversos órgãos estatais para a definição da interpretação dos preceitos constitucionais. SARMENTO, Daniel. Neoconstitucionalismo no Brasil: riscos e possibilidades. In: —— (org.). *Filosofia e teoria constitucional contemporânea*. Rio de Janeiro: Lumen Juris, 2009, p. 113-146. No mesmo sentido, BRANDÃO, Rodrigo. *Supremacia judicial versus diálogos constitucionais*: a quem cabe a última palavra sobre o sentido da Constituição? Rio de Janeiro: Lumen Juris, 2012, p. 220.

venda subseqüentes, onerando-as sem a possibilidade de compensação. Não se trata de simplesmente de pagar menos, mas de recolher o que efetivamente devido e a quem é o sujeito ativo previsto constitucionalmente.

Em sentido semelhante, o voto da Ministra Ellen Gracie também destacou tal circunstância, considerando "que a incidência de ICMS na venda de embalagens preserva o mecanismo da não cumulatividade, permitindo que flua o sistema de créditos e débitos respectivos".

Ocorre que nos parece bastante preocupante que a jurisdição constitucional venha a invalidar preceitos de lei complementar que buscam dirimir conflitos de competência *com base em critérios de racionalidade econômica*, ou seja, considerando que a decisão pela incidência do IPI, ICMS ou do ISS deve ser pautada pela investigação de qual imposto possui sistemática mais aconselhável para determinada atividade econômica.

Tais critérios são importantes para a qualidade do sistema tributário e devem ser levados em consideração pelos governos. Todavia, se os setores da economia mais prejudicados pela pouca racionalidade de algumas incidências tributárias considerarem que a jurisdição constitucional (com o recurso aos preceitos constitucionais imprecisos que tratam dos impostos) será a única via de formalização de seus pleitos e abandonarem o debate no sistema político, a tendência é que o sistema tributário brasileiro se torne ainda mais complexo, pois surgiriam potencialmente diversas "reformas" pontuais no sistema tributário brasileiro pela via judicial, sem a verificação da visão de conjunto que tais modificações poderiam empreender, o que só seria possível a partir da discussão legislativa do tema.

Amílcar de Araújo Falcão já advertia que a interpretação dos preceitos constitucionais relativos à partilha de competência tributária na federação deveria ser estrita, de forma que se a Constituição utilizou na definição do fato gerador um ato jurídico, *não deveriam ser admitidas considerações de ordem meramente econômicas que tentassem deslocar a competência de um ente federativo para outro*:

> Não poderão os intérpretes, os aplicadores ou mesmo os governos federados, quer normativamente, quer pela via da aplicação, exercitar uma interpretação em matéria tributária que, embora seja legítima dentro do esquema da chamada interpretação econômica (wirtschaftliche Betrachtungsweise), venha acarretar um deslocamento da implantação do tributo, tal como rigidamente fixada no texto constitucional.[25]

Desprestigiar as soluções dos conflitos de competência tributária oferecidas pela lei complementar, pela invocação direta dos conceitos constitucionais das materialidades dos impostos, nos parece especialmente problemático no conflito entre o ISS e o ICMS. A lista de serviço anexa à LC 116/03 traz diversos dispositivos que poderiam ser julgados inconstitucionais ou sofrerem interpretações conforme à Constituição para que determinadas situações fossem retiradas da incidência do ISS.

Ademais, tal procedimento parece colidir com o entendimento pacífico da jurisprudência acerca da taxatividade da lista de serviços do ISS, de forma que o Município somente poderia tributar serviço previsto na lista. Por mais criticável que seja tal entendimento, como ressalta parcela da doutrina tributária, sua adoção induz ao raciocínio de que a previsão da lista de serviços pela lei complementar traria uma relevância à identificação do fato gerador que nos parece incompatível com a facilidade de sua superação.

---

[25] FALCÃO, Amílcar de Araújo. *Sistema tributário brasileiro*. Rio de Janeiro: Financeiras, 1965, p. 70.

Especificamente em relação ao conflito entre ISS e ICMS, a LC 116/03 foi ainda mais explícita no art. 1º, § 2º, estabelecendo que ressalvadas as exceções expressas na lista, os serviços nela mencionados *não ficam sujeitos ao ICMS, ainda que sua prestação envolva fornecimento de mercadorias*. Há itens na lista que mencionam atividades mistas, que envolvem prestação de serviço e fornecimento de mercadorias, nas quais é feita a ressalva da incidência do ICMS em relação a determinadas mercadorias (a título de exemplo, o subitem 14.01[26]). Em outras situações, nas quais seria possível em tese dissociar a prestação de serviços e a venda de mercadorias, o legislador optou por deixar de ressalvar a incidência do ICMS, como no subitem 25.01.[27] Caberia à jurisdição constitucional investigar todas essas situações e decidi-las apenas à luz das materialidades constitucionais do ISS e do ICMS, sem reconhecer um espaço de ponderação razoável ao legislador complementar nessa seara?

Acerca do tema, Ricardo Lobo Torres ressalta o fundamental papel da lei complementar para dirimir conflitos entre o ICMS e o ISS:

> O ISS incide sobre a prestação imaterial de serviço, ainda que acompanhada do fornecimento de mercadorias. Quando prepondera a obrigação de fazer, típica do ISS, apresentando-se como meramente subsidiário o fornecimento de mercadoria? Só a lei complementar e o trabalho casuísta da jurisprudência podem conduzir ao fechamento do conceito constitucional.[28]

A solução de conflitos de competência em matéria tributária a partir exclusivamente das materialidades constitucionais do IPI, ICMS e do ISS, pode conduzir à inclusão de certos condicionantes à incidência tributária que não foram acolhidos pelo legislador complementar. Nesta linha, a LC 116/03 não adotou o entendimento de que o ISS somente seria devido na hipótese de o tomador do serviço personalizado ser usuário final do produto da atividade. Assim, no caso do subitem 13.05 da lista de serviços da LC 116/03, a incidência do ISS não deveria ser afastada pela circunstância de o encomendante do serviço utilizar as embalagens e demais componentes gráficos nos produtos por ele fabricados e vendidos a terceiros.[29]

Vale ainda lembrar que a solução de um clássico conflito entre ICMS e ISS acabou sendo atingida pelo Supremo Tribunal Federal, à luz da CF de 1988, com o recurso primordial à *decisão adotada pelo legislador complementar*, sem o recurso às materialidades "serviços" e "mercadorias" descritas na CF. Trata-se do reconhecimento da incidência do ICMS no fornecimento de alimentação e bebidas em bares e restaurantes, afastando-se a tributação pelo ISS. Parcela significativa da doutrina tributária sempre sustentou tratar-se de típica atividade de prestação de serviços à luz da materialidade constitucional do imposto municipal, sendo descabida a incidência

---

[26] Lubrificação, limpeza, lustração, revisão, carga e recarga, conserto, restauração, blindagem, manutenção e conservação de máquinas, veículos, aparelhos, equipamentos, motores, elevadores ou de qualquer objeto (exceto peças e partes empregadas, que ficam sujeitas ao ICMS).

[27] "25.01 – Funerais, *inclusive fornecimento de caixão, urna ou esquifes*; aluguel de capela; transporte do corpo cadavérico; fornecimento de flores, coroas e outros paramentos; desembaraço de certidão de óbito; fornecimento de véu, essa e outros adornos; embalsamento, embelezamento, conservação ou restauração de cadáveres".

[28] TORRES, Ricardo Lobo. *Tratado de direito constitucional financeiro e tributário*, vol. IV. Rio de Janeiro: Renovar, 2005, p. 368.

[29] Cf. SARAIVA FILHO, Oswaldo Othon de Pontes. ISS x ICMS: serviços gráficos prestados juntamente com o fornecimento de bens. *Fórum de Direito Tributário*, Belo Horizonte, v. 8, n. 46, 2010, p. 19. MARTINS, Sérgio Pinto. *Manual do imposto sobre serviços*. São Paulo: Atlas, 2006, p. 235. A Primeira Turma do STF, à luz do DL 406/68, adotou entendimento semelhante no RE 111566 (DJ 12/12/1986, Relator Ministro Rafael Mayer).

do ICMS na hipótese.[30] O STF, ainda à luz do Convênio ICM 66/88, considerou válida a tributação pelo ICMS das operações referentes ao fornecimento de alimentação, bebidas e outras mercadorias por qualquer estabelecimento, incluídos os serviços que lhe sejam inerentes no RE 176890.[31] Um dos principais argumentos que levou o Tribunal a concluir pela impossibilidade de tributação do ISS na hipótese foi a falta de menção ao serviço na lista então vigente (DL 406/68), combinada com a circunstância de que a CF de 1988 autorizava expressamente a incidência do ICMS sobre o valor total da operação, quando mercadorias forem fornecidas com *serviços não compreendidos na competência tributária dos Municípios* (art. 155, §2º, IX).[32]

Por fim, a superação pela jurisprudência de critérios adotados pelo legislador para a solução de conflitos de competência em matéria tributária entre os entes federativos, a partir da interpretação de normas constitucionais veiculadas em termos indeterminados, possui um precedente que deve nos conduzir a uma profunda reflexão acerca do potencial acréscimo de complexidade ao sistema que tal postura pode acarretar. Trata-se da hipótese de superação do art. 12, "a", do DL 406/68 (que cumpria o papel de lei complementar) pelo Superior Tribunal de Justiça. Com base no alegado princípio implícito da territorialidade da lei tributária, o STJ considerou que o ISS seria devido no local da efetiva prestação do serviço, apesar do dispositivo claramente ter acolhido a regra de que o Município competente seria o do estabelecimento prestador.

É de farto conhecimento a insegurança jurídica generalizada que os precedentes do Superior Tribunal de Justiça nessa linha ainda causam no país pela indeterminação do sujeito ativo do ISS, mesmo após a revogação do dispositivo pela LC 116/03.[33]

4. Conclusões

A decisão acerca do âmbito de atuação legítima de competência tributária de cada um dos entes da federação constitui uma das formas mais relevantes de atuação do Supremo Tribunal Federal no âmbito do federalismo fiscal brasileiro. Nestas situações, como em muitas outras, o Tribunal funciona como verdadeiro guardião da federação.[34]

A lei complementar, em matéria de conflitos de competência, deve desfrutar de uma presunção reforçada de constitucionalidade, pois foi o veículo que a própria Constituição elegeu para tratar do tema.

A superação do critério adotado pela lei complementar deve exigir da jurisdição constitucional ônus argumentativo reforçado, capaz de comprovar verdadeiro abuso de direito do legislador complementar, especialmente como meio de defesa da autonomia dos entes federativos no âmbito do federalismo fiscal brasileiro (art. 60, §1º,

---

[30] Neste sentido, a título exemplificativo, BARRETO, Aires Fernandino. *ISS na Constituição e na Lei*. São Paulo: Dialética, 2009, p. 241.

[31] Relator Min. CELSO DE MELLO, Primeira Turma, julgado em 09/08/1994, DJ 20-04-1995.

[32] A LC 87/96 expressamente prevê atualmente a incidência do ICMS na hipótese descrita (art. 2º, I e 12, II).

[33] Para uma crítica contundente a tal posição jurisprudencial, ver SAUER, João Guilherme. ISS, sujeito ativo e "local da prestação". A importância dos elementos de conexão para a construção jurisprudencial. *Revista Dialética de Direito Tributário* n. 196, 2012.

[34] ROCHA, Carmen Lúcia Antunes. O Supremo Tribunal Federal como árbitro de conflitos federativos. In: *Seminário O Supremo Tribunal Federal na história republicana*. Associação dos Juízes Federais do Brasil, 2002, p. 181.

I, da CF). Não é recomendável que tal invalidade seja baseada exclusivamente em critérios de racionalidade econômica para cada atividade empresarial. Isso evita que as demandas setores da economia prejudicados por algumas incidências tributárias sejam concentradas apenas na jurisdição constitucional, abandonando o necessário debate do tema na seara legislativa, o que potencialmente agrega ainda maior complexidade ao já difícil sistema tributário brasileiro.

Prestigiar o critério de solução de conflitos da lei complementar traz ainda maior segurança jurídica também para a consolidação das finanças públicas de cada ente político, assim como para o contribuinte, que pode planejar seus negócios com previsibilidade mínima acerca de qual tributação irá suportar.

Bibliografia

ATALIBA, Geraldo. *Sistema Constitucional Tributário Brasileiro*. São Paulo: Revista dos Tribunais, 1966.

BARRETO, Aires Fernandino. *ISS na Constituição e na Lei*. São Paulo: Dialética, 2009.

BARROSO, Luís Roberto. Disciplina legal dos direitos do acionista minoritário e do preferencialista. Constituição e espaços de atuação legítima do Legislativo e do Judiciário. In: *Temas de direito constitucional*, v.III. Rio de Janeiro: Renovar, 2005.

BOADWAY, Robin; SHAH Anwar. *Fiscal federalism*: principles and practice of multiorder governance. New York: Cambridge Univeristy Press, 2009.

BRANDÃO, Rodrigo. *Supremacia judicial versus diálogos constitucionais*: a quem cabe a última palavra sobre o sentido da Constituição? Rio de Janeiro: Lumen Juris, 2012.

CARRAZZA, Roque Antônio. *Curso de direito constitucional tributário*. São Paulo: Malheiros, 2009.

FALCÃO, Amílcar de Araújo. *Sistema tributário brasileiro*. Rio de Janeiro: Financeiras, 1965.

FOLLONI, André. Ciência do direito tributário no Brasil: crítica e perspectivas a partir de José Souto Maior Borges. São Paulo: Saraiva, 2013.

GAMA, Tácio Lacerda. *Competência tributária*: fundamentos para uma teoria da nulidade. São Paulo: Noeses, 2011.

GOMES, Marcus Lívio. O Princípio da Anterioridade à luz da Jurisprudência do Supremo Tribunal Federal. In: CATÃO, Marcos André Vinhas; GOMES, Marcus Lívio (Org.). *Estudos sobre Direito do Comércio Internacional* – Homenagem ao Professor Adilson Rodrigues Pires. Teresópolis: TereArt, 2012, p. 308-333.

MARTINS, Sérgio Pinto. *Manual do imposto sobre serviços*. São Paulo: Atlas, 2006.

PEREIRA, Jane Reis Gonçalves. *Interpretação constitucional e direitos fundamentais*. Rio de Janeiro: Renovar, 2006.

QUEIROZ, Luís Cesar. *Imposto sobre a renda*: requisitos para uma tributação constitucional. Rio de Janeiro: Forense, 2003.

SARAIVA FILHO, Oswaldo Othon de Pontes. ISS x ICMS: serviços gráficos prestados juntamente com o fornecimento de bens. *Revista Fórum de Direito Tributário*, Belo Horizonte, v. 8, n. 46, 2010, p. 19.

OATES, W. On The Evolution of Fiscal Federalism: Theory and Institutions. *National Tax Journal*, 61, 2008, p. 313-34.

OLIVEIRA, Gustavo da Gama Vital de. Alguns parâmetros para a densificação das cláusulas pétreas tributárias e financeiras. *Revista Fórum de Direito Tributário*, v. 48, 2010, p.127-146.

RIBEIRO, Ricardo Lodi. A Constitucionalização do direito tributário. In: *Temas de Direito Constitucional Tributário*. Rio de Janeiro: Lumen Juris, 2009

RIBEIRO, Ricardo Lodi; LOPES, Lívia Pinheiro. A industrialização por encomenda e os conflitos de competência entre o IPI e o ISS. *Revista Fórum de Direito Tributário*, v. 54, 2011, p. 35-59.

ROCHA, Carmen Lúcia Antunes. O Supremo Tribunal Federal como árbitro de conflitos federativos. In: Seminário O Supremo Tribunal Federal na história republicana. Associação dos Juízes Federais do Brasil, 2002.

ROCHA, Sérgio André. A Deslegalização no Direito Tributário Brasileiro Contemporâneo: Segurança Jurídica, Legalidade, Conceitos Indeterminados, Tipicidade e Liberdade de Conformação da Administração Pública. In:

ROCHA, Sergio André Rocha; RIBEIRO, Ricardo Lodi. (Org.). *Legalidade e Tipicidade no Direito Tributário*. Rio de Janeiro: Quartier Latin, 2008, p. 219-264.

SAUER, João Guilherme. ISS, sujeito ativo e "local da prestação". A importância dos elementos de conexão para a construção jurisprudencial. *Revista Dialética de Direito Tributário* n. 196, 2012.

TORRES, Ricardo Lobo. *Tratado de direito constitucional financeiro e tributário*, vol. IV. Rio de Janeiro: Renovar, 2005.

——. Normas de interpretação e integração do Direito Tributário. 2a ed. Rio de Janeiro: Forense, 1994.

——. Tratado de direito constitucional financeiro e tributário, v. II. Rio de Janeiro: Renovar, 2005.

SARMENTO, Daniel. O neoconstitucionalismo no Brasil: riscos e possibilidades. In: —— (org.). Filosofia e teoria constitucional contemporânea. Rio de Janeiro: Lumen Juris, 2009, p. 113-146.

SCHOUERI, Luís Eduardo. *Direito Tributário*. São Paulo: Saraiva, 2011.

VELLOSO, Andrei Pitten. *Conceitos e competências tributárias*. São Paulo: Dialética, 2005.

— 2 —

IMUNIDADES TRIBUTÁRIAS

— 2.1 —

Imunidade das entidades sem fins lucrativos

IVES GANDRA DA SILVA MARTINS[1]

Desde que principiei a militar na área tributária, no distante ano de 1958 – isto é, no momento em que foi introduzido o princípio da não cumulatividade no imposto sobre o consumo –, que o desejado e jamais conseguido equilíbrio entre o Fisco e o contribuinte tem sido objeto de minhas reflexões. Minha tese de doutoramento, em 1982, sobre a imposição tributária, versou sobre a característica de ser a norma tributária uma norma de rejeição social, visto que se paga tributos, desde os primitivos tempos, não só para que o Estado possa prestar serviços públicos aos cidadãos, mas, principalmente, para manter os detentores do poder, no poder.[2]

Esta dupla face de exigência fiscal leva todos os povos, em todos os períodos históricos e espaços geográficos, a ter consciência de que pagam mais do que deveriam, pois as benesses que os governantes se auto-outorgam, desde os privilégios até os atos de peculato, corrupção passiva e concussão, são pagos pelo tributo.

Concilio, inclusive, as teorias opostas de Kelsen e Cóssio, aquele entendendo que a norma sancionatória é primária, e a de conduta, secundária, e este, que a endonorma é a de conduta, e a sancionatória, a perinorma. Ora, nas normas de aceitação social, como, por exemplo, a preservação do direito à vida, a norma sancinatória só é aplicada àqueles que, patologicamente, a descumprem. A maioria da população não costuma violentar as normas comportamento. Não o mesmo em relação às normas de

---

[1] Professor Emérito das Universidades Mackenzie, UNIP, UNIFIEO, UNIFMU, do CIEE/O ESTADO DE SÃO PAULO, das Escolas de Comando e Estado-Maior do Exército – ECEME –, Superior de Guerra – ESG – e da Magistratura do Tribunal Regional Federal – 1ª Região; Professor Honorário das Universidades Austral (Argentina), San Martin de Porres (Peru) e Vasili Goldis (Romênia); Doutor *Honoris Causa* das Universidades de Craiova (Romênia) e da PUC-Paraná, e Catedrático da Universidade do Minho (Portugal); Presidente do Conselho Superior de Direito da FECOMERCIO – SP; Fundador e Presidente Honorário do Centro de Extensão Universitária – CEU/Instituto Internacional de Ciências Sociais – IICS.

[2] Escrevi: "Enfim, por enquanto, o tributo ainda é uma norma de rejeição social, com destinação maior à manutenção dos detentores do poder, e grande instrumento de exercício do poder por parte destes, com alguns efeitos colaterais positivos a favor do povo, quando há algum retorno de serviços públicos. Por enquanto, serve mais aos detentores e aos seus amigos, do que aos produtores da riqueza e ao povo. No futuro, todavia, a globalização da economia poderá levar a ter uma função social melhor, não por mudança de perfil dos governantes, mas por força da necessidade de sobrevivência. Como dizia Bobbio, o século XX foi o século do reconhecimento dos direitos; o século XXI poderá ser aquele da efetividade dos mesmos, quando os contribuintes possivelmente poderão ter um tratamento mais digno por parte dos controladores e uma carga tributária mais justa e mais adequada a prestação de serviços públicos, entre os quais o de ações sociais efetivas. Até lá, mantenho a minha teoria de que o tributo é apenas um fantástico instrumento de domínio, por parte dos governantes" (*Uma teoria do tributo*. São Paulo: Quartier Latin, 2005, p. 431/2).

rejeição social, em que a maioria da população não a cumpriria, se não houvesse sanção, dando-se, assim, razão a Kelsen. O mesmo cidadão que não assassinaria pessoas, se não houvesse sanção, deixaria de pagar tributos, se punição pelo não pagamento inexistisse.[3]

Ora, no tema imunidades das instituições filantrópicas, que me foi sugerido para este trabalho de homenagem ao meu confrade da Academia Brasileira de Letras Jurídicas, o ínclito jurista e magistrado Ministro Luiz Fux, esta falta de equilíbrio entre o texto constitucional e a "praxis" arrecadatória do poder público, em que se realça a rejeição social da norma tributária, é de particular evidência.

Não me referirei, até por força das limitações espaciais do breve estudo que escrevo, à história das imunidades, após o trabalho dos pais do moderno direito tributário no Brasil, principalmente depois da EC nº 18/65 e da Lei 5172/66 – embora seja eu um dos últimos sobreviventes daqueles que com eles conviveram, aprendendo com eles e com eles escrevendo inúmeros estudos e livros.

Pretendo analisar exclusivamente o texto constitucional de 1988, de cuja redação, com a mediania de minhas forças, colaborei, em audiências públicas e permanente contato, primeiro, com a Subcomissão de Tributos e, posteriormente, com o grupo "Centrão", que deu a forma definitiva ao sistema, no texto maior de 1988. Mais do que isto, mantive longas conversas com o presidente e com o relator da Constituinte, Deputado Ulisses Guimarães, e Senador Bernardo Cabral.[4]

Na audiência pública e nos constantes diálogos com os membros da Subcomissão de Tributos, presidida por Francisco Dornelles, e cujo relator era Fernando Bezerra – mas com dedicado trabalho de Accioly Patury e Mussa Demes –, sugeri que houvesse, na Constituição, um autêntico "Código de Defesa do Contribuinte", compactando em uma única seção todas as disposições expressas das Constituições anteriores – tese também defendida por outros especialistas –, que terminou resultando na seção II do Capítulo I do Título VI da lei maior, sob o título de "Limitações constitucionais ao poder de tributar", homenagem que se prestou ao saudoso e insuperável Aliomar Baleeiro, por seu livro pioneiro.[5]

---

[3] Escrevi: "Kelsen e Cossio travaram, no passado, intenso debate para definir se as normas sancionatórias seriam primárias ou secundárias, entendendo aquele que seriam necessariamente primárias, por assecuratórias daquelas de comportamento, e este, que seriam secundárias, posto que a lei é feita para ser cumprida e não pode ser estudada a partir de sua patologia jurídica. No concernente à divisão em normas de aceitação social e de rejeição social, o dilema se compõe na medida em que as normas de aceitação social têm, nas sanções, instrumental repressivo de rara aplicação, posto que as normas de comportamento seriam cumpridas mesmo que não houvesse penalidades", continuando: "O mesmo não acontece quanto às normas de rejeição social. Nestas, prevalece a necessidade da norma sancionatória, única capaz de fazer cumprir a norma de rejeição social. O tributo, como o quer Paulo de Barros Carvalho, é uma norma. É uma norma de rejeição social. Vale dizer, sem sanção provavelmente não seria cumprida. A sanção é que assegura ao Estado a certeza de que o tributo será recolhido, visto que a carga desmedida que implica traz, como consequência, o desejo popular de descumpri-la" (*O sistema tributário na Constituição*, 6. ed. São Paulo: Saraiva, 2007, p.14/16).

[4] Coordenei o livro texto do XXXIV Simpósio de Direito Tributário do Centro de Extensão Universitária, editado pela Revista dos Tribunais (2009) sob o título de "Disciplina legal tributária do 3º Setor". Escreveram para o livro os seguintes autores: André Costa-Corrêa, Ângela Maria da Motta Pacheco, Carlos Henrique Abrão, Carlos Valder do Nascimento, Cleide Previtalli Cais, Douglas Yamashita, Edison Carlos Fernandes, Fernando Lobo D'Eça, Gustavo Miguez de Mello, Hugo de Brito Machado, Hugo de Brito Machado Segundo, Humberto Martins, Igor Mauler Santiago, Ives Gandra da Silva Martins, Jorge de Oliveira Vargas, José Eduardo Soares de Melo, Kiyoshi Harada, Marcos Nóbrega, Marilene Talarico Martins Rodrigues, Octavio Campos Fischer, Riocardo Lobo Torres, Vinicius Campanille, Vittorio Cassone e Yoskiaki Ichihara.

[5] Assim se referiram os parlamentares da Subcomissão à colaboração dos juristas que a assessoraram no primeiro anteprojeto: "Atendendo à sugestão do Constituinte Mussa Demis, vou apenas registrar notável esforço que esta

Assim é que foi o sistema tributário dividido em 5 partes (normas gerais, impostos da União, dos Estados, dos Municípios e, como a mais relevante para busca deste equilíbrio, Limitações constitucionais ao poder de tributar). A 6ª parte, embora constante do capítulo do sistema tributário (arts. 157 a 162), de rigor é de direito financeiro, pois diz respeito às relações entre as diversas esferas da federação.

Ora, as imunidades estão neste "Código Constitucional" de defesa do contribuinte, no inciso VI, do artigo 150, inciso este que reproduzo:

Art. 150. Sem prejuízo de outras garantias asseguradas ao contribuinte, é vedado à União, aos Estados, ao Distrito Federal e aos Municípios:

[...]

VI – instituir impostos sobre: (Vide Emenda Constitucional nº 3, de 1993)

a) patrimônio, renda ou serviços, uns dos outros;

b) templos de qualquer culto;

c) patrimônio, renda ou serviços dos partidos políticos, inclusive suas fundações, das entidades sindicais dos trabalhadores, das instituições de educação e de assistência social, sem fins lucrativos, atendidos os requisitos da lei;

d) livros, jornais, periódicos e o papel destinado a sua impressão.[6]

O sentido das imunidades é claro. Objetiva, o constituinte, trazer, para um Estado Democrático de Direito, a garantia de que o instrumento tributário não prejudicará a manutenção da Federação (letra *a*), a liberdade religiosa (inciso II), a liberdade de atuação política, de associação de trabalhadores nos seus interesses e da colaboração na execução de funções estatais na educação e assistência social (III) e, por fim, a liberdade de imprensa, para que a sociedade seja sempre, informada com transparência do que ocorreu nos bastidores do poder público e privado, podendo evoluir, mediante o acesso à informação e à formação, sobre o país e o mundo (IV).

Subcomissão de Tributos, Participação e Distribuição das Receitas realizou, ao longo das últimas 3 semanas, no sentido de ouvir e receber subsídios e sugestões de todos os segmentos da sociedade brasileira interessada em um novo desenho do Capítulo sobre o Sistema Tributário Nacional. Cumprindo prazo regimental, apresentamos proposta de anteprojeto ao texto da futura Carta Constitucional que, não tendo a pretensão de ser algo perfeito e acabado, deverá sofrer aprimoramentos através das emendas que os membros desta Subcomissão certamente haverão de apresentar. Necessário se faz assinalar a valiosa contribuição oferecida a esta Subcomissão pelas autoridades e entidades aqui recebidas em audiência pública: os Professores e Técnicos Fernando Rezende, Alcides Jorge Costa, Geraldo Ataliba, Carlos Alberto Longo, Pedro Jorge Viana, Hugo Machado, Orlando Caliman, Ives Gandra da Silva Martins, Edvaldo Brito, Souto Maior Borges, Romero Patury Accioly, Nelson Madalena, Luís Alberto Brasil de Souza, Osiris de Azevedo Lopes Filho; o Secretário da Receita Federal, Dr. Guilherme Quintanilha; os Secretários da Fazenda dos Estados, que antes de aqui comparecerem promoveram, sob os estímulos desta Subcomissão, os encontros de Manaus e Porto Alegre; os Secretários de Finanças das Capitais, o DIEESE, a Organização das Cooperativas Brasileiras, o Instituto Brasileiro de Mineração; a Organização Nacional das Entidades de Deficientes Físicos; as associações dos funcionários fazendários, a Unafisco e a Fafite, as entidades representativas do municipalismo brasileiro — a Frente Municipalista, a Associação Brasileira dos Municípios, a Confederação Nacional dos Municípios e o Ibam. Tenham todos a certeza de que a discussão aqui ocorrida em torno das propostas e sugestões apresentadas será decisiva para o posicionamento dos membros desta Subcomissão em relação à definição do Capítulo Tributário, que desperta enorme interesse na sociedade brasileira" (*Diário da Assembleia Nacional Constituinte*, 19 jun. 1987, p. 139).

[6] Leia-se: "O exercício do poder tributário, pelo Estado, submete-se, por inteiro, aos modelos jurídicos positivados no texto constitucional que, de modo explícito ou implícito, institui em favor dos contribuintes decisivas imitações à competência estatal para impor e exigir, coativamente, as diversas espécies tributárias existentes. Os princípios constitucionais tributários, assim, sobre representarem importante conquista político-jurídica dos contribuintes, constituem expressão fundamental dos direitos individuais outorgados aos particulares pelo ordenamento estatal. Desde que existem para impor limitações ao poder de tributar do Estado, esses postulados tem por destinatário exclusivo o poder estatal, que se submete à imperatividade de suas restrições". (STF, ADIn 712-MC, Rel. Min. Celso de Mello, DJ 19.02.1993)" (*Código Tributário Nacional e Sistema Constitucional Tributário*. Jacques Bushatsky (coord.). São Paulo: Thomson/IOB, 2006, p. 391).

A letra "c", que me interessa neste estudo, claramente coloca as instituições de educação e assistência social entre aquelas em que o Poder Público pede a colaboração da sociedade, ofertando-lhe, por esta colaboração, a contrapartida lógica e natural, ou seja, a não incidência de impostos sobre suas atividades. Acrescentem-se as contribuições sociais, também tornadas imunes, por força do § 7º do artigo 195 da CF, assim redigido:

§ 7º São isentas de contribuição para a seguridade social as entidades beneficentes de assistência social que atendam às exigências estabelecidas em lei.[7]

Em audiência pública a que compareci com o amigo e eminente professor de direito constitucional Dalmo Dallari, na Câmara dos Deputados, fui interpelado – após ter exposto minha posição a respeito das vedações constitucionais ao poder de tributar – pela então deputada do Rio Grande do Sul Maria do Rosário, sobre a razão pela qual deveriam os governos ofertar imunidade às instituições de educação e assistência social. Respondi, sem que ela contestasse, que a razão era simples: apesar da carga tributária elevada, os Governos não fazem, com nossos tributos, o que deveriam fazer, tornando necessário que a educação e assistência social sejam também promovidas pela sociedade, em troca da contrapartida da imunidade dos tributos discriminados na Lei Suprema. Se os governos cuidassem da educação e da assistência social como deveriam, não haveria necessidade das imunidades. Como fazem menos do que deveriam fazer com nossos tributos, apesar de receberem – à época – 1/3 de todo PIB nacional, sabiamente, o constituinte ofertou as imunidades tributárias a estas instituições, como forma de suprir a sua insuficiente atuação nos dois setores. Isso permitiu o surgimento de excelentes hospitais privados e de qualificadas escolas particulares, em todo o País.

Tal percepção já tinham os pais do direito tributário no Brasil quando, no Código Tributário Nacional, cujo anteprojeto, da lavra de Rubens Gomes de Souza, foi discutido desde 1953, consagraram, no art. 14 do CTN, as condições para que uma instituição fosse considerada imune. Sua dicção é a seguinte:

---

[7] No primeiro caso que o STF examinou sobre o perfil abrangente das instituições do inciso VI, letra "c", do art. 150 e art. 195, § 7º, da CRF, assim decidiu aquela Corte: *"RMS 22192/ DE – DISTRITO FEDERAL. RECURSO EM MANDADO DE SEGURANÇA. Relator(a): Min. CELSO DE MELLO. Julgamento: 28/11/1995 Órgão Julgador: Primeira Turma. Publicação: DJ 19/12/1996 P. 51802 EMENT. VOL. 01855-01, p. 00154. Acórdãos – Partes: Recte: ASSOC. PAULISTA DA IGREJA ADVENTISTA DO 7º DIA – Advs.: Ives Gandra da Silva Martins e Outros – Recda: União Federal – Adv.: Advogado-geral da União.* EMENTA: MANDADO DE SEGURANÇA – CONTRIBUIÇÃO PREVIDENCIÁRIA – QUOTA PATRONAL – ENTIDADE DE FINS ASSISTENCIAIS, FILANTRÓPICOS E EDUCACIONAIS – IMUNIDADE (CF, ART. 195, § 7º) – RECURSO CONHECIDO E PROVIDO. – A Associação Paulista da Igreja Adventista do Sétimo Dia, por qualificar-se como entidade beneficente de assistência social – e por também atender, de modo integral, as exigências estabelecidas em lei – tem direito irrecusável ao benefício extraordinário da imunidade subjetiva relativa às contribuições pertinentes à seguridade social. – A cláusula inscrita no art. 195, § 7º, da Carta Política – não obstante referir-se impropriamente à isenção de contribuição para a seguridade social –, contemplou as entidades beneficentes de assistência social, com o favor constitucional da imunidade tributária, desde que por elas preenchidos os requisitos fixados em lei. A jurisprudência constitucional do Supremo Tribunal Federal já identificou, na cláusula inscrita no art. 195, § 7º, da Constituição da República, a existência de uma típica garantia de imunidade (e não de simples isenção) estabelecida em favor das entidades beneficentes de assistência social. Precedente: RTJ 137/965. – Tratando-se de imunidade – que decorre, em função de sua natureza mesma, do próprio texto constitucional –, revela-se evidente a absoluta impossibilidade jurídica de a autoridade executiva, mediante deliberação de índole administrativa, restringir a eficácia do preceito inscrito no art. 195, § 70, da Carta Política, para, em função de exegese que claramente distorce a teleologia da prerrogativa fundamental em Referência, negar, à entidade beneficente de assistência social que satisfaz os requisitos da lei, o benefício que lhe é assegurado no mais elevado plano normativo. Decisão: Rejeitada a preliminar, a Turma deu provimento ao recurso em mandado de segurança, nos termos do voto do Relator. Unânime. Falou pela recorrente o Dr. Ives Gandra da Silva Martins, 1ª. Turma, 28.11.95" (*Site* do STF).

Art. 14. O disposto na alínea c do inciso IV do artigo 9º é subordinado à observância dos seguintes requisitos pelas entidades nele referidas:

I – não distribuírem qualquer parcela de seu patrimônio ou de suas rendas, a qualquer título; (Redação dada pela Lcp nº 104, de 10.1.2001)

II – aplicarem integralmente, no País, os seus recursos na manutenção dos seus objetivos institucionais;

III – manterem escrituração de suas receitas e despesas em livros revestidos de formalidades capazes de assegurar sua exatidão.

§ 1º Na falta de cumprimento do disposto neste artigo, ou no § 1º do artigo 9º, a autoridade competente pode suspender a aplicação do benefício.

§ 2º Os serviços a que se refere a alínea c do inciso IV do artigo 9º são exclusivamente, os diretamente relacionados com os objetivos institucionais das entidades de que trata este artigo, previstos nos respectivos estatutos ou atos constitutivos.[8]

Ora, o CTN ganhou eficácia de lei complementar pela Constituição de 1988 que, para que não houvesse dúvidas, definiu, no inciso II, do artigo 146, que:

Art. 146. Cabe à lei complementar:

[...]

II – regular as limitações constitucionais ao poder de tributar; [...].

Vale dizer TODA A REGULAÇÃO DAS LIMITAÇÕES AO PODER DE TRIBUTAR SÓ PODE SER REALIZADA POR LEI COMPLEMENTAR.[9]

---

[8] Fábio Fanucchi assim comentou o dispositivo: "Art. 14 (...) I – não distribuírem qualquer parcela de seu patrimônio ou de suas rendas a qualquer título". c) Imunidade condicional. A imunidade reservada às instituições de educação e de assistência social, já foi visto, *é condicionada a que a entidade beneficiária observe certas exigências fixadas em lei, que só pode ser a complementar à Constituição.* Exatamente esse artigo 14 do CTN disciplina a matéria; d) Não distribuição de rendas e patrimônio. A primeira condição, aquela do inciso I do artigo 14, é da própria essência das instituições, que já vimos, são entidades idealísticas e não têm finalidade lucrativa. Quanto à não distribuição de "rendas", deve ser entendido a não distribuição de lucros, porém não o pagamento de honorários a terceiros, mesmo que seus dirigentes. Confirma que as instituições imunes sob condição podem pagar honorários a terceiros, não só aquele acórdão do Supremo Tribunal Federal, referido no item 34 deste estudo, como a própria letra do § 1º do artigo 14 aqui analisado, quando estabelece que a imunidade poderá ser suspensa pela autoridade competente, caso não seja retido o imposto devido na fonte, evidentemente também por quem dela aufira rendimentos. Dessa forma, a remuneração de dirigentes não é eficiente para retirar das instituições imunes o direito ao gozo da imunidade. O impedimento da distribuição do patrimônio é muito menos discutível. Para que nenhuma dúvida possa restar para a autoridade fiscal que reconhecer a imunidade, os estatutos dessas instituições deverão dispor que, em caso de dissolução do ente, seu patrimônio reverterá em benefício de entidade com as mesmas finalidades que as suas" (grifos meus) (*Comentários ao Código Tributário Nacional.* 7. ed. vol. 1. Ives Gandra (coord.). São Paulo: Saraiva, 2013, p. 201, a atualização do estudo de Fábio Fanucchi foi realizada por Rogério Gandra Martins, Soraya Locatelli e Luciana Fonseca).

[9] Leia-se a seguinte decisão do STF neste sentido: "*AI 726774 / SP – SÃO PAULO AGRAVO DE INSTRUMENTO Relator(a): Min. RICARDO LEWANDOWSKI Julgamento: 21/10/2008. Publicação:* DJe-208 DIVULG 03/11/2008 PUBLIC 04/11/2008. *Partes:* Agte.(S): União; Adv.(A/S): Procuradoria-Geral Da Fazenda Nacional; Agdo.(A/S): Obras Sociais, Universitárias e Culturais – Osuc; Adv.(A/S): Marilene Talarico Martins Rodrigues E Outro(A/S). DESPACHO: Trata-se de agravo de instrumento contra decisão que negou seguimento a recurso extraordinário interposto de acórdão assim ementado: "TRIBUTÁRIO. IMUNIDADE. ENTIDADES SEM FINS LUCRATIVOS. ARTIGO 150, INCISO VI, ALÍNEA C, DA CF. ART. 14 DO CTN. 1. Para gozar da imunidade estipulada no art. 150, os contribuintes devem ser entidades de educação e assistência social sem fins lucrativos. Devem, ainda, preencher os requisitos estipulados no art. 14 do CTN. 2. Enquadrando-se nos patamares estabelecidos, a instituição tem direito à imunidade, não podendo o ente público, exigir dela outros pressupostos além desses já previstos em lei. 3. A imunidade abrange o IOF. 4. As operações de seguro realizadas pelas entidades não estão excluídas da imunidade, já que o contrato de seguro é firmado para proteção dos seus bens e levando-se em conta que o recebimento do prêmio nada mais faz do que repor o patrimônio desfalcado. 5. São livres da tributação as operações de crédito, câmbio e seguro ou as relativas a títulos e valores mobiliários que dizem respeito, em essência, ao patrimônio e à renda das entidades imunes. 6. Apelação da União Federal e remessa oficial desprovidas" (fl. 204). No RE, fundado no art. 102, III, a, da Constituição, alegou-se ofensa ao art. 150, VI, c, da mesma Carta. O agravo não merece acolhida. O acórdão recorrido está em harmonia com a jurisprudência da Corte no sentido de reconhecer às entidades sem fins lucrativos a imunidade do art. 150, VI, c, da Constituição, relativamente ao IR e ao IOF incidentes sobre aplicações financeiras, por considerar que a aplicação de recursos não significa atuação fora do previsto no ato de sua constituição (RE 211.390-AgR/RS, Rel. Min. Gilmar Mendes; RE 424.507-AgR/RO, Rel. Min. Carlos Velloso). Isso posto, nego seguimento ao recurso. Publique-se. Brasília, 21 de outubro de 2008. Ministro RICARDO LEWANDOWSKI

Toda a legislação infracomplementar que pretenda regular essa matéria, criando restrições que não aquelas do artigo 14 do CTN, é manifestamente ilegal.

Lembro que, em ação patrocinada por meu escritório (ADIN 2028), o Ministro Moreira Alves, suscitado a manifestar-se sobre o assunto, mesmo concedendo a liminar, preferiu transferir a manifestação sobre a tese aqui exposta para a decisão definitiva, ao dizer:

> É certo, porém, que há forte corrente doutrinária que entende que, sendo a imunidade uma limitação constitucional ao poder de tributar, embora o § 7º do art. 195 só se refira a "lei" sem qualificá-la como complementar – e o mesmo ocorre quanto ao art. 150, VI, "c", da Carta Magna –, essa expressão, ao invés de ser entendida como exceção ao princípio geral que se encontra no art. 146, II ("Cabe à lei complementar: ... II. regular as limitações constitucionais ao poder de tributar"), deve ser interpretada em conjugação com esse princípio para se exigir lei complementar para o estabelecimento dos requisitos a ser observados pelas entidades em causa.
>
> - A essa fundamentação jurídica, em si mesma, não se pode negar relevância.[10]

Já não mais na função de julgador, mas em Simpósio por mim coordenado, o Ministro Moreira Alves, todavia, HOSPEDOU POR INTEIRO A INTERPRETAÇÃO AQUI EXPOSTA, AO DIZER:

> Da interpretação sistemática dos arts. 146, II, 150, VI, *c*, e 195, § 7º, da CF, bem assim da recepção, como lei complementar, do art. 14 do CTN, a conclusão a que se chega é a de que a lei a que aludem os dois últimos dos suprareferidos dispositivos constitucionais é lei complementar, em observância ao imperativo constitucional do art. 146, II, que determina caber a lei complementar regular as limitações constitucionais ao poder de tributar. Ademais, é de ter em conta também as lúcidas ponderações de Marco Aurélio Greco no sentido de que *"a ficção de condições para a fruição da imunidade, bem como a enumeração de requisitos para a qualificação das entidades de modo a serem consideradas beneficiadas pela limitação, implica regular suas hipóteses de incidência e as pessoas por ela alcançadas (alcance objetivo e subjetivo do pressuposto da imunidade) o que implica regular a própria limitação, o que é privativo da lei complementar"* (grifos meus).[11]

Os detentores da imposição, todavia, procuram amesquinhar o princípio constitucional, na leitura amputadora que fazem do inciso VI, letra "c", ao sustentarem que, pelo fato de constar do texto o vocábulo "lei" e não a expressão "lei complementar", tal lei seria ordinária.

A interpretação, em que pese o respeito que tenho por seus defensores, não resiste a alguns princípios de lógica hermenêutica, a saber:

I) o inciso II, do artigo 146, declara, com todas as letras, que "cabe à lei complementar regular as limitações constitucionais ao poder de tributar" e as imunidades são precisamente isso limitações ao poder de tributar. NÃO HÁ QUALQUER EXCEÇÃO NO ARTIGO;[12]

– Relator. Legislação (LEG-FED CF. arts. 102, III, a, e 150, VI, c; LEG-FED Lei 5.172/1966, art. 14, CTN) (*site* do STF – grifos meus).

[10] Coordenação de Análise de Jurisprudência, D.J. 16/06/2000, Ementário n. 1995-1, Tribunal Pleno, 11/11/1999.

[11] *Pesquisas Tributárias* – Nova Série 16, Processo Judicial Tributário. São Paulo: Centro de Extensão Universitária; Revista dos Tribunais, coordenação de Ives Gandra Martins, 2010, p. 14.

[12] A conclusão do Plenário do XXXIV Simpósio Nacional de Direito Tributário do CEU – Centro de Extensão Universitária –, sobre o tema foi a seguinte: "As normas gerais sobre as referidas imunidades devem ser instituídas por lei complementar, nos termos do art. 146 da CF, ou por lei ordinária? Se a resposta for por lei ordinária, indaga-se: a matéria pode ser objeto (lo enquadramento no art. 24 da CF? Pergunta-se, ainda, se os requisilos puderem ser veiculados por lei ordinária, qual a razão daqueles veiculados por lei com eficácia de complementar? Comissão 1: As normas gerais sobre as referidas imunidades devem ser instituídas por lei complementar nos termos do art. 146 da CF A matéria é exclusiva de lei complementar. Em matéria tributária, ela está esclarecida e explícita no art. 146, II, da CF. Não poderia ser de outra forma; não caberia à lei ordinária, sob pena de reduzir o conceito de imunidade, passível de inconstitucionalidade. Somente a lei complementar explicita a Constituição Federal. A lei que deve reger

II) A letra "c", do inciso IV do artigo 150 não fala em "lei complementar", porque não havia necessidade de fazê-lo, já que, em face do disposto no inciso II do artigo 146 da CF, a lei só poderia ser lei complementar. Se fosse, todavia, exceção ao princípio geral, deveria falar em "lei ordinária", para esclarecer;[13]

III) Se se tratasse, todavia, de "lei ordinária", como o poder impositivo a ser exercido, embora subordinado às limitações constitucionais, é inerente às três esferas da Federação, à evidência, tal exegese implicaria admitir a possibilidade de sua

---

as referidas imunidades é a lei complementar, pois as imunidades são limitações ao poder de tributar, diverso de não incidência. Os requisitos para a imunidade, a que se refere o art. 14 do CTN são os que o legislador complementar entendeu fossem os únicos para gozo das imunidades. Os requisitos estão dispostos no CTN (art. 14), que foi recepcionado na qualidade de lei complementar, conforme jurisprudência do STF. Uma lei, mesmo que interpretativa, não pode macular os requisitos previstos rio CTN. Não é porque os arts. 150, VI, c, e 195, § 7°, da CF enumeram apenas "lei" que a matéria não seria reservada à lei complementar. A lei ordinária poderá apenas impor requisitos fiscalizatórios e organizatórios às referidas entidades. (Unânime: 135 votos, Vittorio Cassone vencido em pequena parte da redação) Comissão 2: Sendo a imunidade originária do poder constituinte e como, nos termos do art. 146, II, da CF, limitações ao poder de tributar somente poderão ser reguladas por meio de lei complementar. Ressalte-se que a competência concorrente a que se refere o art. 24 da CF não se aplica às imunidades tributárias. (Unânime, 28 votos) Comissão 3: Imunidade é limitação ao poder de tributar. Logo, deve-se reportar ao art. 146, II, da CF, que estabelece reserva de lei complementar à disciplina da imunidade. Assim, só o art. 14 do CTN tem aplicação ao caso. (Unânime, 18 votos) Comissão de Redação: Por ser a imunidade uma limitação ao poder de tributar, a sua regulação é própria de lei complementar, por força da interpretação sistemática do art. 146, II, da CF com os arts. 150, VI, c, e 195, § 7.°, da CE Tanto é assim que, com esse status, foi recepcionado o art. 14 do CTN (aprovado por maioria com divergência de 1 voto)" (Pesquisas Tributárias Nova Série 16, ob. cit., coordenação Ives Gandra Martins, p. 443).

[13] O XXIII Simpósio Nacional de Direito Tributário aberto pelo Ministro José Carlos Moreira Alves e com autores de expressão como Alcides Jorge Costa, Ministro José Delgado, Marco Aurélio Greco e outros, decidiu na 2ª questão que: "2) Como deve ser interpretada a cláusula "atendidos os requisitos da lei", constante do art. 150, VI, c, da CF? (Como significativa necessidade de lei complementar, remetendo, pois, ao art. 14 do CTN ou, pelo contrário, de que mera lei ordinária pode fixar os requisitos, extrapassando, inclusive, aqueles fixados pelo CTN?)".

Proposta da Comissão de Redação aprovada em Plenário:

	A favor	Contra
Comissão 1:	74	6
Comissão 2:	62	
Comissão 3:	26	
Total:	126	6

A expressão constante do art. 150, VI, e, da CF – 'atendidos os requisitos da lei' refere-se àqueles que, necessariamente, devem constar de lei complementar, veículo competente para regular as limitações constitucionais do poder de tributar (CF art. 146, II, e CTN, art. 14).

Decisão por maioria:

– A favor: 74 votos.

– Contra: 6 votos.

Comissão 1:

Sendo a imunidade tributária uma limitação ao poder de tributar, a cláusula "atendidos os requisitos da lei" constante do art. 150, VI, c, da CF, deve ser interpretada sistematicamente, exigindo-se, por consequência, a estrutura exclusiva de lei complementar em atenção ao disposto no art. 146,II, da CF e art. 14 do CTN.

Comissão 2:

– Decisão unânime: 62 votos

Os requisitos subjetivos e objetivos para o gozo de imunidade têm que ser instituídos por lei complementar, por fora do art. 146, II, da CF.

Comissão 3:

– Decisão unânime: 26 votos.

A cláusula "atendidos os requisitos da lei", constante do art. 150, inc. VI, alínea c, da CF/88 deve ser interpretada sistematicamente em consonância com o disposto no art. 146, inc. II, da CF/88, eis que impõe a necessidade de lei complementar para dispor sobre imunidade, que consubstancia limitação constitucional ao poder de tributar e exige uniformidade de critérios. Entende, ainda, a Comissão que a lei complementar vocacionada é o Código Tributário Nacional (art. 14), que foi recepcionado nos termos do § 5° do art. 34 do ADCT da CF/88" (*Processo Administrativo Tributário, Pesquisas Tributárias* – Nova Série 5, 2ª ed. São Paulo: RT; Centro de Extensão Universitária, 2002, p. 752/3).

regulação ser realizada pela União, pelos 26 Estados, pelo Distrito Federal e 5.568 Municípios do Brasil!!! O que seria um fantástico contrassenso;[14]

IV) se se pretender sustentar que a lei, no caso, deveria ser federal, e não lei de todas as esferas da federação, o constituinte haveria de ter adotado os critérios dos §§ 3º e 4º do artigo 24 da CF, que cuida da lei ordinária aplicável a outras esferas, e que redigidos estão assim:

§ 3º – Inexistindo *lei federal* sobre normas gerais, os Estados exercerão a competência legislativa plena, para atender a suas peculiaridades.

§ 4º – A superveniência de lei *federal* sobre normas gerais suspende a eficácia da lei estadual, no que lhe for contrário.[15]

Vale dizer, quando teve que excepcionar e esclarecer estar cuidando de lei ordinária de uma das esferas da Federação com impactos em outras, o constituinte houve por bem adjetivar a LEI de FEDERAL.

Ora, não sendo lei complementar, apesar de a Constituição declarar que só lei complementar pode regular as limitações; se não se trata de lei ordinária de todas as esferas da Federação, o que provocaria um caos na regulamentação, com o poder regulador das 3 esferas; e não sendo lei federal, por FALTAR A ADJETIVAÇÃO necessária, resta derrubado, definitivamente, o argumento dos que defendem que seria lei ordinária aquela apta a estabelecer os requisitos para gozo das imunidades .[16]

Em todos os escritos sobre a matéria, lastreado, inclusive, na convivência com aqueles que elaboraram o CTN e a EC. 18/65 – espinha dorsal do sistema tributário até hoje –, entendo que só lei complementar pode regular a imunidade, verdadeira limitação constitucional ao poder de tributar.

Por fim, para concluir este breve artigo, parece-me que o Ministro Moreira Alves, com clareza, em seu voto mostrou, que, para a Constituição, são instituições de educação e assistência social todas aquelas sem fins lucrativos, ao dizer:

---

[14] Escrevi: "A outra hipótese seria pior. Admitindo-se que, respeitada a competência impositiva de Estados e Municípios, cada uma das entidades pudesse criar requisitos, poderíamos ter 5.500 disciplinas legais diferentes para regular as imunidades, no país! É que ao retirar-se o veículo normativo de espectro nacional, que é a lei complementar, e substituí-la pela lei ordinária comum a todos os poderes, cada um deles poderia regular as imunidades como bem entendesse, cabendo ao Supremo a tarefa de apreciar a constitucionalidade de cada diploma, à luz dos objetivos da Constituição, ao prever aquelas vedações. Qualquer uma das hipóteses, à evidência, demonstra que a intenção do constituinte de dar à lei complementar a função limitadora do poder impositivo, na questão das imunidades, haveria de ser a mais lógica, visto que lei nacional regulando obrigações e interdições para todos os entes federativos. É de se compreender, inclusive, a razão de veículo complementar, pois a aprovação por ambas as casas parlamentares por maioria absoluta representa que a maioria da nação (Estados e população) assim decidiu ao veicular lei regulatória a obrigar 5.500 entidades federativas" (*Pesquisas Tributárias*. Nova Série 15., Disciplina legal tributária do terceiro setor. Ives Gandra Martins (coord.). São Paulo: RT, 2009, p. 33).

[15] Escrevi: "Na linha de raciocínio que venho adotando para comentar a fenomenologia da lei complementar, não a tenho por lei federal, mas lei da Federação. O § 4º, portanto, não cuidou dela, mas das leis ordinárias federais que veiculam normas gerais. Não seria crível que o constituinte, por duas vezes, falasse em lei federal – o § 3º também usa o mesmo vocábulo – e não fizesse a observação de que lei federal seria tanto a complementar quanto a ordinária, apesar da diferença de matérias que hospedam. Entendo que a dupla repetição da expressão 'lei federal' afasta a possibilidade de esta encampar também a lei complementar, assim como estou convencido de que a competência da Federação de legislar sobre lei complementar veiculadora de normas gerais, nas hipóteses expressamente previstas na Constituição, refoge à competência privativa da União em seu art. 22 e dos Estados e Distrito Federal naquela concorrente. De rigor, a lei complementar é uma lei de integração, raras sendo as hipóteses em que é auto-aplicável. Mesmo nestas hipóteses, a relevância do assunto interessa não só à União, como à própria Federação" (*Comentários à Constituição do Brasil*. 3º vol., tomo II. São Paulo: Saraiva, 2002, p. 84/5) .

[16] A própria ADIN 1802 de relatoria do Min. Sepúveda Pertence declara que os requisitos só podem ser de lei complementar e apenas aspectos formais podem ser veiculadas por lei ordinária. NÃO REQUISITOS.

É evidente que tais entidades, para serem beneficentes, teriam de ser filantrópicas (por isso, o inciso II do artigo 55 da Lei 8.212/91, que continua em vigor, exige que a entidade "seja portadora do Certificado ou do Registro de Entidade de Fins Filantrópicos, fornecido pelo Conselho Nacional de Serviço Social, renovado a cada três anos"), *mas não exclusivamente filantrópica, até porque as que o são não o são para o gozo de benefícios fiscais, e esse benefício concedido pelo § 70 do artigo 195 não o foi para estimulara criação de entidades exclusivamente filantrópicas, mas, sim, das que, também sendo filantrópicas sem o serem integralmente, atendessem às exigências legais para que se impedisse que qualquer entidade, desde que praticasse atos de assistência filantrópica a carentes, gozasse dá imunidade, que é total, de contribuição para a seguridade social, ainda que não fosse reconhecida como de utilidade pública, seus dirigentes tivessem remuneração ou vantagens, ou se destinassem elas a fins lucrativos. Aliás, são essas entidades – que, por não serem exclusivamente filantrópicas, têm melhores condições de atendimento aos carentes a quem o prestam – que devem ter sua criação estimulada para o auxilio ao Estado nesse setor, maxime em época em que, como a atual, são escassas as doações para a manutenção das que se dedicam exclusivamente à filantropia.*[17]

E com razão, pois, sendo a imunidade uma vedação ao poder de tributar, não pode significar "renúncia de receita", pois não há renúncia de tributo por parte de quem não tem direito de tributar.

Por fim, apenas as instituições filantrópicas, comunitárias e confessionais de educação é que podem RECEBER DINHEIRO PÚBLICO, conforme o artigo 213 da CF, assim redigido:

Art. 213. Os recursos públicos serão destinados às escolas públicas, podendo ser dirigidos a escolas comunitárias, confessionais ou filantrópicas, definidas em lei, que:

I – comprovem finalidade não-lucrativa e apliquem seus excedentes financeiros em educação;

II – assegurem a destinação de seu patrimônio a outra escola comunitária, filantrópica ou confessional, ou ao Poder Público, no caso de encerramento de suas atividades.

§ 1º – Os recursos de que trata este artigo poderão ser destinados a bolsas de estudo para o ensino fundamental e médio, na forma da lei, para os que demonstrarem insuficiência de recursos, quando houver falta de vagas e cursos regulares da rede pública na localidade da residência do educando, ficando o Poder Público obrigado a investir prioritariamente na expansão de sua rede na localidade.

§ 2º – As atividades universitárias de pesquisa e extensão poderão receber apoio financeiro do Poder Público.[18]

Nas imunidades, não há versão de dinheiro público, nem renúncia de tributo.

Diante dessas normas, conclui-se que quaisquer instituições de educação e de assistência social sem fins lucrativos são imunes, se cumprirem o artigo 14 do CTN. Apenas as filantrópicas, confessionais e comunitárias, porém, podem receber dinheiro público, gozando, além de imunidade, da potencialidade financeira oferecida pelo art. 213.

Estando a matéria como repercussão perante o Supremo Tribunal Federal, entendo, todavia, ser esta a mais coerente interpretação das imunidades das instituições sem fins lucrativos de educação e assistência social. E creio que seja a melhor, pois, tributar tais instituições se não cumprirem exigências muitas vezes absurdas cons-

---

[17] Trecho do voto do Min. Moreira Alves na ADIN 2028-5 e 2036-6 (Medida Liminar) (Site do STF).

[18] Celso Ribeiro Bastos lembra que: "Este artigo e seus dois incisos preceituam que os recursos públicos serão destinados às escolas públicas, podendo ser dirigidos a escolas comunitárias confessionais ou filantrópicas definidas em lei, que: a) comprovem finalidade não lucrativa e apliquem seus excedentes financeiros em educação; b) assegurem a destinação de seu patrimônio a outra escola comunitária, filantrópica ou confessional, ou ao Poder Público, no caso de encerramento de suas atividades. Podemos observar que nenhuma de nossas Constituições anteriores dispôs sobre essa matéria. Apenas a Emenda Constitucional n. 1/69 estabelecia, em seu art. 176, § 2.°, que, respeitadas as disposições legais, o ensino era livre à iniciativa particular, a qual mereceria o amparo técnico e financeiro dos Poderes Públicos, inclusive mediante bolsas de estudos" (*Comentários à Constituição do Brasil*, 8° vol. São Paulo: Saraiva, 2000, p. 729).

tantes de leis ordinárias inviabilizadoras – como está ocorrendo com todas as Santas Casas de Misericórdia, obrigadas, com monumental prejuízo, a atender ao SUS sem que as verbas destinadas a remunerar os procedimentos sejam atualizadas – ou penalizar a educação e escolas privadas, que estão sendo fechadas, pela impossibilidade de suportar à imposição tributária, num país que deveria investir na educação e na saúde, é atender aos interesses dos "publicanos da atualidade", e não os "interesses da nação.[19]

---

[19] Recurso Extraordinário nº 566.622/RS, Rel. Min. Marco Aurélio de Mello.

— 2.2 —

O Supremo Tribunal Federal e a imunidade tributária dos cemitérios: templos de qualquer culto

LUÍS EDUARDO SCHOUERI[1]

Sumário: I. O caso do Cemitério Britânico de Salvador e a imunidade tributária dos templos de qualquer culto; 1. O caso; 1.2. Os cemitérios enquanto templos de qualquer culto; 1.3. A natureza mista da imunidade aos templos de qualquer culto; II. Cemitérios administrados por entidades com fins lucrativos e a imunidade tributária dos templos de qualquer culto; 2.1. A imunidade dos templos de qualquer culto e as características subjetivas do proprietário do imóvel; 2.2. A função de local para sepultamento e o templo; 2.3. Cemitérios laicos como medida sanitária e concretização da liberdade religiosa; 2.4. A imunidade aos cemitérios como garantia da livre concorrência; III. Considerações finais.

Dificilmente se poderia imaginar modo mais adequado para homenagear o Ministro Luiz Fux que lhe dedicar obra destinada a tratar de temas polêmicos do Direito Tributário que aguardam, do Supremo Tribunal Federal, resposta definitiva. Empossado, aos três dias de março de 2011, no cargo de Ministro do Supremo Tribunal Federal, o homenageado logo foi saudado, por ocasião da Sexta Sessão Ordinária da Primeira Turma daquela Corte, pela sabedoria, experiência, talento e capacidade de trabalho. Tais atributos revelam-se oportunos diante dos desafios que se apresentam àquele Pretório.

Tendo em vista que o homenageado jamais deixou de lado os compromissos que lhe eram impostos pela exitosa carreira acadêmica junto à tradicional Faculdade de Direito da Universidade do Estado do Rio de Janeiro, nada mais justo que não limitar a homenagem a loas, posto que merecidas. Mais adequado parece presentear o homenagem com o material que ele sabe valorizar, tendo em vista que sua biografia se construiu sobre tais bases: a reflexão jurídica.

Dentre os diversos temas que com certeza haverão de ser enfrentados pelo i. Magistrado, merece destaque, por sua riqueza, a vera polêmica acerca do reconhecimento, aos cemitérios, da imunidade tributária assegurada pelo artigo 150, VI, "b", da Constituição Federal aos "templos de qualquer culto". Em que pese o Supremo Tribunal Federal ter acertadamente reconhecido, no âmbito do Recurso Extraordi-

---

[1] Professor Titular de Direito Tributário da Universidade de São Paulo. Vice-presidente do Instituto Brasileiro de Direito Tributário. Advogado.

SISTEMA CONSTITUCIONAL TRIBUTÁRIO – dos fundamentos teóricos aos *hard cases* tributários
Estudos em homenagem ao Ministro Luiz Fux

nário n° 578.562-9/BA, estarem os cemitérios abrangidos pela garantia trazida pela Constituição contra a cobrança de impostos, os argumentos ali desenvolvidos revelam ser necessárias maiores considerações sobre o tema, cujos contornos trazem questões mais numerosas e graves do que a postura então adotada pelo Tribunal pode fazer crer.

Assim é que o presente artigo toma aquele julgamento como ponto de partida para tratar dos limites da imunidade tributária dos templos de qualquer de culto, extraindo de tais considerações, ao final, subsídios para tratar do debate que se instaurou entre os Ministros quando da primeira análise do Recurso Extraordinário n° 544.815/SP, ainda pendente de julgamento pela Corte.

I. O caso do Cemitério Britânico de Salvador e a imunidade tributária dos templos de qualquer culto

1. O caso

Tratou o Recurso Extraordinário n° 578.562-9/BA, julgado pelo Plenário do Supremo Tribunal Federal em 21 de maio de 2008, de caso em que a Fazenda Pública do Município de Salvador pretendeu exigir, da Sociedade da Igreja de São Jorge e Cemitério Britânico – entidade filantrópica sem fins lucrativos –, o Imposto sobre a Propriedade Territorial Urbana ("IPTU") supostamente incidente sobre o imóvel em que esta mantinha o chamado "Cemitério Britânico", datado do século XIX, tombado pelo Estado da Bahia e composto por cerca de quinhentos túmulos, no qual foram sepultados indivíduos que professavam a religião anglicana.

Conquanto o juízo de primeira instância, tomando por "incontroversa a natureza jurídica de templo religioso ostentada pelo Cemitério dos Ingleses", tenha julgado procedentes os embargos à execução fiscal opostos pelo contribuinte, o Tribunal de Justiça do Estado da Bahia houve por bem reformar a sentença, sob o argumento de que a imunidade estabelecida no artigo 150, VI, "b", da Constituição Federal "não se aplica aos cemitérios, pois estes não podem ser equiparados a templos de culto algum". O contribuinte interpôs, então, recurso extraordinário perante o Supremo Tribunal Federal, em que alegou ser "uma entidade sem fins lucrativos, cujo objeto é promover o culto anglicano, inclusive o enterro dos seus fiéis" para sustentar que "na área em que estão localizados a Igreja e o Cemitério dos Ingleses não pode incidir a tributação do IPTU, por estar afetada às finalidades essenciais da entidade religiosa".

O Ministro-Relator Eros Grau, após definir a indagação "se os cemitérios devem ou não ser entendidos como templos de qualquer culto" como a "questão de direito em torno da qual gravita" o caso, preocupou-se em distinguir a situação dos "cemitérios que consubstanciam extensões de entidades de cunho religioso" daquela das empresas que "exploram a atividade de locação e/ou venda de jazigos", de modo a asseverar que o julgamento não trataria de "cemitérios em geral", mas apenas dos primeiros.

Para concluir pela imunidade do Cemitério Britânico, o Ministro-Relator, seguido à unanimidade pelo Plenário do Tribunal, tomou por relevante o fato de haver "uma entidade religiosa, e filantrópica, voltada à celebração do culto" e de o cemitério ser "uma extensão da Capela destinada ao culto da religião anglicana, situada no mesmo imóvel", como a entender ser essencial, para a caracterização da imunidade destinada aos templos de qualquer culto, a vinculação destes a uma entidade religiosa e sem fins lucrativos.

Tal postura é a que pode se extrair, também, do voto proferido pelo Ministro Marco Aurélio, o qual, após aduzir não "afirmar que todo e qualquer cemitério está equiparado a templo de qualquer culto", sugeriu que as peculiaridades do caso permitiriam uma "mesclagem" das alíneas do inciso VI do artigo 150 da Constituição Federal, fez referência às entidades de assistência social – as quais possuem imunidade própria e apartada, na alínea "c" do referido inciso, daquela destinada aos templos – para ressaltar ver, no caso, "uma sociedade que diga respeito a um cemitério, sem fins lucrativos e também que atenda aos demais requisitos da lei, como entidade de assistência social".

Se a conclusão do Tribunal em reconhecer a um cemitério a dignidade de um "templo de qualquer culto" não enseja, conforme se verá, qualquer reparo, a importância atribuída à sua vinculação a uma capela e a uma instituição religiosa sem fins lucrativos merece maior cuidado.

1.2. Os cemitérios enquanto templos de qualquer culto

Trazendo para o bojo da Constituição Federal de 1988 princípio cuja afirmação histórica remonta aos Tratados de Augsburgo (1555), Westphalia (1648)[2] e Viena (1815), os quais vieram a confirmar a noção segundo a qual a religião prevalecente deveria ser a professada por aquele que governasse (*cuius regio eius religio*),[3] o inciso VI do artigo 5º consagra a liberdade religiosa. Uma das bases do Estado contemporâneo, a liberdade de religião impõe, em nossa ordem constitucional, ser "inviolável a liberdade de consciência e de crença, sendo assegurado o livre exercício dos cultos religiosos e garantida, na forma da lei, a proteção aos locais de culto e a suas liturgias".

Do dispositivo, percebe-se que o texto constitucional não se limita a assegurar a liberdade de crença, mas estende-se ao exercício dos cultos religiosos, cuja garantia é efetivada, dentre outros meios, pela "proteção aos locais de culto". Tem-se, daí, ideia de o que compreender por templos: trata-se de locais de culto.

Templos são, assim, locais ou recintos, de acesso público, em que se celebra o culto, i.e., em que o homem expressa sua religiosidade e sua ligação com o sobrenatural. A este respeito, bem indica Maria Cristina Neubern de Faria que a noção de "templo de qualquer culto" deve "abranger locais onde se praticam manifestações religiosas, quer ritualísticas ou não, onde o intento explícito seja o de expressas essa

---

[2] A importância do Tratado de Paz de Westphalia enquanto antecedente remoto das declarações para a proteção de direitos humanos é bem apontada pelo Ministro Lewandowski, para quem "esse acordo colocou um paradeiro na *Guerra dos Trinta Anos*, encerrando, na prática, as lutas religiosas na Europa Central. Dentre uma série de importantes disposições, esse tratado estabeleceu que, na Alemanha, católicos e protestantes, bem como as distintas seitas dessa última confissão, gozariam dos mesmos direitos. A partir desse momento tornou-se regra incluir nos tratados de paz, celebrados entre beligerantes de credos antagônicos, cláusulas que garantissem a liberdade de culto das minorias religiosas existentes nos territórios dominados pelos adversários". Cf. Enrique Ricardo Lewandowski. *Proteção dos Direitos Humanos na Ordem Interna e Internacional*. Rio de Janeiro: Forense, 1984, p. 76.

[3] Cf. LERNER, Natan. "The nature and minimum standards of freedom of religion or belief". In: *Brigham Young University Law Review*, n. 3, ABI/INFORM Global, 2000, p. 908.

SISTEMA CONSTITUCIONAL TRIBUTÁRIO – dos fundamentos teóricos aos *hard cases* tributários
Estudos em homenagem ao Ministro Luiz Fux

ligação entre o homem e o transcendente".[4] É dizer, correspondem os templos a locais de acesso público voltados à prática de um culto religioso.

É senso comum que os cemitérios, abertos ao público, são locais voltados à prática de cerimônias como o sepultamento e, posteriormente, a reverência à memória dos mortos. Cabe, então, indagar: qual a natureza das cerimônias praticadas nos cemitérios? Está a se falar de um culto religioso?

Derivada do hebraico, a palavra "culto" significa "servir", equivalendo ao "serviço" enquanto "homenagem religiosa aos entes sobrenaturais, ou liturgia".[5] Com efeito, o termo é definido por Caldas Aulete como "a homenagem religiosa tributada a Deus ou aos entes sobrenaturais. Liturgia: o *culto* divino, o *culto* dos santos, o *culto* dos falsos deuses. *Culto externo*, as cerimônias e festividades religiosas. *Culto interno*, o que se rende a Deus por atos interiores da consciência. A religião considerada nas suas manifestações externas: a liberdade dos *cultos*. (Fig) Veneração profunda: prestou sempre *culto* à memória do seu benfeitor. (Fig.) Entregar-se ao *culto das musas*, dedicar-se à poesia".[6] Ao passo que o culto corresponde àquela homenagem de caráter religioso, o templo surge como o local onde se presta o que Caldas Aulete denominou "culto externo", i.e. o local para as cerimônias e festividades religiosas.

A expressão "religião", por sua vez, encontra sua origem em "re + ligar". É Houaiss quem ensina que "para Lactâncio e Sérvio, a palavra *religio* está associada a *religare*: 'seria propriamente o fato de se ligar aos deuses', simbolizado pela utilização das *uittae* ['fitas para enfeitar as vítimas ou ornar os altares'] e dos *stémmata* no culto. Alega-se em favor desse sentido a imagem de Lucrécio, 1, 931: *religionum nodis animum exsoluere*; (...). O sentido seria portanto: 'obrigação assumida para com a divindade; vínculo ou escrúpulo religioso'(cf. *mihi religio est* 'tenho escrúpulo de'); depois 'culto prestado aos deuses, religião'".[7]

É próprio do culto religioso, pois, a busca, pelo homem, de uma (nova) ligação com o sobrenatural, com a divindade, com o que, enfim, não (mais) está presente em concreto. O exercício da religião é, antes de tudo, um exercício de fé. Um momento profundo em que o homem se volta – religa-se – de quem provém. É, em síntese, uma união entre criatura e criador.

Não há dúvidas de que este profundo sentimento de espiritualidade toma lugar quando uma pessoa se dirige ao cemitério, em respeito e veneração à memória de seus antepassados. O visitante, orando, conforta sua alma e se sente próximo da pessoa falecida. Há – e este é o ponto comum entre os diversos cultos celebrados no cemitério – a convicção, reforçada pela fé, da existência de uma ligação entre os seres vivos e seus mortos. Para além da mera memória de um passado, estabelece-se verdadeira veneração, um diálogo com aquele que se foi, mas que continua presente para os que cultuam sua memória. Tal fé na sobrevida após a morte é, aliás, o que anima a existência de cerimônias fúnebres hoje realizadas em cemitérios.

---

[4] Cf. FARIA, Maria Cristina Neubern de. "A interpretação das normas de imunidade tributária – Conteúdo e alcance". In: *Revista Tributária e de Finanças Públicas*, n. 36, jan./fev., 2001, p. 150.

[5] Cf. SILVA, José Manuel da. "Imunidade dos Templos de Qualquer Culto", In: *Revista Dialética de Direito Tributário*, n. 14, 1996, p.24.

[6] Cf. AULETE, Caldas. *Dicionário Contemporâneo da Língua Portuguesa*, v. II, Hamílcar de Garcia (atualização e revisão). Rio de Janeiro: Delta, 1958, p. 1252.

[7] Cf. HOUAISS, Antônio; VILLAR, Mauro de Salles. *Dicionário Houaiss da Língua Portuguesa*. Rio de Janeiro: Objetiva, 2001, p. 2422.

Em verdade, o caráter religioso de tais cerimônias é logo percebido ao se perquirir as suas origens, cuja antiguidade é tamanha a ponto de não ser possível precisar o seu início.[8] Se registros indicam que os primeiros rituais funerários datam da Pré-História – quando os corpos eram enterrados em covas rasas, com as cabeças repousando sobre travesseiros de pedra, cercadas por fogueiras[9] – e pesquisas mostram que o enterro dos mortos era um costume presente até mesmo na China pré-histórica, tornando-se prática arraigada no período do Neolítico,[10] a Bíblia já revela que, entre os hebreus, a morte, além de representar uma certeza (dado que todos, indistintamente, morrerão[11]), é causa de aflição aos que ficam,[12] sendo patente, em passagens do Antigo Testamento, a importância do sepultamento dos mortos. Assim é que os ritos funerários hebreus são, em grande medida, seguidos pelo povo judeu, cuja tradição traz, ainda hoje, cerimônias fúnebres como o *keriá* e o *tahará*.[13] É ainda da Bíblia que se extrai o significado da morte para os cristãos que, associando esta e o sepultamento dos fiéis à morte e ressurreição de Jesus Cristo, cercam a morte de rituais próprios, como a confissão prévia dos pecados, o velório do corpo por familiares e amigos e a missa de sétimo dia. Também é possível encontrar, na religião islâmica, ritos funerários próprios, a exemplo do *ghusl* e da *janãzah*.[14]

Além de presentes em diversas religiões, os rituais fúnebres são parte da tradição de todos os povos, desde os mais antigos. Enquanto no Egito Antigo a crença na imortalidade levou à mumificação dos corpos e à construção de pirâmides, Fustel de Coulanges revela que a ideia de que a alma, sem a sepultura que lhe traria felicidade eterna, vagaria errante e desgraçada pelo mundo, percorreu toda a Antiguidade; conforme ensina o historiador francês, "não era por mostrar a dor que se realizava a cerimônia fúnebre, mas para repouso e felicidade do morto".[15] Com efeito, a tragédia de Antígona, concebida por Sófocles em uma das mais célebres peças do teatro grego, é evidência de que, entre os vivos, a privação de sepultura era mais temida do que a própria morte.[16]

Não surpreende, assim, que, além de consagrar a liberdade religiosa em sede constitucional, o ordenamento brasileiro proteja o sentimento do homem em relação aos mortos, a exemplo do que se pode notar nos crimes contra o respeito dos mortos, tipificados entre os artigos 209 e 212 do Código Penal. Se os mortos, por serem destituídos de personalidade jurídica, não possuem direitos,[17] reconhece-se o direito da

---

[8] Para uma análise histórica mais detida do sentido religioso das cerimônias fúnebres, cf. SCHOUERI, Luís Eduardo. A imunidade tributária dos cemitérios: templos de qualquer culto. In: *Direito Tributário Atual*, v. 21, São Paulo. Dialética/IBDT, 2007.

[9] Cf. SILVA, Justino Adriano Farias da. *Tratado de direito funerário: teoria geral e instituições de direito funerário*, t. I. São Paulo: Método, 2000, p. 342-343.

[10] Cf. LEE, Kuen; ZHU, Naicheng. Social integration of religion and ritual in prehistoric China. In: *Antiquity*, n. 76, 2002, p. 715.

[11] Sl 89, 49; Lc 2, 26; Jo 8, 51.

[12] Gn 49, 50, 1.

[13] Cf. BLECH, Rabino Benjamin. *O mais completo guia sobre judaísmo*. Uri Lam (trad.). São Paulo: Sêfer, 2004.

[14] Cf. SILVA, Justino Adriano Farias da. *Tratado de direito funerário: teoria geral e instituições de direito funerário*, t. I, São Paulo: Método, 2000, p. 288-294.

[15] Cf. COULANGES, Fustel de. *A cidade antiga*. São Paulo: Martins Fontes, 2000, p. 10.

[16] Cf. SÓFOCLES. *Antígona*. Millôr Fernandes (trad.). São Paulo: Paz e Terra, 1997, 56p.

[17] Cf. PONTES DE MIRANDA. *Tratado de Direito Privado*: parte geral, Bens. Fatos jurídicos, t. II, § 116. Rio de Janeiro: Borsoi, 1954, p. 14.

pessoa, enquanto viva, à sepultura, convertido, com o falecimento, em direito/dever de sepultar, próprio de seus familiares; mais do que isso, reconhece o direito os sentimentos religiosos dos familiares do falecido, a quem se assegura a prerrogativa de terem seus entes repousando em paz. Não é por outra razão que a violação de sepulturas é tipificada penalmente.

Estritamente, o cemitério – também conhecido pelos nomes de necrópole, terra santa, campo-santo e adro – é o local onde é dada sepultura aos mortos, por enterramento no solo. Além de servir de último abrigo aos mortos, revestem-se de relevante propósito simbólico sacro, encontrado no culto aos antepassados.

A investigação de Davies quanto aos crematórios é interessante por evidenciar a ideia, perfeitamente extensível aos cemitérios, de sepulcro enquanto um templo.[18] Partindo da distinção de Turner entre *"domus dei"* – morada dos deuses, de caráter sacro – e *"domus ecclesiae"* – local emocionalmente neutro onde uma congregação de pessoas com determinada crença se reúne –, o referido autor conclui que os crematórios conjugam ambas as figuras. Efetivamente, tal qual os crematórios, enquanto na data da sepultamento os cemitérios servem de local de encontro onde pessoas se congregam por ocasião do falecimento de alguém (*domus ecclesiae*), o aspecto sacro do *domus dei* é realçado com as visitas posteriores de familiares e amigos, quando o ato de relembrar a morte não é apenas um momento de passividade, mas verdadeira experiência do sagrado.[19] Daí a dupla função do cemitério: servir de local para a sepultura, cuja cerimônia congrega indivíduos próximos ao falecido para orarem e se despedirem de acordo com as suas crenças, e servir de local onde se perpetua a celebração dos que se foram.[20]

Não parece haver dúvidas, destarte, de que os cemitérios, seja do ponto de vista histórico, religioso ou ainda jurídico, são locais dedicados à celebração de cultos religiosos marcados por cerimônias e ritos fúnebres. O direito protege tais locais, garantindo a manifestação religiosa do homem.

Tomando-se o templo por local ou recinto, de acesso público, em que se celebra o culto religioso, torna-se imediata a qualificação dos cemitérios como templos. Se o quanto exposto torna evidente ser o cemitério marcado pelo culto aos antepassados, manifestado pelas orações, liturgias e demais cerimônias que ali tomam lugar, o caráter público não é menos claro; ao passo que os cemitérios, com visitação aberta ao público, destinam-se, ainda que particulares, à prestação de serviços públicos[21] funerários, seus terrenos são sempre bens de domínio público, de uso especial, independentemente de a propriedade pertencer ao Poder Público ou a particulares.[22]

---

[18] Cf. DAVIES, Douglas F. The sacred crematorium. In: *Mortality*, v. 1, n. 1, 1996, p. 87.

[19] Cf. DAVIES, Douglas F. The sacred crematorium. In: *Mortality*, v. 1, n. 1, 1996, p. 90.

[20] "Cemeteries offered burial in perpetuity and an opportunity for enduring commemoration, and their carefully landscaped grounds were sympathetic to the grieving process". Cf. BUCKHAM Susan. Commemoration as an expression of personal relationships and group identities: a case study of York Cemetery. In: *Mortality*, v. 8, n. 2, 2003, p. 161.

[21] O fato de ser serviço público denota o interesse social das atividades funerárias. Na lição do Ministro Eros Grau, serviço público é "atividade indispensável à consecução da coesão social. Mais: o que determina a caracterização de determinada parcela da atividade econômica em sentido amplo como *serviço público* é a sua vinculação ao *interesse social*". Cf. GRAU, Eros Roberto. *A ordem econômica na Constituição de 1988*. 8. ed. São Paulo: Malheiros, 2003, p. 111.

[22] Cf. SILVA, Justino Adriano Farias. Regime Jurídico dos Cemitérios. In: *Revista de Direito Civil, Imobiliário, Agrário e Empresarial*, n. 62, p. 98. Este entendimento segue, aliás, a lição clássica de Otto Mayer, para quem as coisas não são públicas apenas pela relação de propriedade que as une a uma pessoa de direito público, mas o são,

Torna-se inequívoco, assim, o simples reconhecimento da imunidade aos cemitérios, como templos que são, sem qualquer interpretação analógica ou extensiva da imunidade garantida pela Constituição Federal aos templos de qualquer culto. Tal aspecto foi bem apontado pelo Ministro Carlos Britto no voto que proferiu durante o julgamento do Recurso Extraordinário nº 578.562-9/BA, no qual rejeitou "a ideia de que a *longa manus* tributária do Poder Público alcança até a última morada do indivíduo":

> E eu tendo, também, a compreender os cemitérios como uma espécie, cada um deles, de templo heterodoxo. Por que heterodoxo? Porque a céu aberto, mas sem deixar de ser um local de culto aos nossos mortos, àqueles que temos como traspassados para uma outra existência dominada pelo traço da incognoscibilidade; é o reino do amorfo, mas que nem por isso deixa de se ligar aos vivos por um vínculo de forte crença.

Efetivamente, os cemitérios, enquanto local de acesso público para o exercício de uma prática religiosa, merecem a dignidade de templos como tais, quer anexos a uma capela ou não. A existência de uma capela, conquanto torne ainda mais evidente o caráter sacro daquele local, não afasta o fato de que, ainda que não se tenham erguido, ali, oradas e ermidas de qualquer espécie, permanece o cemitério como *domus dei* onde pessoas das mais diversas crenças exercem profundo exercício espiritual de fé.

Destarte, em que pese a importância então atribuída à capela anexa – elemento cuja presença não condiciona, mas apenas confirma a natureza templária de um cemitério – resta louvável, nessa medida, a firmeza do Supremo Tribunal Federal ao assegurar ao Cemitério Britânico de Salvador a proteção constitucional que lhe é destinada, como templo que é, contra a cobrança de impostos.

1.3. A natureza mista da imunidade aos templos de qualquer culto

Tivesse o raciocínio desenvolvido por ocasião do julgamento do Recurso Extraordinário nº 578.562-9/BA se limitado a reconhecer aos cemitérios em geral o tratamento tributário constitucional que lhes cabem enquanto um templo de qualquer culto, nenhuma ressalva haveria que ser feita ao entendimento que prevaleceu, naquela ocasião, no Supremo Tribunal Federal.

No entanto, o Ministro-Relator foi categórico ao assinalar que "jazigos explorados comercialmente, por empresas dedicadas a esse negócio, não gozam da proteção constitucional de que se cuida", ainda que "a família e amigos próximos do ali enterrado possam cultuar a sua memória diante do jazigo". Conforme se mencionou, acabou-se por vincular, naquela oportunidade, a imunidade do cemitério à circunstância de este ser anexo a uma capela e pertencer a uma entidade religiosa sem fins lucrativos.

O entendimento então adotado pelos Ministros pareceu atribuir à imunidade aos templos de qualquer culto características estritamente subjetivas, enquanto a imunidade de que se trata, para longe de se incluir entre aquelas tidas por "subjetivas", possui traços objetivos que não devem ser ignorados.

Com efeito, as imunidades dividem-se em subjetivas, objetivas ou mistas, conforme digam respeito a pessoas, coisas ou a ambas.

---

também, pela sua destinação a servirem à comunidade ou ao interesse público. Cf. MAYER, Otto. *Derecho Administrativo Aleman: parte especial. El derecho publico de las cosas.* Buenos Aires: Depalma, 1951, § 35, p. 91-138.

Tomam-se por "subjetivas" as imunidades que alcançam as pessoas, em razão de sua natureza jurídica. Tal é o caso do artigo 150, VI, "a", da Constituição Federal, que diz respeito ao patrimônio, renda e serviços da União, Estados, Distrito Federal e Municípios. A denominada "imunidade recíproca" é subjetiva na medida em que decorre diretamente da natureza das pessoas políticas enquanto pessoas jurídicas de direito público interno.

Por outro lado, as imunidades ditas "objetivas" são aquelas conferidas a partir de determinados fatos, bens ou situações, e não pelas características particulares das pessoas beneficiadas, ou pelas atividades que estas desenvolvem. Exemplo tradicional é aquele do artigo 150, VI, "d", da Constituição Federal, que traz a imunidade aos "livros, jornais, periódicos e o papel destinado a sua impressão". A proteção não é concedida em função da pessoa que comercializa os livros e de suas particularidades, mas tão somente pelo objeto comercializado.

Já as imunidades tidas por "mistas" correspondem àquelas que se revestem tanto do aspecto objetivo, porque conferidas em função de uma realidade de fato (i.e., determinado objeto, fato ou situação), quanto do aspecto subjetivo, dado que abrangem o patrimônio, a renda e os serviços das pessoas, mas apenas na sua parcela que esteja ligada a tais realidades de fato. Esse é o caso da imunidade aos templos de qualquer culto, que conjuga em seu bojo um aspecto objetivo e um aspecto subjetivo.

O aspecto objetivo

A dicção constitucional exige que nenhum imposto incida sobre os templos, tornando imediato o aspecto objetivo da imunidade em questão. Não há qualquer indagação, no texto constitucional, sobre quem detém o templo; importa, apenas, afastar a incidência do imposto sobre o último.

Noutras palavras, o sentido objetivo não impõe, em qualquer momento, cogitar-se acerca das características subjetivas do proprietário do imóvel. Basta, para a imunidade, que o imóvel se caracterize como um templo, pouco importando a quem ele pertence, e daí o seu aspecto objetivo. É irrelevante qual a religião ou seita que explore o templo, assegurando-se, ademais, igual tratamento ainda que as manifestações de religiosidade que ali se desenvolvem sejam feitas por pessoas de maior ou menor capacidade contributiva. O que importa é que, objetivamente, o prédio caracterize um templo. Se assim for, não há que se falar em imposto.

Desnecessário, destarte, indagar, para efeito da imunidade, se um templo pertence a entidade com ou sem fins lucrativos, religiosa ou laica. Assim, se determinada sociedade, com finalidade lucrativa e não religiosa, for proprietária de galpões em diversas localidades de um município e alugar um de seus imóveis para servir como local de realização de cultos, haverá um templo, imune ao IPTU. É dizer, a partir do instante em que o galpão se transfigura em um templo, tem-se configurada a imunidade, qualquer que seja o seu proprietário.

Outro, em verdade, não poderia ser o raciocínio: questionar-se acerca do proprietário do imóvel só é relevante para fins de determinação do polo passivo na incidência do IPTU. Ora, se a imunidade limita a competência do ente tributante, e tendo em vista que, sem competência, não há campo para a incidência do imposto, não há que se indagar sobre o proprietário do imóvel. Noutros termos, não há contribuinte de IPTU sobre o templo, uma vez que os municípios não são competentes, por força de expressa imunidade constitucional, para fazer incidir este imposto sobre os imóveis dedicados à atividade templária. Ante a inexistência da figura do contribuinte, dada a impossibilidade de se instaurar qualquer relação jurídico-tributária em razão do templo, torna-se sem sentido perquirir acerca das características pessoais do titular da propriedade do templo.

Ademais, entender-se necessário o imóvel pertencer a uma entidade religiosa para que se caracterize a imunidade implica inviabilizar as diversas igrejas que atualmente florescem no território nacional, cujos pregadores não raro alugam galpões e outros imóveis para ali iniciarem e difundirem a pregação de sua fé. Em tal cenário, apenas igrejas capitalizadas a ponto de terem seus próprios imóveis poderiam gozar da imunidade. Esta, no lugar de prestigiar a liberdade religiosa, serviria apenas de privilégio a religiões tradicionais e consolidadas. Estranho seria pressupor que a intenção do constituinte em privilegiar tais entidades em detrimento de outras manifestações de fé.

Tais considerações parecem suficientes para evidenciar não ser adequado indagar quem é o proprietário do imóvel, para efeito da imunidade de que cuida o artigo 150, VI, "b", da Constituição Federal. O titular do imóvel é desobrigado do pagamento do imposto não por sua condição pessoal, mas por mero vínculo com uma realidade de fato, esta sim imunizada. Se no seu imóvel há um templo, estará imune, e o tributo não será devido; se não há um templo, o imposto será devido, quer o proprietário seja pessoa vinculada ou voltada a ordem religiosa ou não.

Importa, assim, verificar-se apenas a existência de um templo. Presente tal figura, objetivamente observável, passa a valer a imunidade aos templos de qualquer culto, mesmo que estes não sejam de titularidade de entidade religiosa ou filantrópica. É claro que, se o detentor for pessoa de natureza assistencial, poderá, por mérito próprio, gozar de imunidade; entretanto, em tal caso haverá duas imunidades, distintas e com perfis constitucionais diversos: uma ao templo, pela sua própria dignidade enquanto tal, e outra à pessoa jurídica, por sua natureza assistencial.

O tempo é uma realidade de fato e, pela finalidade de culto, alcança-se a imunidade do artigo 150, VI, "b", da Constituição Federal.

O aspecto subjetivo

O aspecto subjetivo da imunidade tributária aos templos de qualquer culto surge da interpretação conjunta do artigo 150, VI, "b", da Constituição Federal com o quanto disposto pelo § 4º deste mesmo artigo.

Efetivamente, o referido § 4º dispõe que as imunidades previstas nas alíneas "b" e "c" compreendem "somente o patrimônio, a renda e os serviços, relacionados com as finalidades essenciais das entidades nelas mencionadas". Se a alínea "b" não menciona nenhuma entidade, senão o próprio templo de qualquer culto, como conciliar, então, o termo "entidades", utilizado pelo § 4º, com a alínea "b" do inciso VI do artigo 150?

A solução mais adequada parece ser reconhecer que, tratando-se da imunidade constante da alínea "b", a "entidade" a que se refere o § 4º é o próprio templo. São, pois, imunes o patrimônio do templo, a renda do templo e os serviços do templo, contanto que relacionados às suas atividades essenciais. Tal é o conteúdo do referido § 4º.

O dispositivo não desnatura, assim, o caráter objetivo da imunidade do templo. A imunidade diz respeito a uma realidade de fato, qual seja, a existência de um templo – sendo imunes toda a renda, patrimônio e serviços relacionados ao templo, independentemente de quem os detêm – e não ao seu proprietário.

Assim é que, se uma instituição mantiver um templo, mas simultaneamente explorar uma entidade cultural – um museu, por exemplo – apenas a renda do templo é que restará protegida pela imunidade. Outras rendas da instituição não estarão imunes. Claro está que se a renda do museu estiver vinculada à do templo, i.e., havendo uma ligação do museu com o templo, então se assegurará a imunidade. Este aspecto apenas confirma que essencial é o templo, não a instituição.

Se uma instituição religiosa não mantém um templo, não há imunidade. Não bastam os fins religiosos da instituição. A imunidade, insista-se, vincula-se ao templo. Daí que o fato de associação civil se dedicar a fins religiosos não é suficiente ou relevante, na ausência do templo.

Permanece, assim, o fato de que, enquanto as imunidades propriamente subjetivas, como a recíproca (artigo 150, VI, "a") e a dos partidos políticos, entidades sindicais e entidades de educação e assistência social (artigo 150, VI, "c") se referem apenas às características pessoais dos atingidos, a imunidade religiosa não faz referência a uma instituição, mas apenas a um templo.

Nesse sentido, embora tenha andado bem o Supremo Tribunal Federal ao reconhecer ao Cemitério Britânico de Salvador, templo que é, a imunidade que lhe é assegurada pelo artigo 150, VI, "b", da Constituição Federal, a mesma consistência não assistiu o raciocínio que então prevaleceu entre os Ministros quando estes atentaram para o fato do imóvel ser detido por uma entidade religiosa sem fins lucrativos.

Conforme se viu, tanto o aspecto objetivo quanto subjetivo da imunidade em questão tornam completamente irrelevante o fato de o proprietário do cemitério ser, ou não, uma entidade religiosa ou sem fins lucrativos. A imunidade do artigo 150, VI, "b", visa tão somente ao templo enquanto tal (aspecto objetivo), protegendo seu patrimônio, renda e serviços (aspecto subjetivo) – e não a de seu proprietário, quem quer que seja – da incidência de impostos.

Diferença entre as imunidades das alíneas "b" e "c" do artigo 150, VI, da Constituição Federal

Consoante já se mencionou, no julgamento do Recurso Extraordinário nº 578.562-9/BA, o Ministro Marco Aurélio, após dizer não "afirmar que todo e qualquer cemitério está equiparado a templo de qualquer culto", fez referência a uma possível "mesclagem" das alíneas do inciso VI do artigo 150 da Constituição Federal, para apontar, no caso, "uma sociedade que diga respeito a um cemitério, sem fins lucrativos e também que atenda aos demais requisitos da lei, como entidade de assistência social".

Cabe ver, contudo, que, diferentemente da imunidade da alínea "b", a imunidade constante da alínea "c" daquele dispositivo abrange o patrimônio, renda ou serviços dos partidos políticos, inclusive suas fundações, das entidades sindicais dos trabalhadores e das instituições de educação e de assistência social, sem fins lucrativos, atendidos os requisitos da lei.

Assim é que, enquanto a alínea "b" protege o templo – sem qualificação subjetiva de qualquer ordem – a alínea "c" toma rumo distinto, protegendo determinadas espécies de pessoas jurídicas, quais sejam, os partidos políticos e as instituições de educação e assistência social, sem fins lucrativos. Afastando-se daquela prevista na alínea "b", a imunidade de que fala a alínea "c" é subjetiva, já que conferida em função das características pessoais das entidades imunizadas.

No que se refere às entidades assistenciais e de educação, a *ratio* da imunidade pode ser encontrada no fato de a educação e a assistência social estarem entre as funções do Estado. Assim, quando uma entidade privada assume tais tarefas, desincumbe o Estado de executá-las, desempenhando a atividade estatal. Assim, o Estado exerce seu poder/dever positivo ao imunizar as instituições de educação e de assistência social sem fins lucrativos, já que tais instituições realizam funções (poder/dever) do próprio Estado.

Por outro lado, a liberdade de culto e de crença depende de uma atuação negativa por parte do Estado. Não é atribuição do Estado promover qualquer culto específico, ou incentivar qualquer entidade religiosa. O Estado deve se abster completamente desta função. O papel do Estado, neste caso, é garantir que haja igualdade de permissão para a realização privada de todas as formas de manifestação de crença, sem favorecimento de qualquer uma delas. A imunidade aos templos de qualquer culto busca assegurar uma das facetas do direito fundamental à liberdade, qual seja a liberdade de crença, e tal direito é amplo, uma vez que protege o exercício da liberdade de culto, sem vinculá-lo a uma ou outra religião.

Se a imunidade dos templos depende de atuação negativa do Estado, a fim de garantir a livre manifestação de qualquer culto religioso, não parece fazer sentido proteger subjetivamente as entidades e organizações religiosas. O que se protege é o culto, e não a ordem religiosa organizada juridicamente. A imunidade deve ser encarada de tal forma que qualquer manifestação de culto constatada de fato – e, saliente-se, apenas esta manifestação – deve ser protegida pela imunidade.

Discriminar as manifestações de culto organizadas em pessoas jurídicas sem fins lucrativos daquelas carentes de qualquer organização jurídica concretizaria uma discriminação – discriminação, esta, que a própria imunidade visa a evitar –, já que permitiria a proteção, pelo Estado, de apenas determinadas formas religiosas – os cultos organizados em pessoas jurídicas – em detrimento de outras – cultos que ocorrem independentemente de qualquer organização jurídica. Não há fundamento constitucional para tal discriminação; pelo contrário, não é difícil perceber que tal postura atenta contra a liberdade religiosa garantida no inciso VI do artigo 5º da Constituição Federal.

Eis, assim, relevante elemento distintivo entre as alíneas "b" e "c" do inciso VI do artigo 150 da Constituição Federal. Enquanto, por um lado, o Estado estimula as iniciativas de entidades que visem à prestação de atividades educacionais e assistenciais sem finalidade lucrativa, por outro, *deve proteger a liberdade de crença e de culto, sem interferir na preferência e forma religiosa dos cidadãos*. Não cabe ao Estado laico incentivar ou conceder privilégios de qualquer natureza a qualquer entidade ou culto específico, mas apenas garantir que todas as formas de manifestação de crença sejam igualmente protegidas e gozem de igual liberdade.

Entender que a alínea "b", conquanto seja expressa ao se deter nos "templos de qualquer culto" enquanto tais, está protegendo as entidades religiosas, subjetivamente, e não os locais de culto, objetivamente, implica admitir que a Constituição Federal confere um tratamento privilegiado às crenças que são professadas sob a égide de autoridades eclesiásticas juridicamente organizadas, em detrimento das demais formas de culto e manifestação de crenças.

À luz do princípio da liberdade de religião, parece razoável entender que a intenção do constituinte não foi promover uma ou outra forma de culto em relação às demais, mas conferir a todas as formas igual proteção, sob o manto da liberdade de crença, do livre exercício dos cultos religiosos e da proteção aos locais de culto, todos insculpidos no inciso VI do artigo 5º da Constituição Federal. Não há no ordenamento jurídico qualquer fundamento legal, dado que repudiado pela liberdade religiosa constitucional, que obrigue um indivíduo a proferir determinado modelo de crença ou que delimite certa forma de expressar a fé.

Da mesma forma, não parece legítimo ao Estado possuir legitimidade para determinar qual culto está ou não contemplado pela imunidade tributária. Basta lembrar, com o Juiz John Marshall, na Suprema Corte estadunidense, que *the power to tax involves the power to destroy*,[23] para se reconhecer que o exercício da liberdade de crença e culto, qualquer que seja a sua configuração, não pode ser onerado pela vontade estatal, sob pena de se ameaçar a viabilidade de um sem número de manifestações de fé, fazendo-se tímida a garantia constante do artigo 5º, VI, face aos cultos que não se organizem sob determinada forma.

Com efeito, limitar-se o escopo do artigo 150, VI, "b", aos templos mantidos por entidades religiosas traria patente violação à liberdade de religião e de crença, uma vez que locais de culto próprios a manifestações religiosas de iniciativa de seus frequentadores (o *domus dei*, o cemitério), sem qualquer direcionamento formal de uma entidade religiosa instituída, seriam discriminados e descobertos da imunidade.

Haveria, assim, a demonstração de patente preferência do Estado pelas crenças manifestadas em cultos e cerimônias orientados por entidades eclesiásticas, em evidente desprestígio às demais formas de manifestação de fé. Trata-se, parece claro, de entendimento incompatível com a liberdade de religião e com as prerrogativas de um Poder Público que se pretende, por força constitucional, desvinculado de qualquer entidade religiosa.

Assim, se o patrimônio, a renda e os serviços das entidades religiosas empregados em suas atividades essenciais – i.e., o templo – são imunes, tal afirmação não pode ser tomada a *contrario sensu*, no sentido de que apenas o patrimônio, a renda e os serviços das pessoas que se digam religiosas gozam da imunidade de que trata o artigo 150, VI, "b", da Constituição Federal.

Não é este o objeto e o limite da imunidade dos templos de qualquer culto. O patrimônio, a renda e os serviços das entidades religiosas somente estão imunes porque vinculados ao templo e à atividade templária. Da mesma maneira, estará imune o patrimônio pertencente a pessoa laica, o qual esteja, por qualquer motivo, vinculado a esta mesma atividade templária, voltada ao culto.

---

[23] Cf. McCulloch v. Maryland, 4 Wheaton 316 (1819) *apud* R. A. Lee, *A History of Regulatory Taxation,* Kentucky, The University Press of Kentucky, s.d. (*circa* 1976), p. 6.

É dizer, se uma pessoa laica é dona de um galpão e decide disponibilizá-lo ao público como um local ecumênico, destinado a orações e à prática de celebrações religiosas pelos seus frequentadores, não há como se negar estar aí caracterizado um templo, ainda que não haja uma autoridade religiosa organizando o culto. O galpão, porquanto templo, é imune. O restante do patrimônio, da renda e dos serviços da pessoa física, desvinculados do galpão (templo), não estarão abrangidos pela imunidade.

Do mesmo modo, se uma entidade se dedicar à oração (e.g. círculos religiosos) nas residências de seus integrantes, sem que haja um templo, entendido enquanto local de acesso público, não haverá que se falar em imunidade.

Constata-se, do quanto exposto acima, que a "mesclagem" entre alíneas do inciso VI do artigo 150 da Constituição Federal a que se referiu o Ministro Marco Aurélio no julgamento do Recurso Extraordinário n° 578.562-9/BA, conquanto tenha levado à louvável conclusão pela imunidade do Cemitério Britânico de Salvador, não parece ser o melhor caminho a ser seguido pelo intérprete quando da aplicação do dispositivo, haja vista que este reúne sob suas alíneas imunidades tributárias com perfis e *ratios* próprios e completamente distintos entre si.

Se a imunidade das entidades de assistência social de que fala a alínea "c", privilegiando associações civis que se apropriam e se ocupam com o desempenho de funções próprias do Estado, fia-se exclusivamente em características subjetivas do beneficiado, a imunidade que a alínea "b" destina ao templo de qualquer culto, refletindo a liberdade de religião garantida em temos amplos pelo artigo 5°, VI, indaga apenas a existência deste (aspecto objetivo) para imunizar todo o patrimônio, renda e serviços afetos ao templo (aspecto subjetivo), sem qualquer consideração a respeito dos traços subjetivos de quem o detém. Entender de outra forma, conforme se demonstrou, traz discriminação que menospreza a liberdade fundamental insculpida no artigo 5°, VI, da Constituição Federal.

Caminho mais harmônico com as garantias que são trazidas pela Constituição Federal àqueles que professam sua fé sem se revestirem de determinada forma organizacional teria sido trilhado pelo Supremo Tribunal Federal caso este, no julgamento do Recurso Extraordinário n° 578.562-9/BA, tivesse reconhecido ao Cemitério Britânico de Salvador o tratamento tributário que lhe cabe não pelo fato de ser anexo a uma capela ou pertencer a uma entidade religiosa sem fins lucrativos – dado que tais considerações são, como se viu, irrelevantes diante da imunidade em questão – mas pela sua dignidade de templo de qualquer culto.

II. Cemitérios administrados por entidades com fins lucrativos e a imunidade tributária dos templos de qualquer culto

O Supremo Tribunal Federal voltou a se debruçar sobre o tema da imunidade tributária dos templos de qualquer culto e os cemitérios por ocasião da primeira análise do Recurso Extraordinário n° 544.815/SP, que permanece pendente de julgamento pela Corte. Cabe dizer que o autor envolveu-se no caso, como patrono. Isso, de um lado, implica natural parcialidade na análise mas, por outro, permite maior reflexão sobre o assunto. É sob tal perspectiva que se examina a matéria.

No caso, diferentemente do Recurso Extraordinário n° 578.562-9/BA, em que se tratou de cemitério pertencente a entidade religiosa sem fins lucrativos, discute-se o cabimento da imunidade da alínea "b" do inciso VI do artigo 150 da Constituição Federal aos cemitérios administrados por entidades não religiosas e com fins lucrativos. Trata-se, no julgamento em questão, de imóvel alugado por pessoa física laica para empresa privada que administra, ali, um cemitério.

Tal como no julgamento anterior, floresceu, no raciocínio desenvolvido por alguns dos Ministros, o entendimento segundo o qual a imunidade destinada aos templos de qualquer culto somente teria lugar nas hipóteses em que os referidos templos fossem administrados por entidades religiosas e sem finalidade lucrativa.

Se este e outros argumentos apontados no debate importam revisitar, ainda que brevemente, considerações já exaustivamente realizadas acima, novos elementos trazidos à discussão pelos Ministros por ocasião da primeira apreciação do Recurso Extraordinário nº 544.815/SP, como o caráter sanitário dos cemitérios ou a livre concorrência, serão enfrentados a seguir.

2.1. A imunidade dos templos de qualquer culto e as características subjetivas do proprietário do imóvel

No entendimento esposado, naquela oportunidade, pelo Ministro Joaquim Barbosa, três fatores seriam suficientes para a inaplicabilidade do artigo 150, VI, "c", da Constituição Federal ao caso concreto: a propriedade do imóvel pertencer a pessoa natural e laica; o imóvel estar alugado a empresa privada que não possui qualquer vínculo com as finalidades institucionais típicas das entidades eclesiásticas; e o imóvel ser empregado em atividade econômico-lucrativa, cujo produto não é destinado à manutenção das atividades institucionais essenciais às entidades religiosas.

Ao passo que tal raciocínio atribui à imunidade dos templos de qualquer culto um suposto caráter subjetivo, já se demonstrou, acima, que o aspecto objetivo característico da imunidade em questão impõe haver imunidade sobre imóvel que seja utilizado como templo, independentemente das características subjetivas do proprietário deste imóvel.

É nesse sentido que o Ministro Carlos Britto bem apontou, em seu voto, que o local de culto vale por si mesmo, qualquer que seja a entidade que o vitalize. Tem-se um templo, vale lembrar, com um local de acesso público destinado à realização de cultos religiosos. Assim, não traz qualquer prejuízo à caracterização de um templo de qualquer culto – requisito posto como suficiente, pela Constituição Federal, para a configuração da imunidade – o fato de a entidade que detém o imóvel ser religiosa ou não, possuir fins lucrativos ou não.

O que se está a imunizar é o templo, enquanto tal, seu patrimônio, renda e serviços. Verificando-se, faticamente, que determinado imóvel é destinado à prática de cultos e possui acesso público, ter-se-á um templo objetivamente caracterizado, coberto pela imunidade do artigo 150, VI, "b", da Constituição Federal, que não se preocupa, em qualquer momento, com as características do proprietário do imóvel.

Pensar de outro modo, já se viu, traz graves implicações à liberdade de crença assegurada constitucionalmente, que se verá restrita ao culto professado por entidades que se revistam de determinada forma. Com efeito, vincular a imunidade a um teste subjetivo implica formatá-la como um privilégio – odioso – a certas formas de manifestações religiosas em detrimento de outras.

No caso, a pessoa física laica aluga seu imóvel para empresa privada responsável pela administração do cemitério, onde as manifestações religiosas assumem exatamente a mesma forma e a mesma importância daquelas realizadas em cemitérios vinculados a uma pessoa jurídica de cunho religioso.

Se o Supremo Tribunal Federal houve por bem reconhecer ao Cemitério Britânico de Salvador a imunidade que lhe cabe enquanto templo, não reconhecer a imunidade a cemitério onde ocorrem iguais práticas religiosas implicaria privilegiar os exercícios de fé realizados sob a guarda de uma ordem eclesiástica juridicamente constituída, em detrimento de inúmeras manifestações desvinculadas de tais ordens.

2.2. A função de local para sepultamento e o templo

Na sessão de julgamento do dia 21 de maio de 2008, o Ministro Cezar Peluso afirmou que os cemitérios não constituem templos pelo fato de que não se destinam exclusiva ou primordialmente para a celebração de cerimônias ou práticas religiosas, mas para o sepultamento de cadáveres.

Já se demonstrou, contudo, que os cemitérios apresentam todas as características de um templo, considerando-se que servem ao culto dos antepassados, por meio de rituais fúnebres, orações e liturgias, e são abertos ao acesso público. O fato de no templo serem praticadas outras atividades que não os cultos propriamente ditos não parece ser suficiente para descaracterizá-lo, desde que, por óbvio, estejam presentes as características essenciais do templo (i.e., a abertura ao público e a destinação à prática de cultos).

Ademais, a prática de sepultamentos nos cemitérios não os desclassifica da categoria de templo, mas antes ressalta este caráter, uma vez que as inumações são, na maior parte das vezes, acompanhadas de cerimônias fúnebres e religiosas.

Não é incomum, a este respeito, que a legislação municipal ocupada com os requisitos a serem cumpridos pelos interessados na exploração de cemitérios particulares exija que a planta que acompanha o projeto de construção do cemitério preveja a edificação de uma capela ecumênica, a qual obviamente se destina à prática de cultos.[24]

Reconhece-se, assim, a necessidade humana dos munícipes à prática de cultos nos cemitérios, cuja ocorrência não é esporádica, mas rotineira; basta ver o fato de os cemitérios, sejam detidos pelo Poder Público ou por entes privados, permanecerem abertos ao público, diariamente, em horário de funcionamento a compreender substancial período do dia. Se assim o é, não parece ser por razão outra que não a prática de cultos e venerações, pelos vivos, aos seus falecidos.

2.3. Cemitérios laicos como medida sanitária e concretização da liberdade religiosa

Na primeira análise do Recurso Extraordinário nº 544.815/SP, o Ministro Ricardo Lewandowski apontou, com acerto, que, após o fenômeno da urbanização, os cemitérios foram secularizados e passaram a ser administrados pelos municípios,

---

[24] Tal é, efetivamente, o caso da legislação de Santo André, onde se situa o cemitério cuja imunidade é discutida no caso. A Lei Municipal nº 5.581, de 18 de maio de 1979, determina que a planta do cemitério contenha uma "Capela Ecumênica".

sobretudo em virtude de questão sanitária. O caráter de medida sanitária dos cemitérios na cidade moderna foi ressaltado, ainda, pelos Ministros Cezar Peluso e Joaquim Barbosa.

Efetivamente, não há dúvidas de que os cemitérios – públicos e particulares – também se prestam a garantir a ordem sanitária da cidade moderna, a qual seria comprometida sem locais adequados para dispor dos mortos.

Todavia, o cumprimento desta função pelos cemitérios não parece tirar a clara característica de local de culto que lhes assiste, em virtude de todas as particularidades já detidamente apontadas. É nesse sentido que o Ministro Carlos Britto refutou, em seu voto, a ideia de que a religiosidade é afastada pelo fato de se praticar atividade de interesse público (atividade sanitária) no local.

Noutras palavras, as funções sanitária e de culto somam-se, e não se excluem. Ou seja, o fato de o cemitério cumprir relevante papel na garantia da ordem sanitária municipal não exclui também o fato deste possuir função templária, servindo como palco de culto para enorme diversidade de indivíduos. Se não fosse assim, os cemitérios mantidos por ordens religiosas não poderiam ser entendidos como templos de qualquer culto, já que, também eles, devem adequar-se, atualmente, a toda regulamentação sanitária necessária.

Ademais, fosse preponderante a função sanitária dos templos, então não haveria razão para a legislação vigente exigir sejam eles mantidos abertos à visitação pública; medidas sanitárias determinariam, ao contrário, o menor contato possível com as áreas sujeitas a qualquer contaminação. Se ficam abertos os cemitérios é, justamente, porque se reconhece no direito de visita o exercício da prática religiosa de culto aos antepassados, exercício religioso protegido pelo ordenamento constitucional.

Em verdade, algumas peculiaridades da história da secularização dos cemitérios no Brasil revelam que o cemitério laico, mais do que mera medida sanitária, prestou--se para garantir e concretizar o mais alto valor da liberdade de crença.

A secularização dos cemitérios como medida garantidora da liberdade de crença

Num cenário em que os cemitérios eram detidos por algumas ordens religiosas de maior expressão no país, apenas aos seguidores de tais religiões era garantido sepultamento digno. Foi com o surgimento do cemitério laico que se passou a garantir digno sepultamento também aos indivíduos que professavam religiões diversas.

Como bem apontou o Ministro Ricardo Lewandowski, historicamente no Brasil e outros países, sobretudo na Europa, os mortos eram enterrados nas igrejas e nas capelas, notadamente os religiosos, os nobres e as pessoas mais abastadas. De fato, os nobres e abastados eram enterrados nas igrejas e capelas e as pessoas menos abastadas em seu entorno. A proximidade ao altar era vista como garantia de salvação divina, de índole exclusivamente religiosa.

No Brasil, desde o início da colonização estabeleceu-se a união entre Estado e Igreja (Católica) em uma relação denominada padroado. Boris Fausto aponta que "em princípio, houve uma divisão de trabalho entre as duas instituições. [...] nesse sentido, o papel da Igreja se tornava relevante. [...] Ela estava presente na vida e na morte das pessoas, nos episódios decisivos do nascimento, casamento e morte. O ingresso na comunidade, o enquadramento nos padrões de uma vida decente, a partida sem pecado deste 'vale de lágrimas' dependiam de atos monopolizados pela Igreja: o batismo, a crisma, o casamento religioso, a confissão e a extrema-unção na hora da morte, o enterro em um cemitério designado pela significativa expressão 'campo santo'".[25]

Decorreu, sim, da atividade das entidades religiosas, especialmente da Igreja Católica, e não do Poder Público, o estabelecimento dos primeiros cemitérios no Brasil.[26] O monopólio conferido à Igreja Católica na administração dos cemitérios gerou conflitos emblemáticos, que contribuíram para a sua secularização.

A necessidade de fiéis de outras religiões gozarem do sepultamento digno – ressalte-se, religiosamente digno, e não apenas sanitariamente – já se mostrava patente em 1808, quando as negociações do Tratado de Comércio e Navegação entre Brasil e Inglaterra permitiram o estabelecimento do Cemitério dos Ingleses na Bahia, o qual passou a abrigar, a partir de então, os fiéis anglicanos.

Justino Adriano Farias da Silva relata diversos casos de problemas religiosos no sepultamento quando da predominância de cemitérios vinculados a uma religião no Brasil. Por exemplo, em 8 de março de 1869 "faleceu, em Pernambuco, o General José Ignácio Abreu e Lima e o Bispo de Olinda, Dom Francisco de Cardoso Aires, negou-lhe sepultura eclesiástica no cemitério municipal, o que levou à realização de seu sepultamento no cemitério dos ingleses. [...] É que dito General, desde 1866, se havia retirado da igreja, defendendo a divulgação da Bíblia protestante. Argumentava ainda contra os livros apócrifos da Bíblia católica, contra a Inquisição, a invocação dos santos, os jesuítas, o conceito sacramental de casamento, o primado do bispo de Roma e contra o ponto de vista de que os católicos brasileiros estivessem sujeitos às regras do Concílio Tridentino. Além do mais, morreu sem confissão e recusou a extrema unção".[27]

O mesmo autor traz também o caso interessante do Vice-Almirante Joaquim José Inácio (Barão de Inhaúma): "Morrendo em 1869, recebeu sepultura eclesiástica. Entretanto, mais tarde, tornou-se público que Inhaúma tinha sido maçom. Por isso, o Bispo do Rio de Janeiro exigiu que fosse exumado e sepultado em qualquer outro lugar que não fosse terreno consagrado. As ordens do Bispo não foram cumpridas e a imprensa reagiu às mesmas com grande indignação".[28]

Ainda no mesmo sentido, vale a lembrança do professor Julius Frank, cujo túmulo é conhecido por todos os alunos da Faculdade de Direito do Largo São Francisco, em São Paulo. Falecido em 1841 na capital paulista, por ser protestante, não pôde ser enterrado nos cemitérios católicos da cidade. Foi então, por iniciativa dos alunos da Faculdade de Direito, enterrado dentro da faculdade. Até hoje, os "calouros das Arcadas" são levados àquele túmulo, onde recebem lições de cidadania e liberdade religiosa, inserida entre as mais caras tradições do Largo de São Francisco.

---

[25] Cf. FAUSTO, Boris. *História do Brasil*. 11. ed. São Paulo: Edusp, 2003, p. 60.

[26] Cf. SILVA, Justino Adriano Farias da. *Tratado de direito funerário: teoria geral e instituições de direito funerário*, t. I. São Paulo: Método, 2000, p. 579. "Os cemitérios propriamente ditos, como conjunto de sepulcros, surgiram no Brasil pelas mãos dos religiosos".

[27] Cf. SILVA, Justino Adriano Farias da. *Tratado de direito funerário: teoria geral e instituições de direito funerário*, t. I. São Paulo: Método, 2000, p. 598.

[28] Cf. SILVA, Justino Adriano Farias da. *Tratado de direito funerário: teoria geral e instituições de direito funerário*, t. I. São Paulo: Método, 2000, p. 598.

Foi apenas com o Decreto nº 119-A, de 17 de janeiro de 1890, que se pôs fim à união Estado e Igreja, adotando o Estado a postura laica, e os cemitérios foram então secularizados. Desta forma, deve-se atentar para o fato de que a secularização dos cemitérios não determinou que estes deixassem de ter um caráter religioso. Na realidade, a separação dos cemitérios das Igrejas teve por finalidade o fortalecimento da liberdade religiosa, na medida em que permitiu aos fiéis de todas as religiões um sepultamento de acordo com os ritos e cultos que professavam em vida.

A secularização dos cemitérios acompanha, assim, o Estado laico e, tal qual tal Estado, é fundamental do ponto de vista da liberdade religiosa. É o cemitério laico que permite que os fiéis de qualquer religião – ou de nenhuma delas – tenham sepultura digna. Permite também que os indivíduos próximos ao falecido, independente da religião que professem, realizem o culto que julguem necessário para aproximarem--se do falecido. O cemitério laico, assim como o Estado laico, não implica a ausência da religião; ele implica a concretização mais alta do valor da liberdade religiosa, já que permite igual dignidade aos indivíduos, independentemente de sua religião.

O fato de o cemitério prestar-se a fins sanitários de modo algum retira este seu caráter religioso. Se assim não o fosse, e o sepultamento correspondesse a mera medida sanitária, não haveria a necessidade dos cemitérios como existem hoje. Bastariam as "covas rasas".

É função do Estado laico garantir as medidas sanitárias necessárias para o funcionamento da cidade moderna. É também função do Estado laico garantir o livre exercício de todos os cultos, sem neles interferir. Uma função não anula a outra.

2.4. A imunidade aos cemitérios como garantia da livre concorrência

Vale indagar, por fim, como a imunidade ora discutida afeta a livre concorrência, uma vez que tal relevante tema foi tangenciado pelos votos proferidos, na ocasião, pelos Ministros Marco Aurélio, Joaquim Barbosa, Ricardo Lewandowski e Cezar Peluso, os quais apontaram, com acerto, que as imunidades encontram limitações nos princípios da Ordem Econômica da Constituição, dentre eles a livre concorrência.

O tema da livre concorrência leva, em um primeiro momento, à ideia de que pode não caber a aplicação das imunidades às situações em que há atuação no Domínio Econômico, fora do escopo da atividade imunizada, já que, neste caso, se protege a concorrência entre particulares atuantes no mercado.

Difícil, contudo, reconhecer a natureza de mercado às atividades de cemitério. Este, relacionando-se à prestação de serviços públicos funerários de inequívoco interesse social, parece afastar-se do Domínio Econômico, encontrando-se, com maior razão, no setor público. Tendo em vista a divisão entre, de um lado, Domínio Econômico, no qual prevalece a concorrência, e, de outro, o setor público, cabe indagar: há espaço para cogitar a concorrência entre os agentes, fora do Domínio Econômico?

A resposta parece afirmativa. Basta ver, a este respeito, o caso do setor (público) aéreo, onde, há alguns anos, atuava uma empresa pertencente ao Estado de São Paulo e outras empresas privadas. Todas, note-se, no setor público. Havia, sim, efetiva concorrência, conquanto não fosse ambiente de mercado; não há dúvida de que o consumidor considera a menor tarifa, quando escolhe entre os serviços que lhe são oferecidos, quer por empresas públicas, quer por empresas privadas.

Embora seja elemento comum a ambos, a concorrência, no setor público, não tem o mesmo fundamento daquela que prevalece no Domínio Econômico. Neste, a livre concorrência é princípio previsto pelo artigo 170, visando à construção da Ordem Econômica ali preconizada. Fundando-se no trabalho e na livre iniciativa, a livre concorrência surge como ferramenta para que se alcance o ideal maior: a existência digna, segundo os ditames da justiça social. Acreditou o constituinte, em síntese, que da livre concorrência (em conjunto com os demais valores ali preconizados) surgiria uma Ordem Econômica mais justa. O raciocínio parece imediato quando se tem em conta que a livre concorrência pode ser mecanismo útil para que se tenha uma produção e circulação eficiente de bens e serviços.

A mesma lógica não há de prevalecer fora do Domínio Econômico. No setor público, não se busca a eficiência segundo a lógica do mercado, mas o provimento de bens e serviços essenciais, protegidos pelo próprio Constituinte. A concorrência, nesse caso, surge para assegurar condições de atuação dos particulares que se ocupam em desempenhar tais funções públicas (e.g. concessionários, permissionários). Contrariaria o interesse público se os particulares não pudessem prover os bens e serviços públicos, quando o próprio legislador viu por bem autorizar sua atuação.

Vê-se, pois, a concorrência como condição de viabilidade dos agentes no provimento daqueles bens e serviços. É dizer, o fato de o poder público autorizar a atuação de particulares no setor público implica o compromisso com a concorrência. Em tais circunstâncias, assegurar a imunidade a uns e não a outros implica fixar custos e tarifas diversas, tornando inviável a atuação daqueles atingidos pela tributação. Figura a imunidade, assim, como requisito para viabilizar a atuação de agentes privados no setor público.

Tal parece ser o caso dos agentes que atuam no setor de serviços públicos funerários. Três são os tipos de cemitérios que ali atuam: os cemitérios públicos, os cemitérios particulares explorados por entidades religiosas e os cemitérios particulares explorados por empresas privadas. Estes três tipos de cemitérios atuam no mesmo setor econômico, em concorrência. Nem se fale que não há concorrência entre os cemitérios públicos e os particulares, ou entre aqueles explorados por entidades religiosas e os demais.

Se há atuação no setor público em situação de concorrência em uma mesma atividade relevante, sabe-se que garantir um benefício fiscal a apenas alguns dos agentes que atuam no setor, sem o fazer aos outros, gera um desequilíbrio concorrencial no setor em questão.

Cabe lembrar, neste ponto, que o Supremo Tribunal Federal decidiu, por unanimidade, no já referido Recurso Extraordinário nº 578.562/BA, que um cemitério pertencente a entidade religiosa é imune ao IPTU. Se o Supremo Tribunal Federal, por bem, concluiu que o terreno do cemitério em questão é um templo para o culto dos fiéis e, portanto, está imune à tributação pelo IPTU, resta saber como conciliar tal decisão com o princípio da livre concorrência.

A solução parece simples e única: dentro do segmento econômico (público) de exploração dos cemitérios, há que se ter em mente que tais cemitérios podem configurar templos, quando preenchidos determinados requisitos. Se eles configurarem templos, independentemente de quem os explore, gozarão da imunidade.

SISTEMA CONSTITUCIONAL TRIBUTÁRIO – dos fundamentos teóricos aos *hard cases* tributários
Estudos em homenagem ao Ministro Luiz Fux

Os requisitos para a configuração do templo não pedem que apenas os cemitérios pertencentes a entidades religiosas sejam imunes. Com efeito, esta conclusão seria inconciliável com o princípio da livre concorrência, pois favoreceria alguns agentes econômicos em detrimento de outros, ainda que ambos realizem exatamente a mesma atividade.

Para que, no caso, se concilie a imunidade com a livre concorrência, deve-se entender que os requisitos para o seu gozo são única e exclusivamente aqueles requisitos objetivos para a configuração de um templo imune, quais sejam, a existência de um local de acesso público voltado para a prática de culto. Se entendido desta forma, os cemitérios pertencentes a qualquer uma das categorias que os explora podem gozar, ou não, da imunidade. Se, de fato, há o acesso público a indivíduos que professam cultos nos cemitérios, aplica-se a imunidade.

Se, por outro lado, não houver acesso público ou a prática de culto no cemitério, não haverá o templo e, com isso, afasta-se a imunidade. Seria o caso de cemitério de "cova rasa", ou fechado ao público. Mesmo que tal cemitério seja de propriedade de entidade cujo objeto social é a prática religiosa, não estará imune, pois não será templo.

Assim, a aplicação dos requisitos objetivos à configuração do templo no cemitério, além de estar de pleno acordo com a liberdade de religião, também concretiza o princípio da livre concorrência, já que não impede a qualquer uma das categorias econômicas que exploram o setor valerem-se do benefício, já que ele é objetivo, independente do agente que realiza a atividade.

Noutras palavras, a atividade econômica é intocada pela imunidade, permanecendo, enquanto atividade econômica, sujeita à tributação (assim, por exemplo, a renda da empresa que administra o cemitério permanecerá tributada). O que se imunizará é o templo. A existência do templo, por seu turno, independe das características subjetivas de seu proprietário, mas exclusivamente do fato de haver um local de acesso público destinado ao culto.

Entender de outra forma geraria forte distúrbio concorrencial, já que se outorgaria tratamento diferenciado a duas realidades idênticas e em situação de concorrência. É dizer, embora igualmente autorizados pelo Poder Público a atuar no setor público de serviços funerários, os agentes que se revestissem de determinada forma organizacional (i.e., entidades religiosas sem fins lucrativos) gozariam de privilégio não extensível aos demais agentes que atuam naquele setor. Desprestigiar-se-ia a concorrência em prejuízo dos serviços públicos funerários, cuja prestação restaria descabidamente onerada a um sem número de agentes.

Assim, também o princípio da livre concorrência pede que seja reconhecida a imunidade aos cemitérios que efetivamente constituem templos de qualquer culto, quer estes estejam sob o domínio de entidades públicas, privadas, religiosas, laicas, com fins lucrativos ou não.

III. Considerações finais

Se o Supremo Tribunal Federal foi preciso ao reconhecer, no julgamento do Recurso Extraordinário nº 578.562/BA, a imunidade tributária que cabe ao cemitério enquanto templo de qualquer culto que é, a relevância que foi atribuída, naquela ocasião, à circunstância deste pertencer a uma entidade religiosa sem fins lucrativos, além de não atentar para o fato de que a imunidade do artigo 150, VI, "b", prescinde de qualquer consideração sobre a natureza e características subjetivas do detentor do imóvel onde se configura o templo, traz gravíssimas repercussões à liberdade fundamental de crença amplamente garantida constitucionalmente e à livre concorrência, princípio balizador da Ordem Econômica constitucional.

Espera-se, assim, que, nas próximas oportunidades em que a Corte se dedicar à análise da questão, sejam tais aspectos levados em consideração para que se reconheça, aos cemitérios em geral, a dignidade e o tratamento tributário que lhes são assegurados, como veros templos de qualquer culto que são, pela Constituição Federal.

— 2.3 —

A imunidade tributária do livro eletrônico e a jurisprudência do Supremo Tribunal Federal

REGINA HELENA COSTA[1]

Sumário: 1. Introdução; 2. Perfil da norma imunizante do art. 150, VI, *d*; 3. A interpretação das imunidades tributárias; 4. O alcance da imunidade conferida ao livro e seus insumos; 5. A jurisprudência do Supremo Tribunal Federal sobre a imunidade do livro eletrônico; 6. Conclusão; Bibliografia

1. Introdução

Honrou-nos o convite para participar desta obra coletiva sobre o instigante tema da repercussão geral em matéria tributária, ao qual temos dedicado especial atenção.

Cabe salientar que há, atualmente, 326 temas submetidos ao regime de repercussão geral, cujos recursos encontram-se pendentes de julgamento, sendo que 81 cuidam de matéria tributária, vale dizer, 25%.[2]

Dentre eles, figura o tema da imunidade tributária concedida aos livros, jornais, periódicos, bem como ao papel destinado a sua impressão, questionando-se se sua abrangência alcança, ou não, suportes físicos ou imateriais utilizados na veiculação de livro eletrônico (*e-book*), gravado em CD-ROM ou outra qualquer outra mídia.

O assunto, bastante polêmico, não é novo e vinha sendo julgado pelos Ministros do Supremo Tribunal Federal, há muitos anos, mediante decisões monocráticas, com fundamento na Súmula 657.[3]

Tivemos oportunidade de expender críticas a tal procedimento, exortando a necessidade de julgamento colegiado pela Corte, uma vez que, à evidência, tal súmula não foi elaborada com base em precedentes nos quais tenha sido discutida amplamente a questão do livro eletrônico.[4]

---

[1] Livre-docente em Direito Tributário, Doutora e Mestre em Direito do Estado pela PUC/SP. Professora da Faculdade de Direito e dos Cursos de Pós-Graduação da mesma universidade. Desembargadora Federal do Tribunal Regional Federal da 3ª Região.

[2] Conforme consulta realizada no sítio do Supremo Tribunal Federal na *internet* em 23.12.2012.

[3] Súmula 657: "A imunidade prevista no art. 150, VI, "d", da CF abrange os filmes e papéis fotográficos necessários à publicação de jornais e periódicos".

[4] A propósito, veja-se o nosso *Imunidades Tributárias – Teoria e Análise da Jurisprudência do STF*. 2. ed. São Paulo: Malheiros, 2006, p. 280-281.

Daí por que, aplaudimos o reconhecimento de que o tema em análise é de repercussão geral, em decisão recente do Tribunal Pleno.[5]

Tal fato motivou-nos a elaborar este singelo estudo, no qual trataremos dos aspectos essenciais que a discussão acerca do tema do livro eletrônico envolve.

2. Perfil da norma imunizante do art. 150, VI, *d*

Tracemos, de início, uma breve retrospectiva histórica acerca da norma imunizante atualmente contemplada no art. 150, VI, *d*, da Constituição da República.

Na Constituição de 1946 (art. 31, V, "c"), a norma imunitória era restrita apenas ao papel destinado exclusivamente à impressão de jornais, periódicos e livros – dicção que não foi alterada com o advento da Emenda Constitucional n. 18, de 1965.

A Carta de 1967, por sua vez, além de manter a imunidade do papel destinado à sua impressão, estendeu a exoneração tributária aos livros, jornais e periódicos (art. 20, II, "d").

A Constituição de 1969 reproduziu a mesma excludente (art. 19, III, "d").

Prestigia esta imunidade, como sabido, diversos valores: a liberdade de comunicação, a liberdade de manifestação do pensamento, a expressão da atividade intelectual, artística, científica, visando ao acesso à informação e à difusão da cultura e da educação, bem como o direito exclusivo dos autores de utilização, publicação ou reprodução de suas obras, transmissível aos herdeiros pelo tempo que a lei fixar (arts. 5º, IV, IX, XIV e XXVII, 205, 215 e 220).

Destaque-se, especialmente, o teor dos arts. 206, I – segundo o qual o ensino será ministrado com base, dentre outros, no princípio da "liberdade de aprender, ensinar, pesquisar e divulgar o pensamento, a arte e o saber" –, e 220, *caput*, da Constituição, que estatui que "a manifestação do pensamento, a criação, a expressão e a informação, sob qualquer forma, processo ou veículo não sofrerão qualquer restrição", observado o disposto na própria Lei Maior.

A imunidade conferida aos livros, jornais, periódicos e ao papel destinado à sua impressão classifica-se, desse modo, como *política* e *incondicionada*, revestindo-se, ainda, de natureza *objetiva*.

Questão relevante diz com a inclusão dos insumos sob o abrigo da norma imunizante em tela.

Entendemos por *insumo* tudo o que é empregado para a confecção de determinado produto, seus componentes (matéria-prima, instrumentos, mão de obra etc.).

Logo, releva saber, em se tratando do livro tradicional, cuja principal matéria-prima já é imune – o papel –, se a tinta de impressão, os tipos gráficos e as máquinas impressoras também são imunes. Entendemos que sim, pois, se o próprio produto acabado e sua principal matéria-prima são imunes, não há sentido para que os demais insumos também não o sejam.[6]

Em razão disso, não há dúvida de que estão livres aqueles itens da exigência dos impostos que recairiam nas operações e prestações que os tenham por objeto

---

[5] RE 330.817-RJ, Rel. Min. Dias Toffoli, repercussão geral reconhecida em 21.09.2012.

[6] O Supremo Tribunal Federal, como regra, não tem reconhecido que a imunidade em tela abranja tais itens, com fundamento na Súmula 657. Vide, abaixo, tópico sobre a evolução jurisprudencial a respeito (item 5).

– Imposto de Importação, Imposto de Exportação, Imposto sobre Circulação de Mercadorias, Imposto sobre Produtos Industrializados e Imposto sobre Serviços.[7]

Devido ao seu caráter objetivo, a imunidade em foco não alcança outros impostos que não os incidentes sobre os objetos sob tutela constitucional. Alargar-se o alcance da imunidade em tela, à evidência, é transformar seu caráter objetivo em subjetivo – este, de maior abrangência.

Por isso, a empresa jornalística, a editora, a empresa fabricante do papel para a impressão de livros, jornais e periódicos, o vendedor de livros e o autor não são imunes, como também são devidos os demais impostos que não incidam sobre os objetos expressamente indicados na Lei Maior, além das taxas e contribuições em geral.

3. A interpretação das imunidades tributárias

A análise do tema em foco impõe recordar brevemente os fundamentos da interpretação de normas constitucionais, para que então possamos examinar especificamente a interpretação das normas imunizantes.

Conquanto orientada por regras de interpretação aplicáveis às normas jurídicas em geral, a atividade interpretativa das normas constitucionais apresenta peculiaridades, diretamente relacionadas com a natureza dessas normas.

Quatro aspectos repercutem necessariamente na interpretação das normas constitucionais: 1) sua superioridade hierárquica em relação às demais normas; 2) a natureza da linguagem por elas empregada; 3) o conteúdo específico que abrigam; e 4) seu caráter essencialmente político.[8]

A *supremacia da Constituição* é, certamente, o aspecto mais relevante do procedimento de interpretação de suas normas, visto que essa qualidade se traduz na impossibilidade de que qualquer outro ato normativo venha a contrastá-la.

A *natureza da linguagem*, por sua vez, é a própria para normas fundamentais da estrutura do Estado: apresenta maior generalidade e grau de abstração, pois seus comandos deverão ser desenvolvidos por intermédio da legislação infraconstitucional.

Verifica-se, ainda, que as normas que compõem a Constituição, em sua maior parte, são *normas de organização ou de estrutura*, que se contrapõem às normas de conduta, posto estruturarem organicamente o Estado, não se revelando, portanto, como juízos hipotéticos.

Por derradeiro, o *caráter político* das normas constitucionais sobreleva tanto em sua origem quanto em seu objeto e nos resultados da sua aplicação.[9] A Constituição é resultado do exercício do Poder Constituinte Originário, de natureza essencialmente política. Tem por objeto a juridicização do poder político. Em consequência, na aplicação de suas normas, há de ser considerada essa dimensão política.

Dos diversos métodos de interpretação existentes interessa-nos destacar aqueles mais utilizados em relação às normas constitucionais.

---

[7] Cabe salientar que, em relação ao Imposto sobre Serviços – ISS –, o Supremo Tribunal Federal tem entendido que a imunidade conferida ao livro não alcança conjunto de serviços necessários à confecção do livro, tais como redação, editoração, composição, correção e revisão da obra (*v.g.* RE 631864 AgR-ED-EDv/MG, Rel. Min. Ricardo Lewandowski, j. 03.10.2012).

[8] Cf. BARROSO, Luís Roberto. *Interpretação e Aplicação da Constituição*, p. 101-106.

[9] Idem, ob. cit., p. 104.

Impende recordar, por primeiro, a advertência segundo a qual a interpretação chamada "literal" ou "gramatical" constitui, em verdade, apenas a etapa inicial do processo interpretativo, porquanto a ela deve seguir-se o emprego de autênticos métodos de interpretação.

Como mencionado, em razão da natureza da linguagem própria das normas constitucionais – mais vaga e aberta – há grande incidência de conceitos indeterminados e termos polissêmicos na sua composição.

Tal característica, se, por um lado, amplia a discricionariedade do intérprete, por outro lado, está contida pela mencionada "interpretação gramatical ou literal", que vai estabelecer os limites da liberdade dentro da qual o intérprete pode atuar.

Tratando dos verdadeiros métodos de interpretação, cabe salientar que a interpretação sistemática, no Direito contemporâneo, juntamente com o método teleológico, revela-se um dos métodos interpretativos mais importantes.

A interpretação *sistemática* deflui da aplicação do princípio da unidade do ordenamento jurídico, sendo sua especificação o *princípio da unidade da Constituição*, segundo o qual a Constituição é um todo harmônico.

Mediante a interpretação sistemática, observa-se a Constituição como um corpo normativo, de modo que não se pode compreender uma de suas normas isoladamente do contexto em que se insere.

A interpretação *teleológica*, por seu turno, diz com o espírito e a finalidade da norma.

Com efeito, a interpretação de norma jurídica deve considerar, antes de qualquer outro aspecto, sua finalidade, seus objetivos. Trata-se do método interpretativo mais consentâneo com a eficácia social da norma, vale dizer, com a produção de efeitos *in concreto*, por ocasião da sua aplicação.

O intérprete e o aplicador da lei devem buscar a sensibilidade necessária para captar a real finalidade da norma, visando à execução da vontade do Estado nela contida.

Oportuno lembrar, a propósito da interpretação teleológica, a primorosa dicção da Lei de Introdução das Normas do Direito Brasileiro – LINDB (Lei n. 4.657, de 04.09.1942) –, que, em seu art. 5º, estatui que o juiz, na aplicação da lei, atenderá aos fins sociais a que ela se dirige e às exigências do bem comum.

Assim, o magistrado, ao aplicar a norma constitucional, deve observar a finalidade socialmente desejada a ser alcançada, sempre atentando ao interesse coletivo. Os princípios arrolados no art. 3º da Constituição da República, como vetores do Estado Brasileiro, devem auxiliá-lo nessa tarefa.[10]

Não obstante dirigido ao juiz, cremos que o preceito legal apontado também opera como diretriz para o administrador público, que, como aplicador da lei, de ofício, deve, no exercício da função administrativa, atentar para os fins sociais a que a norma se dirige e às exigências do interesse público.

Como específico método interpretativo das normas constitucionais, Luís Roberto Barroso aponta a interpretação *evolutiva*. Define-a como um processo informal

---

[10] Preceitua o art. 3º da Constituição da República: "Constituem objetivos fundamentais da República Federativa do Brasil: I – construir uma sociedade livre, justa e solidária; II – garantir o desenvolvimento nacional; III – erradicar a pobreza e a marginalização e reduzir as desigualdades sociais e regionais; e IV – promover o bem de todos, sem preconceitos de origem, raça, sexo, cor, idade e quaisquer outras formas de discriminação".

de reforma do texto constitucional, consistente na "atribuição de novos conteúdos à norma constitucional, sem modificação do seu teor literal, em razão de mudanças históricas ou de fatores políticos e sociais que não estavam presentes nas mentes dos constituintes".[11]

Destarte, normas constitucionais que contenham conceitos indeterminados, cuja elasticidade permita comportar mais de um significado, podem, com o decorrer do tempo, sofrer mutação no seu sentido e alcance. É o caso de conceitos como o de *função social da propriedade*, cuja significação pode ser adaptada a contextos diversos, de acordo com as necessidades da coletividade.

Posto isso, cumpre dedicarmos algumas palavras à interpretação específica das normas constitucionais imunizantes.

Recordemos constituírem elas limitações ao poder de tributar e, assim, a interpretação de seu sentido e alcance deve considerar, necessariamente, a bipolaridade inerente às relações jurídicas de Direito Público: num polo da relação jurídica, o valor a ser protegido é a liberdade do particular; noutro polo, deve ser assegurada a autoridade do Poder Público.

Atento a esse binômio, deve o intérprete perseguir o equilíbrio na interpretação da eficácia da norma imunizante.

Ideia preconcebida acerca da interpretação das normas imunizantes é de que a requerem literal e restritiva, vistas tais normas como "exceções" à competência tributária.

Todavia, entendemos não ser este o melhor enfoque a respeito da questão.

As normas imunizantes têm seus objetivos facilmente identificáveis pelo intérprete, porquanto estampados na Constituição, quase sempre de modo explícito.

A partir da identificação do objetivo (ou objetivos) da norma imunizante, deve o intérprete realizar a interpretação mediante a qual o mesmo será atingido em sua plenitude, sem restrições ou alargamentos do espectro eficacial da norma, não autorizados pela própria Lei Maior.

Em outras palavras, a interpretação há de ser teleológica e sistemática – vale dizer, consentânea com os princípios constitucionais envolvidos e o contexto a que se refere. E, também, evolutiva, ajustando-se o conteúdo dos conceitos empregados pela Constituição ao momento contemporâneo.

Em nosso entender, a interpretação da norma imunizante deve ser efetuada de molde a efetivar o princípio ou liberdade por ela densificado. O alcance da norma há que se conformar com a eficácia do princípio ou liberdade. Portanto, interpretação que não conduza a esse desfecho é inadmissível.

Desse modo, a interpretação da norma imunitória deve ser efetuada na exata medida; naquela necessária a fazer dela exsurgir o princípio ou valor nela albergado. Sendo assim, não se apresenta legítima a interpretação ampla e extensiva, conducente a abrigar, sob o manto da norma imunizante, mais do que aquilo que quer a Constituição, nem a chamada "interpretação literal", destinada a estreitar, indevidamente, os limites da exoneração tributária. Em ambos os casos, o querer constitucional estaria vulnerado.

---

[11] Ob. cit., p. 137.

SISTEMA CONSTITUCIONAL TRIBUTÁRIO – dos fundamentos teóricos aos *hard cases* tributários
Estudos em homenagem ao Ministro Luiz Fux

Apresenta-se, então, superado, o entendimento segundo o qual a interpretação deve ser estrita e literal, pois, como garantia constitucional que é, a norma imunizante merece ser interpretada generosamente.

Finalmente, uma nota sobre a interpretação das *imunidades tributárias genéricas* (art. 150, VI, *a* a *d*, CR), como é o caso da imunidade em análise.

Geraldo Ataliba leciona que a interpretação das normas imunizantes varia conforme o *grau de abrangência* da exoneração constitucional.

Desse modo, em seu entender, as imunidades gerais ou genéricas, contempladas no art. 150, VI, da Constituição, são assim denominadas porque têm como diretriz hermenêutica a salvaguarda das diversas liberdades (religiosa, política, de informação etc.).

Aduz que a interpretação sistemática da Constituição indica, assim, que "o grau de intensidade e a amplitude das imunidades genéricas, por ser bem mais significativo do que o daquelas específicas – previstas em dispositivos esparsos, sem vinculação imediata com os princípios constitucionais básicos –, é ampla e dirigida pela preocupação com a eficácia desses princípios".[12]

A percepção do saudoso mestre revela, assim, que a interpretação da norma imunizante deve ser adaptada à amplitude da situação de intributabilidade sob análise, para que não se restrinja o alcance de exoneração de largo espectro, nem se amplie a extensão de norma exonerativa circunscrita a hipótese específica.

4. O alcance da imunidade conferida ao livro e seus insumos

Feitas tais considerações, é tempo de refletirmos sobre a interpretação da norma constitucional que abriga a imunidade do livro e seus insumos, uma das imunidades genéricas.

Vários estudiosos têm se preocupado com a questão, diante do tempo de inovações tecnológicas que vivemos, no qual livros não são necessariamente impressos em papel, mas, com frequência, gravados em meios eletrônicos.

Parte da doutrina sustenta que somente o livro feito de papel é imune a impostos, à vista da cláusula "e o papel destinado à sua impressão", contida no art. 150, VI, "d". Desse modo, estender-se a exoneração constitucional a outros meios de divulgação de ideias seria ampliar o querer constitucional, para abranger itens por ela não cogitados.

Registre-se que Aliomar Baleeiro já examinara a hipótese, concluindo pelo não cabimento da imunidade: "A Constituição não distingue nem pode o intérprete distinguir os processos tecnológicos de elaboração dos livros, jornais e periódicos, embora os vincule ao papel como elemento material de seu fabrico. Isso exclui, pareceu-nos, os outros processos de comunicações do pensamento, como a radiodifusão, a televisão, os aparelhos de ampliação de som, a cinematografia etc., que não têm por veículo o papel".[13]

Também Ricardo Lobo Torres adota tal orientação, salientando que, por constituir o livro eletrônico um *hipertexto*, e serem características essenciais do livro *a*

---

[12] "Venda de minérios – Faturamento – PIS", *RDA* 196, p. 307-308.

[13] *Limitações Constitucionais ao Poder de Tributar*, p. 354.

base física constituída por impressão em papel e a *finalidade espiritual de criação de bem cultural ou educativo,* não podem ser imunes os livros que não apresentem, simultaneamente, tais características. Pontua, ainda, que "quando foi promulgada a Constituição de 1988, a tecnologia já estava suficientemente desenvolvida para que o constituinte, se o desejasse, definisse a não incidência sobre a nova mídia eletrônica. Se não o fez é que, *a contrario sensu*, preferiu restringir a imunidade aos produtos impressos em papel".[14]

Diversamente, Roque Carrazza, dentre outros, defende, há muito, que o livro deve ser visto como veículo de manifestação de ideias, de transmissão de pensamento; e, assim, irrelevante, para efeito de determinar-se o tratamento fiscal a ele dispensado, se é feito em papel ou se está contido em impressão magnética em disquete de computador, gravação em fita de vídeo etc. Segundo o mestre, para fins de imunidade, são considerados livros tanto os tradicionais quanto os seus sucedâneos.[15]

Nessa linha de entendimento, Luciano Amaro assevera que, diante da evolução tecnológica, não se pode esvaziar o conteúdo da imunidade constitucional, já que esta se refere à obra, e não ao meio físico que a contém.[16]

Em nossa opinião, a resposta à problemática de se definir o conceito de *livro* para efeito de aplicação da imunidade tributária repousa especialmente na aplicação de dois métodos de interpretação das normas constitucionais: a teleológica e a evolutiva.

Ora, aplicando-se tais métodos interpretativos, tem-se que, se a imunidade conferida ao livro tem por finalidade assegurar a liberdade de pensamento, de expressão, o acesso à informação e a própria difusão da cultura e da educação, o conceito de *livro* engloba *todo meio material pelo qual esse objetivo seja atingido.* Outrossim, em razão da evolução tecnológica, o conceito de *livro* deve ter sua conotação modificada, para comportar conteúdos que não foram imaginados pelo legislador constituinte, mas que são, indubitavelmente, fiéis à finalidade da norma constitucional.

Diante desse quadro, forçoso concluir-se que a imunidade em foco abarca também o chamado "livro eletrônico" ou "livro digital".

Consoante expusemos, a exoneração constitucional protege o meio material para a divulgação de ideias que possa configurar livro, jornal ou periódico. Aliás, a evolução histórica dessa norma imunizante está a demonstrá-lo, porquanto, inicialmente, como salientado, somente o papel destinado à sua impressão era imune, para depois abranger a excludente de tributação aqueles objetos.

Vale dizer: tutelada está a *mídia escrita*, esteja ela materializada em papel, disquete, CD-ROM ou qualquer outro meio.[17]

---

[14] Imunidade Tributária dos Produtos de Informática. In: *Imunidade Tributária do Livro Eletrônico*6 Hugo de Brito Machado (Coord.), p. 227-228.

[15] *Curso de Direito Constitucional Tributário*, 27. ed., p. 863.

[16] Algumas questões sobre a imunidade tributária. In: *Imunidades Tributárias*. Ives Gandra da Silva Martins (Coord.), p. 146.

[17] Assim expresso nosso entendimento, entendemos que a Lei n. 10.753, de 30 de outubro de 2003, que instituiu a Política Nacional do Livro, embora tenha avançado, foi tímida na definição do conceito de livro. Em seu art. 2º, estatui : "*Art. 2º Considera-se livro, para efeitos desta Lei, a publicação de textos escritos em fichas ou folhas, não periódica, grampeada, colada ou costurada, em volume cartonado, encadernado ou em brochura, em capas avulsas, em qualquer formato e acabamento. Parágrafo único. São equiparados a livro: I – fascículos, publicações de qualquer natureza que representem parte de livro; II – materiais avulsos relacionados com o livro, impressos em papel ou em material similar; III – roteiros de leitura para controle e estudo de literatura ou de obras didáticas; IV – ál-*

Outro aspecto decorrente, que merece referência, ainda que breve, é o atinente à extensão da imunidade em foco a equipamentos de informática.

Em nosso sentir, parece evidente não se possa estender a imunidade do livro eletrônico a qualquer equipamento de informática. Com efeito, do mesmo modo que o papel imune é tão somente o destinado à impressão de livros, jornais e periódicos, o aparelho de informática imune é aquele que cumpre a mesma função desses objetos.

Portanto, entendemos que o equipamento de informática que, em seu sentido finalístico, se caracterize como *meio* de garantir a difusão de ideias, informações e conhecimentos, tanto quanto o livro impresso em papel, enquadra-se na imunidade conferida ao *livro eletrônico*.

Nas palavras de Roque Carrazza, "hoje temos os sucedâneos dos livros, que, mais dia, menos dia, acabarão por substituí-los totalmente", considerando o professor, como "sucedâneos dos livros", para fins de imunidade, todos os objetos da espécie que contêm, em seu interior, os textos dos livros em sua forma tradicional, tal como os CD-ROMS e os mais recentes *e-readers*.[18]

Há de se assinalar, outrossim, importante consequência da substituição dos livros impressos em papel pelos livros eletrônicos, que é o benefício ambiental que essa transformação enseja, com a progressiva diminuição da utilização de papel.[19]

Concluímos, portanto, que o conceito de livro não pode ser desatrelado das inovações tecnológicas que tal objeto já experimentou e continuará a experimentar no futuro: o meio físico mediante o qual se realiza continuará evoluindo, sem que se desfaça a ideia de que o livro é instrumento a assegurar a liberdade de pensamento, de expressão, o acesso à informação e a própria difusão da cultura e da educação.

5. A jurisprudência do Supremo Tribunal Federal
sobre a imunidade do livro eletrônico

Exposta a controvérsia doutrinária, é tempo de analisarmos, conquanto de modo sucinto, a evolução da jurisprudência do Supremo Tribunal Federal no trato da imunidade do livro eletrônico.

Na 2ª edição de nosso livro *Imunidades Tributárias...* (2006), já lamentávamos a orientação adotada pelos membros da Corte no sentido de comportar a hipótese do

---

buns para colorir, pintar, recortar ou armar; V – atlas geográficos, históricos, anatômicos, mapas e cartogramas; VI – textos derivados de livro ou originais, produzidos por editores, mediante contrato de edição celebrado com o autor, com a utilização de qualquer suporte; VII – livros em meio digital, magnético e ótico, para uso exclusivo de pessoas com deficiência visual; VIII – livros impressos no Sistema Braille" (destaques nossos). A primeira crítica diz com a ideia de "equiparar" a livro o que, a nosso ver, efetivamente já se insere em tal conceito – como fascículos, atlas geográficos etc. Também, observe-se que o dispositivo legal em comento considera *livro* os "livros em meio digital, magnético e ótico, para uso exclusivo de pessoas com deficiência visual" (inciso VII), quando o adequado seria a prescrição sem a cláusula restritiva. Positiva, no entanto, a referência contida no inciso VI, traduzida na expressão "com a utilização de qualquer suporte", o que, induvidosamente, confere pleno fundamento à inserção do livro eletrônico no conceito de livro. Tal preceito reforça a orientação segundo a qual ao livro eletrônico deve ser aplicado o mesmo tratamento tributário dispensado ao livro impresso em papel. Felizmente, mediante o Projeto de Lei do Senado n. 114/2010, pretende-se alterar a redação do art. 2º da lei para incluir, no conceito de livro, as publicações convertidas em formato digital, magnético ou ótico para o público em geral, bem como os equipamentos cuja função exclusiva ou primordial seja a leitura de textos em formato digital ou a audição de textos em formato magnético ou ótico (*e-books* e *e-readers*).

[18] *Curso de Direito Constitucional Tributário*. 27. ed., p. 863 e 866.

[19] Nesse sentido, Roque Carrazza, ob. cit., p. 864.

livro eletrônico à padronização contida na Súmula 657 ("A imunidade prevista no art. 150, VI, "d", da CF abrange os filmes e papéis fotográficos necessários à publicação de jornais e periódicos"), editada a partir de precedentes que analisaram realidades distintas.

Conforme salientamos naquela oportunidade, tais decisões traduzem, em nosso entender, uma orientação conservadora, apegada à literalidade do texto da norma exonerativa, remissiva ao insumo básico para a confecção do livro, jornal ou periódico. Pensamos que a solução então adotada encontrava-se em desarmonia com os métodos de interpretação teleológica e evolutiva que, como expusemos, parecem os mais adequados a sacar a vontade constitucional na hipótese.

Enquanto, por exemplo, o Tribunal de Justiça do Estado de São Paulo[20] e os Tribunais Regionais Federais,[21] nos últimos anos, proferiram acórdãos acolhendo a imunidade do livro eletrônico, bem como de leitores de livros digitais, o Supremo Tribunal Federal seguiu aplicando a Súmula 657 a essas hipóteses.

Em consequência, a prolação de decisões monocráticas, desde o início da década passada,[22] inviabilizou a apreciação do tema em maior profundidade, em julgamento pelo Tribunal Pleno.

Observe-se que tal prática foi adotada pela Corte até há pouco (*v.g.* AC 2564-MG, Rel. Min. Eros Grau, j. 10.03.2010; RE 330.8117-RJ, Rel. Min. Dias Toffoli, j. 04.02.2010; e RE 276.213-SP, Rel. Min. Joaquim Barbosa, j. 17.12.2009).

Sinalizando uma mudança em tal postura, o Supremo Tribunal Federal, em feliz decisão, reconheceu a repercussão geral no RE 595.676-RJ, que trata de assunto afim e no qual foi admitida, como terceira interessada, escola de línguas que utiliza material didático importado, composto de livro impresso e livro em mídia (CD), conforme acórdão assim ementado:

IMUNIDADE – COMPONENTES ELETRÔNICOS – MATERIAL DIDÁTICO – ARTIGO 150, INCISO VI, ALÍNEA "D", DA CONSTITUIÇÃO FEDERAL – ALCANCE – RECURSO EXTRAORDINÁRIO – REPERCUSSÃO GERAL CONFIGURADA. Possui repercussão geral a controvérsia acerca do alcance da imunidade prevista no artigo 150, inciso VI, alínea "d", da Carta Política na importação de pequenos componentes

---

[20] *V.g.* 12ª Câmara de Direito Público, Apelação Cível 994.08.218263-0, Rel. Des. Oswaldo de Oliveira, j. 10.11.2010, acerca da imunidade para livros em CD-ROM; e Apelação e Remessa Oficial em Mandado de Segurança 0036309-81.2010.8.26.0224. Rel. Des. Aliende Ribeiro, j. 16.05.2011, reconhecendo a imunidade a leitores de livros digitais (*e-readers*).

[21] *V.g.* TRF-3ª Região, 6ª Turma, Apelação em Mandado de Segurança 222.533-SP, Rel. Des. Fed. Lazarano Neto, j. 07.08.2008 e Turma Suplementar da 2ª Seção, Apelação em Reexame Necessário 1097072, Rel. Juíza Federal Convocada Eliana Marcelo, j. 12.07.2007, ambos reconhecendo a imunidade de livros em CD-ROM; e TRF-4ª Região, 2ª Turma, Apelação e Reexame Necessário 5014246-64.2010.404.7000, Rel. Des. Fed. Luciane Amaral Corrêa Münch, j. 05.07.2011, para leitor de livro digital e 2ª Turma, Apelação Cível 1998.04.01.090888-5, Rel. Des. Fed. João Gebran Neto, j. 03.08.2000, reconhecendo a imunidade para jornal em CD-ROM.

[22] *V.g.* AI 220.503-RJ, Rel. Min. Cezar Peluso: DECISÃO: 1. Trata-se de agravo de instrumento contra decisão que, na instância de origem, indeferiu processamento de recurso extraordinário contra acórdão que reconheceu a imunidade tributária de dicionário eletrônico, contido em software. Sustenta o recorrente, com base no art. 102, III, a, violação ao art. 150, IV, *d*, da Constituição Federal. 2. Consistente o recurso. O acórdão recorrido está em desconformidade com a orientação sumulada desta Corte, no sentido de que a imunidade prevista no art. 150, VI, *d*, da Carta Magna, não alcança todos os insumos usados na impressão de livros, jornais e periódicos, mas tão somente os filmes e papéis tidos por necessários à sua publicação, tais como o papel fotográfico, inclusive o destinado a fotocomposição por laser, os filmes fotográficos, sensibilizados, não impressionados, para imagens monocromáticas, e o papel para telefoto (súmula 657). 3. Isto posto, invocando o art. 544, §§ 3° e 4°, do Código de Processo Civil, com a redação dada pela Lei nº 9.756/98 e pela Lei nº 8.950/94, acolho o agravo, para, desde logo, conhecer do recurso extraordinário e lhe dar provimento, para indeferir a segurança. Custas ex-lege. Publique-se. (j. 09.09.2004).

eletrônicos que acompanham o material didático utilizado em curso prático de montagem de computadores (Rel. Min. Marco Aurélio, j. 18.03.2010).

E, a partir de 2011, observa-se que o tema dos insumos a serem abrangidos pela imunidade tributária conferida ao livro voltou a ser apreciado pelas Turmas da Corte, desenhando-se, a partir de então, duas correntes quanto à interpretação do alcance da norma imunizante, que podemos denominar de restritiva e abrangente, conforme denotam, exemplificadamente, os acórdãos assim ementados:

I – Corrente restritiva:
AGRAVO REGIMENTAL EM RECURSO EXTRAORDINÁRIO. TRIBUTÁRIO. IMUNIDADE TRIBUTÁRIA DO ART. 150, VI, D, DA CF. ABRANGÊNCIA. IPMF. IMPOSSIBILIDADE. INTERPRETAÇÃO RESTRITI- VA. AGRAVO IMPROVIDO. I – O Supremo Tribunal Federal possui entendimento no sentido de que a imu- nidade tributária prevista no art. 150, VI, d, da Constituição Federal deve ser interpretada restritivamente e que seu alcance, tratando-se de insumos destinados à impressão de livros, jornais e periódicos, estende- -se, exclusivamente, a materiais que se mostrem assimiláveis ao papel, abrangendo, por consequência, os filmes e papéis fotográficos. Precedentes. II – A imunidade prevista no art. 150, VI, d, da Lei Maior não abrange as operações financeiras realizadas pela agravante. III – Agravo regimental improvido (1ª T., RE 504615 AgR-SP, Rel. Min. Ricardo Lewandowski, j. 03.05. 2011).

II – Corrente abrangente:
CONSTITUIÇÃO FEDERAL. Extraia-se da Constituição Federal, em interpretação teleológica e integrativa, a maior concretude possível. IMUNIDADE – "LIVROS, JORNAIS, PERIÓDICOS E O PAPEL DESTINADO A SUA IMPRESSÃO" – ARTIGO 150, INCISO VI, ALÍNEA "D", DA CARTA DA REPÚBLICA – INTELI- GÊNCIA. A imunidade tributária relativa a livros, jornais e periódicos é ampla, total, apanhando produto, maquinário e insumos. A referência, no preceito, a papel é exemplificativa e não exaustiva (1ª T., RE 202149-RS, Rel. Min. Menezes Direito, Rel. p/ o acórdão Min. Marco Aurélio, j. 26.04.2011).

Mais recentemente, como já mencionado, foi reconhecida a repercussão geral do tema da imunidade do livro eletrônico no RE 330.817-RJ, sendo que o Relator, Ministro Dias Toffoli, sumariando a discussão existente na doutrina e na jurispru- dência, salientou que a diferença em relação ao tema debatido no RE 595.676-RJ, no qual já havia sido reconhecida a repercussão geral, consiste em que, neste, "a discus- são reporta-se ao alcance da imunidade daquilo que pode eventualmente acompanhar o livro, periódico ou similar, repousando a controvérsia em definir se tais apetrechos constituiriam, em conjunto com a obra, essa sim, inequivocamente imune, um todo indivisível" e, no recurso do qual é Relator "o enfoque está no alcance da imunidade com relação ao suporte físico em que é registrada a produção intelectual; ou seja, trata-se, na espécie, do próprio bem imune".[23]

Assim, após mais de uma década de polêmica em sede jurisprudencial, final- mente o tema da imunidade do livro eletrônico será levado em discussão no Tribunal Pleno, em data que, desejamos, não esteja distante.

6. Conclusão

Diante de todo o exposto, esperamos que o Supremo Tribunal Federal, enquanto mais alto intérprete da Constituição, altere sua jurisprudência no tocante à imunidade do livro e seus insumos e a ajuste à realidade do mundo contemporâneo, atualizando seu conteúdo de modo a mantê-la consistente e atual, e reconhecendo, enfim, a imu- nidade do livro eletrônico.

---

[23] Decisão proferida em 31.08.2012.

Bibliografia

AMARO, Luciano. "Algumas questões sobre a imunidade tributária". In: *Imunidades Tributárias* , Ives Gandra da Silva Martins (Coord.), São Paulo, Centro de Extensão Universitária/RT, 1998, pp. 143-154.

ATALIBA, Geraldo. "Venda de minérios – Faturamento – PIS". *RDA* 196, p. 305-320, Rio de Janeiro, Renovar, abril/junho de 1994.

BALEEIRO, Aliomar. *Limitações Constitucionais ao Poder de Tributar.* 7. ed. Rio de Janeiro, Forense, 1997.

BARROSO, Luís Roberto. *Interpretação e Aplicação da Constituição.* São Paulo: Saraiva, 1996.

CARRAZA, Roque. *Curso de Direito Constitucional Tributário.* 27. ed. São Paulo: Malheiros, 2011.

COSTA, Regina Helena. *Imunidades Tributárias – Teoria e Análise da Jurisprudência do STF.* 2. ed. São Paulo: Malheiros, 2006.

TORRES, Ricardo Lobo. "Imunidade Tributária dos Produtos de Informática". In: *Imunidade Tributária do Livro Eletrônico,* Coord. Hugo de Brito Machado. 2. ed. São Paulo: Atlas, 2003, p. 223-228.

— 2.4 —

Imunidade tributária do livro digital: fundamentos e alcance

ANDREI PITTEN VELLOSO[1]

Sumário: Introdução; Interpretação das imunidades tributárias; Imunidade dos livros, jornais, periódicos e do papel destinado à sua impressão; 1. Histórico; 2. Finalidades e funções da imunidade; 3. Individualização normativa: há duas normas de imunidade; Imunidade do livro digital; 1. Fundamentos; 2. Tributos abrangidos; 3. Livros eletrônicos comercializados em suporte físico; 4. Componentes agregados a livros e periódicos; Projeção da imunidade do papel aos suportes físicos dos livros e periódicos digitais; 1. Objetos a serem utilizados no armazenamento dos livros digitais; 2. *E-book readers*; Conclusões.

Introdução

O livro não é um objeto cultural estático, que se manteve inalterado desde a sua invenção ou que se perenizou na forma em que nos acostumamos a concebê-lo, um volume encadernado, composto por uma sequência de folhas de papel em cujas faces está gravado texto impresso ou manuscrito. Pelo contrário, é fruto de contínuas inovações técnicas dos suportes de leitura, que repercutem na sua forma, estrutura e funcionalidade.

Nasceu sob a forma de tabuletas de argila ou pedra. Ainda na antiguidade clássica, desenvolveu-se, corporificando-se em cilindros de papiro, denominados *volumen* ou *rotulus*, e, em seguida, de pergaminhos, confeccionados em couro. Na Idade Média, o papel começou a tomar o lugar dos pergaminhos e apareceram as primeiras modalidades de impressão.[2] Atualmente, o papel está sendo substituído por suportes eletrônicos, que transformaram o próprio livro, tornando-o digital.

---

[1] Juiz Federal da 4ª Região. Doutor em Direitos e Garantias do Contribuinte pela Universidade de Salamanca (Espanha), Mestre em Direito Tributário pela Universidade Federal do Rio Grande do Sul – UFRGS.

[2] Para uma análise profunda do tema, cfr. BARBIER, Frédéric. *Storia del libro: dall'antichità al XX secolo*. Trad. it. Rita Tomadin, Bari: Dédalo, 2004, especialmente p. 32 e ss. A propósito da história do livro, da sua relação com os meios de comunicação e da multiplicidade das suas manifestações, Barbier preleciona: "Se, in definitiva, la storia del libro tratta dei mezzi di comunicazione che impiegano la scrittura manoscritta o stampata e che si presentano in una forma relativamente maneggevole, la diversità degli oggetti sembra pressoché infinita sia nei supporti che nelle forme e, a maggior ragione, nelle pratiche di utilizzo e di appropriazione che tali oggetti rendono il meno possibili. Il *volumen* ma soprattutto il *codex*, che l'Occidente usa da millecinquecento anni, sono solamente due forme fra le molte possibili, anche se probabilmente restano le più importanti – senza nulla togliere, con ciò, alle forme nuove che sono o saranno quelle del libro elettronico" (p. 7).

O livro, que já foi composto por pedra e argila, tornou-se um bem imaterial. Transformou-se fisicamente, mas não perdeu a sua essência. Quanto ao seu conteúdo, que lhe confere identidade própria, permaneceu fundamentalmente inalterado ao longo dos séculos. Persiste sendo um texto literário, histórico, científico, informativo, etc., relativamente extenso e organizado.

As transformações a que se sujeitou o livro dizem respeito à sua forma, não à sua essência. Os livros do Antigo Testamento, escritos originalmente em pergaminhos confeccionados em pele de cabra, não diferem daqueles consolidados na Bíblia moderna, disponível para *download* na *internet*. Da mesma forma, o Alcorão, cujo texto foi compilado, assumindo o formato de livro, logo após o falecimento de Maomé, é comercializado hoje em dia *on line*, sem que seu conteúdo tenha sofrido qualquer alteração.

A despeito da subsistência do seu conteúdo, a vertiginosa transformação dos suportes físicos do livro suscita questionamentos relevantes, inclusive no âmbito tributário. Dentre tais questionamentos, avulta o concernente ao alcance da imunidade conferida pelo art. 150, VI, *d*, da Carta Política: a desoneração estabelecida para os "livros, jornais, periódicos e o papel destinado a sua impressão" também abrange o livro digital?

Trata-se de uma indagação complexa. Para examiná-la, mister firmar certas premissas atinentes à interpretação dos enunciados que outorgam imunidades, ao escopo do art. 150, VI, *d*, da CF e aos fundamentos da imunidade do livro digital. À luz dessas premissas, poderemos enfrentar as diversas questões que o livro eletrônico vem suscitando nos tribunais.

Interpretação das imunidades tributárias

As imunidades tributárias têm finalidades nobres e bem definidas. Tutelam o equilíbrio federativo, as liberdades de expressão, consciência, credo e culto, de associação político-partidária e sindical, bem como os direitos fundamentais dos cidadãos à educação, à assistência social, à cultura e à informação.

Por isso, o critério teleológico, vocacionado à persecução das finalidades e dos valores jurídico-positivos, sobressai na interpretação dos dispositivos constitucionais que outorgam imunidades. Tais dispositivos devem ser lidos e concretizados à luz das suas finalidades, sob pena de o intérprete incorrer em grave equívoco hermenêutico.

Por sua vez, ditas finalidades podem sustentar variantes interpretativas que extrapolam o significado nuclear das expressões constitucionais, contrapondo-se à exegese meramente literal e restritiva.

Daí a impossibilidade de o art. 111, inciso II, do CTN (que impõe a interpretação literal dos preceitos que outorgam isenções) ser aplicado às imunidades. Tal aplicação seria manifestamente incompatível com o caráter teleológico das normas imunizantes. Implicaria, outrossim, a subversão da hierarquia normativa do ordenamento jurídico, decorrente da outorga de interpretação extensiva a um preceito legislativo para coarctar indevidamente a atuação do intérprete da Lei Maior.[3]

---

[3] Dita impossibilidade foi ressaltada já em 1985, pelo Ministro Carlos Madeira, relator para o acórdão deste relevante precedente do Supremo Tribunal Federal: "O art. 111 do CTN impõe a interpretação literal da legislação tributária relativa a suspensão ou exclusão do crédito tributário, a outorga de isenção e à dispensa do cumprimento de obriga-

Essas ponderações denotam a correção da tradicional jurisprudência do Supremo Tribunal Federal, que refuta a interpretação restritiva das imunidades tributárias:

Em se tratando de norma constitucional relativa às imunidades tributárias genéricas, admite-se a interpretação ampla, de modo a transparecerem os princípios e postulados nela consagrados.[4]

Apesar de certos vacilos, tal jurisprudência vem se consolidando no Pretório Excelso, que, como destacado pelo Ministro Sepúlveda Pertence, "é decisivamente inclinada à interpretação teleológica das normas de imunidade tributária, de modo a maximizar-lhes o potencial de efetividade, como garantia ou estímulo à concretização dos valores constitucionais que inspiram limitações ao poder de tributar".[5]

Como veremos, a interpretação teleológica das normas de imunidade, destinada a desvelar o seu escopo e "maximizar o seu potencial de efetividade", fundamenta a projeção das imunidades tributárias a novos fenômenos sociais, culturais e tecnológicos que, tendo surgido ou ganhado vulto após a promulgação da Carta Política de 1988, vêm tomando o lugar dos objetos e operações desonerados por força do seu art. 150, VI.

Deveras, a Constituição foi criada para perdurar, regulando e amoldando-se à evolução social, de modo que sua força normativa não pereça com o passar do tempo. Não foi criada para engessar a sociedade, impedindo o seu desenvolvimento ou sucumbindo perante ele. Como adverte Klaus Stern, a Constituição é, sem dúvida alguma, uma criação do poder constituinte derivado, mas é uma criação que vive no futuro, inclusive com a vontade do seu criador, que pretendia ver suas normas aplicadas através do tempo.[6]

É mister, portanto, atualizar o alcance dos seus preceitos, à luz da sua finalidade, a fim de que a Constituição não perca a sua força normativa, debilitando-se pelo mero fluir do tempo.

ções tributárias acessórias. Essa regra metodológica não diz respeito, porém, às normas constitucionais tributárias, mormente em se tratando de imunidades genéricas, que correspondem à não incidência, em virtude da supressão da competência impositiva ou do poder de tributar certos fatos, ou situações. Não há crédito tributário a suspender ou excluir, porque ele simplesmente não pode ser criado. Daí porque a interpretação das normas constitucionais de imunidade tributária, é ampla, 'no sentido de que todos os métodos, inclusive o sistemático, o teleológico, etc., são admitidos', como anota Amílcar de Araújo Falcão (RDA, 66/372). A interpretação sistemática da norma constitucional leva à conclusão de que o que caracteriza as imunidades é 'a circunstância de que com elas o legislador constituinte procura resguardar, assegurar ou manter incólume certos princípios, idéias-força ou postulados que consagra como preceitos básicos do regime político, a incolumidade de valores éticos e culturais que o ordenamento positivo consagra e pretende manter livres de eventuais interferências ou perturbações, inclusive pela via oblíqua ou indireta da tributação'. 'As imunidades, diz ainda o autor acima citado – como as demais limitações ao poder de tributar, consoante o ensinamento de Aliomar Baleeiro, têm assim a característica de deixar `transparecer sua índole nitidamente política', o que impõe ao intérprete a necessidade de fazer os imprescindíveis confrontos e as necessárias conotações de ordem teleológica, toda vez que concretamente tiver de dedicar-se à exegese dos dispositivos constitucionais instituidores de tais princípios´ (Revista citada, p. 369)" (STF, 2ª Turma, RE 102.141, 10.1985).

[4] STF, 2ª Turma, RE 102.141, 10.1985. Esse precedente dizia respeito justamente à imunidade do livro, tendo sido reiterado em 1998, neste julgado: STF, 2ª Turma, RE 225.955 AgR, Rel. Min. Maurício Corrêa, 8.1998.

[5] STF, Pleno, RE 237.718, 3.2001. Nessa linha, cfr. STF, Pleno, RE 174.476, 9.1996. Essa posição, porém, não é pacífica. Há precedentes recentes entendendo, equivocadamente, que as normas de imunidades se qualificam como "concessivas de benefícios" e, por isso, devem ser interpretadas restritivamente. Vide STF, 2ª Turma, RE 170.784, 3.2006.

[6] STERN, Klaus. *Das Staatsrecht der Bundesrepublik Deutschland,* vol. I, München: C. H. Beck, 1977, p. 34.

Imunidade dos livros, jornais, periódicos e do papel destinado à sua impressão

1. Histórico

A imunidade em exame foi instituída pela Constituição de 1946, com um alcance mais limitado que o atual: abrangia apenas o "papel destinado exclusivamente à impressão de jornais, periódicos e livros" (art. 31, V, c).

Como a imunidade se limitava ao papel utilizado nos livros, jornais e periódicos, a comercialização destes podia ser tributada, o que perturbaria o seu escopo fundamental, de propiciar a difusão da cultura e da informação.

Daí a razão de a Constituição de 1967 (art. 20, III, d), seguida pela de 1969 (art. 19, III, d), ter estendido o seu alcance, excluindo da tributação não apenas o papel utilizado nos jornais, periódicos e livros, mas também a importação, industrialização e comercialização desses objetos culturais.

Esse sucinto escorço histórico evidencia que a Constituição de 1988 não utilizou a expressão "papel" para limitar o alcance da imunidade. Pelo contrário, optou por manter a redação que a Carta Política de 1967 empregara para ampliar a sua abrangência, de modo a afastar a tributação incidente sobre todos os livros, jornais e periódicos.

2. Finalidades e funções da imunidade

A imunidade dos livros, jornais, periódicos e do papel destinado à sua impressão objetiva, antes de tudo, evitar que a tributação embarace o exercício da liberdade de expressão e pensamento, bem como a realização dos direitos fundamentais à educação, à cultura e à informação.

Tal finalidade foi captada com precisão neste aresto do Supremo Tribunal Federal:

A razão de ser da imunidade prevista no texto constitucional, e nada surge sem uma causa, uma razão suficiente, uma necessidade, está no interesse da sociedade em ver afastados procedimentos, ainda que normatizados, capazes de inibir a produção material e intelectual de livros, jornais e periódicos.[7]

O *telos* da imunidade resta nítido quando enfocado sob as perspectivas do transmissor e do receptor da comunicação escrita.

Do ponto de vista do escritor, a imunidade dos livros, jornais e periódicos almeja evitar que o poder destrutivo da tributação perturbe o exercício da liberdade de expressão e pensamento, assegurando que os cidadãos possam manifestar as suas ideias, concepções e opiniões sem ter de arcar com o pesado ônus econômico da tributação.

Em tal perspectiva, a imunidade do art. 150, VI, d, constitui uma projeção, no âmbito tributário, da liberdade de imprensa, tutelada com particular zelo pela Constituição da República, ao estabelecer que:

Art. 220. A manifestação do pensamento, a criação, a expressão e a informação, sob qualquer forma, processo ou veículo não sofrerão qualquer restrição, observado o disposto nesta Constituição.

---

[7] STF, Pleno, RE 174.476, 9.1996.

Vista sob a ótica do leitor, a imunidade objetiva propiciar amplo acesso à cultura, à informação, à educação e ao entretenimento,[8] que seria obstaculizado para expressiva parcela da população se os livros, jornais e periódicos tivessem os seus preços sensivelmente majorados mediante a cobrança de impostos.

Tal escopo denota o caráter *objetivo* da imunidade. Ela é concedida aos objetos culturais comercializados, de modo que sejam acessíveis a todos; e não às empresas que os produzem e comercializam.

Estas se beneficiam da imunidade apenas de modo reflexo, mediante a desoneração dos seus produtos, mas tal benefício está destinado a perecer frente à lei da concorrência, pois todas as empresas que atuam no mercado editorial verificam essa redução nos seus custos e tendem a repassá-la integralmente ao consumidor final. Se porventura as grandes editoras deixassem de repassar ao consumidor o resultado financeiro da desoneração, organizando-se em cartéis para lograr uma lucratividade artificialmente superior à das demais empresas brasileiras, elas estariam a subverter o escopo da regra constitucional e a apropriar-se dos frutos de renúncia fiscal instituída para realizar direitos e garantias fundamentais dos cidadãos, o que jamais poderia ser tolerado num Estado Democrático de Direito.

Por outro lado, o lucro e os bens próprios das empresas que atuam no ramo editorial estão completamente fora do alcance da imunidade. São tributáveis, tais como os das demais empresas.

Também está sujeita à tributação a remuneração dos autores e jornalistas, notadamente após o advento da Constituição de 1988, que veda a todos os entes políticos: "instituir tratamento desigual entre contribuintes que se encontrem em situação equivalente, proibida qualquer distinção em razão de ocupação profissional ou função por eles exercida" (art. 150, II).[9]

Do exposto, conclui-se que a imunidade atua no sentido de garantir o livre exercício de direitos fundamentais. Trata-se da sua função de *garantia*.

Porém, ela também desempenha outra função de singular importância, não raro olvidada pela doutrina e pela jurisprudência. Referimo-nos à sua função *promocional*: a imunidade dos livros, jornais, periódicos e do papel destinado à sua impressão visa a *incentivar* a difusão da cultura escrita, mediante a sua desoneração tributária, de modo a tornar tais bens culturais mais acessíveis à população em geral.

Esta função vai além da garantia de direitos e liberdades fundamentais. A imunidade não pretende apenas obstar que a tributação *iniba* a produção e a circulação de livros, jornais e periódicos. Ela objetiva mais. Almeja *baratear* os livros, jornais e periódicos e, com isso, contribuir para a sua difusão, a fim de *incrementar* o nível cultural e educacional da população brasileira.

---

[8] O *telos* da imunidade foi bem exposto neste voto da Ministra Ellen Gracie: "A imunidade tributária sobre livros, jornais, periódicos e o papel destinado à sua impressão tem por escopo evitar embaraços ao exercício da liberdade de expressão intelectual, artística, científica e de comunicação, bem como facilitar o acesso da população à cultura, à informação e à educação" (STF, 2ª Turma, RE 221.239, 5.2004).

[9] É digno de nota que a Constituição Federal de 1946 outorgava imunidade também os autores, professores e jornalistas, em preceito que não foi reiterado pelas Cartas Políticas que a sucederam. Eis a redação do seu art. 203: "Nenhum imposto gravará diretamente os direitos de autor, nem a remuneração de professores e jornalistas". A respeito da interpretação desse dispositivo, cfr. BALEEIRO, Aliomar. *Limitações constitucionais ao poder de tributar*. Rio de Janeiro: Forense, 2001, p. 348-7.

Esta é uma finalidade extremamente nobre e relevante, que o legislador e os aplicadores do direito jamais poderão desconsiderar na concretização do art. 150, VI, *d*, da Carta da República.

3. Individualização normativa: há duas normas de imunidade

À luz da sucessão dos textos constitucionais, pode-se vislumbrar a existência de *duas imunidades* estabelecidas pelo art. 150, VI, *d*, da Constituição Federal:

- a primeira outorgada aos livros, aos jornais e aos periódicos, que considera o bem cultural posto em circulação e assume relevo quando da importação, produção e circulação do produto acabado;
- e a segunda, ao papel destinado à sua impressão, que leva em conta a destinação do objeto imune,[10] desonerando-o nas etapas produtivas e comerciais que antecedem a confecção dos livros, jornais e periódicos.[11]

Malgrado essas imunidades sejam estreitamente interligadas, é válido diferenciá-las para fins analíticos, sobretudo quando se percebe que elas não apenas englobam etapas econômicas distintas, mas também suscitam questões específicas, que enfrentaremos a seguir.

Imunidade do livro digital

Na linguagem cotidiana, o termo "livro" não rende ensejo a dificuldades de compreensão. Sabe-se o que é e o que não é um livro, sendo inexpressivos os casos de dúvidas decorrentes da vagueza semântica desse termo. Não se consideraria apropriado, à evidência, denominar "livro" um álbum de figurinhas ou uma lista telefônica.

Não obstante, na linguagem constitucional-tributária, o significado desse vocábulo é extremamente controverso. Não por uma questão meramente semântica, vez que o seu sentido literal não é demasiadamente vago e impreciso. Os debates em torno do seu significado decorrem da consciência de que a construção do seu sentido, para fins de determinação do alcance da imunidade do art. 150, VI, *d,* da CF, há de observar o escopo último do preceito.

Atento à finalidade da imunidade, o Supremo Tribunal Federal conferiu ao vocábulo "livro" significado que mal se compatibiliza com o uso linguístico vulgar, cotidiano, mas que se harmoniza plenamente com o sistema jurídico-constitucional e com o escopo desse dispositivo. Segundo a jurisprudência do Pretório Excelso, a imunidade alcança não apenas os livros na acepção mais rigorosa da palavra, mas

---

[10] Como a imunidade era condicionada à destinação do papel, costumava-se atribuir-lhe marca distintiva, como linhas d'água visíveis, de modo a propiciar a sua identificação e, assim, permitir que o Fisco apurasse eventuais desvios fraudulentos do papel imune. Cfr. BALEEIRO. *Limitações constitucionais ao poder de tributar*, p. 340.

[11] Esse fato foi ressaltado em voto do Ministro Francisco Rezek, o qual, cabe gizar, possui uma concepção significativamente abrangente acerca do alcance da imunidade: "A norma constitucional em exame estabelece imunidade em favor do livro e de todos os labores que circundam sua produção. A fonte de produção do livro, o lugar, ou o conjunto de lugares oficinas de onde sai o produto acabado, tudo isso é alcançado pela imunidade constitucional. O papel, todavia, é matéria-prima que vem de fora; e por isso mereceu menção especial. É produzido alhures, razão por que o constituinte estimou necessário deixar claro que, mesmo antes de adentrar os locais de produção do livro, o papel está imune a tributos, em razão do seu destino" (STF, 2ª Turma, RE 102.141, 10.1985).

também os álbuns de figurinhas,[12] as apostilas[13] e as listas telefônicas, mesmo que veiculem anúncios e publicidade.[14]

Frente a esse contexto, parece-nos indubitável que os livros digitais se encontram albergados pela imunidade, pois não desbordam do significado central do termo "livro" e não diferem dos livros tradicionais senão pela sua forma. Porém, como a questão ainda não foi sedimentada pela jurisprudência e há relevante corrente doutrinária em sentido contrário,[15] convém fundamentar adequadamente essa conclusão.

1. Fundamentos

Dentre os fundamentos da imunidade em foco, sobressaem três, atinentes ao conceito de livro digital, à função por ele desempenhada e à força normativa da Constituição.

Em primeiro lugar, *o próprio conceito de livro digital* impõe o reconhecimento da imunidade. O livro digital (*e-book* ou livro eletrônico) constitui uma *espécie* do gênero livro, que não se singulariza pelo seu conteúdo, mas pela sua forma. Constitui a versão digital dos tradicionais livros impressos e pode ser adquirido em meio físico (sobretudo em CDs) ou digital, mediante *download* do seu conteúdo.

O livro digital é livro na acepção literal da palavra. Não na acepção mais estrita, mas certamente na literal. Corroboram essa conclusão até os mais tradicionais dicionários, que nas suas últimas edições têm revisto a definição do vocábulo "livro", de modo a abranger os livros eletrônicos. Veja-se, por exemplo, esta definição contida

---

[12] STF, 2ª Turma, RE 221.239, 5.2004. A imunidade dos "livros ilustrados com cromos de complementação" havia sido refutada pelo Tribunal *a quo* sob o argumento de não possuírem finalidade cultural ou educacional, mas puramente mercantil, notadamente diante da coincidência do seu tema com a novela "Que Rei Sou Eu", veiculada à época pela Rede Globo de Televisão. A Ministra Ellen Gracie, relatora do julgado, reconheceu a imunidade com base na premissa de que "se o fim desta norma constitucional é facilitar o acesso à cultura e à informação, o 'álbum de figurinhas' nada mais é do que uma maneira de estimular o público infantil a se familiarizar com meios de comunicação impressos, atendendo, em última análise, à finalidade do benefício tributário", consignando, por fim, não pretender "dar exegese ampliativa ao dispositivo constitucional em análise, ao contrário, na realidade, o acolhimento do presente apelo afastará restrição, que inexiste no texto da Lei Maior". Se o STF entende que a imunidade do livro alcança até mesmo o álbum de figurinhas com tema de novela, ele certamente haverá de reconhecê-la para os livros digitais, sob pena de ir de encontro às premissas de sua remansosa jurisprudência.

[13] STF, 2ª Turma, RE 183.403, 11.2000. Na dicção do relator, Ministro Marco Aurélio: "o preceito constitucional, no que voltado ao implemento da educação e da cultura, alcança tanto o livro quanto a apostila, porquanto têm o mesmo objetivo, ou seja, a veiculação de mensagem, a comunicação do pensamento num contexto de obra cultural". Esse excerto denota a aplicação *analógica* da imunidade, haja vista que as apostilas não foram reconduzidas ao conceito de livro, mas receberam o mesmo tratamento jurídico em virtude da identidade de objetivos. A concepção que sustentou a inferência analógica foi devidamente exposta no voto: "Confira-se a maior eficácia possível ao Texto Constitucional, postura básica quando se vive em um Estado Democrático de Direito [...] Abandone-se a interpretação meramente verbal, gramatical: embora seduzindo, por ser a mais fácil, deve ser observada em conjunto com métodos mais seguros, como é o teleológico".

[14] STF, Pleno, RE 101.441, 11.1987; 1ª Turma, RE 114.790, 8.1997; 2ª Turma, RE 199.183, 4.1998.

[15] Cfr. SARAIVA FILHO, Oswaldo Othon Pontes, "Os CD-Roms e Disquetes com Programas Gravados são Imunes?". *Revista Dialética de Direito Tributário*, n. 7, abr. 1996, p. 34-9; idem, "A não-extensão da imunidade aos chamados livros, jornais e periódicos eletrônicos", *Revista Dialética de Direito Tributário*, n. 33, p. 133-141, jun. 1998; SANTI, Eurico Marcos Diniz de. "Imunidade Tributária como Limite Objetivo e as Diferenças entre `Livro´ e `Livro Eletrônico´", in: MACHADO, Hugo de Brito (Coord.), *Imunidade tributária do livro eletrônico*, 2ª ed., São Paulo: Atlas, 2003, p. 55-67; TÔRRES, Heleno Taveira; GARCIA, Vanessa Nobell. "Tributação e Imunidade dos Chamados `Livros Eletrônicos´", in: MACHADO, *Imunidade tributária do livro eletrônico*, p. 79-96; TORRES, Ricardo Lobo. "Imunidade tributária nos produtos de informática", in: MACHADO, *Imunidade tributária do livro eletrônico*, p. 223-238; COÊLHO, Sacha Calmon Navarro. "A Imunidade dos Livros, Jornais, Periódicos e do Papel Destinado a sua Impressão", in: MACHADO, *Imunidade tributária do livro eletrônico*, p. 273-281.

na 22ª edição, publicada já em 2001, do *Diccionario de la Real Academia Española*:

Libro. [...] 2. Obra científica, literaria o de cualquier otra índole con extensión suficiente para formar volumen, que puede aparecer impresa o en otro soporte.[16]

Portanto, quando o intérprete reconhece que o livro digital está sob o abrigo da imunidade em questão, ele sequer ingressa na seara da interpretação analógica: limita-se a operar dentro dos estritos limites da exegese literal, que explicita e respeita o conteúdo semântico dos vocábulos utilizados pelo legislador.

Evidencia-se não haver óbices ao reconhecimento da imunidade do livro eletrônico mesmo por aqueles que preconizam a interpretação das imunidades à luz do art. 111 do CTN, preceito que exige a interpretação literal da legislação tributária concernente a "exclusão do crédito tributário" e "outorga de isenção". Até mesmo a interpretação literal do art. 150, VI, *d*, da CF leva ao reconhecimento da imunidade do livro digital.

Essa é a precisa lição de Hugo de Brito Machado e Hugo de Brito Machado Segundo:

[...] como os livros eletrônicos nada mais são que a nova forma assumida pelo livro, não configura "integração por analogia" nem "interpretação extensiva" a tese que defende sua imunidade. A Constituição Federal refere-se a livros. Assim, restringir a imunidade constitucional aos livros de papel somente é fazer distinção onde o legislador não fez, prática condenada até pelos mais formalistas dos hermeneutas.[17]

Tais ponderações também se aplicam ao "áudio livro", comercializado em CDs, fitas cassete, etc. Tal como o livro digital, o *audiobook* é livro. Somente difere dos livros tradicionais (impressos) pela forma de exteriorizar o seu conteúdo, razão pela qual a jurisprudência dos Tribunais Regionais Federais tem reconhecido que ele está albergado pela imunidade do art. 150, VI, *d*, da CF.[18]

Em segundo lugar, o livro digital *desempenha a mesma função* que o livro impresso, o que evidencia um fato de suma relevância: os mesmos fundamentos jurídicos, políticos, culturais e econômicos que sustentam o art. 150, VI, *d*, da Constituição da República embasam, com igual força e consistência, a imunidade do livro eletrônico.

Recorrendo à dicção da ementa do RE 174.476, podemos afirmar que, se a sociedade "tem interesse em ver afastados procedimentos, ainda que normatizados, capazes de inibir a produção material de livros, jornais e periódicos" impressos, ela possui idêntico interesse em afastar tais procedimentos quando aplicados aos livros, jornais e periódicos digitais, notadamente porque, com a impressionante evolução

---

[16] O dicionário prossegue com um elucidativo exemplo de emprego do vocábulo: "La editorial presentará el atlas en forma de libro electrónico".

[17] MACHADO, Hugo de Brito; MACHADO SEGUNDO, Hugo de Brito. "Imunidade tributária do livro eletrônico". In: MACHADO, *Imunidade tributária do livro eletrônico*, p. 104.

[18] Cfr., por todos, TRF3, 3ª Turma, AMS 2001.61.00.022123-0, 9.2009; 6ª Turma, AMS 2001.61.04.002446-0, 9.2010; TRF4, 1ª Turma, REOAC 2004.71.00.048035-4, 9.2009; 2ª Turma, REO 2002.70.00.008696-3, 4.2003. No Supremo Tribunal Federal, contudo, a posição predominante é diversa. A questão foi enfrentada em decisões monocráticas relativas à tributação de equipamentos de eletrônica e CD-ROMs vendidos conjuntamente com livros e periódicos, ocasião em que se rechaçou a imunidade, com base numa interpretação restritiva do art. 150, VI, *d*, da CF, vinculada ao termo "papel". Vide, neste sentido, as seguintes decisões: RE 432.914, Min. Ellen Gracie, 6.2005; RE 282.387, Min. Eros Grau, 5.2006; RE 517.077, Min. Cármen Lúcia, 6.2010. Louvável exceção é a decisão proferida, em fevereiro de 2007, pelo Ministro Marco Aurélio no RE 432.442.

tecnológica que vivenciamos, estes vêm substituindo aqueles a passos largos, a ponto de se começar a falar na "morte" do livro impresso.

É fácil perceber que, se os constituintes, representando a população brasileira, pretenderam impedir que a tributação embaraçasse o exercício da liberdade de expressão e pensamento sob a forma escrita e, para tanto, imunizaram os livros, os jornais e os periódicos, seria um manifesto contrassenso admitir a turbação de tais liberdades pelo mero fato de os livros, jornais e periódicos modernos serem transmitidos aos leitores por meio diverso do tradicional. Isso significaria admitir que o simples progresso tecnológico possa esvaziar a imunidade estampada no texto da Carta Política e, por consequência, mutilar a efetividade da garantia que ela representa para essas liberdades, imprescindíveis à concretização de uma verdadeira democracia.

Igualmente, se a imunidade dos livros, jornais e periódicos almeja propiciar amplo acesso à cultura, à informação e à educação mediante a redução do preço final de tais bens culturais, é inequívoco que ela os abrange em todas as suas formas físicas, desde a impressa até a digital, haja vista que todas elas cumprem a função de veículo do conhecimento e, portanto, são igualmente eficazes na realização dos direitos fundamentais à cultura, à informação e à educação.

Em terceiro lugar, a imunidade do livro digital baseia-se na consagrada diretriz hermenêutica, segundo a qual *se deve priorizar a variante interpretativa que propicie a efetividade máxima da Constituição*, atualizando-a à evolução social.[19] Se o objeto cultural desonerado pela Constituição evolui em decorrência das inovações tecnológicas, assumindo novos formatos sem perder nada da sua essência, é evidente que o intérprete deve privilegiar a solução hermenêutica que melhor realize a força normativa da Constituição, projetando o âmbito normativo à nova realidade social, mediante a inclusão dos livros em formato digital no âmbito de proteção da imunidade que originalmente era direcionada aos tradicionais livros impressos.[20]

Nessa senda, é a primorosa lição do Ministro Marco Aurélio, *in verbis*:

> Há de se conferir a maior eficácia possível ao texto da Carta da República, postura básica quando se vive em um Estado Democrático de Direito. A razão maior do dispositivo realmente não é outra senão o estímulo à educação, pouco importando que, nele, não se aluda, de forma expressa, a fitas que acompanham livros, estas, em última análise, são tidas como material complementar ao aprendizado do conteúdo veiculado. Abandonem a interpretação meramente verbal, gramatical: embora seduzindo, por mostrar-se a mais fácil, deve ser observada em conjunto com métodos mais seguros, como é o teleológico. O reconhecimento, pela Corte de origem, da existência de unidade didática, voltada ao ensino, é suficiente a dizer-se da fidelidade do Órgão julgador à Lei Fundamental.[21]

A esses fundamentos, agrega-se um quarto, que não concerne propriamente ao Direito Tributário, mas deve ser considerado na interpretação sistemática do texto constitucional: o reconhecimento da projeção da imunidade aos livros digitais vem a serviço da *defesa do meio ambiente* e, portanto, de um direito fundamental dos

---

[19] HESSE, Konrad. *Grundzüge des Verfassungsrechts der Bundesrepublik Deutschland*, 20ª ed. Heidelberg: C. F. Müller, 1999, p. 29, Rdn. 75.

[20] No Direito, esse fenômeno é corriqueiro. BYDLINKSI, Franz. *Juristische Methodenlehre und Rechtsbegriff*. 2. ed. Wien: Springer, p. 575 dá como exemplo a aplicação dos preceitos do Código Civil austríaco (ABGB – *Allgemeines bürgerliches Gesetzbuch*), editado em 1811, a objetos que não existiam quando da sua edição, tais como carros, aviões, máquinas de escrever, etc. A realidade social evolui e, com ela, o âmbito de aplicação da regra jurídica, sem que a sua redação necessite ser modificada.

[21] Decisão monocrática proferida no RE 432.442, em fevereiro de 2007, que foi objeto de agravo regimental, ainda não apreciado pela 1ª Turma do STF.

cidadãos (art. 225 da CF) e de um dos princípios fundamentais da ordem econômica preconizada pela Constituição da República, que legitima até mesmo a adoção de "tratamento diferenciado conforme o impacto ambiental dos produtos e serviços e de seus processos de elaboração e prestação" (art. 170, VI).

A substituição do livro impresso pelo digital é extremamente salutar ao meio ambiente, justamente por dispensar o meio físico do papel, evitando não apenas o desmatamento, mas também a poluição advinda do processo de confecção do livro, que afeta a qualidade do ar, da água e da terra.[22] Caso se inibisse esse processo mediante o afastamento da imunidade do livro eletrônico, estar-se-ia atentando contra o direito fundamental dos cidadãos brasileiros ao "meio ambiente ecologicamente equilibrado", que tem por contraponto o dever do Poder Público e da coletividade de "defendê-lo e preservá-lo para as presentes e futuras gerações" (art. 225, *caput*, da CF).

2. Tributos abrangidos

A imunidade do livro digital alcança o IPI e o ICMS, impostos incidentes, respectivamente, sobre a industrialização e comercialização de mercadorias. Também obsta a incidência do Imposto de Importação sobre os livros provenientes do exterior.

A desoneração frente ao IPI tem relevância para os livros eletrônicos confeccionados e distribuídos em meio físico, como *CD-ROMs*, *MP3 CDs*, etc. Por outro lado, carece de significado prático para os livros comercializados em meio eletrônico – isto é, sem suporte físico, mediante *download* do seu conteúdo, a fim de que possam ser lidos em computadores, *ereaders* ou até mesmo celulares –, haja vista que eles não são fruto da industrialização de produtos tangíveis, o que inviabiliza, por si só, a incidência do IPI.

Já a desoneração perante o Imposto de Importação e o ICMS é fundamental na difusão do livro digital, pois eles também se qualificam como mercadorias e, não fosse a imunidade insculpida no art. 150, VI, *d*, da Constituição da República, estariam sujeitos à incidência de tais impostos, que podem alcançar até mesmo o comércio eletrônico (*e-commerce*) de produtos tangíveis e virtuais, como o livro digital.

3. Livros eletrônicos comercializados em suporte físico

Referidos os impostos afastados pela imunidade em foco, mister tratar das espécies de livros digitais por ela abrangidas.

O livro digital comercializado em meio eletrônico não suscita maiores problemas. Uma vez reconhecida a imunidade, a sua confecção, importação e comercialização estarão livres da incidência do I.I., do IPI e do ICMS.

Já os livros comercializados em meio físico levantam questões específicas. A imunidade do livro digital projeta-se ao seu suporte físico? E, em caso negativo, o fato de ser comercializado em suporte sujeito à tributação afeta a imunidade do próprio livro eletrônico?

---

[22] Vale consignar que fenômeno similar à substituição do livro impresso pelo digital está presente na implantação do processo judicial eletrônico, destinado a agilizar a tramitação processual, facilitar o acesso das partes aos autos e, sobretudo, a evitar a poluição advinda da produção e do descarte de papel.

Pensemos nos dicionários eletrônicos, armazenados e comercializados em CD-ROM. Seria viável tributar o valor da venda atinente aos CDs? E caso não se possa delimitar tal valor, poder-se-ia sujeitar o preço total da venda à incidência de impostos?

Reputamos que, em virtude da unicidade do objeto cultural comercializado, a imunidade do livro digital se estende ao seu suporte físico, sempre que a sua utilidade se restrinja ao armazenamento, à distribuição e à leitura do livro eletrônico. Destarte, se um dicionário é vendido em CD-ROM, a imunidade alcança o preço total da venda, e não apenas o valor relativo ao seu conteúdo.

Caso acolhida a posição contrária, negando-se a projeção da imunidade aos suportes físicos do livro digital, o aplicador deparar-se-ia com a complexa tarefa de delimitar o preço da venda atinente ao conteúdo (livro digital) frente à parcela que concerne ao seu suporte físico (no caso, os CDs), de modo a definir a base de cálculo do(s) imposto(s) incidente(s) sobre a operação. Isso demandaria o emprego de presunções, que poderiam ser aceitas se instituídas com vistas à realidade negocial, a fim de evitar o mal maior: o esvaziamento da imunidade e, consequentemente, da proteção conferida pela Constituição a direitos fundamentais dos cidadãos.

Deveras, mesmo que admitida a tributação do suporte físico dos livros eletrônicos, as dificuldades presentes na sua operacionalização jamais poderiam levar à negação completa da tutela constitucional, com a integral sujeição dos livros eletrônicos à pesada tributação que onera o consumo no Brasil.

Infelizmente, é esta a posição predominante no Supremo Tribunal Federal, que vem chancelando a tributação não apenas de livros digitais, distribuídos em CDs, mas até mesmo de periódicos impressos que são acompanhados de material didático armazenado em CD-ROM.[23]

Com a devida vênia, esta não aparenta ser a interpretação que melhor se harmoniza com a indiscutível finalidade da imunidade em questão, de promover a concretização da liberdade de expressão intelectual, artística, científica e de comunicação, bem como os direitos fundamentais à educação, à cultura e à busca do pleno emprego (arts. 5º, IV e IX, 170, VII e VII, 205 e 215 da Constituição da República).

Recorde-se, a propósito, o importantíssimo papel que as imunidades tributárias exercem como instrumentos de garantia dos direitos fundamentais, ressaltado no lapidar voto proferido pelo Ministro Celso de Mello na ADI 939:

> A imunidade tributária não constitui um fim em si mesma. Antes, representa um poderoso fator de contenção do arbítrio do Estado na medida em que esse postulado da Constituição, inibindo o exercício da competência impositiva pelo Poder Público, prestigia, favorece e tutela o espaço em que florescem aquelas liberdades públicas.[24]

Para que as liberdades públicas floresçam no Estado brasileiro, gerando cidadãos instruídos, informados, cultos e aptos a ocupar uma posição de relevo no competitivo mundo globalizado, é mister evitar que a pesada tributação do consumo iniba

---

[23] Vide, por todas, a decisão monocrática proferida, em 29 de março de 2010, no RE 427.965, na qual se reformou acórdão do TRF da 2ª Região que concedera a segurança pleiteada, a fim de liberar da tributação a importação de periódicos de cursos de inglês e espanhol, acompanhados de CD-ROMs, contendo material didático para leitura em computador. A decisão monocrática, de lavra do Ministro Dias Toffoli, assentou-se na jurisprudência do STF no sentido de que "a imunidade disposta no artigo 150, inciso VI, alínea 'd', da Constituição Federal, abrange somente o papel ou os materiais a ele assemelhados com o fim de impressão de livros, jornais e periódicos".

[24] STF, Pleno, ADI 939, Rel. Min. Sydney Sanches, 12.1993.

a aquisição e a leitura de livros, jornais e periódicos, sobretudo no seu formato eletrônico, que a cada dia assume maior importância.

4. Componentes agregados a livros e periódicos

Certos livros e periódicos educativos são comercializados conjuntamente com componentes elétricos ou eletrônicos, que se destinam a complementar o seu conteúdo e facilitar o aprendizado.

Tendo em vista que tais componentes não são tutelados por imunidade alguma, ao menos não se considerados isoladamente, indaga-se acerca da sua inclusão no âmbito de abrangência da imunidade dos livros, jornais, periódicos e do papel destinado à sua impressão.

Aqui, suscitam-se indagações similares às concernentes aos livros digitais comercializados em meio físico. A imunidade em foco também abarca os componentes educativos vendidos com livros e periódicos educativos? Em caso negativo, a comercialização conjunta afasta a imunidade por completo?

Essas questões devem ser respondidas à luz de dois fatores, a relevância econômica e a instrumentalidade dos componentes agregados aos livros e periódicos educativos.

Se os componentes forem efetivamente relevantes ao desenvolvimento das lições consignadas no livro educativo e não possuírem significado econômico que transcenda o deste, estarão sob o abrigo da imunidade, haja vista serem instrumentos acessórios e imprescindíveis à apreensão do conteúdo didático.

Porém, caso tais componentes não sejam necessários ao acompanhamento das lições, mostrar-se-á indevida a desoneração tributária, pois a imunidade visa a baratear o livro, e não componentes que com ele não consubstanciam uma unidade lógica. Do contrário, admitir-se-ia que a extensão objetiva da imunidade ficasse ao alvedrio do industrial, que teria o poder de desonerar os seus produtos sempre que os comercializasse conjuntamente com livros, jornais ou periódicos.

Tampouco se pode reconhecer a imunidade de componentes cujo conteúdo econômico transcenda o do próprio livro ou periódico, sob pena de desvirtuá-la por completo.

Registre-se, por fim, que a imunidade dos componentes eletrônicos agregados a livros e periódicos é matéria que pende de definição pelo Supremo Tribunal Federal. Há decisões monocráticas negando-a e admitindo-a. E o Plenário em breve haverá de pronunciar-se sobre o tema, haja vista ter reconhecido a repercussão geral da questão.[25]

Projeção da imunidade do papel aos suportes físicos dos livros e periódicos digitais

Como indicamos há pouco, a imunidade do papel destinado à impressão dos livros, jornais e periódicos pode ser diferenciada, para fins analíticos, daquela pertinente a esses objetos culturais, enquanto produtos acabados.

---

[25] A repercussão geral foi reconhecida pelo Plenário Virtual em março de 2010, ao apreciar o RE 595.676.

Ao enfrentar o tema que nos ocupa, essa diferenciação assume relevo sobretudo por permitir enfocar, com clareza, a questão atinente à projeção da imunidade do *papel* destinado à impressão de livros, jornais e periódicos aos *instrumentos físicos* que atualmente dão suporte à leitura.

Sobretudo nos dias de hoje, a interpretação do termo "papel", empregado no art. 150, VI, *d*, da CF, não pode ser literal, mas teleológica. Deve atentar para o escopo da imunidade (tutelar a difusão do conhecimento, da cultura e da informação escrita) e a função que o papel empregado nos jornais e periódicos costumava desempenhar (de suporte físico para a sua leitura), de modo a projetar o alcance da imunidade aos meios tecnológicos que fazem as vezes do papel.

Deveras, o papel é imune apenas como *instrumento*. A Constituição não almejou propriamente desonerar a sua industrialização, importação e comercialização, mas impedir que os cidadãos suportem o ônus tributário incidente sobre os objetos culturais adquiridos para a leitura. Para tanto, desonerou o suporte físico que, na época da sua promulgação, era utilizado nos livros, jornais e periódicos. Com a progressiva substituição do papel por instrumentos digitais de armazenamento e leitura, o intérprete não poderá respeitar tal intenção se não reconhecer que a imunidade se projeta a tais instrumentos.

Reconhecemos que argumentos genéticos, atinentes aos trabalhos que precederam a promulgação da Carta Política de 1988, pesam em sentido contrário. Ives Gandra propôs uma redação mais ampla para o art. 150, VI, *d*, da Constituição, a fim de estender a imunidade a técnicas audiovisuais e a insumos diversos do papel; porém, a sua proposta foi rejeitada pela Assembleia Constituinte, que optou por reiterar os termos consignados no art. 19, III, *d*, da Constituição de 1969.[26]

A despeito do insucesso dessa louvável iniciativa, não vemos como rechaçar a projeção da imunidade aos instrumentos que atualmente fazem as vezes do papel. Negar que a imunidade também alcança os suportes físicos utilizados para substituir o papel empregado na produção dos livros, jornais e periódicos seria afrontar a finalidade manifesta da norma constitucional.

A propósito, cumpre recordar duas preciosas diretrizes interpretativas.

A primeira é uma lição clássica da hermenêutica. Mais vale a "vontade objetiva" do legislador, expressa no texto normativo, que a sua intenção subjetiva, via de regra nebulosa – e, não raro, insondável. De acordo com a tradicional jurisprudência do Tribunal Constitucional Federal alemão (*Bundesverfassungsgericht*), o critério para a interpretação de um preceito legislativo é vontade objetivada do legislador (*objektivierte Wille des Gesetzgebers*), que é expressa através da própria redação do preceito e resulta do contexto de significado em que está inserida. Não é decisiva, por outro lado, a concepção subjetiva dos órgãos que atuaram no processo legislativo ou dos seus membros individuais.[27]

---

[26] Após se reportar ao texto do art. 150, VI, *d*, da Constituição de 1988, o festejado tributarista registra: "A proposta que levei aos constituintes era mais ampla. Em face da evolução tecnológica dos meios de comunicação e daqueles para edição e transmissão, tinha sugerido, em minha exposição para eles, a incorporação de técnicas audiovisuais". Eis o texto da sugestão, plasmado no anteprojeto IASP/ABDF: "d) livros, jornais e periódicos e outros veículos de comunicação, inclusive audiovisuais, assim como papel e outros insumos, e atividades relacionadas com sua produção e circulação" (BASTOS, Celso Ribeiro; MARTINS, Ives Gandra. *Comentários à Constituição do Brasil*. São Paulo: Saraiva, 1988, Volume 6, Tomo 1, p. 186).

[27] BVerfGE 1, 299 [312].

A segunda é uma consequência natural daquela. No conflito entre argumentos genéticos e teleológicos, o intérprete há de conferir prevalência a estes, pois decorrem do texto e do sistema da Constituição da República, enquanto aqueles derivam de elementos que lhe são alheios.[28] Entre o histórico dos trabalhos constituintes e a finalidade do texto constitucional, o intérprete há de privilegiar esta, que demanda a desoneração dos suportes físicos imprescindíveis à leitura de livros, jornais e periódicos.

Firmada a premissa de que a imunidade do papel pode projetar-se aos suportes físicos dos livros digitais, mister aprofundar a questão à luz das distintas modalidades de suportes utilizados para o armazenamento, comercialização e leitura de livros eletrônicos.

1. Objetos a serem utilizados no armazenamento dos livros digitais

Questão diversa da concernente à imunidade dos *livros* eletrônicos comercializados em suporte físico diz respeito à tributação dos objetos *a serem utilizados* no armazenamento dos livros digitais, como os CDs e MP3 CDs importados ou industrializados para tal escopo.

Poder-se-ia reconhecer que, em razão do avanço tecnológico, o art. 150, VI, *d*, da Constituição projeta-se, v.g., à importação ou à industrialização de CDs destinados ao armazenamento e à comercialização de livros digitais?

De acordo com a linha interpretativa que perfilhamos, a imunidade em exame há de ser concretizada à luz da sua finalidade, de baratear os livros, jornais e periódicos, sejam eles impressos em papel ou armazenados em meio digital. Logo, os insumos utilizados na produção de tais bens culturais devem ser desonerados, dentro dos parâmetros constitucionais.

Essa ressalva se deve ao fato de que a norma imunizante tem balizas relevantes, que também devem ser consideradas na interpretação do seu texto e na determinação do seu escopo.

O termo "papel" delimita o alcance da imunidade no que diz respeito aos custos de produção dos livros, jornais e periódicos. De tais custos, apenas o suporte físico (tradicionalmente, o papel) e os materiais análogos (papel fotográfico e para telefoto, bem como filmes fotográficos)[29] são imunes. Segundo a tradicional jurisprudência do Supremo Tribunal Federal, não são albergados pela imunidade insumos diversos, como a tinta empregada na produção do livro.[30] O mesmo ocorre com outras despesas necessárias à produção de livros, jornais e periódicos, tais como a mão de obra e os serviços eventualmente prestados por terceiros (editoração, composição, correção e revisão).

---

[28] Essa é a primorosa lição de Humberto Ávila, que, ao enfrentar o tema da imunidade do livro eletrônico, defende a prevalência *prima facie* dos argumentos imanentes ao sistema jurídico (linguísticos e sistemáticos) frente aos argumentos a ele transcendentes (genéticos e históricos), haja vista que aqueles, diversamente destes, têm assento no ordenamento jurídico-positivo ("Argumentação jurídica e a imunidade do livro eletrônico". *Revista Diálogo Jurídico*, Salvador, CAJ – Centro de Atualização Jurídica, v. I, nº 5, agosto, 2001. Disponível em: <http://www.direitopublico. com.br>. Acesso em: 25 de novembro de 2010, p. 29).

[29] STF, Pleno, RE 174.476, 9.1996 e RE 178.863, 3.1997. Esse entendimento restou consagrado na Súmula 657 do STF: "A imunidade prevista no art. 150, VI, 'd', da Constituição Federal abrange os filmes e papéis fotográficos necessários à publicação de jornais e periódicos."

[30] STF, 2ª Turma, RE 273.308, 8.2000.

O intérprete também deve ater-se à finalidade que o constituinte tinha, de desonerar a mídia escrita. A mídia audiovisual jamais foi agraciada pela imunidade em questão, o que obsta a sua desoneração mediante uma interpretação evolutiva do art. 150, VI, *d*, da CF.

Destarte, o signo "papel" inscrito em tal preceito constitucional deve ser compreendido como o meio físico de armazenamento e expressão da mídia escrita.[31] Essa premissa leva ao reconhecimento da imunidade das fitas cassete e CDs adquiridos ou produzidos com vistas à futura comercialização de livros digitais, mas não sustenta, de modo algum, a desoneração constitucional dos outros insumos empregados na confecção de livros eletrônicos.

2. E-book readers

Hoje em dia, existem diversas espécies de aparelhos que propiciam a leitura de livros digitais. Há os *e-book readers*, aparelhos que servem apenas para a leitura de livros, jornais e periódicos digitais; e existem os *tablets*, que agregam funções diversas, como a possibilidade de navegação na *web*, visualização de fotos, entretenimento com jogos, etc.

Aparelhos que estão em destaque no mercado elucidam essa diferença. O *Kindle*, produzido pela *Amazon*, foi concebido para ser um autêntico leitor de *e-book*: serve apenas para leitura de livros digitais e utiliza, para tanto, uma tecnologia específica de iluminação da tela (*e-ink*), que se mostra vantajosa para a leitura em ambientes externos. Já o *iPad*, produzido pela *Apple*, está muito mais próximo de um computador, haja vista possuir diversas outras funções (navegação na *web*, uso de *softwares,* visualização de fotos, etc.) e utilizar a iluminação por LED (o que prejudica a leitura à luz solar, mas a favorece em ambientes com pouca luz).

Reputamos que *e-books readers* puros, que apenas propiciam a leitura de livros, jornais e periódicos digitais, estão sob o abrigo da imunidade, diversamente dos *tablets*, que jamais poderiam ser incluídos no âmbito de proteção do art. 150, VI, *d*, da Constituição Federal.

Conclusões

Às imunidades tributárias não se aplica o art. 111, inciso II, do CTN. Elas não estão jungidas à interpretação literal, antes devem ser concretizadas com o auxílio de todos os critérios hermenêuticos, dentre os quais sobressai o teleológico, que pode levar à interpretação extensiva e até mesmo à projeção do seu conteúdo a novas realidades, inexistentes ou inexpressivas quando da promulgação do texto constitucional.

---

[31] Concepção análoga é perfilhada por Tércio Sampaio Ferraz Júnior, que vislumbra na imunidade uma proteção especial à mídia escrita: "na escritura e na leitura está o cerne do veículo que já foi gravado em pedra, tijolo, pergaminho e agora aparece em disquetes. O privilégio conferido à mídia escrita, sobre outros meios de comunicação social, está no valor cultural representado pelo acervo mundial constituído pela escritura [...] A *individualidade* da expressão pela escrita e de sua recepção pela leitura faz do livro ou do periódico ou do jornal um instrumento essencial na salvaguarda da liberdade enquanto tributo fundante da pessoa humana. A leitura, ao contrário do cinema ou da TV ou do rádio, exige a participação do receptor, participação reflexiva e atenta, e por isso o educa para o exercício da liberdade pessoal" ("Livro Eletrônico e imunidade tributária". *Cadernos de Direito Tributário e Finanças Públicas,* ano 6, n. 22, jan./mar. de 1998, p. 35).

A imunidade do art. 150, VI, *d,* da Constituição da República projeta-se ao livro digital, por três razões básicas. Primeira, o *e-book* constitui uma espécie do gênero livro; logo, a própria interpretação literal fundamenta a sua imunidade. Segunda, o livro eletrônico desempenha a mesma função que o impresso; portanto, os mesmos fundamentos que embasam o art. 150, VI, *d,* da CF sustentam, com igual força e consistência, a imunidade do livro digital. Terceira, o reconhecimento da imunidade do livro eletrônico promove a efetividade máxima dos ditames e valores constitucionais e, mais especificamente, da liberdade de expressão e pensamento e dos direitos fundamentais à cultura, à informação, à educação e ao meio ambiente saudável.

A imunidade abrange tanto os livros digitais distribuídos por meio eletrônico, mediante *download* do seu conteúdo, quanto aqueles comercializados em suporte físico (fitas cassete, CDs, MP3 CDs, etc.). Engloba, outrossim, componentes agregados aos livros e periódicos, sempre que sejam efetivamente relevantes à compreensão do seu conteúdo e não ostentem significado econômico que transcenda o do próprio livro ou periódico.

Por outro lado, a imunidade do papel destinado à impressão de livros, jornais e periódicos projeta-se a suportes físicos que vêm ocupando o seu lugar, como os CDs produzidos ou importados para serem utilizados no armazenamento de livros digitais, bem como os autênticos *e-book readers*, que têm apenas uma função: propiciar a leitura de livros, jornais e periódicos digitais.

— 2.5 —

A imunidade tributária do livro eletrônico no STF

RICARDO LODI RIBEIRO[1]

Sumário: 1. Introdução; 2. Conceito de imunidade tributária no Estado Social e Democrático de Direito; 3. A Interpretação das regras imunizantes; 4. Imunidades dos livros, jornais, periódicos e papel destinado à sua impressão; 5. A extensão da imunidade aos livros eletrônicos; 5.1. A interpretação literal do art. 150, VI, *d*, CF; 5.2. A interpretação histórica do art. 150, VI, *d*, CF; 5.3. A interpretação teleológica do artigo 150, VI, *d*, CF; 6. A jurisprudência; 7. Conclusões.

1. Introdução

O Plenário do Supremo Tribunal Federal reconheceu, no Recurso Extraordinário nº 330.817/RJ, a repercussão geral da discussão sobre a extensão ao livro eletrônico da imunidade tributária dos livros jornais, periódicos e o do papel destinado à sua impressão, prevista no artigo 150, VI, *d*, CF.

No referido julgado, discute-se a aplicação da referida regra constitucional em relação à comercialização de enciclopédia jurídica eletrônica por processamento de dados. A discussão tem origem em mandado de segurança impetrado por Elfez Edição, Comércio e Serviço Ltda., na Justiça Estadual do Rio de Janeiro, onde foi concedida a ordem em decisão que foi mantida pela 11ª Câmara Cível do TJRJ. O Estado do Rio de Janeiro interpôs recurso extraordinário que, admitido, foi distribuído ao Ministro Dias Toffoli, que, monocraticamente, deu provimento ao recurso.

Houve oposição de embargos de declaração pela recorrida. Em novembro de 2011, o Ministro Dias Toffoli sobrestou o julgamento dos embargos declaratórios em função do julgamento do RE nº 595.676/RJ, onde fora reconhecida repercussão geral sobre a extensão da imunidade do livro aos pequenos componentes eletrônicos que o acompanham. Por fim, em outubro de 2012, o relator modificou novamente a sua posição, por reconhecer não serem idênticas as matérias nos dois recursos, considerando haver repercussão geral na questão da aplicação da imunidade ao livro eletrônico, em decisão que foi referendada Plenário do STF.

Com isso, espera-se que o STF resolva a grande polêmica na doutrina sobre a questão relativa à extensão ao livro eletrônico da imunidade do artigo 150, VI, *d*, CF conferida aos livros, jornais, periódicos e o papel destinado a sua impressão.

---

[1] Professor Adjunto de Direito Financeiro da UERJ. Coordenador do Programa de Pós-Graduação em Direito da UERJ. Doutor em Direito e Economia pela UGF, Mestre em Direito Tributário pela UCAM. Presidente da Sociedade Brasileira de Direito Tributário (SBDT). Ex-Procurador da Fazenda Nacional. Advogado.

De fato, a doutrina tem se dividido sobre a questão. Em defesa da extensão da imunidade aos livros eletrônicos se posicionaram dentre outros autores renomados Tércio Sampaio Ferraz Júnior,[2] Hugo de Brito Machado e Hugo de Brito Machado Segundo[3] e Roque Antônio Carrazza.[4] Em sentido contrário, os não menos ilustres Ricardo Lobo Torres[5] e Oswaldo Othon de Pontes Saraiva Filho.[6] Tal controvérsia também tem se refletido na jurisprudência dos nossos tribunais, como se demonstrará ao longo desse estudo.

Em geral, os argumentos utilizados a favor da extensão da imunidade aos livros eletrônicos partem da utilização dos métodos de interpretação do dispositivo imunizante, seja por meio de uma necessidade de dar um conteúdo extensivo às liberdades constitucionais,[7] seja a partir da utilização do método histórico com base no contexto em que o dispositivo foi introduzido na Constituição de 1946.[8]

Por outro lado, a hermenêutica do dispositivo do artigo 150, VI, *d*, CF também é utilizada pelos que não reconhecem a extensão, seja pela distinção entre o livro de papel e o livro eletrônico,[9] seja a partir da vedação da interpretação analógica da referida norma.[10]

Por isso, é fundamental para o deslinde da questão investigar o conceito de imunidade, os contornos da intributabilidade dos livros, jornais, periódicos e o papel destinado à sua impressão e os critérios aplicáveis a sua interpretação.

2. Conceito de imunidade tributária no Estado Social e Democrático de Direito

A imunidade é a não incidência constitucionalmente qualificada, a partir de uma exceção à regra de competência tributária deferida aos entes federativos pela Constituição Federal,[11] tendo como base os direitos fundamentais.[12]

Superada a sua origem histórica no Estado Patrimonial quando esteve associada à reserva de Liberdade da nobreza e do clero em relação ao poder real, a natureza

---

[2] FERRAZ JÚNIOR, Tércio Sampaio. "Livro Eletrônico e Imunidade Tributária". São Paulo. *Revista dos Tribunais*, Vol. 6, p. 32-38, 1998.

[3] MACHADO, Hugo de Brito e MACHADO SEGUNDO, Hugo de Brito. "Imunidade Tributária do Livro Eletrônico". *Revista Jus Navegandi*, http://jus.uol.com.br/revista/texto/1809/imunidade-tributaria-do-livro-eletrônico. Acesso em 20/09/2010.

[4] CARRAZZA, Roque Antônio. "Importação de Bíblias em Fitas – Sua Imunidade – Exegese do art. 150, VI, *d*, da Constituição Federal",São Paulo, *Revista Dialética de Direito Tributário*, vol. 26, p. 117-139.

[5] TORRES, Ricardo Lobo. *Tratado de Direito Constitucional Financeiro e Tributário*, Vol. III: Os Direitos Humanos e a Tributação: Imunidades e Isonomia. Rio de Janeiro: Renovar, 1999, p. 302-304.

[6] SARAIVA FILHO, Oswaldo Othon de Pontes. "A Não-Extensão da Imunidade aos Chamados Livros, Jornais e Periódicos Eletrônicos". São Paulo. *Revista Dialética de Direito Tributário*, vol. 33 p. 133-141.

[7] Por todos: MACHADO, Hugo de Brito. *Curso de Direito Tributário*. 30. ed. São Paulo: Malheiros, 2009, p. 291.

[8] FERRAZ JÚNIOR, Tércio Sampaio. "Livro Eletrônico e Imunidade Tributária", p. 33.

[9] TORRES, Ricardo Lobo. *Tratado de Direito Constitucional Financeiro e Tributário*, Vol. III, p. 301-301.

[10] SARAIVA FILHO, Oswaldo Othon de Pontes. "A Não-Extensão da Imunidade aos Chamados Livros, Jornais e Periódicos Eletrônicos", p. 139.

[11] FALCÃO, Amílcar de Araújo. *Fato Gerador da Obrigação Tributária*. 4. ed. Anotada e atualizada por Geraldo Ataliba. São Paulo: Revista dos Tribunais, 1977, *p. 117.*

[12] RIBEIRO, Ricardo Lodi. *Limitações Constitucionais ao Poder de Tributar*. Rio de Janeiro: Lumen Juris, 2010, p. 183.

jurídica das imunidades tributárias é objeto de grande controvérsia doutrinária.[13] A primeira corrente, extraída do liberalismo norte-americano do século XIX, sintetizado na expressão do Juiz Marshall de que o poder de tributar envolve o poder de destruir ("*the power to tax involves the power to destroy*"), associava a imunidade à preservação da propriedade e do individualismo burguês, como uma limitação do poder fiscal do Estado determinadas por essas Liberdades. Com o intervencionismo do Estado Social do séc. XX, outros interesses econômicos e sociais são incorporados ao discurso constitucional, dando origem à segunda corrente, que vê a imunidade como autolimitação da competência tributária. De acordo com essa corrente, competindo à Constituição fazer a partilha da competência tributária, cabe a ela excepcionar e condicionar o exercício dessa competência.[14] No Estado Social e Democrático de Direito, surge a terceira corrente com as imunidades se baseando na Liberdade emanada dos direitos fundamentais pré-existentes ao próprio Estado, como destaca Ricardo Lobo Torres.[15]

Porém, é forçoso reconhecer que no Estado Social e Democrático de Direito não só os direitos individuais e políticos, mas também os econômicos e sociais constituem os direitos fundamentais,[16] o que a nossa ordem constitucional assume ao inserir o capítulo "Dos Direitos Sociais" no título "Dos Direitos e Garantias Fundamentais". Assim, há imunidades baseadas também em direitos coletivos, sejam de índole social ou econômica, e não apenas nas Liberdades individuais e políticas.[17]

Diante disso, é lícito afirmar que na fase de legitimação do ordenamento jurídico do Estado Social e Democrático de Direito, onde são ponderados os valores da *Liberdade* do Estado Liberal e da *Solidariedade* do Estado Social, os direitos fundamentais constituem fundamento para as imunidades tributárias. Porém, vale advertir que nem todos os direitos fundamentais – sejam eles individuais, políticos, econômicos e sociais – dão origem a imunidades tributárias. São preservados da partilha constitucional de competências tributárias, em nome dos direitos fundamentais, determinadas pessoas (imunidades subjetivas) ou determinadas condutas (imunidades objetivas).

Contudo, a amplitude material dos direitos fundamentais consagrados modernamente exige que o constituinte indique expressamente quais direitos fundamentais serão objeto de imunização.[18] É claro que outras intributabilidades constitucionais

---

[13] Sobre as várias correntes a respeito na natureza jurídica das imunidades tributárias, vide:. TORRES, Ricardo Lobo. *Tratado de Direito Constitucional Financeiro e Tributário, Vol. III*, p. 42-57.

[14] FALCÃO, Amílcar de Araújo. "Imunidade e Isenção Tributária. Instituição de Assistência Social". *RDA* 66:370, 1961.

[15] TORRES, Ricardo Lobo. *Tratado de Direito Constitucional Financeiro e Tributário*, Vol. III, p. 51.

[16] GRIMM, Dieter. *Constitucionalismo y Derechos Fundamentales*, p. 156-158. PÉREZ LUÑO, Antonio-Enrique. *Los Derechos Fundamentales*. 7. ed. Madrid: Tecnos, 1998, p. 164. PECES-BARBA MARTÍNEZ, Gregório. *Curso de Derechos Fundamentales – Teoría General*. Madrid: Universidad Carlos III de Madrid, 1999, p. 198.

[17] No sentido do texto: STF, Pleno. ADI nº 939-7/DF, Rel. Min. Sydney Sanches, DJU 18/03/1994, p. 5.165. No referido julgamento, o STF não fez distinção entre as imunidades baseadas nos direito sociais e nos direitos individuais, considerando todas elas elencadas entre os direitos fundamentais. Contra: TORRES, Ricardo Lobo. *Tratado de Direito Constitucional Financeiro e Tributário*, Vol. III, p. 68, para quem só as liberdades individuais fundamentam as imunidades.

[18] RIBEIRO, Ricardo Lodi. "A imunidade do livro eletrônico e pluralismo metodológico na interpretação do art. 150, VVI, *d*, CF". *Revista Trimestral de Direito Civil* nº 46, p. 235-263, 2011, p. 237. Contra: TORRES, Ricardo Lobo. *Tratado de Direito Constitucional Financeiro e Tributário, Vol. III*, p. 86, para quem as imunidades constitucionais precedem a Constituição, tendo os dispositivos constitucionais que as veiculam natureza meramente declaratória.

decorrem dos princípios constitucionais tributários, como a proteção do mínimo existencial, cuja tributação revela-se atentatória ao princípio da Capacidade Contributiva, bem como a vedação do confisco que supera o seu limite superior. Porém, as intributabilidades derivadas da inobservância dos princípios constitucionais tributários revelam-se como limites intrínsecos ao poder de tributar. Ou seja, a tributação neste caso é ilegítima por não observar os requisitos necessários ao exercício da competência tributária pelos entes federativos, como a Legalidade, a Irretroatividade ou a Capacidade Contributiva, por exemplo. No caso da imunidade, as limitações são externas ao poder de tributar, em verdadeira exceção ao campo de competência estabelecido constitucionalmente. *Os entes federativos não têm competência para tributar as operações e pessoas imunes.*

No entanto, a conclusão que de que todas as intributabilidades constitucionais externas ao exercício do poder de tributar constituem imunidades não significa que todas elas estejam albergadas pela cláusula pétrea do art. 60, § 4º, IV, CF, que protege os direitos e garantias individuais. É que nem todas as limitações constitucionais ao poder de tributar são cláusulas pétreas, e nem qualquer exceção a elas é violadora da norma constitucional petrificadora que, longe de estabelecer a imutabilidade dos direitos por ela consagrados, protege o seu núcleo essencial.[19]

Por outro lado, cumpre estabelecer que a competência tributária é a faculdade conferida aos entes políticos para criar tributos, cuja limitação é estabelecida simultaneamente pela Constituição Federal no momento que a confere. Diz-se que o campo de incidência está demarcado num sentido positivo, em que a criação de tributo está autorizada, e noutro negativo, onde não há espaço para fazê-lo. Em síntese, ao mesmo tempo em que a ordem constitucional possibilita a tributação de algumas situações, impede expressamente a tributação de outras.

É exatamente no aspecto negativo da competência tributária que se encontram as imunidades, quando o ordenamento constitucional entende que determinadas operações ou pessoas não devem ser tributados. Trata-se da incompetência absoluta dos entes políticos para onerar certas pessoas ou fatos econômicos por elas praticados.

Assim, as imunidades são não incidências constitucionalmente qualificadas,[20] que, em nome dos direitos fundamentais, sejam eles de índole individual e política, ou social e econômica, foram expressamente estabelecidas pela Constituição Federal, em verdadeira exceção às regras de competência tributária.

3. A interpretação das regras imunizantes

É muito encontrada na doutrina a afirmativa de que, sendo as imunidades baseadas nas liberdades constitucionais devem ser interpretadas extensivamente, a fim de dar maior efetividade a tais direitos.[21] Tais posicionamentos quase sempre partem

---

[19] No mesmo sentido do texto: NOVELLI, Flávio Bauer. "Norma Constitucional Inconstitucional? A propósito do art. 2º, § 2º, da Emenda Constitucional nº 3/93", p. 21-57. Contra: STF, Pleno, ADI nº 939-7/DF, Rel. Min. Sydney Sanches, DJU 28/03/94, p. 5.165. Sobre a discussão das cláusulas pétreas tributárias face aos princípios constitucionais tributários, vide: RIBEIRO, Ricardo Lodi. *Limitações Constitucionais ao Poder de Tributar*, Capítulo 2.

[20] FALCÃO, Amílcar de Araújo. *Fato Gerador da Obrigação Tributária*, p. 117.

[21] MACHADO, Hugo de Brito; MACHADO SEGUNDO, Hugo de Brito. "Imunidade Tributária do Livro Eletrônico": " Realmente, não se deve interpretar uma norma imunizante como se interpreta norma instituidora de isenção. A norma imunizante de que se cuida foi encartada no texto constitucional para a proteção de valor fundamental da

de uma tendência a dar uma interpretação especial a determinado conjunto de regras jurídicas, de acordo com o interesse jurídico por elas tutelado. Isso ocorre, por exemplo, com a identificação da norma tributária como violadora da liberdade individual. Dentro dessa linha argumentativa, a norma de incidência deve ser interpretada restritivamente e a norma de desoneração extensivamente.

Por outro lado, também há quem sustente que, sendo a imunidade uma exceção à regra de competência, deve ser interpretada restritivamente.[22]

Porém, as duas linhas de argumentação encontram como obstáculo a inexistência de critérios aprioristicos de interpretação e o caráter ambivalente da norma tributária que não tem a mesma repercussão em relação a todos os indivíduos da sociedade.[23]

Com o triunfo do pós-positivismo, embalado pelas ideias da jurisprudência dos valores e pela virada kantiana, adota-se o pluralismo metodológico na interpretação da lei, afastando-se a aplicação apriorística de qualquer dos métodos, com a utilização de todos eles, de acordo com os valores envolvidos no caso concreto e imanentes à norma.

Nesse contexto, a problemática da interpretação da lei tributária se prende à elucidação da questão da hermenêutica na teoria geral do direito, estando superadas, historicamente, as teses que recomendavam uma exegese especial para o direito tributário,[24] seja a partir da ótica do interesse dos contribuintes, que na esfera de sua autonomia privada poderiam fazer, sem o ônus fiscal, tudo o que não fosse expressamente, e sem sombra de dúvidas, previsto em lei – como queriam os autores de índole formalista –, seja por meio de uma interpretação economicista que, desprezando a segurança jurídica, descambou para uma visão causalista da justiça, como pregavam os defensores da teoria da interpretação econômica do fato gerador.[25]

Também não são mais aceitas as teorias que consideram a norma tributária como penal-odiosa conforme bem assinala Ezio Vanoni: "Não pode ser odioso aquilo que é necessário à própria existência do Estado, e que tem por única finalidade o benefício dos cidadãos". Como no Estado Fiscal, os recursos são majoritariamente oriundos dos tributos, a ideia de odiosidade é inconcebível. Desta forma, está historicamente

---

humanidade, que é a liberdade de expressão, sem a qual não se pode falar de democracia. Em vista disso, deve ser atribuído o sentido que maior eficácia lhe dê".

[22] STF, Pleno, RE nº 564.413/SC, Rel. Min. Marco Aurélio, DJe 209, de 03/11/2010, que considerou que a imunidade de contribuições sociais artigo 149, §2º, II, CF,não atinge as receitas de exportação. Na ementa do julgado, restou assentado que: "A imunidade encerra exceção constitucional à capacidade tributária ativa, cabendo interpretar os preceitos regedores de forma estrita".

[23] Sobre a ambivalência da lei tributária, vide RIBEIRO, Ricardo Lodi. A Segurança Jurídica do Contribuinte – Legalidade, Não-surpresa e Proteção à Confiança Legítima. Rio de Janeiro: Lumen Juris, 2008, Capítulo 3.

[24] A maioria dos autores assim tem entendido, seja no Brasil, seja no exterior, como relata TORRES, Ricardo Lobo. Normas de Interpretação e Integração do Direito Tributário. 3. ed. Rio de Janeiro: Renovar, 2000, p. 52. Por todos, vide PEREZ DE AYALA. Derecho Tributario I. Madrid: Editorial de Derecho Financiero, 1968, p. 99; e FALCÃO, Amílcar. Introdução ao Direito Tributário. 3. ed. Atualizada por Flávio Bauer Novelli. Rio de Janeiro: Forense, 1987, p. 63.

[25] Considerando ultrapassadas as teses que recomendam uma interpretação especial no Direito Tributário se colocam até mesmo os juristas da escola funcionalista, como Vanoni, para quem: "Desde que as características jurídicas das normas tributárias não se distinguem das demais normas de direito, a opinião que pretende negar aplicabilidade, às leis tributárias, dos mesmos métodos de interpretação que se aplicam às leis em geral parece destituída de qualquer fundamento." (Natureza e Interpretação das Leis Tributárias. Tradução: Rubens Gomes de Sousa. Rio de Janeiro: Edições Financeiras, 1952, p. 181).

comprovado que a vitória das teorias que consideravam o tributo como instrumento odioso propiciou sempre situações de odiosa injustiça.

Assim, não havendo na relação jurídico-tributária nenhuma característica de odiosidade, ou de limitação de direitos individuais, as normas que a regulam não se constituem exceção às regras gerais de direito, merecendo, deste modo, uma interpretação como qualquer outra lei.

A necessidade de interpretar o texto legal se revela especialmente pela ausência de univocidade da linguagem empregada pelo legislador, o que sempre, ou quase sempre, irá gerar um sentido problemático a que se refere Karl Larenz.

O festejado autor alemão, em sua famosa *Metodologia da Ciência do Direito*, buscou no *círculo hermenêutico*, desenvolvido por Gadamer,[26] a partir das ideias de Heidegger, subsídios para um método de interpretação jurídica.

A compreensão da linguagem jurídica se dá com base no sentido que cada palavra inserida no texto possui. E esse sentido é, por sua vez, informado pelo sentido global do texto. À medida que o intérprete evolui na leitura, pode acontecer que o sentido originalmente empregado para cada palavra seja modificado. Nesse caso, deve o leitor retornar aos pontos em que a palavra foi utilizada e reorientar sua interpretação com base no novo sentido. É que para o início da atividade de interpretação, indispensável se torna uma pré-compreensão da matéria sobre a qual se vai estudar. Mas a cada passo avançado no conhecimento do texto, o sentido adotado originalmente para a palavra, a partir da pré-compreensão, é muitas vezes substituído por um novo sentido oferecido pelo contexto estudado.[27]

Adaptando essa figura do círculo para a hermenêutica jurídica, Larenz identifica essa pré-compreensão do trabalho desenvolvido pelos juristas das gerações anteriores graças ao qual a doutrina e a jurisprudência atuais tiveram o seu desenvolvimento.[28] A primeira ideia que o aplicador tem da lei é dada por essa tradição jurídica, que aos poucos vai sendo substituída pelo conteúdo da própria lei a ser interpretada.

No entanto, como adverte Larenz,[29] o trabalho do intérprete não se limita a subsumir o fato concreto à norma abstrata, uma vez que esta jamais poderá descrever a complexidade do caso concreto. As proposições jurídicas poucas vezes se revelam por conceitos, assim entendidos como uma definição obtida mediante a indicação exaustiva de todas as notas distintivas que a caracterizam. O direito também se mani-

---

[26] GADAMER, Hans-Georg. *Verdade e Método – Traços Fundamentais de Uma Hermenêutica Filosófica*. 3. ed. Petrópolis: Vozes, 1999, p. 400.

[27] Como diz Gadamer: "Toda interpretação correta tem que proteger-se contra a arbitrariedade da ocorrência de 'felizes ideias' e contra a limitação dos hábitos imperceptíveis do pensar, e orientar sua vista 'às coisas elas mesmas' (que para os filólogos são textos com sentido, que também tratam, por sua vez, de coisas). Esse deixar-se determinar assim pela própria coisa, evidentemente, não é para o intérprete uma decisão 'heroica', tomada de uma vez por todas, mas verdadeiramente 'a tarefa primeira, constante e última'. Pois o que importa é manter a vista atenta à coisa, através de todos os desvios a que se vê constantemente submetido o intérprete em virtude das ideias que lhe ocorram. Quem quiser compreender um texto realiza sempre um projetar. Tão logo apareça um primeiro sentido no texto, o intérprete prelineia um sentido todo. Naturalmente que o sentido somente se manifesta porque quem lê o texto lê a partir de determinadas expectativas e na perspectiva de um sentido determinado. A compreensão do que está posto no texto consiste precisamente na elaboração desse projeto prévio, que, obviamente, tem que ir sendo constantemente revisado com base no que se dá conforme se avança na penetração do sentido." (GADAMER, Hans-Georg. *Verdade e Método*, p. 401 e 402).

[28] LARENZ, Karl. *Metodologia da Ciência do Direito*. Tradução de José Lamego. 3.ed. Lisboa: Fundação Calouste Gulbenkian, 1997, p. 289.

[29] LARENZ, Karl. *Metodologia da Ciência do Direito*, p. 300.

festa – e isso é muito mais comum – por meio de tipos e de pautas de valoração que carecem de preenchimento, cujo entendimento só se torna possível por ocasião da aplicação da norma.

É justamente para a compreensão dessas normas carecedoras de preenchimento que a interpretação vai bem além da mera subsunção do fato à norma, traduzindo-se em uma valoração.

Mas a aplicação do direito não se consome na interpretação. Esta encontra como limite as possibilidades oferecidas pelo sentido literal linguisticamente possível.[30] Para além destas, temos a integração, que se revela pelo preenchimento das lacunas contrárias ao plano do legislador e o desenvolvimento do direito para além da lei.[31]

No direito tributário, outras soluções não se oferecem. Mas nem sempre foi assim. No Estado Liberal predominou o método sistemático, pois para o positivismo formalista, então reinante, o que não estava no sistema jurídico não interessava ao direito. Já no Estado Social, onde o importante não era a norma, mas a intenção reguladora e o fato social, o método teleológico imperava sobre todos os outros.

Modernamente, no Estado Social e Democrático de Direito, marcado pelo pós--positivismo e pela sociedade de risco, há uma pluralidade metodológica, não existindo hierarquia entre os vários métodos,[32] que, embora possam por vezes apontar para resultados contraditórios, como assinalou Engisch,[33] constituem manifestações interdependentes na atividade hermenêutica.

Deste modo, a interpretação não se dá a partir da escolha de um critério, mas mediante um procedimento único em que o hermeneuta vai-se utilizar de todos os métodos, prevalecendo, de acordo com o caso concreto, um ou outro. É justamente por isso que Larenz evita falar em *métodos*, preferindo a expressão *pontos de vista diretivos*.[34]

A pluralidade metodológica se revela num procedimento de interpretação que parte do sentido literal possível oferecido pelo texto (elemento gramatical), e do contexto normativo em que a lei está inserida (elemento lógico-sistemático). A utilização desses dois primeiros critérios oferece alguns resultados possíveis na pesquisa do sentido das expressões da lei. Entre estes, prevalece aquele que se coadune com a intenção reguladora do legislador histórico (elemento histórico), com os fins teológico-objetivos oferecidos pelas estruturas materiais do domínio da norma e com princípios ético-jurídicos imanentes (elemento teleológico). Todo esse procedimento encontrará como limite o sentido literal possível do texto, em uma das possibilidades fornecidas pela própria lei. Ultrapassado esse ponto, não há que se falar mais em

---

[30] LARENZ, Karl. *Metodologia da Ciência do Direito*, p. 454.

[31] Idem, p. 524.

[32] Contra: CANARIS. Claus-Wilhelm. *Pensamento Sistemático e Conceito de Sistema na Ciência do Direito* 2. ed. Lisboa: Calouste Gulbenkian, 1996, p. 159. Segundo o festejado autor tedesco, há prevalência do método teleológico sobre os demais.

[33] ENGISCH. *Introdução ao Pensamento Jurídico*, p. 145.

[34] De acordo com Larenz: "não se trata de diferentes métodos de interpretação, como permanentemente se tem pensado, mas de pontos de vista metódicos que devem ser todos tomados em consideração para que o resultado da interpretação deva poder impor a pretensão de correção. Certamente que os diversos critérios, como o sentido literal, e também, freqüentemente, a conexão de significado da lei, deixam sempre em aberto diferentes possibilidades de interpretação; outros, freqüentemente, não funcionam porque, por exemplo, o entendimento da norma por parte do legislador histórico já não é possível constatar. Não raramente, necessita-se de uma 'ponderação' de diferentes pontos de vista". (LARENZ, Karl. *Metodologia da Ciência do Direito*, p. 450).

interpretação; tão somente em integração ou desenvolvimento do direito para além da lei.[35]

A partir da utilização dos vários pontos de vista diretivos, num cenário em que impera a pluralidade metodológica, a atividade de interpretação é resultado de um processo científico de pesquisa do sentido da norma. Sendo essa pesquisa orientada por um sistema valorativo, composto por valores e princípios, são ineficazes as premissas interpretativas e as regras legais que oferecem critérios para a interpretação das leis.[36]

A ineficácia se revela devido à posição que tais regras ocupam dentro do sistema, devendo guardar compatibilidade com os valores e princípios imanentes ao caso concreto. Deste modo, ou bem tais regras constituiriam meras disposições declaratórias desses valores e princípios – o que raramente seria possível, dada a fluidez desses que muitas vezes só vão ganhar concretude diante da norma a ser interpretada, ou acabariam por colidir com essas diretrizes axiológicas orientadoras da pesquisa do sentido da norma interpretada, padecendo, assim, de ilegitimidade.

Daí a impossibilidade de que sejam estabelecidas premissas de interpretação de qualquer lei, inclusive da lei tributária, seja ela de incidência, de imunidade ou de isenção.

Por outro lado, é bastante encontradiça na doutrina a classificação da interpretação, quanto a sua extensão, em restritiva ou extensiva. A maioria dos autores identifica haver interpretação restritiva quando o legislador diz mais do que pretende, cabendo então ao intérprete restringir a amplitude do texto que não traduz a intenção menos ampla do legislador. Dentro dessa mesma linha de pensamento, a interpretação extensiva se dá quando o legislador diz menos do que pretende. Caberia ao intérprete, neste caso, aplicar a lei aos casos que, embora não contidos nas palavras do texto, estivessem de acordo com a intenção do legislador.[37]

Em que pese a grande aceitação dessa distinção na doutrina, vale ressaltar a dificuldade de sua aplicação prática. Tal dificuldade se dá pelo ponto de partida, por demais subjetivista, que a classificação adota, pois quase sempre é problemática a verificação da intenção do legislador histórico, como se abordará ao longo deste estudo.

No entanto, a interpretação pode ser classificada como restritiva ou extensiva a partir de outro raciocínio, desenvolvido por Larenz.[38] De acordo com o autor, da ambiguidade das palavras utilizadas pelo legislador é possível se extrair um variável número de significados para cada conceito, a partir de uma interpretação do seu sentido literal possível. De cada conceito, podemos extrair um *âmbito nuclear*, representado pelo sentido que, em primeiro lugar, é utilizado na linguagem corrente. No entanto, em tal conceito ainda estão abrangidas outras acepções, só algumas vezes levadas em

---

[35] LARENZ, Karl. *Metodologia da Ciência do Direito*, p. 485 a 487.

[36] No sentido do texto LARENZ (*Metodologia da Ciência do Direito*, p. 455), ENGISCH (*Introdução ao Pensamento Jurídico*, p. 179) e TORRES, Ricardo Lobo (*Normas de Interpretação e Integração do Direito Tributário*, p. 276).

[37] Nesse sentido, e por todos, vide Francesco Ferrara. *Interpretação e Aplicação das Leis*. 4. ed. Coimbra: Armênio Amado, 1987, p. 149 a 151.

[38] LARENZ, Karl. *Metodologia da Ciência do Direito*, p. 501.

conta no uso linguístico geral ou apenas utilizadas no uso especial. São os fenômenos contidos na chamada *franja marginal* do conceito.

O limite da franja marginal nos é dado pela interpretação extensiva. Além desta, não há mais que se falar em interpretação, mas integração do direito. Já a interpretação restritiva é aquela que coincide com o âmbito nuclear. Aquém deste também não há interpretação, mas redução teleológica da lei.

Por outro lado, muito se diz que as normas excepcionais devem ser interpretadas restritivamente,[39] e em relação a elas não caberia analogia. Em primeiro lugar, a pesquisa sobre o que seria uma regra excepcional não será bem-sucedida ante a inexistência de um processo hermenêutico. Ademais, a máxima não pode ser aceita sem ponderações. A regra excepcional deve ser interpretada como qualquer outra, dentro do sentido literal possível. Assim, o legislador excepciona determinados casos da regra geral, a partir de uma *ordem de validade negativa*[40] cuja extensão pode ser interpretada como qualquer regra jurídica, desde que não esvazie a intenção legislativa contida na regra geral. No entanto, não deve o aplicador partir para a integração do texto, diante da inexistência de lacunas a serem preenchidas uma vez que, não estando o caso previsto na regra excepcional, estará inexoravelmente embutido na regra geral.

Assim, é impossível estabelecer-se de antemão se determinada norma será interpretada extensiva ou restritivamente, pois a extensão do procedimento hermenêutico só será revelada após a sua conclusão, quando já tiverem sido aplicados todos os aspectos ou métodos de interpretação e enfim se puder verificar qual dos sentidos possíveis oferecidos pela literalidade do texto prevaleceu.

A despeito de constituírem-se em normas de não incidência constitucionalmente qualificadas, sendo, portanto, normas excepcionais às regras de deferimento de competência tributária à União, aos Estados, ao Distrito Federal e aos Municípios, as regras imunizantes também não devem ser interpretadas restritiva ou extensivamente sem o prévio conhecimento do texto de cada uma das normas que as veiculam, o contexto normativo em que elas se inserem e as realidades sociais que serão por elas reguladas, considerando toda a ambivalência das regras nelas inseridas.

Logo, a inexistência de metodologia específica para a interpretação das normas imunizantes obriga ao intérprete a, abandonando o conforto das premissas hermenêuticas, debruçar-se sobre o dispositivo específico do artigo 150, VI, *d*, CF para verificação da sua extensão ao livro eletrônico.

4. Imunidades dos livros, jornais, periódicos e papel destinado à sua impressão

O artigo 150, VI, *d*, CF estabeleceu imunidade tributária para o livro, o jornal, o periódico e o papel destinado à sua impressão. Sem paralelo no direito comparado, a imunidade foi introduzida pela primeira vez no Brasil pela Constituição de 1946, a partir do esforço do escritor, e então constituinte, Jorge Amado. De acordo com o dispositivo do art. 31, V, *c*, CF/46, era restrita ao papel destinado exclusivamente à

---

[39] Por todos, vide: MAXIMILIANO, Carlos. *Hermenêutica e Aplicação do Direito*. 11 ed. Rio de Janeiro: Forense, 1991, p. 227.

[40] LARENZ, Karl. *Metodologia da Ciência do Direito*, p. 502.

SISTEMA CONSTITUCIONAL TRIBUTÁRIO – dos fundamentos teóricos aos *hard cases* tributários
Estudos em homenagem ao Ministro Luiz Fux

impressão de jornais, periódicos e livros. A despeito do objetivo do grande romancista de estimular a cultura, o que estava do centro da sua argumentação a partir do barateamento dos livros, jornais e periódicos, de fato, a Constituinte de 1946 pretendia com o dispositivo a proteção à liberdade de imprensa escrita que, bem recentemente, fora ameaçada pela ditadura do Estado Novo por meio não só da censura explícita, como também do contingenciamento da importação do papel, à época essencial para a produção desses veículos.[41] Com as Constituições de 1967, 1969 e 1988, passaram a ser imunes não só o papel, mas os próprios produtos finais – livros, jornais e periódicos.

Deste modo, embora muitos autores defendam que o fundamento da imunidade se revela pelo estímulo à cultura por meio do barateamento dos seus veículos,[42] entendemos que esse objetivo é acessório, uma vez que, como resta revelado pela interpretação histórica, a intributabilidade visa, precipuamente, à garantia da liberdade de pensamento e de difusão de informações por parte da imprensa escrita, que poderia ser obstaculizada, como foi no passado, pela manipulação das regras tributárias sobre livro, jornal, periódico e o papel destinado à sua impressão.[43] A exata identificação desse fundamento histórico vai auxiliar à correta identificação de seus contornos materiais.

Ao contrário das imunidades previstas nas demais alíneas do artigo 150, VI, CF, esta é objetiva, ou seja, se refere aos impostos que incidem sobre as operações com livro, jornal, periódico e o papel destinado à sua impressão, e não àqueles que oneram os fatos geradores diretamente ligados a pessoa do contribuinte. Em consequência, pouco importa a identificação da figura do sujeito passivo. Todos aqueles que realizarem as operações imunes serão beneficiados com a intributabilidade constitucional. Aplica-se apenas aos impostos (e não tributos) que incidem sobre as operações imunes. Assim, não incidem sobre elas o ICMS na importação e venda dos produtos, o IPI na sua industrialização e importação, o II na importação, o IE na exportação e o ISS incidente sobre os serviços de confecção gráfica dos produtos.[44] Então, o que é imune são todas as operações com livros, jornais e periódicos, e o papel destinado à sua impressão, e não a livraria, a editora ou a empresa jornalística. Assim, incide o IR sobre os rendimentos auferidos pelas editoras, empresas jornalísticas, autores[45] etc., bem como o IOF sobre as suas operações financeiras.

Sendo baseada na liberdade de imprensa, não há restrição quanto ao conteúdo da publicação que, ainda que não atinja objetivos considerados legítimos pela cultura

---

[41] BALEEIRO, Aliomar. *Limitações Constitucionais ao Poder de Tributar*, p. 339.

[42] Por todos: TORRES, Ricardo Lobo. *Tratado de Direito Constitucional Financeiro e Tributário*, Vol. III, p. 283, para quem o fundamento principal é o barateamento dos custos dos veículos culturais, ficando a liberdade de expressão em segundo plano.

[43] No sentido do texto, identificando a liberdade de expressão como fundamento da imunidade: COÊLHO, Sacha Calmon Navarro. *Comentários à Constituição de 1988 – Sistema Tributário*. 3. ed. Rio de Janeiro: Forense: 1991, p. 180. Para Aliomar Baleeiro, tanto do objetivo cultural quanto à garantia da liberdade de imprensa servem de fundamento à imunidade. (BALEEIRO, Aliomar. *Limitações Constitucionais ao Poder de Tributar*. 7. ed. Atualizada por Misabel de Abreu Derzi. Rio de Janeiro: Forense, 1997, p. 339).

[44] Contra o sentido do texto e pela incidência do ISS sobre os serviços de composição gráfica, com a inaplicabilidade da imunidade: STF, 1ª Turma, RE nº 230.782/S, Rel. Ilmar Galvão, DJU 10/11/2000, p. 104

[45] A Constituição de 1946 previa no seu artigo 203: "Nenhum imposto gravará diretamente os direitos do autor, nem a remuneração de professores e jornalista". O dispositivo não foi reproduzido pelas Constituições posteriores em nome da generalidade tributária a que se subordina o imposto de renda.

dominante, devem ser imunizados. Assim, são imunes as publicações de conteúdo pornográfico,[46] os livros que defendem ideias antidemocráticas, nazistas, racistas, ainda que sua publicação seja considerada criminosa, nos termos da Lei nº 7.716/89 (Lei Caó), que criminaliza o racismo, sujeitando os seus autores a sanções penais. Por mais odiosas que sejam tais publicações, a punição dos seus autores não tem o condão de afastar a regra imunizante, o que seria equivalente à criação de tributo por ato ilícito, além de permitir ao Estado fazer um juízo prévio do conteúdo da publicação, esvaziando a imunidade. Segundo o STF, são imunes ainda as apostilas[47] e álbuns de figurinhas.[48]

Em relação às listas telefônicas, não há razão para a imunidade, já que não se confundem com os livros, jornais ou periódicos. Porém, o STF, utilizando o argumento da utilidade pública, portanto estranho à liberdade de imprensa ou ao fomento à cultura, considerou, sem razão, a aplicação da imunidade,[49] ainda que haja publicidade paga.[50] No entanto, a Corte Maior nega direito à imunidade em relação a publicações de interesse meramente comercial, como folhetos e encartes publicitários, por não guardarem qualquer interesse relacionado à educação ou à cultura.[51]

Em razão da sua origem histórica, vinculada à liberdade na importação do papel destinado à imprensa, a imunidade não se aplica a todos os insumos dos livros, jornais e periódicos, como as máquinas e tintas, mas somente ao papel destinado à impressão desses veículos.[52] Os demais insumos diversos do papel estão fora dos limites possíveis oferecidos pela literalidade do artigo 150, VI, *d*, CF.

Segundo o STF, em decorrência da imunidade do papel, são imunes o papel fotográfico, destinado à impressão das fotos do jornal, e os filmes impressos destinados a registrar tais fotos.[53]

5. A extensão da imunidade aos livros eletrônicos

Com o avanço tecnológico, novas mídias escritas cumprem o papel que na sociedade industrial foi desempenhada pelo livro impresso na difusão de ideias e na profusão da cultura. É o advento da Era Pós-Guttenberg, cujo desenvolvimento da liberdade do espaço cibernético fará com que a informação e a troca de ideias na internet não mais dependam da existência de empresas jornalísticas e editoras, e tampouco da liberdade imunizante oferecida pelo Estado. Por esse motivo, as novas mídias eletrônicas não são contempladas pela não incidência constitucional.

---

[46] TORRES, Ricardo Lobo. *Tratado de Direito Constitucional Financeiro e Tributário*, Vol. III, p. 294.

[47] STF, 2ª Turma, RE nº 183.403/SP, Rel. Min. Marco Aurélio, DJU 04/05/2001, p. 35.

[48] STF, 2ª Turma, RE nº 339.124/RJ AgR, Rel. Min. Carlos Velloso, DJU 20/05/05, p. 26.

[49] STF, Pleno, RE nº 101.441/RS, Rel. Min. Sydney Sanches, DJU 19/08/88, modificando posicionamento anterior que negava imunidade às listas telefônicas (STF, 1ª Turma, RE nº 104.563, Min. Oscar Correa, DJU 05/09/86, p. 15.836).

[50] STF, 2ª Turma, RE nº 199.183-6/SP, Rel. Min. Marco Aurélio, DJU 12/06/98.

[51] STF, 1ª Turma, RE nº 213.094-0/ES, Rel. Min. Ilmar Galvão, DJU 15/09/99, p. 23.

[52] STF, 2ª Turma, RE nº 273.308/SP, Rel. Min. Moreira Alves, DJU 15/09/200, p. 132.

[53] STF, Súmula nº 657: "A imunidade prevista no art. 150, VI, d, da CF abrange os filmes e papéis fotográficos necessários à publicação de jornais e periódicos". Segundo o STF, são imunes, além do próprio papel destinado à impressão, os materiais a ele relacionados, com o papel fotográfico, inclusive para fotocomposição por laser, filmes fotográficos, sensibilizados, não impressionados, para imagens monocromáticas, bem como o papel para telefoto (STF, 2ª Turma, RE nº 273.308/SP, Rel. Min. Moreira Alves, DJU 15/09/200, p. 132).

No entanto, vivemos em numa fase de transição e ainda não nos libertamos da cultura tipográfica forjada em séculos de predomínio da Era Guttenberg. Nesse contexto, o livro eletrônico aparece como um elo perdido entre os dois momentos históricos, a partir da utilização da mídia eletrônica para veicular o conteúdo tradicionalmente associado ao livro. O mesmo fenômeno se dá com os jornais e periódicos. Em uma primeira fase dessa transição, é comum que as editoras e empresas jornalísticas ofereçam o mesmo conteúdo por meio da mídia impressa e da mídia eletrônica, como ocorre nos dias atuais. Porém, em poucos anos, os livros, jornais e periódicos, embora muito parecidos com os seus antepassados atuais, não mais serão impressos.[54] A transição estará concluída quando não for mais possível distinguir o conteúdo oferecido pelas empresas jornalísticas em relação às matérias postadas na internet por todos os milhões de internautas da rede mundial de computadores, momento em que a liberdade constitucional não terá mais razão de ser ante uma improvável tributação face à difícil remuneração pela circulação de ideias.

Porém, diante da incerteza sobre a velocidade dessas transformações e a conformação dos novos paradigmas, sobretudo em relação à forma de remuneração da obra intelectual e artística a circular na grande rede, a proteção constitucional dada aos livros impressos tem sido reivindicada pelos seus similares eletrônicos, o que vem despertando divergências doutrinárias como vimos.

Nesse contexto de transição, e diante da ausência de critérios apriorísticos de interpretação, é necessário recorrer aos aspectos hermenêuticos específicos para elucidar o alcance da norma imunizante em questão. Como vimos, o procedimento hermenêutico inicia-se com o aspecto literal que, no caso em questão, irá investigar se as publicações veiculadas pela mídia eletrônica se inserem nos sentidos possíveis da expressão *livros, jornais, periódicos e o papel destinado a sua impressão.*

5.1. A interpretação literal do art. 150, VI, d, CF

O método literal ou gramatical busca o significado do termo ou de uma cadeia de palavras no uso linguístico geral ou, se for possível constatar que essa foi a intenção do legislador, no uso especial conferido à expressão por outro ramo do direito ou até mesmo por outra ciência.[55]

É o primeiro método a ser utilizado pelo intérprete, e constitui ao mesmo tempo um limite à atividade interpretativa, pela definição do sentido literal possível da norma.[56] Para Larenz, sentido literal possível é "tudo aquilo que nos termos do uso linguístico que seja de considerar como determinante em concreto – mesmo que, porventura, em circunstâncias especiais – , pode ainda ser entendido como o que com esse termo se quer dizer".[57]

No entanto, como a linguagem humana não é unívoca, e por isso nem poderia ser diferente a linguagem do legislador (seja a expressão utilizada em sentido geral ou especial), a interpretação literal dará ensejo a uma variedade de significados para

---

[54] Como já se dá com o tradicionalíssimo Jornal do Brasil, no Rio de Janeiro.

[55] LARENZ, Karl. *Metodologia da Ciência do Direito*, p. 451.

[56] Contra a ideia de que o sentido literal possível da norma constituiria um limite à atividade hermenêutica: NEVES, Antônio Castanheira. *Metodologia Jurídica – Problemas Fundamentais*. Coimbra: Universidade de Coimbra, 1993, p. 115, uma vez que, segundo o autor, este é também incerto e indeterminado.

[57] LARENZ, Karl. *Metodologia da Ciência do Direito*, p. 454.

os termos utilizados na norma, demandando do hermeneuta a utilização dos outros métodos.

A utilização do sentido linguístico geral é mais comum, pois a norma é feita para ser compreendida por toda a sociedade, e não só pelos indivíduos mais cultos ou conhecedores da linguagem jurídica. No entanto, quando os termos obtiverem um significado específico em outro ramo do direito ou em outra ciência, este precederá ao uso comum, em nome do princípio da unidade da ordem jurídica, salvo se os outros métodos de interpretação apontarem em sentido contrário.[58] Deste modo, a existência de uma acepção especial para o conceito, muito embora quase nunca elimine a existência de mais de uma possibilidade interpretativa, reduz o número de variantes possíveis, a serem resolvidas pelos outros métodos.[59]

No entanto, muitas vezes a mesma lei, ou leis diferentes, dão à mesma expressão acepções diversas. Neste caso, é um erro o intérprete pretender dar um significado idêntico a elas. Se o legislador pretende regular relações jurídicas diversas, é preciso buscar nos outros métodos o significado da expressão em cada situação por ele vislumbrada. Exemplo disso é a utilização da expressão *proventos* pela Constituição de 1988. Quando utilizada na regra de deferimento de competência tributária do imposto de renda e *proventos* de qualquer natureza, no capítulo do sistema tributário nacional, terá a acepção ampla, oriunda da linguagem comum, onde o termo é sinônimo de *acréscimo patrimonial*. Já se formos pesquisar o sentido da expressão no capítulo relativo aos servidores públicos, a expressão ganha uma acepção especial, extraída do direito administrativo, que assim denomina a remuneração percebida pelos servidores inativos.

Por outro lado, o sentido literal possível, a partir das várias acepções que o texto interpretado possui, seja na linguagem comum, seja na linguagem especial, constitui o limite da atividade de interpretação. Ultrapassada a franja marginal dos conceitos, como vimos, temos a integração e a complementação do direito. Ou seja, a interpretação não pode ter como resultado outra solução que não um dos vários significados fornecidos pelas palavras empregadas pelo legislador.

Portanto, está ainda no campo da interpretação o resultado obtido pela escolha de uma acepção pouco usual do termo, só usada em situações particulares. É a chamada interpretação extensiva, como já tivemos oportunidade de examinar.

Assim, o limite entre a atividade de interpretação e a de integração está na fronteira demarcada pelo sentido literal possível, mas nem sempre identificada com facilidade na prática, entre a interpretação extensiva e a analogia.

Estabelecidas essas premissas, cumpre analisar a extensão da expressão *livros, jornais, periódicos e o papel destinado à sua impressão*. Dela são extraídos três veículos de difusão de ideias (*livro, jornal e periódico*) e um dos insumos utilizados na fabricação destes (*papel*).

---

[58] LARENZ, *Metodologia da Ciência do Direito.*, p. 485. No mesmo sentido do texto ENGISCH, Karl. (*Introdução ao Pensamento Jurídico*, p. 139) e FERRARA (*Metodologia Jurídica – Problemas Fundamentais*, p. 139). Contra: PEREZ DE AYALA (*Derecho Tributari I*, p. 109), para quem não se pode estabelecer um critério *a priori*; e A. BERLIRI (*Principi di Diritto Tributario*, vol. I. Milano: Dott. A. Giuffrè, 1952, p. 63) que defende a prevalência das expressões de uso comum.

[59] LARENZ. *Metodologia da Ciência do Direito*, p. 452.

No exame do aspecto literal, um critério a ser utilizado para distinguir as enumerações exemplificativas das que são taxativas nos é oferecido por Antonio Berliri,[60] em lição reproduzida por Amílcar Falcão.[61] Segundo esse critério, se o legislador utiliza-se de um conjunto de elementos aproximados entre si por um certo número de caracteres comuns, de forma que o todo seja composto por esse conjunto de características, temos uma enumeração exemplificativa. Ao contrário, quando não houver traço comum de identificação entre os vários elementos contidos na definição, prevalece o caráter taxativo.

Já tivemos oportunidade de apresentar como exemplo de enumeração taxativa, a partir da falta de identidade dos elementos que constituem o seu conteúdo, os bens imunizados pelo art. 150, VI, *d*, da Constituição Federal.[62] Ao lado dos aspectos histórico e teleológico[63] que recomendam a restrição da imunidade apenas ao papel, não sendo estendida a outros insumos, como a tinta ou as máquinas utilizadas na fabricação de livros, jornais e periódicos, resolvemos a questão por meio do método literal, a partir do mecanismo proposto por Berliri. Sendo o livro, o jornal e o periódico, veículos de comunicação e expressão de ideias, o papel destinado a sua impressão, como insumo que é, não guarda com os primeiros quaisquer identidades que pudessem sugerir um caráter exemplificativo à enumeração.[64]

Deste modo, não havendo identidade entre as expressões, a imunidade do livro, produto final, não está vinculada à imunidade do papel, mero suporte físico deste. Porém, a recíproca não é verdadeira, pois a intributabilidade constitucional do papel está subordinada à finalidade de servir de veículo para livros.

Logo, a impressão em papel não é essencial ao conceito de livro, como bem observava Aliomar Baleeiro, muito antes de se conceber a existência do livro eletrônico. Lecionava o mestre baiano: "Livros jornais e periódicos são todos os *impressos ou gravados, por quaisquer processos tecnológicos*, que transmitem aquelas ideias, informações, comentários, narrações reais ou fictícias sobre todos os interesses humanos, por meio de caracteres alfabéticos ou por imagens e, ainda, por signos Braille destinados a cegos".[65]

É bem verdade que a Lei nº 10.753, de 31 de outubro de 2003, que institui a Política Nacional do Livro, não incluiu expressamente o livro eletrônico na definição de livro, salvo quando destinado à leitura de portadores de deficiência visual (artigo 2º, parágrafo único, VII). Também é verdade que a referida definição legal é estabelecida inclusive para fins de aplicação da imunidade do artigo 150, VI, *d*, CF (artigo 4º da Lei nº 10.753/03).[66] Porém, é sabido que a amplitude da imunidade constitucional

---

[60] BERLIRI, Antonio. *Principi di Diritto Tributário*, p. 78.

[61] FALCÃO, Amílcar de Araújo. *Introdução ao Direito Tributário*. 3. ed. Atualizada por Flávio Bauer Novelli. Rio de Janeiro: Forense, 1987, p. 69.

[62] RIBEIRO, Ricardo Lodi. *Justiça, Interpretação e Elisão Tributária*. Rio de Janeiro: Lumen Juris, 2003, p. 103-104.

[63] Quanto a esses, vide BALEEIRO, Aliomar. Limitações Constitucionais ao Poder de Tributar, p. 339 e segs.e TORRES, Ricardo Lobo. Tratado de Direito Constitucional Financeiro e Tributário, vol. III., p. 282 e segs.

[64] No sentido da não extensão da imunidade do art. 150, VI, *d*, da Constituição Federal a outros insumos que não o papel, tem decidido o STF (Pleno, RE nº 174.476/SP, Rel. Min. Maurício Correa, DJU de 12/12/97, p. 65.580).

[65] BALEEIRO, Aliomar. Limitações Constitucionais ao Poder de Tributar, p. 354.

[66] Art. 2º Considera-se livro, para efeitos desta Lei, a publicação de textos escritos em fichas ou folhas, não periódica, grampeada, colada ou costurada, em volume cartonado, encadernado ou em brochura, em capas avulsas, em qualquer formato e acabamento. Parágrafo único. São equiparados a livro: I – fascículos, publicações de qualquer

não pode ser restringida ou excepcionada por lei infraconstitucional. Ao contrário, tendo sido reconhecido pelo legislador que o livro eletrônico destinado aos cegos está inserido no conceito de livro, o que fica claro pela utilização da expressão *"livro em meio digital, magnético ou ótico, para uso exclusivo de pessoas com deficiência visual"*, resta demonstrada a inserção das publicações eletrônicas nos limites semânticos possíveis da palavra *livro*. A identificação de qual dos sentidos possíveis que deve prevalecer é tarefa que não se esgota no método literal, já que este abre várias possibilidades de solução hermenêutica, sendo imprescindível o recurso aos demais métodos.

Nesse sentido, a restrição legislativa da Lei nº 10.753/03, longe de representar uma restrição à atividade do intérprete do artigo 150, VI, *d*, CF, o que como vimos não seria possível, vai se dirigir aos outros objetivos da lei, como o fomento às bibliotecas públicas (art. 16) ou o estabelecimento de políticas públicas educacionais (art. 13, II) , por exemplo, uma vez que a lei não se dirige a regulamentar a imunidade (aliás nem trata de jornal, periódico e do papel destinado à sua impressão, mas da política nacional do livro).

Demonstrada a inserção do livro eletrônico entre os sentidos possíveis oferecidos pela literalidade do texto da regra imunizante, é preciso verificar se a sua aplicação às referidas mídias decorre da harmonização das exigências da realidade atual com a intenção reguladora do legislador histórico e da finalidade revelada pelos princípios aplicáveis à realidade atual, o que será obtido a partir dos métodos histórico e teleológico.

5.2. A interpretação histórica do art. 150, VI, d, CF

É muito comum a utilização do argumento histórico contra[67] ou a favor[68] da imunidade do livro eletrônico, por isso é essencial o exame do alcance desse elemento hermenêutico que se revela pela pesquisa da origem e desenvolvimento das normas, a partir do estudo do ambiente histórico e da intenção reguladora que informaram o processo de elaboração da lei. Para tal desiderato, o aplicador do direito lança mão dos trabalhos preparatórios à promulgação do texto, com o exame dos documentos legislativos, anteprojetos, trabalhos de comissões parlamentares e pré-parlamentares, relatórios e votos dos legisladores, exposições de motivos e do ambiente social que exigiu a promulgação daquela norma, a fim de penetrar no espírito do legislador.[69]

A utilização do método histórico revela-se útil na pesquisa do sentido da lei, quando os métodos literal e lógico-sistemático não oferecerem um resultado seguro

---

natureza que representem parte de livro; II – materiais avulsos relacionados com o livro, impressos em papel ou em material similar; III – roteiros de leitura para controle e estudo de literatura ou de obras didáticas; IV – álbuns para colorir, pintar, recortar ou armar; V – atlas geográficos, históricos, anatômicos, mapas e cartogramas; VI – textos derivados de livro ou originais, produzidos por editores, mediante contrato de edição celebrado com o autor, com a utilização de qualquer suporte; VII – livros em meio digital, magnético e ótico, para uso exclusivo de pessoas com deficiência visual; VIII – livros impressos no Sistema Braille. (...) Art. 4º É permitida a entrada no País de livros em língua estrangeira ou portuguesa, imunes de impostos nos termos do art. 150, inciso VI, alínea d, da Constituição, e, nos termos do regulamento, de tarifas alfandegárias prévias, sem prejuízo dos controles aduaneiros e de suas taxas. (Redação dada pela Lei nº 10.833, de 29.12.2003).

[67] SARAIVA FILHO, Oswaldo Othon de Pontes. "A Não-Extensão da Imunidade aos Chamados Livros, Jornais e Periódicos Eletrônicos". São Paulo. *Revista Dialética de Direito Tributário*, vol. 33 p. 139.

[68] FERRAZ JÚNIOR, Tércio Sampaio. "Livro Eletrônico e Imunidade Tributária", p. 33.

[69] ENGISCH, Karl. *Introdução ao Pensamento Jurídico*, p. 143.

para o esforço hermenêutico, a fim de captar, a partir das ideias dominantes no momento em que a lei foi elaborada, a *vontade do legislador*.

No entanto, como observa Ferrara,[70] os trabalhos preparatórios, muitas vezes, contêm uma falsa justificação quanto aos motivos que levaram o parlamentar a optar por determinada solução legislativa, não podendo, desta forma, constituírem-se nos únicos meios para se pesquisar a vontade do legislador.

Por essa razão, a interpretação histórica deve-se basear, como adverte Larenz,[71] mais na *intenção reguladora* imanente à norma do que nas ideias normativas das pessoas que participaram da formulação do seu texto. É que, ao contrário do que ocorria no absolutismo, quando a lei era emanada da vontade do rei, é impossível, no Estado de Direito, cujo ordenamento é obra de uma pluralidade de pessoas reunidas no Parlamento, pesquisar a verdadeira intenção de seus autores.

Na verdade, as razões que levam cada parlamentar a manifestar sua anuência ao projeto de lei, nem sempre, ou quase nunca, são as mesmas que motivam os autores do seu texto, ou que levaram outro parlamentar a apresentá-lo ao parlamento.

De fato, o que leva um projeto de lei a ser aprovado pelo Parlamento não é a compreensão pessoal de cada deputado ou senador em relação aos pormenores da norma; mas sim, a *intenção reguladora*, os *fins da lei*, as suas *repercussões sociopolíticas* e a sua *tendência global*.

Por isso, é fundamental a distinção entre essa intenção reguladora, que vai revelar a *vontade do legislador*, e as ideias normativas das pessoas que redigem o projeto de lei, que se traduzem em mecanismo de utilidade reduzida à compreensão quanto à escolha dos termos empregados na lei, não representando qualquer bitola vinculativa para o intérprete.

Vê-se, portanto, que a interpretação histórica está essencialmente ligada ao método teleológico,[72] na pesquisa da intenção reguladora que irá revelar a vontade do legislador, o que mais uma vez reforça a ideia da pluralidade metodológica na interpretação jurídica.

Tema bastante correlato ao da interpretação histórica é a discussão quanto à interpretação objetiva e subjetiva, que não se prende somente à hermenêutica jurídica, mas a toda obra humana, que pode ser apreciada tendo em vista o sentido que o seu criador pretendeu dar ou que dela se depreende por aquele que a observa.[73]

A interpretação subjetiva, que procura alcançar a vontade do legislador histórico, a fim de pesquisar o sentido da norma, era dominante até o século XIX, num ambiente histórico de grande concentração de poder nas mãos do monarca, fonte maior da produção jurídica. Em consequência, pesquisar o sentido da lei seria tarefa reduzida à pesquisa da vontade do soberano-legislador. Entre os principais seguidores da teoria subjetivista, destacaram-se Savigny, Windscheid, Enneccerus, Bierling, Philipp Heck (pesquisa histórica dos interesses), e outros.[74]

---

[70] FERRARA, Francesco. *Interpretação e Aplicação das Leis*. 4.ed. Coimbra: Armênio Amado, 1987, p. 146.

[71] LARENZ, Karl. *Metodologia da Ciência do Direito*, p. 464.

[72] Idem, p. 144.

[73] ASCENSÃO, José de Oliveira. *O Direito: Introdução e Teoria Geral – Uma Perspectiva Luso-brasileira*. 2.ed. brasileira. Rio de Janeiro: Renovar, 2001, p. 412.

[74] ENGISCH, Karl. *Introdução ao Pensamento Jurídico*, p. 171.

Como consequência da afirmação do Estado de Direito na segunda metade do século XIX e ao longo do século XX, surge a consagração da teria objetivista, que propugna pela pesquisa do sentido da lei na própria norma, que se desprende da vontade do legislador histórico, e que deve ser interpretada à luz dos novos fatos surgidos na sociedade. Foram seus principais seguidores Kohler, Binding, Wach, Radbruch, Sauer e Binder.[75]

Modernamente, prevalece a corrente unificadora ou mista, defendida por Larenz,[76] Engisch,[77] e Emilio Betti,[78] segundo a qual, embora a interpretação deva levar em consideração o sentido que a lei tem hoje – uma vez que esta só irradia plenamente sua ação normativa diante do fato concreto, afastando-se, como o tempo, das ideias de seus autores e atingindo a fatos por esses não conhecidos – , não se pode desconsiderar a intenção reguladora e a valoração promovida pelo legislador histórico, em respeito à vinculação do intérprete à norma.[79]

Como bem observa Engisch,[80] os limites oferecidos pelo sentido literal possível são fixados pelo legislador histórico. Em consequência, uma vontade não encontrada em qualquer das possibilidades derivadas do texto não pode ser dele extraída pela aplicação da lei de acordo com o novo contexto social, por meio da interpretação. Tal fenômeno poderia resultar da integração ou da complementação do direito, mas nunca da interpretação. Nesse sentido, nunca seria lícito, exemplifica Engisch, entender que o termo legal *varão* possa ser aplicada a uma mulher, ainda que a nova realidade social imponha a igualdade dos sexos. O que pode ocorrer é uma inadequação da norma a um novo contexto constitucional e valorativo. Nesse caso, a questão não se resolveria pela aplicação da vetusta norma legitimada por uma nova interpretação, mas no seu afastamento, em razão de sua incompatibilidade com o Texto Maior. Como se vê, trata-se de um fenômeno que se resolveria pelos métodos sistemático e teleológico, e não pelo histórico-objetivo.

No entanto, dentro do sentido literal possível oferecido pelo texto histórico, ou seja, dentro das várias possibilidades extraídas do texto legal, deve o intérprete escolher, a partir do exame das opções e valorações feitas pelo legislador, quais as soluções adequadas para a resolução dos casos que ora se apresentam, para que sejam atendidas, de acordo com o critério teleológico e com o novo contexto normativo que se apresenta às demandas da nova realidade social.[81]

---

[75] LARENZ, Karl. *Metodologia da Ciência do Direito*, p. 445.

[76] Idem, p. 446.

[77] ENGISCH, Karl. *Introdução ao Pensamento Jurídico*, p. 177.

[78] BETTI, Emilio. *Teoria Generale della Interpretazione* (edição alemã com o título *Allgemeine Auslegslehre*, p 600, *apud* LARENZ, Karl. *Metodologia da Ciência do Direito*, p. 449).

[79] LARENZ, Karl. *Metodologia da Ciência do Direito*, p. 446.

[80] ENGISCH, Karl. *Introdução ao Pensamento Jurídico*, p. 202.

[81] É oportuna, no sentido do texto, a lição de Betti : "a interpretação jurídica não pode renunciar a tomar em consideração o processo de gênese da lei, quer dizer, o modo como a normação foi originalmente pensada e como foram valorados e ponderados os interesses em jogo. É o que há que sustentar, apesar da contradição paradoxal de certas formulações que parecem afirmar o contrário. O conhecimento da valoração originária, que perpassa de modo latente as palavras da lei e constitui o fundamento jurídico (*ratio juris*) da norma é imprescindível para se estabelecer em que medida sobrevieram variações de sentido com o surgimento de mutações no ambiente social ou de novas diretrizes adentro do ordenamento jurídico: pois que só mediante a indagação da valoração originária e não, porventura, de modo direto, é admissível e tem justificação passar a uma adequação e acomodação do texto da lei ao presente vivo." (BETTI, Emilio. *Teoria Generale della Interpretazione* (edição alemã com o título *Allgemeine Auslegslehre*, p. 632, *apud* LARENZ, Karl. *Metodologia da Ciência do Direito*, p. 449).

Os limites semânticos então existentes em 1946, quando a imunidade foi prevista pela primeira vez no Texto Constitucional, não permitiriam prever a existência de livros eletrônicos, realidade que restou inalterada nos textos de 1967 e 1969. Em 1988, embora o mundo virtual já desse os seus primeiros passos, a internet não existia, e livros digitais não eram comercializados,[82] o que afasta a possibilidade de se negar a imunidade a partir de um silêncio eloquente do Constituinte. Tampouco há que se falar em lacuna superveniente, pois como visto, os sentidos possíveis extraídos da palavra *livro* englobam o livro eletrônico. O mesmo se dá em relação aos jornais e periódicos.

Quanto à intenção reguladora do legislador histórico vimos, a partir da origem do instituto na Constituição de 1946, que seu objetivo foi a proteção da liberdade de imprensa e de difusão de ideias e informações, em face das ações restritivas estabelecidas pelo Estado Novo no regime anterior. Essa intenção reguladora relacionada com a liberdade de pensamento é que deve ser preservada.

No entanto, se o exame dos elementos literal e histórico não consagra a tese restritiva da imunidade, também não afirmam com segurança a corrente que aceita a inserção do livro eletrônico da regra do artigo 150, VI, *d*, CF, sendo imprescindível a aplicação do método teleológico, a fim de compatibilizar a intenção reguladora do constituinte com os desafios impostos pela realidade atual para a preservação da liberdade de imprensa e de difusão de ideias.

5.3. A interpretação teleológica do artigo 150, VI, d, CF

A interpretação teleológica vai buscar os fins e os objetivos da norma. Sendo o ordenamento legal um instrumento a regular as relações entre as pessoas em sociedade, é natural pesquisar-se o elemento finalístico a ser atingido.

Por isso, dentre as possibilidades oferecidas pelo sentido literal possível e o contexto significativo da norma, o intérprete deve buscar como resultado aquele que melhor se coadune a uma *regulação materialmente adequada* ao caso concreto, obtida com base nos fins objetivos do direito, como a "manutenção da paz social e a justa resolução dos litígios, o equilíbrio de uma regulação no sentido da consideração otimizada dos interesses que se encontram em jogo, a proteção dos bens jurídicos e um procedimento judicial justo".[83]

De acordo com essa metodologia, que resgatou o elemento teleológico dos exageros perpetrados pela jurisprudência dos interesses, o método em estudo se baseia em dois pilares: o das *estruturas materiais* oferecidas pelo *âmbito da norma* e o dos *princípios ético-jurídicos*. Larenz os chama de critérios teleológico-objetivos porque independem da consciência que o legislador histórico teve de sua existência, por ocasião da elaboração da norma.

O *âmbito da norma*, segundo Friedrich Müller,[84] representa o segmento da realidade social que a norma escolheu como seu espaço de regulação. As suas *estruturas*

---

[82] Apesar do Projeto Gutenberg, destinado a digitalizar livros e disponibilizá-los gratuitamente, ter sido criado em 1971 por Michael Hart nos EUA, com a digitalização da Constituição Norte-Americana, o primeiro livro digital comercialmente veiculado foi *Assassinato*, de Thomas de Quincey, em 1993.

[83] LARENZ, Karl. *Metodologia da Ciência do Direito*, p. 469.

[84] MÜLLER, Friedrich. *Métodos de Trabalho do Direito Constitucional*. Trad. Peter Naumann. 3. ed. Rio de Janeiro: Renovar, 2005, p. 42: "O teor literal expressa o 'programa da norma", a 'ordem jurídica' tradicionalmente assim

materiais são constituídas pelos dados factuais em relação os quais o legislador não pode alterar e que ele toma em consideração para empreender qualquer regulação. São critérios objetivos de interpretação que, em ampla medida, coincidem com a *natureza das coisas*.[85]

De acordo com Ferrara,[86] a *natureza das coisas* é representada pelas exigências econômicas e sociais que brotam das relações que a lei pretende regular. Segundo Larenz, a natureza das coisas se manifesta por "dados fundamentais pertencentes à natureza corpórea ou à natureza anímica e espiritual do homem, que não são mutáveis, ou o são dificilmente e em períodos mais longos"[87] e que vinculam o legislador, que dela só pode se afastar de forma inequívoca e desde que não leve a um resultado manifestamente absurdo.

Por outro lado, em uma jurisprudência informada pelos valores, os princípios ético-jurídicos antecedem a qualquer regulação; é o que ocorre, em especial com a ideia de justiça, informada pelo valor da igualdade. A adoção de diferentes tratamentos pelo legislador para situações que devam ser valoradas em igual medida, constitui uma contradição valorativa violadora do princípio da isonomia.[88] Evitá-la é obrigação não apenas do legislador, como também do intérprete que, dentro do sentido literal possível e do contento normativo, deve optar pela solução que não resulte em contradição valorativa, muito embora isso nem sempre seja possível.[89]

É que, como bem observa Canaris,[90] enquanto na contradição de normas – assim entendida como duas regras que propõem um comando diferente para a mesma situação jurídica – há uma contradição lógica, que é inaceitável, devendo ser resolvida pelo afastamento de uma delas, pelos critérios da hierarquia, generalidade e cronologia; na contradição de valores e princípios se dá uma contradição axiológica, que pode vir a ser aceita, mediante a ponderação do valor da igualdade com outro imanente no caso concreto, como o da segurança jurídica.

Assim, como observa Larenz, as contradições valorativas não podem ser eliminadas totalmente, mas de modo aproximativo. Para evitá-las, deve o intérprete se socorrer dos princípios ético-jurídicos, sendo necessário examinar até que ponto a regulação legal deixa espaço a um ou outro princípio.[91]

No caso em questão, o âmbito da norma se revela pela necessidade de harmonizar a intenção reguladora do legislador histórico, a liberdade de expressão e de difusão de informações, com os desafios da sociedade atual. Nesse contexto, as estruturas normativas são extraídas do advento da cultura cibernética, caracterizada por um am-

---

compreendida. Pertence adicionalmente à norma, em nível hierárquico igual, o âmbito da norma, i. é, o recorte da realidade social na sua estrutura básica, que o programa da norma 'escolheu' para si ou em parte criou para si com seu âmbito de regulamentação (como amplamente no caso de prescrições referentes à forma e questões similares)".

[85] Para Larenz, a *natureza das coisas* está associada aos elementos normativos extraídos do próprio ser, enquanto as *estruturas materiais do domínio da norma* se traduzem nos elementos exteriores à coisa. Para o estudo de tal distinção, remetemos o leitor para a obra do referido autor (*Ibidem*, p. 471).

[86] FERRARA, Francesco. *Interpretação e Aplicação das Leis*. 4. ed. Coimbra: Armênio Amado, 1987, p. 141.

[87] LARENZ, Karl. *Metodologia da Ciência do Direito*, p. 594.

[88] CANARIS, Claus-Wilhelm. *Pensamento Sistemático e Conceito de Sistema na Ciência do Direito*. 2. ed. Lisboa: Calouste Gulbenkian, 1996, p. 207.

[89] LARENZ, Karl. *Metodologia da Ciência do Direito*, p. 472.

[90] CANARIS, Claus-Wilhelm. *Pensamento Sistemático e Conceito de Sistema na Ciência do Direito*, p. 219.

[91] LARENZ, Karl. *Metodologia da Ciência do Direito*, p. 475.

biente em que a veiculação de informações e de opinião já não se faz exclusivamente pelos meios tradicionais impressos, que, gradualmente, vão perdendo importância em relação aos mecanismos virtuais. Negar essa realidade é contrariar a *natureza das coisas*. Nesse ambiente, restringir a liberdade de imprensa aos meios impressos é reduzir, todos os dias um pouco mais, o campo dessa liberdade, na medida em que, gradualmente, as publicações impressas deixarão de existir.

Em relação aos princípios ético-jurídicos, ganham relevância para o deslinde da questão a igualdade de acesso à informação, a democratização na produção de bens culturais e a proteção ao meio ambiente.

É sabido que o custo do livro eletrônico é sensivelmente inferior ao similar impresso, o que viabiliza a sua universalização para fatias mais amplas da população, seja por meio do fomento governamental, seja pelas instituições de ensino e até mesmo pelo acesso direto dos usuários que podem adquirir os produtos por um preço mais baixo. Essa ampliação do acesso à informação e à educação tem como consequência a busca da igualdade material quanto à aquisição de bens culturais. A universalidade de acesso também é viabilizada pela velocidade e capilaridade atualmente verificadas na grande rede fazem do livro eletrônico um mecanismo mais sedutor aos jovens e mais acessível à população de baixa renda.

Em outro giro, a necessidade de uma estrutura empresarial menos complexa para a produção do livro, jornal e periódico eletrônicos, que podem ser resultado de um simples arquivo em PDF ou HMTL transmitido por e-mail ou postado em um *site* ou *blog* pelo próprio autor, contribui para democratização da produção cultural e jornalística, e, em consequência, para a ampliação da liberdade de manifestação de pensamento e informação, bem como de criação e expressão artística.

A proteção ao meio ambiente também é reforçada pelo crescimento das mídias eletrônicas, que diminuirá a necessidade de papel. Afinal, não é mais preciso matar árvores para garantir a liberdade na difusão de ideias por meio da mídia escrita.

Tais objetivos, consagrados na pauta axiológica da Constituição Federal, recomendam que seja prestigiada, entre os sentidos possíveis oferecidos pela literalidade do artigo 150, VI, *d*, CF, a interpretação extensiva que englobe aos livros, jornais e periódicos eletrônicos, a fim de fazer valer a intenção reguladora do legislador histórico – a liberdade de imprensa e de manifestação de opinião, de acordo com a realidade social atual, onde os suportes físicos impressos são substituídos pelas mídias eletrônicas.

Porém, outros *softwares* que não veiculem livros, jornais e periódicos não foram imunizados.[92] Também não foram imunizados outros veículos culturais como cinema, a televisão, o teatro e o rádio, por serem expressões que não se inserem nos limites possíveis oferecidos pela literalidade da norma, o que se explica pela origem histórica do instituto. Nestes casos, a liberdade de informação e de manifestação artística deverá ser acolhida pelo legislador ordinário, sendo defeso ao intérprete constitucional buscar tal tutela na imunidade como hoje é prevista. No mesmo caso estão os equipamentos necessários para a utilização do livro eletrônico (que, aliás, podem ser lidos em computadores, *tablets*, celulares etc.) , os chamados *e-books readers*, ou leitores digitais, que não estão abrigados na imunidade, ainda que exclusivamente

---

[92] No sentido do texto: TORRES, Ricardo Lobo. *Tratado de Direito Constitucional Financeiro e Tributário*, Vol. III, p. 300. Contra: MACHADO, Hugo de Brito. *Curso de Direito Tributário*, p. 291.

destinados a essa finalidade. Isso não significa que não seja altamente recomendável a tutela desses produtos por meio de normas isencionais.

6. A jurisprudência

A controvérsia doutrinária a respeito da imunidade do livro eletrônico também se apresenta na jurisprudência dos nossos tribunais. Apesar da posição dos Tribunais Regionais Federais ser favorável à extensão da imunidade ao livro eletrônico,[93] o STF, até o momento, tem conhecido da matéria em decisões monocráticas, em que nega a imunidade do livro eletrônico aplicando a jurisprudência da Corte referente à interpretação restritiva da imunidade em relação a outros insumos que não o papel.[94] Na verdade, os precedentes que negaram a imunidade aos demais insumos, embora corretos, como vimos ao longo desse estudo, não se aplicam ao caso concreto, pois a imunidade do livro eletrônico não deriva de qualquer analogia a outro item imune, como se pretendeu com a extensão da imunidade do papel a outros insumos, mas da inserção do livro eletrônico no conceito de livro, que não precisa ser impresso em papel.

Outro ponto que merece crítica nessas decisões do STF é o seu caráter monocrático, haja vista que o artigo 557, §1º-A, do CPC só admite o provimento do recurso pelo relator se a decisão recorrida estiver em desacordo com a súmula ou jurisprudência dominante do STF. Como demonstrado, as decisões colegiadas do STF não enfrentaram a questão da imunidade do livro eletrônico, mas a dos insumos dos livros distintos do papel. Deste modo, é muito oportuna a chegada da matéria ao Plenário da Corte em sede de repercussão geral para o devido exame da matéria, onde, espera-se, deverá ser reconhecida a imunidade do livro eletrônico.

7. Conclusões

Diante de tudo o que foi exposto, podem ser extraídas as seguintes conclusões:

a) as imunidades constituem-se em não incidências constitucionalmente qualificadas, devendo ser expressamente previstas no Texto Maior;

b) no Estado Social e Democrático de Direito prevalece o pluralismo metodológico na interpretação das leis, inclusive no Direito Tributário;

c) não há métodos aprioristicos de interpretação, prevalecendo o pluralismo metodológico;

d) por isso, não se pode afirmar que as imunidades sejam interpretadas restritiva ou extensivamente, sem conhecer o seu texto específico e o âmbito da norma;

e) a imunidade dos *livros, jornais, periódicos e do papel destinado a sua impressão* tem como fundamento a liberdade de imprensa escrita e a livre manifestação de pensamento;

---

[93] TRF2, 3ª Turma Especializada, AMS nº 21.552, Rel. Des. Fed. Paulo Barata, DJU 16/09/08, p. 509; TFR3, 6ª Turma, AMS nº 236.496, Rel. Des. Fed. Consuelo Yoshida, DJF3 27/09/2010, p. 1.286; TRF4, 1ª Turma, Apelação nº200670080016850, Rel. Des. Fed. Vilson Darós, DJU 19/05/09.

[94] STF, 1ª Turma, AI nº 530.958/GO, Rel. Cezar Peluso, DJU 31/03/05; STF, 2ª Turma, RE nº 416.579/RJ, Rel. Min. Joaquim Barbosa, DJe 23, de 05/02/2010; STF, 2ª Turma, RE nº 282.387/RJ, Rel. Min. Eros Grau, DJU 08/06/2006.

f) a aplicação da referida imunidade ao livro eletrônico decorre de um dos sentidos possíveis oferecidos pela literalidade da norma constitucional;

g) o método histórico não afasta a inclusão do livro eletrônico, cuja imunidade está de acordo com a intenção reguladora do legislador original;

h) o método teleológico, recomenda a imunidade do livro eletrônico, a partir da necessidade de adequar o instrumento constitucional destinado à proteção da liberdade de imprensa e de manifestação de pensamento aos avanços tecnológicos atuais, aliada ao atendimento dos princípios da igualdade de acesso à informação, da democratização na produção dos bens culturais e de informação e da proteção ao meio ambiente;

i) o artigo 150, VI, *d*, CF imuniza os livros, jornais e periódicos digitais, mas não os demais *softwares* que não tenham essa natureza, e nem os equipamentos destinados à leitura do livro;

j) apesar de os TRFs acolherem a imunidade do livro eletrônico, decisões monocráticas do STF a têm negado com base em precedentes que afastam a imunidade dos insumos diversos do papel.

k) o reconhecimento da repercussão geral no RE nº 330.817/RJ é uma excelente oportunidade para o STF reconhecer a imunidade do livro eletrônico, com o que estará adequando o texto constitucional em vigor à realidade presente.

— 2.6 —

Imunidade tributária dos livros eletrônicos

GUSTAVO BRIGAGÃO[1]

LETÍCIA DE SANTIS MENDES DE FARIAS MELLO[2]

Sumário: 1. O debate; 2. A interpretação adequada da imunidade do livro; 3. A jurisprudência do STF; 4. Conclusão.

1. O debate

Em setembro de 2012, o Supremo Tribunal Federal reconheceu que tem repercussão geral a controvérsia sobre a imunidade tributária dos livros eletrônicos.[3] [4] Meses antes, o Supremo reconhecera a repercussão geral de outra questão também relativa ao alcance da imunidade tributária do livro, prevista no art. 150, IV, *d*, da Constituição Federal de 1988 (CF/88):[5] a extensão, ou não, da garantia constitucional a componentes eletrônicos que acompanham o material didático utilizado em curso prático de montagem de computadores.[6]

---

[1] Professor de Direito Tributário em Cursos de Pós-Graduação promovidos pela Fundação Getúlio Vargas (FGV); Conferencista na Escola da Magistratura do Estado do Rio de Janeiro – EMERJ; *General Council Member – International Fiscal Association* (IFA); Diretor Secretário-Geral da Associação Brasileira de Direito Financeiro (ABDF); Diretor de Relações Institucionais do Centro de Estudos das Sociedades de Advogados – CESA; Presidente da Câmara Britânica – RJ – BRITCHAM-RJ; Presidente do Comitê Legal da BRITCHAM-RJ; e Sócio Conselheiro do Escritório Ulhôa Canto.

[2] Professora do Curso de Pós-Graduação em Direito Tributário da Fundação Getúlio Vargas (FGV); Palestrante na Escola da Magistratura do Tribunal Regional Federal da 2ª Região; Membro da Associação Brasileira de Direito Financeiro (ABDF) e da International Fiscal Association (IFA); e Sócia do Escritório Ulhôa Canto.

[3] Repercussão Geral no Recurso Extraordinário (RE) nº 330.817 RG/RJ, Relator Ministro Dias Toffoli, DJe de 01.10.2012; acórdão assim ementado: "DIREITO CONSTITUCIONAL E TRIBUTÁRIO. MANDADO DE SEGURANÇA COLETIVO. PRETENDIDA IMUNIDADE TRIBUTÁRIA A RECAIR SOBRE LIVRO ELETRÔNICO. NECESSIDADE DE CORRETA INTERPRETAÇÃO DA NORMA CONSTITUCIONAL QUE CUIDA DO TEMA (ART. 150, INCISO IV, ALÍNEA D). MATÉRIA PASSÍVEL DE REPETIÇÃO EM INÚMEROS PROCESSOS, A REPERCUTIR NA ESFERA DE INTERESSE DE TODA A SOCIEDADE. TEMA COM REPERCUSSÃO GERAL".

[4] A discussão limita-se à questão da imunidade dos livros eletrônicos em si, não abrangendo a questão da imunidade das mídias em que eles podem ser comercializados, nem tampouco a dos equipamentos utilizados para leitura (Kindles etc.).

[5] "Art. 150. Sem prejuízo de outras garantias asseguradas ao contribuinte, é vedado à União, aos Estados, ao Distrito Federal e aos Municípios: (...) VI – instituir impostos sobre: (...) d) livros, jornais, periódicos e o papel destinado a sua impressão".

[6] Recurso Extraordinário nº 595.676 RG/RJ, Relator Ministro Marco Aurélio, DJe de 19.08.2012.

As duas controvérsias não se confundem, embora ambas digam respeito ao alcance da imunidade tributária assegurada pela CF/88 no contexto atual de inovação nas formas de transmissão do conhecimento. Enquanto a questão dos componentes didáticos guarda relação com a possibilidade de o livro, jornal ou periódico imune ser "integrado" por outros materiais, a questão da imunidade do livro eletrônico se refere à limitação da garantia constitucional aos livros, jornais e periódicos veiculados na forma impressa.

O presente estudo cuida da imunidade do livro eletrônico, compreendido como a obra em si, sem abranger mídias e equipamentos que permitem a respectiva leitura. Sobre a matéria, há relevante dissenso doutrinário e jurisprudencial. Sustentando que norma imunizante deve ser interpretada teleologicamente, a abranger toda e qualquer manifestação de pensamento, parte dos doutrinadores e magistrados conclui que o livro eletrônico é, sim, imune. Outra parte, por sua vez, entende que a imunidade do livro prevista na CF/88 não alcança os livros eletrônicos por dois motivos: primeiro, porque as normas de imunidade deveriam ser interpretadas literalmente;[7] segundo, porque a referência, no art. 150, VI, *d*, da CF/88, ao papel destinado à impressão das obras revelaria que a imunidade se restringe à versão impressa dos livros, jornais e periódicos.[8]

2. A Interpretação adequada da imunidade do livro

A despeito das controvérsias sobre o conceito de imunidade tributária, verificadas inclusive na doutrina clássica,[9] é indiscutível a íntima relação entre as imunidades previstas no art. 150, VI, da CF/88 e os princípios, direitos e garantias fundamentais estabelecidos no texto constitucional.

Se, por um lado, é certo que, por meio da instituição de impostos, o Estado poderia indevidamente negar efetividade aos princípios e garantias fundamentais, por outro, a desoneração incentiva o exercício de atividades voltadas à promoção

---

[7] O método de interpretação advogado por esses autores é também chamado de gramatical ou semântico – termos mais empregados na doutrina atual do Direito Constitucional.

[8] No acórdão em que foi reconhecida a repercussão geral da matéria da imunidade do livro eletrônico (referido na nota 1, acima), fez-se referência clara à controvérsia, conforme se observa do seguinte trecho do voto do Relator: "A corrente restritiva possui um forte viés literal e concebe que a imunidade alcança somente aquilo que puder ser compreendido dentro da expressão papel destinado a sua impressão. Aqueles que defendem tal posicionamento aduzem que, ao tempo da elaboração da Constituição Federal, já existiam diversos outros meios de difusão de cultura e que o constituinte originário teria optado por contemplar o papel. Estender a benesse da norma imunizante importaria em desvirtuar essa vontade expressa do constituinte originário. (...) Em contraposição à corrente restritiva, os partidários da corrente extensiva sustentam que, segundo uma interpretação sistemática e teleológica do texto constitucional, a imunidade serviria para se conferir efetividade aos princípios da livre manifestação do pensamento e da livre expressão da atividade intelectual, artística, científica ou de comunicação, o que, em última análise, revelaria a intenção do legislador constituinte em difundir o livre acesso à cultura e à informação. A concepção extensiva destaca que o foco da desoneração não pode ser o suporte, mas, sim, antes de tudo, a própria difusão de obras literárias, periódicos e similares".

[9] Embora a compreensão dessas controvérsias possa ser interessante para a formação de convencimento sobre o processo hermenêutico mais adequado à interpretação da imunidade do livro, não as analisaremos pormenorizadamente neste artigo. Ilustrativamente, ressaltamos, apenas, entre as várias definições doutrinárias, as de Aliomar Baleeiro, para quem são as imunidades "vedações absolutas ao poder de tributar certas pessoas (subjetivas) ou certos bens (objetivas) e, às vezes, uns e outras" (BALEEIRO, Aliomar. Direito Tributário Brasileiro. 11. ed., Rio de Janeiro: Forense, 1999, p. 113), e de Amílcar de Araújo Falcão, para quem a imunidade é forma qualificada de não incidência por supressão constitucional da competência impositiva (FALCÃO, Amílcar de Araújo. *Fato gerador da obrigação tributária*. 5. ed. São Paulo: Revista dos Tribunais, 1994, p. 117).

dos direitos fundamentais.[10] Ou seja, as imunidades tributárias são salvaguardas dos valores consagrados em preceitos fundamentais da CF/88.

Daí o STF ter atribuído o *status* de cláusula pétrea a todo o art. 150, VI, da CF/88, no julgamento da ação direta de inconstitucionalidade em que se impugnaram a emenda constitucional e a lei complementar que instituíram o Imposto Provisório sobre Movimentação Financeira (IPMF).[11] [12] Merece destaque a seguinte observação feita pelo ministro Sepúlveda Pertence:

> (...) É que, ainda que não se trate tecnicamente de direitos e garantias individuais, as imunidades ali outorgadas, na alínea b, aos "templos de qualquer culto", na letra c, ao "patrimônio, renda ou serviços dos partidos políticos, inclusive suas fundações, das entidades sindicais dos trabalhadores, das instituições de educação e assistência social, sem fins lucrativos", e, na letra d, a "livros, jornais, periódicos e o papel destinado a sua impressão", constituem, todas elas, instrumentos de salvaguarda fundamentais de princípios,

---

[10] A propósito da importância da imunidade para a implementação dos valores sociais, José Souto Maior Borges leciona: "A regra da imunidade é estabelecida em função de consideração de ordem extrajurídica. Através da imunidade, nos termos em que está disciplinada na Constituição Federal, torna-se possível a preservação de valores sociais das mais diversas naturezas: políticos, religiosos, educacionais, sociais e culturais." (*Isenções tributárias*. São Paulo: Sugestões Literárias, p. 211).

[11] ADIn 939/DF, Relator Ministro Sydney Sanches: "(...) A Emenda Constitucional n. 3, de 17.03.1993, que, no art. 2., autorizou a União a instituir o I.P.M.F., incidiu em vício de inconstitucionalidade, ao dispor, no parágrafo 2. desse dispositivo, que, quanto a tal tributo, não se aplica 'o art. 150, III, "b" e VI', da Constituição, porque, desse modo, *violou os seguintes princípios e normas imutáveis* (somente eles, não outros): (...); 2. – o princípio da imunidade tributaria recíproca (que veda a União, aos Estados, ao Distrito Federal e aos Municípios a instituição de impostos sobre o patrimônio, rendas ou serviços uns dos outros) e que e garantia da Federação (art. 60, par. 4., inciso I, e art. 150, VI, "a", da C.F.); 3. – a norma que, estabelecendo outras imunidades impede a criação de impostos (art. 150, III) sobre: "b"): templos de qualquer culto; "c"): patrimônio, renda ou serviços dos partidos políticos, inclusive suas fundações, das entidades sindicais dos trabalhadores, das instituições de educação e de assistência social, sem fins lucrativos, atendidos os requisitos da lei; e "d"): livros, jornais, periódicos e o papel destinado a sua impressão" (...) (DJ de 18.03.1994 – grifamos).

[12] Por essa decisão do STF, deu-se a inclusão de princípios tributários do art. 150 no sistema de direitos fundamentais da CF/88. Para chegar à conclusão pela imunidade do livro eletrônico, não se precisaria chegar a tanto, bastando a interpretação do art. 150, VI, d), de acordo com os preceitos fundamentais constantes do Título II da CF/88. Sobre a diferença entre os dois fenômenos de interpretação do texto constitucional, confira-se o magistério de Cláudio Pereira de Souza Neto e José Vicente Santos de Mendonça, em artigo intitulado "Fundamentalização e Fundamentalismo na Interpretação do Princípio Constitucional da Livre Iniciativa":
"A *fundamentalização-inclusão* pode ocorrer, também, em termos materiais. Para além dos direitos formalmente fundamentais (Título II da Constituição da República), o sistema comporta direitos fundamentais em razão da *importância de seu conteúdo*. A Constituição de 1988 prevê essa possibilidade. De acordo com o § 2° de seu artigo 5°, os direitos e garantias expressos na Constituição '*não excluem outros decorrentes do regime e dos princípios por ela adotados, ou dos tratados internacionais em que a República Federativa do Brasil seja parte*'. Em decisão polêmica, o Supremo Tribunal Federal deu consequência prática ao preceito, ao atribuir o status jusfundamental ao princípio da anterioridade tributária, positivado no art. 150, III, *b*, da Constituição da República, isto é, fora do catálogo expresso. Essa fundamentalização-inclusão através da afirmação da fundamentalidade material demanda recurso a argumentos situados no plano da justificação dos preceitos constitucionais. No exemplo, a fundamentalização do artigo 150, III, b, decorreu de se afirmar que o preceito constituía garantia da segurança jurídica. (...) O segundo fenômeno – o da *fundamentalização-releitura* –, da mesma forma que a *constitucionalização-releitura*, recebe maior espaço apenas no debate recente. Ele atua através da 'eficácia irradiante' dos princípios constitucionais, norteando a interpretação de todo o restante da Constituição (e, como vimos, da totalidade da ordem jurídica). Hoje, entende-se que os direitos fundamentais, além de sua dimensão subjetiva tradicional, possuem também uma 'dimensão objetiva'. Integram não apenas o patrimônio jurídico de seus titulares imediatos, mas, ainda, o sistema de valores políticos que compõe a estrutura básica da democracia constitucional. Por essa razão, devem se irradiar por todo o ordenamento. As disposições constitucionais concernentes a matérias como a administrativa, a tributária, a penal ou a civil devem ser interpretadas de acordo com as normas jusfundamentais. Assim como há a 'interpretação conforme a constituição', há também a 'interpretação conforme os direitos fundamentais', aplicável ao interior do sistema constitucional." (SOUZA NETO, Cláudio Pereira de. In Constitucionalismo Democrático e Governo das Razões. Rio de Janeiro: Lumen Juris, 2001, p.161-163; BARROSO, Luís Roberto; Barcellos, Ana Paula de. O começo da história. A nova interpretação constitucional e o papel dos princípios no Direito brasileiro. In: BARROSO, Luís Roberto (org.). A nova interpretação constitucional: ponderação, direitos fundamentais e relações privadas. Rio de Janeiro: Renovar, 2003, p.368.)

liberdades e direitos básicos da Constituição, como liberdade religiosa, de manifestação do pensamento, pluralismo político do regime, a liberdade sindical, a solidariedade social, o direito à educação e assim por diante. (...)

Não há, pois, como deixar de reconhecer que é o aspecto finalístico da imunidade tributária que esclarece o respectivo conteúdo, não sendo adequada a interpretação das normas imunizantes apenas com base no método literal, em abandono do teleológico e do sistemático.

Aliás, a aplicação exclusiva do método literal na interpretação das normas tributárias é criticada pela doutrina majoritária, sendo eloquente a seguinte autocrítica feita por Gilberto de Ulhôa Canto, que foi um dos membros da Comissão Elaboradora do Anteprojeto do Código Tributário Nacional (CTN), em relação à previsão da interpretação literal para determinadas normas (entre as quais jamais se incluíram as de imunidade):[13] [14]

2.2.21. Na verdade, hoje penso que teria sido mais certo (e, nesta afirmativa é claro que faço a minha autocrítica) limitar a matéria do CTN relativa à interpretação da legislação tributária apenas aos seus artigos 109 e 110 (estes, pela importância, já assinalada, da sua função de obstar a que o sistema impositivo seja violado) e o atual artigo 112 (porque o princípio da aplicação da *lex mitior*, consagrado no artigo 106, II do CTN, tradicionalmente encontra correlação no método interpretativo mais brando), fazendo-os preceder, simplesmente, de um outro que consagrasse a tendência moderna ou abrisse margem para o recurso aos métodos usados na interpretação da lei em geral.

2.2.22.Considero inaceitável, já agora, a tese de que se deva interpretar literalmente a norma de lei que outorga isenção. Em conferência que fiz no Instituto dos Advogados Brasileiros em 1958 (vide meu "Temas de Direito Tributário", ed. Alba, 1964, vol. 3º, pág. 195) admiti tal processo hermenêutico quanto às normas sôbre isenção, embora tivesse advogado a interpretação teológica sempre que se tratasse de imunidade. Hoje, estou convencido de que a literalidade não se justifica, sequer na interpretação das leis puramente isentivas.

A literalidade do texto normativo deve apenas balizar a atividade do intérprete que dele deve extrair, entre os seus possíveis sentidos, aquele que melhor se harmonize com o sistema constitucional. A esse propósito, pertinentes são as lições de Luís Roberto Barroso e Eros Grau, respectivamente:

A Constituição não é um conjunto de normas justapostas, mas um sistema normativo fundado em determinadas idéias que configuram um núcleo irredutível, condicionante da inteligência de qualquer de suas partes. O princípio da unidade é uma especificação da interpretação sistemática, e impõe ao intérprete o dever de harmonizar as tensões e contradições entre normas. Deverá fazê-lo guiado pela grande bússola da interpretação constitucional: os princípios fundamentais, gerais e setoriais inscritos ou decorrentes da Lei Maior.[15]

Não se interpreta a Constituição em tiras, aos pedaços. A interpretação de qualquer norma da Constituição impõe ao intérprete, sempre, em qualquer circunstância, o caminhar pelo percurso que se projeta a partir dela – da norma até a Constituição. Uma norma jurídica isolada, destacada, desprendida do sistema jurídico, não expressa significado normativo nenhum.[16]

A correta interpretação da imunidade do livro prevista no art. 150, VI, da CF/88 deve levar em conta os princípios constitucionais a que se queira preservar, extrain-

---

[13] Parecer inédito, emitido em 07.01.1972.

[14] CTN "Art. 111. Interpreta-se literalmente a legislação tributária que disponha sobre: I – suspensão ou exclusão do crédito tributário; II – outorga de isenção; III – dispensa do cumprimento de obrigações tributárias acessórias".

[15] BARROSO, Luís Roberto. *Interpretação e aplicação da constituição*: fundamentos de uma dogmática constitucional transformadora. São Paulo: Saraiva, 1996, p. 182.

[16] GRAU, Eros. *A ordem econômica na constituição de 1988*. São Paulo: Malheiros, 2000, p. 179-180.

do-se do dispositivo constitucional o seu objetivo precípuo,[17] como bem sintetizado por Aliomar Baleeiro:

A Constituição almeja duplo objetivo ao estatuir essa imunidade: amparar e estimular a cultura através dos livros, periódicos e jornais; garantir a liberdade de manifestação do pensamento, o direito de crítica e a propaganda partidária.[18]

Cumpre, portanto, indagar: o livro eletrônico é eficaz como meio de disseminação da cultura, do conhecimento, da informação e de facilitação do acesso democrático a esses instrumentos de cidadania? Sob outro aspecto, o livro eletrônico garante aos autores (e eventuais editores e grupos que os suportem) a liberdade de manifestação de pensamento?

A resposta é afirmativa.

Segundo levantamento feito pela *Association of American Publishers*, em 2012, pela primeira vez na história, foram vendidos mais livros eletrônicos (*ebooks*) do que os tradicionais, produzidos em papel.

Esse fenômeno ocorre não só em relação a livros, mas a todos os demais meios de disseminação de cultura, conhecimento e informação. De fato, os mais importantes jornais, revistas e periódicos do País e do mundo são também (alguns, principalmente, e outros, até mesmo, exclusivamente) veiculados em versão digital.

E a razão para isso é que os instrumentos eletrônicos (tablets e celulares com a plataforma Android, ou Iphones, Ipads, PCs ou Macs) em que as obras, notícias e/ou informações são lidas apresentam enormes vantagens práticas para o leitor, quando comparados com as tradicionais versões físicas impressas dos demais veículos (livros, jornais e periódicos produzidos em papel). Esses novos meios tecnológicos:

(a) tornam a leitura muito mais fácil (ou, até mesmo, possível, para aqueles que apresentam alguma deficiência visual), em razão das funções de zoom, redimensionamento de letras, luminosidade etc.;

(b) são muito mais portáteis (bibliotecas inteiras podem ser guardadas em um tablet ou em um simples celular);

(c) apresentam sistemas de dicionário, referencia à Internet e interatividade que permitem uma leitura muito mais, agradável, instrutiva e produtiva;

---

[17] Parte-se, assim, para o que Humberto Ávila classifica como interpretação "teleológico-sistemática", em consistente artigo de 2001 intitulado "Argumentação Jurídica e a Imunidade do Livro Eletrônico", disponível em <http://www. direitopublico.com.br/pdf_5/dialogo-juridico-05-agosto-2001-humberto-avila.pdf>.

[18] Limitações Constitucionais ao Poder de Tributar. 7 ed. Rio de Janeiro: Forense, 1977, p. 339. No mesmo sentido, Ives Gandra da Silva Martins: "Qual a finalidade das imunidades em relação à imprensa, à educação e à cultura? Evitar que o poder, através dos tributos, criasse tal nível de imposição, que viesse a impedir a liberdade de expressão, controlando, via imposição, os órgãos de comunicação social e as instituições de cultura e educação. (...) quaisquer livros, jornais periódicos veiculados em papel, meios eletrônicos ou digitais são imunes do imposto, a teor do artigo 150. inciso VI, letra "d", da Lei Suprema." Imunidade dos Meio Eletrônicos de Comunicação Social. São Paulo: Revista Dialética de Direito Tributário 175/117, abril de 2012.) E, ainda, Onofre Alves Batista Júnior, também examinando a questão da imunidade dos livros eletrônicos: "A imunidade dos livros, jornais e periódicos tem, à toda evidência, o intuito de assegurar a liberdade de expressão de pensamento e a disseminação da cultura, desideratos estritamente afinados com o programa social marcante de um Estado Democrático de Direito, que se estriba, fundamentalmente, na busca do desenvolvimento da pessoa humana, portadora de dignidade, que se constitui no valor fulcral da CRFB/88 (art. 1°). A propósito, o art. 215 da CRFB/88 determina que o Estado deve garantir a todos o pleno exercício dos direitos culturais e o acesso às fontes de cultura, além de que, em seu § 3°, determina que a lei deverá estabelecer incentivos para a produção e conhecimento de bens e valores culturais. (...)" (DINIZ DE SANTI, Eurico Marcos (coord). *Curso de especialização em direito tributário*: estudos analíticos em homenagem à Paulo de Barros Carvalho. Rio de Janeiro: Forense, 2005, p. 119.)

(d) permitem a aquisição das obras literárias e informativas de forma indiscutivelmente mais simples e ágil (basta o *download*), se comparada com aquela relativa às versões impressas, que dependem dos tradicionais meios de distribuição e logística.

Além disso, a possibilidade de divulgação de ideias e informações a custo ínfimo (quiçá zero), concretizada mais e mais a cada dia, notadamente através da Internet, traduz-se em enorme benefício para os autores dessas manifestações de pensamento e para a população em geral.

Aos autores, assegura-se – em níveis jamais imaginados antes do surgimento da rede mundial de comunicações – a publicidade de todo e qualquer texto, outrora sujeita à capacidade de suportar os altos custos para produção e distribuição de obra impressa ou à obtenção de apoio de editoras com interesse comercial na sua produção (ou, ainda, de grupos interessados na sua divulgação).

À população, assegura-se o acesso mais barato ou gratuito a material educacional, cultural ou informativo que, no passado, poderia até permanecer inédito, pois desprovido de interesse comercial ou promocional para editoras ou grupos específicos.

Em outras palavras, na versão digital, os livros, jornais, revistas e demais periódicos realizam com muito mais eficiência a função que também é exercida pelas publicações em versão impressa.

É de se notar, ainda, que os livros eletrônicos não dependem de material algum para a sua elaboração, ao contrário dos livros tradicionais, que exigem o dispêndio, entre outros insumos, de elevada quantidade de papel, cuja produção tem grande impacto ambiental. Sob esse ângulo, o reconhecimento da imunidade tributária dos livros eletrônicos e o consequente estímulo à sua produção e consumo atendem às preocupações com o meio ambiente tuteladas no art. 225 da CF/88.[19]

Sob outro aspecto, ainda que se abandonassem os métodos teleológico e sistemático de interpretação da imunidade do livro e se partisse para um processo hermenêutico restrito à literalidade do texto, tal como pretendem alguns autores,[20] também não seria possível afastar a imunidade tributária dos livros eletrônicos.

Como foi dito anteriormente, os que sustentam a exclusão dos livros eletrônicos da imunidade prevista no art. 150, VI, *d*), da CF/88 baseiam-se, sobretudo, na referência que o dispositivo constitucional faz ao papel destinado à impressão dos livros, jornais e periódicos, que supostamente delimitaria o universo das publicações imunes àquelas impressas em papel.

---

[19] Confiram-se as disposições do art. 225 da CF/88 mais pertinentes em relação à hipótese: "Art. 225. Todos têm direito ao meio ambiente ecologicamente equilibrado, bem de uso comum do povo e essencial à sadia qualidade de vida, impondo-se ao Poder Público e à coletividade o dever de defendê-lo e preservá- lo para as presentes e futuras gerações. § 1º Para assegurar a efetividade desse direito, incumbe ao Poder Público: I – preservar e restaurar os processos ecológicos essenciais e prover o manejo ecológico das espécies e ecossistemas; (...) IV – exigir, na forma da lei, para instalação de obra ou atividade potencialmente causadora de significativa degradação do meio ambiente, estudo prévio de impacto ambiental, a que se dará publicidade; (...) VII – proteger a fauna e a flora, vedadas, na forma da lei, as práticas que coloquem em risco sua função ecológica, provoquem a extinção de espécies ou submetam os animais a crueldade".

[20] Entre outros: (i) TÔRRES, Heleno Taveira. Tributação e Imunidade dos Chamados "Livros Eletrônicos" (in) Imunidade Tributária do Livro Eletrônico. Rio de Janeiro, 1999, p. 83. (ii) TORRES, Ricardo Lobo. Imunidade Tributária nos Produtos de Informática (in) Imunidade Tributária do Livro Eletrônico. Rio de Janeiro, IOB, 1999, p. 200).

Contudo, há um aspecto histórico interessante que, já de plano, revela a impertinência dessa ilação.

É que, tal como originalmente prevista na Constituição Federal de 1946,[21] a imunidade tributária atualmente expressa no art. 150, VI, *d*), restringia-se ao "papel destinado exclusivamente à impressão de jornais, periódicos e livros", sem abranger as publicações em si.

De 1910 a 1914, durante o governo de Hermes da Fonseca, o imposto de importação aplicado em relação ao papel era bem superior ao que incidia na importação de livros acabados, o que dificultava a produção de obras em território nacional.[22]

Registra Aliomar Baleeiro que foi Jorge Amado, então deputado federal pelo Partido Comunista Brasileiro (PCB), quem defendeu a imunidade tributária do papel com o objetivo de proteger o interesse cultural, já que o tratamento alfandegário desfavorável dado ao papel importado acabava por criar monopólio em favor do produtor nacional, que fixava o preço que quisesse para o papel que produzisse.[23]

Nesse passo, por serem os jornais, periódicos e livros fonte essencial de educação e cultura, optou-se na CF/46 pelo barateamento e democratização da sua produção através da imunidade do papel em que eram eles impressos.

Além disso, essa imunidade foi relevante como forma de dificultar que o governo de Getúlio Vargas, por meio de tributação excessiva, impusesse censura ainda maior aos jornais publicados por opositores do regime. A benesse tributária serviu, assim, para promover, mesmo que de forma limitada, a liberdade de manifestação de pensamento e de informação.

Desde então, a relação estabelecida no texto constitucional entre o papel e os livros, jornais e periódicos era clara e tinha um único propósito: limitar a imunidade ao papel empregado na produção das mencionadas obras, mantendo-se sujeito à tributação o papel destinado a outras finalidades, como, por exemplo, à produção de cadernos escolares.

Registre-se que o alcance limitado da previsão original de imunidade tributária com vista à proteção constitucional da livre manifestação de pensamento e de acesso à cultura e informação foi alvo de críticas, tendo Pontes de Miranda, em comentário à CF/46, manifestado-se da seguinte forma:

> O papel destinado exclusivamente à impressão de jornais, periódicos e livros é imune a impostos (não a taxas). O fim a que se destina o papel é que o imuniza, de modo que o jornal, o periódico e a casa editora ou impressora podem importá-lo com explicitude do fim, incorrendo nos crimes previstos pelas leis quanto a dolo, desvios, fraudes, etc., se o não empregam, ou – se a legislação o permite – pode importá-lo o vendedor de papéis, comprometendo-se à venda somente para tal fim. O expediente de restituição dos impostos pagos também é adotável pela legislação se o importador não é o consumidor. Nenhum óbice a lei é dado opor à importação direta pela empresa jornalística, de periódicos ou de edições de livros, ressalvadas apenas as precauções fiscais de verificação do fim. Pena é que o legislador constituinte não tivesse ido mais longe: até à imunização das máquinas destinadas à composição e impressão.[24]

---

[21] "Art 31 – A União, aos Estados, ao Distrito Federal e aos Municípios é vedado: (...) V – lançar impostos sobre: (...) c) papel destinado exclusivamente à impressão de jornais, periódicos e livros".

[22] CARVALHO, André Castro. Tributação de bens digitais: interpretação do art. 150, VI, *d*, da Constituição Federal. São Paulo: MP Ed., 2009, p. 52.

[23] BALEEIRO, Aliomar. Op. cit., p. 577.

[24] MIRANDA, Pontes de. *Comentários à Constituição de 1946*. Rio de Janeiro: Boffoni, 1946. (vol. I), p.510-511.

Mesmo editada sob forte influência do regime ditatorial, a CF/67 estendeu o alcance da imunidade, antes restrita ao papel, aos livros jornais e periódicos,[25] em redação que permaneceu praticamente inalterada com a Emenda Constitucional nº 1/69[26] e que já era muito parecida com a do atual art. 150, VI, *d*), da CF/88.

Na assembleia constituinte de 1987, os debates mais relevantes sobre o alcance da imunidade do livro, e que são pertinentes para este estudo, referiram-se à inclusão na garantia dos filmes cinematográficos e dos demais insumos utilizados nos jornais e à exclusão das publicações desprovidas de interesse cultural e educacional. Nenhuma dessas propostas foi acolhida.

Alguns dos que são contrários à imunidade do livro eletrônico noticiam que teria sido rejeitada sugestão feita por Ives Gandra Martins aos constituintes, no sentido de incluir "técnicas audiovisuais" na redação do art. 150, VI, *d*), da CF/88. Ele próprio, porém, assinalou não ser verdadeiro esse fato, tendo em vista que a sugestão dada nem sequer chegou a ser discutida, muito menos rejeitada; confira-se:

> Muitos dos que interpretam que a imunidade é restrita aos livros, periódicos e jornais, assim como o papel destinado à sua impressão, utilizam-se de relato que fiz, em meus Comentários à Constituição Federal, sobre proposta de redação mais ampla a esse dispositivo que levei à constituinte e que afinal não veio a ser acolhida.

Mister se faz completar aquela observação, visto que o texto que apresentei, já depois de aprovado o primeiro projeto na Comissão de Sistematização, foi para o denominado grupo "Centrão", tendo a proposta elaborada por mim e por Hamilton Dias de Souza, sido entregue aos parlamentares Roberto Campos, José Lourenço, Luís Eduardo Magalhães, Roberto Cardoso Alves, Cunha Bueno, Gastone Righi, Guilherme Afif Domingos, Bonifácio Andrada e Antonio Delfim Netto, quando a discussão em plenário já versava sobre outro texto, que era o da Comissão de Sistematização.

Muitos entendem que a minha sugestão foi rejeitada, quando, de rigor, terminou não sendo discutida, pois os Deputados e Senadores do grupo que influenciou o plenário e terminou por reduzir, parcialmente, os efeitos negativos do projeto da Comissão de Sistematização, foram obrigados, muitas vezes, a não discutir pontos que gostariam de ter discutido, por entenderem que outros mais importantes mereceriam seu esforço concentrado.[27]

Além disso, é de se notar que os livros eletrônicos só foram apresentados ao público no final da década de 90 e somente começaram a se popularizar a partir do lançamento do leitor de livros eletrônicos Kindle, em 2008. E mais: no Brasil, mesmo hoje e entre a população de maior poder aquisitivo, muitos são os que jamais leram um livro eletrônico.

Esses dados revelam que o constituinte, de forma alguma, almejou excluir da imunidade tributária os livros eletrônicos. Não há, portanto, qualquer razão para su-

---

[25] "Art 20. É vedado à União, aos Estados, ao Distrito Federal e aos Municípios: (...) III – criar impôsto sobre: (...) d) o livro, os jornais e os periódicos, assim como o papel destinado à sua impressão."

[26] "Art. 19. É vedado à União, aos Estados, ao Distrito Federal e aos Municípios: (...) III – instituir impôsto sôbre: d) o livro, o jornal e os periódicos, assim como o papel destinado à sua impressão."

[27] MARTINS, Ives Gandra da Silva. Imunidades Tributárias. In: *Imunidade Tributária do Livro Eletrônico*. São Paulo: IOB, 1998, p.108.

por que a falta de menção ao livro eletrônico no art. 150, VI, *d*), da CF/88 representaria "silêncio eloquente" do constituinte.[28]

Por fim, cumpre repelir o argumento, apresentado por autores contrários à imunidade, de que os consumidores dos livros eletrônicos teriam alta capacidade contributiva, motivo pelo qual seria dispensável a "proteção da intributabilidade".

Discordamos dessa linha argumentativa por três razões já referidas anteriormente. Em primeiro lugar, porque as normas de imunidade não se relacionam com a capacidade contributiva dos consumidores dos bens imunes (ou adquiridos de entidades imunes), mas com a salvaguarda de princípios, liberdades ou direitos fundamentais. Em segundo lugar, porque a imunidade do livro assegura também ao autor da obra o pleno exercício da livre manifestação, permitindo-lhe atingir um público maior. Em terceiro lugar, porque a tendência é de que a relatada expansão do comércio de livros eletrônicos atinja cada vez parcelas maiores da população, assim como ocorreu, por exemplo, com o mercado de telefonia celular,[29] de modo que a alegada alta capacidade contributiva dos consumidores pode ser posta em xeque.

3. A jurisprudência do STF

Como se sabe, há decisões monocráticas de Ministros do STF em sentido desfavorável à tese da imunidade tributária dos livros eletrônicos, as quais foram proferidas com suposto amparo em precedentes firmados pela Corte em outros casos que envolviam a aplicação do art. 150, VI, *d*, da CF/88.[30]

Todavia, parece-nos que, nessas decisões, a jurisprudência do STF sobre o tema não foi adequadamente invocada.

São duas as principais questões examinadas pelo Tribunal no que se refere à imunidade prevista no art. 150, VI, *d*, da CF/88: o alcance dos termos "livros", "jornais" e "periódicos" e a definição dos materiais empregados na edição de livros, jornais e periódicos abrangidos pela imunidade.

Embora a primeira questão seja a mais pertinente para o estudo da imunidade do livro eletrônico, é a segunda que suscita maior divergência em relação ao método

---

[28] Marco Aurélio Greco bem distingue o silêncio eloquente da simples lacuna: "A lacuna não se confunde com a figura que o Supremo Tribunal Federal denominou de 'silêncio eloquente' consistente na situação em que não há omissão nem lacuna, mas o legislador não previu a hipótese porque não quis que fosse prevista, por não ser caso a ser previsto. Isto é o que o Supremo tem chamado de silêncio eloquente. O conceito surgiu claramente ao ensejo de decisão proferida em razão de um problema versando a competência da Justiça do Trabalho. Nesses acórdãos, afirma-se que certo dispositivo constitucional não previu certa competência, não porque tivesse havido omissão do legislador, mas porque ele não quis prever. Lacuna é falta de previsão específica; silêncio eloquente é a previsão específica através de uma não previsão. O legislador ao não editar norma específica prevê que não está incluído. Dizendo de outra forma: a lacuna é a não previsão no sentido de falta de norma específica para a hipótese; o silêncio eloquente é o não querer que esteja previsto, no sentido de existir uma norma que determina que o caso não está alcançado. Não é meramente o não prever; silêncio eloquente é uma não previsão que corresponde a uma vontade que o caso não esteja alcançado." (GRECO, Marco Aurélio. *Planejamento Tributário*. 3. ed. São Paulo, 2011, p. 185).

[29] Segundo dados da Agência Nacional de Telecomunicações, em dezembro de 2012, o Brasil ultrapassou a marca de 260 milhões de aparelhos celulares.

[30] Citem-se a inicialmente proferida pelo Ministro Dias Toffoli, e posteriormente reconsiderada, no próprio RE nº 330.817-RJ, DJe de 05.03.2010 (no caso, acabou sendo reconhecida a repercussão geral da questão da imunidade tributária do livro eletrônico – nota 1, acima e a proferida pelo Ministro Joaquim Barbosa no RE nº 416.579-RJ, DJe de 08.02.2010.

hermenêutico que deve ser adotado na interpretação do texto constitucional, identificando-se, em relação a ela, duas principais correntes jurisprudenciais.

A primeira corrente entende que a imunidade do livro deve ser interpretada restritivamente. Assim, com base na literalidade do art. 150, VI, *d*, da CF/88, admite a imunidade apenas do papel destinado à impressão das publicações e dos materiais a ele assimiláveis. Essa corrente firmou-se no julgamento, pelo Plenário do STF, do RE nº 203.859-SP, cujo acórdão restou assim ementado:

RECURSO EXTRAORDINÁRIO. CONSTITUCIONAL. TRIBUTÁRIO. JORNAIS, LIVROS E PERIÓDICOS. IMUNIDADE TRIBUTÁRIA. INSUMO. EXTENSÃO MÍNIMA. Extensão da imunidade tributária aos insumos utilizados na confecção de jornais. Além do próprio papel de impressão, a imunidade tributária conferida aos livros, jornais e periódicos somente alcança o chamado papel fotográfico – filmes não impressionados. Recurso extraordinário parcialmente conhecido e, nessa parte, provido.[31]

Posteriormente, tal orientação passou a ser adotada por ambas as Turmas e foi objeto da Súmula nº 657 do STF:

A imunidade prevista no art. 150, VI, *d*, da CF abrange os filmes e papéis fotográficos necessários à publicação de jornais e periódicos.[32]

A segunda corrente jurisprudencial preconiza que o art. 150, VI, *d*), da CF/88 deve ser interpretado teleologicamente, e admite a extensão da imunidade a todos os materiais empregados na edição de livros, jornais e periódicos. Esse entendimento prevaleceu na Primeira Turma, em 2011, no julgamento do RE nº 202.149-RS, cujo acórdão foi assim ementado:

CONSTITUIÇÃO FEDERAL. Extraia-se da Constituição Federal, em interpretação teleológica e integrativa, a maior concretude possível. IMUNIDADE – "LIVROS, JORNAIS, PERIÓDICOS E O PAPEL DESTINADO A SUA IMPRESSÃO" – ARTIGO 150, INCISO VI, ALÍNEA "D", DA CARTA DA REPÚBLICA – INTELIGÊNCIA. A imunidade tributária relativa a livros, jornais e periódicos é ampla, total, apanhando produto, maquinário e insumos. A referência, no preceito, a papel é exemplificativa e não exaustiva.[33]

Contra esse acórdão, foram opostos embargos de divergência, ainda não julgados pelo Plenário.

Independentemente da orientação que venha a prevalecer no STF – no sentido da interpretação literal ou teleológica[34] –, parece-nos que a Corte concluirá pela imunidade do livro eletrônico, a não ser que haja grande retrocesso.

---

[31] Relator Ministro Carlos Velloso, Redator para acórdão Ministro Maurício Corrêa, DJ de 24.08.2001). Embora na ementa não conste a referência a filmes, estes também foram considerados imunes, como se observa do seguinte trecho da ata do julgamento: "O Tribunal conheceu, em parte, do recurso e nesta parte lhe deu provimento para declarar a imunidade com relação à guia de importação de fls. 23 relativa a 'filmes' e 'papéis fotográficos'. E não conheceu do recurso com relação à importação documentada pela guia de fls. 25, relativa à 'solução alcalina'. Ficaram parcialmente vencidos os Ministros Carlos Velloso, Marco Aurélio, Celso de Mello, Ilmar Galvão, Octavio Gallotti, Moreira Alves e Sydney Sanches: os três primeiros por entenderem que o art. 150, VI, d), da CF/88 deveria ser interpretado teleologicamente, observando-se o seu sentido finalístico de proteção e promoção das liberdades de expressão, de informação e de imprensa, de forma que a imunidade abrangesse todo e qualquer insumo empregado na edição de livros, jornais e periódicos, e os quatro últimos por entenderem que a interpretação da imunidade deveria ser literal e restritiva, não se admitindo a extensão sequer a outros materiais congêneres ao papel (esta última seria uma terceira corrente de entendimento que, por não ter prevalecido em nenhum precedente do STF, não será abordada neste artigo).

[32] Datada de 24.09.2003.

[33] Relator Ministro Menezes Direito, Redator para Acórdão Ministro Marco Aurélio Mello, DJe de 10.10.2011.

[34] A nosso ver, a interpretação correta é a teleológica, tal como precisamente exposto no voto vencido proferido pelo Ministro Celso de Mello no julgamento do RE nº 203.856-SP, no qual prevaleceu a interpretação literal. Do voto vencido de S. Exa, destacamos o seguinte trecho: "Não se pode desconhecer, dentro desse contexto, que as imunidades tributárias de natureza política destinam-se a conferir efetividade a determinados direitos e garantias fundamentais reconhecidos e assegurados às pessoas e às instituições. Constituem, por isso mesmo, expressões significativas das

Isso porque, como visto, a própria corrente jurisprudencial firmada na linha de que o art. 150, VI, *d*, da CF/88 deve ser interpretado literalmente admite a extensão da imunidade dos livros, jornais e periódicos a materiais assimiláveis ao "papel destinado à sua impressão", afastando a garantia tão somente em relação a materiais absolutamente dissociados desse conceito.

A seguir esse mesmo raciocínio, tudo aquilo que seja considerado livro ou produto a ele assimilável gozará de imunidade tributária, incluindo-se aí o livro eletrônico, pois, mesmo que não seja, como pretendem alguns autores, livro *stricto sensu*, dadas as funções de interatividade que possui,[35] o livro eletrônico é, ao menos, congênere ao livro tradicional.[36]

Assim, a jurisprudência do STF quanto ao alcance dos vocábulos *livros*, *jornais* e *periódicos* constantes no art. 150, VI, *d*, da CF/88 parece ser favorável ao futuro reconhecimento da imunidade do livro eletrônico.

Se, em relação aos materiais empregados na edição de livros, jornais e periódicos abrangidos pela imunidade, o entendimento predominante no STF vinha sendo o de que a atividade de interpretação seria limitada pela expressão "papel destinado à sua impressão", em relação às publicações em si, a Corte jamais desconsiderou o fato de que o texto constitucional não contém limitação alguma à imunidade, seja no que se refere ao conteúdo dos livros, jornais, revistas e periódicos, seja no que se refere à forma pela qual são veiculados.

Assim como os livros feitos em papel, os livros eletrônicos podem ter conteúdo tanto educacional ou cultural quanto recreativo,[37] de modo que a discussão relativa

---

garantias de ordem instrumental, vocacionadas, na especificidade dos fins a que se dirigem, a proteger o exercício da liberdade de expressão intelectual e da liberdade de informação. A imunidade tributária não constitui um fim em si mesmo. Antes, representa um poderoso fator de contenção do arbítrio do Estado, na medida em que esse postulado fundamental da Constituição, inibindo o exercício da competência impositiva pelo Poder Público, prestigia, favorece e tutela o espaço em que florescem aquelas liberdades públicas. (...) As normas constitucionais referentes à imunidade tributária devem merecer, em sua aplicação, exegese compreensiva e, até mesmo, extensiva. Por isso mesmo, acentua RUY CARLOS DE BARROS MONTEIRO ('Apontamentos sobre as imunidades tributárias à luz da jurisprudência do STF', in *Revista de Informação Legislativa*, vol. 93/148, 1987), 'importa salientar que, no campo da interpretação das imunidades, a única regra admissível é, ao contrário do que sucede no da isenção, a ampla, de modo que propicie a completa transparência dos princípios nela consagrados'. Essa orientação doutrinária, prestigiada por AMÍLCAR DE ARAÚJO FALCÃO (RDA 66/372) e IVES GANDRA MARTINS ('Sistema Tributário na Constituição de 1988', p. 151, 1989, Saraiva), dentre outros, foi acolhida por esta Corte (RTJ 116/267). Em suma: o fato de inquestionável relevo na análise deste tema tão densamente impregnado de significação político-jurídica, que transcende a própria esfera de índole meramente fiscal, reside na circunstância de que o instituto da imunidade tributária há de ser definido e interpretado em função da própria razão que justifica a sua previsão constitucional. Desse modo, é preciso ter presente – como já referido – o próprio sentido finalístico, a teleologia mesma, da cláusula constitucional que institui a garantia da imunidade como típica e insuprimível limitação ao poder de tributar do Estado".

[35] "O 'livro eletrônico', comercializado sob a forma de CD-ROM, é um hipertexto que – lógica, operacional e finalisticamente – difere do texto do livro impresso em papel, como vimos antes. Permite ao usuário interagir com o programa e utilizar as informações inclusive para a correção ortográfica dos trabalhos preparados em computador." TORRES, Ricardo Lobo. Imunidade Tributária nos Produtos de Informática (in) Imunidade Tributária do Livro Eletrônico. Rio de Janeiro, IOB, 1999, p. 209.

[36] A única dúvida que persiste diante dessa dicotomia na jurisprudência do STF refere-se às mídias em que os livros eletrônicos são comercializados e aos equipamentos que permitem a leitura de obras adquiridas via Internet. A prevalecer a corrente jurisprudencial que preconiza a interpretação literal da imunidade, poderiam tais insumos vir a ser considerados assimiláveis ao papel, porquanto cumprem, em relação às publicações eletrônicas, função similar à do papel em publicações impressas?

[37] O tema é fascinante. Há decisões do STF respondendo negativamente a essa questão (entre as quais a decisão monocrática do RE nº 416.579-RJ) , mas ela não é objeto este artigo, nem tampouco do RE em que se reconheceu a repercussão geral da controvérsia sobre a imunidade tributária dos livros eletrônicos. Aliás, sobre ela, ainda não há RE com repercussão geral.

SISTEMA CONSTITUCIONAL TRIBUTÁRIO – dos fundamentos teóricos aos *hard cases* tributários
Estudos em homenagem ao Ministro Luiz Fux

à respectiva imunidade tributária diz respeito exclusivamente à definição do que se entende por "livro". Nesse particular – das possíveis formas das publicações imunes – os casos dos álbuns de figurinhas e das apostilas são emblemáticos.

Quanto aos álbuns de figurinhas, o STF entende que a imunidade alcança, não apenas os álbuns, mas os respectivos cromos adesivos, que em nada se parecem com periódicos, sendo vendidos, separadamente, em envelopes lacrados. A esse respeito, confiram-se a ementa do RE nº 179.893-SP e trecho do voto condutor do acórdão proferido no RE nº 221.239-SP, respectivamente:

> Álbum de figurinha. Imunidade tributária. art. 150, VI, "d", da Constituição Federal. Precedentes da Suprema Corte. 1. Os álbuns de figurinhas e os respectivos cromos adesivos estão alcançados pela imunidade tributária prevista no artigo 150, VI, "d", da Constituição Federal. 2. Recurso extraordinário desprovido.[38]

> O Constituinte, ao instituir a imunidade ora discutida, não fez ressalvas quanto ao valor artístico ou didático, à relevância das informações divulgadas ou à qualidade cultural de uma publicação. Da mesma forma, não há no texto da Lei Maior restrições em relação à forma de apresentação de uma publicação. Por isso, e fato de figuras, fotos ou gravuras de uma determinada publicação serem vendidos separadamente em envelopes lacrados não descaracteriza a benesse consagrada no art. 150, VI, *d*, da Constituição Federal.[39]

No caso das apostilas, o entendimento adotado pelo STF é idêntico: pouco importa que elas não sejam propriamente "livros". O relevante é que sejam igualmente meios de difusão da cultura. Vale conferir a ementa e trechos do voto condutor do acórdão proferido no julgamento do RE nº 183.403-SP:[40]

> IMUNIDADE – IMPOSTOS – LIVROS, JORNAIS, PERIÓDICOS E PAPEL DESTINADO À IMPRESSÃO – APOSTILAS. O preceito da alínea "d" do inciso VI do artigo 150 da Carta da República alcança as chamadas apostilas, veículo de transmissão de cultura simplificado.

> Confira-se a maior eficácia possível ao Texto Constitucional, postura básica quando se vive em um Estado Democrático de Direito. O objetivo maior do preceito constitucional realmente não é outro senão o estímulo, em si, à cultura, pouco importando que, no preceito, não se aluda, de forma expressa, a apostilas que, em última análise, podem ser tidas como simplificação de um livro. Abandone-se a interpretação meramente verbal, gramatical: embora seduzindo, por ser a mais fácil, deve ser observada em conjunto com métodos mais seguros, como é o teleológico. O reconhecimento, pela Corte de origem, do conteúdo, de veiculação de mensagens de comunicação, de pensamento em contexto de cultura, é suficiente a dizer-se da fidelidade do órgão julgador de origem à Carta da República.

Ora, se, nos termos da jurisprudência do STF, a forma da publicação é irrelevante para que a publicação seja considerada imune, carece de razoabilidade supor

---

[38] O STF reconhece a imunidade de toda e qualquer publicação que não se destine a fins meramente publicitários, sendo de se destacar a jurisprudência relativa à imunidade das listas telefônicas; entre outros, o acórdão proferido pela Primeira Turma no julgamento do RE nº 134.071-SP, Relator Ministro Ilmar Galvão, publicado no DJ de 30.10.1992 e assim ementado: "TRIBUTÁRIO. MUNICÍPIO DE SÃO PAULO. EXIGÊNCIA DE IMPOSTO SOBRE SERVIÇOS (ISS) SOBRE A EDITORAÇÃO, COMERCIALIZAÇÃO, PRODUÇÃO INDUSTRIAL E DISTRIBUIÇÃO DELISTAS TELEFONICAS. INQUINADA OFENSA AO ART. 19, III, D, DA CARTA DE 1969. Orientação jurisprudencial do STF, no sentido de que não estão excluídos da imunidade constitucional as publicações 'que cuidam de informações genéricas ou especificas, sem caráter noticioso, discursivo, literário, poético ou filosófico, mas de inegável utilidade pública, como e o caso das listas telefonicas'. Recurso provido."

[39] Primeira Turma, Relator Ministro Menezes Direito, DJe de 30.05.2008.

[40] Segunda Turma, Relatora Ministra Ellen Gracie, DJ de 06.08.2004, acórdão assim ementado: "CONSTITUCIONAL. TRIBUTÁRIO. IMUNIDADE. ART. 150, VI, 'D' DA CF/88. 'ÁLBUM DE FIGURINHAS'. ADMISSIBILIDADE. 1. A imunidade tributária sobre livros, jornais, periódicos e o papel destinado à sua impressão tem por escopo evitar embaraços ao exercício da liberdade de expressão intelectual, artística, científica e de comunicação, bem como facilitar o acesso da população à cultura, à informação e à educação. 2. O Constituinte, ao instituir esta benesse, não fez ressalvas quanto ao valor artístico ou didático, à relevância das informações divulgadas ou à qualidade cultural de uma publicação. 3. Não cabe ao aplicador da norma constitucional em tela afastar este benefício fiscal instituído para proteger direito tão importante ao exercício da democracia, por força de um juízo subjetivo acerca da qualidade cultural ou do valor pedagógico de uma publicação destinada ao público infanto-juvenil. 4. Recurso extraordinário conhecido e provido."

que o STF deixará de reconhecer a imunidade do livro eletrônico ao argumento de que ele não se enquadraria no conceito de livro tal como tradicionalmente concebido, impresso e encadernado em papel. Da mesma forma, não é razoável supor que o STF deixaria de reconhecer imunidade tributária a livros infantis feitos de pano ou de plástico ou a um livro feito em pergaminho.

Por fim, mesmo que todos os argumentos antes deduzidos sejam superados, o livro eletrônico poderia vir a ser considerado imune por força de mutação constitucional, precisamente definida nos seguintes termos por Inocêncio Martires Coelho, com apoio em ensinamento de Miguel Reale.[41]

Assentadas essas premissas, as mutações constitucionais nada mais são que as alterações semânticas dos preceitos da Constituição, em decorrência de modificações no prisma histórico-social ou fático-axiológico em que se concretiza a sua aplicação, tal qual nos ensina Miguel Reale, com a profundidade e a elegância de costume:

> Leis há (e estamos aqui dando preferência ao estudo das leis ou normas legais, apenas pela facilidade de exposição, *sendo, no entanto, as observações válidas para todas as espécies de normas jurídicas*) leis há, sem dúvida, que durante todo o período de sua vigência, sofrem pequenas alterações semânticas, mantendo quase intocável a sua conotação originária. Isso ocorre quando não se verifica mudança de relevo na *tábua dos valores sociais*, nem inovações de monta no concernente aos *suportes fáticos*.
>
> Muitas e muitas vezes, porém, as palavras das leis conservam-se imutáveis, mas a sua acepção sofre um processo de erosão ou, ao contrário, de enriquecimento, em virtude da interferência de fatores diversos que vêm amoldar a letra da lei a um *novo espírito*, a uma imprevista *ratio juris*. Tais alterações na semântica normativa podem resultar:
>
> a) do impacto de *valorações* novas, ou de mutações imprevistas na hierarquia dos valores dominantes;
>
> b) da superveniência de *fatos* que venham modificar para mais ou para menos os *dados* da incidência normativa;
>
> c) da intercorrência de outras normas, que não revogam propriamente uma regra em vigor, mas interferem no seu campo ou linha de interpretação;
>
> d) da conjugação de dois ou até dos três fatores acima discriminados. (apenas: os grifos são nossos)

Ao largo das críticas ao fenômeno e das discussões doutrinárias sobre os processos informais pelos quais as normas constitucionais podem ser legitimamente modificadas, é inegável que a mutação de normas constitucionais vem sendo exteriorizada pela jurisprudência do STF.[42]

Cláudio Pereira de Souza Neto e Daniel Sarmento, que se alinham entre os autores mais refratários à exacerbação do papel do Poder Judiciário como agente catalisador de mudanças no ordenamento jurídico, bem definem os limites nos quais a mutação se compatibiliza com a ordem constitucional:

---

[41] Segunda Turma, Relator Ministro Marco Aurélio, DJ 04.05.2001.

[42] Em obra recente, Cláudio Pereira de Souza Neto e Daniel Sarmento registram dois claros exemplos em que isso ocorreu, os quais são de grande utilidade para a compreensão do que pode vir a ocorrer na hipótese examinada neste estudo. O primeiro é o da fidelidade partidária, em que o STF reverteu sua posição anterior para endossar a tese do TSE de que os mandatos políticos pertencem ao partido, e não ao parlamentar, anotando relevantes alterações do quadro fático subjacente à CF/88, como o excesso patológico no "troca-troca" de partidos e o fato de a grande maioria dos políticos não se eleger apenas pela própria votação, dependendo dos votos atribuídos aos demais candidatos do partido para atingir o chamado coeficiente eleitoral. O segundo é o da união homoafetiva, em que, impulsionado pelas mudanças sociais, o STF reconheceu o direito de pessoas do mesmo sexo de constituírem união civil, a partir da aplicação direta de princípios constitucionais como os da dignidade da pessoa humana e da igualdade e da superação da interpretação anteriormente prevalecente no sentido de que, pelo art. 226, § 3º, da CF/88 só se admitiria a união estável entre pessoas do mesmo sexo (SOUZA NETO, Cláudio Pereira de; SARMENTO, Daniel. *Direito constitucional: teoria, história e métodos de trabalho*. Belo horizonte: Fórum, 2012, p. 343-344).

SISTEMA CONSTITUCIONAL TRIBUTÁRIO – dos fundamentos teóricos aos *hard cases* tributários
Estudos em homenagem ao Ministro Luiz Fux

Um dos temas centrais da mutação constitucional é o dos seus limites. O reconhecimento de limites à mutação é essencial para preservar a força normativa e a rigidez da Constituição. O primeiro e menos controvertido destes limites relaciona-se ao *texto constitucional*. A mutação não pode justificar alterações que contradigam o texto constitucional, devendo ocorrer no âmbito das possibilidades interpretativas fornecidas pelo mesmo. Para alterações que dependam da mudança do texto, o caminho apropriado é a emenda constitucional, desde que não afronte cláusula pétrea.

(...)

Outro limite à mutação constitucional é o respeito ao sistema constitucional como um todo. Tal sistema não é fechado, mas aberto às mudanças que ocorrem na sociedade. Mas a abertura não é ilimitada. Não é admissível uma mutação que implique desconsideração dos limites impostos pelo sistema constitucional, delineados por meio de escolhas fundamentais feitas pelo constituinte.[43]

Reconhecer que o livro eletrônico insere-se no âmbito de incidência da imunidade prevista no art. 150, VI, *d*, da CF/88 passa por ambos os testes. De fato, a inclusão do livro eletrônico como bem protegido pela imunidade não afronta a literalidade do dispositivo constitucional, que se refere simplesmente a "livros". Além disso, a imunidade tributária dos livros eletrônicos não resulta em desrespeito ao sistema constitucional. Ao contrário, significa atribuição de eficácia plena aos valores da liberdade de expressão e de acesso à informação, merecedores de especial proteção pela CF/88.

4. Conclusão

Em suma, a nosso ver, qualquer que seja o processo hermenêutico adotado, a conclusão é a de que a CF/88 assegura sim imunidade tributária ao livro eletrônico, sendo esta também a única interpretação que se compatibiliza com a jurisprudência atual do Supremo Tribunal Federal.

---

[43] SOUZA NETO, Cláudio Pereira de SARMENTO, Daniel, op. cit., p. 353-355.

— 3 —

TRIBUTOS NA CONSTITUIÇÃO

— 3.1 —

ICMS na Constituição

JOSÉ EDUARDO SOARES DE MELO[1]

Sumário: I – ICMS – Guerra Fiscal – Créditos Indevidos; 1. Direito constitucional ao crédito; 2. Restrição constitucional (isenção e não incidência); 3. Guerra fiscal; 4. Legitimidade da manutenção do crédito fiscal; 5. Conclusão; II – ISS. ICMS – Farmácias de manipulação; 1. ISS. fato gerador. Critérios; 2. Lista de serviços e incidências tributárias; 3. Serviços farmacêuticos. ISS e ICMS; 4. Conclusão; III – ICMS – Restituição de diferença do imposto no regime de substituição tributária; 1. Regime jurídico; 2. Injuridicidades. Diretriz judicial; 3. Restituição; 4. Conclusão; IV – ICMS – Importação – Arrendamento mercantil; 1. Arrendamento mercantil. Natureza; 2. Arrendamento mercantil. Tributação; 2.1. Operações no mercado interno; 2.2. Importação; 3. Conclusão; V – ICMS. Crédito. Energia elétrica; 1. Direito ao crédito; 1.1. Período anterior a 1.8.2000; 1.2. Período posterior a 1.8.2000; 2. Conclusão.

I – ICMS – GUERRA FISCAL – CRÉDITOS INDEVIDOS

A Repercussão Geral no Recurso Extraordinário 628.075 – Rio Grande do Sul dispôs sobre o entendimento seguinte:

Constitucional. Tributário. ICMS. Guerra Fiscal. Cumulatividade. Estorno de Créditos Por Iniciativa Unilateral de Ente Federado. Estorno Baseado em Pretensa Concessão de Benefício Fiscal Inválido por Outro Ente Federado.

Arts. 1º, 2º, 3º, 102 e 155, § 2º da Constituição Federal.

Art. 8º da LC 24/1975.

Manifestação pela Existência de Repercussão Geral da Matéria.

Decisão: O Tribunal reconheceu a existência de repercussão geral da questão constitucional suscitada, vencido o Ministro Marco Aurélio. Não se manifestaram os Ministros Cezar Peluso, Gilmar Mendes e Cármen Lúcia.

(Rel. Ministro Joaquim Barbosa – Plenário – *DJe* 1.12.2011).

1. Direito constitucional ao crédito

A Constituição Federal estabelece que o ICMS "será não cumulativo, compensando-se o que for devido em cada operação relativa à circulação de mercadorias, ou prestação de serviços, com o montante cobrado nas anteriores pelo mesmo ou outro Estado ou pelo Distrito Federal" (art. 155, § 2º, I).

---

[1] Professor Titular de Direito Tributário da PUC-SP. Coordenador do Curso de Pós-Graduação em Processo Tributário. Doutor e Livre Docente em Direito. Visiting Scholar da U. C. Berkeley (Califórnia). Consultor Tributário.

Trata-se da consagração de princípio destinado a minimizar o impacto do tributo sobre o preço das mercadorias e dos serviços, objetivando desonerar o custo de vida da população e não permitir o encarecimento do processo produtivo e comercial, que, certamente, implicaria na redução dos investimentos empresariais.

O crédito do valor do imposto origina-se das aquisições de bens necessários ao empresário (compreendendo mercadorias, bens importados, matérias-primas, produtos intermediários, materiais auxiliares, ativo permanente, energia elétrica, e serviços de transporte e de comunicação).

O crédito será objeto de compensação com o débito do imposto decorrente de mercadorias transacionadas pelo contribuinte, e a prestação dos serviços de transporte e de comunicação, quantificados e apurados num determinado período de tempo. A sistemática operacional que defluir do princípio da não cumulatividade, configura direito público subjetivo oposto aos entes federados.

O comando constitucional deve ser observado tanto no lançamento do débito, quanto na escrituração do crédito. Como o débito deve ser exigido, lançado e satisfeito, o mesmo ocorre com o crédito, sem o que o princípio resultaria totalmente ineficaz, frustrando-se a dicção constitucional.

A diretriz não cumulativa constitui norma constitucional de eficácia plena e aplicabilidade imediata, que apenas implica naturalmente na edição de normas ordinárias para regular a sistemática operacional (escrituração fiscal, período de apuração, etc.).

Os princípios da igualdade e da capacidade contributiva mantêm congruência com o princípio da não cumulatividade. O objetivo último da produção, circulação de mercadorias, e prestação dos aludidos serviços, é o consumidor final. É para a satisfação de sua necessidade que está direcionada a atividade dos produtores, das empresas industriais, comerciais e prestadores de serviços. Estes, por sua vez, submetem-se irrestritamente ao comando constitucional (art. 170 e seguintes), que impõe o dever de valorização do trabalho, da existência digna e da justiça social, e o respeito e a defesa do consumidor.

O princípio da proibição de tributo com efeito confiscatório alinha-se com o princípio da não cumulatividade, na medida em que seja estabelecida proibição (total ou parcial) da fruição do crédito sem arrimo constitucional. Nesta situação, estará ocorrendo mais de uma incidência do imposto a retirar de cada um dos agentes do ciclo econômico mais imposto do que o efetivamente devido.

2. Restrição constitucional (isenção e não incidência)

A Constituição (art. 155, § 2º, II) dispõe que "a isenção ou não incidência, salvo determinação em contrário da legislação (a) não implicará crédito pra compensação com o montante do imposto devido nas operações ou prestações seguintes; (b) acarretará a anulação do crédito relativo às operações anteriores".

Isenção significa delimitação legal da regra de incidência tributária, impedindo que ocorra o nascimento do respectivo fato gerador; enquanto que *não incidência* concerne à inexistência de adequação dos atos, situações, estados e negócios jurídicos ao tipo tributário.

A realidade operacional contempla demais situações de distintas naturezas pertinentes a desonerações de ICMS, como é o caso de saídas de mercadorias com suspensões (demonstração, consignação, exposição), remessas para industrialização, operações triangulares, operações simbólicas, diferimento, imunidade, ou promovidas em momento posterior ao lançamento do tributo (caso de substituição tributária).

Considerando que somente nas aquisições de bens com isenção, ou não incidência, é que fica vedada a apropriação de créditos do imposto; em todas as demais aquisições com lançamento do imposto, o contribuinte tem direito constitucional ao crédito do imposto.

3. Guerra fiscal

A Lei Complementar n° 24, de 7.1.75, dispôs sobre desonerações do antigo ICM pertinentes à isenção; redução de base de cálculo; devolução, total ou parcial, direta ou indireta, condicionada ou não, do tributo, ao contribuinte, a responsável ou a terceiros; concessão de créditos presumidos; outros incentivos ou favores fiscais ou financeiro-fiscais, concedidos com base no imposto de circulação de mercadorias, dos quais resulte redução ou eliminação, direta ou indireta, do respectivo ônus; e prorrogações e extensões das isenções vigentes.

A sistemática dos benefícios depende da celebração de convênios por parte de todas as unidades da Federação, condicionados à aprovação unânime e ratificação nacional, e consequente integração às ordens internas.

Entretanto, sem amparo em convênios, as unidades federativas têm concedido vantagens fiscais, financeiras, creditícias e operacionais, que diminuem (direta ou indiretamente) o montante do ICMS devido, com reflexos nas atividades dos adquirentes dos bens, por meio de diversificados instrumentos normativos (leis, decretos, atos administrativos, termo de acordo de regime especial, etc.).

Os incentivos de natureza estritamente fiscal compreendem isenção; redução de base de cálculo e da alíquota do imposto; crédito outorgado; diferimento (operações internas e importações); postergação de prazo de pagamento do imposto; adiamento do pagamento do imposto por longo prazo.

O fato de os benefícios fiscais serem concedidos unilateralmente – desprezam a celebração de convênios –, ocasiona reflexos relativos aos Estados (e Distrito Federal) de origem, de destino, e de terceiros, bem como com relação aos contribuintes de origem e destino.

Os Estados (e DF) que se sentem prejudicados têm utilizado a competente medida judicial (Ação Direta de Inconstitucionalidade), prevista no art. 102, inciso I, alínea a, da CF, com uniformidade de decisões proferidas pelo STF no sentido da decretação da inconstitucionalidade das referidas normas.

4. Legitimidade da manutenção do crédito fiscal

Fundamentação jurídica:

a) regularidade da operação mercantil (inscrição do fornecedor localizado em outro Estado de origem das mercadorias; recebimento das mercadorias; notas fiscais contendo todos os requisitos legais, inclusive destaque do ICMS);

b) desvinculação da norma que concedera o incentivo no Estado de origem das mercadorias;

c) inconstitucionalidade do art. 8º da LC n. 24/1975 (reproduzida em legislação estadual), que trata da vedação ao crédito do ICMS, porque não fora recepcionada pela CF/88;

d) o Estado destinatário das mercadorias somente pode impugnar o incentivo (sem convênio) por meio de ação direta de inconstitucionalidade, porque não pode invadir a competência do Judiciário;

e) o Estado destinatário da mercadoria não tem competência para cobrar valor tributário (crédito glosado), equivalente ao incentivo (crédito presumido) concedido pelo Estado de origem das mercadorias;

f) inexistência de lei complementar (art. 146-A) estabelecendo critérios especiais de tributação para prevenir desequilíbrios da concorrência;

g) situações fiscais (incentivos) ocorridas no Estado de origem das mercadorias restringem-se ao Fisco daquela unidade federativa, e ao contribuinte daquela região;

h) o direito a crédito independe do pagamento do imposto;

i) as decisões do STF (declaração de inconstitucionalidade de norma instituidora do incentivo), em demais processos, não prejudicam o direito ao crédito do ICMS;

j) os incentivos fiscais pertinentes ao Estado de origem das mercadorias somente podem ser anulados por meio de ação judicial específica;

k) a jurisprudência não invalida o crédito de ICMS pelo contribuinte localizado no Estado de destino das mercadorias.

5. Conclusão

Legítima a manutenção dos créditos de ICMS escriturados pelo contribuinte do Estado de destino das mercadorias, e inconstitucional o procedimento do Estado de destino consistente na determinação do estorno dos créditos, ou sua glosa, porque somente lhe compete promover medida judicial (ADIN) perante o STF.

II – ISS. ICMS – Farmácias de manipulação

A Repercussão Geral no Recurso Extraordinário 605.552 – Rio Grande do Sul dispôs sobre o entendimento seguinte:

Tributário. ISS. ICMS. Farmácias de manipulação. Fornecimento de medicamentos manipulados. Hipótese de incidência. Repercussão geral.

1. Os fatos geradores do ISS e do ICMS nas operações mistas de manipulação e fornecimento de medicamentos por farmácias de manipulação dão margem a inúmeros conflitos por sobreposição de âmbitos de incidência. Trata-se, portanto, de matéria de grande densidade constitucional.

2. Repercussão geral reconhecida.

Decisão: O Tribunal reconheceu a existência de repercussão geral da questão constitucional suscitada. Não se manifestaram os Ministros Cezar Peluso, Cármen Lúcia, Ricardo Lewandowski e Ellen Gracie". (Relator Dias Toffoli – *DJe* 13.05.2011)

1. ISS. Fato gerador. Critérios

A materialidade do Imposto sobre Serviços de Qualquer Natureza não se restringe a "serviço", mas a uma *prestação de serviço*, compreendendo um negócio jurídico pertinente a uma obrigação de "fazer", de conformidade com as diretrizes de direito privado.

A exclusividade do ISS sobre a prestação de serviços deve apartar-se das incidências de outros tributos (como é o caso do ICMS), concernentes a específicas atividades, ainda que sejam exercidas de modo simultâneo ou concomitante.

É o caso de empresa que tem por objeto básico atividades comerciais, e que, normalmente se sujeita ao ICMS, na venda de máquinas (mercadorias). Todavia, ao realizar serviços de conserto das máquinas ficará sujeito ao ISS. O mesmo ocorre com a concessionária de veículos que fica obrigada ao ICMS nas operações mercantis; mas, que, estará sujeita ao tributo no caso de prestar serviço de borracharia.

A realidade mostra inúmeras situações onde poderá reinar conflito tributário se forem utilizados exclusivos conceitos econômicos (ao invés dos imprescindíveis critérios jurídicos), a saber: (a) o fornecimento de argamassa para uma obra de construção civil constitui material auxiliar de prestação de serviços; enquanto a argamassa vendida em loja caracteriza mercadoria; (b) o remédio ou a alimentação fornecida ao paciente hospitalar não se qualifica como mercadoria, mas bem utilizado na prestação de serviço médico; (c) o garçom que serve fregueses do restaurante não realiza a prestação de serviços, mas participa do fornecimento de alimentação (mercadoria).

Tendo em vista que nos exemplos referidos constata-se que as atividades, e os bens materiais utilizados, podem ter maior ou menor importância em razão dos negócios realizados, e que a designação da ação humana pode representar (a) um ato, fato ou obra constitutiva de uma etapa para a obtenção de um fim; e (b) o próprio fim, que se distingue da atividade-meio (esta irrelevante para efeitos jurídicos tributários).

Entendo que esta postura não deve significar propriamente a aplicação de uma "teoria da preponderância", com o objetivo de apurar e mensurar o custo pertinente ao esforço intelectual e material (serviço), e aos bens aplicados (mercadoria). Importa considerar o negócio jurídico objetivado pelas partes na relação jurídica (prestador e tomador no caso de prestação de serviço; ou vendedor-comprador, no caso de operações mercantis).

Nas atividades do dentista não se pode apurar o valor que representa uma prótese vinculada aos serviços realizados, o que demandaria exigência do ISS se a atividade tem um custo mais significativo; e, do ICMS, se o material (prótese) implica valor superior aos serviços.

O fato de a Constituição Federal não ter conceituado "serviço" – para fins de incidência do ISS –, não causa problema para o operador do direito, uma vez que o texto constitucional contém materialidades adstritas às obrigações de "dar", e de "fazer", que permitem separar os respectivos campos de incidência tributária.

Nesse sentido, os lineamentos constitucionais do ICMS (art. 155, II) se harmonizam com a fisionomia jurídica do ISS (art. 156, III), devendo o conceito de "operações relativas à circulação de mercadorias" se arranjar com o conceito de "prestação de serviço".

No plano normativo o critério jurídico constitui fundamental instrumento para demarcar os serviços (ISS) das mercadorias (ICMS) relacionadas em listas de serviços (previstas em leis complementares); observando-se que as controvérsias existentes acerca da exigibilidade (exclusiva ou concorrente) de ISS, e de ICMS, decorrem da circunstância da legislação não ter observado uma sistemática científica a respeito das prestações de serviços que envolvam (ou não) a aplicação de bens.

Não se pode cogitar a existência de operações mistas, mediante a interpenetração de serviços e mercadorias, em razão da alocação de valores a cada uma das atividades, e consequentes implicações tributárias diferenciadas.

Assim, nas empreitadas de construção civil, somente se poderia compreender a existência de um negócio regido pelo direito civil, não sendo possível dissociar os materiais fornecidos (como se tratasse de venda de mercadorias) dos serviços prestados.

2. Lista de serviços e incidências tributárias

A definição de serviços em listas contidas em leis complementares acirrara controvérsia em razão de revelar o antagonismo seguinte: autonomia municipal para instituir o imposto (ISS) *versus* outorga de competência ao legislador nacional para estipular os serviços que podem ser objeto de tributação (ISS).

A Constituição Federal estabelece que "compete aos Municípios instituir e arrecadar os tributos de sua competência" (artigo 30, inciso III); especificamente o "imposto sobre serviços de qualquer natureza" (artigo 156, inciso III).

A discriminação de rendas tributárias às pessoas jurídicas de direito público constitui superior princípio constitucional para que possam exercer seus poderes-deveres, segundo a partilha de competências assegurada constitucionalmente.

Na medida em que os Municípios estejam subordinados ao Congresso Nacional – no tocante à edição de lei complementar, definindo (estipulando) os serviços que poderão prever em suas legislações, e promover à respectiva exigibilidade –, é evidente que a referida autonomia fica prejudicada.

Os interesses do Congresso Nacional não poderiam sobrepor-se à autonomia municipal, que restará impossibilitada para auferir os valores (ISS) necessários ao atendimento de suas necessidades. Não há nenhum sentido jurídico o fato da arrecadação tributária ficar submetida às vicissitudes do parlamento na medida em que as listas sejam mais ou menos abrangentes da gama significativa de serviços.

A prodigalidade, benevolência, ou omissão do Congresso Nacional é que vem determinando o alcance da competência dos Municípios, o que não tem nenhuma sustentação constitucional. Observa-se a falta de critério pautada pelo legislador nacional, ao relacionar o elenco de serviços tributáveis, a saber: CTN (3 itens); Ato Complementar nº 34/67 (6 itens); Decreto-lei nº 406, de 31.12.68 (29 itens); Decreto-lei nº 834/69 (66 itens); Lei nº 7.192/84 (acréscimo de 1 item); Decreto-lei nº 56/87 (100 itens); Lei Complementar nº 100/99 (acréscimo de 1 item); e Lei Complementar nº 116, de 31.7.03 (centenas de serviços).

Todavia, não se pode ignorar que a norma prevendo lei complementar para "definir os serviços de qualquer natureza", tributáveis pelo ISS, possui significativa eficácia; em razão do que pode ser entendido que, sem prejudicar a competência municipal, a "definição" teria por escopo explicitar os serviços a fim de evitar os conflitos de competência face às materialidades assemelhadas afetas à União, Estados e Distrito Federal. É o caso típico das operações de arrendamento mercantil (*leasing*) compreendendo negócios financeiros, materiais e serviços.

A polêmica concernente à compreensão, abrangência ou extensão da lista de serviços (prevista em lei complementar) perdeu sentido uma vez que o STF firmou diretriz no sentido de ser *taxativa a lista de serviços* (RE 77.183-SP – Rel. Min. Aliomar Baleeiro – Pleno – j. 19.4.74 – *RTJ* 73/490), embora admita interpretação ampla e analógica (RE 75.952-SP – Rel. Min. Thompson Flores – 2ª. T. – j. 29.10.73, *RTJ* 68/198).

Nesta temática o STJ procedeu à devida adequação jurídica:

Tributário. Recurso Especial. ISS. Lista de Serviços. Taxatividade. Interpretação Extensiva. Possibilidade.

1. Embora taxativa, em sua enumeração, a lista de serviços admite interpretação extensiva, dentro de cada item, para permitir a incidência do ISS sobre serviços correlatos àqueles previstos expressamente. Precedentes do STF e desta Corte.

2. Esse entendimento não ofende a regra do art. 108, § 1º, do CTN, que veda o emprego da analogia para a cobrança de tributo não previsto em lei. Na hipótese, não se cuida de analogia, mas de recurso à interpretação extensiva, de resto autorizada pela própria norma de tributação, já que muitos dos itens da lista de serviços apresentam expressões do tipo "congêneres", "semelhantes", "qualquer natureza", "qualquer espécie", dentre outras tantas.

3. Não se pode confundir analogia com interpretação analógica ou extensiva. A analogia é técnica de integração, vale dizer, recurso de que se vale o operador do direito diante de uma lacuna do ordenamento jurídico. Já a interpretação, seja ela extensiva ou analógica, objetiva desvendar o sentido e o alcance da norma, para então definir-lhe, com certeza, a sua extensão. A norma existe, sendo o método interpretativo necessário, apenas, para precisar-lhes os contornos (...).

(REsp 834.060-PR – 2ª. T. – Rel. Min. Castro Meira – j. 15.8.06, p. 333).

O prevalecimento desta postura jurisprudencial compeliria os Municípios a relacionarem (ao máximo) os serviços estipulados na legislação complementar, não podendo indicar os serviços que não foram lembrados (escafandrista, bailarina, tatuador, etc.), muito menos utilizar (em item específico) a expressão "demais serviços não indicados nos itens anteriores".

A vigente lista de serviços (anexa à Lei Complementar nº 116/03) contempla em diversos itens (7.02; 7.05, 14.01, 14.13, 17.11) a ressalva de incidência do ICMS sobre mercadorias, partes, peças, alimentos e bebidas; o que demonstra inobservância do adequado critério jurídico, uma vez que os aludidos bens deveriam constituir meros elementos (atividade-meio) integrantes da prestação de serviços.

Nos demais serviços que compreendam a aplicação, emprego ou utilização de bens matérias, etc., não se cogita da exigência do ICMS. É o caso dos hospitais que ministram medicamentos, dependem de material cirúrgico; e dos hotéis que fornecem alimentação incluída na diária. Diversas atividades (itens 14.06 e 14.09, da LC nº 116/03) só são consideradas como serviços se forem prestadas a "usuário final"; numa evidência de que, constituindo meras etapas intermediárias da produção ao consumo, não poderá incidir o ISS.

3. Serviços farmacêuticos. ISS e ICMS

A LC nº 116/03 (item 4) estipula os serviços de saúde, assistência médica e congêneres, como tributáveis pelo ISS, especialmente no item 4.07 que trata de "serviços farmacêuticos".

É cediço que no ambiente da farmácia são praticados os mais diversos negócios jurídicos, tais como venda de remédios, revistas, bebidas, alimentos, e prestações de serviços de distinta natureza como é o caso de aplicação de injeção, massagem, exames, coleta de materiais, etc.

Estas distintas atividades implicam efeitos tributários nitidamente diferenciados (ICMS e ISS), podendo ter o mesmo tratamento jurídico porque implicam as distintas obrigações de "dar" e de "fazer".

Esta questão fora decidida criteriosamente pelo STJ da forma seguinte:

Constitucional. Tributário. Delimitação da Competência Tributária entre Estados e Municípios. ICMS e ISS-QN. Critérios. Serviços Farmacêuticos. Manipulação de Medicamentos. Serviços Incluídos na Lista Anexa à LC 116/03. Incidência de ISSQN.

1. Segundo decorre do sistema normativo específico (art. 155, § 2º, IX, *b*, e 156, III da CF, art. 2º, IV da LC 87/96 e art. 1º, § 2º da LC 116/03), a delimitação dos campos de incidência tributária entre Estados e Municípios, relativamente à incidência de ICMS e de ISSQN, está submetida aos seguintes critérios: (a) sobre operações de circulação de mercadorias e sobre serviços de transporte interestadual e intencional (*sic*) e de comunicações incide ICMS; (b) sobre operações de prestação de serviços compreendidos na lista que trata a LC 116/03, incide ISSQN; e (c) sobre operações mistas, assim entendidas as que agregam mercadorias e serviços, incide ISSQN sempre que o serviço agregado estiver compreendido na lista de que trata a LC 116/03 e incide ICMS sempre que o serviço agregado não estiver previsto na referida lista. Precedentes de ambas as Turmas do STF.

2. Os serviços farmacêuticos constam do item 4.07 da lista anexa à LC 116/03 como serviços sujeitos à incidência do ISSQN. Assim, a partir da vigência dessa Lei, o fornecimento de medicamentos manipulados por farmácias, por constituir operação mista que agrega necessária e substancialmente a prestação de um típico serviço farmacêutico, não está sujeita a ICMS, mas a ISSQN.

3. Recurso provido.

(REsp 881.035-SP – 1ª T. – Rel. Min. Teori Albino Zavascki – j. 6.3.08 – *Dje* de 25.3.980)

Fundamental para o deslinde da controvérsia fora a consideração da Lei federal nº 5.991/73, que considera *farmácia* o "estabelecimento de manipulação de fórmulas magistrais e oficinais, de comércio de drogas, medicamentos, insumos farmacêuticos e correlatos, compreendendo o de dispensação e o de atendimento privativo de unidade hospitalar o de qualquer outra equivalente de assistência médica".

O Decreto federal n. 20.377/31 (art. 2º) dispôs que o exercício da profissão farmacêutica compreende (a) a manipulação e o comércio de medicamentos ou remédios magistrais; (b) a manipulação e o fabrico dos medicamentos galênicos e das especialidades farmacêuticas.

O Decreto federal n. 85.878/81, regulamentando a lei que instituiu o Conselho Federal e os Conselhos Regionais de Farmácia, estabeleceu que (art. 1º) são atribuições privativas dos profissionais farmacêuticos (I) desempenho de funções de dispensação ou manipulação de fórmulas magistrais e farmacopeias, quando a serviço público geral ou mesmo de natureza privada.

A "manipulação" significa serviço privativo de atividade de profissional farmacêutico, o que explica a indispensabilidade da contratação, e a presença desses profissionais nos estabelecimento de farmácia.

Por conseguinte, a manipulação compreende a elaboração de um bem elaborado sob encomenda em decorrência de apresentação de fórmula específica, com a natureza de um "fazer"; nada tendo a ver com a simples compra de remédio, representando um "dar" de natureza distinta.

4. Conclusão

As atividades relativas ao fornecimento de medicamentos manipulados, elaborados por profissionais habilitados (farmacêuticos) implicam na exclusiva incidência do ISS, na forma prevista no item 4.07 da lista anexa à Lei Complementar n. 116/03, em razão da natureza típica de prestação de serviços ("obrigações de fazer") nitidamente distinta da simples venda de remédio, em razão do que não incide o ICMS.

III – ICMS – Restituição de diferença do imposto no regime de substituição tributária

A Repercussão Geral no Recurso Extraordinário 593.849-2 – Minas Gerais dispôs sobre o entendimento seguinte:

Constitucional. Tributário. ICMS. Restituição da Diferença do Imposto Pago a Mais no Regime de Substituição Tributária. Base de Cálculo Presumida e Base de Cálculo Real. Art. 150, § 7º, da CF. ADI 2.675/PE, Rel. Min. Carlos Velloso e ADI 2.777/SP, Rel. Min. Cezar Peluso, que Tratam da Mesma Matéria e Cujo Julgamento Já Foi Iniciado pelo Plenário. Existência de Repercussão Geral.

Decisão: O Tribunal reconheceu a existência de repercussão geral da questão constitucional suscitada. Não se manifestaram os Ministros Cármen Lúcia, Cezar Peluso e Menezes Direito.

(Rel. Min. Ricardo Lewandowski – Plenário *DJe* 13.05.11).

1. Regime jurídico

Consiste na imputação de responsabilidade por obrigação tributária de terceiro, que não praticou o fato gerador, mas que tem vinculação com o real contribuinte. O substituto tem que decorrer naturalmente do fato imponível, da materialidade descrita na norma jurídica, não podendo ser configurado por mera ficção do legislador.

Deve inserir-se em uma realidade do sistema jurídico, permeada pelos princípios da segurança, certeza, e do direito de propriedade, uma vez que o patrimônio das pessoas somente pode ser desfalcado por fatos efetivamente realizados, e que contenham ínsita a capacidade contributiva.

Na substituição – num plano pré-jurídico – o legislador afasta por completo o verdadeiro contribuinte que realiza o fato gerador, prevendo a lei desde logo, o encargo a uma outra pessoa (substituto), que fica compelida a pagar como dívida própria, eis que a norma não contempla a dívida de terceiro (substituído).

Na realidade normativa existem três tipos de substituição tributária:

a) *para trás*, onde o legislador atribui a determinado contribuinte a responsabilidade pelo pagamento do ICMS a outro contribuinte, e não àquele que esteja realizando a operação/prestação, concomitante à ocorrência do fato gerador. Nesta espécie enquadra-se o "diferimento";

b) *concomitante*, que se caracteriza pela atribuição da responsabilidade pelo pagamento do ICMS a outro contribuinte, e não àquele que esteja realizando a operação/prestação, concomitante à ocorrência do fato gerador. Nesta situação encontra-se a substituição tributária dos serviços de transporte;

c) *para frente*, em que o sujeito passivo recolhe os dois impostos: o devido pelas operações próprias e o devido pelas operações subsequentes, anteriormente à ocorrência do fato gerador.

Na *substituição regressiva*, a lei atribui a responsabilidade ao adquirente de uma determinada mercadoria, por razões de comodidade, praticidade ou pela circunstância de o real contribuinte não manter organização adequada de seus negócios.

Nas operações com sucata (restos, resíduos e fragmentos de metais, tecidos, vidros, etc.), é comum exigir-se o imposto em etapa posterior, em lugar do próprio sucateiro (contribuinte). Caracteriza-se o diferimento, ou seja, a postergação da exigência tributária para momento posterior do ciclo mercantil. O diferimento também pode alcançar operações de importação.

Na *substituição progressiva*, o legislador indica uma pessoa responsável pelo recolhimento de um determinado valor (referido como tributo), relativamente a fatos futuros e incertos, com alocação de valor (também incerto), havendo definição, por antecipação, do sujeito passivo de obrigações não acontecidas, que se presumem venham a ser realizadas no futuro.

Nesta situação o sujeito passivo (usualmente o fabricante) recolhe (i) o ICMS devido pelas operações próprias; e (ii) o ICMS devido pelas operações subsequentes, em momento anterior à ocorrência dos fatos geradores relativos às futuras operações.

As específicas legislações ordinárias estabelecem os sujeitos passivos por substituição, no que se refere ao ICMS devido pelas operações, o prestações, com mercadorias ou serviços, que podem ser um dos participantes seguintes: fabricante, distribuidor, remetente, transportador, destinatário, etc.

Considera-se como base de cálculo do imposto diversos elementos relativos às operações (ou operações), ou seja, preços máximos ou únicos de venda utilizados pelo contribuinte substituído; ou, na falta desses preços, o valor da operação praticada pelo substituído (incluídos os valores correspondentes a frete, carreto, seguro, impostos, e outros encargos transferíveis ao varejista, acrescido de margem de lucro em variados percentuais, etc.).

A figura da "substituição" – que também usualmente se viabiliza para as espécies tributárias em que se possa caracterizar a participação negocial de mais de uma pessoa – fora introduzida no ordenamento jurídico pela Lei Complementar nº 44, de 7.12.83 (art. 6º, § 3º), sendo prevista no Convênio ICM nº 66, de 14.12.88 (art. 25, I e II), com posterior edição da Emenda Constitucional nº 3, de 17.03.93 (introduzindo preceito no artigo 150 da Constituição Federal de 1988), na forma seguinte:

> § 7º A lei poderá atribuir a sujeito passivo da obrigação tributária a condição de responsável pelo pagamento do imposto ou contribuição, cujo fato gerador deva ocorrer posteriormente, assegurada a imediata e preferencial restituição da quantia paga, caso não se realize o fato gerador presumido".

2. Injuridicidades. Diretriz judicial

Criticável a tributação fundada em fatos inexistentes, situações, estados ou circulações eventuais e imagináveis, uma vez que as relações jurídicas devem ficar adstritas às imposições tributárias quando ocorre a subsunção do fato imponível (situação concreta) à imagem normativa (situação abstrata).

Inaplicável a figura da presunção, sendo inaceitável sua aplicação na cobrança de tributos sobre a circulação, uma vez que os industriais/comerciantes podem deixar de praticar fatos geradores por inúmeros motivos (insolvência, desistência, perdimento da mercadoria). Não se pode nunca asseverar, de forma absoluta, que as mercadorias venham a ser objeto de inexonerável circulação tributável.

Considerando-se os valores máximos albergados pela Constituição – segurança e certeza – que respaldam os cânones da legalidade e da tipicidade, não há a mínima sustentação na presunção, eis que forrada de imprecisão, dubiedade, consistindo em mera conjectura e ilação.

Nem mesmo a apontada Emenda nº 3/93 possuiria embasamento jurídico para dirimir as controvérsias acerca da legitimidade da substituição regressiva, e constitucionalizar fato gerador futuro e presumido, pela circunstância de que o preceito revisor da Constituição Federal de 1988 não se compadece de proposta de emenda tendente a abolir os direitos e garantias individuais, a teor do art. 60, § 4º.

Trata-se de *cláusula pétrea* prevista nos diversos incisos do artigo 5º da Constituição Federal, consubstanciando os princípios da segurança e certeza do direito, não permitindo o preceito que traduz fato gerador presumido, uma vez que sua aceitação acarretaria ruptura de todo um sistema harmônico e coerente, de princípios e normas.

É inadmissível que, em nome da aparente constitucionalidade (fruto da malsinada Emenda nº 3/93), se pudesse pretende impor ônus tributários sobre riquezas inexistentes, fatos aleatórios, negócios jurídicos meramente presumidos, permitindo um disfarçado confisco de bens.

O STF consagrou a legitimidade da substituição tributária do ICMS, nos termos seguintes:

> Tributário. ICMS. Estado de São Paulo. Comércio de Veículos Novos. Art. 155, § 2º, XII, *b*, da CF/88. Convênios ICM nº 66/88 (art. 25) e ICMS 107/89, art. 8º, inc. XIII e § 4º, da Lei Paulista n. 6.374/89.
>
> O regime de substituição tributária, referente ao ICM, já se achava previsto no Decreto-Lei nº 406/68, arts. 128 do CTN e art. 6º, §§ 3º e 4º, do mencionado decreto-lei), normas recebidas pela Carta de 1988, não se podendo falar, nesse ponto, em omissão legislativa capaz de autorizar o exercício, pelos Estados, por meio do Convênio ICM nº 66/88, da competência prevista no art. 34, § 8º, do ADCT/88.
>
> Essa circunstância, entretanto, não inviabiliza o instituto que, relativamente a veículos novos, foi instituído pela Lei paulista nº 6.374/89 (dispositivos indicados), e pelo Convênio ICMS nº 107/89, destinado a não suprir omissão legislativa, mas a atender a exigência prevista no art. 6º, § 4º, do referido Decreto-Lei nº 406/68, em face da diversidade de Estados aos quais o referido regime foi estendido, no que concerne aos mencionados bens.
>
> A responsabilidade, como substituto, no caso, foi imposta, por lei, como medida de política fiscal, autorizada pela Constituição, não havendo que se falar em exigência tributária despida de fato gerador.
>
> (RE nº 213.396-5/SP, 1ª Turma, Rel. Min. Ilmar Galvão, j. 2.08.99, *DJU* 1 de 1.12.00).

3. Restituição

O preceito encartado no artigo 150, § 7º, da CF/88 (por força da Emenda nº 3/93) "assegura a imediata e preferencial restituição da quantia paga, caso não se realize o fato gerador presumido".

Entretanto, o contribuinte que recolheu antecipadamente o ICMS sobre a venda que seria realizada no futuro, e que não se concretizou (desistência do negócio, por exemplo), certamente, não terá meios de ressarcir-se do tributo "imediatamente" (no mesmo dia do evento); e, sequer, com a devida atualização. Não se concebe a presença do contribuinte no guichê da repartição fazendária para receber (no mesmo dia) o valor do ICMS recolhido indevidamente.

A restituição atende ao princípio que veda o enriquecimento ilícito (sem justa causa), diante da inexistência da materialidade do tributo. Considerando relativa a presunção de inocorrência do fato gerador futuro, com mais forte razão também deveria ser considerada a presunção de que a futura operação não viesse a ser realizada exatamente pelo mesmo valor considerado à época da antecipação tributária. É natural a existência de oscilações de mercado concernente a questões peculiares, envolvendo vendedor e consumidor (descontos, antecipações, etc.).

A descoincidência entre o valor real (efetiva operação realizada entre o substituído e o consumidor), e o valor presumido (anterior situação existente entre substituto e substituído), caracteriza base de cálculo fictícia, resultando um ICMS fictício, que não pode prevalecer diante dos princípios da segurança e da certeza do crédito tributário.

Fato Gerador Presumido – na dicção constitucional –, apto a permitir a restituição, *não* pode significar somente a inexistência do fato, mas também a configuração parcial de seus elementos, especialmente a base de cálculo que compreende parte do fato gerador.

Na medida em que se nega a restituição parcial dos valores antecipadamente recolhidos (a maior), será violado o princípio da capacidade contributiva, uma vez que a presumida riqueza do contribuinte (substituído) não veio ocorrer concretamente. Negada a restituição, o contribuinte arcará com tributo maior do que o efetivamente devido, porque o referido valor não integrara o seu patrimônio, acarretando efeito confiscatório.

O STF decidira em sentido oposto:

O fato gerador presumido, por isso mesmo, não é provisório, mas definitivo, não dando ensejo à restituição, ou complementação do imposto pago, senão, no primeiro caso, na hipótese de sua não-realização final. Admitir o contrário valeria por despojar-se o instituto das vantagens que determinaram a sua concepção e adoção com a redução, a um só tempo, da máquina fiscal e da evasão fiscal a dimensões mínimas, propiciando, portanto, maior comodidade, economia, eficiência e celeridade às atividades de tributação e arrecadação"

(ADIn 1.851- 4 – Plenário – Rel. Min. Ilmar Galvão – j. 8.5.02 – *DJU* 1 de 22.11.02, p. 55).

Neste aresto foram assentados os pressupostos básicos seguintes:

A substituição progressiva, ou para frente, que alguns acham ser instituição recente, posto prevista em nossa legislação pelo menos desde 19678 – repita-se – contrariamente à regressiva, tem por contribuintes substituídos por sua vez, uma infinidade de revendedores do produto, circunstância que dificultaria e oneraria, de maneira acentuada, a fiscalização.

Sua prática impede a sonegação sem prejudicar a garantia do crédito tributário, visto que o tributo devido pelas operações subsequentes, até a transferência da mercadoria ao consumidor final, é recolhido sobre o valor agregado.

Na oportunidade, fora ressalvado o entendimento jurisprudencial de que não se aplica, entretanto, ao Estado de São Paulo, que possui a lei específica nº 6.374/89, prevendo a possibilidade de restituição na hipótese em que a base de cálculo presumida supera o valor da operação (STJ, REsp nº 258.497/SP, 2ª. Turma, Rel. Min. Castro Meira, j. 15.04.04, *DJU* 1 de 28.06.04, p. 217).

A propósito, o Governador do Estado de São Paulo promovera ação judicial perante o STF (ADIn nº 2.777/SP) questionando a constitucionalidade do artigo 3º da Lei nº 9.176 (que acrescentou o artigo 66-B à Lei nº 6.374/89), em especial o respectivo inciso II (dispositivo que permitia a restituição do ICMS-ST retido a maior).

Fundamentara o pleito judicial no sentido de que (i) a Constituição Federal de 1988 apenas permitira a restituição no caso em que não se realiza o fato gerador presumido (artigo 150, § 7º, da Constituição Federal de 1988); (ii) a ADIn nº 1.851-4/AL dispusera sobre a inviabilidade da restituição; e (iii) que a restituição do excesso (imposto antecipado a maior do que o efetivamente devido) configuraria benefício fiscal, o que dependeria de convênio a ser celebrado pelo CONFAZ.

A ADIn nº 2.777/SP ainda não foi decidida até 12.6.12, encontrando-se sobrestada para que o julgamento ocorra em conjunto com o Recurso Extraordinário nº 593.849/2-MG (conclusos com o Ministro-Relator).

O cenário relativo às demandas judiciais apenas possibilitariam idealizar conclusões relativas (i) à hipótese de improcedência da ADIn nº 2.777/SP, com o reconhecimento da constitucionalidade da restituição do ICMS-STF retido a maior; e (ii) à hipótese de procedência da ADIn nº 2.777/SP, com a declaração de inconstitucionalidade da restituição do ICMS/ST retido a maior.

Não tendo sido, ainda, proferida qualquer decisão judicial definitiva, deve continuar sendo considerada, e aplicada, a norma estadual que confere direito aos contribuintes de obter ressarcimento (restituição) do ICMS recolhido a maior.

No caso da ADIn ser julgada improcedente, com o implícito reconhecimento da restituição do ICMS/ST retido a maior, os contribuintes passarão a ter direito a obter o respectivo ressarcimento tributário, independente do período em que tenha ocorrido o recolhimento do valor indevido.

À evidência, na hipótese do STF declarar a inconstitucionalidade do preceito estadual, ao contribuinte será vedado pleitear a restituição das diferenças tributárias, na dependência dos efeitos conferidos na decisão, ou seja, *ex tunc* (operações anteriores a 22.12.08), ou *ex nunc* (a partir da data da decisão).

4. Conclusão

Na sistemática da substituição tributária do ICMS, havendo sido recolhido o imposto antecipadamente a maior (calculado sobre base de cálculo presumida), do que o valor tributário efetivamente devido face à realização de operações por preços menores do que os estimados; ou diante da inexistência de tributo decorrente da não realização de fatos geradores, o contribuinte tem o direito constitucional à respectiva restituição com fundamento nos princípios da tipicidade, legalidade, vedação de confisco, e para que não seja privilegiado o enriquecimento sem causa por parte da Fazenda Pública.

IV – ICMS – Importação – Arrendamento mercantil

A Repercussão Geral no Recurso Extraordinário 540.829 – São Paulo – dispôs o seguinte:

Verifico que a questão constitucional em debate sobre possibilidade de incidência de ICMS nas importações de mercadoria por meio de arrendamento mercantil não está pacificada.

Os vários precedentes desta Corte, entre os quais cito o RE 206.069, Tribunal Pleno, Rel. Min. Ellen Gracie, DJE 1.9.2006; o RE 461.968, Tribunal Pleno, Rel. Min. Eros Grau, DJe 24.8.2007; e o RE 556.316,2ª. Turma, DJe 18.4.2008, de minha relatoria, não assentaram jurisprudência desta Corte sobre o tema.

Atualmente, está pendente de julgamento o RE 226.899, Rel. Min. Ellen Gracie, o qual versa sobre o mesmo assunto. Verifico que a Relatora votou pela procedência do recurso, ao passo que os Ministros Eros Grau, Cármen Lúcia, Dias Toffoli e Ricardo Lewandowski votaram pela improcedência do pleito do Estado de São Paulo. Referido processo está com vista para o Min. Joaquim Barbosa.

À luz da repercussão geral, entendo que a questão posta merece pronunciamento do Supremo Tribunal Federal, pois transcende ao direito subjetivo do recorrente.

Registro que o Plenário do Supremo Tribunal Federal, ao apreciar o AI-QO 715.423, Rel. Min. Ellen Gracie, firmou entendimento, posteriormente confirmado no julgamento do RE-QO 540.410, Rel. Min. Cezar Peluso, segundo o qual os recursos que veiculem tema que seja reconhecida a repercussão geral também se submetem ao disposto no art. 543-B do Código de Processo Civil, ainda que interpostos contra acórdãos publicados antes de 3 de maio de 2007.

Ante o exposto, reconheço a existência de repercussão geral do caso em análise.

Brasília, 6 de agosto de 2010

Ministro Gilmar Mendes. Relator – (*DJe* de 15.10.2010).

1. Arrendamento mercantil. Natureza

O negócio jurídico denominado *leasing* mantém conotações com a compra e venda, locação e crédito, denotando características especiais devido à triangularidade, intermediação de um agente que financia a operação, como também em razão da tríplice opção conferida ao arrendatário.

Esta modalidade contratual somente pode ser realizada por pessoas jurídicas que tenham como objeto societário principal a prática do arrendamento mercantil, pelos bancos múltiplos com carteira específica, e pelas instituições financeiras que estejam autorizadas a contratar as operações com o próprio vendedor do bem, ou com pessoas jurídicas a ele coligadas ou interdependentes.

As espécies são as seguintes: (i) *leasing* financeiro; (ii) *leasing back*; (iii) *leasing* operacional (*renting*).

O "*leasing* financeiro" ("*financial base*") deverá observar o seguinte:

a) as contraprestações e demais pagamentos previstos no contrato, devidos pela arrendatária, serão normalmente suficientes para que a arrendadora recupere o custo do bem arrendado durante o prazo contratual da operação, e, adicionalmente, obtenha um retorno sobre os recursos investidos;

b) as despesas de manutenção, assistência técnica e serviços correlatos à operacionalidade do bem arrendado serão de responsabilidade da arrendatária;

c) o preço para o exercício da opção de compra será livremente pactuado, podendo ser, inclusive, o valor de mercado do bem arrendado.

O "*leasing* operacional" ("*renting*") deverá atender o seguinte:

a) as contraprestações a serem pagas pela arrendatária devem contemplar o custo do arrendamento do bem, e os serviços inerentes à sua colocação à disposição da arrendatária, não podendo o total dos pagamentos da espécie ultrapassar 75% do custo do bem arrendado;

b) as despesas de manutenção, assistência técnica e serviços correlatos à operacionalidade do bem arrendado, serão de responsabilidade da arrendadora ou da arrendatária;

c) o preço para o exercício da opção de compra será o valor de mercado do bem arrendado.

A distinção básica entre tais modalidades reside no fato de que o *leasing operacional* guarda similaridade com a locação, e o pagamento de aluguéis por um período predeterminado, preço correspondente ao valor de mercado, e pagamento ao final do contrato no caso de aquisição, com limite de 75% do custo do bem; enquanto o *leasing financeiro* constitui alternativa de investimento de longo prazo, com preço livremente acertado pelos contratantes, pago de forma antecipada, diluída, ou ao final, e contraprestações de valor integral.

Os contratos de arrendamento mercantil devem conter determinadas especificações (prazo, valor de cada contraprestação por períodos determinados, não superiores a um semestre), opção de compra, ou renovação do contrato como faculdade do arrendatário; preço para opção de compra ou critério para sua fixação, quando for estipulada essa cláusula.

As operações contratadas com o próprio vendedor do bem ou com pessoas jurídicas a ele vinculadas, mediante quaisquer das relações previstas entre as partes contratantes, poderão também ser realizadas por instituições financeiras expressamente autorizadas pelo Conselho Monetário Nacional.

A aquisição pelo arrendatário de bens arrendados em desacordo com as disposições legais, será considerada opção de compra e venda a prestação. O preço de compra será o total das contraprestações pagas durante a vigência do arrendamento, acrescida da parcela paga a título de aquisição.

Os contratos celebrados com entidades domiciliadas no exterior serão submetidos ao registro no Banco Central do Brasil, podendo o Conselho Monetário Nacional estabelecer normas para a concessão dos registros, observando as seguintes condições: a) razoabilidade da contraprestação e de sua composição; b) critérios para fixação do prazo de vida útil do bem; c) compatibilidade do prazo de arrendamento do bem e com a sua vida útil; c) relação entre o preço internacional do bem e o custo total do arrendamento; e) cláusula de opção de compra ou renovação do contrato; e f) outras cautelas ditadas pela política econômico-financeira nacional.

Ao término do contrato a arrendatária poderá adquirir o bem, renovar o contrato, ou efetuar sua devolução. A prática tem demonstrado que, usualmente, ocorre a opção de compra do bem, uma vez que o preço pactuado é ínfimo em relação ao valor de mercado do bem.

O STJ estabelecera que "a cobrança antecipada do valor residual (VRG) descaracteriza o contrato de arrendamento mercantil, transformando-o em compra e venda a prestação" (Súmula n° 263). Entretanto, esta súmula fora cancelada pelo STJ (Recursos Especiais n°s 443.143-60 e 470.632-SP – 2ª. Seção – j. 2.8.03 – *DJU* 1 de 24.9.03, p. 216).

O *leasing* caracteriza singular instituto jurídico, distinguindo-se dos demais negócios (operações mercantis, locação de bens, financiamento), em razão do que não deve observar o regime jurídico tributário pertinente a estas modalidades de negócios jurídicos.

2. Arrendamento mercantil. Tributação

2.1. Operações no mercado interno

O STJ firmara diretriz no sentido de que "o ISS incide na operação de arrendamento mercantil." (súmula n° 138).

Incidência do ISS na forma prevista no item 15.09 da lista de serviços anexa à Lei Complementar n. 116, de 31.7.03.

A Lei Complementar n° 87, de 13.9.96 (art. 3°, VIII), expressa a não incidência do ICMS nas operações de arrendamento mercantil, não compreendida a venda do bem arrendado ao arrendatário.

Criticável a parte final do preceito normativo porquanto o negócio jurídico compreende-se no exclusivo âmbito tributário municipal, sem nenhuma ressalva, além do que desprovida de fundamento a cisão desta espécie contratual. Em realidade, não se trata de operação mercantil típica, mas de operação (jurídica) de natureza diversa, com peculiar alienação do bem (de caráter eventual), totalmente absorvida no negócio principal.

O fato da previsão de incidência do ICMS com operações de *leasing* decorrer de lei complementar (n° 87/96), por si só, não pode significar revogação (parcial) de anterior lei complementar (n° 56/87, item 79), escudada na simples assertiva de tratarem de normas isoladas no mesmo plano hierárquico.

Durante o arrendamento a titularidade do bem arrendado é do arrendante, admitida sua transferência futura ao arrendatário. Não há, até o término do contrato, transmissão de domínio, razão pela qual se entende que não existiu circulação do bem para fins de cobrança do ICMS. Nesse diapasão, estabelece que "o imposto não incide sobre operações de arrendamento mercantil, não compreendida a venda do bem arrendado ao arrendatário" (RE n° 542.379-SP – 2ª. T. – Rel. Min. Franciulli Netto – j. 1' 6.9.03 – *DJU* 1 de 13.10.03, pp. 356 e 357).

Considerando que a LC n° 116/03 reiterou a incidência do ISS sobre o *leasing* (item 15.09), sem nenhuma ressalva da incidência do ICMS, pode-se entender que teria implicitamente revogado o preceito da LC n° 87/96 (art. 3°, VIII), que dispusera sobre a tributação estadual no tocante à alienação do bem arrendado.

Todavia, se não forem observadas as específicas normas da legislação federal, poderá ser descaracterizado o *leasing*, em consequência do que o preço da operação será o total das contraprestações pagas durante a vigência do arrendamento, incluída a parcela recebida a título de preço de aquisição. Esta situação acarreta implicações no âmbito tributário (imposto de renda, imposto sobre serviços, e imposto sobre operações relativas à circulação de mercadorias).

2.2. Importação

A questão relativa à incidência (ou não incidência) do ICMS tem sido examinada pelo judiciário, colhendo os arestos significativos do STF:

I – Recurso Extraordinário. Tributário. ICMS. Arrendamento Mercantil. "Leasing".

1. De acordo com a Constituição de 1988, incide ICMS sobre a entrada de mercadoria importada do exterior. Desnecessária, portanto, a verificação da natureza jurídica do negócio internacional do qual decorre a importação, o qual não se encontra ao alcance do Fisco nacional.

2. O disposto no art. 3º, VIII, da LC 87/96 aplica-se exclusivamente às operações internas de *leasing* (...).

(RE 206.069-1/SP – Pleno – j. 1.9.05 – Rel. Min. Ellen Gracie – *DJ* 1.9.06).

Examinou-se controvérsia referente à incidência do ICMS sobre importação de equipamento técnico (forno elétrico destinado à recuperação de vidros planos), a ser incorporado ao ativo fixo do contribuinte, adquirido sob o regime de *leasing* firmado entre arrendatário brasileiro e instituição arrendadora no exterior.

O acórdão firmara as diretrizes seguintes:

a) a Constituição de 1988 conferiu tratamento especialíssimo à incidência do ICMS sobre itens importados;

b) a imposição de ICMS prescinde da verificação da natureza do negócio jurídico ensejador da importação, que não se encontra ao alcance do fisco brasileiro;

c) a necessidade de análise dos negócios que motivaram a entrada de mercadoria importada traria como consequência imensa dificuldade relativa à análise de sua correspondência ao direito brasileiro;

d) a transferência da posse do bem do arrendatário brasileiro, retorno para o arrendador sediado no exterior, encontra obstáculos naturais, físicos e fáticos, numa indicação de que essa operação internacional talvez não albergue a precariedade da posse sobre o bem objeto do *leasing*;

e) a opção de compra constante do contrato internacional não se encontra no âmbito da incidência do ICMS, nem o arrendador sediado no exterior é contribuinte.

II – Recurso Extraordinário. ICMS. Não Incidência. Entrada de Mercadoria Importada do Exterior. Art. 155, II, da CF/1998. Leasing de Aeronaves e/ou Peças ou Equipamentos de Aeronaves. Operação de Arrendamento Mercantil.

1. A importação de aeronaves e/ou peças ou equipamentos que as componham em regime de leasing não admite posterior transferência ao domínio do arrendatário.

2. A circulação de mercadoria é pressuposto de incidência do ICMS. O imposto – diz o art. 155, II, da CF/1998 – é "sobre operações relativas à circulação de mercadorias e sobre prestações de serviços de transporte interestadual, interestadual, e de comunicação, ainda que as operações e as prestações se iniciem no exterior".

3. Não há operação relativa à circulação de mercadoria sujeita à incidência do ICMS em operação de arrendamento mercantil contratado pela indústria aeronáutica de grande porte para viabilizar o uso, pelas companhias de navegação aérea de aeronaves, por ela construída.

4. Recurso extraordinário do Estado de São Paulo a que se nega provimento, e Recurso Extraordinário da TAM – Linhas Aéreas S. A. que se julga prejudicado".

(RE nº 461.968.7-SP – Plenário – Rel. Min. Eros Grau – j. 30.5.2007 – *DJU* 1 de 24.8.2007, p. 56).

O aresto assentara os entendimentos seguintes:

a) o art. 155, IX, § 2º, *a*, da CF/1988 interpreta-se no sentido de que o ICMS incide sobre qualquer entrada de bem ou mercadoria importadas do exterior – desde que atinente à operação relativa à circulação desse mesmo bem ou mercadoria –, por pessoa física ou jurídica, ainda que não seja contribuinte habitual do imposto, qualquer que seja sua finalidade;

b) o referido preceito constitucional não instituiu um imposto sobre a entrada de bem ou mercadoria importadas do exterior por pessoa física ou jurídica;

c) o acórdão do RE 206.069-I, que decidira pela incidência do ICMS, tratara de distinta situação (importação de equipamento destinado ao ativo fixo da empresa), ocorrendo a necessária opção de compra do bem pelo arrendatário;

d) existem duas hipóteses de *leasing*, ou seja, o arrendamento que termina com venda e o que não termina em venda;

e) a natureza jurídica da operação de *leasing* não se confunde com uma compra e venda mercantil, em que há uma efetiva circulação de mercadorias; no caso de um arrendamento não há transferência de titularidade do bem, mas mera promessa de transferência pura do domínio desse bem do arrendante para o arrendatário.

O STF consolidara o entendimento concernente à importação de bem estrangeiro a título de *leasing* no sentido de que não basta que, no respectivo contrato, haja previsão de compra pelo arrendatário, mas que essa condição seja efetivamente implementada.

Destarte decorrem as posturas seguintes:

a) não incidência do ICMS se não for prevista a opção de compra do bem; ou, mesmo se referida opção estiver disposta no negócio jurídico, não for realmente concretizada;

b) incidência do ICMS no caso do efetivo exercício da opção de compra do bem importado.

3. Conclusão

O ICMS não incide na importação de bem a título de arrendamento mercantil (*leasing*), no caso da natureza do negócio jurídico não implicar em integração à economia nacional, ou seja, quando não deva ocorrer a transferência de sua titularidade, ou de posse em caráter definitivo, consoante intelecção do artigo 155, IX, *a*, da Constituição Federal.

V – ICMS. Crédito. Energia elétrica

A Repercussão Geral no Recurso Extraordinário 588.954 – Santa Catarina – dispôs o seguinte:

Recurso. Extraordinário. Tributo. Imposto sobre Circulação de Mercadorias e Serviços – ICMS. Creditamento. Direito não reconhecido na origem. Aquisição de energia elétrica por supermercado. Exercício de atividade industrial. Processamento de alimentos. Questão da ofensa ao princípio constitucional da não-cumulatividade. Relevância.

Apresenta repercussão geral o recurso extraordinário que versa sobre a admissibilidade de se considerar como atividade industrial o processamento de alimentos realizado por supermercado para fins de crédito de ICMS.

Decisão: O Tribunal reconheceu a existência de repercussão geral da questão constitucional suscitada. Não se manifestou a Ministra Cármen Lúcia".

(Rel.Min. Cezar Peluso – Plenário – *DJe* 13.11.2009).

1. Direito ao crédito

1.1. Período anterior a 1.8.2000

A Constituição Federal de 1988 estabeleceu a incidência do ICMS sobre o fornecimento de energia elétrica (art. 155, § 3º), que – embora não se encontre materializada – passou a ser considerada como mercadoria para fins de incidência tributária.

A sistemática em foco não se aplica às diversificadas fontes de energia, como hidráulica; solar; eólica; biomassa (agrícola); biogás; biocombustível (etanol e biodisiel); resíduos sólidos urbanos (incineração); mar e geotérmica; térmicas; e nuclear.

Todas as empresas adquirentes ou consumidoras de energia elétrica (oneradas pelo imposto), passaram a ter o direito à apropriação dos respectivos valores tributários como créditos, para fim de aplicação do princípio da não cumulatividade.

Na vigência do Convênio ICM nº 66/88 algumas Fazendas dos Estados condicionavam o direito a crédito às situações seguintes:

a) consumo direto no processo de produção ou preparação de mercadorias, bem como no de comercialização das mesmas, e de outras adquiridas para revenda;

b) na iluminação dos ambientes onde se desenvolvem os aludidos processos, e na dos locais destinados à guarda, depósito e conservação dos estoques, que integram as mercadorias produzidas, de materiais consumidos na produção, preparo ou utilizados na comercialização de produtos acabados ou em processo de fabricação, e de mercadorias destinadas à revenda;

c) no funcionamento de máquinas, aparelhos e recipientes usados para armazenagem ou conservação dos referidos estoques.

Recomendavam que, existindo apenas um aparelho medidor no estabelecimento, responsável pela manutenção da energia elétrica utilizada no setor produtivo (industrial, comercial etc.), e, também, no setor administrativo; deveria o contribuinte identificar e quantificar – do valor total de energia elétrica (consignado em documento fiscal) – as parcelas correspondentes ao consumo direto no processo industrial (comercial etc.).

Sugeriam ao contribuinte que se munisse de elementos capazes de justificar os cálculos que levaram à cifra lançada, como crédito nos livros fiscais, tais como planilhas de apropriação de quilowatts consumidos e laudo técnico por perito.

Evidente que todo o local de consumo da energia elétrica (fábrica, pátio de estacionamento, escritório, guarita, etc.) sempre permitiria o direito ao crédito do respectivo ICMS, porque a CF não estabelecera essa espécie de restrição, mas apenas a impossibilidade de creditar-se de imposto em específicas situações tributárias (casos de isenção ou não incidência – art. 155, II, *a*).

Por conseguinte, equivocada a jurisprudência com relação ao ICMS pertinente a estabelecimento comercial, a saber:

> Tributário. Pretendido crédito relativo ao ICM incidente sobre a energia elétrica consumida em estabelecimento comercial.
>
> Não implicará o crédito para compensação com o montante do imposto devido, nas operações ou prestações seguintes, a entrada de bens destinados a consumo ou à integração no ativo fixo do estabelecimento (art. 31, II, do Convênio ICM 66/88).
>
> Se não há saída do bem, ainda que na qualidade de componente de produto industrializado, não há falar-se em cumulatividade tributária".
>
> (RE nº 200.168-6-RJ – 1ª. T. – Rel. Min. Ilmar Galvão – j. 8.10.906 – *DJU*1 de 22.11.96, p. 458).

Realmente, o direito ao crédito não se encontrava condicionado ao tipo ou espécie de contribuinte do ICM/ICMS (estabelecimento produtor, comercial, industrializador, prestador de serviço de transporte e de comunicação, ou importador), muito menos estar restrito o vinculado a um produto industrializado.

Indiferente a natureza da atividade do contribuinte, além do que o estabelecimento deverá ser considerado como consumidor final pelo fato de que está praticando operações, ou serviços, sujeitos ao imposto, inserido no ciclo operações/serviços.

Esta questão encontra-se superada face o advento da Lei Complementar nº 87, de 13.9.96, que tratou do direito ao crédito relativo à energia elétrica usada ou consumida no estabelecimento (sem restrição) a partir de 1.11.96 (art. 33, II).

1.2. Período Posterior a 1.8.2000

A Lei Complementar nº 102, de 11.7.00, veio estabelecer que somente dará direito a crédito – a partir de 1.8.2000 – a entrada de energia elétrica no estabelecimento (art. 33, II):

a) quando for objeto de operação de saída de energia elétrica;

b) quando consumida no processo de industrialização;

c) quando seu consumo resultar em operação de saída ou prestação para o exterior, na proporção destas sobre as saídas ou prestações totais;

d) a partir de 1.1.202, nas demais hipóteses (redação da LC 138/10).

A vinculação do crédito de energia elétrica às exclusivas operações com energia elétrica e industrialização, de modo injustificado, prejudica todas as demais categorias e atividades profissionais (comerciantes, prestadores de serviços de transporte, produtores), sujeitas à sistemática do ICMS, porque não poderia apropriar (a título de crédito) os valores tributários devidos pelo consumo de energia. A legislação (LC 102/00) ofende o texto constitucional.

Todavia, o STJ permitira o crédito de ICMS para supermercado que, paralelamente à atividade comercial, desenvolvia o processo industrial de alimentos (panificação e congelados), e produzia mercadoria (REsp nº 404.432-RJ – Rel. Min. Eliana Calmon – j. 6.6.2002 – *DJU* 1 de 5.8.02, p. 301).

Posteriormente, firmara o entendimento de que as atividades de panificação e congelamento de alimentos, realizadas por estabelecimento comercial, não se caracterizam como processo de industrialização, razão pela qual não se configurava direito ao creditamento do ICMS recolhido em relação à energia elétrica consumida na realização de tais atividades (REsp nº 1.117.139-RJ – 1ª Seção – Rel. Min. Luiz Fux -= *DJe* de 18.2.2010).

A Fazenda do Estado de São Paulo disciplinou o direito de crédito de ICMS relativo à energia elétrica despendida em operações de efetiva industrialização promovidas por supermercado, mediante a análise das atividades de panificação e confeitaria; açougue e cortes de frios; "rotisserie"; e locais de iluminação e refrigeração (Decisão Normativa CAT-1 de 8.3.2007).

As atividades desenvolvidas em supermercado implicaram considerações relativas ao creditamento do imposto, a saber:

a) panificação e confeitaria: entendidos como o local físico onde se realiza a fabricação de pães e doces, ou seja, o setor de transformação de insumos em produtos acabados, o crédito pode ser admitido;

b) açougue e corte de frios: a admissão do crédito é dependente do acondicionamento em embalagem de apresentação, assim entendida aquela que objetive valorizar o produto em razão da qualidade do material nele empregado, da perfeição do seu acabamento ou da sua utilidade adicional; não satisfaz este requisito a mercadoria (carne ou frios) meramente cortada sobreposta a uma bandeja, tendo como envoltório um plástico PVC, com etiqueta contendo seu peso e preço, ainda que mencione o nome do estabelecimento comercial ou sua marca;

c) iluminação: apenas se admite o crédito de ICMS da energia elétrica despendida na área onde se realiza o processo de industrialização;

d) refrigeração: admite-se o crédito de ICMS pela energia elétrica consumida em fase de industrialização ou em momento anterior, ou seja, na refrigeração dos insumos dos quais resultará um produto industrializado; uma vez que, se o produto estiver pronto, não há que se falar mais em industrialização e sua conservação em geladeiras inerentes à atividade comercial; à energia despendida na refrigeração de produtos não confere direito de crédito.

O fisco paulista negara direito para *posto de gasolina* relativo ao gasto com energia elétrica na utilização de bombas para sucção e purificação (filtragem) dos combustíveis de tanques localizados no subsolo do posto; bem como para os equipamentos de sua lanchonete (loja de conveniência), utilizados para assar, refrigerar, conservar e proteger as mercadorias do seu comércio (Consulta nº 379/2003, referida na Decisão CAT nº 204).

Para tanto, asseverara que as atividades industriais podem ser executadas em estabelecimentos prestadores de serviços, como também alguma prestação de serviço pode ocorrer em estabelecimento industrial. Ressaltara o seguinte:

A energia elétrica nunca é consumida como tal e sim, por exemplo, como energia cinética (ventiladores), energia luminosa (lâmpadas), razão pela ela sempre passa por um processo de transformação. No seu sentir, não se pode considerar a transformação de energia elétrica em outra forma de energia como um "processo industrial", pois esse termo tem conotação própria no contexto do nosso sistema tributário.

O STF também decidira no sentido de não reconhecer o direito de creditar-se do valor do ICMS, quando pago em razão de operações de consumo de energia elétrica, ou de utilização de serviços de comunicação, ou, ainda, de aquisição de bens destinados ao uso e/ou integração no ativo fixo do seu próprio estabelecimento (AgRg no Agravo de Instrumento nº 720.466-0- 2ª T. – Rel. Min. Celso de Mello – j. 2.9.2008 – *DJe* 2.10.2008, p. 74/5).

Relativamente à energia elétrica atinente aos *serviços de telecomunicações*, o STJ fixara a diretriz seguinte:

Tributário. Serviços de Telecomunicação. Energia Elétrica. Creditamento. Possibilidade. Art. 33, II, "b", da LC 87/96. Decreto 640/02. Equiparação à Indústria Básica para Todos os Efeitos Legais. Validade e Compatibilidade com o Ordenamento Jurídico Atual. Ordem em Mandado de Segurança Concedida. Recurso Especial. Não Provido.

1. O art. 1º do Decreto nº 640/62, que equiparou, para todos os efeitos legais, os serviços de comunicação à indústria básica, é compatível com o ordenamento jurídico vigente, em especial com a Lei Geral de Telecomunicações, com o Regulamento do IPI e com o Código Tributário Nacional.

2. O art. 33, II, "b", da LC 87/96 autoriza o creditamento do imposto incidente sobre energia elétrica quando "consumida no processo de industrialização". Como o art. 1º do Decreto 640/62 equipara, para todos os efeitos legais, a atividade de telecomunicações ao processo industrial, faz jus a impetrante ao creditamento pretendido.

3. Segundo a regra do art. 155, II, da CF/88, o ICMS comporta três núcleos distintos de incidência: (i) circulação de mercadorias; (ii) serviços de transporte; e (iii) serviços de comunicação.

4. O princípio da não cumulatividade, previsto no § 2º do art. 155 da CF/88, abrange três núcleos de incidência, sem exceção, sob pena de tornar o imposto cumulativo em relação a um deles.

5. No caso dos serviços de telecomunicação, a energia elétrica, além de essencial, revela-se como único insumo, de modo que impedir o creditamento equivale a tornar o imposto cumulativo em relação a um deles.

6. No caso dos serviços de telecomunicação, a energia elétrica além de essencial, revela-se como único insumo, de modo que impedir o creditamento equivale a tornar o imposto cumulativo, em afronta ao texto constitucional.

7. O art. 33, II, da LC 87/96 precisa ser interpretado conforme a Constituição, de modo a permitir que a não cumulatividade alcance os três núcleos de incidência do ICMS previstos no Texto Constitucional, e não apenas a circulação de mercadorias, vertente central, mas não única da hipótese de incidência do imposto.

8. O ICMS incidente sobre a energia elétrica consumida pelas empresas de telefonia, que promovem processo industrial por equiparação, pode ser creditado para abatimento do imposto devido quando da prestação dos serviços.

9. Recurso especial não provido".

(REsp nº 842.270-=RS – 1ª. Seção – Rel. Min. Luiz Fux – j. 23.5.2012 – *DJe* de 26.6.2012).

Para tanto, o aresto considerara que a prestação de serviços de telecomunicações pressupõe um processo de transformação da energia elétrica (matéria-prima), seu insumo essencial, em vibrações sonoras e bits e destes novamente em vibrações sonoras, sendo certo que, no contexto do ICMS, o processo de industrialização não pode ser restringido tão somente à transformação de bens móveis corpóreos.

SISTEMA CONSTITUCIONAL TRIBUTÁRIO – dos fundamentos teóricos aos *hard cases* tributários
Estudos em homenagem ao Ministro Luiz Fux

Portanto, a interpretação conferida ao texto legal passa a guardar consonância com o texto constitucional, no sentido que a não cumulatividade tem que ser prestigiada, de modo a evitar a cumulatividade do imposto, e não ser amesquinhada por questiúnculas operacionais.

2. Conclusão

O supermercado tem direito ao crédito de ICMS decorrente do consumo de energia elétrica, necessária às atividades relativas ao processamento de alimentos, em razão de consistirem em atividade de industrialização, com fundamento no princípio constitucional da não cumulatividade, delineado na Lei Complementar nº 87/96 (art. 33, II).

— 3.2 —

Isenção parcial e redução de base de cálculo: institutos de idêntica natureza jurídica?

TALITA FÉLIX

Sumário: Notas iniciais: eleição do tema e *leading case;* 1. Situando a temática no âmbito das decisões proferidas pela Corte Suprema; 2. Premissas imprescindíveis à compreensão do tema ; 2.1. O movimento do "giro-linguístico"; 2.2. Do objeto de estudo e do método adotado ; 2.3. Normas de estrutura e de comportamento; 2.4. Fenomenologia da incidência tributária; 3. Do direito ao aproveitamento de crédito no ICMS; 3.1. Princípios da não cumulatividade e da seletividade no ICMS; 3.1.1. Princípio da não cumulatividade; 3.1.2. Princípio da seletividade em função da essencialidade; 3.2. Regra-Matriz de Incidência Tributária (RMIT) e Regra-Matriz de Direito ao Crédito no ICMS; 4. Instrumentos jurídicos exonerativos; 4.1. Compreendendo algumas figuras exonerativas; 4.1.1. Da não incidência; 4.1.2. Das isenções; 4.1.3. Da redução da base de cálculo; 4.2. Confrontando o instituto da isenção (parcial) à redução da base de cálculo; Conclusões; Referências.

Notas iniciais: eleição do tema e *leading case*

Um trabalho de pesquisa, acadêmico-jurídico, requer a eleição de um ponto de partida que sirva de substrato ao desenvolvimento do estudo. Eis o primeiro desafio, a escolha do tema.

Dado o fato de ser possível escolher temas tributários, cuja repercussão geral haja sido reconhecida pela Corte Suprema, optou-se por investigar a norma jurídica que versa sobre o *aproveitamento integral de créditos de ICMS, cuja operação anterior haja sido submetida à hipótese de redução da base de cálculo.*

O *leading case*, motivo das atenções desta pesquisa, tramita sob relatoria do Min. Gilmar Mendes[1] e possui como parte Reclamante a Santa Lúcia S/A e como Reclamado o Estado do Rio Grande de Sul. Constam ainda seis entidades como *amicus curiae*.[2] Por fim, foram colacionados aos autos pareceres dos juristas Marco Aurélio Greco, Paulo de Barros Carvalho e Sacha Calmon Navarro Coêlho.

---

[1] BRASIL. Supremo Tribunal Federal. *Recurso Extraordinário n. 635.688/RS*. Relator: Ministro Gilmar Mendes. Julgamento: tramitando. Órgão Julgador: Plenário. Publicação: tramitando.

[2] São eles: (i) a Associação Brasileira das Indústrias de Óleos Vegetais (ABIOVE), representada por Marcos Joaquim Gonçalves Alves; (ii) a Associação Brasileira de Assessoria e Planejamento Tributário, Fiscal e Proteção aos Direitos do Consumidor e do Contribuinte (ABAPLAT), representada por Aurélio Rocha dos Santos; (iii) o Estado de São Paulo, representado por seu Procurador Geral; (iv) a Associação Brasileira das Indústrias da Alimentação (ABIA), representada por Marcelo Viana Salomão; (v) o Sindicato da Indústria do Mate do Estado do Rio Grande do Sul, representada por Jorge Gustavo Birck; e (vi) a Associação Brasileira de Supermercados (ABRA), representada por Luiz Paulo Romano.

SISTEMA CONSTITUCIONAL TRIBUTÁRIO – dos fundamentos teóricos aos *hard cases* tributários
Estudos em homenagem ao Ministro Luiz Fux

O tema sobre o qual se debruçará apresenta a seguinte questão: o instituto da *redução da base de cálculo* possui natureza jurídica[3] de *isenção (parcial)*, ou seja, o regime jurídico[4] deste deve ser aplicado àquele? Em *caso afirmativo*, em uma cadeia produtiva sujeita ao ICMS, a operação anterior que for sujeita à "redução da base de cálculo" impossibilitará o contribuinte (do próximo elo da cadeia tributária) de aproveitar integralmente o crédito do imposto?Em *caso negativo*, concluindo-se pela distinção entre tais institutos jurídicos, será permitido ao contribuinte aproveitar o crédito integral da operação anterior, sujeita à redução (parcial) da base de cálculo?

Adotando-se a premissa de que o sistema jurídico brasileiro é pautado pela harmonização de suas normas,[5] *ruídos jurídicos* geram descompasso na construção do alcance e sentido dos institutos, acarretando consequências jurídicas, econômicas, sociais e políticas gravíssimas.[6]

1. Situando a temática no âmbito das decisões proferidas pela Corte Suprema

A discussão quanto à possibilidade ou não de aproveitamento integral de crédito de ICMS, cuja operação anterior tenha sido submetida à redução da base de cálculo, teve seu ponto de partida com o advento da EC n. 23, de 1 de dezembro de 1983, cujo teor segue transcrito:

> II – operações relativas à circulação de mercadorias realizadas por produtores, industriais e comerciantes, imposto que não será cumulativo e do qual se abaterá, nos termos do disposto em lei complementar, o montante cobrado nas anteriores pelo mesmo ou por outro Estado. A isenção ou não-incidência, salvo determinação em contrário da legislação, não implicará crédito de imposto para abatimento daquele incidente nas operações seguintes.

Pela primeira vez, criou-se uma limitação constitucional ao aproveitamento de créditos de ICMS para as operações sujeitas à isenção ou não incidência – salvo determinação em contrário da legislação. Ou seja, a regra passou a ser a impossibilidade de abatimento do imposto, quando a operação anterior for submetida ao instituto jurídico da isenção ou não incidência, as duas únicas exceções constitucionais.

Instado a se manifestar sobre o tema, pela primeira vez, em 1997, o Plenário da Suprema Corte[7] definiu que:

> Conflita com o princípio da não-cumulatividade norma veda Dora da compensação do valor recolhido na operação anterior. O fato de ter-se a diminuição valorativa da base de incidência não autoriza, sob o ângulo constitucional, tal proibição.[8]

---

[3] "Natureza jurídica – é o conjunto de atributos que permite separar um instituto jurídico de outro. Segregar a natureza de um instituto jurídico serve, por sua vez, para separar o regime jurídico que fundamenta a sua instituição e interpretação". (GAMA, Tácio Lacerda. *Competência tributária*. Fundamentos para uma teoria da nulidade. São Paulo: Noeses, 2009, p. XLVIII).

[4] "De acordo com Geraldo Ataliba, 'regime jurídico tributário é o conjunto de princípios, normas e categorias, que informa o funcionamento do instituto jurídico do tributo'." (GAMA, Tácio Lacerda. Hermenêutica e sistema constitucional tributário. In: MORAES, Bernardo Ribeiro *et al. Interpretação no direito tributário*. São Paulo: Saraiva; EDUC, 1975, p. 19).

[5] Tanto em relação de coordenação como de subordinação.

[6] Apesar da menção sobre os aspectos econômicos, sociais e políticos, estes não serão objeto de investigação.

[7] BRASIL. Supremo Tribunal Federal. Recurso Extraordinário n. 161.031/MG. Relator: Ministro Marco Aurélio. Julgamento: 23 mar. 1997. Órgão Julgador: Tribunal Pleno. Publicação: DJ 06 jun. 1997. (grifo nosso).

[8] Ainda na ementa: "Os preceitos das alíneas 'a' e 'b' do inciso II, do parágrafo segundo do art. 155 da Constituição Federal somente têm pertinência em caso de isenção e não-incidência, no que voltadas à totalidade do tributo, institutos inconfundíveis com o benefício fiscal em questão". (ibid.).

A Procuradoria-Geral da República manifestou-se favoravelmente ao contribuinte, opinando no sentido de "entender que o acórdão realmente desrespeitou o princípio da não cumulatividade, porquanto impediu o abatimento, em operação posterior, do imposto *incidente* em operação anterior".[9]

Ocorre que em 2005 o Pleno do Supremo Tribunal Federal[10] voltou a se pronunciar sobre a questão, porém, desta vez, entendeu que a redução da base de cálculo seria caso de isenção parcial.

No mesmo sentido do julgamento anterior, o Min.Marco Aurélio,[11] também relator,isoladamente manifestou-se contrário à equiparação dos institutos jurídicos. Em oposição ao voto proferido pelo Relator, considerando a redução da base de cálculo caso de isenção parcial, votaram os Ministros Nelson Jobim,[12] Cezar Peluso,[13] Joaquim Barbosa,[14] Ellen Gracie,[15] Celso de Mello e Sepúlveda Pertence.[16] Ausentes os Ministros Carlos Velloso, Carlos Britto e Eros Grau.

Apresentada a origem,encadeamento dos fatos e ideias jurídicas que originaram este estudo, tenha início a construção do raciocínio jurídico.

2. Premissas imprescindíveis à compreensão do tema

2.1. O movimento do "giro-linguístico"

Apontar-se-ão neste item duas correntes utilizadas para difundir a Filosofia do Conhecimento mediante o uso da linguagem. Na primeira, a linguagem é instrumento de sua comunicação; na segunda, com o "giro-linguístico", torna-se pressuposto do conhecimento.

---

[9] No que concerne à distinção entre *imposto pago* e *imposto cobrado*, isso se manifestará mais adiante, uma vez que tal dado não é relevante no momento. (BRASIL. Supremo Tribunal Federal. Recurso Extraordinário n. 161.031/MG. Relator: Ministro Marco Aurélio. Julgamento: 23 mar. 1997. Órgão Julgador: Tribunal Pleno. Publicação: DJ 06 jun. 1997, grifo nosso).

[10] BRASIL. Supremo Tribunal Federal. Recurso Extraordinário n. 174.478/SP. Relator: Ministro Cezar Peluso. Julgamento:17 mar. 2005. Órgão Julgador: Tribunal Pleno. Publicação: DJ 30 set. 2005.

[11] "O Direito é ciência, e como tal, os institutos, os vocábulos e as expressões têm sentido próprio. A sinonímia não se faz presente. Uma coisa é isenção, outra a não-incidência e um terceiro gênero surge quando se cogita da incidência como simples redução de base de cálculo". (ibid.).

[12] Vota o Ministro: "Conforme adiantei, também entendo que isso foi uma fórmula contábil, tendo em vista os critérios de crédito e débito utilizados exatamente para dar um benefício fiscal que importaria, ao fim e ao cabo, na redução da alíquota final do tributo incidente sobre o valor da saída". (ibid.).

[13] "Na verdade, cuida-se aqui de um favor fiscal que, mutilando o aspecto quantitativo da base de cálculo, corresponde à figura da isenção fiscal, porque impede a incidência da regra-matriz de incidência tributária na sua totalidade. Quer dizer, substancialmente é caso de isenção". (ibid.).

[14] O Min. invoca como precedente o voto proferido pelo Min. Gilmar Mendes no RE 154.179 AgR. (BRASIL. Supremo Tribunal Federal. Agravo Regimental no Recurso Extraordinário 154.179. Relator: Ministro Gilmar Mendes. Julgamento: 03 ago. 2009. Órgão Julgador: Segunda Turma. Publicação: 27 ago. 2004).

[15] Transcreve-se parte do voto da Ministra: "[…] verifico, no presente caso, que o Estado de São Paulo concedeu um benefício na saída – poderíamos chamar, Ministro Cezar Peluso, uma isenção parcial –, e ele exige uma contraprestação proporcional relativamente ao crédito da entrada. Ou seja, o crédito obtido na entrada não pode superar o tributo que seria devido na saída. […] Então, a sistemática encontrada está perfeitamente de acordo com o espírito do tributo, que é o da não-cumulatividade, e ela esta respeitada". (ibid.).

[16] Aqui, também, transcreve-se trecho do voto do Ministro: "Acrescento algo que é, a meu ver, da teoria geral da inconstitucionalidade e que o Tribunal tem aplicado rigorosamente: dado o benefício sob determinada condição, não se pode declarar inconstitucional a condição e manter o benefício (v.g., ADIN 1502, 12.6.96, Galvão; 1574, Sanches). Então, ter-se-ia de declarar inconstitucional todo o conjunto normativo, tanto o ônus, quanto o bônus). Não vejo a inconstitucionalidade na redução e no consequente estorno proporcional do crédito relativo à operação anterior".(ibid.).

SISTEMA CONSTITUCIONAL TRIBUTÁRIO – dos fundamentos teóricos aos *hard cases* tributários
Estudos em homenagem ao Ministro Luiz Fux

Há uma corrente filosófica que se funda na ideia de que o conhecimento é inerente à relação sujeito-objeto, servindo a linguagem como mero canal para revelar a *essência* do objeto estudado. Sob este paradigma, defende-se a existência de verdades absolutas e que a linguagem é percebida como dado periférico do conhecimento.

Com o movimento conhecido como giro-linguístico, deu-se a separação, até então inexistente, entre linguagem e realidade. A partir da publicação da obra do filósofo austríaco,Ludwig Wittgenstein, *Tractatus Logico-Philosophicus*, inaugurou-se a fase de autonomia da linguagem em relação à realidade, conhecido como o movimento do "giro-linguístico". Sua célebre frase representa muito bem o espírito de sua ciência: "os limites da minha linguagem representam os limites de meu mundo".

As investigações dessa teoria, realizadas no campo do direito tributário, tiveram origem com os trabalhos de Paulo de Barros Carvalho. Através da publicação de sua obra *Direito tributário: fundamentos jurídicos da incidência*, o autor apresenta o direito como linguagem. Noutros termos, revela que somente produzirão efeitos jurídicos os fatos (acontecidos no mundo fenomênico) aptos a serem descritos em linguagem admitida pelo direito positivo (provas). Com precisão, Tárek Moysés Moussallem[17] pontua que:

> [...] é certo que os acontecimentos físicos exaurem-se no tempo e no espaço. O homem só consegue (re)construir ditos eventos por meio da linguagem. Os eventos não provam nada, simplesmente porque não falam. Sempre uma linguagem deverá resgatá-los para que eles efetivamente existam no universo.

Com fundamento nessa teoria, adquire-se uma consciência de que o estudo do direito é realizado mediante a interpretação do mundo real,[18] cujo instrumento é a linguagem. O autor[19] traz elementos de interessante compreensão desse conhecimento:

> Que o Brasil foi descoberto em 1500, que a Revolução Militar ocorreu em 31 de março 1964, que a Terra gira em torno do Sol, são todas interpretações do real. Para o homem, nem sempre o nosso planeta girou em torno do Sol. Antigamente, pensava-se que ocorria justamente o contrário, o Sol movia-se ao redor da Terra. É fácil constatar que, o mundo físico nunca foi alterado, o que se modifica é a versão sobre ele, e nada obsta, por exemplo, a que mais tarde se "descubra" que a Lua seja o centro do Universo. E o "mundo físico" se alterou? Efetivamente não, foi a linguagem que o modificou.

Como se verá neste trabalho, para que a norma constitucional autorize – ou não – o contribuinte a usufruir os créditos integrais de ICMS(cuja operação anterior tenha sido submetida ao fenômeno jurídico da redução da base de cálculo), é imprescindível que seja positivada por agente competente, neste caso, nossa mais alta Corte de Justiça, mediante o manuseio de linguagem credenciada pelo direito positivo.

2.2. Do objeto de estudo e do método adotado

A finalidade de delimitar o objeto reside na necessidade de impor limites ao estudo.
E o método representa o caminho adotado para conhecer o objeto,
ou seja, a forma de aproximação deste.

Para empreender um estudo que se pretenda sério, é necessário que o pesquisador delimite o que pretende conhecer, para se posicionar diante de seu objeto de estudo com olhar imparcial, com o fito de que suas convicções influenciem o mínimo

---

[17] MOUSSALLEM, Tárek Moysés. *Fontes do direito tributário*. 2. ed. São Paulo: Noeses, 2006 p. 3. Continua o autor: "Neste sentido, o homem não habita apenas um mundo físico, mas também um mundo cultural, só existente em virtude da linguagem, a ponto de se tornar impossível falar em homem fora dos quadrantes da linguagem".

[18] Ou fenomênico.

[19] Ibid., p. 4.

possível o desenvolvimento e conclusão de seu trabalho. De tal modo, realizar-se-ão cortes metodológicos que possibilitem analisar as normas que regulamentam o direito positivo, objeto deste estudo, excluindo a apreciação de aspectos[20] econômicos, políticos e sociais. Ainda, e continuamente até a conclusão deste trabalho, empreender-se-ão vários cortes abstratos, tomando-se como ponto de partida a norma constitucional que institui a não cumulatividade do ICMS.

Dentre os métodos interpretativos postos à disposição,[21] adotar-se-á o sistemático de interpretação. Respectivo método "proporciona a compreensão do direito, enquanto um conjunto de disposições normativas que se relacionam entre si, conduzindo o intérprete a uma visão plena do direito positivo. Com ele, observa-se não só a norma isoladamente, mas também suas relações com todas as demais prescrições que formam o sistema jurídico".[22] Esse é o método que melhor dialoga com este objeto de estudo – o direito positivo,entendendo-se *direito* como um conjunto de normas válidas, num determinado tempo e espaço.

Com precisão, Aurora Tomazini de Carvalho[23] expõe que:

Constituem-se, os métodos, em instrumentos regentes da produção da linguagem científica. É importante que o cientista siga as mesmas regras, desde o início até o final de sua atividade cognoscitiva, para que suas proposições tenham sentido e coerência, caso contrário põe em risco a ordenação lógico-semântica de suas ideias e a própria construção de seu objeto. É, por isso que não existe conhecimento científico sem método e que este influi diretamente na construção do objeto.

Adotado o ponto de partida de nosso estudo (o objeto: direito positivo) e estabelecido o caminho que se trilhará para conhecê-lo (o método: sistemático), inicie-se a análise.

2.3. Normas de estrutura e de comportamento

Apreende-se o direito como um conjunto de normas válidas em determinado tempo e espaço. Tais normas podem ser divididas em dois grandes grupos: normas de estrutura e de comportamento.

Ainda que toda norma positiva tenha o condão de regulamentar o comportamento intersubjetivo, a doutrina consagra sua divisão em (i) normas de estrutura (ou organização) e (ii) normas de comportamento (ou conduta).

O critério discriminador entre ambas, consoante informa Paulo de Barros Carvalho,[24] é a função sintática de produzir novas normas jurídicas, atributo inerente a apenas uma delas – a norma de estrutura.Aqui, percebe-se o processo dinâmico do direito, uma vez que regula sua própria criação. Revela ainda o autor[25] que:

---

[20] Sabendo que "Direito e economia são subsistemas pertencentes ao sistema social". (NEVES, Marcelo. *Constitucionalização simbólica*. São Paulo: Acadêmica, 1994, p. 120).

[21] São eles: literal ou gramatical, histórico ou histórico-evolutivo, lógico, teleológico e sistemático. Ver CARVALHO, Aurora Tomazini de. *Curso de Teoria Geral do Direito*. 3. ed. São Paulo: Noeses, 2013, p. 265.

[22] Ibid., p. 269.

[23] Ibid., p. 49.

[24] Continua o Autor: "Quero repisar a nota de que a adoção desse esquema classificatório atende a certo padrão de operacionalidade com a experiência do sistema de normas, mas, como toda classificação, vai cedendo seu rigor, à proporção em que a investigação se aprofunda. O próprio Norberto Bobbio, que a utiliza fartamente, ao formalizar as chamadas 'regras de estrutura' não pôde evitar o reconhecimento ostensivo da tônica 'conduta', como destino finalístico de toda regulação normativa". (CARVALHO, Paulo de Barros. *Fundamentos jurídicos da incidência tributária*. 8. ed. São Paulo: Saraiva, 2010, p. 63).

[25] Ibid., p. 27.

A distinção e relevantíssima. Ambas têm a mesma constituição interna: uma hipótese, descritora de um fato, e uma consequência, que é o mandamento normativo. Só que, nas regras de conduta, o consequente ou prescritor expede um comando voltado ao comportamento das pessoas, nas suas relações de intersubjetividade, enquanto nas regras de estrutura o mandamento atinge outras normas, a não conduta, diretamente considerada.

Quanto às normas de comportamento, a elas cabe a função de prescrever as relações subjetivas, tais como: "a obrigação de pagar, dar, cumprir pena, alimentar, votar, prestar serviço militar, a proibição de fumar em lugares públicos fechados, de estacionar em local proibido, a permissão para dirigir".[26]

A correta diferenciação entre tais normas é fundamental para a melhor compreensão da fenomenologia das isenções tributárias.

2.4. Fenomenologia da Incidência Tributária

Altera-se o mundo físico mediante o trabalho e a tecnologia, que o potencia em resultados. E altera-se o mundo social mediante a linguagem das normas, uma classe da qual é a linguagem das normas do direito.[27]

A fenomenologia da incidência tributária pressupõe a linguagem do direito positivo atuando sobre as relações intersubjetivas, com o fito de orientá-las de acordo com as prescrições normativas. No entanto, a pretensão do legislador no regulamentar condutas requer a participação do homem. Tendo em vista que a existência de um sistema normativo, por mais densas que sejam suas punições, não possui capacidade de por si só intervir nos comportamentos humanos. Assim, para que se transite do dever-ser para o ser da conduta pretendida, é imprescindível a participação do homem.

Para que se processe a incidência tributária, o aplicador do direito (um homem) identifica a ocorrência do evento no mundo real, observa a norma geral e abstrata, mediante processo interpretativo do suporte físico (textos jurídicos normativos), com o fito de realizar a subsunção do fato à norma. Como bem informa Paulo de Barros Carvalho:[28]

Numa visão antropocêntrica, requerem o homem [...] impulsionando-o das normas superiores às regras de inferior hierarquia, até atingir o nível máximo de motivação das consciências e, dessa forma, tentando mexer na direção axiológica do comportamento intersubjetivo: quando a norma terminal fere a conduta, então o direito se realiza, cumprindo seu objetivo primordial, qual seja, regular os procedimentos interpessoais, para que se torne possível a vida em sociedade, já que a função do direito é realizar-se, não podendo ser direito o que não é realizável.

A fenomenologia da incidência tributária, noutro giro-linguístico, representa e apresenta o caminho normativo que deve ser perseguido pelo aplicador para que a norma geral e abstrata origine uma norma individual e concreta, permitindo com isso que o direito se realize. O direito apenas se "constitui" mediante a produção de uma linguagem jurídico-competente, apta a "constituir a realidade".

É válido mencionar que não se adotou aqui o posicionamento de que a incidência se passa de modo automático e infalível, ou seja, ocorrendo o evento no mundo fenomênico, este dado será convertido em linguagem competente – automaticamente.

---

[26] CARVALHO, Aurora Tomazini de. *Curso de Teoria Geral do Direito*. 3. ed. São Paulo: Noeses, 2013, p. 356.

[27] VILANOVA, Lourival. *As estruturas lógicas e o sistema do direito positivo*. São Paulo: Noeses, 2005, p. 42.

[28] CARVALHO, Paulo de Barros. *Fundamentos jurídicos da incidência tributária*. 8. ed. São Paulo: Saraiva, 2010, p. 32-33.

Aqui retoma-se o movimento do giro-linguístico, para o qual a linguagem constitui a realidade, ou seja, a linguagem do direito constitui a realidade jurídica.

3. Do direito ao aproveitamento de crédito no ICMS

Tópico de extrema relevância para a compreensão do raciocínio desenvolvido, do direito ao aproveitamento de crédito no ICMS, aborda a normatização constitucional atinente a esta possibilidade de compensação mediante a emissão de proposições descritivas sobre o princípio da não cumulatividade e da seletividade,bem como sobre as regras oriundas da incidência e aplicação da não cumulatividade, tais como: a regra-matriz de incidência tributária do ICMS e a regra-matriz de direito ao crédito.

O ICMS é um dos impostos que possui a sistemática mais complexa do sistema tributário brasileiro, e o predicado não lhe é atribuído somente por ser o tributo de maior arrecadação, mas, também, por abrigar características que lhe imputam inúmeras controvérsias jurídico-doutrinárias, tais como: a seletividade e a não cumulatividade, retratadas pelo sistema de débitos e créditos, realizado via apuração por período, bem como por propiciar a famosa "guerra fiscal"[29] entre os Estados Federados.

Os princípios constitucionais da não cumulatividade e da seletividade no ICMS são instrumentos fornecidos pela Constituição Republicana de 1988, cujo objetivo é promover a desoneração da cadeia produtiva. Desse modo, mediante o manuseio tanto de um quanto de outro, o legislador constitucional cumpre seu papel no intuito de evitar a tributação em cascata e a desoneração de produtos tidos como essenciais.

Ainda, e antes de entrar no estudo das figuras exonerativas, compreendendo-as e confrontando-as, entende-se necessário construir as regras-matrizes do ICMS e do direito ao crédito. Vejam-se alguns destes pormenores nas linhas que seguem.

3.1. Princípios da não cumulatividade e da seletividade no ICMS

O estudo da sistemática atinente à não cumulatividade e à seletividade no ICMS será observado pelo prisma do sistema jurídico-positivo. Para a construção deste raciocínio, partir-se-á da Carta Política de 1988 e indo até a eficácia jurídica[30] das normas em observação, para que se possam apontar os limites estabelecidos, tanto para o legislador ordinário, quanto para o contribuinte.[31]

Em denso estudo sobre o tema, Rafael Pandolfo[32] informa que

A confusão e divergência classificatórias da norma jurídica decorrem do grande número de critérios utilizados para classificar determinado enunciado como princípio. Porém, mais importante do que enquadrar

---

[29] Sobre este tema, ver MARTINS, Ives Gandra da Silva Martins; CARVALHO, Paulo de Barros. *Guerra Fiscal*. Reflexões sobre a concessão de benefícios no âmbito do ICMS. São Paulo: Noeses, 2012.

[30] "[…] é a aptidão do fato jurídico de propagar os efeitos que lhe são próprios na ordem jurídica, em decorrência da causalidade normativa. É, assim, propriedade do fato e não da norma". Nesse sentido, ver CARVALHO, Aurora Tomazini de. *Curso de Teoria Geral do Direito*. 3. ed. São Paulo: Noeses, 2013, p. 768 et seq.

[31] Nesse sentido ver MENDONÇA, Christine. A Não-Cumulatividade no ICMS. In: PEREIRA FILHO, Luiz Alberto (Org.). *ICMS* – Questões Polêmicas. Curitiba: Juruá, 2004, p. 41-42.

[32] Ainda, nesse mesmo sentido: "[…] há que se ressaltar que não existem regras e princípios ontologicamente considerados. O reconhecimento das características normativas que permitam a atribuição desse enquadramento a determinado enunciado repousa na atividade interpretativa, que permite, inclusive, que um mesmo enunciado, num determinado contexto, seja utilizado como regra e, noutro, identificado como princípio. Enfim, não há texto sem contexto". (PANDOLFO, Rafael. *Jurisdição Constitucional Tributária*. São Paulo: Noeses, 2012, p. 15-16).

determinada norma como princípio ou regra é entender as suas características para, a partir delas, adotar um critério interpretativo coerente com a espécie normativa identificada.

O signo *princípio*,[33] conforme estudo empreendido por Paulo de barros carvalho,[34] é apresentado em duas acepções, como:(i) *valor* e (ii)*princípio objetivo*. Como *valor*, exige abordagem axiológica, profunda, dos primados da tributação; enquanto *princípio objetivo*, orienta-se à consecução de determinados fins, instrumentalizando-se procedimentalmente.

Sendo o direito um "objeto do mundo da cultura",[35] as normas jurídicas estão – e sempre estarão – repletas de valoração.

> Em razão desse componente valorativo, indissociável da comunicação jurídico-normativa, é comum que se apresentem variações de intensidade de norma para norma, de tal sorte que existem preceitos fortemente carregados de valor e que, em função de seu papel sintático no conjunto, acabam exercendo significativa influência sobre grandes porções do ordenamento [...].[36]

Este é o caso das prescrições oriundas da não cumulatividade e da seletividade atribuídas ao ICMS.

O propósito do esclarecimento reside no dado de que, como aponta Paulo de Barros Carvalho,[37] "na aplicação prática do direito esses limites saltam aos olhos, sendo de verificação pronta e imediata".

3.1.1. Princípio da não cumulatividade

O ICMS deveria ser um tributo de competência da União Federal, centralizado, mas com a EC n. 18/65 foi dado à competência dos Estados e do Distrito Federal. Diz-se dessa forma, já que é um tributo criado à semelhança do IVA,[38] e, como na maioria dos países que o adotam, é de competência federal. A pretensão à época foi conferir receita tributária própria a tais entes federados; no entanto, o impacto que tal decisão traria aos Estados (nas operações interestaduais) foi subestimado.[39]

A Carta Política de 1988,[40] ao estabelecer a competência dos Estados e do Distrito Federal para instituição do ICMS, prescreve que o imposto "será não cumulativo, compensando-se o que for devido em cada operação relativa à circulação de mercadorias ou prestação de serviços com o montante cobrado nas anteriores pelo mesmo ou outro Estado ou pelo Distrito Federal". Respectivo dispositivo delimita e direciona a competência tributária desses entes políticos,[41] atingindo a neutralidade fiscal.

---

[33] "[...] 'princípios' são 'normas jurídicas' carregadas de forte conotação axiológica. É o nome que se dá a regras do direito positive que introduzem valores relevantes para o sistema, influindo vigorosamente sobre a orientação de setores da ordem juridical". (CARVALHO, Paulo de Barros. *Direito tributário, linguagem e método*. 5. ed. São Paulo: Noeses, 2013, p. 261).

[34] Ibid, p. 259 *et seq.*

[35] Ibid., p. 265.

[36] Ibid., loc. cit.

[37] Ibid., p. 299.

[38] Imposto sobre o valor agregado.

[39] Ver MARTINS, Ives Gandra da Silva. *Guerra Fiscal*. Reflexões sobre a concessão de benefícios no âmbito do ICMS. São Paulo: Noeses, 2012, p. 1 *et seq.*

[40] Art. 155, parágrafo 2, inciso I.

[41] "Esse dispositivo constitucional não está direcionado diretamente à conduta do contribuinte, ou seja, o enunciado prescritivo é de aplicabilidade imediata com relação ao fato de legislar em matéria de ICMS e não com relação ao fato realizado pelo contribuinte". (MENDONÇA, Christine. A Não-Cumulatividade no ICMS. In: PEREIRA FILHO, Luiz Alberto (Org.). *ICMS* – Questões Polêmicas. Curitiba: Juruá, 2004, p. 43).

Vale ressalvar que, enquanto princípio objetivo, a norma – de estrutura – em análise direciona-se aos agentes tributantes, não aos contribuintes do imposto,característica que permite atribuir a ambos, correlatos direitos e deveres. Assim, ao agente competente, fisco estadual ou distrital, impõe o dever de observar o cumprimento do comando normativo da não cumulatividade. Paulo de Barros Carvalho,[42] nesta modalidade, revela ser insuficiente "conhecer a feição estática do ordenamento positivo. Torna-se imperioso pesquisar o lado pragmático da linguagem normativa, para saber se os utentes desses signos os estão empregando com os efeitos que a visão estática sugere". Ao contribuinte é reservado o direito de exigir o cumprimento, pelo agente competente, da norma que lhe permite não ser tributado cumulativamente pelo ICMS.

Essa sistemática de apuração de débitos e créditos,conhecida como princípio da não cumulatividade,[43] ocorre em todas as etapas da operação jurídica que envolva transferência de propriedade,[44] alcançando o importador, produtor, industrial, comerciante ou assemelhados. Deste modo, por englobar todos os elos do setor produtivo, essa sistemática possui o objetivo de desonerar a cadeia, abatendo-se da operação posterior o montante cobrado na operação anterior.

O legislador constituinte originário apontou, além da forma, o método para se apurar a sistemática da não cumulatividade: a compensação; momento este em que se chama a atenção para a expressão *o montante cobrado*, nas operações anteriores. Entende-se que respectivo signo não se refere ao *montante efetivamente pago nas operações anteriores*, mas, sim, ao montante devido. Essa distinção tem efeitos práticos extremamente relevantes.

Em obra de fôlego, André Mendes Moreira[45] relata os requisitos necessários ao reconhecimento da não cumulatividade, sendo eles: a incidência plurifásica e o direito ao crédito, apurado sob o método imposto-contra-imposto. O Min. Marco Aurélio Mello[46] ressalva a importância da metodologia de apuração, em que a mercadoria deve ser observada globalmente, e não de forma individualizada, sujeita ao tributo. Nesse tom, ressalva que,

> [...] a não ser assim, dificilmente ter-se-iam parâmetros objetivos para chegar-se à viabilização efetiva do tributo porquanto a maioria das vezes dá-se a modificação do produto, já que uma certa mercadoria

---

[42] CARVALHO, Paulo de Barros. *Direito tributário, linguagem e método*. 5. ed. São Paulo: Noeses, 2013, p. 271.

[43] "A não-cumulatividade tributária foi trazida à baila no Brasil pelo vetusto Imposto de Consumo (IC) – antecessor do hodierno IPI – por meio da Lei n. 2.974/56. Restrita aos importadores, a norma lhes permitia abater o valor do IC recolhido na importação do IC devido pela venda de bens no mercado interno. Quase dois anos depois adveio a Lei n. 3.520/58, que ampliou o alcance da não-cumulatividade no IC ao permitir que o industrial deduzisse do montante a pagar o valor do imposto incidente sobre as matérias-primas utilizadas na produção. [...] A Emenda Constitucional n. 18/65 extinguiu o IC e constitucionalizou ao não-cumulatividade tanto para o ICM como para o IPI. Consoante a EC n. 18/65, o quantum debeatur desses impostos seria obtido 'abatendo-se, em cada operação, o cobrado nas anteriores'. No caso do ICM, ao contrário do IPI, tal abatimento se daria 'nos termos do disposto em lei complementar'." (MOREIRA, André Mendes. *A Não-Cumulatividade dos Tributos*. São Paulo: Noeses, 2010, p. 117-118).

[44] "Os doutrinadores, visando demonstrar que a circulação física é irrelevante para fins de ICMS, e que só a circulação jurídica, decorrente de uma operação, é que acarreta o dever de recolhê-lo, aduzem que se a mera saída de mercadorias, ou seja, sua circulação física fosse relevante para fins desta exação, teríamos que aceitar que haveria incidência sobre mercadorias que precisassem ser retiradas às pressas de uma loja por seus funcionários em função de um incêndio. [...] Concluindo: juridicamente só há circulação se ela for decorrente de uma operação, ou seja, de um negócio jurídico que transfira a propriedade de um dos negociantes para o outro". (SALOMÃO, Marcelo Viana. *ICMS na importação*. 2. ed. São Paulo: Atlas, 2001, p. 33).

[45] SALOMÃO, Marcelo Viana. *ICMS na importação*. 2. ed. São Paulo: Atlas, 2001, p. 443, 92 *et seq.*

[46] Em relatório proferido no RE em questão (BRASIL. Supremo Tribunal Federal. *Recurso Extraordinário n. 174.478/SP*. Relator: Ministro Cezar Peluso. Julgamento: 17 mar. 2005. Órgão Julgador: Tribunal Pleno. Publicação: DJ 30 set. 2005,p. 4).

SISTEMA CONSTITUCIONAL TRIBUTÁRIO – dos fundamentos teóricos aos *hard cases* tributários
Estudos em homenagem ao Ministro Luiz Fux

ingressa no estabelecimento, para, mediante a industrialização, dar ensejo ao surgimento de outra diversa, processo este no qual se consome aquela inicialmente adquirida. Por isso mesmo, o modo de observância do princípio mencionado esta na existência de uma conta de crédito e débito, a ensejar acertos em épocas próprias. Por outro lado, para efeito da técnica tributária e suas implicações, toma-se a figura da isenção como se o imposto tivesse sido efetivamente pago.

Em outro giro, a não cumulatividade é um mecanismo que *reduz* a carga tributária do ICMS em cada elo da cadeia de produção, circulação e prestação de serviços, implementando o desígnio máximo da CF/88: a ausência de cumulação do imposto em questão.

Clélio Chiesa,[47] com a perspicácia que lhe é peculiar, aponta que:

É comum nos depararmos com manobras linguísticas visando contornar a peremptória diretriz da não-cumulatividade. No ICMS, ela tem um conteúdo bem demarcado: nas operações ou prestações em que há incidência de ICMS, há crédito. Tudo o mais são devaneios, desvarios, tentativas insólitas de se buscar o aumento da arrecadação pelos tortuosos caminhos das manobras legislativas. Causa-nos perplexidade ver que regra tão singela e clara possa sofrer tantos desvirtuamentos como vem ocorrendo na prática e ainda contar, na maioria dos casos, com a complacência do Poder Judiciário.

Eis a sistemática da não cumulatividade do ICMS, voltada *imediatamente* à finalidade de implementação da norma que impede a cumulação da carga tributária (à exceção dos dispositivos constitucionais da não incidência e da isenção) e, *mediatamente* à "realização de certos valores, como o da justiça social da tributação, o do respeito à capacidade contributiva do administrado, o da uniformidade na distribuição da carga tributária, etc.".[48]

3.1.2. Princípio da seletividade em função da essencialidade

A abordagem conferida ao princípio da não cumulatividade neste estudo justifica-se facilmente e sem qualquer necessidade de maior esforço exegético na sua contextualização. No entanto, compreende-se que o mesmo não ocorre com o princípio da seletividade do ICMS. Ainda que ambos se refiram ao tributo em questão, julga-se pertinente, e esclarecedor, situá-lo dentro desta construção acadêmica.

Para tanto, é pertinente traçar pequeno escorço histórico sobre a origem e introdução do princípio da seletividade na CF/88, dado relevante à compreensão do tema que ora se ocupa esta pesquisa.

A Carta Política de 1967, anterior à CF/88, prescrevia que o ICM possuía alíquotas uniformes; não se referia este diploma à seletividade. Em relevante abordagem, Marco Aurélio Greco[49] aponta que:

Isto significava que todas as mercadorias, independente das suas qualidades e do grau de essencialidade de que se revestissem, seriam uniformemente tributadas à mesma alíquota. Na medida em que a alíquota era uniforme e não havia previsão de seletividade do ICM, a diferenciação do peso do tributo e, por consequência, do montante do respectivo débito a cargo do contribuinte só podia se dar – no regime da CF/67 – mediante a técnica da isenção [...].

Diante da ausência de normatização constitucional que autorizasse o legislador infraconstitucional a tributar de modo distinto e menos oneroso mercadorias mais es-

---

[47] CHIESA, Clélio. *Créditos de ICMS*: situações polêmicas. Direito Tributário e os Conceitos de Direito Privado. 7. ed. São Paulo: Noeses, 2010, p. 237-263.

[48] CARVALHO, Paulo de Barros. *Direito tributário, linguagem e método*. 5. ed. São Paulo: Noeses, 2013, p. 326.

[49] Em parecer anexado aos autos do *leading case* (In: BRASIL. Supremo Tribunal Federal. *Recurso Extraordinário n. 635.688/RS*. Relator: Ministro Gilmar Mendes. Julgamento: tramitando. Órgão Julgador: Plenário. Publicação: tramitando, p. 26).

senciais, restou-lhe como mecanismo apto ao implemento desta pretensão o "recurso à concessão de isenções".[50] Continua o autor:

> [...] qualquer mecanismo técnico-formal (ligado ao modo de apuração do montante devido) que implicasse no mesmo efeito, passaria a compartilhar da mesma natureza da isenção. *Por isso, na vigência da CF/67, redução de base de cálculo equivalia a isenção parcial do ICM. Aliás, esta é a razão pela qual a LC 24/75 (que embora só pudesse dispor sobre "isenções") contém referência à "redução da base de cálculo" como hipótese também submetida às suas regras* [...].[51]

A CF/88 promoveu duas importantes alterações, no que concerne este tema: *incluiu* o princípio da seletividade e, *retirou* o regime de alíquota única para o ICMS.

A nova norma constitucional prescreve que referido tributo "poderá ser seletivo, em função da essencialidade das mercadorias e dos serviços". Dada a existência dessas modificações e o claro comando de que o tributo se submeta à essencialidade dos produtos,[52] não mais há que se reconhecer a redução da base de cálculo como sinônimo de isenção.

Ocorre que na primeira, CF/1967, o legislador infraconstitucional interferia na carga tributária mediante redução da base de cálculo do tributo (mecanismo que era reconhecido como isenção), já que as alíquotas eram uniformes, portanto, inalteráveis. Com o advento da CF/88, ao legislador foi determinado aplicar diferentes alíquotas de acordo com a essencialidade dos produtos, já que sua manipulação é o instrumento hábil à efetivação do princípio da seletividade.

A semelhança das praticas tributárias nas duas constituições encontra-se na manipulação do critério quantitativo da RMIT com o fito de praticar justiça social. E a distinção reside no fato de que na CF/67 redução de base de cálculo era tida como espécie de isenção, forma utilizada para reduzir o montante de tributo a pagar; na CF/88, com as alterações normativas promovidas e o aumento de ferramentas postas à disposição do legislador para regular a carga tributária, redução de base de cálculo deixou de ser espécie de isenção, já que tornou-se possível alterar as alíquotas do tributo.

Em razão da alteração promovida pelo legislador constituinte originário na Carta de 1988, não mais é coerente equiparar o instituto da redução da base de cálculo a uma espécie de isenção,tendo em vista que o novo Diploma Constitucional trouxe mecanismos aptos e distintos na implantação de seus comandos prescritivos. Por fim, vale ressalvar que, no atual sistema tributário brasileiro,(i) aumentar ou diminuir alíquotas e (ii) reduzir base de cálculo do ICMS "nada mais é do que operacionalizar a seletividade do tributo".[53]

Entende-se coerente que, aos que defendem que redução da base de cálculo seja espécie de isenção, no mesmo sentido, devem julgar que redução de alíquota seja – também – espécie de isenção. De tal modo, ambos impediriam o direito ao aproveitamento de crédito de ICMS das operações anteriores sujeitas à redução de um dos itens do critério quantitativo (base de cálculo e alíquota).

---

[50] Ibid., loc. cit.

[51] BRASIL. Supremo Tribunal Federal. Recurso Extraordinário n. 635.688/RS. Relator: Ministro Gilmar Mendes. Julgamento: tramitando. Órgão Julgador: Plenário. Publicação: tramitando, p. 26 (grifo nosso).

[52] Quanto ao *poderá* prescrito constitucionalmente, Roque Antônio Carrazza ensina que "este singelo 'poderá' equivale, na verdade, a um peremptório 'deverá'. Não se está, aí, diante de uma mera faculdade do legislador, mas de uma norma cogente, de observância obrigatória". (CARRAZZA, Roque Antônio. *ICMS*. 9. ed. São Paulo: Malheiros, 2004, p. 322-323).

[53] Em parecer anexado aos autos do *leading case* (In: BRASIL, op. cit., p. 28).

3.2. Regra-Matriz de Incidência Tributária (RMIT) e Regra-Matriz de Direito ao Crédito no ICMS

Uma das normas jurídicas com a qual ora se ocupa a não cumulatividade, oriunda da sistemática de impostos indiretos,[54] como o é o ICMS, produz, em uma mesma operação, duas relações jurídico-tributárias. O ponto de distanciamento entre ambas reside no critério pessoal – sujeição passiva. Na primeira, ter-se-á uma relação jurídica formada por fisco e contribuinte de *direito;*[55] e, na segunda, uma relação jurídica composta por fisco e contribuinte de *fato.*[56]

Noutro giro, compreende-se que um único negócio jurídico submetido à tributação pelo ICMS operacionaliza duas relações de direito tributário.[57] A primeira vinculando fisco estadual (sujeito ativo) a contribuinte-vendedor (sujeito passivo), numa sistemática na qual o sujeito ativo possui o dever jurídico de cobrar o tributo devido e o sujeito passivo tem o direito subjetivo de entregar o montante devido aos cofres públicos, dando por encerrada sua obrigação.[58]

A segunda relação apresenta vínculo formado entre adquirente do produto[59] (sujeito ativo) e fisco estadual (sujeito passivo). Neste caso, o adquirente (contribuinte de fato) tem o dever jurídico de se apropriar do crédito, com o intuito último de realizar seu aproveitamento na próxima etapa da cadeia, enquanto ao fisco estadual caberá o dever de não obstar o aproveitamento do crédito tributário oriundo da operação anterior. A única exceção constitucional ao aproveitamento de crédito ocorrerá se a operação for submetida a uma não incidência ou isenção. A regra insculpida nesse inciso constitucional impõe norma de interpretação estrita, comum a todo e qualquer mandamento que encerra uma exceção, uma limitação.[60]

A primeira relação jurídica se denominará *regra-matriz de incidência tributária do ICMS*; a segunda chamar-se-á de *regra-matriz de direito ao crédito*. Esta, norma jurídica que origina o crédito de ICMS para o contribuinte, operacionaliza o princípio da não cumulatividade. Uma vez que é neste diploma normativo que se encontra a operação jurídico-tributária que dará ensejo ao aproveitamento de crédito, desde que tal operação não tenha sido submetida ao fenômeno da não incidência ou isenção. A partir deste ponto, inicia-se a análise das figuras exonerativas.

---

[54] A divisão dos tributos em diretos ou indiretos é mais uma forma de olhar o fenômeno. Apesar de seu viés mais econômico, é patente a impossibilidade de se desprezar referida classificação, já que em algumas situações (como o é o caso em análise), participa da relação jurídica – sujeito ativo, titular do crédito tributário. Vale lembrar que nem sempre as figuras do contribuinte de fato e do consumidor encontram-se em uma única pessoa. "Este, sim, nada representa na fenomenologia jurídica dos tributos, a despeito de ocupar posição importante no quadro social, político e econômico da incidência tributária". (CARVALHO, Paulo de Barros. *Direito tributário, linguagem e método*. 5. ed. São Paulo: Noeses, 2013, p. 329). Sobre o assunto, ver MOREIRA, André Mendes. *A Não-Cumulatividade dos Tributos*. São Paulo: Noeses, 2010, p. 25-56.

[55] É a pessoa obrigada, por lei, ao pagamento do tributo. É a pessoa responsável por "levar o dinheiro aos cofres públicos".

[56] É a pessoa que arcará com o ônus tributário.

[57] Aqui não se fará menção às relações de direito privado.

[58] Aqui não se refere aos deveres instrumentais; em outro giro, à obrigação tributária acessória.

[59] Entendendo-se *produto* como mercadoria ou prestação de serviço de transporte interestadual e intermunicipal ou de comunicação.

[60] Voto do Min. Marco Aurélio no RE *leading case*, segue: "Confira-se ao preceito constitucional decorrente da Emenda n. 23/83 interpretação estrita, como convém em toda e qualquer hipótese em que o intérprete se defronte com norma que encerra verdadeira exceção". (BRASIL. Supremo Tribunal Federal. *Recurso Extraordinário n. 635.688/ RS*. Relator: Ministro Gilmar Mendes. Julgamento: tramitando. Órgão Julgador: Plenário. Publicação: tramitando).

4. Instrumentos jurídicos exonerativos

A penúltima abordagem deste trabalho, depois de todos os cortes metodológicos propostos, enfrenta os institutos jurídicos exonerativos (não incidência, isenções e redução da base de cálculo), apontando os predicados que lhe conferem sua natureza jurídica. Ao final, dadas as informações registradas neste estudo, manifestar-se-á sobre os dois institutos em foco.

Toda e qualquer espécie de facilidade econômico-financeira concedida ao contribuinte, ou posta à sua disposição, é compreendida como instituto de natureza jurídica de benefício fiscal. Argos Campos Simões[61] ensina que:

> [...] para que um incentivo seja considerado fiscal deve, necessariamente, representar uma redução ou eliminação, direta ou indireta, do respectivo ônus tributário, seja através de uma concessão de isenção, seja através da concessão de créditos presumidos (dedutíveis efetiva ou potencialmente de débitos futuros), seja através de quaisquer outros incentivos ou favores.

E completa:

> Nossa convicção resta alicerçada unicamente no ordenamento.

Os motivos de sua implementação podem ser os mais diversos, mas todos possuem como pano de fundo o interesse do ente tributante (federal, estadual/distrital ou municipal) em desonerar a tributação com o fito de beneficiar determinado setor produtivo, pessoas, situações etc.[62]

A espinha dorsal deste tema reside, exatamente, na compreensão dos institutos jurídicos da *isenção* e da *redução da base de cálculo*.[63] Para tanto, afigura-se imprescindível a realização de uma análise acurada sobre os dois institutos jurídicos. Para que isto ocorra e para manter uma metodologia de trabalho linear, analisaram-se as duas figuras jurídicas sob diversas perspectivas.

Nas linhas seguintes, traçou-se o arcabouço jurídico dos institutos da *isenção* e da *redução da base de cálculo*. Vários caminhos são possíveis, mas há que adotar um que permita uma aproximação do objeto respeitando a coerência de premissas desenhada linhas acima.

4.1. Compreendendo algumas figuras exonerativas

À nossa investigação interessam os dados que versem sobre a *isenção* e a *redução da base de cálculo*. Mas, é imprescindível que se façam apontamentos afetos à outra figura exonerativa: a não incidência.[64]

---

[61] SIMÕES, Argos Campos Ribeiro. Guerra Fiscal no ICMS – Benefícios Fiscais x Benefícios Não Fiscais. *Revista de Direito Tributário*,São Paulo: Malheiros, n. 102, p. 56-66, jul. 2008.

[62] "Neste panorama, alguns pontos precisar ser precisados a fim de que o interesse público, na preservação do crédito tributário, não seja confundido tanto com o interesse fazendário, nem tampouco com o interesse de fortes segmentos econômicos". (Ibid., p. 96).

[63] Para que se possa compreender a estrutura jurídica das exonerações tributárias, é indispensável conhecimento prévio sobre a teoria da incidência normativa. Com a lucidez lógico-jurídica que lhes é peculiar, Paulo de Barros Carvalho e Sacha Calmon Navarro Coêlho desenvolvem o estudo das exonerações (isenções) com fulcro nesta teoria e ensinam mais essa lição.

[64] Não se tratará da imunidade por seguir o posicionamento de Paulo de Barros Carvalho quanto ao dado de que este fenômeno jurídico não mantém relação com a isenção (foco de interesse desta pesquisa). São suas as palavras a seguir: "O paralelo não se justifica. São proposições normativas de tal modo diferentes na composição do ordenamento positivo que pouquíssimas são as regiões de contato. Poderíamos sublinhar tão-somente três sinais comuns: a circunstância de serem normas jurídicas válidas no sistema; integrarem a classe das regras de estrutura; e tratarem

4.1.1. Da não incidência[65]

A CF/88 prescreve que é vedado o aproveitamento de crédito em operações *isentas* e não *tributadas*. Mas o que significa ser não incidente? A não incidência é empregada quando não há positivação determinando que dado fato praticado pelo homem represente hipótese de incidência tributária. Em outro compasso, compreende as situações em que se dá a inexigibilidade do tributo por ausência de previsão legal.

Paulo de Barros Carvalho[66] informa que a não incidência se configura quando um dos elementos da fenomenologia da incidência tributária não ocorrer. E para que esta ocorra, é necessário que (i) a norma jurídica seja válida e vigente, bem como (ii) que seja realizado "evento juridicamente vertido em linguagem que o sistema indique como própria e adequada".

Utilizando ferramentas da Lógica[67] (mediante processo interdisciplinar) no manuseio das premissas constitucionais tributárias, traçar-se-á um paralelo fundado no conceito de *relação de identidade*, elaborado por Gottfried Wilhelm Leibniz,[68] que diz: "x = y se, e somente se, x tiver toda a propriedade que y tenha, e y tiver toda a propriedade que tenha x".

Esta lei foi o ponto de partida para a construção de outras importantes leis da Lógica, as quais demonstram o caráter reflexivo da identidade,[69] a simetria das relações,[70] seu caráter transitivo[71] e, sendo dois objetos iguais a um terceiro, deve se concluir que são iguais entre si.[72]

Esse exercício será realizado com o anseio de proporcionar maior quantidade de elementos aptos a distinguir um fenômeno do outro, o que será relevante para confirmar ou negar a paridade entre os institutos da isenção e da redução da base de cálculo.

Deste modo, valendo-se da interdisciplinaridade que permeia o campo do conhecimento, e após esta breve explicação sobre a definição de relação de identidade lógica, cotejar-se-ão os termos *incidência versus não incidência* e, *isenção versus não isenção*, já antecipando notas sobre estes fenômenos jurídicos.

---

de matéria tributária". (CARVALHO, Paulo de Barros. *Direito tributário, linguagem e método*. 5. ed. São Paulo: Noeses, 2013, p. 375).

[65] O termo *não tributado* será utilizado como sinônimo de *não incidente*.

[66] Menciona ainda que podem ser observadas as seguintes causas: "(i) ausência de fato jurídico tributário; (ii) inexistência de regra-matriz de incidência tributária, a qual, conquanto autorizada constitucionalmente, não foi produzida pelo legislador ordinário; (iii) falta de previsão constitucional que atribua competência para a tributação de determinado acontecimento; (iv) incompetência para a tributação de situações específicas na Carta Magna (imunidade tributária)". (Parecer. In: BRASIL. Supremo Tribunal Federal. *Recurso Extraordinário n. 635.688/RS*. Relator: Ministro Gilmar Mendes. Julgamento: tramitando. Órgão Julgador: Plenário. Publicação: tramitando, p. 25).

[67] "Tomada como Ciência, a Lógica consiste num discurso linguístico que se dirige a determinado campo de entidades. [...] Diante deste poderoso instrumental descritivo que é a Lógica, o exegeta do direito encontrará racionalidade no discurso jurídico, sendo capaz, pela utilização das leis e estruturas lógicas, de apontar uma infinidade de características, vícios e contradições no ordenamento normativa". (CARVALHO, op. cit., p. 68-69).

[68] Ibid., p. 106.

[69] "Todo objeto é igual a si mesmo: x = x". (CARVALHO, Paulo de Barros. *Direito tributário, linguagem e método*. 5. ed. São Paulo: Noeses, 2013, p. 106).

[70] "Se x = y, então y = x". (ibid., loc. cit.).

[71] "Se x = y e y = z, então x = z". (ibid., loc. cit.).

[72] "Se x = z e y = z, então x = y". (ibid., loc. cit.).

Nota-se, claramente, que o ponto de observação será a oposição entre os termos: *incidência x não incidência* e *isenção x não isenção*. Mesmo sendo uma confrontação óbvia, pensa-se que, ainda assim, deve ser descrito, já que nem sempre o óbvio é óbvio.

É atividade comum na doutrina pátria a utilização da incidência (positiva) para explicar a não incidência,[73] ou seja, um fenômeno é o exato inverso do outro, já que é a sua negação. Assim, tudo o que não estiver no campo da incidência tributária será não incidente. O que, neste momento, permite dizer que referindo-se a uma não incidência alheia ao mundo jurídico será uma não incidência "pura", já a incidência qualificada poderá ser legal (isenção) ou constitucional (imunidade).[74] Segue menção realizada por Souto Maior Borges:[75]

> Não-incidência é conceito correlacionado com o de incidência. Ocorre a incidência da lei tributária quando determinada pessoa ou coisa se encontra dentro do campo coberto pela tributação; dá-se não-incidência, diversamente, quando determinada pessoa ou coisa se encontra fora do campo de abrangência da regra jurídica de tributação.

Retornando para o art. 155, § 2º, inciso II, da CF/88, pode-se enunciar que o exato oposto da não incidência (a incidência) conduz à ocorrência da fenomenologia da incidência tributária, com consequente geração de crédito de ICMS nas operações sujeitas a este tributo.

Empregando a mesma técnica para as figuras isentivas,[76] tem-se que o oposto de isenção é não isenção. Mas, o que representa tal afirmativa? Percebendo a isenção como permissivo legal para que a RMIT *não* produza seus efeitos,[77] a não isenção determinará que a RMIT realize os efeitos pretendidos pelo legislador constituinte originário.

Neste caso, existindo isenção em algum dos elos da cadeia produtiva, *não* haverá aproveitamento de crédito de ICMS na operação subsequente, conforme prescreve a Carta Política de 1988. Em contrapartida, inexistindo isenção (e não incidência) haverá – deverá haver – aproveitamento de crédito consoante determina a Constituição Republicana.

Promovendo-se um corte metodológico, estritamente, no que diz sobre o aproveitamento de crédito, compreende-se que a não isenção está para a incidência assim como a isenção esta para a não incidência. Noutro giro, produzem os mesmos efeitos sobre o constitucional aproveitamento de créditos. Percebe-se que em ambos a consequência se coaduna com os preceitos basilares insculpidos no princípio da não cumulatividade.

---

[73] "Sendo a não-incidência o contrário da incidência, obviamente, enquanto aquela se configura, inexiste credor e devedor do tributo, visto como não há vínculo jurídico e inexiste o direito de o sujeito ativo da obrigação tributária exigir qualquer prestação de sujeito passivo, seja ela principal ou acessória", nos dizeres de Walter Barbosa Corrêa (BORGES, José Souto Maior. *Teoria geral da isenção tributária*. 3. ed. São Paulo: Malheiros, 2007, p. 190-191).

[74] Ibid., p. 185.

[75] Ibid., p. 184.

[76] Nesse mesmo sentido, Souto Maior Borges pondera que: "Tantos problemas suscita o tributo, que em seu lado positivo – isto é, enquanto gera obrigações de pagamento – surgem paralelamente outros tantos, sob diverso perfil, na sua face negativa – enquanto dá origem à isenção do pagamento. É, então, indubitável – prossegue o jurista espanhol – que, se existe uma teoria jurídica do tributo, deve também existir uma teoria jurídica da isenção tributária; a rigor, a mesma teoria, vista ao inverso". (BORGES, José Souto Maior. *Teoria geral da isenção tributária*. 3. ed. São Paulo: Malheiros, 2007, p. 156).

[77] E aqui não se aterá aos distintos conceitos doutrinários sobre isenção, por haver entendimento que neste momento tais características não ensejam raciocínio contraditório ou mesmo diferente.

Vale ressaltar que tal conclusão não autoriza capitulá-los como institutos idênticos, já que em essência são distintos; a semelhança resenhada aponta apenas para o fenômeno do aproveitamento de crédito tributário. Segue:

	ISENÇÃO	NÃO ISENÇÃO
INCIDÊNCIA	Não há intersecção entre a isenção e a incidência, já que uma exclui a outra.	Em contrapartida, a CF/88 autoriza que o contribuinte se aproprie do crédito integral de ICMS, cobrado na operação anterior, DESDE QUE tal operação tenha sido "não isenta" e, naturalmente, tenha ocorrida a incidência da norma.
NÃO INCIDÊNCIA	A CF/88 veda expressamente o aproveitamento integral de créditos de ICMS cuja operação anterior tenha sido isenta ou não tributada.	No mesmo sentido da isenção e da incidência, não isenção e não incidência se excluem.

Com esta representação gráfica, sela-se o entendimento sobre a similaridade de tais fenômenos quando investigados sob as lentes do aproveitamento de crédito, método que instrumentaliza o princípio da não cumulatividade.

4.1.2. Das isenções

O Diploma Tributário, Capítulo V, da "Exclusão do Crédito Tributário", art. 175, inciso I, informa que "Excluem o crédito tributário: I – a isenção; II – a anistia". O instituto jurídico das isenções[78] é retratado pelas doutrinas dominantes sob duas distintas perspectivas, cuja semântica em muito diverge. O primeiro – e mais atual – posicionamento é defendido por renomados juristas, ao passo que o segundo é adotado pelo STF.

A *primeira corrente* doutrinária entende que a isenção impede a ocorrência da incidência tributária, ou seja, exclui a aplicação da regra-matriz de incidência tributária;[79] já a *segunda corrente* defende que a isenção é a dispensa legal do pagamento de tributo devido.[80]

A primeira corrente doutrinária estabelece a premissa de que a norma padrão de incidência tributária não atua, em virtude de a norma isentiva mutilar parcialmente um dos critérios da RMIT (regra de comportamento), impossibilitando a ocorrência da fenomenologia tributária. Em outro giro, não ocorre a subsunção da norma padrão, uma vez que outra norma (a regra isentiva, que é norma de estrutura) recorta parcial-

---

[78] "Poucas matérias têm suscitado tantas dúvidas e fomentado tão grande insegurança como a temática das isenções". (CARVALHO, Paulo de Barros. *Direito tributário, linguagem e método*. 5. ed. São Paulo: Noeses, 2013, p. 597).

[79] Defendida por Alfredo Augusto Becker, Paulo de Barros Carvalho, Misabel de Abreu Machado Derzi, Sacha Calmon Navarro Coêlho.

[80] ATALIBA, Geraldo. *Natureza jurídica da contribuição de melhoria*, p. 243 (*apud* BORGES, José Souto Maior. *Teoria geral da isenção tributária*. 3. ed. São Paulo: Malheiros, 2007, p. 160). Bernardo Ribeiro de Moraes, p. 673 (*apud ibid.*, p. 161), Rubens Gomes de Sousa. O fato gerador do imposto de renda. *Estudos de direito tributário* (*apud ibid.*, loc. cit.), Amílcar de Araújo Falcão, *Fato gerador da obrigação tributária*, p. 132 (*apud ibid.*, loc. cit.), entre outros.

mente um dos seus critérios. Consequentemente, não há que se falar em fato jurídico tributário, bem como em obrigação jurídico-tributária.[81]

É importante frisar que a supressão de um dos critérios da regra-matriz de incidência tributária deve ser parcial; não há que se falar em supressão total,uma vez que, se ocorresse a supressão total, a regra padrão se tornaria inválida para o sistema. Ressalva-se que a supressão exclui apenas situações que o legislador ordinário pretende regulamentar, tendo em vista o latente cunho extrafiscal deste fenômeno.

Ricardo Lodi Ribeiro,[82] em estudo sobre a observância do princípio da anterioridade no caso de revogação das isenções, relata que

> Para essa corrente, a qual nos filiamos, o fato gerador não ocorre na isenção. [...] mesmo que fosse aceita a tese de que a isenção pressupõe a ocorrência do fato gerador, o que só se admite para se argumentar, a solução dada pelo Pretório Excelso não nos parece correta, uma vez que, se a isenção pressupõe a ocorrência do fato gerador, não há aplicação da anterioridade constitucional.

Dadas as premissas estabelecidas pelos seguidores desta tese, entende-se ser incompatível a sustentação lógico-jurídico da ocorrência de *isenções parciais,*[83] uma vez que, não ocorrendo o surgimento da obrigação tributária, não há que se cogitar pagamento de tributo. Portanto, ou há tributo a ser pago e não se cogita a existência do instituto da isenção, ou não há tributo a ser pago e possível será falar-se em isenção. Meio-termo aqui não há.

A tese clássica, defendida pela segunda corrente jurídica, aponta que a norma isentiva exclui a obrigação[84] tributária, pois entende que ocorre a hipótese de incidência, mas o mandamento da norma padrão não incidiria, por declaração expressa da regra de isenção. Em outras linhas, isenção é a dispensa legal do pagamento de tributo devido. Esse o posicionamento adotado pelo STF.

O grupo de pensadores vinculados a esse posicionamento sustenta ocorrer uma incidência sucessiva, primeiro atua uma norma, depois a outra. Noutra linguagem, essa corrente se divide quanto à ordem de atuação das normas (padrão e isentiva). Para a teoria tradicional, primeiro atua a RMIT, irradiando seus efeitos próprios e permitindo que surja a obrigação de pagar o tributo por parte do contribuinte, para num momento posterior atuar a norma isentiva, com o objetivo de dispensar o sujeito passivo do pagamento do tributo devido, enquanto a teoria renovadora, defendendo a mesma lógica, inverteu a ordem de atuação das normas, ou seja, primeiro age a norma isentiva, *a posteriori*, a norma padrão.[85]

---

[81] Marco Aurélio Greco defende que a isenção "é uma forma de bloqueio parcial dos efeitos da norma de incidência". Parecer anexado aos autos do *leading case* (In: BRASIL. Supremo Tribunal Federal. Recurso Extraordinário n. 635.688/RS. Relator: Ministro Gilmar Mendes. Julgamento: tramitando. Órgão Julgador: Plenário. Publicação: tramitando, p. 26).

[82] RIBEIRO, Ricardo Lodi. *Temas de Direito Constitucional Tributário*. Rio de Janeiro: Lumen Juris, 2009, p. 201-202.

[83] "Em outra oportunidade, tomei posição acerca do assunto, deixando clara a impossibilidade de falar-se em 'isenção parcial': (i) ou inocorre a incidência tributária e a obrigação não surge em virtude da supressão da base de cálculo relativamente a determinados bens, estando configurada a isenção; (ii) ou a base de cálculo continua existindo, ainda que em montante reduzido, possibilitando a incidência tributária e fazendo surgir o liame obrigacional, com exigência do tributo". (Parecer. In: BRASIL. Supremo Tribunal Federal. Recurso Extraordinário n. 635.688/RS. Relator: Ministro Gilmar Mendes. Julgamento: tramitando. Órgão Julgador: Plenário. Publicação: tramitando, p. 32-33).

[84] "Crédito tributário", para os seguidores da teoria tradicional.

[85] CARVALHO, Paulo de Barros. *Direito tributário, linguagem e método*. 5. ed. São Paulo: Noeses, 2013, p. 597.

Paulo de Barros Carvalho tece uma crítica a esse posicionamento em virtude de alegar ser inadmissível a aceitação de distintas "velocidades de incidência" das normas jurídicas.[86] Posicionamento com o qual se concorda nesta pesquisa.

Com base nas premissas estabelecidas pelos seguidores da segunda corrente, tentou-se vislumbrar a coerência jurídica na defesa da *isenção parcial*. Neste caso, em teoria, haveria a dispensa *parcial* do pagamento de tributo devido, ou seja, não haveria exclusão do crédito, apenas uma redução. Entretanto, essa diminuição do *quantum* que deve ser pago a título de tributo, destoa completamente das premissas fincadas por essa corrente, já que a fenomenologia da isenção[87] *parcial* não seria obstada, de modo distinto à fenomenologia da isenção (total).

Com todo o respeito, entende-se importante registrar que esta teoria foi desenvolvida e defendida por – um número expressivo e brilhante de – juristas,[88] porém, em época que a teoria da norma não havia sido tão ampla e densamente estudada e difundida como o é nos dias atuais. Dada a ausência desta teoria, nas décadas de 60 e 70 (período de maior difusão da isenção como dispensa do pagamento de tributo devido), pensou-se estar superada nos dias atuais, por ser facilmente perceptível a incoerência de suas premissas quando observadas sob a estrutura da incidência tributária.

Souto Maior Borges,[89] responsável pelo surgimento da figura da *isenção parcial*, faz uma crítica a sua própria expressão, já que entende não ser esse o melhor signo para descrever o fenômeno sobre o qual desejava se referir,uma vez que entende que "a isenção parcial consiste, mais propriamente, numa redução tributária". Atentando para essa menção feita pelo autor, é fácil perceber o porquê de se comparar a chamada *isenção fiscal* à *redução da base de cálculo*.

Porém, o autor não se referiu à redução da base de cálculo, mas, sim, à redução tributária. Este, *gênero*; aquele, *espécie*. E a diferença, por mais sutil que pareça, guarda um abismo entre ambos, uma vez que toda e qualquer espécie de benesse concedida ao contribuinte, com o fito de diminuir lhe a carga tributária, será uma *redução tributária*. Deste modo, realmente, redução da base de cálculo deve ser entendida como redução tributária, por isso se diz espécie do gênero. E, prezando por coerência jurídica, todo e qualquer concessão de favor fiscal será espécie do gênero redução tributária. Assim, ou todos permitem a equiparação ao instituto da isenção parcial, ou não permitem.

Observa-se que o ponto fulcral que distingue as duas teses sobre isenções é a ocorrência ou não da incidência da norma tributária; noutro giro, os dois pensamentos dominantes discordam quanto ao nascimento da obrigação tributária. Ainda que, para

---

[86] Ibid., loc. cit.

[87] Analisada a isenção sob as luzes das teorias tradicional e renovadora.

[88] Bernardo Ribeiro de Moraes, 1964; Amilcar de Araújo Falcão, 1973; Rubens Gomes de Sousa; José Washington Coelho, 1968; Cláudio Martins, 1969; Walter Paldes Valério, 1970; e Fábio Fanucchi, 1975. Mencionados no parecer de Sacha Calmon (In: BRASIL. Supremo Tribunal Federal. Recurso Extraordinário n. 635.688/RS. Relator: Ministro Gilmar Mendes. Julgamento: tramitando. Órgão Julgador: Plenário. Publicação: tramitando, p. 18-19). Sobre esse tema, Paulo de Barros Carvalho registra que: "Com efeito, para o campo da especulação jurídica, o vocábulo 'isenção' experimentou sensível oscilação semântica nos últimos 40 (quarenta) anos. De 'dispensa do pagamento do tributo devido', para 'hipótese de não incidência legalmente qualificada', passando por 'fato impeditivo', até chegar ao fenômeno de 'encontro de normas com a mutilação da regra-matriz de incidência', o instituto se estende em termos significativos, propiciando interessante fonte de pesquisa". (CARVALHO, op. cit., p. 595-596).

[89] BORGES, José Souto Maior. *Teoria geral da isenção tributária*. 3. ed. São Paulo: Malheiros, 2007, p. 279-280.

a corrente clássica, a obrigação tributária não produza os efeitos de obrigar o pagamento do tributo, já que após seu "nascimento" é atacada pela regra isentiva.

Seja como for, é fato que, independentemente da teoria eleita, não aparenta ser possível defender a possibilidade jurídico-estrutural da existência do instituto da *isenção parcial*. Na prática, ocorre uma redução do tributo a pagar, e, se essa diminuição for compreendida como de índole isencional parcial, para que haja coerência, deve-se defender que todas as demais técnicas jurídico-tributárias que representem minoração do tributo a pagar deveriam, aqui, estar enquadradas; o que não afigura ser o mais coerente.

Esses são os apontamentos que se entende necessários à compreensão do instituto jurídico exonerativo denominado *isenções*.

4.1.3. Da redução da base de cálculo[90]

O fenômeno provocado pela redução da base de cálculo limita-se, como a própria expressão sugere, a uma diminuição do valor devido a título de tributo. Seu processo de positivação transcorre normalmente: ocorre a subsunção do fato à norma de incidência padrão, surge a obrigação tributária, porém é ofertada uma redução do montante do tributo a pagar, via redução de um dos subitens do critério quantitativo.

A redução da base de cálculo opera-se, por exemplo, em mercadorias que compõem a cesta básica (ex.: óleo vegetal[91]), de revenda de produtos usados, de venda subsidiada de aparelhos telefônicos e insumos agrícolas.[92]

Com essas considerações, entende-se a redução da base de cálculo como uma espécie de benefício tributário concedido pelo legislador infraconstitucional, cuja norma atua reduzindo o montante do tributo a pagar, tendo como foco, exclusivo, a redução do critério quantitativo da RMIT, em seu subcritério base de cálculo.[93]

De modo distinto das *isenções*, onde ocorre o encontro da regra isentiva e da regra-matriz de incidência tributária, ocasionando a supressão de área de um dos critérios contidos no antecedente ou consequente da RMIT, na *redução da base de cálculo*, a norma atua reduzindo o montante de tributo a pagar, mas, ainda assim, há um valor a ser pago a título de tributo. "A diminuição que se processa no critério quantitativo, mas que não conduz ao desaparecimento do objeto, não é isenção, traduzindo singela providência modificativa que reduz o *quantum* de tributo a ser pago".[94]

Com maestria, Argos Campos Simões[95] informa que "isenção seria redução qualitativa de critério e não quantitativa. Vender com preço menor do que se fez a compra não representa a possibilidade de redução do crédito".

---

[90] Entende-se que tudo o que for dito para a redução da base de cálculo também se aplica à redução da alíquota.

[91] A Associação Brasileira das Indústrias de Óleos Vegetais – ABIOVE – requereu seu ingresso no processo *leading case* como *amicus curiae*.

[92] BRASIL. Secretaria da Fazenda. *Convênio ICMS n. 36 de 03 abr. 1992*. Reduz a base de cálculo do ICMS nas saídas dos insumos agropecuários que especifica. Brasília, 08 abr. 1992.

[93] Sacha diz que, tecnicamente, toda redução da base de cálculo ou redução da alíquota deveriam ser parciais.

[94] CARVALHO, Paulo de Barros. Parecer. In: BRASIL. Supremo Tribunal Federal. Recurso Extraordinário n. 635.688/RS. Relator: Ministro Gilmar Mendes. Julgamento: tramitando. Órgão Julgador: Plenário. Publicação: tramitando, p. 29.

[95] Anotação realizada em aula ministrada no IBET de Goiânia, 2012.

Realizados tais esclarecimentos e posicionando-se pela tese de que a redução da base de cálculo é uma espécie do gênero benefício fiscal, entende-se haver exposto elementos suficientes para proceder ao confronto destas duas hipóteses exonerativas.

4.2. Confrontando o instituto da isenção (parcial) à redução da base de cálculo

Ao se pronunciar[96] pela equiparação da *redução da base de cálculo* à *isenção parcial*, a Suprema Corte modificou por completo seu entendimento sobre respectivos institutos; antes, tidos por distintos. Em 2005, sob Relatoria do Min. Marco Aurélio, elaborou-se a seguinte ementa:

> [...] ICMS. Créditos relativos à entrada de insumos usados em industrialização de produtos cujas saídas foram realizadas com redução de base de cálculo. Caso de isenção fiscal parcial. Previsão de estorno proporcional.

Pois bem. Ao dizer que a redução da base de cálculo é *caso* de isenção parcial, pretendeu a Corte Maior equipará-los, ou seja, os compreender como institutos que possuem a mesma natureza jurídica? Qual(is) característica(s) elegeu como preponderante para essa equiparação? É possível fazer respectivo apontamento? Pensa-se que, mais do que possível, é imprescindível, tendo em vista que há que ser possível estabelecer as premissas definidas pela Corte Suprema, sob pena de esvaziar seu pronunciamento no caso em comento. Ainda, se redução da base de cálculo equivale à isenção (parcial), como o STF descreve cada um destes institutos? Tomando tais institutos como sinônimos, a restrição ao aproveitamento de créditos de ICMS, em operações isentas ou não incidentes, seria exemplificativa? Neste caso, para que seja mantida coerência jurídica, seria prudente dizer que outras espécies de benefícios fiscais também podem ser tidas como sinônimos das isenções?

Quanto ao comando prescrito pelo STF, pensa-se não haver dúvidas que sua decisão determinou a equiparação entre os institutos, aplicando o regime jurídico das isenções à redução da base de cálculo, chamando-a de *isenção parcial*.

Vale registrar o posicionamento que Nicola Abbagnano[97] possui sobre igualdade. O autor menciona ser esta a "relação entre dois termos, em que um pode substituir o outro. Geralmente, dois termos são considerados iguais quando podem ser substituídos um pelo outro no mesmo contexto, sem que mude o valor do contexto". Transportando este conceito para o campo jurídico, pode-se compreender serem iguais as hipóteses (institutos jurídicos), nas quais uma pode substituir a outra, sem alterar o contexto (natureza jurídica).

Traçando algumas características das *isenções* e da *redução da base de cálculo*, comparando-as e confrontando-as, o objetivo final será aferir se suas naturezas jurídicas são ou não similares, o que permitirá concluir pela aplicação do mesmo regime jurídico, ou não. Seguem os três critérios eleitos: (i) direcionamento normativo, ora as regras se dirigem ao legislador (normas de estrutura), ora às condutas interpessoais

---

[96] Por maioria, vencido o Min. Marco Aurélio (BRASIL. Supremo Tribunal Federal. Embargos de Declaração no Recurso Extraordinário n. 174.478/SP. Relator: Ministro Cezar Peluso. Julgamento: 14 abr. 2008. Órgão Julgador: Tribunal Pleno. Publicação: DJ 30 abr. 2008).

[97] ABBAGNANO, Nicola. *Dicionário de filosofia*. São Paulo: Martins Fontes, 2007, s.v. *igualdade*.

(normas de comportamento); (ii) ocorrência ou não do fenômeno da incidência tributária; (iii) critérios possíveis de atuação na regra-matriz

Quanto ao direcionamento normativo das hipóteses exonerativas, tem-se que a norma de *isenção parcial* é veiculada por uma norma de estrutura; já a norma que veicula a regra de *redução da base de cálculo* se instrumentaliza via norma de comportamento. Paulo de Barros Carvalho[98] faz interessante comentário sobre os modos de veiculação das normas, aduzindo que

> A distinção é relevantíssima. Ambas tem a mesma constituição interna: uma hipótese, descritora de um fato, e uma consequência, que é o mandamento normativo. Só que, nas regras de conduta, o consequente ou prescritor expede um comando voltado ao comportamento das pessoas, nas suas relações de intersubjetividade, enquanto nas regras de estrutura o mandamento exige outras normas, e não a conduta, diretamente considerada.

Neste quesito, nota-se não haver igualdade quanto ao sujeito a quem se dirige cada uma das normas. Arrisca-se dizer que a regra isencional volta-se para o Fisco Estadual ou Distrital, sujeito ativo,[99] enquanto a norma informadora da redução da base de cálculo aponta para o contribuinte, sujeito passivo.

Em relação à incidência da norma tributária,[100] pensa-se ser, se não o primeiro, um dos aspectos mais relevantes na comparação entre as hipóteses de exoneração em foco, já que as duas teses sobre a *isenção* discordam quanto ao surgimento da obrigação tributária. Mas, apesar da grande distinção apresentada, nenhuma das duas comporta lógica e juridicamente o instituto da *isenção parcial*.

Assim, é válido dizer que a norma *isentiva* impede a ocorrência da fenomenologia da incidência; deste modo, não se opera a obrigação tributária, ao passo que na *redução da base de cálculo* a regra-padrão incide normalmente, ocorrendo a fenomenologia da incidência, nascendo o crédito e sendo devido, porém, a um valor menor.

Por fim, há uma distância instransponível em relação aos possíveis critérios de atuação de cada uma das normas. A norma que institui a *redução da base de cálculo* age somente sobre o critério quantitativo da regra-matriz, alcança somente a norma que representa o subitem base de cálculo, não atingindo, inclusive, a alíquota. No entanto, a *regra isencional* pode agir em qualquer um dos critérios da regra-padrão. Respectiva menção, apesar de parecer óbvia, apresenta distintas possibilidades e atuações práticas, o que distancia ainda mais uma norma da outra.

Com isso, registra-se que a regra isencional possui capilaridade muito maior que a regra que institui a redução da base de cálculo, já que esta age somente no *quantum* tributário; em contrapartida, aquela pode interferir na materialidade, no tempo, no espaço, na base de cálculo e alíquota, e, por fim, nos sujeitos das relações intersubjetivas.

---

[98] CARVALHO, Paulo de Barros. Parecer. In: BRASIL. Supremo Tribunal Federal. Recurso Extraordinário n° 635.688/RS. Relator: Ministro Gilmar Mendes. Julgamento: tramitando. Órgão Julgador: Plenário. Publicação: tramitando, p. 27.

[99] Sujeito ativo e passivo sob o viés de uma relação jurídica de incidência tributária.

[100] RMIT, sob a perspectiva de Paulo de Barros Carvalho, e norma impositiva, para Sacha Calmon Navarro Coêlho.

Conclusões

A CF/88 inovou a sistemática de aproveitamento de créditos de ICMS ao proibir sua compensação quando a operação anterior for submetida à *isenção* ou *não incidência* tributária.

Instado a se pronunciar pela primeira vez sobre a matéria, o Plenário da Corte, em 1997, adotou posicionamento permitindo o aproveitamento de créditos de ICMS, quando a operação anterior foi submetida à *redução da base de cálculo*. No entanto, em novo julgamento realizado em 2005, imputou o regime jurídico das isenções (parciais) ao instituto da redução da base de cálculo. Consequentemente, após seu último pronunciamento no Pleno, que vigora até o momento, a Suprema Corte proibiu o aproveitamento de créditos de ICMS em operações oriundas de redução da base de cálculo.

Entende-se que a CF/67, indiretamente, deu o ponta pé inicial para a discussão que ora se trava. Ao estabelecer que suas alíquotas seriam uniformes para todos os produtos, o constituinte originário somente deixou como margem à manipulação da carga tributária a intromissão de normas infraconstitucionais que alterassem o *quantum* a pagar mediante a redução da base de cálculo, uma vez que o segundo e último dado possível de manuseio, a alíquota, era intocável.

Com a inclusão do princípio da seletividade, pela Carta Republicana de 1988, a nova ferramenta de manuseio infraconstitucional passou a ser a redução ou majoração das alíquotas. Deste modo, resolvido estava o problema da seletividade. Assim, não mais haveria justificativa para se pretender alcançar a essencialidade do produto mediante a manipulação da base de cálculo, posto existir um instrumento legal e propício para esse fim.

Ocorre que o legislador infraconstitucional (estadual e distrital) continuou a se valer da expressão *redução da base de cálculo*, quando de sua pretensão em fomentar determinado setor econômico. Noutra linguagem, continuou a fomentar a seletividade em função da essencialidade através das reduções da base de cálculo, também. A partir daí, tratá-lo como instituto denominado *isenção parcial* foi um pequeno passo. Questionamento não haveria,[101] desde que o agente competente não pretendesse aplicar o mesmo tratamento jurídico a ambos.

A problemática surge a partir do momento em que se pretende imputar à redução tributária (realizada mediante a alteração da base de cálculo) o regime jurídico de outro instituto; neste caso, das isenções. Melhor elucidando. Com fulcro na análise que se realizou neste trabalho, o único ponto de toque existente entre a redução da base imponível e a isenção (parcial) é o fato de promoverem o fenômeno econômico de diminuição do tributo devido. As dessemelhanças, conforme registrado anteriormente, são várias, dentre as quais: o surgimento ou não da obrigação tributária; a possibilidade de alcançar apenas um ou todos os critérios da RMIT e o direcionamento das regras, via norma de comportamento e estrutura.

Deste modo, conclui-se que ou (i) *não se aplica à redução da base de cálculo o mesmo regime jurídico*, entendendo-as como institutos de natureza jurídica distintas. Como decorrência desse raciocínio obstaculiza-se a compensação para hipóteses de

---

[101] Defende-se que problema não haveria, dado o fato de haver consciência de que o sistema do direito positivo não está isento de vaguidade e ambiguidade.

isenções e as autoriza para os casos de redução da base imponível,posição que parece ser a que mais se coaduna com o atual sistema tributário brasileiro.

Ou (ii) *se aplica o regime jurídico das isenções à redução da base de cálculo* e lhe confere o tratamento de uma isenção (parcial) cuja consequência deve ser que todo instituto jurídico-tributário, apto a ensejar a diminuição da carga tributária,[102] deverá seguir o regime jurídico das isenções, ou seja, todos eles impedirão o aproveitamento de créditos de ICMS. Neste ponto, enfrentar-se-iam barreiras intransponíveis, como a imputação de caráter exemplificativo ao princípio da não cumulatividade, ao mesmo tempo em que ele não seria aplicado, já que todo benefício fiscal pode ser tido como redução tributária.

Equipar as naturezas jurídicas dos institutos da isenção à redução da base de cálculo, aplicando-se o regime jurídico desta àquela, parece juridicamente incoerente, tendo em vista que suas distintas características não lhes permitem fazer parte de mesmo contexto jurídico.

Noutro giro, e em prol da coerência jurídico-sistêmica, se for adotado como premissa que a redução tributária se equipara à isenção parcial, qualquer benesse fiscal deverá ser tida como "isenção parcial". Afirma-se esse sentido uma vez que, acaso a Corte Suprema mantenha sua posição, na qual aplica o regime jurídico das isenções (parciais) à redução da base de cálculo, também deverá fazê-lo para todas as demais concessões fiscais.

Referências

ABBAGNANO, Nicola. *Dicionário de filosofia*. São Paulo: Martins Fontes, 2007.

BORGES, José Souto Maior . *Teoria geral da isenção tributária*. 3. ed. São Paulo: Malheiros, 2007.

BRASIL. Secretaria da Fazenda. *Convênio ICMS n. 36 de 03 abr. 1992*. Reduz a base de cálculo do ICMS nas saídas dos insumos agropecuários que especifica. Brasília, 08 abr. 1992.

——. Supremo Tribunal Federal. *Agravo Regimental no Recurso Extraordinário 154.179*. Relator: Ministro Gilmar Mendes. Julgamento: 03 ago. 2009. Órgão Julgador: Segunda Turma. Publicação: 27 ago. 2004.

——. Supremo Tribunal Federal. *Embargos de Declaração no Recurso Extraordinário n. 174.478/SP*. Relator: Ministro Cezar Peluso. Julgamento: 14 abr. 2008. Órgão Julgador: Tribunal Pleno. Publicação: DJ 30 abr. 2008.

——. Supremo Tribunal Federal. *Recurso Extraordinário n. 161.031/MG*. Relator: Ministro Marco Aurélio. Julgamento: 23 mar. 1997. Órgão Julgador: Tribunal Pleno. Publicação: DJ 06 jun. 1997.

——. Supremo Tribunal Federal. *Recurso Extraordinário n. 174.478/SP*. Relator: Ministro Cezar Peluso. Julgamento: 17 mar. 2005. Órgão Julgador: Tribunal Pleno. Publicação: DJ 30 set. 2005.

——. Supremo Tribunal Federal. *Recurso Extraordinário n. 635.688*/RS. Relator: Ministro Gilmar Mendes. Julgamento: tramitando. Órgão Julgador: Plenário. Publicação: tramitando.

CARRAZZA, Roque Antônio. *ICMS*. 9. ed. São Paulo: Malheiros, 2004.

CARVALHO, Aurora Tomazini de. *Curso de Teoria Geral do Direito*. 3. ed. São Paulo: Noeses, 2013.

---

[102] Enfim, a todos os institutos jurídicos que, de algum modo, operem um benefício ao contribuinte, ainda que o método eleito seja o pagamento ao longo do tempo, o que em termos econômicos se equipara a fruição de benefício fiscal, com consequente redução da carga tributária. Tendo em conta que, ainda que o valor não se altere nominalmente, sua diluição ao longo do tempo representa benefício fiscal.

CARVALHO, Paulo de Barros. *Direito tributário, linguagem e método*. 5. ed. São Paulo: Noeses, 2013.

———. Fundamentos jurídicos da incidência tributária. 8. ed. São Paulo: Saraiva, 2010.

CHIESA, Clélio. Créditos de ICMS: situações polêmicas. Direito Tributário e os Conceitos de Direito Privado. VII. ed. São Paulo: Noeses, 2010. p. 237-263.

GAMA, Tácio Lacerda. *Competência tributária*. Fundamentos para uma teoria da nulidade. São Paulo: Noeses, 2009.

———. Hermenêutica e sistema constitucional tributário. In: MORAES, Bernardo Ribeiro *et al. Interpretação no direito tributário*. São Paulo: Saraiva; EDUC, 1975.

MARTINS, Ives Gandra da Silva. *Guerra Fiscal*: reflexões sobre a concessão de benefícios no âmbito do ICMS, São Paulo: Noeses, 2012.

———; CARVALHO, Paulo de Barros. *Guerra Fiscal*: reflexões sobre a concessão de benefícios no âmbito do ICMS. São Paulo: Noeses, 2012.

MENDONÇA, Christine. A Não-Cumulatividade no ICMS. In: PEREIRA FILHO, Luiz Alberto (Org.). *ICMS* – Questões Polêmicas. Curitiba: Juruá, 2004. p. 41-79.

MOREIRA, André Mendes. *A Não-Cumulatividade dos Tributos*. São Paulo: Noeses, 2010.

MOUSSALLEM, Tárek Moysés. *Fontes do direito tributário*. 2. ed. São Paulo: Noeses, 2006.

NEVES, Marcelo. *Constitucionalização simbólica*. São Paulo: Acadêmica, 1994.

PANDOLFO, Rafael. *Jurisdição Constitucional Tributária*. São Paulo: Noeses, 2012.

RIBEIRO, Ricardo Lodi. *Temas de Direito Constitucional Tributário*. Rio de Janeiro: Lumen Juris, 2009.

SALOMÃO, Marcelo Viana. *ICMS na importação*. 2. ed. São Paulo: Atlas, 2001.

SIMÕES, Argos Campos Ribeiro. Guerra Fiscal no ICMS – Benefícios Fiscais x Benefícios Não Fiscais. *Revista de Direito Tributário*, São Paulo: Malheiros, n. 102, p. 56-66, jul. 2008.

VILANOVA, Lourival. As estruturas lógicas e o sistema do direito positivo. São Paulo: Noeses, 2005.

— 3.3 —

ISS – Questões controversas submetidas à análise do Supremo Tribunal Federal

RONALDO REDENSCHI

Sumário: 1. Introdução; 2. Elementos nucleares do ISSQN; 2.1. Aspecto material; 2.2. Aspecto espacial; 3. Casos concretos pendentes de julgamento pelo Supremo Tribunal Federal; 3.1. Licenciamento ou cessão de direito de programas de computador – RE nº 688.223/PR – Relator Ministro Luiz Fux; 3.2. Operadoras de planos de saúde – RE nº 651.703/PR – Relator Ministro Luiz Fux; 3.3. Contratos de franquia – RE nº 603.136 – Relator Ministro Gilmar Mendes; 4. Conclusão.

1. Introdução

Os aspectos que envolvem temas relacionados ao Imposto sobre Serviços de Qualquer Natureza – ISSQN – sempre suscitaram controvérsias e estiveram presentes na pauta das discussões doutrinárias e jurisprudenciais relativas ao referido tributo.

Algumas características próprias do ISSQN, tais como a dispersão de sua competência impositiva, a intangibilidade de seus fatos geradores e a sinergia dos mesmos com outras hipóteses de incidência tributárias, motivaram a proliferação de questionamentos judiciais, muitos dos quais foram sendo dirimidos pelo Supremo Tribunal Federal desde a criação do tributo.

Outros, no entanto, aguardam neste momento uma definição em instância final, com repercussão geral já reconhecida perante o Supremo Tribunal Federal, dos quais pretendemos selecionar alguns para examinar e discutir neste artigo as questões relevantes e controvertidas naqueles contidas.

Antes, porém, julgamos conveniente tecer algumas considerações relacionadas aos elementos que informam a tributação pelo ISS, a fim de servir como referência e balizamento para os casos concretos a serem analisados.

2. Elementos nucleares do ISSQN

2.1. Aspecto material

A Constituição Federal erigiu um sistema tributário rígido de discriminação de competências tributárias, no qual procurou definir e estabelecer individualmente as competências tributárias de cada ente da federação, com a enumeração dos tributos que poderiam ser criados, excepcionando, contudo, a chamada competência residual à União Federal.

Assim como para os demais tributos, a outorga de competência constitucional para os Municípios instituírem e cobrarem o ISSQN encontra-se limitada pela descrição de cada hipótese de incidência, *in casu serviços*, consoante previsto no artigo 156, III, da CF/88.

Portanto, toda e qualquer análise a ser realizada, em cada caso concreto envolvendo questionamentos em relação a legalidade da incidência do ISSQN, deve necessariamente ser capaz de identificar a adequação daquele tributo no tocante ao aspecto material *serviços*, eis que referida exação não poderá abranger situações que não se coadunam com o conceito utilizado pela Constituição Federal. Admitir-se o contrário, significa esvaziar a repartição de competências estabelecida pelo Texto Constitucional, o que, além de incorrer em vício de inconstitucionalidade, conduziria a grave conflito positivo de competência tributária por parte dos Entes Federados.[1]

Com efeito, o princípio da repartição das competências tributárias importa no estabelecimento de um conceito constitucional para os fatos econômicos eleitos pelo legislador constituinte como suscetíveis de serem tributados pelo legislador infraconstitucional aplicando-se este ao conceito de *serviços* contido na Constituição Federal.

Mas, então, o que deve abranger esse conceito de *serviços*, que se constitui no aspecto material da hipótese de incidência constitucional? Naturalmente, como já afirmado, não é possível tributar circulação de mercadorias como se *serviços* fosse, eis que tal fato econômico já é utilizado pelo Texto Constitucional para delimitar a competência tributária dos Estados; ou então, a simples disponibilidade financeira ou econômica, uma vez que tal signo passível de tributação já compete a União Federal.

Serviço, na definição léxica, é o ato ou efeito de servir, possuindo ainda como definição econômica a atividade de que não resulta produto tangível, em contraste com a produção de mercadorias.[2]

A referida definição, ainda que incompleta se observada apenas a sua vertente econômica, encerra uma representação de um elemento essencial ao termo *serviços*, do qual este não pode se afastar sob pena de desnaturação. A essência de *serviços* é o seu movimento, a sua dinâmica, a característica da existência de algo que encerre elaboração e transformação, realização e execução, ainda que não necessariamente resulte em um bem material ou imaterial.

E, justamente em razão dessa essência transformadora, é que não se pode considerar como elemento nuclear material da hipótese de incidência *serviços* algo diverso do que atividade, *facere*, prestação. A insuficiência de se conceituar *serviços* como

---

[1] "(...) Se admitirmos que o legislador federal é livre para colocar na hipótese de incidência da regra que cria in abstracto o IR um fato qualquer, estaremos, por igual modo, admitindo que o Congresso Nacional pode alargar a competência tributária da União, definida na Carta Suprema. Isto é juridicamente um absurdo, em face da rigidez do sistema constitucional tributário brasileiro. Em função dela, as pessoas políticas – inclusive a União – , enquanto tributam, devem permanecer dentro das fronteiras que a Constituição lhes traçou. Em suma, não é dado ao legislador ordinário federal considerar o que quiser renda e proventos, sob pena de ele próprio demarcar sua competência tributária, neste campo." CARRAZA, *Roque. Curso de Direito Tributário*, 10. ed. São Paulo: Malheiros, 1997, p.392.

[2] FERREIRA, Aurélio Buarque de Hollanda. Novo Aurélio. *O Dicionário da Língua Portuguesa*. Século XXI, Nova Fronteira, 1999.

sendo algo dissociado de atividade é justamente a resultante da sua ocorrência, pois, nos mais variados casos, a sua prestação conduz na geração de um bem imaterial, incorpóreo, intangível.

Com efeito, caso a outorga constitucional não estivesse vinculada estritamente a tributação de atividades, dado o caráter fluido e intangível do seu resultado em muitos casos, existiria uma completa indefinição acerca não apenas de qual o fato a ser considerado como apto a ser considerado *utilidade* para fins de tributação, como também não seria possível conformar esse fato jurídico a um ente público específico para a sua cobrança.

Toda contratação de serviços envolve ou pode envolver uma série de utilidades ou funcionalidades desejadas através daquele negócio jurídico, algumas das quais sequer se manifestam de modo imediato ou corpóreo. A contratação de um serviço de vigilância, por exemplo, não se dá em razão do seu resultado final, eis que não é possível garantir que nenhum dano ocorra ao patrimônio a ser protegido. A sua utilidade, portanto, enquanto resultado final é incerta, imprecisa e sequer passível de quantificação ou mensuração.

Por outro lado, o que se verifica como possível de ser identificada e eleita como um fato capaz de servir de supedâneo a uma hipótese de incidência tributária é a materialização da execução de sua realização. A prestação do serviço de vigilância, independente do seu resultado ou utilidade, é, por si só, identificável e suficiente para ser considerada como uma atividade dotada de conteúdo econômico, cuja ocorrência pode ser atribuída a determinado Ente Tributante e dar a norma tributária a possibilidade de sua concretização.[3]

Pode-se recorrer a diversos outros exemplos que evidenciem a impropriedade de se considerar a autorização constitucional para tributar serviços como algo dissociado de uma atividade. Um sem número de situações pode ocorrer caso se pretenda admitir a imposição do ISSQN sobre as utilidades do serviço contratado, e não sobre a sua execução, acarretando não apenas em dificuldades insanáveis sobre qual a utilidade a ser considerada como tributável, mas também, em decorrência, onde e qual Ente Federado estará autorizado a fazê-lo.

Com efeito, imagine-se a contratação de profissional ao exercício da advocacia para atuar em um determinado processo judicial que irá assegurar a posse de determinado terreno em município distinto daquele onde se situa o escritório do advogado contratado e também em município diverso daquele onde tramita o referido processo. Qual a utilidade a ser considerada para fins de tributação? E, principalmente, onde esta ocorreu?

Se a utilidade a ser considerada for o êxito final do processo, mediante o reconhecimento judicial na obtenção do terreno para o cliente, deveria então ser considerado o ISSQN devido para o município onde se localiza o terreno; todavia, por outro lado, o Município onde o profissional executou todos os atos necessários para que o referido êxito ocorresse, não seria competente para o exercício da competência tributária, o que revela um contrassenso, eis que é naquele local em que se verificou a conexão do sujeito passivo – prestador – com a execução da atividade tida como tributável.

---

[3] Como leciona Geraldo Ataliba, "a norma tributária, como qualquer outra norma jurídica, tem sua incidência condicionada ao acontecimento de um fato previsto na hipótese legal, fato este cuja verificação acarreta automaticamente a incidência do mandamento". *Hipótese de Incidência Tributária*, 5. ed. São Paulo: Malheiros, 1999,

Note-se, ainda, do exemplo acima mencionado, que a utilidade de obter a posse do terreno não é sequer a utilidade direta da contratação efetuada, eis que, ainda que a desejada ao final, depende inicialmente que o prestador contratado seja capaz de gerar uma utilidade imediata de produção de petições e requerimentos, além de outra utilidade, também imediata, de mediante os seus atos e *expertise* profissional, impulsionar o processo da melhor forma a alcançar o resultado final, cujo decurso ocorre, inclusive, perante outro Ente Tributante.

Veja-se que, em um singelo exemplo, a se recorrer a figura da utilidade como critério a ensejar a tributação pelo ISSQN, afluem opções e controvérsias acerca de qual deve ser o tratamento a ser conferido a hipótese.

Assim, em nossa opinião, é forçoso se reconhecer que a competência tributária outorgada aos Municípios para tributar *serviços* encontra-se vinculada à essência da existência de uma atividade, capaz de ser identificada e, assim o sendo, realizar a sua vinculação a um determinado Ente Tributante. Do contrário, repita-se, estar-se-ia diante de uma situação absolutamente indefinida, seja em relação ao fato a ser tributado, seja em relação ao sujeito ativo apto a desempenhá-lo.

A previsão constitucional não é para tributação da fruição de serviços, mas sim de sua execução, único elemento capaz de ser aferido de modo imediato e, dessa forma, servir como hipótese capaz de delimitar uma competência tributária cuja outorga deve ser feita de forma mais rígida possível.

Tal aspecto foi reforçado pelo Supremo Tribunal Federal quando do conhecido julgamento acerca da ilegalidade da exigência do ISSQN sobre a locação de bens móveis,[4] em que os votos vencedores dos Ministros Marco Aurélio e Celso Mello, na ocasião, ressaltaram a inafastabilidade da presença do elemento atividade para caracterizar uma hipótese de incidência tributável por aquele tributo e a violação do princípio constitucional da repartição de competências tributárias, caso se pretendesse a tributação em sentido contrário.

Com efeito, vejamos:

(...) Na espécie, o imposto, conforme a própria nomenclatura revela e, portanto, considerado o figurino constitucional, pressupõe a prestação de serviços e não o contrato de locação. (...) Em face do texto da Constituição Federal e da legislação complementar de regência, não tenho como assentar a incidência do tributo, porque falta o núcleo dessa incidência, que são os serviços. As definições de locação de serviços e locação de móveis vêm-nos do Código Civil (...). Em síntese, há de prevalecer a definição de cada instituto, e somente a prestação de serviços, envolvido na via direta o esforço humano, é fato gerador do tributo em comento.[5]

(...) Cabe advertir, neste ponto, que a locação de bens móveis não se identifica e nem se qualifica, para efeitos constitucionais, como serviço, pois esse negócio jurídico – considerados os elementos essenciais que lhe compõem a estrutura material – não envolve a prática de atos que consubstanciam um praestare ou um facere. (...) A decisão emanada do Tribunal local – que considerou juridicamente qualificável, como serviço, a locação de bens móveis, tal como relacionada nos itens constantes das Listas de Serviços referidas anteriormente – não pode subsistir, eis que, mais do que desrespeitar o que prescreve o art. 110 do Código Tributário Nacional, transgrediu a Lei Fundamental, que, em matéria tributária, instituiu clara e rígida repartição constitucional de competência impositivas.[6]

---

[4] RE nº 116.121-3/SP. Posteriormente o referido julgado foi utilizado como precedente para edição da Súmula Vinculante nº 31: "*É inconstitucional a incidência do Imposto sobre Serviços de Qualquer Natureza – ISS sobre operações de locação de bens móveis*".

[5] Voto proferido pelo Ministro Marco Aurelio no RE nº 116.121-3/SP.

[6] Voto proferido pelo Ministro Celso Mello no RE nº 116.121-3/SP.

Em outras situações envolvendo discussões acerca do aspecto material de incidência do ISSQN, o Supremo Tribunal Federal sempre reforçou a necessidade da presença do elemento "prestação" a fim de respaldar a exigência do referido tributo. Dentre alguns casos, podemos destacar aquele que excepcionou a tributação do software dito "encomenda" daquele considerado "mercadoria"[7] ou ainda a definição da incidência do ICMS, em detrimento da incidência do ISSQN, nos casos envolvendo a composição gráfica e o fornecimento de embalagens.[8]

No mesmo sentido, cumpre acrescentar que a doutrina nacional, em sua maioria, sempre defendeu e sustentou a impossibilidade de exigência do ISSQN sobre situações que não configurassem a existência de uma atividade. Aires Barreto, por exemplo, em obra clássica sobre o tema, procurou resumir tais fundamentos na conceituação de que serviço tributável é o *"desempenho de atividade economicamente apreciável, produtiva de utilidade para outrem, porém sem subordinação, sob regime de direito privado, com fito de remuneração"*.[9] Bernardo Ribeiro de Moraes, igualmente, asseverava que serviço é *"o esforço humano dotado de conteúdo econômico"*, enquanto José Eduardo Soares de Mello afirmava que *"o cerne da materialidade da hipótese de incidência do imposto em comento não se circunscreve a 'serviço', mas a uma prestação de serviço, compreendendo um negócio (jurídico) pertinente a uma obrigação de fazer, de conformidade com os postulados e diretrizes do direito privado"*.[10]

O reconhecimento, portanto, de que o núcleo material da tributação pelo ISSQN é a efetiva prestação de uma atividade, ao invés de somente a sua pretensa utilidade, permite não apenas conformar o conceito de **serviços** com aquele consagrado no âmbito do Direito Civil, anterior à própria Constituição Federal, mas também assegurar um critério de conexão territorial que infirme o próprio conceito de "soberania territorial" de cada Ente Federado, na medida em que é pressuposto da Federação a possibilidade de cada Ente Político disciplinar os atos e fatos ocorridos no âmbito de seu respectivo território, observado naturalmente os ditames constitucionais, ponto esse que será abordado a seguir.

2.2. Aspecto espacial

A avaliação correta quanto ao aspecto espacial do ISSQN se afigura absolutamente necessária por se tratar de tributo objeto de uma miríade de competências tributárias de Entes Federados da mesma natureza. Nestes casos, a análise somente

---

[7] Programa de computador ("software"): tratamento tributário: distinção necessária. Não tendo por objeto uma mercadoria, mas um bem incorpóreo, sobre as operações de "licenciamento ou cessão do direito de uso de programas de computador" " matéria exclusiva da lide", efetivamente não podem os Estados instituir ICMS: dessa impossibilidade, entretanto, não resulta que, de logo, se esteja também a subtrair do campo constitucional de incidência do ICMS a circulação de cópias ou exemplares dos programas de computador produzidos em série e comercializados no varejo – como a do chamado *"software de prateleira"* (off the shelf) – os quais, materializando o *corpus mechanicum* da criação intelectual do programa, constituem mercadorias postas no comércio. (RE nº 176.626/SP, Rel. Min. Sepulveda Pertence)

[8] Agravo regimental no recurso extraordinário. Serviço de composição gráfica com fornecimento de mercadoria. Conflito de incidências entre o ICMS e o ISSQN. Serviços de composição gráfica e customização de embalagens meramente acessórias à mercadoria.Obrigação de dar manifestamente preponderante sobre a obrigação de fazer, o que leva à conclusão de que o ICMS deve incidir na espécie. (AI nº 803296 AgR/SP, Rel. Ministro Dias Toffoli.)

[9] *ISS na Constituição e na Lei.* 2. ed. São Paulo: Dialética, 2005, p. 292.

[10] *ISS – Aspectos teóricos e práticos.* 3. ed. São Paulo: Dialética, 2003, p. 33.

do aspecto material do tributo revela-se insuficiente para se alcançar a correta separação da competência tributária de cada Ente, mesmo recorrendo-se a legislação complementar.

Com efeito, ainda que a legislação complementar tenha por função a de regular e dirimir eventuais conflitos impositivos, a mesma não pode criar, estabelecer, suprimir ou alargar competências tributárias outorgadas pelo Texto Constitucional. Sua função é de, sobretudo, harmonização e não de outorga impositiva.

Assim, ainda que caiba a lei complementar dirimir conflitos de competência, a mesma deve guardar estrita vinculação aos limites outorgados pela Constituição, como aliás, naturalmente, não poderia ser diferente, sob pena de padecer de inconstitucionalidade.

No âmbito constitucional, portanto, em razão da previsão contida no artigo 156, III, da Constituição Federal, todo Município está autorizado a instituir e cobrar imposto sobre serviços, *definidos em lei complementar*. Note-se que o texto constitucional delega a legislação complementar somente a definição do aspecto material de incidência, isto é, quais prestações de serviços serão aptas a suportar a incidência tributária, mantendo-se silente, entretanto, quanto ao seu aspecto espacial.

Tal aspecto é mera decorrência da autonomia dos Entes Políticos, consagrada no artigo 18 da Constituição Federal[11] e reforçada no âmbito dos Municípios no artigo 30 também do Texto Constitucional, que preceitua:

Art. 30 – Compete aos Municípios:

I – legislar sobre assuntos de interesse local;

II – (...)

III – instituir e arrecadar os tributos de sua competência, bem como aplicar suas rendas, sem prejuízo da obrigatoriedade de prestar contas e publicar balancetes nos prazos fixados em lei.

Em decorrência da autonomia política e territorial dos Municípios, cada um daqueles possui competência para instituir e cobrar o ISSQN nos limites de seu território. Este é o aspecto espacial do ISSQN, do qual a legislação complementar e demais legislações ordinárias não podem se afastar.

A legitimação da instituição e cobrança do ISSQN somente ocorre quando se verifica no território municipal a ocorrência da hipótese da incidência tributária do ISSQN, isto é a materialização da execução da prestação do serviço, conforme inclusive decidiu o Superior Tribunal de Justiça em precedente emblemático a respeito,[12] ainda sob a égide do Decreto-lei nº 406/68.

A conclusão, aparentemente óbvia e singela, no entanto, quando colocada em prática, é objeto das mais variadas interpretações quanto aos critérios para fixação do aspecto espacial (legitimação da sujeição ativa), tanto sob a égide da antiga legislação complementar – Decreto-Lei nº 406/68[13] –, quanto sob a novel Lei Complementar

---

[11] Art. 18. A organização político-administrativa da República Federativa do Brasil compreende a União, os Estados, o Distrito Federal e os Municípios, todos autônomos, nos termos desta Constituição.

[12] "Embargos de Divergência. ISS. Competência. Local da Prestação de Serviço. Precedentes. I – Para fins de incidência do ISS – Imposto sobre Serviços – importa o local onde foi concretizado o fato gerador, como critério de fixação de competência do Município arrecadador e exigibilidade do crédito tributário, ainda que se releve o teor do art. 12, alínea *a* do Decreto-lei nº 406/68. II – Embargos rejeitados. (Embargos de Divergência em REsp nº 130.792 – CE, Rel. Min. Nancy Andrighi, 1ª Seção, j. 07.04.2000 e publicado no DJ em 12.06.2000)".

[13] Como se sabe o Decreto-Lei nº 406/68 foi recepcionado pelo legislador constitucional de 1.988, (CF art. 34, § 5º, do ADCT) como lei nacional (Complementar) a cumprir as funções prescritas pelos arts. 146 e 156, III da CF/88.

nº 116/03, que procurou reduzir os embates federativos impositivos no tocante ao ISSQN.

Com efeito, sempre foi de vital importância para a manutenção de uma estrutura racional na cobrança daquele tributo, a harmonização de exegeses conflitantes, que permitissem a superação de um dos pontos mais tormentosos, qual seja a aferição do local onde seria devido o referido tributo, nos casos em que o fato jurígeno – prestação de serviços – é executado em Município diverso daquele onde se localiza o estabelecimento do contribuinte do imposto, qual seja o prestador dos serviços.

Sem exageros, a transposição da questão para o âmbito concreto, levava no passado, e continua conduzindo no presente, ainda que em menor grau, ao risco da inexequibilidade do tributo, com clara violação recíproca do pacto federativo, entre os próprios municípios, a desafiar o art. 1º da Carta de 1988.[14] Como consequência, tanto sujeitos ativos da exação (municipalidades), quanto contribuintes restaram reduzidos a um estado de incerteza violador do mais sensível dos princípios inerentes à ordem econômica e ao sistema constitucional tributário: o da segurança jurídica.

Como se sabe, ante a ambiguidade, imprecisão e incompletude do preceito fixador do critério de competência (local do estabelecimento), diga-se de passagem redigido em contexto absolutamente ultrapassado dada a importância de hoje da tributação sobre o segmento "serviços", estabeleceu-se violento conflito de competências executórias e legislativas entre municípios, especialmente daqueles situados em regiões fronteiriças.

Em termos mais concretos, tal insegurança jurídica, se reproduz, *in genere*, da seguinte forma: Por vezes um mesmo contribuinte sendo demandado por duas municipalidades distintas ao recolhimento do ISS sobre o mesmo fato gerador, tendo na maioria dos casos que recorrer ao Poder Judiciário a fim de obstar a exigência cumulativa; por vezes administrações municipais, especialmente aquelas inseridas em Regiões Metropolitanas, a adotar expedientes que estimulavam uma competição fiscal predatória. Esta, por consequência, exsurgia de uma flexibilização incompatível com a lei, de modo a permitir a fixação de estabelecimentos sem qualquer substrato econômico que permitisse identificar uma determinada unidade empresarial como "estabelecimento", derrogando de fato o critério material (prestação do serviço), com todas as distorções inerentes.

Acrescente-se, ainda, ante a dificuldade de se estabelecer um critério decisivo, apriorístico e uniforme acerca de todos os casos em disputa, alguns municípios valem-se de expedientes que extrapolam de sobremaneira os limites de suas respectivas competências, alcançando fatos ocorridos em territórios alheios, mediante instituição de previsão de responsabilidade por substituição.

E, de modo a agravar-se ainda mais tal cenário, conforme mencionamos acima, a tentativa de se afastar do aspecto material do ISSQN, qual seja a hipótese constitu-

---

Por essa razão, as alterações efetuadas na lista anexa que se sucederam àquele diploma foram realizadas por diploma dessa hierarquia, atendendo-se assim ao reclamo constitucional.

[14] Não custa recordar, já sob a égide da Constituição de 1.988, o exemplo do AIRE – Adicional de Imposto de Renda, de competência dos estados federados, onde a incompatibilidade de convivência das legislações estaduais que tratavam do imposto, ocasionou a decretação de inconstitucionalidade de todas as leis estaduais que instituíram aquele tributo. Segundo o entendimento do STF à época, a forma de cobrança que estava sendo estabelecida em cada uma dessas leis, configurava clara invasão mútua na atribuição de competências constitucional. À decisão do STF, sucedeu-se a eliminação desse tributo do sistema constitucional pela Emenda Constitucional nº 03/93.

cionalmente prevista para tributar a atividade de prestar serviços, busca-se também a legitimação da tributação sobre a fruição/utilidade de serviços. Se já ocorre conflitos impositivos nas situações em que é possível identificar uma materialização de uma ação/prestação, imagine-se quando se procura estender o âmbito tributável para uma simples utilidade, a qual, como já vimos, pode se manifestar de diferentes formas, dependendo da concepção e valoração individual de cada intérprete.

Daí, portanto, a necessidade de se conjugar toda e qualquer avaliação quanto ao ISSQN mediante a combinação de seus dois aspectos, espacial e material. A tributação pelo ISSQN deve guardar, a nosso juízo, sempre dois cânones fundamentais: verificação da prestação de serviços e identificação de sua materialização em um determinado território municipal. Somente da reunião de ambos é que se torna possível legitimar a cobrança do tributo e, principalmente, no tocante ao aspecto espacial, a sua destinação ao Município efetivamente competente para a sua exigência, conforme determinação constitucional.

A edição da Lei Complementar nº 116/2003, primeira alteração significativa em mais de trinta anos na estrutura de cobrança do ISSQN, veio procurar consagrar os referidos pilares, através de dispositivos legais consentâneos com a previsão constitucional.

No tocante ao aspecto espacial do tributo, uma das principais mudanças trazidas pela nova lei é a que, apesar de manter a cobrança e legitimidade para exigir o ISSQN ao local onde se encontra o estabelecimento prestador do serviço, trata de definir o que seja estabelecimento, de forma a atender ao ditame constitucional. Com efeito, o disposto no art. 4º:

> Art. 4º: Considera-se estabelecimento prestador o local onde o contribuinte desenvolva a atividade de prestar serviços, de modo permanente ou temporário, e que configure unidade econômica ou profissional, sendo irrelevantes para caracterizá-lo as denominações de sede, filial, agência, posto de atendimento, sucursal, escritório de representação ou contato ou quaisquer outras que venham a ser utilizadas.

Assim, ao revés de se preocupar, como estava superficialmente delimitado na legislação anterior, somente com o local onde "considera-se ocorrido o fato gerador", procurou a nova ordem em precisar a qualificação de "estabelecimento" partindo-se justamente do comando constitucional que outorga competência para tributar a prestação de serviços, e não a utilidade ou fruição daquele.

Em boa hora, portanto, o supra citado dispositivo secunda a criação ficcionista que configurava a existência de estabelecimento pela só habitualidade da entrega de serviços em um determinado município, tornando central e indispensável a existência de uma *unidade econômica*.

Ao estabelecer o critério de "unidade econômica" como caracterizador do conceito de estabelecimento prestador, o legislador procurou fixar critério justo, que deveria afastar eventuais posições extremadas à identificação de "estabelecimento": De um lado, aquele que parte da assunção de uma ficção jurídica, em que o conceito de estabelecimento se justifica tão somente pela presença ocasional do prestador ou pela realização de negócios jurídicos no município onde está localizado o tomador; e no lado oposto aquele que privilegia somente o aspecto formal, conceituando estabelecimento tão somente como a sede da empresa, ou a mera regularização cadastral junto à determinado município.

Exemplificando-se: não se configura como estabelecimento para fins de fixação do aspecto espacial, mera venda de serviços que é feita a um município sem a presença física do prestador, ou seja, meras relações entre empresas ou com clientes não são suficientes para caracterizar a existência de um estabelecimento prestador. Por outro lado, não basta também que o prestador indique um local como sendo o de sua sede, ainda que nada ali desenvolva, o que se prestaria a distorções e simulações a exemplo do ocorrido em grande parte na fixação de 'estabelecimentos' em municípios que possuem baixa ou nenhuma tributação, os chamados "paraísos fiscais municipais".

Para a aplicação do novo conceito trazido pela Lei Complementar, e de modo a conformá-lo aos requisitos constitucionais, é necessário que se identifique a presença do prestador do serviço como sendo aquela onde o prestador reúne infraestrutura e elementos humanos e/ou materiais capazes de desenvolver a atividade para o qual foi contratado. Em outras palavras, estará caracterizada a "unidade econômica" toda vez que o prestador necessitar corporificar a sua presença em determinado Município, a fim de executar o serviço e, consequentemente, realizar o fato gerador do ISS naquele Município onde a sua presença esteja materializada.

Vê-se, portanto, da conjugação entre o art. 3º e o art. 4º da Lei Complementar nº 116/03, que o ISSQN deverá ser recolhido para o Município onde restar caracterizada a prestação do serviço através da presença de uma "unidade econômica" do prestador, independente se esta materialização se dá através de uma denominação formal de sede, filial etc. O que irá importar, repita-se, é a constatação de que para a prestação daquele serviço, naquele território municipal, o prestador se valeu de elementos humanos e materiais, de bens, equipamentos e funcionários, cuja reunião permitiu o desenvolvimento da atividade.

E é exatamente nesse ponto que nos parece ser possível o paralelo com o conceito de estabelecimento permanente oriundo do direito tributário internacional, eis que a definição geral do que poderia ser considerado um estabelecimento permanente, contida no artigo 5º do Modelo OCDE, prevê a existência de *"uma sede fixa de negócios onde a empresa exerça, no todo ou em parte, as suas atividades"*.

Vê-se que, da definição acima, extrai-se a necessidade de restar configurada em determinada localidade, a materialização dos atos de negócio, bem como a presença do prestador por meio de alguma unidade que possa caracterizar a sua conexão com aquela prestação naquele território. Note-se que, conforme ressaltado por Paulo Caliendo, que *"a sede deve ser fixa, contudo o sentido de fixo deve ser entendido de modo bastante amplo"*. Segundo aquele autor, bastaria a *"existência de uma relação de contato físico entre o lugar de negócios e um ponto geográfico, não precisando ser parte integral de um espaço de terra, a qual permanece imóvel"*.[15]

Com efeito, prosseguindo na descrição de exemplos que devem ser considerados como estabelecimentos permanentes, o referido artigo 5º ainda exemplifica: sede de direção, sucursal, escritório, fábrica, oficina, local de extração de recursos minerais, canteiro de construção ou montagem.

A semelhança, portanto, é inequívoca e ocorre justamente em razão da necessidade de se respeitar a vinculação entre competência impositiva e soberania territorial.

Assim, tal e qual no âmbito do direito internacional, a tributação pelo ISSQN deve ocorrer sempre de acordo com os limites de cada território municipal, devendo

---

[15] Do Conceito de Estabelecimentos Permanentes e sua Aplicação no Direito Tributário Internacional. In: *Direito Tributário Internacional*. Heleno Torres (coord.). São Paulo: Quartier Latin, 2.003, pg. 542.

esta ser exercida em estrita consonância com o aspecto material do referido tributo. Em outras palavras, somente será legitimada pelo arcabouço constitucional a exigência do ISSQN quando verificada nos estritos limites de cada território municipal a materialização da prestação de serviços, por meio de uma unidade econômica que a configure.

3. Casos concretos pendentes de julgamento pelo Supremo Tribunal Federal

Consoante mencionado no introito deste trabalho, pretendemos analisar alguns casos concretos que se encontram pendentes de apreciação pelo Supremo Tribunal Federal, já com repercussão geral reconhecida, a fim de conferir concretude aos pontos que sustentamos acima, no tocante ao exame da constitucionalidade da exigência do ISSQN nas referidas situações.

3.1. Licenciamento ou cessão de direito de programas de computador – RE n° 688.223/PR – Relator Ministro Luiz Fux

A ementa da decisão proferida quando do exame de admissibilidade do Recurso Extraordinário encontra-se versada da seguinte forma:

DIREITO CONSTITUCIONAL E TRIBUTÁRIO. LICENCIAMENTO OU CESSÃO DE DIREITO. PROGRAMAS DE COMPUTADOR PERSONALIZADO (*SOFTWARE*). INCIDÊNCIA DE ISS. ARTIGO 156, III, DA CONSTITUIÇÃO FEDERAL. MANIFESTAÇÃO PELA REPERCUSSÃO GERAL.

E a abrangência da questão a ser dirimida foi definida pelo Ministro Relator da seguinte forma:

A vexata quaestio, desta feita, cinge-se à definição da incidência do Imposto Sobre Serviços de Qualquer Natureza ISSQN, quanto ao contrato envolvendo a cessão ou licenciamento de programas de computador (software) desenvolvidos para clientes de forma personalizada.

Trata-se, portanto, de avaliação quanto a possibilidade de se considerar como tributado pelo ISSQN o licenciamento de *software*. Em alguns julgamentos anteriores, aquela Corte Constitucional entendeu por bem em segregar a possibilidade de tributação para os chamados "*software* por encomenda" dos denominados "*software* de prateleira".[16]

Como se tratava, no entanto, na ocasião, de um julgamento envolvendo a possibilidade de incidência do ICMS sobre todo e qualquer software, a análise realizada pelo Supremo Tribunal, naturalmente, restringiu-se aquele ponto, o que não impede, contudo, que a mesma seja avaliada como referência para fins de definição da possibilidade de incidência do ISSQN sobre o software de encomenda, como é o caso ora pendente de exame.

---

[16] "(...) III – Programa de computador (*software*): tratamento tributário: distinção necessária. Não tendo por objeto uma mercadoria, mas um bem incorpóreo, sobre as operações de licenciamento ou cessão do direito de uso de programas de computador – matéria exclusiva desta lide – efetivamente não podem os Estados instituir ICMS: dessa impossibilidade, entretanto, não resulta que, de logo, se esteja também a subtrair do campo constitucional de incidência do ICMS a circulação de cópias ou exemplares dos programas de computador produzidos em série e comercializados no varejo – como a do chamado *software* de prateleira (*off the shell*) – os quais, materializando o *corpus mechanicum* da criação intelectual do programa, constituem mercadorias postas no comércio". (RE n° 176.626-3, Relator Ministro Sepúlveda Pertence, 1ª Turma, DJU: 11.12.98)

O licenciamento de programas de computador encontra-se previsto na Lista Anexa à Lei Complementar n° 116/03, sendo, portanto, de acordo com o legislador complementar uma hipótese tributável pelo ISSQN. Em outras palavras, aquele normativo considerou aquele fato jurídico-econômico como *serviço*, sendo suficiente a sua ocorrência para a formação da relação obrigacional tributária.

Esta, de fato, é uma controvérsia que transcende o objeto *inter partes* do recurso selecionado como paradigma. Há um sem número de questionamentos envolvendo a possibilidade de se eleger como tributável pelo ISSQN a cessão do direito de uso de um *software*, eis que segundo os que advogam a sua não incidência, tal fato jurídico não caracteriza uma verdadeira obrigação de fazer, e, em consequência, não se conforma ao aspecto material de incidência do ISSQN, o qual, como vimos, pressupõe necessariamente a ocorrência de uma atividade.

Por sua vez, os que sustentam em sentido contrário, aduzem que a cessão do direito de uso de um programa de computador embute uma utilidade, a qual é decorrente de um trabalho efetivamente desenvolvido para se alcançar aquele resultado. Residiria, portanto, nesta utilidade a concepção moderna do que seria serviço e, dessa forma, passível de tributação pelo ISSQN.

Neste particular, quer nos parecer que, apesar da construção jurisprudencial ter inovado quanto a natureza do bem jurídico em questão, ao diferenciar softwares realizados por encomenda daqueles considerados como de "prateleira", situação que o direito privado não o faz, que a mesma procurou adequar-se a uma determinada realidade (anômala) tipicamente brasileira, fruto da separação de competências impositivas sobre fatos econômicos semelhantes entre Entes Federados distintos – Estados x Municípios. Essa orientação jurisprudencial, ainda que casuística, não nos parece que viole os preceitos constitucionais para a tributação do ISSQN.

Com efeito, é inegável que o simples licenciamento de uso não configure uma atividade por si só. Afinal, o ato de licenciar não envolve uma prestação ou um esforço humano, mas somente uma autorização, uma permissão jurídica, para que outrem usufrua de um bem, cujo direito e autoria se resguarda, tal como as demais obras que envolvam criação intelectual, consoante prevê o artigo 2° da Lei n° 9.609/98.[17] O licenciamento de uso é apenas a forma exigida pela Lei[18] para a fruição de uma determinada concessão de direito, de modo a assegurar ao titular daquela obra ou programa de computador a sua proteção, além de dotá-la de capacidade de disponibilização e consequente aproveitamento econômico. Não é atividade, mas simples forma jurídica de transmissão de direitos.

Todavia, tal fato não invalida ou tampouco é incompatível, necessariamente, com a possibilidade de se verificar a presença de um *facere* na elaboração de programas de computador. Com efeito, como qualquer bem originado pela atividade ou criação humana, ainda que incorpóreo, o programa de computador encerra uma atividade em sua elaboração, a qual pode ser fruto de uma relação jurídica pessoal que envolva o contratante de um serviço e o seu prestador.

Não vemos, efetivamente, como recusar a existência de uma atividade nos casos em que a elaboração de um programa de computador é realizada diretamente

---

[17] Art. 2° O regime de proteção à propriedade intelectual de programa de computador é o conferido às obras literárias pela legislação de direitos autorais e conexos vigentes no País, observado o disposto nesta Lei.

[18] Lei 9.609/98 – Art. 9° O uso de programa de computador no País será objeto de contrato de licença.

mediante a solicitação de um contratante específico, pois não é porque a legislação assegura a proteção a um direito de autor, ou que lhe estabelece uma determinada forma de transferência jurídica, que tal fato irá importar na eliminação da relação subjacente ao resultado final, sendo aquela perfeitamente apta a atender ao aspecto material de incidência do ISSQN.

Por outro lado, também nos parece que, nos casos em que o programa de computador não é resultado da contratação específica por uma determinada necessidade por parte de um contratante, que equiparar todo e qualquer licenciamento de uso como fato gerador do ISSQN importa no completo afastamento da hipótese constitucionalmente prevista para tributar serviços.

Com efeito, não é em razão daquele bem conferir uma utilidade que se torna apto a ser tributado pelo ISSQN. Como vimos, o aspecto material do tributo é a prestação, e não o resultado ou utilidade, seja daquela prestação ou de qualquer bem; afinal, todo e qualquer bem possui uma utilidade, ou em muitos casos diversas utilidades, só que para fins da autorização constitucional conferida aos Municípios, a mesma encontra-se limitada aos atos praticados.

A tentativa dos Municípios de tributar todo e qualquer licenciamento de direito de uso de programa de computador conflita diretamente com a competência que lhes foi outorgada pelo Texto Constitucional. Novamente, está se olvidando da relação subjacente que originou aquele bem, para se buscar, indevidamente a nosso ver, a tributação sobre todo e qualquer resultado, pois um *software* que se encontra disponível para a comercialização uniforme junto ao público em geral, jamais pode ser considerado como fruto de uma relação pessoal desenvolvida no âmbito de uma obrigação de fazer devidamente contratada com aquela finalidade específica.

Deve-se, portanto, em nosso entendimento, ser mantida a distinção já realizada pelo Supremo Tribunal Federal e replicada em inúmeros precedentes dos outros Tribunais, quanto a possibilidade de exigência do ISSQN somente sobre os software ditos por encomenda, isto é aqueles que são frutos de uma relação personalíssima entre contratante do produto e o desenvolvedor daquela ferramenta para uma finalidade e necessidade específica do contratante.

A distinção entre o que deve ser considerado como *software* por encomenda ou por *software* de prateleira deve ser feita casuisticamente, por parte do intérprete, e por vezes não será fácil, especialmente nas hipóteses em que se esteja diante de um software customizado, isto é aquele que parte de um software geral, acrescentado por funcionalidades específicas para cada cliente.

Nesse aspecto, convém reproduzir trecho citado pelo Ministro Sepúlveda Pertence, quando do julgamento do RE nº 176.626-3/SP, eis que bem se propõe a conferir uma linha mestre a facilitar tais distinções;

> Classifica Rui Saavedra os programas de computador, segundo o grau de standardização, em três categorias: os programas standard, os programas por encomenda e os programas adaptados ao cliente.
>
> Os programas *standard*, observa o autor, constituem, em regra, pacotes de programas bem definidos, estáveis, concebidos para serem dirigidos a uma pluralidade de utilizadores – e não a um utilizador em particular, com vista a uma mesma aplicação ou função.(...) São programas fabricados em massa e, como são vocacionados a um vasto público, são até comercializados nos hipermercados – daí que também se fale aqui de *software off the shell*. (...)
>
> Já os programas por encomenda ou à medida do cliente são desenvolvidos a partir do zero para atender às necessidades específicas de um determinado usuário. "Há empresas produtoras de *software* (as chamadas *software houses*) que fazem programas para os seus clientes conforme o pedido e as solicitações destes,

e que visam satisfazer as respectivas necessidades específicas. Trata-se de programas aplicacionais, que geralmente não se mantém estáveis e acabados como os programas *standard*.(...)

Por fim, "os programas adaptados ao cliente (*customized*) constituem uma fonte híbrida entre os programas *standard* e os programas à medida do cliente. Baseiam-se em programas *standard* que são modificados para se adequarem às necessidades de um cliente particular".

Naturalmente que, conforme realçado, sempre caberá ao intérprete, no caso específico, enquadrar o *software* em uma das três categorias acima. Por motivos óbvios, aquela que irá configurar uma dificuldade maior será a do *software* customizado, onde será necessário aferir se a adaptação realizada pode ser considerada como preponderante em relação ao bem ou simples ajuste que não lhe retira o caráter geral de sua natureza. Afinal, ninguém concebe que a simples aposição do seu nome em determinado produto (item de vestuário, por exemplo) seja capaz de retirar daquele sapato, bolsa ou camisa a sua natureza de mercadoria, a fim de inserir tal atividade em hipótese tributável pelo ISSQN.

De fato, em qualquer customização, sempre existirá um caráter geral do software, pois a customização pressupõe a existência de um produto, para a partir dele, proceder a adaptação necessária. Tal característica, por si só, não permite servir como elemento distintivo, quer para um lado ou para outro. O intérprete deverá observar se a customização realizada foi capaz de conferir àquele bem um caráter único, especialmente no tocante ao programa de computador, se aquela modificação resultou na entrega de um bem com finalidades específicas, realizadas para atender aquele usuário determinado.

Como ressaltamos, a distinção não é fácil e tampouco pode ser resolvida aprioristicamente. O que pode, e espera-se do Supremo Tribunal Federal, é que forneça as linhas mestras para orientar a aplicação da legislação tributária aos casos que se apresentem, as quais, em nossa opinião, devem consagrar a possibilidade de tributação pelo ISSQN aos *softwares* cujas funcionalidades permitam aferir a sua individualização para cada usuário, independente da forma como a legislação atribui a sua disponibilização a terceiros.

3.2. Operadoras de planos de saúde – RE nº 651.703/PR – Relator Ministro Luiz Fux

A ementa da decisão proferida quando do exame de admissibilidade do Recurso Extraordinário encontra-se versada da seguinte forma:

RECURSO EXTRAORDINÁRIO. DIREITO TRIBUTÁRIO. INCIDÊNCIA DO ISS SOBRE ATIVIDADES DESENVOLVIDAS PELAS OPERADORAS DE PLANOS DE SAÚDE. RECEITAS ORIUNDAS DAS MENSALIDADES PAGAS PELOS BENEFICIÁRIOS DOS PLANOS. LEI COMPLEMENTAR Nº 116/03. RELEVÂNCIA DA MATÉRIA E TRANSCENDÊNCIA DE INTERESSES. MANIFESTAÇÃO PELA EXISTÊNCIA DE REPERCUSSÃO GERAL DA QUESTÃO CONSTITUCIONAL.

E a abrangência da questão a ser dirimida foi definida pelo Ministro-Relator da seguinte forma:

A questão constitucional posta à apreciação deste Supremo Tribunal Federal, portanto, cinge-se na discussão, à luz dos artigos 153, V e 156, inciso III, da Constituição Federal, sobre a incidência ou não do Imposto sobre Serviços de Qualquer Natureza (ISS) sobre as atividades desenvolvidas pelas operadoras de planos de saúde.

Novamente, estar-se diante de controvérsia envolvendo a natureza do fato eleito pela legislação complementar, a fim de decidir se aquele fato pode ser utilizado como fato gerador do ISSQN, ou seja se aquela hipótese configura uma prestação de serviços capaz de suportar a incidência do referido tributo.

Alega a operadora do plano de saúde que não desempenha obrigação de fazer, eis que as suas obrigações são meramente de custear as despesas médicas incorridas pelos seus usuários. Tal obrigação, segundo sustenta, possui natureza securitária, de ressarcimento, devendo ser considerada como sendo uma obrigação de dar, e, em consequência, insuscetível de ser considerada como fato gerador do ISSQN.

Por sua vez, as Municipalidades sustentam que as atividades das operadoras de saúde encerram efetiva prestação de serviços, uma vez que o pagamento realizado pelos segurados não extinguem a obrigação das operadoras, a qual somente irá ocorrer mediante a prestação do serviço de cobertura médica.

A decisão recorrida, sujeita ao exame do Recurso Extraordinário em questão, reconheceu que a operadora de saúde presta, efetivamente, um serviço aos seus segurados, consubstanciado na administração dos recursos, celebração de convênio com médicos e hospitais, assegurando a cobertura médica ofertada.

Como se vê, o objeto da disputa envolve a conformação, ou não, da hipótese tributável com o aspecto material de incidência do ISSQN. Importante buscar, na linha do que já sustentamos anteriormente, não o reconhecimento da utilidade promovida pela operadora de saúde, eis que a mesma é evidente, mas sim se ocorre uma efetiva prestação de serviço nesse sentido.

A atividade das operadoras de planos de saúde não se confunde com a prestação de serviços médicos em si, nem tampouco de natureza hospitalar. Afinal, o que é ofertado e contratado junto às operadoras não é a prestação do serviço médico-hospitalar, mas sim a garantia que, caso necessário, o contratante tenha à sua disposição tais serviços sem dispender recursos para tanto.

Essa garantia, cuja natureza securitária é alegada pelas operadoras de planos de saúde para afirmar a não incidência do ISSQN, e reconhecida pelo Supremo Tribunal Federal em julgado antigo sobre a matéria,[19] não nos parece, entretanto, como fundamento capaz de afastar dita cobrança, uma vez que a garantia é tão somente a utilidade obtida mediante a contratação celebrada.

Com efeito, o objetivo do usuário ao contratar um plano de saúde é, ao final, em caso de necessidade, usufruir dessa utilidade de não ser instado a arcar com os custos do tratamento médico ou hospitalar para tanto. Esse é o resultado ou utilidade ofertada pelas operadoras de planos de saúde, o que não se confunde, como sustentamos aqui, que esta utilidade possa ser considerada, ou não, como o fato gerador do ISSQN.

Não é pela análise do resultado conferido pelas operadoras de saúde aos seus usuários que se pode justificar a tributação ou não do ISSQN. A análise deve ser feita em relação às atividades desempenhadas pelas operadoras, e não sobre o benefício advindo da sua contratação.

---

[19] RE nº 115.308-3/RJ, Rel. Ministro Neri da Silveira. ISS. SEGURO SAÚDE. Decreto-Lei nº 73/1966, arts. 129 e 130. Cobertura de gastos de assistência médica e hospitalar, nos limites contratuais, em período determinado, quando o associado os tiver de efetuar. Os valores recebidos do associado não se destinam à contraprestação imediata por qualquer serviço médico ou hospitalar prestado pela entidade. Quem presta os serviços de assistência é o médico ou o hospital credenciado, sob responsabilidade própria. Riscos futuros. Não caracterização da figura do agenciador do serviço (...)".

E, nesse aspecto, nos parece que há a prática de atividades que, efetivamente, caracterizam uma prestação de serviços por parte das operadoras de plano de saúde a ensejar a atração da tributação pelo ISSQN, tal como previsto na legislação complementar.

Isso porque a operadora do plano de saúde não oferece somente um seguro típico, cuja indenização será paga em função da ocorrência de determinado sinistro. A atividade da operadora de plano de saúde não se limita ao pagamento desse sinistro.

Na realidade, a nosso juízo, a operadora de plano de saúde realiza uma série de atos tendentes a promover a disponibilização de serviços médico-hospitalares aos seus contratantes, mediante intermediação entre a prestação daqueles serviços e os destinatários dos mesmos, no caso seus usuários.

A operadora de plano de saúde negocia com os prestadores de serviços médico-hospitalares as condições para o atendimento aos seus contratantes, celebra convênios e garante aos seus usuários que aqueles prestadores irão desempenhar suas atividades em benefício daqueles quando por eles demandados.

Não realiza, assim, simples repasse de dinheiro entre usuários e prestadores de serviços médico-hospitalares, uma vez que nem sempre o valor pago pelo usuário ao longo de seu contrato irá ser suficiente para quitar todos os custos associados ao tratamento realizado. Nessas situações, portanto, sequer há repasse, mas sim assunção dos custos pela operadora de plano de saúde, justamente em função da atividade de administração e coordenação por ela exercida dos prestadores de serviços que coloca à disposição dos seus contratantes.

Ocorrem, assim, efetivas prestações de serviços realizadas pelas operadoras de plano de saúde, consistentes na disponibilização de prestadores de serviços aos contratantes de seus planos. E, observe-se, essas prestações ocorrem mesmo caso o usuário não necessite dos serviços médico-hospitalares, pois a operadora do plano de saúde necessita manter à disposição daquele usuário toda essa gama de meios colocados à disposição do usuário. Isso, repita-se, em nossa avaliação, requer uma constante prestação de uma atividade, capaz de servir como hipótese de incidência tributável pelo ISSQN.

3.3. Contratos de franquia – RE nº 603.136 – Relator Ministro Gilmar Mendes

A ementa da decisão proferida quando do exame de admissibilidade do Recurso Extraordinário encontra-se versada da seguinte forma:

TRIBUTÁRIO. ISS. FRANQUIA. FATO GERADOR. LEI COMPLEMENTAR 116/2003. REPERCUSSÃO GERAL RECONHECIDA.

E a abrangência da questão a ser dirimida foi definida pelo Ministro-Relator da seguinte forma:

(...) Constato que a lista anexa da Lei Complementar nº 116, no item 10.04, prevê a incidência de ISS sobre contratos de franquia. Desse modo, o afastamento da incidência do ISS sobre referidos contratos pressupõe a declaração de inconstitucionalidade dessa previsão. Assim, percebo que a qualificação como serviço de atividade que não ostenta essa categoria jurídica implicaria violação frontal à matriz constitucional do imposto, havendo, pois, questão constitucional em debate.

Note-se que, como o próprio Ministro-Relator afirmou, que a questão envolve a definição se o contrato de franquia e a relação jurídica estabelecida entre franqueado e franqueador amoldam-se ao requisito constitucional do aspecto material de incidência do ISSQN.

E, uma vez mais, a nosso juízo, o exame da controvérsia deve afastar-se da utilidade produzida pelo estabelecimento de uma relação comercial de franquia e centrar-se na configuração, ou não, da existência de atividades desempenhadas pelo franqueador ao franqueado.

A dificuldade no exame desta questão deriva do fato da natureza do contrato de franquia. Este não encerra tão somente uma determinada obrigação, sendo, por outro lado, de natureza complexa, onde uma gama de obrigações diversas encontram-se reunidas para o estabelecimento de uma relação bilateral mercantil.

Com efeito, o contrato de franquia envolve tanto uma obrigação de dar, consistente na disponibilização de direitos pelo franqueador ao franqueado sobre a utilização da marca e de outros bens, tangíveis ou não, como símbolos, materiais ou produtos, mas também diversas obrigações de fazer, tais como assistência técnica, treinamento, propaganda, dentre outros.

Portanto, é praticamente uníssono na doutrina que o contrato de franquia insere-se na categoria de contratos complexos, cuja divisibilidade não é possível, sob pena de desvirtuamento do seu objeto. Essa natureza é bem realçada, como se vê:

> A franquia tem natureza de contrato normativo, produzindo uma relação jurídica estável e institucional entre o produtor e o distribuidor e impondo deveres de diversa natureza (de dar, fazer e não fazer), inclusive o de emitir futura e sucessivas declarações de vontade. (...) Quando se conceituou (na medida do possível) o contrato de franquia, destacou-se que seu conteúdo abrangia obrigações de fazer, de não fazer e de dar. A complexidade do contrato de franquia deriva, em grande parte, dessa proliferação de deveres heterogêneos gerados para as partes. Ademais, esses deveres de natureza heterogênea são igualmente relevantes para fins contratuais, sendo inviável promover dissociação sem desnaturar o contrato.[20]

Para os que sustentam a impossibilidade de incidência do ISSQN, a complexidade das relações e a preponderância do objeto desejado, qual seja a cessão dos direitos sobre determinado bem incorpóreo, evidenciam a inexistência de prestação de serviços como elemento principal naquela relação jurídica comercial. Referida prestação, ainda que parte do complexo emaranhado de obrigações existentes em um contrato de franquia, é meramente acessória ao objeto principal, que se caracteriza, repita-se, como sendo uma cessão de direitos.

Nesse sentido, inúmeras decisões foram proferidas pelo Superior Tribunal de Justiça no passado, antes da entrada em vigor da Lei Complementar nº 116/03, em que diante da inexistência de tal previsão na legislação anterior, concluíram que não existiam elementos suficientes para caracterização de tal contrato como apto a refletir uma efetiva prestação de serviços.

Por outro lado, os argumentos que se levantam a favor da possibilidade de tributação, indicam um caminho que, em nossa opinião, conduzem a constitucionalidade da inclusão na Lista Anexa a LC 116/03 da atividade de franquia.

Em primeiro lugar, não há dúvidas de que o contrato de franquia pressupõe a existência de diversas obrigações de fazer. Referidas obrigações não podem ser consideradas como meramente acessórias, eis que a sua previsão, inclusive, encontra-se inserida em normativo que rege a relação de franquia. De fato, a Lei nº 8.955/94, ao

---

[20] JUSTEN FILHO, Marçal. ISS e as Atividades de *Franchising*. Revista de Direito Tributário nº 64 *apud* AIRES BARRETO, *ISS na Constituição e na Lei*, op. cit., p. 211.

elencar as obrigações que devem constar da forma de veiculação da proposta de franquia, determina que conste expressamente diversas obrigações de fazer, como se vê:

Art. 3º Sempre que o franqueador tiver interesse na implantação de sistema de franquia empresarial, deverá fornecer ao interessado em tornar-se franqueado uma circular de oferta de franquia, por escrito e em linguagem clara e acessível, contendo obrigatoriamente as seguintes informações:

a) remuneração periódica pelo uso do sistema, da marca ou em troca dos serviços efetivamente prestados pelo franqueador ao franqueado (royalties);

XII – indicação do que é efetivamente oferecido ao franqueado pelo franqueador, no que se refere a:

a) supervisão de rede;

b) serviços de orientação e outros prestados ao franqueado;

c) treinamento do franqueado, especificando duração, conteúdo e custos;

d) treinamento dos funcionários do franqueado;

e) manuais de franquia;

f) auxílio na análise e escolha do ponto onde será instalada a franquia; e

g) layout e padrões arquitetônicos nas instalações do franqueado;"

Assim, não nos parece possível relegar tais atividades como se fossem meramente secundárias ou preparatórias, eis que as mesmas, em nossa opinião, encontram-se indissociavelmente relacionadas ao objeto do contrato de franquia. Se as referidas atividades não fossem essenciais e intrínsecas a relação comercial, não seria necessária a existência de um contrato de franquia, bastando tão somente que ocorresse um simples licenciamento de uso da marca.

Outro ponto que nos parece relevante a infirmar a eleição da franquia como atividade tributável é que se o contrato é complexo e envolve diversas obrigações, dentre elas a de fazer, não há razão para se considerar não tributável aquilo que a legislação complementar expressamente consignou como apta à tributação.

Na realidade, naturalmente, é possível que eventuais signos utilizados pela legislação complementar estejam em dissonância da matriz constitucional e, dessa forma, em razão do seu antagonismo, serem reputados como inconstitucionais.

Todavia, tal situação somente poderia ocorrer caso estivéssemos diante de um signo ou hipótese que não apresentasse conformidade com o aspecto material de incidência do ISSQN, isto é, que não contivesse em sua essência obrigações de fazer que resultem em prestações de serviços. Não é o caso da hipótese da franquia, eis que, como vimos, a mesma encerra diversas obrigações de fazer, sendo classificada por todos da doutrina, como possuindo natureza de contrato complexo.

Ora, se a hipótese em questão possui em sua essência elementos que se conformam a matriz constitucional, não sendo com ela incompatível, e ainda por cima, foi elegida pela legislação complementar como hipótese de incidência tributável, não há, em nosso entender, argumentos capazes de afastar o que a legislação complementar expressamente incluiu. A escolha do legislador foi pela inclusão do contrato de franquia, que possui em sua natureza requisitos a evidenciar a ocorrência de atividades, ainda que conjuntamente com outras obrigações. Essa escolha não pode ser questionada, salvo se a mesma fosse colidente com o Texto Constitucional, o que, repita-se, absolutamente pode ser considerada.

Convém ressaltar que, de forma análoga, o próprio Texto Constitucional,[21] reconhece que nos casos em que há mais de uma obrigação, como é o caso do fornecimen-

---

[21] Art. 155, II, § 2º, IX, *b*, da CF/88.

to de mercadorias com prestação de serviços, o critério distintivo para se estabelecer a incidência do ISSQN ou do ICMS é justamente a inclusão na Lista da Lei Complementar daquela situação como tributável pelo ISSQN.

Ou seja, ainda que obviamente o contrato de franquia não deve ser considerado como de natureza de fornecimento de mercadoria, o critério para se decidir pela tributação ou não de situações que envolvam obrigações complexas, nestas incluindo-se obrigações de fazer juntamente com obrigações de dar, é pela eleição ou não na Lista de Serviços. Nesse ponto, funciona a legislação complementar tal como determina o seu preceito constitucional, que é o de estabelecer normas gerais relacionadas a definição de tributos e seus respectivos fatos geradores.[22]

Nesse sentido, destacam-se inúmeras decisões do Superior Tribunal de Justiça, consolidadas através do julgado realizado sob a sistemática do artigo 543-C do Código de Processo Civil:

CONSTITUCIONAL. TRIBUTÁRIO. DELIMITAÇÃO DA COMPETÊNCIA TRIBUTÁRIA ENTRE ESTADOS E MUNICÍPIOS. ICMS E ISSQN. CRITÉRIOS. SERVIÇOS DE COMPOSIÇÃO GRÁFICA. SÚMULA 156 DO STJ.

1. Segundo decorre do sistema normativo específico (art. 155, II, § 2º, IX, b e 156, III da CF, art. 2º, IV, da LC 87/96 e art. 1º, § 2º, da LC 116/03), a delimitação dos campos de competência tributária entre Estados e Municípios, relativamente à incidência de ICMS e de ISSQN, está submetida aos seguintes critérios: (a) sobre operações de circulação de mercadoria e sobre serviços de transporte interestadual e internacional e de comunicações incide ICMS; (b) sobre operações de prestação de serviços compreendidos na lista de que trata a LC 116/03 (que sucedeu ao DL 406/68), incide ISSQN; e (c) sobre operações mistas, assim entendidas as que agregam mercadorias e serviços, incide o ISSQN sempre que o serviço agregado estiver compreendido na lista de que trata a LC 116/03 e incide ICMS sempre que o serviço agregado não estiver previsto na referida lista.

2. As operações de composição gráfica, como no caso de impressos personalizados e sob encomenda, são de natureza mista, sendo que os serviços a elas agregados estão incluídos na Lista Anexa ao Decreto-Lei 406/68 (item 77) e à LC 116/03 (item 13.05). Consequentemente, tais operações estão sujeitas à incidência de ISSQN (e não de ICMS), Confirma-se o entendimento da Súmula 156/STJ: "A prestação de serviço de composição gráfica, personalizada e sob encomenda, ainda que envolva fornecimento de mercadorias, está sujeita, apenas, ao ISS." Precedentes de ambas as Turmas da 1ª Seção.

3. Recurso especial provido. Recurso sujeito ao regime do art. 543-C do CPC e da Resolução STJ 08/08.[23]

Referido critério nos parece que soluciona adequadamente as situações em que há diversidade de obrigações, como é o caso do contrato de franquia, desde que, naturalmente, que dentre aquelas possam ser reputadas como existentes as concernentes às obrigações de fazer, a fim de atrair a incidência do ISSQN.

Assim, se for possível visualizar a existência de atividades diretamente relacionadas ao objeto do contrato, e estas atividades, ao final, estarem refletidas na legislação complementar como fato capaz de suportar a incidência do ISSQN, nos parece que deve ser respeitada a opção legislativa.

Por fim, ainda nesse ponto, cabe mencionar que o próprio Supremo Tribunal Federal, em julgado recente, manifestou-se pela possibilidade de tributação da atividade de leasing pelo ISSQN,[24] recorrendo-se, para tanto, da justificativa de que se tratava de contrato complexo, com obrigações distintas, dentre as quais obrigações de

---

[22] Art. 146 da CF/88.

[23] REsp nº 1.092.206/SP, 1ª Seção, Relator Ministro Teori Zavascki.

[24] RE nº 547.245, Pleno, Relator Ministro Eros Grau.

fazer, e que em razão da eleição realizada pela legislação complementar, deveria ser considerada como válida para fins de incidência do ISSQN.

Ressaltou, ainda, que o fato de existirem outras obrigações de natureza distintas das obrigações de fazer encerradas no contrato de leasing, que o fato da legislação complementar tê-lo elencado como passível de tributação pelo ISSQN, afasta a possibilidade de negar-lhe validade somente em razão do fato do contrato ser complexo e não possuir uma natureza "pura" de prestação de serviços.

Em outras palavras, a tributação pelo ISSQN, de acordo com o Texto Constitucional, pode repousar sobre tudo aquilo que seja serviço, ainda que envolva outras obrigações distintas, desde que esteja elencado na legislação complementar.

Tais considerações, portanto, podem indicar que entendimento semelhante venha a ser adotado pelo Supremo Tribunal Federal também nos casos envolvendo contratos de franquia, cuja natureza, reconhecidamente, é de contrato complexo, com presença inafastável de diversas obrigações de fazer em sua essência.

4. Conclusão

O objetivo deste artigo era fornecer algumas impressões acerca dos pontos que devem ser observados quando do exame de casos concretos envolvendo dúvidas acerca da possibilidade de tributação pelo ISSQN.

Conforme ressaltado, julgamos absolutamente necessário que em qualquer hipótese a ser analisada, a conclusão pela incidência do ISSQN tenha por fundamento a verificação, no caso concreto, da conformação aos aspectos material e espacial traçados no Texto Constitucional, a saber, a existência de uma atividade decorrente de uma obrigação de fazer, que se materialize no limite territorial do Município apto a exercer a sua competência.

Em termos do aspecto material, procuramos examinar alguns casos específicos que se encontram pendentes de julgamento pelo Supremo Tribunal Federal, a fim de contribuir para o debate com os conceitos acima mencionados. Os casos mencionados, em nossa opinião, representam bem as controvérsias existentes e representam outros que também se encontram aguardando uma definição da Suprema Corte.

Entretanto, no que se refere ao aspecto espacial, o Supremo Tribunal Federal não possui nenhum caso com repercussão geral que tenha por objeto esse tema. Em regra, quando chamado a se manifestar a respeito, o Supremo Tribunal entendeu que tal matéria era de cunho infraconstitucional, tendo sido rejeitada a análise por ausência de repercussão.[25]

Esperamos, no entanto, que essa posição venha a ser revista diante de outros casos, uma vez que, conforme defendemos, o ISSQN, para fins de validação da competência impositiva prevista constitucionalmente, carece de uma determinação também em relação ao seu aspecto espacial, determinação esta que não se esgota somente no plano da legislação complementar.

Alguns casos envolvendo a incidência ou não do ISSQN efetivamente estão a reclamar uma interpretação constitucional, dentre os quais podemos destacar a cons-

---

[25] AI 790283/DF, Ministro Gilmar Mendes – ISS. Competência para tributação. Local da prestação do serviço ou do estabelecimento do prestador do serviço. Matéria infraconstitucional. Repercussão geral rejeitada.

titucionalidade da exigência do tributo sobre a importação de serviços e as hipóteses aplicáveis à desoneração na sua exportação. Essa análise deve ser realizada no plano constitucional, eis que relacionada à determinação do aspecto espacial do ISSQN.

De qualquer forma, dada a complexidade das relações produtivas e a diversidade de situações e Municípios que se julgam competentes para tributá-las, o que desejamos é que o Supremo Tribunal Federal possa continuar recepcionando os temas relacionados ao ISSQN, e neles reconhecendo repercussão geral, de modo a continuar fornecendo uma interpretação constitucional que assegure o exercício da tributação pelos Municípios dentro dos limites fixados no Texto Constitucional para a exigência do referido tributo.

— 3.4 —

ISS na Constituição

AIRES BARRETO[1]

Sumário: I. Premissas necessárias; I.1. Pacto federativo; I.2. Supremacia da Constituição Federal; I.2.1. Vinculação da lei complementar aos termos da Constituição; I.3. Princípio da estrita legalidade em matéria tributária; I.4. Princípio da igualdade; II. Discriminação constitucional da competência para instituir impostos; III. A competência tributária dos municípios para instituir imposto sobre serviços; IV. Conceito constitucional de serviço; IV.1. O ISS somente incide sobre as obrigações de fazer; IV.2. Contratos comutativos e contratos aleatórios; IV.3. Atividade-meio e atividade-fim; IV.3.1. A jurisprudência sobre atividade-meio; IV.3.1.1. Primeiro Tribunal de Alçada Civil de São Paulo; IV.3.1.2. Tribunal de Justiça do Estado de São Paulo; IV.3.1.3. Tribunais de Justiça de outros Estados; IV.3.1.4. Superior Tribunal de Justiça; IV.3.1.5. Supremo Tribunal Federal; IV.3.2. Atividade-meio e doutrina.

> *Foi com justo orgulho e muita apreensão — fruto da responsabilidade — que escrevi este artigo no livro em que se homenageia o ínclito Ministro LUIZ FUX, do Supremo Tribunal Federal. LUIZ FUX é exemplo de dedicação, de saber, mas, sobretudo, de retidão. É daqueles julgadores que têm por objetivo a excelência; por cuidado, o zelo; por preocupação, o ser justo; pelo respeito às leis e por diretriz a Constituição. Suas decisões, sempre bem fundamentadas, são marcadas pelo equilíbrio, por exaradas com os olhos na lei e o coração na justiça.*

I. Premissas necessárias

Há noções básicas, determinantes de consequências jurídicas as mais conspícuas, que, obrigatoriamente, devem ser referidas, quando se enfrentam temas radicados diretamente na Constituição, como é o caso deste estudo. Por isso, ainda que brevemente, é indispensável considerar, propedeuticamente, a configuração do pacto federativo brasileiro, a supremacia da Constituição e os princípios da igualdade e da estrita legalidade em matéria tributária.

---

[1] Professor nos Cursos de Especialização em Direito Tributário da USP e da PUC/Cogeae. Professor nos Cursos de Especialização do Instituto Brasileiro de Estudos Tributários – IBET. Presidente de Honra do Instituto Geraldo Ataliba – Instituto Internacional de Direito Público e Empresarial.

I.1. Pacto federativo

É inferência invencível das normas constitucionais, estruturadoras do País como uma república federativa, *"formada pela união indissolúvel dos Estados e Municípios e do Distrito Federal"* (art. 1º, *caput*, da CF), a igualdade de condições desses entes federativos, uma vez que todos haurem suas competências diretamente da Constituição. Isso inviabiliza, desde logo, interpretações que possam concluir pela superioridade, ou pela subordinação, de um desses entes federativos, em relação aos demais, eis que a Constituição veda a possibilidade de leis infraconstitucionais afetarem a configuração de suas respectivas faixas de competências, constitucionalmente postas; é o que as torna reciprocamente intocáveis, pena de desfiguração da estruturação e organização da Federação em que se constitui o estado democrático de direito brasileiro.

I.2. Supremacia da Constituição Federal

É decorrência da ordem constitucional, fundante do estado democrático de direito, a supremacia da Constituição, significando isso que todas as normas infraconstitucionais – sem exceção –, para serem válidas, devem, obrigatoriamente, encontrar fundamento no Texto Supremo. Essa imposição da Constituição brasileira é mais rigorosa, é intransponível, quando se considera, especificamente, o sistema constitucional tributário, em relação ao qual a Lei Maior estabelece, minudente e exaustivamente, o conjunto de princípios e normas que o disciplinam.

De nada valeria concluir pela supremacia da Constituição, ante todas as normas componentes da ordenação jurídica por ela inaugurada, se o legislador infraconstitucional pudesse promover sua alteração.

Nossa Constituição é rígida. E quer isso significar, essencialmente, que sua alteração somente será juridicamente válida se feita mediante emenda constitucional, obedecido o processo nela mesma indicado. Daí que nenhuma lei pode inová-la para agregar-lhe prescrições que não contém ou para subtrair-lhe comandos que veicula.

Pinto Ferreira extraiu das vetustas, mas atualíssimas lições de J. Marshall, o seguinte excerto: "não há como se contestar o dilema: ou a Constituição anula qualquer lei que a contraria, ou o legislativo pode alterar a Constituição por lei ordinária".[2] E a nossa Suprema Corte, desde o início da República, tem consagrado, decididamente, essa firme postura de defesa da prevalência da Constituição sobre toda e qualquer norma infraconstitucional, que nela deve encontrar – sob a consequência da expulsão do sistema normativo – seu fundamento de validade.

Da proeminência da Constituição, portanto, é que resulta a inarredável conclusão de que o legislador, assim o complementar, como o ordinário, editarão normas inválidas sempre que se afastarem das (ou as ultrapassarem) normas e princípios nela expressos, explícita ou implicitamente.

I.2.1. Vinculação da lei complementar aos termos da Constituição

A lei complementar – como, aliás, todas as demais normas infraconstitucionais – está vinculada às regras e princípios constitucionais. O desrespeito implica inconstitucionalidade.

---

[2] Princípio da supremacia da Constituição e controle da constitucionalidade das leis. In: *Revista de Direito Público* nº 17, São Paulo, Revista dos Tribunais, p. 22.

Essa vinculação, naturalmente, é obrigatória em relação a toda e qualquer matéria cuja regulação deva ser feita pela lei complementar, que, inegavelmente, é norma infraconstitucional. Em matéria tributária, ademais, a Constituição exige uma consonância de maior ou mais intenso grau, dado que suas normas, especialmente em matéria de impostos, são minuciosas, delimitando, de forma esgotante, o arquétipo constitucional de cada uma dessas exações.

É por essa simples, mas insuperável razão que é possível concluir estar a lei complementar, em relação à Constituição, sujeita às mesmas injunções da lei ordinária.

Em decorrência das normas constitucionais, sistematicamente interpretadas, é, de fato, irrecusável a conclusão de que o legislador infraconstitucional, inclusive o complementar, deverá ater-se, rigorosamente, à prefinição constitucional do tributo, pena de editar norma inválida.

Admitir possa a lei complementar alargar ou reduzir as faixas de competência traçadas pela Constituição – pondo contornos bem nítidos para circunscrever a extensão e a largueza de cada uma – equivale a aceitar haja licença para que um dos entes políticos tenha proeminência sobre os demais, podendo dispor sobre suas competências, quebrando o pacto federativo, cujo pressuposto é a igualdade dos seus celebrantes.

Lembramos, de passagem, que, se fosse possível ao legislador infraconstitucional alterar o sentido ou o alcance de institutos, conceitos e formas de direito privado, utilizados, expressa ou implicitamente, pela Constituição Federal transformaríamos a nossa Constituição de rígida em flexível. Mais que isso, possibilitaríamos sucessivas criações de novos pactos federativos, moldados ao sabor dos interesses subalternos das várias pessoas políticas, que o fariam a seu talante, pondo por terra todo o sistema.

Pontes de Miranda, com muita argúcia, adverte que: "Uma vez que a lei complementar não emenda, apenas complementa, de modo nenhum pode alterar a Constituição, e há de ter o conteúdo que a própria Constituição lhe prevê".[3]

Em suma, as leis complementares são, igualmente, suscetíveis de "controle de constitucionalidade", pelos mesmos métodos e segundo critérios idênticos aos aplicáveis a toda e qualquer norma da nossa ordenação jurídica, fundada na Constituição.

Essas balizas constitucionais moldam o estatuto do contribuinte, e, primordialmente, têm por efeito, proporcionar-lhes segurança jurídica, por desenharem o arquétipo do tributo a ser criado. De tal modo, ao decidirem-se pela exploração de determinada atividade econômica, podem, desde logo, identificar os gravames que, a título de tributo, recairão sobre a atividade escolhida ou cogitada.

Tem-se, pois, que a obrigatória vinculação do legislador complementar – tal como o ordinário – às disposições e princípios constitucionais atinentes ao imposto que versará, constitui garantia do administrado quanto aos limites antepostos (positiva ou negativamente) à abrangência da norma que disporá sobre a parcela do seu patrimônio a ser transferida para os cofres públicos, a título de tributo.

Efeitos de tal ordem – proporcionar, ao administrado, um significativo grau de certeza sobre os tributos que, em favor do poder público, desfalcarão seu patri-

---

[3] *Comentários à Constituição de 1967,* Tomo III. São Paulo: Revista dos Tribunais, 1967, p. 150.

mônio e suas rendas, evidenciam os parâmetros pelos quais o administrado poderá verificar, de modo específico, o cumprimento, pelo legislador e pelo agente administrativo, das exigências ditadas pelos princípios constitucionais que delimitam o raio de atuação dentro do qual deverá conter-se o ente tributante, para instituir, validamente, o tributo.

Nesse passo, cabendo enfatizar o requisito da lei prévia, editada pelo titular da competência tributária, como condição de validade do seu exercício, é de rigor fixar as noções acerca do princípio da estrita legalidade em matéria tributária.

I.3. Princípio da estrita legalidade em matéria tributária

Para o exercício da competência tributária que atribui, discriminadamente, à União, aos Estados, ao Distrito Federal e aos Municípios – isto é, para a criação de tributos – a Constituição exige prévia edição de lei em sentido estrito (material e formal). Por isso mesmo, diz-se que é uma competência legislativa, no sentido de que o Poder Legislativo de cada esfera de governo é, primordialmente, o destinatário constitucional das normas que a outorgam.

Aluda-se brevemente que a exigência de lei prévia é uma secular conquista dos povos, que conduziu à alteração da relação dos indivíduos com os poderes constituídos, agora já não mais na condição de súditos (os que ficavam à mercê da vontade de outrem), mas de cidadãos. Assim, também é decorrência do regime democrático representativo que as incursões no patrimônio privado e a estatuição de penalidades, de qualquer natureza, somente possam fazer-se, validamente, com o consentimento dos administrados, manifestado por meio dos representantes por eles escolhidos para o exercício da função legislativa.

Essa, em estreitíssima síntese, é a raiz da noção jurídica, cediça, de que, sem lei (em sentido formal e material), não é possível impor tributo nenhum. Só após a edição de norma de lei ordinária, do ente competente descrevendo todos os aspectos da hipótese do fato sobre o qual incidirá o tributo é que, empregando os meios que a lei põe ao seu dispor, a Administração pode compelir o administrado a pagá-lo.

Ante as razões expostas, verifica-se ser da maior importância atentar para os termos das normas constitucionais que, ao discriminarem a competência tributária, traçam, nitidamente, faixas diferentes, exclusivas e excludentes, a cada um dos entes que contempla.

I.4. Princípio da igualdade

A Constituição assegura o tratamento paritário dos cidadãos, erigindo como princípio fundamental o da igualdade.

Recorre-se, com frequência, à afirmação de Aristóteles, segundo a qual o princípio da isonomia consiste em tratar desigualmente os desiguais, na medida das respectivas desigualdades. Essa síntese, todavia, que explicita o magno preceito da igualdade, veiculado, entre nós, no inciso II do art. 150 da Constituição vigente, conquanto excelente início de meditação, não enseja conclusão rigorosamente jurídica, porque não indica os critérios de determinação das desigualdades.

É inteiramente procedente a indagação – a seguir respondida, com pena de ouro – de Celso Antonio Bandeira de Mello: "... o que permite radicalizar alguns sob a rubrica de iguais e outros sob a rubrica de desiguais?"[4] Tem-se que investigar – é o ensinamento desse acatado mestre – se o elemento de distinção é adequado; se há "correlação lógico-abstrata existente entre o fato erigido em critério de 'descrimen' e a disparidade estabelecida no tratamento jurídico diversificado e, por fim, se há consonância entre essa correlação e os "interesses absorvidos no sistema constitucional".[5]

Nessa medida, o princípio pode ser juridicamente investigado, atribuindo-se-lhe o exato conteúdo e alcance.

Porque assim deve ser, explicitou o consagrado mestre Dino Jarach: "... igualdad tributaria quiere decir igualdad en condiciones iguales de capacidad contributiva. No se trata, evidentemente, de una medida objetiva y absoluta de las distintas riquezas, por que si fuera así, no debería hablarse de capacidad contributiva, sino que a paridad de riquezas debe corresponder igual impuesto".[6]

É dizer: a capacidades contributivas iguais, tributação idêntica; a capacidades contributivas diferentes, tributação desigual, na proporção da diferença.

O princípio da igualdade exige que os conceitos de base de cálculo não discrepem diante de fatos iguais, e variem na mesma intensidade em que forem diferentes.

Repugna à Constituição que fatos (conceitos de) nitidamente diferentes, especialmente do ponto de vista valorativo, possam ser medidos de idêntica maneira, assim como possam ser medidos diferentemente fatos cuja compostura seja idêntica.

Tenha-se presente que o princípio da igualdade se volta, primacialmente, para o legislador, a quem compete erigir as bases de cálculo compatíveis com os fatos a serem medidos, de sorte a garantir o estrito cumprimento dessa magna diretriz. Sobre situações iguais, cabe-lhe definir critério uniforme de mensuração, de modo que sejam tratados isonomamente todos os que se encontrem em situação equivalente. Inversamente, impõe-se-lhe que o critério de aferição seja diferente, na razão em que forem diferentes os fatos a serem medidos.

Advirta-se, porém, para a circunstância de que o vetor constitucional também se volta para o aplicador da lei. Deveras, não basta que o legislador tenha estabelecido critérios idôneos de mensuração da base de cálculo, seja pelo tratamento igual dos que se encontrem em situação equivalente, seja pelo tratamento desigual dos que se encontrem em situação diversa, na exata medida dessas discrepâncias. É de mister, ainda, que essas diretrizes sejam observadas quando da aplicação da lei.

Não pode a autoridade administrativa desconsiderar o que estabelece a lei, ou deixar de aplicá-la em toda intensidade, sem alcançar todos os fatos que guardem identidade. Fazê-lo significa injustificável ofensa direta à lei e intolerável agressão, ainda que indireta, à Constituição.

Considerando, ademais, que o princípio da capacidade contributiva é decorrência lógica da diretriz da isonomia, a desobediência a esta implica, simultaneamente, desrespeito àquela. É que a realização do princípio da capacidade contributiva dá-se apenas quando à intensidade de um fato corresponda medição equivalente. Se iguais,

---

[4] *O Conteúdo Jurídico do Princípio da Igualdade*, 3. ed. 8. tir. São Paulo: Malheiros, 2000, p. 15.

[5] Ob. cit., p. 27.

[6] *Curso superior de derecho tributario*. Buenos Aires: Liceo Profissional CIMA, 1958, v. 1, p. 126.

idêntica medida; se diferentes, mensurações desiguais, na exata razão da respectiva diferença.

II. Discriminação constitucional da competência para instituir impostos

É unânime nossa mais autorizada doutrina ao afirmar ser a própria Constituição que atribui e reparte competências tributárias. Nenhum estudioso da Constituição jamais extraiu conclusão diversa. É a Carta Magna que "discrimina" as competências tributárias, ao outorgá-las às pessoas políticas; no seu texto estão indicados, rigorosa e exaustivamente, os critérios para identificação das respectivas esferas da competência tributária atribuídas a cada uma das pessoas políticas.

Por isso, equivocam-se ou enleiam-se em perplexidades insolúveis todos os que – no plano da aplicação – se distanciam do texto constitucional. Esta matéria está entre as que a Constituição regula de forma rígida e esgotante, de modo a não deixar ao legislador infraconstitucional nenhuma possibilidade de, sobre ela, dispor.

É inteiramente descabida, pois, a busca de critérios ou parâmetros definidores das competências tributárias em normas que não sejam da própria Constituição. É lapidar a lição de Roque Carrazza a esse respeito:

> Sublinhamos, a propósito, que a competência tributária, no Brasil, é um tema exclusivamente constitucional. O assunto foi esgotado pelo constituinte. Em vão, pois, buscaremos nas normas infraconstitucionais (...), diretrizes a seguir sobre a criação, *in abstracto*, de tributos. Neste setor, elas, quando muito, explicitam o que, porventura, se encontra implícito na Constituição. Nada de substancialmente novo lhe podem agregar ou subtrair.[7]

É inferência das normas constitucionais – ao discriminar detalhadamente as parcelas da competência tributária outorgada – a de que, ao fazê-lo, a Constituição prefigura assim o núcleo material de cada uma dessas ações, como o seu respectivo agente. Vale dizer, prefine os aspectos material e pessoal de cada imposto (além de também disciplinar as bases de cálculo possíveis).

Não é demais enfatizar que, deveras, ao discriminar, ou delimitar, os respectivos âmbitos da competência dos entes federativos, a Constituição adota um critério material: designa a matéria, os fatos, cuja consistência circunscreve a esfera (a área, o campo) da competência outorgada para instituição dos correspondentes impostos. Por isso, é conclusão irremovível que a Constituição já traz, ela própria, a prefinição das hipóteses de incidência de cada um dos impostos cuja instituição autoriza.

Em tendo todos os impostos uma prefinição constitucional de sua hipótese de incidência, segue-se daí, *a fortiori*, que a investigação do âmbito da incidência de qualquer um deles deve iniciar-se pela análise sistemática desse arquétipo, à luz dos princípios constitucionais básicos.

No que respeita à categoria de fatos econômicos que identificou empregando o termo "serviços", a Lei Maior, em regra, submeteu sua tributação a imposto municipal (art. 156, III) ou a imposto distrital (art. 147) e, excepcionalmente, a imposto estadual (art. 155, II).

---

[7] *Curso de Direito Constitucional Tributário*. 21. ed. São Paulo: Malheiros, p. 474.

III. A competência tributária dos municípios para instituir imposto sobre serviços

A Constituição atribuiu aos Municípios competência para instituir imposto sobre "serviços de qualquer natureza, não compreendidos no art. 155, II" (art. 156, III, na redação dada pelo art. 1º da Emenda Constitucional nº 3, de 17.03.93).

Assim – nos termos do sistema constitucional de discriminação de rendas –, os Municípios só podem criar imposto sobre fatos abrangidos pelo conceito de "serviço", instituto que a Constituição empregou para outorgar-lhes e demarcar-lhes a competência tributária.

Ora, se é inquestionável que o sistema constitucional de outorga das competências tributárias é exaustivo e rígido, e que as competências são atribuídas explícita e privativamente a cada uma das pessoas políticas, tem-se, como consequência, que fatos que não configurem serviço não podem ser tributados pelos Municípios.

Convém ter presente que todos os fatos sobre os quais é possível instituir imposto estão previstos, de forma explícita na Constituição, na discriminação das competências tributárias. Sobre os fatos nela não explicitamente relacionados, a Constituição atribuiu à União, de modo expresso, competência para instituir impostos (desde que não se confundam com os mencionados nos seus artigos 155 e 156, atribuídos à competência tributária dos Estados e dos Municípios, respectivamente). É a chamada "competência residual", pela qual todo e qualquer fato diverso daqueles explicitamente postos sob a competência das outras pessoas políticas (Estados, Distrito Federal e Municípios) inclui-se na competência da União.

Disso resulta que todo e qualquer fato que, exorbitando o conceito de serviço empregado pelo art. 156, III, da Constituição Federal, for colocado sob a incidência de imposto municipal, importará exigência inconstitucional de tributo "por invasão de competência alheia".

A propósito da cláusula final do inciso III do art. 156, saliente-se que ela é decorrência das próprias normas constitucionais que discriminam a competência tributária para instituir impostos (arts. 153, 154, 155 e 156), sistematicamente interpretadas. De fato, como referido, essas normas outorgam a cada uma das entidades federativas faixas de competência exclusivas e privativas. Daí que, mesmo se não houvesse a cláusula negativa expressamente formulada no inciso III do art. 156 da Constituição Federal, ainda assim, seria de rigor concluir que a competência municipal abrangeria os serviços de qualquer natureza, exceto aqueles especificamente atribuídos à competência de outro ente político constitucional.

Por outro lado, é de elementar evidência que no art. 156, III, a Constituição Federal circunscreve o âmbito dessa específica competência dos Municípios (ou do Distrito Federal, no caso do art. 147) ao conjunto de fatos incluídos no conceito apontado pelo termo "serviço", por ela empregado para definir (identificar, demarcar) a esfera da competência tributária que lhes está a atribuir.

O legislador do ente a quem foi conferida, nesses termos, a competência para tributar serviços, poderá usá-la total ou parcialmente. Não poderá, porém, ultrapassá-la. Quer dizer: o legislador, ao formular a regra-matriz desse imposto não pode ir além dos lindes demarcados pelo conceito constitucional de serviço. Nisso reside a importância do esforço exegético para desvendar o conteúdo, o sentido e o alcance do conceito de serviço tributável, a que o texto constitucional remete.

O que importa reter é que, sejam os tributáveis pelos Estados e pelo Distrito Federal, sejam os incluídos na competência dos Municípios (estendidos ao Distrito Federal, cf. art. 147, CF), o fato-tipo que pode ser adotado pelo legislador ordinário como aspecto material de sua hipótese de incidência, haverá de corresponder a esse conceito, para não incorrer em inconstitucionalidade.

IV. Conceito constitucional de serviço

Dado que a Constituição Federal (art. 156, III) atribuiu aos Municípios competência para instituir imposto sobre "serviços de qualquer natureza, não compreendidos no art. 155, II, definidos em lei complementar", é de elementar evidência que circunscreveu esse âmbito de competência aos fatos incluídos no conceito de "serviço". E esse conceito, empregado pela Constituição Federal para discriminar (identificar, demarcar) essa determinada esfera de competência, é de direito privado.

É, pois, no interior dos lindes desse conceito – no direito privado – que se enclausura a esfera da competência dos Municípios para a tributação dos "serviços de qualquer natureza", visto que foi por ele que a Constituição Federal, de modo expresso, a discriminou, identificou e demarcou.

Tomando em conta a rigidez e a exaustividade, caracteres que, notavelmente, particularizam nosso sistema constitucional tributário, é útil referir o *"precepto didactico"* – como o qualificaria Sainz de Bujanda – contido no art. 110, do CTN, no sentido de ser defeso (vedado, proibido) à lei tributária, "alterar a definição, o conteúdo e o alcance de institutos, conceitos e formas de direito privado, utilizados, expressa ou implicitamente, pela Constituição Federal", para "definir ou limitar competências tributárias". Essa vedação, que deflui da Constituição mesma, dirige-se, obviamente, a todos os entes aos quais foram cometidas parcelas da competência tributária – e, antes disso, obriga o legislador complementar à observância desse conceito, ao definir os que são tributados pelo ISS.

Baleeiro, analisando esse dispositivo, diz:

Para maior clareza da regra interpretativa, o CTN declara que a inalterabilidade das definições, conteúdo e alcance dos institutos, conceitos e forma do Direito Privado é estabelecida para resguardá-los no que interessa à competência tributária. O texto acotovela o pleonasmo para dizer que as "definições" e limites dessa competência, quando estatuídos à luz do Direito privado, serão as deste, nem mais nem menos.[8]

A "regra interpretativa" do art. 110, do CTN, todavia, não é a fonte jurídica inicial dessa vedação: ela tão só veicula, de forma expressa, uma implicação necessária e inamovível do próprio sistema constitucional que, por sua autoridade, exige ser prestigiado.

Essa posição também é compartilhada por Paulo de Barros Carvalho, para quem:

O imperativo não vem, diretamente, do preceito exarado no art. 110. É uma imposição lógica da hierarquia de nosso sistema jurídico. O empenho do constituinte cairia em solo estéril se a lei infraconstitucional pudesse ampliar, modificar ou restringir os conceitos utilizados naqueles diplomas para desenhar as faixas de competências oferecidas às pessoas políticas. A rígida discriminação de campos materiais para o exercício

---

[8] *Direito Tributário Brasileiro.* 10. ed. Rio de Janeiro: Forense, 1981, p. 445.

da atividade legislativa dos entes tributantes, tendo estatura constitucional, por si só já determina essa inalterabilidade. Em todo caso, não deixa de ser oportuna a lembrança que o art. 110 aviva.[9]

Nesse sentido é o posicionamento consagrado pelo Poder Judiciário, como ilustrado por acórdão do extinto 1º TAC-SP, do qual é o seguinte excerto:

Tranquilo é o entendimento de que serviço é instituto de direito privado, neste sentido mencionado expressamente pela Constituição. Logo, a absorção pela lei tributária dessa entidade não pode sofrer alteração, seja para limitar, seja para definir competências tributárias.[10]

Aliás, ainda antes da edição do CTN, a escorreita diretriz interpretativa que o seu art. 110 expressa já constituía tese da nossa Suprema Corte, consoante nos dá conta o eminente Ministro Moreira Alves:

Essa tese, que Amílcar Falcão ... lembrava ser a do Supremo Tribunal Federal que, com base nela, declarara a inconstitucionalidade da extensão do imposto de transmissão "inter vivos" às cessões de promessa de venda de imóveis, hoje não é mais tese doutrinária ou jurisprudencial, mas imposta por texto expresso de lei, o art. 110 do CTN.[11]

O conceito constitucional de serviço tributável, por via de impostos, não coincide com o emergente da acepção comum, ordinária, desse vocábulo. Sempre lembramos ter sido A. A. Becker – apoiado em Pontes de Miranda – quem, visando a extrair consequências no campo do direito tributário, demonstrou que a norma jurídica como que "deturpa" ou "deforma" os fatos do mundo, ao erigi-los em fatos jurídicos.

É para delimitar e circunscrever – num contexto rígido – o campo de competência, relativamente a serviços, que a Constituição utiliza, expressamente, esse vocábulo. Pressupõe, portanto, um conceito de certos fatos que poderão ser adotados como hipótese de incidência, pelo legislador ordinário. Este poderá usar total ou parcialmente a competência recebida. Não poderá, porém, ultrapassá-la. Quer dizer: o legislador não pode ir além dos lindes do conceito constitucional de serviço. Daí a importância do esforço exegético, no sentido de desvendar o conteúdo, sentido e alcance do conceito de serviço tributável, a que se refere o texto constitucional.

Atentos à Constituição sistematicamente interpretada, temos que no conceito de serviço tributável não se inclui o serviço público, porque (a) subsumível a regime de direito público, e (b) excluído por força do estatuído na alínea "a" do inciso IV do art. 150 da CF, que estabelece a imunidade tributária dos serviços públicos. Por isso, nem a lei complementar, ao definir serviços, pode incluir serviços públicos entre os tributáveis pelo ISS, nem pode o legislador ordinário elegê-los como hipótese de incidência desse imposto.

No conceito também não se contém o trabalho realizado para "si próprio", desprovido que é de conteúdo econômico. Deveras, as exigências do princípio da isonomia e da capacidade contributiva impedem que se possa cogitar de gravar-se com impostos "a prestação de serviços" despida de conteúdo econômico.

Isto porque a Constituição só arrolou como passíveis de tributação arquétipos evidenciadores de riqueza. É incompatível com a estrutura sistêmica constitucional a tributação de outras categorias de eventos.

Demais disso, deve-se observar que a Constituição Federal, reafirmando o princípio da igualdade, indica que, em relação à exigência de impostos, a isonomia tradu-

---

[9] *Curso de Direito Tributário*. 3. ed. São Paulo: Saraiva, 1988, p.62.

[10] Apelação nº 303.513-SP.

[11] Usucapião e Imposto de Transmissão de Bens Imóveis. In: *Revista de Direito Tributário* nº 17/18, p. 40/41.

zir-se-á pela observância da capacidade contributiva. É o que se infere, claramente, das normas outorgativas da competência para exigi-los, a impor, desde logo, a presença de conteúdo econômico como pressuposto do seu exercício, uma vez que os arquétipos dos impostos desenhados pela Constituição são, todos, fatos econômicos, que espelham riqueza.

Desde as magistrais lições de Sainz de Bujanda e Dino Jarach, reconhece-se, universalmente, que o princípio constitucional da isonomia exige tenham os fatos tributários conteúdo econômico. Segue-se que, para ser tributável, sua prestação há de visar a uma contrapartida, compensação ou remuneração, uma vez que as exigências do princípio da isonomia e da capacidade contributiva impedem que se possa cogitar de gravar-se com impostos "a prestação de serviços" despida de conteúdo econômico.

Não há, pois, serviço para si mesmo: isto seria inaceitável *contradictio in terminis*. Juridicamente, não há prestação de serviço em proveito próprio. Só é reconhecida como tal, a prestação que tenha conteúdo econômico mensurável, o que só se pode dar quando o esforço seja produzido para outrem.

Em trabalho anterior, já havíamos exposto que:

> Convém manter na retentiva que ninguém presta serviços a si mesmo. Haver trabalho não significa a existência de prestação de serviço. Quem "distribui" seus próprios filmes (os filmes que produziu) não presta serviços, assim como não o faz o industrial que "distribui" (entrega) os produtos por ele fabricados e vendidos a vários comerciantes.[12]

É porque não há serviços sem a existência de terceiro, dele destinatário, que o STF assentou:

> Ora, se o prestador do serviço e o dono da obra se confundem na mesma pessoa, o distribuidor, presta ele serviço a si mesmo, e não a terceiros, não incidindo o fato na cominação tributária.[13]

Sobre a impossibilidade de ser o "autosserviço" tributado pelo ISS, Roque Antonio Carrazza averbou:

> (...) refoge à tributação por via de ISS, o auto-serviço, ou seja, o serviço que a pessoa presta a si própria. O que é evidente em relação às pessoas físicas (nunca se sabe da pretensão de se tributar, por meio de ISS, um indivíduo que fez sua própria barba, ou que engraxou os próprios sapatos), não o é em relação às pessoas jurídicas. Mas, a solução jurídica é a mesma: a pessoa jurídica que presta um auto-serviço também está a salvo da tributação por via do ISS. Assim, por exemplo, a empresa que transporta seus próprios funcionários presta um auto-serviço e, por isto, não sofre a incidência do ISS.[14]

Pelas mesmas razões jurídicas, não se contêm no conceito constitucional de serviços os prestados em regime familiar, os altruísticos, desinteressados e filantrópicos, por lhes faltar conteúdo econômico (conforme art. 145, § 1º, da C. F.).

Fora do conceito também – por não estar *in commercium* – o trabalho efetuado em relação de subordinação, seja a empregador privado, seja ao poder público (cujo conteúdo econômico é excluído, em razão de seu cunho alimentar).

Do conceito constitucional de serviço tributável pelo ISS estão subtraídos, ainda, aqueles cuja tributação é cometida aos Estados e ao Distrito Federal, que são os serviços de transportes intermunicipal ou interestadual e os de comunicação (cf. art. 155, II, da C.F.).

---

[12] Tributação dos serviços ligados ao filme cinematográfico. In: *Revista dos Tribunais*, nº 35, jan/mar de 1986, p.193.

[13] *REx* nº 86.815.

[14] Impostos Municipais. In: *Revista de Direito Tributário* nº 52, p. 163.

Dito de outra forma, o conceito constitucional de serviço tributável somente abrange aqueles: (a) submetidos ao regime de direito privado, não incluindo, portanto, o serviço público (porque este, além de sujeito ao regime de direito público, é imune a impostos, conforme o art. 150, VI, "a", da Constituição); (b) que revelem conteúdo econômico, ou seja, realizados em caráter negocial – o que afasta, desde logo, aqueles prestados a si mesmo, ou em regime familiar ou desinteressadamente (afetivo, caritativo, etc.); (c) prestados sem relação de emprego – como definida pela legislação própria – excluído, pois, o trabalho efetuado em regime de subordinação (funcional ou empregatício).

Com estas exclusões constitucionalmente exigidas, fica delimitado o conceito de serviço tributável.

Desnecessário enfatizar que os Municípios não podem invadir a área de competência dos Estados para tributar, seja a que título for, operações relativas à circulação de mercadorias ou os dois serviços antes referidos. Reciprocamente, de modo nenhum podem os Estados incursionar no âmbito municipal para tributar os demais serviços (ainda que de modo indireto ou oblíquo).

Dessa série de considerações resulta forçoso concluir que serviço é a *prestação de esforço humano a terceiros, com conteúdo econômico, em caráter negocial, sob regime de direito privado, tendente à obtenção de um bem material ou imaterial.*

A propósito desse tema, juntamente com o professor Geraldo Ataliba, já havíamos assinalado:

(...) serviço é uma espécie de trabalho. É o esforço humano que se volta para outra pessoa, desenvolvido para outrem. O serviço é, assim, um tipo de trabalho, que alguém não desempenha para si mesmo. Conceitualmente, parece que são rigorosamente procedentes essas observações. O conceito de serviço supõe uma relação com outra pessoa, a quem se serve. Efetivamente, se é possível o dizer-se que se fez um trabalho para si mesmo, não o é afirmar-se que se prestou serviço a si próprio.[15]

Por sua vez, o "serviço tributável é o desempenho de atividade economicamente apreciável, produtiva de utilidade para outrem, porém sem subordinação, sob regime de direito privado, com fito de remuneração". Os serviços tributáveis submetem-se, em regra, a imposto municipal (art. 156, III, CF) e, excepcionalmente, a imposto estadual ou distrital (art. 155, II, CF).

Decompondo as cláusulas desse conceito, tem-se que serviço tributável (a) é o desempenho de uma atividade, o desenvolvimento de um esforço pessoal traduzido num ato ou conjunto de atos; (b) com um conteúdo ou significação econômica; (c) o resultado ou objeto da atividade é útil, desejável pelo destinatário; (d) a utilidade produzida pode ser material ou imaterial, mas deve ter sido obtida como fruto do esforço humano de alguém; (e) deve ter sido prestado para outrem, pois o tomador do serviço é sujeito essencial à figura da prestação de serviços. (f) a prestação do serviço tributável é só aquela objeto de contrato não trabalhista ou estatutário, vale dizer, o desempenho do prestador deve ser feito em caráter autônomo; (g) a prestação de um serviço deve ocorrer sob regime de direito privado; (h) o serviço tributável é prestado com fito de remuneração, de obtenção de contrapartida equilibrada ou vantajosa; (i) o serviço prestado não pode estar compreendido na competência de outra esfera de governo.

---

[15] ISS na Constituição. Pressupostos positivos. In: *Revista de Direito Tributário* nº 37, Ano 10, jul./set. de 1986, p. 29 a 50.

Este fato-tipo – e só este – é que, nos termos constitucionais, pode ser adotado pelo legislador ordinário como materialidade de hipótese de incidência de imposto municipal.

Relembrando que a Constituição outorgou competência aos Municípios (art. 156) e ao Distrito Federal (art. 147) para tributar, por meio de imposto, os *"serviços de qualquer natureza, não compreendidos no art. 155, II"*, cabe enfatizar que, atendidos os requisitos de serviço tributável, antes expostos, todo e qualquer serviço – exceto os de transportes intermunicipal ou interestadual e os de comunicação (cf. art. 155, II) – pode ser eleito pelo legislador ordinário como hipótese de incidência do ISS.

Mas, obviamente, é preciso que, desde logo, se esteja diante de serviço tributável. O legislador ordinário municipal não é totalmente livre quando institui o imposto sobre serviços de qualquer natureza, jungido que está ao conceito, ainda que implícito, de "serviços de qualquer natureza" posto na Constituição Federal.

IV.1. O ISS somente incide sobre as obrigações de fazer

Pontes de Miranda ensina que serviço é qualquer prestação de fazer, pois que "servir é prestar atividade a outrem"; é prestar qualquer atividade que se possa considerar "locação de serviços", envolvendo seu conceito apenas a *locatio operarum* e a *locatio operis*. "Trata-se – sublinha esse mestre – "de dívida de fazer, que o locador assume. O serviço é sua prestação".[16]

Essa lição vem agora explicitada pelo ínclito Ministro Luiz Fux que já em sua brilhante atuação no Superior Tribunal de Justiça sublinhara:

O conceito pressuposto pela Constituição Federal de serviço e de obrigação de fazer corresponde aquele emprestado pela teoria geral do direito, segundo o qual o objeto da prestação é uma conduta do obrigado, que em nada se assemelha ao "dare", cujo antecedente necessário é o repasse a outrem de um bem preexistente, a qualquer título, consoante a homogeneidade da doutrina nacional e alienígena, quer de Direito Privado, quer de Direito Público.[17]

O ISS, portanto, só alcança – e só pode alcançar – a obrigação de fazer, aquela cuja prestação é o próprio serviço do locador, sua atividade de servir. É, enfim, o esforço humano, físico ou intelectual, que desenvolve.

Não se encontrará na doutrina nenhuma dissensão quanto à noção, substancial e elementar, de que serviço traduz, sempre, uma obrigação de fazer.

Já expusemos a distinção entre as obrigações de dar e de fazer, concluindo que prestação de serviço é necessariamente execução de obrigação de fazer. Alvo de tributação pelo imposto sobre serviços é o esforço humano prestado a terceiros como fim ou objeto.

Impende, assim, distinguir as obrigações de fazer das obrigações de dar, valendo-nos das lições de mestres consagrados do Direito pátrio, como Clóvis Bevilácqua, Orlando Gomes, Carvalho de Mendonça, Washington de Barros Monteiro, J. M. Carvalho Santos.

Ao versarem o direito das obrigações, ensinam os civilistas que, no direito privado, estas se subdividem em prestações de coisas e prestações de fatos. As pres-

---

[16] *Tratado de Direito Privado*, vol. XLVII. 2. ed. Rio de Janeiro: Borsoi, 1958, p. 3/4.

[17] REsp nº 885.530 – RJ (2006/146877-3), DJe 28/08/2008.

tações de coisas consistem na entrega de um bem, enquanto as prestações de fatos consistem em atividade pessoal do devedor. Paradigmas de prestação de coisas são, *v.g.*, os contratos de compra e venda, os de locação de coisas ou os de cessão de uso.

É preciso salientar que a obrigação de dar consiste em vínculo jurídico que impõe ao devedor a entrega de alguma coisa já existente ao credor, para que este sobre ela adquira um direito. Por sua vez, as obrigações de fazer impõem a execução, a elaboração, o fazimento de algo até então inexistente. As últimas consistem, pois, em um ato ou em um serviço a ser prestado pelo devedor, é dizer, numa produção, mediante esforço humano, de uma atividade material ou imaterial. Nas obrigações de fazer pode seguir-se o dar, mas este não se pode concretizar sem o anterior fazimento, objeto precípuo do contrato (do qual o "entregar" é mera consequência do fazer).

Essa distinção – de extrema relevância para apartar os fatos tributáveis pelo imposto municipal sobre serviços daqueles graváveis por imposto de outras esferas de governo – é assim exposta por Washington de Barros Monteiro:

> O "substractum" da diferenciação (do dar e do fazer) está em diferenciar se o dar ou o entregar é ou não consequência do fazer. Assim, se o devedor tem de dar ou de entregar alguma coisa, não tendo, porém, de fazê-la previamente, a obrigação é de dar; todavia, se, primeiramente, tem ele de confeccionar a coisa para depois entregá-la, se tem ele de realizar algum ato, do qual será mero corolário o de dar, tecnicamente a obrigação é de fazer.[18]

Orlando Gomes, com a mestria que timbra os seus trabalhos, demarca aspecto relevante para distinguir a obrigação de dar da obrigação de fazer, ao ensinar que:

> Nas obrigações de dar, o que interessa ao credor é a coisa que lhe deve ser entregue, pouco lhe importando a atividade de que o devedor precisa exercer para realizar a entrega. Nas obrigações de fazer, ao contrário, o fim que se tem em mira é aproveitar o serviço contratado.[19]

O insigne Clóvis Beviláqua – sem cujas lições não se pode bem apreender os temas do nosso direito civil – em preciosa síntese, aclara o conceito de obrigação de dar, de modo a permitir que se a distinga da obrigação de fazer:

> Obrigação de dar é aquela cuja prestação consiste na entrega de uma coisa móvel ou imóvel, seja para constituir um direito real, seja somente para facilitar o uso, ou ainda, a simples detenção, seja finalmente, para restituí-la a seu dono.[20]

Preferimos sufragar as conspícuas lições dos grandes civilistas pátrios, para, neles esforçados, referir que essas considerações são especialmente relevantes porque não são raras as vezes em que as expressões "locação de coisas", "fornecimento de andaimes", "prestação de garantia", "aval", "fiança", "caução" e tantas outras, estão sendo tomadas como serviço, equivocadamente, contra a Constituição.

A despeito da nossa convicção de que o ISS só pode incidir sobre as obrigações de fazer, convém advertir para a circunstância de que essa afirmação não significa que esse imposto possa recair sobre todas obrigações de fazer. É que muitas obrigações, alerta Clóvis,

> interessam ao credor, sem que possam classificar-se como trabalho, porque o que neles importa é o desenvolvimento da atividade do devedor; são, sim, as vantagens que trazem ao credor, como quando alguém se obriga a prestar fiança a favor de outrem, o trabalho, nesse caso, é insignificante; o valor do

---

[18] *Curso de Direito Civil – Direito das Obrigações*, 1ª parte. São Paulo: Saraiva, 1967, p. 95.

[19] *Obrigações*. Rio de Janeiro: Forense, 1961, p.67.

[20] *Direito das Obrigações*. 9. ed. Rio de Janeiro: Francisco Alves, 1957, p. 54.

fato nasce da possibilidade, que a fiança traz ao afiançado, de realizar a operação jurídica para a qual era exigida essa segurança.[21]

Tomando como exemplo a prestação de garantia, é importante ressaltar que, mesmo se admitindo, por hipótese, que ela possa configurar obrigação de fazer (gênero), não se poderá incluí-la no conceito constitucional de serviço, pois essa "operação" não exige esforço humano, nenhuma conduta que se possa afirmar ser trabalho, que são os pressupostos primeiros do conceito constitucional de prestar serviços.

É o que nos ensina Clóvis Bevilácqua, apoiado na lição de Savigny, ao advertir que pode haver obrigações de fazer que, entretanto, não estão incluídas na noção de serviços – dando como exemplo, precisamente, a fiança –, por não exigirem, para sua prestação desenvolvimento de esforço humano ou trabalho, *verbis*:

> As obrigações de fazer, "faciendi", são muito numerosas. Abrangem várias modalidades de trabalho, de serviço, além de fatos, que se não podem incluir, como observa Savigny, na idéia de trabalho, porém são atos numerosos e importantes, que se prestam a ser objeto de prestações. Não nos devemos, pois, iludir com a significação comum das palavras. As obrigações de fazer são, muitas vezes, resolvidas em prestações de trabalho por parte do devedor, como acontece nas locações de obras; porém, muitas outras vezes, consistirão num ato ou fato, para cuja execução se não exige um desenvolvimento de força física ou intelectual. Quando alguém promete prestar uma fiança, o exemplo é de Savigny, a essência do ato, objeto da prestação, não consiste no insignificante dispêndio de esforço, que a prestação de fiança possa exigir, mas sim na necessidade de concluir a operação jurídica, a que vem se ligar, de um lado, os riscos, e do outro, as vantagens do crédito fornecido.[22]

As obrigações de fazer abrangem modalidades várias de atos, sejam trabalhos materiais, sejam intelectuais, sejam atos que interessam ao credor, sem que possam classificar-se como trabalho, porque o que lhes importa, na concisa lição de Clóvis Beviláqua, não é o desenvolvimento da atividade do devedor; são, sim, as vantagens que trazem ao credor, como quando alguém se obriga a prestar fiança a favor de outrem. O trabalho, neste caso, é insignificante; o valor do fato nasce da possibilidade, que a fiança traz ao afiançado, de realizar a operação jurídica para a qual era exigida essa segurança.[23]

Assim, pelas lições desses expressivos expoentes em direito civil, vê-se que a prestação de garantia (a fiança é espécie do gênero "contrato de garantia"), ainda que, *ad argumentandum*, se a considere como "obrigação de fazer", não é decorrência de "esforço humano a terceiros", fator indissociável da prestação de serviços. Destarte, qualquer que seja o caminho trilhado, a prestação de garantia não é prestação de serviços. Com efeito, como prelecionam esses insignes doutrinadores, embora a prestação de serviços configure sempre uma obrigação de fazer, nem toda obrigação de fazer reflete prestação de serviço; ou seja, a conclusão de que prestação de garantia pode ser obrigação de fazer, e não de dar, não significa que corresponda ao conceito de prestação de serviço.

É induvidosa, portanto, a inconstitucionalidade da inclusão da prestação de garantia entre as atividades econômicas sujeitas ao ISS, dado que a competência do Município para instituir esse imposto abarca o fato-tipo "prestar serviços". O Supre-

---

[21] BEVILÁQUA, Clóvis. *Código Civil dos Estados Unidos do Brasil*, comentado, Vol. 5, 10. ed. Rio de Janeiro: Francisco Alves, 1957, p. 18.

[22] *Direito das Obrigações*. 9. ed. Rio de Janeiro: Livraria Francisco Alves, 1957, p. 58.

[23] Ob. cit., observações ao art. 878 do Código Civil.

mo Tribunal Federal, sobre essa questão, estabeleceu: "Para a incidência do tributo torna-se necessário o exercício de uma atividade que representa serviço".[24]

Essa linha de orientação do STF consagra o entendimento dos Tribunais de Justiça, que, *verbi gratia*, rechaçam, com firmeza, a possibilidade de exigência de ISS sobre prestação de garantia, como se vê dos seguintes julgados, versando, exatamente, suas espécies, prestação de fiança e concessão de aval:

> Mandado de Segurança – Impetração preventiva contra a cobrança de Imposto sobre serviços – Imposto a ser exigido em operações de fiança e aval dados em contratos de financiamento celebrados por administradora de cartões de crédito junto a entidades financeiras, a fim de resgatar obrigações dos titulares – Vantagem pecuniária cobrada para compensar os riscos – Plausibilidade da tese de que não há prestação de serviços – Pressupostos da liminar presentes – Agravo provido e exigibilidade suspensa.
>
> Com efeito, se o serviço é caracterizado pelo direito civil como sendo uma obrigação de fazer, um esforço humano, entre outros, o aval e a fiança não são serviços e, portanto, estão fora do campo de incidência do Imposto sobre Serviços de Qualquer Natureza.
>
> (...) essa 15ª Câmara já teve a oportunidade de se manifestar sobre a questão, julgando pela improcedência da incidência de ISS sobre receita gerada por aval e/ou fiança.[25]

Em tal julgado foi estabelecido que:

> A celebração de contrato de garantia, entre instituição de crédito e terceiro, a quem se presta a garantia, não caracteriza prestação de serviço, mas realmente operação financeira, já que... a fiança nada mais é que uma obrigação acessória, nada tendo a ver com obrigação de fazer ou não fazer, mas de pagar no lugar da pessoa garantida se esta não o fizer.

E não poderia ser de outra forma. O objeto do contrato de fiança é o pagamento da dívida pelo fiador, de modo que há transferência de recursos do fiador para o credor. Por esse motivo inexiste relação jurídica que possa ser caracterizada como serviço, na medida em que do contrato de fiança irradia-se uma obrigação de dar e não de fazer, o que afasta a incidência de ISS.

As lições doutrinárias e a orientação jurisprudencial sobre o assunto são no sentido de que o ato de garantia configura uma operação financeira ou creditícia, não correspondendo ao conceito de prestação de serviço.

Reitere-se, no entanto, que não sendo uma obrigação de fazer não poderá jamais render espaço à exigência de ISS. Todavia, ainda que, por hipótese, assim fosse, não configuraria, como não configura prestação de serviços, à míngua do núcleo ou essência do conceito: o esforço humano, no sentido indicado pelo termo trabalho, desenvolvido em benefício de outrem.

Essa noção elementar sobre o âmbito da competência municipal para tributar serviços vem, há mais de quatro décadas, sendo ensinada pela nossa melhor doutrina, de que é expoente o mestre Rubens Gomes de Sousa. Suas lições – nunca demais lembradas – demonstram, especificamente, que negócios financeiros e creditícios, dentre eles o aceite, o aval e a fiança, não constituem serviços. Em artigo publicado na década de sessenta sobre o ISS e o aceite bancário[26] o renomado doutrinador traz à colação a seguinte lição de Paulo de Lacerda:

> A abertura de crédito é o contrato pelo qual uma das partes (o creditado) adquire a faculdade de servir-se da soma posta à sua disposição pela outra (o creditador), sem que deva necessariamente, por virtude da natureza do contrato, dar em retorno outro tanto da mesma espécie e qualidade. Trata-se, pois, de contrato

---

[24] REx n° 100.178-0, D.J. de 31.08.84, 2ª Turma.

[25] Apelação n° 470.583.5/1.

[26] O Imposto Municipal Sobre Serviços e o Aceite Bancário. In: *Revista de Direito Público*, v. 3, São Paulo: Revista dos Tribunais, 1968, p. 116 e segs.

consensual e bilateral: o vinculo jurídico forma-se entre as partes pelo simples encontro de vontades, e as partes assumem obrigações recíprocas. O creditador obriga-se a manter, por prazo certo ou não, uma disponibilidade financeira em favor do creditado, e por sua vez este obriga-se a pagar-lhe a remuneração estipulada. A medida dessa remuneração é o montante total disponível, e não o montante da parcela efetivamente utilizada, mesmo porque a obrigação de pagá-la independe da utilização efetiva do crédito.[27]

No artigo referido, consigna Rubens Gomes de Sousa que "o aceite é, no caso, simples garantia, equiparável ao aval, consubstanciada num "empréstimo de crédito" que o creditador-sacado-aceitante faz ao sacador-creditado". E conclui assinalando que "o aceite bancário não é um "serviço" que o banco (ou a sociedade financiadora) presta a terceiros sem assumir a condição de parte nas operações por estes praticadas. O aceite bancário é uma "operação" que o banco (ou a sociedade financeira) pratica pessoalmente, assumindo riscos e obrigações.[28]

Não é demais lembrar – o que tem sido olvidado por muitos – que a simples menção ao termo "operação", salvo eloquente demonstração em contrário, já evidencia que, na espécie, não se tem serviço, eis que serviço resulta de prestação e nunca de operação.

IV.2. Contratos comutativos e contratos aleatórios

É exigência do conceito de serviço que se extrai da Constituição que a prestação de serviço se origine sempre de um contrato comutativo. Vale dizer, daquele cujas prestações sejam equivalentes. É sabido que os contratos onerosos desdobram-se entre comutativos e aleatórios. Os primeiros têm por traço característico a certeza relativamente às prestações e equivalência, ou seja, equilíbrio entre sacrifício e vantagem. Os segundos têm por timbre a incerteza a que se submetem, eis que podem culminar tanto com ganho como com perda. Seguem a esteira da previsão do Código Civil francês, em virtude da possibilidade de ganho ou de perda para qualquer das partes. O traço distintivo entre os contratos comutativos e os aleatórios é que naqueles há correspondência entre prestação e contraprestação, enquanto, nos aleatórios essa equivalência não existe: ou não há nenhuma, ou, pelo menos, lhes falta uma razoável proporcionalidade.

Na lição sempre precisa de Washington de Barros Monteiro:

Comutativo é o contrato em que cada uma das partes, além de receber da outra prestação equivalente à sua, pode apreciar imediatamente essa equivalência. É o caso da compra e venda, em que se equivalem geralmente as prestações dos dois contratantes, que bem podem aferir, "ab initio", a equivalência. Os contratos comutativos apresentam grandes semelhanças com os contratos bilaterais.É aleatório o contrato em que as prestações de uma ou de ambas as partes são incertas, porque a sua quantidade ou extensão está na dependência de um fato futuro e imprevisível (alea) e pode redundar numa perda, ao invés de lucro. Exemplos, o contrato de seguro, a constituição de renda, a "emptio spei", a "emptio rei speratae", o jogo e a aposta.[29] (grifo nosso)

Esse consagrado Professor ensina ainda que "a palavra 'aleatório' vem do latim alea, que quer dizer sorte, êxito, azar, perigo, incerteza da fortuna, ato ou empresa dependente do acaso ou do destino (...)".[30] Ressalta, ainda, que o traço característico dos contratos aleatórios é o risco a que se acham igualmente sujeitos ambos os con-

---

[27] *Do Contrato de Abertura de Crédito.* 2. ed. Rio de Janeiro: Livraria Jacintho, 1929, p. 73.

[28] Ob. cit., p. 128.

[29] *Curso de Direito Civil – Obrigações*, 5º vol., 2ª parte. 25. ed. São Paulo: Saraiva, 1991, p. 29.

[30] Ob. cit.,p. 70.

tratantes, citando, como exemplo, o contrato de seguro, no qual os contratantes estão sujeitos a um acontecimento ignorado e incerto.

Também o acatado J. M. Carvalho Santos expõe que o contrato aleatório se distingue do contrato comutativo porque "(...) neste o equivalente é fixado pelas partes e não está sujeito a variações, no aleatório, pode resultar para um ou outro contratante perda ou vantagem, cuja importância é desconhecida".[31] E exemplifica, ressaltando que "O contrato de seguro é (...) aleatório, porque o lucro ou perda para uma das partes depende do risco, que é um acontecimento incerto (...)".[32]

Sendo da própria natureza do contrato de prestação de serviços a equivalência entre as partes, ele é obrigatoriamente um contrato comutativo. Só este pode estar subjacente a uma prestação de serviços. Contrato que assim não possa ser classificado jamais poderá dizer respeito a uma prestação de serviços. Em outras palavras, contratos aleatórios, de que são paradigmas o jogo e a aposta, jamais poderão enfeixar uma prestação de serviços, que com eles são absolutamente incompatíveis.

Compartilha esse mesmo entendimento o professor José Souto Maior Borges. Ensina ele:

> Outra característica importante dos contratos de prestação de serviço é a sua comutatividade: presta-se o serviço a alguém (o tomador) e este alguém de conseguinte o remunera (isto é, ao prestador do serviço). Daí deriva a conclusão de que a álea é incompatível – salvo hipóteses excepcionais – como os contratos de risco – com os contratos de prestação de serviço.[33]

O Poder Judiciário, guardião e garante da lei e dos princípios constitucionais, de há muito assentou jurisprudência consagrando essa linha doutrinária no que respeita ao ISS.

Para demarcar mais fortemente a tese que aqui adotamos – que conclui pela impossibilidade de submeter ao ISS atividade não incluída no conceito constitucional de serviço – traz-se à colação decisão recente do Excelso Pretório, em julgado do qual foi Relator o culto Ministro Marco Aurélio, assentando que:

> Na espécie, o imposto, conforme a própria nomenclatura revela e, portanto, considerado o figurino constitucional, pressupõe a prestação de serviços e não o contrato de locação.
>
> Indago se, no caso, o proprietário do guindaste coloca à disposição daquele que o loca também algum serviço. Penso que não. Creio que aí se trata de locação pura e simples, desacompanhada, destarte, da prestação de serviços. Se houvesse o contrato para essa prestação, concluiria pela incidência do tributo.
>
> Em face do texto da Constituição Federal e da legislação complementar de regência, não tenho como assentar a incidência do tributo, porque falta o núcleo dessa incidência, que são os serviços. Observem-se os institutos em vigor tal como se contêm na legislação de regência. As definições de locação de serviços e locação de móveis vêm-nos do Código Civil e, aí, o legislador complementar, embora de forma desnecessária e que somente pode ser tomada como pedagógica, fez constar no Código Tributário o seguinte preceito:
>
> "Art. 110 – A lei tributária não pode alterar a definição, o conteúdo e o alcance de institutos, conceitos e formas de direito privado, utilizados, expressa e implicitamente, pela Constituição Federal, pelas Constituições dos Estados, ou pelas Leis Orgânicas do Distrito Federal ou dos Municípios, para definir ou limitar competências tributárias."
>
> Em síntese, há de prevalecer a definição de cada instituto, e somente a prestação de serviços, envolvido na via direta o esforço humano, é fato gerador do tributo em comento. Prevalece a ordem natural das coisas

---

[31] *Código Civil Brasileiro interpretado. Direito das Obrigações*, vol. XVII 7. ed. Rio-São Paulo: Freitas Bastos, 1958, p. 6.

[32] Ob. cit., vol. XIX, p. 215.

[33] BORGES, José Souto Maior. *Parecer sobre a não incidência do ISS, na emissão de bilhetes de apostas pelo Jockey Club de São Paulo*. Recife, 1992, p. 12,14 e 16 (inédito).

cuja força surge insuplantável; prevalecem as balizas constitucionais e legais, a conferirem segurança às relações Estado-contribuinte; prevalece, ao fim, a organicidade do próprio Direito, sem a qual tudo será possível no agasalho de interesses do Estado, embora não enquadráveis como primários.[34]

Esse voto do eminente Ministro Marco Aurélio – brilhante demonstração da incansável atuação da nossa Excelsa Corte, como guardiã da supremacia da Constituição Federal – afirma a eficácia e confere efetividade às balizas constitucionais, decisivas, em matéria tributária, para a preservação de interesses públicos primários, garantindo, concretamente, a segurança dos administrados nas suas relações com o Estado.

Expõe esse voto eloquente resultado da interpretação sistemática do direito, indispensável para a percepção e respeito aos limites antepostos pela Constituição ao exercício do poder estatal. Como antes ressaltamos, nisso reside a importância do esforço exegético tendo por base as regras e princípios constitucionais, inclusive, como no caso, para desvendar o conteúdo, o sentido e o alcance do conceito constitucional de serviço, pelo qual a Constituição Federal identifica e circunscreve a faixa da competência tributária que outorgou aos Municípios para impor o Imposto sobre Serviços.

IV.3. Atividade meio e atividade fim

Como se extrai do conceito constitucional de serviços, o alvo da tributação pelo ISS é o esforço humano prestado a terceiros como fim ou objeto; não as suas etapas, passos ou tarefas intermediárias, necessárias à obtenção do fim; não a ação desenvolvida como requisito ou condição do *facere* (fato jurídico posto no núcleo da hipótese de incidência do tributo). As etapas, passos, processos, tarefas, obras, são feitos, promovidos, realizados para "o próprio prestador", e não para "terceiros", ainda que estes indiretamente os aproveitem (já que, aproveitando-se do resultado final, beneficiam-se das condições que o tornaram possível).

Não se confunde a execução de meras atividades meio com a prestação de serviço ou com atividades que serviço não são. É preciso distinguir (1) a consistência do esforço humano prestado a outrem, sob regime de direito privado, com conteúdo econômico (2) das ações intermediárias, que tornam possível seja um "fazer", seja um "dar" para terceiros.

Em toda e qualquer atividade, há "ações meio" (pseudo serviços), cujo custo é direta ou indiretamente agregado ao preço (seja do serviço, seja da operação mercantil, seja de operações financeiras, seja de quaisquer outras). Mas isto não pode conduzir ao absurdo de se pretender tomá-las isoladamente, como se cada uma delas fosse uma atividade autônoma, independente, dissociada daquela que constitui a atividade fim.

A pessoa que faz composição gráfica de matéria que ela mesma imprime para terceiros só pode ser submetida ao ISS pelos serviços de impressão (fazer para terceiros) e não sobre os de composição que, realizados como meio para se atingir um fim (impressão), são meros atos, insuscetíveis de tributação por via de ISS porque não há serviços "para si mesmo". Quem vende computadores, comprometendo-se a entregá-los no domicílio ou estabelecimento do comprador e ali testá-los e instalá-los

---

[34] RE 116.121-3, Relator Ministro Marco Aurélio.

não presta nenhum serviço; desenvolve apenas atividade meio, requisito do adimplemento da obrigação de dar contratada.

A impossibilidade de tomarem-se atividades meio como atividades fim dá-se até mesmo quando estas últimas sejam, em tese, constitutivas de serviços tributáveis pelo ISS. Ou seja, nem mesmo quando a atividade meio é uma etapa da prestação de um serviço tributável (este sendo a atividade fim) é possível separá-la, para tratá-la como atividade independente e autônoma.

A consecução de um fim qualquer exige, sempre, empírica ou cientificamente, o desempenho de atividades de planejamento, envolvendo análises, coleta de dados, de organização, de administração, de controle, assistência técnica, treinamento, requerendo a feitura de cálculos, a elaboração de manuais, de tabelas, de planilhas, quadros sinóticos, de datilografia, digitação e um sem número de tarefas. Nada obstante, não se confundem com o fim perseguido que, por hipótese, poderia ser o de promover operações mercantis, realizar operações financeiras, produzir produtos ou transportar pessoas.

Naquelas atividades cujos contratos preveem assistência técnica, instrução, treinamento ou avaliação pessoal, tem-se meras atividades meio, e não atividades fim. É dizer, são requisitos, insumos, condições – ou até mesmo sofisticações – da atividade fim, como a cessão de direitos, por exemplo. Não se pode confundir assistência técnica, instrução, treinamento ou avaliação de pessoal enquanto atividades meio, com assistência técnica, instrução, treinamento ou avaliação de pessoal como atividades fim. O ISS – bem como o ICMS ou o IPI – só pode alcançar atividades fim, jamais atividades meio.

Assim como o advogado não é prestador dos serviços de digitação (mas dela carece para o seu mister), o franqueador não é prestador de serviços de assistência técnica, instrução, treinamento ou avaliação de pessoal (embora alguns contratos possam prever algumas ou de todas essas atividades).

Mutatis mutandis, o promovente de operações mercantis não deixa de sê-lo – transformando-se em prestador de serviços – pelo fato de elaborar manuais, treinar vendedores, fornecer assistência técnica relativamente às mercadorias que vende. Também o produtor de veículos – a chamada montadora – não se transmuda em prestador de serviços por imprimir manuais ou assistir tecnicamente sua cadeia de revendedores.

Como configurar meio ou fim não é da ontologia das atividades, mas do objetivo perseguido, é preciso ter presente que as mesmas ações humanas, dependendo da meta perseguida, podem não mais se caracterizar como atividades meio, mas representar o próprio objeto colimado. Isto se dá quando a razão última for a sua própria produção, como fim, de utilidade autônoma, para terceiros.

Por isso, é preciso discernir, concretamente, essas situações: (1) as atividades desenvolvidas como requisito ou condição para a produção de uma outra utilidade qualquer são sempre ações meio; (2) essas mesmas ações ou atividades, todavia, quando isoladamente consideradas, refletirem, elas próprias, a utilidade colocada à disposição de outrem então, consistirão no fim ou objeto.

A indistinção das atividades enquanto meio ou fim decorre, não raras vezes, da frequente menção, nos contratos ou nos registros contábeis, dessas etapas ou tarefas como constitutivas de "obrigações" do produtor, vendedor, operador ou prestador.

Deve-se notar que isso é feito como indicação, explicitação ou especificação das técnicas, processos ou deveres a serem observados na busca do dar ou do fazer objeto do contrato, vale dizer, da operação mercantil ou industrial, ou ainda do serviço a ser prestado, da utilidade que se promete entregar ao tomador: daquilo que se vende (que é objeto do contrato) ou se presta. Nem mesmo quando se destacam esses requisitos, condições, fases ou etapas, para fins de cálculo do preço, essas "ações meio" se transformam em "ações fim".

Figuremos aqui exemplos esclarecedores dessas afirmações:

• o serviço do médico não assume outra natureza pelo simples fato de os resultados de diagnósticos, ao invés de fornecidos verbalmente, serem datilografados ou listados em computador, mesmo que para essas atividades haja uma cobrança adicional e específica de tantos reais, prevista em contrato;

• a operação mercantil não se modifica nem se altera pelo fato de a mercadoria ser embrulhada para presente ou de a obrigação ser adimplida sob a cláusula CIF, ao invés da cláusula FOB;

• a exportação de produtos industrializados não se modifica, para dar lugar a serviço, pelo fato de vir a ser objeto de especial e sofisticada embalagem e acrescida de manual especial, em língua estrangeira;

• o parecer jurídico não se transmuda em serviço de diversa natureza – mesmo que haja cláusula fixando a cobrança adicional de certa quantia – na hipótese de vir a ser entregue impresso ou encadernado; não cabe cogitar aí de prestação de serviço de impressão ou encadernação pelo jurisconsulto;

• as informações prestadas aos clientes de banco de como acessar a "internet", navegar em seu interior, de como efetuar transações, obter extratos, dados estatísticos, projeções etc. não configuram nenhum serviço. São simples atividades-meio para a prestação de outra atividade (financeira) ou até mesmo de outro serviço (este sim, tributável, em tese).

Mesmo sendo certo que o custo das "ações meio", direta ou indiretamente, vem agregado ao preço da mercadoria, do produto ou do serviço, não é possível, juridicamente, tomá-las isoladamente, como se cada uma delas fosse uma atividade autônoma, independente, dissociada daquela que constitui a atividade fim.

A questão não se altera e a condição não pode ser diversa se a atividade fim for de cunho industrial, comercial ou financeira.

Não se pode, portanto, tomar as partes pelo todo. E isto não pode ocorrer – sem ofensa à Constituição – mesmo no caso extremo de serviços tributados pelo ISS, isto é, cuja hipótese de incidência refira, expressamente, gêneros de atividades econômicas constitutivas de serviços, perfeitamente discriminados em diferentes itens normativamente desdobrados. Com efeito, as leis municipais, ao descreverem os serviços tributados pelo imposto, têm que discriminá-los, perfeitamente, em itens específicos, seja para coibir a indiferenciação, seja para obrigar os órgãos fiscais a perquirirem a efetiva natureza do serviço prestado, impedindo que atividades-meio sejam tomadas em conta, em lugar do serviço integralmente considerado (indecomponível que é).

Como bem apontado no acórdão do Supremo, acima referido, somente podem ser tomadas, para sujeição ao ISS, as atividades desempenhadas como fim, correspondentes à prestação de um serviço integralmente considerado no respectivo item da lista de serviço.

Não tem apoio na lei a decomposição de um serviço – previsto, em sua integridade, no respectivo item específico da lista de serviços tributáveis – nas várias ações meio que o integram, para pretender tributá-las separadamente, isoladamente, como se cada uma delas correspondesse a um serviço autônomo, independente.

Com maior razão não podem ser decompostas atividades que, em sua unicidade, não configuram prestação de serviço e que – salvo com a sua deformação – não comportam fracionamento; que não podem ser divididas ou fragmentadas.

Em conclusão: somente podem ser tomadas, para sujeição ao ISS, as atividades entendidas como fim, correspondentes à prestação de um serviço integralmente considerado. No caso específico do ISS, não se pode decompor um serviço, tributando separadamente atividades que não têm autonomia. Fazê-lo equivale a total desconsideração à hipótese de incidência desse imposto. Ademais disso, como corolário, afronta à Constituição..

O professor Roque Carrazza deixa claro, em suas lições, que o "legislador tem o dever, enquanto descreve a hipótese de incidência e a base de cálculo dos impostos, de escolher fatos que exibam conteúdo econômico".[35] Além disso, pode-se acrescer ao escorreito pensamento desse mestre que, diante de um rol de fatos nos quais em alguns se faz presente o conteúdo econômico, e noutros, esse conteúdo está ausente, só se pode tomar os primeiros para compor a base de cálculo dos impostos.

Essas premissas são indispensáveis à análise do ISS. Nenhuma conclusão será segura caso se afaste das noções jurídicas expostas, demonstrativas de que não se há falar em prestação de serviços, sempre que se tratar de meras atividades meio, viabilizadoras do fim visado.

IV.3.1. A jurisprudência sobre atividade meio

Pretende-se que a distinção entre atividade meio e atividade fim não tenha sido expressamente colhida pela lei, mas seja simples distinção doutrinária. Mesmo que fosse mera classificação da doutrina, nem por isso poderia deixar de ser obedecida, eis que decorre de interpretação sistemática da Constituição. Essa distinção é prestigiada, de forma inquestionável, pela jurisprudência, conforme se pode verificar dos seguintes julgados:

IV.3.1.1. Primeiro Tribunal de Alçada Civil de São Paulo

Para o antigo Tribunal de Alçada Civil do Estado de São Paulo as atividades meio são absorvidas pela atividade-fim, ficando fora do alcance da tributação, como, exemplificativamente:

A pretensão da Municipalidade, porém, é improcedente. Os serviços de carga de descarga da mercadoria, seu armazenamento para remanejamento, sua arrumação e empilhamento no armazém ou no veículo de transporte, inclusive com uso de guindaste ou empilhadeiras, quando prestados pela própria empresa de transporte, integram a prestação de serviços de transportes, não podendo ser deles destacados para efeito da aplicação do imposto sobre serviços.[36]

No sistema tributário considera-se causa geradora de um tributo a conduta definida em lei e compatível com a finalidade precípua e essencial do produtor, ou do comerciante, ou do prestador de serviços porque em todas as fases da produção, ou da comercialização há serviços nas atividades meio e às vezes mercadorias na prestação. Basta lembrar das diversas e diferentes adotadas pelos comerciantes para mais e melhor negociar; alguns entregam mercadoria a domicílio, vários não; há estabelecimentos que dispõem de requintados e sofisticados serviços de atendimento a público, existindo os que só adotam o sistema "self service"; paga-se pelo preço do produto ou da mercadoria, apesar de existir venda de serviços integrando-o em maior ou menor intensidade, mas sempre de natureza secundária, como atividade meio. Nessas compras e vendas conquanto o serviço seja um componente do preço da mercadoria, e por isso vendido também, o ISS não incide.

(...)

---

[35] Curso de Direito Constitucional Tributário. 21. ed. atualizada até a Emenda Constitucional n. 48/2005. São Paulo: Malheiros, 2005, p. 91.

[36] Apelação nº 246.876, de Santos. Acórdão Unânime da Segunda Câmara, de 16 de agosto de 1978.

Tais considerações prestam-se à demonstração da absorção das atividades meio pela atividade fim que é aquela a ser considerada como geradora do fato imponível.[37]

Reafirmando seu entendimento:

(...) em razão de suas atividades serem atividades-meio e não atividade fim (serviços de formação de administração de grupos de consórcios).[38]

E, novamente:

ISS – Empresa com diversos estabelecimentos – Incidência do tributo no local do estabelecimento prestador de serviços – Exclusão dos demais lugares onde se realizam os atos iniciais, preparatórios, convergentes para a consumação do negócio – Inteligência do art. 12, "a" do Dec.-lei 406/68 – Declaração de voto.

Tratando-se de empresas com vários estabelecimentos, para os efeitos da incidência de ISS considera-se o local da prestação do serviço, ficando excluídos os demais locais onde se realizam os atos iniciais, preparatórios, convergentes para a consumação do negócio (...).

No caso, "sub examine", o estabelecimento prestador situa-se em Lins, onde está a matriz e se realizam os principais "atos de administração", ou seja, os de coordenação, supervisão e controle.

(...)

É visível que sendo a documentação, captada pela filial, enviada à matriz (Lins), para conferência, cadastramento dos grupos e contas disponíveis etc., ali (Lins) está a atividade prevalente administrativa, núcleo do "serviço", fato gerador do tributo, em debate. Em Lins se praticam os atos típicos administrativos (vários departamentos do grupo: de vendas, de sistemas e informações, financeiro), explicitados em comando e superintendência.

A filial aguarda atos de decisão, de comando, de gerência, enfim, de administração, da matriz.

Logo, a filial somente pratica atividade meio (...).[39]

IV.3.1.2. Tribunal de Justiça do Estado de São Paulo

O E. Tribunal de Justiça do Estado de São Paulo, na mesma esteira, assentou:

ISS – Município de Pirassununga – Segurança pretendida por concessionária de energia elétrica em face de exigência do tributo sobre serviços de vistoria, ligação, religação, aferição, reaviso de vencimento de conta, emissão de 2ª via de conta e verificação de nível de tensão – Ordem denegada – Serviços, todavia, que, sobre não se incluírem na lista adotada pela legislação local, se inserem na atividade meio da impetrante – Art. 155, § 3º da CF – Não incidência do imposto em questão – Precedente do STJ – Recurso provido.[40]

E, recentemente, em acórdão relatado pelo ínclito Desembargador Silva Russo, renovou esse posicionamento, destacando na ementa:

Ação Anulatória – ISS – ... Coleta de materiais biológicos, em simples posto de atendimento para este fim – Mera atividade meio para a consecução dos serviços de análises clínicas realizados em laboratório instalado no município de Santos – Não incidência daquele imposto sobre tal ato preparatório – Incompetência da ré, ademais, para tributar dita atividade fim, por interpretação dos artigos 3º e 4º da LC nº 116/03.[41]

---

[37] Uniformização de Jurisprudência nº 27.430-0-01, da Comarca de Santos.

[38] Apel. nº 445.189-6, da Comarca de Lins, 8ª Câmara do 1º TAC, v.u.; v. também "JTACSP", RT, vol. 119/251-255, relatado pelo eminente Juiz Silvio Marques.

[39] Ap. nº 423.5503-2 – 4ª Câmara, Rel. Juiz Octaviano Santos Lobo, julgado em 7.8.90 e publicado na RT 663 – jan/91, p.107 e 108.

[40] TJSP – Apelação nº 9158029982000826-SP, 15ª Câmara de Direito Público, Rel.Erbetta Filho, julgado em 28/04/2011 e publicado em 23/05/2011.

[41] TJSP – Apelação nº 1232737520078260000-SP, 15ª Câmara de Direito Público, Rel. Des. Silva Russo, julgado em 03/02/2011 e publicado em 18/02/2011.

IV.3.1.3. Tribunais de Justiça de outros Estados

Na mesma linha do Tribunal paulista têm decidido as demais Cortes estaduais. Vejamos, exemplificativamente, o entendimento do TJRS:

ISS. Serviço de Energia Elétrica. Manutenção de Rede. terceirização. Atividade meio. Os serviços de manutenção de rede de distribuição de energia elétrica não estão sujeitos ao ISS por se tratarem de atividades meio à prestação do serviço de fornecimento de energia elétrica sobre os quais incide ICMS. A execução de tais serviços por empresa terceirizada não altera sua natureza auxiliar do serviço de energia elétrica. Recurso desprovido.[42]

Embora versando tema em que estava em jogo também etapa de industrialização, o E. Tribunal de Justiça de Santa Catarina afastou a incidência de ISS sobre atividade meio:

Tributário. Prestação de Serviço que se insere como etapa de industrialização. Atividade meio. Não incidência de ISS. Segurança concedida. Sentença confirmada. Precedentes do TJSC.[43]

IV.3.1.4. Superior Tribunal de Justiça

O Superior Tribunal de Justiça, por sua Segunda Turma, já demarcou, com precisão, as balizas distintivas de atividade meio e atividade fim, advertindo:

Tributário. ISS. Consórcios. As administradoras de consórcios estão sujeitas ao ISS no Município onde organizam suas atividades principais e não naquele em que captam a clientela. Recurso especial não conhecido.[44]

Na mesma linha, mas esmiuçando o tema, essa C. Corte averbou:

Tributário. ISSQN. "Industrialização por Encomenda". Lei Complementar. Lista de Serviços Anexa. Prestação de Serviço (Obrigação de Fazer). Atividade Fim da Empresa Prestadora. Incidência. O artigo 156, III, da Constituição Federal de 1988, dispõe que compete aos Municípios instituir impostos sobre prestação de serviços de qualquer natureza, não compreendidos no artigo 155, II, definidos em lei complementar. (...)
3. Deveras, o ISS, na sua configuração constitucional, incide sobre uma prestação de serviço, cujo conceito pressuposto pela Carta Magna eclipsa "ad substantia obligatio in faciendo", inconfundível com a denominada obrigação de dar.
4. Desta sorte, o núcleo do critério material da regra matriz de incidência do ISS é a prestação de serviço, vale dizer: conduta humana consistente em desenvolver um esforço em favor de terceiro, visando a adimplir uma "obrigação de fazer" (o fim buscado pelo credor é o aproveitamento do serviço contratado).
5. É certo, portanto, que o alvo da tributação do ISS " é o esforço humano prestado a terceiros como fim ou objeto. Não as suas etapas, passos ou tarefas intermediárias, necessárias à obtenção do fim. (...) somente podem ser tomadas, para compreensão do ISS, as atividades entendidas como fim, correspondentes à prestação de um serviço integralmente considerado em cada item. Não se pode decompor um serviço porque previsto, em sua integridade, no respectivo item específico da lista da lei municipal nas várias ações meio que o integram, para pretender tributá-las separadamente, isoladamente, como se cada uma delas correspondesse a um serviço autônomo, independente. Isso seria uma aberração jurídica, além de construir-se em desconsideração à hipótese de incidência do ISS (Aires Barreto, no artigo intitulado "ISS: Serviços de Despachos Aduaneiros/Momento de Ocorrência do Fato Imponível/Local de Prestação/Base de Cálculo/Arbitramento", in Revista de Direito Tributário nº 66, Ed. Malheiros, págs. 114/115 – citação efetuada por Leandro Paulsen, in Direito Tributário – Constituição e Código Tributário à Luz da doutrina e

---

[42] Apelação Cível nº 70027524644, 22ª Câmara Cível, Tribunal de Justiça do RS, Relator: Maria Isabel de Azevedo Souza, Julgado em 26/03/2009.

[43] TJSC – Reexame Necessário em Mandado de Segurança: MS 151872 SC 2007.015187-2 – 1ª Câmara de Direito Público. Rel. Paulo Henrique Moritz Martins da Silva, julgado em 6/11/2009.

[44] Ac. un. da 2ª T do STJ – REsp nº 51.797-SP, Rel. Ministro Ari Pargendler, julgado em 05.06.97 e publicado no DJU 1de 1º.09.97, p. 40.795 – ementa oficial. V. RJ-IOB, 2ª quinz. de nov./97, nº 22/97, p. 530, ementa 1/11.628.

da Jurisprudência, 8ª ed., Livraria do Advogado e Escola Superior da Magistratura Federal do Rio Grande do Sul – Esmafe, p. 457).

(...)

14. Recurso especial provido.

Novamente instado a manifestar-se sobre o tema, o Superior Tribunal de Justiça concluiu incisivamente que:

Tributário. ISS. Serviços. Atividade Meio. Não Incidência.

Não incide o ISS sobre serviços prestados que caracterizam atividades meio para atingir atividades fim, no caso a exploração de telecomunicações.

(...)

3. São serviços meio para o alcance dos serviços fim de telecomunicações os de secretaria, datilografia, habilitação, mudança e religação de aparelhos, despertador, processamento de dados, entre outros. Não incidência de ISS.

(...)

6. Recurso especial provido.[45]

Em voto vista proferido neste recurso o eminente Ministro Luiz Fux deixou registrado que "aplica-se ao ISS o mesmo entendimento analógico que se empreende em relação ao ICMS no sentido de que 'o ICMS somente pode incidir sobre os serviços de comunicação propriamente ditos, no momento em que são prestados, ou seja, apenas pode incidir sobre a atividade fim, que é o serviço de comunicação, e não sobre a atividade meio ou intermediária, que é, por exemplo, a habilitação, a instalação, a disponibilidade, a assinatura, o cadastro de usuário e de equipamento, entre outros serviços" (REsp 601.056/BA, Rel. Ministra Denise Arruda, Primeira Turma, julgado em 09.03.2006, DJ 03.04.2006 p.230)". Ao depois, concluiu ser "forçoso concluir que as atividades enquadradas como de secretaria, expediente e processamento de dados, instalação e atividades enquadradas como manutenção e conserto de aparelhos telefônicos são notoriamente atividades-meio em confronto com a atividade fim, que é a telecomunicação em si, porquanto não criam relação jurídica diversa".[46]

Evidenciando que essa diretriz é pacífica no Superior Tribunal de Justiça, vem ela remarcada nas decisões que se seguem:

Tributário ISS. Peculiares Serviços Bancários. Não Incidência. Dec. lei nº 406/68 – Dec. lei nº 834/69.

1. Os serviços bancários auxiliares e acessórios, apropriados a atividade fim, não individualizados como finalidade em si mesmo, por submissão ao princípio "numerus clausus", respeitado como limite normativo, não constituem fato gerador do ISS. A lista prevista no Dec.-Lei nº 406/68, alterado pelo Dec.-Lei nº 834/69, é taxativa e a ela deve subordinar-se a lei municipal. (...)[47]

Processual Civil e Tributário – ... Serviço de Radiochamada (Pagers) – Locação de Aparelho. Atividade de Secretaria – ICMS e ISS Área de Incidência.

(...)

3. De igual maneira, é firme a orientação de que não incide o ISS sobre a atividade meio utilizada na prestação do serviço, como é o caso da atividade de secretaria (anotação de recados e digitação de mensagens) envolvida na prestação de serviços de "radiochamada" por intermédio de *pagers*.

4. Impossibilidade de modificação do acórdão recorrido, dada a ausência de recurso especial do contribuinte e em razão do princípio da *non reformatio in pejus*.[48]

Tributário ... ISS .Serviço de Telecomunicação. Atividade meio. Não incidência.

---

[45] REsp nº 883254 MG 2006/0047850-0, 1ª Turma, Rel. Ministro José Delgado, julgado em 18/12/2007 e publicado no DJ de 28/02/2008, p. 74.

[46] Voto-vista proferido pelo Ministro Luiz Fux no Resp nº 883.254/MG.

[47] REsp. nº 023367-SP, Rel. Ministro Milton Pereira.

[48] REsp nº 848.490 – RJ (2006/0076096-1), 2ª Turma, Rel. Ministra Eliana Calmon.

2. "Não incide ISS sobre serviços prestados que caracterizam atividade -meio para atingir atividades-fim, no caso a exploração de telecomunicações" (REsp 883254/MG, Rel. Min. José Delgado, Primeira Turma, julgado em 18.12.2007, DJ 28.2.2008 p. 74).

3. Neste julgado, em voto-vista proferido pelo Min. Luiz Fux, o entendimento foi corroborado ao firmar que "... as atividades enquadradas como de secretaria, expediente e processamento de dados, instalação e atividades enquadradas como manutenção e conserto de aparelhos telefônicos são notoriamente atividades-meio em confronto com a atividade fim, que é a telecomunicação em si, porquanto não criam relação jurídica diversa." Agravo regimental provido.[49]

Tributário. ISS. Serviços acessórios prestados por bancos. Não incidência. Lista anexa ao Decreto lei n° 406/68. Taxatividade.

Os serviços de datilografia, estenografia, secretaria, expediente, etc., prestados pelos bancos não possuem caráter autônomo, pois inserem-se no elenco das operações bancárias originárias, executadas de forma acessória, no propósito de viabilizar o desempenho das atividades-fim inerentes às instituições financeiras (...).[50]

Tributário. Afastamento da Súmula 7/STJ. Matéria de Direito. ISS. Serviço de Telecomunicação. Atividade meio. Não incidência.

1. Preliminarmente, cumpre afastar a incidência da Súmula 7/STJ no caso sob análise, porquanto a sentença proferida em primeiro grau deixa claro tratar-se de matéria apenas de direito.

2. "Não incide ISS sobre serviços prestados que caracterizam atividade -meio para atingir atividades-fim, no caso a exploração de telecomunicações" (REsp 883254/MG, Rel. Min. José Delgado, Primeira Turma, julgado em 18.12.2007, DJ 28.2.2008 p. 74). 3. Neste julgado, em voto-vista proferido pelo Min. Luiz Fux, o entendimento foi corroborado ao firmar que "...as atividades enquadradas como de secretaria, expediente e processamento de dados, instalação e atividades enquadradas como manutenção e conserto de aparelhos telefônicos são notoriamente atividades-meio em confronto com a atividade fim, que é a telecomunicação em si, porquanto não criam relação jurídica diversa." Agravo regimental provido.[51]

Note-se, assim, que, em todas as vezes em que o Poder Judiciário foi instado a manifestar-se sobre a distinção entre atividade-meio e atividade-fim, a conclusão a que chegou foi sempre a mesma: é intributável a atividade-meio, só devendo ser tributada a atividade-fim.

Não é possível – foram as lições dos nossos Tribunais – estender a incidência do ISS às atividades meramente acessórias ou preparatórias, uma vez que tais ações não têm caráter autônomo, constituindo simples condição para atingir o fim colimado pela prestação dos serviços, vale dizer, são simples meio para viabilizar a atividade fim. Revelam "serviço", inseparável daqueloutro que se pretende alcançar e, que, de per si, sequer é desejado pelo tomador. São atuações realizadas de forma acessória, despidas de autonomia, que não constituem um fim em si mesmas.

IV.3.1.5. Supremo Tribunal Federal

Como verdadeira pá de cal sobre o tema, é idêntico o caminho trilhado pela nossa Suprema Corte, como se vê, *brevitatis causae*, do excerto dos julgados que se seguem:

Tributário. Imposto sobre Serviços. Atividades bancárias. Custódia de títulos, elaboração de cadastro, expediente. Serviços sem autonomia própria, inseparáveis da atividade financeira, que não suscitam o imposto municipal sobre serviços.

---

[49] STJ – AgRg no REsp n° 1192020 MG 2010/0078531-3, Rel. Ministro Humberto Martins, julgado em 19/10/2010 e publicado no DJe de 27/10/2010.

[50] REsp. n° 69.986/SP, Rel. Min. Demócrito Reinaldo, in DJ de 30.10.95, p. 36.734.

[51] STJ – AgRg no REsp n° 1192020 MG 2010/0078531-3, Rel. Ministro Humberto Martins, julgado em 19/10/2010 e publicado no DJe de 27/10/2010.

Nem se pode subsumir na alínea 14 da lista, alusiva à "datilografia, estenografia e expediente", eis que, nos estabelecimentos bancários, tais atividades apenas correspondem a meios de prestação dos serviços e não a estes próprios, que consistem na coleta e confronto de dados financeiros e administrativos.

O item "expediente" desperta idêntica recusa. É apenas a expressão de serviços variados, prestados no exercício de atividades-meio do comércio bancário, que, como diz o acórdão recorrido, "não chegam a constituir um serviço próprio, autônomo".[52]

Imposto sobre Serviços. Item 33 da lista anexa ao Decreto-Lei 839/69. Âmbito de incidência do tributo. A análise técnica de que trata o item 33 da lista de serviços anexa ao Decreto-Lei 839/69, não pode incluir as atividades-meio que fornecem a matéria para análise. A inclusão dessa atividade no âmbito de incidência definido naquele item, importa integração analógica, que malfere regra do artigo 108 do Código Tributário Nacional. Recurso não conhecido.[53]

Recurso Extraordinário. Inadmissibilidade. Tributo. Imposto Sobre Serviços de Qualquer Natureza – ISS-QN. Telefonia celular. Serviço de habilitação. Natureza acessória da operação. Atividade meio. Não incidência. Decreto-lei nº 406, de 1968. Taxatividade. Controvérsia infraconstitucional. Precedentes. Agravo regimental improvido. Não se admite recurso que verse questões infraconstitucionais sobre as hipóteses de incidência do ISSQN.[54]

Dessa série de exemplos constitutivos da jurisprudência – e que poderia se multiplicar – fica patente que em toda e qualquer atividade há "ações meio" (pseudos-serviços), cujo custo é, explícita ou implicitamente, suportado pelo tomador. Mas isto não pode conduzir ao absurdo de se pretender tomá-los (os custos) isoladamente, como se cada um deles fosse um serviço diferente, dissociado daquele a cuja prestação alguém se obriga (como ocorreria, por exemplo, caso se pretendesse que o advogado presta serviço de datilografia, mesmo sabendo-se que o custo desta atividade meio, separada ou embutidamente, é sempre cobrado do tomador dos serviços, por integrar seu preço).

Em conclusão, somente podem ser tomadas, para fins de incidência do ISS, as atividades desempenhadas como fim, correspondentes à prestação de um serviço integralmente considerado em cada item. Não se pode decompor um serviço – previsto, em sua integridade, em um dos itens específicos da lista da lei municipal – nas várias ações meio que o integram, para pretender tributá-las separadamente, isoladamente, como se cada uma delas correspondesse a um serviço autônomo, independente. Isso seria uma aberração jurídica, uma agressão frontal á Constituição. Ademais disso, constituir-se-ia em desconsideração à hipótese de incidência do ISS, tal como decorrente do arquétipo constitucional e descrita na lista das leis municipais.

É preciso examinar, sempre, se existe serviço com autonomia própria, que subsista separadamente, ou serviço sem autonomia, subordinado a outra atividade, qual seja aquela que se objetiva atingir. Em se tratando do primeiro caso, tem-se atividade-fim; diversamente, caso inexista autonomia própria, ter-se-á, sempre, atividade meio, insuscetível de acarretar a incidência do ISS.

IV.3.2. Atividade-meio e doutrina

Dado que uns poucos insistem em pretender que a dicotomia "atividade-meio" e "atividade-fim" por resultar de construção da doutrina não merece o prestígio legal

---

[52] RE nº 97.804-SP, j. 26.06.1984, DJ 31.08.1984.

[53] STF. 2ª Turma. REx nº 114354/RJ, Rel. Min. Carlos Madeira, j. 06.11.87, DJ de 04.12.87, p. 27644.

[54] Ag.Reg no Agravo de Instrumento nº 601009 MG, 2ª Turma, Rel. Min. Cesar Peluso, julgado em 08/09/2009 e publicado no DJe-191 de 09-10-2009 – Ement Vol-02377-08 p. 01618.

e, por conseguinte, é destituída de valor, vejamos o que diz a doutrina, sobre a doutrina. Consoante preleciona Paulo de Barros Carvalho designa-se:

> Doutrina ao domínio das lições, ensinamentos e descrições explicativas do direito posto, elaboradas pelos mestres e pelos juristas especializados. Sua linguagem é eminentemente descritiva, reproduzindo, de forma elucidativa, o conteúdo e os mecanismos de articulação próprios do direito positivo. Alude-se a uma doutrina científica sempre que o labor descritivo venha presidido por uma metodologia que a realidade do direito comporte, e vasado numa linguagem que se pretende rigorosa, já que o discurso científico é artificialmente construído com a finalidade de relatar, com precisão, sua realidade-objeto A doutrina não é fonte do direito positivo. Seu discurso descritivo não altera a natureza prescritiva do direito. Ajuda a compreendê-lo, entretanto não o modifica.[55]

Segundo as lições desse acatado mestre não se pode deixar de atribuir relevância à doutrina, como querem uns poucos desavisados, pondo-a em plano secundário, porquanto ela (além de não modificá-lo) auxilia a compreensão do Direito.

Além disso, como visto, a jurisprudência colacionada demonstra haver evidente equívoco daqueles que pretendem que a demarcação estremadora de atividade-meio e atividade-im se esgote na doutrina. Não é preciso maior esforço para verificar que foi ela absorvida por uma sucessão remansosa de julgados, inclusive das nossas Cortes Superiores. Via de consequência, não mais se trata de considerá-la contida nos escaninhos doutrinários, mas de tê-la, já sedimentada, no relevante campo da jurisprudência.

Qual é a importância desse fato? É a de que, agora, se tem situação em que se pode antever, inclusive, criação do Direito. Tal entendimento flui, firmemente, do magistério sempre fecundo (novamente a doutrina) da professora Misabel Derzi, que atribui às sentenças essa criação. Ouçamos os ensinamentos da ilustre mestra:

> Toda sentença, porque é um ato jurídico (pleno de imperatividade), produz efeitos e atinge a esfera jurídica das pessoas. Ainda que se pudesse supor a decisão judicial como mero ato de aplicação do Direito, boca pela qual falasse o legislador, de modo algum se lhe negariam efeitos retroativos "ex tunc", ou "ex nunc", conforme o caso. Toda sentença tem eficácia. Mas se toda sentença – seja ela declaratória, condenatória ou constitutiva – é também criação do Direito, então toda sentença constitui Direito novo.[56]

Lastimavelmente, entre nós, ainda se dá extremo valor às portarias, desprezando-se a Constituição. Valorizam-se as normas fundadas e, num fiscalismo desenfreado, malfere-se a norma fundante. Interpreta-se o Direito a partir do sopé da pirâmide. Dá-se valor maior aos atos administrativos, pondo-os sobranceiros à lei. Dá-se a julgados administrativos maior força do que aos judiciais. Como pretender tributável a atividade-meio, desconsiderando que, despida de conteúdo econômico, não pode, por imperativo constitucional, ser suscetível de tributação. Age-se, cumulativamente, com desrespeito ao Poder Judiciário, descaso pela jurisprudência e, sobretudo, com absoluto desprezo aos princípios constitucionais e total desvalia à Constituição.

Estamos convencidos de que o Poder Judiciário cortará cerce esses desvios. Afinal, não é apenas em Berlim que ainda há Juízes.

---

[55] *Curso de Direito Tributário.* 21. ed. São Paulo: Saraiva, 2011, p. 56.

[56] *Modificações da jurisprudência no direito tributário: proteção da confiança, boa-fé objetiva e irretroatividade como limitações constitucionais ao poder judicial de tributar.* São Paulo: Noeses, 2009, p. 246-248.

— 3.5 —

O Imposto Sobre Serviços (ISS) e os planos de saúde. Análise do caso sob a ótica do Recurso Extraordinário nº 651.703-RG/PR, Relator o Ministro Luiz Fux

LUIZ GUSTAVO A. S. BICHARA[1]

FRANCISCO CARLOS ROSAS GIARDINA[2]

Sumário: 1. Introdução; 2. A atividade de planos de saúde e o ISS; 2.1. Breve histórico; 2.2. Dificuldades do enquadramento dos planos de saúde como um serviço; 3. Considerações finais.

1. Introdução

Como normal e lamentavelmente ocorre com a legislação brasileira, as normas fiscais têm gerado infindáveis dúvidas de interpretação, especialmente pelo anocrismo dos institutos de direito tributário. Essa dificuldade é potencializada, na medida em que estamos diante de exações fiscais, em que, de um lado, temos o Estado em uma ânsia desenfreada por arrecadação e, de outro, os contribuintes, procurando reduzir a acachapante carga tributária, que há muito, é necessário enfatizar, ultrapassou o limite do tolerável.

De todo modo, a verdade é que a excessiva incidência de tributos sobre a atividade empresarial, muitos deles de forma evidentemente cumulativa, aliada à histórica ineficiência na aplicação dos recursos (quando não simplesmente desviados

---

[1] Graduado pela Faculdade de Direito da Universidade Cândido Mendes, tendo cursado o Program of Instruction for Lawyers da Harvard Law School no ano de 2003. É professor do Curso de Pós-Graduação em Direito Tributário da Faculdade UNIGRANRIO e do LLM em Direito Tributário do IBMEC. É Diretor Executivo da Associação Brasileira de Direito Financeiro e membro do General Council da International Fiscal Association (IFA). Foi membro da Comissão Especial para elaboração do Projeto do Código de Defesa do Contribuinte do Estado de Minas Gerais e de Comissão com o mesmo propósito constituída no Congresso Nacional, Vice-Presidente da Comissão Especial de Assuntos Tributários e Presidente da Comissão de Assuntos da Justiça Federal, ambas da OAB-RJ. Integrou a Banca Examinadora de diversos concursos para ingresso no Ministério Público e na Magistratura do Estado do Rio de Janeiro, na qualidade de examinador de Direito Tributário. É autor de inúmeros estudos e artigos publicados em revistas especializadas, Conselheiro Federal da OAB e sócio do Escritório Bichara, Barata & Costa Advogados.

[2] Advogado formado pela Universidade Federal do Rio de Janeiro – UFRJ – em 12/1989. Atuou como advogado na firma de auditoria e consultoria KPMG Peat Marwick de 1990 a 1998 (1991 a 1998 na sede em São Paulo) e, posteriormente, de 1998 a 2012, no escritório Miguez de Mello Advogados. Membro da Comissão Especial de Assuntos Tributários da OAB/RJ e Advogado do Escritório Bichara, Barata & Costa Advogados.

para outros fins), tem contribuído para o descrédito do Brasil perante a comunidade internacional, representando o chamado "Custo Brasil".

Longe de serem argumentos metajurídicos, os excessos e abusos arrecadatórios devem ser levados em consideração pelo Poder Judiciário, na medida em que qualquer permissividade dessa ordem, longe de atender a qualquer interesse público (primário ou secundário), leva ao asfixiamento da economia, prejudicando a todos, muito especialmente a necessária e salutar geração de novos postos de trabalho.

É mais do que o momento de romper com esse preconceito arcaico de que o setor econômico objetiva apenas o lucro fácil. Muito ao contrário, as dificuldades são inúmeras, e a experiência mostra que manter uma atividade empresarial qualquer é uma luta árdua contra burocracia e a carga tributária.

O Supremo Tribunal Federal, também por força dessa irresignação justificada dos empresários, tem sido constantemente chamado a equacionar as centenas de problemas tributários que surgem diuturnamente. Como, ao fim e ao cabo, as discussões fiscais acabam desaguando em aspectos de inconstitucionalidade, nossa Corte Constitucional tem se visto asfixiada por incontáveis processos pendentes de julgamento, não apenas de natureza tributária, mas versando sobre os mais variados temas jurídicos.

A situação de insustentabilidade da carga de volume do Supremo Tribunal Federal, a bem da verdade, teve uma reduzida melhora com o advento da repercussão geral, o que se deu por intermédio da Emenda Constitucional nº 45, de 8 de dezembro de 2004, e regulamentada pela Lei nº 11.418, de 19 de dezembro de 2006. Entretanto, mesmo assim, várias teses tributárias ainda permanecem indefinidas, contribuindo para a insegurança dos contribuintes e prejudicando o investimento privado.

O Supremo Tribunal Federal, é importante que se diga, não tem se desincumbido da sua função constitucional de dar a última palavra nas questões constitucionais, consciente de seu relevantíssimo dever e da sua imensa responsabilidade perante o país. Contudo, além de serem inúmeras as matérias pendentes de julgamento, novos problemas constitucionais surgem a cada dia, tornando a atividade jurisdicional daquele Tribunal bastante conturbada.

Por maior o esforço de seus onze Ministros e da dedicação hercúlea de seus servidores, o Supremo Tribunal Federal permanece assoberbado de funções e de processos pendentes de decisão há anos, alguns há décadas.

Um dos notáveis exemplos dessa morosidade de uma definição sobre a validade constitucional de incidências tributárias diz respeito ao Imposto sobre Serviços de Qualquer Natureza – ISS – na atividade de planos de saúde, assim entendida como a "prestação continuada de serviços ou cobertura de custos assistenciais a preço pré ou pós-estabelecido, por prazo indeterminado, com a finalidade de garantir, sem limite financeiro, a assistência à saúde, pela faculdade de acesso e atendimento por profissionais ou serviços de saúde, livremente escolhidos, integrantes ou não de rede credenciada, contratada ou referenciada, visando a assistência médica, hospitalar e odontológica, a ser paga integral ou parcialmente às expensas da operadora contratada, mediante reembolso ou pagamento direto ao prestador, por conta e ordem do consumidor", conforme o inciso I do artigo 1º da Lei nº 9.656, de 3 de junho de 1998.

O tema específico foi recentemente reconhecido como de repercussão geral no Recurso Extraordinário nº 651.703/PR, relator o Senhor Ministro Luiz Fux, ementado nos seguintes termos:

RECURSO EXTRAORDINÁRIO. DIREITO TRIBUTÁRIO. INCIDÊNCIA DE ISS SOBRE ATIVIDADES DESENVOLVIDAS PELAS OPERADORAS DE PLANOS DE SAÚDE. RECEITAS ORIUNDAS DAS MENSALIDADES PAGAS PELOS BENEFICIÁRIOS DOS PLANOS. LEI COMPLEMENTAR Nº 116/2003. RELEVÂNCIA DA MATÉRIA E TRANSCENDÊNCIA DE INTERESSES. MANIFESTAÇÃO PELA EXISTÊNCIA DE REPERCUSSÃO GERAL DA QUESTÃO CONSTITUCIONAL.

O objetivo da presente artigo é abordar alguns aspectos importantes para a adequada compreensão do problema e o relevantíssimo impacto desse julgamento para um segmento empresarial do mais alto significado para o país.

2. A atividade de planos de saúde e o ISS

2.1. Breve histórico

O Imposto sobre Serviços de Qualquer Natureza – ISS –, na forma como hoje o conhecemos em relação ao seu fato gerador, remonta ao texto constitucional de 1967, mantido, no particular, pela Emenda Constitucional de 1969. Em ambos os textos constitucionais, temos a prestação de "serviços de qualquer natureza" como elemento necessário à tributação de qualquer atividade pelo ISS.

Esse aspecto já mostra como é anacrônico e arcaico o sistema tributário nacional, incorporando conceitos, sem maior reflexão ou atualização, utilizados há décadas.

O artigo 8º do Decreto-Lei nº 406/68 estabelecia como "fato gerador a prestação, por emprêsa ou profissional autônomo, com ou sem estabelecimento fixo, de serviço constante da lista anexa". É dizer, desde 1968, a ideia de prestação de serviços é indissociável à caracterização da hipótese de incidência deste tributo.

Por sua vez, a atividade de planos de saúde veio a ser explicitamente referida como sujeita ao ISS, com o advento da Lei Complementar nº 56/87, que alterou a lista anexa do Decreto-Lei nº 406/68, passando a dispor, no item 6, o serviço de "Planos de saúde, prestados por empresa que não esteja incluída no inciso V desta lista e que se cumpram através de serviços prestados por terceiros, contratados pela empresa ou apenas pagos por esta, mediante indicação do beneficiário do plano".

Na Lei Complementar nº 116/2003, sem maiores novidades, os planos de saúde foram referidos nos subitens 4.22 e 4.23 da lista anexa àquela lei, *in verbis:*

4.22 – Planos de medicina de grupo ou individual e convênios para prestação de assistência médica, hospitalar, odontológica e congêneres.

4.23 – Outros planos de saúde que se cumpram através de terceiros contratados, credenciados, cooperados ou apenas pagos pelo operador do plano mediante indicação do beneficiário."

2.2. Dificuldades do enquadramento dos planos de saúde como um serviço

Uma das maiores dificuldades relativas ao ISS tem sido a de corretamente aquilatar o que se possa considerar como prestação de serviços. Com efeito, a antiga diferenciação que se fazia entre obrigação de dar e obrigação de fazer (sendo esta última considerada como típica hipótese de prestação de serviço) não se mostra mais suficiente para definir a hipótese de incidência do ISS. Não por outra razão, é que diversas atividades, pela complexidade das relações e acertos empresariais modernos, apresentam-se hoje em um verdadeiro limbo, com reflexos relevantes até na adequada percepção do local da prestação dos serviços. Entre tantas atividades nesta situação, podemos citar a franquia, tema que também será apreciado pelo Supremo Tribunal Federal pelo regime de repercussão geral (Recurso Extraordinário nº 603.136-RG/RJ, relator o Ministro Gilmar Mendes).

No caso do Imposto sobre Serviços de Qualquer Natureza – ISS, temos, ainda, o problema de tratar-se de um tributo de competência municipal, incidindo sobre uma atividade também eminentemente problemática.

Essa particular característica sobre ser o município o ente federativo com competência constitucional para instituir e cobrar o ISS, revela as múltiplas consequências desastrosas para os contribuintes, considerando as incontáveis possibilidades de interpretações divergentes pelas centenas de municípios brasileiros. Afora isso, existem, hoje, infinidades de atividades que não se enquadram bem no conceito tradicional de serviço ou, então, que o serviço seja apenas uma atividade-meio para um fim que nada tem de serviço. Tudo isso traz desdobramentos de alta complexidade, inclusive para definir se e onde está sendo prestado determinado serviço.

A atividade de planos de saúde, que aqui nos interessa diretamente, é dessas em que existe uma nítida incerteza sobre o que, dentre o plexo de atividades praticadas pelas operadoras de planos de saúde – OPS –, representa prestação de serviços.

A Agência Nacional de Saúde Suplementar – ANS –, agência reguladora com *status* de autarquia de regime especial, por intermédio da Resolução RDC 39/2000, procurou esboçar uma ideia sobre o que representa a "operação em saúde suplementar", esclarecendo tratar-se de administração, comercialização ou disponibilização dos planos, conceitos também muito vagos e amplos, imprecisos, bem por isso, para fins de aplicação precisa no âmbito tributário.

Nada obstante a ausência de uma natureza absolutamente precisa da atividade de planos de saúde, não se pode tributar por analogia. Ou há serviço (sendo, nesse caso, razoável falar-se em incidência do ISS), ou não o há. Não existem meios termos para a incidência das normas tributárias, que se regem, a exemplo do direito penal, pelo princípio da tipicidade cerrada. Neste particular, não é ocioso lembrar o velho axioma *nullum tributum, sine lege* que significa, basicamente, "não há tributo sem lei". Expressa-se o princípio na Constituição Federal, mais especificamente no artigo 150, inciso I:

Sem prejuízo de outras garantias asseguradas ao contribuinte, é vedado à União, aos Estados, ao Distrito Federal e aos Municípios:

I – Exigir ou aumentar tributo sem lei que o estabeleça;

Nesse contexto, é importante verificar que o próprio Código Tributário Nacional, em dispositivo de inegável importância e atualidade, dispõe, em seu artigo 110, que "a lei tributária não pode alterar a definição, o conteúdo e o alcance de institutos, conceitos e formas de direito privado, utilizados, expressa ou implicitamente, pela Constituição Federal, pelas Constituições dos Estados, ou pelas Leis Orgânicas do Distrito Federal ou dos Municípios, para definir ou limitar competências tributárias.".

Serviço, a bem da verdade, também não é um conceito livre de dificuldades. Em que pese assim seja, é certo afirmar, para fins de ISS, a possibilidade de se fixar um critério distintivo entre os conceitos clássicos de obrigação de dar e obrigação de fazer. Tal critério, em linhas absolutamente objetivas, pode ser sintetizado em qual o *interesse* buscado pelo credor da pretensão. É o que Orlando Gomes, em sua obra clássica sobre obrigações, aponta como "a distinção entre as obrigações de dar e as de fazer deve ser traçada em vista do interesse do credor". Bem por isso, as obrigações de meio se revelam irrelevantes (ou deveriam se revelar) para fins do ISS, porquanto não são elas as almejadas pelo credor. Daí por que, no campo do plano de saúde, a Lei nº 9.656/98, lei essa que rege a atividade, veicula duas expressões, dois signos, que são bastante úteis para uma perfeita compreensão do problema, quais sejam, "cobertura" e "reembolso". É isso o que objetiva aquele que contrata um plano de saúde.

A atividade desempenhada pela operadora de plano de saúde não é, em seu objetivo finalístico, intermediar o atendimento de saúde entre o profissional ou a clínica/hospital e o paciente (beneficiário do plano). Não é qualquer intermediação o que pretende o contratante do plano. Essa atividade nada mais representa do que um meio para o alcance de um fim. O credenciamento/referenciamento de uma rede de atendimento é um facilitador ao beneficiário, possibilitando, inclusive, uma redução do custo de atendimento.

Não há no plano de saúde, enfim, serviço algum sendo desempenhado pela operadora ao seu cliente.

O Supremo Tribunal Federal já se deparou, inúmeras vezes, com a discussão constitucional sobre a pertinência de incidir o ISS em determinadas atividades que, conquanto expressamente referidas nas listas anexas ao Decreto-Lei nº 406/68 e, atualmente, à Lei Complementar nº 116/2003, não se ajustam, com contornos muito nítidos, à ideia tradicional de serviço.

Para nos mantermos ao tema do presente artigo, podemos retornar ao ano de 1988, especificamente ao Recurso Extraordinário nº 115.308/RJ, relator o Ministro Néri da Silveira, em que a Primeira Turma do Supremo Tribunal Federal teve a oportunidade de afastar a incidência do ISS na atividade específica do plano de saúde. Aquele precedente foi assim ementado:

ISS. SEGURO SAÚDE. DECRETO-LEI N. 73/1966, ARTS. 129 E 130. COBERTURA DE GASTOS DE AS-SISTÊNCIA MÉDICA E HOSPITALAR, NOS LIMITES CONTRATUAIS, EM PERÍODO DETERMINADO, QUANDO O ASSOCIADO OS TIVER DE EFETUAR. OS VALORES RECEBIDOS DO ASSOCIADO NÃO SE DESTINAM À CONTRAPRESTAÇÃO IMEDIATA POR QUALQUER SERVIÇO MÉDICO HOSPITALAR PRESTADO PELA ENTIDADE. QUEM PRESTA OS SERVIÇOS DE ASSISTÊNCIA É O MÉDICO OU O HOSPITAL CREDENCIADO, SOB RESPONSABILIDADE PRÓPRIA. RISCOS FUTUROS. NÃO CA-RACTERIZAÇÃO DA FIGURA DO AGENCIADOR DE SERVIÇO. SITUAÇÃO DE FATO E CLÁUSULAS CONTRATUAIS DISCUTIDAS NO ACÓRDÃO E INSUSCETÍVEIS DE REEXAME EM RECURSO EXTRA-ORDINÁRIO. SÚMULAS 279 E 454. NÃO ENQUADRAMENTO EM HIPÓTESE DE INCIDÊNCIA DO ISS. CONSTITUIÇÃO, ARTS. 24, II, E 21, VI. DECRETO-LEI N. 834/1969 E LISTA DE SERVIÇOS. LEI COM-PLEMENTAR N. 56, DE 15.12.1987, E A NOVA LISTA DE SERVIÇOS, ONDE SE INCLUEM, NO ITEM 6, COMO SUJEITOS AO ISS, OS SERVIÇOS DE "PLANOS DE SAÚDE, PRESTADOS POR EMPRESA QUE NÃO ESTEJA INCLUÍDA NO ITEM 5 DESTA LISTA E QUE CUMPRAM ATRAVÉS DE SERVIÇOS PRESTADOS POR TERCEIROS, CONTRATADOS PELA EMPRESA OU APENAS PAGOS POR ESTA, MEDIANTE INDICAÇÃO DO BENEFICIÁRIO DO PLANO". NÃO APLICAÇÃO AO CASO CONCRETO DA LEI COMPLEMENTAR N. 56/1987. RECURSO EXTRAORDINÁRIO NÃO CONHECIDO.

Dali se percebe, claramente, embora se trate de um recurso não conhecido, que o Supremo Tribunal Federal identificou não existir um serviço propriamente dito no plano de saúde mas, sim, um contrato eminentemente *aleatório*, este que é marcadamente caracterizado pelo *risco*, ou seja, a ausência de uma equivalência entre a prestação e a contraprestação. O próprio Ministro relator deixa esta questão bastante evidenciada, ao transcrever o acórdão recorrido, expondo que "os valores recebidos pela Apelante do cliente não se destinam ao pagamento da prestação de qualquer serviço, médico, hospitalar, ou similar. Ao contrário, supondo-se que estes serviços possam eventualmente jamais ser prestados, pois como ocorre com qualquer empresa no ramo de seguro, a lucratividade do investimento está determinada por uma relação atuarial entre o valor dos pagamentos recebidos e a frequência com que é demandada a empresa ao pagamento dos custos e riscos segurados. Assim, quem presta o serviço de assistência médica e hospitalar é o médico ou o hospital credenciado, porém, nunca a Apelante, que não dispõe da habilitação técnica ou profissional para tanto adequada. A Apelante é, tão somente, responsável pelo pagamento que assumiu pelo contrato firmado com o cliente.".

Interpretando o caso à luz desse precedente do Supremo Tribunal Federal, não há como falar, em contratos como o presente, em que se tem a *álea* como um elemento fundamental, na possibilidade de haver serviços sendo executados. Insista-se no ponto, a pretensão buscada pelo credor (aqui, o beneficiário contratante do plano de saúde) é a cobertura e o atendimento aos eventos de saúde previstos no contrato. COBERTURA e REEMBOLSO (este, quando previsto contratualmente ou for da essência do contrato, como ocorre no seguro-saúde), como já exposto anteriormente, são os fins pretendidos com o contrato.

Mais à frente, o Supremo Tribunal Federal, no célebre julgamento do Recurso Extraordinário nº 116.121/SP, relator originário o Ministro Octavio Gallotti, iniciado na sessão do dia 27 de agosto de 1992 e terminado apenas em 11 de outubro de 2000, se deteve na possibilidade de incidir o ISS na locação de bens móveis. Prevaleceu, contra os votos dos Ministros Octavio Gallotti, Carlos Mário Velloso, Ilmar Galvão, Nelson Jobim e Maurício Correa (todos, hoje, aposentados), o voto do Ministro Marco Aurélio que, de forma simples, mas de precisão cirúrgica, pontuou que:

> Em face do texto da Constituição Federal e da legislação complementar de regência, não tenho como assentar a incidência do tributo, porque falta o núcleo dessa incidência, que são os serviços. Observem-se os institutos em vigor tal como se contêm na legislação de regência. As definições de locação de serviços e locação de móveis vêm-nos do Código Civil (...).
>
> (...)
>
> Em síntese, há de prevalecer a definição de cada instituto, e somente a prestação de serviços, envolvido na via direta o esforço humano, é fato gerador do tributo em comento. Prevalece a ordem natural das coisas cuja força surge insuplantável; prevalecem as balizas constitucionais e legais, a conferirem segurança às relações Estado-contribuinte; prevalece, alfim, a organicidade do próprio Direito, sem a qual tudo será possível no agasalho de interesses do Estado, embora não enquadráveis como primários.

Neste julgamento, o Ministro Moreira Alves, civilista de primeira linha, salientou que "desde que o Código Tributário Nacional, em seu artigo 110, determina que conceito como este, que é conceito de direito privado, não pode ser alterado pela legislação tributária, tenho de acompanhar os votos a partir do eminente Ministro Marco Aurélio.".

Posteriormente, especificamente no ano de 2009, o mesmo Supremo Tribunal Federal, no julgamento do Recurso Extraordinário nº 592.905/SC, em que se controvertia sobre a incidência do ISS no contrato de arrendamento mercantil, abriu um pouco o conceito restritivo então adotado no Recurso Extraordinário nº 116.121/SP.

O Ministro-Relator Eros Grau, fazendo alusão ao conceito de "serviços de qualquer natureza", assim sumariou seu entendimento:

> Em síntese, há serviços, para os efeitos do inciso III do artigo 156 da Constituição, que, por serem de *qualquer natureza*, não consubstanciam *típicas* obrigações de fazer. Raciocínio adverso a este conduziria à afirmação de que haveria serviços apenas nas prestações de fazer, nos termos do que define o direito privado. Note-se, contudo, que afirmação como tal faz tábula rasa da expressão "de qualquer natureza", afirmada no texto da Constituição. Não me excedo em lembrar que toda atividade de dar consubstancia também um fazer e há inúmeras atividades de fazer que envolvem um dar.
>
> A lei complementar não define o que é serviço, apenas o declara, para os fins do inciso III do artigo 156 da Constituição. Não o inventa, simplesmente descobre o que é serviço para os efeitos do inciso III do artigo 156 da Constituição. (...)

O voto do Ministro Cezar Peluso, neste julgamento, exemplifica a aparente intenção de uma corrente do Supremo Tribunal Federal em interpretar (ou mesmo reler) o direito tributário à luz dos tempos atuais, especialmente à vista dos conceitos de direito privado. Lê-se do voto:

> Senhor Presidente, eu também peço vênia para acompanhar o eminente Relator, observando apenas que as dificuldades teóricas opostas pelas teses contrárias a todos os votos já proferidos vêm, a meu ver, de um erro que não eu não diria apenas histórico, mas um erro de perspectiva, qual seja o de tentar interpretar não apenas a complexidade da economia do mundo atual, mas sobretudo os institutos e figuras jurídicos com que o ordenamento regula tais atividades complexas com a aplicação de concepções adequadas a certa simplicidade do mundo do império romano, em que certo número de contratos típicos apresentavam obrigações explicáveis com base na distinção escolástica entre obrigações de dar, fazer e não fazer.

A análise desses três precedentes do Supremo Tribunal Federal, apesar de revelar uma natural mudança (em que pese sutil) da Corte na interpretação dos institutos do direito tributário e como eles se inter-relacionam com o direito privado, permite concluir pela existência de razões relevantes em prol da tese defendida pela operadora.

Com efeito, quer se entenda as expressões "serviços" e "serviços de qualquer natureza" como algo a ser definido pelo intérprete ou, diversamente, fenômenos aprisionados ao conceito de direito privado, o ponto fundamental é que uma atividade não pode, como em um passe de mágica, assumir uma conotação, uma roupagem, distinta, apenas e tão somente para fins de subsunção à hipótese de incidência de um determinado tributo. A ser assim, ruirá por completo o sistema tributário, uma vez que não se terá a mínima segurança, princípio tão caro e necessário ao bom e regular desenvolvimento da atividade econômica.

Tão delicada é a discussão acerca da tributação do plano de saúde, que algumas soluções paliativas na jurisprudência foram sendo criadas ao longo dos anos, como a de considerar que o ISS devido pelas operadoras deva se dar pelo líquido (grosso modo, contraprestações pecuniárias recebidas deduzidas dos sinistros pagos), fórmula que acabou sendo incorporada, com variações, por várias legislações municipais, inclusive recentemente pelo Município de São Paulo (Lei Municipal nº 15.406/2011). Quanto a esse particular, por exemplo, no Superior Tribunal de Justiça, podemos citar os EDcl no REsp 227.293/RJ, relator o Ministro Francisco Falcão, Primeira Turma, o REsp 1.237.312/SP, relator o Ministro Herman Benjamin e o AgRg no REsp 1.122.424/RJ, relator o Ministro Humberto Martins, ambos da Segunda Turma.

Há decisões, inclusive, que negam à atividade de planos de saúde natureza de prestação de serviços, pelo que estaria ela, a despeito de incluída na lista anexa da Lei Complementar 116/2003, fora do campo de incidência do ISS (neste sentido, por todas, a decisão do Órgão Especial do Tribunal de Justiça do Estado de São Paulo na Arguição de Inconstitucionalidade n° 9039730-89.2005.8.26.0000, relator o Desembargador Ademir Benedito).

Por sua vez, tentar definir minimamente o que seja prestação de serviços de uma medicina de grupo (ou odontologia de grupo) tem relevância prática. O gerenciamento da atividade em determinada localidade (por exemplo, na matriz da operadora), ainda que a atividade de garantia do atendimento médico ao grupo de beneficiários esteja dispersa pelo Brasil, dispensaria a abertura de filiais naqueles municípios em que a operadora tem beneficiários? A disponibilização (termo usado pela já referida Resolução RDC 39/2000) dos planos de saúde pela operadora se dá em cada município no qual ela tem beneficiários e ali oferece uma rede credenciada? Qual, enfim, o critério, se há algum?

A Lei Complementar 116/2003, procurando diminuir as infindáveis dúvidas que existiam quanto ao ISS à época do Decreto-Lei 406/68, estabeleceu, com exceções que não interessam ao presente artigo, um critério geral para definir o aspecto espacial da hipótese de incidência, qual seja, o local do estabelecimento prestador ou, na falta do estabelecimento, o local do domicílio do prestador. Estabelecimento prestador, também pela mesma lei complementar, foi conceituado como "o local onde o contribuinte desenvolva a atividade de prestar serviços, de modo permanente ou temporário, e que configure unidade econômica ou profissional, sendo irrelevantes para caracterizá-lo as denominações de sede, filial, agência, posto de atendimento, sucursal, escritório de representação ou contato ou quaisquer outras que venham a ser utilizadas" (artigo 4°).

É de se notar, tal qual o fizemos acima quanto ao conceito de serviço, que também a noção de estabelecimento é, atualmente, discutível. Diversas empresas mantêm estabelecimentos físicos e virtuais, sendo nestes entabulados praticamente todos os negócios jurídicos, como são exemplos os estabelecimentos virtuais B2C (*business to consumer*).

O Superior Tribunal de Justiça já se deteve algumas vezes na análise do tema e, em que pese tratando sobre atividade diversa, trouxe subsídios relevantes. O voto do Ministro Castro Meira no Recurso Especial 1.190.989/MG explica bem essa nova percepção do ISS, com fundamentos importantes para o delineamento do presente artigo:

> Como se observa, a municipalidade competente para realizar a cobrança do ISS é a do local do estabelecimento prestador dos serviços. Considera-se como tal a localidade em que há uma unidade econômica ou profissional, isto é, onde a atividade é desenvolvida, independentemente de ser formalmente considerada como sede ou filial da pessoa jurídica.
>
> Isso significa que nem sempre a tributação será devida no local em que o serviço é prestado. O âmbito de validade territorial da lei municipal compreenderá a localidade em que estiver configurada uma organização (complexo de bens) necessária ao exercício da atividade empresarial ou profissional.
>
> Assim, por exemplo, se uma sociedade empresária estabelecida em um determinado município, presta o serviço uma única vez em outro município, o ISS é devido no local em que sediada. No entanto, se essa mesma sociedade aluga uma sala comercial nesse outro município, contrata funcionários e lá passa a exercer a atividade econômica, a tributação, aí sim, será devida na localidade em que prestado o serviço.
>
> Essa mesma opinião é comungada por José Eduardo Soares de Melo que, acompanhando o entendimento de Misabel Abreu Machado Derzi, assim conclui:
>
> Justificável a assertiva de que o estabelecimento prestador não será um singelo depósito de materiais ou a existência de um imóvel, sendo necessária a organização, unificada em uma unidade econômica indispensável à prestação do serviço. O local onde se situar tal organização (de fato, não por ficção formal ou

declaração de fachada do contribuinte, atrairá o âmbito de validade territorial da lei municipal respectiva. (*ISS – Aspectos Teóricos e Práticos*. 5ª ed. São Paulo: Dialética, 2008, p. 195).

Não estando, assim, a atividade de planos de saúde (assumindo seja ela uma prestação de serviços, entendimento que será analisado pelo Supremo Tribunal Federal no Recurso Extraordinário n° 651.703-RG/PR) excepcionada da regra geral do artigo 3°, *caput,* da Lei Complementar 116/2003, o norte a ser seguido é o do estabelecimento prestador ou, na sua ausência, do local do domicílio do prestador. Unidade econômica ou profissional, de seu turno, em uma operadora de planos de saúde não pode ser configurada tão somente pelo fato de ter ela beneficiários em um município. Contudo, se houver elementos que caracterizem uma atividade organizada em determinado município, *ainda que por interposta pessoa e, com maior razão, através da abertura de filial, sucursal ou ponto de contato*, ali há um estabelecimento prestador.

A avaliação, portanto, será casuística, sendo oportuno enfatizar que, como é evidente, os municípios buscam sempre meios de carrear aos seus cofres o maior volume de receitas possíveis, ainda que, para tal finalidade, sejam cometidas arbitrariedades e "releituras" da Lei Complementar 116/2003.

3. Considerações finais

Afora esses aspectos de índole tributária, todos a revelar a seriedade do debate constitucional a ser travado no Recurso Extraordinário n° 651.703/PR, cuja repercussão geral foi em boa hora reconhecida pelo Ministro Luiz Fux, é absolutamente necessário evidenciar que os planos de saúde ocupam, há tempos, uma função que deveria ser do Estado, não o sendo por uma completa ineficiência dos órgãos responsáveis. Nem se alegue, quanto a isso, falta de recursos, uma vez que o orçamento da saúde e as generosas destinações de verbas à pasta do Ministério respectivo deveriam ser mais do que suficientes para a boa gestão da saúde pública. Mesmo o famigerado IPMF e seu sucessor CPMF, de infeliz memória, nada auxiliaram a tirar o Brasil do caos na saúde. O Estado, portanto, incapaz de prestar serviços adequados – por razões que fogem ao âmbito do presente artigo – delega à iniciativa privada o atendimento à saúde (artigo 199 da Constituição da República). Contraditoriamente, contudo, através de uma tributação perversa, o mesmo Estado sufoca o agente privado. O Estado precisa se mostrar coerente com as suas posturas e com os encargos que lhe são confiados pelo texto constitucional. É mais do que o momento de a administração pública agir com a mais absoluta seriedade e respeito com os agentes econômicos.

A atividade de plano de saúde está assentada em critérios de mutualismo. Se há a quebra desse equilíbrio, todos perdem, uma vez que os interesses em jogo são diretamente do grupo assistido e, indiretamente, da própria sociedade e do Estado.

Inviabilizar os planos de saúde através de regimes perversos de tributação, como exemplifica a incidência de ISS comentada no presente artigo, significa, ao longo prazo, pura e simplesmente, paralisar uma atividade que se qualifica, constitucionalmente, como de alta relevância pública, lançando ao sistema público de saúde milhares de pacientes. É apenas lógico que esses aspectos devem merecer a atenção e a devida consideração pelo Supremo Tribunal Federal.

— 3.6 —

COFINS: conceitos de receita e faturamento

RICARDO MARIZ DE OLIVEIRA

Receita é qualquer ingresso ou entrada de direito que se incorpore positivamente ao patrimônio, e que represente remuneração ou contraprestação de atos, atividades ou operações da pessoa titular do mesmo, ou remuneração ou contraprestação do emprego de recursos materiais, imateriais ou humanos existentes no seu patrimônio ou por ele custeados.

O tema deste artigo vem sendo enfrentado por vários autores, e também pela jurisprudência, principalmente a administrativa, desde que em 1998 a Lei n. 9718 expandiu a base de incidência da COFINS, passando daquela que era tradicional, e que apenas atingia o faturamento, para alcançar também as receitas em geral.

Para as obrigações tributárias nascidas no tempo presente e no futuro, pouco importa a controvérsia que se estabeleceu em torno da inconstitucionalidade do art. 1º da Lei n. 9718, ou sobre a inovação constitucional introduzida pela Emenda Constitucional n. 20, que, entre outras contribuições destinadas a financiar a seguridade social, autorizou a incidência sobre *"a receita ou o faturamento"*.

O título deste trabalho pede os conceitos de receita e de faturamento, mas, na quadra atual, não parece muito útil divagar sobre as distinções entre as duas figuras, podendo-se partir da noção de que faturamento corresponde às receitas tão somente de vendas de mercadorias ou de prestação de serviços. É este o sentido que a doutrina tem dado ao termo, e dele não tem destoado a jurisprudência dos mais altos tribunais,[1]

---

[1] Na época em que faturamento esteve sob mais intensa apreciação pelo Supremo Tribunal Federal, na ação direta de constitucionalidade n. 1-1-DF, julgada em 1.12.1993, o Ministro MOREIRA ALVES, afirmou: "Note-se que a Lei Complementar n. 70/91, ao considerar o faturamento como 'a receita bruta das vendas de mercadorias, de mercadorias e serviços e de serviços de qualquer natureza' nada mais fez do que lhe dar a conceituação de faturamento para efeitos fiscais, como bem assinalou o eminente Ministro ILMAR GALVÃO, no voto que proferiu no RE 150764, ao acentuar que o conceito de receita bruta das vendas de mercadorias e de mercadorias e serviços 'coincide com o de faturamento, que, para efeitos fiscais, foi sempre entendido como o produto de todas as vendas, e não apenas das vendas acompanhadas de fatura, formalidade exigida tão-somente nas vendas mercantis a prazo (art. 1º da Lei n. 187/36)'". A mencionada assertiva foi feita pelo Ministro ILMAR GALVÃO no julgamento do recurso extraordinário n. 150764-1-PE, julgado pelo Tribunal Pleno em 16.12.1992. Na mesma época, quando do julgamento do recurso extraordinário n. 150755-1-PE, concluído em 18.11.1992 pelo Plenário da Suprema Corte, sendo relator o Ministro SEPÚLVEDA PERTENCE, afirmou este na ementa: "A contribuição social questionada se insere entre as previstas no art. 195, I, CF e sua instituição, portanto, dispensa lei complementar: no art. 28 da L. 7.738/89, a alusão a 'receita bruta', como base de cálculo do tributo, para conformar-se ao art. 195, I, da Constituição, há de ser entendida segundo a definição do Dl. 2.397/87, que é equiparável à noção corrente de 'faturamento' das empresas de serviço"

a despeito de algumas passagens titubeantes e de ainda haver algumas questões a solucionar.

De qualquer modo, pode-se afirmar com absoluta segurança que receita é um conceito mais amplo do que faturamento (não fosse assim, a Emenda n. 20 teria sido desnecessária e não exerceria o papel divisor de águas que exerce), pois faturamento representa apenas uma espécie do gênero receitas. Foi neste sentido que, manifestando-se nos debates quando do julgamento do recurso extraordinário n. 150755-1-PE, o Ministro SEPÚLVEDA PERTENCE afirmou: *"Há um consenso: faturamento é menos que receita bruta"*.

Seja como for, no cenário legislativo atual, em que a Emenda Constitucional 20 (seguida da Lei n. 10833, e também da Lei n. 10637, relativa à contribuição ao PIS, e ainda face à própria Lei n. 9718), não mais restringe a incidência da COFINS ao faturamento, é de nenhuma importância prática discutir se faturamento é ser distinto de receita, ou se, como pensa a maioria, faturamento é espécie do gênero receita, isto é, faturamento engloba apenas dois tipos de receitas que participam do gênero abrangente de outras espécies.

Há uma razão histórica para a atual redação do art. 195 da Constituição Federal – *"a receita ou o faturamento"* –, encontrada na fonte inspiradora do projeto de emenda constitucional que redundou nesta cláusula, cuja fonte tentava salvar o passado em que, a todo custo, se queria equiparar faturamento à receita total. Não obstante, mesmo isto não traz qualquer luz para uma identificação do que seja receita, em contraposição a faturamento.

Em suma, a pouca utilidade atual da distinção explica-se porque, independentemente de aspectos específicos, faturamento seguramente faz parte de um conjunto denominado "receita", de tal arte que a distinção somente tem valor histórico, ou para o julgamento de casos do passado que ainda estejam pendentes.

A despeito disso, podemos começar a identificar a entidade receita partindo de um aspecto peculiar ao termo "faturamento", dado que tal aspecto também é encontrado nas receitas em geral, o que de certa forma confirma que faturamento é uma espécie de receita.

Com razão, certamente ninguém vai imaginar que faturamento corresponda ao ato de emitir faturas (ou ao simples resultado do ato de faturar), pois se trata apenas de um ato procedimental que, ademais, não contém, ele em si, qualquer conteúdo econômico para justificar qualquer incidência tributária, conteúdo este necessariamente existente em todo e qualquer fato que seja gerador de obrigação tributária, por revelar capacidade contributiva do respectivo contribuinte.

(a menção a serviços deve-se a que estava em pauta a norma do art. 28 da Lei n. 7738, que somente tratava de receita bruta da prestação de serviços, inclusive porque estava em discussão a contribuição ao FINSOCIAL devida pelas prestadoras de serviços. Por isso mesmo, no seu voto no referido recurso extraordinário n. 150755-1-PE, o Ministro ILMAR GALVÃO, inclusive registrou: "Tais objeções, todavia, não colhem. De efeito em nosso sistema jurídico não se faturam tão-somente mercadorias, mas também serviços, correspondendo a faturamento a renda bruta das pessoas jurídicas que se dedicam exclusivamente à prestação de serviços". Mais recentemente, reportando-se àquela jurisprudência, e resumindo com precisão, a Ministra Rosa Weber foi categórica: "A decisão agravada está em harmonia com a tradicional jurisprudência deste Supremo Tribunal Federal acerca do conceito constitucional de faturamento, inscrito no art. 195, I, da Carta de 1988, no sentido de equivaler à receita bruta advinda da venda de mercadorias e da prestação de serviços. Precedentes do Plenário: RE 150.755, DJ 20.08.1993; ADC 1, DJ 16.06.1995; REs 390.840, 357.950 e 346.084, DJ 15.08.2006. Embora se identifiquem decisões dissonantes, esta robusta orientação do Tribunal Pleno não foi superada. E enquanto não o for, há de ser respeitada" (o agravo regimental no agravo regimental no recurso extraordinário n. 396514-PR, decidido em 20.11.2012 pela 1ª Turma).

Quer dizer, o ato de faturar não passa do ato de formalizar a realização de um negócio jurídico preexistente, este sim, dotado de conteúdo econômico ou capaz de gerar efeito econômico (como deve ocorrer com todas as outras receitas), que, no caso, é o negócio de compra e venda de mercadorias ou o de prestação de serviços, para os quais a Lei n. 5474 prevê tal forma documental,[2] assim como, em outras situações, emite-se um recibo ou um conhecimento de embarque, assina-se uma escritura pública ou outro documento pertinente.

Portanto, fica registrado que faturamento é espécie de um gênero maior, tanto quanto receita de aluguel é outra espécie deste gênero, assim como as receitas de vendas, de juros e quaisquer outras. Ou seja, para o atual campo constitucional de incidência da contribuição social em análise, nenhuma influência exercem tais especificações, pois interessa apenas determinar o que seja receita, fixando um quadro que seja amplo o suficiente para alcançar todas as suas espécies.[3]

Isto é, saber o que seja receita importa em saber duas coisas: a primeira é que determinado acontecimento econômico, que se identifica como receita, está no campo constitucional de incidência da COFINS, e a segunda é determinar qual o montante desse acontecimento econômico, sobre o qual pode ser aplicada a alíquota da contribuição.

Em outras palavras, neste mister, o intérprete ou aplicador da lei determina o núcleo ou aspecto material da incidência constitucionalmente possível e, ao mesmo tempo, delimita o seu aspecto quantitativo, que é a base de cálculo possível em tese e em cada caso concreto.

Em decorrência do que foi dito, a concentração da nossa atenção deve ser sobre o que seja receita, no sentido constitucional, ou seja, no sentido da competência tributária inserida no inciso I, alínea "b", do art. 195 da Constituição Federal.

Como outros, eu também publiquei mais de um trabalho em torno do tema, e em todos adotei um método de pesquisa e estudo consistente em averiguar quais são as características intrínsecas das receitas reconhecidas universalmente como tais, e submeter cada conclusão assim haurida a testes e constantes revisões de confirmação conceitual dos pressupostos e elementos do que seja receita.

Justifica-se este sistema em virtude da ausência de uma definição legal de caráter geral para receita, e também porque a prática nos leva a enfrentar sempre renovados desafios, em que novos tipos de ingressos econômicos ou financeiros nas empresas têm que ser definidos como receitas ou "não receitas". Assim, os pressupostos e elementos foram se estratificando à cada revisão feita, isto é, foram se comprovando verdadeiros os dados teóricos adotados nas vezes anteriores em que o assunto havia sido considerado.

E foi possível verificar que, em decorrência do referido método de pesquisa e estudo, não houve alteração na substância das suas conclusões, mas apenas um certo

---

[2] Forma é referida aqui no correto sentido jurídico de instrumento pelo qual se exterioriza e se comprova o contrato ou o ato jurídico em sentido estrito, a teor do que exprime o inciso III do art. 104 do Código Civil, *in verbis*: "Art. 104 – A validade do negócio jurídico requer: I – agente capaz; II – objeto lícito, possível, determinado ou determinável; III – forma prescrita ou não defesa em lei".

[3] Fique bem claro que apenas quando se cuida de determinar a possibilidade constitucional de cobrança da COFINS e do seu alcance é que não há relevância nas distinções específicas entre os vários tipos (espécies) de receitas, mas a distinção pode ser necessária quando a legislação ordinária prescreva determinado tratamento para alguma espécie de receita, como, por exemplo, alíquota zero para as receitas financeiras no regime não cumulativo.

aprimoramento das conclusões antes atingidas,[4] até chegar ao estágio atual, sob o qual passo a discorrer. Por esta mesma razão, no estágio atual, mesmo mantida a essência de trabalhos anteriores, as reflexões necessárias a reescrever sobre o tema no presente artigo acarretam novas melhorias, porque despertam novos aspectos ou detalhes antes não atinados ou não expostos.

Preliminarmente, quero registrar que não adentrarei na intensa e interessante discussão doutrinária que vem sendo travada em torno da distinção entre conceitos e tipos, por juristas do quilate de Ricardo Lobo Torres, Luís Eduardo Schoueri, Humberto Ávila, Fernando Aurelio Zilveti e outros. Por igual, não tratarei de suas subdivisões, tais como conceito determinado ou indeterminado, ou tipo aberto ou fechado.

Não há necessidade de distinguir quaisquer dessas noções para o fim ora perseguido, ainda que o título dado ao artigo se refira a "conceitos" e comumente se fale em "conceito constitucional de receita", ou de renda, ou de qualquer outro objeto das várias competências tributárias.

O importante, na verdade, é determinar o que seja o objeto passível de incidência da COFINS, isto é, o importante é determinar (caracterizar) que coisa, ser ou entidade é representada pela palavra "receita", quando empregada pela lei constitucional para atribuir competência tributária à União Federal. Afinal, em qualquer exegese ou aplicação da lei, a primeira atividade mental corresponde à cognição do sentido em que a lei empregou os termos vernaculares.[5]

Na verdade, a Constituição, ao discriminar as competências tributárias, faz alusão à "coisas", que podem ser objetos materiais ou imateriais (embora os tributaristas tenham se acostumado a se referir a todos eles como "materialidades" da hipótese de incidência), alguns do mundo natural, a maioria do mundo jurídico, e para cada um deles deve-se procurar um critério de identificação que seja o mais seguro possível.

Este trabalho é necessário inclusive quando haja lei complementar definidora do fato gerador dos impostos, em atenção à exigência do art. 146 da Magna Lei, por-

---

[4] Aprimoramento que foi necessário inclusive quando as Leis n. 11638 e 11941 baixaram novas regras de classificação contábil dentro das demonstrações financeiras, porque uma delas interferiu com a anterior colocação do tema no tocante às reservas de capital, conforme será explicado adiante.

[5] Neste particular, não se olvidando a norma do art. art. 11, inciso I, letra "a", da Lei Complementar n. 95, de 26.2.1998, lei esta que, em atendimento ao parágrafo único do art. 59 da Constituição Federal, trata da confecção das normas legais pelo Poder Legislativo, cujo referido dispositivo reza: "Art. 11 – As disposições normativas serão redigidas com clareza, precisão e ordem lógica, observadas, para esse propósito, as seguintes normas: I – para a obtenção de clareza: a) usar as palavras e as expressões em seu sentido comum, salvo quando a norma versar sobre assunto técnico, hipótese em que se empregará a nomenclatura própria da área em que se esteja legislando;". Este dispositivo da lei complementar incorporou ao direito positivo preceitos antes proclamados pela doutrina e pelo Supremo Tribunal Federal. É o que se encontra, por exemplo, no Parecer n. SR-70, de 6.10.1988, do Consultor-Geral da República (DOU de 7.10.1988, p. 19675 e seg.), com fulcro na doutrina de Vicente Ráo: "Sabemos que o parágrafo é, tecnicamente, o desdobramento do enunciado principal, com a finalidade de ordená-lo inteligentemente ou excepcionar a disposição principal. Ordenando ou excepcionando, sempre se refere ao 'caput': '... em sentido técnico-legislativo indica a disposição secundária de um artigo, ou texto de lei, que, de qualquer modo, completa ou altera a disposição principal, a que se subordina. Comumente, o conteúdo do parágrafo deve ligar-se e sujeitar-se à prescrição contida na disposição principal, como o particular ao geral. Também usa o legislador, com freqüência, dispor a matéria em sucessão lógica, unindo o sentido de cada parágrafo ao do parágrafo anterior e o de todos os parágrafos ao do texto principal do artigo'. (Vicente Ráo, "o Direito e a Vida dos Direitos", vol. I, p. 326)". O Supremo Tribunal Federal, Pleno, no mandado de injunção n. 60-3 (AgRg) , decidido em 12.9.1990, relator o Ministro MARCO AURÉLIO, firmou na ementa o entendimento no sentido de "o parágrafo estar jungido ao regime jurídico único de que cogita o 'caput'". O Ministro MOREIRA ALVES, votando no recurso extraordinário n. 146615-4-PE, julgado em 6.4.1995 pelo Plenário do Supremo Tribunal, afirmou "que é princípio de hermenêutica jurídica que, quando os parágrafos, no tocante a hipóteses determinadas, as disciplinam deferentemente da regra geral contida no 'caput' do mesmo dispositivo, aqueles devem ser interpretados, sempre que possível, como exceções a este".

que, também nestes casos, ainda podem ter sido dadas definições carentes de investigações mais aprofundadas para compreensão do seu linguajar, especialmente quando contenham termos plurívocos, ambíguos ou vagos.[6]

Mesmo quando a competência contemple um bem material, como, por exemplo, a relativa ao IPI, embora não seja possível ao legislador mudar a natureza das coisas,[7] pode ser necessário identificar a partir de quando uma matéria natural adquire a condição de produto industrializado. Ao se compulsar a legislação desse imposto e a do antigo imposto único sobre minerais, bem se nota que muitas vezes a solução depende de definição legal.

Pois bem, mais intenso é o trabalho do exegeta quando se trate de contribuições sociais, porque o Supremo Tribunal Federal já decidiu que elas não estão alcançadas pela exigência do art. 146, e muito especialmente quando tais contribuições incidem sobre receitas, que, como dito, não contam com alguma definição geral dada pelo direito positivo em vigor.

Neste trabalho, vale lembrar preambularmente que a doutrina do Supremo Tribunal Federal é no sentido de que na discriminação constitucional de rendas tributárias há limites semânticos mínimos intransponíveis pelo legislador, mesmo complementar. Assim se manifestou o Ministro THOMPSON FLORES no célebre julgamento do recurso extraordinário n. 71758-GB, decidido pelo Tribunal Pleno da Suprema Corte em 14.6.1972, ocasião em que ele destacou que a lei *"não deve ir além dos limites semânticos, que são intransponíveis"*. Na mesma assentada, atentando para a natureza das coisas, o Ministro LUIZ GALLOTTI proferiu palavras que ficaram na história da jurisprudência brasileira – *"se a lei pudesse chamar de compra o que não é compra, de importação o que não é importação, de exportação o que não é exportação, de renda o que não é renda, ruiria todo o sistema inscrito na Constituição. ... Tenho um amo implacável, que é a natureza das coisas"* –, palavras estas que foram lembradas pelo Ministro MARCO AURÉLIO ao relatar a decisão proferida no recurso extraordinário n. 166772-9-RS, julgado pelo Tribunal Pleno em 12.5.1994. Exprimindo-se por outro modo, o Plenário do Supremo Tribunal, ao julgar o recurso extraordinário n. 116121-3-SP, em 11.10.2000, disse pelo Ministro OCTAVIO GALLOTTI que *"a terminologia constitucional do Imposto sobre Serviços revela o objeto da tributação"*. Ou, ainda em plenário, o Ministro CEZAR PELUSO, ao ser decidido o recurso extraordinário n. 357950-9-RS, em 9.11.2005, declarou que *"há sempre um limite de resistência, um conteúdo semântico mínimo recognoscível a cada vocábulo"*. Além dessas decisões plenárias, há outros precedentes importantes, como o recurso extraordinário n. 195059-5-SP, decidido em 2.5.2000 pela 1ª Turma, relator o Ministro MOREIRA ALVES, quando foi escrito que *"não pode a lei infraconstitucional definir como renda o que insitamente não o seja"*.

Destarte, em relação ao termo "receita", qual é o seu limite semântico mínimo recognocível e intransponível? Qual é a sua natureza como coisa, do mundo econô-

---

[6] Basta ver quanto se discute sobre o que sejam rendas e proventos de qualquer natureza, apesar das definições contidas no art. 43 do Código Tributário Nacional.

[7] Como bem alertou o Ministro ALIOMAR BALEEIRO, transcrevendo trecho do acórdão recorrido no recurso extraordinário n. 70213-SC (1ª Turma, julgamento em 3.11.1970), "o produto é industrializado não porque a lei assim o determine, mas quando sofre um processo de industrialização que lhe altere a natureza, de modo a perder a qualidade de produto agrícola, pecuário ou extrativo para adquirir a de produto manufaturado. A lei não pode dizer que é produto industrializado, produto que não é. Se o faz, viola a Constituição, segundo o ensinamento de Pontes de Miranda".

mico simplesmente natural ou pré-jurídico, ou do mundo jurídico? O que representa a terminologia constitucional ao se referir a ela no art. 195? Qual o seu limite de resistência? Afinal, o que essa palavra possui insitamente?

Tudo isto justifica o método empírico e dedutivo que adoto para identificar se determinado movimento econômico ou financeiro entrante em alguma entidade jurídica[8] corresponde ou não à concepção constitucional de receita.

E justifica-se a consideração dos aspectos característicos desses movimentos, quando já são considerados como receitas pela unanimidade das pessoas que tenham tratado do assunto, porque, com relação a outros movimentos, pode haver ou não a presença das mesmas características. Realmente, quando não se encontram tais características se está perante algo que quase certamente não seja receita, e, ao contrário, quando se encontram as características de receitas em outro determinado movimento econômico ou financeiro, no mínimo há probabilidade de que ele também seja receita.

Neste sentido, em conferência proferida em Recife no dia 13 de junho de 2013, ROBERTO QUIROGA MOSQUERA, que também adota este método de investigação, sustentou que quanto maior for a quantidade de propriedades de receita encontradas em determinado ingresso no patrimônio, maior será a possibilidade de se concluir que também ele é uma receita.

Não tenho qualquer dúvida quanto a isto, até pela experiência adquirida em aproximadamente quinze anos de trato teórico e prático do assunto, ainda que o método parta de um dado empírico não submetido à comprovação, porque, para comprovação, seria preciso haver uma verdade, ou definição, preestabelecida, e é esta que se quer estabelecer.

Também não prejudica a validade do método o fato de que muitas das receitas geralmente admitidas como tais o são sem o mínimo esforço científico de classificação ou definição, muitas vezes de modo pragmático ou intuitivamente. Na verdade, a investigação científica de cada uma, feita por alguns, somente irá confirmar a validade do conhecimento prático obtido por outros.

Afinal, ninguém tem qualquer resistência quanto a saber ou dizer, sem necessidade de explicação doutrinal, que o preço recebido por uma venda de mercadoria é receita do vendedor, ou que o são os juros do capital mutuado, etc.

Portanto, a partir desses casos de receitas é possível começar a identificar outras coisas como receitas, e a identificação será tanto mais segura quanto mais espécies de receitas conhecidas forem consideradas, e quanto maior a quantidade das características intrínsecas, nelas existentes, que for levada em conta numa nova pesquisa.

O mesmo mecanismo pode atuar para outros ingressos que ninguém duvida não representarem receitas. Destes, o exemplo mais marcante é o dos aportes de capital pelos sócios de uma sociedade qualquer, cujos aportes se integram no patrimônio so-

---

[8] A palavra "entidade" passa a ser empregada para simplificação redacional, significando uma pessoa jurídica ou qualquer sujeito de direito capaz de deter um patrimônio. É palavra comumente utilizada pela ciência contábil neste mesmo sentido, embora não necessariamente ligada a uma personalidade jurídica. Esta última situação ocorre com os balanços consolidados, em que a entidade é o grupo de empresas (mesmo que não reunidas legalmente em grupo, nos termos da Lei n. 6404), caso em que a contabilidade considera os patrimônios de todas elas como se fossem um único, ignorando as pessoas jurídicas efetivamente detentoras de direitos e obrigações, sendo que, por este motivo, determinadas relações jurídicas entre elas são desconsideradas na demonstração patrimonial consolidada, já que um único patrimônio (o seu titular) não pode ser credor e devedor de si mesmo.

cial na condição (natureza jurídica) de transferências patrimoniais. A partir dele e das suas características distintivas, também se pode identificar outras não receitas.

E não se precisa discutir se receita é um tipo ou é um conceito, nem se precisa falar em tipificar ou conceituar o que seja receita, pois, abstraindo-se desse debate, pode-se admitir que a Constituição alude a algo (receita), que precisa ser identificado e caracterizado.

Avancemos, portanto, nesta missão de classificação mais rigorosa, para a qual um possível ponto de partida é encontrado na doutrina sobre o ISS, tributo este que incide sobre as receitas das prestações de serviços, e em torno do qual algumas controvérsias já haviam sido levantadas muito tempo antes da Lei n. 9718 e da Emenda Constitucional n. 20/98. Mas também na área do imposto de renda, e na das receitas públicas, antes de se pensar nas contribuições sociais já havia alguns importantes trabalhos, o que, com o correr do tempo, acabou se repetindo no próprio âmbito dessas contribuições.

Aludo particularmente a Aliomar Baleeiro,[9] Eduardo Domingos Bottallo, num primeiro trabalho em que se destacaram importantes escólios de Ruy Barbosa Nogueira e Geraldo Ataliba[10] (e também num segundo estudo publicado por Bottallo[11]), Aires Fernandino Barreto,[12] Marco Aurélio Greco,[13] Sidney Saraiva Apocalypse[14] e José Luiz Bulhões Pedreira.[15]

Para o presente estudo, também vou buscar suporte em trabalhos de minha autoria, alguns publicados,[16] outros desenvolvidos na atividade de consultoria privada, e especialmente naquele que foi o último publicado, o qual representa a fase mais

---

[9] BALEEIRO, Aliomar. *Uma Introdução à Ciência das Finanças*. 5. ed. Rio de Janeiro: Forense, p. 130.

[10] BOTTALLO, Eduardo Domingos. "Base Imponível do ISS e das Contribuições para o PIS e a COFINS". *Repertório IOB de Jurisprudência* n. 23/1999, São Paulo, Editora IOB Informações Objetivas, 1999, p. 667.

[11] BOTTALLO, Eduardo Domingos. "Empresas Prestadoras de Serviços de Recrutamento de Mão de Obra Temporária e Base de Cálculo do ISS". *Revista Dialética de Direito Tributário* n. 5, São Paulo, Dialética, 1996, p. 16.

[12] BARRETO, Aires Fernandino. "ISS – Atividade-Meio e Serviço-Fim". *Revista Dialética de Direito Tributário* n. 5, São Paulo, Dialética, 1996, p. 85.

[13] GRECO, Marco Aurélio. "Cofins na Lei 9.718/98 – variações cambiais e regime de alíquota acrescida". *Revista Dialética de Direito Tributário* n. 50, São Paulo, Dialética, 1999, p. 110.

[14] APOCALYPSE, Sidney Saraiva. "Doação recebida por pessoa jurídica – imposto de renda", *Revista Dialética de Direito Tributário* n. 48, São Paulo, Dialética, 1999, p. 172.

[15] PEDREIRA, José Luiz Bulhões. "Finanças e Demonstrações Financeiras da Companhia", Rio de Janeiro, Forense, 1989, p. 455.

[16] Tal como aquele que, inclusive, já foi adotado em alguns julgados administrativos (por exemplo, os acórdãos n. 107-08710, de 17.8.2006, da 7ª Câmara do 1º Conselho de Contribuintes, e 203-09706, de 10.8.2004, da 3ª Câmara do 2º Conselho de Contribuintes), denominado "Conceito de Receita como Hipótese de Incidência das Contribuições para a Seguridade Social (para efeitos da COFINS e da contribuição ao PIS)", publicado no livro do 9º Simpósio Nacional IOB de Direito Tributário, "Grandes Temas Tributários da Atualidade", coordenado de Fugimi Yamashita, Editora IOB Informações Objetivas, São Paulo, 2000, p. 39, e no Repertório IOB de Jurisprudência n. 1/2001, p. 43. Também: "PIS/COFINS: Incidência ou Não sobre Créditos Fiscais (créditos-prêmio e outros) e Respectivas Cessões", livro do 10º Simpósio IOB de Direito Tributário, "Grandes Temas Tributários da Atualidade – 2001", coordenação de Fugimi Yamashita, Editora IOB Informações Objetivas, São Paulo, p. 29; "A problemática das receitas de terceiros perante as bases de cálculo da contribuição ao PIS e da COFINS", na coletânea "Direito Tributário Atual", vol. 17, coordenação de COSTA, Alcides Jorge, SCHOUERI, Luís Eduardo e BONILHA, Paulo Celso Bergstron, coedição do Instituto Brasileiro de Direito Tributário e da Editora Dialética, São Paulo, 2003, p. 65; "Incidência e apuração da COFINS e da contribuição ao PIS", texto para o livro "Tributação do Setor Comercial", da FGV-Edesp – Escola de Direito de São Paulo da Fundação Getúlio Vargas, coordenação de SANTI, Eurico Marcos Diniz de, ZILVETI, Fernando Aurélio e MOSQUERA, Roberto Quiroga Editora Quartier Latin, São Paulo, 2005, p. 295.

avançada da minha pesquisa sobre o tema, inclusive já incorporando importantes modificações introduzidas na Lei n. 6404 pelas Leis n. 11638 e 11941.[17]

Está muito claro para a doutrina da tributarística, inclusive para os autores acima citados, que nem todo ingresso no patrimônio corresponde à receita, de tal modo que podemos desde logo estar advertidos para o seguinte: tanto quanto receita é gênero, quando confrontada com a noção de faturamento, o qual não passa de uma espécie do gênero receita, esta é apenas espécie de um gênero ainda maior, ao qual damos o nome de "ingressos" ou "entradas" no patrimônio.

Por outro lado, não se pode cometer o engano de equiparar receita a recebimento, pois este é o ato (ou o momento) de realização de uma receita existente, a qual existe ainda quando esteja pendente de pagamento.

Destarte, a formulação anteriormente feita, de que receita é gênero e faturamento é espécie, pode ser refeita para dizermos que receita é espécie do gênero ingressos ou entradas no patrimônio, e faturamento é subespécie (tanto quanto há outras subespécies, como as derivadas de aluguel, de mútuo, etc.). Em arremate, pode-se acrescentar que outra espécie do gênero ingressos ou entradas no patrimônio, à míngua de uma palavra mais significativa, é composta pelas não receitas, nas quais se incluem todas as espécies de transferências patrimoniais (capital, ágios, doações, subvenções, etc.).

Veremos isso com mais clareza na continuidade desta exposição, mas, lembrando a intervenção do Ministro SEPÚLVEDA PERTENCE nos debates relativos ao recurso extraordinário n. 150755-1-PE (*"Há um consenso: faturamento é menos que receita bruta"*), podemos parafraseá-lo dizendo que receita é menos do que ingressos ou entradas no patrimônio, e que estes são mais do que receitas e transferências de capital.

Através dos estudos dos autores há pouco citados, e somando os aspectos que cada um deles detectou, é possível compor um acervo doutrinário do qual se retiram as seguintes características de toda e qualquer receita:

• receita é um tipo de entrada ou ingresso no patrimônio da pessoa, sendo certo que nem todo ingresso ou entrada é receita;

• receita é o tipo de entrada ou ingresso que se integra ao patrimônio sem reserva, condição ou compromisso no passivo, acrescendo-o como elemento novo e positivo;

• a receita passa a pertencer à entidade com sentido de permanência, isto é, em caráter não transitório;[18]

• a receita remunera a entidade, correspondendo ao benefício efetivamente resultante das suas atividades;

• a receita provém de outro patrimônio, e se constitui em propriedade (titularidade) da entidade pelo exercício das atividades que constituem as fontes do seu resultado;

• a receita exprime a capacidade contributiva da entidade;

• a receita modifica o patrimônio, incrementando-o.

---

[17] OLIVEIRA, Ricardo Mariz de. *Fundamentos do Imposto de Renda*. São Paulo: Quartier Latin, 2008, capítulo II.

[18] O caráter permanente e não transitório do ingresso não significa que a permanência do item entrado no patrimônio deva durar até o final da existência deste, mas que se trata de entrada para ficar no patrimônio que o adquire, e não para apenas transitar por este patrimônio rumo a um destinatário final em cujo patrimônio entrará com o referido caráter. A permanência pode até ser de curta duração, dependendo do item e da finalidade que desempenha no patrimônio, como ocorre com a aquisição de uma mercadoria destinada à revenda. Este requisito afasta do conceito de receita, por exemplo, os valores recebidos por uma entidade com a finalidade de entregá-los aos seus verdadeiros donos, como se verifica quando uma entidade está em posição intermediária entre um prestador e um tomador de serviços, e recebe deste a remuneração a ser entregue àquele.

Assim, tendo por base tais características daquilo que aquela doutrina considera receita, é possível formular a seguinte definição genérica: receita é a espécie de entrada ou ingresso que se integra ao patrimônio sem reserva, condição ou compromisso no passivo, acrescendo-o como elemento novo e positivo, passando a pertencer à entidade com sentido de permanência, remunerando a entidade por benefício efetivamente resultante de atividades suas, sendo que a receita provém de outro patrimônio, e se constitui em propriedade da entidade pelo exercício das atividades que constituem as fontes do seu resultado; ademais, a receita modifica o patrimônio, incrementando-o, e exprime a capacidade contributiva (tributária) da entidade.

É claro, portanto, que existem outros ingressos de recursos no patrimônio que não se enquadram como receita porque não se ajustam a esta definição. A contabilidade bem percebe a diferença entre eles, porque, conforme o caso, lança a sua contrapartida ora em receita (conta de resultado) ora em conta patrimonial (não de resultado), neste caso geralmente no passivo.[19] Realmente, a título de exemplo, o ingresso de recursos derivados de um mútuo é uma entrada de dinheiro que não se constitui em receita porque o mesmo valor deverá ser devolvido ao mutuante, razão pela qual ele é registrado contabilmente no passivo do mutuário, refletindo a sua obrigação. Do mesmo modo, o ingresso de capital vai diretamente para a conta que reflete o capital social, no patrimônio líquido, e seria uma anomalia imperdoável ser creditado à conta de receita.

A alusão a procedimentos contábeis relativos a receitas e não receitas não significa procurar as respectivas definições através desses assentamentos, mas, na maioria das vezes,[20] presta-se a confirmar o próprio conceito jurídico de receita, uma vez que a contabilidade tem esta faceta de utilidade para o jurista,[21] consistente em ajudá-lo a melhor visualizar os fenômenos econômicos sobre os quais ele se debruça.

E, desta alusão, podemos perceber que receita é sempre um resultado, ou seja, um acréscimo obtido para o patrimônio, ao passo que não receita pode redundar em um acréscimo ao patrimônio, mas não como resultado do esforço do seu titular ou do uso dos seus componentes, e, sim, por meras transferências de um patrimônio para outro, embora na maioria dos casos nem ocorra transferência patrimonial e aumento no patrimônio receptor, pois a maioria das entradas que não são receitas ocorre no desenvolvimento das atividades econômicas e empresariais, representando meros movimentos entre itens diversos do patrimônio, refletidos em contas do ativo ou do passivo. É o que ocorre, por exemplo, quando uma duplicata a receber é paga pelo

---

[19] Ou em conta credora do ativo.

[20] Veremos adiante que algumas vezes o contabilista distorce a realidade jurídica, tal como já vimos na nota (8) retro.

[21] A finalidade originária da contabilidade é refletir diariamente todos os movimentos econômicos e financeiros de uma empresa, para controle do respectivo patrimônio e das suas alterações, servindo para informação dos administradores e a prestação de suas contas, para informação dos sócios ou acionistas e, também, de terceiros que de algum modo se relacionem com a entidade, por negócios diretos ou por interesses difusos no mercado. Além disso, a partir da Lei n. 11638 a contabilidade passou a ter uma visão prospectiva do patrimônio, no sentido de oferecer elementos para as decisões relativas ao futuro da organização empresarial. No âmbito tributário, que se ocupa apenas de fatos ocorridos (CTN, art. 113, 114, 116, 142 e outros), a contabilidade se presta à informação das autoridades fiscais e à fiscalização que exercem. Todavia, para o jurista, particularmente o tributarista, a contabilidade é importante instrumento de compreensão da realidade econômica na qual se encontram os fatos passíveis de incidências tributárias, mormente as que ocorrem sobre os acréscimos patrimoniais. Não obstante, a contabilidade ajuda o jurista a enxergar o fato econômico, mesmo quando nela ele estiver registrado sem atenção ao seu conteúdo jurídico.

devedor (há ingresso que não é receita, que já existia antes, nem transferência patrimonial), cujo pagamento acarreta uma baixa na conta ativa de duplicatas a receber e uma entrada em outra conta ativa de caixa ou banco.

Como, ainda no âmbito pré-jurídico, também podemos nos referir à distinção entre receitas e não receitas dizendo que estas sempre representam movimentos com cunho financeiro, embora também econômico, enquanto aquelas são movimentos essencialmente econômicos, não necessariamente acompanhados de um ingresso de recursos financeiros.[22]

Voltando-nos, contudo, para a substância jurídica desses movimentos, a observação das características ínsitas às receitas, e também das relativas às não receitas, ao lado da devida consideração dos estudos doutrinários antes publicados, levou à conclusão de que o conceito de receita é constituído por um elenco de pressupostos e elementos característicos e analíticos (individualizados), alguns positivos, outros negativos, de tal modo que toda receita atende a todos os pressupostos e elementos característicos afirmativos e não incorre em qualquer um elementos característicos dos negativos.

Em outras palavras, para um ingresso no patrimônio ser receita, ele deve se conformar com a totalidade dos pressupostos e elementos característicos afirmativos, e não adentrar em qualquer dos elementos característicos negativos, de tal arte que, se faltar apenas um dos afirmativos, ou se existir apenas um dos negativos, de receita não se tratará.

Antes de expô-los e analisá-los individualmente, é necessário ter um ponto de partida, e este é o patrimônio, porque, como se viu, a receita se integra a um determinado patrimônio.

Assim, é indispensável recordar que o patrimônio é um bem universal – uma universalidade jurídica[23] – e que o art. 91 do Código Civil de 2002 prescreve que *"constitui universalidade de direito o complexo de relações jurídicas, de uma pessoa, dotadas de valor econômico"*.

Outrossim, quando a Lei n. 6404 disciplina as demonstrações financeiras das companhias e outras pessoas jurídicas, exprime com clareza que os direitos compõem os grupos de contas do ativo, as obrigações os grupos do passivo, sendo que a diferença matemática entre eles se chama *"patrimônio líquido"*.[24]

A partir desta noção de patrimônio, podemos procurar identificar e definir o que seja receita através dos seus pressupostos e elementos característicos e analíticos, a que QUIROGA se referiu como propriedades intrínsecas.

---

[22] No domínio jurídico, a distinção entre econômico e financeiro é mais facilmente perceptível confrontando-se a situação de falência com a de recuperação judicial. Na primeira, a situação econômica é negativa porque o passivo é maior do que o ativo, independentemente da quantidade de recursos financeiros existentes no patrimônio. Na segunda, o patrimônio é economicamente positivo, porque os ativos superam os passivos, mas há carência de recursos financeiros necessários a cumprir as obrigações imediatas, tratando-se, portanto, de uma situação econômica positiva, mas de uma situação financeira negativa.

[23] Não se esqueça do que dizia o art. 57 do Código Civil de 1916 (*Art. 57 – O patrimônio e a herança constituem coisas universais, ou universalidades, e como tais subsistem, embora não constem de objetos materiais*), e do que a seu respeito esclarecia a doutrina civilista, praticamente transportada para a definição hoje contida no art. 91 do código de 2002.

[24] Vejam-se arts. 178 e seguintes.

Tais pressupostos e elementos podem ser tabulados através dos seguintes enunciados, alguns contendo pressupostos afirmativos, e outros elementos específicos afirmativos ou negativos:

1º enunciado de pressuposto afirmativo – receita é algo novo, que se incorpora a um determinado patrimônio;

2º enunciado de pressuposto afirmativo – todo patrimônio é formado por um conjunto de direitos e obrigações de um determinado sujeito de direito, isto é, por elementos regulados pelo direito;

3º enunciado de pressuposto afirmativo – logo, o algo novo que se constitui em receita é um dado jurídico, definido pelo direito;[25]

4º enunciado de pressuposto afirmativo – não existe uma definição única e geral para receita, de modo que, em cada situação, receita será uma adição patrimonial dependente da definição jurídica pertinente, isto é, do tratamento jurídico que for prescrito pela norma jurídica aplicável a esta situação;[26]

5º enunciado de pressuposto afirmativo – por conseguinte, a receita é um "plus" jurídico que se agrega ao patrimônio,[27] ainda que o ato do qual ela seja parte ou decorrente não acarrete aumento patrimonial (tal como quando houver uma receita de valor igual ao custo do respectivo objeto), ou mesmo que acarrete redução patrimonial (tal como quando a receita tiver valor inferior ao custo do respectivo objeto); por isto, é apropriado dizer que a receita agrega ou adiciona um novo elemento ou valor positivo ao patrimônio;[28]

1º enunciado específico afirmativo – receita é um novo direito – na sua existência, se se tratar de direito antes inexistente,[29] ou na sua valoração por novo negócio jurídico bilateral ou multilateral, quanto a direitos anteriormente existentes[30] –, de qualquer natureza e de qualquer origem, produzido por qualquer causa ou fonte eficiente,[31] desde que esta seja uma ação do titular deste patrimônio ou um recurso pertencente ao próprio patrimônio,[32] e que não acarrete para o seu adquirente (o titular do patrimônio) qualquer nova obrigação;[33]

2º enunciado específico afirmativo – em outras palavras, receita é um acréscimo de direito que não acarrete qualquer prestação para o adquirente desse direito (o titular do patrimônio), prestação esta que esteja

---

[25] Realmente, num conjunto homogêneo não cabem coisas heterogêneas.

[26] Essa norma jurídica pode ser legal ou contratual, e indica a natureza do direito dela derivado, o momento da sua aquisição e outros aspectos possíveis.

[27] Lembrando-se de que se trata de um "plus" jurídico dotado, sempre e necessariamente, de conteúdo econômico, dado que é derivado de uma relação jurídica, ou de uma extinção de relação jurídica, cujo objeto tenha valor econômico, requisito necessário para algo participar de qualquer patrimônio.

[28] Esta consideração é importante, porque receita é apenas um dos fatores que afetam o patrimônio, e, no âmbito tributário, ele pode ser isolado, como se dá quando se trata de contribuições sociais sobre as receitas, para o que interessa considerar apenas este fator, isoladamente dos demais, ao passo que ele e mais a totalidade (a universalidade) dos outros fatores positivos e negativos que afetam o patrimônio num determinado período de tempo são relevantes (indispensáveis) para os tributos que incidem sobre acréscimo patrimonial, como o IRPJ e a CSL.

[29] Por exemplo, o direito à retribuição de alguma utilidade fornecida, direito este que não existia antes de completada a prestação, como o direito ao preço da mercadoria vendida, o qual somente nasce a partir da (e com a) entrega da coisa.

[30] O aumento de valor que pode se constituir em receita é necessariamente aquele que derive de um negócio jurídico bilateral ou multilateral, como, por exemplo, uma recontratação do valor do preço previamente pactuado, e não de uma simples revalorização de saldos contábeis, procedida por ato interno do titular do patrimônio e meramente refletida na sua contabilidade, como ocorre com os ajustes de revalorização do custo de aquisição dos bens e obrigações, feitos por deliberação societária livre ou em cumprimento de norma legal ou regra contábil pertinente à avaliação de ativos e passivos. Tais atos carecem de um suporte necessário a modificar o patrimônio, ou seja, de uma relação jurídica intersubjetiva.

[31] Causa ou fonte eficiente que esteja envolvida numa relação jurídica.

[32] A relação jurídica geradora da receita pode ter por objeto o trabalho do titular do patrimônio, ou a utilização de recursos do patrimônio para custear trabalho de terceiros contratados ou outros negócios de qualquer natureza.

[33] Por exemplo, é receita o direito ao preço de mercadoria vendida, que já esteja adquirido pelo cumprimento da prestação contratual (entrega) e que não esteja dependente de qualquer nova providência por parte do respectivo titular, observando-se que o direito decorreu da atividade do vendedor e do emprego de recursos do seu patrimônio, os recursos necessários a adquirir ou produzir a coisa e a vendê-la. Mas, num contrato de compra e venda mercantil em que o dinheiro seja recebido antes da entrega da mercadoria, o respectivo valor ainda não é receita porque está pendente, para o vendedor, a obrigação de entrega-la.

SISTEMA CONSTITUCIONAL TRIBUTÁRIO – dos fundamentos teóricos aos *hard cases* tributários
Estudos em homenagem ao Ministro Luiz Fux

pendente de cumprimento por ele; ou, ainda, receita é um acréscimo de direito para o respectivo adquirente que não atribua a terceiro qualquer direito contra o adquirente daquele primeiro direito;[34]

3º enunciado específico afirmativo – ademais, receita é um novo direito adquirido pelo titular do patrimônio, que corresponda à obrigação para um terceiro, a qual surge necessariamente no mesmo momento da aquisição do direito por aquele titular, mas cujo cumprimento ou extinção não necessita ocorrer simultaneamente;[35]

4º enunciado específico afirmativo, ou 1º enunciado específico negativo – redução ou extinção de obrigação, sem pagamento ou qualquer outro emprego de ativos, também pode ser considerada receita, o que ocorre se for possível nela identificar uma espécie de remuneração ou contraprestação devida ao titular do patrimônio, com as características antes enunciadas, caso em que é receita; ao contrário, não se tratará de receita se tal redução de passivo for uma hipótese de transferência de dívida para o patrimônio líquido, como pode ocorrer com a transferência de créditos dos sócios contra a pessoa jurídica, para aumento de capital ou absorção de prejuízos acumulados, além dos casos em que o perdão de dívida perante os sócios ou terceiros se constituir numa gratuidade, que importa em situação típica de doação, sendo que todas estas possibilidades constituem-se em transferências patrimoniais;[36]

2º enunciado específico negativo – não é receita o ingresso de um novo elemento positivo no ativo, que seja mera decorrência e mero cumprimento de obrigação da contraparte do titular do correspondente direito (o titular do patrimônio no qual houve o ingresso), ou que seja destinado a esta finalidade, isto é, o simples ingresso de um meio de pagamento não se qualifica como receita;[37]

3º enunciado específico negativo – também não é receita o direito novo que seja simples direito à devolução de direito anteriormente existente no ativo componente do patrimônio,[38] ou de outro que juridicamente lhe seja equivalente, e que apenas reponha o ativo e o patrimônio ao estado anterior;[39]

---

[34] Na primeira situação descrita na nota anterior, a receita não depende do cumprimento de qualquer prestação pelo respectivo titular, ao passo que, no exemplo do recebimento antecipado do preço, a contraparte do vendedor tem o direito de receber a mercadoria, e, mais, a entrega antecipada de dinheiro pelo comprador atribui a ele o direito de recebê-lo de volta se não receber a mercadoria.

[35] Ainda com o exemplo da compra e venda, simultaneamente à aquisição do direito pelo vendedor, quando efetivada a entrega da mercadoria, nasce a obrigação do comprador, de pagar o preço. Isto é assim mesmo que a obrigação do comprador não seja adimplida no ato, porque, por exemplo, a venda foi feita a prazo, ou seja, quando o direito ao preço é direito a termo (neste caso, há um ingresso econômico, mas não financeiro). Este enunciado, juntamente com os anteriores, revela ser diferente a situação em que o direito a adquirir depende de condição suspensiva, a qual impede a aquisição definitiva do direito e a existência da respectiva receita.

[36] Este enunciado revela a existência das duas grandes categorias (espécies do gênero) de ingressos formadores do patrimônio, ou que contribuem para seu aumento: as receitas e as transferências patrimoniais, classificando-se como transferências as recebidas por aumento de capital, por subvenção ou por doação. Antes da Lei n. 11638, a Lei n. 6404 determinava que as doações fossem creditadas à reserva de capital, o que significava haver uma norma definidora de não receita, ao menos para fins de contabilidade e de demonstrações financeiras, mas certamente conforme à natureza jurídica do ingresso. Com a Lei n. 11638, as doações passaram a ser creditadas à receita, o que, contudo, não altera a sua natureza jurídica (veremos adiante a supremacia da substância jurídica sobre os procedimentos contábeis). Esta última consideração era apropriada quando as doações deviam ser contabilizadas em reserva de capital, época em que o ingresso podia transitar pela reserva de capital, para a seguir absorver prejuízos, ou podia ir diretamente à conta que os reflete. O crédito direto à conta de prejuízos acumulados ainda pode ocorrer após a Lei n. 11638. No tocante às subvenções para investimento, a lei também passou a determinar seu crédito contábil à conta de receita, mas elas conservam a natureza jurídica de transferências patrimoniais, assim como se dá com as subvenções para custeio, muito embora estas, para fins de IRPJ, sempre tenham sido consideradas entre as receitas em virtude de que elas, na quantificação do lucro tributável, anulam o impacto dos custos e despesas que financiam, isto é, dá-se o cancelamento, no lucro, da dedução dos gastos, porque eles não foram suportados pelo patrimônio aumentado por este mesmo lucro.

[37] É o caso, por exemplo, do direito sobre os recursos financeiros recebidos em pagamento de uma venda a prazo, cujo direito (caixa ou banco) é meramente substitutivo do direito anterior (crédito a receber), direito anterior este que, ele sim, representou receita desde o momento da entrega da mercadoria.

[38] Por exemplo, ao ser concedido um empréstimo, o titular do patrimônio (o mutuante) adquiriu o direito à devolução da importância mutuada, mas este direito não é receita porque apenas substitui o direito anterior sobre o recurso mutuado, motivo pelo qual o direito ao recebimento passa a integrar o patrimônio em substituição àquele.

[39] Em prosseguimento ao exemplo da nota anterior, quando o mutuário devolve o recurso mutuado, o mutuante não tem receita porque apenas repõe ao patrimônio o direito que já possuía antes, o qual inicialmente era a propriedade do recurso depois mutuado, e, a partir do mútuo, passou a ser direito ao recebimento da devolução. Chamamos estes

4º enunciado específico negativo – também não é receita o direito novo que, por sua natureza e por definição legal, represente capital social ou seja contabilizado em reserva de capital da pessoa jurídica (tais como os ágios de emissão de novos títulos de participação societária, e o produto de alienação de partes beneficiárias ou bônus de subscrição), ou que, mesmo não representando capital social ou não sendo contabilizado em reserva de capital, por sua natureza corresponda a uma transferência patrimonial (tais como as doações, as subvenções para investimento, as subvenções para custeio de operações e os prêmios na emissão de debêntures); a definição legal para que alguns ingressos ou entradas sejam creditados diretamente à conta de capital ou à reserva de capital permite-nos apelidá-los de "não-receitas por definição legal específica".[40]

É bom perceber que estes enunciados, no seu conjunto ou individualmente considerados, estão perfeitamente em consonância com o acervo doutrinário acima mencionado e com a definição genérica dele extraída. Esta coincidência não é casual porque, face ao mencionado método de pesquisa empregado, por um lado confirma a precisão daquela definição genérica e, por outro lado, atesta a precisão dos pressupostos e elementos característicos e analíticos das receitas.

Em suma, pode-se aplicar o elenco de pressupostos e elementos característicos e analíticos das receitas a qualquer contrato ou negócio jurídico e aos efeitos que gerarem, e, quando se encontrar uma receita, sempre se vai obter resultado consistente com o acervo doutrinário antes referido, e também com a definição genérica que foi extraída dele, retroapresentada.

Realmente, o elenco analítico de pressupostos e elementos característicos e analíticos das receitas, tanto os positivos quanto os negativos, é exaustivo e inafastável. Como já dito, testes de confrontação destes elementos com todos os ingressos ou entradas sobre os quais, por raciocínio dedutivo ou por conclusão meramente intuitiva haurida da prática, ou mesmo por definições legais específicas, não pairam dúvidas quanto a serem receitas (preços de vendas e serviços, juros de mútuos, etc.) ou a não serem receitas (principal de mútuos, quando contraídos e quando devolvidos, capital aportado, etc.), confirmam a procedência e a correção do elenco, bem como o seu caráter exaustivo.

Sendo assim, e adotando uma postura mais simples e direta, embora a partir dos elementos acima coligidos, podemos resumir dizendo que:

Receita é qualquer ingresso ou entrada de direito que se incorpore positivamente ao patrimônio, e que represente remuneração ou contraprestação de atos, atividades ou operações da pessoa titular do mesmo, ou remuneração ou contraprestação do emprego de recursos materiais, imateriais ou humanos existentes no seu patrimônio ou por ele custeados.

Explica-se esta definição resumida porque, afinal, as receitas são sempre contraprestacionais, e a prestação da entidade que for titular desta ou daquela receita decorre sempre de alguma atividade por ela exercida, ou do emprego ou da disponibilização de recursos que são objetos dos direitos integrantes dos respectivos patrimônios.

---

movimentos de "permutações patrimoniais", porque somente se alteram elementos do patrimônio, sem aumenta-lo ou diminui-lo, ao passo que as receitas representam mutações patrimoniais porque representam o ingresso de um ingrediente positivo novo no patrimônio, contribuindo para aumentá-lo. Outro exemplo de não receita, por se tratar de mera reposição patrimonial, reside nas recuperações de custos e despesas.

[40] É o art. 182, § 1º, da Lei n. 6404 que prescreve o crédito direto de determinados ingressos ou entradas à reserva de capital, e não em receita. Não há contradição entre a afirmação contida na primeira parte do enunciado, assim como no seu arremate final, em relação à afirmação verdadeira de que o procedimento contábil não interfere com a natureza jurídica dos ingressos, que é dada pelo seu conteúdo jurídico segundo o respectivo regime legal. Aqui se trata de situação em que há um mandamento legal que, coerentemente com a natureza jurídica do ingresso ou entrada, determina a conta contábil em que ele deva ser creditado.

A mesma definição também colabora para explicitar um pouco mais a nota (18) anterior, relativa ao caráter de ingresso permanente no patrimônio, e de não transitoriedade, sempre existente nas receitas, tal como preconiza a doutrina.

Naquela nota foi dito que este caráter afasta do conceito de receita, por exemplo, os valores recebidos por uma entidade com a finalidade de entregá-los aos seus verdadeiros donos, como se verifica quando uma entidade esteja em posição intermediária entre um prestador e um tomador de serviços, e receba deste a remuneração a ser entregue àquele.

Isto ocorre em inúmeras situações já enfrentadas pela doutrina e pela jurisprudência, tais como quando um prestador de serviços recebe um provimento financeiro do seu cliente, destinado a efetuar o pagamento a uma outra pessoa que presta outros serviços (ou qualquer outra utilidade) ao mesmo cliente. Ou seja, há uma triangulação em que determinada pessoa recebe serviços (ou outra utilidade) de outrem (que tem direito à receita pela sua prestação), e também recebe outro tipo de serviço por uma terceira pessoa (a qual pode ter direito a uma outra receita pela respectiva prestação), sendo que este terceiro também promove a efetivação do pagamento daquela primeira receita ao primeiro prestador, e pode ser remunerado por desempenhar este encargo.

Isto se dá, por exemplo, nas atividades de agenciamento, de publicidade e outras, nas de distribuição de vales-transporte, nas de advocacia quando o advogado recebe importância para pagamento de custas ou de remuneração de serviços de terceiros prestados ao seu cliente (um parecer técnico, por exemplo), etc.

Não é necessário muito exercício lógico para se detectar a quem pertence cada receita envolvida, mas é ao caráter transitório e não permanente do dinheiro, que meramente transita pela pessoa colocada na posição intermediária, que a doutrina se refere. Este dinheiro não se destina à permanência no patrimônio do intermediário, que pode ou não receber alguma remuneração por sua intervenção, a qual, quando existente, é comumente chamada de "comissão", "taxa de administração", "taxa de agenciamento", "honorário" ou outra expressão qualquer, e é, apenas ela, a receita adquirida pelo intermediário em contraprestação ao seu trabalho, a qual ingressa no patrimônio do intermediário com caráter permanente e não passageiro.

As demais verbas, que apenas passam pelas mãos do intermediário com destino a terceiros, sem qualquer vocação para permanecer no patrimônio do intermediário, não podem ser receitas suas, seja segundo a doutrina, seja se submetidas aos elementos analíticos característicos de receita, até porque são receitas de outrem e não podem ser receitas simultaneamente de mais de um patrimônio.[41]

Quanto a esta situação, uma incorreta afirmação, muito comum na prática da fiscalização, é de que não há norma jurídica autorizando a exclusão destas verbas da base de cálculo da contribuição.

Porém, há sério equívoco na origem de tais afirmações.

É que a aqui chamada "não receita" não corresponde à receita, motivo pelo qual não há necessidade de norma excludente da mesma quando da apuração da base de cálculo da COFINS, ao contrário do que ocorre com algumas normas expressas, que se explicam porque estão relacionadas à receitas ou aos seus componentes, ou seja, a

---

[41] Por isto mesmo, a contabilidade correta do intermediário registra o dinheiro recebido diretamente em conta do passivo, a crédito da pessoa a quem se destina.

valores que são receitas ou que participam de receitas, e que, por isto, seriam alcançados pela incidência se não houvesse a norma de exclusão, norma esta que exprime uma isenção.

Já quanto ao que não seja receita, simplesmente está fora do campo de incidência da contribuição, isto é, está no campo da não incidência, o qual não depende de norma expressa, decorrendo simplesmente da sua não integração ao campo de incidência constitucionalmente previsto (a não incidência é o reverso ou antítese da incidência, ambas sendo identificadas tão somente pela norma constitucional atributiva da competência tributária). Assim, por exemplo, não é preciso norma dizendo que o IPI não incide sobre mercadoria que não seja produto industrializado, ou que não incide o IOF sobre um aumento de capital ao ser integralizado.[42]

De qualquer modo, tais valores meramente transitórios não passarão pelo teste de aplicação dos pressupostos e elementos analíticos caracterizadores das receitas, ou, por outra, se submetidos a teste, resultarão em não receitas.

Prosseguindo, vale lembrar que linhas acima foi dito, embora por outras palavras, que receita é um ser do direito (terceiro enunciado de pressuposto afirmativo), e que a existência de cada receita depende de uma norma de direito aplicável a uma dada situação (quarto enunciado de pressuposto afirmativo).

O sentido destas afirmações demanda algumas considerações adicionais, que inclusive vão esclarecer ou complementar passagens anteriores.

A receita é um ser do direito porque ela é produzida pelo titular ou pelos bens do patrimônio, e a ele se integra em decorrência de uma relação jurídica com outra pessoa. E isto é assim porque o patrimônio é formado apenas por relações jurídicas do seu titular, que lhe atribuam direitos ou obrigações com conteúdo econômico, de tal modo que nada pode ser integrado a ele, ou dele retirado, a não ser por novas relações jurídicas ou por extinção de relações jurídicas preexistentes. Daí cada receita depender (derivar) de uma norma jurídica (legal ou contratual) geradora de um direito.

Enfim, toda receita é um novo direito, mesmo quando, por uma nova relação jurídica, surja o direito de não pagar uma obrigação derivada de uma outra relação jurídica anterior, e esta desoneração não tenha a feição jurídica de doação.

Também linhas acima, em mais de uma vez, foram feitas referências a procedimentos contábeis, o que igualmente requer mais algumas considerações explicativas.

Com relação à quase totalidade dos ingressos em um patrimônio, as normas que presidem a contabilidade não destoam do conceito jurídico de receita. Todavia, há casos em que os contabilistas procedem de modo não condizente com a natureza jurídica subjacente aos movimentos econômicos (mais do que subjacente, é geradora

---

[42] Tudo isto independentemente da existência de algumas disposições expressas, que se referem a não incidências, as quais têm finalidade didática ou explicitadora, como ocorre na própria tabela de classificação do IPI, que relaciona alguns bens que não são produtos industrializados, e no espaço para indicação da respectiva alíquota menciona "NT", isto é, não tributado. Na Lei n. 10833 encontramos o parágrafo 3º do art. 1º, o qual declara que não se integram na base de cálculo as "receitas" que arrola, dentre as quais alude impropriamente às não alcançadas pela incidência (portanto, aquilo que não é receita), trata de outras que correspondem à isenções (portanto, são receitas isentas) e de alguns outros valores que sequer podem ser considerados receitas (alguns nem são necessariamente ingressos ou entradas, mas meros movimentos contábeis), tais como as vendas canceladas, os descontos incondicionais, as reversões de provisões, as recuperações de custos e despesas, ou de perdas, apresentando-se o dispositivo, portanto, na sua grande parte, como meramente didático.

deles), e assim fazem por diretrizes inerentes à ciência contábil, as quais não cabe explicar aqui.

O que importa é que, seja como for a contabilidade, o ser ou não ser receita depende do ordenamento jurídico e da disciplina que este dá a cada ato ou negócio jurídico, isto é, aos meios pelos quais se formam e se alteram os patrimônios, motivo pelo qual, como visto no terceiro enunciado de pressuposto afirmativo, a receita é um dado jurídico.

Portanto, é neste sentido que foi afirmado que o conceito de receita é jurídico e não contábil, e é por esta mesma razão que MARCO AURÉLIO GRECO,[43] partilhando da mesma noção, sustenta que receita é um conceito jurídico-substancial.

Todavia, não deixa de ser interessante, num estudo sobre o presente tema, verificar, ainda que a título ilustrativo, algumas normas diretoras da contabilidade.

Por exemplo, as pequenas e médias empresas são objeto do Pronunciamento Técnico CPC PME, aprovado pela Resolução CFC n. 1255/09, constituindo a "NBC TG 1000 – Contabilidade para Pequenas e Médias Empresas". Nesse pronunciamento, o Comitê de Pronunciamentos Contábeis explica:

> 23.4 – A entidade deve incluir na receita apenas a entrada bruta dos benefícios econômicos recebidos e a receber pela entidade por sua própria conta. A entidade deve excluir do resultado todos os valores coletados em nome de terceiros tais como tributos sobre vendas, sobre produtos e serviços e sobre o valor adicionado. No relacionamento como uma agência, a entidade deve incluir na receita somente o valor de sua comissão. Os valores recebidos em nome do titular não são considerados como receita da entidade.

Agora em caráter geral, há o Pronunciamento CPC n. 30, aprovado pela Resolução CFC n. 1187/09, constituído a "NBC TG 30 – Receitas", e também pela Deliberação CVM n. 597/09. Lê-se no preâmbulo explicitador do seu objetivo:

> A receita é definida na NBC TG ESTRUTURA CONCEITUAL – Estrutura Conceitual para a Elaboração e Apresentação das Demonstrações Contábeis como aumento nos benefícios econômicos durante o período contábil sob a forma de entrada de recursos ou aumento de ativos ou diminuição de passivos que resultam em aumentos do patrimônio líquido da entidade e que não sejam provenientes de aporte de recursos dos proprietários da entidade. As receitas englobam tanto as receitas propriamente ditas como os ganhos. A receita surge no curso das atividades ordinárias da entidade e é designada por uma variedade de nomes, tais como vendas, honorários, juros, dividendos e royalties.

No capítulo destinado às definições encontra-se no item 7 o seguinte:

> 7. Receita é o ingresso bruto de benefícios econômicos durante o período proveniente das atividades ordinárias da entidade que resultam no aumento do seu patrimônio líquido, exceto as contribuições dos proprietários.

E também, no item 8 do mesmo capítulo:

> 8. Para fins de divulgação na demonstração do resultado, a receita inclui somente os ingressos brutos de benefícios econômicos recebidos e a receber pela entidade quando originários de suas próprias atividades. As quantias cobradas por conta de terceiros – tais como tributos sobre vendas, tributos sobre bens e serviços e tributos sobre valor adicionado não são benefícios econômicos que fluam para a entidade e não resultam em aumento do patrimônio líquido. Portanto, são excluídos da receita. Da mesma forma, na relação de agenciamento (entre operador ou principal e agente), os ingressos brutos de benefícios econômicos provenientes das operações efetuadas pelo agente, em nome do operador, não resultam em aumentos do patrimônio líquido do agente, uma vez que sua receita corresponde tão somente à comissão combinada entre as partes.

Percebe-se, portanto, a coexistência de identidades conceituais gerais, pois a ciência contábil também enxerga nas receitas uma entrada derivada das atividades da

---

[43] Ob. cit.

entidade, e também identifica os aportes dos sócios como algo distinto de receitas, isto é, com aquilo que os juristas do direito tributário identificam como transferências patrimoniais. Além disso, claramente excluem do conteúdo das receitas os ingressos meramente transitórios.

Mas há algumas diferenças substanciais que nos levam a insistir no caráter jurídico de toda e qualquer receita,[44] inclusive porque a contabilidade não tem o dom de criar seres de qualquer natureza, muito menos jurídica, sendo sua função refletir fielmente os patrimônios e suas mutações, coisas estas que são do direito e dependem do direito, fonte única das relações jurídicas constitutivas do patrimônio e das que acarretam mudanças nele.

Não por outra razão todas as leis que tratam de COFINS e de PIS declaram que as bases de cálculo dessas contribuições independem dos títulos e das classificações contábeis,[45] porque uma receita continuará sendo receita ainda que o contador não a contabilize entre as receitas, assim como algo que substancialmente (juridicamente[46]) não seja receita, não se transformará em receita apenas porque o contador a registrou em conta de receita.

Um bom exemplo de não sintonia entre o jurídico e o contábil[47] encontramos nos perdões de dívida, que na contabilidade sempre produzem créditos à conta de receita. Não obstante, vimos acima que boa parte dos perdões de dívida tem a natureza jurídica de doação,[48] ou seja, não tem a natureza jurídica de receita porque é transferência patrimonial.

---

[44] Este aspecto restou reconhecido no julgamento do recurso extraordinário n. 606107-RS, em 22.5.2013, relatado pela Ministra ROSA WEBER, que também fez outras considerações em linha com alguns dos elementos analíticos característicos das receitas, retroexpostos.

[45] Art. 1º das Leis n. 10833 e 10637; é o que também se encontra na parte final do § 1º art. 3º da Lei n. 9718.

[46] A contabilidade se diz guiada pela preponderância da essência econômica sobre a forma jurídica, porque interpreta os fatos do mundo econômico como eles costumam ser vistos neste ambiente, falando em forma para aludir ao ato ou negócio jurídico. Na realidade prática, algumas vezes a contabilidade abandona totalmente o jurídico e, quando isto ocorre (o que se verifica em raras situações relacionadas diretamente à natureza jurídica dos atos ou negócios, ou mesmo dos patrimônios, como se viu na nota (8) retro, ou ainda quando meras reavaliações contábeis são creditadas à receita antes de haver direito adquirido perante terceiro, sem cujo direito não há receita, como se viu nos enunciados de pressupostos e elementos característicos afirmativos), há uma deformação do direito, a qual, todavia, não tem aptidão para gerar efeitos jurídicos, inclusive no âmbito do direito tributário, como é pacífico perante a jurisprudência judicial e administrativa, e como é entendido pelo próprio fisco federal. Para o direito, a prevalência é da substância jurídica sobre a forma dos atos ou negócios jurídicos, sendo que a forma é o meio de expressar e provar o ato ou negócio jurídico, a teor do art. 104 do Código Civil, e a substância jurídica corresponde à função econômica ou social de cada um dos respectivos atos ou negócios jurídicos, ou seja, corresponde à causa (causa de atribuição patrimonial, função prática, função típica) de cada um, e se confunde com suas prestações e contraprestações. Outrossim, é um engano pensar que o mundo econômico possa existir divorciado do direito, porque no Estado de Direito as propriedades e todos os demais componentes da vida econômica pressupõem sua concretização por atos ou negócios jurídicos. Este alerta sempre foi válido, mas ganhou maior relevância com as novas regras contábeis aplicadas desde 2008, algumas inseridas na Lei n. 6404 pelas Leis n. 11638 e 11941, outras constantes de disposições infralegais, as quais simplesmente importaram preceitos estrangeiros sobre a contabilidade, sem a mínima preocupação de verificar a sua compatibilidade com o regime jurídico vigente no País. Neste sentido, veja-se OLIVEIRA, Ricardo Mariz de, "A Tributação da Renda e sua Relação com os Princípios Contábeis Geralmente Aceitos", texto para "Seminário Controvérsias Jurídico-Contábeis (Aproximações e Distanciamentos)", da Dialética, realizado em São Paulo em 6.5.2010 e publicado na coletânea "Controvérsias Jurídico-Contábeis (Aproximações e Distanciamentos)". MOSQUERA, Roberto Quiroga; LOPES, Alexsandro Broedel (coords.). São Paulo, Dialética, 2010, p. 398.

[47] Além do clássico exemplo do arrendamento mercantil, que é contabilizado como compra financiada, mesmo que o arrendatário não seja proprietário do bem e ainda que não venha a sê-lo.

[48] O mesmo se dá com as remissões tributárias, verdadeiras subvenções correntes.

Falando em transferência patrimonial, é bom reverificar que elas não se coadunam com os enunciados específicos afirmativos de receitas, e participam dos enunciados específicos negativos de receitas.

Para finalizar, há uma indicação segura, ao menos para início da identificação de qualquer movimento econômico ou financeiro como receita: toda receita é uma contraprestação jurídica a alguma utilidade prestada por alguma pessoa na condição de titular de um patrimônio, representando sempre um direito deste contra alguém. Sem isto não há receita e não adianta prosseguir com outras indagações!

— 3.7 —

O caso da contribuição ao
Seguro de Acidentes do Trabalho (SAT)

RICARDO LOBO TORRES[1]

Sumário: 1. O problema jurídico; 2. A legalidade estrita no Direito Tributário; 3. A sociedade de risco e a tributação; 4. A harmonia entre os Poderes do Estado; 4.1. O poder regulamentar da administração; 4.2. A judicialização da política; 5. O novo caminho aberto pelo voto do Ministro Carlos Velloso; 6. Conclusão.

1. O problema jurídico

A Contribuição ao Seguro de Acidentes do Trabalho – SAT –, prevista no art. 22, inciso II, da Lei n. 8.212, de 1991, com a nova redação da Lei n. 9.528, de 1997, cobrada das empresas pelos eventuais danos causados à saúde dos empregados, foi regulamentada pelos Decretos n. 356, de 1991, n. 612, de 1992, e 2.173, de 1997, sendo que este último definiu a atividade preponderante do contribuinte levando em conta o maior número de segurados empregados, trabalhadores avulsos ou médicos-residentes (art. 26, § 1º) e fixou o grau potencial de risco (leve, médio ou grave) conforme a Classificação Nacional de Atividades Econômicas – CNAE.

O problema jurídico suscitado nos inúmeros litígios instaurados no País – afinal resolvidos pela decisão do Supremo Tribunal Federal que ora se comenta,[2] de que foi Relator o Ministro Carlos Mário Velloso – pode ser assim sintetizado: a definição da atividade preponderante da empresa e a classificação dos riscos potenciais à saúde de seus empregados levada a efeito por meio de decreto regulamentar ofende o princípio constitucional da legalidade tributária (art. 150, I, da CF)?

2. A legalidade estrita no Direito Tributário

Grande parte das decisões proferidas nas instâncias federais[3] e significativa parcela da doutrina brasileira,[4] sob a influência do dogma em que se transformou neste

---

[1] Professor Titular de Direito Financeiro na UERJ.

[2] Recurso Extraordinário 343.446-2-Santa Catarina, Ac. do Pleno, de 20.3.2003, DJ 4.4.2003 (publicado também na *Revista Trimestral de Jurisprudência* 185(2): 723-733,2003).

[3] A Juíza Federal Tânia Escobar, Relatora do Agr. Instrumento 1999.04.01.009236-1/SC, Ac. de 6.5.1999, da 2ª T. do TRF da 4ª Região, publicado na *Revista Dialética de Direito Tributário* 48:189, 1999, manifestou-se deste teor:

País o princípio da legalidade absoluta e da tipicidade cerrada,[5] entendiam que a regulamentação administrativa da matéria feria o princípio da legalidade.

3. A sociedade de risco e a tributação

A interpretação positivista desconsiderava o novo equilíbrio entre os poderes do Estado na sociedade do risco.

Há uma reconfiguração da legalidade tributária correspondente à fase atual das relações entre Estado a Sociedade, em que esta assume o papel preponderante, restando no Estado agir subsidiariamente na sua função regulatória e na impossibilidade de o individuo ou a sociedade resolverem os seus próprios problemas.

De feito, o relacionamento entre Estado e Sociedade na fase do liberalismo social permite que se fale em uma *sociedade de riscos*, característica do Estado Subsidiário ou do Estado Democrático e Social de Direito, que contrasta com a *sociedade*

"O legislador, contudo, não definiu o que seja atividade preponderante da empresa, tampouco o conceito de risco leve, médio e grave, o que veio a ser feito, primeiro, pelo Decreto n. 612/92, e, depois, pelo Decreto n. 2173/97, que revogou aquele. Ora, sendo tais elementos parte integrante da contribuição em comento, não se pode admitir, tendo em vista o seu caráter tributário, que a sua definição conste prevista em ato emanado do Poder Executivo, sob pena de admitir-se, por vias transversas, que um ato administrativo venha a alterar a alíquota e a base do cálculo da exação, em flagrante malferimento ao princípio da legalidade, inserto nos artigos 150, I, da CF e 97 do CTN. Face ao exposto, defiro a liminar pleiteada para suspender a exigibilidade da contribuição ao SAT". Em termos semelhantes decidiu a Juíza Federal Suzana Camargo, da 5ª Turma do TRF da 3ª Região (Arg. Instr. 1999.03.00.036172-5, despacho de 15.10.1999, *RDDT* 54: 188, 2000): "Assim, tal definição não poderia estar no regulamento, até porque é fundamental para a concretização da obrigação tributária, pois desta definição é que depende a alíquota a ser aplicada. Assim, é a lei, e tão-somente a lei, que tem aptidão para fixar os elementos da hipótese da incidência do crédito tributário, não tendo o decreto o condão de exercer tal mister. Conclui-se, portanto, encontrar-se tal dispositivo em ofensa ao princípio da estrita legalidade, portanto carece a lei dos elementos necessários à cobrança do tributo, não cabendo ao Poder Executivo, por intermédio de um decreto, suprir a lacuna legal existente"; Cf. tb. Agravo n. 200.02.01,067166-0, Ac. da 1ª Turma do TRF da 2ª Região, de 25.6.2001, Rel. Des. Ricardo Regueira, *RDDT* 89: 160,2003: "Os critérios de classificação das atividades preponderantes das empresas, para os fins de fixação das alíquotas exigíveis para a referida contribuição, não podem ser objeto de atividade do Poder Executivo, e sim do Poder Legislativo, face ao princípio da tipicidade tributária (art. 3º do Código Tributário Nacional)".

[4] Cf. MARTINS, Ives Gandra da Silva; GARCIA, Patrícia Fernandes do Souza. Inconstitucionalidade e Ilegalidade da Contribuição ao Seguro contra Acidentes de Trabalho – SAT. *Revista Dialética de Direito Tributário* 51: 75, 1999; "Expressões como "atividade preponderante", "risco considerado leve", "médio" ou "grave" não prescindem de balizamentos para que estejam aptas a determinar o *quantum* devido pelo sujeito passivo da obrigação tributária correspondente à referida contribuição, os quais devem ser fixados pela própria lei. Admitir que a definição do conceitos vagos constantes da lei, correspondentes a elementos essenciais à configuração da hipótese do imposição do tributo, possa ser empreendida por meros decretos, significa atribuir ao Poder Executivo a faculdade de inovar na ordem jurídica, mudando, a seu talante, *aspectos* como o da estrutura ôntica, características intrínsecas ao sujeito passivo, além da espacialidade, temporalidade e quantatividade da norma criadora do tributo e o desenho da obrigação tributária." Cf. tb. HORVATH, Estevão; RODRIGUES, José Roberto Pernomian. A Prorrogação da CPMF e a Exigência da Contribuição ao Seguro de Acidente do Trabalho diante do Princípio da Reserva Absoluta da Lei. In: ROCHA. Valdir do Oliveira (Coord.). *Grandes Questões Atuais do Direto Tributário*, São Paulo: Dialética, 1999, v. 3, p. 74; TROIANELLI, Gabriel Lacerda. Seguro de Acidente do Trabalho, Normas em Branco e Conceitos Indeterminados. *RDDT* 61: 73, 2000: "Ora, se o legislador, podendo determinar os conceitos de risco leve, médio e grave, assim não fez, deixando à administração amplos poderes para enquadrar esta ou aquela atividade nos graus leve, médio e grave, sem qualquer definição legal do que sejam tais graus, foi, voluntária ou involuntariamente, omisso, uma vez que o conceito jurídico indeterminado não afasta o esforço de conceituação por parte do legislador, mas antes supõe", MATTOS, Mauro Roberto Gomes de; ANTONELLI, Leonardo Pietro. Da Ilegal Cobrança de Contribuição Denominada SAT – Seguro de Acidentes do Trabalho. *RDDT* 48: 111.1999: "... não há como validar decretos que majoram o SAT, eis que o princípio da estrita legalidade em matéria tributária é o próprio verdugo destes atos baixados pelo Executivo".

[5] Deve-se a Alberto Xavier (*Os Princípios da Legalidade e da Tipicidade da Tributação*. São Paulo: Revista dos Tribunais, 1978, p. 37 e 93), a criação do conceito de legalidade absoluta e tipicidade fechada, que por tanto tempo encantou mentes e corações no Brasil.

industrial, que dava sustentação ao Estado de Bem-estar Social ou Estado-Providência.

A sociedade de riscos se caracteriza por algumas notas relevantes: a ambivalência, a insegurança a o redesenho do quadro de atribuições das instituições do Estado e da própria sociedade.

No Brasil a profunda reforma do Estado operada nos últimos anos, com o objetivo precípuo de adaptá-lo à sociedade de risco, tem levado à recente criação de inúmeros ingressos financeiros que devem ser examinados sob a ótica que repulsa a ideia de *legalidade estrita, pois incidem sobre atividades extremamente complexas e cambiantes tecnologicamente, que tornaram impossível o fechamento dos conceitos indeterminados em que se expressam os respectivos fatos geradores*, tudo o que conduz à atividade regulamentar da Administração e à judicialização da política. Tal acontece, por exemplo, com a contribuição de acidentes do trabalho, com a taxa ambiental e com a contribuição de saúde.

4. A harmonia entre os Poderes do Estado

Procura-se hoje a harmonia entre os Poderes do Estado. A prevalência do Legislativo foi defendida inúmeras vezes, desde o pandetismo e o positivismo normativista até os adeptos das proibições de interpretar. A superioridade do Judiciário afirmaram-na a jurisprudência dos interesses, a tópica, a hermenêutica concretizadora e a corrente da consideração econômica do fato gerador. A importância exagerada da Administração era fruto do intervencionismo estatal na economia, do *New Deal* e do autoritarismo. Assiste-se no presente ao refluxo dessas posições.

Não se pode perder de vista que o direito tributário, que se estrutura sobretudo a partir do discurso do legislador, necessita também da complementação harmoniosa do trabalho da interpretação administrativa e judicial.

4.1. O poder regulamentar da administração

A interpretação do direito tributário pela Administração pode ser dar no exercício da atividade de regulamentar os dispositivos da lei formal.

Há zonas de imprecisão nas leis tributárias e um certo espaço não preenchido pelo próprio legislador que abrem ao Executivo o poder do complementar a regra da imposição fiscal. Claro que sempre resta a possibilidade de contrastar tal interpretação administrativa com a judicial, que prevalecerá afinal. Mas não se pode eliminar a competência administrativa na elaboração do regulamento, com eficácia sobre terceiros.

Na Alemanha a matéria vem sendo muito discutida e o Tribunal Federal já reconheceu a validade do "regulamento concretizador de normas" (*normkonkretisierenden Verwaltungsvorschriften*),[6] que se não confunde com o exercício da mera atividade discricionária. Explica K. Vogel que se trata de interpretação administrativa, eis que concretização e interpretação constituem conceitos similares, e que tal ampliação da competência administrativa se justifica em decorrência da necessidade

---

[6] BVerwGE 72, 320.

de complementação de valores incluídos na lei formal.[7] Há, por conseguinte, regulamentos tipificadores (*Typisierungsvorchriften*), que são frutos da concepção aberta do tipo jurídico, com eficácia vinculante, aos quais compete concretizar a linha de valoração (*Bewertungsrichtlinien*) iniciada pela lei formal,[8] máxime no que se refere à prevalência do princípio constitucional da igualdade, sendo certo que o espaço para a interpretação na via do regulamento será tanto maior quanto mais complexa for a valoração. Restaria, evidentemente, a possibilidade de se discutir a respeito da atipicidade das hipóteses consideradas pela norma regulamentar.[9] De notar que o positivismo alemão rejeita peremptoriamente a possibilidade de a Administração baixar regulamentos tipificadores.[10]

Nos Estados Unidos também existe um amplo espaço para o exercício da atividade regulamentar da Administração. Diante da morosidade da interpretação pelo próprio Legislador ou da insegurança que causaria a espera das decisões judiciais casuísticas, vem a Suprema Corte deferindo ao regulamento do imposto de renda (*Internal Revenue Code*) a competência para interpretar as ambiguidades da lei tributária, na ausência de uma intenção legislativa clara.[11] A regulamentação do Tesouro é vinculante, a menos que "não razoável e plenamente inconsistente com a lei do imposto de renda" (*unreasonable and plainly inconsistent with the revenue statutes*).[12] Por evidente que se tornará inevitável o controle judicial quando pela interpretação a burocracia pretenda simplesmente aumentar a arrecadação.[13]

No Brasil o positivismo tem procurado minimizar a importância da interpretação administrativa com defender a existência da tipicidade fechada, que *contradictio in terminis*, e da *legalidade absoluta*. O art. 99 do Código Tributário Nacional expressa a adesão a esse raciocínio, ao estabelecer: "o conteúdo e o alcance dos decretos restringem-se aos das leis em função das quais sejam expedidos, determinados com a observância das regras da interpretação estabelecidas nossa lei". Quer dizer: o próprio CTN procura achar e limitar a atividade regulamentar da Administração, estabelecendo regras para a interpretação das leis tributárias (arts. 107 a 112) de modo pretensamente unívoco e seguro. Só que tais normas de interpretação carecem elas próprias da interpretação, tornando-se inócuas e vazias,[14] donde redunda que a interpretação administrativa ainda encontra amplo campo para a sua efetivação.

4.2. A judicialização da política

Nos últimos anos vem se afirmando no Brasil, a exemplo do que já ocorria nos países democráticos, o fenômeno da *judicialização da política*. Consiste na in-

---

[7] Zur Bindung der Steuergerichte an Bewertungs-und Pauschalierungsrichtlinien. *Steuer und Wirtschaft* (3): 257, 1991.

[8] Idem, Ibidem, p. 262.

[9] Idem, Ibidem, p. 261.

[10] Cf. KRUSE, Heinrich, In: TIPKE. *Abgabenordnung*. Köln: O. Schmidt, 1995, Tz. 37. Na Itália Vitorio Frosini (*La Lettera e lo Spirito delle Legge*. Milano: Giuffrè, 1994, p. 113) defende ponto de vista semelhante, recomendando que o órgão jurisdicional não se deixe vincular pela interpretação administrativa constante dos regulamentos.

[11] Chevron USA v. Natural Resource Defense Council, 467 US. 877, 1984.

[12] Blingler v. Johnson, 394 U. S. 741, 1969.

[13] Cf. Leading Cases. *Harvard Law Review* 107(1): 370, 1993.

[14] Cf. TORRES, Ricardo Lobo. *Normas de Interpretação e Integração do Direito Tributário*. Rio de Janeiro: Forense, 1994, p. 159.

terferência do Judiciário sobre as questões políticas ínsitas à elaboração legislativa, principalmente na via do controle da constitucionalidade. Com o novo relacionamento entre Estado e Sociedade, que se surpreende no renascimento do liberalismo, com a necessidade do controle da maioria e com a expansão da atividade legislativa tornou-se imperiosa a censura judicial para o equilíbrio democrático. O juiz deixa de ser o aplicador formalista da lei para se tornar também agente das transformações sociais, utilizando no exercício de suas funções os instrumentos da razoabilidade, da proporcionalidade e da moralidade para enfrentar as novas questões colocadas pelo pluralismo de interesses da sociedade moderna.[15]

No Brasil, após a redemocratização ocorrida em 1988, o Judiciário assumiu papel de relevo, que lhe foi desenhado pela nova disciplina da ação declaratória de inconstitucionalidade, com o seu quadro mais amplo de legitimados, a abranger a sociedade aberta de intérpretes. No direito tributário a judicialização da política vem adquirindo importância marcante, tendo em vista o descompasso entre a Constituição Tributária e as necessidades do País. Com efeito, as normas tributárias da CF 88, que criaram tributos anômalos como as contribuições sociais, que na realidade são impostos com destinação especial, não receberam a complementação adequada por parte do Legislativo, despertando inúmeros pleitos de inconstitucionalidade. As próprias reformas do Texto Maior, de que foi exemplo a EC 3/93, trouxeram a esdrúxula problemática das "normas constitucionais inconstitucionais", afinal controladas pelo Supremo Tribunal Federal. O abuso na edição de medidas provisórias, a centralização financeira operada por meio das leis complementares, a procura incessante de aumento da arrecadação e a falta de propostas coerentes por parte do Governo Federal para a reformulação do sistema tributário intensificam a judicialização da política.[16]

Esse fenômeno da judicialização da política se projeta também para o campo da política fiscal, entendida no sentido do exercício, pelo Executivo, das opções legítimas que lhe sejam deixadas pelo Legislativo ao não esgotar a reserva da lei formal. O Poder Judiciário passa a controlar não só a constitucionalidade da lei formal, mas também, as políticas públicas compreendidas no exercício da faculdade regulamentar, principalmente no campo da parafiscalidade e da extrafiscalidade.

O tributarista espanhol Falcon y Tella, atento ao novo equilíbrio entre os Poderes do Estado e ao controle da atividade regulamentar, observa:

> En materia de tasas, por ejemplo, raramente el legislador procede a una minuciosa regulación de los elementos configuradores de las mismas, dada la necesidad de tener en cuenta las características, a menudo cambiantes, del servicio o actividad administrativa que constituye en cada caso el hecho imponible; y si bien no cabe una deslegalización absoluta, parece evidente que la reserva de ley ha de ser más flexible en este ámbito que en el de los impuestos. Podemos concluir, por tanto, que la flexibilidad con que se

---

[15] Cf. MOREIRA NETO, Diogo de Figueiredo. *O Sistema Judiciário Brasileiro e a Reforma do Estado*. São Paulo: Celso Bastos Editor, 1999, p. 32: "... parece difundido o reconhecimento de que o Poder Judiciário realmente *transcendeu o seu papel clássico e adquiriu uma função política*, cabendo-lhe não apenas aplicar a norma ao caso concreto como adaptá-la, integrar a ordem jurídica e, até, examinar a norma legal diante de padrões principiológicos de assento constitucional". Cf .tb. GRINOVER, Ada Pellegrini. A Crise do Poder Judiciário. *Revista de Direito da Procuradoria Geral do Estado de São Paulo* 34: 11, 1990: "E, na verdade, a Constituição de 1988 reservou explicitamente um papel eminentemente político ao Judiciário, até quando o desenhou como novo árbitro de conflitos coletivos, da massa, e por isso mesmo, políticos".

[16] Cf. VIANNA, Luiz Werneck (*et al.*). *A Judicialização da Política e das Relações Sociais no Brasil*. Rio de Janeiro: Revan, 1999, p. 10: "Inevitável, portanto, a tendência ao estabelecimento de uma linha de tensão nas relações entre o Judiciário, de um lado, e o Executivo e o Legislativo, de outro, entre a filosofia política da Carta do 1988 e a agenda neoliberal".

construye la reserva de ley en materia tributaria admite diversos grados, según el supuesto de que se trate, siendo necesario un análisis caso por caso, para determinar si el reglamento se ha excedido en su función do desarrollo o ejecución de la ley, o si ésta contiene remisiones en blanco o excesivamente imprecisas que vulneren la reserve de ley.[17]

5. O novo caminho aberto pelo voto do Ministro Carlos Velloso

O Ministro Carlos Velloso, para superar a dogma da reserva absoluta da lei e da tipicidade cerrada, optou pelo caminho do regulamento delegado ou *intra legem*.

Poderia ter seguido as teorias do regulamento tipificador ou da judicialização da política. Preferiu, entretanto, aplicar ao direito tributário a teoria da delegação *intra legem*, que já havia utilizado em outras ocasiões, que abre realmente nova alternativa para a superação de posições formalistas e conceptualistas.

Na ementa do RE 343.446-2 ficou dito:

III – As Leis n. 7.787/89, art. 3º, II, e n. 8.212/91, art. 22, II, definem, satisfatoriamente, todos os elementos capazes de fazer nascer a obrigação tributária válida. O fato de a lei deixar para o regulamento a complementação dos conceitos de "atividade preponderante" e "grau de risco leve, médio e grave", não implica ofensa ao princípio da legalidade genérica, CF, art. 5º, II, e da legalidade tributária, CF, art. 150, I.

IV – Se o regulamento vai além do conteúdo da lei, a questão não é de inconstitucionalidade, mas da ilegalidade, matéria que não integra o contencioso constitucional.

O Ministro Carlos Mario Velloso salientou, no início do seu voto, que a Ministra Ellen Gracie, anteriormente Juíza-Relatora daquele mesmo processo na 1ª Turma do Tribunal Regional Federal da 4ª Região, entendera que as leis em exame definiam "satisfatoriamente todos os elementos capazes de fazer nascer uma obrigação tributária válida".[18]

O Ministro Velloso se reportou, no voto proferido no RE 343.446, que ora se comenta, ao RE 290.079/SC, no qual fez "a distinção da delegação pura, que a Constituição não permite, da atribuição que a lei comete ao regulamento para a aferição de dados, em concreto, justamente para a boa aplicação da lei".[19]

---

[17] Un Principio Fundamental Del Derecho Tributario: La Reserva de Ley. *CIVITAS – Revista Española de Derecho Financiero* 104:719 e 721, 1999.

[18] No voto do Ministro Carlos Mário Velloso vem transcrito expressivo trecho do anterior voto da então juíza Ellen Gracie: "Ressalta-se que a Lei n. 8.212/91 define satisfatoriamente todos os elementos capazes de fazer nascer uma obrigação tributária válida. Basta ver que o sujeito passivo é a empresa e a base de cálculo, o montante pago ou creditado mensalmente a título de remuneração dos segurados empregados e trabalhadores avulsos. A alíquota, por sua vez, fica definida em razão do grau de risco a que se sujeita a atividade preponderante da empresa. A partir desses critérios, pode a normal infralegal, dentro de seu campo de conformação, definir o que se haveria de entender por atividade preponderante da empresa. Assim agindo, desde que não se chegue a violentar o sentido emanado do texto legal, exsurge legítimo o exercício do respectivo poder regulamentar. Em se tratando de hierarquia das fontes formais de Direito, uma norma inferior tem seu pressuposto de validade preenchido quando criada na forma prevista pela norma superior. O regulamento possui uma finalidade normativa complementar, à medida que explicita uma lei, desenvolvendo e especificando o pensamento legislativo. Isso não significa ampliar ou restringir o texto da norma". Os conceitos de "atividade preponderante" e "grau de risco leve, médio e grave" são passíveis de serem completados por decreto, ao regulamentar a previsão legislativa. Não se está modificando os elementos essenciais da contribuição, mas delimitando conceitos necessários à aplicação concreta de norma. Restaram observados, portanto, os princípios da legalidade genérica (CF, art. 5º, inciso II) e específica ou estrita (CF, art. 150, inciso I e CTN, art. 97). Assim sendo face ao exercício regular do poder regulamentar, não há porque ser afastada a exigência de alíquota superior a 1% segundo a graduação prevista na própria Lei n° 8.212/91. Não há, portanto, violação ao art. 84, IV da Constituição.

[19] Destacou o Ministro Carlos Velloso, do voto proferido no RE 290.079: "(...) Estou, entretanto, que o § 2º do art. 1º do Decreto-lei n. 1.422/75 não contem regra de delegação pura, situando-se a norma ali inscrita no campo da

Logo adiante registrou que, em trabalho doutrinário anteriormente publicado,[20] afirmara que o Executivo não pode inovar na ordem jurídica, "pelo que não tem legitimidade constitucional o regulamento *praeter legem*. Todavia, o regulamento delegado ou autorizado ou *intra legem* é condizente com a ordem jurídico-constitucional brasileira".

Ao concluir o seu importante e renovador voto, disse o Ministro Carlos Mário Velloso:

Tem-se no caso, portanto, regulamento delegado, *intra legem,* condizente com a ordem jurídico-constitucional.

Agora, se o regulamento for além da lei – e na verdade é isto o que se alega – a questão não é de inconstitucionalidade. Se verdadeira a alegação, ter-se-ia questão de ilegalidade, que não integra o contencioso constitucional e que, bem por isso, não autoriza admissão do recurso extraordinário, restrito ao contencioso constitucional.

6. Conclusão

No momento em que se presta a merecida homenagem ao Ministro Carlos Mário Velloso, pela sua profícua e brilhante passagem pelo Supremo Tribunal Federal, pareceu-nos sugestivo evocar o voto proferido no RE 343.446-2-SC, pela sua força argumentativa e pelo seu papel renovador para a futura produção jurisprudencial de nossa Corte Suprema com referência à tributação da sociedade de risco.

---

regulamentação, atribuição que era e é atribuída ao Poder Executivo (CF/67, art. 81, III; CF/88, art. 84, IV), na linha de que o Estado moderno requer a adoção de técnicas de administração, dado que, conforme lecionou, na Suprema Corte americana, o Juiz Frankfuter, registra Bernard Schwartz, 'ao referir-se à separação dos poderes, as exigências práticas do Governo impedem a sua aplicação doutrinária, pois estamos lidando com aquilo a que Madison chamava uma 'máxima política' e não uma regra de lei técnica'. (Frankfurter, The Public and its Government (1930), p.77; Bernard Schwartz, Direito Constitucional Americano. Forense, p. 349 e 350)".

[20] *Temas de Direito Público.* 1. ed. 2.tir., p. 439: "Já o regulamento delegado ou autorizado (item 5) *intra legem*, é admitido pelo Direito Constitucional brasileiro, claro, porém, que não pode 'ser elaborado *praeter legem*, portanto o seu campo de ação ficou restrito à simples execução de lei'." (BANDEIRA DE MELLO, Oswaldo Aranha, *Princípios Gerais do Direito Administrativo*. 2. ed. Rio de Janeiro: Forense, 1/354; BASTOS, Celso. *Curso de Direito Constitucional*. 3 ed. São Paulo: Saraiva, p. 177).

— 3.8 —

O custeio dos acidentes do trabalho no Brasil – controvérsias sobre a regulação administrativa

FÁBIO ZAMBITTE IBRAHIM[1]

Sumário: 1. Apresentação do problema e delimitação do texto; 2. Evolução legislativa; 3. A Contribuição para o Seguro de Acidentes do Trabalho – o SAT básico; 3.1. Controvérsias atuais – o dever de fundamentar as alterações de enquadramento; 3.2. Da delegação válida ao abuso de confiança; 4. O fator acidentário de prevenção – Problemas e soluções; 5. Conclusão.

1. Apresentação do problema e delimitação do texto

Nos últimos anos, o Seguro de Acidentes do Trabalho – SAT – tem sofrido consideráveis modificações. Não somente frente às prestações acidentárias, que praticamente seguem as mesmas regras de concessão e cálculo dos denominados *benefícios comuns*, mas principalmente devido aos constantes debates sobre o financiamento deste segmento protetivo.

O custeio do SAT apresenta, atualmente, três pontos de controvérsia. O primeiro, diz respeito ao acréscimo de alíquota em razão de atividade insalubre, capaz de viabilizar a aposentadoria especial, nos termos do art. 57 da Lei nº 8.213/91. Em segundo, há a possibilidade de variação de alíquotas do SAT básico (1, 2 ou 3%) por decreto, de acordo com as estatísticas acidentárias disponíveis, nos termos do art. 22, § 3º da Lei nº 8.212/91. Terceiro, há o fator acidentário de prevenção, estabelecido no art. 10 da Lei nº 10.666/03, ampliando a delegação ao Poder Executivo, de forma a permitir, por resolução do Conselho Nacional de Previdência Social, a variação da alíquota básica do SAT de acordo com a performance individual de empresas dentro do respectivo grupamento econômico.

Quanto ao primeiro ponto, a principal dúvida reside no fato de tais alíquotas não possuírem liame direto com o custeio clássico de prestações acidentárias, já que a atividade especial não produz, necessariamente, incapacidade laborativa. Sem embargo, o que se percebe claramente é que a Lei n. 9.732/98 consolidou novo perfil ao SAT,

---

[1] Advogado. Doutor em Direito Público pela UERJ. Mestre em Direito Previdenciário pela PUC/SP. Ex-Auditor Fiscal da Secretaria de Receita Federal do Brasil. Professor Visitante da Universidade do Estado do Rio de Janeiro – UERJ, Coordenador e Professor de Direito Previdenciário da Escola de Magistratura do Estado do Rio de Janeiro – EMERJ, Professor da FGV Direito Rio.

SISTEMA CONSTITUCIONAL TRIBUTÁRIO – dos fundamentos teóricos aos *hard cases* tributários
Estudos em homenagem ao Ministro Luiz Fux

o qual começou a definir-se com a MP n. 1.523-9/97,[2] e passou a cuidar não somente de benefícios decorrentes de acidentes do trabalho, mas toda prestação originária do meio ambiente do trabalho.

Exatamente devido a esta nova realidade, o SAT contou com nova denominação, que é o grau de incidência de incapacidade laborativa decorrente de riscos ambientais do trabalho (GIILDRAT) ou, mais resumidamente, risco ambiental do trabalho (RAT). A ideia seria expor a atual feição do SAT, a qual teria a função de fornecer recursos para benefícios oriundos de riscos ambientais, incluindo os acidentários e a aposentadoria especial.[3] Não obstante a correção desta nova terminologia, nos parece mais adequado à manutenção da sigla SAT, já amplamente difundida na sociedade e mais antiga que a própria previdência social, somente tendo-se o cuidado com sua nova acepção.

De toda forma, não é proposta tratar, aqui, do primeiro ponto, mas somente dos subsequentes, que abordam, em maior amplitude, a problemática da possível delegação ao Executivo, no aspecto relativo ao tratamento tributário devido, tanto quanto às alíquotas básicas do SAT (1, 2 ou 3%) como o fator acidentário de prevenção – FAP. Ambos ainda provocam discussões frequentes e, mesmo após algumas manifestações do STF, as dificuldades perduram.

2. Evolução legislativa

O seguro de acidentes do trabalho – SAT –, na sua acepção clássica de sistema responsável pela manutenção do obreiro incapacitado para a atividade remunerada, quando acometido dos infortúnios vinculados à atividade laborativa, surgiu no Brasil com a edição do Decreto-Legislativo nº 3.724, de 15 de janeiro de 1919.[4]

Era incumbência do empregador a manutenção deste sistema, o qual deveria arcar com indenização frente a seus empregados. Determinava o citado ato que o acidente de trabalho obrigava o empregador a pagar uma indenização ao operário ou à sua família. Eram excetuados apenas os casos de força maior ou dolo da própria vítima ou de estranhos (art. 2º). A sistemática de proteção criada era precária, já que não se assegurava o pagamento de quantias mensais, mas sim um valor único de indenização, que variava de acordo com o resultado do evento; desde incapacidade temporária até a morte.

Apesar de limitado, é interessante notar que, no Brasil, o SAT surgiu antes mesmo do seguro social propriamente dito, o qual teve sua gênese com a Lei Eloy Chaves (Decreto-legislativo n. 4.682, de 24/01/1923), ainda sob a égide da Constituição de 1891, determinando a criação das caixas de aposentadorias e pensões para os

---

[2] Cf. João Donadon. *O benefício de Aposentadoria Especial aos Segurados do Regime Geral de Previdência Social que Trabalham Sujeitos a Agentes Nocivos – Origem, Evolução e Perspectivas*, p. 22. Disponível em <http://www.previdenciasocial.gov.br/docs/textosestudo02.pdf>, em 13/09/2004.

[3] Para efeito da NR 9 (Programa de Prevenção de Riscos Ambientais), do Ministério do Trabalho e Emprego, no item 9.1.5, consideram-se riscos ambientais *os agentes físicos, químicos e biológicos existentes nos ambientes de trabalho que, em função de sua natureza, concentração ou intensidade e tempo de exposição, são capazes de causar danos à saúde do trabalhador.*

[4] A proteção acidentária brasileira surgiu na esteira da evolução do sistema protetivo mundial, com a criação do seguro de doença na Alemanha, em 1883, o qual foi seguido pelo seguro de acidentes de trabalho (1884) e pelo seguro de invalidez e velhice (1889).

ferroviários, por empresa. Posteriormente, a Lei n. 5.316, de 14/09/1967, integrou o seguro de acidentes de trabalho (SAT) à previdência social, fazendo assim desaparecer este seguro como ramo à parte. Esta Lei veio a fixar a lógica de custeio do SAT que prevalece até hoje, com pequenas variações.[5]

Em seguida, a Lei n. 6.367, de 19/10/1976, trouxe nova normatização sobre a matéria, definindo acidente do trabalho como *aquele que ocorrer pelo exercício do trabalho a serviço da empresa, provocando lesão corporal ou perturbação funcional que cause a morte, ou perda, ou redução, permanente ou temporária, da capacidade para o trabalho* (art. 2°). A mesma Lei manteve o SAT vinculado ao extinto Instituto Nacional de Previdência Social (INPS).

Com isso adota-se a *teoria do risco social*, à semelhança do próprio sistema previdenciário existente, na medida em que a proteção comum ou acidentária baseia-se no auxílio mútuo entre os componentes da sociedade, dentro do ideário da solidariedade social. Da mesma forma, fixou a contribuição das empresas com um acréscimo de 0,4% a 2,5% sobre a folha de salários de contribuição de empregados e avulsos.[6] Posteriormente, já com o advento da Constituição de 1988, o custeio do SAT passou a ser regulado pela Lei n. 7.787/89, fixando a incidência da contribuição, à semelhança do que ocorre hoje, sobre a remuneração de empregados e avulsos, mas na alíquota única de 2% (arts. 3° e 4°).

Atualmente, a matéria acidentária é regulada pela Lei n. 8.213/91, que rege o funcionamento do Regime Geral de Previdência Social, compreendendo diversas prestações, inclusive em razão de eventos decorrentes de acidente do trabalho (art. 18, *caput*). Já o custeio básico do SAT surge no art. 22 da Lei n. 8.212/91, com as alterações das Leis n. 9.528/97 e 9.732/98, em substituição à Lei n. 7.787/89, com as alíquotas de 1, 2 ou 3%, de acordo com o risco da atividade. O adicional ao SAT consta da Lei n. 8.213/91, com a redação dada pela Lei n. 9.732/98 (art. 57, § 6°) e da Lei n. 10.666/03 (art. 1°), enquanto o FAP é previsto no art. 10 da Lei n. 10.666/03.

3. A contribuição para o
Seguro de Acidentes do Trabalho – o SAT básico

A contribuição ao seguro de acidentes do trabalho não possui qualquer definição constitucional de seu fato gerador ou base de cálculo (art. 7°, XXVIII, CRFB/88), sendo que o legislador continuou adotando a sistemática tradicional – incidência sobre a remuneração dos principais beneficiários, ou seja, empregados e avulsos, a

---

[5] Art. 12. O custeio das prestações por acidente do trabalho, a cargo exclusivo da empresa, será atendido, conforme estabelecer o regulamento, mediante: I – uma contribuição de 0,4% (quatro décimos por cento) ou de 0,8% (oito décimos por cento) da folha de salários de contribuição, conforme a natureza da atividade da empresa; II – quando for o caso, uma contribuição adicional incidente sobre a mesma folha e variável, conforme a natureza da atividade da emprêsa. § 1°. A contribuição adicional de que trata o item II será objeto de fixação individual para as empresas cuja experiência ou condições de risco assim aconselharem.

[6] Art. 15. O custeio dos encargos decorrentes desta lei será atendido pelas atuais contribuições previdenciárias a cargo da União, da empresa e do segurado, com um acréscimo, a cargo exclusivo da empresa, das seguintes percentagens do valor da folha de salário de contribuição dos segurados de que trata o art. 1°: I – 0,4% (quatro décimos por cento) para a empresa em cuja atividade o risco de acidente do trabalho seja considerado leve; II – 1,2% (um e dois décimos por cento) para a empresa em cuja atividade esse risco seja considerado médio; III – 2,5% (dois e meio por cento) para a empresa em cuja atividade esse risco seja considerado grave. (...) § 2° O Ministério da Previdência e Assistência Social (MPAS) classificará os três graus de risco em tabela própria organizada de acordo com a atual experiência de risco, na qual as empresas serão automaticamente enquadradas, segundo a natureza da respectiva atividade.

cargo das empresas (art. 22, II, Lei n. 8.212/91). Não existe qualquer vício nesta configuração exacional construída pelo legislador ordinário, pois há razoabilidade tanto no aspecto material da incidência como na respectiva base de cálculo, que, além de retratar a contraprestação pelo labor do segurado, reproduz base impositiva que já é de competência da União (art. 195, I, "a", da Constituição).

A contribuição, na forma atualmente prevista, incide sobre o total das remunerações pagas ou creditadas, no decorrer do mês, aos segurados empregados e trabalhadores avulsos, com as seguintes alíquotas (art. 22, II da Lei n. 8.212/91):[7]

a) 1% para as empresas em cuja atividade preponderante o risco de acidentes do trabalho seja considerado leve;

b) 2% para as empresas em cuja atividade preponderante esse risco seja considerado médio;

c) 3% para as empresas em cuja atividade preponderante esse risco seja considerado grave.

Não há, na Lei nº 8.212/91, uma definição das classes leve, média e grave, cabendo o tema ao Regulamento da Previdência Social, o qual disciplina a matéria no art. 202. Nisso reside parte da discussão sobre o SAT. Como se verá, apesar da manifestação favorável do STF, o tema está longe de ser superado.

3.1. Controvérsias atuais – o dever de fundamentar as alterações de enquadramento

Em geral, pode-se afirmar que havendo insuficiência normativa quanto à delimitação da hipótese de incidência de determinado tributo, em quaisquer dos aspectos definidores, há a consequente vulneração do preceito da legalidade estrita, expressamente estabelecido no art. 150, I, da Constituição. Sem lei fixando todos os componentes do fato gerador, não há tributo, salvo, naturalmente, as exceções admitidas, taxativamente, pela própria Carta de 1988.

No entanto, por outro lado, a legalidade é somente um dos princípios fixados na Constituição, podendo, em tese, ser ponderado em situações de conflito com os demais interesses existentes. Esse aspecto, longe de ser revolucionário, tem ganhado corpo a partir da complexidade crescente das relações sociais, aliada à inaptidão do legislador para regulamentá-las. Nesse contexto, abre-se caminho para a chamada *crise da legalidade.*[8]

Ainda que a fixação de tributos tenha uma forte ligação com a legalidade, já que a Constituição expressamente determina a necessidade de lei para sua instituição (art. 150, I) – mesmo quando já havia previsto, genericamente, a necessidade de lei para a imposição de qualquer limitação à liberdade individual (art. 5º, II) – é importante concluir que ainda está a se falar de um princípio, que pode ser ponderado em casos difíceis.

Também em matéria tributária, a Constituição prevê a necessidade de atendimento de outras diretrizes, como a isonomia. Traz a Carta de 1988 a regra geral de

---

[7] Já a cotização dos segurados especiais, assim como a contribuição básica, incide sobre a receita bruta da comercialização da produção rural, na alíquota de 0,1%. Para estes segurados, a base de contribuição é diferenciada, a alíquota é única, e é o próprio segurado que arca com a contribuição (ainda que outro possa ser o responsável pelo recolhimento). Na regra geral, a contribuição ao SAT referente a empregados e avulsos tem como base a remuneração destes segurados, a alíquota é variável, e é a empresa que figura no pólo passivo da relação obrigacional (para empresas rurais, o SAT também é em regra calculado com alíquota única e incidindo sobre a receita da produção).

[8] Cf. BINENBOJM, Gustavo. *Uma Teoria do Direito Administrativo – Direitos Fundamentais, Democracia e Constitucionalização.* Rio de Janeiro: Renovar, 2006, p. 125.

igualdade (art. 5°, *caput*) que é repetida no art. 150, II, para fins tributários. Interessante observar que aqui, ao contrário da legalidade, não se ouvem vozes louvando a criação, pelo Constituinte de 1988, de uma *isonomia estrita*, ou mais rigorosa, quando confrontada com as demais hipóteses fora do âmbito tributário. Já com relação à legalidade, não faltam autores a apontar, na afirmativa constitucional específica da legalidade tributária, uma explicitação do maior rigor necessário à criação de tributos.[9]

A parcialidade das análises frequentemente empreendidas pela doutrina pátria, em matéria tributária, é ainda guiada pelo fetichismo da legalidade, olvidando outras diretrizes constitucionais, mesmo quando reproduzidas no Sistema Tributário Nacional.

O Estado social, com sua ampla rede de ações, aponta o anacronismo das concepções doutrinárias exageradamente legalistas. Ao pretender o legislador alcançar todas as situações possíveis, especialmente na tributação, cria verdadeiro emaranhado que acaba por ser desconhecido mesmo por especialistas da matéria. Em razão da tecnicidade cada vez maior da tributação, é comum o legislador aprovar projetos nos termos apresentados pelo Executivo, o qual, por sua vez, vê, na maioria das vezes, situações pontuais a serem resolvidas em detrimento do ordenamento global.

Em aparente observância à legalidade estrita, tentou o Estado contemporâneo fixar todas as suas incumbências nestes veículos normativos, gerando o caos atual. Melhor seria a Administração Tributária reconhecer que não é somente à lei, mas todo o ordenamento e, em especial, à Constituição. A vinculação administrativa é ao direito como um todo, ao *bloco de legalidade*, na concepção evoluída da *juridicidade administrativa*.[10]

A juridicidade administrativa interage com a legalidade, permitindo que haja uma regulamentação razoável pela Administração, mesmo em matéria tributária, de forma razoável, dentro de um consenso livremente obtido, a partir da admissão da racionalidade prática voltada ao diálogo jurídico.

Certamente não se pretende com isso que a legalidade seja deixada de lado (ainda é fundamento de qualquer Estado de direito), mas sim a importante (e evidente) conclusão de que a mesma é somente mais um princípio do Estado moderno, ao lado, por exemplo, da isonomia, que não é somente atingida por meio da previsibilidade formal do direito. Embora o direito tributário submeta-se, é certo, com maior rigor aos ditames da lei, não está o tributo dispensado de obediência às demais normas constitucionais.

---

[9] Por todos, ver ROCHA, Valdir de Oliveira. *Determinação do Montante do Tributo*. 2. ed. São Paulo: Dialética, 1995, p. 43.

[10] Nesse sentido, ver BINENBOJM, Gustavo, op. cit., p. 142. Por isso ainda afirma que "Tal idéia, de vinculação ao direito não plasmado na lei, marca a superação do positivismo legalista e abre caminho para a um modelo jurídico baseado em princípios e regras, e não apenas nestas últimas". Ou seja, "A idéia de *juridicidade administrativa*, elaborada a partir da interpretação dos princípios e regras constitucionais, passa, destarte, a englobar o campo da *legalidade administrativa*, como um de seus princípios internos, mas não mais altaneiro e soberano como outrora. Isso significa que a atividade administrativa continua a realizar-se, via de regra, (i) segundo a lei, quando esta for constitucional (atividade *secundum legem*), (ii) mas pode encontrar fundamento direto na Constituição, independente ou para além da lei (atividade *praeter legem*), ou, eventualmente, (iii) legitimar-se perante o direito, ainda que contra a lei, porém com fulcro numa ponderação da legalidade com outros princípios constitucionais (atividade *contra legem*, mas com fundamento numa otimizada aplicação da Constituição)" (p. 143). Grifos no original.

Enfim, a legalidade, isoladamente, não atende aos ditames constitucionais no sentido de alcançar-se a segurança social, em um ambiente de bem-estar e justiça social. Há que se reconhecer suas limitações, sem, contudo, desconhecer a garantia dos direitos fundamentais e a necessidade de ponderação da legalidade, em casos difíceis, com outros princípios constitucionais.

É certo que se deve adotar o *standard* de que o tributo somente pode ser cobrado nos estritos limites da lei. Todavia, isso não exclui a possibilidade de limitação desta premissa, em casos de maior complexidade, especialmente visando à máxima eficiência de outros princípios, como a isonomia. Esta é a concepção da juridicidade administrativa em matéria tributária. Ainda que se reconheça a necessidade de maior ônus argumentativo para a superação em concreto deste *standard*, isto é certamente possível.[11]

Isso não significa, novamente, superar a legalidade por um pretenso ideal de justiça, mas é inevitável que se leve em consideração, na composição da hipótese de incidência, valores expressos em princípios constitucionais. Por isso seria perfeitamente aceitável, neste contexto, que uma exação de complexa materialidade possa ser melhor regulamentada em âmbito administrativo, como o seguro de acidentes de trabalho – SAT.[12]

A regulamentação técnica da matéria, adicionalmente, permite a participação de vários profissionais da sociedade, em um debate aberto e franco, buscando a melhor opção para o financiamento do sistema acidentário, em correspondência com os melhores meios de proteção à saúde do trabalhador.

Uma atenuação da legalidade, com a adoção, *e.g.*, de conceitos indeterminados ou cláusulas gerais, há de ser situação excepcional, a ser justificada na exação específica. A atual consagração da malchamada *tipicidade fechada* no direito tributário brasileiro evidencia uma supremacia absoluta da segurança jurídica formal frente aos demais princípios constitucionais.

A ponderação não é a saída para todos os males, devendo o aplicador da lei cotejar os interesses envolvidos em todas as questões postas a sua frente. Como já apontado supra, esta é restrita aos casos mais difíceis, sendo a subsunção (ainda que não em uma perspectiva exclusivamente lógica), o meio mais comum de aplicação do direito.

Ao contrário do que possa parecer, tal procedimento não é contrário à segurança jurídica, em uma perspectiva material, pois a previsibilidade da decisão, para gerar a segurança desejada, deve consistir em uma decisão razoável e justa. Não há segurança em saber de antemão que o resultado de lide será contrário aos valores defendidos pela Constituição.

Ademais, para reduzir o possível voluntarismo derivado da ponderação, deve a dogmática jurídica fixar *standards* de resolução, ou seja, soluções *a priori* para determinadas situações conflituosas, gerando a segurança jurídica que é realmente é desejada pela sociedade, aliando previsibilidade com razoabilidade. É certo que,

---

[11] Sobre o tema da ponderação e a fixação de *standards* como meio de redução do voluntarismo judicial, ver BARCELLOS, Ana Paula de. *Ponderação, Racionalidade e Atividade Jurisdicional*. Rio de Janeiro: Renovar, 2005.

[12] O STF, no RE 343.446-SC, Rel. Min. Carlos Velloso, definiu que "Em certos casos (...) a aplicação da lei, no caso concreto, exige aferição de dados e padrões. Nesses casos, comete ao regulamento essa aferição", e por isso admitiu-se, no caso, o regulamento *intra legem*, ou delegado, especialmente em razão da complexidade técnica da matéria.

em determinados casos concretos, o *standard* pode se mostrar inadequado, podendo então o julgador decidir em contrário, mas terá a seu desfavor um maior ônus argumentativo.

A abertura ao Executivo, enfim, é natural e até desejável naqueles campos em que, por sua alta complexidade, demandam um corpo técnico bem formado e aparelhado. Nestes casos, o Judiciário deve limitar sua atuação, deixando maior margem de manobra à *expertise* e a experiência dos órgãos e entidades da Administração.[13] No entanto, esse é somente parte do problema em torno do SAT.

3.2. Da delegação válida ao abuso de confiança

Pelo exposto, e com o aval do Supremo Tribunal Federal, pode-se dizer, com alguma certeza, que a hipotética possibilidade de delegação legal ao Executivo, mesmo em temas tributários, é perfeitamente possível e, eventualmente, necessária. Todavia, no caso particular do SAT, muito embora a complexidade técnica exista e, corretamente, tenha o STF admitido a delegação, é fato que, desde o advento do Decreto nº 6.957, de 09 de setembro de 2009, houve um abuso de confiança por parte do Executivo.

Como se observa, com toda a clareza, o art. 22, § 3º, da Lei nº 8.212/91,[14] exige, para fins de readequação da alíquota SAT, a necessária mensuração estatística e acompanhamento epidemiológico, para fins de realização do ideal da isonomia tributária. A delegação legal, ao contrário do que parece imaginar a Administração, não revela carta branca para impor qualquer regramento que julgar conveniente, mas, ao revés, um dever de fundamentar com robustez as previsões vigentes e eventuais inovações, em respeito e deferência à confiança depositada pelo legislador ordinário. Qualquer pessoa de boa índole sabe que, ao ter a confiança de outrem depositada em suas ações, assume, com isso, maior responsabilidade pelos atos praticados.

Infelizmente, a realidade é exatamente oposta ao que o senso comum e a Constituição exigem. Além de inexistir qualquer fundamento na edição do Decreto nº 6.957/09, o que se observa é a majoração de mais da metade dos diversos segmentos de atividade econômica, com incrementos desprovidos de qualquer base científica ou estatística, mas fundados, unicamente, no intuito de majorar a arrecadação da aludida contribuição.

É certo que, na atualidade, a receita do SAT pode ser inadequada para os gastos realizados pela previdência social. No entanto, em tal situação, o eventual incremento de alíquota deve se submeter ao rito estabelecido na Constituição, que requer a majoração por lei. O aumento de receita pela simples elevação generalizada de alíquotas, a pretexto de readequação de graus de risco, nada mais camufla que uma violação à legalidade.

---

[13] Cf. BINENBOJM, Gustavo, op. cit., p. 41. De modo até mais claro, o aludido Autor afirma que "(...) há inúmeras situações em que os princípios da moralidade, da proteção da confiança legítima e da vedação do enriquecimento sem causa operarão, mediante juízos de ponderação racional, no sentido da relativização do princípio da legalidade, *validando* atos originariamente ilegais ou pelo menos os seus efeitos pretéritos". (p. 71). Grifos no original.

[14] "O Ministério do Trabalho e da Previdência Social poderá alterar, com base nas estatísticas de acidentes do trabalho, apuradas em inspeção, o enquadramento de empresas para efeito da contribuição a que se refere o inciso II deste artigo, a fim de estimular investimentos em prevenção de acidentes".

Nesse sentido, o Decreto nº 6.957/09 não incorre, somente, em ilegalidade, mas também em inconstitucionalidade direta, por violar o princípio da legalidade e, ao mesmo tempo, a isonomia tributária, permitindo tratamento diverso para contribuintes em mesma situação. É um claro abuso de confiança por parte do Executivo, que pretende adotar a delegação legislativa e o aval do STF como prerrogativa para vulnerar garantias fundamentais dos contribuintes.

O novo anexo V do RPS (previsão do SAT básico), com a redação dada pelo Decreto nº 6.957/09, não teve qualquer fundamento ou justificativa, expondo arbitrariedade com finalidade unicamente arrecadatória; usando-se das liberdades legais na regulamentação para – sob pretexto de complexidade técnica – impor majoração pura e simples de alíquotas. Com isso, também se perde parte do estímulo à prevenção de acidentes.[15]

No entanto, as irregularidades não se limitaram ao SAT básico, mas alcançaram, também, o FAP, com previsões que, de modo algum, permitem alcançar as finalidades justificadoras desse importante instrumento de justiça fiscal e estímulo a condições adequadas de trabalho.

4. O fator acidentário de prevenção – problemas e soluções

O FAP, resumidamente, consiste num multiplicador variável num intervalo contínuo de cinco décimos (0,5000) a dois inteiros (2,0000), aplicado com quatro casas decimais, considerado o critério de arredondamento na quarta casa decimal, a ser aplicado à respectiva alíquota do seguro de acidentes (1, 2 ou 3%). A variação é feita de acordo com índices de frequência, gravidade e custo. Ou seja, é possível ao FAP aumentar ou reduzir o SAT básico, de acordo com as condições efetivas de cada empresa.[16]

Em resumo, o modelo atual comporta, além do enquadramento genérico por atividade econômica, de acordo com a classificação CNAE, que impõe alíquotas idênticas para todas as empresas de mesma atividade predominante, o dimensionamento da sinistralidade por empresa, em análise comparativa, estabelecendo os encargos previdenciários de maneira mais equânime. Essa última tarefa é cumprida pelo Fator Acidentário de Prevenção – FAP.

A possibilidade de adequação de alíquota de acordo com variáveis concretas já era prevista na Lei nº 7.787/89, no art. 4º. A Lei nº 8.212/91, desde sua publicação, prevê, no art. 22, § 3º, a possibilidade de adequação das alíquotas de financiamento do seguro de acidentes do trabalho como forma de estimular investimentos em prevenção de acidentes. Nesse sentido, além de uma alteração de alíquota do SAT básico, a Lei nº 8.212/91, ainda que implicitamente, já permitia a adequação por

---

[15] A experiência internacional demonstra, empiricamente, que a ausência de reajustes periódicos, bem dimensionados e fundamentados, compromete a finalidade preventiva do custeio acidentário. Sobre o tema, ver AVILÉS, José Antonio Fernández. *El Accidente de Trabajo em El sistema de Seguridad Social (su contradictorio proceso de institucionalización jurídica)*. Barcelona: Atelier, 2007, p. 193-4.

[16] Não é proposta do tem traçar o detalhamento do FAP e seu funcionamento. Para tanto, ver o meu *Curso de Direito Previdenciário*. 17. ed. Niterói: Impetus, 2012. Na mesma obra, justifico a referência ao SAT, ao invés de RAT ou GILDRAT, não obstante o novo escopo de atuação do antigo seguro de acidentes do trabalho, revisto pela Lei nº 9.732/98.

empresa. Além da prevenção, o FAP vivifica o *princípio da equivalência*, fixando o financiamento de acordo com a sinistralidade de cada empresa.[17]

Com isso, dificilmente seria admissível apontar o art. 10 da Lei nº 10.666/03 – fundamento normativo do fator acidentário de prevenção – como algo inédito e inovador no direito previdenciário. A inovação, em verdade, surgiu na regulamentação do dispositivo, o qual, desde 1989, sempre fora mera previsão abstrata desprovida de concretude.

Apesar do Conselho Nacional de Previdência Social – CNPS ter editado a Resolução nº 1.101/98, com vistas à Metodologia para Avaliação e Controle dos Acidentes de Trabalho, somente houve uma disciplina efetiva com a Resolução nº 1.236/06 e o Decreto nº 6.042/07. Com o pretexto de aprimorar o mecanismo, as Resoluções n°s 1.308/09 e 1.309/09, combinadas com o Decreto nº 6.957/09, adulteraram as premissas iniciais, produzindo, juntamente com o SAT básico, incremento generalizado de alíquotas. Em seguida, a metodologia foi novamente alterada pela Resolução CNPS nº 1.316, de 31 de maio de 2010.

A delegação da Lei nº 10.666/03 ao Poder Executivo para disciplinar o funcionamento do mecanismo – razoável pelas complexidades técnicas da matéria e a necessária avaliação estatística, de forma continuada – serviram, novamente, para prejudicar a ferramenta e atender interesses alheiros à saúde e segurança do trabalhador.[18]

Não se deve, com toda a certeza, ignorar o FAP como um dos melhores instrumentos de incentivo à melhoria do meio ambiente do trabalho o qual, portanto, deve ser robustecido e aprimorado.[19] Sem embargo, a disciplina atual, aliada à base de dados frágil, demanda revisões urgentes, sob pena de inviabilizar sua utilização de forma continuada.

Pessoalmente, mesmo antes do STF decidir o RE 343.446-SC, já havia me manifestado pela possibilidade e mesmo necessidade de delegação, ao Poder Executivo, da disciplina específica do custeio das prestações acidentárias, haja vista a complexidade técnica do tema e a *expertise* do Executivo na matéria. No entanto, o problema aqui é outro. Trata-se do abuso de confiança por parte da Administração, que derroga as regras vigentes sem qualquer justificativa. Em situações como essa, o dever de fundamentação é ainda maior, expondo à sociedade os motivos de tamanha modificação. Nada disso ocorreu.

Outro grave problema na atual sistemática de cálculo do FAP é a adoção, como parâmetro de quantificação, da divisão do grupo econômico em *percentis*, o que

---

[17] Sobre o princípio da equivalência, ver DURAND, Paul. *La Política Contemporânea de Seguridad Social*. Madrid: MTSS, 1991, p. 272. No Brasil, ver BALERA, Wagner. *Noções Preliminares de Direito Previdenciário*. São Paulo: Quartier Latin, 2004.

[18] Nesse sentido, é emblemática a forte crítica do criador do FAP, ao comentar a nova sistemática: "Diga-se de passagem, essa nova versão não recebeu absolutamente nenhuma contribuição da minha parte, pois foi elaborada e conduzida pelo Departamento de Saúde Ocupacional do MPS, ao longo de 2009, em parceria com o Instituto de Psicologia da UnB, mediante convênio para, exatamente, "aprimorar" o método. Coloco aspas no "aprimorar", pois em verdade, como à frente discuto, houve uma deterioração técnica e científica desses instrumentos, uma vez que muitas de suas definições metodológicas simplesmente não são explicadas, foram, por assim dizer, sacadas do nada, com aquiescência dos trabalhadores e empresários que deliberaram na sessão plenária do CNPS, que votou as Resoluções nº 1.308/09 e 1.309/09" (OLIVEIRA, Paulo Rogério Albuquerque de. *Nexo Técnico Epidemiológico Previdenciário – NTEP, Fator Acidentário de Prevenção – FAP: um novo olhar sobre a saúde do trabalhador*. 2. ed. São Paulo: LTr, 2010, p. 125).

[19] No mesmo sentido, OLIVEIRA, Paulo Rogério Albuquerque de. *Nexo Técnico Epidemiológico*, op. cit., p. 127.

ignora as variadas situações das empresas, com características muito diversificadas, além de grande parte das situações concretas, no período avaliado, não haver acidente algum, impondo, não raramente, incremento indevido de alíquota.[20]

A categorização por *percentis*, conceitualmente, parte da premissa da divisão em determinado universo em partes iguais, que é exatamente o que não ocorre no aglomerado de empresas em determinada atividade econômica, em especial pelo porte dos mais variados, aliado a uma dominância, em determinados setores, por pequenas empresas. A identificação das distâncias relativas é justamente o que se busca no FAP. Mas, com o critério de *percentis*, é exatamente o que não se consegue.[21] A estrutura básica do fator foi desnaturada.

Para piorar, há, ainda, as dificuldades específicas da base de dados, com informações conflitantes e mesmo equivocadas. Não raramente, os elementos do Cadastro Nacional de Informações Sociais – CNIS – padecem de vícios e equívocos, muitos dos quais gerados por erros de informação ou processamento.

Por natural, nenhuma base de dados é imune a erros, e o CNIS não seria exceção. O problema ocorre quando tais erros geram incremento de sinistralidade da empresa, com consequente majoração de contribuição, e a reavaliação demanda esforço elevado das empresas envolvidas, as quais, em regra, devem comparar empregado a empregado, acidente por acidente, de forma a identificar os vícios de informação porventura existentes.

É importante que a Receita Federal do Brasil, em conjunto com os demais órgãos envolvidos, traga as fontes de cálculo do FAP da maneira mais acessível possível, com possibilidade de recursos efetivos e com rápida avaliação, de forma a não macular esse importante instrumento de estímulo ao meio ambiente de trabalho salubre.

Além das questões citadas, há outros problemas na atual metodologia do FAP. Primeiramente, não é correta a contagem, na frequência de acidentes, das Comunicações de Acidente do Trabalho – CAT – sem benefício previdenciário, o qual, em regra, exige mais de 15 dias de afastamento. O acidente do trabalho é aquele que, além do nexo causal, traz a necessária incapacidade, temporária ou permanente, além do óbito. Nada impede, portanto, que haja um acidente com curto período de afastamento – sendo inclusive correta a comunicação – mas tal evento, por não gerar benefício, não deveria ser computado.

No mesmo contexto, erra o sistema ao inserir, na quantificação de acidentes, as prestações previdenciárias oriundas de sinistros *in itinere*, ou seja, nos trajetos da residência para o trabalho e vice-versa. O empregador não possui, em regra, qualquer responsabilidade ou mesmo condição de interferir em tais eventos e, portanto, submetê-lo a sanções indiretas por sinistros provocados além muros – nessa hipótese – é absurdo.

---

[20] Um reflexo do mecanismo de *percentis*, em prejuízo das empresas, foi a negativa de redução de alíquota – FAP 0,5 – para empresas sem qualquer acidente. Obviamente, não havendo qualquer infortúnio, as variáveis de frequência, gravidade e custo são nulas e, por conseguinte, o FAP deveria ser o menor possível. com a divisão em *percentis*, isso não ocorre. O erro era tão flagrante que, nesse caso, foi corrigido pela Resolução CNPS nº 1.316/10.

[21] Cf. OLIVEIRA, Paulo Rogério Albuquerque de. *Uma Sistematização sobre a Saúde do Trabalhador. Do Exótico ao Esotérico*. São Paulo: LTr, 2011, p. 283.

A inclusão de tais situações acaba, em verdade, por criar efeito reverso no estímulo à prevenção acidentária, pois contabiliza evento fora do alcance dos empregadores. Para fins de comparação, a disciplina da União Europeia sobre acidentes do trabalho explicitamente exclui os acidentes *in itinere* da quantificação.[22]

Também os índices compostos do novo FAP, com variação de peso de 35, 50 e 15%, para fins de frequência, gravidade e custo do fator, não foram justificados, sendo, simplesmente, apresentados na nova regulamentação, demonstrando total falta de comprometimento com uma motivação mínima à sociedade do que ocorreu.

Outro ponto obscuro diz respeito ao cálculo em si do FAP. Sabe-se que para apurar o fator, há uma avaliação comparativa com as demais empresas do segmento econômico. Como tais informações não são prestadas, sob alegação de sigilo fiscal, qualquer reavaliação do FAP calculado, por parte da empresa interessada, é inviável. Na verdade, a defesa, hoje, limita-se a identificar erros na base de dados, mas sem enfrentar o âmago da questão, que é a fixação da empresa dentro do grupamento econômico.

A alegação de sigilo é descabida, pois não se está expondo o quanto determinada empresa deve ou pagou de contribuição social, mas somente exibindo o grau de sinistralidade daquele empreendimento. Tais informações, em geral, já são de conhecimento dos sindicatos, por exemplo, além dos segurados que, no trabalho diário, têm noticia dos acidentes e doenças provocados no dia a dia.

A questão do sigilo fiscal existe, desde sempre, como forma de proteger o sujeito passivo frente a exposições invasivas e mesmo vexatórias de sua condição fiscal, o que poderia prejudicar investimentos futuros, afastar clientes ou mesmo levar o negócio à bancarrota. Nunca será finalidade de o sigilo fiscal omitir os números acidentários de determinada empresa, especialmente pelo potencial moralizador e incentivador na adequação do meio ambiente do trabalho.

5. Conclusão

Historicamente, os infortúnios laborais, tanto pelas vítimas como por seus algozes, foram rotulados como algo oriundo da *vontade divina,*[23] sobre a qual nada se podia fazer. Essa época, felizmente, se foi. A normatização vigente, em gradual e importante evolução, trouxe nova luz ao tema, escapando às premissas clássicas da matéria, passando a observar, também, o meio ambiente do trabalho como um todo, identificando patologias não somente no trabalhador, mas na própria empresa.

A disciplina vigente é capaz de produzir, desde já, forte estímulo à construção de ambiente salubre e adequado de trabalho, perpetuando a dignidade do trabalhador e reduzindo as pressões financeiras do sistema previdenciário, em interesse das gerações atual e futuras. Sem embargo, é importante que os mecanismos existentes, frutos da desejada evolução protetiva brasileira, amadureçam por meio de aprimoramentos necessários, com a razoabilidade inerente a instrumentos desejosos de equidade, os

---

[22] Cf. <http://www.hsa.ie/eng/Statistics/ESAW_Methodology.pdf>, p. 12. Consulta em 30/03/2012. Sobre o tema, ver também AVILÉS, José Antonio Fernández, op. cit,, p. 199.

[23] Cf. FERNANDEZ, Anníbal. *Os Acidentes do trabalho: do sacrifício do trabalho à prevenção e à reparação: evolução legislativa: atualidades e perspectivas: lei, doutrina e jurisprudência.* 2. ed. rev. com participação de Sérgio Pardal Freudenthal. São Paulo: LTr, 2003, p. 20.

quais, na busca da medida igual de consideração e respeito, podem suscitar dúvidas na sua aplicação, mas nunca injustiças e arbitrariedades.

As prerrogativas estatais na construção de um ambiente adequado de trabalho não podem, em hipótese alguma, descambar em imposições desproporcionais e injustificadas aos empregadores, especialmente quando comprovado o comprometimento com o bem-estar de seus empregados. A regulação atual da matéria, tanto no SAT como no FAT, por qualquer perspectiva, é insubsistente, não permitindo alcançar os resultados referidos.

Importa notar que não se trata, somente, de ilegalidade dos atos administrativos referidos, mas sim verdadeira inconstitucionalidade, pela possibilidade de efeitos autônomos, especialmente quanto aos encargos tributários, e pela forte violação a preceitos relevantes da Constituição de 1988, em especial, a isonomia tributária e a equidade no custeio.

— 3.9 —

A Declaração de Inconstitucionalidade da chamada "Contribuição do Funrural" pelo STF e a inviabilidade de sua cobrança com base na Lei nº 10.256/01

ARTHUR M. FERREIRA NETO[1]

Sumário: Introdução; 1. Abrangência normativa da declaração de inconstitucionalidade produzida no Recurso Extraordinário nº 363.852; 1.1. A declaração de inconstitucionalidade da contribuição do produtor rural pessoa física; 1.2. A impossibilidade de constitucionalização superveniente da Lei nº 9.528/97; 1.3. A inconstitucionalidade da técnica de sub-rogação passiva adotada pela Lei nº 8.212/91; 2. Amplitude dos fundamentos jurídicos invocados no Recurso Extraordinário nº 363.852; 3. Instituição de contribuição substitutiva em período anterior à Emenda Constitucional nº 42/2003; Conclusão.

Introdução

Em fevereiro deste ano, o Pleno do Supremo Tribunal Federal apreciou o Recurso Extraordinário 363.852 – MG[2] e, seguindo o Voto proferido pelo Ministro Marco Aurélio, reconheceu, por decisão unânime, a inconstitucionalidade da contribuição do produtor rural pessoa física, prevista art. 25, I e II, da Lei 8.212/91, com redação dada pela Lei 9.528/97, fundamentalmente em razão da violação aos arts. 150, II, 195, I e §§ 4º e 8º, todos da Constituição. Nesse julgado, o STF também declarou a inconstitucionalidade do art. 30, IV, da Lei 8.212/91, de modo que restou afastada a obrigação de o adquirente recolher, por sub-rogação, a contribuição incidente sobre a receita da comercialização da produção rural adquirida de pessoas físicas.[3] Conforme se vê, portanto, todos os integrantes da Corte Suprema

---

[1] Mestre em Direito pela UFRGS, Mestre e Doutorando em Filosofia pela PUCRS, Professor da PUCRS, Advogado em Porto Alegre.

[2] STF, Pleno, unânime, RE 363.852 – MG, Rel. Ministro Marco Aurélio, DJ 23-04-2010.

[3] A parte dispositiva do Voto proferido pelo Min. Marco Aurélio é de tamanha clareza e transparência que se impõe a sua transcrição: "conheço e provejo o recurso interposto para desobrigar os recorrentes da retenção e do recolhimento da contribuição social ou do seu recolhimento por sub-rogação sobre a 'receita bruta proveniente da comercialização rural' de empregadores, pessoas naturais, fornecedores de bovinos para abate, declarando a inconstitucionalidade do artigo 1º da Lei nº 8.540/92, que deu nova redação aos artigos 12, incisos V e VII, 25, incisos I e II, e 30, inciso

pacificaram entendimento no sentido de que seria incompatível com a Constituição a contribuição do produtor rural pessoa física incidente sobre a *"receita bruta proveniente da comercialização de produção rural"*, de modo que o Recorrente naquele feito (Frigorífico Mata Boi S/A), empresa adquirente de produção rural de pessoa física, estaria desobrigada do dever de recolhimento por sub-rogação da respectiva exação, tendo em vista a inconstitucionalidade também presente no art. 30, IV, da Lei 8.212/91.

Não obstante a clareza do *decisum* proferido pelo STF, a Fazenda Nacional, nos últimos meses, vem levantando objeções ao teor do Acórdão produzido no RE 363.852, ao sustentar a existência de limitação temporal no que tange ao período de abrangência da referida decisão. Assim, por um lado, a União Federal veio a opor, em 25/05/10, embargos de declaração no referido Recurso Extraordinário, o qual aguarda apreciação, e, por outro, nas demais ações em que se discute a validade da exação declarada inconstitucional, passou a sustentar que o referido Acórdão impediria a cobrança da contribuição do produtor rural pessoa física apenas até a entrada em vigor da Lei 10.256/01. Fosse mera estratégia da Fazenda Nacional desenvolvida com intuito de dificultar a aplicação e a extensão da postura pacífica do STF aos demais casos em que a contribuição do produtor rural pessoa física esteja em discussão, talvez os seus argumentos não merecessem uma análise mais delongada. Ocorre que tal linha de defesa passou a receber acolhida também por parte de alguns Tribunais Federais, especialmente o da 1ª Região[4] e o da 4ª Região, o que, certamente, atrai atenção para os argumentos agora apresentados e justifica um estudo mais detido acerca do verdadeiro conteúdo do Acórdão produzido no RE 363.852.

Com efeito, para fins deste artigo, é útil e relevante adotar-se como parâmetro de análise as razões invocadas pelo TRF da 4ª Região, quando do julgamento da Apelação Cível 0002422-12.2009.404.7104/RS,[5] em que reconheceu a constitucionalidade da *contribuição substitutiva* do produtor rural pessoa física, prevista no art. 25, I e II, da Lei 8.212/91, no período posterior ao advento da Lei 10.256/01, ao argumento de que:

> a) este diploma legal não veio a ser declarado inconstitucional pelo STF no RE 363.852, o qual teria decretado a inconstitucionalidade apenas das Leis 8.540/92 e 9.528/97;

IV, da Lei nº 8.212/91, com redação atualizada até a Lei nº 9.528/97, até que legislação nova, arrimada na Emenda Constitucional nº 20/98, venha a instituir a contribuição...".

[4] Conforme noticiado no periódico Valor Econômico de 29 de junho do ano corrente, o Desembargador Olindo Menezes deu provimento a Agravo de Instrumento interposto pela União Federal, revogando liminar que havia sido concedida à Associação dos Produtores de Soja e Milho do Mato Grosso (Aprosoja). Em pesquisa no sítio eletrônico do Tribunal Regional da 1ª Região o referido Acórdão não pode ser localizado como disponível à consulta.

[5] "TRIBUTÁRIO. CONTRIBUIÇÃO INCIDENTE SOBRE A COMERCIALIZAÇÃO DA PRODUÇÃO RURAL. PRODUTOR RURAL PESSOA FÍSICA EMPREGADOR. PRESCRIÇÃO. LC 118/05. REPETIÇÃO DO INDÉBITO. 1 – O STF, ao julgar o RE nº 363.852, declarou inconstitucional as alterações trazidas pelo art. 1º da Lei nº 8.540/92, eis que instituíram nova fonte de custeio por meio de lei ordinária, sem observância da obrigatoriedade de lei complementar para tanto. 2 – Com o advento da EC nº 20/98, o art. 195, I, da CF/88 passou a ter nova redação, com o acréscimo do vocábulo 'receita'. 3 – Em face do novo permissivo constitucional, o art. 25 da Lei 8.212/91, na redação dada pela Lei 10.256/01, ao prever a contribuição do empregador rural pessoa física como incidente sobre a receita bruta proveniente da comercialização da sua produção, não se encontra eivado de inconstitucionalidade. (...)" (TRF4, 1ª Turma, AC nº 0002422-12.2009.404.7104 – Desa. Federal Maria de Fátima Freitas Labarrère – DE 11.05.10)

b) o fundamento, exclusivo, utilizado pelo STF para a declaração de inconstitucionalidade das Leis 8.540/92 e 9.528/97 teria sido a ausência de lei complementar na instituição de nova contribuição para o custeio da Seguridade Social, já que não poderia a expressão *"receita bruta proveniente da comercialização da sua produção"* ser equiparada a *"faturamento"*, base econômica essa consagrada no art. 195, I, da CF, de acordo com a redação anterior à EC 20/98;

c) com a ampliação da norma de competência prevista no art. 195, I, "b", da CF, perpetrada pela EC 20/98, passou a ser legítima a criação por lei ordinária de contribuição social sobre *"receita"*;

d) "com a edição da Lei nº 10.256/2001, que deu nova redação ao artigo 25 da Lei nº 8.212/91, resta superada a inconstitucionalidade da contribuição ora em debate".

No entanto, analisando-se tanto a legislação tributária de regência, quanto ao inteiro teor do Acórdão formado no RE 363.852, verifica-se que importantes questões afirmadas e decidas pelo STF não chegaram a ser levadas em consideração no mencionado precedente do TRF da 4ª Região. Neste estudo, portanto, pretende-se identificar quais seriam os limites objetivos do Acórdão produzido no RE 363.852 (normativos, temporais e materiais), os quais, conforme se busca comprovar em seguida, não permitem afirmar que, a contar do advento da Lei 10.256/01, teria sido superada a inconstitucionalidade da contribuição social, prevista no art. 25, I e II, da Lei 8.212/91.

1. Abrangência normativa da declaração de inconstitucionalidade produzida no Recurso Extraordinário nº 363.852

1.1. A declaração de inconstitucionalidade da contribuição do produtor rural pessoa física

Em primeiro lugar, para a correta identificação dos limites objetivos do Acórdão produzido no RE 363.852, impõe-se destacar quais os dispositivos de lei teriam sido declarados inconstitucionais pelo STF nesse julgado. Ao contrário do que se poderia concluir em leitura apressada do referido Acórdão, o STF não declarou a inconstitucionalidade apenas do art. 1º da Lei 8.540/92. Na verdade, a Suprema Corte também veio a decretar a invalidade: **(a)** dos incisos I e II do art. 25 da Lei 8.212/91, precisamente os dispositivos que continham a descrição da base de cálculo da exação, tida por todos os Ministros como inconstitucional; e **(b)** do art. 30, IV, da Lei 8.212/91, com redação dada pela Lei 9.528/92, o qual fixava técnica de responsabilização tributária de terceiro, qualificada pelo legislador ordinário como forma de sub-rogação passiva. E a declaração de inconstitucionalidade desses dispositivos legais é de extrema relevância para o presente caso. Isso porque os incisos I e II do art. 25 da Lei 8.212/91, responsáveis pela positivação do aspecto quantitativo da contribuição declarada inconstitucional, mantêm, até hoje, a redação dada pela Lei 9.528/97, jamais tendo sido alterados pela Lei 10.256/01, diploma legal esse que teria, de acordo com a visão adotada pelo TRF da 4ª Região, *"superado a inconstitucionalidade da contribuição ora em debate"*. Para bem ilustrar o ponto, vejamos, analiticamente, o histórico das alterações legislativas sofridas pelo art. 25 da Lei 8.212/91 (grifos nossos):

Redação original	Lei 8.540/92	Lei 9.528/97	Lei 10.256/01
Art. 25. Contribui com 3% (três por cento) da receita bruta proveniente da comercialização da sua produção o **segurado especial** referido no inciso VII do art. 12. § 1º O segurado especial de que trata este artigo, além da contribuição obrigatória referida no caput, poderá contribuir, facultativamente, na forma do art. 21.	Art. 25. A contribuição **da pessoa física e do segurado especial** referidos, respectivamente, na alínea a do inciso V e no inciso VII do art. 12 desta lei, destinada à Seguridade Social, é de: I dois por cento da receita bruta proveniente da comercialização da sua produção; II um décimo por cento da receita bruta proveniente da comercialização da sua produção para financiamento de complementação das prestações por acidente de trabalho. 1º (...). 2º A **pessoa física de que trata a alínea a do inciso V do art. 12 contribui, também, obrigatoriamente, na forma do art. 21 desta lei**.	Art. 25. A contribuição do **empregador rural** pessoa física e do segurado especial referidos, respectivamente, na alínea "a" do inciso V e no inciso VII do art. 12 desta Lei, destinada a Seguridade Social, é de: I – 2% da receita bruta proveniente da comercialização da sua produção; II – 0,1% da receita bruta proveniente da comercialização da sua produção para o financiamento das prestações por acidente do trabalho.	Art. 25. A contribuição do empregador rural pessoa física, **em substituição** à contribuição de que tratam os incisos I e II do art. 22, e a do segurado especial, referidos, respectivamente, na alínea a do inciso V e no inciso VII do art. 12 desta Lei, destinada à Seguridade Social, é de: I – *Redação dada Lei nº 9.528/97.* II – *Redação dada pela Lei nº 9.528/97.*

Com se vê, o *texto original do artigo 25 da Lei 8.212/91* nada dispunha sobre a contribuição devida pelo produtor rural pessoa física, já que tinha o singelo propósito de instituir a contribuição de Seguridade Social devida pelo segurado especial, o qual seria o produtor rural, sem empregados, que desenvolvesse a sua atividade rural em regime de economia familiar, nos termos do art. 12, VII.

Com o advento da *Lei 8.540/92*, o art. 25 da Lei 8.212/91 ampliou expressivamente o âmbito subjetivo de incidência da contribuição ali positivada, já que passou a prever a cobrança de nova contribuição destinada à Seguridade Social, agora não apenas do segurado especial (produtor rural sem empregados), mas também de todo produtor rural pessoa física que desenvolvesse sua atividade com auxílio de empregados formais, nos termos do art. 12, V, da Lei 8.212/91. Vê-se, com isso, que, por meio de tal ato do legislador ordinário, instituíram-se, em verdade, duas contribuições sociais distintas e autônomas, já que o exercício de tal poder tributário (independentemente de ter sido legítimo ou não) teve de se escorar em duas normas de competência tributária diferentes; uma contida no inciso I do art. 195, que, à época previa apenas a palavra *"empregadores"*, e outra prevista no § 8º do mesmo dispositivo da Constituição.

Ao que interessa a este estudo, é importante notar que a Lei 8.540/92 nada mencionava quanto ao fato de a contribuição de 2,1% sobre a *"receita bruta proveniente da comercialização da sua produção"* devida pelo produtor rural pessoa física representar a sua obrigação exclusiva no custeio patronal da Seguridade Social ou se deveria tal exação ser cobrada, cumulativamente, com as demais contribuições devidas pelos "empregadores", quais sejam, sobre folha de salários, faturamento e lucro.[6] Quanto a esse ponto, muitos autores sempre assumiram, automaticamente, que a Lei 8.540/92 teria, de pronto, adotado a técnica substitutiva de base econômica em relação a essa contribuição patronal.[7] O texto da Lei 8.540/92, no entanto, nada dizia sobre a adoção dessa técnica, não tendo em nenhum momento afirmado, categoricamente, que o produtor rural pessoa física, ao recolher a contribuição sobre a *"receita bruta proveniente da comercialização da sua produção"*, estivesse dispensado do recolhimento da contribuição sobre folha de salários prevista, de forma genérica, para todos os empregadores, no art. 22 da Lei 8.212/91.[8]

Aliás, pelo menos dois dos votos proferidos no RE 363.852, passariam a impressão de que a inconstitucionalidade identificada na Lei 8.540/92 teria sido reconhecida, assumindo-se o pressuposto de que a contribuição de 2,1% sobre a *"receita bruta proveniente da comercialização da sua produção"* devida pelo produtor rural pessoa física teria cobrança cumulativa com a contribuição patronal sobre folha de salários.

Em primeiro lugar, destacou o Min. Marco Aurélio, reportando-se ao produtor rural com empregados, que "embora pessoa natural, que tenha empregados, incide a previsão relativa ao recolhimento sobre o valor da folha de salário". Diante disso, deduziu que "o produtor rural, pessoa natural, fica compelido a satisfazer, de um lado, a contribuição sobre a folha de salários e, de outro, a COFINS, não havendo lugar para *ter-se novo ônus*, relativamente ao financiamento da seguridade social, isso a partir do valor alusivo à venda de bovinos". Com isso, concluiu pela "quebra da isonomia", já que, "se ... conta com empregados [o empregador rural pessoa física, diferentemente do produtor sem empregados], estará obrigado *não só* ao recolhimento sobre folha de salários, *como também*, levando em conta o faturamento, da ... COFINS *e da* prevista – tomada a mesma base de incidência, o valor comercializado – no artigo 25 da Lei nº 8.212/91" (grifou-se). Como se vê, na visão do Min. Marco Aurélio, pelo menos três seriam as incidências tributárias sofridas, à época, pelo produtor rural pessoa física, uma sobre folha de salários, uma sobre faturamento e uma sobre receita bruta da comercialização da sua produção.[9]

Em segundo lugar, o Min. Cezar Peluso seguiu, aparentemente, nesse julgado linha de raciocínio semelhante, reconhecendo na Lei 8.540/92, não a existência de uma contribuição social substitutiva, mas de uma nova exação, que geraria cobrança cumulativa da contribuição sobre a *"receita bruta proveniente da comercialização da sua produção"* com a contribuição sobre folha de salários. Afirmou, categoricamente, o Min. Peluso: "Advirta-se, contudo, que, se esse produtor tiver ambição,

---

[6] O § 2º do artigo 25 da Lei nº 8.212/91, com redação dada pela Lei nº 8.540/92, é verdade fixava ainda o dever de o produtor rural pessoa física recolher outra contribuição de Seguridade Social, mas agora, não na qualidade de empregador, mas de contribuinte individual, nos termos do artigo 21 da Lei nº 8.212/91.

[7] PETRY, Caramori Rodrigo. A contribuição previdenciária sobre "folha de salários" e sua substituição por incidências adicionais sobre receitas das atividades rurais. In: *Revista Dialética de Direito Tributário* nº 142, Julho de 2007, p. 62/73.

[8] Não se nega, porém, que tal interpretação fosse, à época, bastante plausível.

[9] Aliás, reforça essa interpretação o debate travado entre os Ministros Sepúlveda Pertence e Marco Aurélio, em que o primeiro – claramente, presumindo tratar-se de contribuição social substitutiva – questiona "afastada essa contribuição, não incidiria ela sobre a folha de salários?". Respondendo tal questionamento, o Ministro Marco Aurélio afirma que não haveria, em sua visão, tal incidência supletiva, já que não estaria, naquele caso, "adentrando o problema do pagamento sobre a folha de salários", mas estaria em jogo apenas "essa nova fonte proveniente da comercialização da produção".

mínima que seja, e desejar progredir, contratando funcionários e gerando empregos, será punido pela incidência mais gravosa, porque, *além de pagar* a contribuição sobre o resultado da produção (instituída, como mostramos, sem apoio na CF), contribuirá também sobre a folha de salários e, em exação de questionável constitucionalidade, sobre o faturamento" (grifou-se).

Mesmo que não se concorde com essa análise acerca da natureza jurídica da contribuição social instituída pela Lei 8.540/92, não se pode negar que o Acórdão formado no RE 363.852, ao que tudo indica, partiu do pressuposto de que não se teria criado contribuição que adotava técnica substitutiva de base econômica, mas sim uma nova contribuição patronal de Seguridade Social, de cobrança cumulativa com as demais. Aliás, foi esse contexto normativo de plúrimas fontes de custeio da Seguridade Social, imputadas apenas ao empregador rural pessoa física e não aos demais empregadores urbanos e rurais, que levou o Excelso Pretório a identificar uma oneração discriminatória em relação a essa categoria de contribuintes, o que culminaria na violação ao princípio da isonomia tributária.

Seguindo a evolução legislativa do art. 25 da Lei 8.212/91, temos em seguida a publicação da *Lei 9.528/97*, a qual manteve, praticamente, intacto o seu texto, não alterando de nenhum modo o aspecto quantitativo da contribuição sendo analisado, mas apenas explicitando que o contribuinte "pessoa física" seria o "empregador rural", sentido esse que já poderia ser identificado na redação dada pela Lei 8.540/92, no ponto em que fazia remissão ao inciso V do art. 12 da Lei 8.212/91 que previa a figura do contribuinte produtor rural pessoa física que realizava sua atividade "com auxílio de empregados". A Lei 9.528/97, portanto, não chegou a inovar nem a ampliar a abrangência normativa do art. 25 da Lei 8.212/91, na redação dada pela Lei 8.540/92, mas apenas deu mais clareza ao seu sentido semântico, identificando, com maior precisão, o contribuinte da exação.

Por fim, com o advento da *Lei 10.256/01*, o art. 25 da Lei 8.212/91 passou a consagrar, textualmente, pela primeira vez, a técnica substitutiva de base econômica em relação à contribuição do produtor rural pessoa física, de modo que, agora sim, com máxima clareza, passou o empregador rural pessoa física a ficar dispensado do pagamento da contribuição patronal incidente sobre folha de salário, arcando apenas com contribuição sobre a *"receita bruta proveniente da comercialização da sua produção"*. E, para que a instituição dessa contribuição substitutiva fosse realizada, a Lei 10.256/01 alterou tão somente o *caput do* art. 25 da Lei 8.212/91, deixando os incisos I e II do mesmo artigo ainda com a redação que havia sido dada pela Lei 9.528/97. Essa, aliás, a redação que persiste até hoje.

Feita a digressão legislativa e retomando-se o teor do Acórdão formado no RE 363.852, verifica-se que o STF decretou a inconstitucionalidade – integral e sem preservação de texto – dos incisos I e II do art. 25 da Lei 8.212/91, os quais fixavam, precisamente, a base de cálculo da contribuição ora analisada ("receita bruta proveniente da comercialização da sua produção"), elemento esse da regra tributária que foi o enfoque central de análise dos Ministros do STF. E, com a invalidação do seu aspecto quantitativo, a contribuição em pauta restou abalada, de forma insuperável, na sua estrutura interna e na sua higidez, já que sem base de cálculo legitimamente instituída jamais há como se pretender cobrar qualquer tributo.[10] Pois bem, considerando-se que o Acórdão produzido no RE 363.852 decretou a inconstitucionalidade dos incisos I e II do art. 25 da Lei 8.212/91, seja na redação dada pela Lei 8.540/92, seja naquela da Lei 9.528/97, cabe analisar se, formalmente, procede a afirmação do TRF da 4ª Região no sentido de que, "com a edição da Lei nº 10.256/2001, que deu nova redação ao artigo 25 da Lei nº 8.212/91, resta superada a inconstitucionalidade da contribuição ora em debate".

Ocorre que, retomando-se o cenário legislativo antes descrito e contrastando-o com a única alteração introduzida pela Lei 10.256/01, impõe-se concluir que não procede tal afirmação, pois, conforme já destacado, os incisos I e II do art. 25 da Lei 8.212/91 não foram sequer tocados pela Lei 10.256/01, tendo eles permanecidos com a redação dada pela Lei 9.528/97, a qual também foi declarada inconstitucional pelo STF. A Lei 10.256/01, como se viu, modificou apenas o *caput* do art. 25 da Lei 8.212/91, não alterando de nenhum modo a base de cálculo nem as alíquotas da exação. E não há, obviamente, como se sustentar que a só-modificação do *caput* do art. 25 tenha sido suficiente para a criação válida da nova contribuição, já que, se esse fosse o caso, ter-se-ia tributo carente de base de cálculo fixada em lei formal válida, o que, sem dúvida alguma, é inadmissível, sob pena de violação do princípio da estrita legalidade.

E mais, não há como se afirmar que teria a mencionada Lei de 2001 reinstituído validamente a contribuição prevista no art. 25 da Lei 8.212/91, ao simples argumento de que teria ela sido publicada em período posterior ao advento da EC 20/98. Na verdade, o propósito da Lei 10.256/01 nesse ponto, não foi o de reinstituir a contribuição do produtor rural pessoa física, para se valer do novo paradigma constitucional instaurado pela EC 20/98 – que, como se sabe, ampliou a base econômica *faturamento*, para permitir a incidência de contribuição de Seguridade Social sobre *Receita* –, mas sim o de instituir a técnica substitutiva de base econômica em relação à *contribuição* do produtor rural pessoa física, por meio da qual esse empregador, ao invés de se submeter à contribuição incidente sobre "o total das remunerações pagas, devidas ou creditadas a qualquer título, durante o mês, aos segurados empregados e trabalhadores avulsos que lhe prestem serviços", prevista no art. 22 da Lei 8.212/91, deveria passar a se submeter à contribuição calculada sobre outra base econômica, qual seja, sobre a "receita bruta proveniente da comercialização da sua produção". Esse, pois, o verdadeiro propósito da Lei 10.256/01, o que, porém, conforme se demonstrará em seguida, também gera inconstitucionalidade insuperável na exação em análise.

Com efeito, mesmo após a alteração introduzida pela EC 20/98 não foi editada nenhuma lei formal fixando corretamente a base de cálculo da contribuição do produtor rural pessoa física, persistindo, em verdade, apenas o texto criado pela Lei 9.528/97, o qual – como é incontroverso – foi efetivamente declarado inválido pelo STF. Assim, até o presente momento, inexiste lei tributária que tenha reinstituído validamente a contribuição prevista no art. 25 da Lei 8.212/91, de modo que, ainda não se materializou a situação futura projetada pelo Min. Marco Aurélio no RE 363.852,

---

[10] Importante notar que a base de cálculo que veio a ser reconhecida como inconstitucional pelo STF foi tanto aquela fixada pela Lei 8.540/92, quanto aquela prevista na Lei 9.528/97. Aliás, o Acórdão do TRF da 4ª Região, produzido na AC 0002422-12.2009.404.7104, chegou a reconhecer que "as Leis nº 8.540/92 e 9.528/97, surgidas à luz da redação original do art. 195, I, da CF/88 eram inconstitucionais por extrapolarem a base econômica de então".

SISTEMA CONSTITUCIONAL TRIBUTÁRIO – dos fundamentos teóricos aos *hard cases* tributários
Estudos em homenagem ao Ministro Luiz Fux

em que reconheceu a invalidade da exação "até que legislação nova, arrimada na Emenda Constitucional n° 20/98, venha a instituir a contribuição".

Aliás, é de extrema importância o tempo verbal que foi adotado pelo Min. Marco Aurélio, no RE 363.852, ao projetar a necessidade de lei posterior que *"venha a instituir"* validamente a referida contribuição. Isso porque tanto no momento da prolação do seu voto, em 17/11/2005, quanto na data da produção do Acórdão unânime no RE 363.852, em 03/02/2010, a Lei 10.256/01 já se havia sido publicada e já se encontrava em vigor. E, mesmo diante desse cenário legislativo, em que já vigia a Lei 10.256/01, os Ministros do STF afirmaram que seria inconstitucional o art. 25 da Lei 8.212/91 até que lei futura *"venha"* a instituir a contribuição do produtor rural pessoa física de forma válida, o que, logicamente, exclui a possibilidade de os Ministros estarem se reportando a um período passado, já ocorrido e materializado no ano de 2001. Na verdade, deve-se presumir que os Ministros do STF, na sua decisão unânime proferida em 03 de fevereiro de 2010, tinham, por óbvio, o conhecimento da Lei 10.256, a qual já se encontrava em vigor há quase uma década, e que, por essa razão, a levaram em consideração quando declararam inconstitucional o art. 25 da Lei 8.212/91, com as alterações sofridas pelas Leis 8.540/92 e 9.528/97. É somente assim que adquire sentido a afirmação de que seria inválida a exação "até que legislação nova, arrimada na Emenda Constitucional n° 20/98, *venha* a instituir a contribuição" (grifou-se).

Diante dessa constatação, é paradigmático o Acórdão proferido pela 1ª Turma do Tribunal Regional Federal da 4ª Região, ao julgar a Apelação Cível 0002422-12.2009.404.7104/RS, no ponto em que afirma que o "Ministro Marco Aurélio ressalvou a declaração de inconstitucionalidade até que legislação nova, arrimada na Emenda Constitucional n° 20/98, *viesse* a instituir a contribuição" (grifou-se).[11] Como se vê, a leitura que esse Acórdão faz do voto do Min. Marco Aurélio parte de evidente modificação no tempo verbal que havia sido por ele utilizado no RE 363.852 (seria como se afirmasse: *"onde se lê 'venha', leia-se 'viesse'"*). Ora, foi precisamente por causa dessa sutil, mas relevante, alteração de tempo verbal que a Corte Federal da 4ª Região alcançou a conclusão de que restaria superada a inconstitucionalidade da contribuição do produtor rural pessoa física com a edição da Lei 10.256/01. No entanto, essa mudança verbal altera, não apenas o teor, mas também o sentido do *Decisum* produzido no RE 363.852, razão pela qual não pode ser aceita.

1.2. A impossibilidade de constitucionalização superveniente da Lei n° 9.528/97

Feita essa primeira constatação, impõe-se averiguar se os incisos I e II do art. 25 da Lei 8.212/91, com a redação dada pela Lei 9.528/97 e não alterados pela Lei 10.256/01, poderiam ter sido validados, posteriormente, pela EC 20/98, na medida em que esta teria ampliado o paradigma constitucional a partir do ano de 1998, passando a admitir a criação, por lei ordinária, de contribuição de Seguridade Social incidente sobre "receita", o que, supostamente, poderia permitir a posterior adequação – independentemente de nova lei – da base de cálculo "receita bruta proveniente da comercialização da sua produção" ao novo paradigma constitucional, não obstante a

---

[11] Agradeço, profundamente, ao colega Henry Lummertz pela ideia que deu origem ao argumento aqui apresentado.

inconstitucionalidade original dessa expressão. A resposta a essa pergunta, porém, é necessariamente negativa, já que não há como se afirmar que a EC 20/98 tenha realizado a automática convalidação da Lei 9.528/97. Ora, como é amplamente sabido, a higidez de toda e qualquer lei tributária é sempre aferida com base no Diploma Constitucional vigente na data em que se dá sua efetiva publicação.[12] Diante disso, será sempre ilegítima a tentativa de se justificar, como fonte de validação de determinada lei tributária, a Constituição já revogada ou eventual Constituição a ser promulgada no futuro. Exatamente por essa razão, a validade de determinado tributo criado por lei somente pode ser compreendida e definida com base no texto constitucional que se encontra em vigor no exato momento em que a respectiva lei tributária é editada.

Aliás, esse foi, precisamente, o entendimento adotado pelo STF ao reconhecer a inconstitucionalidade da ampliação da base de cálculo da Contribuição para o PIS e da COFINS pela Lei n° 9.718/98 em período anterior ao advento da EC 20/98.[13] Nesse importante precedente da Corte Suprema, que certamente consolida importante lição do Direito Constitucional pátrio, rejeitou-se, expressamente, a tese doutrinária que defendia a possibilidade de se ter no nosso ordenamento jurídico a *"constitucionalização superveniente"* de lei originariamente inconstitucional. Precisas foram as considerações apresentadas pelo Min. Cezar Peluso nesse julgado:

> Ora, o parâmetro de controle de legitimidade da lei é a redação do texto constitucional vigente à época da edição da norma subalterna, não, é óbvio, a redação posterior, suposto agora atual, pois era aquela que, regulando a norma de competência legislativa, lhe fixava os limites materiais e formais de exercício. Se a norma produzida antes da Constituição é com esta compatível, é recebida pelo novo ordenamente; se lhe é hostil, está revogada, ou, o que dá na mesma, perde seu fundamento de validez.

Pois bem, diante desse precedente fundamental do STF, não há espaço para se sustentar que os incisos I e II do art. 25 da Lei 8.212/91 – não alterados pela Lei 10.256/01 – teriam sido convalidados posteriormente pela EC 20/98, ao argumento de que a Lei 9.528/97, mesmo que originariamente, inválida, seria compatível com a nova matriz constitucional vigente a partir de 1998. Na verdade, tendo sido produzida de modo incompatível com o sistema constitucional vigente à época de sua edição, a Lei 9.528/97 apresentou "nulidade irremediável", não passível de ser sanada pela posterior EC 20/98.

1.3. A inconstitucionalidade da técnica de sub-rogação passiva adotada pela Lei n° 8.212/91

Como visto, o Acórdão produzido no RE 363.852 não declarou apenas a inconstitucionalidade dos os incisos I e II do art. 25 da Lei 8.212/91, invalidando a base de cálculo da contribuição do produtor rural pessoa física, mas também declarou a inconstitucionalidade do art. 30, IV, da Lei 8.212/91, o qual fixava regra de responsabilização tributária, por meio da qual as empresas adquirentes, consumidoras, consignatárias ou cooperativas que tomasse para si a produção rural de pessoa física

---

[12] "O postulado geral básico no domínio da aplicação das normas constitucionais no tempo é o postulado da função genética ou modeladora do ordenamento jurídico estatal que possui a Constituição. As normas constitucionais projectam-se sobre todo o sistema jurídico, sobre as normas e os actos que dinamizam, sobre o poder e a comunidade política, impregnando-os dos seus valores e critérios e trazendo-lhes um novo fundamento de validade ou de autoridade." (MIRANDA, Jorge. *Teoria do Estado e da Constituição*. Rio de Janeiro: Forense, 2002, p. 458)

[13] STF, Tribunal Pleno, Recurso Extraordinário n° 346.084-6 – PR, j. 09-11-2005.

ficariam *"sub-rogadas nas obrigações"* relacionadas à contribuição social. Assim, se não bastasse a invalidade da contribuição social em si considerada, o STF também declarou a inconstitucionalidade da regra de sub-rogação passiva que fixava o dever de terceiros que mantinham relação indireta com a produção rural de pessoas físicas (adquirentes, consumidoras, consignatárias ou cooperativas) reterem o valor do tributo devido pelo empregador rural pessoa física ou de arcarem, pessoalmente, com o respectivo ônus tributário (nos casos em que não se viabilizou, economicamente, tal possibilidade de retenção[14]). Aliás, a parte dispositiva do voto proferido pelo Min. Marco Aurélio é clara ao prever essas duas hipóteses distintas: *"conheço e provejo o recurso interposto para desobrigar os recorrentes* [a] *da retenção e do recolhimento da contribuição social ou* [b] *do seu recolhimento por sub-rogação"*.

Com efeito, mesmo que se entendesse que após a publicação da Lei 10.256/01 a contribuição do produtor rural pessoa física tivesse sido reinstituída validamente – o que não é verdadeiro, como já se demonstrou – ainda assim inexistiria disposição legal válida que permitisse imputar a terceiros o dever de reter ou o de recolher por sub-rogação a exação. Isso porque, mais uma vez, pode-se verificar que o art. 30, IV, da Lei 8.212/91 não recebeu qualquer alteração por parte da Lei 10.256/01, de modo que, no que tange à regra de sub-rogação passiva, persistem ainda hoje os efeitos da decisão do STF que a declarou inválida, sem ressalva.

Diante disso, a inconstitucionalidade do art. 30, IV, da Lei 8.212/91 suprimiu a base normativa que imputava ao adquirente, consumidor, consignatário ou cooperativa da produção rural o dever reter ou de recolher, por força de regra de sub-rogação passiva, a contribuição do produtor rural pessoa física. Assim, independentemente da inconstitucionalidade do art. 25 da Lei 8.212/91, hoje, também não mais persiste autorização legal válida que permita imputar a terceiros o dever de reter ou recolher, em nome próprio, na qualidade de sub-rogado, a contribuição do produtor rural pessoa física.

É verdade que o Excelso Pretório não explicita, no RE 363.852, quais razões poderiam justificar a inconstitucionalidade da regra de responsabilização tributária prevista no art. 30, IV, da Lei 8.212/91. Diante dessa lacuna, há certa margem de liberdade para se especular acerca do fundamento constitucional que permite vislumbrar como inválida a mencionada regra de sub-rogação passiva.

Primeiramente, como não é nenhuma novidade, o art. 146, III, "a", da CF estabelece que cabe à lei complementar, entre outras matérias, criar normas gerais de direito tributário que definam os possíveis sujeitos passivos das obrigações tributárias. E tal tarefa é executada, como se sabe, pelo CTN, o qual fixa a moldura da sujeição passiva em direito tributário, estabelecendo, exaustivamente, todas as configurações

---

[14] Deve ser destacado que em alguns setores da produção rural desenvolvida por pessoas físicas – mesmo que essas mantenham empregados – impera a informalidade, de modo que há inúmeros contextos econômicos em que o adquirente simplesmente não encontra espaço negocial para realizar a retenção da contribuição devida originariamente pelo produtor pessoa física. Muitas vezes o produtor rural, dentro do seu ambiente de mercado, oferece preço final e incondicional ao adquirente, o qual ou o aceita nos termos propostos ou não realiza a transação. Nessas situações particulares, portanto, o adquirente da produção rural acaba arcando com seu próprio patrimônio com o ônus referente a essa contribuição social. Alguns precedentes do STJ, que não reconhecem a legitimidade do adquirente para pleitear a restituição de indébito, simplificam essa realidade de mercado, não vislumbrando a possibilidade de o adquirente ter efetivamente arcado com o encargo tributário. Vide, ainda, KLIEMANN, Thais Helena Della Giustina. Análise constitucional da contribuição sobre a receita bruta proveniente da comercialização da produção rural dos empregadores pessoas física e jurídica. In: VAZ, Paulo Afonso Brum; PAULSEN, Leandro. *Curso Modular de Direito Tributário*. Campinas: Conceito e Millenium, p. 89/119.

possíveis de contribuintes e responsáveis tributários (CTN; arts. 121 a 138). Fora dessa matriz normativa, portanto, nenhuma lei ordinária poderá atuar seja para ir além dos seus limites, seja para contraditar os seus termos.

Pois bem, como se viu, o art. 30, IV, da Lei 8.212/91 criou uma regra de sub--rogação passiva por meio da qual o adquirente, consumidor, consignatário ou cooperativa de produção rural assume o dever de recolher, em seu nome a contribuição social devida por empregador rural pessoa física. A técnica responsabilização tributária qualificada como sub-rogação é enquadrada, por PAULSEN, como sendo uma hipótese de responsabilidade pessoal, a qual "é exclusiva, sendo determinada pela referência expressa ao caráter pessoal ou revelada pelo desaparecimento do contribuinte originário, pela referência à sub-rogação ou pela referência à responsabilidade integral do terceiro em contraposição à sua responsabilização ao lado do contribuinte".[15]

Assim caracterizada a regra de sub-rogação passiva prevista no art. 30, IV, da Lei 8.212/91 deve ela compatibilizar-se com a moldura normativa fixada no CTN, diploma complementar esse que estabelece os limites dentro dos quais essa técnica de responsabilização de terceiro poderá ser instituída por meio de ato do legislador ordinário. Ocorre que, analisando-se o texto do Código Tributário, percebe-se que a técnica da sub-rogação passiva – bastante difundida e tradicional no Direito Privado pela denominação *assunção de dívida*[16] – assume escopo absolutamente restrito no campo do Direito Tributário. Aliás, *a única* hipótese de sub-rogação passiva[17] prevista no CTN encontra-se estampada no seu art. 130.[18]

Como se vê, a norma geral de Direito Tributário que dispõe sobre a possibilidade de sub-rogação passiva, prevê a sua utilização tão somente nos impostos, taxas e contribuições de melhoria que mantenham relação com *"a propriedade, o domínio útil ou a posse de bens imóveis"*, visando, obviamente, a restringir a utilização de tal técnica de responsabilização pessoal de terceiro aos casos dos impostos, tradicionalmente, qualificados como reais, bem como aos demais tributos que mantenham relação com bens imóveis. E isso se justifica porque, relativamente às relações jurídicas envolvendo bens imóveis, normalmente impera a caracterização da chamada obrigação *propter rem*, na qual "o proprietário é por vezes o sujeito de obrigações apenas porque é o proprietário (ou possuidor) e qualquer pessoa que o suceda na posição de proprietário ou possuidor assumirá tal obrigação".[19] Assim, a sub-rogação passiva no Direito Tributário, sendo hipótese de responsabilidade por sucessão, aplica-se, restritivamente, aos casos de fatos geradores envolvendo bens imóveis, o que é absolutamente plausível e coerente com a realidade econômica e jurídica envolvida nessas situações.

---

[15] PAULSEN, Leandro. *Direito Tributário – Constituição e Código Tributário à Luz da Doutrina e da Jurisprudência*. 11. ed. Porto Alegre: Livraria do Advogado, 2009, p. 947.

[16] ALMEIDA COSTA, Mário Júlio de. *Direito das Obrigações*. 9. ed. Portugal: Almedina, p. 762 e ss.

[17] O artigo 120 do CTN contém hipótese de sub-rogação ativa.

[18] "Art. 130. Os créditos tributários relativos a *impostos cujo fato gerador seja a propriedade, o domínio útil ou a posse de bens imóveis*, e bem assim os relativos a taxas pela prestação de serviços referentes a tais bens, ou a contribuições de melhoria, subrogam-se na pessoa dos respectivos adquirentes, salvo quando conste do título a prova de sua quitação. Parágrafo único. No caso de arrematação em hasta pública, a sub-rogação ocorre sobre o respectivo preço." (grifou-se)

[19] VENOSA, Sílvio de Salvo. *Direito Civil* – Vol. II. 4. ed. São Paulo: Atlas, 2004, p. 59.

Diante dessa limitação normativa, percebe-se, com máxima clareza, que a regra contida no art. 30, IV, da Lei 8.212/91 não mantém mínima simetria com a norma geral de Direito Tributário estabelecida no art. 130 do CTN. Isso porque cria hipótese de sub-rogação passiva no caso de contribuição social que incide sobre "receita de produção rural", nenhuma relação mantendo, portanto, com bens imóveis. Assim, mesmo que o STF não tenha externado as razões jurídicas que o levaram a declarar a inconstitucionalidade do art. 30, IV, da Lei 8.212/91, uma leitura simples do CTN permite identificar ao menos um possível motivo para a sua invalidade, qual seja, a inadequação desse dispositivo de lei ordinária à moldura normativa fixada no seu art. 130, incompatibilidade essa que culmina na violação ao art. 146, III, "a", da CF.[20]

2. Amplitude dos fundamentos jurídicos invocados no Recurso Extraordinário nº 363.852

O segundo ponto que merece destaque diz respeito à abrangência dos argumentos jurídicos que foram adotados pelo STF no RE 363.852, para averiguar se, nesse julgado, a inconstitucionalidade da contribuição do produtor rural pessoa física teria sido justificada apenas na falta de lei complementar para a criação de nova fonte de custeio da Seguridade Social, já que, à época da publicação das Leis 8.540/92 e 9.528/97, inexistia competência tributária para a criação, por lei ordinária, de contribuição social sobre "receita". Caso verdadeira tal afirmação, poderia ser compreendida como procedente a afirmação contida no mencionado Acórdão do TRF da 4ª Região – que serve de contraponto de neste estudo – no sentido de que "em face do permissivo constitucional (EC nº 20/98), passou a ser admitida a edição de lei ordinária para dispor acerca da contribuição do empregador rural pessoa física incidente sobre a receita/faturamento", papel esse que teria sido desempenhado pela Lei 10.256/01.

No entanto, analisando-se em detalhes os fundamentos adotados pelo STF no referido Recurso Extraordinário, percebe-se, tranquilamente, que eles não ficaram adstritos apenas à violação ao art. 195, § 4º, da CF. Na verdade, os argumentos jurídicos adotados pelo Min. Marco Aurélio foram mais amplos e variados, argumentos esses, inclusive, que foram acatados e bem explorados pelos demais Ministros da Suprema Corte (especialmente pelos Ministros Cezar Peluso, Ricardo Lewandowski e Carmen Lúcia). Cabe, pois, reproduzir, para fins ilustrativos, a síntese dos argumentos adotados pelo Min. Marco Aurélio, tendo ele afirmado que:

a) o art. 195 da CF teria fixado "as balizas primárias da contribuição do empregador", contendo uma "previsão exaustiva quanto aos fatos que podem dar causa à obrigação de financiamento da seguridade social";

b) inexistiria no Sistema Tributário espaço para "a cumulação em virtude de ato normativo ordinário" de contribuições de Seguridade Social, já que somente "a Constituição Federal é que, considerando o mesmo fenômeno jurídico, pode abrir exceção à unicidade de incidência de contribuição";

c) a Constituição contaria *"apenas com duas exceções"* à regra da unicidade de contribuições, quais sejam a contribuição sobre folha de salários, ressalvada pelo art. 240 da CF, e a Contribuição para o PIS, recepcionada pelo art. 239 da CF, e incidente, juntamente com a COFINS, sobre a receita ou o faturamento;

---

[20] Essa conclusão, aliás, segue, analogicamente, o mesmo raciocínio que foi desenvolvido pelo Excelso Pretório quando declarou a inconstitucionalidade de outros dois artigos da Lei nº 8.212/91, os arts. 45 e 46, que dispunham sobre prazo de prescrição e decadência em matéria tributária de forma contraditória com o disposto no CTN (RREE 559.943-4, 559.882-9, 560.626-1 e 556.664-1), raciocínio esse, inclusive, que embasa, hoje, a Súmula Vinculante nº 08.

d) estar-se-ia, no caso sendo analisado, diante de "duplicidade contrária à Carta da República, no que, conforme o artigo 25, incisos I e II, da Lei nº 8.212 de 24 de julho de 1991, o produtor rural passou a estar compelido a duplo recolhimento, com a mesma destinação, ou seja, o financiamento da seguridade social – recolhe, a partir do disposto no artigo 195, inciso I, alínea "b", a COFINS e a contribuição prevista no referido artigo 25";

e) a contribuição sobre o resultado da comercialização da produção rural, prevista no art. 195, § 8º, da CF, seria "situação única" e teria fundamento apenas para os contribuintes ali descritos – rurícolas sem empregados permanentes –, já que esses, por não possuírem empregados, não possuiriam folha de salário a apurar;

f) a contribuição atacada teria gerado "a quebra da isonomia", na medida em que teria instituído "tratamento desigual entre contribuintes que se encontrem em situação equivalente", quais sejam, o produtor rural pessoa física sem empregados e o produtor rural pessoa física com empregados;

g) a "comercialização da produção é algo diverso de faturamento e este não se confunde com receita", do contrário o § 8º do art. 195 seria supérfluo; e

h) "a nova fonte deveria estar estabelecida em lei complementar".

Como se vê, o argumento referente à necessidade de lei complementar não foi o único argumento utilizado pelo STF, quando do julgamento do RE 363.852, sendo plausível, inclusive, afirmar que tal tópico sequer se apresentou como a *ratio decidendi* central desse julgado. Na verdade, três linhas distintas de argumentação podem ser identificadas no raciocínio desenvolvido pelo Min. Marco Aurélio.

Primeiramente, o argumento central elaborado pelo Min. Marco Aurélio – e acolhido de forma unânime pelos demais Ministros – escora-se na violação à regra da *"unicidade de incidência de contribuição"*, a qual estaria implícita na estrutura art. 195, I, da CF e segundo a qual não seria admissível a duplicidade de tributação de uma mesma base econômica descrita na mesma norma de competência tributária, ressalvando-se apenas aquelas hipóteses já excepcionadas pelo próprio texto constitucional.[21]

Em segundo lugar, o Min. Marco Aurélio desenvolve argumento principiológico de acordo com o qual a forma diferenciada da tributação do empregador rural pessoa física estaria gerando ônus adicional não justificado em *discrimen* razoável, o que causaria a violação ao princípio da isonomia.[22]

Por fim, o Min. Marco Aurélio promove a análise do próprio conteúdo semântico da expressão "comercialização da produção rural", a qual, em seu entendimento, não poderia ser equiparada, juridicamente, a "faturamento"[23] e este, por sua vez, possuiria dimensão econômica distinta de "receita". É nesse ponto que o Ministro destaca que

---

[21] Tal argumento pode ser reconduzido ao artigo de MACHADO, Hugo de Brito; MACHADO SEGUNDO, Hugo de Brito. Inconstitucionalidade da contribuição previdenciária dos produtores rurais, instituída pela Lei nº 8.870/94. In: *Revista Dialética de Direito Tributário* nº 72, setembro de 2001, p. 94/105.

[22] Sobre a questão, deve ser consultado o primoroso artigo de ÁVILA, Humberto. Contribuição social do produtor rural pessoa física. Lei nº 8.540/92. Incidência sobre o resultado da comercialização da produção. Exame de constitucionalidade relativo às regras de competência e aos princípios da igualdade e da proibição de confisco. In: *Revista Dialética de Direito Tributário* nº 126, março de 2006, p. 87/101.

[23] Não se pode deixar de referir, porém, que, caso seja adotado o conceito de faturamento definido no RE 346.084-6 (referente à inconstitucionalidade da ampliação da base de cálculo da COFINS e do PIS pela Lei 9.718/98), o sentido econômico da expressão "receita bruta da comercialização da produção rural" não se distancia do sentido técnico de faturamento, já que este, mesmo que não equiparável à "totalidade das receitas auferidas por pessoas jurídicas", foi compreendido como sendo "o resultado econômico das atividades empresariais típicas" ou ainda, de forma mais específica, como sendo "os valores oriundos do exercício da atividade econômica organizada para a produção ou circulação de bens ou serviços" (esses excertos são extraídos do excepcional Voto do Ministro Cezar Peluso). Ora, a totalidade das receitas auferidas pelo produtor rural em razão exclusiva da venda (comercialização) das mercadorias rurais que produz não é outra coisa senão o seu faturamento, no sentido técnico-jurídico definido pelo Supremo no RE 346.084-6.

a tributação da "comercialização da produção rural" representaria base econômica já eleita – exclusivamente – pelo Constituinte para a tributação, nos termos do art. 195, § 8º, da CF, do produtor rural, em regime de economia familiar, sem empregados. Diante disso, acabou entendendo que a utilização da base econômica "comercialização da produção rural" para a tributação do empregador rural pessoa física somente poderia ocorrer, no período anterior à EC 20/98, por meio de lei complementar.

Dessa última afirmação, porém, não se pode extrair a conclusão de que tenha sido afirmado pelo STF que, após a promulgação da mesma Emenda, lei ordinária poderia, livremente, instituir a mesma contribuição social sobre "receita bruta da comercialização da produção rural". Isso porque os três argumentos adotados pelo STF, nesse julgado, apresentam-se como razões autônomas e suficientes para a declaração de inconstitucionalidade do art. 25 da Lei 8.212/91, de modo que a superação de um argumento, pela legislação tributária superveniente, não basta para a automática reinstituição da contribuição do produtor rural pessoa física. É precisamente por essa razão que a Lei 10.256/01, ao apenas dar nova redação ao *caput* do art. 25 da Lei 8.212/91, mesmo que publicada em período posterior ao advento da EC 20/98, não pode ser interpretada como sendo o veículo legislativo que teve a pretensão de corrigir todos os defeitos de inconstitucionalidade afirmados pelo STF no RE 363.852.

A Suprema Corte de maneira alguma afirmou que seria, automaticamente, legítima toda e qualquer tentativa de instituição da contribuição fixada no art. 25 da Lei 8.212/91, desde que essa fosse feita em data posterior ao advento da EC 20/98. O Acórdão produzido no RE 363.852 de nenhum modo deu ao legislador ordinário carta branca nem salvo-conduto para a livre instituição dessa nova contribuição, bastando para tanto que o fizesse simplesmente após a promulgação da EC 20/98. Na verdade, a Corte Suprema apenas ressalvou a possibilidade de se instituir por lei ordinária contribuição social sobre "receita" do empregador, tendo em vista a ampliação da norma de competência prevista no art. 195, I, da CF, pela EC 20/98, desde que esse exercício de poder tributário observasse todas as demais garantias e limites constitucionais, especialmente aqueles cuja violação foi ressaltada no RE 363.852. Esse, porém, não foi o caso da adoção de técnica substitutiva de base econômica aplicada na cobrança da contribuição instituída pela Lei 10.256/01, ao da nova redação ao *caput* do art. 25 da Lei 8.212/91. Não se pode afirmar, pois, que os vícios constantes do art. 25 da Lei 8.212/91 tenham sido superados pela Lei 10.256/01 em razão do só fato desta lei ordinária ter sido editada após a EC 20/98. Tal interpretação, como se viu, deixa de considerar pelo menos dois dos argumentos centrais utilizados pelo STF no RE 363.852.

3. Instituição de contribuição substitutiva em período anterior à Emenda Constitucional nº 42/2003

Mesmo que se afastassem todos os argumentos acima expostos, os quais, como se viu, encontram-se ancorados em Decisão unânime do STF, ainda assim não seria possível afirmar a legitimidade da cobrança da exação a contar da edição da Lei 10.256/01, com base em argumento que invoca a instituição válida de uma nova contribuição do produtor rural pessoa física, prevista no *caput* do art. 25 da Lei 8.212/91, mas agora escorada em técnica substitutiva de base econômica de tributação, por meio da qual se imputa ao contribuinte o dever de recolher mais uma contribuição sobre receita, cumulada com o recolhimento da COFINS e do PIS, dispensando-o, por outro lado, do recolhimento da contribuição social sobre folha de salário. O motivo da persistência de vício nessa forma de cobrança da contribuição deve-se ao fato de, à época da publicação da Lei 10.256/01, inexistir autorização constitucional para a utilização da mencionada técnica substitutiva de base econômica. Mesmo que tal argumento não tenha sido analisado pelo STF no RE 363.852, é relevante a sua análise neste estudo para se averiguar a integral compatibilidade da Lei 10.256/01 com a matriz constitucional vigente na data da sua edição.

A EC 42/2003, ao incluir o § 13 no art. 195 da CF, introduziu no Sistema Tributário pátrio, de forma inédita, uma norma de competência diferenciada, com estrutura e conteúdo bastante distinto das normas de competência tributária anteriormente projetadas na Constituição, já que por meio dela, não se especificou nenhuma realidade econômica que poderia ser utilizado no custeio da Seguridade Social, mas apenas se consagrou ao legislador ordinário uma relativa margem de liberdade no que tange ao modo pelo qual esse poderia exercitar o poder tributário que já havia sido delegado por meio de outras normas de competência. Isso ocorreu porque, pela primeira vez, positivou-se norma de competência tributária garantindo-se ao legislador ordinário a possibilidade deliberativa e decisória (o que antes inexistia) em relação a uma (e somente uma) das bases econômicas, originariamente, descritas no art. 195, I, da CF, de modo que restou autorizado a realizar um único movimento de substituição das bases econômicas previstas naquele dispositivo constitucional, ou seja, permitiu-se que se desonerasse a *"folha de salários"* para que, em substituição, fosse tributada em duplicidade *"a receita ou o faturamento"*. Sobre o § 13 do art. 195 da CF, algumas premissas teóricas devem ser destacadas:

a) contém tal dispositivo uma típica norma de competência tributária, na medida em que assume a clara função de delimitar, expressamente, o modo legítimo de exercício de poder tributário pelo legislador infra-constitucional;

b) a nova norma de competência, mesmo que tenha consagrado uma relativa margem de liberdade ao legislador ordinário no que tange a determinadas opções aplicáveis no custeio da Seguridade Social, não chega a romper com a estrutura rígida adotada no art. 195, I, da CF, a qual ainda necessita ser por ele observada;

c) a manutenção de tal estrutura rígida no que tange ao custeio da Seguridade Social, pode ser facilmente ilustrada no fato de a técnica substitutiva inaugurada pelo § 13 do art. 195 da CF Federal consagrar tão-somente uma única hipótese de substituição de bases econômicas a serem tributadas, pois autoriza apenas a troca da incidência de contribuição sobre a *"folha de salários"* por uma dupla incidência sobre *"receita ou faturamento"*;[24]

d) representando verdadeira norma de competência tributária, projeta ela eficácia prospectiva, de modo que o exercício de poder tributário que é regulado e delimitado por meio dela somente pode ser, legitimamente, efetivado a partir do momento da edição de tal norma, sendo inconstitucional, por carência de fundamento constitucional, a atividade legislativa que pretendeu adotar tal mecanismo de substituição em momento anterior ao advento da EC 42/2003; e

e) a nova norma de competência tributária assume feição *sui generis*, já que não prevê nova base econômica a ser tributada, não tendo, pois, a pretensão de criar nova hipótese de incidência tributária, mas apenas fixa técnica substitutiva de tributação, de modo que é plausível concluir que o propósito de tal norma de competência seria apenas o de realocar a carga tributária preexistente e não o de permitir que o legislador

---

[24] Está-se, pois, diante de uma norma de competência tributária perfeitamente delimitada, não sendo permitido ao legislador ordinário exercitar tal técnica substitutiva além dos seus limites expressos, como se, por exemplo, pretendesse, livremente, substituir a base econômica "folha de salários" pela base econômica "lucro", a base "lucro" pela "receita ou faturamento", a base "receita ou faturamento" pela "folha de salários" etc. Vide, ainda, MACHADO, Hugo de Brito; MACHADO SEGUNDO, Hugo de Brito. Inconstitucionalidade da contribuição previdenciária dos produtores rurais, instituída pela Lei nº 8.870/94. In: *Revista Dialética de Direito Tributário* nº 72, setembro de 2001, p. 94/105.

ordinário, por meio de tal competência substitutiva, mascare um efetivo aumento na carga tributária a ser assumida pelo *"empregador"*.

De tais constatações preliminares, algumas conclusões derivam necessariamente. Em primeiro lugar, ao se reconhecer que há, no art. 195, § 13, da CF, uma verdadeira norma de competência tributária – perfeitamente delimitada – não há como se pressupor a sua *existência implícita* no Sistema Tributário Nacional, no período anterior à promulgação da EC 42/2003. Ora, considerando-se que o conceito de competência tributária pressupõe uma função delimitadora de poder e considerando que o Sistema Tributário Nacional sempre assumiu a pretensão de descrever de modo detalhado e exaustivo as situações em que o poder tributário poderá ser exercitado legitimamente pelo Estado, a só tentativa de se pensar em uma norma de competência tributária implícita na Constituição representa verdadeira afronta ao Estado Democrático de Direito, já que, caso isso fosse possível, toda imposição tributária poderia ser sustentada como válida, já que embasada em *"competências implícitas"* presentes no Texto Constitucional, as quais, porém, somente poderiam ser identificadas de modo *ex post facto* pelo contribuinte, ou seja, após sua instituição pelo legislador. Tal interpretação, no entanto, caso fosse legítima, estaria suprimindo toda e qualquer segurança e previsibilidade acerca do ônus tributário que pode ser imputado ao particular com base na Constituição Federal.

Aliás, fosse possível a identificação de competências implícitas na Constituição, simplesmente não seria possível justificar-se nenhum dos precedentes do STF em que se tenha reconhecido a inconstitucionalidade de tributo pelo fato de a respectiva lei tributária ter ultrapassado os limites traçados por sua respectiva norma de competência. E mais, seria inútil e, por esse critério, carente de qualquer racionalidade todo argumento apresentado no sentido de justificar a incompatibilidade de um determinado tributo com sua matriz constitucional, pois sempre seria possível afirmar-se a existência de infinitas competências "implícitas" no texto constitucional que legitimariam qualquer atitude arbitrária do Estado. Não se mostra, pois, plausível a tese que defende que a hipótese substitutiva consagrada no § 13 do art. 195 da CF poderia ser compreendida como competência implícita no texto constitucional, já que, por um, a só-afirmação de uma competência tributária tácita ou implícita representa contradição em termos e, por dois, tal leitura torna inócua a própria atividade legiferante realizada pelo Constituinte derivado ao fixar, textualmente, a norma de competência tributária criada pela EC 42/03.

Em segundo lugar, não procederia a interpretação do § 13 do art. 195 da CF que pretendesse afirmar que tal dispositivo teria função meramente *"interpretativa"* ou *"remissiva"* ao passado, a qual permitiria validar, retroativamente, a técnica substitutiva criada pela Lei 10.256/01. Isso porque, conforme já explorado no item 1.2 deste artigo, a higidez de toda e qualquer lei tributária é sempre aferida com base no Diploma Constitucional vigente na data em que se dá sua efetiva publicação, de modo que será, invariavelmente, ilegítima a tentativa de se justificar, como fonte de validação de determinada lei tributária, a Constituição promulgada em data posterior a sua publicação. Novamente, vem à baila o consagrado precedente do STF que reconheceu a inconstitucionalidade da ampliação da base de cálculo do PIS e da COFINS pela Lei nº 9.718/98 em período anterior ao advento da EC 20/98.[25]

---

[25] STF, Tribunal Pleno, Recurso Extraordinário nº 346.084-6 – PR, j. 09-11-2005.

Assim, a contribuição substitutiva do produtor rural pessoa física, criada pela Lei 10.256/01, ao dar nova redação ao *caput* do art. 25 da Lei 8.212/91, somente poderia ter sido criada de forma válida se a Constituição vigente à época contivesse norma de competência tributária autorizando a utilização desse tipo específico de exação. E, relativamente ao processo de validação constitucional da *contribuição substitutiva* criada pela Lei 10.256/01, percebe-se que não se mostrou ela compatível com o paradigma constitucional que estava em vigor no ano de 2001, já que a Constituição então vigente ainda não consagrava nenhuma hipótese de competência tributária autorizando a criação, pelo legislador ordinário, de *contribuição substitutiva* para a Seguridade Social. Tal autorização constitucional, como se viu, somente surgiu a contar do advento da EC 42/03, a qual, certamente, não se prestou a legitimar – seja de forma remissiva, seja em razão de suposta função interpretativa – os diplomas legais criados no período anterior a sua vigência.[26] Desse modo, mesmo que fossem superados todos os vícios formais e materiais já reconhecidos pelo STF na contribuição do produtor rural pessoa física, tal como prevista nos incisos I e II do art. 25 da Lei 8.212/91, inviável seria a tentativa da sua cobrança com base na Lei 10.256/01, uma vez que persiste a absoluta inconstitucionalidade do *caput* do mesmo artigo 25.

Conclusão

Com base em todo o exposto, pode-se apresentar a seguinte síntese conclusiva:

i) O STF, no RE 363.852, decretou a invalidade: *(a)* dos incisos I e II do art. 25 da Lei 8.212/91, precisamente os dispositivos que continham a descrição da base de cálculo da contribuição do produtor rural pessoa física; e *(b)* do art. 30, IV, da Lei 8.212/91, o qual fixava técnica de sub-rogação passiva;

ii) A Lei 10.256/01 deu apenas nova redação ao *caput* do art. 25 da Lei 8.212/91, consagrando, textualmente, pela primeira vez, a técnica substitutiva de base econômica em relação à contribuição do produtor rural pessoa física, de modo que o empregador rural pessoa física passou a arcar apenas com contribuição sobre a *"receita bruta proveniente da comercialização da sua produção"*, ficando dispensado do pagamento da contribuição patronal incidente sobre folha de salário;

iii) A Lei 10.256/01 deixou intocados os incisos I e II do art. 25, os quais ainda recebem a redação que havia sido dada pela Lei 9.528/97, de modo que a só-modificação do *caput* do art. 25 não foi suficiente para a criação válida da nova contribuição do produtor rural pessoa física, já que, se esse fosse o caso, ter-se-ia tributo carente de base de cálculo fixada em lei formal válida, em afronta ao princípio da legalidade;

iv) Mesmo após a EC 20/98, não foi editada nenhuma lei formal fixando corretamente a base de cálculo da contribuição do produtor rural pessoa física, persistindo, em verdade, apenas o texto criado pela Lei 9.528/97, o qual foi declarado inválido pelo STF. Com efeito, até o presente momento, inexiste lei tributária que tenha reinstituído validamente a contribuição prevista no art. 25 da Lei 8.212/91;

---

[26] Nesse sentido: PAULSEN, Leandro. *Direito Tributário – Constituição e Código Tributário à Luz da Doutrina e da Jurisprudência*. 10. ed. Porto Alegre: Livraria do Advogado, 2008, p. 573.

v) Não há espaço para se sustentar que os incisos I e II do art. 25 da Lei 8.212/91 – não alterados pela Lei 10.256/01 – tenham sido convalidados pela EC 20/98, ao argumento de que a Lei 9.528/97, mesmo que originariamente, inválida, seria compatível com a nova matriz constitucional vigente a partir de 1998. Tendo sido produzida de modo incompatível com o sistema constitucional vigente à época de sua edição, a Lei 9.528/97 apresentou "nulidade irremediável", não passível de ser sanada pela posterior EC 20/98.

vi) O art. 30, IV, da Lei 8.212/91 deve ser compreendido como inconstitucional, na medida em que representa dispositivo criado por lei ordinária que dispõe sobre a hipótese de sub-rogação passiva em Direito Tributário, a qual não se mostra compatível com a moldura normativa geral fixada no art. 130 do CTN, demonstrando, com isso, incompatibilidade que culmina na violação ao art. 146, III, "a", da CF.

vii) A superação das inconstitucionalidades contidas no art. 25 da Lei 8.212/91, pressupõe sejam corrigidos, por legislação superveniente, todos os defeitos apresentados pelo STF no RE nº 363.852 (violação à regra da *unicidade de incidências das contribuições de seguridade social;* a violação ao princípio da isonomia tributária; e a ausência de lei complementar no período anterior à EC nº 20/98), os quais se fundam em razões autônomas e suficientes para a invalidação da contribuição.

viii) Inviável a cobrança da contribuição do produtor rural pessoa física, com base exclusiva na Lei 10.256/01, uma vez que persiste, ainda hoje, a inconstitucionalidade do *caput* do mesmo art. 25, na medida em que adota técnica de substituição da base econômica de tributação em período anterior à promulgação da EC 42/03, a qual introduziu o § 13 no art. 195 da CF;

ix) Até a presente data, jamais foi editado diploma legal que tenha, validamente, instituído contribuição de seguridade social devida pelo empregador rural pessoa física incidente sobre *"receita bruta da comercialização da sua produção rural"*.

— 4 —

TRIBUTAÇÃO INTERNACIONAL

— 4.1 —

Exit taxes y libertades comunitarias: ¿contradicciones o evolución en la jurisprudencia del TJUE?

PEDRO M. HERRERA MOLINA[1]

Sumario: I. Planteamiento; II. Delimitación de conceptos; 1. Impuestos de salida; 1.1. Concepto y clases; 1.2. Naturaleza; 2. Modalidades de erosión de las libertades económicas: discriminación y restricción; 3. Precisiones sobre la libertad de establecimiento: doctrina de la constitución y de la sede real; III. Evolución de la jurisprudencia; 1. Caso Biehl (C-175/88): discriminación encubierta por razón de nacionalidad como motivo del traslado de residencia al extranjero; 2. Caso Daily Mail (81/87): sanciones con motivo del traslado de sede de dirección efectiva al extranjero, salvo que se llegue a un pacto con la Administración tributaria que garantice el pago de impuestos; 3. Caso Lasteyrie du Saillant (C-9/02): ¿puede justificarse un impuesto de salida para evitar la elusión artificiosa del impuesto o para preservar el reparto equilibrado del poder tributario?; 4. Caso "N" (C-470/04): el impuesto sobre las plusvalías latentes puede justificarse en la necesidad de preservar el reparto equilibrado del poder tributario, siempre que se conceda al contribuyente un aplazamiento sin garantías; 5. Caso National Grid Indus (C-371/10): si el contribuyente es una persona jurídica, el reparto equilibrado el poder tributario puede justificar la exigencia de un impuesto de salida cuyo aplazamiento sólo se conceda mediante la aportación de una garantía bancaria; 6. Caso Comisión v. España (C-269/09): la anticipación del cobro de impuestos ya devengados no puede justificarse en la necesidad de conseguir el reparto equilibrado del poder tributario; 7. Caso Comisión v. Portugal (C-38/10): los Estados miembros deben conceder la opción entre el pago inmediato y el pago aplazado con intereses (pero no se menciona la posible exigencia de garantía); IV. Elementos en los conflictos con las libertades comunitarias; 1. ¿Discriminaciones o meras restricciones de las libertades?; 2. Análisis de comparabilidad; 3. Posible justificación de las restricciones; 3.1. Prevenir el riesgo de evasión fiscal; 3.2. Reparto equilibrado del poder tributario; 3.3. Coherencia del sistema tributario; 4. Control de proporcionalidad; 4.1. Irrelevancia de las plusvalías generadas después del traslado; 4.2. Exigencia de garantía bancaria para el aplazamiento; 4.3. Exigencia de intereses de demora en caso de aplazamiento; V. Conclusiones.

I. Planteamiento

Diversos Estados miembros establecen gravámenes vinculados al traslado de residencia de las personas físicas y jurídicas (los llamados *exit taxes*). Generalmente no se trata de tributos "autónomos" sino de preceptos integrados en el régimen de los

---

[1] Catedrático de Derecho Financiero y Tributário UNED.
El autor agradece las valiosas observaciones de la profesora Marina Vargas Gómez-Urrutia.

SISTEMA CONSTITUCIONAL TRIBUTÁRIO – dos fundamentos teóricos aos *hard cases* tributários
Estudos em homenagem ao Ministro Luiz Fux

impuestos sobre la renta de las personas físicas y de las sociedades. Tales medidas pueden responder a la finalidad de evitar maniobras evasivas por parte del contribuyente o, simplemente, a garantizar el ejercicio de la soberanía fiscal sobre una renta que se ha ido generando mientras el contribuyente residía en el Estado de origen. En ocasiones se establecen de modo expreso y, en otros de manera oculta (mediante medidas que obligan a vender los bienes con motivo del traslado).

En un primer momento, el Tribunal de Justicia reacciona frente a los impuestos de salida considerándolos una discriminación encubierta de los nacionales de otros Estados. La jurisprudencia posterior abandona este planteamiento, entendiendo que tales impuestos restringen de modo no discriminatorio la posibilidad de trasladar la sede o residencia a otro Estado miembro.

Dicha restricción sólo se justificaría por la necesidad de evitar la evasión fiscal si el hecho imponible sólo afectase a operaciones puramente artificiosas, pero este no ha sido el caso en ninguno de los asuntos examinados por el Tribunal. En cambio, Tras alguna aparente vacilación, el Tribunal ha concluido que los impuestos de salida constituyen una *restricción* de la libertad de establecimiento, que no se justifica por la mera necesidad de evitar la evasión fiscal, pero sí por la necesidad de preservar el reparto equilibrado de la soberanía tributaria.

Ahora bien, el impuesto de salida ha de ser proporcionado a la finalidad que lo justifica y esto – según el Tribunal – supone exigencias distintas en el caso de las personas físicas y las jurídicas. Así, sólo en el caso de las personas jurídicas podrá exigirse la constitución de garantías para conseguir el aplazamiento (veremos en qué casos), se permitirá eventualmente el devengo de intereses de demora y será legítimo que el Estado de origen no tenga en cuenta las minusvalías sufridas en el Estado de destino después del traslado.

En este artículo analizaremos críticamente en qué conceptos y argumentos se basa la jurisprudencia del tribunal. Veremos también cómo ésta evoluciona y pondremos de relieve si este proceso manifiesta o no incoherencias. Para ello comenzaremos delimitando el concepto y clases de los *exit taxes*, así como otras nociones relevantes para esta investigación (apartado II), realizaremos una exposición crítica de cada una de las sentencias del tribunal, subrayando su paulatina evolución (apartado III), abordaremos un análisis de conjunto de los diversos elementos estructurales a través de los que se desarrolla el control de las libertades económicas (apartado IV) y sintetizaremos las conclusiones que se van concretando a lo largo del trabajo (apartado V).

Se trata de una materia de especial relevancia para España, pues el Tribunal ya ha dictado una sentencia que considera incompatible con la libertad de establecimiento algún precepto de nuestra Ley del Impuesto de las Personas Físicas y ha de pronunciarse sobre el régimen del traslado de sede en el Impuesto sobre Sociedades.

II. Delimitación de conceptos

1. Impuestos de salida

1.1. Concepto y clases

El término *exit tax* (literalmente "impuesto de salida") no designa habitualmente un tributo independiente, sino un elemento estructural del impuesto sobre la renta de las personas físicas o del impuesto sobre sociedades que opera anticipando – o incrementando – el gravamen con motivo de un traslado de residencia al extranjero.

En sentido estricto suele hablarse de *impuestos de salida* para designar la tributación de las plusvalías no realizadas (los bienes han aumentado de valor, pero no se han transmitido) con motivo del cambio de residencia. Tal mecanismo está previsto en nuestra Ley del Impuesto sobre Sociedades, salvo que los activos de la sociedad queden afectos a un establecimiento permanente en España. Se trata de un precepto cuya compatibilidad con la libertad de establecimiento ha sido cuestionada por la Comisión ante el Tribunal de Justicia.

En sentido amplio pueden considerarse *impuestos de salida* otras medidas, como el gravamen anticipado de rentas ya generadas pero pendientes de imputación – el contribuyente había optado por el criterio de caja en lugar del devengo – como consecuencia del traslado de residencia al extranjero.[2] Esta era la norma prevista en nuestra Ley del Impuesto sobre la Renta de las Personas Físicas, que el Tribunal de Justicia ha considerado contraria a las libertades comunitárias.[3]

Por otra parte, los impuestos de salida pueden establecerse expresamente por las normas o derivar de una actuación administrativa que exija una venta de activos para exigir el traslado (como sucedió en el caso *Daily Mail*). Con arreglo a este criterio podemos distinguir entre impuestos de salida manifiestos y encubiertos.

Como veremos, los impuestos de salida restringen las libertades comunitarias tanto si gravan plusvalías latentes como si se limitan a anticipar el criterio de imputación temporal de rentas ya generadas. Sin embargo, las posibles justificaciones de unas y otras medidas varían en la jurisprudencia del Tribunal.

1.2. Naturaleza

Desde la perspectiva de su finalidad, el régimen jurídico de los *exit tax* puede estar diseñados para evitar maniobras artificiosas de evasión o elusión fiscal o bien, sencillamente, para asegurar el gravamen de las rentas que se han generado mientras el contribuyente residía en el territorio nacional.[4] El primer caso se aplicaría, por ejemplo, al contribuyente que trasladase su residencia al extranjero para vender los activos y volver a instalarse, poco tiempo después, en su país de origen (encontramos algún ejemplo de esta medida – aunque sin elemento transfronterizo – en las medidas antiabuso previstas en los impuestos cedidos a las Comunidades Autónomas). En el segundo caso – el más frecuente – es irrelevante el carácter artificioso o no de la operación: las rentas generadas en el Estado de origen han de tributar allí con motivo

---

[2] Encontramos esta distinción en MARTÍN JIMÉNEZ, Adolfo; CALDERÓN CARRERO, José Manuel. "Los impuestos de salida y el derecho comunitario europeo a la luz de la legislación española". *Studi Tributari Europei*, 1, 2009, p. 2

[3] Martín Jiménez y Calderón Carrero consideran también impuestos de salida contrarios a las libertades comunitarias *el régimen de extensión de la residencia fiscal* (art. 8.2 LIRPF) y *el régimen de tributación de los socios en las operaciones de fusión, absorción y escisión total o parcial en el caso de que pierdan su condición de residentes en territorio español* (art. 88.3 TR-LIRPF) Ibid, p. 7 y 9.

[4] Subrayan esta doble posibilidad DI PIETRO, Adriano. "Pasado y futuro de los impuestos de salida". *Studi Tributari Europei*, 1, 2009, p. 4, KOVÁCS, Lászlo. "La política de la Comisión Europea en materia de impuestos de salida" *Studi Tributari Europei*, 1, 2009, p. 4. Cfr. también CHNORR, Randolf. "Los impuestos de salida en la normativa alemana a la luz de los casos De Lasteyrie du Saillant e N". *Studi Tributari Europei*, 1, 2009, p. 4.

del cambio de residencia. En la jurisprudencia del Tribunal esta clasificación se tiene en cuenta para determinar las posibles causas de justificación.

2. Modalidades de erosión de las libertades económicas: discriminación y restricción

En este trabajo analizamos cómo los impuestos de salida implican, por definición, una erosión de algunas libertades garantizadas por el Derecho de la Unión Europea (libertad de establecimiento, libre circulación de personas, libre circulación de los ciudadanos de la Unión). Este ataque a las libertades puede producirse de modo discriminatorio por razón de la nacionalidad (cuando afecte en mayor medida a los nacionales de otros Estados miembros) o bien consistir en una mera restricción no discriminatoria (cuando afecte a los propios nacionales con motivo del ejercicio de tales libertades). Veremos cómo estos conceptos (discriminación y mera restricción) evolucionan en la jurisprudencia del Tribunal y no se utilizan de modo uniforme por la doctrina.

3. Precisiones sobre la libertad de establecimiento: doctrina de la constitución y de la sede real

Anticipamos un último concepto que resulta de importancia para nuestro estudio: la *doctrina de la constitución* y la *teoría de la sede real*. La libertad de establecimiento implica la facultad de traslado de una empresa a otro Estado miembro. Sin embargo, desde la sentencia *Daily Mail* el Tribunal admite que un Estado subordine el mantenimiento de la personalidad jurídica de una sociedad nacional al hecho de que su sede de dirección efectiva permanezca en su territorio (*doctrina de la sede real*). En tal caso, el traslado al extranjero requerirá la disolución y la constitución de una nueva sociedad en el Estado de acogida. La mayoría de los Estados miembros de la Unión Europea no aplican la doctrina de la sede real, sino la *teoría de la constitución*, de modo que la sociedad constituida con arreglo a la ley nacional mantiene su personalidad jurídica aunque la sede de dirección efectiva se traslade al extranjero. Los Estados que aplican la doctrina de la sede real no necesitan establecer impuestos de salida en sentido estricto, puesto que la salida implica la liquidación de la sociedad y, por tanto, el gravamen de las correspondientes generadas con anterioridad a la liquidación.

III. Evolución de la jurisprudencia

Como ya se ha apuntado, antes de analizar de modo sistemático los diversos elementos de la colisión entre impuestos de salida y libertades comunitarias, resulta conveniente analizar en orden cronológico las diversas sentencias dictadas por el Tribunal. Esta metodología nos permitirá comprender mejor su evolución.

A la hora de exponer los diversos casos utilizaremos la siguiente sistemática: precisaremos el supuesto de hecho y las normas nacionales cuestionadas por el tribunal nacional (o simplemente la normativa nacional cuando se trate de procedimientos de infracción), comentaremos la principal aportación del Tribunal de justicia y realizaremos una breve valoración crítica.

1. Caso Biehl (C-175/88): discriminación encubierta por razón de nacionalidad como motivo del traslado de residencia al extranjero

La jurisprudencia comunitaria muestra una clara evolución en el ámbito de los *exit taxes*. Encontramos un temprano pronunciamiento en el caso *Biehl* (Sentencia de 8 de mayo de 1990, As. C-175/88): un supuesto de "impuesto de salida" en sentido amplio. En efecto, la Legislación luxemburguesa establecía que el exceso de retenciones del impuesto sobre la renta practicadas al contribuyente no sería objeto de devolución si éste trasladaba su residencia al extranjero antes de concluir el período impositivo (apartado 6). *Biehl* era nacional alemán, aunque este dato era de dudosa relevancia, dado que la norma luxemburguesa se aplicaba tanto a nacionales como a extranjeros.

El Tribunal analiza la compatibilidad de la citada norma con la libre circulación de trabajadores mediante un argumento desarrollado en tres pasos:

– "De acuerdo con los términos del apartado 2 del artículo 48 del Tratado, la libre circulación de los trabajadores supone la abolición de toda discriminación por razón de la nacionalidad entre los trabajadores de los Estados miembros y, en concreto, con respecto a la retribución" (apartado 11).

– "Las normas sobre igualdad de trato no sólo prohíben las discriminaciones ostensibles basadas en la nacionalidad, sino también cualquier otra forma encubierta de discriminación que aplicando otros criterios de distinción, conduzca de hecho al mismo resultado (sentencia de 12 de febrero de 1974, *Sotgiu*, 152/73, Rec. 1974, p. 153, apartado 11)" (apartado 13).

– "A este respecto, procede destacar que, aunque se aplique independientemente de la nacionalidad del sujeto pasivo afectado, el requisito de la residencia permanente en el territorio nacional para obtener una posible devolución de una cantidad pagada en exceso a cuenta del Impuesto puede perjudicar, en concreto, a los sujetos pasivos nacionales de otros Estados miembros. En efecto, serán a menudo estos últimos quienes abandonen el país o se establezcan en el mismo durante el año" (apartado 14).

En otras palabras: el Tribunal presupone que la restricción de la libertad de circulación de trabajadores sólo implica una violación del Derecho comunitario cuando constituya una discriminación por razón de nacionalidad. La norma luxemburguesa no contiene dicha discriminación de modo expreso, pero la ocasiona ocultamente. Llama la atención que el Tribunal se base en una mera conjetura para sostener la existencia de una discriminación encubierta, sin considerar necesaria una prueba de carácter estadístico. Encontramos la explicación en una sentencia posterior relativa a un caso de discriminación encubierta no tributario (STJ de 23 de mayo de 1996, *O'Flynn*, C-237/94). Según el Tribunal, "no es necesario comprobar, a este respecto, si la disposición controvertida afecta, en la práctica, a un porcentaje considerablemente más importante de trabajadores migrantes. Basta con comprobar que dicha disposición puede producir tal efecto" (apartado 22).

El concepto de discriminación encubierta sigue teniendo gran importancia en la jurisprudencia del Tribunal, pero las sentencias posteriores no ha considerado necesario aplicarlo a los "impuestos de salida", puesto que éstos limitan a los propios nacionales el ejercicio de las libertades comunitarias. Es decir – como tendremos ocasión de analizar – la jurisprudencia más reciente considera contrarias al derecho de la Unión Europea las restricciones a la libre circulación de trabajadores y a la libertad de establecimiento por parte del Estado de origen, *aun cuando no supongan una discriminación por razón de la nacionalidad.*

2. Caso Daily Mail (81/87): sanciones con motivo del traslado de sede de dirección efectiva al extranjero, salvo que se llegue a un pacto con la Administración tributaria que garantice el pago de impuestos

Daily Mail and General Trust PLC es una sociedad holding constituida con arreglo a la legislación del Reino Unido y cuyo domicilio social se encuentra en dicho Estado. La sociedad *Daily Mail* desea trasladar su sede de dirección efectiva a los Países Bajos. El único propósito de esta operación está en realizar plusvalías latentes en su cartera de valores sin tributar por ellas. En efecto, el traslado de sede a los Países Bajos implicaría que la posterior venta de los activos ya no tributaría en el Reino Unido. Además, la normativa de los Países Bajos permitía valorar los activos por su precio de mercado con motivo del cambio de sede, de modo que la plusvalía desaparecería también en el Estado de acogida.

Sin embargo, la legislación del Reino Unido sometía el cambio de sede a una previa autorización de sus autoridades fiscales,[5] contemplando sanciones administrativas y penales en caso de incumplimiento. En concreto, las autoridades británicas sólo estaban dispuestas a conceder la autorización a *Daily Mail* si la sociedad vendía parte de sus activos antes de proceder al traslado de sede, pues así las correspondientes plusvalías tributarían en el Reino Unido. *Daily Mail* se negó y recurrió invocando la libertad de establecimiento. Por tanto, en este caso, no estábamos ante un impuesto de salida regulado expresamente por la ley, pero sí ante una medida administrativa que provocaba un efecto similar (es decir, ante un impuesto de salida "encubierto").

La normativa del Reino Unido afectaba a aquellas sociedades residentes que trasladaban su sede al extranjero. Dado que, en el ámbito de las sociedades, el Tratado equipara la residencia a la nacionalidad, resulta claro que la exigencia de autorización no afectaba – al menos formalmente – a los nacionales de otros Estados miembros; es decir, no contenía una discriminación manifiesta. Pues bien, a diferencia de lo que sucedía en *Biehl*, el Tribunal no se pregunta si existe una discriminación encubierta (por ejemplo, podía haber examinado la hipótesis de que la mayoría de las sociedades que se trasladan a otros Estados miembros estuviesen controladas por nacionales de dichos Estados). La sentencia considera directamente que obstaculizar el derecho de las sociedades nacionales a trasladar su sede a otros Estados miembros constituye una limitación de la libertad de establecimiento.[6]

---

[5] A juicio de Martín Jiménez y Calderón Carrero, "al emplear el Reino Unido un sistema de incorporación, la transferencia de la sede central al extranjero, con independencia de las consecuencias fiscales y eventuales sanciones si no lo autorizaban las autoridades británicas, no hubiera determinado la pérdida de la personalidad jurídica para *Daily Mail* (MARTÍN JIMÉNEZ, Adolfo; CALDERÓN CARRERO, José Manuel. "Los impuestos de salida y el derecho comunitario europeo a la luz de la legislación española", op. cit., p. 16).

[6] "Si bien [las libertades de establecimiento] según su texto literal, se proponen en especial asegurar el disfrute del trato nacional en el Estado miembro de acogida, las mismas se oponen, asimismo, a que el Estado de origen obstaculice el establecimiento en otro Estado miembro de uno de sus nacionales o de una sociedad constituida de conformidad con su legislación, y que responda por lo demás a la definición del artículo 58. Como la Comisión ha observado con razón, los derechos garantizados por el artículo 52 y los siguientes quedarían vacíos de contenido si el Estado de origen pudiera prohibir que las empresas dejen el país con miras a establecerse en otro Estado miembro" (apartado 16). En definitiva, no se considera necesario acudir al argumento de la discriminación encubierta por razón de nacionalidad, y se considera que la mera restricción de la libertad de establecimiento –aunque afecte a los propios nacionales- constituye ya un quebrantamiento del Derecho comunitario.

Ahora bien, el Tribunal estima que, en el caso concreto, esta limitación no resulta contraria al Derecho comunitario, sino que constituye una mera disparidad,[7] consecuencia de la falta de armonización de las legislaciones nacionales sobre el régimen jurídico de las sociedades.

La doctrina *Daily Mail* indujo a pensar que la libertad de establecimiento no podía invocarse cuando un Estado subordinase el mantenimiento de la personalidad jurídica de una sociedad a la permanencia de su sede en territorio nacional (es decir, cuando aplicase la doctrina de la *sede real*). Sin embargo, este no era el caso en *Daily Mail*, pues la legislación del Reino Unido no privaba de personalidad jurídica a las sociedades que trasladasen su sede real al extranjero, sino que limitaba a exigir una previa autorización administrativa cuyo incumplimiento generaba sanciones administrativas y penales, pero no la disolución de la sociedad.[8]

En definitiva, la sentencia *Daily Mail* debe valorarse positivamente en cuanto admite que la mera restricción de la libertad de establecimiento puede ser contraria al Derecho comunitario. Sin embargo, genera cierta confusión al afirmar que tal quebrantamiento no se produce cuando estemos ante un sector del Derecho mercantil aún no armonizado. Hubiera sido preferible que la sentencia se hubiese enfrentado directamente con el carácter artificioso de la operación perseguida por *Daily Mail*, justificando por este motivo la restricción de la mencionada libertad.

3. Caso Lasteyrie du Saillant (C-9/02): ¿puede justificarse un impuesto de salida para evitar la elusión artificiosa del impuesto o para preservar el reparto equilibrado del poder tributario?

El señor *Lasteyrie*, nacional francés, traslada su residencia desde Francia a Bélgica. Por este motivo, la legislación francesa le obliga a someter al impuesto sobre la renta ciertas plusvalías no realizadas correspondientes a participaciones significativas de capital social. La ley permite aplazar el pago siempre que se aporte una garantía. Sin embargo, el interesado considera que este gravamen quebranta la libertad de establecimiento y que tal infracción no queda sanada por la posibilidad de obtener un aplazamiento con garantía.

Reiterando la fórmula de *Daily Mail*,[9] el Tribunal considera que estamos ante una restricción no discriminatoria de la libertad de establecimiento, por lo que no le

---

[7] STJ de 27 de septiembre de 1988, *Daily Mail*, 81/87, "El Tratado considera la disparidad de las legislaciones nacionales relativas al vínculo de conexión exigido a sus sociedades, así como a la posibilidad, y en su caso las modalidades de traslado de la sede, formal o real, de una sociedad, constituida conforme a la legislación nacional, de un Estado miembro a otro, como problemas que no están resueltos por las normas sobre el derecho de establecimiento, sino que deben serlo mediante actuaciones legislativas o convencionales, que sin embargo no han llegado a término" (apartado 23). "En estas circunstancias –concluye la sentencia- no se pueden interpretar los artículos 52 y 58 del Tratado como atributivos, en favor de las sociedades constituidas de conformidad con una legislación nacional, de un derecho a trasladar su sede de dirección y su administración central a otro Estado miembro y a conservar al mismo tiempo su condición de sociedades del Estado miembro con arreglo a cuya legislación fueron constituidas" (apartado 24).

[8] Martín Rodríguez puntualiza que "en este caso concreto ambos Estados (Reino Unido y Holanda) mantenían como criterio de conexión el principio de constitución por lo que realmente no habrá por qué legitimar en este caso el criterio de la sede real desde el punto de vista del Derecho de la Unión. En la práctica, lo que se acabó respaldando fue el sometimiento a autorización del traslado y no la diversidad de criterios de conexión (MARTÍN RODRÍGUEZ, José Manuel. "Los impuestos de salida: un análisis actualizado de la jurisprudencia del Tribunal de Justicia de la Unión Europea". *Quincena Fiscal*, 4, nota 48).

[9] "Si bien el artículo 52 del Tratado, al igual que las demás disposiciones relativas a la libertad de establecimiento, se propone, en especial, según su tenor literal, asegurar el disfrute del trato nacional en el Estado miembro de

es preciso argumentar la existencia de una discriminación oculta por razón de la nacionalidad (STJUE de 11 de marzo de 2004, *Lasteyrie du Saillant*, C-9/02).

Una vez determinada la existencia de una restricción, el Tribunal analiza si ésta puede resultar justificada. En primer término se analiza la posible finalidad de evitar el fraude. Según las autoridades francesas el gravamen constituía un mecanismo antiabuso, dirigido a evitar que el contribuyente, tras el cambio de residencia, vendiera los activos en el extranjero, – eludiendo así el impuesto francés – y regresando después a Francia.

El Tribunal considera que la finalidad antiabuso podría justificar una restricción de la libertad de establecimiento, pero – a su juicio – la norma va mucho más allá de lo necesario para garantizar tal finalidad: "el traslado del domicilio de una persona física fuera del territorio de un Estado miembro no implica, por sí solo, una evasión fiscal. La presunción general de evasión o de fraude fiscales no puede basarse en el hecho de que una persona física haya trasladado su domicilio fiscal a otro Estado miembro, ni tampoco justificar una medida fiscal que menoscabe el ejercicio de una libertad fundamental garantizada por el Tratado (véanse, en este sentido, las sentencias de 26 de septiembre de 2000, Comisión/Bélgica, C-478/98, Rec. p. I-7587, apartado 45, y X e Y, antes citada, apartado 62)" (apartado 51).

Además, según la sentencia, "el objetivo previsto, que es evitar que el deudor del impuesto traslade temporalmente su domicilio fiscal antes de trasmitir títulos mobiliarios con el único fin de eludir el pago del impuesto de las plusvalías devengado en Francia puede alcanzarse con medidas menos coercitivas o menos restrictivas de la libertad de establecimiento, que contemplen específicamente el riesgo de dicho traslado temporal. Como ha señalado el Abogado General en el punto 64 de sus conclusiones, las autoridades francesas podrían, en particular, someter a gravamen al contribuyente que, tras un período relativamente breve en otro Estado miembro, vuelva a Francia una vez realizadas sus plusvalías, lo que evitaría que resultase afectada la situación de los contribuyentes cuyo único propósito sea ejercitar de buena fe su libertad de establecimiento en otro Estado miembro" (apartado 54).

El carácter desproporcionado de la restricción no queda sanado por la posibilidad de aplazar el pago del impuesto mediante garantía: "en efecto, aunque sea posible obtener un aplazamiento de pago, no es automático y está sometido a requisitos estrictos como los descritos por el Abogado General en los puntos 36 y 37 de sus conclusiones, entre los que figura, en particular, la constitución de garantías. Estas garantías producen, por sí solas, un efecto restrictivo en la medida en que privan al contribuyente del disfrute del patrimonio ofrecido en garantía" (apartado 47).

Las autoridades alemanas y holandesas – que se habían personado en el procedimiento – alegaron también otro motivo de justificación: *el reparto equilibrado el poder tributario como consecuencia del principio de territorialidad.* En otras palabras: puesto que la plusvalía se había generado en Francia, dicho Estado tenía derecho a someterla a imposición.[10]

---

acogida, se opone, asimismo, a que el Estado miembro de origen obstaculice el establecimiento en otro Estado miembro de uno de es sus nacionales (véase la sentencia *Baars*, antes citada, apartado 28, y la jurisprudencia allí citada)" (apartado 42)

[10] "El Gobierno alemán sostiene, en primer lugar, que el artículo 167 bis del CGI se basa en el reparto de competencias en materia tributaria entre el «Estado de salida» y el «Estado de destino». La potestad del «Estado de salida» para gravar las plusvalías de participaciones en sociedades de capital deriva de que dichas plusvalías han sido ge-

La sentencia no descarta expresamente que el reparto equilibrado del poder tributario pueda justificar una restricción de las libertades, pero tampoco llega a examinar el argumento pues "el objeto del litigio no es el reparto de las competencias en materia fiscal entre Estados miembros, ni la potestad de las autoridades francesas para gravar las plusvalías latentes (apartado 68)".[11] Quizá la explicación esté en que, según el propio Gobierno francés, la medida buscaba reaccionar contra conductas elusivas, (es decir, no era una norma "de reparto" del poder tributario, sino una medida antifraude).[12] En efecto, a juicio del Tribunal "el régimen fiscal previsto por el artículo 167 bis del CGI tiene por objeto, como ha precisado el Gobierno francés en sus observaciones escritas, *evitar los traslados temporales de domicilio fuera de Francia por motivos exclusivamente fiscales*. En efecto, la adopción de dicho artículo obedece al comportamiento de ciertos contribuyentes de trasladar temporalmente su domicilio fiscal antes de trasmitir sus títulos mobiliarios con la única finalidad de eludir el pago del impuesto sobre las plusvalías al que estarían sujetos en Francia" (apartado 64).

"Por consiguiente – concluye el Tribunal – *no parece que el objetivo del artículo 167 bis del CGI sea asegurar, de forma general, la imposición de las plusvalías en caso de traslado del domicilio de un contribuyente fuera de Francia en la medida en que hayan sido obtenidas cuando éste residía en territorio francés*" (apartado 65, subrayado nuestro).

La sentencia *Lasteyrie du Saillant* resulta especialmente relevante en cuanto señala de modo expreso que *un impuesto de salida constituye una restricción de la libertad de establecimiento*. Dicha restricción puede estar justificada en la necesidad de evitar mecanismos abusivos, pero, en tal caso, el legislador deberá conceder un aplazamiento sin garantías o bien limitar el gravamen a los casos en que el cambio de residencia tenga un carácter fugaz y artificioso. La sentencia pierde la oportunidad de examinar a fondo en qué casos puede restringirse la libertad de establecimiento en aras del reparto equilibrado del poder tributario.

4. Caso "N" (C-470/04): el impuesto sobre las plusvalías latentes puede justificarse en la necesidad de preservar el reparto equilibrado del poder tributario, siempre que se conceda al contribuyente un aplazamiento sin garantías

Entre el caso *Lasteryrie du Saillant* y el asunto "*N*" (del que nos ocupamos en este epígrafe) se produce una circunstancia importante: el Tribunal dicta la sentencia *Marks & Spencer* C-446/03, de 13 de diciembre de 2005, según la cual, la restricción

---

neradas regularmente por la actividad de la sociedad en este último Estado. Por tanto, forman parte del patrimonio del contribuyente que, hasta su traslado, está sujeto a tributación en este Estado" (apartado 32). Por su parte, ""El Gobierno neerlandés señala que la limitación de las competencias en materia tributaria a las plusvalías realizadas en el Estado de residencia del contribuyente y la consideración correlativa de las plusvalías realizadas en este Estado cuando se venden los títulos mobiliarios o se traslada el domicilio, resulta conforme al principio de territorialidad fiscal" (apartado 32).

[11] Critica esta falta de resolución Martín Rodríguez. Idid.

[12] Insiste en esta idea SCHNORR, Randolf. "Los impuestos de salida en la normativa alemana a la luz de los casos De Lasteyrie du Saillant e N". Op. cit., p. 5.

de las libertades comunitarias puede estar justificada por la necesidad de preservar el reparto equilibrado del poder tributário.[13]

El caso "*N*" (Sentencia de 7 de septiembre de 2006, C-470/04) se refiere a una persona física (no se precisa su nacionalidad, aunque se trata de un ciudadano europeo) que traslada su domicilio desde los Países Bajos al Reino Unido por lo que se ve obligado a pagar a la Hacienda holandesa el impuesto correspondiente a las plusvalías latentes de participaciones significativas en ciertas sociedades. El contribuyente se acoge a la posibilidad de aplazar el pago durante diez años mediante la aportación de garantía suficiente. Con posterioridad a la sentencia *Lasteyrie du Saillant*, los Países Bajos suprimen la exigencia de dicha garantía.

El Tribunal considera que – en la normativa inicialmente vigente – la restricción de la libertad de establecimiento se produce por tres vías: a) el devengo del impuesto en el momento del traslado (apartado 54), b) la exigencia de una presentar una declaración-liquidación, con el consiguiente coste indirecto que supone su elaboración (apartado 49) y c) la necesidad de aportar garantía para conseguir el aplazamiento (apartado 51).

Según la sentencia, las restricciones pueden estar justificadas por la necesidad de salvaguardar el reparto equilibrado del poder tributario. Puesto que las plusvalías se han generado en los Países Bajos antes del traslado de residencia, este Estado tiene derecho a gravarlas, aunque al hacerlo desincentive el traslado de residencia. Sin embargo, tal medida no ha de ir más allá de lo necesario para conseguir su fin.

Pues bien, el Tribunal entiende proporcionado el anticipo del devengo del impuesto al momento del traslado de residencia, siempre que la eventual recaudación del impuesto "tuviera íntegramente en cuenta las minusvalías susceptibles de producirse con posterioridad al traslado del domicilio del contribuyente interesado, excepto si ya se hubieran tenido en cuenta tales minusvalías en el Estado miembro de acogida". (apartado 54).

La obligación de presentar la declaración-liquidación en el momento del traslado también es proporcionada, pues "aunque hubiera sido posible liquidar sólo *a posteriori*, en la fecha de la enajenación de los títulos, la parte del impuesto correspondiente al Estado miembro de origen, ello no habría hecho que tal contribuyente contrajera obligaciones menos importantes. Además de la declaración tributaria que debería haber presentado a los servicios competentes neerlandeses en el momento de la cesión de sus participaciones, habría estado obligado a conservar todos los justificantes de la determinación del valor de mercado de éstas en el momento del traslado de su domicilio, así como, en su caso, de los posibles gastos deducibles" (apartado 50).

La exigencia de garantía para la concesión del aplazamiento se considera desproporcionada, pues las directivas de asistencia mutua en materia de intercambio de información y de recaudación suponen una protección suficiente del crédito tributario (apartados 52 y 53).

---

[13] En palabras de Martín Rodríguez, "aunque a simple vista el caso Lasteyrie y el caso N parecían idénticos, no cabe duda de que el enfoque dado en el segundo por el TJUE introduce una concepción más respetuosa con la soberanía impositiva del Estado de origen al aceptar como razón imperiosa de interés general el reparto equilibrado de la potestad tributaria MARTÍN RODRÍGUEZ, José Manuel. "Los impuestos de salida: un análisis actualizado de la jurisprudencia del Tribunal de Justicia de la Unión Europea". Op. cit., nota 28.

Esta sentencia merece un juicio positivo, pues aplica a los impuestos de salida la "nueva" causa de justificación (reparto equilibrado del poder tributario) a través de un matizado juicio de proporcionalidad.

5. Caso National Grid Indus (C-371/10): si el contribuyente es una persona jurídica, el reparto equilibrado el poder tributario puede justificar la exigencia de un impuesto de salida cuyo aplazamiento sólo se conceda mediante la aportación de una garantía bancaria

El caso *National Grid Indus* (STJUE 29 de noviembre de 2001, C-371/10) se refiere a una sociedad constituida con arreglo al derecho holandés, que traslada su sede de dirección efectiva al Reino Unido. Como consecuencia, ha de pagar el impuesto sobre sociedades correspondiente a una plusvalía latente derivada de un crédito documentado en libras esterlinas cuyo tipo de cambio en florines holandeses se había incrementado. *National Grid Indus* entiende que este impuesto de salida lesiona su libertad de establecimiento.[14]

Siguiendo los planteamientos de *Lasteyrie* y *"N"* el Tribunal considera que el impuesto de salida restringe la libertad de establecimiento. La sentencia añade que la restricción está justificada por la necesidad de conseguir un reparto equilibrado del poder tributario: puesto que el crédito ha incrementado su valor en florines mientras la sociedad era residente en los Países Bajos, dicho Estado tiene derecho a gravar la plusvalía latente con motivo del traslado de sede.

Además del "reparto equilibrado" el Estado holandés alegó otra causa de justificación de la restricción: la necesidad de preservar la coherencia del sistema fiscal nacional: dado que Holanda no sometía a gravamen las plusvalías no realizadas mientras la sociedad permanecía en su territorio resultaba coherente gravarlas con motivo del cambio de residência.[15] Ahora bien, según el Tribunal, en este caso, "las exigencias de la coherencia fiscal y del reparto equilibrado de la potestad tributaria coinciden" por lo que no considera necesario un análisis específico de esta causa de justificación.

Veamos ahora las condiciones que debe cumplir el impuesto de salida para ser proporcionado. En el caso *"N"* el Tribunal exigió dos requisitos: a) que se concediera aplazamiento sin garantías y b) que a la hora de cobrar el impuesto se tuvieran en cuenta las minusvalías sufridas en el nuevo Estado de residencia. Sin embargo, en *National Grid Indus* el Tribunal no impone ninguna de estas dos condiciones por darse una circunstancia diferente: el contribuyente no es una persona física, sino una persona jurídica.[16]

Así, no es necesario que el Estado de origen tenga en cuenta las minusvalías producidas en el estado de acogida porque los activos de una sociedad – a diferencia de lo que sucede con el patrimonio de una persona física – están directamente afecta-

---

[14] O'SHEA, Tom. "Dutch Exit Tax Rules Challenged in National Grid Indus". *Tax Analists*, 201, 2012.

[15] "La tributación de las plusvalías latentes en el momento del traslado de la sede de dirección efectiva de la sociedad de que se trate a otro Estado miembro constituye … el complemento lógico del hecho de que dichas plusvalías hayan estado antes exentas desde el punto de vista tributario" (apartado 79).

[16] A juicio de Martín Rodríguez "esto supone "un elemento de quiebra, de ruptura, respecto a la jurisprudencia sentada hasta entonces en materia de impuestos de salida. (…) el vuelco en la posición del Tribunal es mayúsculo". Ibid., nota 82.

dos a las actividades económicas que generan el beneficio empresarial, y éste sólo va a tributar en el Estado de acogida (cfr. el párrafo 57).[17]

En cuanto a la necesidad de constituir garantías para la concesión del aplazamiento el Tribunal entiende que resulta razonable tener en cuenta el riesgo de falta de cobro de gravamen condicionando el aplazamiento a una garantía bancaria.[18]

¿Dónde radica la diferencia entre los supuestos de "*N*" y *National Grid Indus*? El Tribunal parece entender que en el caso de las personas jurídicas – ficciones creadas por el Derecho – el riesgo derivado del aplazamiento *puede* ser mayor, hasta el punto de justificar la exigencia de una garantía bancaria. El Tribunal añade que las directivas de asistencia mutua son suficientes para que la Administración pueda controlar la veracidad de los datos aportados por el contribuyente sobre la situación de los activos, pero teme que no sean suficientes para garantizar el cobro. Tom O'Shea ofrece una interpretación clarificadora de la sentencia al considerar que el Tribunal no está admitiendo la exigencia de una garantía bancaria *siempre que estemos ante un impuesto de salida a una persona jurídica,* sino sólo, *cuando las circunstancias del caso pongan de relieve un riesgo proporcionado.*

Suscribimos esta idea con el siguiente matiz: según el Tribunal la justificación basada en el reparto equilibrado del poder tributario puede justificar restricciones a la libertad de establecimiento de las sociedades que no podrían justificarse – serían desproporcionadas – si se aplicaran a personas físicas o si se basaran en otras causas de justificación (la necesidad de luchar contra la elusión fiscal).

---

[17] "Dado que en una situación como la controvertida en el asunto principal los beneficios de la sociedad que ha trasladado su sede de dirección efectiva sólo se gravarán, con posterioridad a dicho traslado, en el Estado miembro de acogida de conformidad con el principio de territorialidad fiscal, asociado a un componente temporal, corresponde también a ese último Estado miembro – habida cuenta del vínculo, antes mencionado, entre los activos de una sociedad y sus beneficios imponibles y, por consiguiente, por razones de simetría entre el derecho a gravar los beneficios y la facultad de deducir las pérdidas – tener en cuenta, en su régimen tributario, las fluctuaciones del valor de los activos de la sociedad en cuestión producidas desde la fecha en la que el Estado miembro de origen perdió todo punto de conexión fiscal con dicha sociedad" (apartado 58). "No obstante, el hecho de que el Estado miembro de acogida no tenga en cuenta, eventualmente, las minusvalías no impone obligación alguna al Estado miembro de origen de volver a liquidar, en El momento de realización del activo de que se trate, una deuda tributaria que se liquidó definitivamente en el momento en el que la sociedad afectada, debido al traslado de su sede de dirección efectiva, dejó de estar sujeta al impuesto en ese último Estado miembro" (apartado 61). Esta conclusión es coherente con otra línea jurisprudencial, según la cual la doble imposición internacional no es contraria a las libertades comunitarias en cuanto no derive de disposiciones discriminatorias, sino de meras "disparidades" de las legislaciones (*Kerckhaert and Morres*, C-513/04; *Block*, C-67/08; *Damseaux*, C-128/08). El argumento, tomado de las Conclusiones de la Abogado General Kokott es, quizá, excesivamente parco. Martín Rodríguez lo explica del siguiente modo: "si la finalidad del activo es contribuir a un beneficio que tras el traslado de la sede de dirección efectiva se gravara en el Estado de acogida, es lógico que sea dicho Estado, conforme al principio de territorialidad fiscal, el que asuma las repercusiones fiscales de los posibles cambios de valor del activo con posterioridad a su traslado, ya que influyen en el cálculo de un beneficio que le corresponde gravar a él en exclusiva" (Ibid. post nota 82). Lazslo Kovács había utilizado ya un razonamiento similar: "respecto al traslado de activos por parte de la sociedad, aquéllos que se utilizan en el proceso productivo o para prestar servicios o que tienden a perder el valor en el tiempo (intangibles), sufren generalmente una devaluación con el tiempo. Por consiguiente, el valor de mercado del bien en el momento de la transmisión efectiva, generalmente será inferior al valor de mercado en el momento del traslado. Como las devaluaciones se deben al desgaste de los bienes en el Estado de acogida, deberían considerarse en dicho Estado. KOVÁCS, Lászlo, "La política de la Comisión Europea en materia de impuestos de salida", cit., p. 14.

[18] "Procede asimismo tener en cuenta el riesgo de falta de cobro del gravamen, que aumenta en función del tiempo transcurrido. El Estado miembro en cuestión puede tomar en consideración este riesgo, en su normativa nacional aplicable al pago diferido de las deudas tributarias, mediante medidas como la constitución de una garantía bancaria" (apartado 74). Y ello, pese a que "en contra de lo que afirman los Gobiernos neerlandés, alemán y español, los mecanismos de asistencia mutua existentes entre las autoridades de los Estados miembros son suficientes para permitir al Estado miembro de origen efectuar un control de la veracidad de las declaraciones de las sociedades que hayan optado por el pago diferido de dicho gravamen" (apartado 78).

Este planteamiento encuentra también apoyo en otra afirmación del Tribunal: "el mero hecho de que una sociedad traslade su sede a otro Estado miembro *no puede fundamentar una presunción general de fraude fiscal* ni servir de justificación a una medida que vaya en detrimento del ejercicio de una libertad" (apartado 84). Por consiguiente, el impuesto de salida no podría justificarse en una finalidad antiabuso.

Esta sentencia implica una notable evolución respecto de los anteriores planteamientos del Tribunal.[19] Entendemos, sin embargo, que no supone una ruptura con la doctrina dictada en *Lasteyrie* y *N*: la novedad radica en dicha doctrina se matiza al aplicarse a una persona jurídica.

6. Caso Comisión v. España (C-269/09): la anticipación del cobro de impuestos ya devengados no puede justificarse en la necesidad de conseguir el reparto equilibrado del poder tributario

Nuestra Ley del Impuesto sobre la Renta admite que el contribuyente opte en ocasiones por criterios de imputación temporal distintos del devengo (por ejemplo, el criterio de caja). Esto permite diferir el pago del tributo. Sin embargo, "en el supuesto de que el contribuyente pierda su condición por cambio de residencia, todas las rentas pendientes de imputación deberán integrarse en la base imponible correspondiente al último período impositivo que deba declararse por este impuesto, en las condiciones que se fijen reglamentariamente, practicándose, en su caso, autoliquidación complementaria, sin sanción ni intereses de demora ni recargo alguno" (art. 14.3 LIRPF).[20] La Comisión consideró que este precepto quebrantaba la libertad de establecimiento e inició un procedimiento de infracción contra España que concluyó con una demanda ante el Tribunal de Justicia, dando origen a la STJUE de 12 de julio de 2012, C-269/09).

Esta sentencia no analiza un "impuesto de salida" en sentido estricto (un gravamen sobre las plusvalías no realizadas) sino un anticipo del tributo correspondiente a negocios ya realizados con motivo de un cambio de residencia (impuesto de salida en sentido amplio).

Aunque el impuesto no grave plusvalías latentes sí que restringe las libertades comunitarias (libertad de establecimiento, libre circulación de trabajadores y, subsidiariamente, libre circulación de los ciudadanos de la Unión). "En efecto, en virtud de la legislación nacional controvertida, el traslado del domicilio fuera del territorio español, en el marco del ejercicio de los derechos que garantizan los artículos 39 CE y 43 CE, implica para el contribuyente la obligación de pagar los correspondientes impuestos con anterioridad al momento en que deben hacerlo los contribuyentes que continúan residiendo en España. Esta diferencia de trato puede resultar desfavorable, en el aspecto financiero, para aquellas personas que trasladan su residencia al extranjero, al obligar a incluir rentas pendientes de imputación en la base imponible del último ejercicio en el que tales personas eran residentes en ese país (véanse, por analogía, las sentencias, antes citadas, de Lasteyrie du Saillant, apartado 46, y N, apartado 35)" (apartado 57).

---

[19] Ibid., nota 14

[20] La incompatibilidad de este precepto con las libertades comunitarias había sido puesta de manifiesto por MARTÍN JIMÉNEZ, Adolfo; CALDERÓN CARRERO, José Manuel. "Los impuestos de salida y el derecho comunitario europeo a la luz de la legislación española". Op. cit., p. 5.

Algunos pasajes de la sentencia – curiosamente los que resumen las alegaciones de los Estados miembros – generan la impresión de que lo relevante es distinguir entre el devengo (nacimiento de la obligación tributaria) y la exigibilidad del pago.[21] En realidad no es así: en sentido técnico los criterios especiales de imputación temporal del impuesto sobre la renta no implican un "aplazamiento de pago", sino que posponen el instante en que nace la obligación tributaria *correspondiente a ciertos rendimientos ya generados*. Lo que sucede – o así parece afirmarlo el Tribunal – es que tales rendimientos quedan ya bajo el imperio de la soberanía fiscal española aunque el nacimiento de la obligación tributaria – la imputación temporal – se demore. Por consiguiente, lo importante no es la distinción entre el "nacimiento" de la obligación tributaria y su exigibilidad, sino entre preceptos dirigidos a "distribuir" la soberanía fiscal y aquellos otros que determinan en qué momento se ejercitará tal soberanía.

Sin embargo, la naturaleza "impropia" del impuesto de salida sí afecta a las posibles causas de justificación: "Teniendo en cuenta que lo que se cuestiona en el caso de autos no es la determinación de la deuda tributaria en el momento del traslado de residencia, sino la recaudación inmediata de ésta, el Reino de España no ha demostrado que, en un supuesto en que no existe conflicto entre la potestad tributaria del Estado de origen y la del Estado de acogida, se encuentre frente a un problema de doble imposición o ante una situación en la que los contribuyentes de que se trate pudieran eludir totalmente el impuesto, lo que podría justificar la aplicación de una medida como la controvertida, en aras del objetivo consistente en garantizar el reparto equilibrado del poder tributario" (apartado 81). El Tribunal *también rechaza que la restricción esté justificada por el principio de coherencia del sistema tributario*, puesto que – en el ámbito de los impuestos de salida – *las exigencias de este principio no van más allá de las exigidas por el reparto equilibrado del poder tributario* (apartado 86).

7. Caso Comisión v. Portugal (C-38/10): los Estados miembros deben conceder la opción entre el pago inmediato y el pago aplazado con intereses (pero no se menciona la posible exigencia de garantía)

La STJUE de 6 de septiembre de 2012, Comisión v. Portugal, C-38/10, analiza la legislación portuguesa que establece un impuesto de salida en el caso de que una sociedad traslade a otro Estado miembro su domicilio social y su dirección efectiva, de que cesen las actividades de un Establecimiento permanente en Portugal o que se transfieran sus activos a otro Estado miembro.[22]

---

[21] Según señala el párrafo 25 "En primer lugar, el Reino de España, apoyado en este punto por la República Portuguesa, pone en tela de juicio el hecho de que la legislación controvertida constituya una restricción de las libertades fundamentales invocadas por la Comisión y se opone a la aplicación en el presente asunto de la sentencia de Lasteyrie du Saillant, antes citada, haciendo hincapié en que dicha legislación no pretende gravar plusvalías latentes, sino rentas ya devengadas". Las rentas se han "devengado" (en el sentido de que ya ha nacido el derecho a percibirlas), pero la obligación tributaria no habría nacido todavía de no haberse producido el cambio de residencia.

[22] Curiosamente, la legislación portuguesa se introdujo como consecuencia de la adaptación de la directiva de fusiones. La norma comunitaria excluía el gravamen de las plusvalías latentes con motivo del traslado de sede de una sociedad europea cuando los bienes quedaran afectos a un establecimiento permanente en el Estado de salida. De esta regulación dedujeron las autoridades portuguesas que era posible gravar las plusvalías latentes de una sociedad mediante un impuesto de salida siempre que los bienes no quedasen afectos a un establecimiento permanente en Portugal (Cfr. PINTO NOGUEIRA, João Félix. "Los impuestos de salida sobre personas jurídicas en Portugal". *Studi Tributari Europei*, 1, 2010, p. 4. Este argumento fue desmontado por la Abogado General Kokott en sus conclusiones al asunto National Grid Indus, C-371/10 de 8 de septiembre de 2011: "en qué medida se permite efectivamente una

El Tribunal considera que se restringe la libertad de establecimiento, puesto que la sociedad que se traslada a otro Estado miembro recibe un tratamiento más gravoso que la que permanece en Portugal. La sentencia rechaza el argumento según el cual el término de comparación no estaría en una sociedad residente que no enajenase sus activos, sino una sociedad residente cuyos activos dejasen de estar afectos a la actividad empresarial.[23] Esta forma de razonar es acertada, pues las plusvalías latentes en los activos de una sociedad que se traslada al extranjero se someten a tributación aunque sigan afectos a la actividad empresarial de dicha sociedad.

La Comisión consideraba también contraria a la libertad de establecimiento el gravamen de las plusvalías latentes imputables a los socios de la sociedad trasladada (la diferencia entre el valor neto de los activos en la fecha de traslado de la sociedad y el precio de adquisición de las acciones o participaciones sociales). El Tribunal – siguiendo al Abogado General – inadmite esta alegación por considerar que la Comisión "tampoco ha explicado con suficiente precisión en qué medida el artículo 76 C del CIRC, que establece la tributación inmediata de los socios por las plusvalías latentes correspondientes a participaciones en el capital de las sociedades con ocasión del traslado a otro Estado miembro de su domicilio social y su dirección efectiva, puede constituir un obstáculo a la libertad de establecimiento de las sociedades de que se trata" (apartado 19).

En cuanto al asunto principal, el Tribunal se basa en los razonamientos de *National Grid Indus* para considerar contrario a la libertad de establecimiento el gravamen inmediato de las plusvalías latentes (sin posibilidad de aplazamiento) en el caso de traslado de sede y domicilio social al extranjero y en el caso de la transferencia al extranjero de activos de un establecimiento permanente en Portugal. "a diferencia de lo que afirmó la República Portuguesa en la vista, la misma conclusión que la recogida en el apartado 31 de la presente sentencia se impone respecto de la tributa-

---

imposición de salida en los supuestos comprendidos en la Directiva es algo que hay que aclarar en definitiva teniendo en cuenta el Derecho primario y que no puede decidirse en este momento" (apartado 50) . Por su parte, Schnorr apunta que "en la doctrina alemana mayoritaria existe la convicción de que la regla de la mencionada Directiva de fusiones, en cuanto derecho derivado, podría ser incompatible con el Derecho comunitario originario". SCHNORR, Randolf. "Los impuestos de salida en la normativa alemana a la luz de los casos De Lasteyrie du Saillant e N". Op. cit., p. 22.

[23] El Abogado General Megozzi desestima el argumento del Gobierno portugués según el cuál "el cese de la actividad de un establecimiento permanente y la transferencia de sus activos a otro Estado miembro se asemeja, en el supuesto de una situación puramente interna, al final de la vinculación de los activos en cuestión a una actividad económica. Argumenta que en la medida en que las plusvalías latentes se gravan en ambas situaciones, no existe diferencia de trato" (apartado 100). "Este argumento –señala Megozzi- no me convence por los mismos motivos expuestos más arriba en relación con el caso de una sociedad que traslada su sede a otro Estado miembro: los activos imputables a un establecimiento permanente que abandona el territorio portugués siguen vinculados a la actividad económica de este último, aunque ésta se lleve a cabo en otro Estado miembro. Por lo tanto, creo que no es posible, a efectos de la aplicación de la libertad de establecimiento protegida por el Tratado, considerar que sean comparables el cese de toda la actividad económica y el cese de la actividad económica realizada en el territorio de determinado Estado miembro" (apartado 101). "No creo, contrariamente a lo que Gobierno portugués expuso durante la vista, que la aseveración contenida en el apartado 57 de la sentencia *National Grid Indus*, antes citada, pueda invalidar esta conclusión. Si bien es cierto que el Tribunal de Justicia recuerda, en dicho apartado, que los «activos de una sociedad están directamente afectados a actividades económicas destinadas a generar un beneficio», esta apreciación no se realiza en relación con el carácter restrictivo de la normativa neerlandesa sino al examinar su proporcionalidad, en el aspecto de que la misma no tenía en cuenta las minusvalías realizadas posteriormente al traslado de sede de dirección efectiva de una sociedad a otro Estado miembro. No puede deducirse del apartado 57 de la sentencia *National Grid Indus* la consecuencia de que, por una parte, el final de la vinculación de los activos de un establecimiento permanente a cualquier actividad económica en un Estado miembro y, por otra parte, la transferencia de dichos activos a otro Estado miembro en el momento del cese de la actividad de dicho establecimiento permanente en el primer Estado miembro sean situaciones comparables" (punto 102).

SISTEMA CONSTITUCIONAL TRIBUTÁRIO – dos fundamentos teóricos aos *hard cases* tributários
Estudos em homenagem ao Ministro Luiz Fux

ción de las plusvalías latentes correspondientes a los activos de un establecimiento permanente situado en el territorio portugués transferidos a otro Estado miembro. La observación que figura en el apartado 57 de la sentencia *National Grid Indus*, antes citada, según la cual los «activos de una sociedad están directamente afectados a actividades económicas destinadas a generar un beneficio» en que se basa la República Portuguesa fue realizada en el marco del análisis de su proporcionalidad y no del carácter restrictivo de la normativa nacional pertinente en el asunto en cuestión, en la medida que denegaba la toma en consideración de las pérdidas de capital realizadas con posterioridad al traslado a otro Estado miembro de la sede de dirección efectiva de una sociedad. Por tanto, tal como sostiene el Abogado General en el punto 102 de sus conclusiones, no puede extraerse de esta consideración del Tribunal de Justicia la consecuencia de que, por un lado, el fin de la vinculación de los activos de un establecimiento permanente a una actividad económica en un Estado miembro y, por otro lado, la transferencia de tales activos a otro Estado miembro por el cese de la actividad de dicho establecimiento permanente en el primer Estado miembro, sean situaciones comparables".

En definitiva: las diversas modalidades de impuestos de salida examinados por el Tribunal restringen la libertad de establecimiento. Tal restricción puede estar justificada en la necesidad de preservar el reparto equilibrado del poder tributario, pero esto sólo sucederá si la normativa nacional "ofreciese a la sociedad que traslada su sede de dirección efectiva a otro Estado miembro la opción entre, por una parte, pagar inmediatamente el importe del gravamen, y, por otra, pagar con carácter diferido el importe de dicho gravamen, acompañado, en su caso, de intereses con arreglo a la normativa nacional aplicable" (apartado 32).

Quizá lo más interesante de esta sentencia es que no se realiza mención alguna a la posibilidad de condicionar el aplazamiento a una garantía bancaria. Volveremos sobre este punto al analizar de modo sistemático la aplicación del principio de proporcionalidad.

IV. Elementos en los conflictos con las libertades comunitarias

Realizaremos ahora un análisis sistemático de los elementos estructurales que integran el conflicto entre los impuestos de salida y las libertades comunitarias: su naturaleza como discriminación o como mera restricción, el análisis de comparabilidad, las posibles causas de justificación y el control de proporcionalidad. La selección de estos cuatro elementos se basa en las cuatro fases que desarrolla el Tribunal a la hora de determinar si una norma nacional es compatible con las libertades comunitarias: a) En primer lugar determina si se produce una erosión de dicha libertad (que puede consistir en una mera restricción o bien implicar una discriminación por razón de nacionalidad); b) A continuación se examina la situación comparable en el plano interno en la que no se produce el trato desfavorable (en los supuestos discriminatorios se compara a un nacional que ejerce la libertad con un ciudadano de otro Estado miembro; en los supuestos de mera restricción se compara una situación puramente interna con otra transfronteriza); c) En tercer término se examinan los posibles motivos de interés general que podrían justificar la restricción; d) Por último, en el caso de concurrir una causa de justificación se analiza si la restricción es proporcionada al fin que persigue.

1. ¿Discriminaciones o meras restricciones de las libertades?

La opinión más extendida en el ámbito fiscal es que toda restricción prohibida implica una discriminación, *en el sentido que otorga un peor trato* (se discrimina) precisamente a quien ejercita sus libertades comunitarias. Esta afirmación es cierta, pero quizá no sea especialmente útil. Más interesante resulta la diferencia entre *discriminación por razón de la nacionalidad* (manifiesta o encubierta) y mera restricción de las libertades.

En el ámbito de los *exit taxes* la primera aproximación del Tribunal se basó en el argumento de la discriminación encubierta: una norma que someta a mayor gravamen a aquellas personas que trasladen su residencia a otros Estados miembros (aunque no distinga por razón de la nacionalidad) se aplicará en mayor medida a nacionales de otros Estados miembros puesto que serán quienes, con mayor frecuencia, trasladen su residencia al extranjero (caso *Biehl*, inspirado en *Sotgiu*).

En la actualidad, el Tribunal no razona de este modo (lo cual no supone una incongruencia, sino una evolución). Se limita a subrayar que un impuesto de salida restringe la libertad de sus propios nacionales a establecerse o trabajar en otros Estados miembros; en otras palabras, supone una restricción de las libertades comunitarias aunque no incluya un elemento discriminatorio. Al menos desde el caso *Daily Mail* el Tribunal repite el siguiente *mantra*: "Si bien [las libertades], según su texto literal, se proponen en especial asegurar el disfrute del trato nacional en el Estado miembro de acogida, las mismas se oponen, asimismo, a que el Estado de origen obstaculice el establecimiento en otro Estado miembro de uno de sus nacionales o de una sociedad constituida de conformidad con su legislación" (*Daily Mail*, apartado 16; en parecidos términos se pronuncian *Lasteyrie*, apartado 43, Comisión v. España, apartado 53 y Comisión v. Portugal, apartado 25).

2. Análisis de comparabilidad

En la práctica del Tribunal, la determinación inicial de una discriminación o una restricción se realiza, en un primer momento, de un modo un tanto intuitivo basado en la diferencia de trato entre situaciones puramente internas y aquellas otras transfronterizas. Puede suceder, sin embargo, que la aparente diferencia de trato responda, en realidad, a la ausencia de comparabilidad entre ambas situaciones. Es necesario, por tanto, delimitar el término de comparación y examinar si concurren en él circunstancias que expliquen la diferencia de trato. Esto es lo que se denomina "análisis de comparabilidad".

En los casos de *discriminación encubierta por razón de nacionalidad* el análisis de comparabilidad puede resultar más complejo, pues es preciso poner de manifiesto cómo la norma oculta un trato desfavorable para los ciudadanos de otros Estados miembros (caso *Biehl*). Sin embargo, la jurisprudencia más reciente ha abandonado este planteamiento y se limita a contrastar la situación de un residente que ejercita la libertad de establecerse en otro Estado miembro con la de otro residente que no traspasa las fronteras. Esta manera de proceder implica habitualmente que la eliminación de la restricción va a favorecer a todos los residentes en el Estado miembro de origen, incluidos los nacionales de países terceros (lo que podríamos llamar efecto-sombra de las libertades comunitarias).

Desde el punto de vista del análisis de comparabilidad, no existe diferencia entre la forma de proceder del Tribunal respecto de las personas físicas y jurídicas. Respecto de éstas últimas, el Tribunal no se ha hecho eco del argumento según el cuál la imposición plusvalías latentes con motivo del traslado de sede al extranjero debería compararse con el tratamiento las plusvalías de una sociedad residente cuyos activos dejasen de estar afectos a la actividad empresarial.

3. Posible justificación de las restricciones

Como se deduce de la jurisprudencia analizada, el Tribunal admite tres causas que pueden justificar los impuestos a la salida (aunque no siempre sucede así).

3.1. Prevenir el riesgo de evasión fiscal

Esta causa sólo es admisible cuando el diseño de la normativa permita reaccionar exclusivamente ante comportamientos puramente artificiosos – un cambio de residencia transitorio para realizar las plusvalías – y no cuando el contribuyente se limite a ejercitar sus libertades (*Lasteyrie*). Hasta la fecha, ninguno de los *exit taxes* analizados por el Tribunal ha encontrado una justificación plena en la necesidad de evitar la elusión fiscal, puesto que su estructura no distinguía entre comportamientos puramente artificiosos y auténticos traslados de residencia.

3.2. Reparto equilibrado del poder tributario

Esta justificación se alega por los Gobiernos alemán y holandés en el caso *Lasteyrie*. En esa ocasión el Tribunal lo rechaza, no porque en sí mismo lo considere inadmisible, sino porque el impuesto que se analizaba era presentado por las autoridades nacionales – Francia – como una medida anti-abuso y no como un mecanismo adecuado para conseguir un adecuado reparto del poder tributario.

La sentencia *Marks & Spencer* admite por vez primera esta causa de justificación (en un asunto ajeno a los impuestos de salida) y las sentencia *"N"* y *National Grid Indus* la aplica al ámbito de los *exit taxes* sobre las personas físicas y jurídicas, respectivamente. Más recientemente la sentencia *Comisión v. España* ha precisado sus límites: el reparto equilibrado del poder tributario sólo puede justificar los impuestos de salida en sentido estricto (aquellos que atribuyen al Estado de origen rentas que, de otro modo, ya no tributarían allí). En cambio no justifica los impuestos de salida en sentido amplio (aquellos que anticipan el gravamen de operaciones que, en cualquier caso, quedarían sometidas al poder tributario del Estado de origen).[24]

3.3. Coherencia del sistema tributario

El Tribunal viene entendiendo la coherencia del sistema tributario como una causa de justificación basada en la "la existencia de una relación directa entre la

---

[24] En cualquier caso sería deseable una mayor coordinación entre las legislaciones de los Estados miembros, en la línea propuesta por Lászlo Kovács. Cfr. KOVÁCS, Lászlo. "La política de la Comisión Europea en materia de impuestos de salida". *Studi Tributari Europei*, 1, 2009, p. 2-4, con referencia a la Comunicación de la Comisión sobre "La coordinación de los sistemas de imposición directa de los Estados miembros en el mercado interior", COM (2006) 823 final, 19.12.2006, a la Comunicación sobre "Imposición de salida y necesidad de coordinación de las políticas tributarias de los Estados miembros", COM (2006) 825 final, de 19.12.2006 y a la Resolución del Consejo de 2.12.2008 sobre "Coordinación en materia de imposición de salida".

ventaja fiscal de que se trate y la compensación de dicha ventaja mediante un gravamen fiscal determinado" (por ejemplo, no se admite deducir el pago de las primas de un seguro contratado en otro Estado miembro, porque tampoco se someterá a gravamen el importe que se perciba en dicho Estado cuando se produzca el evento asegurado). La necesidad de demostrar esta relación estricta tiene como consecuencia la dificultad de justificar una restricción en la "coherencia del sistema fiscal". Pues bien, las sentencias más recientes apuntan la idea de que la justificación basada en la "coherencia" puede "solaparse" (*National Grid Indus*, apartado 80 y Comisión v. España, apartado 86) con la necesidad de preservar el reparto equilibrado del poder tributario (por ejemplo, el impuesto de salida no tendrá en cuenta las minusvalías sufridas después del traslado de residencia porque tampoco va a someter a gravamen las plusvalías que se produzcan después de tal circunstancia).[25] En la práctica este "solapamiento" lleva a que el Tribunal se centre en el análisis del "reparto equilibrado" (en el apartado 86 de *Comisión contra España*, al desechar que concurra un reparto equilibrado el Tribunal rechaza también el argumento de la coherencia). Además, si el reparto equilibrado no ha respetado las exigencias de la proporcionalidad, el Tribunal presupone que el argumento de la "coherencia" tampoco las cumple (apartado 81 de *National Grid Indus*).

4. Control de proporcionalidad

Una vez que el Tribunal ha apreciado la concurrencia de una causa que justifica la restricción de la libertad comunitaria debe dar aún otro paso: examinar si la limitación de la libertad es la mínima necesaria para conseguir el objetivo perseguido.[26] En el ámbito de los impuestos de salida el análisis de proporcionalidad se centra en el tratamiento de las minusvalías, la exigencia de garantías bancarias y el devengo de intereses de demora.

4.1. Irrelevancia de las plusvalías generadas después del traslado

Como hemos visto, según el Tribunal, si el sujeto pasivo del impuesto de salida es una persona jurídica, el Estado de origen no está obligado a tomar en cuenta en el cálculo del impuesto las minusvalías posteriores al traslado (a diferencia de lo que sucede cuando se trata de una persona física, según *Lasteyrie du Saillant* y *"N"*).

El Tribunal se funda en dos argumentos concatenados, puestos de relieve en el caso *National Grid Indus*:

a) "Los activos de una sociedad están directamente afectados a actividades económicas destinadas a generar un beneficio" (apartado 57). "Dado que en una situación como la controvertida en el asunto principal los beneficios de la sociedad que ha trasladado su sede de dirección efectiva sólo se gravarán, con posterioridad a dicho traslado, en el Estado miembro de acogida de conformidad con el principio de territo-

---

[25] A juicio de Scheriber y Führich, "existe un vínculo directo entre el diferimiento de la tributación de las plusvalías latentes (aspecto ventajoso) y la posterior tributación de dichas plusvalías (desventaja) por parte del mismo contribuyente". U. SCHREOBER; G. FÜHRICH. "European group taxation-the role of exit taxes". *European Journal of Law and Economics*, vol. 27, 3, 2009, p. 210.

[26] Según Di Pietro, "el juicio de compatibilidad, de hecho, depende siempre más de los plazos, de las modalidades, de los procedimientos a los que loes Estados han asignado la imposición sobre las plusvalías latentes, DI PIETRO, Adriano. "Pasado y futuro de los impuestos de salida". *Studi Tributari Europei*, 1, 2009, p. 4.

rialidad fiscal, asociado a un componente temporal, corresponde también a ese último Estado miembro –habida cuenta del vínculo, antes mencionado, entre los activos de una sociedad y sus beneficios imponibles y, por consiguiente, por razones de simetría entre el derecho a gravar los beneficios y la facultad de deducir las pérdidas– tener en cuenta, en su régimen tributario, las fluctuaciones del valor de los activos de la sociedad en cuestión producidas desde la fecha en la que el Estado miembro de origen perdió todo punto de conexión fiscal con dicha sociedad" (apartado 58).

b) "Además … el régimen tributario del Estado miembro de acogida tendrá en cuenta, en principio, en el momento de realización de los activos de la empresa en cuestión, las plusvalías y minusvalías generadas por esos activos desde el traslado de la sede de ésta. No obstante, el hecho de que el Estado miembro de acogida no tenga en cuenta, eventualmente, las minusvalías no impone obligación alguna al Estado miembro de origen de volver a liquidar, en el momento de realización del activo de que se trate, una deuda tributaria que se liquidó definitivamente en el momento en el que la sociedad afectada, debido al traslado de su sede de dirección efectiva, dejó de estar sujeta al impuesto en ese último Estado miembro" (apartado 61). En este caso, el perjuicio económico que sufra la sociedad trasladada no constituiría una discriminación, ni una restricción, sino una consecuencia de "las disparidades de las legislaciones de los Estados miembros en esta materia" (apartado 62).

La objeción que puede hacerse a este argumento es que los activos de un empresario individual también están afectos a sus actividad productiva, mientras que – en el patrimonio de la sociedad – pueden existir valores que se hayan adquirido con el mero fin de obtener una plusvalía. Por tanto, ¿qué sentido tiene esta diferencia tan radical entre el tratamiento de las personas físicas y las jurídicas?

La explicación está en las Conclusiones de la Abogado General Kokott al asunto *National Grid Indus*: "es legítimo que el legislador asuma una consideración tipificadora" (*typisierende Betrachtung* en la versión alemana) en el sentido de que atienda a los rasgos característicos que concurrirán en el caso de que intervenga una persona jurídica – o una persona física – aunque tales notas no estén presentes en todos los supuestos reales. Curiosamente, la Abogado General llegó a la conclusión – no compartida por el Tribunal – de que en el caso *National Grid Indus* el Estado de origen *sí* debía tener en cuenta las minusvalías posteriores al traslado.[27] Este argumento de la "tipificación" está implícito también en la solución que aporta el tribunal a la exigencia de garantías y al devengo de intereses de demora.

---

[27] "En un supuesto como el presente, en el que el destino del crédito resultante del préstamo puede ser objeto de seguimiento de forma relativamente sencilla hasta el momento de su devolución o hasta que se produzca la realización [de los beneficios] de otro modo, el hecho de que el Estado de salida no tenga en cuenta posteriores diferencias negativas de cambio, gravando con ello más a las empresas que emigran que a aquéllas que permanecen dentro del país, va más allá de lo necesario para garantizar el equilibrio en el reparto de la potestad tributaria. Conforme al principio de territorialidad, en el momento en el que se producen diferencias negativas de cambio la potestad tributaria sobre el crédito resultante del préstamo la tiene, en principio, el Estado de destino, pero como la evolución del tipo de cambio no se hace patente allí desde el punto de vista fiscal, ni en un sentido ni en otro, mientras que el Estado de salida tiene en cuenta en situaciones puramente internas la evolución de los tipos de cambio hasta el momento de la realización efectiva de las diferencias positivas de cambio latentes, sigue siendo competencia del Estado de salida – también después de la marcha de una empresa del país – tener en cuenta tales diferencias negativas de cambio en el marco del impuesto con que haya gravado anteriores diferencias positivas de cambio del mismo crédito. En tal supuesto no hay riesgo de que las pérdidas sean tenidas en cuenta dos veces; es más, si no, las diferencias negativas de cambio no serían tenidas en cuenta en absoluto en una situación transfronteriza" (opinión de la Abogado General Kokott en el caso National Grid Indus, C-371/10, punto 87).

4.2. Exigencia de garantía bancaria para el aplazamiento

El Tribunal de Justicia considera cumplido el control de proporcionalidad de los impuestos de salida, siempre que estemos ante un *gravamen de personas jurídicas basado en el reparto equilibrado del poder tributario* con tal de que el Estado de salida permita optar al contribuyente entre el *pago inmediato del tributo* o un pago aplazado mediante garantía bancaria (*National Grid Indus*, apartado 74). En cambio, la exigencia de garantías no se admite cuando se trate de personas físicas, o cuando la causa de justificación resida en la necesidad de lucha contra el fraude.

La explicación parece estar en que las personas jurídicas constituyen una ficción del Derecho –por lo que el principio de proporcionalidad se les aplica de modo más laxo cuando está en juego la soberanía estatal – y en el mayor riesgo que la presencia de un ente societario puede suponer para el cobro de la deuda tributaria, particularmente en el casos de gran complejidad.[28] Nos adherimos a la opinión de Tom O'Shea[29] y Martín Rodríguez[30] según la cual el Tribunal no admite automáticamente la exigencia de una garantía bancaria a los entes sociales que deseen obtener un aplazamiento del *exit tax*. Tal exigencia sólo será proporcionada cuando en el caso concreto se demuestre un grave riesgo para el cobro de la deuda tributaria. Tal interpretación estricta ha sido defendida por el Abogado General Megozzi en sus conclusiones al caso *Comisión v. Portugal* (C-38/10) en los siguientes términos: "Sobre esta cuestión, comparto en lo fundamental la postura sostenida por la Comisión y el Gobierno danés según la cual tal garantía sólo será exigible si existe un riesgo real y serio de no cobrar la deuda fiscal. Por otra parte, contrariamente a lo que defiende el Gobierno francés en su respuesta a la pregunta formulada por escrito por el Tribunal de Justicia así como durante la vista, estimo que el importe de la garantía bancaria requerida no puede coincidir con el de la deuda fiscal aplazada, so pena de volver a introducir, por la vía de los hechos, una medida igual de restrictiva que la del abono inmediato del impuesto en el momento del traslado de sede. Esta garantía debe, no obstante, ser suficiente en función de las circunstancias de cada caso concreto" (punto 82).

Es más, en sus Conclusiones al asunto *Comisión v. Portugal* (C-38/10), el Abogado General Megozzi se opone a "que en la situación contemplada en el artículo 76 B, letra b), del CIRC [transferencia de activos del Establecimiento permanente de una sociedad extranjera a la casa matriz], y contrariamente al supuesto de traslado de sede de una sociedad o de cese de las actividades de un establecimiento permanente, la opción de cobro aplazado pueda supeditarse a la constitución de una garantía bancaria dado que el Estado miembro donde permanece situado el establecimiento

---

[28] A juicio de Martín Rodríguez "el Tribunal ha mostrado cierta empatía con los Estados y ha intentado buscar una solución intermedia entre la posición de estos y su jurisprudencia anterior". El Tribunal "parece sospechar que el ingente volumen de elementos patrimoniales y las cargas asociadas a su control pueden poner en riesgo [el] cobro. Tal vez por ello, reconoce a los Estados la posibilidad de solicitar la prestación de garantías en caso de aplazamiento que permitan apaciguar su preocupación por una previsible pérdida de control vinculada a la complejidad del traslado (...) No deja de resultarnos curioso que el Tribunal desarrolle de manera implícita esta teoría en un supuesto de traslado tan simple (apenas un crédito) que hace dudar del volumen de cargas administrativas del mismo (MARTÍN RODRÍGUEZ, José Manuel. "Los impuestos de salida: un análisis actualizado de la jurisprudencia del Tribunal de Justicia de la Unión Europea". Op. cit., post nota 58).

[29] O'SHEA, Tom. "Dutch Exit Tax Rules Challenged in National Grid Indus". *Tax Analists*, 201, 2012, p. 203.

[30] MARTÍN RODRÍGUEZ, José Manuel. "Los impuestos de salida: un análisis actualizado de la jurisprudencia del Tribunal de Justicia de la Unión Europea". Op. cit., nota 96.

permanente sigue conservando su competencia fiscal respecto de él, incluso después de la transferencia de dichos activos. Por lo tanto, la presencia de este establecimiento permanente en el territorio del Estado miembro «de salida» puede, en principio, garantizar suficientemente el cobro de la deuda fiscal" (apartado 121).

A nuestro entender, la sentencia *Comisión v. Portugal* (C-38/10) admite tácitamente el planteamiento del Abogado del Estado, pues ante una normativa análoga a la examinada en *National Grid Indus*, declara quebrantada la libertad de establecimiento y considera que Portugal debe otorgar al contribuyente la opción entre el pago inmediato o el *pago aplazado con intereses* sin hacer referencia alguna a la posibilidad de exigir garantía bancaria.

4.3. Exigencia de intereses de demora en caso de aplazamiento

En *National Grid Indus* el Tribunal señala que "…una normativa nacional que ofreciese a la sociedad que traslada su sede de dirección efectiva a otro Estado miembro la opción entre, por una parte, pagar inmediatamente el importe del gravamen, lo cual generaría una desventaja de tesorería para dicha sociedad pero la dispensaría de cargas administrativas posteriores, y, por otra, pagar con carácter diferido el importe de dicho gravamen –*acompañado, en su caso, de intereses con arreglo a la normativa nacional aplicable*–, lo cual conllevaría necesariamente para la sociedad afectada una carga administrativa vinculada al seguimiento de los activos transferidos, constituiría una medida que, a la vez que sería adecuada para asegurar el reparto equilibrado de la potestad tributaria entre los Estados miembros, sería menos lesiva de la libertad de establecimiento que la medida controvertida en el asunto principal. En efecto, en el supuesto de que una sociedad considerase que las cargas administrativas asociadas al cobro diferido son excesivas, podría optar por pagar inmediatamente el gravamen" (apartado 73). La posible exigencia de intereses de demora se reitera, sin explicación alguna, en *Comisión v. Portugal* (C-38/10, párrafo 32).

Encontramos una argumentación más detallada en las Conclusiones del Abogado General Megozzi al citado asunto:

A su juicio, "si en una situación interna de traslado de sede no se exigen tales intereses es sencillamente porque el importe de la deuda tributaria sólo es líquido, y por lo tanto exigible, en el momento de la realización efectiva de las plusvalías. Es en ese momento cuando deberá pagarse la deuda tributaria, sin concesión, en principio, de ningún aplazamiento. En cambio, desde el momento en que en una situación transfronteriza, los Estados miembros están autorizados, como afirma la sentencia *National Grid Indus*, antes citada, a fijar el importe de la deuda tributaria exigible, generada por las plusvalías latentes correspondientes a los activos de una sociedad que traslada su sede a otro Estado miembro, en el momento de dicho traslado, pero aplazando su pago efectivo, los intereses exigibles con respecto a dicho importe pueden asimilarse a los intereses que deben abonarse por un préstamo concedido a dicha sociedad" (punto 76).

"Por consiguiente, y conforme al principio de equivalencia, si un Estado miembro establece en la normativa nacional aplicable, con carácter general, a la recaudación de las deudas tributarias, que la opción de pago aplazado genere intereses, no hay ninguna razón objetiva por la que deba liberarse de esta obligación a una sociedad que traslade su sede a un Estado miembro cuya deuda tributaria con el Estado miembro de salida se devengue en el momento de dicho traslado" (apartado 77).

No compartimos la perspectiva del Abogado general. La tributación de las plusvalías latentes restringe la libertad de establecimiento. Esta restricción está justificada en el "reparto equilibrado del poder tributario", pero tal reparto es ajeno a la exigencia de intereses de demora. El establecimiento de particulares deberes de información y – en casos excepcionales – de garantías bancarias puede ser necesaria para evitar riesgos de evasión o impago. Sin embargo, este argumento no parece trasladable al devengo de intereses de demora. El principio de equivalencia, al que alude el Abogado General, no nos parece un argumento suficiente. El pago no se aplaza para conceder una ventaja financiera al interesado, sino para equiparar su situación a la de una empresa que no se traslada. Por consiguiente, no parece razonable exigir intereses de demora. Además, en esta materia no se advierte ninguna diferencia entre una persona física y una entidad con personalidad jurídica.

La literalidad de las sentencias *National Grid Indus* y *Comisión v. Portugal* utiliza una fórmula un tanto ambigua para referirse a los intereses: estos podrán exigirse "en su caso" (*possibly*, en la versión inglesa, *gegebenenfalls* en la alemana). Por otra parte, el tribunal no menciona expresamente el término de "intereses de demora", sino que habla sencillamente de "intereses" con arreglo a la normativa nacional. Además, en *Comisión v. Portugal* el Tribunal no reitera la citada argumentación del Abogado General ni se remite a ella. Existe, por tanto, un margen para entender que los intereses sólo podrán exigirse en casos especiales: por ejemplo, cuando el sujeto pasivo se retrase en el pago, una vez que éste resulte exigible por haberse enajenado el bien.

V. Conclusiones

Los "impuestos de salida" son gravámenes que operan con motivo de un traslado de sede o residencia al extranjero. El término se utiliza en sentido estricto cuando se gravan plusvalías latentes (generalmente en el seno de la imposición sobre la renta) o en sentido amplio cuando se anticipa el gravamen de rendimientos ya generados. En ocasiones se establecen de modo expreso y, en otras, a través de medidas que obligan a vender los bienes con motivo del traslado. Un paso más está en imponer la disolución de la sociedad para que esta mantenga la condición de sociedad con arreglo al derecho nacional con motivo del traslado al extranjero (doctrina de la sede real).

La creación de un gravamen que opere con motivo de un traslado de residencia a otro Estado miembro supone una erosión de las libertades comunitarias (de la libertad de establecimiento, de la libre circulación de trabajadores o de la libertad de circulación de los ciudadanos de la Unión). En un primer momento, en el ámbito de las personas físicas, el Tribunal advirtió una *discriminación encubierta* de los nacionales de otros Estados miembros (puesto que éstos eran los que, en la mayoría de los casos "regresaban" al Estado de origen). La jurisprudencia posterior abandona este planteamiento y entiende que se produce una "mera restricción" no discriminatoria, puesto que afecta tanto a los propios nacionales, como a los ciudadanos de otros Estados miembros, con motivo del ejercicio de las citadas libertades.

Para comprobar la existencia de la citada restricción el Tribunal realiza un análisis de comparabilidad entre situaciones puramente internas y situaciones transfronterizas. Tal análisis es – esencialmente – el mismo para las personas físicas y jurídicas (a diferencia de lo que sucede con las causas de justificación de las restricciones). El Tribunal se niega a comparar la situación de una sociedad que no transfiere su sede al extranjero, pero es objeto de liquidación o enajena sus bienes con la de una sociedad que se traslada al extranjero manteniendo sus bienes y su actividad.

El Tribunal admite – en teoría – que la restricción causada por un impuesto de salida esté justificada en la *necesidad de combatir mecanismos artificiosos para evitar la tributación*. Ahora bien, para ello sería necesario que la medida sólo se aplicase a tales casos artificiosos, lo que no ha sucedido hasta ahora en ningún caso analizado por la jurisprudencia.

Además, el Tribunal acepta que la restricción esté justificada en la necesidad de garantizar un *reparto equilibrado del poder tributario entre los Estados miembros,* con arreglo a las exigencias del principio de territorialidad. Esta expresión no implica un deber de eliminar la doble imposición internacional (aunque tal objetivo sea deseable), se refiere tan solo a la posibilidad de restringir las libertades comunitarias para que cada Estado pueda gravar las rentas generadas en su territorio (plusvalías latentes) aunque el contribuyente se traslade a otro Estado miembro.

Sin embargo, la justificación basada en el reparto equilibrado no opera respecto a rendimientos que ya se encuentran bajo la soberanía de un Estado miembro – *créditos ya nacidos pero aún no cobrados por el conribuyente* – cuyo sometimiento al tributo se anticipa con motivo del cambio de residencia. La razón está en que, en estos casos, según el Tribunal, no se pone en riesgo el reparto equilibrado del poder tributario.

La justificación basada en el reparto equilibrado del poder tributario ha de someterse a un *cuidadoso control de proporcionalidad*. En concreto, el Tribunal exige que se aplazar el pago hasta el momento en que se enajenen los activos. En el caso de las personas físicas, tal aplazamiento ha de concederse sin garantía, sin que se generen intereses y de modo que el Estado de origen haya de tener en cuenta las minusvalías posteriores al traslado en el cálculo de la cuota tributaria final (salvo que ya las tenga en cuenta el Estado receptor). De otro modo, el Tribunal entiende que la restricción va mas allá de lo necesario para conseguir sus fines.

En cambio, en el caso de las personas jurídicas, no es preciso tener en cuenta tales minusvalías, pueden exigirse intereses – en unos términos que no se precisan – y puede exigirse una garantía bancaria en los casos en que lo justifique un especial riesgo de impago. Esta diferencia entre las personas físicas y las jurídicas parece atender a las notas típicas que – según el Tribunal – concurren en las operaciones desarrolladas por las personas físicas y las jurídicas, en un triple sentido: el patrimonio de las personas jurídicas se encuentra afecto en su totalidad al desarrollo de actividades productivas, que después del traslado sólo tributarán en el Estado de acogida; el seguimiento de los activos después del traslado resulta especialmente complejo en el caso de las personas jurídicas y el *riesgo* de impago puede ser mayor (por la mencionada complejidad y, tal vez también, por lo elevado de la cuantía).

Sin embargo, esa regla de "tipicidad" o "generalidad de los casos" sufre tantas excepciones que no puede admitirse como un criterio automático para exigir garantías e intereses de demora en todos los casos en que el contribuyente sea una persona jurídica. A nuestro entender, la jurisprudencia del Tribunal debe interpretarse en el sentido de que las mencionadas exigencias sólo son posibles cuando la Administración demuestre la existencia de un especial riesgo de impago del tributo o especial perjuicio económico.

La jurisprudencia del Tribunal no es estática ni uniforme, como tampoco lo es la regulación de los "impuestos de salida". Por una parte se produce una evolución desde la teoría de la "discriminación encubierta" a la tesis de las "restricciones no discriminatorias"; por otra, se va precisando, poco a poco el juicio de comparabilidad. Además el Tribunal ha terminado por aplicar a los impuestos de salida la causa de justificación de las restricciones basada en *la necesidad de preservar un reparto equilibrado del poder tributario*. El ámbito material en el que resulta aplicable tal justificación va precisándose poco a poco y la jurisprudencia ha terminado por exigir la demostración de que exige un auténtico riesgo para el ejercicio de la soberanía fiscal. También se va produciendo una interesante evolución en el control de proporcionalidad. Éste parece más flexible respecto de las personas jurídicas que de las personas físicas (a las que no pueden exigirse garantías ni intereses de demora). Pensamos, sin embargo, que tal flexibilidad – basada en el mayor riesgo inherente a las personas jurídicas – ha de ponerse a prueba en cada caso concreto. Se trata de una cuestión que aún permanece abierta en las sentencias del Tribunal.

— 4.2 —

Tratados internacionais em matéria tributária e a ordem jurídica interna

BETINA TREIGER GRUPENMACHER[1]

Sumário: 1. Introdução; 2. O caso concreto; 3. Tratados internacionais em matéria tributária e os limites ao exercício da competência tributária no âmbito internacional; 4. O artigo 98 do Código Tributário Nacional e a superioridade hierárquica dos tratados; 5. O tratado Brasil-Suécia e o princípio da não discriminação; 5.1. Nacionalidade; 5.2. Residência; 5.3. Fonte; 5.4. O princípio da não discriminação; 6. Conclusão; 7. Bibliografia.

> *Um juiz que promove um julgamento absolutamente justo é considerado um parceiro do senhor no ato da criação do mundo, pois ao promover a justiça colabora com a continuidade da existência humana.*
> Talmud da Babilônia (Tratado Shabbat. Capítulo I p.10a)

1. Introdução

A coexistência no plano internacional de várias soberanias, o desenvolvimento do comércio e a cooperação econômica conduzem à possibilidade de múltiplas incidências tributárias sobre uma única manifestação de riqueza.

A diversidade dos sistemas tributários e das normas que atribuem diferentes disciplinas para o mesmo fato jurídico tributário é, no plano internacional, efeito da falta de harmonização das normas internacionais o que, no mais das vezes, implica consequências práticas de indiscutível importância.

No atual contexto histórico, há intensa mobilidade de pessoas, coisas e capitais. Empresas e indivíduos são levados a situar seus recursos e a promover atividades de caráter econômico no território do Estado que ofereça mais vantajoso tratamento tributário.

A escolha do Estado mais adequado para a implementação de atividades empresariais é decorrência de um processo de valoração em que se estabelece um com-

---

[1] Advogada. Pós-Doutora pela Universidade de Lisboa. Doutora pela Universidade Federal do Paraná onde é professora associada de Direito Tributário.

SISTEMA CONSTITUCIONAL TRIBUTÁRIO – dos fundamentos teóricos aos *hard cases* tributários
Estudos em homenagem ao Ministro Luiz Fux

parativo entre vários sistemas tributários, para que seja viável a realização de um planejamento tributário mais eficaz, com resultados e vantagens concretos, sempre garantindo a maior margem de segurança jurídica ao sujeito passivo.

O inevitável problema que decorre da superposição de competências tributárias resolve-se pela atuação positiva dos Estados envolvidos, com a imposição de mecanismos individuais de contenção ou com a subscrição de tratados internacionais, que atendam aos interesses das competências envolvidas.

A dupla imposição não é repudiável apenas diante de considerações de ordem econômica, mas especialmente por se apresentar como obstáculo intransponível ao comércio exterior, além de implicar injusta distribuição de carga tributária.

SORENDO, ao estudar o problema da dupla tributação no âmbito internacional, afirmou: "Consiste basicamente em uma violação formal do princípio geral que quer que uma mesma pessoa, por ocasião de um mesmo fato e da mesma atividade, não deve estar submetida a mais do que uma única soberania, tanto em matéria fiscal como em matéria política ou jurídica".[2]

A atuação dos Estados com o objetivo de tornar efetivas suas pretensões tributárias, como regra geral, tem como limite o seu próprio território, excetuadas as situações de cooperação internacional em que surgem relações que transbordam as fronteiras dos Estados envolvidos e que levam, muitas vezes, à incompatibilidade de conjugação de critérios diferentes, decorrentes do exercício das suas competências tributárias.

A adoção de distintos critérios de delimitação de competência tributária no âmbito internacional conduz à dupla ou múltipla incidência tributária, hipótese que usualmente ocorre porque um indivíduo ou uma empresa que reside ou está sediada em um Estado também aufere renda em Estado diverso, sendo tributada simultaneamente em ambos.[3]

A incidência em duplicidade de cargas tributárias por parte de dois Estados distintos é altamente desfavorável ao sujeito passivo da respectiva obrigação, podendo, inclusive, assumir natureza confiscatória.

Segundo afirma Héctor VILLEGAS, "Modernamente, tem-se observado que a dupla imposição internacional apresenta-se como um obstáculo ao desenvolvimento econômico e social dos países pouco desenvolvidos".[4]

A mais séria consequência da dupla ou múltipla tributação internacional é a "injustiça" de que se reveste, por representar tributação que desatende ao princípio da capacidade contributiva.

Muitos dos Estados democráticos do mundo contemplam em seus textos constitucionais regras que atribuem aos tratados internacionais, qualquer que seja a sua

---

[2] SORENDO. *Jornadas de Derecho Tributario*: algunas reflexiones sobre el problema de la doble imposición internacional. s./ed, p. 239.

[3] Quanto às causas da dupla imposição internacional, ensina Héctor B. Villegas: "Cabe decir que la doble imposición internacional surge, principalmente, porque existen dos grupos de países con intereses contrapuestos, que en defensa de esos intereses hacen jugar principios distintos como factores de atribución del poder tributario. Tradicionalmente se habló de países importadores y exportadores de capital, habiéndose observado actualmente con la evolución del concepto, que en términos generales los segundos, o sea, los países que exportan capital, son desarrollados, y los que los reciben son los subdesarrollados o en vía de desarrollo". (VILLEGAS, Héctor B. *Curso de Finanzas, Derecho Financiero y Tributario*. 5. ed. Buenos Aires: Depalma, 1994, p. 483)

[4] VILLEGAS, Héctor B. Op. cit., p. 483-484.

natureza, superioridade hierárquica relativamente à legislação interna. Tais regras são de extrema utilidade e relevância para solucionar as antinomias que surgem como consequência do concurso de competências tributárias sobre uma mesma manifestação de capacidade contributiva.

A Constituição Brasileira é, no entanto, silente quanto à posição que os tratados internacionais em matéria tributária assumem em nosso ordenamento jurídico, reconhecendo *status* constitucional e consequente superioridade hierárquica apenas aos tratados que dispõem sobre direitos humanos, o que, em tudo e por tudo, é extremamente prejudicial ao Estado brasileiro no concerto internacional das Nações.

Embora já tenha sido enfrentado várias vezes no âmbito dos Tribunais Superiores, o tema atinente às antinomias entre a legislação interna e as disposições de tratados internacionais permanece sem solução definitiva.

Recentemente em voto tão abrangente quanto profundo, o Ministro Castro MEIRA do Superior Tribunal de Justiça reconheceu a superioridade hierárquica dos tratados internacionais em matéria tributária frente à legislação interna, dado o seu caráter de especialidade relativamente à natureza geral da legislação interna.[5]

---

[5] TRIBUTÁRIO. CONVENÇÕES INTERNACIONAIS CONTRA A BITRIBUTAÇÃO. BRASIL-ALEMANHA E BRASIL-CANADÁ. ARTS. VII E XXI. RENDIMENTOS AUFERIDOS POR EMPRESAS ESTRANGEIRAS PELA PRESTAÇÃO DE SERVIÇOS À EMPRESA BRASILEIRA. PRETENSÃO DA FAZENDA NACIONAL DE TRIBUTAR, NA FONTE, A REMESSA DE RENDIMENTOS. CONCEITO DE "LUCRO DA EMPRESA ESTRANGEIRA" NO ART. VII DAS DUAS CONVENÇÕES. EQUIVALÊNCIA A "LUCRO OPERACIONAL". PREVALÊNCIA DAS CONVENÇÕES SOBRE O ART. 7° DA LEI 9.779/99. PRINCÍPIO DA ESPECIALIDADE. ART. 98 DO CTN. CORRETA INTERPRETAÇÃO. 1. A autora, ora recorrida, contratou empresas estrangeiras para a prestação de serviços a serem realizados no exterior sem transferência de tecnologia. Em face do que dispõe o art. VII das Convenções Brasil-Alemanha e Brasil-Canadá, segundo o qual "os lucros de uma empresa de um Estado Contratante só são tributáveis nesse Estado, a não ser que a empresa exerça sua atividade em outro Estado Contratante por meio de um estabelecimento permanente aí situado", deixou de recolher o imposto de renda na fonte. 2. Em razão do não recolhimento, foi autuada pela Receita Federal à consideração de que a renda enviada ao exterior como contraprestação por serviços prestados não se enquadra no conceito de "lucro da empresa estrangeira", previsto no art. VII das duas Convenções, pois o lucro perfectibiliza-se, apenas, ao fim do exercício financeiro, após as adições e deduções determinadas pela legislação de regência. Assim, concluiu que a renda deveria ser tributada no Brasil – o que impunha à tomadora dos serviços a sua retenção na fonte –, já que se trataria de rendimento não expressamente mencionado nas duas Convenções, nos termos do art. XXI, *verbis*: "Os rendimentos de um residente de um Estado Contratante provenientes do outro Estado Contratante e não tratados nos artigos precedentes da presente Convenção são tributáveis nesse outro Estado". 3. Segundo os arts. VII e XXI das Convenções contra a Bitributação celebrados entre Brasil-Alemanha e Brasil-Canadá, os rendimentos não expressamente mencionados na Convenção serão tributáveis no Estado de onde se originam. Já os expressamente mencionados, dentre eles o "lucro da empresa estrangeira", serão tributáveis no Estado de destino, onde domiciliado aquele que recebe a renda. 4. O termo "lucro da empresa estrangeira", contido no art. VII das duas Convenções, não se limita ao "lucro real", do contrário, não haveria materialidade possível sobre a qual incidir o dispositivo, porque todo e qualquer pagamento ou remuneração remetido ao estrangeiro está – e estará sempre – sujeito a adições e subtrações ao longo do exercício financeiro. 5. A tributação do rendimento somente no Estado de destino permite que lá sejam realizados os ajustes necessários à apuração do lucro efetivamente tributável. Caso se admita a retenção antecipada – e, portanto, definitiva – do tributo na fonte pagadora, como pretende a Fazenda Nacional, serão inviáveis os referidos ajustes, afastando-se a possibilidade de compensação se apurado lucro real negativo no final do exercício financeiro. 6. Portanto, "lucro da empresa estrangeira" deve ser interpretado não como "lucro real", mas como "lucro operacional", previsto nos arts. 6°, 11 e 12 do Decreto-lei n° 1.598/77 como "o resultado das atividades, principais ou acessórias, que constituam objeto da pessoa jurídica", ai incluído, obviamente, o rendimento pago como contrapartida de serviços prestados. 7. A antinomia supostamente existente entre a norma da convenção e o direito tributário interno resolve-se pela regra da especialidade, ainda que a normatização interna seja posterior à internacional. 8. O art. 98 do CTN deve ser interpretado à luz do princípio *lex specialis derrogat generalis*, não havendo, propriamente, revogação ou derrogação da norma interna pelo regramento internacional, mas apenas suspensão de eficácia que atinge, tão só, as situações envolvendo os sujeitos e os elementos de estraneidade descritos na norma da convenção. 9. A norma interna perde a sua aplicabilidade naquele caso específico, mas não perde a sua existência ou validade em relação ao sistema normativo interno. Ocorre uma "revogação funcional", na expressão cunhada por HELENO TÔRRES, o que torna as normas internas relativamente inaplicáveis àquelas situações previstas no tratado internacional, envolvendo determinadas pessoas, situações e relações jurídicas

No âmbito do Supremo Tribunal Federal, embora, por igual, já se tenha reconhecido em alguns julgamentos a supranacionalidade dos tratados internacionais, sobretudo após a aprovação pelo Congresso Nacional da Convenção de Viena, o tema ainda não está definitivamente decidido.

2. O caso concreto

Tramita, perante o Supremo Tribunal Federal, o Recurso Extraordinário nº 460.320,[6] em ação declaratória de inexistência de relação jurídico-tributária, em que se busca o reconhecimento da inconstitucionalidade da decisão proferida em Recurso Especial, que reconheceu a aplicabilidade do tratado contra a dupla tributação internacional relativa ao Imposto sobre a Renda, celebrado entre o Brasil e a Suécia, com o propósito de afastar o disposto no artigo 77 da Lei nº 8.383/1991, que determina a incidência do referido tributo, à alíquota de 15% (quinze por cento), sobre os dividendos distribuídos a beneficiários residentes ou domiciliados no exterior.[7]

No referido Recurso Extraordinário, além do tema da superioridade hierárquica dos tratados internacionais, discute-se a agressão ao princípio da isonomia, diante do tratamento discriminatório dispensado ao sócio estrangeiro, o qual suportou ônus tributário não imposto ao sócio brasileiro, no sentido de que a distribuição de dividendos realizada ao primeiro foi submetida à retenção na fonte à alíquota de 15%, enquanto que tal incidência não se operou sobre a distribuição de dividendos realizados ao sócio brasileiro.

O Superior Tribunal de Justiça deu provimento ao Recurso Especial reconhecendo a supranacionalidade dos tratados internacionais em relação à legislação interna e a agressão ao princípio da isonomia decorrente da tributação incidente sobre os dividendos remetidos ao sócio estrangeiro, adotando como fundamento jurídico o disposto no artigo 98 do Código Tributário Nacional e também a previsão do artigo 24 da Convenção, a fim de evitar a dupla tributação em matéria de Impostos Sobre a Renda Brasil-Suécia.

Contra o mencionado acórdão foi interposto, pela União, o referido Recurso Extraordinário, sob a alegação de que o aresto do Superior Tribunal de Justiça é inconstitucional.

---

específicas, mas não acarreta a revogação, *stricto sensu*, da norma para as demais situações jurídicas a envolver elementos não relacionados aos Estados contratantes. 10. No caso, o art. VII das Convenções Brasil-Alemanha e Brasil--Canadá deve prevalecer sobre a regra inserta no art. 7º da Lei 9.779/99, já que a norma internacional é especial e se aplica, exclusivamente, para evitar a bitributação entre o Brasil e os dois outros países signatários. Às demais relações jurídicas não abarcadas pelas Convenções, aplica-se, integralmente e sem ressalvas, a norma interna, que determina a tributação pela fonte pagadora a ser realizada no Brasil. 11. Recurso especial não provido. (RESP 1161467/RS, Rel. Ministro CASTRO MEIRA, SEGUNDA TURMA, julgado em 17/05/2012, DJe 01/06/2012).

[6] Recorrente: FAZENDA NACIONAL. Recorrida: VOLVO DO BRASIL VEÍCULOS LTDA.

[7] "A partir de 1º de janeiro de 1993, a alíquota do imposto de renda incidente na fonte sobre lucros e dividendos de que trata o art. 97 do Decreto-Lei n. 5.844, de 23 de setembro de 1943, com as modificações posteriormente introduzidas, passará a ser de quinze por cento." A tributação objeto da ação ordinária em questão também fundou-se no disposto no artigo 756 do Regulamento do Imposto sobre a Renda aprovado pelo Decreto nº 1.041, de 11 de janeiro de 1994, o qual estabelece que "Estão sujeitos à incidência do imposto na fonte, à alíquota de quinze por cento, os lucros ou dividendos distribuídos por fonte localizada no País em benefício de pessoa física ou jurídica residente ou domiciliada no exterior."

Com fundamento no artigo 98 do Código Tributário Nacional, a recorrida alegou, em suas razões de recurso, além da superioridade hierárquica dos tratados internacionais, a prevalência do Tratado Brasil-Suécia sobre a legislação interna diante da aprovação pelo Congresso Nacional da Convenção de Viena sobre o Direito dos tratados por meio do Decreto Legislativo n° 469/2009, que em seu artigo 27 prevê que "uma parte não pode invocar as disposições de seu direito interno para justificar o inadimplemento de um tratado".

O mencionado Recurso Extraordinário tem como relator o Ministro Gilmar Mendes, que em seu voto se manifestou pela supranacionalidade dos tratados internacionais, no sentido de que assim como os Tratados e Convenções Internacionais de direitos humanos prevalecem sobre a legislação interna, os tratados internacionais em matéria tributária também merecem tal solução.

Segundo sua compreensão, há que se considerar que aos acordos internacionais se aplica o princípio *pacta sunt servanda* e, nesse sentido, há que se respeitar a boa-fé e segurança jurídica das partes pactuantes nos compromissos internacionais, relativamente à legislação infraconstitucional, pois seu descumprimento desmoraliza o Brasil internacionalmente.

Reconheceu, outrossim, a aplicação do princípio estabelecido no artigo 27 da Convenção de Viena sobre o Direito dos Tratados de 1969, que determina que nenhum Estado pactuante "pode invocar as disposições de seu direito interno para justificar o inadimplemento de um tratado".

Entendeu que a possibilidade de afastar a aplicação de normas internacionais por meio de legislação ordinária (*treaty override*) deve ser revista pelo Supremo Tribunal Federal. Segundo sua compreensão, o texto constitucional, em seus artigos 4°, parágrafo único, e 5°, §§ 2°, 3° e 4°, admite a prevalência dos tratados e acordos internacionais sobre normas infraconstitucionais.

No entanto, embora tenha reconhecido a supranacionalidade dos Tratados Internacionais, o relator deu provimento ao Recurso Extraordinário interposto pela União, por entender que o reconhecimento da inaplicabilidade do disposto no artigo 77 da Lei n° 8.383/1991 aos dividendos remetidos ao sócio residente no exterior redundaria em isenção do Imposto sobre a Renda retido na fonte, benefício este não reconhecido aos nacionais brasileiros, o que, segundo sua compreensão, agride o princípio da igualdade tributária previsto no artigo 150, II, da Constituição Federal.

Esclareceu finalmente, em seu voto, que, segundo sua compreensão, o Superior Tribunal de Justiça incidiu em equívoco conceitual no que tange aos elementos de conexão "nacionalidade" e "residência". Afirmou que o dispositivo legal atacado na ação ordinária estabelece tratamento tributário que adota como elemento de conexão a "residência" e não a "nacionalidade". Nesse sentido, a regra em questão, segundo afirmou quando proferiu seu voto em 31/08/2011, determinou que fosse retido na fonte o Imposto sobre a Renda de não residentes, brasileiros ou estrangeiros. Ou seja, independentemente da nacionalidade, a legislação brasileira assegurou a "isenção" aos residentes no Brasil e impôs, *contrariu sensu,* que fossem tributados os residentes no exterior quaisquer que fossem as suas nacionalidades.

3. Tratados internacionais em matéria tributária e os limites ao exercício da competência tributária no âmbito internacional

No que concerne ao direito internacional tributário, com frequência quase que absoluta, os tratados internacionais em matéria tributária introduzem regras para evitar a bitributação no âmbito internacional.

As medidas bilaterais, concretizadas nos acordos, tratados e convenções internacionais, são a solução mais eficaz para prevenção e eliminação da dupla ou múltipla incidência tributária no plano internacional.

Os conflitos de competência tributária, tão frequentes no âmbito internacional, são inequivocamente um sério óbice à fiel observância do princípio da capacidade contributiva.

Como resultado da dupla ou múltipla incidência tributária no plano internacional, um mesmo fato jurídico tributário pode estar sujeito à tributação em dois ou mais Estados. Tal circunstância agride o princípio em comento, eis que a dupla incidência conduz inevitavelmente ao confisco. Os tratados internacionais em matéria tributária estabelecem usualmente medidas que implicam concessões mútuas no que diz respeito às suas pretensões impositivas e o fazem com vistas à preservação de vários interesses em comum, entre eles a fiel observância ao princípio da capacidade contributiva, inserto nas constituições dos Estados democráticos.

Consoante ensina José Eduardo SOARES DE MELO, em matéria tributária, os tratados, usualmente, "colimam a eliminação de direitos alfandegários e restrições não tarifárias à circulação de produtos, bem como qualquer outra medida de efeito equivalente, objetivando o livre trânsito de bens, serviços e fatores produtivos entre os países signatários".[8]

Assim, os tratados internacionais envolvendo matéria tributária, quase sempre, disciplinam temas afetos aos interesses dos sujeitos passivos de obrigações tributárias, o que fazem suprimindo ou reduzindo a carga tributária.

É fato que, na atualidade, dificilmente alguém porá em dúvida a imperatividade dos tratados, pois, como afirma Luís Flávio GOMES, "no instante em que um país subscreve validamente um tratado é evidente que está ampliando seus horizontes jurídicos, limitadores, com frequência, da sua soberania absoluta de ditar regras de convivência interna".[9]

Assim, uma vez concluídos, os tratados são vinculantes para as partes envolvidas, pois desde então são instrumentos válidos perante a ordem jurídica, nacional e internacional.

A contrariedade entre duas normas pressupõe que ambas estejam perfeitamente concluídas e, portanto, sejam "existentes".[10]

---

[8] MELO, José Eduardo Soares de. *Curso de Direito Tributário*. São Paulo: Dialética, 1997, p. 112.

[9] GOMES, Luiz Flávio. A questão da obrigatoriedade dos tratados e convenções no Brasil. *Revista dos Tribunais*. v. 710, p. 22.

[10] A propósito da "existência" e aplicabilidade dos tratados, pondera Vicente Marotta Rangel: "Adquire especial relevância, dentro dessa ordem de ideias, a distinção entre tratados autoexecutórios (*self-executing*) e tratados não executórios (*non self-executing*), posta em relevo pelo sistema jurídico anglo-saxônico, com ressonância em outros sistemas. Não basta que o tratado produza efeitos no direito interno, quer por via de adoção, quer por via de transformação. Para que possa entrar em colisão com lei (norma de origem exclusivamente interna), faz-se mister que o tratado seja *self-executing*, revele-se suficientemente 'amadurecido e claro', para ser imediatamente

Existindo conflito entre a norma contida em tratado e outra integrante do ordenamento jurídico interno, estar-se-á diante de uma antinomia, buscando-se a solução para o conflito pela aplicação de um dos critérios para solução de antinomias.

Segundo leciona Maria Helena DINIZ, "antinomia é a presença de duas normas conflitantes, sem que se possa saber qual delas deverá ser aplicada ao caso singular".[11]

Na lição de Tércio SAMPAIO FERRAZ JR., antinomia jurídica é "a oposição que ocorre entre duas normas contraditórias (total ou parcialmente), emanadas de autoridades competentes num mesmo âmbito normativo que colocam o sujeito numa posição insustentável pela ausência ou inconsistência de critérios aptos a permitir-lhe uma saída dos quadros de um ordenamento dado".[12]

Maria Helena DINIZ, em estudo acerca de conflitos normativos, afirma que a ordem jurídica prevê critérios para a sua solução, quais sejam: a) o hierárquico (*lex superior derrogat legi inferiori*), segundo o qual a norma de nível mais alto tem preferência sobre a norma de nível mais baixo; b) o cronológico (*lex posterior derrogat legi priori*), segundo o qual "a validade da norma editada em último lugar sobreleva à da norma fixada em primeiro lugar e que a contradiz"; e c) o da especialidade (*lex specialis derrogat legi generali*), segundo este "a norma especial acresce um elemento próprio à descrição legal do tipo previsto na norma geral, tendo prevalência sobre esta, afastando-se assim o *bis in idem*, pois o comportamento só se enquadrará na norma especial, embora também esteja previsto na geral (RJ. TJSP; 29:303)".[13]

Na esteira de tal entendimento e diante do pressuposto de que as antinomias surgem a partir do conflito entre normas válidas advindas de autoridades competentes, num mesmo âmbito normativo, pode se dar que as disposições de tratados sejam conflitantes com as normas internas de um dado Estado. Em tal situação, estar-se-á diante de um conflito aparente de normas.[14] Inexistindo expressa determinação constitucional sobre a prevalência de uma sobre a outra, busca-se a solução à luz da interpretação e pela aplicação de um dos critérios para solução de antinomias, quais sejam: o critério hierárquico, o critério cronológico e o critério da especialidade.[15]

---

aplicado. Essa qualificação depende de interpretação, análise de intenção das partes, do objetivo colimado pelo tratado". (In: Os conflitos entre o direito interno e os tratados internacionais. *RFDUSP LXII*, São Paulo, 1967, fascículo II (separata)).

[11] DINIZ, Maria Helena. *Conflito de normas*. São Paulo: Saraiva, 1987, p. 23.

[12] FERRAZ JR., Tércio Sampaio. Antinomia. *Enciclopédia Saraiva de Direito*. São Paulo: Saraiva. v. 7, p. 14.

[13] DINIZ, Maria Helena. Op. cit., p. 39-44.

[14] Maria Helena Diniz conceitua a antinomia aparente: "Sendo aparente a antinomia, o intérprete ou o aplicador do direito pode conservar as duas normas incompatíveis, optando por uma delas. Tal conciliação se dá por meio da correção, aplicando-se um dos critérios de solução fornecidos pelo próprio sistema (cronológico, hierárquico e de especialidade)". (Op. cit., p. 32.)

[15] Mirtô Fraga, ao estudar o assunto na vigência da Emenda Constitucional nº 1 de 1969, afirmou: "Ao contrário, todas as nossas Cartas fazem expressa referência à aplicação de tratados pelo Poder Judiciário. Este é obrigado a aplicar a lei; é, também, obrigado a aplicar o tratado. A solução não pode ser encontrada em norma expressa de direito positivo. Mas, de preceitos implícitos na Lei Maior, e com o auxílio de princípios gerais do direito, pode-se encontrar a resposta. No sistema jurídico brasileiro, há duas fontes de direito positivo: uma emanada, apenas, de órgãos internos, e que se pode denominar fonte interna; outra, oriunda, digamos, do exterior, mas, com a elaboração dos mesmos órgãos internos, encarregados de fazer surgir a fonte interna". (In: *O conflito entre tratado internacional e norma de direito interno*: estudo analítico da situação do tratado na ordem jurídica brasileira. Rio de Janeiro: Forense, 1998, p. 94.)

Há quem entenda, no entanto, que o tratado ou convenção internacional só prevalece sobre a lei interna, se a esta for posterior, em virtude do critério segundo o qual lei posterior derroga lei anterior (*lex posterior derrogat priori*).

Maria Helena DINIZ, quanto aos conflitos entre normas de direito interno – internacional, pondera:

> Nos conflitos entre normas de direito interno – internacional, que ocorrem quando uma lei interna contraria um tratado internacional, a jurisprudência consagrará a superioridade da norma internacional sobre a norma interna, se esses conflitos forem submetidos a um juízo internacional; mas se forem levados à apreciação do juízo interno, este poderá reconhecer: a) a autoridade relativa do tratado e de outras fontes jurídicas na ordem interna, entendendo-se que o legislador interno não pretendeu violar o tratado, exceto nos casos em que o fizer claramente, hipótese em que a lei interna prevalecerá; b) a superioridade do tratado sobre a lei mais recente em data; e c) a superioridade do tratado sobre a lei, ligando-a, porém, a um controle jurisdicional da constitucionalidade da lei.[16]

Duas distintas hipóteses devem ser consideradas na busca pela solução de conflitos que se estabelecem entre tratados e a lei interna. A primeira hipótese é aquela em que o tratado é posterior à lei interna. Nesta circunstância há de prevalecer o tratado, quer pela aplicação do critério cronológico, quer pela aplicação do critério da especialidade.

A segunda hipótese é aquela em que a lei interna posterior ao tratado seja com este conflitante. Aqui, opera-se aquilo que Norberto BOBBIO denomina de "incompatibilidade de segundo grau" ou "antinomia de segundo grau",[17] ou seja, não se está mais diante de um conflito de normas, mas de uma "incompatibilidade entre os critérios para a solução da incompatibilidade entre normas",[18] no caso, se está diante de um conflito entre os critérios cronológico e o da especialidade. Na hipótese de lei ordinária posterior que disponha contrariamente ao tratado, surge a indagação: qual o critério que deve prevalecer, o cronológico ou o da especialidade?

Norberto BOBBIO, quanto ao conflito em questão, defende aplicar-se à hipótese o critério *lex posterior generalis non derrogat priori speciali*,[19] ou seja, a lei posterior geral não derroga a anterior especial.[20]

Ensina BOBBIO que, diante do conflito entre os critérios da especialidade e o cronológico, o impasse resolve-se em favor do primeiro, "a lei geral sucessiva não tira do caminho a lei especial precedente".[21]

A hierarquia entre os critérios, no entanto, não é tão clara e baseia-se em presunções não absolutas a exigir um esforço casuístico do intérprete.

Diante do "conflito de segundo grau", muitas vezes, a opção do intérprete, pela adoção de um ou outro critério (especialidade ou cronológico) é política e não jurídica, já que o ordenamento positivo não contempla qualquer regra acerca da hierarquia de critérios para solução de antinomias.

---

[16] DINIZ, Maria Helena. *Compêndio de introdução à ciência do direito*. São Paulo: Saraiva, 1988, p. 435.

[17] BOBBIO, Norberto. *Teoria do ordenamento jurídico*. 4. ed. Brasília: UNB, 1994, p. 107.

[18] BOBBIO, Norberto. Op cit., p. 107.

[19] BOBBIO, Norberto. Op cit., p. 108.

[20] BOBBIO, Norberto. Op cit., p. 108.

[21] BOBBIO, Norberto. Op cit., p. 108.

A norma especial em função da aplicação do critério da especialidade prevalece sobre a geral, afastando-se o critério cronológico.[22]

Geraldo ATALIBA e Aires BARRETO afirmaram a prevalência dos tratados e convenções internacionais sobre a lei interna diante do princípio de que a lei posterior derroga a anterior. Ponderaram, ao estudar a questão, que "a prevalência das normas dos tratados não provêm de sua índole internacional nem de uma superioridade extra sistemática do direito internacional: essa prevalência decorre direta e simplesmente das regras do nosso ordenamento jurídico".[23]

Não foi esta tese, destarte, adotada pelo Supremo Tribunal Federal, ao julgar o Recurso Extraordinário nº 80.004. Naquela oportunidade, entenderam os Ministros que participaram do julgamento que uma lei interna posterior à edição de tratado internacional pode revogá-lo. Tal entendimento foi construído a partir da premissa de que o tratado, uma vez formalizado, passa a ter força de lei ordinária, ficando revogadas todas as disposições em contrário. Do mesmo modo, por ter *status* de lei ordinária, o tratado internacional é revogado por lei posterior.

Pensamos, no entanto, não se poder, tecnicamente, falar em "revogação" do tratado por lei ordinária, uma vez que o tratado possui forma própria de revogação. Na hipótese de conflito aparente entre norma de tratado e lei posterior esta não revoga o tratado, mas simplesmente afasta-lhe a aplicação.[24]

Como pondera Vicente MAROTTA RANGEL: "O prestígio indiscriminado das normas internas, ou a equiparação delas com os tratados internacionais, acabam concorrendo, não há de negar, para o enfraquecimento do Direito das Gentes".[25]

Em matéria tributária, especialmente, é possível afirmar-se a prevalência dos tratados sobre o dispositivo de lei interna após a sua aprovação por decreto legislativo, pela aplicação do critério da especialidade, pois os tratados são normas especiais, ao passo que a lei interna tem a nota da generalidade.

A propósito do estudo sobre o procedimento e a conclusão de tratados internacionais, vem a lume a classificação proposta pela doutrina, que os distinguiu, em um primeiro momento, em tratados-contratos e tratados-leis.

Charles ROUSSEAU apontou uma diferença funcional entre as duas espécies de tratados. Os tratados-contratos, segundo seus ensinamentos, veiculam operação

---

[22] É como ensina Maria Helena Diniz: "se houver inconsistência de norma especialmente anterior e norma geral posterior, a *les especialis* pode, conforme o caso, prevalecer sobre a *lex posterior*. (In: *Conflito.., p.* 54)

[23] Acordo Brasil-Itália de Navegação Aérea. Aspectos Tributários, Relatório apresentado In: *Seminário Internacional sobre finanças públicas e imposição*: Confrontos dos sistemas Latino – Americanos e Europeus. Roma: jul/1992, p.12-13.

[24] Foi o que salientou naquela oportunidade o Ministro Leitão de Abreu. "Não se diga que isso se equivale a admitir que a lei posterior ao tratado e com ele incompatível reveste eficácia revogatória deste, aplicando-se, assim, para dirimir o conflito, o princípio *lex posterior revogat priori*. A orientação que defendo não chega a esse resultado, pois, fiel à regra de que o tratado possui forma de revogação própria, nega que este seja, em sentido próprio, revogado pela lei. Conquanto não revogado pela lei, que o contradiga, a incidência das normas jurídicas constantes do tratado é obstada pela aplicação que os tribunais são obrigados a fazer das normas legais com aqueles conflitantes. Logo, a lei posterior, em tal caso, não revoga, em sentido técnico, o tratado, senão que lhe afasta a aplicação. A diferença está em que, se a lei revogasse o tratado, este não voltaria a aplicar-se, na parte revogada, pela revogação pura e simples da lei dita revogatória. Mas, como, a meu juízo, a lei não o revoga, mas simplesmente afasta, enquanto em vigor, as normas do tratado com ela incompatíveis, volta ele a aplicar-se, se revogada a lei que impediu a aplicação das prescrições nele consubstanciadas."(RT-710, p. 27.)

[25] RANGEL, Vicente Marotta. Os conflitos entre o direito interno e os tratados internacionais. *Boletim da Sociedade Brasileira de Direito Internacional*. (s./l.) Rios, n. 45-46, p. 120, 1967.

jurídica entre as partes envolvidas, são os acordos de comércio, de aliança, de limites, de cessões territoriais. Já os tratados-leis são instrumentos pelos quais as partes elaboram uma regra de direito objetivamente válida.[26]

É certo que as classificações propostas para as matérias que são objeto do estudo das ciências jurídicas são tomadas em função da utilidade que possam apresentar.

A distinção entre tratados-leis e tratados-contratos é hoje inútil para o Direito, diante da circunstância de que inexistem tratados exclusivamente normativos e tratados exclusivamente contratuais.

É curial que os tratados contenham dispositivos normativos e contratuais simultaneamente. Por esta razão, como afirma Rezek, "a distinção entre tratados contratuais e tratados normativos vem padecendo de uma incessante perda de prestígio".[27]

Assim, diante da inutilidade da classificação em questão, todos os tratados internacionais de que o Brasil seja parte, anteriores ou posteriores à legislação interna, sobre esta devem prevalecer, dada a relação de especialidade que existe entre ambos.

A convenção e o tratado internacional aprovados por decreto legislativo e referendados pelo Congresso Nacional (artigos 49, inciso I, e 84, inciso VIII, da Constituição Federal) tem o efeito de afastar a norma geral anterior que com eles seja incompatível.

Pensamos que o entendimento de que só prevalecem sobre a legislação que lhes sobrevenha os tratados-contratos e não os normativos, dada a circunstância de que a natureza contratual impõe que sejam respeitadas as avenças realizadas entre as partes, não merece guarida. Tal entendimento, no entanto, vem sendo abraçado em algumas decisões no âmbito dos tribunais superiores, mas, segundo pensamos, agridem o princípio *pacta sunt servanda*, o disposto no artigo 98 do CTN e artigo 4º da Constituição Federal, bem como vai na contramão do processo de estreitamento das relações entre os povos e a integração do Brasil ao cenário econômico internacional e ao intenso processo de "globalização".

A existência de um tratado internacional que disponha sobre matéria tributária, a qual passa em momento posterior a ser disciplinada por lei interna, implica, por si só, o surgimento de uma antinomia aparente, pois se a lei interna determina a incidência tributária sobre certo ato ou fato e o tratado veda a tributação na mesma situação, estabelece-se o conflito, que, nesta situação, resolve-se pela aplicação do preceito do tratado, por força da incidência do critério da especialidade, ou seja, prevalece a norma especial sobre a geral. A lei interna geral sucumbe diante do tratado, que é norma especial.

A propósito da prevalência dos tratados internacionais sobre a lei interna, em decorrência do critério da especialidade, já afirmamos anteriormente:

> Considera-se o tratado como lei especial, pois modifica o comando geral da lei interna. É o que ocorre quando o tratado limita a incidência de certo tributo e estabelece exonerações.[28]

---

[26] ROUSSEAU, Charles. *Apud* REZEK. José Francisco. *Direito Internacional Público*: curso elementar. São Paulo: Saraiva, 1989, p. 30.

[27] REZEK, José Francisco. Op. cit., p. 29.

[28] Norberto Bobbio descreve que caracteriza a especialidade da norma: "[...] lei especial é aquela que anula uma lei mais geral, ou que subtrai a uma norma uma parte de sua matéria para submetê-la a uma regulamentação diferente (contrária ou contraditória). A passagem de uma regra mais extensa (que abrange um certo *genus*) para uma regra derrogatória menos extensa (que abrange uma espécie do *genus*) corresponde a uma exigência fundamental de justi-

Noutro dizer, a lei interna fixa regra tributária geral que se aplica a todos aqueles sujeitos à lei brasileira, ao passo que o tratado afasta a aplicação da norma interna de caráter geral na matéria em que dispuser em sentido diverso. A lei tributária interna continua, no entanto, intacta, quanto à incidência sobre fatos e atos não albergados pelo tratado.[29]

Luciano da SILVA AMARO afirma que, diante de uma antinomia entre a norma de direito internacional e a lei interna, o conflito se resolve pela aplicação do princípio de que a norma especial prevalece sobre a geral, aplicando-se consequentemente a norma convencional em "harmonia (e não em confronto) com a legislação interna". Entende, portanto, que a norma especial modifica o mandamento da norma geral.[30]

Vale aqui trazer à coleção a lição de Diva MALERBI:

(...) o tratado vale como lei especial em relação à lei geral de incidência. Mais precisamente, nos casos em que o tratado afaste ou modifique a disciplina que decorreria da lei interna, o efeito jurídico do preceito convencional advindo do tratado é o de norma especial. O tratado cria, em relação às hipóteses por ele previstas e aos países nele envolvidos, exceções à aplicação da lei interna. O conteúdo material do tratado, uma vez incorporado ao direito interno, prepondera, porque traduz preceito especial harmonizável com a norma geral de incidência. Concluindo, os tratados internacionais tributários são leis especiais, quando confrontados com a lei que cria o tributo, prevalecendo sobre essa. E, em sendo leis especiais, não são revogados pela lei geral posterior. Essa prevalência das normas dos tratados decorre diretamente das regras do sistema jurídico brasileiro.[31]

Em matéria tributária, portanto, é possível abraçar o entendimento de que o critério da especialidade é apto para solucionar conflitos entre tratado e lei interna, pois os tratados em matéria tributária usualmente modificam o mandamento da norma geral interna, ao limitarem a incidência tributária estabelecida na lei geral.

ça, compreendida como tratamento igual das pessoas que pertencem à mesma categoria. A passagem da regra geral à regra especial corresponde a um processo natural de diferenciação das categorias, e a uma descoberta gradual, por parte do legislador, dessa diferenciação. Verificada ou descoberta a diferenciação, a persistência na regra geral importaria no tratamento igual de pessoas que pertencem a categorias diferentes, e, portanto, numa injustiça. Nesse processo de gradual especialização, operado através de leis especiais, encontramos uma das regras fundamentais da justiça, que é a do *suum cuique tribuere* (dar a cada um o que é seu). Entende-se, portanto, por que a lei especial deva prevalecer sobre a geral: ela representa um momento ineliminável do desenvolvimento de um ordenamento. Bloquear a lei especial frente à geral significaria paralisar esse desenvolvimento. No direito italiano, este critério de especialidade encontra-se, por exemplo, enunciado no art. 15 do C.P.: 'Quando algumas leis penais ou algumas disposições da mesma lei penal regulam a mesma matéria, a lei ou disposição da lei especial anula a lei ou disposição da lei geral, salvo se estabelecido de outra forma. A situação antinômica, criada pelo relacionamento entre uma lei geral e uma lei especial, é aquela que corresponde ao tipo de antinomia total-parcial. Isso significa que, quando se aplica o critério da *lex especialis*, não acontece a eliminação total de uma das duas normas incompatíveis, mas somente daquela parte da lei geral que é incompatível com a lei especial. Por efeito da lei especial, a lei geral cai parcialmente. Quando se aplica o critério cronológico ou o hierárquico, tem-se geralmente a eliminação total de uma das duas normas. Diferentemente dos relacionamentos cronológico e hierárquico, que não suscitam necessariamente situações antinômicas, o relacionamento de especialidade é necessariamente antinômico. O que significa que os dois primeiros critérios aplicam-se quando surge uma antinomia; o terceiro se aplica porque vem a existir uma antinomia'". (In: *Teoria do Ordenamento Jurídico*. 4. ed. Brasília: UNB, 1994, p. 96.)

[29] TREIGER GRUPENMACHER, Betina. *Tratados Internacionais em Matéria Tributária e a Ordem Interna*. São Paulo: Dialética, 1998, p. 107.

[30] AMARO, Luciano da Silva. *Direito Tributário Brasileiro*. São Paulo: Saraiva, 1997, p. 169. Entende o citado autor que não se pode, na hipótese, aplicar o princípio da prevalência da lei posterior sobre a anterior com ela conflitante, e afirma: "Ou seja, a norma especial convive com a norma geral, independentemente de indagar-se qual seja posterior, e aplica-se quando presente a característica que especializa a hipótese e a afasta do comando da norma geral". Nesse plano, não se põe, tecnicamente a questão de estar ou não o tratado "revogando a lei interna. Cuida-se de normas especiais que, anteriores ou posteriores à lei igual (lei interna), com ela convivem".

[31] MALERBI, Diva. Tributação no Mercosul. *Pesquisas Tributárias (Nova Série – 3)*. São Paulo: Revista dos Tribunais, 1997, p. 77.

Contudo, a adoção de providências interpretativas é insuficiente para alcançar-se uma solução definitiva para os conflitos entre tratados e leis internas.

Por envolver um juízo de valor, a providência interpretativa conduz à disparidade de entendimentos, razão pela qual se faz necessária a definitiva inclusão de norma na Constituição Federal que atribua aos tratados superioridade hierárquica frente à lei interna.

4. O artigo 98 do Código Tributário Nacional e a superioridade hierárquica dos tratados

O artigo 98 do Código Tributário Nacional prevê a primazia dos tratados sobre a legislação interna, impondo a observância do quanto estabelecido nos tratados e nas convenções internacionais pela legislação posterior que lhes sobrevenha.[32]

Da interpretação do artigo 98 do Código Tributário Nacional, é possível extrair a conclusão de que os tratados internacionais, além de revogarem ou modificarem a legislação tributária interna que lhes preceda, prevalecem ainda sobre aquela que lhes sobrevenha.

Incorreu, no entanto, em equívoco, o legislador, ao falar em revogação da norma interna por aquela de natureza internacional. Genuinamente, não se está diante de uma ab-rogação, já que a norma interna permanece válida e eficaz no ordenamento jurídico positivo pátrio. No entanto, a sua eficácia fica paralisada exclusivamente em relação aos atos e fatos disciplinados pela norma internacional conflitante. A lei interna tem, assim, sua eficácia restrita a um grupo de indivíduos e situações, ao que se denomina de derrogação.[33]

Não se trata, portanto, de revogação da legislação interna, que continua válida e eficaz para as demais hipóteses que não foram disciplinadas pelo tratado. Trata-se de uma "paralisação" da eficácia da norma interna nas situações específicas e absolutamente delimitadas e disciplinadas pela norma convencional.[34]

Alberto XAVIER, em comentário ao artigo 98 do Código Tributário Nacional, destaca que:

> (...) é incorreta a redação deste preceito quando se refere à "revogação" da lei interna pelos tratados. Com efeito, não se está aqui perante um fenômeno ab-rogativo, já que a lei interna mantém a sua eficácia plena fora dos casos subtraídos à sua aplicação pelo tratado. Trata-se, isso sim, de limitação da eficácia da lei que se torna relativamente inaplicável a certo círculo de situações e pessoas, limitação esta que caracteriza o instituto da derrogação.[35]

---

[32] O art. 98 do CTN assim dispõe: "Os tratados e convenções internacionais revogam ou modificam a legislação tributária interna e serão observados pela que lhes sobrevenha".

[33] XAVIER, Alberto; XAVIER, Helena de Araújo Lopes. Tratados: superioridade hierárquica em relação à lei face à Constituição Federal de 1988. *Revista de Direito Tributário*. São Paulo, n. 66, p. 43.

[34] Quanto à questão da revogação da lei interna pela norma convencional, Luciano da Silva Amaro afirma que: "Mesmo nas hipóteses reguladas no tratado, quando este fixe o limite até o qual cada país signatário pode tributar, a norma de incidência tributária que efetivamente se aplica é a lei interna, sem a qual, mesmo autorizada pelo tratado a cobrança do tributo até tal ou qual limite, essa cobrança não será possível". (Op. cit., p. 158.)

[35] XAVIER, Alberto. *Direito Tributário Internacional do Brasil*. 2. ed. Rio de Janeiro: Forense, 1993, p. 102-103.

Doutrina[36] e jurisprudência,[37] enfrentaram a constitucionalidade do artigo 98 do Código Tributário Nacional, reconhecendo a sua inconstitucionalidade sob o argumento de que não é atribuição constitucional da lei complementar dispor sobre hierarquia normativa.

É esse o entendimento de Luciano da SILVA AMARO:

> (...) o art. 98 do Código Tributário Nacional seria inútil, porque, de um lado, lhe faleceria aptidão para impor o primado dos tratados, e, de outro, também lhe seria negada valia para explicitar a necessidade de harmonizar-se a lei interna (enquanto norma geral) com a disciplina do tratado (enquanto norma especial), uma vez que essa harmonização não depende do preceito inscrito naquele dispositivo legal.[38]

De fato, assiste razão àqueles que afirmam que hierarquia normativa é matéria que deve ser disciplinada pelo texto constitucional,[39] e a Constituição brasileira, lamentavelmente, omitiu-se quanto a tal questão.

Assim, em matéria tributária, diante de uma situação conflitante e em face da inexistência de norma constitucional que confira ao direito internacional primazia sobre o direito interno, há de prevalecer o primeiro, qual seja, o direito internacional, pela aplicação do critério da especialidade.

Com efeito, em matéria tributária, a prevalência dos tratados sobre as leis internas não decorre de sua superior hierarquia, pois de fato não está prevista no texto constitucional, mas porque, como demonstramos anteriormente, o tratado é lei especial, que, em cotejo com a norma interna geral, sobre ela prevalece, por força da aplicação do critério da especialidade.

Acerca da aplicabilidade do artigo 98 do Código Tributário Nacional, assim nos manifestamos anteriormente:

> Portanto parece-nos despicienda a argumentação acerca da inconstitucionalidade do art. 98 do Código Tributário Nacional, já que a solução para conflitos normativos entre tratado e lei interna, por falta de disciplina constitucional, extrai-se do próprio sistema e não do referido dispositivo que, conforme pondera José Souto Maior BORGES, "não tem sequer pertinência, regra de ouro na discussão dialética dos prós e contras da argumentação". Porque, tratando-se da questão constitucional, jamais a sua exegese teria caráter decisivo, norma infraconstitucional que é.[40]

Não se pode, outrossim, imputar qualquer inconstitucionalidade ao artigo 98 do Código Tributário Nacional por ser norma "puramente declaratória dos efeitos do ato internacional", como observa José Souto Maior BORGES,[41] além de ser, a suspensão da eficácia da legislação interna, um dos efeitos próprios do tratado, já que o direito

---

[36] Esse é o entendimento de CARRAZZA, Roque Antônio. *Curso de Direito Constitucional Tributário*. 10. ed. São Paulo: Malheiros, 1997; BORGES, José Alfredo. Tratado Internacional em Matéria Tributária como Fonte do Direito. *Revista de Direito Tributário*. São Paulo, n. 27/28, p. 172; PONTES FILHO, Valmir. ICM – Mercadoria importada do exterior. *Revista de Direito Tributário*, São Paulo, n. 27/28, p. 141.

[37] Segundo o Ministro Cunha Peixoto, quando do julgamento do Recurso Extraordinário 80.004 (RTJ-824) é norma de "questionável constitucionalidade".

[38] AMARO, Luciano da Silva. *Direito Tributário Brasileiro*. São Paulo: Saraiva, 1997, p. 174.

[39] Luciano da Silva Amaro, quanto a esta matéria, afirma que o Código Tributário Nacional não tem aptidão para impor o primado dos tratados, afirmando que só à Constituição Federal é dado dispor sobre hierarquia de fontes normativas. (In: Os tratados internacionais e a Contribuição social sobre o lucro. *Grandes Questões Atuais do Direito Tributário*. São Paulo: Dialética, 1977, p. 159).

[40] BORGES, José Souto Maior. Isenções em tratados internacionais de imposto dos estados-membros e municípios. *Direito Tributário*: estudos em homenagem a Geraldo Ataliba. São Paulo: Malheiros, 1997, p. 174.

[41] Idem, Ibidem, p. 174.

plurilateral internacional "suspende a eficácia de direito unilateral interno", consoante obtempera citado autor.[42]

O artigo 98 do Código Tributário Nacional integra, ao lado de outros, texto de lei complementar que tem, por força do que dispõe o artigo 146 da Constituição Federal, a função primordial de estabelecer normas gerais em matéria tributária, entre as quais se encontram, por certo, as disposições referentes à interpretação, vigência e aplicação da legislação tributária.

Dentro desse estreito campo de atribuição da lei complementar, está a prerrogativa de estabelecer regras acerca da vigência, interpretação e aplicação das normas tributárias.[43]

O artigo 98 do Código Tributário Nacional cumpriu o seu papel constitucional ao estabelecer disciplina acerca da aplicação dos tratados internacionais em face da lei interna. Nele não se vislumbrando, portanto, qualquer inconstitucionalidade.

O preceito em exame não contém regra acerca da superioridade hierárquica dos tratados, pois, como se afirmou, essa é matéria que deve ser tratada em sede de direito constitucional. O que faz tal dispositivo é estabelecer regra acerca da aplicação do tratado em detrimento da lei interna, diante de um eventual conflito entre ambas. Tal norma não atribui superioridade hierárquica aos tratados, o que faz, diante da sua natureza de lei complementar, é fixar regra acerca da aplicação da lei tributária.[44]

Concluímos, afinal, em relação à regra veiculada pelo artigo 98 do Código Tributário Nacional, que, sem conferir superior hierarquia aos tratados, o que é atribuição exclusiva da Constituição Federal, o legislador complementar alcançou os efeitos dela decorrentes.

O que pretendemos afirmar é que, apesar de o legislador complementar não ter atribuição para dispor sobre hierarquia normativa, ao estabelecer a regra contida no artigo 98 do Código Tributário Nacional, determinou que as normas convencionais, precedam ou sucedam às leis internas, sobre estas prevalecem.

5. O tratado Brasil-Suécia e o princípio da não discriminação

As normas tributárias de um Estado podem alcançar situações e manifestações de riqueza situadas fora de seu território. Essas manifestações podem partir de indivíduos residentes no território do Estado impositor, situação em que encontramos uma conexão do sujeito com o território por força da residência ou, ainda mais raramente, da nacionalidade, mesmo que estes indivíduos não sejam ali domiciliados.

O indivíduo residente em um determinado país tem uma relação pessoal com ele, mas tem também uma conexão potencial com o seu território, pois sempre possui a possibilidade de usufruir os serviços públicos nele prestados, pelo que, deve concorrer para com custos necessários à sua manutenção.

---

[42] Idem, Ibidem, p. 174.

[43] Sacha Calmon N. Coelho acertadamente se manifesta no sentido de que sempre se entendeu no Brasil que as normas sobre vigência, interpretação e aplicação da legislação tributária são, por excelência, normas gerais de direito tributário, de observância obrigatória pela União, Estados e Municípios. Ao que o art. 98 do CTN encartado no capítulo que trata precisamente dessas matérias harmoniza-se com a Constituição à perfeição. (COELHO, Sacha Calmon Navarro. Tratados internacionais em matéria tributária: perante a Constituição Federal de 1988. *Revista de Direito Tributário*. São Paulo, n. 59, p. 186.)

[44] TREIGER GRUPENMACHER, Betina. Op. cit., p.115.

Visando à solução de conflitos de competências impositivas que resultem na dupla tributação de uma mesma manifestação de riqueza, os tratados e as convenções internacionais adotam critérios conexos à pessoa (física ou jurídica), relacionados com a nacionalidade e a residência do sujeito passivo que está sendo tributado ou conexos ao território no qual foi percebida a riqueza tributável.[45]

Mediante tais convenções, os Estados signatários eliminam a dupla tributação internacional pela adoção de duas diferentes regras.

Por força da primeira regra, tributam-se com exclusividade determinadas categorias de rendimentos em cada um dos Estados.

De conformidade com a segunda regra, circunscrevem-se as categorias de rendimentos que podem ser tributados pelo Estado da residência, assim como pelo da fonte, atribuindo-se a um deles o dever de eliminar ou atenuar a dupla tributação, por isso utilizando o método da isenção ou o da imputação ou ambos.[46]

Autores como Giuliani FONROUGE, Héctor B. VILLEGAS, entre outros, chamam-nos de "critérios atributivos de potestade tributária".[47]

Diante da competência tributária dos Estados, que é decorrência da sua soberania tributária, têm estes aptidão para, dentro de seu espaço territorial, criar abstratamente tributos, podendo escolher como pressupostos subjetivos e objetivos, fatos e circunstâncias conexas com o seu ordenamento, tal como residência, nacionalidade, etc.

5.1. Nacionalidade

Segundo este critério, é indiferente qual seja o local onde viva, trabalhe ou possua seu patrimônio, o sujeito passivo da obrigação tributária poderá ser tributado no país ao qual esteja vinculado por força de sua cidadania.[48]

Significa que apenas as pessoas que detêm a nacionalidade do Estado serão por este tributadas, sem que se considere o local da sua residência, a fonte das suas rendas e a situação dos seus bens.

---

[45] Narciso Amorós aponta um princípio de caráter pessoal e um de caráter territorial: "Parece lógico sostener que las orientaciones en esta materia deben surgir alrededor de un principio de carácter personal o uno de carácter territorial. Con arreglo al primero se exigirá el gravamen a aquellas personas sobre las que un Estado determinado tiene una relación de soberanía o de sujeción. El otro, por el contrario, justificaría la imposición a favor del Estado en donde se han producido las rentas. [...] El principio personal se sostiene y se justifica por los países exportadores de capital, mientras que el de carácter territorial es propio de los países importadores de capital". (In: *Derecho Tributario*. 2. ed. Madrid: Editorial de Derecho Financiero, 1970, p. 148.)

[46] BORGES, Antônio de Moura. *Convenções sobre dupla tributação internacional entre estados desenvolvidos e estados em desenvolvimento*. São Paulo: RT – UFPI – IBDT, 1992, p. 31.

[47] FONROUGE, Carlos M. Giuliani. *Derecho financiero*. 5. ed. Buenos Aires: Depalma, 1993, p. 369; VILLEGAS, Héctor B. *Curso de Finanzas, Derecho Financiero y Tributario*. 5. ed. Buenos Aires: Depalma, 1994, p. 485.

[48] Giuliani Fonrouge cita alguns exemplos de países que adotam tal critério para solução de conflitos: "El criterio más antiguo, observado aún por algunas legislaciones contemporáneas, hace radicar el derecho de gravar en la *nacionalidad* del sujeto, pudiendo citar al respecto: el caso de Méjico, donde 'basta con que una persona sea mejicana para que en principio pueda estar gravada y esté específicamente sujeta al impuesto sobre la renta cualquiera que sea el lugar del origen de su renta, en Francia el impuesto a la renta grava en forma ilimitada las rentas de origen francés y extranjero de las personas domiciliadas en el país, mientras que las rentas de las personas domiciliadas fuera de Francia están gravadas únicamente en cuanto son de fuente francesa, en Estados Unidos, la renta obtenida en el extranjero por ciudadanos y sociedades norteamericanas, es imponible, en principio, como si fuere obtenida en el país'". "Pero la mayoría de las legislaciones europeas y la norteamericana inspiradas en el criterio de sujeción personal, hacen de la *residencia* del sujeto el elemento determinante de la atribución del poder tributario, a veces combinándolo con el de nacionalidad mencionado anteriormente". (Op. cit., p. 369.)

A determinação da nacionalidade é feita pelas normas internas de cada país, tanto no que diz respeito às pessoas físicas, como no que diz respeito às pessoas jurídicas.

O artigo 24, nº 2, dos modelos de convenção de dupla tributação relativos à renda e ao patrimônio da Organização para Cooperação e Desenvolvimento Econômicos – OCDE – e da Organização das Nações Unidas – ONU –, considera como nacionais "todas as pessoas jurídicas, sociedades de pessoas e associações constituídas de acordo com a legislação vigente em um Estado Contratante".

É usual, na determinação da nacionalidade da pessoa jurídica, a adoção, pelas legislações internas, dos critérios da sede social, da origem dos capitais, da nacionalidade dos indivíduos que detêm o controle acionário da empresa, do lugar da constituição ou a teoria da incorporação que predomina nos países de *common law*.

Entende Alberto XAVIER que, em relação às pessoas jurídicas, são irrelevantes todos os critérios apontados. Afirma que a nacionalidade destas "resulta da lei da respectiva Constituição".[49]

O critério da nacionalidade é hoje pouco adotado, diante da tendência de não discriminação entre nacionais e estrangeiros e da atual postura de se conferir a eles igual tratamento.

De acordo com o artigo 4º dos modelos de convenção de dupla tributação sobre a renda e o capital da OCDE e da ONU, a nacionalidade é prevista apenas como critério subsidiário, na ausência de outros elementos que indiquem o local de residência de determinada pessoa física ou jurídica.

5.2. Residência

Segundo tal critério ou elemento de conexão, a competência tributária é exercida considerando-se exclusivamente a habitação com intenção de permanência.

Consiste em submeter à tributação as pessoas que residem no território do Estado, considerando-se a totalidade das suas rendas e de seus bens.

Caracteriza-se diante da existência de um elemento objetivo (habitação) e um subjetivo (intenção de nela permanecer).

É diante de tais circunstâncias que normalmente os tratados internacionais se referem à "residência normal ou habitual" como sinônimo de "lugar permanente de habitação", e à "residência principal" em se tratando de pessoas individuais e empresas unipessoais,[50] assim também ao lugar no qual esteja o centro diretivo, quando se referir às sociedades e empresas.[51]

---

[49] XAVIER, Alberto. *Direito tributário internacional do Brasil:* tributação das operações internacionais. 3. ed. Rio de Janeiro: Forense, 1994, p. 196.

[50] Waldiro Bulgarelli ensina acerca das empresas unipessoais ou individuais que "A noção de empresa individual corresponde à de empresário individual. Nesse sentido, contrapõe-se à empresa coletiva, de que é titular uma sociedade comercial, civil, fundação, etc. No estágio atual da nossa legislação, enquanto não se verifica a aprovação do Projeto de CC, que se encontra em trâmite no Congresso Nacional, e adota a terminologia e os conceitos do CC italiano, de empresários e empresas, vem-se utilizando, na prática, essa expressão de empresa individual, para significar toda unidade econômica de produção ou circulação de bens ou serviços que tem como titular um comerciante individual. Muitas vezes, por isso, confunde-se com a noção de estabelecimento comercial, que, como se sabe, é, na teoria da empresa, o perfil objetivo ou patrimonial, ou seja, o conjunto de bens unificados pela vontade do empresário e de que ele serve para levar a empresa a atingir os fins a que se propôs. (In: *Enciclopédia Saraiva de Direito*. São Paulo: Saraiva, p. 355-356.)

[51] VILLEGAS, Héctor B. Op. cit., p. 369-370.

O modelo de convenção de dupla tributação sobre a renda e o patrimônio da Organização para Cooperação e Desenvolvimento Econômicos – OCDE – e da Organização das Nações Unidas – ONU –, em seu artigo 4°, assim define o critério de conexão "residência": "a expressão 'residente de um Estado contratante' designa toda pessoa que, em virtude da legislação deste Estado, esteja sujeita ao tributo neste Estado por razão do seu domicílio, da sua residência, da sua sede de direção ou qualquer outro critério de natureza análoga".

Referido dispositivo apresenta critério de solução para a hipótese de uma só pessoa jurídica ser considerada como residente em ambos os Estados contratantes, a partir da opção por aquele onde se encontra sua sede diretiva. No caso de pessoa física, a pluralidade de residências é solucionada pelo artigo 5°, § 2°, do referido modelo, que de forma hierárquica, adota os seguintes critérios: a) habitação permanente; b) centro de int. vitais; c) permanência habitual; d) nacionalidade; e) se nenhum dos critérios satisfaz, a residência é designada de comum acordo pelos Estados contratantes.

A definição de residência fiscal é bastante complexa diante das várias possibilidades de estruturação organizativa das sociedades. Os critérios qualificadores de sede legal, lugar de Constituição, sede efetiva, etc. alteram-se nos vários ordenamentos que adotam o princípio da universalidade.[52]

5.3. Fonte

De acordo com o critério da fonte, o Estado determina a incidência tributária sobre todos os rendimentos cuja fonte se encontra em seu território, assim como todos os bens nele situados.

A determinação do critério da fonte, no que diz respeito ao Imposto Sobre a Renda, conduz a algumas dificuldades.

A fonte de renda pode ser determinada de duas maneiras, de acordo com a teoria da fonte produtora ou da pagadora.

No que concerne à fonte produtora, "existe um nexo causal direto entre a renda e o fato que a determina", o que não ocorre em relação à fonte pagadora, pois "não está ligada a uma ideia de casualidade, mas sim à de origem dos recursos que representam renda para o respectivo beneficiário".[53]

No Brasil, a legislação adotou o princípio da territorialidade da "produção do lucro", identificando-o como o local do "exercício das atividades", que originam a renda tributada.[54]

5.4. O princípio da não discriminação

A não discriminação entre nacionais e estrangeiros, para fins de tratamento tributário, tem natureza principiológica e direciona a atividade das administrações fazendárias dos Estados com quem o Brasil subscreve tratados internacionais.

Distintamente das regras, os princípios são carregados de alta carga valorativa e devem orientar a sua aplicação.

---

[52] TÔRRES, Heleno. *Pluritributação Internacional sobre as Rendas de Empresas*. São Paulo: RT, 1997, p. 106-107.

[53] XAVIER, Alberto. Op. cit., p. 228.

[54] XAVIER, Alberto. Op cit., p. 228.

Segundo leciona Jesus GONZALES PEREZ: "Os princípios jurídicos constituem a base do ordenamento jurídico, a parte permanente e eterna do Direito e, também, o fato constante e imutável que determina a evolução jurídica, são as ideias fundamentais informadoras da organização jurídica da Nação".[55]

Robert ALEXY contribuiu em muito com a Ciência Jurídica ao tratar do Direito como sistema e ao tratar dos direitos fundamentais. Para o jurista alemão, regras e princípios são normas (dever-ser), distinguindo-se, no entanto, em duas espécies normativas, segundo diferença de grau e qualitativa, afirmando que: "los principios son mandatos de optimización, que están caracterizados por el hecho de que pueden ser cumplidos em diferente grado y que la medida debida de su cumplimento no sólo depende de las posibilidades reales sino también de las jurídicas".[56] No âmbito dessas possibilidades jurídicas surgem, naturalmente, princípios e regras opostos.

Ronald Dworkin entende que, ao contrário das regras, em relação às quais vale a lógica do "tudo ou nada" (*in all-or-nothing fashion*), pois expressam mandamentos definitivos, os princípios não implicam consequências automáticas, indicam uma direção a ser seguida.[57]

No caso de conflitos entre regras, a solução se aponta por meio da introdução de uma cláusula de exceção capaz de eliminar o conflito ou declarar a invalidade de uma das regras. Já diante da colisão de princípios, um deles deve ceder ao outro, não acarretando, contudo, sua invalidade. O que ocorre, em verdade, é a precedência de um princípio em face de outro, diante de um caso concreto.[58] A partir de tal concepção, em outra circunstância, a precedência poderia se dar de maneira inversa. Não se está aqui diante de uma dimensão de validade, mas de uma dimensão de peso.[59]

A propósito das normas constitucionais, Paulo de BARROS CARVALHO reconhece a existência de normas que revelam "princípios-valor" e de outras que revelam "princípios limites-objetivos", empreendendo a seguinte classificação:

> Assim, nessa breve reflexão semântica, já divisamos quatro usos distintos: a) como norma jurídica de posição privilegiada portadora de valor expressivo; b) como norma jurídica de posição privilegiada que estipula limites objetivos; c) como os valores insertos em regras jurídicas de posição privilegiada, mas considerados independentemente de estruturas normativas; d) como o limite objetivo estipulado em regra de forte hierarquia, tomado, porém, sem levar em conta a estrutura da norma. Nos dois primeiros temos "princípio" como "norma"; enquanto nos dois últimos temos "princípio" como "valor" ou como "critério objetivo".[60]

---

[55] PEREZ, Jesus Gonzales. *El principio General de la Buena Fe en el Derecho Administrativo*. Madrid: Real Academia de Ciencias Morales y Politicas, 1983, p. 45-46. (Traduzimos)

[56] ALEXY, Robert. *Teoria de Los Derechos Fundamentales*. 2. ed. Centro de Estudios Políticos Y Constitucionales: Madrid, 2008, p. 67.

[57] DWORKIN, Ronald. *Taking Rights Seriously*. Cambridge: Harvard University Press, 2001, p. 22 e ss.

[58] Também Paulo de Barros Carvalho manifesta-se sobre a condição de prevalência de alguns princípios sobre outros e o faz nos seguintes termos: Paulo de Barros Carvalho ressalta a importância dos princípios na interpretação das regras: "Linhas diretivas que iluminam a compreensão dos setores normativos, imprimindo-lhes caráter de unidade relativa e servindo de fator de agregação num dado feixe de normas. Algumas vezes constam de preceito expresso, logrando o legislador constitucional enunciá-los com clareza e determinação. Noutras, porém, ficam subjacentes à dicção do produto legislado, suscitando um esforço de feitio indutivo para percebê-los e isolá-los. São os princípios implícitos. Entre eles e os expressos não se pode falar em supremacia, a não ser pelo conteúdo intrínseco que representam para a ideologia do intérprete, momento em que surge a oportunidade de cogitar-se de princípios e sobreprincípios". (In: *Curso de Direito Tributário*. 24. ed. São Paulo: Saraiva, 2012, p. 220.)

[59] FARIAS, Edilson Pereira de. *Colisão de direitos*. São Paulo: SAFE, 2008, p.26.

[60] CARVALHO, Paulo de Barros. Op. cit., p. 192.

Das lições aqui colacionadas, verifica-se que o sistema constitucional contempla normas despidas de carga valorativa ou com carga valorativa incipiente e outras que assumem posição privilegiada no sistema, mas que, no entanto, são carregadas de valores. As primeiras veiculam regras, as demais princípios.

Conforme pondera José Eduardo SOARES DE MELO, a norma "deve ser considerada princípio em razão de constituir comando normativo (repleto de valores, permeado por forte conteúdo axiológico, compreendendo diretriz ao legislador ordinário (...)".[61]

A cláusula que contempla o princípio da não discriminação veda que se atribua tratamento tributário distinto e mais oneroso a uma das partes pactuantes com fundamento no elemento de *discrimen* "nacionalidade", ou seja, nenhuma das partes envolvidas no tratado pode sofrer prejuízo decorrente de tratamento tributário mais oneroso em virtude da sua nacionalidade. Tal disposição decorre do previsto na cláusula 24ª do Modelo OCDE e alcança todos os tributos.

Segundo leciona Heleno TAVEIRA TÔRRES, "O artigo 24 estabeleceu, como visto, como critério de conexão, a nacionalidade das pessoas, segundo o qual nenhum tratamento discriminatório, sob a forma de impostos diferentes ou mais gravosos, pode ser praticado por um Estado contratante às pessoas (sujeito passivo) que possuam a nacionalidade do outro Estado contratante".[62]

Sérgio ANDRÉ ROCHA assim o define: "O princípio da não discriminação estabelece como fim que nacionais pessoas físicas ou jurídicas, de determinado Estado, não tenham qualquer vantagem tributária em relação a estrangeiros e não residentes. Com isso, busca-se que os Estados não utilizem a nacionalidade como critério discriminatório para fins fiscais".[63]

Trata-se de princípio que impõe limites ao exercício da competência impositiva (princípio limite-objetivo) que, como afirmado em passagem anterior, veda o tratamento discriminatório com base na nacionalidade.

Importa destacar que, com base no Modelo OCDE, o princípio da não discriminação só veda o tratamento discriminatório que tenha como consequência a imposição de ônus tributário mais gravoso em função da nacionalidade do sujeito passivo, não alcança, no entanto, o tratamento discriminatório e prejudicial fundado na residência, enquanto elemento de conexão.

O conceito de nacionalidade também pode ser encontrado no Modelo OCDE e em seus comentários, que estabelecem serem nacionais as pessoas jurídicas constituídas segundo as leis dos Estados contratantes.

Quanto à residência, é esta assim considerada aquela onde estiver a direção da empresa. Vale aqui trazer o entendimento de Alessandra OKUMA, que assim se manifesta sobre o princípio: "E, pelo princípio da unicidade da residência, se a pessoa jurídica for considerada residente em um Estado, ela passará a ser não residente no outro, mesmo que o ordenamento jurídico interno pretenda lhe atribuir residência". E continua, "se uma pessoa jurídica for considerada residente em ambos os Estados

---

[61] MELO, José Eduardo Soares de. Não Cumulatividade. In: MACHADO, Hugo de Brito (Coord.). *Não Cumulatividade Tributária*. São Paulo: Dialética, 2009, p. 271.

[62] TÔRRRES, Heleno Taveira. Op. cit., p. 545.

[63] ROCHA, Sérgio André. *Interpretação dos Tratados para Evitar a Bitributação da Renda*. 2. ed. São Paulo: Quartier Latin, 2013, p. 83-84.

contratantes, a residência será onde estiver localizada a sua sede de direção efetiva".[64]

A partir de tais pressupostos, é possível afirmar que o tratamento discriminatório dispensado pela legislação interna dos Estados contratantes, fundado no elemento de conexão "residência", *a priori*, não agride o princípio da não discriminação, dada a distinção conceitual e jurídica entre residência e nacionalidade para fins de tratamento tributário no âmbito internacional.

No entanto, embora, na quase totalidade das vezes, não se possa falar que houve ofensa ao princípio da não discriminação quando o tratamento tributário prejudicial ou mais oneroso é dispensado com base na residência do sujeito passivo, o mesmo não se pode afirmar quando o parâmetro adotado é o princípio da igualdade e o seu consectário, o da capacidade contributiva. Em outros dizeres, a adoção do elemento de conexão "residência" para fins de dispensa de tratamento tributário não agride a não discriminação, mas ofende a igualdade e a capacidade contributiva enquanto princípios norteadores da atividade hermenêutica.

O artigo 150, II,[65] da Constituição Federal Brasileira contempla o princípio da isonomia tributária e, ao fazê-lo, veda o tratamento discriminatório entre contribuintes que estejam em situação equivalente. Não distingue, no entanto, os contribuintes residentes em território brasileiro daqueles residentes em território estrangeiro. Desde que a fonte dos rendimentos esteja localizada no Brasil e a autoridade fazendária possa exercer sobre ela a sua pretensão impositiva, o princípio da isonomia tributária há de ser observado.

Por seu turno, o artigo 145, § 1º,[66] da Constituição Federal impõe o respeito à capacidade contributiva na tributação por meio de impostos. Na dicção de Alfredo Augusto BECKER, sendo o princípio da capacidade contributiva consectário do princípio da isonomia tributária, a contribuintes com igual capacidade contributiva (*ability to pay*) deve ser dispensado mesmo tratamento tributário. Assim, sendo residentes no Brasil ou no exterior, contribuintes com igual capacidade contributiva devem ser submetidos a um mesmo tratamento tributário.

A interpretação dos referidos dispositivos constitucionais impõe que se identifiquem as distinções entre sujeitos passivos, pessoas físicas ou jurídicas, para que de forma igualitária lhes seja dispensado o respectivo tratamento tributário. Tais distinções devem ser razoáveis, a fim de que fique afastada a arbitrariedade, adotando-se critério que negue o favorecimento individual e a hostilidade.

A isonomia, no que concerne ao poder tributário, não impõe a dispensa de idêntico tratamento entre distintos sujeitos passivos, mas que todos aqueles que se encontrem na mesma situação recebam da lei, em matéria tributária, o mesmo tratamento.

---

[64] OKUMA, Alessandra. Princípio da não-discriminação e a tributação das rendas de não-residentes no Brasil. *Direito Tributário Internacional Aplicado* – Coordenação Heleno Taveira Tôrres p. 256-285. São Paulo: Quartier Latin, 2003, p. 275.

[65] Art. 150. Sem prejuízo de outras garantias asseguradas ao contribuinte, é vedado à União, aos Estados, ao Distrito Federal e aos Municípios: I – (...) II – instituir tratamento desigual entre contribuintes que se encontrem em situação equivalente, proibida qualquer distinção em razão de ocupação profissional ou função por eles exercida, independentemente da denominação jurídica dos rendimentos, títulos ou direitos;

[66] § 1º Sempre que possível, os impostos terão caráter pessoal e serão graduados segundo a capacidade econômica do contribuinte, facultado à administração tributária, especialmente para conferir efetividade a esses objetivos, identificar, respeitados os direitos individuais e nos termos da lei, o patrimônio, os rendimentos e as atividades econômicas do contribuinte.

A lei que veicula imposição tributária deve ser dirigida e aplicada a todos os sujeitos passivos que se encontrem na mesma situação, da mesma maneira e com a mesma intensidade.

Ainda que observado o princípio da legalidade, a exação tributária não pode ser exigida apenas de alguns dos sujeitos passivos que pratiquem fatos jurídicos tributários que subsumam à respectiva regra-matriz de incidência, beneficiando outros sujeitos passivos que se encontrem em situação equivalente.

Merecem referência as palavras de Francisco CAMPOS acerca do princípio da isonomia: "A lei será igual para todos e a todos se aplicará com igualdade. É um direito incondicional e absoluto. Não tolera limitações, não admite exceção, seja qual for o motivo invocado, lei alguma, nenhum poder, nenhuma autoridade poderá, direta ou indiretamente, de modo manifesto ou subreptício, mediante ação ou omissão, derrogar o princípio da igualdade".[67] Segundo leciona o referido autor, o princípio em questão só adquire sentido, se há aplicação de tratamento comum a pessoas físicas e jurídicas, que se encontrem em situação equivalente. Afirma ainda: "Esta garantia não poderia ter qualquer sentido, se ao legislador fosse facultado editar leis endereçadas exclusivamente a uma pessoa ou a um grupo de pessoas, ou se a lei não fosse uma regra de direito concebida em termos gerais e com endereço determinado a uma categoria indeterminada de pessoas". Em continuidade indaga o autor: "De que valeria, por exemplo, e para melhor concretizar a hipótese, garantia de que nenhum imposto me será exigido senão em virtude de lei, se amanhã o legislador poderá criar tão somente para mim um tributo, de cuja incidência todos os demais indivíduos, nas mesmas condições, seriam, entretanto, isentos ou excluídos".[68]

O elemento de discriminação "residência" para fins de dispensa de tratamento tributário não é legítimo à luz de nosso ordenamento jurídico positivo.

É este também o entendimento de Alessandra OKUMA que pondera: "Assim, o local da residência dos contribuintes não é critério suficiente para impor-lhes tratamento diferenciado. Ao contrário, o artigo 150, II da Constituição Federal permite que seja previsto tratamento diferenciado aos contribuintes (sejam residentes ou não residentes), desde que seja adotado como critério discriminante a manifestação da capacidade contributiva ou interesses sociais relevantes".[69]

Acerca do princípio da isonomia tributária, também merecem referência as palavras do mestre da Wurzburg, Heinz PAULICK, ao discorrer sobre a constituição alemã: "A justiça e a igualdade têm entre si, íntima relação, já que o princípio da igualdade se desenvolveu a partir da ideia de justiça. Se relativamente ao art. 3º, § 1º, da Constituição, todos os homens são iguais perante a lei, isso significa que a lei tem que tratar o que é diferente de modo desigual, atendendo à sua peculiaridade".

Segue afirmando que:

O legislador está constitucionalmente obrigado a criar um direito igual para tudo que é igual, e levar em consideração as desigualdades existentes. Visto assim, o art. 3º, § 1º, da Constituição Alemã contém de uma só vez um imperativo de justiça e uma proibição do arbítrio. Lesa-se o princípio da igualdade quando não seja possível encontrar – para um tratamento igual ou uma diferenciação estabelecida pelo legislador

---

[67] CAMPOS, Francisco. O Princípio da Legalidade Isonômica. *Revista de Direito Administrativo*, São Paulo, v.10, s.d., p.326-410.

[68] CAMPOS, Francisco. Op. cit, p. 326-410.

[69] OKUMA, Alessandra. Op. cit., p. 289.

– um fundamento razoável, resultante da natureza das coisas ou de qualquer modo conveniente; ou seja: quando a regulação disposta pelo legislador tenha que qualificar-se de arbitrária".[70]

Assim, no que concerne ao caso concreto que envolve o tratado Brasil-Suécia, pensamos que andou bem o Superior Tribunal de Justiça ao reconhecer a ofensa ao princípio da isonomia decorrente da retenção na fonte de Imposto sobre a Renda incidente sobre os rendimentos auferidos pela subsidiária sueca, dada a circunstância de não revestir a condição de residente em território brasileiro. Considerando que a empresa residente no Brasil não submeteu à tributação a distribuição de dividendo, o então Ministro José Delgado entendeu que o tratamento mais gravoso dispensado à empresa sueca não encontraria amparo no ordenamento jurídico pátrio, especificamente no que diz respeito à observância aos princípios da isonomia e da capacidade contributiva.

Vale trazer à colação o trecho do voto do Ministro José Delgado que corrobora tal entendimento:

> Por existir um tratamento equiparado, legalmente reconhecido no art. 150, inciso II, da Constituição Federal que, embora se dirija, de modo explícito, à ordem interna, também é dirigido às relações externas. Não há distinção entre residentes e não residentes, critério utilizado pela Lei nº 4.131/62. Aperfeiçoa-se internamente o requisito da averbação de discriminação dessa limitação ao exercício de competência tributária, qual seja, o tratamento menos favorável sobre contribuintes residentes e não residentes que se encontram em situação equivalente.

Por outro turno, pensamos que, neste tema, embora assista razão ao Ministro Gilmar Mendes, relator do RE 460.320, no sentido de que há de se reconhecer a prevalência dos tratados sobre a legislação interna, ainda que divirjamos em relação aos fundamentos adotados para chegar a tal conclusão, já que, como exposto, pensamos que a conclusão pela supranacionalidade é decorrência da relação de especialidade que mantém com a legislação interna, ousamos discordar de suas conclusões no sentido de que o Tratado Brasil-Suécia não veda o tratamento discriminatório dispensado ao capital estrangeiro quando os elementos de *discrímen* é a residência.

Nossa discordância deve-se, a uma, porque o que buscam os tratados para evitar a dupla tributação, como é o caso daquele versado no presente estudo, é precisamente evitar que uma mesma riqueza seja gravada em duplicidade e, a duas, porque, segundo sugere o modelo ODCE, adotado pelo Brasil como parâmetro na elaboração de tratados, além da vedação de discriminação do capital estrangeiro, as demais cláusulas, quando interpretadas sistematicamente, conduzem ao entendimento de que a capacidade contributiva dos sujeitos passivos há de ser observada no sentido de que não sejam duplamente tributados o que se obtém, necessariamente por seu tratamento isonômico.

Embora admitamos que a cláusula de não discriminação refira-se à nacionalidade, e não à residência, algumas disposições da legislação interna dos Estados merecem avaliação individualizada e à luz do método teleológico de interpretação.

É certo que o que objetiva o princípio da não discriminação é resguardar o capital estrangeiro do tratamento anti-isonômico em relação ao capital nacional, com vistas a preservar e incentivar o desenvolvimento econômico e a expansão dos ne-

---

[70] PAULICK, Heinz. *Ordenanza Tributaria Alemana*. TABOADA, Carlos Palao (Trad.). Madrid: Instituto de Estudios Fiscales de Madrid, 1980, p. 40-48.

gócios internacionais das empresas brasileiras, incentivando o ingresso do capital estrangeiro no país.

Nesse sentido, pensamos que, embora, como regra geral, o princípio em questão impeça o tratamento anti-isonômico com base na nacionalidade, na hipótese versada no caso concreto é possível concluir que abarca por igual a impossibilidade de tratamento tributário mais oneroso com supedâneo na residência dos sujeitos passivos dos Estados-Parte.

Vale, pois, a referência a Celso Antônio BANDEIRA DE MELO quanto à violação de princípios: "Violar um princípio é muito mais grave que transgredir uma norma qualquer. A desatenção ao princípio implica ofensa não apenas a um específico mandamento obrigatório, mas a todo o sistema de comandos. É a forma mais grave de ilegalidade ou inconstitucionalidade, conforme o escalão do princípio atingido, porque representa insurgência contra todo o sistema, subversão de seus valores fundamentais, contumélia irremissível a seu arcabouço lógico e corrosão de sua estrutura mestra".[71]

Diante do caso concreto relatado no âmbito do presente estudo, que se encontra pendente de julgamento perante o Supremo Tribunal Federal, importa enfrentar a aplicação do princípio da não discriminação previsto no artigo 24 do Tratado Brasil--Suécia.[72]

Conforme se verifica da exegese do referido dispositivo pactício, é vedado o tratamento tributário discriminatório em relação aos contribuintes de cada um dos Estados contratantes, no sentido de que não está autorizada a dispensa de tratamento tributário distinto ou mais oneroso em função da sua nacionalidade.

Ocorre, no entanto, que em decorrência do disposto no artigo 77 da Lei nº 8.383/91[73] a autoridade fazendária brasileira pretendeu submeter os dividendos da sócia sueca à retenção de Imposto sobre a Renda na fonte, à alíquota de 15%, tratamento este não dispensado à sócia brasileira da empresa que ajuizou a ação declaratória a que se refere o Recurso Extraordinário em questão, o que implicou tratamento tributário mais oneroso à sócia sueca comparativamente àquele dispensado à sócia brasileira.

Foi precisamente hipótese de tal natureza que o Tratado Internacional em questão buscou evitar quando estabeleceu, em seu artigo 24º, a vedação de discriminação.

---

[71] MELLO, Celso Antônio Bandeira de. *Curso de Direito Administrativo*. 11. ed. São Paulo: Malheiros, 1999, p. 630.

[72] 1. Os nacionais de um estado contratante não ficarão sujeitos no outro estado contratante a nenhuma tributação ou obrigação correspondente, diferente ou mais onerosa do que aquelas a que estiverem sujeitos os nacionais desse outro estado que se encontrem na mesma situação. 2. O termo "nacionais" designa: a) todas as pessoas físicas que possuam a nacionalidade de um estado contratante; b) todas as pessoas jurídicas, sociedades de pessoas e associações constituídas de acordo com a legislação em vigor num estado contratante.

[73] Art. 77. A partir de 1º de janeiro de 1993, a alíquota do imposto de renda incidente na fonte sobre lucros e dividendos de que trata o art. 97 do Decreto-Lei nº 5.844, de 23 de setembro de 1943, com as modificações posteriormente introduzidas, passará a ser de quinze por cento. O referido artigo 97 do Decreto-Lei nº 5.844/43, assim dispõe: Art. 97. Sofrerão o desconto do imposto à razão de 15% os rendimentos percebidos. a) pelas pessoas físicas ou jurídicas residentes ou domiciliadas no estrangeiro; b) pelos residentes no país que estiverem ausentes no exterior por mais de doze meses, salvo os referidos no art. 73; c) pelos residentes no estrangeiro que permaneceram no território nacional por menos de doze meses. § 1º Os rendimentos referidos no artigo 96, já tributados na fonte, sofrerão apenas o desconto da diferença do imposto, até perfazer 15%.

Destarte, não obstante a existência de tratado internacional entre Brasil e Suécia para evitar a dupla tributação, com a superveniência de legislação interna referida, afastou-se a aplicação do tratado em questão com o objetivo de sujeitar os dividendos da sócia sueca à tributação no Brasil, o que pode, inclusive, ter desencadeado a dupla incidência sobre o mesmo rendimento, no Brasil e na Suécia.

A adoção do critério cronológico de solução de antinomias, conforme ponderamos anteriormente, agride o princípio *pacta sunt servanda,* compromete a credibilidade internacional do Brasil, posto que ofende a boa-fé daqueles Estados com os quais nos comprometemos, assumindo compromissos por meio da subscrição de tratados internacionais, e gera insegurança jurídica quer para os contribuintes de ambas as partes quer para os Estados envolvidos.

Sendo certo que não há em nosso texto constitucional norma que estabeleça a supranacionalidade dos tratados internacionais em matéria tributária, tal conclusão deve ser obtida pela adoção do critério da especialidade.

Conforme ponderamos em linhas anteriores, há quem entenda, no entanto, que a supranacionalidade dos tratados internacionais em matéria tributária decorre do disposto no artigo 98 do Código Tributário Nacional. Embora não seja este o nosso entendimento, pois, como exposto, pensamos que a disciplina acerca da hierarquia normativa é matéria reservada à Constituição Federal, foi este o fundamento jurídico adotado pelo Superior Tribunal de Justiça para atribuir prevalência às disposições do Tratado Brasil-Suécia. Além de reconhecer a prevalência do referido tratado sobre a legislação interna, entendeu aquela Corte de Justiça que os dividendos distribuídos à sócia sueca não deveriam se sujeitar à retenção do Imposto sobre a Renda na fonte no Brasil, pois tal tratamento agrediria a previsão de não discriminação do artigo 2º do referido tratado.[74]

No âmbito do Supremo Tribunal Federal, quando proferiu o seu voto na condição de relator do Recurso Extraordinário interposto contra a referida decisão, o Ministro Gilmar Mendes, embora tenha reconhecido a supranacionalidade dos tratados internacionais, não em decorrência da aplicação do princípio da especialidade ou do disposto no artigo 98 do Código Tributário Nacional, mas por entender que os tratados internacionais em matéria tributária versam sobre direitos fundamentais e, nessa medida, a disposição do artigo 5º, § 4º, da Constituição Federal lhes é aplicável, deixou de declarar a inconstitucionalidade do disposto no artigo 77 da Lei nº 8.383/91, por entender que não há incompatibilidade do quanto nele disposto com a regra de não discriminação prevista no artigo 24º do Tratado Internacional Brasil-Suécia, dada

---

[74] TRIBUTÁRIO. REGIME INTERNACIONAL. DUPLA TRIBUTAÇÃO. IRRPF. IMPEDIMENTO. ACORDO GATT. BRASIL E SUÉCIA. DIVIDENDOS ENVIADOS A SÓCIO RESIDENTE NO EXTERIOR. ARTS. 98 DO CTN, 2º DA LEI 4.131/62, 3º DO GATT. – Os direitos fundamentais globalizados, atualmente, estão sempre no caminho do impedimento da dupla tributação. Esta vem sendo condenada por princípios que estão acima até da própria norma constitucional. – O Brasil adota para o capital estrangeiro um regime de equiparação de tratamento (art. 2º da Lei nº 4131/62, recepcionado pelo art. 172 da CF), legalmente reconhecido no art. 150, II, da CF, que, embora se dirija, de modo explícito, à ordem interna, também é dirigido às relações externas. – O art. 98 do CTN permite a distinção entre os chamados tratados-contratos e os tratados-leis. Toda a construção a respeito da prevalência da norma interna com o poder de revogar os tratados, equiparando-os à legislação ordinária, foi feita tendo em vista os designados tratados, contratos, e não os tratados-leis. – Sendo o princípio da não discriminação tributária adotado na ordem interna, deve ser adotado também na ordem internacional, sob pena de desvalorizarmos as relações internacionais e a melhor convivência entre os países. – Supremacia do princípio da não discriminação do regime internacional tributário e do art. 3º do GATT. – Recurso especial provido. (RESP 426.945/PR, Rel. Ministro TEORI ALBINO ZAVASCKI, Rel. p/ Acórdão Ministro JOSÉ DELGADO, PRIMEIRA TURMA, julgado em 22/06/2004, DJ 25/08/2004, p. 141).

a circunstância de que o elemento de *discrímen* apontado no tratado internacional é a nacionalidade, e não a residência dos contribuintes. Ao considerar que a distinção de tratamento se deu em função da sua residência, entendeu que não foi vulnerado o princípio da não discriminação, dando provimento ao recurso interposto pela União e julgando improcedente a ação declaratória proposta pela empresa sueca.

Embora relevantes os argumentos coligidos e os fundamentos adotados no referido voto, importa destacar que a conclusão pela supranacionalidade dos tratados internacionais em matéria tributária com fundamento no quanto disposto nos artigos 4º e 5º, §§ 2º, 3º e 4º, da Constituição Federal, como é a do Ministro Gilmar Mendes, imporia a interpretação sistemática da previsão de não discriminação inserta na cláusula 24ª do Tratado Internacional Brasil-Suécia à luz dos demais dispositivos constitucionais relacionados à matéria por ela tratada.

O que queremos afirmar é que, se a compreensão for a de que os tratados internacionais em matéria tributária, uma vez aprovados e referendados pelo Congresso Nacional, adquirem *status* de norma constitucional (artigo 5º, §§ 2º e 3º, da Constituição Federal), as normas nele insertas devem ser aplicadas em consonância com as demais regras e princípios que com ele se relacionam, como é o caso do disposto nos artigos 4º, parágrafo único,[75] 5º, *caput*,[76] 145, 150, II, e 172,[77] da Constituição Federal.

Tais dispositivos constitucionais interpretados conjuntamente demonstram a intenção do legislador constituinte de consagrar um sistema em que se incentive o estreitamento das relações internacionais e a consolidação do princípio da liberdade da atividade econômica, sobretudo nas operações e transações transnacionais.

Ao tempo que o artigo 4º a Constituição Federal declara a intenção de estreitamento nos planos, político, econômico, social e cultural dos povos da América Latina, enquanto objetivo da República Federativa do Brasil, o artigo 172 do texto constitucional prevê que a lei estabelecerá disciplina quanto aos investimentos que envolvam o capital estrangeiro e o respectivo artigo 5º "*caput*" prevê, entre outras garantias, a não discriminação entre o brasileiro e o estrangeiro.

Já os artigos 145 e 150, II, estabelecem garantias em relação ao tratamento tributário isonômico entre aqueles que manifestem igual capacidade contributiva.

Assim, partindo-se do pressuposto de que os tratados internacionais em matéria tributária uma vez referendados pelo Congresso Nacional adquirem *status* de norma constitucional, sua interpretação sistemática com as normas aqui referidas conduz à segura conclusão de que a cláusula de não discriminação veda o tratamento anti-isonômico não apenas entre nacionais e estrangeiros, mas também entre residentes e não residentes quando manifestarem igual capacidade contributiva.

A compreensão de que o critério da residência não estaria alcançado pelo princípio da não discriminação vai de encontro com os demais princípios e normas consagrados na Constituição Federal, revelando-se como um desestímulo ao investimento

---

[75] Art. 4º (...). Parágrafo único. A República Federativa do Brasil buscará integração econômica, política, social e cultural dos povos da América Latina, visando à formação de uma comunidade latino-americana de nações.

[76] Art. 5º. Todos são iguais perante a lei, sem distinção de qualquer natureza, garantindo-se aos brasileiros e aos estrangeiros residentes no País a inviolabilidade do direito à vida, à liberdade, à igualdade, à segurança e à propriedade (...).

[77] Art. 172. A lei disciplinará, com base no interesse nacional, os investimentos de capital estrangeiro, incentivará os reinvestimentos e regulará a remessa de lucros.

estrangeiro no país e comprometendo o desenvolvimento nacional e a abertura do mercado brasileiro à internacionalização.

Nesse sentido, merece referência a lição de Heleno TAVEIRA TÔRRES: "O princípio da não discriminação em matéria tributária, aplicado ao capital estrangeiro, implica dizer que a todo e qualquer sujeito não residente, ao efetuar investimentos no Brasil, e sendo estes devidamente inseridos na ordem jurídica nacional (registrado no Banco Central do Brasil – Bacen), qualificando-se como "capital estrangeiro", deverá ser sempre conferido tratamento não menos favorável do que aquele a que estariam submetidos sujeitos residentes que se encontrem em situação equivalente".[78]

Não são, por outro lado, apenas os dispositivos constitucionais aqui referidos que demonstram a incompatibilidade do disposto no artigo 77 da Lei nº 8383/91 com a previsão do artigo 24 do Tratado Brasil-Suécia. O objetivo de incentivar o investimento do capital estrangeiro no país e a imposição de tratamento isonômico a ele dispensado também ficam revelados com o disposto nos artigos 2º e 43 da Lei nº 4.132/62. O dispositivo assim prescreve: "Ao capital estrangeiro que se investir no país, será dispensado tratamento jurídico idêntico ao concedido ao capital nacional em igualdade de condições, sendo vedadas quaisquer discriminações não previstas na presente lei". Embora a referida Lei seja de 1962, dada a sua absoluta compatibilidade e consonância com os preceitos e princípios constitucionais referidos, podemos afirmar que foi recebida pela Constituição Federal de 1988.

6. Conclusão

O tratado referendado pelo Congresso Nacional, ratificado, promulgado pelo Presidente da República e, finalmente, publicado, adquire plena eficácia e aplicabilidade no âmbito interno, alterando, em consequência, a legislação interna com ele conflitante.

É certo que a solução de conflitos entre lei interna e tratado internacional é matéria que deve ser resolvida em sede constitucional. No entanto, a Constituição Federal Brasileira não contém disciplina acerca dos conflitos que se estabelecem entre o direito interno e o internacional. À medida que não há no texto constitucional norma que atribua superior hierarquia aos tratados, tal solução deve ser obtida, "*a priori*", na via interpretativa e pela aplicação dos critérios de solução de antinomias.

Não apenas em matéria tributária os tratados possuem primazia sobre a legislação interna. Em qualquer circunstância, qualquer que seja a matéria versada no acordo internacional, a primazia deste em face da lei interna é conclusão necessária e tem como principal fundamento o *princípio pacta sunt servanda*.

O critério da especialidade é, predominantemente nos tratados que versam matéria tributária, apto a solucionar antinomias entre tratado e lei interna, pois, quando veiculam regras tributárias, modificam o comando geral da norma interna, limitando a incidência tributária.

No entanto, não é apenas a especialidade do tratado que veicula regras de natureza tributária que se apresenta como fundamento de sua primazia, mas também o princípio *pacta sunt servanda*.

---

[78] TÔRRES, Heleno Taveira. Capital estrangeiro e princípio da não discriminação tributária no direito interno e nas convenções internacionais. *Revista Dialética de Direito Tributário*, n. 87, p. 40, dezembro/2002.

A conclusão pela primazia do direito internacional a partir de soluções interpretativas é providência tão frágil quanto insuficiente para dirimir conflitos entre direito internacional e direito interno, pois sendo a interpretação atividade individual e particular do operador jurídico, as soluções e conclusões a que chegam os intérpretes podem ser distintas.

Quanto aos tratados que veiculam matéria tributária, a solução do conflito normativo dá-se pela aplicação do princípio da especialidade.

Diante da diversidade de soluções a que pode chegar o intérprete, frente a uma antinomia entre tratado e lei interna, é a formal alteração do texto constitucional providência que se faz absolutamente necessária, para que reste consagrada expressamente regra que reconheça a primazia do direito internacional. Tal providência implicará que o tratado internacional preceda ou suceda a lei interna com ele conflitante, prevaleça como sói acontecer nos Estados democráticos.

Uma vez reconhecida a supranacionalidade dos tratados internacionais, a cláusula que introduz o princípio da não discriminação, neles inserta, impede o tratamento discriminatório mais oneroso com base no elemento de conexão nacionalidade; no entanto, se a legislação interna de um dos Estados contratantes contemplar hipótese de tratamento discriminatório e mais oneroso, adotando para tal o elemento de conexão residência, poderá haver inconstitucionalidade no referido tratamento se houver ofensa aos princípios da isonomia tributária e capacidade contributiva.

7. Bibliografia

ALEXY, Robert. *Teoria de Los Derechos Fundamentales*. 2. ed. Madrid: Centro de Estudios Políticos Y Constitucionales, 2008.

AMARO, Luciano da Silva. *Direito Tributário Brasileiro*. São Paulo: Saraiva, 1997.

——. Os tratados internacionais e a contribuição social sobre o lucro. In: *Grandes Questões Atuais de Direito Tributário*. São Paulo: Dialética, 1977.

AMORÓS, Narciso. *Derecho Tributario*. 2. ed. Madrid: Editorial de Derecho Financiero, 1970.

BOBBIO, Norberto. *Teoria do Ordenamento Jurídico*. 4. ed. Brasília: UNB, 1994.

BORGES, José Souto Maior. Isenções em tratados internacionais de imposto dos estados-membros e municípios. *Direito Tributário*: estudos em homenagem a Geraldo Ataliba. São Paulo: Malheiros, 1997.

BORGES, Antonio de Moura. Convenções sobre Dupla Tributação Internacional entre Estados Desenvolvidos e Estados em Desenvolvimento. São Paulo: RT – UFPI – IBDT, 1992.

BORGES, José Alfredo. Tratado Internacional em Matéria Tributária como Fonte do Direito. *Revista de Direito Tributário*, n. 27-28.

BULGARELLI, Waldirio. *Enciclopédia Saraiva de Direito*. São Paulo: Saraiva.

CAMPOS, Francisco. O Princípio da Legalidade Isonômica. *Revista de Direito Administrativo*, São Paulo, v.10, s./d.

CARRAZZA, Roque Antonio. *Curso de Direito Constitucional Tributário*. 10. ed. São Paulo: Malheiros, 1997.

CARVALHO, Paulo de Barros. *Curso de Direito Tributário*. 24. ed. São Paulo: Saraiva, 2012.

COELHO, Sacha Calmon Navarro. Tratados internacionais em matéria tributária perante a Constituição Federal de 1988. *Revista de Direito Tributário*. São Paulo,, n. 59.

DINIZ, Maria Helena. *Conflito de Normas*. São Paulo: Saraiva, 1987.

——. Compêndio de Introdução à Ciência do Direito. São Paulo: Saraiva, 1988.

DWORKIN, Ronald. *Taking Rights Seriously*. Cambridge: Harvard University Press, 2001.

FARIAS, Edilson Pereira de. *Colisão de Direitos*. São Paulo: SAFE, 2008.

FERRAZ JR., Tércio Sampaio. Antinomia. *Enciclopédia Saraiva de Direito*. São Paulo: Saraiva. v. 7.

FRAGA, Mirtô. *O Conflito entre Tratado Internacional e Norma de Direito Interno:* estudo analítico da situação do tratado na ordem jurídica brasileira. Rio de Janeiro: Forense, 1998.

FONROUGE, Carlos M. Giuliani. *Derecho Financiero*. 5. ed. Buenos Aires: Depalma, 1993.

GOMES, Luiz Flávio. A questão da obrigatoriedade dos tratados e convenções no Brasil. *Revista dos Tribunais*. v. 710.

MALERBI, Diva. Tributação no Mercosul. *Pesquisas Tributárias (Nova Série – 3)*. São Paulo: Revista dos Tribunais, 1997.

MELO, José Eduardo Soares de. Não Cumulatividade. In: MACHADO, Hugo de Brito (Coord.). *Não Cumulatividade Tributária*. São Paulo: Dialética, 2009.

MELLO, Celso Antônio Bandeira de. *Curso de Direito Administrativo*. 11. ed. São Paulo: Malheiros, 1999.

OKUMA, Alessandra. Princípio da não discriminação e a tributação das rendas de não residentes no Brasil. In: TÔRRES, Heleno Taveira (Coord.). *Direito Internacional Aplicado*. São Paulo: Quartier Latin, 2003.

PAULICK, Heinz. *Ordenanza Tributaria Alemana*. TABOADA, Carlos Palao (Trad.) . Madrid: Instituto de Estudios Fiscales de Madrid, 1980.

PONTES FILHO, Valmir. ICM – Mercadoria importada do exterior. *Revista de Direito Tributário*, n. 27-28.

PEREZ, Jesus Gonzales. *El principio General de la Buena Fe en el Derecho Administrativo*. Madrid: Real Academia de Ciencias Morales y Politicas, 1983.

RANGEL, Vicente Marotta. Os conflitos entre o direito interno e os tratados internacionais. *Boletim da Sociedade Brasileira de Direito Internacional*. (s.l) Rios, n. 45-46, 1967.

REZEK. José Francisco. *Direito internacional público: curso elementar*. São Paulo: Saraiva, 1989.

ROCHA, Sérgio André. *Pluritributação Internacional sobre a Renda das Empresas*. 2. ed. São Paulo: Quartier Latin, 2013.

SORENDO. *Jornadas de Derecho Tributario*: Algumas reflexiones sobre el problema de la doble imposición internacional. s./ed.

TÔRRES, Heleno Taveira. Pluritributação Internacional sobre a Renda das Empresas. São Paulo: RT, 1997.

——. Capital estrangeiro e princípio da não-discriminação tributária no direito interno e nas convenções internacionais. *Revista Dialética de Direito Tributário*, n. 87, dezembro/2002.

TREIGER GRUPENMACHER, Betina. Tratados internacionais em matéria tributária e a ordem interna. São Paulo: Dialética, 1998.

VILLEGAS, Héctor B. *Curso de Finanzas, Derecho Financiero y Tributario*. 5. ed. Buenos Aires: Depalma, 1994.

XAVIER, Alberto, *Direito Tributário Internacional do Brasil:* tributação das operações internacionais. 3. ed. Rio de Janeiro: Forense, 1994.

——; XAVIER, Helena de Araújo Lopes. Tratados: superioridade hierárquica em relação à lei face à Constituição Federal de 1988. *Revista de direito tributário*. São Paulo, n. 66.

— 4.3 —

Harmonização tributária, incentivos fiscais e cláusula de não discriminação no âmbito do MERCOSUL[1]

GILSON PACHECO BOMFIM

Sumário: I – Introdução; II – Integração econômica, harmonização tributária e neutralidade fiscal; III – Normas tributárias indutoras, incentivos fiscais e intervenção no domínio econômico; IV – A concessão e o controle dos incentivos fiscais no âmbito da União Europeia; V – Concessão e controle dos incentivos fiscais no MERCOSUL; VI – Cláusula de não discriminação e sua relação com o direito brasileiro; VII – Prevalência da cláusula de não discriminação, extensão de benefícios fiscais e responsabilidade fiscal; VIII – Conclusão; IX – Obras citadas.

I – Introdução

Em um mundo marcado pela extrema competitividade por capitais e investimentos, a formação de blocos econômicos é algo tão natural como a formação de grandes grupos de empresas. Em ambos os casos, busca-se, dentre outros objetivos, alcançar maior eficiência e competitividade. Contudo, um dos maiores desafios a ser superado, no decorrer de processos de integração econômica, é a compatibilização (harmonização) entre os sistemas jurídicos dos países envolvidos, especialmente em matéria tributária.

A harmonização entre os sistemas tributários dos estados membros é fundamental para afastar divergências e contradições, bem como para garantir a maior neutralidade e equilíbrio possível entre os países integrantes do mercado comunitário. Além disso, a harmonização tributária aumenta significativamente a competitividade do bloco econômico no cenário internacional, elevando sua credibilidade institucional, segurança e previsibilidade, que hoje são tão caras aos investidores estrangeiros.

A árdua tarefa de harmonizar diferentes sistemas tributários torna-se ainda mais complexa diante da usual e necessária intervenção dos estados na economia através de normas com funções extrafiscais. A utilização da extrafiscalidade, mais precisamente de incentivos fiscais, é uma forma comum de estimular determinados setores

---

[1] Trabalho apresentado no âmbito do Programa de Pós-Graduação em Direito da Universidade do Estado do Rio de Janeiro-UERJ. Linha de Pesquisa: Finanças Públicas, Tributação e Desenvolvimento. Requisito para aprovação na disciplina: Direito Tributário da Integração e Comunitário. Jurisprudência Tributária do Tribunal de Justiça da União Europeia, ministrada pelo Prof. Marcus Lívio Gomes em 2013.1.

da economia, especialmente em momentos de crise econômica. Entretanto, a utilização de incentivos fiscais acaba por impactar no equilíbrio e na neutralidade fiscal que deve existir entre os países membros de um bloco econômico.

Diante desse quadro, o presente trabalho busca analisar a possibilidade de controle e harmonização de incentivos fiscais no âmbito de mercados comunitários, dando especial ênfase à situação do MERCOSUL, bloco econômico que ostenta particularidades bastante específicas e desafiadoras.

Nessa conjuntura, a pesquisa se propõe a examinar a cláusula de não discriminação constante do Tratado de Assunção e sua relação com o direito brasileiro, principalmente com eventuais normas internas que venham a conceder incentivos fiscais discriminatórios em âmbito comunitário.

Seguindo essa linha, o trabalho não se furta a analisar a problemática relação entre tratados internacionais em matéria tributária e legislação interna (matéria objeto de repercussão geral – RE 627280/RJ), bem como a possibilidade de extensão de um benefício fiscal, através do Poder Judiciário, a produtos não contemplados originariamente pela medida. Por último, a pesquisa também não se esquiva da análise entre a compatibilidade de eventual extensão de benefício fiscal e a imposição constitucional e legal de transparência e responsabilidade na gestão fiscal-orçamentária.

II – Integração econômica, harmonização tributária e neutralidade fiscal

A evolução do comércio internacional, após as duas grandes guerras mundiais, tem se caracterizado pela formação de blocos econômicos regionais, onde países se reúnem em virtude de fatores geopolíticos, econômicos e tecnológicos comuns. É verdade que nem todos os blocos econômicos têm alcançado o mesmo grau de integração econômica. Contudo, não se pode negar que o processo de formação de blocos econômicos vem marcando a substituição de um modelo de conquista de territórios e mercados através da força, mais precisamente através de guerras, por um modelo de conquista através da eficiência.[2]

A exemplo do que já acontecera com as empresas, que atentaram para a necessidade de se organizarem em grandes grupos empresariais para atingir maior eficiência e competitividade, os Estados também têm percebido que a formação de blocos econômicos é uma necessidade, especialmente em função da volatividade de bens, serviços e pessoas que marca a atualidade. Pode-se afirmar, assim, que os processos de integração econômica têm como um dos seus objetivos criar ou desenvolver condições mais favoráveis à competitividade internacional (PIRES, 1998, p. 1).

Nada obstante, a integração econômica é algo que se constroi de forma paulatina, por vezes, ao longo de décadas. Tanto é assim, que a doutrina costuma elencar quatro ou cinco fases (graus) de integração econômica, que vão desde a Zona de Livre Comércio (eliminação das barreiras alfandegárias e restrições aduaneiras), passando pela União aduaneira (fixação de uma tarifa externa comum) e Mercado Comum (livre circulação de pessoas, rendas e capitais), até chegar à União Econômica

---

[2] Nesse sentido é o ensinamento do professor Diogo de Figueiredo Moreira Neto, que aponta a formação de blocos econômicos como uma tendência do mundo atual, onde a conquista de territórios e de mercados pelas armas cedeu espaço à competição por eficiência (NETO, 1995, p. 208).

(convergência de políticas econômica e financeira).[3] Veja que o melhor exemplo de integração econômica que se tem notícia, que é a União Europeia, somente atingiu o estágio atual de integração (União Econômica e Financeira) muitos anos após sua constituição, que se deu com o Tratado de Roma, em 1957.

A harmonização tributária é de fundamental importância para o desenvolvimento e sucesso de um processo de integração econômica. Consiste em um processo de aproximação dos sistemas tributários dos países que compõem o bloco econômico, de maneira que se possa reconhecer princípios comuns, capazes de reduzir as contradições em matéria tributária ou neutralizar suas divergências.[4] A identificação de princípios comuns a um Mercado Comunitário é essencial para que se possa falar em segurança e previsibilidade das relações jurídicas, assim como atrair maiores investimentos estrangeiros, aumentando, por conseguinte, a competitividade do bloco econômico.[5]

Sem harmonização entre os sistemas tributários dos Estados-Membros, é pouco provável que um mercado comunitário funcione a contento e obtenha sucesso em um ambiente de competitividade internacional. De fato, as naturais diferenças entre os sistemas tributários dos Estados Membros e seus interesses por vezes contrapostos podem servir como fator de desequilíbrio interno e de desestímulo para investidores internacionais, que buscam previsibilidade e segurança para seus investimentos.

A harmonização tributária busca também conferir a maior neutralidade fiscal possível no que diz respeito aos Estados Membros do bloco econômico. Como bem destacou o professor Heleno Torres, as empresas no momento de sua organização não devem levar em conta prioritariamente aspectos fiscais, em particular, o nível de pressão fiscal do país escolhido para se instalar (2001, p. 742). Com efeito, não é difícil concluir que um Mercado Comunitário em que não haja equilíbrio ou neutralidade fiscal entre os Estados Membros está fadado ao fracasso, especialmente em virtude da possível disseminação de uma "guerra fiscal" entre os países-membros.

A despeito do Tratado de Assunção (MERCOSUL) possuir dispositivo expresso que cria o compromisso para os Estados Membros de harmonizar suas legislações, nas áreas pertinentes (art. 1º do Tratado de Assunção),[6] as tentativas de harmonização tributária no âmbito desse bloco econômico têm produzido pouco resultado prático, muito em função da sua própria estrutura institucional, que não possui órgãos autônomos de produção normativa e de aplicação do direito.[7]

---

[3] No sentido do texto, entendendo serem quatro os estágios da integração econômica, os ilustres professores Marcos André Vinhas Catão (*Regime Jurídico dos Incentivos Fiscais*, 2004, p. 188) e Adilson Rodrigues Pires (1998, p. 1/3). No sentido de serem cinco as fases de integração, o renomado professor Luis Eduardo Schoueri (SCHOUERI, *Harmonização Tributária no Mercosul*, 2000, p. 173).

[4] O professor Adilson Rodrigues Pires adverte que a ideia básica da harmonização não é a construção de um arcabouço legislativo comum, mas sim a construção de princípios comuns (PIRES, 1998, p. 6).

[5] Esse também é o pensamento do professor Luís Eduardo Schoueri, que destaca que sistemas harmonizados caracterizam-se pela existência de princípios comuns, os quais permitem comparar os sistemas tributários, auxiliando e conferindo maior segurança no processo de tomada de decisão por parte dos interessados em atuar junto a esses mercados (SCHOUERI, *Harmonização Tributária no Mercosul*, 2000, p. 173).

[6] "Artigo 1º – Os Estados Partes decidem constituir um Mercado Comum, que deverá estar estabelecido a 31 de dezembro de 1994, e que se denominará "Mercado Comum do Sul" (MERCOSUL). Este Mercado Comum implica: (...) O compromisso dos Estados Partes de *harmonizar suas legislações*, nas áreas pertinentes, para lograr o fortalecimento do processo de integração". Tratado de Assunção disponível no sítio eletrônico (acesso em 26/07/13): <http://www.mercosul.gov.br/tratados-e-protocolos/tratado-de-assuncao-1>.

[7] Veja que a ausência de órgãos supraestatais e de normas de caráter externo e vinculante para os Estados Membros tem levado alguns doutrinadores a questionar a própria existência de um "direito comunitário" no seio do MERCO-

No âmbito da União Europeia, a harmonização tributária tem experimentado melhores resultados. Tais resultados vêm sendo facilitados pela estrutura institucional do Mercado Comum Europeu, que prevê a possibilidade de produção normativa comunitária com efeitos vinculantes para os Estados Membros (Regulamentos, Diretivas e Decisões), além da existência de órgão judicante com competência específica para decidir sobre as matérias comunitárias (Tribunal de Justiça da União Europeia). Esses e outros fatores contribuem para avanços na harmonização da legislação tributária dos Estados-Membros, especialmente no que tange à tributação indireta.[8]

III – Normas tributárias indutoras, incentivos fiscais e intervenção no domínio econômico

No modelo de Estado Fiscal, o financiamento das atividades estatais se dá primordialmente através dos tributos. Nesse cenário, naturalmente, a busca de recursos para a satisfação das necessidades financeiras do Estado aparece como uma das principais finalidades ou funções das normas tributárias.

Contudo, em uma economia capitalista, os impostos não são somente a principal forma de financiamento da atuação estatal, servindo também como um poderoso instrumento para que o sistema político ponha em prática uma determinada concepção de Estado e Justiça (MURPHY & NAGEL, 2005, p. 05). Nessa conjuntura, ao lado da tradicional função de financiamento das atividades estatais, ganha cada vez mais importância a função extrafiscal das normas tributárias.

Tradicionalmente, a doutrina define o fenômeno da extrafiscalidade[9] como a utilização de normas tributárias para obtenção de efeitos econômicos e sociais, que transcendem a mera arrecadação de recursos financeiros para o Estado (TORRES, 2005, p. 164). Em face das dificuldades e limitações encontradas para se identificar uma norma tributária com base em uma análise finalística ou teleológica, o professor Luis Eduardo Schoueri, seguindo os ensinamentos dos professores Tércio Sampaio Ferraz e Klaus Vogel, propõe que a identificação das normas tributárias seja feita com base em um enfoque essencialmente pragmático, com base nas suas funções, quais sejam: função de obter recursos para o Estado; função de repartir a carga tributária; função simplificadora; e, função indutora. (SCHOUERI, Luis Eduardo. *Normas Tributárias Indutoras e Intervenção Econômica*. Rio de Janeiro: Forense, 2005. p. 27).

SUL. Nesse sentido é o pensamento do professor Heleno Torres: "As possibilidades de eficácia das normas oriundas do MERCOSUL são quase inexpressivas, prevalecendo um elevado grau de discricionariedade na respeitabilidade das mesmas por parte dos Estados, em particular pelo Brasil que, propositalmente, procura manter razoáveis margens de flexibilidade nos compromissos assumidos." (*Pluritributação Internacional sobre a Renda das Empresas*, 2001, p. 731).

[8] Um bom exemplo é a Diretiva 2006/112/CE, de 28/11/2006, que estabelece parâmetros para neutralizar conflitos e harmonizar a legislação tributária dos Estados Membros no que tange ao IVA. Disponível para consulta no sítio eletrônico da Comunidade Europeia (acesso em 26/07/2013): <http://eur-lex.europa.eu/LexUriServ/LexUriServ.do?uri=CONSLEG:2006L0112:20110101:PT:PDF>.

[9] No que diz respeito às funções ou finalidades das normas tributárias, o termo extrafiscalidade tem sido empregado como gênero e como espécie (extrafiscalidade *stricto sensu*). Como gênero, o termo guarda relação com as funções das normas tributárias não vinculadas à obtenção de recursos para o Estado, repartição da carga tributária e simplificação administrativa (campos reservados à *"fiscalidade"*). Como espécie, o termo está relacionado à função da norma tributária de induzir ou direcionar o comportamento de pessoas físicas ou jurídicas (SCHOUERI, Luis Eduardo. *Normas Tributárias Indutoras e Intervenção Econômica*. Rio de Janeiro: Forense, 2005, p. 32).

Nos casos de normas tributárias com funções indutoras, o legislador oferece alternativas ao agente, que recebe estímulos ou desestímulos para agir de uma ou de outra forma. Qualquer que seja o comportamento escolhido pelo agente, não há que se falar em ilícito. Esse ponto é fundamental e distingue as normas indutoras das normas interventivas por direção,[10] que, acaso descumpridas, importam na prática de um ato ilícito (SCHOUERI, *Normas Tributárias Indutoras e Intervenção Econômica*, 2005, p. 44).

Como já dito, as normas com funções indutoras estimulam (incentivam) ou desestimulam (desincentivam) comportamentos dos agentes econômicos. Na indução por estímulos, o Estado proporciona vantagens adicionais, que não seriam obtidas na atuação regular do mercado àqueles que praticam a conduta desejada. Em contrapartida, os desincentivos atuam atribuindo custos, que não seriam imputados regularmente pelo mercado aos agentes que praticam condutas que o Estado deseja ver não praticadas (SCHOUERI, Normas Tributárias Indutoras e Intervenção Econômica, 2005, p. 54). Tal função materializa uma forma de intervenção do Estado no domínio econômico e/ou sobre o domínio econômico, com a finalidade de atender aos ditames constitucionais e proporcionar maior equilíbrio das relações sociais e econômicas (ELALI, 2007, p. 103).

Os agentes econômicos podem ser estimulados através da concessão de benefícios ou incentivos fiscais, que consistem em desonerações tributárias, que visam a estimular o surgimento de relações jurídicas de cunho econômico (CATAO, *Regime Jurídico dos Incentivos Fiscais*, 2004, p. 13).[11] Seu principal fundamento é estimular determinada atividade econômica, visando atender aos fins previstos no texto da Constituição Federal.

Nesse contexto, sob o rótulo genérico dos incentivos fiscais, é possível agrupar espécies que, a despeito de suas diferenças de forma, importam em algum tipo de desoneração tributária, com a finalidade de estimular o comportamento de um agente econômico, tais como: isenções; renúncia de receita; reduções de base de cálculo ou alíquota; concessão de crédito tributário; bonificação; dedução para a depreciação acelerada; suspensão do imposto; diferimento; financiamento; restituição; remissão; anistia; dentre outras espécies.[12]

---

[10] O professor Eros Roberto Grau sustenta serem de três tipos as espécies de intervenção do Estado no domínio econômico: 1) por absorção ou participação, quando o próprio Estado exerce diretamente alguma participação nas atividades econômicas; 2) por direção, quando o Estado impõe determinados comportamentos; e 3) por indução, quando o Estado estimula ou desestimula determinados comportamentos (GRAU, Eros Roberto. *A Ordem Econômica na Constituição de 1988*. 9ª ed. São Paulo: Malheiros, 1994, p. 83).

[11] Como bem destacado pelo professor Aurelio Pitanga Seixas Filho, "o legislador aproveita uma possível redução na carga tributária do contribuinte para induzi-lo (incentivá-lo) a fazer uma determinada atividade, preenchendo desta forma uma função relevante na sociedade, que, sem a isenção extrafiscal, não seria feita, pelo menos naquele momento" (*Teoria e Prática das Isenções Tributárias*, 2003, p. 114).

[12] Os professores Luis Eduardo Schoueri (*Normas Tributárias Indutoras e Intervenção Econômica*. Rio de Janeiro: Forense, 2005, p. 57/58) e Andre Elali entendem que, a despeito de eventuais diferenças de forma, os incentivos fiscais têm a natureza jurídica de autênticas subvenções, pois impõem um ônus ao Estado. Nesse sentido, veja-se seguinte passagem de lavra desse último autor: "Por oportuno, ressalte-se que as diferentes figuras relacionadas às ajudas do Estado, dentre as quais as de natureza tributária, não obstante possíveis distinções em suas formas, são consideradas espécies de subvenções. E isso porque elas impõe, direta ou indiretamente, um ônus ao Estado (ônus com a subvenção direta ou com a diminuição da arrecadação tributária), tendo uma expressão financeira que há de ser conciliada com os valores das ordens econômica, financeira e tributária" (*Tributação e Regulação Econômica – Um exame da tributação como instrumento da regulação econômica na busca da redução das desigualdades regionais*. São Paulo: MP editora, 2007, p. 119).

Questão bastante interessante diz respeito à possibilidade e limites da utilização de incentivos fiscais pelos países que fazem parte de um Mercado Comunitário. Isso porque, como já dito, a criação, manutenção e desenvolvimento de um Mercado Comum pressupõe neutralidade e equilíbrio entre os Estados Membros que o compõem. Por outro lado, os incentivos fiscais são importantes instrumentos de intervenção do Estado sobre ou no Domínio Econômico, de forma a corrigir imperfeições ou externalidades de um mercado e atingir os fins constitucionais.

Vê-se, portanto, que a questão não é de fácil solução, especialmente, em momentos de crise econômica, em que os Estados precisam adotar medidas de estímulo a determinados setores da economia, o que afeta a neutralidade e o equilíbrio que devem existir dentro de um bloco econômico.

IV – A concessão e o controle dos incentivos fiscais no âmbito da União Europeia

No Direito Comunitário Europeu, os incentivos fiscais são rigidamente controlados e regulados sob o gênero dos "auxílios de estado" (arts. 107/109 do Tratado de Funcionamento da União Europeia). Da leitura dos dispositivos do referido tratado, percebe-se uma grande preocupação com a neutralidade e / ou equilíbrio da concorrência entre os países-membros, de forma a garantir condições de concorrência equivalentes entre as empresas que operam no mercado comunitário (CATÃO & NORONHA, *Atual cenário dos Incentivos Fiscais no Brasil: Uma comparação a partir dos conceitos de STATE AID na Europa e de COMMERCE CLAUSE nos Estados Unidos*, p. 92). De fato, a norma que se extrai do artigo 107 do citado tratado é bem clara ao prescrever a incompatibilidade de quaisquer auxílios provenientes dos Estados, independentemente de forma, que afetem ou possam afetar a livre concorrência, beneficiando certas empresas ou produções.[13]

A despeito da inexistência de definição legal do que seja uma "auxílio de Estado", o professor Adolfo Martin Jimenez elenca algumas características ou requisitos para que se possa enquadrar uma norma nacional sob o rótulo de "auxílio de Estado" (JIMENEZ, 2011, p. 1140-1141).

Em primeiro lugar, a norma nacional deve atribuir uma vantagem ou benefício em favor de determinadas empresas, grupos de empresas ou setores econômicos, sem, contudo, atribuir essa mesma vantagem ou benefício aos demais contribuintes que se encontram em situações equivalentes (JIMENEZ, 2011, p. 1141). É importante destacar que vantagens ou benefícios concedidos de forma geral, por não colocarem em risco a livre concorrência, não se enquadram como auxílios de Estado.[14]

---

[13] "Artigo 107 (grifos nossos): 1. *Salvo disposição em contrário dos Tratados*, são incompatíveis com o mercado interno, na medida em que afectem as trocas comerciais entre os Estados-Membros, os auxílios concedidos pelos Estados ou provenientes de recursos estatais, independentemente da forma que assumam, *que falseiem ou ameacem falsear a concorrência, favorecendo certas empresas ou certas produções.*" Tratado de funcionamento da União Europeia, disponível para consulta no sítio eletrônico (acesso em 26/07/2013): <http://eur-lex.europa.eu/LexUriServ/LexUriServ.do?uri=OJ:C:2010:083:FULL:PT:PDF>.

[14] O professor Jimenez aduz que vantagens justificadas pela natureza ou própria estrutura do sistema tributário não se enquadram como "auxílios de Estado", desde que não ofensivas ao princípio da proporcionalidade. Nesses casos, prossegue o autor, os Estados devem comprovar que a medida se justifica pela natureza e estrutura de seu sistema tributário, cabendo o veredito final à Comissão (JIMENEZ, 2011, p. 1142-1143).

Outrossim, para que se possa falar em auxílio de Estado, é essencial que a vantagem concedida tenha origem em recursos estatais, de forma direta, através de uma despesa, ou indireta, através da renúncia de uma receita (JIMENEZ, 2011, p. 1149). Na esfera tributária, toda vantagem ou benefício concedido implicará automaticamente no envolvimento de recursos estatais, mesmo que sob a forma de não ingresso de receitas.

Por último, a vantagem concedida deve possuir aptidão para afetar o comércio comunitário ou provocar uma distorção na concorrência (JIMENEZ, 2011, p. 1150). Essa é terceira característica ou requisito para que se possa falar em auxílios de estado. Constatado que determinada medida concede alguma vantagem à empresa, grupo de empresas ou setor econômico, presume-se preenchido esse requisito. Contudo, nem sempre ocorrerá violação à concorrência, como por exemplo, nos casos de mercado em que há monopólio estatal.

Por outro lado, em algumas situações excepcionais, o próprio Tratado de Funcionamento da União Europeia considera que determinadas auxílios de Estado não são incompatíveis com o Mercado Comum. Como já dito, são situações excepcionais, onde os auxílios de Estado não são capazes de afetar a concorrência e/ou se justificam por interesses de maior importância.[15]

Em outras situações, o referido tratado considerou que, diante do caso concreto, determinados auxílios podem ser considerados compatíveis com o Mercado Comum, caso as vantagens obtidas com a medida superem as desvantagens ou prejuízos com relação à concorrência.[16]

Trata-se, mais uma vez, de situações excepcionais, onde o adequado sopesamento entre as vantagens obtidas com a medida, e as restrições causadas à concorrência, somente pode se dar diante do caso concreto, sempre à luz do princípio da proporcionalidade.[17]

---

[15] "Art. 107 (grifos nossos): 2. *São compatíveis com o mercado interno*: a) Os auxílios de *natureza social* atribuídos a *consumidores individuais* com a *condição* de serem concedidos *sem qualquer discriminação relacionada com a origem dos produtos*; b) Os auxílios destinados a remediar os *danos causados por calamidades naturais* ou por *outros acontecimentos extraordinários*; c) Os auxílios atribuídos à *economia de certas regiões da República Federal da Alemanha afectadas pela divisão da Alemanha*, desde que sejam *necessários para compensar as desvantagens económicas causadas por esta divisão*. Cinco anos após a entrada em vigor do Tratado de Lisboa, o Conselho, sob proposta da Comissão, pode adoptar uma decisão que revogue a presente alínea."

[16] "Art. 107 (grifos nossos): 3. *Podem ser considerados compatíveis com o mercado interno*: a) Os auxílios destinados a promover o *desenvolvimento económico de regiões em que o nível de vida seja anormalmente baixo* ou em que exista grave situação de subemprego, bem como o desenvolvimento das regiões referidas no artigo 349.o , *tendo em conta a sua situação estrutural, económica e social*; b) Os auxílios destinados a *fomentar a realização de um projecto importante de interesse europeu comum*, ou a sanar uma *perturbação grave da economia de um Estado-Membro*; c) Os auxílios destinados a facilitar o *desenvolvimento de certas actividades ou regiões económicas*, quando *não alterem as condições das trocas comerciais de maneira que contrariem o interesse comum*; d) Os auxílios destinados a *promover a cultura e a conservação do património*, quando *não alterem as condições das trocas comerciais e da concorrência na União num sentido contrário ao interesse comum*; e) *As outras categorias de auxílios determinadas por decisão do Conselho*, sob *proposta da Comissão*". Artigo 108 (grifos nossos): 2. § 2º – A pedido de qualquer Estado-Membro, o Conselho, deliberando por unanimidade, *pode decidir que um auxílio, instituído ou a instituir por esse Estado, deve considerar-se compatível com o mercado interno*, em derrogação do disposto no artigo 107.o ou nos regulamentos previstos no artigo 109.o *se circunstâncias excepcionais justificarem tal decisão*. Se, em relação a este auxílio, a Comissão tiver dado início ao procedimento previsto no primeiro parágrafo deste número, o pedido do Estado interessado dirigido ao Conselho terá por efeito suspender o referido procedimento até que o Conselho se pronuncie sobre a questão". Tratado de funcionamento da União Europeia, disponível para consulta no sítio eletrônico (acesso em 26/07/2013): <http://eur-lex.europa.eu/LexUriServ/LexUriServ.do?uri=OJ:C:2010:083:FULL:PT:PDF>.

[17] Nesse sentido é o pensamento dos professores Marcos André Vinhas Catão e Antonio Henrique Pereira de Noronha, como se vê na seguinte passagem: "Por conseguinte, os auxílios podem ser compatíveis com o Tratado se res-

A análise da compatibilidade ou não de determinado auxílio com o Mercado Comum fica a cargo da Comissão (um dos órgãos da estrutura comunitária da União Europeia). Caso considere determinado auxílio incompatível com o Mercado Comum, a Comissão determinará que o Estado que o concedeu promova sua modificação ou mesmo extinção, dentro de determinado prazo. Se a determinação não for cumprida dentro do prazo fixado, a Comissão ou qualquer outro Estado interessado poderá recorrer diretamente ao Tribunal de Justiça da União Europeia (art. 108, 2, do Tratado de Funcionamento da União Europeia).

Percebe-se, portanto, que os "auxílios de Estado" são fonte de preocupação na União Europeia, que procurou discipliná-los de forma a manter o equilíbrio e neutralidade entre os Estados Membros, fortalecendo a igualdade de concorrência, necessária para o desenvolvimento e competitividade de qualquer bloco econômico.[18]

V – Concessão e controle dos incentivos fiscais no MERCOSUL

Ao contrário do sistema adotado pelo Mercado Comum Europeu, onde, como visto, há um rígido controle sobre a concessão de incentivos fiscais, no MERCOSUL, seja no Tratado de Assunção, seja em dispositivos complementares, não há normas específicas que tratem da concessão de incentivos fiscais pelos Estados-Membros (CATÃO, *Tributação e Concorrência no Mercosul*, 2012, p. 534). Esse fato não contribui para o fortalecimento do MERCOSUL como bloco econômico, pois permite a existência de regimes especiais, preferências e benefícios, que afetam o equilíbrio e a igualdade de concorrência que deve existir entre os estados que integram um mercado comum, dificultando bastante que se atinja um cenário de maior integração econômica.

Além da ausência de normas expressas acerca da concessão de incentivos fiscais no âmbito do MERCOSUL, a experiência harmonizadora nesse bloco econômico também não tem produzido resultados significativos, muito em função de sua notória fragilidade institucional, caracterizada pela falta de órgãos supraestatais de produção normativa e de aplicação do Direito.[19] Esses fatores têm enfraquecido a ex-

---

ponderem a objetivos de interesse comum claramente definidos e não falsearem a concorrência em medida contrária ao interesse comum. Portanto, o controle dos auxílios estatais consiste em encontrar um equilíbrio entre seus efeitos negativos sobre a concorrência e os seus efeitos positivos em termos de interesse comum, devendo as vantagens presumidas para o interesse comum ser superiores (sic) às distorções da concorrência". (CATÃO; NORONHA. *Atual cenário dos Incentivos Fiscais no Brasil: Uma comparação a partir dos conceitos de STATE AID na Europa e de COMMERCE CLAUSE nos Estados Unidos*, p. 93).

[18] É interessante destacar que, no Mercado Comum Europeu, o controle e a regulação dos incentivos fiscais estão inseridos dentro de uma política comunitária da concorrência, que visa, em última análise, a manutenção e o fortalecimento das liberdades de movimento de bens e capitais dentro da Europa (CATÃO; NORONHA. *Atual cenário dos Incentivos Fiscais no Brasil: Uma comparação a partir dos conceitos de STATE AID na Europa e de COMMERCE CLAUSE nos Estados Unidos*, p. 91).

[19] Nesse sentido, é lapidar a seguinte passagem de lavra do professor Heleno Torres: "No que tange ao MERCOSUL, como se deduz, a dificuldade é maior exatamente por falta de um 'direito comunitário' (regulamentos, diretivas, decisões, etc.) externo e vinculante para os Estados-Membros. Como, então, proceder a uma tentativa de harmonização? A resposta não poderia ser mais vaga: por meio de deliberações da vontade política dos governantes de cada um dos países, atendendo seus interesses internos. Não há outra opção: há de ser de dentro para fora, através de uma tentativa de aproximação legislativa, o que não oferece qualquer segurança jurídica para os agentes econômicos." (TORRES H., 2001, p. 734). Outra característica do MERCOSUL que contribui para o enfraquecimento do bloco econômico é a ausência de um órgão supraestatal a quem os Estados possam recorrer para resolver as controvérsias de modo definitivo e vinculante (CATÃO. *Tributação e Concorrência no Mercosul*, 2012, p. 543/544).

periência comunitária sul-americana, colocando em xeque o próprio futuro do bloco econômico.[20]

Diante da ausência de normas expressas e de avanços harmonizadores significativos em âmbito comunitário, avulta em importância a análise do artigo 7º do Tratado de Assunção,[21] como um possível instrumento de equalização da necessária neutralidade tributária e concorrencial com a utilização de normas tributárias indutoras por parte dos Estados Membros, especialmente através de incentivos fiscais.

A cláusula de não discriminação tributária (artigo 7º) prescreve que um produto originário de um dos países membros do MERCOSUL deve receber o mesmo tratamento tributário, nos outros países membros, que o produto nacional.

Nada obstante, como já afirmado, o MERCOSUL caracteriza-se pela falta de estrutura institucional que garanta a aplicação definitiva e vinculante das "normas comunitárias". Nesse contexto, passa a ter fundamental importância perquirir, com base no artigo 7º do Tratado de Assunção, a possibilidade de extensão de benefícios fiscais a produtos não contemplados originariamente (importados de outros países membros), via Poder Judiciário, de forma a conferir maior neutralidade e equilíbrio concorrencial entre os integrantes do Mercado Comunitário.

VI – Cláusula de não discriminação e sua relação com o direito brasileiro

Uma questão que deve ser posta de forma preliminar diz respeito à própria aplicabilidade da cláusula de não discriminação em território brasileiro. Nesse ponto, é importante destacar que o Tratado de Assunção foi devidamente internalizado, tendo sido aprovado pelo Decreto Legislativo nº 197/1991 e promulgado pelo Decreto 350/1991. Considerando que sua internalização se deu de forma regular, é possível afirmar que a referida cláusula faz parte do ordenamento jurídico brasileiro e possui autoexecutoriedade, ou seja, não depende de qualquer outra norma para ser aplicável no caso concreto.[22]

Vencida essa questão preliminar, passa-se ao cerne da questão propriamente dita, que consiste em perquirir acerca da relação entre a cláusula da não discriminação e uma lei interna que eventualmente estabeleça uma isenção de forma discriminatória a produtos oriundos dos demais Estados Membros do MERCOSUL. Nesse ponto, a questão passa necessariamente pela análise de possível prevalência ou hierarquia entre tratados internacionais e legislação interna.

Como se sabe, desde o julgamento do RE 80.004 (Relator: Min. Xavier de Albuquerque, julgado em 01/06/1977, DJ 29-12-1977), o STF fixou entendimento no

---

[20] Tal quadro tem levado a uma situação caótica, que alguns autores têm chamado de "guerra fiscal sul-americana" (CATÃO. *Tributação e Concorrência no Mercosul*, 2012, p. 533).

[21] "ARTIGO 7: Em matéria de impostos, taxas e outros gravames internos, os produtos originários do território de um Estado Parte gozarão, nos outros Estados Partes, do mesmo tratamento que se aplique ao produto nacional." Tratado de Assunção disponível no sítio eletrônico (acesso em 26/07/13): <http://www.mercosul.gov.br/tratados-e-protocolos/tratado-de-assuncao-1>.

[22] Nesse sentido é o pensamento do professor Alberto Xavier, conforme se vê na seguinte passagem: "(iii) o art. 7º do Tratado de Assunção, que consagra o princípio do tratamento nacional ou da não-discriminação, é norma de eficácia plena, de caráter auto-aplicável, não dependendo de providência normativa ulterior, nem se enquadrando nas matérias sujeitas ao disciplinamento gradual e progressivo do período de transição;" (XAVIER, 2008, p. 1031). No mesmo sentido é o pensamento do professor Elcio Fiori Henriques (HENRIQUES, p. 38).

sentido de que os tratados internacionais ingressam no ordenamento jurídico nacional no mesmo patamar hierárquico das leis ordinárias, de modo que eventual antinomia entre os dispositivos normativos deve ser resolvida à luz dos critérios cronológico e de especialidade[23] (ROCHA, 2013, p. 54).

A questão em análise, contudo, por envolver matéria tributária, possui uma maior complexidade, já que, como é cediço, o artigo 98 do CTN prescreve que os Tratados em matéria tributária prevalecem sobre a legislação interna.[24] Embora a doutrina tributária, de forma amplamente majoritária se manifeste pela "prevalência" das normas oriundas de tratados tributários sobre a legislação interna,[25] o Supremo Tribunal Federal jamais se manifestou expressamente quanto à compatibilidade do artigo 98 do CTN com a Constituição Federal de 1988 (ROCHA, 2013, p. 54-74).[26]

Não obstante isso, em análise de questões relacionadas a conflitos entre a aplicação do GATT (Acordo Geral sobre Tarifas Aduaneiras e Comércio de 1947) e leis internas, a jurisprudência dos Tribunais Superiores acabou se consolidando no sentido da prevalência do referido Tratado. A matéria encontra-se, inclusive, sumulada no STJ[27] e no STF.[28]

Quanto à cláusula de não discriminação do Tratado de Assunção, o STF ainda não a analisou especificamente. O STJ, contudo, já possui precedente envolvendo a referida cláusula. O caso julgado envolvia a concessão de um benefício fiscal (isenção de ICMS) para a circulação de determinado produto dentro de um dos Estados da Federação. Tal benefício, no entanto, não se estendia aos produtos oriundos dos outros países-membros do MERCOSUL. O STJ entendeu que a limitação da isenção somente para produtos nacionais violava a cláusula de não discriminação estabelecida pelo Tratado de Assunção, o qual deveria prevalecer sobre a regra isentiva. Com base nisso, estendeu o benefício fiscal para os produtos advindos de outro país membro do MERCOSUL, no caso o Uruguai.[29]

Em razão disso, é muito importante que o STF tenha reconhecido a repercussão geral no RE 627280/RJ, onde se discute, mais uma vez, as relações entre tratado internacional em matéria tributária, no caso o GATT, e a legislação interna. Como muito bem destacou o relator, Ministro Joaquim Barbosa, "*a discussão sobre a viola-*

---

[23] Não se deve olvidar, contudo, que, no julgamento do RE 80.004, *obter dictum*, os Ministros Cunha Peixoto, Cordeiro Guerra, Leitão de Abreu e Thompson Flores ressalvaram a prevalência de Tratado Internacional sobre a legislação interna, nos casos de tratados-contrato (SCHOUER. *Direito Tributário*, 2012, p. 104).

[24] "Art. 98. Os tratados e as convenções internacionais revogam ou modificam a legislação tributária interna, e serão observados pela que lhes sobrevenha."

[25] Pensam assim, por exemplo, Heleno Torres (2001, p. 569/582), José Souto Maior Borges (2011, p. 290/291) e Luis Eduardo Schoueri (*Direito Tributário*, 2012, p. 96/97).

[26] É bem verdade, contudo, que o STF, algumas vezes, *obter dictum*, acabou por tangenciar a questão, como no RE 229096, onde deixou consignado que o artigo 98 do CTN possui caráter nacional, com eficácia para União, Estados e Municípios (RE 229096, Relator(a): Min. ILMAR GALVÃO, Relator(a) p/ Acórdão: Min. CÁRMEN LÚCIA, Tribunal Pleno, julgado em 16/08/2007).

[27] "A mercadoria importada de pais signatario do GATT e isenta do ICM, quando contemplado com esse favor o similar nacional." (Súmula 20, PRIMEIRA SEÇÃO, julgado em 04/12/1990, DJ 07/12/1990 p. 14682, REPDJ 13/12/1990 p. 15022). "O bacalhau importado de pais signatario do GATT e isento do ICM". (Súmula 71, PRIMEIRA SEÇÃO, julgado em 15/12/1992, DJ 04/02/1993 p. 775).

[28] "À mercadoria importada de país signatário do (GATT), ou membro da (ALALC), estende-se a isenção do imposto de circulação de mercadorias concedida a similar nacional" (Súmula 575 DJ de 3/1/1977, p. 4; DJ de 4/1/1977, p. 36; DJ de 5/1/1977, p. 60).

[29] REsp 480563/RS, Rel. Ministro LUIZ FUX, Primeira Turma, julgado em 06/09/2005, DJ 03/10/2005, p. 121.

ção do GATT tem alçada constitucional", especialmente porque o descumprimento de acordos internacionais pode expor o Estado brasileiro a situações delicadas no plano internacional.[30] A questão também se encontra sob julgamento no RE 460320/PR (anterior à sistemática da repercussão geral), que já conta com o voto do Relator Ministro Gilmar Mendes, o qual se manifestou expressamente pela prevalência do Tratado Internacional em matéria tributária sobre a legislação interna, tendo deixado consignado de forma expressa a recepção do artigo 98 do CTN pela Constituição Federal de 1988. Após o voto do relator, o julgamento foi paralisado em virtude do pedido de vista do Ministro Dias Toffoli.[31]

Parece, portanto, que o Supremo Tribunal Federal tem uma excelente oportunidade de definir de forma clara e objetiva em que posição as normas veiculadas por tratados ributários ingressam no ordenamento jurídico nacional, pronunciando-se expressamente quanto à recepção ou não do artigo 98 do CTN pela Constituição Federal de 1988. A despeito das questões em julgamento nos recursos extraordinários não envolverem expressamente o Tratado de Assunção, não se pode negar que o resultado desses julgamentos formará precedente que pode sim ser utilizado nos casos envolvendo eventuais discussões quanto à cláusula de não discriminação no âmbito do MERCOSUL.

VII – Prevalência da cláusula de não discriminação, extensão de benefícios fiscais e responsabilidade fiscal

Sem embargo da importância histórica da discussão envolvendo monistas e dualistas,[32] atualmente, a relação entre compromissos internacionais e legislação infraconstitucional deve ser vista, sobretudo, de forma a valorizar a complexa rede de cooperação internacional entre os Estados, que é instrumentalizada através dos tratados internacionais.

De fato, em um contexto de crescente intensificação das relações internacionais e interdependência cada vez maior entre as nações, a cooperação internacional facilita a prática de diversas operações econômicas transnacionais que seriam muito mais custosas ou difíceis sem a assinatura de tratados, bem como contribui para o estreitamento de relações políticas, sociais e culturais entre os Estados envolvidos. Toda essa complexa teia de relações internacionais está fundamentalmente baseada

---

[30] "TRIBUTÁRIO. IMPOSTO SOBRE PRODUTOS INDUSTRIALIZADOS. BACALHAU (PEIXE SECO E SALGADO). TRATAMENTO. ALCANCE DE ACORDO INTERNACIONAL. GENERAL AGREEMENT ON TRADE AND TARIFFS. DECRETO LEGISLATIVO 30/1994 E DECRETO 301.355/1994. PROPOSTA PELO RECONHECIMENTO DA REPERCUSSÃO GERAL DA MATÉRIA. Tem repercussão geral a discussão sobre a incidência do IPI sobre operações com bacalhau (peixe seco e salgado), à luz do GATT, dos princípios da isonomia, da seletividade e da extrafiscalidade e do conceito de industrialização. (RE 627280 RG, Relator(a): Min. JOAQUIM BARBOSA, julgado em 17/11/2011, ACÓRDÃO ELETRÔNICO DJe-037 DIVULG 22-02-2012 PUBLIC 23-02-2012)".

[31] Informativo nº 638 – disponível no sítio eletrônico do STF, acesso em 21/07/2013: <http://www.stf.jus.br/portal/jurisprudencia/listarJurisprudencia.asp?s1=%28460320%29&base=baseInformativo&url=http://tinyurl.com/koexh6v>.

[32] Em apertadíssima síntese, é possível apontar como principal característica do monismo a ideia de que o direito interno e o direito internacional fazem parte de um mesmo sistema jurídico. Em sentido oposto, o dualismo advoga a tese que direito interno e direito internacional formam ordens jurídicas distintas e segregadas (ROCHA, 2013, p. 47-49).

no princípio *pacta sunt servanda*, que vincula e orienta o comportamento dos estados signatários de compromissos internacionais.[33]

A manutenção da boa-fé e estabilidade dos compromissos entabulados[34] é essencial para o sentimento de confiabilidade que deve existir nas relações de cooperação internacional. Com efeito, se qualquer uma das partes pudesse de forma unilateral não cumprir o acordado, as relações internacionais em muito se enfraqueceriam. Em outras palavras: o descumprimento de tratados internacionais pode colocar por terra os benefícios de uma cooperação internacional cuidadosamente articulada.[35]

Nesse contexto, nota-se uma tendência cada vez maior de abertura dos ordenamentos jurídicos nacionais ao direito internacional ou supranacional, como se vê, por exemplo, em Portugal (arts. 8º e 16 da Constituição portuguesa), na Espanha (art. 9º, nº 2, da Constituição espanhola), no Paraguai (art. 9º da Constituição paraguaia) e na Argentina (art. 75, XXIV da Constituição argentina). No Brasil, os artigos 4º, parágrafo único, 5º, §§ 2º, 3º e 4º e 178, § 1º da Constituição Federal de 1988 seguem essa mesma linha, revelando uma maior abertura do texto constitucional ao direito internacional ou supranacional[36] (MENDES, COELHO, & BRANCO, 2008, p. 698/700).

Essa nova realidade internacional e a própria redação de nosso texto constitucioal impõem uma preponderância das normas oriundas de compromissos internacionais sobre a legislação infraconstitucional, orientando o intérprete para uma realidade normativa que se afasta daquela concepção tradicional do direito internacional público.

Diante dessa nova realidade normativa, é possível afirmar que os tratados internacionais firmados pela República Federativa do Brasil se subordinam à Constituição Federal, mas prevalecem sobre qualquer lei, complementar ou ordinária; federal, es-

---

[33] Como bem destacado pelo ilustre Ministro Gilmar Mendes, no voto proferido no RE 466343: "Não se pode ignorar que os acordos internacionais demandam um extenso e cuidadoso processo de negociação, de modo a conciliar interesses e concluir instrumento que atinja os objetivos de cada Estado, com o menor custo possível. Essa complexa cooperação internacional é garantida essencialmente pelo pacta sunt servanda" (RE 466343, Relator(a): Min. CEZAR PELUSO, Tribunal Pleno, julgado em 03/12/2008, DJe-104 DIVULG 04-06-2009 PUBLIC 05-06-2009 – inteiro teor disponível no sítio eletrônico do Supremo Tribunal Federal: <http://www.stf.jus.br/portal/inteiroTeor/pesquisarInteiroTeor.asp.>)

[34] O professor Regis Fernandes de Oliveira adverte que as relações internacionais devem se pautar por seriedade e estabilidade, não tendo sentido, pois, um país, após firmar um compromisso internacional e inseri-lo no direito interno, posteriormente, promover sua revogação unilateral, surpreendendo os demais estados pactuantes. Assim como o direto interno, o direito internacional necessita de estabilidade e seriedade, especialmente na condução e adesão a compromissos internacionais (OLIVEIRA, 2011, p. 153). O professor José Souto Maior Borges adverte que a legislação interna deve observar o disposto nos tratados internacionais, que somente podem ser desfeitos através da denúncia ou pela superveniência de novo acordo, questionando, com razão, que confiabilidade mútua pode ter um tratado em que uma das partes pode, a seu bel prazer, desfazer o vínculo convencional (BORGES, 2011, p. 290).

[35] Como bem ressaltou o ilustre Ministro Gilmar Mendes, no voto proferido no emblemático RE 466343, "Tanto quanto possível, o Estado Constitucional Cooperativo demanda a manutenção da boa-fé e da segurança dos compromissos internacionais, ainda que em face da legislação infraconstitucional, pois seu descumprimento coloca em risco os benefícios de cooperação cuidadosamente articulada no cenário internaciona" (RE 466343, Relator(a): Min. CEZAR PELUSO, Tribunal Pleno, julgado em 03/12/2008, DJe-104 DIVULG 04-06-2009 PUBLIC 05-06-2009 – inteiro teor disponível no sítio eletrônico do Supremo Tribunal Federal: <http://www.stf.jus.br/portal/inteiroTeor/pesquisarInteiroTeor.asp.>)

[36] Mais um indicativo que o Estado brasileiro tem caminhado nessa direção foi a ratificação recente, através do Decreto 7030, de 14/12/2009, da Convenção de Viena sobre os direitos dos Tratados, de 1969. Tal convenção, como se sabe, possui dispositivo expresso que rechaça a possibilidade de descumprimento unilateral de um tratado. Veja-se o dispositivo: Artigo 27. Direito Interno e Observância de Tratados. Uma parte não pode invocar as disposições de seu direito interno para justificar o inadimplemento de um tratado. Esta regra não prejudica o artigo 46.

tadual ou municipal; anterior ou posterior a sua internalização (TORRES H. , 2001, p. 577).[37]

Se assim é de uma forma geral, com mais razão é possível falar em prevalência dos tratados na esfera tributária, onde existe a previsão específica do art. 98 do CTN. Nesse sentido, é possível afirmar que não há qualquer inconstitucionalidade no referido dispositivo tributário, o qual, na verdade, tem conteúdo meramente declaratório (BORGES, 2011, p. 200).[38] Veja que o referido artigo se insere dentro da função conferida pelo constituinte ao legislador para regular as limitações constitucionais ao poder de tributar (art. 146 da Constituição Federal), dentro das quais se insere aquela que resulta das relações entre Direito Interno e Direito Internacional (XAVIER, 2008, p. 1023)

Ainda que prevalecesse a tese de paridade normativa entre tratado e legislação interna (RE 80004), não se pode negar que os tratados em matéria tributária possuem caráter de especialidade em relação à legislação infraconstitucional, já que se destinam a vigorar exclusivamente nas relações tributárias estabelecidas entre os signatários. Dessa forma, aplicando-se o critério da especialidade, os tratados tributários acabariam por afastar a aplicação de normas infraconstitucionais com ele conflitantes.

Especificamente quanto ao Tratado de Assunção, não se deve olvidar, outrossim, que há dispositivo constitucional que impõe à República Federativa do Brasil a busca pela integração política, econômica, cultural e social com os demais povos latino-americanos, com o objetivo de formar uma comunidade latino-americana de nações (art. 4º, parágrafo único, da Constituição Federal de 1988).[39] Ora, tal preceito deve pautar a política externa brasileira e orientar toda e qualquer interpretação que envolva a aplicação do Tratado Assunção (bem como de outras leis) às relações que envolvam os países integrantes do MERCOSUL.[40]

O intérprete deve se pautar, portanto, pela busca de um resultado que confira a máxima efetividade possível a integração econômica entre os países membros do MERCOSUL, privilegiando-se uma interpretação que valorize a boa-fé, cooperação, segurança, estabilidade e estreitamento das relações sociais, políticas, econômicas e culturais entre os países membros.

Além disso, conforme foi exaustivamente demonstrado linhas atrás, o equilíbrio e a neutralidade entre os Estados-Membros são essenciais para o desenvolvimento e manutenção de qualquer bloco econômico. A cláusula de não discriminação possui como um dos seus fundamentos a defesa do equilíbrio e da neutralidade entre os

---

[37] No mesmo sentido é o pensamento do professor Regis Fernandes de Oliveira, que destaca: "Meditando sobre o assunto, passamos a entender que o Tratado, uma vez incorporado ao direito interno, entra num plano de eficácia superior ao das normas (complementares, ordinárias e medidas provisórias), apenas podendo ser revogadas por outra norma pactuada internacionalmente" (OLIVEIRA, 2011, p. 153).

[38] Esse também é o pensamento do professor Heleno Torres, que sustenta que a ausência do artigo 98 do CTN em nada alteraria o princípio da prevalência de aplicabilidade das normas internacionais sobre o direito interno, que é uma decorrência do artigo 4º da Constituição Federal (TORRES H., 2001, p. 579).

[39] "Art. 4º A República Federativa do Brasil rege-se nas suas relações internacionais pelos seguintes princípios: Parágrafo único. A República Federativa do Brasil buscará a integração econômica, política, social e cultural dos povos da América Latina, visando à formação de uma comunidade latino-americana de nações.".

[40] Veja que a norma constitucional, mesmo admitida a vetusta classificação de norma constitucional de preceito programático, produz, pelo menos, um efeito imediato, qual seja: bloquear constitucionalmente a edição de normas infraconstitucionais que não promovam ou dificultem a integração econômica latino-americana.

SISTEMA CONSTITUCIONAL TRIBUTÁRIO – dos fundamentos teóricos aos *hard cases* tributários
Estudos em homenagem ao Ministro Luiz Fux

Estados-Membros, de forma a possibilitar e fortalecer a livre circulação intracomunitária de bens, pessoas e capitais. Nesse contexto, não há outra solução que não seja a prevalência do Tratado de Assunção sobre leis internas que disponham em sentido contrário.

Dessa forma, mostra-se mais fiel à Constituição Federal de 1988, o entendimento que conduz à prevalência da cláusula de não discriminação do Tratado de Assunção (art. 7º) sobre eventutal legislação interna que tenha dado tratamento tributário diferenciado a produtos oriundos dos demais membros do MERCOSUL (XAVIER, 2008, p. 1031).[41]

Parece claro, portanto, que eventual norma interna que conceda um incentivo fiscal, por exemplo, uma isenção, a um produto nacional, sem sua extensão aos produtos oriundos dos demais países membros do MERCOSUL não se compatibiliza com o disposto no Tratado de Assunção (art. 7º), bem como pode ser declarada inconstitucional, por claro desrespeito ao artigo 4º, parágrafo único, da Constituição Federal de 1988.

Com base no desrespeito à cláusula de não disciminação, é possível, então, que os interessados busquem, através do Poder Judiciário, a extensão do benefício fiscal que foi concedido somente a produtos brasileiros. Deve ser destacado, que a hipótese, apesar de alguma similitude, diferencia-se daquelas situações onde os interessados buscam a extensão de benefícios fiscais sob o fundamento genérico de violação à isonomia. Nesses casos, como se sabe, o Supremo Tribunal Federal não costuma extender os benefícios fiscais a pessoas ou bens que não foram contemplados originariamente pela legislação, utilizando-se do vetusto *dogma* de que sua atuação se limita a de legislador negativo.[42]

A diferença entre as situações é sutil. De fato, enquanto a clásula de não discriminação traz em si a presunção de que os tratamentos tributários discriminatórios não se justificam e são incompatíveis com o equilíbrio e neutralidade que deve existir entre os Estados Membros do Mercosul, devendo ser afastados; os casos de violação genérica da isonomia dependem de prova, cujo ônus cabe ao interessado, de que as situações (beneficiada e não beneficiada com uma isenção, por exemplo) são equivalentes, não se justificando que o benefício fiscal seja concedido somente a um dos casos.

Não se deve olvidar que os tratados internacionais devem prevalecer sobre a legislação infraconstitucional de qualquer tipo, inclusive, leis complementares.[43] Nessa conjuntura, a cláusula de não discriminação não pode ser afastada, por exemplo, por

---

[41] No mesmo sentido, Alexandre Alkmim Teixeira (2008, p. 1053).

[42] O Supremo Tribunal Federal tem vasta jurisprudência nesse sentido. A título de exemplo, confiram-se os seguintes julgados: RE 631641 AgR; RE 646134 AgR; AI 817074 AgR; RE 449233 AgR; RE 405579. O professor Marciano Seabra de Godoi crítica a posição clássica do STF, pois entende que se a ilegalidade ou inconstitucionalidade não estiver no benefício em si mesmo, mas sim na exclusão de determinada categoria do gozo dessa benefício, a solução mais adequada seria a extensão do benefício à categoria excluída (GODOI, 2011, p. 65).

[43] No sentido de que os tratados internacionais prevalecem sobre a legislação infraconstitucional, inclusive leis complementares, os professores Heleno Torres (2001, p. 577), José Souto Maior Borges (2011, p. 327), Régis Fernandes de Oliveira (2011, p. 153) e Gilmar Ferreira Mendes (voto proferido no RE 466343 – acesso em 07/07/2013 – inteiro teor disponível no sítio eletrônico do Supremo Tribunal Federal: <http://www.stf.jus.br/portal/inteiroTeor/pesquisarInteiroTeor.asp>). Há de se ressaltar, contudo, que há precedente do Supremo Tribunal Federal , onde ficou consignado que os tratados internacionais não podem tratar de matérias reservadas às leis complementares (ADI 1480/DF).

dispositivos da Lei de Responsabiliade Fiscal (LC 101/2000). Por outro lado, a prevalência da cláusula de não discriminação também não pode levar ao afastamento total da necessária transparência e responsabilidade na gestão fiscal-orçamentária.

Com efeito, no Brasil, como se sabe, ao tratar de incentivos fiscais, o legislador demonstrou louvável preocupação com a legalidade, transparência e o equilíbrio financeiro-orçamentário, estabelecendo diversos requisitos para que se possa verificar legalidade e constitucionalidade destes. No plano Constitucional, exige-se lei específica para a concessão de benefícios fiscais, bem como que o projeto de lei orçamentária esteja acompanhado pelo demonstrativo regionalizado dos efeitos dos incentivos sobre as receitas e despesas (art. 150, § 6º, e 165, § 6º, da Constituição Federal de 1988).

A Lei de Responsabilidade Fiscal prescreve ainda que a concessão destes benefícios esteja acompanhada da estimativa do impacto financeiro-orçamentário, atenda ao disposto na lei de diretrizes orçamentárias e tenha sido considerada na estimativa de receita da lei orçamentária, não afetando as metas de resultados fiscais ou esteja acompanhada por medidas de compensação para a perda arrecadatória (art. 14, *caput*, I, II, e §§ 1º e 2º da LC 101/2000).

Nesse contexto, não se pode desconsiderar que a extensão (através do Poder Judiciário) de um benefício fiscal a produto não contemplado originariamente pode macular a necessária transparência da gestão fiscal, bem como causar grave desequilíbrio fiscal-orçamentário, em virtude do não ingresso de vultosas receitas que foram consideradas para a autorização de detereminadas despesas. O judiciário deve levar esse fato em consideração no momento de decidir, devendo dentro do possível buscar uma solução conciliatória que permita a manutenção da transparência e o equilíbrio fiscal-orçamentário, sem chancelar a discriminação dos produtos oriundos dos demais países do MERCOSUL.

Uma solução viável seria o Poder Judiciário resolver o caso através de uma sentença aditiva,[44] estabelecendo uma data específica ou um prazo para que o benefício fiscal seja estendido pelo Poder Competente, a quem cabe também, dentro do mesmo prazo, adequar o benefício fiscal à necessária transparência e ao equilíbrio fiscal-orçamentário (art. 150, § 6º e 165, § 6º da Constituição Federal de 1988 c/c art. 14, *caput,* I, II, e §§ 1º e 2º da LC 101/2000). Findo o prazo estabelecido, aqueles abarcados pela decisão judicial passariam a fazer jus ao benefício fiscal automaticamente, mesmo sem a atuação voluntária do Poder Competente.[45]

---

[44] Ainda objeto de poucos estudos no Brasil, as sentenças aditivas são decisões que, em um contexto de questionamento quanto à constitucionalidade de um ato normativo, acolhem a impugnação, porém não eliminam o ato normativo impugnado, acrescendo ou determinando que se acresça ao seu conteúdo algo que faltava para compatibilizá-lo com o texto constitucional (NOBRE JUNIOR, 2006, p. 121). O STF vem começando a utilizar com maior frequência as sentenças aditivas, como se vê nos seguintes precedentes: ADI 2652/DF; ADI 875/DF e AI 598212 (informativo nº 711).

[45] O professor Luís Roberto Barroso, tratando de omissões ilegítimas do legislador, como são os casos, por exemplo, de exclusão de direito, benefício ou vantagem a determinada categoria ou classe que deveria ter sido contemplada, também entende que o judiciário poderia estender o benefício à categoria excluída, a partir de um termo futuro, conforme se vê na seguinte passagem: "Um caminho possível, em situações como esta, seria a decisão judicial determinar a extensão de benefício à categoria excluída, a partir de um termo futuro. Poderia ser determinada data ou evento, como, por exemplo, o início do exercício financeiro seguinte. Essa fórmula permitiria a ponderação dos diferentes princípios envolvidos: de um lado, a separação de poderes, a legalidade (o legislativo, no intervalo, poderia inclusive prover sobre a questão), o orçamento e, de outro, a supremacia da Constituição e a isonomia" (BARROSO, 2012, p. 60).

VIII – Conclusão

Ao final da pesquisa desenvolvida nesse trabalho, é possível apresentar as seguintes conclusões:

1) A harmonização entre os sistemas tributários dos países membros é fundamental para a manutenção e o desenvolvimento dos processos de integração econômica. Sem uma efetiva harmonização tributária, as naturais divergências e contradições existentes em um bloco econômico podem enfraquecê-lo, afetando sua credibilidade e competitividade no cenário internacional;

2) A harmonização tributária objetiva também conferir a maior neutralidade possível entre os integrantes de um mercado comunitário, de forma a garantir a igualdade de concorrência. No entanto, a busca pela maior neutralidade possível no âmbito de blocos econômicos deve ser compatibilizada com a constante necessidade de intervenção do Estado na economia através de incentivos fiscais, especialmente em momentos de crise econômica;

3) No Mercado Comum Europeu, a concessão de incentivos fiscais é rigidamente fiscalizada e controlada sob o rótulo dos "auxílios de estado", que possuem previsão expresssa no Tratado de Funcionamento da União Europeia. A fiscalização e o controle têm como objetivo evitar que os benefícios fiscais afetem a neutralidade e igualdade de concorrência entre os países-membros;

4) O Tratado de Assunção não possui dispositivos expressos que tratem da concessão e controle dos incentivos fiscais no interior do MERCOSUL. A fragilidade institucional desse bloco econômico e a falta de um organismo supraestatal, cujas decisões possuam caráter vinculante, torna ainda mais difícil o controle dos incentivos fiscais nesse mercado comunitário. Tais dificuldades não contribuem para a consolidação e o fortalecimento do MERCOSUL no cenário externo;

5) Diante da ausência de normas expressas e experiências harmonizadoras significativas, a cláusula de não discriminação constante do Tratado de Assunção (art. 7º) deve servir como instrumento de harmonização entre a neutralidade (e igualdade de concorrência) que deve existir entre os países de um bloco econômico e sua natural necessidade de utilizar incentivos fiscais;

6) A cláusula de não discriminação do Tratado de Assunção se sobrepõe às normas infraconstitucionais (anteriores e posteriores) que dão tratamento tributário diferenciado, no território nacional, aos produtos oriundos dos demais países-membros do MERCOSUL. É perfeitamente possível, com base na referida cláusula, que o Poder Judiciário estenda benefício fiscal (incentivo fiscal) a produtos não contemplados originariamente com a medida;

7) A extensão de benefício fiscal através do Poder Judiciário não deve olvidar dos mandamentos constitucionais e legais de transparência e equilíbrio na gestão fiscal-orçamentária. Assim, é recomendável que o comando judicial fixe, sempre que possível, um prazo razoável para que o Poder Competente faça as necessárias adaptações fiscais-orçamentárias, findo o qual, a extensão do benefício fiscal deve se dar de forma automática.

IX – Obras citadas

BARROSO, Luís Roberto. (2012). *O Controle de Constitucionalidade no Direito Brasileiro* (6ª ed.). Sao Paulo: Saraiva.

BORGES, José Souto Maior. (2011). *Teoria Geral da Isenção Tributária* (3ª ed.). São Paulo: Malheiros.

CATÃO, Marcos André Vinhas. (2004). *Regime Jurídico dos Incentivos Fiscais.* Rio de Janeiro: Renovar.

——. (2012). Tributação e Concorrência no Mercosul. In: Eduardo MANEIRA., & Heleno TORRES, *Direito Tributário e a Constituição – Homenagem ao professor Sacha Calmon Navarro Coelho* (p. 533-545). São Paulo: Quartier Latin.

——; NORONHA, Antonio Henrique Pereira de. (2007). Atual cenário dos Incentivos Fiscais no Brasil: Uma comparação a partir dos conceitos de STATE AID na Europa e de COMMERCE CLAUSE nos Estados Unidos. *Revista de Direito Tributário Internacional*, 83-103.

ELALI, André. (2007). Tributação e Regulação Econômica – Um exame da tributação como instrumento da regulação econômica na busca da redução das desigualdades regionais. São Paulo: MP editora.

FILHO, Aurélio Seixas Pitanga. (2003). *Teoria e Prática das Isenções Tributárias* (2ª ed.). Rio de Janeiro: Forense.

GODOI, Marciano Seabra de. (2011). *Crítica à Jurisprudência Atual do STF em Matéria Tributária.* Sáo Paulo: Dialética.

GRAU, Eros Roberto. (2004). *A Ordem Econômica na Constituição de 1988* (9ª ed.). São Paulo: Malheiros.

HENRIQUES, Elcio Fiori. (2007). A Não-Discriminação Tributária no Mercosul e o PIS-Importação e a Cofins-Importação. *Revista de Direito Tributário Internacional nº 5*, 27-61.

JIMENEZ, Adolfo Martin. (2011). El régimen jurídico de las ayudas de Estado y las normas de naturaleza tributária. In: Nestor Carmona FERNANDEZ, *Convenios UE* (pp. 1133-1159). Valencia.

MENDES, Gilmar Ferreira., COELHO, Inocencio Martires., & BRANCO, Paulo Gustavo Gonet (2008). *Curso de Direito Constitucional.* São Paulo: Saraiva.

MURPHY, Liam., & NAGEL, Thomas. (2005). *O mito da propriedade: Os impostos e a Justiça.* São Paulo: Martins Fontes.

NETO, Diogo de Figueiredo Moreira. (1995). Mercosul – Minilateralismo e Metaconstitucionalismo. *Revista de informação legislativa*, 207-220.

NOBRE JÚNIOR, Edilson Pereira. (2006). Sentenças aditivas e o mito do legislador negativo. Revista de Informação Legislativa, v. 43, p. 111-141.

OLIVEIRA, Regis Fernandes de Oliveira. (2011). *Curso de Direito Financeiro* (4ª ed.). São Paulo: Revista dos Tribunais.

PIRES, Adilson Rodrigues. (1998). Harmonização Tributária em Processos de Integração Econômica. In: *Estudos de Direito Tributário em Homenagem à memória de Gilberto de Ulhôa Canto* (p. 1-10). Rio de Janeiro: Forense.

ROCHA, Sergio André. (2013). Interpretação dos Tratados para evitar a dupla bitributação da renda (2ª ed.). Sao Paulo: Quartier Latin.

SCHOUERI, Luis. Eduardo. (2000). Harmonização Tributária no Mercosul. *Revista de Direito da Universidade Mackenzie*, 171-178.

——. (2005). Normas Tributárias Indutoras e Intervenção Econômica. Rio de Janeiro: Forense.

——. (2012). *Direito Tributário.* São Paulo: Saraiva.

TEIXEIRA, Alexandre Alkmim (2008). Tributação e não-discriminação nas relações comerciais internacionais. In: HELENO TORRES, *Direito Tributário Internacional Aplicado* (Vol. V, pp. 1033-1054). São Paulo: Quartier Latin.

TORRES, Heleno. (2001). *Pluritributação Internacional sobre a Renda das Empresas.* São Paulo: Revista dos Tribunais.

TORRES, Ricardo Lobo. (2005). Tratado de Direito Constitucional, Financeiro e Tributário – Volume III – Os Direitos Humanos e a Tributação: Imunidades e Isonomia (3ª ed.). Rio de Janeiro: Renovar.

XAVIER, Alberto. (2008). O princípio da não-discriminação no MERCOSUL. In: HELENO TORRES, *Direito Tributário Internacional Aplicado* (Vol. V, p. 1018-1031). São Paulo: Quartier Latin do Brasil.

— 4.4 —

Harmonização tributária e princípio da não discriminação no MERCOSUL: uma breve incursão metodológica à luz dos ditames integracionistas[1]

PEDRO RODRIGO MARQUES SCHITTINI[2]

Sumário: Introdução; 2. A harmonização tributária no MERCOSUL; 3. o princípio da não discriminação ou do tratamento nacional no MERCOSUL; 4. Considerações finais; Referências bibliográficas.

Introdução

O compromisso assumido pelos Estados-Membros do MERCOSUL no tocante à harmonização de suas legislações em matéria tributária restou expressamente consignado já no artigo primeiro do Tratado de Assunção.[3] Da leitura do indigitado dispositivo infere-se que o objetivo é o fortalecimento do processo de integração econômica,[4] através da elaboração de princípios comuns, reduzindo-se contradições ou divergências em seara tributária.

Para além da mera aproximação ou compatibilização da legislação de cada país, o fenômeno sob enfoque visa a ombrear a carga tributária suportada pelos contribuintes e, por outro lado, a estimular a criação de mecanismos de controle afetos ao cumprimento das respectivas obrigações tributárias (PIRES, 1998).

---

[1] Trabalho apresentado no âmbito do Programa de Pós-Graduação em Direito da Universidade do Estado do Rio de Janeiro-UERJ. Linha de Pesquisa: Finanças Públicas, Tributação e Desenvolvimento. Requisito para aprovação na disciplina: Direito Tributário da Integração e Comunitário. Jurisprudência Tributária do Tribunal de Justiça da União Europeia, ministrada pelo Prof. Marcus Lívio Gomes em 2013.1.

[2] Procurador da Fazenda Nacional; Mestrando em Finanças Públicas, Tributação e Desenvolvimento (UERJ).

[3] Art 1. Os Estados Partes decidem constituir um Mercado Comum, que deverá estar estabelecido a 31 de dezembro de 1994, e que se denominará "Mercado Comum do Sul" (MERCOSUL). Este Mercado Comum implica: (...) A coordenação de políticas macroeconômicas e setoriais entre os Estados Partes – de comércio exterior, agrícola, industrial, fiscal, monetária, cambial e de capitais, de serviços, alfandegária, de transportes e comunicações e outras que se acordem –, a fim de assegurar condições adequadas de concorrência entre os Estados Partes; e o compromisso dos Estados Partes de harmonizar suas legislações, nas áreas pertinentes, para lograr o fortalecimento do processo de integração.

[4] A doutrina do direito internacional apresenta algumas etapas concernentes ao processo de integração econômica, quais sejam zona de livre comércio, união aduaneira, mercado comum e união econômica e política. No âmbito do MERCOSUL, é corrente a afirmação de que haveria, atualmente, uma união aduaneira imperfeita ou incompleta, tendo em conta as exceções à Tarifa Externa Comum (TEC).

De se ressaltar, ainda, que no contexto da política fiscal comunitária, tais objetivos militam em favor de uma maior competitividade, atraindo investimentos e negócios para a região.

Nada obstante, se a harmonização tributária – e conseguintemente o próprio processo integracionista – não se processa de maneira coordenada na maioria das comunidades econômicas existentes, no caso do MERCOSUL a situação é agravada ante a incompletude da união aduaneira, decorrente da não abolição das barreiras nacionais e das peculiaridades regionais, e, sobretudo, diante da inexistência de uma ordem jurídica comunitária dotada de aplicabilidade direta e de primazia sobre as ordens jurídicas nacionais.

A par disso, o art. 7º do Tratado de Assunção prevê o princípio da não discriminação ou do tratamento nacional, ao estatuir que "em matéria de impostos, taxas ou outros gravames internos, os produtos originários de um Estado Parte gozarão, nos outros Estados Partes, do mesmo tratamento que se aplique ao nacional".

Referido princípio, se devidamente observado no contexto dos acordos de liberalização de comércio, teria o condão de contribuir para uma livre concorrência entre produtos nacionais e importados, eliminando todas as formas de proteção decorrentes da aplicação de impostos internos discriminatórios.

Nesse contexto, o presente estudo visa examinar, em linhas gerais, a questão atinente à harmonização tributária intrabloco, no âmbito do MERCOSUL, bem assim avaliar o alcance e os efeitos da norma contida no art. 7º do Tratado de Assunção, no que se refere à tributação indireta, notadamente com relação ao IPI, PIS-Importação e COFINS-Importação instituídas pela Lei nº 10.865/2004.

2. A harmonização tributária no MERCOSUL

O Tratado de Assunção, assinado em 26 de março de 1991, entre Brasil, Argentina, Paraguai e Uruguai, criando o MERCOSUL,[5] buscou conferir maior efetividade à norma consubstanciada no parágrafo único do art.4º da Constituição da República, segundo a qual "a República Federativa do Brasil buscará a integração econômica, política, social e cultural dos povos da América Latina, visando à formação de uma comunidade latino-americana de Nações".

Deveras, tal modelo de integração adveio do aumento do intercâmbio comercial entre os países e da necessidade de implementação de políticas de liberalização econômica em vários países da América Latina. Sobremais, não se pode olvidar que a cooperação intrabloco, à época, figurava como fator de fortalecimento político-institucional, notadamente em função dos recém-criados regimes democráticos.

Ressalte-se que a formação do Mercosul não se baseava na proposta de integração industrial intrasetorial, de índole meramente protecionista; ao reverso, a noção de um regionalismo aberto norteava o aludido processo de integração. Estas ideias encontram-se bem travejadas em artigo de Janina Onuki (2006, p. 304):

---

[5] Vale consignar que o Paraguai foi suspenso do bloco em 29/06/2012 porque os demais membros – Brasil, Argentina e Uruguai – consideraram um golpe a decisão do Congresso paraguaio de realizar o impeachment do Presidente Fernando Lugo. Ao fazê-lo, abriram caminho ao ingresso da Venezuela como membro pleno, uma vez que o Senado paraguaio era a única instância que não o aprovara.

Ao contrário de experiências anteriores de blocos regionais, formados com um caráter basicamente protecionista, o processo de integração regional do Cone Sul inseria-se na noção de regionalismo aberto. Nessa concepção, a integração levaria os países, inicialmente, a um processo de abertura econômica e permitiria, por meio da associação a outros países, criar novas possibilidades de inserção internacional e de fortalecimento da capacidade de barganha nas negociações com outros países ou em fóruns multilaterais (...)O modelo de integração adotado pelo Mercosul tinha por base, portanto, o conceito de regionalismo aberto e abria a perspectiva de ampliar a capacidade de competitividade global à medida que os países-membros buscavam coordenar a associação dos setores mais dinâmicos e competitivos das respectivas economias com o aumento da capacidade de atuação no comércio internacional.

Nesse quadrante, a harmonização tributária em âmbito comunitário reclama a adoção de medidas de aproximação das respectivas legislações, em ordem a viabilizar a construção de uma unidade política e econômica condizente com os propósitos ínsitos ao processo de integração econômica.

Impende salientar, ainda, que o indigitado processo de harmonização vai ao encontro do princípio da neutralidade fiscal, que preconiza a não interferência de tributos sobre as decisões de índole econômica a serem tomadas pelas empresas.[6]

Convém registrar, por oportuno, o posicionamento do insigne Adilson Rodrigues Pires (1998, p. 6 e 7), no sentido de que uma possível uniformização/ unificação dos tributos pode não se revelar o melhor caminho para fins de integração econômica, haja vista o risco de agravamento das assimetrias ainda existentes entre os países. Destarte, pontua o culto Professor:

A ideia básica da harmonização não é a construção de um arcabouço jurídico tributário comum, mas sim a elaboração de princípios comuns, que recomendem tratamento fiscal idêntico sempre que se manifestem em cada país idênticas situações relativas às trocas de bens, serviços e capitais.

Na mesma linha, o magistério de Heleno Taveira Tôrres (2005, p.591), segundo o qual:

A harmonização não significa "unificação de arrecadação" ou "uniformização legislativa", mas uma " calibração" dos regimes jurídicos que, uma vez aplicável aos sistemas tributários estatais, nas respectivas autonomias, deva ser suficientemente capaz de proporcionar uma redução de contrastes porventura existentes, mediante estabilização congruente de expectativas, tanto dos Estados partícipes como dos operadores econômicos.

Em sentido contrário, Luís Eduardo Schoueri (2003, p.174), cujo estudo intenta demonstrar que dentro do signo "harmonização" haveria na realidade três graus distintos, a saber coordenação, harmonização em sentido estrito e uniformização. Sustenta o renomado autor que, ultrapassada a zona de livre comércio, e iniciada a etapa da união aduaneira – ainda que imperfeita –, na qual já estão os países do Mercosul, de rigor a uniformização, inclusive com a elaboração de um código aduaneiro comum. Anote-se:

Na união aduaneira, na qual já estamos, ainda que de maneira imperfeita, já se pula a ideia de harmonização e se vai direto para a uniformização, porque se deve partir para tarifas idênticas. Na união aduaneira, o mote é a adoção de um código aduaneiro comum. Não parece que a mera existência de tarifas externas comuns implique existência de uma união aduaneira, como se propõe. É necessário também que toda a legislação que dá base à aplicação dos impostos seja idêntica. Se já na união aduaneira ocorre a uniformização dos impostos aduaneiros, esta se mantém nas etapas de mercado comum e união monetária.

Nessa senda, convém sublinhar a necessidade de se ampliar o debate a respeito da criação de um imposto único, a incidir sobre o valor agregado – IVA –, a exemplo

---

[6] Segundo LANG (2010, p. 76), "os tributos são parâmetros de decisão cujo significado em relação a outros fatores de localização é frequentemente super-estimado"

SISTEMA CONSTITUCIONAL TRIBUTÁRIO – dos fundamentos teóricos aos *hard cases* tributários
Estudos em homenagem ao Ministro Luiz Fux

do que já existe em outros blocos regionais, com uma base de cálculo ampla, cobrindo bens, produtos e serviços em todo o ciclo de produção/ importação até o consumo.[7]

A relevância da discussão sobre o IVA, no caso brasileiro,[8] implica a revisão de alguns aspectos relacionados ao nosso modelo atual de federalismo fiscal, o que vem dificultando o processo de integração regional, mormente no que se refere à liberdade de circulação de mercadorias.

Contudo, sem embargo das premissas e divergências acima indigitadas, não se pode olvidar que o processo de harmonização fiscal pode acarretar uma *aparente* redução da autonomia fiscal dos Estados-Membros, em prol dos objetivos e interesses comunitários. Aí reside, a nosso ver, a maior dificuldade a ser superada pelos países do Cone Sul.[9]

Com efeito, em contraste com a situação da União Europeia, cujo regramento acerca da harmonização tributária revela a existência de um direito comunitário vinculante para os Estados-Membros, o MERCOSUL é desprovido de instrumentos normativos vinculantes e idôneos, dependendo da assinatura de acordos bilaterais ou multilaterais, que não raro deixam de levar em conta os preceitos comunitários atinentes à eliminação de obstáculos à circulação de mercadorias bem assim no que diz com a elaboração de um regime no qual seja garantida a concorrência.

Outro aspecto que merece destaque concerne à ausência de uma Corte de Justiça supraestatal no MERCOSUL,[10] que poderia atuar sensivelmente em favor do processo de harmonização tributária, a exemplo do que ocorre na União Europeia.[11] Tal Corte funcionaria dirimindo as controvérsias acerca da aplicação das várias legislações tributárias, estabelecendo parâmetros interpretativos, e, em última análise, uniformizando questões primordiais com vistas ao aperfeiçoamento da integração entre os países.

A atual estagnação do bloco, com a ausência de uma agenda institucional endereçada ao avanço do processo integracionista – possivelmente relacionada à falta de motivação política atrelada às estruturas de tipo intergovernamental, submetidas a

---

[7] Em estudo sobre a possibilidade de criação do IVA no Brasil, Ricardo Lobo Tôrres (2007) conclui que a instituição do referido imposto no Brasil, amalgamando as incidências do ICMS, IPI e ISS, deveria passar pela redistribuição de competências no plano do federalismo, inspirando-se em alguns modelos existentes no direito comparado, a qual restaria dificultada ante a desconfiança mútua entre Estados-Membros e União e a inexistência de propostas racionais e fundamentadas para a repactuação do nosso federalismo fiscal.

[8] A rígida repartição constitucional de competências tributárias fez com que o Estado brasileiro adotasse um modelo tripartite desse tributo (ISS, ICMS e IPI). Contudo, a reforma constitucional, nessa seara, é dificultada ante o acalorado debate acerca da centralização ou não do IVA, em âmbito federal, o que, na visão de muitos especialistas, seria suficiente para comprometer o pacto federativo.

[9] Discorrendo acerca da situação da União Europeia, portanto diante da questão afeta à supranacionalidade, Habermas (2012, p. 56) chama a atenção para a necessidade de um procedimento democrático com participação dos cidadãos dos estados envolvidos.

[10] Cumpre anotar que a questão ora tratada, na concepção de Helenilson Cunha Pontes (2012, p.174), por envolver transferência de soberania, estaria vedada pelo artigo 4º da Constituição da República de 1988. Segundo o referido autor, diferentemente de outras Constituições, por exemplo, a da Alemanha, a nossa não autorizaria tal transferência de direitos de soberania para organizações supranacionais. Não obstante, há um projeto de criação de uma Corte de Justiça para o MERCOSUL, o qual prevê a extinção das opiniões consultivas e estabelece que a solução de controvérsias dar-se-ia através de questões prejudiciais, nos moldes do que ocorre junto ao Tribunal de Justiça da União Europeia. Disponível em: <http://www.parlamentodelmercosur.org/innovaportal/file/5130/1/Proyecto%20de%20norma%20Corte%20de%20Justicia.pdf>.

[11] Segundo o magistério de André Ramos Tavares (2012, p.114), "(...) dentre as atribuições do TJUE está a de avaliar a compatibilidade entre o Direito doméstico e as normas supranacionais da comunidade, inclusive o Direito derivado e suas próprias decisões".

regras de unanimidade –, contribui para que eventual tentativa de harmonização fique a mercê dos interesses pontuais e internos de cada Estado-Membro.

3. O princípio da não discriminação ou do tratamento nacional no MERCOSUL

A norma de não discriminação tributária do MERCOSUL[12] está contida no artigo 7º do Tratado de Assunção, cuja redação é a seguinte:

> Em matéria de impostos, taxas e outros gravames internos, os produtos originários do território de um Estado gozarão, nos outros Estados Partes, do mesmo tratamento que se aplique ao produto nacional.

No direito comparado, as formulações constantes do n. 2 do artigo III do GATT e do art. 90 do Tratado de Roma, considerado um dos pilares da União Europeia, igualmente veiculam cláusulas não discriminatórias, sendo de relevo observar que, no caso do artigo III do GATT,[13] a vedação da discriminação entre produtos nacionais e importados se aplica somente no mercado interno, é dizer, posteriormente ao momento do desembaraço aduaneiro ou internalização do produto.[14]

Convém assinalar que no âmbito do MERCOSUL, o artigo 6º da Decisão CMC nº 10/94[15] instituiu o regime de tributação no destino, segundo o qual os produtos somente podem ser tributados no país de destino, é dizer, no país de importação. Tal incidência é feita por ocasião do desembaraço aduaneiro através de "ajustamentos fiscais de fronteira" (*border tax adjustments*). Com a adoção do princípio do destino, o Estado exportador deverá assegurar a não tributação das exportações, efetuando eventuais restituições de impostos eventualmente incorporados em fases anteriores do processo produtivo; o Estado importador, por sua vez, deverá tributar a mercadoria importada.

Analisando este regime de tributação, Elcio Fiori Henriques (2006, p.29) anota:

> (...) Portanto, o regime de tributação no destino determina que os produtos somente podem ser tributados no país de destino, ou seja, no país de importação. Para operacionalizar esta tributação, os Estados-membros podem não tributar os bens que compõem os produtos a serem exportados ou efetuar *border tax adjustments* (ajustes fiscais aduaneiros) na exportação, restituindo todos os tributos pagos nas operações anteriores à exportação, o que faz com que as mercadorias sejam transportadas internacionalmente sem nenhuma tributação (*duty free*).

---

[12] Em rigor, a norma de não discriminação tributária, no Tratado de Assunção, está contida em duas cláusulas: no artigo 8º, "d" (cláusula da nação mais favorecida) e no artigo 7º (cláusula do tratamento nacional). A cláusula da nação mais favorecida determina que o produto originário de um Estado-Membro receba o mesmo tratamento tributário que é outorgado aos produtos de qualquer outro país. Tendo em conta o objetivo do presente trabalho, focaremos a análise na cláusula do tratamento nacional.

[13] "Artigo III – Tratamento Nacional em matéria de tributações e de regulamentação interna. As partes contratantes reconhecem que as taxas e outras tributações, bem como as leis, regulamentos e prescrições que afetem a venda, a colocação à venda, a compra, o transporte, a distribuição ou a utilização de produtos no mercado interno e as regulamentações quantitativas preservem a mistura, a transformação ou a utilização em quantidades ou em proporções de certos produtos não deverão ser aplicadas aos produtos importados ou nacionais de modo a proteger a produção nacional".

[14] Em que pese a cláusula do Artigo III do GATT estar limitada ao mercado interna, a jurisprudência dos Tribunais Superiores encampou o entendimento segundo o qual as isenções de tributos internos sobre o consumo devem ser estendidas à importação de produtos similares dos Estados-Membros do GATT, conforme enunciados nºs 20 e 71 da Súmula do STJ e 575 da Súmula do STF.

[15] "Artigo 6º Os Estados Partes poderão isentar os bens destinados à exportação do pagamento de tributos internos indiretos".

Portanto, concernentemente ao regime de tributação único supramencionado, que abarca os tributos sobre o consumo, a norma de não discriminação tributária limita a incidência via "ajustes fiscais de fronteira", pelo que constitui importante ferramenta para a elaboração de uma economia regional verdadeiramente integrada.

Com efeito, o princípio da não discriminação, na concepção escorreita de Alberto Xavier (2008, p.1027), traduz "a base em que assenta todos os acordos de liberalização de comércio em especial os de integração econômica regional" e tem por escopo:

> Assegurar a livre circulação das mercadorias entre os Estados-membros em condições normais de concorrência mediante a eliminação de todas as formas de proteção que possam resultar da aplicação de direitos aduaneiros e impostos internos discriminatórios em relação a produtos de outros Estados-membros.

Uma questão relevante e prejudicial ao enfrentamento do tema relacionado ao princípio da não discriminação, notadamente no que se refere à tributação indireta, consiste em saber se a norma prevista no artigo 7° do Tratado de Assunção possui aplicabilidade imediata, ou, ao revés, carece de regulamentação.

Conforme decisão do Tribunal Arbitral do Mercosul, proferida por ocasião do 8° Laudo Arbitral do Mercosul em 21/05/2002, cujo objeto era a aplicação de normas uruguaias que estabeleciam uma base de cálculo maior para a incidência do imposto sobre cigarros de outros países, restou assentado que os Estados-Membros, ao ratificarem o Tratado de Assunção, comprometeram-se com uma norma autoexecutável e de aplicação imediata, a qual não está sujeita aos princípios de gradualidade, flexibilidade e equilíbrio.

Sobre a matéria, são judiciosos os argumentos trazidos à baila por Alberto Xavier (2008, p.1028), no sentido de que o próprio Tratado de Assunção nos daria a resposta ao elaborar, em seu artigo 5°, as normas e os atos que deverão ser elaborados no futuro durante o período de transição. Nesse sentido:

> Pois bem. O que está sujeito a um regime de implementação gradual e diferida no tempo é: (i) a liberalização, pela eliminação de direitos alfandegários e restrições não tarifárias; (ii) a adoção de uma tarifa externa e de uma política comercial comum; (iii) a coordenação de políticas macroeconômicas e setoriais; e (iv) a harmonização de legislações.Em parte alguma, pois, se vislumbra o diferimento no tempo ou a sujeição a qualquer condição da regra do tratamento nacional ou da não-discriminação que, pela sua natureza, não depende nem de negociação entre as partes, nem de qualquer estudo econômico ou setorial.Com efeito, para a aplicação do artigo 7° do Tratado de Assunção, a única condição necessária a cumprir é a qualificação do produto como "originário do território de um Estado Parte.

Assentadas essas premissas, resta investigar, ainda que perfunctoriamente, acerca da incorporação do Tratado de Assunção no ordenamento pátrio, haja vista a inexistência de uma instância supranacional no Mercosul, conforme já alinhavado. A esse respeito, inclusive, Heleno Taveira Tôrres (2005, p. 162) aduz que a cláusula de não discriminação ou do tratamento nacional não é reconhecida (por si só) pelos Estados como dotada de eficácia suficiente para estabelecer obrigações e sanções, pelo que imprescindível a sua internalização.

Em que pese a substanciosa discussão teórica a respeito do tema, o escopo do presente trabalho não recomenda um maior aprofundamento, *i.g*, relatando-se o histórico de divergências doutrinárias e jurisprudenciais atinentes à matéria, razão pela qual optamos por um exame sintetizado e objetivo, a fim de adentrarmos nas questões tributárias afetas ao princípio da não discriminação.

Pois bem. No Direito Brasileiro, como é cediço, os tratados internacionais devem ser aprovados pelo Congresso Nacional mediante Decreto Legislativo e, em seguida, ser promulgados por Decreto do Presidente da República, consoante previsão do artigo 49 da Constituição da República de 1988.[16]

In casu, o "Tratado para a constituição de mercado comum", assinado em Assunção, em 26 de março de 1991, foi aprovado pelo Congresso Nacional em 25 de setembro de 1991 e promulgado pelo Presidente da República através do Decreto nº 350/1991, tendo sido publicado no Diário Oficial da União de 22 de novembro do mesmo ano.

Sem embargo, os tratados ou convenções internacionais só produzem efeitos internamente após se ultimar o *iter* previsto na própria Constituição da República.[17]

Ultrapassada essa etapa, indaga-se acerca da prevalência (ou primazia) do tratado internacional sobre a legislação interna.

Malgrado a divergência exaustivamente apresentada em doutrina sobre a existência ou não de hierarquia entre os tratados e a legislação interna, bem assim sobre a abrangência do artigo 98 do Código Tributário Nacional,[18] cumpre-nos aqui tão somente repisar a crítica com referência à imprecisão terminológica da redação do aludido dispositivo legal, especificamente quanto ao uso do vocábulo "revogação". Nesse diapasão, o magistério de Ricardo Lobo Torres (2000, p.45): "(...) Não se trata, a rigor, de revogação da legislação interna, mas de suspensão da eficácia da norma tributária nacional, que readquirirá a sua aptidão para produzir efeitos se e quando o tratado for denunciado".

Na mesma linha, Antônio Carlos Rodrigues do Amaral (1998, p.34):

Não obstante a redação do dispositivo fale em "revogação", as disposições de um tratado, na realidade, representam normas especiais sobre questões tratadas em uma lei geral. Com isso, a lei geral permanece vigente, mas não aplicável aos casos específicos regulados pelo tratado em questão. Tal interpretação deriva também das lições de ilustres juristas pátrios, como Agostinho Tavolaro, Fábio Fanuchi, Alberto Xavier, José Carlos Faleiro, Hely Lopes Meirelles e Ricardo Lobo Torres.

Em sede de jurisprudência, o julgado do STF que costuma ser citado como precedente sobre a matéria é o RE 80.004/SE (Relator Ministro Cunha Peixoto, Pleno, DJ 29.12.1977) em que a Egrégia Corte decidiu no sentido de que os atos internacionais, uma vez regularmente incorporados ao direito interno, situam-se no mesmo plano de validade e eficácia das normas infraconstitucionais, concluindo pela inexistência de hierarquia e da possibilidade, portanto, de lei interna posterior ao tratado, ser aplicada validamente. De se ressaltar que referida discussão não envolveu matéria tributária, não se decidindo com fundamento no artigo 98 do CTN, mas sobre a Lei Uniforme sobre Letras de Câmbio e Notas Promissórias.

---

[16] De se registrar a existência de posicionamento doutrinário segundo o qual a internalização se dá com a aprovação por Decreto Legislativo (CARVALHO, p. 76)

[17] Importante precedente do STF no sentido de que os tratados ou convenções internacionais, mesmo quando fundados em tratados de integração, só produzem efeitos internamente após se completar o ciclo de assinatura do Tratado pelo Presidente da República, aprovação pelo Congresso consubstanciada em Decreto Legislativo, ratificação pelo Chefe do Poder Executivo Federal mediante depósito do respectivo instrumento, promulgação por Decreto do Presidente e publicação oficial do texto, está na CR (AgRg)nº 8.279-ARGENTINA, Relator Ministro Celso de Mello, jun/1998.

[18] Art. 98. Os tratados e as convenções internacionais revogam ou modificam a legislação tributária interna, e serão observados pela que lhes sobrevenha.

Não obstante, eventual antinomia seria dirimida pelo critério da especialidade, *ex vi* do artigo 98 do Código Tributário Nacional.

Cabe uma breve menção ao RE n° 460.320/PR, de relatoria do Ministro Gilmar Ferreira Mendes[19] (nota de rodapé para fazer um resumo da lide). Em seu brilhante voto, o Relator, ao depois de proceder a um pormenorizado histórico constitucional e jurisprudencial, aborda a relação entre normas internas infraconstitucionais e tratados internacionais em matéria tributária, especificamente com relação à recepção, ou não, do artigo 98 do CTN pela Constituição da República de 1988.

Aduz o Ministro Relator que a recepção do artigo 98 do CTN pela Constituição Federal independe da desatualizada classificação em tratados-contratos e tratados-leis – levada a efeito quando do julgamento do *leading case* consubstanciado no RE 80.004/SE. Além disso, ressalta que, por sua própria natureza constitucionalmente estabelecida, os tratados internacionais não se sujeitam aos limites formais e materiais das demais normas infraconstitucionais, ainda que federais.[20]

Feito o registro, é de se concluir que a cláusula de não discriminação estampada no artigo 7° do Tratado de Assunção produz efeitos no ordenamento pátrio, dada a internalização do Tratado de Assunção na ordem jurídica interna, nos termos da Constituição da República. Cuida-se, portanto, de norma de eficácia plena, de caráter autoaplicável.[21]

Tais considerações são de suma importância para a problematização de algumas questões, por exemplo, quanto às disposições da legislação brasileira sobre o IPI (Imposto sobre Produtos Industrializados), que contemplam alíquotas diferenciadas para o mesmo produto em função de sua origem. Em outros termos, indaga-se se referida disposição seria aplicável quando o produto em questão seja importado dos países signatários do Tratado de Assunção para venda no mercado interno. De todo o aqui exposto, forçoso reconhecer que o produto originário de qualquer país signatário do Tratado de Assunção deve sujeitar-se, no Brasil, ao mesmo tratamento conferido aos demais produtos similares de fabricação nacional.

À guisa de ilustração, permitimo-nos colacionar ementa de recente julgado do Superior Tribunal de Justiça, *in verbis*:

DIREITO TRIBUTÁRIO INTERNACIONAL. IMPOSTO SOBRE PRODUTOS INDUSTRIALIZADOS – IPI, ART.7º DO TRATADO DE ASSUNÇÃO (MERCOSUL). DECRETO N. 350/91. AUTO-APLICABILIDADE DA "CLÁUSULA DE OBRIGAÇÃO DE TRATAMENTO NACIONAL". RETORNO DOS AUTOS À ORIGEM PARA A APLICAÇÃO DO "TESTE DE DUAS FASES". 1. Trata-se na origem de ação ajuizada pela empresa com o objetivo de reconhecer direito de atribuir ao produto que importa dos países signatários do tratado de Assunção (MERCOSUL) tratamento igual, quanto à incidência do IPI, em relação ao produto similar quando produzido em território nacional, desde que identificado pelo mesmo código de classificação da

---

[19] No caso, Volvo do Brasil Veículos Ltda e outros intentaram ação declaratória de ausência de relação jurídica objetivando o recolhimento ou pagamento de imposto de renda retido na fonte, competência do ano-base 1993, em razão do tratamento previsto em Convenção Internacional para evitar bitributação, celebrada entre a República Federativa do Brasil e o Reino da Suécia. Os autores pugnam por tratamento isonômico entre os residentes ou domiciliados na Suécia e no Brasil, aplicando-se àqueles a norma isencional prevista no artigo 75 da Lei n° 8.383/91.

[20] Não por outro motivo, aduz o Ministro-Relator, o Plenário do STF, em decisão unânime, reconheceu a possibilidade de tratados internacionais conferirem isenção a tributos estaduais e municipais, na sessão de 16/08/2007 (RE 229.096/RS, Red. p/ acórdão Min. Cármen Lúcia, Pleno, DJ 11.04.2008)

[21] Em sentido contrário, entendendo que, malgrado sua indiscutível vigência no ordenamento jurídico brasileiro, o Tratado de Assunção não é dotado de autoaplicabilidade, cabendo ao Estado eventualmente prejudicado se valer diretamente do Protocolo de Defesa de Concorrência – MERCOSUL/CMS/DEC n° 18/96, visando à apuração deste tipo de conduta, v. TRF-2, Apelação Cível 247119-RJ, DJU de 11/09/2009.

Tabela de Incidência do IPI (TIPI) e da nomenclatura comum do MERCOSUL, concedendo-se ao produto importado o mesmo tratamento do produto produzido internamente, por força da cláusula de " Obrigação de Tratamento Nacional" prevista no art.7º, do Decreto n. 350/91 (Promulga o Tratado para a Constituição de um Mercado Comum entre a República Argentina, a República Federativa do Brasil, a República do Paraguai e a República Oriental do Uruguai – Tratado MERCOSUL ou Tratado de Assunção). 2. O art.7º do Tratado de Assunção, ao estabelecer a cláusula de "Obrigação de Tratamento Nacional", está deslocado do contexto programático dos artigos 1º, 3º e 5º. Isto porque tanto na parte programática quanto no período de transição o que se discute é a eliminação completa de tarifas entre os Estados Partes (zona de livre comércio) e o estabelecimento de uma tarifa comum externa em relação aos terceiros países (união aduaneira). Essas discussões travam-se, portanto, no que diz respeito aos impostos de importação que tendem a ter alíquota zero em relação aos bens provenientes dos Estados Partes e tendem a ter alíquota unificada em relação aos bens provenientes de terceiros países. 3. Já o artigo sétimo diz respeito a "impostos, taxas e outros gravames internos". Isto significa que seu âmbito de aplicação é outro. Diz respeito à tributação indireta incidente sobre os produtos originários dos territórios dos Estados Parte (tributação sobre o consumo). Nesse contexto, o desejável é a uniformização tributária através da criação do único tributo reconhecidamente comunitário: o Imposto sobre o Valor Agregado –IVA e sua harmonização consoante programa estabelecido no art.1º do Tratado, o que já foi feito em outros blocos econômicos. Enquanto não se chega a esse IVA harmonizado o Tratado, em seu artigo 7º, estabelece a cláusula de "Obrigação de Tratamento Nacional" a fim de que os produtos originários do território de um Estado Parte sejam cuidados internamente do mesmo modo que o produto nacional. 4. A cláusula de "Obrigação de Tratamento Nacional" é norma auto-aplicável pois tem como condicionante apena o "Teste de duas Fases", ou seja: 1º) A verificação da similaridade entre os produtos doméstico e importado e, 2º) A verificação da ocorrência da tributação superior do produto importado em relação ao doméstico. Nesse sentido, a aplicação da cláusula no âmbito do GATT 1994 já foi reconhecida por diversas vezes pela jurisprudência do STF e deste STJ gerando os seguintes precedentes: Súmula n. 575/STF; Súmula n. 20/STJ; Súmula n. 71/STJ; e recurso representativo da controvérsia RESP N. 871.760/BA, Primeira Seção, Rel. Min. Luiz Fux, julgado em 11.03.2009. No âmbito do MERCOSUL já houve aplicação da cláusula nos seguintes precedentes do STJ: REsp n. 480.563-RS, Primeira Turma, Rel. Min. Luiz Fux, julgado em 06.09.2005; REsp n. 1.002.069/CE, Segunda Turma, Rel. Min. Castro Meira, julgado em 22.04.2008. 5. Tendo em vista que a Corte de Origem julgou o processo afastando a auto-aplicabilidade da referida cláusula, restam sem solução diversas questões fáticas condicionantes de sua aplicação que não podem ser apreciadas em sede de recurso especial, cabendo à Corte de Origem enfrentá-las no "Teste de Duas Fases", consoante a prova dos autos. 6. Recurso especial provido para que os autos retornem à origem (RESP 1205393/RJ, Rel.Min. Mauro Campbell Marques, 2ª Turma, DJ de 16/04/2013).

Registre-se, ainda, que a despeito de as alíquotas do IPI serem fixadas pelo Poder Executivo, com base no § 1º do artigo 153 da Constituição da República de 1988, com a finalidade de implementar políticas fiscais, a discricionariedade do poder regulamentar, por meio de Decreto, requer sejam atendidas as condições legais, *in casu*, respeitando-se os Tratados Internacionais devidamente ratificados e internalizados no ordenamento jurídico brasileiro.

Demais disso, eventual diferenciação das alíquotas do IPI somente poderia ser implementada conforme o caráter essencial ou supérfluo do produto importado, e nunca em razão de sua procedência.

Relativamente ao PIS-Importação e à COFINS-Importação, importa assinalar que a Emenda Constitucional nº 42/2003 determinou que a base de cálculo dos referidos tributos fosse o valor aduaneiro. O artigo 7º, I, da Lei nº 10.865/2004, ao instituir os referidos tributos, dispondo sobre o significado de "valor aduaneiro", determinou a seguinte base de cálculo:

Art. 7º. A base de cálculo será:

I. O valor aduaneiro, assim entendido, para os efeitos desta Lei, o valor que servir ou que serviria de base para o cálculo do imposto de importação, acrescido do valor do Imposto sobre Operações Relativas à Circulação de Mercadorias e sobre Prestação de Serviços de Transporte Interestadual e Intermunicipal e de Comunicação – ICMS incidente no desembaraço aduaneiro e do valor das próprias contribuições, na hipótese do inciso I do *caput* do art. 3º desta Lei.

Destarte, a lei determinou que a base de cálculo do PIS-Importação e da CO-FINS-Importação seria a base de cálculo do imposto de importação, acrescido do ICMS incidente sobre a importação e do valor das próprias contribuições.[22]

É de se sublinhar, pois, que com o advento da supramencionada Lei instituidora do PIS-Importação e da COFINS-Importação veio a lume questionamento acerca da possibilidade de referida norma ampliar a base de cálculo dos tributos em foco, em aparente afronta ao artigo 110 do Código Tributário Nacional,[23] haja vista que o conceito de valor aduaneiro anteriormente definido era aquele constante das normas do artigo VII, nº 2, do GATT, qual seja o valor da transação, ou, por outra, o preço realmente pago pela mercadoria na operação de importação.

A propósito deste tema, manifestou-se Heleno Taveira Tôrres (2004), Heleno Taveira. PIS e COFINS na Constituição. Não cumulatividade e Incidência sobre Importação de Mercadorias e Serviços. RFDT 09/85, jun/04):

> (...) Dessome-se como absolutamente incompatível com o texto constitucional, *ex vi* do art.149,III, "a", que reduz a base de cálculo exclusivamente ao "valor aduaneiro", no caso de importação de mercadorias, ou mesmo do valor da operação, na hipótese de serviços, as disposições do art. 7º, da Lei nº 10.865/04, no que concerne aos acréscimos ali contemplados, para os fins de serem adicionados à referida base de cálculo (...) todas as superações que a Lei nº 10.865/04 promoveu aos limites da base de cálculo fundada nos limites do valor aduaneiro, identificado sob a égide dos princípios da neutralidade e de objetividade, são inconstitucionais.

De se registrar, por oportuno, que o Supremo Tribunal Federal, no julgamento do Recurso Extraordinário nº 559937/RS (DJ de 21/03/2013), de relatoria da Ministra Ellen Gracie (relatoria para o acórdão: Ministro Dias Toffolli), negou provimento ao recurso interposto pela União (Fazenda Nacional) para reconhecer a inconstitucionalidade da expressão "acrescido do valor do imposto sobre Operações Relativas à Circulação de Mercadorias e Sobre Prestação de Serviços de Transporte Interestadual e Intermunicipal de Comunicação – ICMS – incidente no desembaraço aduaneiro e do valor das próprias contribuições", contida no inciso I do artigo 7º da Lei nº 10.865/04, e, tendo em conta o reconhecimento da repercussão geral da questão constitucional no RE nº 559.607, determinou a aplicação do regime previsto no § 3º do artigo 543-B do CPC.

No julgamento, a PGFN argumentou no sentido da inexistência de conceito constitucional de valor aduaneiro, bem como salientou que a inclusão do ICMS na base de cálculo das aludidas contribuições respeitaria o princípio da isonomia em relação à tributação no mercado interno. Contudo, a Ministra Relatora rechaçou os argumentos fazendários, afirmando que o valor aduaneiro do produto importado já inclui frete, adicional ao frete para renovação da Marinha Mercante, seguro, Imposto sobre Operações Financeiras (IOF) sobre câmbio e outros encargos, pelo que haveria um ônus a que não estariam sujeitos os produtos nacionais.

---

[22] Ives Gandra Martins (2005, p 152) aduz que, considerando que diversos aspectos dessas contribuições não se encontram na Constituição, deveriam ser descritos em lei complementar.

[23] Art.110. A lei tributária não pode alterar a definição, o conteúdo e o alcance de institutos, conceitos e formas de direito privado, utilizados, expressa ou implicitamente, pela Constituição Federal, pelas Constituições dos Estados, ou pelas Leis Orgânicas do Distrito Federal ou dos Municípios, para definir ou limitar competências tributárias.

Em atenção ao objeto do presente trabalho, e ultrapassada a questão concernente ao alargamento da base de cálculo do PIS-Importação e da COFINS-Importação com a declaração de inconstitucionalidade do inciso I do artigo 7º da Lei nº 10.865/04, cumpre examinarmos outros aspectos tributários relacionados aos tributos em apreço e que, a princípio, militariam em desfavor da concretização da cláusula não discriminatória, prevista no artigo 7º do Tratado de Assunção.

O primeiro deles diz respeito às alíquotas previstas no artigo 8º da Lei nº 10.865/04, que são mais elevadas comparativamente às demais previstas para as contribuições em tela. De acordo com o indigitado dispositivo legal, no caso do PIS-Importação a alíquota é de 1,65% (inciso I) e, para a COFINS-Importação, a alíquota é de 7,6% (inciso II).

Como é cediço, o artigo 2º da Lei nº 10.637/02 (PIS) e o artigo 2º da Lei nº 10.637/02 (COFINS) estabelecem uma alíquota geral de 1,65% e 7,6%, respectivamente. Tais diplomas normativos, é bem verdade, determinaram que algumas pessoas jurídicas estariam sujeitas à apuração cumulativa, conforme artigos 8º da Lei nº 10.637/02 e 10º da Lei nº 10.833/03, e nesses casos, as alíquotas seriam outras, de 3% e 0,65%.

Assentadas essas premissas, e tendo em vista que as contribuições na importação não são não cumulativas – a incidência é monofásica –, é de se concluir que não houve qualquer discriminação em relação às alíquotas previstas no artigo 8º da Lei nº 10.865/04, porquanto são idênticas àquelas estabelecidas na sistemática de recolhimento não cumulativa, sendo de relevo anotar, ainda, a possibilidade de aproveitamento de créditos, consoante artigo 15 da Lei nº 10.865/04.

Por outro lado, no tocante ao produto importado por contribuinte sujeito à sistemática de apuração cumulativa do PIS e da COFINS, a existência de uma alíquota única, acrescida da impossibilidade de aproveitamento de créditos, viola a cláusula contida no artigo 7º do Tratado de Assunção. Isso porque o artigo 8º da Lei nº 10.865/04 estabelece uma alíquota mais elevada de PIS-Importação e COFINS-Importação para alguns importadores, sendo certo que as Leis nºs 10.637/02 e 10.833/03 não permitem ao importador sujeito à sistemática cumulativa o aproveitamento de créditos.

Por fim, cabe um questionamento acerca da incidência do ICMS sobre a circulação de mercadorias e prestação de serviços iniciados no exterior.

Tal incidência possui assento constitucional, *ex vi* do artigo 155,II e § 2º, IX, "a", do Texto Maior.[24] O mesmo dispositivo da Constituição prevê a adoção de alíquota interestadual, quando o destinatário for contribuinte do imposto, ou alíquota interna, quando o destinatário não for contribuinte dele (art.155, § 2º, VII).

Já a Lei Complementar 87/96, em seu artigo 11, I, *d*, preceitua que, tratando-se de mercadoria ou bem importados do exterior, o local da operação para fins de incidência é o estabelecimento onde deva ocorrer a entrada física do bem ou da

---

[24] Art.155. Compete aos Estados e ao Distrito Federal instituir impostos sobre: (...) II – operações relativas à circulação de mercadorias e sobre prestações de serviços de transporte interestadual e intermunicipal e de comunicação, ainda que as operações e as prestações se iniciem no exterior. (...) § 2º. O imposto previsto no inciso II atenderá ao seguinte: (...) IX – incidirá também: a)sobre a entrada de bem ou mercadoria importados do exterior por pessoa física ou jurídica, ainda que não seja contribuinte habitual do imposto, qualquer que seja a sua finalidade, assim como sobre o serviço prestado no exterior, cabendo o imposto ao Estado onde estiver situado o domicílio ou o estabelecimento do destinatário da mercadoria, bem ou serviço.

mercadoria; prevê, ainda, em seu artigo 12, IX, que o fato gerador do referido imposto, na hipótese de importação de mercadorias, ocorre no momento do desembaraço aduaneiro.

Nesse contexto, indaga-se se tais operações devem ser tratadas como operações de importação, sujeitas à alíquota interna, ou se terão tratamento equiparado às operações interestaduais.

Com efeito, os Estados federados sustentam que a alíquota aplicável é a interna, uma vez que o fato gerador do ICMS, nos casos de importação de mercadorias, considera-se ocorrido dentro do Estado federado, pelo que não haveria que se cogitar da aplicação de alíquota interestadual.[25]

Ocorre que o Tratado de Assunção estabelece o mesmo tratamento tributário quanto aos produtos oriundos dos Estados-Membros em matéria tributária e não limita que referido tratamento não discriminatório ocorra somente quanto aos impostos federais, de competência da União. Por conseguinte, a adoção de alíquota interna significa submeter aquelas mercadorias oriundas do MERCOSUL a ônus tributário indevido, porque superior ao aplicado às mercadorias provenientes de outros Estados da Federação.

Deveras, a adoção de alíquota interestadual para o ICMS incidente sobre as operações de importação de mercadorias de Países-Membros do MERCOSUL iria ao encontro dos objetivos traçados no Tratado de Assunção, prestigiando a importação de produtos intrabloco e fomentando o comércio regional. Examinando este ponto, Helenilson Cunha Pontes (2012, p.181) aduz que seria constitucionalmente possível a adoção de alíquotas interestaduais de ICMS para a operação de importação, por contribuinte brasileiro deste imposto, de mercadoria oriunda dos demais países signatários do MERCOSUL. Vejamos:

> É importante ressaltar que a aplicação da alíquota interestadual para as operações de importação – por importador – contribuinte do ICMS – não necessitaria de qualquer alteração do texto constitucional, bastando, para tanto, entender-se a expressão "Estado", prevista no artigo 155, §2º, VII, da Constituição, como abrangendo também os demais Estados parceiros do MERCOSUL.

Em que pese o reconhecimento da importância da questão afeta à tributação pelos impostos indiretos, no contexto de um processo de integração em curso, temos que tal exegese não encontraria guarida. A uma, porque o artigo 155, § 2º, VII, da Constituição da República, integra a Seção IV (Dos Impostos dos Estados e do Distrito Federal), que, por sua vez, está inserida no Capítulo I (Do Sistema Tributário Nacional). Portanto, topograficamente, o artigo 155, § 2º, VII, do Texto Maior, não abarcaria os países signatários do Tratado de Assunção. A duas, porque a matéria atinente ao ICMS (ou mesmo ao IVA, na hipótese de se discutir a sua criação), deve levar em conta, inexoravelmente, aspectos relevantes de federalismo fiscal, razão pela qual, a nosso sentir, somente o poder constituinte derivado reformado poderia dispor sobre a matéria com vistas ao aperfeiçoamento do sistema.

Uma solução intermediária, de curto ou médio prazo, parece apontar para a necessidade de um acordo específico para que tais operações deixem de ser consideradas

---

[25] Convém ressaltar que a alíquota de 4%, conforme definida pela Resolução do Senado Federal nº 13/2012, publicada no DOU de 26/04/2012, será aplicada para bens e mercadorias importadas ou que possuam Conteúdo de Importação superior a 40%. Contudo, nas operações de importação, continuará a ser aplicada a alíquota definida pelo estado que figurar no pólo ativo da respectiva obrigação tributária.

como sendo de importação de mercadorias e, consequentemente, recebam o mesmo tratamento que é seguido para as operações interestaduais (DELGADO,1997).

4. Considerações finais

À guisa de conclusão, convém frisar que o processo de harmonização tributária no âmbito do MERCOSUL, malgrado a previsão contida no § 3º do artigo 1º do Tratado de Assunção, não vem recebendo o adequado encaminhamento por parte dos Estados signatários, possivelmente em função de uma temida redução de autonomia fiscal. A falta de vontade política, nesse caso, confronta os objetivos fiscais comunitários e posterga a formação de um verdadeiro bloco regional.

Com efeito, a situação é agravada ante a inexistência de instrumentos normativos vinculantes, bem assim de uma Corte de Justiça competente para dirimir e uniformizar questões tributárias intrabloco. Por outro lado, a discussão acerca da criação do IVA afigura-se igualmente importante com vistas ao aperfeiçoamento do processo integracionista, a exemplo do que já existe em outros blocos regionais.

Noutro giro, temos que o artigo 7º do Tratado de Assunção, que prevê a cláusula de não discriminação ou do tratamento nacional, é norma autoexecutável e de aplicação imediata, uma vez que a mesma restou incorporada ao ordenamento jurídico brasileiro, em consonância com o *iter* previsto na própria Constituição da República de 1988.

Destarte, o produto originário de qualquer país signatário do Tratado de Assunção deve sujeitar-se, no Brasil, ao mesmo tratamento previsto para os similares de origem nacional.

Em se tratando de PIS-Importação e COFINS-Importação, o Supremo Tribunal Federal, no julgamento do Recurso Extraordinário nº 559937/RS (DJ de 21/03/2013), de relatoria da Ministra Ellen Gracie (relatoria para o acórdão: Ministro Dias Toffolli), declarou a inconstitucionalidade da expressão "acrescido do valor do imposto sobre Operações Relativas à Circulação de Mercadorias e Sobre Prestação de Serviços de Transporte Interestadual e Intermunicipal de Comunicação – ICMS incidente no desembaraço aduaneiro e do valor das próprias contribuições", contida no inciso I do artigo 7º da Lei nº 10.865/04, e, tendo em conta o reconhecimento da repercussão geral da questão constitucional no RE nº 559.607, determinou a aplicação do regime previsto no § 3º do artigo 543-B do CPC.

Por outro lado, no tocante ao produto importado por contribuinte sujeito à sistemática de apuração cumulativa do PIS e da COFINS, a existência de uma alíquota única, acrescida da impossibilidade de aproveitamento de créditos, viola a cláusula contida no artigo 7º do Tratado de Assunção.

Por fim, quanto à incidência do ICMS sobre a circulação de mercadorias e prestação de serviços iniciados no exterior, é de se reconhecer que a adoção de alíquota interestadual (e não alíquota interna) atenderia ao princípio da não discriminação, prestigiando a importação de produtos no âmbito do MERCOSUL e contribuindo para o fortalecimento do comércio regional.

Referências bibliográficas

AMARAL, Antônio Carlos Rodrigues. *Comentários ao Código Tributário Nacional*, vol. 2, coord. Ives Gandra da Silva Martins, Ed. Saraiva, 1998

CARVALHO, Paulo de Barros. *Curso de Direito Tributário*. 14ª edição. São Paulo: Saraiva, 2002

DELGADO, José Augusto. Aspectos tributários no Tratado de Assunção. In: MARTINS, Ives Gandra da Silva (Coord.). *Tributação no Mercosul*. São Paulo: Revista dos Tribunais, 1997

HABERMAS, Jürgen. *Sobre a Constituição da Europa*: um ensaio; tradução Denilson Luis Werle, Luiz Repa e Rúrion Melo. São Paulo: Ed. Unesp, 2012.

HENRIQUES, Elcio Fiori. A não discriminação Tributária no MERCOSUL e o PIS-Importação e a COFINS-Importação. *Revista de Direito Tributário Internacional* nº 5. Del Rey, 2006.

LANG, Joachim. Justiça Fiscal e Globalização. *Revista Direito Tributário Atual* nº 24. São Paulo. Dialética, 2010.

MARTINS, Ives Gandra da Silva. PIS/PASEP e COFINS Importação-inconstitucionalidades. In: M.M. Peixoto; O. C. Fischer (orgs.). *PIS-COFINS Questões atuais e polêmicas*. São Paulo: Quartier Latin, 2005.

ONUKI, Janina. *Relações Internacionais do Brasil*: temas e agendas, v. 1. Henrique Altemani de Oliveira, Antônio Carlos Lessa (orgs.). São Paulo: Saraiva, 2006.

PONTES, Helenilson Cunha. *Direito Tributário*. Artigos selecionados em homenagem aos 40 anos do Centro de Extensão Universitária. Volume II. Ives Gandra Martins (org.). Revista dos Tribunais, 2012.

PIRES, Adilson Rodrigues. *Estudos de Direito Tributário em homenagem à memória de Gilberto de Ulhôa Canto*. Rio de Janeiro: Forense, 1998.

SHOUERI, Luís Eduardo. Harmonização Tributária no Mercosul. Disponível em: http://www.mackenzie.br/fileadmin/Editora/Revista_Direito/harmonizacao.pdf. Acesso em 21/03/2013

TAVARES, André Ramos. *Paradigmas do Judicialismo Constitucional*. São Paulo: Saraiva, 2012

TÔRRES, Ricardo Lobo. *Curso de Direito Financeiro e Tributário*. 7. ed. São Paulo: Renovar, 2000

——. É possível a criação do IVA no Brasil? *Revista Fórum de Direito Tributário* (RFDT), Belo Horizonte: Forum, 2005.

TÔRRES, Heleno Taveira. Quem tem medo da ALCA? *Desafios e perspectivas para o Brasil*. Paulo Borba Casella e Rodrigo Elian Sanchez (coord.). Belo Horizonte: Del Rey, 2005.

——. Capital estrangeiro e princípio da não discriminação tributária no direito interno e nas convenções internacionais. In: *Revista Dialética de Direito Tributário* nº 87, São Paulo, Dialética, 2002.

——. PIS e COFINS na Constituição. Não-cumulatividade e incidência sobre importações de mercadorias e serviços. *RFDT* 09/85, jun/04.

XAVIER, Alberto. O Princípio da não-discriminação no MERCOSUL. In: Tôrres, Heleno Taveira. *Direito Tributário Internacional Aplicado*. Vol. V. São Paulo: Quartier Latin, 2008.

— 4.5 —

Harmonização Tributária na União Europeia e a Guerra Fiscal no Brasil[1]

JOSÉ LUIS CASTRO RODRIGUEZ

Sumário: 1. Introdução; 2. União Europeia; 2.1. História; 2.2. Organização; 2.3. Tomada de decisões; 2.4. Tributação; 3. Direito brasileiro; 4. Conclusão; Referências.

1. Introdução

Resultado da parceria econômica e política entre nações europeias, a União Europeia tem como objetivo promover a integração de seus países-membros a partir da criação de um mercado único, com quatro liberdades: de circulação das mercadorias, dos serviços, das pessoas e de capitais. E o alcance do mercado único passa necessariamente pela harmonização da legislação tributária entre todos o países que a compõem.

A busca da neutralidade fiscal, como fator de integração econômica e política, também é elemento presente na Federação brasileira, em especial quando se trata da tributação indireta por parte dos Estados que a compõem. Limitações legislativas previstas no texto constitucional, combinadas com a atuação do Supremo Tribunal Federal, buscam evitar a desagregação federativa pelo uso predatório do tributo.

O que se busca no presente artigo é traçar um breve paralelo entre a estrutura normativa e institucional da União Europeia e a da Federação Brasileira no que tange à harmonização da tributação.

2. União Europeia

2.1. História

Pode-se dizer que o embrião da União Europeia foi o Benelux, bloco criado ainda durante a Segunda Guerra Mundial por Bélgica, Holanda e Luxemburgo, que tinha por objetivo integrá-los em um mercado comum.

---

[1] Trabalho apresentado no âmbito do Programa de Pós-Graduação em Direito da Universidade do Estado do Rio de Janeiro-UERJ. Linha de Pesquisa: Finanças Públicas, Tributação e Desenvolvimento. Requisito para aprovação na disciplina: Direito Tributário da Integração e Comunitário. Jurisprudência Tributária do Tribunal de Justiça da União Europeia, ministrada pelo Prof. Marcus Lívio Gomes em 2013.1.

Em 1952, surgiu a Comunidade Europeia do Carvão e do Aço (CECA), formada pelos membros do Benelux juntamente com França, Itália e Alemanha Ocidental. Tinha por objetivo integrar a produção siderúrgica e por consequência a industrial de seus membros.

Em 1957, foi criado, pelo Tratado de Roma, o Mercado Comum Europeu (MCE), também chamado de Comunidade Econômica Europeia (CEE), objetivando a ampliação do mercado consumidor europeu e a aceleração do desenvolvimento de sua produção industrial. Inicialmente, além dos países-membros da CECA, integravam o bloco econômico Inglaterra, Irlanda e Dinamarca, a partir de 1973; Grécia, a partir de 1981; e Espanha e Portugal, a partir de 1986.

Caracterizava-se pela proposta de uma livre circulação de mercadorias, serviços e capitais e, pela primeira vez, de livre circulação de pessoas entre.

A evolução da integração entre os países europeus culminou na criação da União Europeia (EU), em 1991, pelo Tratado de Maastricht, quando surgiu o euro, usado inicialmente para trocas cambiais, e posteriormente colocado em circulação de forma gradativa pela maioria de seus membros.

2.2. Organização

Os órgãos de cúpula, responsáveis pela formulação e implementação das políticas de integração na União Europeia, incluídas aí, as relativas à harmonização tributária, são o Conselho Europeu, o Conselho da União Europeia, o Parlamento Europeu e a Comissão Europeia.

Órgão de destaque na União Europeia, o Conselho Europeu é formado pelos chefes de Estado de seus membros, sendo responsável pela formulação das diretrizes políticas do bloco.

Os três principais órgãos administrativos da União Europeia são o Conselho da União Europeia, o Parlamento Europeu e a Comissão Europeia, que trabalham coordenadamente para a formulação da legislação comunitária.

O Conselho da União Europeia, também chamado de Conselho de Ministros, é formado por ministros indicados pelos Estados-Membros, cabendo a ele, ao lado do Parlamento, o exercício do poder legislativo. É responsável, ainda, dentre outras atribuições, pela coordenação das políticas econômicas nacionais e pela celebração de acordos. É responsável, portanto, pela concretização das diretrizes gerais fixadas pelo Conselho Europeu.

O Parlamento Europeu, inicialmente formado por membros dos Parlamentos nacionais, tinha funções meramente consultivas. Com o desenvolvimento da União Europeia, passou a ser composto por membros eleitos por sufrágio universal, concedendo legitimidade democrática às decisões necessárias à formulação de políticas comuns.

Embora não tenha poderes para a propositura de leis, pode, ao lado do Conselho da EU, emendar ou vetar os propostos pela Comissão Europeia. Cabe a ele, ainda, supervisionar a Comissão, aprovar seus membros e dissolvê-la com um voto de censura.

A Comissão Europeia é o órgão de execução da União Europeia, formado por um presidente e 25 representantes de cada Estado-Membro. Sua função principal é propor novas leis, a serem aprovadas pelo Parlamento e pelo Conselho da EU, e garantir o cumprimento dos tratados.

Outro órgão de grande importância é o Tribunal de Justiça Europeu, que delibera acerca da interpretação da legislação europeia. É composto por juízes e advogados gerais, cabendo a estes a propositura de parecer legal não vinculante.

Atua como instância consultiva dos judiciários nacionais, mediante provocação dos juízes nacionais, que solicitam seu pronunciamento, moderando litígios entre Estados membros, instituições comunitárias, empresas e cidadãos europeus.

Ao lado destes atuam o Tribunal de Contas, órgão de fiscalização orçamentária e assessoria, o Comitê Econômico e Social Europeu, que por representar a sociedade civil organizada participa da formulação e execução de sua políticas e o Banco Europeu de Investimento, instituição financeira de fomento. Além destes, há ainda o Comitê das Regiões, formado por autoridades locais com o objetivo de garantir os interesses das regiões e províncias dos Estados nacionais membros e o Banco Central Europeu, responsável pela implementação e execução das políticas econômica e monetária da EU, além das agências especializadas, responsáveis pela execução de tarefas de cunho técnico, científico ou administrativo.

2.3. Tomada de decisões

Cabe à Comissão Europeia propor novas iniciativas, não sem antes avaliar suas potenciais consequências. A aprovação deve se dar, em regra, conjuntamente pelo Parlamento Europeu, e pelo Conselho, que analisam as propostas e propõem alterações. Se ambas as instituições acordarem nas alterações, a proposta legislativa é aprovada.

São atos normativos da União Europeia o regulamento, as diretivas, as decisões, as recomendações e os pareceres.

O Regulamento é vinculativo e aplicável a todos os países da UE. As Diretivas fixam um objetivo geral a ser alcançado por todos os países da UE, cabendo a cada país, no entanto, decidir os meios para atingi-lo. As Decisões são atos que só vinculam destinatários específicos, ao contrário das Recomendações, que não vinculam. Por fim, os Pareceres são uma declaração não vinculativa que não impõem qualquer obrigação legal aos destinatários.

2.4. Tributação

O Tratado de Roma, que cria a Comunidade Europeia, é a fonte primária normativa da tributação no âmbito do bloco, já que estabelece em seus artigos 23-31, 39, 43, 49 e 56 os direitos fundamentais que o regem, quais sejam a livre circulação de mercadorias, serviços, capital, pessoas e o direito à liberdade de estabelecimento. É a partir de tal perspectiva que atuam os órgãos que a compõem.

O Conselho da União Europeia atua por meio da aprovação de normas em matéria tributária, que deve se dar por unanimidade. Deve ser ressaltado que o Parlamento Europeu desempenha função apenas consultiva em matérias dessa natureza (artigos 94 e 330 do Tratado de Roma).

Quanto à tributação direta, em razão da exigência de unanimidade para a aprovação de normas, pouca tem sido a atividade legislativa. Exemplo é a Diretiva relativa ao regime fiscal comum de tributação de fusões, cisões, entrada de ativos e permuta de ações entre sociedades de Estados membros (Diretiva 90/434/CEE).

Já quanto aos tributos indiretos ao Conselho é concedido pelo artigo 93 do Tratado da Comunidade Europeia o poder para proceder à harmonização, podendo, ainda, de acordo com o artigo 94 do Tratado da Comunidade Europeia, promulgar diretivas para a "aproximação das referidas leis, regulamentos ou provimentos administrativos dos Estados-Membros que possam afetar o estabelecimento e funcionamento do mercado comum". Exemplo de diretiva é a relativa ao IVA, adotada por todos os estados, e que permite a incorporação com um certo grau de flexibilidade de uma forma comum de tributação indireta.

O Tribunal de Justiça Europeu, por sua vez, profere decisões mandatórias, interpretando o direito comunitário e exercendo controle de legalidade sobre a legislação dos Estados membros. Além disso, sua atuação acaba por resultar na criação de vários princípios do direito comunitário.

3. Direito brasileiro

Como já ressaltado na introdução, a harmonização tributária é fator de extrema importância não só para a integração entre nações, como também para a manutenção da coesão dentro de uma federação como a brasileira.

Conforme disposto no artigo 145 da Constituição Federal, a União, os Estados, o Distrito Federal e os Municípios poderão instituir impostos, taxas e contribuição de melhoria. A União, por sua vez, pode instituir, ainda, empréstimo compulsório (artigo 148), além de contribuições sociais, de intervenção no domínio econômico e de interesse das categorias profissionais ou econômicas (artigo 149).

O constituinte originário, ciente da importância da harmonização da tributação para a federação, previu em diversos dispositivos mecanismos aplicáveis a todos os tributos com esse objetivo. É o caso por exemplo, do previsto no artigo 146, segundo o qual cabe à lei complementar, portanto, norma de caráter nacional "estabelecer normas gerais em matéria de legislação tributária".

Outro artigo de extrema importância, por seu reflexo para a federação, embora destinado à União é o artigo 151, que dispõe:

Art. 151. É vedado à União:

I – instituir tributo que não seja uniforme em todo o território nacional ou que implique distinção ou preferência em relação a Estado, ao Distrito Federal ou a Município, em detrimento de outro, admitida a concessão de incentivos fiscais destinados a promover o equilíbrio do desenvolvimento socioeconômico entre as diferentes regiões do País;

II – tributar a renda das obrigações da dívida pública dos Estados, do Distrito Federal e dos Municípios, bem como a remuneração e os proventos dos respectivos agentes públicos, em níveis superiores aos que fixar para suas obrigações e para seus agentes;

III – instituir isenções de tributos da competência dos Estados, do Distrito Federal ou dos Municípios.

A maior dificuldade de harmonização tributária no Brasil, porém, advém certamente dos tributos de competência estadual.

Isto porque os tributos federais possuem caráter nacional, e os municipais, possuem menor repercussão econômica.

E quanto aos estaduais, o de maior expressão é o imposto incidente sobre operações relativas à circulação de mercadorias e sobre prestações de serviços de transporte interestadual e intermunicipal e de comunicação (ICMS), previsto no artigo 155, inciso II, da Constituição Federal. E tal fato se deve a ser o principal tributo estadual, razão pela qual sua manipulação por meio de benefícios fiscais tem grande impacto na realidade econômica dos Estados.

Desta forma, a análise do ICMS é a que melhor ilustra os desafio da harmonização tributária na Federação Brasileira.

Vários são os dispositivos constitucionais que buscam evitar uso de tributos estaduais como fator de desagregação da federação brasileira. Um que merece destaque é artigo 152, que estabelece ser "vedado aos Estados, ao Distrito Federal e aos Municípios estabelecer diferença tributária entre bens e serviços, de qualquer natureza, em razão de sua procedência ou destino".

Quanto ao ICMS, estabelece a Constituição uma série de regras e limitações aos Estados. O artigo 155, que trata especificamente do imposto dispõe, em seu § 2º que:

§ 2º O imposto previsto no inciso II atenderá ao seguinte: (Redação dada pela Emenda Constitucional nº 3, de 1993)

(...)

IV – resolução do Senado Federal, de iniciativa do Presidente da República ou de um terço dos Senadores, aprovada pela maioria absoluta de seus membros, estabelecerá as alíquotas aplicáveis às operações e prestações, interestaduais e de exportação;

V – é facultado ao Senado Federal:

a) estabelecer alíquotas mínimas nas operações internas, mediante resolução de iniciativa de um terço e aprovada pela maioria absoluta de seus membros;

b) fixar alíquotas máximas nas mesmas operações para resolver conflito específico que envolva interesse de Estados, mediante resolução de iniciativa da maioria absoluta e aprovada por dois terços de seus membros;

VI – salvo deliberação em contrário dos Estados e do Distrito Federal, nos termos do disposto no inciso XII, "g", as alíquotas internas, nas operações relativas à circulação de mercadorias e nas prestações de serviços, não poderão ser inferiores às previstas para as operações interestaduais;

Atribui-se, assim, a um órgão nacional, a regulamentação de vários aspectos do imposto.

No mesmo escopo de harmonização, prevê o legislador, no mesmo dispositivo, caber à lei complementar, norma, portanto, de caráter nacional, regulamentar os elementos gerais do imposto:

XII – cabe à lei complementar:

a) definir seus contribuintes;

b) dispor sobre substituição tributária;

c) disciplinar o regime de compensação do imposto;

d) fixar, para efeito de sua cobrança e definição do estabelecimento responsável, o local das operações relativas à circulação de mercadorias e das prestações de serviços;

e) excluir da incidência do imposto, nas exportações para o exterior, serviços e outros produtos além dos mencionados no inciso X, "a"

f) prever casos de manutenção de crédito, relativamente à remessa para outro Estado e exportação para o exterior, de serviços e de mercadorias;

g) regular a forma como, mediante deliberação dos Estados e do Distrito Federal, isenções, incentivos e benefícios fiscais serão concedidos e revogados.

h) definir os combustíveis e lubrificantes sobre os quais o imposto incidirá uma única vez, qualquer que seja a sua finalidade, hipótese em que não se aplicará o disposto no inciso X, b; (Incluída pela Emenda Constitucional nº 33, de 2001) (Vide Emenda Constitucional nº 33, de 2001)

i) fixar a base de cálculo, de modo que o montante do imposto a integre, também na importação do exterior de bem, mercadoria ou serviço. (Incluída pela Emenda Constitucional nº 33, de 2001)

Em relação a este último dispositivo, merece destaque a previsão do inciso *g*, cujo cumprimento tem encontrado muita resistência e gerado forte reação do Poder Judiciário.

Segundo a Lei Complementar nº 24, de 7 de janeiro de 1975, que dispõe sobre os convênios para a concessão de isenções do imposto sobre operações relativas à circulação de mercadorias:

Art. 2º Os convênios a que alude o art. 1º, serão celebrados em reuniões para as quais tenham sido convocados representantes de todos os Estados e do Distrito Federal, sob a presidência de representantes do Governo federal.

(...)

§ 2º A concessão de benefícios dependerá sempre de decisão unânime dos Estados representados; a sua revogação total ou parcial dependerá de aprovação de quatro quintos, pelo menos, dos representantes presentes.

Ocorre que em muitos casos os benefícios fiscais têm sido concedidos por normas estaduais independentemente de decisão unânime dos Estados representados. E todas as hipóteses objeto de impugnação tem recebido uma firme resposta do Poder Judiciário.

A título de exemplo, podem ser citadas as seguintes decisões:

Ação direta de inconstitucionalidade. Art. 12, *caput* e parágrafo único, da Lei estadual (PA) nº 5.780/93. Concessão de benefícios fiscais de ICMS independentemente de deliberação do CONFAZ. Guerra Fiscal. Violação dos arts. 150, § 6º, e 155, § 2º, XII, "g", da Constituição Federal. 1. É pacífica a jurisprudência deste Supremo Tribunal Federal de que são inconstitucionais as normas que concedam ou autorizem a concessão de benefícios fiscais de ICMS (isenção, redução de base de cálculo, créditos presumidos e dispensa de pagamento) independentemente de deliberação do CONFAZ, por violação dos arts. 150, § 6º, e 155, § 2º, inciso XII, alínea "g", da Constituição Federal, os quais repudiam a denominada "guerra fiscal". Precedente: ADI nº 2.548/PR, Relator o Ministro Gilmar Mendes, DJ 15/6/07. 2. Inconstitucionalidade do art. 12, caput, da Lei nº 5.780/93 do Estado do Pará, e da expressão "sem prejuízo do disposto no caput deste artigo" contida no seu parágrafo único, na medida em que autorizam ao Poder Executivo conceder diretamente benefícios fiscais de ICMS sem observância das formalidades previstas na Constituição. 3. Ação direta julgada parcialmente procedente.

(ADI 1247 / PA – PARÁ, Relator(a): Min. DIAS TOFFOLI, Julgamento: 01/06/2011)

1. INCONSTITUCIONALIDADE. Ação direta. Objeto. Admissibilidade. Impugnação de decreto autônomo, que institui benefícios fiscais. Caráter não meramente regulamentar. Introdução de novidade normativa. Preliminar repelida. Precedentes. Decreto que, não se limitando a regulamentar lei, institua benefício fiscal ou introduza outra novidade normativa, reputa-se autônomo e, como tal, é suscetível de controle concentrado de constitucionalidade. 2. INCONSTITUCIONALIDADE. Ação direta. Decreto nº 27.427/00, do Estado do Rio de Janeiro. Tributo. Imposto sobre Circulação de Mercadorias e Serviços – ICMS. Benefícios fiscais. Redução de alíquota e concessão de crédito presumido, por Estado-membro, mediante decreto. Inexistência de suporte em convênio celebrado no âmbito do CONFAZ, nos termos da LC 24/75. Expressão da chamada "guerra fiscal". Inadmissibilidade. Ofensa aos arts. 150, § 6º, 152 e 155, § 2º, inc. XII, letra "g", da CF. Ação julgada procedente. Precedentes. Não pode o Estado-membro conceder isenção, incentivo ou benefício fiscal, relativos ao Imposto sobre Circulação de Mercadorias e Serviços – ICMS, de modo unilateral, mediante decreto ou outro ato normativo, sem prévia celebração de convênio intergovernamental no âmbito do CONFAZ.

ADI 3664 / RJ – RIO DE JANEIRO, Relator(a): Min. CEZAR PELUSO, Julgamento: 01/06/2011)

Tantas são as violações a referido dispositivo que foi proposta a edição Súmula Vinculante acerca do tema (PSV nº 69), já que a insistência dos Estados na concessão de isenções de ICMS evidencia um problema no pacto federativo.

Prevê o edital da proposta, publicado no *site* do STF, que "qualquer isenção, incentivo, redução de alíquota ou de base de cálculo, crédito presumido, dispensa de pagamento ou outro benefício fiscal relativo ao ICMS, concedido sem prévia aprovação em convênio celebrado no âmbito do Confaz [*Conselho Nacional de Política Fazendária*], é inconstitucional".

4. Conclusão

Pretendeu-se no presente artigo demonstrar que as dificuldades encontradas para harmonização da legislação tributária na União Europeia encontram paralelo no Brasil, exigindo-se em ambos todo um esforço para seu alcance, mediante a atuação efetiva tanto no âmbito legislativo quanto jurisdicional, buscando-se, em última instância, coesão política, social e econômica.

Referências

BORGES, Jose Souto Maior. *Curso de Direito Comunitário*. 2. ed. São Paulo: Saraiva, 2009.

EZCURRA, Marta Villar. Constitución Europea y Fiscalidade. In: TÔRRES, Heleno Taveira. *Direito Tributário Internacional Aplicado* III. São Paulo: Quartier Latin, 2005.

O´SHEA, Tom; RÔLIM, João Dácio. O acesso a vantagens tributárias através das liberdades fundamentais da União Européia. In: TÔRRES, Heleno Taveira. *Direito Tributário e Ordem Econômica*: homenagem aos 60 anos da ABDF. São Paulo: Quartier Latin, 2010.

O´SHEA, Tom. Direito Tributário Europeu. In: *Revista de Direito Tributário Atual*, n. 19. São Paulo: Dialética/IBDT, 2005

TRAVERSA, Eduardo. *Federalismo Fiscal Interno e Integração Tributária Européia*: Quadro Legislativo Geral e Assuntos Atuais. Direito Tributário Atual.

— 4.6 —

Harmonização da tributação indireta e o IVA no Tribunal de Justiça da União Europeia: reflexões para o federalismo brasileiro[1]

JANSSEN HIROSHI MURAYAMA

Sumário: I. Introdução; II. Breves considerações sobre o IVA; 2.1. Considerações iniciais sobre o IVA; 2.2. Pressuposto objetivo do IVA; 2.3. Pressuposto subjetivo do IVA; 2.4. Pressuposto territorial do IVA; III. Análise do caso EMAG julgado pelo TJ-UE; 3.1. O caso EMAG; 3.2. A primeira questão analisada pelo TJ-UE: Possibilidade da existência de duas entregas distintas por meio de um só transporte físico de bens; 3.3. A segunda questão analisada pelo TJ-UE: Definição do lugar desta(s) entrega(s); IV. Conclusão; Bibliografia.

I. Introdução

No dia 20 de março de 2013, o Ministro Mauro Aurélio reconheceu a existência da repercussão geral da questão debatida nos autos do Recurso Extraordinário n° 723.651, qual seja, a incidência ou não do Imposto sobre Produtos Industrializados (IPI) na importação de veículo automotor quando o importador for pessoa natural e fizer a importação para uso próprio.

Em seguida, o Supremo Tribunal Federal (STF), por maioria, acompanhou o entendimento de que a controvérsia acima referida possui repercussão geral em decisão publicada no dia 11 de abril, vencido o Ministro Luiz Fux. Até o término do presente artigo, esta matéria ainda não havia sido analisada pelo Pleno do STF.

A questão que envolve os tributos indiretos, ou seja, aqueles que incidem sobre as operações com mercadorias e as prestações de serviços, é controvertida não somente no Brasil, mas no mundo inteiro. No caso das comunidades internacionais – como a União Europeia (UE) –, a harmonização dos tributos indiretos ainda é um grande desafio.

Para comprovar a afirmativa anterior, será analisado neste estudo o modo pelo qual a harmonização da tributação indireta no âmbito da UE tem se desenvolvido e,

---

[1] Trabalho apresentado no âmbito do Programa de Pós-Graduação em Direito da Universidade do Estado do Rio de Janeiro-UERJ. Linha de Pesquisa: Finanças Públicas, Tributação e Desenvolvimento. Requisito para aprovação na disciplina: Direito Tributário da Integração e Comunitário. Jurisprudência Tributária do Tribunal de Justiça da União Europeia, ministrada pelo Prof. Marcus Lívio Gomes em 2013.1.

para tanto, o presente artigo será dividido em *duas partes*: (i) a primeira abordará brevemente os principais aspectos do Imposto sobre Valor Agregado (IVA) europeu; e, em seguida, (ii) verificaremos o entendimento adotado em um dos inúmeros precedentes acerca do assunto que já chegaram ao Tribunal de Justiça da União Europeia (TJ-UE).

II. Breves considerações sobre o IVA

2.1. Considerações iniciais sobre o IVA

O IVA foi o primeiro tributo comum a todos os Estados-Membros da União Europeia e um dos seus objetivos principais foi transferir a tributação para o consumidor final, neutralizando as operações anteriores referentes ao ciclo produtivo ou distributivo.

Apesar de não estar previsto expressamente em determinada norma comunitária, o princípio da neutralidade inspirou a criação do IVA de modo que este atinja economicamente apenas o consumidor final.[2]

Atualmente, as regras fundamentais do IVA estão previstas na Diretiva CE n° 112, de 2006 (Diretiva de remodelação ou "Recast Vat Directive"), que tem como característica principal não o seu conteúdo, mas sim, a tentativa de uniformização comunitária do imposto em um só ato normativo.

Para fins do IVA, uma operação é relevante quando preenche *três pressupostos*: objetivo, subjetivo e territorial.

2.2. Pressuposto objetivo do IVA

O *objeto* do IVA (*pressuposto objetivo*) pode ser constituído por quatro operações: (i) cessão de bens; (ii) aquisição intracomunitária; (iii) prestação de serviços; e (iv) importação de bens.

A *cessão de bens* é a transferência do poder de dispor (propriedade) de um bem material. É importante ressaltar que cada Estado-Membro pode equiparar outras operações à cessão para fins de incidência do IVA, bem como excluí-lo, como, por exemplo, quando se tratar de transmissão de uma universalidade de bens, já que, neste caso, o beneficiário da cessão será mero sucessor e não um terceiro adquirente.

A *aquisição intracomunitária* se caracteriza pela transferência onerosa da propriedade de determinado bem material originado num Estado-Membro e destinado para outro.

A caracterização da *prestação de serviços* é feita de forma residual, ou seja, abrange todas as operações que não se classificam como cessão de bens ou aquisição intracomunitária.

Por fim, a *importação* ocorre quando bens oriundos de Estados não membros ingressam no território de determinado Estado-Membro.

---

[2] Tal objetivo é concretizado por meio de *dois instrumentos*: o direito à dedução e o dever de recuperação. O primeiro permite que o contribuinte desconte, no cálculo do IVA a recolher, o imposto pago nas operações anteriores. Já o segundo permite que o contribuinte debite o IVA quando da cessão de bens ou prestação de serviços.

2.3. Pressuposto subjetivo do IVA

Em relação ao *pressuposto subjetivo*, a Diretiva de remodelação adota um conceito amplo de sujeito passivo do IVA, abrangendo qualquer sujeito que exerça uma atividade econômica.

2.4. Pressuposto territorial do IVA

A disciplina comunitária determina que o IVA se aplica somente quando as transações ocorrem dentro do território de um Estado-Membro. O *pressuposto territorial* é de extrema relevância para a harmonização da tributação indireta na União Europeia, pois fornece os critérios territoriais para fins de incidência do IVA, fazendo com que a mesma operação não seja objeto de (bi)tributação em Estados diferentes.

Assim, nas cessões de bens *sem* transporte, considera-se o lugar da operação como sendo o local em que se encontram os bens no momento da cessão; nas *com* transporte, no momento inicial da expedição ou do transporte destinado ao adquirente.

Nas prestações de serviço, existem *duas regras gerais*. Na *primeira*, quando ambas as partes – tomador e prestador – são sujeitos passivos do IVA ("business-to--business" – "B2B"), o local da prestação é o da sede do tomador, ou do seu estabelecimento permanente (caso este seja diferente da sede) ou, na falta destes dois, o seu domicílio ou residência habitual. Tal regra se justifica pela intenção de se tributar o serviço no país do seu consumo. Ademais, o IVA é pago pelo tomador do serviço (e não pelo prestador).

A *segunda regra geral* ocorre quando o tomador *não* é sujeito passivo do IVA ("business-to-consumer" – "B2C"): neste caso, o lugar da prestação é o do estabelecimento do prestador (ou o estabelecimento permanente, domicílio ou residência habitual nas mesmas hipóteses já descritas acima).

Considera-se "estabelecimento permanente" o centro estável de atividade, ou seja, qualquer estrutura organizada por meios ou pessoas que dependam do sujeito passivo não residente. É claro que, dependendo do tipo de operação, este conceito variará: (i) se for B2B, o estabelecimento é configurado quando puder *receber* os serviços; e (ii) se for B2C, quando for possível *prestar* determinado serviço.

Ademais, é importante mencionar que o legislador comunitário se preocupou em criar regras especiais para alguns serviços com o objetivo de manter a tributação no local em que ocorre o seu efetivo consumo. A título exemplificativo, as operações de serviços relacionados a imóveis são tributadas pelo IVA no local onde está situado o bem.

Nas aquisições intracomunitárias, considera-se o Estado destinatário dos bens como sendo o local da aquisição.

Já as operações com o exterior, ou seja, entre Estados-Membros e Estados não membros ("extra UE"), são caracterizadas pelo princípio da tributação no país de *destino* de forma a desonerar as exportações e tributar as importações.

As importações de territórios extra UE são tributadas e independe do pressuposto subjetivo, ou seja, qualquer pessoa, no exercício ou não de uma atividade econômica, pode ser o sujeito passivo do IVA.[3]

---

[3] No âmbito da União Europeia, a legislação comunitária é clara e não deixa dúvidas de que o IVA incide na importação de bens, ainda que realizada por pessoa física não contribuinte do imposto, razão pela a questão relacionada à

Em razão do princípio da neutralidade externa, que proíbe a discriminação entre operações comunitárias e as importações, as principais isenções do IVA na importação são as mesmas previstas para as operações internas e as alíquotas das importações também são iguais às das operações ocorridas dentro da União Europeia.

Por fim, é importante destacar que, com o objetivo de estimulá-las, as exportações são isentas do IVA.

Feitas estas considerações iniciais sobre o IVA, passemos à análise do caso EMAG decidido pelo TJ-UE.

III. Análise do caso EMAG julgado pelo TJ-UE[4]

3.1. O caso EMAG

Durante os anos de 1996 e 1997, a empresa EMAG Handel Eder OHG ("EMAG"), com sede na Áustria, adquiriu mercadorias (metais não ferrosos) da sociedade K GmbH ("K"), também sediada na Áustria.

K, por sua vez, adquiriu as referidas mercadorias de fornecedores com sede na Itália ou na Holanda ("fornecedores"), sendo indubitável que a EMAG não conhecia os fornecedores de K.

Após a conclusão de cada transação, K dava instruções aos seus fornecedores para entregarem essas mercadorias a um despachante por ela encarregada de transportá-las diretamente para as instalações da EMAG na Áustria ou dos clientes desta, também na Áustria (segundo as orientações dadas pela EMAG à K).

Desta forma, K faturou à EMAG o preço de compra das mercadorias acordado entre as duas, acrescido de 20% do IVA austríaco. Em seguida, a EMAG pediu para se creditar do IVA pago nesta operação.

Ocorre que o Governo austríaco negou à EMAG o direito de dedução do IVA pago na operação anterior sob o fundamento de que a empresa K tinha incluído indevidamente o IVA no valor da fatura.

Segundo o Governo austríaco, num primeiro momento, K pagava pelas mercadorias aos seus fornecedores, que as punham à disposição de K na Holanda ou na Itália. Num segundo momento, K confiava a despachantes o transporte das mercadorias, da Itália ou da Holanda para a Áustria, onde eram entregues à EMAG ou, por ordem sua, a clientes seus. Assim, o transporte de mercadorias era efetuado pela empresa K em cumprimento da sua obrigação de entrega para com a EMAG e que esta última estava informada desse fato.

Desta forma, o Governo austríaco considerou que o § 3, n° 8, da Umsatzsteuergesetz 1994 ("UStG 1994"),[5] era aplicável às entregas efetuadas pela K à EMAG.

---

repercussão geral mencionada na introdução deste estudo – incidência do IPI na importação por pessoa natural para uso próprio – dificilmente seria objeto de controvérsia perante o Tribunal de Justiça europeu.

[4] Para obter o inteiro teor do acórdão, acesse: <http://curia.europa.eu/juris/document/document.jsf?text=&docid=55676&pageIndex=0&doclang=PT&mode=lst&dir=&occ=first&part=1&cid=4119407>.

[5] Quando o objeto de uma entrega for transportado ou expedido pelo fornecedor ou pelo adquirente, a entrega considera-se realizada no lugar do início do transporte ou da expedição do bem para o adquirente ou, por ordem deste, para um terceiro. Há expedição quando o bem seja transportado através de um transportador ou expedidor ou quando seja encarregado um despachante de efetuar o transporte. A expedição inicia-se com a entrega do bem ao despachante, transportador ou fretador.

Uma vez que a entrega das mercadorias aos despachantes mandados pela K era efetuada na Itália ou na Holanda, o lugar das entregas efetuadas por K à EMAG situava-se em um destes dois Estados-Membros.

De acordo com o § 12, n.° 1, ponto 1, da UStG 1994,[6] a dedução do IVA pago na operação anterior só seria possível se as operações tivessem sido efetuadas na Áustria. Assim, o Governo austríaco entendeu que, como todas as operações foram executadas na Itália ou na Holanda[7] (e não na Áustria), a EMAG deduziu indevidamente o IVA pago nas operações anteriores.

Por sua vez, a EMAG alega que o § 3, n° 8, da UStG 1994 não era aplicável às entregas que lhe eram efetuadas pela K, pois a ordem de expedição das mercadorias para a Áustria não era dada por ela, mas sim, pela empresa K. Ademais, a EMAG destacou que (i) não conhecia os fornecedores de K; (ii) que esta tinha a possibilidade de, até ao fim de cada entrega, alterar o lugar de destino ou o destinatário, tendo por vezes feito uso desta possibilidade; e (iii) que era K que suportava todos os riscos de perda ou deterioração das mercadorias até à sua recepção pela EMAG ou pelos seus clientes.

Assim, a EMAG considera que o lugar das entregas que lhe foram efetuadas pela K se situava na Áustria, razão pela qual estas estavam sujeitas ao pagamento do IVA por K. Por isso, K recolheu corretamente o referido IVA, e a própria EMAG pediu a sua dedução enquanto imposto pago na operação anterior.

No dia 06 de abril de 2006, a Primeira Seção do Tribunal de Justiça da União Europeia analisou o caso EMAG veiculado nos autos do processo n° C-245/04, e duas foram as questões principais debatidas no precedente em tela: (i) a possibilidade da existência de duas entregas distintas por meio de um só transporte físico de bens; e (ii) a definição do lugar desta(s) entrega(s). Vejamos a seguir cada uma delas.

3.2. A primeira questão analisada pelo TJ-UE: Possibilidade da existência de duas entregas distintas por meio de um só transporte físico de bens

Primeiramente, o TJ-UE firmou o entendimento de que, mesmo que duas entregas sucessivas só deem lugar a um único transporte de bens, há que considerar que elas se sucedem no tempo. Com efeito, o primeiro adquirente (no caso, K) só pode transferir para o segundo adquirente (no caso, EMAG) a propriedade se a tiver recebido previamente do primeiro vendedor (no caso, fornecedores na Itália ou Ho-

---

[6] O empresário pode deduzir os seguintes montantes do imposto pago a montante: 1) O imposto mencionado separadamente numa fatura (§ 11) de que é destinatário, referente a entregas de bens e outras prestações efetuadas em território nacional por outros empresários para utilização na sua empresa (...).

[7] Isto porque esta operação é isenta do IVA na Itália ou na Holanda, Estados-Membros de partida da expedição ou do transporte destas transações, conforme determina o artigo 28°-C, A, alínea "a", primeiro parágrafo, da Sexta Diretiva, que assim dispõe: "Sem prejuízo de outras disposições comunitárias e nas condições fixadas pelos Estados-Membros para garantir uma aplicação correta e simples das isenções adiante previstas e a prevenir eventuais fraudes, evasões e abusos, os Estados-Membros isentarão: a) As entregas de bens, na acepção do artigo 5°, expedidos ou transportados, pelo vendedor ou pelo adquirente ou por conta destes, para fora do território referido no artigo 3°, mas no interior da Comunidade, efetuadas a outro sujeito passivo ou a uma pessoa jurídica que não seja sujeito passivo, agindo como tal num Estado-Membro diferente do Estado de início da expedição ou do transporte dos bens". O objetivo desta isenção é a transferência da receita fiscal para o Estado-Membro onde houve o consumo final dos bens entregues.

landa) e, portanto, a segunda entrega só pode ocorrer depois de realizada a primeira entrega.

Uma vez que se considera que o lugar da aquisição dos bens pelo primeiro adquirente se situa no Estado-Membro da chegada da expedição ou do transporte desses bens (no caso, Áustria), seria contrário a toda a lógica considerar que esse sujeito passivo procedeu à entrega subsequente dos mesmos bens a partir do Estado-Membro da partida da referida expedição ou do referido transporte (no caso, Itália ou Holanda).

Em segundo lugar, o TJ-UE entendeu que a interpretação das disposições relevantes da Sexta Diretiva, no sentido de que o único transporte de bens é imputado a uma só das duas entregas sucessivas, permite alcançar com simplicidade o objetivo perseguido pelo regime transitório previsto no título XVI-A desta Diretiva, qual seja, a transferência da receita fiscal para o Estado-Membro onde ocorre o consumo final dos bens entregues (no caso, Áustria).

Com efeito, esta transferência é garantida no momento da operação única que dá lugar a um transporte intracomunitário de bens, pela aplicação combinada dos seguintes artigos da Sexta Diretiva: (i) 28°-C, A, alínea "a", § 1°,[8] o qual prevê a isenção pelo Estado-Membro da partida da entrega que dá lugar à expedição ou transporte intracomunitário (no caso, Itália ou Holanda); (ii) 17°, n° 3, alínea "b", na versão resultante do artigo 28°-F, n° 1,[9] que estabelece a dedução ou o reembolso, pelo Estado-Membro da partida, do IVA devido ou pago nesse Estado-Membro (no caso, Itália ou Holanda); e (iii) 28°-A, n° 1, alínea "a", § 1°, o qual dispõe sobre a tributação pelo Estado-Membro da chegada da aquisição intracomunitária (no caso, Áustria).[10]

Desta forma, as disposições da Sexta Diretiva devem ser interpretadas no sentido de que o único transporte dos bens não pode ser imputado simultaneamente às duas entregas sucessivas.

Exatamente neste sentido, o TJ-UE entendeu que, quando duas entregas sucessivas que têm por objeto os mesmos bens, efetuadas a título oneroso entre sujeitos passivos agindo nessa qualidade, dão origem a uma única expedição intracomunitária ou a um único transporte intracomunitário desses bens, essa expedição ou esse transporte só pode ser imputado a uma das duas entregas, que será a única isenta por aplicação do artigo 28°-C, A, alínea "a", § 1°, da Sexta Diretiva. Esta interpretação é válida seja qual for o sujeito passivo – primeiro vendedor, primeiro adquirente ou segundo adquirente – que detém a propriedade dos bens, durante a expedição ou o transporte.

---

[8] O artigo 28°-C, A, alínea "a", primeiro parágrafo, da Sexta Diretiva dispõe: "Sem prejuízo de outras disposições comunitárias e nas condições fixadas pelos Estados-Membros para garantir uma aplicação correta e simples das isenções adiante previstas e a prevenir eventuais fraudes, evasões e abusos, os Estados-Membros isentarão: a) As entregas de bens, na acepção do artigo 5°, expedidos ou transportados, pelo vendedor ou pelo adquirente ou por conta destes, para fora do território referido no artigo 3°, mas no interior da Comunidade, efetuadas a outro sujeito passivo ou a uma pessoa coletiva que não seja sujeito passivo, agindo como tal num Estado-Membro diferente do Estado de início da expedição ou do transporte dos bens".

[9] O artigo 17°, n° 3, alínea "b", da Sexta Diretiva, na versão resultante do artigo 28°-F, n° 1, da mesma Diretiva, estabelece: "3. Os Estados-Membros concederão igualmente a todos os sujeitos passivos a dedução ou o reembolso do imposto sobre o valor acrescentado referido no n.° 2, desde que os bens (...) sejam utilizados para efeitos: (...) b) Das suas operações isentas (...) nos pontos A e C do artigo 28°-C".

[10] O artigo 28°-A, n.° 1, alínea "a" , primeiro parágrafo, da Sexta Diretiva prevê: "1. Ficam igualmente sujeitas ao IVA: a) As aquisições intracomunitárias de bens efetuadas a título oneroso no território do país por um sujeito passivo agindo nessa qualidade, ou por uma pessoa coletiva que não seja sujeito passivo, quando o vendedor for um sujeito passivo que aja nessa qualidade, que não beneficie da isenção de imposto prevista no artigo 24° (...)."

3.3. A segunda questão analisada pelo TJ-UE: Definição do lugar desta(s) entrega(s)

Em relação à determinação do lugar em que se considera efetuada a entrega, a Sexta Diretiva não faz nenhuma distinção entre entregas "intracomunitárias" (entre Estados-Membros) e entregas "internas" (dentro do território de um mesmo Estado--Membro).

O artigo 8°, n° 1, desta Diretiva distingue somente as entregas que dão lugar à expedição ou transporte de bens (alínea "a") das que *não* dão (alínea "b"):[11]

Art. 8º.

Entrega de bens

1. Por "lugar de entrega de um bem" entende-se:

a) Se o bem for expedido ou transportado pelo fornecedor, pelo adquirente, ou por um terceiro – o lugar onde se encontra o bem no momento em que se inicia a expedição ou o transporte com destino ao adquirente. (...)

b) Se o bem não for expedido nem transportado – o lugar onde se encontra o bem no momento da entrega.

Como o único transporte intracomunitário de bens só pode ser imputado a uma das duas entregas sucessivas, o TJ-UE firmou o entendimento de que o lugar da entrega se situa no Estado-Membro da partida da expedição ou do transporte dos bens, de acordo com o artigo 8°, n° 1, alínea "a", da Sexta Diretiva.

Uma vez que a outra entrega não dá origem a expedição ou transporte, considera-se como o lugar dessa entrega, em conformidade com o artigo 8°, n° 1, alínea "b" da referida Diretiva, o local onde se encontram os bens no momento da referida entrega.

Assim, partindo da premissa de que toda aquisição intracomunitária deve ser tributada no Estado-Membro de chegada da referida expedição ou do referido transporte, *duas alternativas* surgem para a definição do local da tributação do caso EMAG, a depender de qual entrega será considerada como aquela em que ocorre a expedição ou o transporte do bem.

Primeiramente, considerando que a *primeira* das duas entregas sucessivas é a que dá lugar à expedição ou ao transporte de bens, aplica-se o artigo 8°, n° 1, alínea "a", da Sexta Diretiva e tem-se que esta entrega ocorreu no Estado-Membro de partida dessa expedição ou desse transporte (no caso, Itália ou Holanda).

Assim, *ainda* não há que se falar em transporte *intracomunitário*, pois não houve deslocamento físico da mercadoria envolvendo dois Estados-Membros.

A segunda entrega – que *não* dá origem a expedição ou transporte e que deve obedecer ao disposto no artigo 8°, n° 1, alínea "b" da referida Diretiva – é considerada efetuada no lugar onde se encontram os bens no momento da referida entrega (no caso, Áustria).

Desta forma, o local da aquisição intracomunitária será o Estado destinatário dos bens que, no caso EMAG, será a Áustria, para aonde deve ser transferida a receita fiscal, já que é local no qual ocorre o consumo final dos bens entregues.

---

[11] A alínea "c" do referido artigo prevê ainda a possibilidade de entregas efetuadas a bordo de um navio, de um avião ou de um comboio, durante a parte de um transporte efetuada no território da Comunidade, mas esta última hipótese é irrelevante para o nosso caso.

A *segunda alternativa* é aquela em que a primeira entrega *não* dá origem a expedição ou transporte dos bens e, por isto, conforme previsto no artigo 8°, n° 1, alínea "b" da referida Diretiva, será considerada ocorrida no lugar onde se encontram os bens no momento da referida entrega (no caso, Áustria).

Se a entrega que dá lugar à expedição ou ao transporte intracomunitário de bens é a *segunda* das duas entregas sucessivas, aplica-se o artigo 8°, n° 1, alínea "a", da Sexta Diretiva e, portanto, considera-se que esta entrega se situa no Estado-Membro da partida dessa expedição ou desse transporte (no caso, Áustria, em razão de a primeira entrega ter sido feita neste país).

Sendo assim, também nesta hipótese o local da aquisição intracomunitária será a Áustria e, portanto, em ambas alternativas, K agiu corretamente ao recolher o IVA quando da venda de mercadorias para EMAG.

Ao final do julgamento, pelos fundamentos acima expostos, o Tribunal de Justiça (Primeira Seção) declarou que a EMAG pode deduzir o IVA pago pela empresa K na operação anterior.[12]

IV. Conclusão

Apesar de não aprofundarmos o estudo do IVA no presente trabalho, verificamos que a sistematização da tributação indireta é um desafio não somente no Brasil, mas em todo o mundo.

No caso da União Europeia, é importante destacar que o princípio de tributação no *destino* (local do consumo final, onde ocorre a dedução do imposto) é o regime *provisório* e o de tributação na *origem* (lugar dos produtores que devem suportar os impostos decorrentes do processo produtivo, independentemente do local do consumo) é o previsto para ser o regime *definitivo*.

Todavia, o regime "provisório" terminaria em 31 de dezembro de 1996, mas foi prorrogado de forma indefinida.

Neste sentido, verifica-se que, assim como acontece em nosso país, o sistema europeu é complexo e apresenta inúmeras formalidades, mas, mesmo assim, não evita as fraudes. Por isto, existe a expectativa por todos os contribuintes dos países membros da UE de que a regulação do IVA seja concluída, com a tributação das operações na origem e a sua efetiva unificação.

---

[12] A declaração do TJ-UE foi feita nos seguintes termos: "1) Quando duas entregas sucessivas que têm por objeto os mesmos bens, efetuadas a título oneroso entre sujeitos passivos agindo nessa qualidade, dão origem a uma única expedição intracomunitária ou a um único transporte intracomunitário desses bens, essa expedição ou esse transporte só podem ser imputados a uma das duas entregas, que será a única isenta por aplicação do artigo 28.-C, A, alínea a), primeiro parágrafo, da Sexta Diretiva 77/388/CEE do Conselho, de 17 de Maio de 1977, relativa à harmonização das legislações dos Estados-Membros respeitantes aos impostos sobre o volume de negócios – Sistema comum do imposto sobre o valor acrescentado: matéria coletável uniforme. Esta interpretação é válida seja qual for o sujeito passivo – primeiro vendedor, adquirente intermédio ou segundo adquirente – que detém o poder de dispor dos bens, durante a expedição ou o transporte. 2) Só o lugar da entrega que dá lugar à expedição ou ao transporte intracomunitário de bens é determinado em conformidade com o artigo 8.°, n.° 1, alínea a), da Sexta Diretiva, na redação dada pela Diretiva 95/7; considera-se que esse lugar se situa no Estado-Membro de partida dessa expedição ou desse transporte. O lugar da outra entrega é determinado em conformidade com o artigo 8.°, n.° 1, alínea b), da mesma diretiva; considera-se que esse lugar se situa quer no Estado-Membro da partida, quer no Estado-Membro da chegada da referida expedição ou do referido transporte, consoante essa entrega seja a primeira ou a segunda das duas entregas sucessivas".

Bibliografia

BARROSO, Luís Roberto. *O novo direito constitucional brasileiro*: contribuições para a construção teórica e prática da jurisdição constitucional no Brasil. Belo Horizonte: Fórum, 2012.

MARTINS, Ives Gandra da Silva. A integração do Mercosul através do Imposto do Valor Agregado. In: CATÃO, Marcos André Vinhas; GOMES, Marcus Livio (coord.). *Estudos sobre Direito do Comércio Internacional*: em Homenagem ao Professor Adilson Rodrigues Pires. Teresópolis: TereArt, 2012, pp. 170-185.

OECD INTERNATIONAL VAT/GST GUIDELINES. DRAFT CONSOLIDATED VERSION. INVITATION FOR COMMENTS. FEBRUARY 2013. Committee on Fiscal Affairs. Working Party n° 9 on Consumption Taxes. Disponível em <http://www.oecd.org/ctp/consumptiontax/Consolidated-Guidelines20130131.pdf> Acesso em: 26 Jul 2013.

TORRES, Ricardo Lobo. É possível a criação do IVA no Brasil? In: *Revista Fórum de Direito Tributário* – RFDT, ano 3, n° 15, Belo Horizonte: Fórum, 2005, p. 9-25.

UCKMAR, Victor; CORASANITI, Giuseppe; VIMERCATE, Paolo De Capitani Di; OLIVA, Caterina Corrado; GRECO, Marco Aurélio; ROCHA, Sérgio André. *Manual de Direito Tributário Internacional*. São Paulo: Dialética, 2013.

WIN, Panis; GRAU, Amparo. Directiva 2002/38/CE, de 7 de mayo de 2002, sobre el Régimen del Impuesto sobre el Valor Añadido Aplicable a Ciertos Servicios Prestados por Vía Electrónica. In: *Revista Direito Tributário Atual*, n° 18, São Paulo: Dialética, p. 98-102.

— 4.7 —

A tributação das controladas e coligadas no exterior: o que realmente restaria ao Supremo Tribunal Federal julgar?

MARCUS LÍVIO GOMES[1]

Sumário: 1. Introdução; 2. As formas de atuação empresarial e a concorrência fiscal prejudicial; 3. A renda e o princípio da universalidade da tributação; 4. O método da equivalência patrimonial; 5. Compensação dos prejuízos auferidos no exterior; 6. As normas de transparência fiscal internacional *versus* os tratados para evitar a dupla tributação da renda; 7. Controladas indiretas; 8. Aplicação do art. 74 da MP nº 2.1588-35/2001; 9. Considerações finais: o que restou decidido e o que resta por decidir nos casos concretos?; 9.1. RE nº 611.586; 9.2. RE nº 541.090; 9.3. ADI nº 2.588; 9.4. *Courts and Tax Treaty Law. Tax Treaties and Domestic Law*. O que restou por decidir, ou melhor, o que poderá vir a decidir o Supremo Tribunal Federal sobre este tema?; 9.5. A interpretação aplicativa da administração tributária; 10. Referências bibliográficas

1. Introdução

O tema que trago à baila insere-se no julgamento do RE nº 611.586, interposto pela Coama Agroindustrial Cooperativa contra acórdão da 2ª Turma do Tribunal Regional Federal da 4ª Região, que afirmou a constitucionalidade do teor do artigo 74, "caput" e parágrafo único da Medida Provisória nº 2.158-35/2001, ao estabelecer que "os lucros auferidos por controlada ou coligada no exterior serão considerados disponibilizados para a controladora ou coligada no Brasil na data do balanço no qual tiverem sido apurados, na forma do regulamento", bem como que "os lucros apurados por controlada ou coligada no exterior até 31 de dezembro de 2011 serão considerados disponibilizados em 31 de dezembro de 2002, salvo se ocorrida, antes desta data, qualquer das hipóteses de disponibilização previstas na legislação em vigor".

A constitucionalidade deste dispositivo já havia sido impugnada na ADI nº 2.588/2001, na qual faltava somente colher o voto do Min. Joaquim Barbosa. Em face da mudança na composição da Corte, o tema voltou a ser apreciado à luz do RE nº 611.586, afetado à sistemática da Repercussão Geral, e do RE nº 541.090.

---

[1] Doutor em Direito Financeiro e Tributário. Juiz Federal em auxílio no gabinete do Min. Luiz Fux. Professor Adjunto de Direito Financeiro e Tributário da UERJ.

No RE n° 541.090, cuja autora é a Empresa Brasileira de Compressores S/A – EMBRACO –, aborda-se a questão da não aplicação do referido dispositivo atacado em situações que envolvam controladas e coligadas domiciliadas nos vinte e nove países com os quais o Brasil tenha firmado Convenção para evitar a dupla tributação da renda, adiante CDT.

A EMBRACO é acionista das seguintes sociedades estrangeiras: EALING COMPANHIA DE GESTIONES Y PARTICIPACIONES S.A. (EALING), estabelecida no Uruguai; BEIJING EMBRACO SNOWFLAKE COMPRESSOR COMPANY LIMITED BEIJING, estabelecida na China; EMBRACO EUROPE SrL EMBRACO EUROPE, estabelecida na Itália.

Cumpre ter presente que o tema de fundo está para ser elucidado pelo Supremo há 12 anos. Em 2001, foi ajuizada a Ação Direta de Inconstitucionalidade n° 2.588. Considerados os votos proferidos nesta ADI, os Ministros Marco Aurélio, Sepúlveda Pertence, Celso de Mello e Ricardo Lewandowski votaram no sentido da procedência do pedido formulado, ou seja, pela inconstitucionalidade integral da norma, os dos Ministros Nelson Jobim, Eros Grau, Cezar Peluso e Ayres Britto, julgando-o improcedente, ou seja, pela constitucionalidade da norma, e o da Ministra Ellen Gracie, relatora, pela procedência parcial, para declarar a inconstitucionalidade da expressão "ou coligadas", contida na cabeça do artigo 74 da Medida Provisória n° 2.158-35/01, não participando dessa apreciação os Ministros Gilmar Mendes, por estar impedido, Cármen Lúcia, Rosa Weber, Dias Toffoli e Luiz Fux, pois os antecessores já haviam proferido voto nesta ADI.

2. As formas de atuação empresarial e a concorrência fiscal prejudicial

As empresas, com fundamento nos princípios da livre iniciativa e da autonomia privada, podem eleger o melhor tipo societário e organização empresarial para atuar internacionalmente. Esta atuação pode dar-se, em síntese, das seguintes formas: a) Atuação direta: filial (*branch*), sucursal ou agência; b) Atuação indireta: participação no capital de sociedades alheias (coligadas) ou controle de sociedades estrangeiras (controladas); c) Parcerias: *joint venture*.

A controvérsia da tributação das coligadas e controladas no exterior está inserida no fenômeno da "Concorrência Fiscal Prejudicial" (*harmful tax competition*), no plano internacional. A *"Organização for Economic Cooperation and Development"* (OCDE) veio a recomendar aos países membros e não membros a adoção de medidas de forma a permitir a manutenção de bases tributárias mínimas pelos países, sem que fossem afetadas pela erosão através de estruturas tributárias em paraísos fiscais e países com regime tributário privilegiado. Estruturas tributárias tais como sociedades-base, sociedades-holding, *treaty-shopping, conduit-companys*, entre outras, com a única finalidade de promover a elisão fiscal internacional.

Alguns países preferem resolver este problema da "Concorrência Fiscal Prejudicial" através de uma cláusula geral antielisiva, tal como a prevista no art. 116, parágrafo único, do CTN, inserida pela LC 104/2001, e até hoje não regulamentada pelas dificuldades práticas e teóricas que a envolvem. Outros, optam por adotar "medidas neutralizadoras" *(counteracting measures)* ou "medidas defensivas" *(defensive measures)* específicas para cada situação. Entre estas destacam-se as normas sobre a Tributação de Coligadas e Controladas Estrangeiras, denominadas na doutrina internacional como normas de "Transparência Fiscal Internacional" ou *"Controlled Foreign Corporation" (CFC rules).*

Para fins de aplicação destas regras de "Transparência Fiscal Internacional", de uma maneira geral a sociedade é considerada não transparente quando for fiscalmente tratada de modo distinto e separado das pessoas que a possuam ou a controlam, em típica hipótese de separação entre a pessoa do sócio e da sociedade. Será considerada como entidade transparente, para fins puramente fiscais, quando a legislação permitir que o Fisco desconsidere a separação existente, passando a qualificar as atividades de produção de rendimentos, ativos (produtivos) ou passivos (rendas passivas: *royalties*, juros, etc.) como atribuídas diretamente às pessoas proprietárias ou controladores, sejam elas jurídicas ou físicas, ou seja, seus sócios.

As legislações dos diversos países estabelecem diversos critérios e testes para estabelecer se uma sociedade é considera ou não transparente para fins fiscais. A aplicação destas regras de "Transparência Fiscal Internacional" é fundamentada em algumas teorias, a depender do país onde editadas, e em especial são as seguintes: a teoria da desconsideração da personalidade jurídica (*disregard of legal entity*), a teoria do dividendo fictício (*fictive dividend),* a teoria do levantamento do véu (*piercing the veil*) e a teoria da manifestação da capacidade contributiva (*pass-through entity approach*), as quais visam alcançar o mesmo resultado.

Estas normas visam a neutralizar a conduta de sócios residentes em países de tributação normal, participantes de sociedades (geralmente pessoas jurídicas) localizadas em paraísos fiscais ou países que aplicam um regime fiscal privilegiado, e que desviam para estes seus maiores lucros, adiando ao máximo possível o momento da sua distribuição (*tax deferral*) e, consequentemente, o da tributação dos lucros, geralmente na forma de pagamento de dividendos aos sócios.

No Direito Tributário Internacional comparado a instituição da "Transparência Fiscal Internacional", para lograr o objetivo de verificar a existência ou não de postergação do pagamento de dividendos e, consequentemente, a tributação dos lucros, as legislações dos diversos países se utilizam de testes ou métodos de controle, de forma a manter a regra geral de respeitar a personalidade jurídica da sociedade estrangeira e de se tributar o sócio em relação aos lucros auferidos pela sociedade apenas quando houver a sua efetiva distribuição, geralmente sob a forma de dividendos.

Entre os testes mais utilizados podemos citar o "teste do território-alvo", ou seja, se as sociedades controladas e coligadas estão situadas em paraísos fiscais ou países que concedem regime fiscal privilegiado *jurisdictional approach;* e o *transactional approach*, ou seja, quando se visam aos rendimentos contaminados ou rendimentos passivos (*royalties*, aluguéis, financiamentos intragrupos, juros, dividendos, etc.).

Outrossim, aplica-se a todos os rendimentos, e não só aos rendimentos passivos, mas com as exceções nos casos em que se comprova um propósito negocial para aquele empreendimento, uma política razoável de distribuição de dividendos, que a criação da empresa no exterior não se deu somente por motivos de economia de impostos, ou que a empresa se dedica efetivamente a uma atividade comercial ou industrial no mercado local (atividade produtiva).

A norma brasileira analisada na presente ação (art. 74 da MP n° 2.158-35/01) não é novidade no Direito Tributário Internacional, existindo em diversos países, como EUA, Canadá, Austrália, Nova Zelândia, França, Alemanha, Inglaterra, Portugal, Espanha, Itália, Argentina, México e Venezuela, entre outros. Não obstante, diferentemente do Direito Comparado, não trouxe em seu texto qualquer teste ou regra de controle, tornando-se norma de tributação da renda mundial de abrangência ampla (aplicável a todos os demais países), geral (aplicável a todos os tipos de rendas) e irrestrita (aplicável a qualquer espécie de sociedade), sem paralelo nos demais ordenamentos jurídicos de direito comparado.

3. A renda e o princípio da universalidade da tributação

É o princípio da territorialidade que fundamenta o alcance espacial das normas tributárias sobre os fatos juridicizados pelo ordenamento. Todavia, a tendência contemporânea dos Estados, principalmente daqueles que são considerados exportadores de capital, é a de implantar o princípio da universalidade como princípio de conexão para os rendimentos de residentes dotados de elementos de estraneidade. Pelo princípio da universalidade, o contribuinte responde, ante o país de residência, domicílio ou nacionalidade, por toda a renda produzida, sem interessar o lugar de produção, se interno ou externo, em relação ao respectivo território.

A tributação das pessoas jurídicas residentes no Brasil era fundamentada no princípio da territorialidade. Com a entrada em vigor da Lei n° 9.249/95, art. 25, instaurou-se o regime da tributação em bases universais ou tributação da renda mundial, princípio da universalidade com base na conexão pessoal da sociedade residente no Brasil em relação a rendimentos auferidos no exterior, de forma ampla e irrestrita.[2]

---

[2] Art. 25. Os lucros, rendimentos e ganhos de capital auferidos no exterior serão computados na determinação do lucro real das pessoas jurídicas correspondente ao balanço levantado em 31 de dezembro de cada ano. (Vide Medida Provisória n° 2158-35, de 2001) § 1° Os rendimentos e ganhos de capital auferidos no exterior serão computados na apuração do lucro líquido das pessoas jurídicas com observância do seguinte: I – os rendimentos e ganhos de capital serão convertidos em Reais de acordo com a taxa de câmbio, para venda, na data em que forem contabilizados no Brasil; II – caso a moeda em que for auferido o rendimento ou ganho de capital não tiver cotação no Brasil, será ela convertida em dólares norte-americanos e, em seguida, em Reais; § 2° Os lucros auferidos por filiais, sucursais ou controladas, no exterior, de pessoas jurídicas domiciliadas no Brasil serão computados na apuração do lucro real com observância do seguinte: I – as filiais, sucursais e controladas deverão demonstrar a apuração dos lucros que auferirem em cada um de seus exercícios fiscais, segundo as normas da legislação brasileira; II – os lucros a que se refere o inciso I serão adicionados ao lucro líquido da matriz ou controladora, na proporção de sua participação acionária, para apuração do lucro real; III – se a pessoa jurídica se extinguir no curso do exercício, deverá adicionar ao seu lucro líquido os lucros auferidos por filiais, sucursais ou controladas, até a data do balanço de encerramento; IV – as demonstrações financeiras das filiais, sucursais e controladas que embasarem as demonstrações em Reais deverão ser mantidas no Brasil pelo prazo previsto no art. 173 da Lei n° 5.172, de 25 de outubro de 1966. § 3° Os lucros auferidos no exterior por coligadas de pessoas jurídicas domiciliadas no Brasil serão computados na apuração do lucro real com observância do seguinte: I – os lucros realizados pela coligada serão adicionados ao lucro líquido, na proporção da participação da pessoa jurídica no capital da coligada; II – os lucros a serem computados na apuração do lucro real são os apurados no balanço ou balanços levantados pela coligada no curso do período-base da pessoa jurídica; III – se a pessoa jurídica se extinguir no curso do exercício, deverá adicionar ao seu lucro líquido, para apuração do lucro real, sua participação nos lucros da coligada apurados por esta em balanços levantados até a data do balanço de encerramento da pessoa jurídica; IV – a pessoa jurídica deverá conservar em seu poder cópia das demonstrações financeiras da coligada. § 4° Os lucros a que se referem os §§ 2° e 3° serão convertidos em Reais pela taxa de câmbio, para venda, do dia das demonstrações financeiras em que tenham sido apurados os lucros da filial, sucursal, controlada ou coligada. § 5° Os prejuízos e perdas decorrentes das operações referidas neste artigo não serão compensados com lucros auferidos no Brasil. § 6° Os resultados da avaliação dos investimentos no exterior, pelo método da equivalência patrimonial, continuarão a ter o tratamento previsto na legislação vigente, sem prejuízo do disposto nos §§ 1°, 2° e 3°.

Não obstante, a constitucionalidade do art. 25 desta lei foi questionada pela doutrina, pois estabelecia que os lucros, rendimentos e ganhos de capital auferidos no exterior seriam computados na determinação do lucro real das pessoas jurídicas correspondente ao balanço levantado em 31 de dezembro de cada ano, em aparente confronto com o art. 43, CTN, na sua redação original, antes da LC 104/01, que estabelecia que o fato gerador do Imposto de Renda somente ocorria quando da disponibilização econômica ou jurídica da renda, ou seja, por ocasião da sua distribuição pela coligada e controlada à sociedade controladora e coligada na forma de pagamento de dividendos. Alegava-se tributação da renda sem a sua efetiva disponibilidade, econômica ou jurídica, pelo acréscimo patrimonial.[3]

Com relação ao aspecto espacial da hipótese de incidência, releva salientar que o art. 43 do CTN foi alterado para explicitar que os "residentes" não estão sujeitos ao imposto apenas em virtude das "rendas" ou "proventos" oriundas de fontes situadas no País. Isso porque seu § 1º, incluído pela Lei Complementar nº 104, de 10.01.2001, veio a prescrever que "a incidência desse imposto independe da denominação da receita ou do rendimento, da localização, condição jurídica ou nacionalidade da fonte, da origem e da forma de percepção".[4]

Disponibilidade econômica e disponibilidade jurídica da renda são os pressupostos adotados pelo CTN para a determinação do conceito de renda, cujo aperfeiçoamento demanda a análise do aspecto temporal da hipótese de incidência. O legislador poderá, desta forma, escolher o momento, respeitadas as balizas constitucionais, de realização do fato jurídico tributário. Com este propósito, a Lei Complementar nº 104/01 acrescentou ao art. 43 do CTN o § 2º.[5]

Levando-se em consideração os tipos societários e seus regimes típicos, entendemos que a tributação por presunção ou ficção legal, para os fins de delimitação do aspecto temporal, ou seja, quanto ao momento da incidência do IRPJ e da CSLL, somente dever-se-ia aplicar às modalidades societárias às quais estejam sujeitas à "transparência fiscal internacional", ademais daqueles casos de dissimulação, ausência de causa ou finalidade negocial, dentre outras que possam caracterizar elisão fiscal abusiva. Nestas hipóteses seria possível descaracterizar a regra geral da disponibilidade, presumindo-se a distribuição ficta dos lucros na forma de dividendos às sociedades investidoras.

De acordo com o art. 74 da Medida Provisória nº 2.158-34, de 24.08.2001, os lucros auferidos mediante sociedades controladas ou coligadas no exterior passaram

---

[3] Art. 43. O imposto, de competência da União, sobre a renda e proventos de qualquer natureza tem como fato gerador a aquisição da disponibilidade econômica ou jurídica: I – de renda, assim entendido o produto do capital, do trabalho ou da combinação de ambos; II – de proventos de qualquer natureza, assim entendidos os acréscimos patrimoniais não compreendidos no inciso anterior. § 1º A incidência do imposto independe da denominação da receita ou do rendimento, da localização, condição jurídica ou nacionalidade da fonte, da origem e da forma de percepção (Incluído pela Lcp nº 104, de 10.1.2001). § 2º Na hipótese de receita ou de rendimento oriundos do exterior, a lei estabelecerá as condições e o momento em que se dará sua disponibilidade, para fins de incidência do imposto referido neste artigo. (Incluído pela Lcp nº 104, de 10.1.2001).

[4] Art. 43 (...) § 1º A incidência do imposto independe da denominação da receita ou do rendimento, da localização, condição jurídica ou nacionalidade da fonte, da origem e da forma de percepção. (Incluído pela Lcp nº 104, de 10.1.2001)

[5] Art. 43 (...) § 2º Na hipótese de receita ou de rendimento oriundos do exterior, a lei estabelecerá as condições e o momento em que se dará sua disponibilidade, para fins de incidência do imposto referido neste artigo. (Incluído pela Lcp nº 104, de 10.1.2001).

a ser considerados disponibilizados (critério temporal) para a controladora ou coligada no Brasil "na data do balanço no qual tiverem sido apurados".[6]

Ao nosso sentir, este art. 74 da MP n° 2.158/01, com relação aos critérios temporais da disponibilidade do IRPJ e da CSLL, não revogou as normas do art. 1° da Lei n° 9.532/97 e art. 3° da Lei n° 9.959/00 quanto à disponibilidade econômica ou jurídica dos lucros auferidos no exterior, que exigem a consumação de algum ato jurídico que possa representar o "crédito", "remessa", "entrega" ou "emprego" dos valores em favor do beneficiário residente no Brasil, como medidas de disponibilidade.

Tampouco repristinou o conteúdo do art. 25 da Lei n° 9.249/95, para determinar um regime de transparência fiscal internacional pleno, incondicional e irrestrito. Este artigo ampliou o alcance material dessas regras e introduziu regra de tributação da renda por uma espécie de presunção absoluta sobre a disponibilidade jurídica dos lucros auferidos por coligadas e controladas em conformidade com novo momento temporal: a data do balanço no qual tiverem sido apurados, ainda que não distribuídos.

De outra banda, o parágrafo único do art. 74, da MP n° 2.158-34/01, delimitou o alcance retroativo dos lucros de controlada ou coligada no exterior apurados até 31 de dezembro de 2001, para determinar que estes deveriam ser disponibilizados em dezembro de 2002. Trata-se de situação de "fato pendente", conforme previsto no art. 105, do CTN, (assim entendidos aqueles cuja ocorrência tenha tido início, mas não esteja completa), admitindo-se, desta forma, tão somente a apuração do balanço relativo ao exercício de 2001, ano da sua entrada em vigor.[7]

Resta vedada qualquer retroatividade em relação aos fatos de apuração nos exercícios anteriores, inclusive quanto a eventuais lucros acumulados, antes do aperfeiçoamento daquele fato pendente (apuração do balanço do período de 2001). A irretroatividade da lei tributária, contemplada no art. 150, III, "a", da CF, proíbe qualquer cobrança de aumento de tributo quando não obedecido o prazo de anterioridade, o que delimita o alcance do balanço apurado em 31 de dezembro de 2001, quando aperfeiçoada a subsunção, ao limitar a qualificação do critério temporal da incidência do IRPJ e da CSLL.

Quanto aos efeitos do dispositivo sobre a quantificação dos tributos, ou seja, quanto ao aspecto material da hipótese de incidência, não houve qualquer modificação da base de cálculo, a saber, quanto ao método de apuração mediante equivalência patrimonial, reconhecido pelo art. 25 da Lei n° 9.249, de 1995, que continuou submetida ao regime anterior, ou seja, ao art. 23, *caput* e parágrafo único, do Decreto-Lei n° 1.598/77, para o IRPJ, e pelo art. 2°, § 1°, "c", 4, da Lei n° 7.689/88, para a CSLL, logo, vedado que seja computada na determinação do lucro real a contrapartida do ajuste da equivalência patrimonial, por aumento ou redução no valor de patrimônio líquido do investimento.

---

[6] Art. 74. Para fim de determinação da base de cálculo do imposto de renda e da CSLL, nos termos do art. 25 da Lei no 9.249, de 26 de dezembro de 1995, e do art. 21 desta Medida Provisória, os lucros auferidos por controlada ou coligada no exterior serão considerados disponibilizados para a controladora ou coligada no Brasil na data do balanço no qual tiverem sido apurados, na forma do regulamento. ...

[7] Art. 74 (...) Parágrafo único. Os lucros apurados por controlada ou coligada no exterior até 31 de dezembro de 2001 serão considerados disponibilizados em 31 de dezembro de 2002, salvo se ocorrida, antes desta data, qualquer das hipóteses de disponibilização previstas na legislação em vigor.

As críticas ao art. 25 da Lei nº 9.249/95, que instituiu amplo regime de universalidade da tributação da renda, vinham baseadas em precedente do STF de 1995, nos autos RE nº 172.058, Rel. Min. Marco Aurélio.[8] Diante destas críticas doutrinárias, foi editada a IN SRF nº 38/1996, que definiu o que se deveria entender por "lucro disponibilizado", numa tentativa de compatibilizar o art. 25 da Lei nº 9.249/95 com o art. 43, CTN, na redação anterior à LC nº 104/2001. Esta falha técnica foi corrigida com a edição da Lei nº 9.532/97, a qual veio a definir que os lucros auferidos por empresas controladas ou coligadas sediadas no exterior sujeitavam-se à tributação no País apenas no momento de sua efetiva distribuição para a pessoa jurídica brasileira, definindo esta lei as hipóteses em que esta distribuição deveria ser considerada.[9]

---

[8] RECURSO EXTRAORDINÁRIO – ATO NORMATIVO DECLARADO INCONSTITUCIONAL – LIMITES. Alicerçado o extraordinário na alínea b do inciso III do artigo 102 da Constituição Federal, a atuação do Supremo Tribunal Federal faz-se na extensão do provimento judicial atacado. Os limites da lide não a balizam, no que verificada declaração de inconstitucionalidade que os excederam. Alcance da atividade precípua do Supremo Tribunal Federal – de guarda maior da Carta Política da República.
TRIBUTO – RELAÇÃO JURÍDICA ESTADO/CONTRIBUINTE – PEDRA DE TOQUE. No embate diário Estado/contribuinte, a Carta Política da República exsurge com insuplantável valia, no que, em prol do segundo, impõe parâmetros a serem respeitados pelo primeiro. Dentre as garantias constitucionais explícitas, e a constatação não exclui o reconhecimento de outras decorrentes do próprio sistema adotado, exsurge a de que somente à lei complementar cabe "a definição de tributos e de suas espécies, bem como, em relação aos impostos discriminados nesta Constituição, a dos respectivos fatos geradores, bases de cálculo e contribuintes" – alínea "a" do inciso III do artigo 146 do Diploma Maior de 1988.
IMPOSTO DE RENDA – RETENÇÃO NA FONTE – SÓCIO COTISTA. A norma insculpida no artigo 35 da Lei nº 7.713/88 mostra-se harmônica com a Constituição Federal quando o contrato social prevê a disponibilidade econômica ou jurídica imediata, pelos sócios, do lucro líquido apurado, na data do encerramento do período-base. Nesse caso, o citado artigo exsurge como explicitação do fato gerador estabelecido no artigo 43 do Código Tributário Nacional, não cabendo dizer da disciplina, de tal elemento do tributo, via legislação ordinária. Interpretação da norma conforme o Texto Maior.
IMPOSTO DE RENDA – RETENÇÃO NA FONTE – ACIONISTA. O artigo 35 da Lei nº 7.713/88 é inconstitucional, ao revelar como fato gerador do imposto de renda na modalidade "desconto na fonte", relativamente aos acionistas, a simples apuração, pela sociedade e na data do encerramento do período-base, do lucro líquido, já que o fenômeno não implica qualquer das espécies de disponibilidade versadas no artigo 43 do Código Tributário Nacional, isto diante da Lei nº 6.404/76.
IMPOSTO DE RENDA – RETENÇÃO NA FONTE – TITULAR DE EMPRESA INDIVIDUAL. O artigo 35 da Lei nº 7.713/88 encerra explicitação do fato gerador, alusivo ao imposto de renda, fixado no artigo 43 do Código Tributário Nacional, mostrando-se harmônico, no particular, com a Constituição Federal. Apurado o lucro líquido da empresa, a destinação fica ao sabor de manifestação de vontade única, ou seja, do titular, fato a demonstrar a disponibilidade jurídica. Situação fática a conduzir à pertinência do princípio da despersonalização.
RECURSO EXTRAORDINÁRIO – CONHECIMENTO – JULGAMENTO DA CAUSA. A observância da jurisprudência sedimentada no sentido de que o Supremo Tribunal Federal, conhecendo do recurso extraordinário, julgará a causa aplicando o direito à espécie (verbete nº 456 da Súmula), pressupõe decisão formalizada, a respeito, na instância de origem. Declarada a inconstitucionalidade linear de um certo artigo, uma vez restringida a pecha a uma das normas nele insertas ou a um enfoque determinado, impõe-se a baixa dos autos para que, na origem, seja julgada a lide com apreciação das peculiaridades. Inteligência da ordem constitucional, no que homenageante do devido processo legal, avesso, a mais não poder, às soluções que, embora práticas, resultem no desprezo à organicidade do Direito.
[9] **Lei nº 9.249/95.** Art. 25. Os lucros, rendimentos e ganhos de capital auferidos no exterior serão computados na determinação do lucro real das pessoas jurídicas correspondente ao balanço levantado em 31 de dezembro de cada ano. (Vide Medida Provisória nº 2158-35, de 2001) (...) § 2º Os lucros auferidos por filiais, sucursais ou controladas, no exterior, de pessoas jurídicas domiciliadas no Brasil serão computados na apuração do lucro real com observância do seguinte: I – as filiais, sucursais e controladas deverão demonstrar a apuração dos lucros que auferirem em cada um de seus exercícios fiscais, segundo as normas da legislação brasileira. II – os lucros a que se refere o inciso I serão adicionados ao lucro líquido da matriz ou controladora, na proporção de sua participação acionária, para apuração do lucro real; (...) § 3º Os lucros auferidos no exterior por coligadas de pessoas jurídicas domiciliadas no Brasil serão computados na apuração do lucro real com observância do seguinte: I – os lucros realizados pela coligada serão adicionados ao lucro líquido, na proporção da participação da pessoa jurídica no capital da coligada; II – os lucros a serem computados na apuração do lucro real são os apurados no balanço ou balanços levantados pela coligada no curso do período-base da pessoa jurídica; (...) § 5º Os prejuízos e perdas decorrentes das operações referidas neste

O precedente deve ser apreciado *cum grano salis*, pois houve profunda alteração do arcabouço normativo, em especial o art. 43, CTN, não se podendo afirmar que as situações sejam idênticas. No caso concreto trata-se de tributação de renda com base no princípio da universalidade, hipótese bem diversa da tratada no precedente, onde vigia o princípio da territorialidade, sendo cotejados rendimentos cuja fonte estava localizada exclusivamente no Brasil. Não se discutiu a relação de controle entre as sociedades, o que poderia afetar integralmente o julgado, como também não se cogitou da utilização de normas antielisivas e da teoria da transparência fiscal internacional.

Estamos tratando de sociedades coligadas, controladas e controladoras situadas em jurisdições diversas, ou seja, em países com regimes tributários distintos, onde a norma interna do país da coligada e controlada pode prever casos excepcionais de distribuição antecipada ou fictícia de lucros, independentemente da previsão contratual e do regime societário adotado pelas empresas. Ademais, estas sociedades podem estar propositalmente localizadas em jurisdições enquadradas como paraísos fiscais, onde não se tributa a renda ou as empresas podem ser constituídas com ações ao portador sem qualquer controle ou registro dos verdadeiros proprietários, que podem estar localizados em qualquer parte do mundo.

4. O método da equivalência patrimonial

O aspecto material da hipótese de incidência é quantificado pelo método da equivalência patrimonial, forma de atualização contínua do valor do investimento da controladora nas coligadas e controladas. A apuração da equivalência patrimonial dependerá, assim, da determinação contábil do patrimônio líquido da sociedade investida, conforme exige o art. 248, I, da Lei nº 6.404/76.

---

artigo não serão compensados com lucros auferidos no Brasil. (...) § 7º Considerar-se-á disponibilizado o lucro: (Incluído pela Lei nº 9.959, de 2000) a) na hipótese da alínea "c" do § 1º: (Incluída pela Lei nº 9.959, de 2000) 1. na data da contratação da operação, relativamente a lucros já apurados pela controlada ou coligada; (Incluído pela Lei nº 9.959, de 2000) 2. na data da apuração do lucro, na coligada ou controlada, relativamente a operações de mútuo anteriormente contratadas; (Incluído pela Lei nº 9.959, de 2000) § 6º Os resultados da avaliação dos investimentos no exterior, pelo método da equivalência patrimonial, continuarão a ter o tratamento previsto na legislação vigente, sem prejuízo do disposto nos §§ 1º, 2º e 3º. § 7º Considerar-se-á disponibilizado o lucro: (Incluído pela Lei nº 9.959, de 2000) a) na hipótese da alínea "c" do § 1º: (Incluída pela Lei nº 9.959, de 2000) 1. na data da contratação da operação, relativamente a lucros já apurados pela controlada ou coligada; (Incluído pela Lei nº 9.959, de 2000) 2. na data da apuração do lucro, na coligada ou controlada, relativamente a operações de mútuo anteriormente contratadas; (Incluído pela Lei nº 9.959, de 2000). **Lei nº 9.532/97.** Art. 1º Os lucros auferidos no exterior, por intermédio de filiais, sucursais, controladas ou coligadas serão adicionados ao lucro líquido, para determinação do lucro real correspondente ao balanço levantado no dia 31 de dezembro do ano-calendário em que tiverem sido disponibilizados para a pessoa jurídica domiciliada no Brasil. (Vide Medida Provisória nº 2158-35, de 2001). § 1º Para efeito do disposto neste artigo, os lucros serão considerados disponibilizados para a empresa no Brasil: a) no caso de filial ou sucursal, na data do balanço no qual tiverem sido apurados; b) no caso de controlada ou coligada, na data do pagamento ou do crédito em conta representativa de obrigação da empresa no exterior. (...) § 2º Para efeito do disposto na alínea "b" do parágrafo anterior, considera-se: a) creditado o lucro, quando ocorrer a transferência do registro de seu valor para qualquer conta representativa de passivo exigível da controlada ou coligada domiciliada no exterior; b) pago o lucro, quando ocorrer: 1. o crédito do valor em conta bancária, em favor da controladora ou coligada no Brasil; 2. a entrega, a qualquer título, a representante da beneficiária; 3. a remessa, em favor da beneficiária, para o Brasil ou para qualquer outra praça; 4. o emprego do valor, em favor da beneficiária, em qualquer praça, inclusive no aumento de capital da controlada ou coligada, domiciliada no exterior. § 3º Não serão dedutíveis na determinação do lucro real e da base de cálculo da Contribuição Social sobre o Lucro Líquido os juros, relativos a empréstimos, pagos ou creditados a empresa controlada ou coligada, independente do local de seu domicílio, incidentes sobre valor equivalente aos lucros não disponibilizados por empresas controladas, domiciliadas no exterior. (Redação dada pela Medida Provisória nº 2158-35, de 2001) (...).

Consiste na avaliação na empresa investidora, dos investimentos pelas variações do patrimônio líquido da empresa investida (coligadas e controladas), mediante reconhecimento direto das variações apuradas, lucros, perdas ou prejuízos, para os fins de determinação do aumento ou da redução do valor investido, o que de forma alguma implica disponibilidade econômica ou jurídica da renda a ensejar acréscimo patrimonial.

Para exemplificar, um investimento da controladora cujo custo inicial tenha sido de 200 pode sofrer uma redução contábil pelo método de equivalência patrimonial para 160 em razão de a empresa coligada ter apurado prejuízo num período, sendo que a diferença de 40 não é dedutível no Brasil por conta do § 5º do art. 25 da Lei nº 9.249/95. Já no período seguinte, se a coligada apurar um lucro de 10, a prevalecer o entendimento da tese da constitucionalidade do art. 74 da MP nº 2.158-35/2001, do Exmo. Min. Nelson Jobim, o correspondente ajuste contábil positivo será tributável no Brasil, ainda que tal valor represente mera reposição parcial da redução anterior e ainda que o investimento esteja contabilizado por valor inferior (170) ao custo inicial (200) efetivo.

É a lei das S/A quem traz os conceitos de controlador, "coligadas" e "controladas" nos seus artigos 116, 243 e 247.[10]

Com relação às coligadas, a relatora, Min. Ellen Gracie, fez distinção entre o tratamento destas e das controladas. Aduziu que não havendo posição de controle da empresa situada no Brasil sobre a sua coligada localizada no exterior, não se pode falar em disponibilidade, pela coligada brasileira, dos lucros auferidos pela coligada estrangeira antes da efetiva remessa desses lucros para a coligada aqui localizada ou, pelo menos, antes da deliberação que se faça no âmbito dos órgãos diretores, sobre a destinação dos lucros do exercício.

---

[10] Art. 116. Entende-se por acionista controlador a pessoa, natural ou jurídica, ou o grupo de pessoas vinculadas por acordo de voto, ou sob controle comum, que: a) é titular de direitos de sócio que lhe assegurem, de modo permanente, a maioria dos votos nas deliberações da assembleia-geral e o poder de eleger a maioria dos administradores da companhia; e b) usa efetivamente seu poder para dirigir as atividades sociais e orientar o funcionamento dos órgãos da companhia. Parágrafo único. O acionista controlador deve usar o poder com o fim de fazer a companhia realizar o seu objeto e cumprir sua função social, e tem deveres e responsabilidades para com os demais acionistas da empresa, os que nela trabalham e para com a comunidade em que atua, cujos direitos e interesses deve lealmente respeitar e atender. Art. 243. O relatório anual da administração deve relacionar os investimentos da companhia em sociedades coligadas e controladas e mencionar as modificações ocorridas durante o exercício. § 1º São coligadas as sociedades quando uma participa, com 10% (dez por cento) ou mais, do capital da outra, sem controlá-la. § 1º São coligadas as sociedades nas quais a investidora tenha influência significativa. (Redação dada pela Lei nº 11.941, de 2009) § 2º Considera-se controlada a sociedade na qual a controladora, diretamente ou através de outras controladas, é titular de direitos de sócio que lhe assegurem, de modo permanente, preponderância nas deliberações sociais e o poder de eleger a maioria dos administradores. § 3º A companhia aberta divulgará as informações adicionais, sobre coligadas e controladas, que forem exigidas pela Comissão de Valores Mobiliários. § 4º Considera-se que há influência significativa quando a investidora detém ou exerce o poder de participar nas decisões das políticas financeira ou operacional da investida, sem controlá-la. (Incluído pela Lei nº 11.941, de 2009) § 5º É presumida influência significativa quando a investidora for titular de 20% (vinte por cento) ou mais do capital votante da investida, sem controlá-la. (Incluído pela Lei nº 11.941, de 2009) Art. 247. As notas explicativas dos investimentos a que se refere o art. 248 desta Lei devem conter informações precisas sobre as sociedades coligadas e controladas e suas relações com a companhia, indicando: (Redação dada pela Lei nº 11.941, de 2009) I – a denominação da sociedade, seu capital social e patrimônio líquido; II – o número, espécies e classes das ações ou quotas de propriedade da companhia, e o preço de mercado das ações, se houver; III – o lucro líquido do exercício; IV – os créditos e obrigações entre a companhia e as sociedades coligadas e controladas; V – o montante das receitas e despesas em operações entre a companhia e as sociedades coligadas e controladas. Parágrafo único. Considera-se relevante o investimento: a) em cada sociedade coligada ou controlada, se o valor contábil é igual ou superior a 10% (dez por cento) do valor do patrimônio líquido da companhia; b) no conjunto das sociedades coligadas e controladas, se o valor contábil é igual ou superior a 15% (quinze por cento) do valor do patrimônio líquido da companhia.

Deve-se salientar que o conceito de "coligadas" foi alterado pela Lei nº 11.941/09 para admitir e explicitar o critério da influência significativa e alterar o percentual de participação de 10% para 20%, na forma presumida. Ainda que o art. 46 desta Lei nº 11.941/09 expressamente disponha que o conceito de sociedade coligada previsto no art. 243 da Lei nº 6.404, de 15 de dezembro de 1976, com a redação dada por esta Lei, somente será utilizado para os propósitos previstos naquela Lei (Lei da S/A), seus reflexos tributários no que tange à posição de controle são latentes, não se podendo afirmar que a assertiva da Min. Ellen Gracie esteja coerente com esta alteração legislativa. Ressalte-se que o STJ já teve a oportunidade de manifestar-se sobre o tema, analisando a matéria sobre o ângulo infraconstitucional.[11]

5. Compensação dos prejuízos auferidos no exterior

Analisados os lucros, a regra geral é que os prejuízos (contábeis) apurados por controlada ou coligada no exterior possam ser registrados e compensados com os lucros dos períodos subsequentes, na data do balanço no qual tiverem sido apurados, sem qualquer restrição. Assim, a apuração dos lucros ou prejuízos deverá ser feita segundo a legislação do país de residência da controlada ou coligada no exterior.

A legislação tributária brasileira contém peculiaridades em relação à forma de apuração do lucro contábil e do lucro fiscal (lucro real). Para o cálculo do lucro real, obriga diversas adições, exclusões e compensações ao lucro liquido, base de cálculo do IRPJ e da CSLL. Os prejuízos contábeis também não se confundem com os

---

[11] PROCESSUAL CIVIL. PRAZO. CONTAGEM. CIÊNCIA DA DECISÃO MEDIANTE CARGA DOS AUTOS. OBSERVÂNCIA DO ART. 184 E §§, DO CPC. TRIBUTÁRIO. IMPOSTO DE RENDA DA PESSOA JURÍDICA – IRPJ E CONTRIBUIÇÃO SOCIAL SOBRE O LUCRO LÍQUIDO – CSLL. EMPRESAS CONTROLADAS E COLIGADAS SITUADAS NO EXTERIOR. TRIBUTAÇÃO DO RESULTADO POSITIVO DA EQUIVALÊNCIA PATRIMONIAL. IMPOSSIBILIDADE NAQUILO QUE EXCEDE A PROPORÇÃO A QUE FAZ JUS A EMPRESA INVESTIDORA NO LUCRO AUFERIDO PELA EMPRESA INVESTIDA. ILEGALIDADE DO ART. 7º, § 1º, DA IN/SRF N. 213/2002. 1. Segundo a jurisprudência desta Casa, o termo inicial do prazo recursal é antecipado para a data em que o advogado retira os autos mediante carga, pois nessa data é considerado como intimado. Contudo, em nenhum dos casos essa intimação se dá com prejuízo do disposto no art. 184 e §§, do CPC. Precedentes: REsp. n. 146.197/SP, Terceira Turma, Rel. Min. Carlos Alberto Menezes Direito, julgado em 16.4.1998; REsp. n. 88.509/SP, Terceira Turma, Rel. Min. Costa Leite, julgado em 21.5.1996; REsp. n. 57.754/GO, Segunda Turma, Rel. Min. Américo Luz, julgado em 8.3.1995; REsp. n. 11.228/PR, Terceira Turma, Rel. Min. Dias Trindade, julgado em 20.8.1991; REsp. n. 11.228/PR, Terceira Turma, Rel. Min. Dias Trindade, julgado em 20.8.1991; REsp. n. 2.840/MG, Quarta Turma, Rel. Min. Barros Monteiro, julgado em 6.11.1990. 2. Não agride ao art. 535, do CPC, o julgado que labora sobre fundamentação adequada e suficiente, muito embora sem examinar todas as teses e artigos de lei invocados pelas partes. 3. É ilícita a tributação, a título de IRPJ e CSLL, pelo resultado positivo da equivalência patrimonial, registrado na contabilidade da empresa brasileira (empresa investidora), referente ao investimento existente em empresa controlada ou coligada no exterior (empresa investida), previsto no art. 7º, § 1º, da Instrução Normativa SRF n. 213/2002, somente no que exceder a proporção a que faz jus a empresa investidora no lucro auferido pela empresa investida, na forma do art. 1º, § 4º, da Instrução Normativa SRF n. 213, de 7 de outubro de 2002. 4. Muito embora a tributação de todo o resultado positivo da equivalência patrimonial fosse em tese possível, ela foi vedada pelo disposto no art. 23, caput e parágrafo único, do Decreto-Lei n. 1.598/77, para o Imposto de Renda da Pessoa Jurídica – IRPJ, e pelo art. 2º, § 1º, "c", 4, da Lei n. 7.689/88, para a Contribuição Social sobre o Lucro Líquido – CSLL, mediante artifício contábil que elimina o impacto do resultado da equivalência patrimonial na determinação do lucro real (base de cálculo do IRPJ) e na apuração da base de cálculo da CSLL, não tendo essa legislação sido revogada pelo art. 25, da Lei n. 9.249/95, nem pelo art. 1º, da Medida Provisória n. 1.602, de 1997 (convertida na Lei n. 9.532/97), nem pelo art. 21, da Medida Provisória n. 1.858-7, de 29 de julho de 1999, nem pelo art. 35, Medida Provisória n. 1.991-15, de 10 de março de 2000, ou pelo art. 74, da Medida Provisória n. 2.158-34, de 2001 (edições anteriores da atual Medida Provisória n. 2.158-35, de 24 de agosto de 2001). 5. Recurso especial não provido. (REsp 1211882/RJ, Rel. Ministro MAURO CAMPBELL MARQUES, SEGUNDA TURMA, julgado em 05/04/2011, DJe 14/04/2011)

prejuízos fiscais, que podem ser compensados para fins de apuração dos tributos. O saldo líquido apurado na demonstração do resultado do exercício, quando negativo, denomina-se prejuízo contábil.

Relevante assinalar que os prejuízos havidos no exterior não podem ser compensados com os lucros auferidos no Brasil, nos termos do § 5º do art. 25 da Lei nº 9.249/95, cujo regime foi regulamentado pelo art. 4º da IN nº 213/2002 que somente permitiu a compensação de prejuízos no exterior com lucros daquela mesma controlada ou coligada no exterior. Por conseguinte, veda a conversão do prejuízo de controlada e coligada no exterior em prejuízo fiscal e a compensação destes com lucros da controladora no Brasil. Outrossim, determina que o resultado negativo da avaliação de investimento pelo método da equivalência patrimonial seja adicionado ao lucro real da controladora para fins de incidência de IRPJ (IN nº 213/2002, art. 7º, § 2º).[12]

A norma soa incoerente se admitida a constitucionalidade do art. 74 da MP nº 2.158-35/2001 com base no raciocínio de que a apuração de lucro pela coligada e controlada, de acordo com o Método da Equivalência Patrimonial, gera disponibilidade econômica e jurídica da renda a ensejar a tributação deste lucro por reflexo patrimonial no balanço da controladora.

6. As normas de transparência fiscal internacional *versus* os tratados para evitar a dupla tributação da renda

A análise do tema ganha contornos mais complexos quando estamos diante da existência de tratados internacionais celebrados para evitar a dupla tributação internacional da renda, adiante CDT. A compatibilização das regras de "Transparência Fiscal Internacional", *"Controlled Foreign Corporations"* ou "CFC rules" quando existe CDT entre os países onde situadas a Controladora e a Coligada dependerá da análise das normas convencionadas na CDT em concreto, bem como no status legal atribuído pelo ordenamento jurídico às CDTs.

A aplicação das *CFC rules* ou Transparência Fiscal Internacional no caso de existência de CDT veio a ser legitimada expressamente pela OCDE na versão dos comentários ao seu Modelo de Convênio (MCOCDE) de 2003. Nesta versão, os comentários ao MCOCDE veio a reconhecer expressamente a compatibilidade destas normas com os CDTs. Se antes de 2003 esta compatibilidade estava condicionada à verificação de certos requisitos, agora não existem mais dúvidas a este respeito.

A única ressalva é a de que ela é uma norma de exceção e, portanto, não deve ser utilizada no caso de a sociedade estar sujeita a uma tributação equivalente à que

---

[12] Art. 4º É vedada a compensação de prejuízos de filiais, sucursais, controladas ou coligadas, no exterior, com os lucros auferidos pela pessoa jurídica no Brasil. § 1º Os prejuízos a que se refere este artigo são aqueles apurados com base na escrituração contábil da filial, sucursal, controlada ou coligada, no exterior, efetuada segundo as normas legais do país de seu domicílio, correspondentes aos períodos iniciados a partir do ano-calendário de 1996. § 2º Os prejuízos apurados por uma controlada ou coligada, no exterior, somente poderão ser compensados com lucros dessa mesma controlada ou coligada. (...) Art. 7º A contrapartida do ajuste do valor do investimento no exterior em filial, sucursal, controlada ou coligada, avaliado pelo método da equivalência patrimonial, conforme estabelece a legislação comercial e fiscal brasileira, deverá ser registrada para apuração do lucro contábil da pessoa jurídica no Brasil. (...) § 2º Os resultados negativos decorrentes da aplicação do método da equivalência patrimonial deverão ser adicionados para fins de determinação do lucro real trimestral ou anual e da base de cálculo da CSLL, inclusive no levantamento dos balanços de suspensão e/ou redução do imposto de renda e da CSLL.

SISTEMA CONSTITUCIONAL TRIBUTÁRIO – dos fundamentos teóricos aos *hard cases* tributários
Estudos em homenagem ao Ministro Luiz Fux

incidiria no país do sócio. Assim, ainda que existisse um CDT, poder-se-ia, em tese, aplicar as normas de "Transparência Fiscal Internacional", utilizando os temperamentos retrocitados. Ressalte-se que alguns tratados (v.g. Brasil-México) ressalvam expressamente a hipótese de aplicação das *CFCs rules,* os quais, por esta razão, devem ser apreciados de forma distinta daqueles que não a possuem.

Com relação a tratados que não comportam ressalvas desta natureza, resta controvertido se a autoridade brasileira poderia perquirir sobre a legislação interna do país de domicílio da controlada ou coligada, tendo que conformar-se à regra da competência exclusiva daquela jurisdição, em obediência ao ditame da *lex specialis* especificamente daquele tratado.

"Lucros" e "dividendos", embora próximos, são termos que designam categorias autônomas de rendimentos nas convenções para evitar a dupla tributação internacional. Lucros são os resultados positivos das empresas apurados no encerramento do exercício social, conforme as atividades desenvolvidas. Dividendos são os rendimentos pagos aos acionistas em decorrência da participação societária como uma distribuição de todo ou de parte do lucro auferido pela sociedade. Nas CDTs os "lucros das empresas" são rendimentos tributáveis exclusivamente no Estado de residência, nos termos do art. 7º (v.g. Tratado Brasil-Peru), excetuada a localização de estabelecimento permanente no estado da fonte.[13]

No caso de "participações societárias", como é o caso das coligadas e controladas, entretanto, a regra não é a tributação com base na localização do estabelecimento permanente ou da filial, mas sim pelo critério da disponibilidade baseado na "distribuição", ou seja, por lucros distribuídos aos respectivos sócios, na forma de "dividendos pagos".

O art. 10 prevê a competência dos dois Estados para tributar os "dividendos pagos", quando então haverá "disponibilidade econômica ou jurídica" do rendimento para o acionista ou quotista. E para que o dividendo seja pago, ao menos uma deliberação do órgão societário competente deverá ser adotada para autorizar a distribuição dos lucros auferidos pela sociedade. Sem o ato de distribuição não há dividendos e os lucros permanecem alocados no patrimônio da sociedade, (art. 10º v.g. Tratado Brasil-Peru).[14] Em reforço à tese esposada, o art. 24, § 5º, das CDTs (v.g. Tratado

---

[13] 1. Os lucros de uma empresa de um Estado Contratante são tributáveis somente nesse Estado, a não ser que a empresa exerça sua atividade no outro Estado Contratante por intermédio de um estabelecimento permanente aí situado. Se a empresa exercer ou tiver exercido sua atividade na forma indicada, seus lucros podem ser tributados no outro Estado, mas unicamente na medida em que forem atribuíveis a esse estabelecimento permanente. 2. Ressalvadas as disposições do parágrafo 3, quando uma empresa de um Estado Contratante exercer atividades no outro Estado Contratante por intermédio de um estabelecimento permanente aí situado, serão atribuídos, em cada Estado Contratante, a esse estabelecimento permanente, os lucros que obteria se constituísse uma empresa distinta e separada, que exercesse atividades idênticas ou similares, em condições idênticas ou similares, e tratasse com absoluta independência com a empresa de que é um estabelecimento permanente. 3. Para a determinação dos lucros de um estabelecimento permanente, será permitido deduzir as despesas necessárias que tiverem sido feitas para a consecução dos fins do estabelecimento permanente, inclusive as despesas de direção e os encargos gerais de administração para os mesmos fins. 4. Nenhum lucro será atribuído a um estabelecimento permanente pelo simples fato da compra de bens ou mercadorias para a empresa. 5. Quando os lucros compreenderem rendimentos tratados separadamente em outros Artigos da presente Convenção, as disposições desses Artigos não serão afetadas pelas do presente Artigo.

[14] 1. Os dividendos pagos por uma sociedade residente de um Estado Contratante a um residente do outro Estado Contratante podem ser tributados nesse outro Estado. 2. Todavia, esses dividendos podem também ser tributados no Estado Contratante em que resida a sociedade que os paga e de acordo com a legislação desse Estado, mas, se o beneficiário efetivo dos dividendos for um residente do outro Estado Contratante, o imposto assim exigido não poderá exceder de: a) 10 por cento do montante bruto dos dividendos, se o beneficiário efetivo for uma sociedade que controle, direta ou indiretamente, pelo menos 20 por cento das ações com direito a voto da sociedade que pague os di-

Brasil-Peru, art. 23, § 5°) impede de modo expresso a incidência de imposto sobre os lucros não distribuídos.[15]

Portanto, ao versar sobre as formas de solução da dupla tributação, as CDTs preveem expressamente que nenhuma tributação poderá incidir sobre lucros não distribuídos, o que afastaria, em tese, a aplicação do art. 74 da Medida Provisória n° 2.158-35/2001, regra que somente poderia ser utilizada nas hipóteses de planejamento fiscal que possam configurar elisão abusiva, onde esta norma funcionaria como regra antielisiva específica.

Na combinação dos dispositivos constantes dos art. 7° e 10 das CDTs, exsurge o impedimento à tributação de lucros ou dividendos antes da sua efetiva distribuição, sob a condição de disponibilidade então qualificada como "dividendo pago", como medida para eliminar eventual dupla tributação ou tratamento discriminatório, que são os fins primordiais desses tratados.

Este tema correlato à aplicação das normas de transparência fiscal internacional quando presentes tratados para evitar a dupla tributação da renda restou por ser decidido nos autos da ADI n° 2.588/2001 e no RE n° 541.090, o qual será aprofundado adiante.

7. Controladas indiretas

Esta matéria já foi objeto de decisões contraditórias pelo Conselho Administrativo de Recursos Fiscais – CARF. Em 2010, o CARF entendeu que o art. 74 da Medida Provisória n° 2.158-35/2001 permitiria a tributação de lucros auferidos no

---

videndos; b) 15 por cento do montante bruto dos dividendos em todos os outros casos. As disposições deste parágrafo não afetarão a tributação da sociedade com referência aos lucros que derem origem ao pagamento dos dividendos. 3. O termo "dividendos" usado no presente Artigo significa os rendimentos provenientes de ações, ações de fruição ou usufruto sobre ações, ações de empresas mineradoras, partes de fundador ou outros direitos de participação nos lucros, com exceção de créditos, assim como rendimentos de outras participações sociais sujeitos ao mesmo tratamento tributário que os rendimentos de ações pela legislação do Estado em que a sociedade que os distribui seja residente. 4. As disposições dos parágrafos 1 e 2 deste Artigo não se aplicarão quando o beneficiário efetivo dos dividendos, residente de um Estado Contratante, exerce, no outro Estado Contratante de que seja residente a sociedade que paga os dividendos, uma atividade empresarial por intermédio de um estabelecimento permanente aí situado, ou prestar nesse outro Estado serviços pessoais independentes por meio de uma base fixa aí situada, e a participação geradora dos dividendos estiver efetivamente ligada a esse estabelecimento permanente ou base fixa. Neste caso serão aplicáveis as disposições do Artigo 7 ou do Artigo 14, conforme as circunstâncias. 5. Quando uma sociedade residente de um Estado Contratante receber lucros ou rendimentos procedentes do outro Estado Contratante, esse outro Estado não poderá exigir nenhum imposto sobre os dividendos pagos pela sociedade, exceto na medida em que esses dividendos forem pagos a um residente desse outro Estado ou na medida em que a participação geradora dos dividendos estiver efetivamente ligada a um estabelecimento permanente ou a uma base fixa situados nesse outro Estado, nem submeter os lucros não distribuídos da sociedade a um imposto sobre os mesmos, ainda que os dividendos pagos ou os lucros não distribuídos consistam, total ou parcialmente, de lucros ou rendimentos provenientes desse outro Estado. 6. Quando um residente de um Estado Contratante mantiver um estabelecimento permanente no outro Estado Contratante, esse estabelecimento permanente poderá aí estar sujeito a um imposto distinto do imposto que afeta os lucros do estabelecimento permanente nesse outro Estado Contratante e de acordo com a legislação desse Estado. Todavia, esse imposto distinto do imposto sobre os lucros não poderá exceder o limite estabelecido na letra (a) do parágrafo 2 do presente Artigo. 7. O disposto neste Artigo não se aplicará se o principal propósito ou um dos principais propósitos de qualquer pessoa envolvida com a criação ou a atribuição de ações ou outros direitos em relação aos quais se paga o dividendo for tirar vantagem deste Artigo mediante tal criação ou atribuição.

[15] 5. As empresas residentes de um Estado Contratante cujo capital seja total ou parcialmente, detido ou controlado, direta ou indiretamente, por um ou mais residentes do outro Estado Contratante não ficarão sujeitas no primeiro Estado a nenhuma tributação ou obrigação com ela conexa diversa ou mais gravosa do que aquelas a que estejam ou possam estar sujeitas as empresas similares residentes do primeiro Estado cujo capital esteja, total ou parcialmente, detido ou controlado, direta ou indiretamente, por um ou mais residentes de um terceiro Estado.

exterior por controladas "diretas ou indiretas", e, assim sendo, o imposto sobre a renda brasileiro alcançaria os lucros auferidos por empresas no Uruguai e na Argentina, ainda que indiretamente vinculadas à empresa residente no Brasil. Naquele caso, as empresas residentes no Uruguai e na Argentina eram ambas controladas por uma sociedade residente na Espanha, e esta, de outra banda, era controlada pela empresa no Brasil. O CARF, nesta oportunidade, negou a aplicação da CDT Brasil-Espanha.

Em 2013, através de sua 1ª seção, o CARF veio a decidir que a transposição do conceito posto pelo art. 243 da Lei 6404/76, para o art. 74 da MP 2158/2001, não tem fundamento. Explicitou que para supor que o art. 74 da MP 2158/2001 estivesse se referindo às controladas indiretas, seria preciso ignorar o texto do artigo e, além disso, admitir que ele desconsiderasse tacitamente a personalidade jurídica das controladas diretas. Aduziu que não seria possível supor que o termo controlada pudesse alcançar as controladas diretas e as indiretas, sob pena de se estabelecer uma dupla tributação sobre o mesmo lucro, pois os resultados das controladas indiretas já estariam refletidos nas controladas diretas.

O conceito de "controle", para os efeitos tributários, bem como de "controladas" e "coligadas", como previstos nas leis brasileiras (arts. 116 e art. 243, § 2º, da Lei nº 6.404/76; art. 1.098 do Código Civil; art. 384 do RIR/99), não abrange expressamente as relações indiretas entre as pessoas jurídicas. Tratando-se o art. 74 da MP nº 2.158-35/2001 de norma antielisiva específica, justifica-se sua extensão a abarcar as controladas indiretas nas mesmas hipóteses em que aplicável às controladas diretas, ou seja, tão somente nas hipóteses em que possa ser constatada elisão fiscal (planejamento fiscal abusivo).

A interposição de controladas e coligadas diretas em países com os quais o Brasil mantém CDTs, sendo estas controladoras de outras sociedades controladas ou coligadas indiretas localizadas propositalmente em paraísos fiscais ou países com regime de tributação favorecida poderia configurar planejamento fiscal abusivo. O ideal é que as próprias CDTs estabeleçam medidas específicas de controle destas práticas, através de cláusula de beneficiário efetivo e as regras de limitação de benefícios, de forma a potencializar o princípio da segurança jurídica. Na ausência destas cláusulas, o ônus da prova do planejamento fiscal abusivo deve ser da Administração Tributária.

Conforme afirmado, o *treaty shopping* é evitado através das regras antielisivas específicas internacionais, como a cláusula do beneficiário efetivo e as regras de limitação de benefícios. Ademais, passou-se a exigir que a sociedade residente em um dos Estados contratantes demonstre a substância econômica ou atividade negocial substancial das atividades desenvolvidas em determinada jurisdição, evitando-se, desta forma, o reconhecimento da residência das chamadas "empresas de papel" ou "caixas-postais".

Como exemplo, poderíamos ter uma controlada "direta" de uma empresa brasileira situada na Áustria, país com o qual o Brasil mantém CDT, que controla uma empresa situada em Aruba, país classificado pela legislação tributária brasileira como paraíso fiscal. A sociedade localizada em Aruba seria uma controlada indireta da controladora brasileira. O objetivo desta interposição seria auferir as vantagens advindas da CDT Brasil-Áustria (art. 23, § 2º), a qual prevê a isenção de dividendos distribuídos a sociedades brasileiras por sociedades situadas na Áustria.

Este tema correlato à aplicação das normas de transparência fiscal internacional em relação às controladas indiretas, quando presentes tratados para evitar a dupla tributação da renda, não restou expressamente por ser decidido nos autos da ADI nº 2.588/2001 e no RE nº 541.090.

8. Aplicação do art. 74 da MP nº 2.1588-35/2001

A regra prevista no art. 74 da MP nº 2.1588-35/2001 trouxe uma presunção relativa ou ficção jurídica que deve ser cotejada com o princípio da proporcionalidade. Neste diapasão, aplicar-se-ia o novel dispositivo quando em presença de casos típicos de elisão fiscal abusiva, tais como a evidente ausência de causa ou finalidade negocial ou a ausência de atividade produtiva, atrelada a aspectos objetivos, como na hipótese de geração tão somente de rendimentos passivos (rendimentos contaminados, tais como royalties, juros, alugueis, etc.) pela sociedade controlada situadas em paraísos fiscais ou países com regime fiscal privilegiado.

Assim, esta regra também seria utilizada diante de presunções absolutas previstas na legislação tributária, como é o caso da Instrução Normativa RFB nº 1.037, de 4 de junho de 2010, que relaciona os países ou dependências com tributação favorecida e regimes fiscais privilegiados, Nestas específicas hipóteses, poder-se-ia aplicar a norma, sem acoimá-la de inconstitucional.[16]

---

[16] Lei nº 9.430/96. Art. 24-A. (...) Parágrafo único. Para efeitos deste artigo, considera-se regime fiscal privilegiado aquele que: (Incluído pela Lei nº 11.727, de 2008) Parágrafo único. Para os efeitos deste artigo, considera-se regime fiscal privilegiado aquele que apresentar uma ou mais das seguintes características: (Redação dada pela Medida Provisória nº 449, de 2008) Parágrafo único. Para os efeitos deste artigo, considera-se regime fiscal privilegiado aquele que apresentar uma ou mais das seguintes características: (Redação dada pela Lei nº 11.941, de 2009) I – não tribute a renda ou a tribute à alíquota máxima inferior a 20% (vinte por cento); (Incluído pela Lei nº 11.727, de 2008) II – conceda vantagem de natureza fiscal a pessoa física ou jurídica não residente: (Incluído pela Lei nº 11.727, de 2008) a) sem exigência de realização de atividade econômica substantiva no país ou dependência; (Incluído pela Lei nº 11.727, de 2008) b) condicionada ao não exercício de atividade econômica substantiva no país ou dependência; (Incluído pela Lei nº 11.727, de 2008) III – não tribute, ou o faça em alíquota máxima inferior a 20% (vinte por cento), os rendimentos auferidos fora de seu território; (Incluído pela Lei nº 11.727, de 2008) IV – não permita o acesso a informações relativas à composição societária, titularidade de bens ou direitos ou às operações econômicas realizadas. (Incluído pela Lei nº 11.727, de 2008) Art. 24-B. O Poder Executivo poderá reduzir ou restabelecer os percentuais de que tratam o *caput* do art. 24 e os incisos I e III do parágrafo único do art. 24-A, ambos desta Lei. (Incluído pela Lei nº 11.727, de 2008) Parágrafo único. O uso da faculdade prevista no *caput* deste artigo poderá também ser aplicado, de forma excepcional e restrita, a países que componham blocos econômicos dos quais o País participe. (Incluído pela Lei nº 11.727, de 2008) Instrução Normativa RFB nº 1.037, de 4 de junho de 2010 DOU de 7.6.2010 Relaciona países ou dependências com tributação favorecida e regimes fiscais privilegiados. Art. 1º Para efeitos do disposto nesta Instrução Normativa, consideram-se países ou dependências que não tributam a renda ou que a tributam à alíquota inferior a 20% (vinte por cento) ou, ainda, cuja legislação interna não permita acesso a informações relativas à composição societária de pessoas jurídicas ou à sua titularidade, as seguintes jurisdições: I – Andorra; II – Anguilla; III – Antígua e Barbuda; IV – Antilhas Holandesas; V – Aruba; VI – Ilhas Ascensão; VII – Comunidade das Bahamas; VIII – Bahrein; IX – Barbados; X – Belize; XI – Ilhas Bermudas; XII – Brunei; XIII – Campione D'Italia; XIV – Ilhas do Canal (Alderney, Guernsey, Jersey e Sark); XV – Ilhas Cayman; XVI – Chipre; XVII – Cingapura; XVIII – Ilhas Cook; XIX – República da Costa Rica; XX – Djibouti; XXI – Dominica; XXII – Emirados Árabes Unidos; XXIII – Gibraltar; XXIV – Granada; XXV – Hong Kong; XXVI – Kiribati;'XXVII – Lebuan; XXVIII – Líbano; XXIX – Libéria; XXX – Liechtenstein; XXXI – Macau; XXXII – Ilha da Madeira; XXXIII – Maldivas; XXXIV – Ilha de Man; XXXV – Ilhas Marshall; XXXVI – Ilhas Maurício; XXXVII – Mônaco; XXXVIII – Ilhas Montserrat; XXXIX – Nauru; XL – Ilha Niue; XLI – Ilha Norfolk; XLII – Panamá; XLIII – Ilha Pitcairn; XLIV – Polinésia Francesa; XLV – Ilha Queshm; XLVI – Samoa Americana; XLVII – Samoa Ocidental; XLVIII – San Marino; XLIX – Ilhas de Santa Helena; L – Santa Lúcia; LI – Federação de São Cristóvão e Nevis; LII – Ilha de São Pedro e Miguelão; LIII – São Vicente e Granadinas; LIV – Seychelles; LV – Ilhas Solomon; LVI – St. Kitts e Nevis; LVII – Suazilândia; LVIII – Suíça; (Vide Ato Declaratório Executivo RFB nº 11, de 24 de junho de 2010); LIX – Sultanato de Omã; LX – Tonga; LXI – Tristão da Cunha; LXII – Ilhas Turks e Caicos; LXIII – Vanuatu; LXIV – Ilhas Virgens Americanas; LXV – Ilhas Virgens Britânicas. Art. 2º São regimes fiscais privilegiados:

O que praticamente todos os autores que entendem ser o regime brasileiro inconstitucional possuem em comum é o fato de que nenhum deles defende, de fato, que seja juridicamente válida a tributação através do reconhecimento, pelo regime de competência, de receita decorrente do ajuste positivo feito no patrimônio da sociedade investidora brasileira em virtude da equivalência patrimonial dos seus investimentos em controladas e coligadas no exterior, ponto este considerado central pela grande maioria dos autores que defende a tese da constitucionalidade do artigo 74 da MP 2.158-35 e do § 2º do artigo 43.

Este entendimento é, por sua vez, um reflexo da visão da pessoa jurídica como ente distinto e autônomo em relação à pessoa física que detém participação na sua estrutura societária, principalmente, no que diz respeito ao seu patrimônio.

Este tema correlato à aplicação das normas de transparência fiscal internacional quando presentes tratados para evitar a dupla tributação da renda restou por ser decidido nos autos da ADI nº 2.588/2001 e no RE nº 541.090, o qual será aprofundado adiante.

9. Considerações finais: o que restou decidido e o que resta por decidir nos casos concretos?

9.1. RE nº 611.586

O RE nº 611.586 é um MS preventivo em que a impetrante, COOPERATIVA AGROPECUÁRIA MORÃOENSE LTDA, é controladora da SOCIEDADE ISENTA DE ARUBA, denominada COAMO INTERNACIONAL AVV, constituída em 1994 com o propósito alegado de realizar o comércio internacional dos produtos agrícolas industrializados ou in natura recebidos de seus cooperados, na forma da Lei nº 5.764/71.

Neste caso, não houve, desde a sua constituição, em 1994, a distribuição de lucros à controladora no Brasil e não existe tratado entre Brasil-Aruba. Na verdade, Aruba

---

I – com referência à legislação de Luxemburgo, o regime aplicável às pessoas jurídicas constituídas sob a forma de *holding company*; (Revogado pelo Ato Declaratório Executivo RFB nº 3, de 25 de março de 2011) II – com referência à legislação do Uruguai, o regime aplicável às pessoas jurídicas constituídas sob a forma de "Sociedades Financeiras de Inversão (Safis)" até 31 de dezembro de 2010; III – com referência à legislação da Dinamarca, o regime aplicável às pessoas jurídicas constituídas sob a forma de *holding company*; IV – com referência à legislação do Reino dos Países Baixos, o regime aplicável às pessoas jurídicas constituídas sob a forma de *holding company*; III – com referência à legislação da Dinamarca, o regime aplicável às pessoas jurídicas constituídas sob a forma de *holding company* que não exerçam atividade econômica substantiva;(Redação dada pela Instrução Normativa RFB nº 1.045, de 23 de junho de 2010) IV – com referência à legislação do Reino dos Países Baixos, o regime aplicável às pessoas jurídicas constituídas sob a forma de *holding company* que não exerçam atividade econômica substantiva; (Redação dada pela Instrução Normativa RFB nº 1.045, de 23 de junho de 2010) (Vide Ato Declaratório Executivo RFB nº 10, de 24 de junho de 2010) V – com referência à legislação da Islândia, o regime aplicável às pessoas jurídicas constituídas sob a forma de *International Trading Company* (ITC); VI – com referência à legislação da Hungria, o regime aplicável às pessoas jurídicas constituídas sob a forma de *offshore* KFT; VII – com referência à legislação dos Estados Unidos da América, o regime aplicável às pessoas jurídicas constituídas sob a forma de *Limited Liability Company* (LLC) estaduais, cuja participação seja composta de não residentes, não sujeitas ao imposto de renda federal; ou VIII – com referência à legislação da Espanha, o regime aplicável às pessoas jurídicas constituídas sob a forma de *Entidad de Tenencia de Valores Extranjeros* (E.T.V.Es.); IX – com referência à legislação de Malta, o regime aplicável às pessoas jurídicas constituídas sob a forma de *International Trading Company* (ITC) e de *International Holding Company* (IHC). Art. 3º Esta Instrução Normativa entra em vigor na data de sua publicação. Art. 4º Fica revogada a Instrução Normativa SRF nº 188, de 6 de agosto de 2002.

está incluída na legislação tributária como típico paraíso fiscal.[17] Portanto, não havendo indício de atividade produtiva da empresa em Aruba, bem como considerando que a mesma está situada num paraíso fiscal, restou decidido que a postulação da impetrante não merecia prosperar, aplicando-se, o art. 74 da MP nº 2.158-34/2001 à hipótese.

Restou por decidir se a expressão "paraíso fiscal" abarca única e exclusivamente as jurisdições a que se refere o art. 1º, Instrução Normativa RFB nº 1.037, de 4 de junho de 2010, ou seja, países ou dependências que não tributam a renda ou que a tributam à alíquota inferior 20% (vinte por cento) ou, ainda, cuja legislação interna não permita acesso a informações relativas à composição societária de pessoas jurídicas ou à sua titularidade.

Isto porque nos debates, ainda que suscitada a dúvida por alguns ministros, não restou decidido se a expressão "paraíso fiscal" abarcaria as jurisdições a que se refere o art. 2º da referida IN, ou seja, os regimes fiscais privilegiados. Ainda que não considerados pela doutrina como autênticos "paraísos fiscais", o ato normativo infralegal consubstanciado pela referida IN os incluiu no escopo da norma expressada pelo art. 24-A, Lei nº 9.430/96, a qual denominou estes regimes expressamente como "regimes fiscais privilegiados".[18]

---

[17] Instrução Normativa RFB nº 1.037, de 4 de junho de 2010. DOU de 7.6.2010 Relaciona países ou dependências com tributação favorecida e regimes fiscais privilegiados. Art. 1º Para efeitos do disposto nesta Instrução Normativa, consideram-se países ou dependências que não tributam a renda ou que a tributam à alíquota inferior a 20% (vinte por cento) ou, ainda, cuja legislação interna não permita acesso a informações relativas à composição societária de pessoas jurídicas ou à sua titularidade, as seguintes jurisdições: (...) V – Aruba; (...)

[18] DEBATE (...) O SENHOR MINISTRO JOAQUIM BARBOSA (PRESIDENTE E RELATOR) – Ministro Marco Aurélio, voltando ao tema dos paraísos fiscais, eu lembraria que há um detalhe a mais. Esses países chamam a atenção não só pelo fato de a legislação ser favorecida, ou quase um traço, eles não controlam sequer os proprietários dessas empresas. Não há controle sequer de quem são, não há esse tipo (...) O SENHOR MINISTRO MARCO AURÉLIO Mas, então, passaríamos a ter um instituto, disciplinado pelo Código Civil e permitindo a despersonalização, que é a fraude tributária. Configurada a fraude tributária, tudo bem. Agora, não posso generalizar o enfoque para normatizar matéria, que ainda não o foi pelo Congresso, e dizer que o fato de simplesmente ter-se uma legislação mais favorável ao contribuinte, no país onde estão situadas as coligadas e controladas, o Fisco e damos uma carta em branco ao Fisco poderá, justificando, tributar, antecipando-se relativamente aos lucros que não foram transferidos para a controladora nem para (...) O SENHOR MINISTRO DIAS TOFFOLI: Mas é que já há disciplina legal sobre isso. A Lei nº 9.430, de 27 de dezembro de 1996, art. 24-A, que se conjuga com o art. 9º da Medida Provisória nº 2.158-35, de 2001, e com art. 26 da Lei nº 9.249, de 1995. Se essa disciplina é boa ou não, é uma questão para o outro lado da praça. (...) O SENHOR MINISTRO MARCO AURÉLIO Além de surgir a ambiguidade, considerada a expressão "países que têm legislação mais favorável aos contribuintes". Não são necessariamente paraísos fiscais. O SENHOR MINISTRO RICARDO LEWANDOWSKI – Pois é. Quer dizer, nós, então, sujeitamos. O SENHOR MINISTRO JOAQUIM BARBOSA (PRESIDENTE E RELATOR) – A língua portuguesa é cheia de eufemismo. O SENHOR MINISTRO RICARDO LEWANDOWSKI – É. Mas aí a minha dificuldade é essa. Quer dizer, essa instrução normativa, que obviamente não é uma lei, pode ser modificada ao alvedrio da Secretaria da Receita Federal a qualquer momento, incluindo ou excluindo Estados ou países dessa lista de paraísos fiscais. E isso em detrimento da segurança jurídica, que é essencial para os investimentos. O SENHOR MINISTRO MARCO AURÉLIO Vossa Excelência me permite? A rigor, a rigor, estaremos, no Brasil, nos substituindo ao país que poderia tributar e não tributa. O SENHOR MINISTRO JOAQUIM BARBOSA (PRESIDENTE E RELATOR) – Não, isso no caso da empresa brasileira sediada em países – digamos "normais". O SENHOR MINISTRO RICARDO LEWANDOWSKI – Sim, mas quem é que vai dizer o que é normal ou não normal? O SENHOR MINISTRO DIAS TOFFOLI: A definição legal está no parágrafo único do art. 24-A. O SENHOR MINISTRO MARCO AURÉLIO Digo naqueles países em que não há a voracidade fiscal que se tem no Brasil. O SENHOR MINISTRO DIAS TOFFOLI: Existe uma definição legal. O SENHOR MINISTRO JOAQUIM BARBOSA (PRESIDENTE E RELATOR) – Vossa Excelência poderia ler? O SENHOR MINISTRO DIAS TOFFOLI: Art. 24-A, parágrafo único, da Lei nº 9.430, de 27 de dezembro/96. "Art. 24-A. (...) Parágrafo único. Para os efeitos deste artigo, considera-se regime fiscal privilegiado aquele que apresentar uma ou mais das seguintes características: I – não tribute a renda ou a tribute à alíquota máxima inferior a 20% (vinte por cento); II – conceda vantagem de natureza fiscal à pessoa física ou jurídica não residente:" O SENHOR MINISTRO MARCO AURÉLIO Ou seja, fulminamos a soberania do país talvez até irmão! O SENHOR MINISTRO DIAS TOFFOLI: "a) sem exigência de realização de atividade econômica substantiva no país ou dependência; b) condicionada ao não exercício de atividade econômica substantiva no país ou dependência; III – não tribute, ou o faça em alíquota

9.2. RE nº 541.090

No RE nº 541.090 aborda-se a questão da não aplicação do referido dispositivo atacado em situações que envolvam controladas e coligadas domiciliadas nos vinte e nove países com os quais o Brasil tenha firmado Convenção para evitar a dupla tributação da renda. A recorrida, EMPRESA BRASILEIRA DE COMPRESSORES, S/A – EMBRACO – é acionista das seguintes sociedades estrangeiras: EALING COMPANHIA DE GESTIONES Y PARTICIPACIONES S.A. (EALING), estabelecida no Uruguai; BEIJING EMBRACO SNOWFLAKE COMPRESSOR COMPANY LIMITED (BEIJING), estabelecida na China; EMBRACO EUROPE SrL (EMBRACO EUROPE), estabelecida na Itália. Somente a sociedade EALING, situada no Uruguai, auferiu lucros nos anos-calendários de 1996, 1997, 1998, 1999, 2000 e 2002.

Enquanto à sociedade EALING, inexiste tratado entre Brasil-Uruguai. Tão pouco existem elementos que possam enquadrá-la como uma "Sociedade Financeira de Inversão (Safi)", na forma como definido na legislação interna deste referido país e de conformidade com a legislação tributária brasileira.[19]Ademais, ainda que se pudesse fazê-lo, a análise temporal deste enquadramento, à luz da definição legal de "países com tributação favorecida", bem como a inexistência de definição da Suprema Corte quanto à abrangência do conceito de "paraíso fiscal" inviabiliza a solução da lide nesta instância recursal. A questão poderia incorrer em dilação probatória não condizente com o rito do recurso extraordinário, a demandar análise infraconstitucional, por ofensa reflexa ou indireta.

No caso das sociedades BEIJING e EMBRACO EUROPE, situadas na China e Itália, respectivamente, os tratados Brasil-China (ratificado pelo Decreto-Legislativo nº 85, de 24.11.92) e Brasil-Itália (ratificado pelo Decreto-Legislativo nº 77, de 5.12.79) estabelecem a sistemática do lucro das empresas conforme o já citado art. 7º, no qual os lucros auferidos por empresas situadas na China ou Itália devem ser tributados por estes países e não pelo Brasil.

Quanto a este relevante ponto, restou decidido pela Suprema Corte o retorno dos autos ao Tribunal de origem para que se pronuncie sobre a questão atinente à vedação da bitributação baseada em tratados internacionais. O que restou decidir, ou melhor, o que poderá vir a decidir o Supremo Tribunal Federal sobre este tema? Em face da relevância do tema, oportuno analisá-lo de forma segregada.

---

máxima inferior a 20% (vinte por cento), os rendimentos auferidos fora do seu território; IV – não permita o acesso a informações relativas à composição societária, titularidade de bens ou direitos ou às operações econômicas realizadas". A instrução normativa da receita, quando lista os países, leva em consideração esses conceitos do parágrafo único do art. 24-A da Lei nº 9.430. O SENHOR MINISTRO LUIZ FUX – Ministro Toffoli, Vossa Excelência me permite, e Vossa Excelência também, Presidente? Toda essa legislação antielesiva, em todos os países do mundo, passa por testes, até para se aferir se ela está consoante o princípio da proporcionalidade – Vossa Excelência até se referiu no seu voto. E um desses testes é exatamente o teste do território-alvo – isso em primeiro lugar –, e que Vossa Excelência atinge o alvo com muita clareza na sua decisão. Por outro lado, verifico que temos adotado aqui inúmeras fórmulas de adição aos pronunciamentos do Supremo Tribunal Federal. E essa é uma fórmula aditiva que Vossa Excelência está acrescentando no sentido de dar uma interpretação conforme, ela é constitucional desde que essas empresas estejam situadas em paraíso fiscal. Porque aí atente-se à ratio essendi do dispositivo, que é antielisivo e antidiferimento. O SENHOR MINISTRO JOAQUIM BARBOSA (PRESIDENTE E RELATOR) – O conceito de paraíso fiscal nós temos. O SENHOR MINISTRO LUIZ FUX – Esse é o objetivo... É o último pronunciamento. Se não aditar nada, vai recorrer a quem? (...)

[19] Instrução Normativa RFB nº 1.037, de 4 de junho de 2010. DOU de 7.6.2010 Relaciona países ou dependências com tributação favorecida e regimes fiscais privilegiados. (...) Art. 2º São regimes fiscais privilegiados: (...) II – com referência à legislação do Uruguai, o regime aplicável às pessoas jurídicas constituídas sob a forma de "Sociedades Financeiras de Inversão (Safis)" até 31 de dezembro de 2010;

9.3. ADI nº 2.588

No julgamento desta ADI, o STF reconheceu, de modo definitivo, (a) que é legítima a aplicação do art. 74 da Medida Provisória nº 2.158-35/2001 relativamente a lucros auferidos por empresas controladas localizadas em países com tributação favorecida (= países considerados paraísos fiscais), na forma como explicitado no item 9.1-RE nº 611.586; e (b) que não é legítima a sua aplicação relativamente a lucros auferidos por empresas coligadas sediadas em países sem tributação favorecida (= não considerados paraísos fiscais). Quanto às demais situações (lucros auferidos por empresas controladas sediadas fora de paraísos fiscais e por empresas coligadas sediadas em paraísos fiscais), não tendo sido obtida maioria absoluta dos votos, o Tribunal considerou constitucional a norma questionada, sem, todavia, conferir eficácia *erga omnes* e efeitos vinculantes a essa deliberação.

Confirmou-se, no presente caso, a constitucionalidade da aplicação do caput do art. 74 da referida Medida Provisória relativamente a lucros auferidos por empresa controlada sediada em país que não tem tratamento fiscal favorecido. Todavia, por ofensa aos princípios constitucionais da anterioridade e da irretroatividade, afirmou-se a inconstitucionalidade do seu parágrafo único, que trata dos lucros apurados por controlada ou coligada no exterior até 31 de dezembro de 2002.

9.4. Courts and Tax Treaty Law. Tax Treaties and Domestic Law. O que restou por decidir, ou melhor, o que poderá vir a decidir o Supremo Tribunal Federal sobre este tema?

A premissa é a de que invocada a aplicação de tratado para evitar a dupla tributação, a questão deve ser dirimida segundo as cláusulas e termos do mesmo, cabível o controle administrativo e judicial conforme cada situação. Não obstante a objetividade da tese, dúvidas surgem quando se questiona o âmbito da matéria a ser objeto de controle jurisdicional, ou seja, a matéria terá estatura constitucional ou infraconstitucional?

Tendo estatura infraconstitucional, a ofensa indireta ou reflexa poderia atrair a competência da Suprema Corte ou a discussão limitar-se-ia ao âmbito do Superior Tribunal de Justiça? Existiriam questões de prova a serem analisadas ou estaríamos diante de problemas de interpretação de cláusulas convencionais? Estaríamos diante de problemas de qualificação ou de interpretação de cláusulas convencionais? Por fim, qual seria o limite do *judicial approach?*

O *judicial approach* deveria seguir como premissa maior a especificidade do regime de tributação instituído pelo artigo 74 da MP nº 2.158, no sentido de que somente seria aplicável como regra antielisiva específica nos casos de planejamentos tributários abusivos, como são, por presunção, a utilização dos regimes normalmente identificados como "paraísos fiscais", ou a utilização de dissimulação, como forma de elisão abusiva, na forma como definido pelo art. 116, CTN.

Em termos gerais, o limite entre a elisão fiscal abusiva e o planejamento tributário lícito seria a existência ou não de atividade econômica substantiva. Nesta específica hipótese, o dever de motivar o ato de forma a desconsiderar a estrutura tributária constituída pelo contribuinte caberia à fiscalização, a caracterizar ou não a existência de atividade econômica substantiva.

Isto porque o sistema brasileiro implementado pelo art. 74 da MP 2.158-35/2001 adotou a tributação dos lucros não distribuídos como regra geral, sem qualquer consideração de especificidades do caso concreto, amplitude que violaria os arts. 7.1 e 10.5 da CM OCDE, replicados de forma sistemática nas CDTs celebradas pelo Brasil, ressalvadas algumas peculiaridades.

O que se perquiri são os limites da atividade judicial nesta temática, ou seja, até onde poderia e/ou deveria ir o *judicial approach?* Estaria afeto tão somente à supremacia dos tratados internacionais sobre a lei interna, à luz da constitucionalidade do artigo 98 do Código Tributário Nacional?

Este tema também está afetado ao STF através do mecanismo da Repercussão Geral nos autos do RE nº 460.320, denominado Caso Volvo. Neste caso concreto o tema controvertido é a aplicação do princípio da não discriminação, espelhado no art. 24 do Tratado Brasil-Suécia.

No único voto proferido nestes autos, do Min. Rel. Gilmar Mendes, prevaleceu a tese da superioridade dos Tratados sobre a lei interna, entendimento que não entra em conflito com o art. 98 do CTN, pois restou assentado que deve prevalecer o *pacta sunt servanda*, respeitando-se a boa-fé e a segurança jurídica das partes contratantes nestes compromissos internacionais. Segundo assentou o ministro relator, respaldam esta tese os artigos 4º, parágrafo único, e 5º, §§ 2º, 3º e 4º, CF/88. Deve-se levar em consideração que a jurisprudência consolidada do STF não acompanha explicitamente esta tese.

Não obstante, esta interpretação não resolve integralmente o problema concreto. Além da superioridade hierárquica do tratado sobre a lei interna, o que estaria afetado a análise, em tese, pela ADI nº 2.588/2001, tendo como pano de fundo a Convenção de Viena sobre o Direito dos tratados, incorporada pelo Decreto Legislativo nº 469/2009, existe uma questão de interpretação e aplicação dos dispositivos específicos dos tratados.

Questiona-se, *in casu,* nos autos do RE nº 541.090, a aplicação de diversos artigos e disposições dos CDTs Brasil-Itália e Brasil-China, o que poderia ensejar a interpretação, em concreto, da extensão, amplitude e abrangência dos artigos 5º, 7º e 10 destas CDTs.[20]

9.5. A interpretação aplicativa da administração tributária

No conjunto de atividades que deve desenvolver a Administração Tributária, um dos principais problemas existentes é a interpretação administrativa, a qual abre novas perspectivas na averiguação do valor que revestem as atuações da Administração para a relação jurídico-tributária, fruto da procedimentalizão da atividade administrativa (função administrativa do Estado).

A Administração tem a faculdade de interpretação jurídica, função autônoma de interpretação, que, diante da dispersão e prolixidade da legislação tributária e sua crescente complexidade e tecnicismos, assumiu como sua a tarefa do seu esclarecimento, desenvolvendo uma interpretação útil para servir de fundamento a sua aplicação.

---

[20] Tese originariamente defendida pelos Professores Sérgio André Rocha e Heleno Taveira Torres em seminário sobre o tema das Controladas e Coligadas, promovido pela Associação Brasileira de Direito Financeiro – ABDF – no mês de maio de 2013, na cidade de São Paulo.

Trata-se de uma interpretação jurídica destinada à aplicação do ordenamento, pois interpretação e aplicação são duas atividades intimamente conexas. Nessa linha, do conjunto de atividades destinadas à aplicação do Direito, a de interpretação é a operação jurídica básica, o próprio núcleo do processo aplicativo da norma.

Neste contexto, superada a premissa da superioridade dos tratados e convenções internacionais sobre a lei interna, convém enfrentar o tema afeto à interpretação e aplicação dos dispositivos dos tratados internacionais. Estaríamos diante de conflitos constitucionais ou infraconstitucionais?

Interpretar o conceito de lucro da empresa para os fins de aplicação do art. 7º, bem como o conceito de dividendos para fins de aplicação do art. 10 das CDTs, assim como se a tributação do lucro apurado em balanço e não distribuído caracteriza a tributação de dividendo fictício são questões que fogem ao escopo de controvérsia de índole constitucional.

Como já afirmado, superada a questão da superioridade do tratado sobre a lei interna, resta a questão da qualificação e subsunção dos fatos aos dispositivos dos tratados, inserida no processo lógico de hermenêutica das normas jurídicas: interpretação, qualificação e aplicação. Nesta senda, este problema jurídico tem nítido caráter infraconstitucional, a ensejar a jurisdição do Superior Tribunal de Justiça, superados os requisitos processuais e de prequestionamento, à luz do art. 105, III, *verbis:* julgar, em recurso especial, as causas decididas, em única ou última instância, pelos Tribunais Regionais Federais ou pelos tribunais dos Estados, do Distrito Federal e Territórios, quando a decisão recorrida: a) contrariar tratado ou lei federal, ou negar-lhes vigência;...

Ultrapassado o julgamento dos temas infraconstitucionais pelo STJ é que se poderia sindicar a possibilidade de atuação da Corte Constitucional. Superados os requisitos processuais, de prequestionamento e de repercussão geral, poder-se-ia, à luz dos Direitos Fundamentais do contribuintes atrair a competência do STF, o que somente poderia ser vislumbrado através da análise do caso concreto.

10. Referências bibliográficas

ANDRADE, André Martins. *A Tributação Universal da Renda Empresarial. Belo Horizonte*: Editora Fórum, 2008.

BIANCO, João Francisco. *Transparência Fiscal Internacional*, 2007.

BOITEUX, Fernando Netto. As sociedades coligadas, controladoras, controladas, e a tributação dos lucros obtidos no exterior. *Revista Dialética de Direito Tributário*. São Paulo: Dialética, 2004, nº 105.

CANTO, Gilberto U. A Aquisição de Disponibilidade e o Acréscimo Patrimonial no Imposto sobre a Renda. In: MARTINS, Ives G. S. (coord.). *Estudos sobre o Imposto de Renda* (em memória de Henry Tilbery). São Paulo: Resenha Tributária. 1994.

CARVALHO, André de Souza; OLIVEIRA, André Gomes de. Planejamento Tributário Internacional. In: GOMES, Marcus Lívio; ANTONELLI, Leonardo Pietro (Coords.). *Curso de Direito Tributário Brasileiro*. 2. ed. São Paulo: Quartier Latin, 2010. v. III.

COÊLHO, Sacha Calmon Navarro; DERZI, Misabel Abreu Machado. Relações tributárias entre controladoras e controladas com vantagens fiscais – elisão lícita de tributos. *Revista Dialética de Direito Tributário*. São Paulo: Dialética, 2004, nº 79.

GOMES, Marcus Lívio. *A Interpretação da Legislação Tributária*. São Paulo: Quartier Latin, 2010.

GONÇALVES, José Artur Lima. Imposto sobre a renda – resultados auferidos no exterior por filiais, sucursais, controladas e coligadas. *Revista Dialética de Direito Tributário*. São Paulo: Dialética, 2004, n° 74.

MACIEL, Taísa Oliveira. *Tributação dos Lucros das Coligadas e Controladas Estrangeiras*, 2007.

MARTINS, Eliseu. Iniciação à equivalência patrimonial – I. *IOB: informações Objetivas*. Temática Contábil e Balanços. São Paulo: 1993, v. 27, n.35.

NUNES, Renato. Tributação de lucros auferidos por meio de coligadas e controladas no exterior: regime de disponibilização (MP n. 2.158-35/01) e resultados de equivalência patrimonial. In: TÔRRES, Heleno Taveira (Coord.). *Direito tributário internacional aplicado*. São Paulo: Quartier Latin, 2003.

OECD. *Harmful Tax Competition*: An Emerging Global Issue. Paris: OECD, 1998.

——. *Model Tax Convention on Income and on Capital*. Paris: OECD, 2010.

OKUMA, Alessandra. Da tributação das empresas controladas e coligadas. In: TÔRRES, Heleno Taveira (Coord.). *Direito tributário internacional aplicado*. São Paulo: Quartier Latin, 2004.

OLIVEIRA, Ricardo Mariz de. O conceito de renda – inovação do art. 43 do CTN pela Lei Complementar n° 104 (a questão da disponibilidade sobre lucros de coligadas e controladas no exterior). *Revista Dialética de Direito Tributário*. São Paulo: Dialética, 2004, n° 73.

——. O imposto de Renda e os Lucros Auferidos no Exterior. In: *Grandes questões atuais do direito tributário*. São Paulo: Dialética, 2003, 7° vol.

——. Lucros de coligadas e controladas no exterior e aspectos de elisão e evasão fiscal no Direito brasileiro e no internacional. *Revista Dialética de Direito Tributário*. São Paulo: Dialética, 2004, n° 102.

ROCHA, Sergio André. *Interpretação dos Tratados para Evitar a Bitributação da Renda*. 2 ed. São Paulo: Quartier Latin, 2013.

——. *Treaty Override no Ordenamento Jurídico Brasileiro*, 2007.

——. A Deslegalização no Direito Tributário Contempoâneo: Segurança Jurídica, Legalidade, Conceitos Indeterminados, Tipicidade e Liberdade de Conformação da Administração Pública. In: RIBEIRO, Ricardo Lodi; ROCHA, Sergio André (Coords.). *Legalidade e Tipicidade no Direito Tributário*. São Paulo: Quartier Latin, 2008.

ROCHA, Sergio André. O Protagonismo do STF na Interpretação da Constituição pode Afetar a Segurança Jurídica em Matéria Tributária? In: ROCHA, Valdir de Oliveira (Coord.). *Grandes Questões Atuais do Direito Tributário*: Volume 15. São Paulo: Dialética, 2011.

ROLIM, João Dácio; MOREIRA, Gilberto Ayres. Tributação de Lucros Auferidos no Exterior e Limites Relativos de Normas Antielisivas. *Revista de Direito Tributário Internacional*, São Paulo, n. 3, jun. 2006.

ROSEMBUJ, Tulio. *Fiscalidad Internacional*. Madrid: Marcial Pons, 1998.

TÔRRES, Heleno. *Direito Tributário Internacional: Planejamento Tributário e Operações Transnacionais*. São Paulo: Revista dos Tribunais, 2001.

SCHOUERI, Luís Eduardo. *Planejamento Fiscal Através dos Acordos de Bitributação*: Treaty Shopping. São Paulo: Editora Revista dos Tribunais, 1995.

TÔRRES, Heleno Taveira. Tributação de Controladas e Coligadas no Exterior e seus Desafios Concretos. In: TÔRRES, Heleno Taveira (Coord.). *Direito Tributário Internacional Aplicado*: VI Vol. São Paulo: Quartier Latin, 2012. p. 435-436).

UCKMAR, Victor; GRECO, Marco Aurélio; ROCHA, Sergio André *et al. Manual de Direito Tributário Internacional*. São Paulo: Dialética, 2012.

VETTORI, G. G.; RUBINSTEIN, Flavio; VASCONCELLOS, Roberto França. Tributação da Controladas e Coligadas no Exterior. In: Eurico Marcos Diniz de Santi; Fernando Aurélio Zilveti; Roberto Quiroga Mosqueira. (Org.). Tributação *Internacional* (Série GVLaw). São Paulo: Saraiva, 2007.

XAVIER, Alberto. *Direito Tributário Internacional do Brasil*. 7. ed. Rio de Janeiro: Forense, 2010.

— 4.8 —

Tributação dos lucros no exterior – o que foi e o que ainda falta ser decidido

IGOR MUNIZ

Sumário: Histórico legislativo; ADI 2.588; RE COAMO e RE EMBRACO; A posição do Ministro Jobim – aplicação do método de equivalência patrimonial ("MEP"); A posição do Ministro Marco Aurélio; A posição da Ministra Ellen Gracie; A posição do Ministro Carlos Britto; A posição do Ministro Joaquim Barbosa; Resultado dos julgamentos; O que ainda falta ser decidido; Os tratados para evitar a bitributação; Controladas indiretas; Conclusão; Bibliografia.

A questão da tributação dos lucros das sociedades controladas e coligadas de pessoas jurídicas brasileiras no exterior não é nova.

Autores de renome se debruçaram sobre o tema, dando significativas contribuições para a compreensão da matéria, de modo que o presente estudo terá como foco a análise do que foi decidido (e do que ainda falta ser decidido) na Ação Direta de Inconstitucionalidade 2.588-DF ("ADI 2.588" ou "ADI") proposta pela Confederação Nacional da Indústria ("CNI"), cujo julgamento foi concluído em 10 de abril de 2013 após mais de 12 (doze) anos de tramitação no Supremo Tribunal Federal[1] ("STF"), e do que está em discussão no Recurso Extraordinário n° 611.586-PR, interposto por Coamo Agroindustrial Cooperativa ("RE 611.586" ou "RE COAMO"), e no Recurso Extraordinário n° 541.090-SC, interposto por Empresa Brasileira de Compressores S/A ("RE 541.090" ou "RE EMBRACO"), ainda em trâmite (os dois recursos serão referidos em conjunto como "Recursos").

Histórico legislativo

Como sabido, a partir da Lei n° 9.249, de 26 de dezembro de 1995[2] ("Lei 9.249"), as pessoas jurídicas domiciliadas no Brasil passaram a ser tributadas com base em sua renda universal, em substituição à incidência do imposto sobre a renda tão somente sobre os lucros auferidos no país.[3]

---

[1] A ADI 2.588 foi proposta em 21.12.2001.

[2] A Lei n° 9.249/95 determina o que segue: "Art. 25. Os lucros, rendimentos e ganhos de capital auferidos no exterior serão computados na determinação do lucro real das pessoas jurídicas correspondente ao balanço levantado em 31 de dezembro de cada ano."

[3] Eurico Marcos Diniz de Santi esclarece que: "a tributação da renda em bases universais é tendência mundial da era globalizada e se contrapõe à ideia de tributação da renda em bases territoriais. A utilização do território nacional

Segundo Sacha Calmon Navarro Coêlho e Mizabel Derzi, "a referida Lei, que introduziu a tributação sendo a renda mundial, teve como meta impor transparência fiscal, harmonizar a tributação e evitar a evasão de recursos, por meio da qual sociedades residentes desviavam seus lucros para suas sucursais ou filiadas, sediadas em paraísos fiscais".[4]

Em 21 de junho de 1996, foi editada a Instrução Normativa n° 38[5] para explicitar que os lucros se consideravam disponibilizados quando "pagos ou creditados à matriz, controladora ou coligada, no Brasil, pela filial, sucursal, controlada ou coligada no exterior", em linha, portanto, com o conceito de renda estabelecido no artigo 43 do Código Tributário Nacional ("CTN").

Posteriormente, foi promulgada a Lei Complementar n° 104, de 10 de janeiro de 2001 ("LC 104"), que acrescentou um novo parágrafo ao artigo 43 do CTN para estabelecer que nos casos de receita ou rendimento advindos do exterior, caberia à lei estabelecer as condições e o momento da disponibilização para fins de incidência do imposto sobre a renda.[6]

Com suposto fundamento na citada lei complementar, foi editada medida provisória que, em sua 35ª edição, apresenta, no que interessa, a seguinte redação:

Medida Provisória n° 2.158-35, de 24 de agosto de 2001 ("MP 2.158"):

Art. 74. Para fim de determinação da base de cálculo do imposto de renda e da CSLL, nos termos do art. 25 da Lei n° 9.249, de 26 de dezembro de 1995, e do art. 21 desta Medida Provisória, os lucros auferidos por controlada ou coligada no exterior serão considerados disponibilizados para a controladora ou coligada no Brasil na data do balanço no qual tiverem sido apurados, na forma do regulamento.

Parágrafo único. Os lucros apurados por controlada ou coligada no exterior até 31 de dezembro de 2001 serão considerados disponibilizados em 31 de dezembro de 2002, salvo se ocorrida, antes desta data, qualquer das hipóteses de disponibilização previstas na legislação em vigor.

A partir da veiculação da regra acima, foi determinado que a disponibilização dos lucros das controladas e coligadas no exterior se dá com o levantamento de balan-

---

como critério para a tributação da renda por muito tempo mostrou-se satisfatória, além de adequada à antiga ideia de soberania ilimitada das nações." (Tributação dos lucros de controladas e coligadas no exterior – legalidade precária proposta por regulamentação provisória via MP reeditada 35 vezes (há mais de 10 anos), problema sistêmico que se confirma no placar de 5x5 no STF e nas decisões do STJ, expondo limites e conflitos entre direitos e economia, e mobilizado pelo contencioso bilionário entre o Estado e as 10 maiores empresas brasileiras de capital aberto). Disponível em <www.fiscosoft.com.br>. Acesso em 08.05.2013.

[4] Tributação pelo IRPJ e pela CSLL de lucros auferidos por empresas controladas ou coligadas no exterior – inconstitucionalidade do art. 74 da Medida Provisória n° 2.158-35/01. Revista Dialética de Direito Tributário n° 130, p. 136.

[5] "Art. 2° Os lucros auferidos no exterior, por intermédio de filiais, sucursais, controladas ou coligadas serão adicionados ao lucro líquido do período-base, para efeito de determinação do lucro real correspondente ao balanço levantado em 31 de dezembro do ano-calendário em que tiverem sido disponibilizados. § 1° Consideram-se disponibilizados os lucros pagos ou creditados à matriz, controladora ou coligada, no Brasil, pela filial, sucursal, controlada ou coligada no exterior. § 2° Para efeito do disposto no parágrafo anterior, considera-se: I – creditado o lucro, quando ocorrer a transferência do registro de seu valor para qualquer conta representativa de passivo exigível da filial, sucursal, controlada ou coligada, domiciliada no exterior; II – pago o lucro, quando ocorrer: a) o crédito do valor em conta bancária em favor da matriz, controladora ou coligada, domiciliada no Brasil; b) a entrega, a qualquer título, a representante da beneficiária; c) a remessa, em favor da beneficiária, para o Brasil ou para qualquer outra praça; d) o emprego do valor, em favor da beneficiária, em qualquer praça, inclusive no aumento de capital da filial, sucursal, controlada ou coligada, domiciliada no exterior".

[6] "Art. 43. O imposto, de competência da União, sobre a renda e proventos de qualquer natureza tem como fato gerador a aquisição da disponibilidade econômica ou jurídica: I – de renda, assim entendido o produto do capital, do trabalho ou da combinação de ambos; II – de proventos de qualquer natureza, assim entendidos os acréscimos patrimoniais não compreendidos no inciso anterior. (...) *§ 2° Na hipótese de receita ou de rendimento oriundos do exterior, a lei estabelecerá as condições e o momento em que se dará sua disponibilidade, para fins de incidência do imposto referido neste artigo*" (sem grifos no original).

ço em 31 de dezembro de cada ano, sendo certo que os lucros apurados até 31 de dezembro de 2001 seriam considerados disponibilizados em 31 de dezembro de 2002.

O dispositivo reproduzido anteriormente veio a ser regulamentado pela Instrução Normativa SRF n° 213, de 7 de outubro de 2002 ("IN 213"), que, no § 1º do artigo 7º, estabeleceu que "os valores relativos ao resultado positivo da equivalência patrimonial, não tributados no transcorrer do ano-calendário, deverão ser considerados no balanço levantado em 31 de dezembro do ano-calendário para fins de determinação do lucro real e da base de cálculo da CSLL".[7]

Verifica-se que a IN 213, a pretexto de regulamentar a MP 2.158, alargou ainda mais o campo de incidência desta, indo além dos limites predeterminados no ato editado por força de lei.

Contra o artigo 74 da MP 2.158 e o § 2º do artigo 43 do CTN introduzido pela LC 104, foi proposta a ADI 2.588, sendo que o tema foi novamente levado a debate no STF por meio do RE 611.586 e do RE 541.090.

Esse é o breve relato do quadro normativo referente à tributação das sociedades controladas e coligadas no exterior. Passaremos agora a analisar os votos emitidos na ADI 2.588 e nos Recursos.

ADI 2.588

O julgamento da ADI 2.588 foi concluído em 10 de abril de 2013 com a prolação do último voto pelo Ministro Joaquim Barbosa.

Tem-se hoje que, num extremo, encontra-se a posição a qual se filiaram os Ministros Marco Aurélio, Celso de Mello,[8] Sepúlveda Pertence[9] e Ricardo Lewandowski,[10] que votaram pela total procedência dos pedidos na ADI, reconhecendo a inconstitucionalidade da tributação do lucro das controladas e coligadas no exterior antes do momento de sua efetiva disponibilização e ainda a violação ao princípio da anterioridade pelo parágrafo único do artigo 74 da MP 2.158. No outro, encontra-se a posição do Ministro Carlos Britto, que julgou totalmente improcedentes os pedidos

---

[7] "Art. 7º A contrapartida do ajuste do valor do investimento no exterior em filial, sucursal, controlada ou coligada, avaliado pelo método da equivalência patrimonial, conforme estabelece a legislação comercial e fiscal brasileira, deverá ser registrada para apuração do lucro contábil da pessoa jurídica no Brasil. § 1º Os valores relativos ao resultado positivo da equivalência patrimonial, não tributados no transcorrer do ano-calendário, deverão ser considerados no balanço levantado em 31 de dezembro do ano-calendário para fins de determinação do lucro real e da base de cálculo da CSLL. § 2º Os resultados negativos decorrentes da aplicação do método da equivalência patrimonial deverão ser adicionados para fins de determinação do lucro real trimestral ou anual e da base de cálculo da CSLL, inclusive no levantamento dos balanços de suspensão e/ou redução do imposto de renda e da CSLL. § 3º Observado o disposto no § 1º deste artigo, a pessoa jurídica: I – que estiver no regime de apuração trimestral, poderá excluir o valor correspondente ao resultado positivo da equivalência patrimonial no 1º, 2º e 3º trimestres para fins de determinação do lucro real e da base de cálculo da CSLL; II – que optar pelo regime de tributação anual não deverá considerar o resultado positivo da equivalência patrimonial para fins de determinação do imposto de renda e da CSLL apurados sobre a base de cálculo estimada; III – optante pelo regime de tributação anual que levantar balanço e/ou balancete de suspensão e/ou redução poderá excluir o resultado positivo da equivalência patrimonial para fins de determinação do imposto de renda e da CSLL".

[8] Conforme consta do Informativo STF n° 636, o Ministro Celso de Mello, no mérito, acompanhou integralmente o voto do Ministro Marco Aurélio mas rejeitou as preliminares levantadas pela CNI.

[9] Conforme consta do Informativo STF n° 442, o Ministro Marco Aurélio acolheu também a alegação da CNI de inconstitucionalidade formal por violação ao artigo 62 da Constituição Federal (ausência de relevância e urgência para editar medida provisória sobre o tema), não tendo sido acompanhado nessa parte pelo Ministro Sepúlveda Pertence.

[10] Conferir Informativo STF n° 482.

na ação, inclusive no que se refere à alegação de violação ao princípio da anterioridade.[11]

Entre os polos, temos o entendimento da Ministra Ellen Grace,[12] relatora, que votou pela procedência parcial do pedido, entendendo que a MP 2.158 seria aplicável apenas ao lucro apurado por sociedades coligadas da entidade brasileira; o voto do Ministro Nelson Jobim, seguido pelos Ministros Eros Grau[13] e Cezar Peluso (este com ressalvas),[14] que, ao dar interpretação conforme a Constituição ao artigo 74 da MP 2.158, fixou a possibilidade de tributação no país do lucro das controladas e coligadas no exterior sujeitas ao método de equivalência patrimonial e que não enxergou qualquer retroatividade na medida provisória; e a manifestação do Ministro Joaquim Barbosa, que julgou procedente em parte os pedidos na ADI para, também dando interpretação conforme a Constituição à MP, entender que o artigo 74 deveria se aplicar às pessoas jurídicas sediadas no Brasil cujas controladas e coligadas estejam situadas em países de tributação favorecida (paraísos fiscais). Também acolheu a alegação de violação ao princípio da anterioridade.[15]

Registre-se que o Ministro Gilmar Mendes não votou na ADI 2.588 por ter se declarado impedido, tendo em vista que, à época da propositura da ação direta, ocupava o cargo de Advogado-Geral da União.

RE COAMO e RE EMBRACO

No RE 611.586, interposto pelo contribuinte e relatado pelo Ministro Joaquim Barbosa, este, em linha com o pronunciamento emitido na ADI 2.588, negou provimento ao recurso ao argumento de que, por se tratar a COAMO de controladora de sociedade sediada em paraíso fiscal (a COAMO Internacional A.V.V., sediada em Aruba), não haveria qualquer inconstitucionalidade na MP 2.158. O entendimento do relator foi seguido pelos Ministros Teori Zavascki,[16] Rosa Weber, Luiz Fux, Dias Toffoli, Carmem Lúcia, Ricardo Lewandowski, Gilmar Mendes e Celso de Mello.

---

[11] Para o Ministro Carlos Britto, não haveria instituição ou majoração de tributo mas apenas definição do momento de ocorrência do fato gerador. Conferir Informativo STF n° 636.

[12] Conferir Informativo STF n° 296.

[13] Conferir Informativo STF n° 485.

[14] Segundo consta do Informativo STF n° 636, "o Min. Cezar Peluso, Presidente, julgou o pedido improcedente para dar interpretação conforme ao art. 74 da Medida Provisória 2.158-35/2001, no sentido de restringir sua incidência apenas em relação aos investimentos considerados relevantes, nos termos dos artigos 247, 248 e seguintes da Lei 6.404/76, e como tais, sujeitos ao método de avaliação pela equivalência patrimonial. Isso porque existente elemento de conexão entre o eventual lucro produzido no exterior e a pessoa jurídica situada no Brasil submetida à tributação pelo IRPJ. *Entretanto, advertiu que, por envolver outras contas do patrimônio líquido e até variações cambiais ativas e passivas decorrentes de diferenças de câmbios no período, não seria todo o resultado ganho oriundo de avaliação por equivalência patrimonial que poderia ser incluído na base de cálculo do IRPJ, mas somente aquele advindo especificamente do lucro produzido no exterior*" (sem grifos no original). No que se refere aos tratados para evitar a bitributação, destacou o Ministro Peluso que "as regras por aplicar continuariam as mesmas, sendo alterado o momento da incidência: do pagamento para o da apuração do registro, ou seja, do regime de caixa para o de competência". Quanto à anterioridade, definiu o Ministro que os lucros auferidos pelas controladas e coligadas no exterior sujeitas ao MEP seriam tributados a partir de 1° de janeiro de 2002, quanto ao imposto sobre a renda, e após 24 de novembro de 2001, no que se refere à contribuição social sobre lucro líquido.

[15] Embora sejam feitas várias referências à apontada violação ao princípio da anterioridade, tal ponto não será objeto de análise aprofundada no presente artigo.

[16] Para o Ministro Zavascki, à exceção da alegação de retroatividade, as regras legais impugnadas seriam constitucionais. O julgador também não identificou violação a tratados internacionais destinados a evitar a bitributação. Conferir Informativo STF n° 700.

Ficou vencido o Ministro Marco Aurélio que, coerente com o voto manifestado na ADI 2.588, dava provimento ao Recurso Extraordinário.

Ao apreciar o RE 541.090, interposto pela União, o Ministro Joaquim Barbosa negou-lhe provimento. Tendo em vista que o lucro tributado fora originado em países com os quais o Brasil firmou tratados para evitar a dupla tributação e que não são considerados países de tributação favorecida, firmou posição no sentido de que, por não ter a autoridade tributária motivado o lançamento para demonstrar que os contribuintes pretendiam, por meio das sociedades estrangeiras, evitar a incidência do imposto, não seria lícito tributar o lucro gerado no exterior. O relator foi acompanhado pelos demais ministros do STF, à exceção do Ministro Marco Aurélio, vencido, e do Ministro Luiz Fux, que se declarou impedido, por ter participado do julgamento quando ocupava o cargo de Ministro do Superior Tribunal de Justiça.

A posição do Ministro Jobim – aplicação do método de equivalência patrimonial ("MEP")

A disponibilidade[17] deve sempre representar um acréscimo no patrimônio do sujeito passivo, que pode se originar de uma situação de fato ou de direito, daí decorrendo os conceitos de disponibilidade econômica ou jurídica de renda e proventos de qualquer natureza. Sobre o tema, esclarece Ricardo Mariz de Oliveira:[18]

> (...) quando o aumento do patrimônio decorre de um ato não regulado pelo direito – exemplo, um ganho em jogo de azar – ou mesmo de um ato contrário ao direito – exemplo, um ganho na exploração da prostituição ou do tráfico de drogas – , é impossível falar em aquisição de disponibilidade jurídica, porque o direito não assegura a possibilidade de cobrar o ganho do jogo ou o ganho da exploração da prostituição. (...) Não há como, nestes casos, aludir à aquisição de disponibilidade jurídica no sentido da formação de um direito transformável em disponibilidade econômica pelo posterior recebimento. (...) Mas nestes casos é possível constatar-se existência do fato nuclear necessário à ocorrência do fato gerador – o aumento patrimonial –, cuja aquisição, entretanto, se dá apenas economicamente, ou seja, em decorrência de uma situação de fato e não jurídica. (...) Por conseguinte, já que ambas as espécies de disponibilidade agregam uma disponibilidade nova ao patrimônio, o elemento efetivamente distintivo entre disponibilidade jurídica e disponibilidade econômica é unicamente a circunstância do fato causador do aumento patrimonial ser ou não regido pelo direito.

Ao tratar da disponibilidade jurídica, escreve o autor citado que:[19]

> (...) quando o fato gerador causador é regido pelo direito, é impossível existir aquisição de renda ou provento antes de haver aquisição do direito respectivo, e, por isso, não se precisa, nem se pode cogitar de aquisição de disponibilidade econômica, mas em algum momento certamente ocorrerá a aquisição de disponibilidade jurídica.
>
> Em outras palavras, *quando é o direito que assegura a aquisição da renda ou do provento* – o que ocorre na quase totalidade das situações – *a disponibilidade jurídica é inseparável do fato gerador*, pois que, sem ela, não ocorre a aquisição do direito à renda ou ao provento, e a disponibilidade econômica fica neutra e sem relevância alguma" (sem grifos no original).

---

[17] Na conhecida definição de Alcides Jorge Costa, disponibilidade "é a qualidade do que é disponível. Disponível é aquilo de que se pode dispor. E entre as diversas acepções de dispor, as que podem aplicar à renda são: empregar, aproveitar, servir-se, utilizar-se, lançar mão de, usar. Assim, quando se fala em aquisição de disponibilidade de renda deve entender-se aquisição de renda que pode ser empregada, aproveitada, utilizada, etc." (Imposto de renda – a aquisição da disponibilidade jurídica ou econômica como seu fato gerador. Limite da sua incidência. Revista de Direito Tributário n° 40, p. 105).

[18] Fundamentos do imposto de renda, 2ª edição, São Paulo: Quartier Latin, 2008, p. 300-301.

[19] Ob. e loc. cit.

Portanto, jamais pode ocorrer no mundo fenomênico o fato gerador do imposto sobre a renda sem que haja um acréscimo patrimonial,[20] que pode decorrer, como visto, de uma situação de fato (disponibilidade econômica) ou de direito (disponibilidade jurídica).

O Ministro Nelson Jobim, ao tratar do tema em seu voto-vista na ADI 2.588, entende que a MP 2.158-35 traria em seu bojo uma hipótese de acréscimo patrimonial decorrente de disponibilidade econômica de renda. Para chegar a essa conclusão, o Ministro aborda o método de equivalência patrimonial por meio do qual, segundo ele, "o lucro auferido por uma investida é automaticamente registrado no balanço societário da investidora como lucro líquido, independente de sua efetiva distribuição, pois o regime contábil é o de competência e não o de caixa, o que gera consequências comerciais para a investidora: reflete no valor de suas ações comerciáveis em bolsa e é considerado na apuração de seu próprio valor no caso de venda de seus ativos".[21]

Ainda segundo o mesmo julgador, o MEP teria passado a ser utilizado para fins tributários, tendo sido adotado, no que se refere às controladas e coligadas, o regime de "disponibilização econômica (regime de competência)" em substituição à "disponibilização financeira (regime de caixa)", sendo certo que, na sua visão, "a investidora brasileira já experimenta benefícios reais decorrentes da repercussão, no mercado, do acréscimo patrimonial, expresso em seu balanço, por via daquele método".[22]

Verifica-se, portanto, que o Ministro Jobim relaciona o conceito de disponibilidade jurídica ao princípio contábil da competência,[23] o qual foi introduzido no sistema jurídico para fins societários pelo artigo 177[24] da Lei n° 6.404/76, que deve ser analisado em conjunto com o § 1° do artigo 187[25] do mesmo diploma legal. Para

---

[20] Segundo o mestre Rubens Gomes de Souza, "a característica fundamental da renda (termo genérico que, como vimos, inclui a espécie lucro) é a de configurar uma aquisição de riqueza nova que vem a aumentar o patrimônio que a produziu e que pode ser consumida ou reinvestida sem o reduzir." (Pareceres – 1 – Imposto de renda. São Paulo: Resenha Tributária, 1975, p. 59, trecho específico na p. 67, *apud* Ricardo Mariz de Oliveira, ob. cit., p. 186).

[21] Trecho extraído do Informativo STF n° 373.

[22] Informativo STF n° 373.

[23] O princípio contábil da competência, também denominado pela doutrina contábil como "princípio do confronto das despesas com as receitas e com os períodos contábeis" (Sergio de Iudícibus, Eliseu Martins e Ernesto Rubens Gelbcke. Manual de contabilidade das sociedades por ações. 6ª edição, São Paulo: Atlas, 2003, p. 64) consta expressamente da Resolução CFC n° 750/93, conforme alterada pela Resolução CFC n° 1.282/10, a qual dispõe sobre os princípios da Contabilidade. O artigo 9° da referida resolução prescreve que: "Art. 9° O Princípio da Competência determina que os efeitos das transações e outros eventos sejam reconhecidos nos períodos a que se referem, independentemente do recebimento ou pagamento. Parágrafo único. O Princípio da Competência pressupõe a simultaneidade da confrontação de receitas e de despesas correlatas. A respeito do princípio, merece destaque ainda a lição de Modesto Carvalhosa, para quem "contabilmente, há dois critérios para determinar o momento em que devem ser contabilizadas as receitas, custos e encargos. Esses critérios são denominados *Regime de Competência* e *Regime de Caixa*. (...) Os fatos que originam os acréscimos patrimoniais podem ser registrados em dois momentos, a saber: a) no momento em que se considera jurídica e economicamente auferida a receita, isto é, quando o bem ou direito correspondente tiver integrado definitivamente o patrimônio social; ou b) no momento em que a receita é efetivamente recebida. (...) O primeiro dos critérios acima é contabilmente conhecido como *regime de competência*, denominação que se explica pelo fato de que a sua observância conduz à inclusão do acréscimo patrimonial no *competente* exercício social. (...) O segundo critério baseia-se essencialmente no elemento financeiro, sendo conhecido por *regime de caixa*." (*Comentários à lei de sociedades anônimas*, 3° vol. 5. ed. São Paulo: Saraiva, 2011, p. 753).

[24] "Art. 177. A escrituração da companhia será mantida em registros permanentes, com obediência aos preceitos da legislação comercial e desta Lei e aos princípios de contabilidade geralmente aceitos, devendo observar métodos ou critérios contábeis uniformes no tempo e *registrar as mutações patrimoniais segundo o regime de competência*" (sem grifos no original).

[25] Art. 187. A demonstração do resultado do exercício discriminará: I – a receita bruta das vendas e serviços, as deduções das vendas, os abatimentos e os impostos; II – a receita líquida das vendas e serviços, o custo das merca-

fins tributários, é prescrito que o lucro real corresponde ao "lucro líquido do exercício ajustado pelas adições, exclusões ou compensações prescritas ou autorizadas pela legislação tributária",[26] o qual deve obedecer aos "preceitos da lei comercial", remetendo, pois, ao que estabelece a lei das sociedades por ações.

Assinala com propriedade Luís Eduardo Schoueri que "é justamente nesse ponto que falha o raciocínio do Ministro Jobim: do ponto de vista da técnica contábil, é importante que se revele um rendimento no momento em que foi gerado, mesmo que não seja disponibilizado sob qualquer forma; o imposto de renda, por outro lado, não pode prescindir da disponibilidade, à luz do mandamento do art. 43 do Código Tributário Nacional".[27]

Temos que concordar com a manifestação do Professor paulista. O método de equivalência patrimonial é técnica que visa a demonstrar o efetivo valor dos investimentos em controladas e coligadas com base na variação do patrimônio líquido destas,[28] em contraposição ao método de avaliação pelo custo de aquisição.[29] Mas essas variações só devem gerar efeitos tributários na medida em que se constituam em disponibilidades conforme o artigo 43 do CTN.

Tratando do tema, merece destaque a doutrina de Alberto Xavier:[30]

O método de equivalência patrimonial é um simples método de *avaliação de investimentos* para efeitos societários, conforme resulta da formulação literal do art. 248 da Lei n° 6.404/76, avaliação esta que não tem caráter definitivo, flutuando ao longo do tempo no sentido ascendente ou descendente, conforme os resultados das empresas participadas.

(...)

Salta à vista que semelhante método, conquanto útil para efeitos societários, não poderia sem mais ser adotado para efeitos fiscais no que concerne à tributação dos sócios investidores. É que, enquanto os lucros das sociedades investidas não forem realizados, os acréscimos ou diminuições do valor do patrimônio

---

dorias e serviços vendidos e o lucro bruto; III – as despesas com as vendas, as despesas financeiras, deduzidas das receitas, as despesas gerais e administrativas, e outras despesas operacionais; IV – o lucro ou prejuízo operacional, as outras receitas e as outras despesas (redação dada pela Lei n° 11.941, de 2009); V – o resultado do exercício antes do Imposto sobre a Renda e a provisão para o imposto; VI – as participações de debêntures, empregados, administradores e partes beneficiárias, mesmo na forma de instrumentos financeiros, e de instituições ou fundos de assistência ou previdência de empregados, que não se caracterizem como despesa (redação dada pela Lei n° 11.941, de 2009); VII – o lucro ou prejuízo líquido do exercício e o seu montante por ação do capital social. § 1° Na determinação do resultado do exercício serão computados: a) as receitas e os rendimentos ganhos no período, *independentemente da sua realização em moeda*; e b) os custos, despesas, encargos e perdas, pagos ou incorridos, correspondentes a essas receitas e rendimentos" (sem grifos no original).

[26] Decreto-lei n° 1.598/77, artigo 6°. No que se refere à contribuição social sobre lucro líquido, conferir artigo 2°, § 1°, "c" da Lei 7.689/88, conforme alterada.

[27] Transparência fiscal internacional, proporcionalidade e disponibilidade: considerações acerca do art. 74 da Medida Provisória n° 2.158-35. Revista Dialética de Direito Tributário n° 142, p. 44.

[28] Para Carlos Augusto da Silveira Lobo, "o método da equivalência patrimonial avalia o investimento segundo o patrimônio líquido da Investida, com o que reconhece nas demonstrações financeiras da Investida os resultados e quaisquer outras variações patrimoniais da Investida, como se da Investidora também fossem, independentemente de distribuição" (As demonstrações financeiras das sociedades anônimas, 1ª edição, Rio de Janeiro: Renovar, 2001, p. 118).

[29] Esclarece Márcio Ávila que "a contabilidade societária indica dois critérios de avaliação da participação em ações ou quotas (investimento): o Método de Custo e o Método de Equivalência Patrimonial. O Método de Custo aplica-se aos investimentos: a) em sociedades coligadas ou controladas, desde que sejam de menor porte (não relevantes); b) em empresas que não sejam coligadas ou controladas. Por sua vez, o Método de Equivalência Patrimonial, visto sob a ótica societária, apresenta resultados próximos à realidade, tanto sob o aspecto valorativo quanto temporal; os resultados gerados na empresa controlada ou coligada são reproduzidos simultaneamente na empresa investidora – o que proporciona uma repercussão positiva e instantânea no mercado de capitais, já que tal método acompanha o fato econômico." (A ADIN 2.588/DF e a tributação dos lucros oriundos do exterior. Revista Tributária e de Finanças Públicas n° 64, p. 17-18).

[30] Direito tributário internacional do Brasil. 6ª edição, Rio de Janeiro: Forense, 2005, p. 474.

líquido das investidas são meramente potenciais e flutuantes, de tal modo que um aumento da equivalência patrimonial num dado período pode ser anulado por decréscimo equivalente no período subsequente, sem que tal fenômeno se tenha chegado a repercutir de modo efetivo no patrimônio dos sócios.

Por outras palavras, o método de equivalência patrimonial pode relevar, para efeitos de avaliação, um aumento do patrimônio dos sócios, mas o que de forma alguma revela é, para efeitos de tributação, a aquisição pelo sócio da disponibilidade da renda própria das sociedades controladas e coligadas enquanto não ocorrer um ato jurídico de transferência patrimonial efetiva, a título de lucro distribuído.

Desta forma, o Ministro Jobim parte de premissa falsa – a de que seria possível a tributação das sociedades abrangidas pelo MEP porque o simples reconhecimento da variação positiva do resultado de equivalência patrimonial na sociedade brasileira titular de participações nas controladas ou coligadas estrangeiras seria considerado forma de disponibilidade jurídica de renda, o que não ocorre, sendo relevante referir que a própria lei tributária deixa explícito que o resultado de avaliação do investimento no exterior pelo MEP deve ser considerado neutro sob a ótica fiscal, tendo em vista que a Lei 9.249, ao manter o tratamento de tais resultados segundo a "legislação vigente", não alterou o disposto no Decreto-lei n° 1.598/77,[31] que expressamente exclui tais receitas da base de cálculo do imposto sobre a renda.[32]

Segundo nos ensina Luís Eduardo Schoueri,[33] "ao se pretender tributar o resultado de equivalência patrimonial, deixa-se de lado o fato de que o referido método é técnica de que se vale a contabilidade para retratar o resultado econômico do grupo empresarial, *independentemente das diversas personalidades jurídicas que o compõem*. (...) Este ponto não deve ser deixado de lado: embora a legislação societária disponha de técnicas próprias para consolidar os resultados de um grupo econômico – e a equivalência patrimonial é uma dessas técnicas, ao lado da própria consolidação dos resultados contábeis – , *o Direito não pode deixar de lado o princípio da independência das pessoas jurídicas. (...) Tributar o resultado de equivalência patrimonial, independentemente de qualquer distribuição de resultados, implica não dar qualquer relevância à personalidade jurídica da sociedade por meio da qual os resultados foram auferidos*".

A tributação com base no MEP, além de desconsiderar o princípio da independência das pessoas jurídicas, pode levar a situações extremas, em que, na ausência de lucro, se realiza efetiva tributação sobre o patrimônio, como ocorre no caso dos ajustes positivos decorrentes de variação cambial,[34] como mais uma vez esclarece Alberto Xavier:[35]

---

[31] "Art. 23 – A contrapartida do ajuste de que trata o artigo 22, por aumento ou redução no valor de patrimônio liquido do investimento, não será computada na determinação do lucro real. Parágrafo único – Não serão computadas na determinação do lucro real as contrapartidas de ajuste do valor do investimento ou da amortização do ágio ou deságio na aquisição, nem os ganhos ou perdas de capital derivados de investimentos em sociedades estrangeiras coligadas ou controladas que não funcionem no País".

[32] Para a CSLL, deve ser feita referência ao dispositivo a seguir transcrito da Lei n° 7.689/88, alterada pela Lei n° 8.034/90: "Art. 2° A base de cálculo da contribuição é o valor do resultado do exercício, antes da provisão para o imposto de renda. § 1° Para efeito do disposto neste artigo: c) o resultado do período-base, apurado com observância da legislação comercial, será ajustado pela: (...) 4 – exclusão do resultado positivo da avaliação de investimentos pelo valor de patrimônio líquido".

[33] Ob. cit., p. 45, sem grifos no original.

[34] Nesse tópico, importante registrar que a 2ª Turma do Superior Tribunal de Justiça, ao apreciar a legalidade do artigo 7°, § 1° da IN 213, que determinava a inclusão da variação cambial positiva na base de cálculo do imposto sobre a renda e da contribuição social sobre lucro líquido, entendeu que "(...) é ilícita a tributação, a título de IRPJ e CSLL, pelo resultado positivo da equivalência patrimonial, registrado na contabilidade da empresa brasileira (empresa investidora), referente ao investimento existente em empresa controlada ou coligada no exterior (empresa investida), previsto no art. 7°, § 1°, da Instrução Normativa SRF n° 213/2002, somente no que exceder a proporção a que faz jus a empresa investidora no lucro auferido pela empresa investida, na forma do art. 1°, § 4°, da Instrução Normativa SRF

"(...) a existência ou não dos lucros é um fenômeno totalmente independente da apuração de um resultado positivo de equivalência patrimonial do investimento, pois pode haver casos em que há lucro sem variação cambial e outros casos em que a variação cambial ocorre, ainda que sociedade estrangeira não tenha operado, ou tenha operado com prejuízo. A incidência de imposto de renda em tal caso seria impossível, eis que, por inexistir acréscimo patrimonial, ela traduzir-se-ia num verdadeiro imposto sobre o capital ou sobre o patrimônio, notoriamente inconstitucional."

Assim, a tributação com base no MEP, além de violar princípios jurídicos, não é instrumento hábil para tributar a efetiva disponibilidade de renda da sociedade.

Ainda sobre o conceito de disponibilidade jurídica, descreve Humberto Ávila:[36]

Disponibilidade jurídica significa o *direito incondicional, atual e efetivo de aferir a renda e de sobre ela dispor livremente*. Fala-se em disponibilidade jurídica sobre a renda quando o sujeito passivo adquire o direito incondicional de perceber a renda e de sobre ela dispor livremente, embora não a tenha recebido. (...) *O decisivo é que para existir disponibilidade jurídica não pode haver qualquer condição ou obstáculo ao efetivo ingresso de renda no patrimônio do contribuinte*. Se o "poder de disposição" sobre a renda depender do implemento de uma condição, não há disponibilidade jurídica, na medida em que a renda ainda não ingressou no patrimônio do contribuinte. E sem o ingresso no patrimônio não há fato gerador do imposto sobre a renda, pois – como decidiu o STF – "renda é sempre um ganho ou acréscimo patrimonial".

Assim, segundo o mesmo doutrinador, "não basta a existência do poder de dispor. Esse poder deve ser exercido. Daí a obrigatoriedade de que a disponibilidade jurídica seja *atual*. Não sendo assim chegar-se-ia ao resultado esdrúxulo de tributar, a título de imposto sobre a renda na modalidade de ganho de capital, um contribuinte pelo simples fato de que ele poderia vender um imóvel de que é proprietário e que foi objeto de valorização imobiliária, embora nunca tenha *efetivamente* exercido esse poder".[37]

Parece claro, portanto, que a disponibilidade jurídica depende do efetivo ingresso de um direito no patrimônio do contribuinte.

Gilberto de Ulhôa Canto, em memorável trabalho intitulado "Presunções no direito tributário",[38] explica que:

(...) quando se diz que do mero fato de ser estabelecido que a pessoa jurídica auferiu lucro se pode inferir desde logo que seus sócios adquiriram disponibilidade, mesmo jurídica, sobre esses lucros, está-se a desconsiderar que juridicamente os lucros e as reservas pertencem à sociedade até que sobrevenha decisão, pelo órgão e na forma legais, no sentido de serem eles distribuídos aos seus sócios ou acionistas, já que temos, em verdade, contribuintes distintos: a pessoa jurídica quanto ao lucro que realiza, e seus sócios quanto às parcelas de tais lucros sociais que lhes são distribuídos.

No caso das controladas e coligadas no exterior, não há qualquer direito a legitimar a tributação com base no MEP, visto que o direito ao recebimento de dividendos, decorrentes da distribuição do lucro das sociedades no exterior, depende da deliberação do órgão societário competente segundo a lei da sede da sociedade. Antes disso,

---

n° 213, de 7 de outubro de 2000." (Recurso Especial n° 1.211.882/RJ, Relator Ministro Mauro Campbell Marques, julgado em 05/04/2011, DJe 14/04/2011). No mesmo sentido, Recurso Especial n° 1.236.779, Relator Ministro Herman Benjamin, 2ª Turma, julgado em 16/06/2011, DJe 31/08/2011.

[35] Ob. cit., p. 476-477.

[36] *Conceito de renda e compensação de prejuízos fiscais*. São Paulo: Malheiros, 2011, p. 35, sem grifos no original.

[37] Ob. cit., p. 36.

[38] In: Martins, Ives Gandra da Silva. *Caderno de pesquisas tributárias* n° 9 – Presunções no direito tributário. São Paulo: Resenha Tributária, 1984, p. 28.

há apenas uma mera expectativa de direito, mas não há, efetivamente, uma disponibilidade,[39] o que viola o conceito de renda pressuposto[40] na Constituição.[41]

Há de se ressaltar que, mesmo que se entenda, como o fez o ilustre magistrado, que o conceito de renda que se extrai da Constituição é "polissêmico" e não "ontológico",[42] não se pode ir além do que se extrai da interpretação sistemática do ordenamento jurídico e que se encontra pressuposto na Constituição ao delinear a repartição de competências entre os entes federativos, o que implicaria em instituir tributos sobre o patrimônio da pessoa jurídica (e não sobre o acréscimo patrimonial).[43]

Ainda que o legislador ordinário tenha certa margem de discricionariedade para conformar o conceito de renda, este não pode violar o núcleo fundamental do conceito pois, "há sempre um conteúdo semântico mínimo recognoscível a cada vocábulo, para além do qual, parafraseando ECO, o intérprete não está 'autorizado a dizer que a mensagem pode significar qualquer coisa. Pode significar muitas coisas, mas há sentidos que seria despropositado sugerir".[44]

Como destaca José Arthur Lima Gonçalves:[45]

> Na Constituição, *renda* é conceito que manifesta capacidade contributiva, que é identificada pela contabilidade por meio de um confronto feito ao cabo de um período, registrado em escrita contábil, que, por sua vez, é submetida às normas que disciplinam a escrita comercial, que apresenta o resultado da sociedade empresária, e que se submete a ajustes previstos em lei ordinária válida de tributação. Ao cabo deste procedimento (...) é que se pode cogitar da incidência da norma de tributação. *Antes dessas etapas, ou mesmo por meio da consideração de apenas parte dos elementos relevantes para verificação de eventual acréscimo, não se pode cogitar da materialidade do imposto sobre a renda, correspondente capacidade*

---

[39] "O dividendo constitui exigibilidade irrevogável *a partir de sua declaração pela assembleia geral*. Esse ato coloca o acionista na posição de credor da companhia, antes de qualquer outra formalidade, inclusive de arquivamento ou publicação da ata". (Carvalhosa, ob. cit., p. 977, sem grifos no original).

[40] Eros Grau entende que "o legislador não é livre para criar qualquer direito posto (direito positivo), mas este mesmo direito transforma sua (dele) própria base. O *direito pressuposto* condiciona a elaboração do *direito posto*, mas este modifica o *direito pressuposto*". E, adiante, esclarece que são conceitos os quais, além de técnico-jurídicos, pertencem ao "mundo real, concreto" e que possuem uma "juridicidade que não é dada pela lei, mas se manifesta anteriormente à incidência da lei - isto é, digo-o, juridicidade que se manifesta no plano do direito pressuposto, anteriormente, à institucionalização de um *direito posto*." (O direito posto e o direito pressuposto. 3ª edição, São Paulo, Malheiros: 2000, p. 44-53). O conceito de renda deve ser extraído do direito pressuposto, do mundo real, não sendo admissível um conceito totalmente dissociado da realidade econômica e das ideias concebidas sobre o termo ao longo do tempo.

[41] Tal linha de raciocínio, contudo, encontra exceções, nas quais a tributação seria legítima com base nas regras de transparência fiscal, as quais serão detalhadas quando da análise do voto do Ministro Joaquim Barbosa.

[42] Segundo consta do voto do Ministro Jobim, "o conceito de LUCRO REAL TRIBUTÁVEL é um conceito decorrente da lei. Não é um conceito ontológico, como se existisse, nos fatos, uma entidade concreta denominada de "LUCRO REAL" ou "RENDA". Não tem nada de material ou essencialista. É um conceito legal. Não há um LUCRO REAL que seja ínsito ao conceito de RENDA. O conceito de RENDA, para efeitos tributários, é o legal".

[43] O próprio Ministro Jobim reconhece isso ao afirmar em seu voto que "(...) essa liberdade não é absoluta, porque tem a limitação em relação à base de cálculo de outros tributos. Não se pode criar um tributo, por exemplo, dizer é tributo de renda a venda de imóveis, porque a venda de imóveis tem um imposto importante (...)". Nesse tópico, merece citação ainda o Professor Roberto Quiroga Mosquera, que, ao trabalhar com os conceitos de patrimônio "em sentido estático" e em "sentido dinâmico", que são os elementos sobre os quais incidem os tributos em geral, deixa claro que o imposto de renda incide sobre "riqueza nova", e que renda e proventos de qualquer natureza "são elementos patrimoniais que não existiam antes do conjunto de direitos pre-existentes das pessoas e que representam uma mera reposição de elementos patrimoniais ou permuta. Acréscimo, incremento ou majoração de elementos patrimoniais (riqueza nova) não se confunde com ingresso, entrada ou reposição de direitos patrimoniais (riqueza velha)" (*Renda e proventos de qualquer natureza* – o imposto e o conceito constitucional. São Paulo: Dialética, 1996, p. 118).

[44] Trecho do voto do Ministro Cezar Peluso no julgamento do Recurso Extraordinário n° 357.950-9, citado por Ricardo Mariz de Oliveira, ob. cit., p. 179.

[45] Imposto de renda sobre o lucro das coligadas e controladas estabelecidas no exterior. *Revista de Direito Tributário* n° 87, p. 338, sem grifos no original.

contributiva, e, conseqüentemente, de incidência de norma tributária que percuta patrimônio de quem não titula a necessária capacidade contributiva, pelo simples fato de que ela não existe.

Então, não é constitucionalmente legítimo (i) a lei ordinária inventar disponibilidade de resultados se a mesma não existe (como está ocorrendo com os resultados das controladas e coligadas domiciliadas no Exterior.)

Assim, o voto do Ministro Jobim, no sentido de que não haveria restrições à constitucionalidade da regra discutida desde que esta seja aplicável apenas nos casos em que se adota o método de equivalência patrimonial, parece refletir o pensamento da chamada corrente "legalista", para quem o legislador ordinário seria livre para fixar o conceito de renda,[46] a qual há muito foi rechaçada pela doutrina[47] e jurisprudência,[48] por violação ao conceito que decorre do artigo 153, III, da Constituição de 1988.

A posição do Ministro Marco Aurélio

O Ministro Marco Aurélio, acolhendo a alegação da CNI, entendeu que não haveria fato gerador do imposto de renda antes da efetiva disponibilidade dos recursos para o controlador ou coligada no Brasil. Do contrário, restaria ferido o conceito de renda pressuposto na Constituição Federal, no que foi seguido pelos Ministros Celso de Mello e Sepúlveda Pertence.

Em seu voto, o Ministro esclarece que o STF fixara o conceito constitucional de renda no julgamento do Recurso Extraordinário n° 117.887-6/SP, relatado pelo Ministro Carlos Velloso. Naquele caso, fora apreciado o conceito de renda à luz do artigo 15, IV, da Constituição de 1946, que possuía conteúdo substancialmente similar ao dispositivo da Constituição de 1988 (artigo 153, III), fixado como parâmetro para a aferição da constitucionalidade da MP 2.135 e da LC 104 nos dispositivos indicados na ADI 2.588.

Para o julgador, a MP 2.135 teria estabelecido tributação com base em ficção jurídica e violado o conceito constitucional de renda. Colhe-se do voto o que segue:

O artigo 74 da Medida Provisória n° 2.158-35 encerraria ficção jurídica em que enquadrada como renda situação que não revela renda em si. Isso estaria evidenciado ao se prever a consideração, como disponibilizados, para a controladora ou coligada no Brasil, lucros constantes do balanço formalizado pela controlada ou coligada, ou seja, a simples apuração do resultado. O conceito constitucional de renda direcionaria

---

[46] Conforme esclarece Ricardo Mariz de Oliveira, para a conceituação de renda encontramos as correntes da "renda--produto", da "renda acréscimo" e ainda a corrente "legalista", para a qual "não interessa o que as ciências pré-jurídicas entendam por renda, pois renda é o que a lei disser que é". Ob. cit., p. 177.

[47] José Luiz Bulhões Pedreira, em seu clássico Imposto de Renda, escreve que "A Constituição autoriza a União a impor tributos sobre a 'renda e os proventos de qualquer natureza'. No exercício do Poder Legislativo cabe ao Congresso Nacional definir, na legislação ordinária, o que deve ser entendido por renda, para efeitos de tributação. *Mas ao definir a renda tributável o Congresso Nacional tem o seu poder limitado pelo sistema constitucional de distribuição do poder tributário*, e fica sujeito à verificação, pelo Poder Judiciário, da conformidade dos conceitos legais com os princípios da Constituição. *O Congresso pode restringir ou limitar o conceito de renda e proventos de qualquer natureza constante da Constituição, mas não ampliá-lo além dos limites compatíveis com a distribuição constitucional de rendas.* A determinação dos limites do poder da União de impor tributos sobre 'rendas e proventos de qualquer natureza' há de basear-se na interpretação literal dessa expressão e na interpretação sistemática da discriminação constitucional de rendas." (*Imposto de renda*. Rio de Janeiro: Apec, 1969, conforme transcrição no Recurso Extraordinário n° 117.887-6, citado por Ricardo Mariz de Oliveira, ob. cit., p. 180, sem grifos no original).

[48] Além do voto do Ministro Marco Aurélio, anteriormente analisado, na ADI 2.588, merece destaque o voto do Ministro Carlos Velloso no RE 117.886-6, DJU 23.04.1993, no qual consta que "(...) não me parece possível a afirmativa no sentido de que possa existir renda ou provento sem que haja acréscimo patrimonial, acréscimo patrimonial que ocorre mediante o ingresso ou o auferimento de algo, a título oneroso". Citado por Ávila, ob. cit., p. 37.

à disponibilidade. Daí o Supremo ter decidido que resultado de atividade de pessoa jurídica não distribuído a acionistas e cotistas não constitui disponibilidade, deixando, assim, de se ter como legítima a cobrança de imposto de renda, salvo no caso de firma em nome individual, subsidiária integral ou sociedade de cotas em que haja, no contrato social, previsão de distribuição obrigatória de resultados.

Mais à frente, destaca o Ministro que:

A despersonalização pressupõe caso concreto de extravagância, quanto aos vícios de consentimento, considerada a ordem jurídica, não podendo vir a ser placitada de maneira genérica, linear, invertendo-se valores, para este ou aquele fim, por mais querido ou nobre que o seja, considerada a presunção, simples presunção, de evasão ou sonegação cuja revelação deve ser real. A disponibilidade, tão comum ao conceito de renda, tem sentido vernacular e técnico todo próprio. O fato gerador do imposto sobre a renda, sob pena de não se poder assentar esta última, é a aquisição de disponibilidade econômica ou jurídica, fenômeno sempre concreto e que não pode, à mercê de ficção jurídica extravagante, insuplantável, ser deturpada, a ponto de se dizer que, onde não há disponibilidade econômica ou jurídica, entenda-se já acontecido o fenômeno, como ocorre enquanto o lucro da coligada ou controlada existente no exterior continua, consoante a legislação de regência, no estrangeiro, no próprio patrimônio da empresa que o apurou, não sendo, consideradas as diversas modalidades admitidas em Direito, transferido à empresa situada no Brasil, que, por isso mesmo, não tem como integrar qualquer aporte, em termos de renda, ao respectivo balanço.

Portanto, com base no precedente acima mencionado, relatado pelo Ministro Carlos Velloso, e no Recurso Extraordinário n° 172.058-1/SC,[49] que julgou inconstitucional o chamado imposto sobre o lucro líquido, o Ministro acolheu o pedido na ADI 2.158 e declarou inconstitucional o artigo 74 da MP 2.158 e seu parágrafo único, este último por violação ao princípio da anterioridade.

No que se refere ao § 2° do artigo 43 do CTN, introduzido pela LC 104, esclarece o magistrado:

O § 2º do artigo 43 do Código Tributário Nacional, interpretado de modo teleológico, sistemático e hierarquizado, versa sobre condições e momento da disponibilidade, presente, sem sombra de dúvidas, a ocorrência desta última. Tanto é assim que o início do preceito contém a referência a receita ou rendimento oriundos do exterior, o que, considerada a origem, direciona ao ingresso no território nacional. Não é dado conferir ao parágrafo o sentido de transmudar, de descaracterizar, à luz dos parâmetros da Constituição Federal, o próprio tributo, como também o de estender ao conceito de disponibilidade significado antônimo ao que ele possui, como se disponibilidade e indisponibilidade fossem palavras sinônimas. A não se entender assim, ter-se-á o surgimento da disciplina de um novo tributo, ou seja, do imposto sobre o patrimônio (...). Enquanto inexistente o ingresso da participação da empresa brasileira no território nacional, enquanto não distribuídos os lucros pela empresa estrangeira com a qual se mantenha laços sob o ângulo da coligação ou do controle, não é dado cogitar do fato gerador do imposto sobre a renda, porque a renda é inexistente e porque não passou a disponibilidade, em si, sob tal ângulo e não do patrimônio, da empresa coligada ou controlada para a brasileira.

Assim, para o eminente julgador, o § 2° do artigo 43 do CTN, ao permitir a tributação de lucros das controladas e coligadas estrangeiras ainda não distribuídos aos sócios ou acionistas no Brasil, padeceria do mesmo vício de inconstitucionalidade.

A posição do Ministro Marco Aurélio, no sentido de que não se pode admitir a tributação sem a efetiva distribuição do lucro, quando se daria a disponibilidade, necessária para a ocorrência do fato gerador do imposto de renda, não devendo ser admitida a tributação com base em ficção jurídica, está em linha com a compreensão

---

[49] Ao tratar do precedente do STF no caso do imposto sobre o lucro líquido, o Ministro esclarece que "o tema decidido guarda correlação com o versado na medida provisória atacada mediante esta ação direta de inconstitucionalidade. A única diferença é que não se cogitou, no precedente, de situação jurídica em que se teria empresa sediada no exterior. Entrementes, esse aspecto apenas reforça a conclusão sobre a inconstitucionalidade da medida provisória, ante os tratados subscritos pelo Brasil e que afastam a bitributação e requerem a disponibilidade, com o ingresso da renda no território brasileiro, para então, já aqui vir a incidir o imposto".

do conceito de renda que, como analisado, depende do efetivo acréscimo ao patrimônio do sujeito passivo.

É importante registrar, todavia, que em certos casos deve-se admitir, sempre em caráter excepcional e com a admissão de prova em contrário, a tributação com base em presunção de renda,[50] desde que esta passe por determinados "testes", a evidenciar a legitimidade da tributação em dada situação. Tal afirmação, contudo, não legitima o artigo 74 da MP 2.158, que veicula hipótese de presunção absoluta ou de ficção jurídica[51] de auferimento de renda. O assunto será detalhado quando da análise do voto do Ministro Joaquim Barbosa.

A posição da Ministra Ellen Gracie

A Ministra Ellen Gracie deu parcial provimento à ADI 2.588 para julgar inconstitucional a expressão "ou coligada" constante do artigo 74 da MP 2.158. Para a Ministra, seria admissível a tributação apenas das controladas. As coligadas estariam excluídas da tributação tendo em vista que não seria possível à sociedade coligada no Brasil deliberar pela distribuição dos lucros obtidos pela coligada no exterior, pela ausência do poder de decidir a respeito no órgão societário competente da entidade no exterior.

A posição do Ministro Carlos Britto

O Ministro Carlos Britto não apresentou qualquer objeção à constitucionalidade, inclusive no que se refere à alegação de violação ao princípio da anterioridade, como exposto no capítulo introdutório.

A posição do Ministro Joaquim Barbosa

O voto do Ministro Joaquim Barbosa, ao apreciar a ADI 2.588, o RE COAMO e o RE EMBRACO, foi no sentido de que: a) não é justificável a tributação com base

---

[50] Como explicita Maria Rita Ferragut, "a previsibilidade quanto aos efeitos jurídicos da conduta praticada não se encontra comprometida quando a presunção for corretamente utilizada para a criação de obrigações tributárias. O enunciado presuntivo não altera o antecedente da regra-matriz de incidência tributária, nem equipara, por analogia ou interpretação extensiva, fato que não é como se fosse, nem substitui a necessidade de provas. Apenas, e tão-somente, prova o acontecimento factual relevante não de forma direta – já que isso, no caso concreto, é impossível ou muito difícil – mas indiretamente, baseando-se em indícios graves, precisos e concordantes, que levem à conclusão de que o fato efetivamente ocorreu." (Presunções no direito tributário. 2ª edição, São Paulo: Quartier Latin, 2005, p. 168). Entretanto, é relevante destacar que, segundo a própria autora, a utilização de presunção absoluta não deve ser admitida, pois "as presunções legais, por conterem uma relação ordinária de implicação, e por deverem observância ao disposto no artigo 5º, inciso LV, da Constituição, devem admitir a produção de provas contrárias aos elementos que a compõem (fato indiciário, relação jurídica de implicação e fato indiciado)." (Ob. cit., p. 177).

[51] Marciano Seabra de Godoi, embora critique o artigo 74 da MP 2.158, entende que "(...) após a LC 104, o art. 43 do CTN autoriza que o legislador ordinário utilize uma ficção legal com o propósito de atribuir à pessoa jurídica residente os lucros auferidos por entidades controladas não-residentes." (O imposto de renda e os lucros auferidos no exterior. In: *Grandes questões atuais do direito tributário*. 6º vol. São Paulo: Dialética, 2002, p. 287). Maria Rita Ferragut, em sentido oposto, entende, sem fazer referência à MP 2.158, que "é inconstitucional a utilização de ficções jurídicas em Direito Tributário, especificamente no que tange à criação de obrigações tributárias, já que na ficção jurídica considera-se como verdadeiro aquilo que, da perspectiva fenomênica, é falso, ou seja, tem-se como fato jurídico tributário um fato que, diante da realidade fática e jurídica comprovada, não é. E a razão desse entendimento é a violação de diversos princípios constitucionais, dentro os quais a legalidade, a tipicidade e a discriminação constitucional de competências. (Ob. cit., p. 160).

no MEP, que é apenas um método de avaliação dos investimentos em controladas e coligadas e apenas reflete alterações provisórias na situação patrimonial do sujeito passivo com investimentos no exterior; b) não se pode presumir que a inexistência de deliberação societária no âmbito das controladas e coligadas no sentido da distribuição de lucros decorre unicamente de propósito elisivo da pessoa jurídica controladora ou da coligada no Brasil, uma vez que podem existir razões negociais que justifiquem a retenção dos lucros; e c) é possível a tributação no Brasil dos lucros das controladas e coligadas situadas em países de tributação favorecida (paraísos fiscais).

No que se refere à aplicação do MEP, entendeu o Ministro que se trata de técnica para avaliar os investimentos em controladas e subsidiárias e que não seria suficiente para permitir a efetiva ocorrência de disponibilidade jurídica de renda, que dependeria da deliberação do órgão societário competente no sentido da distribuição dos lucros.

No julgamento da ADI 2.588 e dos Recursos, o Ministro identificou ainda a precariedade da regra brasileira do artigo 74 da MP 2.158, que trata da mesma forma e sem qualquer critério os lucros das controladas e coligadas no exterior, fazendo presumir o propósito exclusivamente elisivo do contribuinte, o que não poderia ser feito. Nessa linha, entendeu que se deveria admitir a constitucionalidade do artigo citado apenas no que se refere aos lucros gerados em sociedades situadas em paraísos fiscais.

O atual Presidente do STF trata adequadamente da questão ao diferenciar as situações das controladas e coligadas que estão situadas em paraísos fiscais das demais sociedades, de modo a evitar o planejamento fiscal abusivo[52] e aplicar a transparência fiscal.[53]

A tributação dos lucros de controladas e coligadas no exterior independente de sua distribuição deve ser admitida desde que passe por determinados "testes" e pode encontrar fundamento, como destaca Taísa Oliveira Maciel, em trabalho de referência sobre a matéria, numa das seguintes teorias: (i) da desconsideração da personalidade jurídica; (ii) do dividendo fictício – técnica do antidiferimento; e (iii) da manifestação da capacidade contributiva.[54]

Para a teoria da desconsideração, o lucro da sociedade estrangeira seria considerado como lucro do próprio sócio ou acionista no Brasil.[55] Sendo a pessoa jurídica uma ficção com caráter instrumental[56], voltada à segregação de patrimônio e à limi-

---

[52] Para Ricardo Lobo Torres, "o contribuinte tem o direito de planejar os seus negócios e organizar a sua empresa da forma que melhor lhe aprouver e que lhe provoque os menores ônus fiscais. Não pode, entretanto, abusar do formalismo jurídico e criar figuras negociais com o único objetivo de pagar menos imposto." (O princípio da transparência fiscal. *Revista de Direito Tributário* n° 79, p. 16).

[53] Heleno Tôrres assevera que: "Desse modo, transparência fiscal não significa mais do que a possibilidade de imputar aos sócios ou acionistas residentes, por transparência, os lucros produzidos pelas sociedades constituídas e localizadas no estrangeiro, geralmente em países com tributação favorecida, fazendo incidir o imposto aplicável aos lucros produzidos no exterior, pelas sociedades ali localizadas, e das quais aqueles sujeitos são acionistas, automaticamente, como se fossem produzidos internamente, mesmo se não distribuídos sob a forma de dividendos." (*Pluritributação internacional sobre as rendas de empresas*. 2. ed. São Paulo: Revista dos Tribunais, 2001, p. 207-208).

[54] *Tributação dos lucros das controladas e coligadas estrangeiras*. Rio de Janeiro: Renovar, 2007, p. 22.

[55] Para Taísa Maciel, "utiliza-se essa teoria quando, na análise de determinado caso concreto, a sociedade é tratada como se não existisse, ou seja, sociedade e sócio são tratados como se fossem a mesma pessoa." (Ob. e loc. cit.).

[56] Alberto Xavier afirma que "na verdade, sendo a personalidade jurídica uma criação do direito, um simples instrumento de prossecução coletiva dos interesses dos sócios, como agudamente o revelou ASCARELLI, tal criação só deve ser consagrada e respeitada na medida em que ela não se revelar, em si mesma, anti-jurídica. E sendo a

tação da responsabilidade dos sócios, não seria admissível a sua utilização no caso em que se verifique o abuso da personalidade jurídica, consubstanciado na confusão patrimonial ou no desvio de finalidade. A aplicação dessa teoria no país encontra amparo no artigo 50 do Código Civil, não havendo impedimento para sua aplicação na seara tributária, como esclarece Ricardo Mariz de Oliveira:[57]

> Assim, a doutrina e a jurisprudência em nosso País, no âmbito das relações privadas e das tributárias, há muito tempo vêm admitindo e aplicando a teoria da desconsideração da personalidade jurídica para enquadrar os responsáveis por essas faltas, mas o Código Civil de 2002, no seu art. 50, passou a disciplinar expressa e concretamente essa providência jurídica, nos casos de abuso no uso da pessoa jurídica.
>
> De acordo com esse dispositivo, levanta-se o véu da personalidade jurídica que encobre os reais sujeitos de direitos ou de obrigações de certas e determinadas relações jurídicas, estendendo a estes e aos seus patrimônios pessoais pelas relações falseadas.
>
> (...)
>
> Não há qualquer razão para deixar de aplicar o art. 50 quando as relações jurídicas afetadas forem de natureza tributária. Embora a norma seja claramente de responsabilização – e neste sentido os agentes do abuso respondem pelos tributos incorridos pela pessoa jurídica, ainda que irregular – não se pode reduzir o alcance da desconsideração para admitir efeitos tributários indevidamente alcançados através desse tipo de abuso de direito.

A respeito da segunda teoria, transcreve-se abaixo a lição de Taísa Maciel:[58]

> Segundo a teoria da técnica do dividendo fictício ou da técnica de antidiferimento, as normas de TLCE não têm outra finalidade que não a de gravar, no nível do sócio, o dividendo que a sociedade não-residente poderia já ter distribuído, mas não distribuiu. (...) O pressuposto do regime de TLCE é o diferimento do imposto fundado no abuso de formas jurídicas, sob o amparo de legislação tributária de outro país. A inexistência de atividade empresarial na sociedade controlada implica que esta seja reconhecida como uma sociedade defeituosa.

A terceira teoria, por sua vez, conforme destaca ainda Taísa Maciel, "considera que as normas de TLCE[59] se fundamentam na gravabilidade de uma manifestação de capacidade contributiva", não sendo exigido o abuso da personalidade jurídica mas "apenas que a situação real que ostenta a sociedade não corresponda àquela prevista em lei", o que faz com que incida o chamado regime da transparência.[60]

Assim, em situações excepcionais,[61] em que a sociedade no exterior é apenas uma caixa postal e não desenvolve qualquer atividade econômica, não possuindo estrutura administrativa ou propósito negocial, o que ocorre no caso das sociedades sediadas em paraísos fiscais, ainda que não haja distribuição do lucro auferido pela controlada ou coligada no exterior, há de se admitir a tributação com base numa das teorias indicadas.[62]

---

personalidade jurídica realidade meramente instrumental, não repugna que ela seja considerada para certos fins e desconsiderada para outro ou outros." (Ob. cit., p. 361-362).

[57] Lucros de coligadas e controladas no exterior e aspectos de elisão e evasão fiscal no direito brasileiro e no internacional. *Revista Dialética de Direito Tributário* n° 102, p. 101.

[58] Ob. cit., p. 24.

[59] TLCE – tributação dos lucros das controladas e coligadas estrangeiras.

[60] Ob. cit., p. 25.

[61] Taísa Maciel: "Pelo exposto, já se pode concluir que nem todas as sociedades estrangeiras, nem tampouco todo tipo de renda auferida por elas, devem ser objeto de um regime de TCLE. A regra geral deve continuar sendo a de se respeitar a personalidade jurídica da sociedade estrangeira e de se tributar o sócio em relação aos lucros auferidos pela sociedade apenas quando houver a sua distribuição, geralmente sob a forma de dividendos, seja porque a sociedade assim decidiu, seja porque a lei do país onde se situa a sociedade ou o seu estatuto/contrato social prescreve o direito à automática distribuição dos lucros aos participantes do capital das respectivas pessoas jurídicas." (Ob. cit., p. 27).

[62] Aduz Schoueri que "(...) num único caso a disponibilidade poderia ser reconhecida, independentemente de qualquer deliberação nos órgãos da companhia. Trata-se do caso de investimentos em certos países de legislação tribu-

Essa incidência tributária, que, diga-se uma vez mais, deve ser sempre excepcional, precisa passar, como afirmado, por determinados "testes".

Os principais testes[63] são (i) o da comparação das alíquotas vigentes no país da controladora ou coligada com as alíquotas aplicáveis no país da controlada ou coligada no exterior; (ii) o da verificação da atividade exercida pela sociedade sediada no exterior, de modo a aferir se esta possui propósito negocial; e (iii) o da avaliação de dividendos distribuídos em determinados prazos, considerados razoáveis.[64] Dados os limites do presente trabalho, não trataremos de forma detalhada dos "testes" indicados.

Concluiu, pois, o Ministro Barbosa no sentido de admitir a validade constitucional do artigo 74 da MP 2.158 apenas nos casos de sociedades situadas em paraísos fiscais, adotando o chamado teste do território-alvo pelo método jurisdicional, em que se aplica a regra para países que adotam baixa ou nula tributação com base em listas.[65]

Resultado dos julgamentos

Após longos anos de tramitação, foi decidido na ADI 2.588 que (i) é inconstitucional a tributação das coligadas sediadas fora de paraísos fiscais, conforme maioria absoluta alcançada pelos votos dos Ministros Marco Aurélio, Sepúlveda Pertence, Ricardo Lewandowski, Celso de Mello, Ellen Gracie e Joaquim Barbosa; e (ii) é constitucional a tributação das controladas situadas em paraísos fiscais.

Não foi alcançada a maioria absoluta dos votos para a declaração de inconstitucionalidade da tributação das controladas sediadas fora de paraíso fiscal e das coligadas situadas em paraísos fiscais.

No RE COAMO, em que era recorrente o contribuinte, foi negado provimento ao recurso, tendo em vista se tratar de sociedade sediada em paraíso fiscal (Aruba).

No RE EMBRACO, foi dado parcial provimento, por maioria, ao recurso da União para reconhecer a constitucionalidade do artigo 74, *caput*, e a inconstitucionalidade de seu parágrafo único, por violação aos princípios da irretroatividade e anterioridade.

---

tária favorecida e normas societárias flexíveis (os chamados 'paraísos fiscais'), que oferecem ao investidor imediata disponibilidade sobre os valores nominalmente pertencentes às empresas *off-shore*. Nesses casos, é senso comum que basta ao investidor um telefonema, ou um fax, para que os recursos da empresa sejam depositados na conta bancária que indicar. Via de regra, somente mais tarde, i.e., depois da disponibilização dos recursos, far-se-ão, se assim o investidor quiser, documentos societários para formalizar a disponibilidade já ocorrida. Em tais casos, é evidente que não há como negar a disponibilidade imediata dos recursos." (Ob. cit., p. 46-47).

[63] Ressalte-se que a lista não é exaustiva. Cf. Taísa Maciel. Ob. cit., p. 27-36.

[64] Heleno Tôrres. Tributação das controladas e coligadas no exterior, p. 1. Disponível em <www.fiscosoft.com.br>. Acesso em 08.05.2013.

[65] Sobre o assunto, registra Taísa Maciel que, "em relação ao *jurisdictional approach*, há três maneiras de testar o nível de tributação mínimo para a sociedade, de forma que o regime seja aplicável. (...) Em primeiro lugar, há países que elaboram listas: as negras (*black lists*), de países considerados como paraísos fiscais e, portanto, em relação aos quais o regime sempre será aplicado; as cinzas (*grey lists*), em relação aos quais o regime poderá ser aplicado dependendo das circunstâncias, especialmente do tipo de renda auferida pela sociedade; e as brancas (*white lists*), de países em relação aos quais o regime não se aplica em nenhum caso, ou porque celebraram tratado para evitar a dupla tributação com o país que deseja aplicar o regime, ou porque este reconhece que são países que aplicam um nível de tributação comparável (ou até mais elevado) em relação ao seu. A doutrina estrangeira ressalta os inúmeros inconvenientes dessas listas, sobretudo a dificuldade em mantê-las sempre atualizadas." (Ob. cit., p. 28-29).

O que ainda falta ser decidido

Os tratados para evitar a bitributação

A questão da eventual incompatibilidade da MP 2.158 com os tratados assinados pelo Brasil para evitar a bitributação e da prevalência destes face à legislação interna por força do disposto no artigo 98 do CTN não foi objeto de deliberação pelo STF.

No julgamento do RE EMBRACO, assentou o Tribunal que os autos deveriam retornar à origem para pronunciamento sobre o tema, que não teria sido debatido no tribunal regional, tendo sido proferida decisão neste recurso apenas sobre as regras impugnadas. Ficou vencido o Ministro Dias Toffoli que não reconheceu a existência de bitributação na hipótese.[66]

Como consequência, a questão voltará a ser debatida, havendo a possibilidade de decisão favorável ao contribuinte pois, em apertada síntese, os artigos 7º (lucro das empresas) e 10 (dividendos) da Convenção Modelo da Organização para Cooperação e Desenvolvimento Econômico (OCDE)[67] normalmente são incluídos nos tratados celebrados pela República Federativa do Brasil.

---

[66] Conferir Informativo STF nº 701.

[67] "Article 7 – Business Profits: 1. Profits of an enterprise of a Contracting State shall be taxable only in that State unless the enterprise carries on business in the other Contracting State through a permanent establishment situated therein. If the enterprise carries on business as aforesaid, the profits that are attributable to the permanent establishment in accordance with the provisions of paragraph 2 may be taxed in that other State. 2. For the purposes of this Article and Article [23 A] [23B], the profits that are attributable in each Contracting State to the permanent establishment referred to in paragraph 1 are the profits it might be expected to make, in particular in its dealings with other parts of the enterprise, if it were a separate and independent enterprise engaged in the same or similar activities under the same or similar conditions, taking into account the functions performed, assets used and risks assumed by the enterprise through the permanent establishment and through the other parts of the enterprise. 3. Where, in accordance with paragraph 2, a Contracting State adjusts the profits that are attributable to a permanent establishment of an enterprise of one of the Contracting States and taxes accordingly profits of the enterprise that have been charged to tax in the other State, the other State shall, to the extent necessary to eliminate double taxation on these profits, make an appropriate adjustment to the amount of the tax charged on those profits. In determining such adjustment, the competent authorities of the Contracting States shall if necessary consult each other. 4. Where profits include items of income which are dealt with separately in other Articles of this Convention, then the provisions of those Articles shall not be affected by the provisions of this Article". "Model tax convention on income and on capital". "Article 10 – Dividends: 1. Dividends paid by a company which is a resident of a Contracting State to a resident of the other Contracting State may be taxed in that other State. 2. However, such dividends may also be taxed in the Contracting State of which the company paying the dividends is a resident and according to the laws of that State, but if the beneficial owner of the dividends is a resident of the other Contracting State, the tax so charged shall not exceed: a) 5 per cent of the gross amount of the dividends if the beneficial owner is a company (other than a partnership) which holds directly at least 25 per cent of the capital of the company paying the dividends; b) 15 per cent of the gross amount of the dividends in all other cases. The competent authorities of the Contracting States shall by mutual agreement settle the mode of application of these limitations.This paragraph shall not affect the taxation of the company in respect of the profits out of which the dividends are paid. 3. The term "dividends" as used in this Article means income from shares, "jouissance" shares or "jouissance" rights, mining shares, founders' shares or other rights, not being debt-claims, participating in profits, as well as income from other corporate rights which is subjected to the same taxation treatment as income from shares by the laws of the State of which the company making the distribution is a resident. 4. The provisions of paragraphs 1 and 2 shall not apply if the beneficial owner of the dividends, being a resident of a Contracting State, carries on business in the other Contracting State of which the company paying the dividends is a resident through a permanent establishment situated therein and the holding in respect of which the dividends are paid is effectively connected with such permanent establishment. In such case the provisions of Article 7 shall apply. 5. Where a company which is a resident of a Contracting State derives profits or income from the other Contracting State, that other State may not impose any tax on the dividends paid by the company, except insofar as such dividends are paid to a resident of that other State or insofar as the holding in respect of which the dividends are paid is effectively connected with a permanent establishment situated in that other State, nor subject the company's undistributed profits to a tax on the company's undistributed profits, even if the dividends paid or the undistributed profits consist

Controladas indiretas

O STF não se pronunciou sobre a extensão do artigo 74 da MP 2.158 às controladas indiretas, que tem sido admitida pelo Conselho Administrativo de Recursos Fiscais – CARF –, o qual decidiu que os "lucros auferidos no exterior por intermédio de controladas indiretas consideram-se auferidos diretamente pela investidora brasileira" e ainda que "sua tributação no Brasil não se submete às regras do tratado internacional firmado com o país de residência da controlada direta".[68]

O assunto ainda será objeto de discussão na esfera judicial.

Conclusão

Por todo o exposto, verifica-se que o debate do tema ainda não foi e deverá retornar ao STF.

Os pontos ainda a decidir são: (i) a compatibilidade da MP 2.158 com os tratados assinados pelo Brasil para evitar a bitributação e a prevalência destes sobre a legislação interna por força do disposto no artigo 98 do CTN; (ii) a aplicação da MP 2.158 às controladas indiretas.

A discussão em torno da tributação das entidades controladas e coligadas no exterior demanda tratamento legislativo adequado de modo a diferenciar a situação dos grupos empresariais que legitimamente investem recursos no exterior dos casos em que se verifica a ocorrência de planejamento tributário abusivo.

Bibliografia

ALVARENGA, Christiane Alves; BISPO, Rafael Minervino. Lucros no exterior: posicionamento atual do Supremo Tribunal Federal e possíveis desdobramentos. *Revista Dialética de Direito Tributário* n° 210, p. 88-99.

ANDRADE FILHO, Edmar Oliveira. Imposto de renda das empresas. 5. ed. São Paulo: Atlas, 2008.

ÁVILA, Humberto. *Conceito de renda e compensação de prejuízos fiscais*. São Paulo: Malheiros, 2011.

ÁVILA, Márcio. A ADIN 2.588/DF e a tributação dos lucros oriundos do exterior. *Revista Tributária e de Finanças Públicas* n° 64, pp. 11-21.

BARRETO, Paulo Ayres. Imposto sobre a renda e os lucros auferidos no exterior. In: ROCHA, Valdir de Oliveira. *Grandes questões atuais do direito tributário*. 6° vol. São Paulo: Dialética, 2002, p. 335-346.

---

wholly or partly of profits or income arising in such other State." Artigos transcritos da oitava versão da Convenção, conforme consolidada em 22.07.2010. Disponível em <http://www.oecd.org/tax/treaties/oecdmtcavailableproducts. htm>. Acesso em 24.08.2013.

[68] Processo n° 16327.000530/2005-28, Acórdão 101-97970, de 17 de dezembro de 2008. Sem o objetivo de aprofundar o tema, é relevante salientar que a questão ainda é controvertida na jurisprudência administrativa, conforme se verifica do resultado do julgamento proferido em 02.10.2012 nos autos do Processo n° 16643.000276/2010-42 pela 1ª Turma da 1a Câmara da 1ª Seção do CARF, cujo acórdão ainda não foi publicado, em que foi dado provimento a recurso voluntário do contribuinte, rejeitando-se os argumentos apresentados pela União, que pleitara a desconsideração do Tratado Brasil-Espanha e a tributação do lucro das sociedades controladas indiretamente pelo sujeito passivo no exterior e ainda do julgamento proferido em 06.11.2012 no Processo n° 16561.000209/2008-13 (2ª Turma, 1ª Câmara e 1ª Seção do CARF) em que, em sentido diverso, foi admitida a tributação dos lucros obtidos por sociedade localizada em paraíso fiscal e subsidiária indireta da sociedade brasileira, que a controlava por meio de *holding* na Áustria.

CANTO, Gilberto de Ulhôa. Presunções no direito tributário. In: Martins, Ives Gandra da Silva. *Caderno de pesquisas tributárias* n° 9 – Presunções no direito tributário. São Paulo: Resenha Tributária, 1984, p. 1-33.

CARVALHOSA, Modesto. *Comentários à lei de sociedades anônimas*, 3° vol. 5ª ed. São Paulo: Saraiva, 2011.

COÊLHO, Sacha Calmon Navarro; DERZI, Misabel Abreu Machado. Tributação pelo IRPJ e pela CSLL de lucros auferidos por empresas controladas ou coligadas no exterior – inconstitucionalidade do art. 74 da Medida Provisória n° 2.158-35/01. *Revista Dialética de Direito Tributário* n° 130, p. 135-149.

COSTA, Alcides Jorge. Imposto de renda – a aquisição da disponibilidade jurídica ou econômica como seu fato gerador. Limite da sua incidência. *Revista de Direito Tributário* n° 40, pp. 103-107.

FERRAGUT, Maria Rita. *Presunções no direito tributário*. 2. ed. São Paulo: Quartier Latin, 2005.

GELBCKE, Ernesto Rubens; IUDÍCIBUS, Sergio de; MARTINS, Eliseu. *Manual de contabilidade das sociedades por ações*. 6ª ed. São Paulo: Atlas, 2003.

GODOI, Marciano Seabra de. O imposto de renda e os lucros auferidos no exterior. In: *Grandes questões atuais do direito tributário*. 6° vol. São Paulo: Dialética, 2002, p. 277-289.

GOMES, Luis Augusto da Silva. O imposto de renda, o art. 74 da MP n° 2.158/2001 e o conceito de disponibilidade econômica ou jurídica do art. 43 do CTN. *Revista Dialética de Direito Tributário* n° 77, pp. 87-91.

GONÇALVES, José Arthur Lima. Imposto de renda sobre o lucro das coligadas e controladas estabelecidas no exterior. *Revista de Direito Tributário* n° 87, p. 330-338.

——. Imposto sobre a renda – resultados auferidos no exterior por filiais, sucursais, controladas e coligadas. *Revista Dialética de Direito Tributário* n° 74, p. 70-81.

GRAU, Eros Roberto. *O direito posto e o direito pressuposto*. 3ª ed. São Paulo: Malheiros: 2000.

GRECO, Marco Aurélio. Planejamento fiscal e interpretação da lei tributária. São Paulo: Dialética, 1998.

HIGUCHI, Celso; HIGUSHI, Fábio; Hiromi; HIGUSHI. *Imposto de renda das empresas*. 34. ed. São Paulo: IR Publicações, 2009.

LOBO, Carlos Augusto da Silveira. *As demonstrações financeiras das sociedades anônimas*. Rio de Janeiro: Renovar, 2001.

MACIEL, Taísa Oliveira. *Tributação dos lucros das controladas e coligadas estrangeiras*. Rio de Janeiro: Renovar, 2007.

MOSQUERA, Roberto Quiroga. *Renda e proventos de qualquer natureza* – o imposto e o conceito constitucional. São Paulo: Dialética, 1996.

OLIVEIRA, Ricardo Mariz de. A disponibilidade ficta de lucros de coligadas ou controladas no exterior. In: ROCHA, Valdir de Oliveira. *Grandes questões atuais do direito tributário*. 6° volume. São Paulo: Dialética, 2002, pp. 393-438.

——. *Fundamentos do imposto de renda*. 2. ed. São Paulo: Quartier Latin, 2008.

——. Lucros de coligadas e controladas no exterior e aspectos de elisão e evasão fiscal no direito brasileiro e no internacional. *Revista Dialética de Direito Tributário* n° 102, p. 95-122.

PEIXOTO, Marcelo Magalhães. O conceito constitucional de renda. *Revista Tributária e de Finanças Públicas* n° 52, pp. 174-203.

PEDREIRA, José Luiz Bulhões. *Imposto de renda*, vol. I. Rio de Janeiro, Editora Justec, 1979.

SANTI, Eurico Marcos Diniz de. Tributação dos lucros de controladas e coligadas no exterior – legalidade precária proposta por regulamentação provisória via MP reeditada 35 vezes (há mais de 10 anos), problema sistêmico que se confirma no placar de 5x5 no STF e nas decisões do STJ, expondo limites e conflitos entre direitos e economia, e mobilizado pelo contencioso bilionário entre o Estado e as 10 maiores empresas brasileiras de capital aberto. Disponível em <www.fiscosoft.com.br>. Acesso em 08.05.2013.

SCHOUERI, Luís Eduardo. *Planejamento fiscal através de acordos de bitributação: treaty shopping.* São Paulo: Revista dos Tribunais, 1995.

——. Transparência fiscal internacional, proporcionalidade e disponibilidade: considerações acerca do art. 74 da medida provisória n° 2.158-35. *Revista Dialética de Direito Tributário* n° 142, p. 39-50.

SILVA, Eivany Antonio da. O imposto de renda e os lucros e rendimentos auferidos no exterior. In: ROCHA, Valdir de Oliveira. *Grandes questões atuais do direito tributário.* 6° vol. São Paulo: Dialética, 2002, p. 59-71.

TÔRRES, Heleno Taveira. *Pluritributação internacional sobre as rendas de empresas.* 2ª ed. São Paulo: Revista dos Tribunais, 2001.

——. Tributação das controladas e coligadas no exterior. Disponível em <www.fiscosoft.com.br>. Acesso em 08.05.2013.

TORRES, Ricardo Lobo. O princípio da transparência fiscal. *Revista de Direito Tributário* n° 79, p. 7-18.

XAVIER, Alberto. *Direito tributário internacional do Brasil.* 6ª ed. Rio de Janeiro: Forense, 2005.

YAMASHITA, Douglas. Controladas indiretas no exterior: controvérsias de seu regime tributário. *Revista Dialética de Direito Tributário* n° 179, p. 28-35.

— 4.9 —

Tributação de controladas e coligadas no exterior

PAULO CALIENDO[1]

Sumário: Introdução; 1. Origens da controvérsia constitucional: o art. 74 da MP nº 2.158/01; 2. Fundamentos do questionamento da constitucionalidade do dispositivo: o conceito de renda e o princípio da capacidade contributiva; 2.1. Tributação em bases universais e o caso das controladas e coligadas; 2.2. Direito comparado; 3. Controle do abuso negocial e da elusão fiscal; 4. Tipicidade, equivalência patrimonial e presunções absolutas; 5. Disponibilidade econômica e variação cambial; 6. Tratados internacionais para evitar a tributação da renda e a tributação de controladas e coligadas no exterior; Conclusões; Referências bibliográficas.

Introdução

O presente artigo trata da controvérsia relativa a (in)constitucionalidade da MP nº 2.158/01, que estabeleceu um regime de tributação sobre os lucros auferidos por controladas e coligadas no exterior. O modelo brasileiro difere dos padrões internacionais, do direito comparado e suscita diversos questionamentos de inconstitucionalidade por ofensa ao princípio da capacidade contributiva, da isonomia, da renda efetiva, da tipicidade, entre outros.

1. Origens da controvérsia constitucional: o art. 74 da MP nº 2.158/01

A MP nº 2.158/01 foi editada em um contexto marcado pelo julgamento da inconstitucionalidade do art. 35 da Lei nº 7.713/88. Este dispositivo determinava que: "Art. 35. O sócio quotista, o acionista ou titular da empresa individual ficará sujeito ao imposto de renda na fonte, à alíquota de oito por cento, calculado com base no lucro líquido apurado pelas pessoas jurídicas na data do encerramento do período-base. (Vide RSF nº 82, de 1996)". Esse dispositivo foi declarado inconstitucional no julgamento do

---

[1] Graduado em Direito pela UFRGS, Mestre em Direito dos Negócios e da Integração também pela Faculdade de Direito da UFRGS. É Doutor em Direito Tributário junto a PUC/SP, tendo como tema de Tese de Doutorado o estudo dos *"Estabelecimentos Permanentes em Direito Internacional Tributário"*. Professor do Mestrado e Doutorado da PUC/RS, na Disciplina de Direito Tributário, e de diversos cursos de Pós-graduação no país. Realizou Estágio de Doutoramento na Universidade de Munique (*Ludwig-Maximilians Univesität*) no Instituto de Pesquisas em Direito Europeu e Internacional tributário (*Forschunsstelle für Europäisches und Internationales Steuerrecht*). É autor de diversos artigos e dos livros "Estabelecimentos Permanentes em Direito Tributário Internacional" (São Paulo: RT, 2005), *"Direito Tributário e Análise Econômica do Direito"* (São Paulo: Elsevier, 2009) e *"Direito Tributário: três modos de pensar a tributação"* (Porto Alegre: Livraria do Advogado, 2009).

RE nº 396.215 que entendeu pela impossibilidade de se aferir por presunção absoluta que tenha havido efetiva distribuição de lucros sem o exame do quadro fático-probatório da distribuição de lucros. Desse modo, para se caracterizar a existência do fato gerador renda é necessário que exista a efetiva disponibilidade jurídica ou econômica da renda.

O art. 74 da MP nº 2.158-35/01 passou a presumir a efetiva distribuição dos lucros da controladora e da coligada brasileira[2] quando da apuração em balanço, tornando exigível o IRPJ e a CSLL incidentes sobre os lucros por elas auferidos no exterior por meio de sociedades controladas ou coligadas estrangeiras. Segundo este dispositivo:

> Art. 74. Para fim de determinação da base de cálculo do imposto de renda e da CSLL, nos termos do art. 25 da Lei nº 9.249, de 26 de dezembro de 1995, e do art. 21 desta Medida Provisória, os lucros auferidos por controlada ou coligada no exterior *serão considerados disponibilizados para a controladora ou coligada no Brasil na data do balanço no qual tiverem sido apurados*, na forma do regulamento. Parágrafo único. Os lucros apurados por controlada ou coligada no exterior até 31 de dezembro de 2001 serão considerados disponibilizados em 31 de dezembro de 2002, salvo se ocorrida, antes desta data, qualquer das hipóteses de disponibilização previstas na legislação em vigor. (Não é bom destacar com sublinhado em função do seu uso para hiperlinks.)

Questionando este dispositivo a Confederação Nacional da Indústria (CNI) ingressou com a Ação Direta de Inconstitucionalidade – ADin nº 2.588-1 com base nos seguintes argumentos principais:

> (i) a violação ao artigo 62 da Constituição, ante a absoluta falta de urgência para justificar o emprego de medida provisória; (ii) violação aos artigos 153, III, e 195, I, *c*, da Constituição, ante a exigência de imposto e contribuição sobre situação que não configura renda ou lucro; e (iii) violação às alíneas a e b do art. 150, III, da Constituição, vez que o parágrafo único do artigo 74 da Medida Provisória atacada pretende tributar lucros acumulados relativos a períodos anteriores à sua edição e também relativos ao mesmo exercício financeiro em que adotada a MP" (fl. 03).

De acordo com o alegado pelos contribuintes, o CTN não autoriza a criação de ficções que estabeleçam ser rendimento situações onde não houve efetiva disponibilização da renda.

Cabe ressaltar que, no julgamento da Adin nº 2.588-1, não houve a manutenção integral dos argumentos acolhidos pela Corte no julgamento do RE nº 172.058-1, que tratou da constitucionalidade do Imposto sobre o Lucro Líquido (ILL), instituído pelo art. 35 da Lei nº 7.713/88. A Corte apresentou diversos fundamentos constitucionais para determinar a constitucionalidade da norma, dentre os quais destacam-se: a ideia de controle, de disponibilidade da renda e da presença de norma antielisiva.

Manifestaram-se pela constitucionalidade do texto os seguintes Ministros *Ellen Gracie, Nelson Jobim, Eros Grau, Cezar Peluso* e *Ayres Britto*. Suas argumentações fundamentaram-se em posicionamentos diferentes. Para a *Ministra Ellen Gracie* a ideia de controle autorizaria a aplicação das normas às sociedades controladas e excluiria no casos das coligadas. Para os *Ministros Nelson Jobim, Eros Grau* e *Cezar Peluso* existiria um acréscimo patrimonial contábil, que demonstraria de modo reflexo a disponibilidade da renda. Por fim, para o *Ministro Ayres Britto* tratar-se-ia de norma antielisiva.

---

[2] O conceito de sociedades coligadas e controladas se encontram nos art. 1.097 a1.099 do CC. Considera-se como sociedade controlada: i) a sociedade de cujo capital outra sociedade possua a maioria dos votos nas deliberações dos quotistas ou da assembleia geral e o poder de eleger a maioria dos administradores; ii) a sociedade cujo controle, referido no inciso antecedente, esteja em poder de outra, mediante ações ou quotas possuídas por sociedades ou sociedades por esta já controladas. Por outro lado, entende-se como coligada ou filiada a sociedade de cujo capital outra sociedade participa com dez por cento ou mais, do capital da outra, sem controlá-la.

Do outro lado, foram vencidos os *Ministros Marco Aurélio, Sepúlveda Pertence, Ricardo Lewandowski* e *Celso de Mello,* para os quais o dispositivo era inconstitucional por violação ao conceito constitucional de renda como acréscimo patrimonial disponível.

Desse modo restou julgado parcialmente procedente a ação para, com eficácia *erga omnes* e efeito vinculante, conferir interpretação conforme à Constituição, no sentido de que o art. 74 da MP nº 2.158-35/2001 não se aplica às empresas *"coligadas"* localizadas em países sem tributação favorecida (não *"paraísos fiscais"*), e que o referido dispositivo se aplica às empresas *"controladas"* localizadas em países de tributação favorecida ou desprovidos de controles societários e fiscais adequados (*"paraísos fiscais"*, assim definidos em lei). Igualmente, o STF entendeu pela não aplicabilidade retroativa do parágrafo único do art. 74 da MP nº 2.158-35/2001.[3]

A ADin nº 2.588 foi inicialmente julgada da seguinte forma:

O julgamento da Ação Direta de Inconstitucionalidade nº 2.588-DF foi iniciado em 5 de fevereiro de 2003, com o voto da Ministra Ellen Gracie, relatora, dando parcial provimento à Ação. Depois do pedido de vista o Ministro Nelson Jobim, o Julgamento foi retomado, em 9 de dezembro de 2004, com o seu voto pela improcedência da Ação Direta de Inconstitucionalidade. Passo seguinte, pediu vista o Ministro Marco Aurélio, sendo que, em 28 de setembro de 2006, o julgamento seguiu com os votos do Ministro Marco Aurélio e do Ministro Sepúlveda Pertence, julgando integralmente procedente a Ação Direta de Inconstitucionalidade nº 2.588-DF, com pedido de vista por parte do Ministro Ricardo Levandowski. Em 25 de outubro de 2007, o Ministro Ricardo Lewandowski proferiu seu voto, dando provimento integral à Ação e, na mesma ocasião, o Ministro Eros Grau votou negando provimento à Ação Direta de Inconstitucionalidade, seguido de pedido de vista do Ministro Ayres Britto. Em 17 de agosto de 2011, votaram o Ministro Ayres Britto e o Ministro Cezar Peluso, negando provimento à Ação e o Ministro Celso de Mello, dando integral provimento, sendo suspenso o julgamento para que seja colhido o voto do Ministro Joaquim Barbosa, licenciado.

Nesse contexto, o julgamento estava com 4 votos pela integral procedência da Ação Direta de Inconstitucionalidade nº 2.588-DF (Ministros Marco Aurélio, Sepúlveda Pertence, Ricardo Lewandowski e Celso de Mello), 1 voto pela parcial procedência da ADIN (Ministra Ellen Gracie) e 4 votos pela integral improcedência da ADIN (Ministros Nelson Jobim, Eros Grau, Ayres Britto e Cezar Peluso).

Vale destacar que os 5 Ministros que votaram contra os contribuintes na Ação Direta de Inconstitucionalidade nº 2.588-DF já se aposentaram (Ellen Gracie, Nelson Jobim, Eros Grau e Ayres Britto e Cezar Peluso), ao passo que, dos que votaram a favor do contribuinte, apenas o Ministro Sepúlveda Pertence já se aposentou e os demais não se aposentarão compulsoriamente antes de novembro de 2015.

O STF decidiu reiniciar o julgamento, começando do zero, iniciando pela ADIN 2588 da seguinte forma:

Nesse sentido, o STF decidiu reiniciar o julgamento da ADIN 2588 que discute a constitucionalidade do art. 74, caput e parágrafo único, em conjunto com o RE nº 611.586/PR em 10 de abril de 2013. O Tribunal, por maioria, julgou parcialmente procedente a ação para, com eficácia erga omnes e efeito vinculante, conferir interpretação conforme, no sentido de que o art. 74 da MP nº 2.158-35/2001 não se aplica às empresas "coligadas" localizadas em países sem tributação favorecida (não "paraísos fiscais"), e que o referido dispositivo se aplica às empresas "controladas" localizadas em países de tributação favorecida ou desprovidos de controles societários e fiscais adequados ("paraísos fiscais", assim definidos em lei). Em resumo ficou estabelecido:

a) O art. 74 da MP nº 2.158-35/01 se aplica as empresas controladas localizadas em países com tributação favorecida;

b) O art. 74 da MP nº 2.158-35/01 não se aplica as empresas coligadas localizadas em países sem tributação favorecida que não sejam;

c) O parágrafo único não se aplica nem a coligadas nem a controladas.

Ficam empatadas (5x5), sem efeito vinculante e *erga omnes*:

a) Controladas em países sem tributação favorecida;

b) Coligadas em países com tributação favorecida.

---

[3] Não participaram da votação os Ministros Teori Zavascki, Rosa Weber, Luiz Fux, Dias Toffoli e Cármen Lúcia.

Posteriormente, foi atribuída a Repercussão Geral ao RE nº 611.586, bem como julgado o RE nº 541.090 e diversos processos junto ao Conselho Administrativo de Recursos Fiscais – CARF, tornando a controvérsia deveras complexa em função dos múltiplos questionamentos ainda em aberto. Torna-se claro que a ausência de um regime claro sobre a tributação dos lucros auferidos pelas controladas e coligadas no exterior ao invés de promover a segurança jurídica e a neutralidade fiscal internacional produziram justamente o efeito inverso.

Cabe ressaltar que a matéria foi objeto de apreciação por parte do STJ[4] e do CARF em diversos julgados[5] e que esclareceram diversos pontos da controvérsia constitucional. Vejamos em detalhe cada um dos elementos do debate.

2. Fundamentos do questionamento da constitucionalidade do dispositivo: o conceito de renda e o princípio da capacidade contributiva.

Geralmente a tributação de coligadas ou controladas no exterior não tem gerado significativas discussões no Direito Constitucional Comparado, apesar de ser reconhecido que o tema possa gerar dúvidas sobre o seu conflito com o princípio da capacidade contributiva ou da legalidade. A questão constitucional envolve inicialmente a questão da tributação renda nas operações internacionais. A primeira observação relevante é decorrente do fato que a tributação da renda deve levar em consideração a diferença entre a renda produzida pelo contribuinte somente no território nacional e a renda produzida no exterior ou mundialmente. Obviamente a tributação destas duas situações deve ser coerente entre si e compatíveis sob o conceito constitucional de renda.

No cerne destes dois regimes (interno e internacional) está pressuposto o conceito de renda, dado que não se pode cogitar de um conceito de renda para o tratamento das operações estritamente nacionais e outro aplicável às operações internacionais. O conceito econômico de renda foi objeto de diversas teorias e abordagens, das quais o conceito jurídico de renda sofreu influência. Vejamos algumas teorias jurídico-econômicas sobre a renda e a sua influência no direito nacional:

Inicialmente podemos destacar a *teoria da fonte* (*Quellenstheorie*) ou teoria da renda-produto como a renda como produto periódico (anual) de uma fonte permanente, que não se confundia com esta, sendo o imposto incidente sobre o excedente. Era defendida por *Bernhard Fuisting*[6] e se concretizava em cinco fontes de renda, que posteriormente foram incorporadas ao Código Tributário alemão.[7]

Em oposição[8] a esta desenvolveu-se a teoria do acréscimo de patrimônio líquido (*Reinvermögenzugangstheorie*): defendida por Schanz, definia a renda como "acréscimo de patrimônio líquido em uma economia em determinado período". Tal conceito influenciou a reforma tributária alemã de 1920 e foi incorporado no sistema tributário dos EUA. No direito norte-americano foi conhecida como teoria Schanz-

---

[4] Veja-se REsp nº 1.211.822/RJ.

[5] Acórdão nº 108-08.765, Acórdão nº 101-95.802 e Acórdão nº 101-97.070.

[6] Cf. FUISTING, Bernhard. *Die Grundzüge der Steuerlehre*. Berlin: Heymann, 1902.

[7] São estas: *Geldkapital, Grundbesitz, Gewerbebetrieb, Arbeitstätigkeit e Hebungsrechte e se denominam como rendimentos (Einkünfte) decorrentes do Kapitalvermögen, Einkünfte aus Vermietung und Verpachtung, Einkünfte aus Gewerbebetrieb, Einkünfte aus selbständiger Arbeit und Einkünfte aus nichtselbständiger Arbeit.*

[8] Cf. ICKING, Jan. *Deutsches Einkommensteuerrechtzwischen Quellen-und Reinvermögenszugangstheorie*. Dt. Univ.-Verl., Wiesbaden 1993.

-Haig-Simons e definida pela Suprema Corte como sendo "(...) definida como o ganho derivado do capital, do trabalho ou de ambos combinados". Para este conceito todas as formas de renda são incluídas na base de cálculo do tributo (*tax base*) independentemente da natureza da atividade, envolvendo a soma entre consumo mais variação do patrimônio em determinado período de tempo. Essa teoria encontra suas influências no art. 43 do CTN, visto que renda é considerada como "I – (...)o produto do capital, do trabalho ou da combinação de ambos". Igualmente se faz presente o conceito de acréscimos patrimoniais periódicos como delimitador da renda. Cabe citar que estes conceitos não são aplicados de modo puro por nenhum país (Estados Unidos, Inglaterra ou Alemanha).

Por sua vez, a *teoria da renda no mercado* (*Markteinkommnstheorie*): o conceito econômico de renda tem sido criticado por *Tipke* e *Lang*, visto que este desconsidera aspectos éticos e jurídicos do conceito de renda, tais como o princípio da capacidade contributiva e da renda efetiva . Para essa teoria a renda posse ser considerada como o resultado das "(...) *entradas obtidas por uma atividade lucrativa com a intenção de produzir um excedente de ingressos/receitas sobre os gastos*". Nessa concepção, os tributos sobre a renda estão em consonância com o sistema constitucional de proteção dos direitos fundamentais.[9]

A *teoria legalista de renda* defende que renda é o que a lei determinar como tal, desse modo, poderia a lei alterar o conceito de renda, excluir determinados casos ou rendimentos da base de cálculo alterando substancialmente a incidência do imposto sobre a renda devida. Em nosso entender a teoria legalista de renda ofende ao conceito constitucional de renda e ao disposto no art. 110 do Código Tributário Nacional. Não é possível defender que o conceito de renda possa ser estabelecido de modo ilimitado por norma infraconstitucional, determina o referido dispositivo do CTN que a legislação não poderá alterar os conceitos de direitos privados.

De outro lado, a *teoria da fonte* (*Quellenstheorie*) ou *teoria da renda-produto e a teoria do acréscimo de patrimônio líquido* (*Reinvermögenzugangstheorie*) falham por desconsiderar os aspectos éticos e jurídicos do conceito de renda, sendo que a teoria desenvolvida por Hans Georg Ruppe,[10] bem como por *Tipke* e *Lang* da teoria da renda no mercado (*Markteinkommnstheorie*) se aproxima como maior vigor do sistema constitucional de um Estado de Direitos Fundamentais. Uma única observação a ser feita a esta teoria é a de que o conceito de renda deve respeito fundamentalmente ao princípio da capacidade contributiva e da renda efetiva e entendemos que igualmente e de modo importante deve existir o respeito ao princípio da neutralidade concorrencial.

Apesar da diversidade de teoria, geralmente, elas partilham de um núcleo comum de conceitos básicos, dentre os quais podemos citar: i) a renda é uma riqueza nova; ii) pode ter uma natureza material ou imaterial; iii) possui uma natureza de atividade humana, ou seja, a riqueza decorrente de uma atividade fortuita não pode ser considerada renda tributável; iv) a renda pode ter uma realização econômica (ava-

---

[9] Cf. RUPPE, Hans Georg. Möglichkeiten und Grenzen der Übertragung von Einkunftsquellen als Problem der Zurechnung von Einkünften. In: *Tipke, Klaus* (Hrsg.): Übertragung von Einkunftsquellenim Steuerrecht. Köln: Otto Schmidt 1978, DStJG 1.

[10] Cf. RUPPE, Hans Georg: Möglichkeiten und Grenzen der Übertragung von Einkunftsquellen als Problem der Zurechnung von Einkünften. In: *Tipke, Klaus* (Hrsg.): Übertragung von Einkunftsquellenim Steuerrecht. Köln: Otto Schmidt 1978.

liada monetariamente – regime de caixa) ou representar um crédito líquido e certo (riqueza a ser realizada – regime de competência); v) a periodicidade é um componente fundamental na definição de renda *(tax period)*, com raras exceções e vi) a renda pode ser em moeda ou ter valor monetário, ou seja, o poder de adquirir ou comprar em regime de mercado (*Adam Smith*).

Para alguns autores, deveria ser acrescentada a divisão entre a renda consumida e a renda investida; para outros autores, a renda investida não poderia ser tributada, visto que do capital aplicado nascerão novas riquezas que serão consumidas e tributadas, gerando uma dupla imposição econômica.

O Imposto sobre a Renda possui previsão constitucional no art. 153 da CF, que determina que:

Art. 153. Compete à União instituir impostos sobre:

[...]

III – renda e proventos de qualquer natureza;

O CTN dispõe sobre as normas gerais aplicáveis ao IR, nos seus artigos 43 a 45, e diversas leis federais instituíram as normas que regulam este tributo, sendo disciplinado pelo Regulamento do Imposto sobre a Renda (RIR), previsto no Dec. nº 3.000, de 26 de março de 1999;

O princípio da capacidade contributiva está previsto no art. 145, § 1º, que determina:

§ 1º Sempre que possível, os impostos terão caráter pessoal e serão graduados segundo a capacidade econômica do contribuinte, facultado à administração tributária, especialmente para conferir efetividade a esses objetivos, identificar, respeitados os direitos individuais e nos termos da lei, o patrimônio, os rendimentos e as atividades econômicas do contribuinte.

São princípios não previstos expressamente, mas que podem ser deduzidos do contexto constitucional, o princípio da i) renda efetiva; ii) da anualidade (periodicidade) e iii) da realização da renda. Vejamos cada um dos princípios individualmente considerados:

O *princípio da capacidade contributiva* (*Leistungsfähigkeit* ou *ability to pay*) se constitui em uma aplicação do princípio da igualdade e da justiça fiscal no sistema tributário. Seu sentido é o de que todos contribuintes que possuírem capacidade econômica devem contribuir na medida de suas possibilidades.

Por sua vez, o *princípio da tributação da renda efetiva* (*Nettoprinzip*) determina que a renda tributada deve ser tão somente o acréscimo patrimonial alcançado pelo contribuinte e não a sua renda bruta. Trata-se do respeito ao resultado econômico da produção de renda nova (*Prinzip der Wirtschaftlichen Rechnungsführung*). Trata-se de uma aplicação do princípio da capacidade contributiva, visto que a tributação não pode reduzir a capacidade econômica do contribuinte.

O princípio da *realização da renda* exige que somente seja objeto de tributação a renda que sofreu separação do patrimônio, ou seja, a renda realizada. Assim, não basta que ocorra o incremento de patrimônio é necessário que ocorra a *separação,*[11] visto que a renda acumulada ou acréscimo de propriedade já é tributada na sua aquisição e não pode ser novamente tributada pelo imposto de renda, deve existir a criação de riqueza nova e não apenas uma mutação patrimonial.

---

[11] Cf. MARTINS, Ronaldo Corrêa. *Imposto de Renda*: noção teórica de renda. O conceito de renda na legislação brasileira. Imposto de Renda de Pessoas Físicas. Revista Interesse Público n. 26, 2004, p. 156-176, p. 199.

Estes princípios acima lidos de modo sistemático e coerente configuram o que se denomina de *conceito constitucional de renda*, que deve ser respeitado pelas regras e princípios infraconstitucionais.

Por sua vez, os princípios que fundamentam a tributação da renda de não residentes encontram seus primórdios nos estudos de *Adolph Wagner* e *Georg von Schanz*, no século XIX. Wagner foi considerado um dos mais importantes autores de seu tempo e seu conceito *"socioeconômico de tributo"* (*"sozialökonomischer Steuerbegriff"*) foi bastante criticado. Para *Wagner*, o conceito de tributação universal da renda (*"world-wide taxation"*) era decorrente do princípio de que os tributos devem cobrir todos os tipos de renda de modo equânime.

Para *Schanz*, por outro lado, somente a aplicação clara de um princípio que poderia permitir a criação de uma distribuição equitativa do ônus fiscal, o qual, para esse autor, seria a *"vinculação econômica"* (*"economic allegiance"* ou *"wirtschaftliche Zugehörigkeit"*). Segundo ele, essa vinculação pode ser de duas ordens: fundada no consumo ou em atividades empresariais (*"business activities"*); no caso da vinculação decorrente de consumo, a residência deve ser considerada como o critério mais adequado; por sua vez, no caso de atividades empresariais, a vinculação deve ser considerada como devida no Estado da fonte.

As conclusões do grupo de *"experts"* da Liga das Nações adotou sentido completamente diverso daquele proposto por Schanz, ao entender que a tributação no Estado da residência deveria prevalecer.

De modo geral tem sido entendido pelos autores em Direito Internacional Tributário, que dois devem ser os princípios norteadores do sistema de Direito Internacional Tributário, quais sejam: a neutralidade fiscal[12] e a equidade ou justiça fiscal.[13]

De modo geral, o conceito de *"neutralidade fiscal"* tem sido entendido como a propriedade de um sistema de leis tributárias interferir de modo mínimo nas decisões empresariais de investimento.[14] O princípio da neutralidade fiscal pode ser dividido em duas espécies: neutralidade na exportação (*"export neutrality"*) e na importação (*"import neutrality"*). A neutralidade na exportação (*"export neutrality"*) significa que o investidor irá pagar o mesmo montante de tributos independentemente de seu investimento ter sido realizado no exterior ou em seu país. A neutralidade na importação (*"import neutrality"*) é entendida como a situação na qual os investimentos

---

[12] A renda decorrente de vendas e serviços não é afetada por considerações de eficiência, mas tão somente de equidade; nesse sentido, devem ser tributadas tão somente no Estado onde foram manufaturadas. As rendas decorrentes de *"portfolio investment"* devem ser tributadas tão somente no Estado onde o investimento foi realizado, visto que deve ser entendido que o *'creditor countries for the most part are high-taxing, while debtor countries low-taxing' 'other income from portfolio investment should be taxed by the state of residence of the investor exclusively"*. Por outro lado, *"income from rentals and royalties should be taxed in part by the state of residence and in part by the state to which the renting or licencing has been made. The division should consider that the amortization included in the rental or royalty should be taxed by the residence state exclusively, while the services component should be split between both states..."*; ver *in* VOGEL, Klaus. World-wide vs. Source Taxation of Income – A review and reevaluation of Arguments. *In: Der offene Finanz-und Steuerstaat*. Ausgewählte Schriften, 1964 bis 1990. Herausgegeben von Paul Kirchhof. Heildelberg: Müller, 1990, p. 133. (Seria interessante referir a tradução dos termos.)

[13] Segundo Tanja Utescher, são três: justiça fiscal (*Steuergerechtigkeit*), neutralidade (*Wettbewerbsneutralität der Besteuerung*) e praticabilidade (*Praktikabilität*); ver *in* Utescher, Op. cit., p. 336 e segs.

[14] Na definição do *Prof. Vogel*: *"laws, in particular tax laws, which do not interfere with factor distribution by market forces are called 'neutral"*; (g.n.), ver *in* Vogel, Op. cit., p. 99. Contudo, conforme o Prof. Vogel, não há certeza se podemos distinguir entre eficiência nacional e internacional.

competem em igual termo em todos os mercados onde sejam realizados.[15] Persiste na doutrina, contudo, a dúvida sobre a prevalência de um princípio sobre o outro, bem como da consistência de tal formulação.[16]

Para *Klaus Vogel*, por exemplo, não é possível dividir o conceito de neutralidade em duas esferas, nacional e internacional, devendo, ao contrário, pensar-se em uma neutralidade internacional (*"international neutrality"* ou *"neutrality between countries"*),[17] a qual advoga que um contribuinte que realiza atividades em outro Estado e, portanto, utiliza a infraestrutura pública do mesmo, deve ser tributado na mesma extensão que outra empresa que utiliza, sob as mesmas circunstâncias, a mesma infra estrutura.[18] A ideia de *"neutralidade fiscal internacional"* (*"international fiscal neutrality"*), como o próprio Prof. Vogel reconhece, é descartada, devido a diferença entre as diversas estruturas nacionais; contudo, é possível pensar-se em uma *"neutralidade"* (*"neutrality"*) em relação aos investidores de um dado país.[19]

Iremos proceder uma análise sumária das propostas de solução apresentadas, tendo como horizonte os princípios acima citados, mas sem esquecer jamais que a decisão por uma ou outra solução exige de modo inafastável a consideração de valores, ideologias e referências culturais.

2.1. Tributação em bases universais e o caso das controladas e coligadas

O Brasil foi moldando aos poucos um regime de tributação da renda[20] produzida no exterior por nacionais,[21] sob a forma de controladas e coligadas.[22] Vigorava anteriormente no Brasil o *princípio da territorialidade*, que determinava a tributação exclusiva da renda produzida no país, conforme a Lei nº 4.506, de 30 de novembro de 1964, (*"Art. 63. No caso de emprêsas cujos resultados provenham de atividades*

---

[15] Nesse sentido, entende o Prof. *Vogel* que: *"export neutrality means that the investor should pay the same total (domestic plus foreign) tax, whether he receives a given investment income from foreign or from domestic sources... import neutrality means that capital funds originating in various countries should compete at equal terms in the capital market of any country"*; ver in Vogel, idem, p. 100.

[16] Conforme cita o Prof. Vogel, a autora *Peggy Musgrave* apresentou argumentos em favor da *"capital export over capital import neutrality"*; ver *in* Vogel, idem, p. 101.

[17] Veja-se Vogel, idem, p. 104.

[18] Nesse sentido, conforme o Prof. Vogel: *"...international neutrality requires that a taxpayer who conducts an enterprise in another country – or market – and thus utilizes the other country's facilities (public goods) can be sure of being taxed no more than anyone else who, under the same circumstances, uses these facilities to the same extent"*; ver in Vogel, *idem*, p. 107.

[19] Segundo o Prof. Vogel: *"Whether the distinction between capital export and capital import neutrality is accepted or rejected, I hope to have shown that taxation of direct investment in foreign countries is economically efficient only if the investor pays no more tax than is imposed on domestic enterprises in the same country in which the enterprise was stablished"*; (g.n.), idem, ibidem.

[20] O tratamento dado à CSLL é claramente similar, veja-se o Acórdão nº 103-22.718, de 08/11/2006 vs. Acórdão CSRF 9101-00.468, de 07/12/2009.

[21] Cabe ressaltar que este regime difere do caso da tributação dos rendimentos e ganhos de capital auferidos no exterior, que possui regime próprio e distinto.

[22] "Art. 384. Serão avaliados pelo valor de patrimônio líquido os investimentos relevantes da pessoa jurídica (Lei nº 6.404, de 1976, art. 248, e Decreto-Lei nº 1.598, de 1977, art. 67, inciso XI): I – em sociedades controladas; e II – em sociedades coligadas sobre cuja administração tenha influência, ou de que participe com vinte por cento ou mais do capital social. § 1º São coligadas as sociedades quando uma participa, com dez por cento ou mais, do capital da outra, sem controlá-la (Lei nº 6.404, de 1976, art. 243, § 1º). § 2º Considera-se controlada a sociedade na qual a controladora, diretamente ou através de outras controladas, é titular de direitos de sócio que lhe assegurem, de modo permanente, preponderância nas deliberações sociais e o poder de eleger a maioria dos administradores (Lei nº 6.404, de 1976, art. 243, § 2º)".

exercidas parte no País e parte no exterior, sómente integrarão o lucro operacional os resultados produzidos no País"). Nesse caso existia uma presunção relativa quando da ausência de discriminação do que era lucro produzido no país e no exterior, implicando em uma tributação arbitrada sobre 20% da receita operacional (*"§ 2º Se a emprêsa que explora atividade nas condições previstas neste artigo não puder apurar separadamente o lucro operacional produzido no País, será êle estimado ou arbitrado como equivalente a 20% (vinte por cento) da receita bruta operacional"*).

O regime de tributação em bases universais foi adotado no Brasil por meio do art. 25, da Lei nº 9.249 de 26/12/1995, cujo *caput* assim dispõe:

Os lucros, rendimentos e ganhos de capital auferidos no exterior serão computados na determinação do lucro real das pessoas jurídicas correspondente ao balanço levantado em 31 de dezembro de cada ano.

Assim, até este momento vigorava o regime de tributação em bases estritamente territoriais. A partir da Lei nº 9.249/95 tanto os casos de atuação direta por meio de filiais e sucursais, quanto a atuação indireta, por meio de coligadas e controladas, passaram a adicionar os resultados auferidos no exterior na base de cálculo dos contribuintes do IRPJ.

O novo regime irá determinar com o estabelecimento da determinação do lucro líquido da pessoa jurídica para fins de determinação da base de cálculo do IRPJ mediante a inclusão das participações no conceito de lucro líquido, dessa forma:

Seção III

Conceito de Lucro Líquido

Art. 248. O lucro líquido do período de apuração é a soma algébrica do lucro operacional (Capítulo V), dos resultados não operacionais (Capítulo VII), e das participações, e deverá ser determinado com observância dos preceitos da lei comercial (Decreto-Lei nº 1.598, de 1977, art. 6º, § 1º, Lei nº 7.450, de 1985, art. 18, e Lei nº 9.249, de 1995, art. 4º).[23]

Inaugurou-se assim no país o tratamento dos rendimentos auferidos no exterior, inclusive das controladas e coligadas, por meio do regime de universalidade. Esse dispositivo incorria em clara inconstitucionalidade, como bem denunciaram Heleno Tôrres e Alberto Xavier, dado que se estabelecia uma distribuição de lucros ou disponibilização ficta da renda com base no balanço verificado em cada período fiscal. O cálculo das participações seguia o método da equivalência patrimonial, mesmo que não tivessem sido efetivamente distribuídos.

Posteriormente foi editada a Lei nº 9.532/97 que determinava os casos de presunção da disponibilização dos lucros da seguinte forma:

Art. 1º Os lucros auferidos no exterior, por intermédio de filiais, sucursais, controladas ou coligadas serão adicionados ao lucro líquido, para determinação do lucro real correspondente ao balanço levantado no dia 31 de dezembro do ano-calendário em que tiverem sido disponibilizados para a pessoa jurídica domiciliada no Brasil.

§ 1º Para efeito do disposto neste artigo, os lucros serão considerados disponibilizados para a empresa no Brasil:

a) no caso de filial ou sucursal, na data do balanço no qual tiverem sido apurados;

b) no caso de controlada ou coligada, na data do pagamento ou do crédito em conta representativa de obrigação da empresa no exterior.

§ 2º Para efeito do disposto na alínea "b" do parágrafo anterior, considera-se:

---

[23] Conforme o RIR/99: "Art. 246. Estão obrigadas à apuração do lucro real as pessoas jurídicas (Lei n º 9.718, de 1998, art. 14): (...) III - que tiverem lucros, rendimentos ou ganhos de capital oriundos do exterior;".

a) creditado o lucro, quando ocorrer a transferência do registro de seu valor para qualquer conta representativa de passivo exigível da controlada ou coligada domiciliada no exterior;

b) pago o lucro, quando ocorrer:

1. o crédito do valor em conta bancária, em favor da controladora ou coligada no Brasil;

2. a entrega, a qualquer título, a representante da beneficiária;

3. a remessa, em favor da beneficiária, para o Brasil ou para qualquer outra praça;

4. o emprego do valor, em favor da beneficiária, em qualquer praça, inclusive no aumento de capital da controlada ou coligada, domiciliada no exterior.

§ 3º Não serão dedutíveis na determinação do lucro real e da base de cálculo da Contribuição Social sobre o Lucro Líquido os juros, relativos a empréstimos, pagos ou creditados a empresa controlada ou coligada, independente do local de seu domicílio, incidentes sobre valor equivalente aos lucros não disponibilizados por empresas controladas, domiciliadas no exterior.

Ainda por sua vez:

(...) § 7º Considerar-se-á disponibilizado o lucro: (Incluído pela Lei nº 9.959, de 2000)

a) na hipótese da alínea "c" do § 1º:

1. na data da contratação da operação, relativamente a lucros já apurados pela controlada ou coligada;

2. na data da apuração do lucro, na coligada ou controlada, relativamente a operações de mútuo anteriormente contratadas;

b) na hipótese da alínea "d" do § 1º, em 31 de dezembro do ano-calendário em que tenha sido encerrado o ciclo de produção sem que haja ocorrido a liquidação.

O art. 3º da Lei nº 9.959/00 introduziu *novas modalidades de disponibilização para as controladas e coligadas* que complementaram aquelas presentes na complementando aquelas constantes no artigo 1º, da Lei nº 9.532/97. Tais acréscimos longe de alterar o regime anterior sem o alterá-lo substancialmente. Assim vejamos:

Art. 3º O art. 1º da Lei nº 9.532, de 1997, passa a vigorar com a seguinte redação:

§ 1º Para efeito do disposto neste artigo, os lucros serão considerados disponibilizados para a empresa no Brasil: (...)

c) na hipótese de contratação de operações de mútuo, se a mutuante, coligada ou controlada, possuir lucros ou reservas de lucros; (com a redação da Lei nº 9.959/2000)

d) na hipótese de adiantamento de recursos, efetuado pela coligada ou controlada, por conta de venda futura, cuja liquidação, pela remessa do bem ou serviço vendido, ocorra em prazo superior ao ciclo de produção do bem ou serviço. (com a redação da Lei nº 9.959/2000).

Estes casos, por sua vez, não são exaustivos de tal modo que outros poderiam ser acrescentados, tal como, por exemplo, o caso de integralização de capital em outra sociedade, a qual foi considerada como disponibilização, devendo serem adicionadas as entregas da participação acionária de controlada no exterior.[24]

Como bem ensina *Heleno Tôrres*, o regime de tributação de controladas e coligadas estabelecido pela Lei nº 9.532/97 definiu claramente os casos de disponibilidade da renda, por meio do *"pagamento"*, *"crédito"*, *"entrega"*, *"remessa"* ou *"emprego do valor"* para o beneficiário, o sócio-quotista ou acionista residente no Brasil.

Note-se que a legislação ao especificar os casos de mútuo e adiantamento de recursos visava claramente atacar as possibilidades de distribuição disfarçada de lucros, já previstos em nosso sistema.

A Lei Complementar nº 104, de 10 de janeiro de 2001, acrescenta no CTN o § 2º, o que permitiu a determinação da disponibilidade da renda produzida no exterior (*"Na hipótese de receita ou de rendimento oriundos do exterior, a lei estabelecerá as*

---

[24] Cf. AC nº 9101-00.750 – 1ª Turma Câmara Superior de Recursos Fiscais Precedentes recentes da CSRF, Casos Ripasa e Brasil Warrant.

condições e o momento em que se dará sua disponibilidade, para fins de incidência do imposto referido neste artigo"). A leitura da redação do dispositivo não autoriza, contudo, a interpretação da possibilidade de uma tributação ficta, mas tão somente se aduz que a lei irá determinar os meios de verificar a disponibilidade da renda mundial.

O método de apuração manteve-se com o regime de equivalência patrimonial, previsto no art. 23, *caput* e parágrafo único, do Decreto-Lei nº 1.598/77, para o IRPJ.

Para *Heleno Tôrres* o art. 74 da MP nº 2.158-34/2001 não retirou a vigência dos arts. 1º da Lei nº 9.532/97 e 3º da Lei nº 9.959/00; tampouco repristinou o conteúdo do art. 25 da Lei nº 9.249/95. O art. 74 da Medida Provisória nº 2.158/2001 apenas ampliou o alcance material dessas regras, que passaram a servir como fundamento para incidência da CSLL e introduziu a disponibilidade jurídica dos lucros auferidos em conformidade com novo momento temporal: a data do balanço no qual tiverem sido apurados (31 de dezembro de cada exercício).

Entendemos que procedeu, intencional ou involuntariamente, a uma alargamento indevido do conceito de disponibilidade da renda ao ponto de ofender o conceito constitucional de renda, o princípio da capacidade contributiva, da renda efetiva e da legalidade. O fulcro deste desvio decorre do estabelecimento como regra geral de um regime de combate à distribuição disfarçada de lucros e do abuso no poder de controle, quando esse mecanismo deveria ser tomado como medida específica e excepcional. Para melhor entender o uso de mecanismos antiabuso vejamos a experiência do direito tributário internacional comparado.

O tratamento dos rendimentos no exterior é complementado com as regras de tratamento dos prejuízos no exterior. A legislação veda a compensação de prejuízos de filiais, sucursais, controladas ou coligadas, no exterior, com os lucros auferidos pela pessoa jurídica no Brasil. Esses prejuízos devem ser apurados com base na contabilidade do país de domicílio.

Determina igualmente que os prejuízos apurados por uma controlada ou coligada, no exterior, somente poderão ser compensados com lucros dessa mesma controlada ou coligada. Por outro lado, quando existirem diversas filiais ou sucursais em um mesmo país, poderá uma delas ser eleita como entidade líder e os resultados poderão ser consolidados por país e os prejuízos de uma poderão ser compensados com os lucros de outra.

O questionamento sobre a conformidade do tratamento fiscal dos prejuízos perante os direitos do contribuinte não é desconhecido pelo direito comparado. No caso *Case C-446/03 Marks & Spencer v. David Halsey (Her Majesty's Inspector of Taxes)*, julgamento em 13.12.2005, entendeu-se pela possibilidade deste tratamento ocasionar indiretamente uma forma de restrição indevida ao mercado comum e se constituir em uma restrição a liberdade de estabelecimento (*restriction on freedom of establishment*).

Essa Corte entendeu que a limitação de perdas somente é legítima nos casos em que os estados membros buscam evitar o risco do duplo uso das perdas (*avoid the risk of the double use of losses*) e o desejo de evitar a elusão fiscal (*risk of tax avoidance*).

O regime de tratamento dos rendimentos e dos prejuízos fiscais deve ser complementado pelo tratamento da compensação do imposto pago no exterior. A possibilidade de compensação está prevista na legislação. Determina que o imposto de renda pago no país de domicílio da filial, sucursal, controlada ou coligada e o pago relativamente a rendimentos e ganhos de capital, poderão ser compensados com o que for devido no Brasil. A norma é bastante abrangente ao determinar que se considera imposto de renda pago no país de domicílio da filial, sucursal, controlada ou coligada ou o relativo a rendimentos e ganhos de capital, o tributo que incida sobre lucros, independentemente da denominação oficial adotada e do fato de ser este de competência de unidade da federação do país de origem.

A legislação nacional é restritiva ao determinar a vedação da consolidação dos valores de impostos correspondentes a diversas controladas, coligadas, filiais ou sucursais. Contudo, tratando-se de filiais e sucursais, domiciliadas num mesmo país, poderá haver consolidação dos tributos pagos.

O tributo pago no exterior, passível de compensação, será sempre proporcional ao montante dos lucros, rendimentos ou ganhos de capital que houverem sido computados na determinação do lucro real.

Para efeito de compensação, o tributo será considerado pelo valor efetivamente pago, não sendo permitido o aproveitamento de crédito de tributo decorrente de qualquer benefício fiscal. O valor do tributo pago no exterior, a ser compensado, não poderá exceder o montante do imposto de renda e adicional, devidos no Brasil, sobre o valor dos lucros, rendimentos e ganhos de capital incluídos na apuração do lucro real.

Para efeito do disposto no parágrafo anterior, a pessoa jurídica, no Brasil, deverá calcular o valor:

• do imposto pago no exterior, correspondente aos lucros de cada filial, sucursal, controlada ou coligada e aos rendimentos e ganhos de capital que houverem sido computados na determinação do lucro real;

• do imposto de renda e adicional devidos sobre o lucro real antes e após a inclusão dos lucros, rendimentos e ganhos de capital auferidos no exterior.

Efetuados os cálculos na forma do § 10, o tributo pago no exterior, passível de compensação, não poderá exceder o valor determinado, segundo o disposto em seu inciso I, nem à diferença positiva entre os valores calculados sobre o lucro real com e sem a inclusão dos referidos lucros, rendimentos e ganhos de capital, referidos em seu inciso II.

O tributo pago sobre lucros, rendimentos e ganhos de capital auferidos no exterior que não puder ser compensado em virtude de a pessoa jurídica, no Brasil, no respectivo ano-calendário, não ter apurado lucro real positivo, poderá ser compensado com o que for devido nos anos-calendário subsequentes.

2.2. Direito comparado

O Direito Comparado historicamente verificou dois apelos simultâneos e conflitivos: de um lado, aumentar o fluxo de comércio e investimentos internacionais, com a redução de barreiras e restrições ao fluxo de recursos e de outro impedir que a liberdade absoluta implicasse um uso abusivo que viesse a erodir a base tributável dos países envolvidos. Assim, algumas formas de atração de investimentos foram consideradas potencialmente danosas (paraísos fiscais, regime favorecidos e uso de benefícios fiscais), algumas práticas proibidas (manipulação contábil dos valores, distribuição disfarçada de lucros, retenção de lucros, etc.). A própria Organização para a Cooperação e Desenvolvimento Econômico – OCDE – reconheceu a necessidade do estabelecimento de regras CFC como medida de contra-ataque a competição fiscal internacional danosa (*conteract harmful tax competition*).

Não há dúvidas de que a tecnologia moderna permite claramente um meio fácil de evasão fiscal mediante a transferência de rendimentos, sob a forma de dividendos, juros ou *royalties* para uma empresa estrangeira. Esta por sua vez, como é uma entidade juridicamente distinta, pode manejar livremente o momento da distribuição de lucros, evitando ilicitamente a tributação. O regime CFC é geralmente tida como uma presunção de distribuição de renda em situações onde se acredita existir uma conduta elusiva, ou seja, de manipulação artificial da renda da empresa, com o intuito de reduzir indevidamente a carga fiscal da empresa.

Cabe observar que a legislação comparada presume a realização da renda somente em situações em que exista o propósito de economia fiscal (*tax avoidance*), geralmente sob a forma de transferências para empresas situadas em paraísos fiscais ou países com tributação favorecida.

Geralmente três critérios são utilizados: (1) presença de uma empresa estrangeira; (2) controlada por um acionista residente e (3) a renda ter sido transferida para a empresa estrangeira por critérios fiscais (*tax reasons*).

De acordo com a regra geral (*general rule*) a empresa estrangeira deve ser controlada por residentes no país do controlador. A definição de controlador não é problemática, mas pode variar de país para país, podendo ser um indivíduo, uma empresa, uma associação e mesmo um ente público. Algumas legislações abrangem todas as espécies de sujeitos de direitos e outras limitam-se a alguns casos.

Outro aspecto fundamental é sobre a finalidade das transferências realizadas por motivos meramente fiscais, não se aplicando aos casos de transferências com fundamento negocial ou societário. Dois métodos têm sido utilizados: método transacional (*transactional approach*) e o método jurisdicional (*jurisdiction approach*).

O método transacional (*transactional approach*) distingue entre o rendimento ativo e passivo (*active and passive income*). O conceito de rendimento passivo significa todo o investimento que não seja administrada por meio de um negócio ativo. Um exemplo pode ser citado no caso em que uma empresa controladora vende um produto diretamente ao consumidor, mas a fatura é encaminhada ao CFC, a diferença entre o montante faturado pela CFC e o montante faturado é enviado ao exterior.

Pelo método da jurisdição (*jurisdiction approach*) as regras CFC são aplicadas a todos os rendimentos derivados de empresas situadas em paraísos fiscais ou países com tributação favorecida (*tax havens or low tax jurisdictions*). Existe uma presunção que a mera localização paraíso fiscal já pressupõe objetivos elusivos (*tax avoidance purposes*), visto que dificilmente existirão investimentos produtivos nestes países.

Em ambos os casos ocorrerá a tributação baseada na noção de distribuição fictícia dos lucros da companhia estrangeira (*fictive distribution of the company's profits*).[25]

---

[25] Cf. LANG, Michael and others CFC Legislation, Tax Treaties and EC Law p. 234.

A literatura internacional relata a possibilidade de ocorrência de dupla tributação em função dessa tributação fictícia, dado que pode ocorrer a tributação no Estado da companhia estrangeira e no Estado do controlador.

Pelo método transacional todo o rendimento passivo pode ser submetido as regras CFC, mesmo que a companhia seja estabelecida em um país que não seja um paraíso fiscal em sentido clássico. Pelo método jurisdicional toda a empresa localizada em paraíso fiscal será objeto do regime CFC.

O modelo brasileiro adotará um tratamento *sui generis* em relação à experiência internacional, visto que o seu regime amplo abarcará tanto o método transacional, quanto o método da jurisdição. Desse modo, tanto os rendimentos ativos, quanto passivos; tanto as operações com paraísos fiscais, quanto em países sem tributação favorecida estarão submetidos à ficção da distribuição de rendimento. Um outro aspecto irá demonstrar a absoluta singularidade do modelo brasileiro: a ausência de verificação da finalidade da operação. Neste modelo tanto faz se o investimento é produtivo ou não, tanto faz se tem propósitos elusivos (*tax avoidance*) ou evasivos (*tax evasion*), elisivos (*tax planning*) ou meramente operacionais, todas as situações serão objeto de uma ficção jurídica. Caberia inclusive questionar: não existiriam limitações constitucionais e legais ao uso de ficções jurídicas na determinação da renda? Não existiriam limitações constitucionais ao uso abusivo de ficções jurídicas? Não devem estas serem legais, constitucionais e mesmo legitimadas como *medidas excepcionais* e fundadas em determinado valor, tais como praticidade ou dever de cooperação?

3. Controle do abuso negocial e da elusão fiscal

O art. 74 da MP nº 2.158 tem sido considerada uma espécie de norma antiabuso, tal conclusão não foi explicitamente expressa na sua Exposição de Motivos, contudo, esse entendimento é claramente perceptível de sua natureza.

O direito comparado adotou o uso do regime CFC com o objetivo explícito de combater os esquemas de redução ilegítima dos tributos por meio das empresas controladas. Cabe ressaltar o interessante voto do *Ministro Lewandowski,* que considerou que o art. 74 da Medida Provisória ofende o princípio da proporcionalidade, apesar de ter o louvável objetivo de combater a evasão e a elisão fiscal.

Dessa forma, se o objeto da norma é evitar o diferimento abusivo da tributação brasileira por meio da constituição de subsidiárias em países de baixa tributacão, a regra antiabuso deveria dirigir-se somente para estes casos. Adota o Ministro, implicitamente, o método da jurisdição em que o mecanismo de controle decorre do país onde se localiza o investimento.

4. Tipicidade, equivalência patrimonial e presunções absolutas

No que tange ao método de tributação, no Brasil, dos resultados reconhecidos por empresas aqui residentes decorrentes dos lucros evidenciados em suas subsidiárias, controladas ou coligadas, no exterior, as diversas regras merecem atenção.

As demonstrações financeiras das filiais, sucursais, controladas ou coligadas, no exterior serão elaboradas segundo as normas da legislação comercial do país de seu domicílio. Caso as normas sobre demonstrações financeiras do país de domicílio sejam omissas, então estas deverão observar os princípios contábeis geralmente aceitos, segundo as normas da legislação brasileira.

Depois que as contas e subcontas constantes das demonstrações financeiras elaboradas pela filial, sucursal, controlada ou coligada, no exterior, depois de traduzidas em idioma nacional e convertidos os seus valores em reais, deverão ser classificadas segundo as normas da legislação comercial brasileira, nas demonstrações financeiras elaboradas para serem utilizadas na determinação do lucro real e da base de cálculo da CSLL.[26]

Para fins de determinação da equivalência patrimonial entender-se-á como a contrapartida do ajuste do valor do investimento no exterior em filial, sucursal, controlada ou coligada, avaliado pelo método da equivalência patrimonial, a qual deverá ser registrada para apuração do lucro contábil da pessoa jurídica no Brasil.

Os resultados negativos decorrentes da aplicação do método da equivalência patrimonial deverão ser adicionados para fins de determinação do lucro real, trimestral ou anual, e da base de cálculo da CSLL, inclusive no levantamento dos balanços de suspensão e/ou redução do imposto de renda e da CSLL.[27]

A previsão de utilização do Método da Equivalência Patrimonial está no art. 248 da Lei n. 6.404/76, que determina a sua aplicação aos investimentos em coligadas, em controladas e em outras sociedades que façam parte de um mesmo grupo ou estejam sob controle comum. Por sua vez, o § 6º do art. 25 da Lei nº 9.249/95 determinou a sua aplicação conforme previsão na legislação vigente, norma que foi incorporada no art. 389 do RIR/99.

A Lei nº 9.249/95, por sua vez, excluiu da apuração do lucro real e da base de cálculo da CSLL os resultados de coligadas e controladas no exterior reconhecidos no Brasil pelo Método da Equivalência Patrimonial. Tal regime não foi respeitado pela IN nº 213/2002, que impôs a tributação a equivalência patrimonial, nos seguintes termos:

> Art. 7. A contrapartida do ajuste do valor do investimento no exterior, em filial, sucursal, controlada ou coligada, avaliado pelo método da equivalência patrimonial, conforme estabelece a legislação comercial e fiscal brasileira, deverá ser registrada para apuração do lucro contábil da pessoa jurídica no Brasil.
>
> 1. Os valores relativos ao resultado positivo da equivalência patrimonial, não tributados no transcorrer do ano-calendário, deverão ser considerados no balanço levantado em 31 de dezembro do ano-calendário para fins de determinação do lucro real e da base de cálculo da CSLL.

Existe uma clara diferença entre o lucro auferido no exterior e o resultado positivo da equivalência patrimonial, que podem incluir outras realidade contábeis, tais como: reservas de capital, reservas de lucros, provisões, acréscimos de capital sob a forma de ágio ou lucros acumulados. Dessa forma, o método da equivalência patrimonial é mais ampla do que a ficção da disponibilização do lucro, abarcando outras contas que não possuem a natureza deste. Se por um lado a ficção da apuração do lucro em momento ficto cria uma ficção temporal de disponibilização do lucro, o método de equivalência patrimonial cria uma ficção material de da própria conduta auferir lucro, visto que determina o art. 16 da Instrução nº 247/96 da Comissão de Valores Mobiliários (CVM):

---

[26] Instrução Normativa SRF nº 213, de 7 de outubro de 2002.

[27] Instrução Normativa SRF nº 213, de 7 de outubro de 2002. DOU de 8.10.2002. Dispõe sobre a tributação de lucros, rendimentos e ganhos de capital auferidos no exterior pelas pessoas jurídicas domiciliadas no País.

Art. 16. A diferença verificada, ao final de cada período, no valor do investimento avaliado pelo método da equivalência patrimonial, deverá ser apropriada pela investidora como:

I – receita ou despesa operacional quando corresponder:

a) a aumento ou diminução do patrimônio líquido da coligada e controlada, em decorrência da apuração de lucro líquido ou prejuízo no período ou que corresponder a ganhos ou perdas efetivos em decorrência da existência de reservas de capital ou de ajustes de exercícios anteriores; e

b) a variaçao cambial de investimento em coligada e controlada no exterior.

Ofende ao princípio da legalidade que uma IN venha determinar a composição da base de cálculo do IR.

O *Método de Equivalência Patrimonial* (MEP) estabelece um regime de tributação com base em ficções jurídicas e não apenas com base em presunções relativas, contudo, cabe questionar se esse modelo é constitucionalmente autorizado.

A tipicidade de um modo geral tem seus fundamentos no princípio da segurança jurídica e, especialmente no princípio da legalidade e possui conceitos próximos a serem estudados, tais como: tipo (*Typizität*) e de tipificação (*Typiesirung*). Trata-se de um tema nobre na doutrina tributária, tanto pelos aspectos teóricos que apresenta, quanto pelos problemas práticos que pretende solucionar.

De um modo geral, cada pré-compreensão do sistema jurídico irá se realizar igualmente na conceituação da tipicidade, de tal modo que o seu sentido e alcance demonstram um modelo conceitual implícito sobre o Direito Tributário.

O tipo é um modo de adequação dos fatos concretos a uma hipótese de incidência, conforme critérios de coerência, assim, o tipo "valor venal", caracteriza uma determinada conexão de fatos jurídicos que possuem características comuns que os diferenciam de outra forma de ordenação de fatos jurídicos, mas que são utilizados de forma simplificada, visando a garantir a praticidade na arrecadação tributária. Como se pode notar exsurge desta situação o questionamento fundamental: será o princípio da praticidade coerente com o princípio da capacidade contributiva e da justiça material? Quais seriam os seus limites e alcance?

Existem diversas interpretações doutrinárias sobre a utilização de tipos em Direito Tributário, desde autores que negam a sua relevância e possibilidade no ordenamento jurídico, tal como para *Misabel Derzi*, para o qual tipo não é utilizado em Direito Tributário, mas tão somente os conceitos determinados, visto que o tipo será sempre aberto.

Por outro lado, teremos autores que irão defender a presença de tipos abertos, tais como *Ricardo Lobo Tôrres*, que defende que uma interpretação do Direito Tributário que admite a utilização de tipos abertos, visto que ele representa o ponto de encontro entre o princípio da legalidade e da segurança jurídica e da capacidade contributiva e da justiça fiscal.

Para outros a utilização de tipos fechados se constitui no próprio modo de ser do Direito Tributário (*Alberto Xavier*), em que compreende que o tipo contém todos os elementos necessários para a composição da norma jurídica e para sua produção de efeitos, dispensando quaisquer outros elementos valorativos extratipo.

Inclinamo-nos a compreender a exigência de tipos cerrados, classificatórios não podem fazer parte de um sistema complexo e dinâmico como o Direito Tributário, visto que este lida com elementos mutáveis, tais como aqueles dirigidos à organização dos negócios jurídicos. O relacionamento entre princípios, conceitos, tipos normativos, configuração da regra-matriz de incidência tributária, bem como o modelo de aplicação normativa (subsuntivo, ponderação e hierarquização axiológica) demonstram todos desafios da construção de um modelo de interpretação do Direito Tributário.

Em nosso entender, a utilização de tipos em Direito Tributário deve possuir um sentido sistemático, ou seja, deve ser lido em conformação aos princípios da segurança jurídica, da legalidade, da proteção da confiança e somente pode ser afastado para concretizar o princípio da capacidade contributiva e da justiça fiscal quando esta solução for em defesa da proteção do contribuinte. Cabe ressaltar, contudo, que as cortes superiores são muito cautelosas em afastar a teoria da tipicidade fechada ou cerrada sob o receio de abusos contra os direitos dos contribuintes.

O *princípio da tipicidade* tem por objetivo limitar a interpretação judicial, a atuação legislativa e da administração pública, de tal modo a preservar a estabilidade do sistema, sua previsibilidade e o valor da manutenção das expectativas legítimas do contribuinte. O legislador fica por esse princípio vinculado a construção de tipos coerentes e ordenados, sob pena da norma legal ser declarada ilegal. Igualmente o tipo deve possuir uma relação direta com o substrato dos modelos contratuais e negociais presentes no ordenamento civil, sob pena de ofensa direta ao art. 110 do CTN.

Igualmente a interpretação judicial não poderá adentrar em critérios extratipo sob pena de violar o princípio da segurança jurídica e da legalidade, bem como deve obedecer aos ditames da capacidade contributiva e da justiça fiscal.

Cabe ressaltar que no julgamento da Adin nº 25.88-1 o Ministro Nelson Jobim fundamentou o seu voto com base na análise do *Método de Equivalência Patrimonial* (MEP). Conforme seu voto, esse método partiria do regime contábil da disponibilidade jurídica pela competência, bastando estar registrado no balanço societário, dispensando a efetiva distribuição (disponibilidade jurídica). Dessa forma, tratar-se-ia de uma norma perfeitamente constitucional.

5. Disponibilidade econômica e variação cambial

O tratamento da variação como disponibilidade econômica é ainda objeto de controvérsias. Inicialmente o tema foi regulamentado pelo art. 46 da Lei nº 10.833/2003, que determinava que: "*Art. 46. A variação cambial dos investimentos no exterior avaliados pelo método da equivalência patrimonial é considerada receita ou despesa financeira, devendo compor o lucro real e a base de cálculo da CSLL relativos ao balanço levantado em 31 de dezembro de cada ano-calendário*". Tal dispositivo foi vetado com base em parecer do Ministério da Fazenda, inclusive em razão do fato de permitir a possibilidade do surgimento de despesas dedutíveis.

Em seguida, a MP nº 232/2004 determinou a utilização da variação cambial com base no método da variação cambial (Art. 9º – "A variação cambial dos investimentos no exterior avaliados pelo método da equivalência patrimonial é considerada receita ou despesa financeira, devendo compor o lucro real e a base de cálculo da Contribuição Social sobre o Lucro Líquido – CSLL do período de apuração"). O dispositivo foi revogado pela Medida Provisória nº 243/2005.

A RFB firmou seu entendimento com base nas Soluções de Consulta n. 4/06 e 132/07 da 8ª Região Fiscal, bem como nos Acórdãos n. 12-36637, de 12 de abril de 2011, e 16-21515, de 25 de maio de 2009 (o primeiro da 5ª Turma da DRJ/RJ1 e o segundo da 5ª Turma da DRJ/SP1).[28]

6. Tratados internacionais para evitar a tributação da renda e a tributação de controladas e coligadas no exterior

Situação diversa é aquela em que a tributação de controladas e coligadas no exterior se depara com a situação de aplicação por meio de tratados internacionais. Esse caso foi objeto de julgamento pelo CARF nos Acórdão n. 108-08.765, nº 101-95.802 e nº 101-97.070.

O chamado caso Eagle (Ac. 101-97.070 – CARF) tratou das denominadas controladas indiretas, em que se entendeu que a tributação no Brasil não atinge as situações decorrentes em tratado internacional no qual ocorram operações fora do país abarcado pelo tratado. No casos questionava-se sobre a aplicação do tratado Brasil-Espanha, em que existiam lucros auferidos pela controlada direta na Espanha e lucros auferidos pelas controladas indiretas no Uruguai e na Argentina.[29]

O conceito de controlada indireta decorre da leitura do art. 243, § 2º, da Lei das S/A, que determina que: "considera-se controlada a sociedade na qual a controladora, diretamente *ou através de outras controladas*, é titular de direitos de sócio que lhe assegurem, de modo permanente, preponderância nas deliberações sociais e o poder de eleger a maioria dos administradores".[30] (Grifos nossos)

A controvérsia relaciona-se a aplicação dos artigos dos acordos que tratam da tributação dos lucros das empresas[31] (art. 7º) e da tributação dos dividendos (art. 10). O questionamento dirige-se a possibilidade de tributação no caso de lucros auferidos no exterior antes que ocorra a efetiva distribuição do dividendos. As decisões sobre o assunto entenderam que o acordo não impediria a tributação, visto que a norma apenas regularia a limitação de competências fiscais, ou seja, do exercício da capacidade tributária dos países convencionantes. A não tributação decorreria antes da presença de uma norma isentiva do que de uma limitação normativa pelo tratado. Assim os dividendos são isentos em qualquer caso, havendo distribuição efetiva ou ficta.

---

[28] A Superintendência Regional da Receita Federal (SRRF) da 9ª Região Fiscal emitiu a Soluções de Consulta n. 54 e 55 de 2003.

[29] "DIRETAS – Para fins de aplicação do art. 74 da MP nº 2.158-35, os resultados de controladas indiretas consideram-se auferidos diretamente pela investidora brasileira, e sua tributação no Brasil não se submete às regras do tratado internacional firmado com o país de residência da controlada direta, mormente quando esses resultados não foram produzidos em operações realizadas no pais de residência da controlada, evidenciando o planejamento fiscal para não tributá-los no Brasil".

[30] IN 213, de 2002: "art. 1º, § 6º Os resultados auferidos por intermédio de outra pessoa jurídica, na qual a filial, sucursal, controlada ou coligada, no exterior, mantenha qualquer tipo de participação societária, ainda que indiretamente, serão consolidados no balanço da filial, sucursal, controlada ou coligada para efeito de determinação do lucro real e da base de cálculo da CSLL da beneficiária no Brasil".

[31] "Os lucros de uma empresa de um Estado Contratante somente são tributáveis nesse Estado, a não ser que a empresa exerça sua atividade no outro Estado Contratante por meio de um estabelecimento permanente nele situado. Se a empresa exercer a sua atividade na forma indicada, os lucros atribuíveis ao estabelecimento permanente poderão ser tributados no outro Estado Contratante".

Apesar de entendimento do fisco em sentido contrário,[32] podemos notar claramente a possibilidade de conflitos diretos entre os textos dos acordos internacionais e a norma do art. 74 da MP 2.158.

Conclusões

1. O julgamento da Adin 2.588-1 acerca da constitucionalidade art. 74 da MP 2.158-35 decidiu pela constitucionalidade da norma em relação aos rendimentos de controladas situadas em países com tributação favorecida e pela inconstitucionalidade em relação às coligadas em países que não sejam paraísos fiscais, contudo, manteve ainda em aberto a constitucionalidade da norma em relação i) às controladas fora de países de tributação favorecida, ii) rendimentos de coligadas em países de tributação favorecida e iii) rendimentos de controladas em países com acordo para evitar a dupla tributação da renda.

2. Em outros dois casos a matéria foi objeto de apreciação, sem contudo, provocar efeitos *erga omnes*. No julgamento do RE 611.586 COAMO decidiu o STF por declarar constitucional a norma para controladas em paraísos fiscais, igualmente foi declarada constitucional no caso RE 541.090 EMBRACO, para controlada na Itália e China.

3. A Corte apresentou diversos fundamentos constitucionais para determinar a constitucionalidade da norma, dentre os quais destacam-se: *a ideia de controle, de disponibilidade da renda e da presença de norma antielisiva.*

4. A Repercussão Geral ao RE nº 611.586, bem como julgado o RE nº 541.090 e diversas processos junto ao CARF, tornando a controvérsia deveras complexa em função dos múltiplos questionamentos ainda em aberto. Torna-se claro que a ausência de um regime claro sobre a tributação dos lucros auferidos pelas controladas e coligadas no exterior ao invés de promover a segurança jurídica e a neutralidade fiscal internacional produziram justamente o efeito inverso.

5. Geralmente a tributação de coligadas ou controladas no exterior não tem gerado significativas discussões no Direito Constitucional Comparado, apesar de ser reconhecido que o tema possa gerar dúvidas sobre o seu conflito com o princípio da capacidade contributiva ou da legalidade. A questão constitucional envolve inicialmente a questão da tributação renda nas operações internacionais. A primeira observação relevante é decorrente do fato que a tributação da renda deve levar em consideração a diferença entre a renda produzida pelo contribuinte somente no território nacional e a renda produzida no exterior ou mundialmente. Obviamente a tributação destas duas situações deve ser coerente entre si e compatíveis sob o conceito constitucional de renda.

6. Entendemos que procedeu, intencional ou involuntariamente, a um alargamento indevido do conceito de disponibilidade da renda ao ponto de ofender o con-

---

[32] Solução de Consulta Interna nº 18 Cosit., de 8 de agosto de 2013. Origem COORDENAÇÃO GERAL DE PROGRAMAÇÃO E ESTUDOS ASSUNTO: IMPOSTO SOBRE A RENDA DE PESSOA JURÍDICA IRPJ LUCROS AUFERIDOS POR EMPRESAS COLIGADAS OU CONTROLADAS DOMICILIADAS NO EXTERIOR. A aplicação do disposto no art. 74 da Medida Provisória nº 2.15835, de 2001, não viola os tratados internacionais para evitar a dupla tributação. Dispositivos Legais: art. 98 da Lei nº 5.172, de 25 de outubro de 1966, arts 25 e 26 da Lei nº 9.249, de 26 de dezembro de 1995, arts. 21 e 74 da Medida Provisória nº 2.15835, de 24 de agosto de 2001, e Artigo 7 da Convenção Modelo da Organização para a Cooperação e o Desenvolvimento Econômico (OCDE).

SISTEMA CONSTITUCIONAL TRIBUTÁRIO – dos fundamentos teóricos aos *hard cases* tributários
Estudos em homenagem ao Ministro Luiz Fux

ceito constitucional de renda, o princípio da capacidade contributiva, da renda efetiva e da legalidade por violação do art. 43 do CTN. (Seria interessante explicitar em nota a ideia de violação ao artigo do CTN.) O fulcro desse desvio decorre do estabelecimento como regra geral de um regime de combate à distribuição disfarçada de lucros e do abuso no poder de controle, quando este mecanismo deveria ser tomado como medida específica e excepcional. Para melhor entender o uso de mecanismos antiabuso vejamos a experiência do direito tributário internacional comparado.

7. Cabe observar que a legislação comparada somente presume a realização da renda somente em situações em que exista o propósito de economia fiscal (*tax avoidance*), geralmente sob a forma de transferências para empresas situadas em paraísos fiscais ou países com tributação favorecida.

8. O art. 74 da MP nº 2.158 tem sido considerado uma espécie de norma antiabuso, tal conclusão não foi explicitamente expressa na sua Exposição de Motivos, contudo, esse entendimento é claramente perceptível a partir de sua natureza.

9. O direito comparado adotou o uso do regime CFC com o objetivo explícito de combater os esquemas de redução ilegítima dos tributos por meio das empresas controladas. Cabe ressaltar o interessante voto do Ministro Lewandowski que considerou que o art. 74 da MP nº 2.158-35 ofende o princípio da proporcionalidade, apesar de ter o louvável objetivo de combater a evasão e a elisão fiscal.

9. A controvérsia relaciona-se ainda com a aplicação dos artigos dos acordos que tratam da tributação dos lucros das empresas (art. 7º) e da tributação dos dividendos (art. 10). O questionamento dirige-se a possibilidade de tributação no caso de lucros auferidos no exterior antes que ocorra a efetiva distribuição do dividendos. As decisões sobre o assunto entenderam que o acordo não impediria a tributação, visto que a norma apenas regularia a limitação de competências fiscais, ou seja, do exercício da capacidade tributária dos países convencionantes. A não tributação decorreria antes da presença de uma norma isentiva do que de uma limitação normativa pelo tratado. Assim os dividendos são isentos em qualquer caso, havendo distribuição efetiva ou ficta.

Referências bibliográficas

BOITEUX, Fernando Netto. As sociedades coligadas, controladoras, controladas, e a tributação dos lucros obtidos no exterior. *Revista Dialética de Direito Tributário*. São Paulo: Dialética, 2004, nº 105, p. 20.

BRACCO, Pietro. CFC legislation e trattati internazionali: le recenti integrazioni al Commentario Ocse e il loro valore ermeneutico. *Rivista di Diritto Tributario*. Milano: Giuffrè, 2004, v. XIV, nº 2, feb.

CANTO, Gilberto U. A Aquisição de Disponibilidade e o Acréscimo Patrimonial no Imposto sobre a Renda. In: MARTINS, Ives G. S. (coord.). *Estudos sobre o Imposto de Renda* (em memória de Henry Tilbery). S. Paulo: Resenha Tributária. 1994, p. 33-40.

CARRAZZA, Roque A. *Imposto sobre a Renda* (Perfil Constitucional e Temas Específicos). São Paulo: Malheiros, 2005.

COÊLHO, Sacha Calmon Navarro *et* DERZI, Misabel Abreu Machado. Relações tributárias entre controladoras e controladas com vantagens fiscais – elisão lícita de tributos. *Revista Dialética de Direito Tributário*. São Paulo: Dialética, 2004, nº 79.

GAFFURI, Alberto Maria. *La tassazione dei redditi d'impresa prodotti all'estero*: principi generali. Milano: Giuffré, 2008.

GONÇALVES, José Artur Lima. Imposto sobre a renda – resultados auferidos no exterior por filiais, sucursais, controladas e coligadas. *Revista Dialética de Direito Tributário*. São Paulo: Dialética, 2004, nº 74.

KOCH, Mariana; Cardoso, Anderson; Leite, Luiz Eduardo. A tributação dos lucros auferidos por controladas e coligadas no exterior. In: SILVA, Felipe. *Tributação Internacional*. Porto Alegre: Ineje, 2012.

LANG, Michael, Aigner Hans-Jörgen, Scheuerle Ulrich *et* Stefaner Markus. *CFC Legislation*, Tax Treaties and EC Law, Kluwer Law International: Wien, 2004.

LOVISOLO, Antonio. *Il sistema impositivo dei dividendi*. Padova: CEDAM, 1980.

MACIEL, Taísa Oliveira. *Tributação dos lucros das controladas e coligadas estrangeiras*. Rio de Janeiro: Renovar, 2007.

MARTINS, Eliseu. Equivalência patrimonial em controladas e coligadas com patrimônio líquido negativo (passivo a descoberto). *IOB: informações Objetivas*. Temática Contábil e Balanços. São Paulo: 1992, v.26, n.23, p. 196-7.

——. Quais investimentos devem ser avaliados pela equivalência patrimonial *IOB: informações Objetivas*. Temática Contábil e Balanços. São Paulo: 1992, v. 26, n.47, p. 402-9.

——. Iniciação à equivalência patrimonial – I. *IOB: informações Objetivas*. Temática Contábil e Balanços. São Paulo: 1993, v.27, n.35, p. 286-91.

——. Iniciação à equivalência patrimonial – II. *IOB: informações Objetivas*. Temática Contábil e Balanços. São Paulo: 1993, v.27, n.36, p. 293-300.

MARTINS, Eliseu. Iniciação à equivalência patrimonial – I. *IOB: informações Objetivas*. Temática Contábil e Balanços. São Paulo: 1993, v.27, n.35.

MORAIS, Rui Duarte. *Imputação de lucros de sociedades não residentes sujeitas a um regime fiscal privilegiado*. Porto: Coimbra ed., 2005.

NUNES, Renato. Tributação de lucros auferidos por meio de coligadas e controladas no exterior: regime de disponibilização (MP n. 2.158-35/01) e resultados de equivalência patrimonial. In: TÔRRES, Heleno Taveira (Coord.). *Direito tributário internacional aplicado*. São Paulo: Quartier Latin, 2003. p. 538-604

OECD *Controlled foreign company legislation*, Paris: OECD, 1996.

——. *Harmful Tax Competition*. Paris: OECD, 1998.

OKUMA, Alessandra. Da tributação das empresas controladas e coligadas. In: TÔRRES, Heleno Taveira (Coord.). *Direito tributário internacional aplicado*. São Paulo: Quartier Latin, 2004. p. 503-534.

OLIVEIRA, Ricardo Mariz de. O conceito de renda – inovação do art. 43 do CTN pela Lei Complementar nº 104 (a questão da disponibilidade sobre lucros de coligadas e controladas no exterior). *Revista Dialética de Direito Tributário*. São Paulo: Dialética, 2004, nº 73.

——. O imposto de Renda e os Lucros Auferidos no Exterior. In: *Grandes questões atuais do direito tributário*. São Paulo: Dialética, 2003, 7º vol., p. 342-361.

——. Lucros de coligadas e controladas no exterior e aspectos de elisão e evasão fiscal no Direito brasileiro e no internacional. *Revista Dialética de Direito Tributário*. São Paulo: Dialética, 2004, nº 102, p. 95.

PEDREIRA, José Luiz Bulhões. *Finanças e demonstrações financeiras da companhia – conceitos fundamentais*. Rio de Janeiro: Forense, 1989.

PISTONE, Antonio. *La tassazio degli utili distribuiti e la thin capitalization*: profili internazionali e comparati. Padova: CEDAM, 1994, p. 24-25.

SANDLER, Daniel. *Tax Treaties and Controlled Foreign Company Legislation*: pushing the boundaries. London: Kluwer law international, 1998.

SANTOS, José Luiz dos; SCHMIDT, Paulo; FERNANDES, Luciane Alves. *Contabilidade internacional Avançada*. São Paulo: Atlas, 2007.

SCHANZ, Georg von. Der Einkommens und der Einkommensteuergesetze. In: *Finanzarchiv*, série antiga, v. 13/1. Stuttgart, 1896.

STOFFREGEN, Philip A.; LIPELES, R. Stewart. United States anti-avoidance measures affecting multinational corporations. In: CAMPBELL, Dennis. *International Tax Planning*. The Hague: Kluwer, 1995.

VETTORI, G. G. Tributação dos lucros de CFCs detidas por empresas brasileiras. In: *Diritto e Pratica Tributaria Internazionale*, v. VIII, 2011, p. 659-690,.

——; RUBINSTEIN, Flavio; VASCONCELLOS, Roberto França. Tributação da Controladas e Coligadas no Exterior. In: Eurico Marcos Diniz de Santi; Fernando Aurélio Zilveti; Roberto Quiroga Mosqueira. (Org.). *Tributação Internacional* (Série GVLaw). São Paulo: Saraiva, 2007, v., p. 159-189.

VOGEL, Klaus. Klaus Vogel on double tax conventions: A commentary to the OECD, UN ans US model conventions for the avoidance of double taxation of income and capital with particular reference to German treaty practice, Third edition, Kluwer Law International: London 1997.

XAVIER, Alberto. *Direito Tributário Internacional do Brasil*. Rio de Janeiro: Forense, 2004.

— 4.10 —

A (ir)retroatividade dos Direitos *Antidumping*

ADILSON RODRIGUES PIRES[1]

Sumário: 1. Razões do reconhecimento da Repercussão Geral pelo Supremo Tribunal Federal; 2. A fundamentação constitucional e legal; 3. A ocorrência de práticas abusivas no comércio internacional; 4. Aplicação "retroativa" do imposto de importação; 5. O imposto de importação como exceção aos princípios da irretroatividade e da anterioridade da lei; 5.1. O I.I. incidente sobre a importação de veículos automotores; 5.2. As decisões judiciais que confirmam a exceção ao princípio da anterioridade da lei; 6. A opção do produtor pela venda no mercado externo e o *dumping*; 7. Definição e características do *dumping*; 7.1. A defesa do consumidor; 7.2. A defesa da concorrência; 8. Os Direitos *Antidumping* e sua natureza jurídica; 8.1. A Natureza tributária dos Direitos *Antidumping*; 8.2. A natureza sancionatória dos Direitos *Antidumping*; 8.3. A natureza financeira dos Direitos *Antidumping*; 9. A retroatividade dos Direitos *Antidumping*; 10. Conclusão.

1. Razões do reconhecimento da Repercussão Geral pelo Supremo Tribunal Federal

Em 9 de dezembro de 2010, o Supremo Tribunal Federal reconheceu a existência de Repercussão Geral no Recurso Extraordinário 632.250-SC, abrindo margem para as discussões acerca da aplicação, ou não, da regra da irretroatividade da lei, prevista na Constituição da República, aos Direitos *Antidumping* incidentes sobre mercadorias importadas. Trata-se de assunto da maior relevância, tendo em vista o interesse de grande número de importadores brasileiros alcançados por medidas de proteção da economia.

No caso em tela, o importador alega violação do princípio da irretroatividade da lei pelo ato que determinou a aplicação dos direitos. Alega que o contrato de compra e venda firmado com o exportador em 2008, que configura o momento da tradição efetiva da mercadoria importada, antecedeu a entrada em vigor da Resolução nº 79, expedida pela Câmara de Comércio Exterior (CAMEX), órgão colegiado vinculado à Presidência da República, que detém a competência para a aplicação dos Direitos *Antidumping*.

Nestes termos, a incidência da resolução fere direito adquirido da Autora, tendo em vista que, segundo o princípio da irretroatividade da lei, o ato administrativo não

---

[1] Advogado; Doutor em Direito Econômico e Sociedade pela UGF; Professor-Adjunto de Direito Financeiro da UERJ.

SISTEMA CONSTITUCIONAL TRIBUTÁRIO – dos fundamentos teóricos aos *hard cases* tributários
Estudos em homenagem ao Ministro Luiz Fux

pode alcançar fatos já consolidados no tempo. A interessada sustenta que a importação se perfaz com a assinatura do contrato, pelo qual o exportador vende a mercadoria e se compromete a entregá-la no país de destino.

Em termos jurídicos, a mercadoria estrangeira somente deixa de pertencer ao exportador e passa para as mãos do importador no momento em que é emitida a fatura comercial ou a fatura *pro forma*, independentemente da entrega física, ou seja, basta a emissão do documento translativo da propriedade sobre o bem para que se proceda à mudança da situação jurídica.

No caso em tela, a empresa, com base em contrato de compra e venda celebrado com o produtor vendedor, importou mercadorias sobre as quais a CAMEX, após a apuração da prática de concorrência desleal, decidiu pela aplicação de Direitos *Antidumping* com efeitos sobre todas as demais importações de produto idêntico.

Lembra o Relator do Recurso Extraordinário, Ministro Joaquim Barbosa, que a "crescente complexidade das relações sociais e econômicas" é responsável pelos inúmeros precedentes sobre violação das garantias constitucionais levados a julgamento pelo STF. Entre eles, cabe citar, pela pertinência da matéria, o RE 224.285, da relatoria do Ministro Maurício Corrêa, que discute a questão da alteração da alíquota do Imposto de Importação e a sua incidência sobre bens já ingressados no território nacional e ainda não submetidos a despacho de importação. Pela similitude entre ambos, os dois Recursos Extraordinários estão correlacionados e justificam a Repercussão Geral.

Com efeito, é visível a proximidade dos temas, o que levou a submissão do julgado à regra estabelecida pela Emenda Constitucional nº 45/04, no entendimento da Corte Suprema.

2. A fundamentação constitucional e legal

Preliminarmente, cabe lembrar que, entre outras garantias, o art. 5º, inc. XXXVI, da Constituição da República, assegura a prevalência do direito adquirido, do ato jurídico perfeito e da coisa julgada sobre a lei. O comando constitucional, que enfeixa pressupostos inalienáveis dos direitos dos cidadãos, deve ser interpretado em combinação com o art. 150, inc. III, al. a, que trata da certeza e segurança jurídicas e se projeta no art. 105, do Código Tributário Nacional, instituindo no campo tributário o princípio da irretroatividade da lei.

Além dos dispositivos citados, o Imposto de Importação é regido, também, pelo art. 150, inc. III, al. *b*, da Carta Magna, que veda a cobrança de tributos antes do início de vigência da lei ou do ato que o tenha majorado.

Considerando pacífica a ideia de que o princípio da irretroatividade da lei é aplicado nas hipóteses de criação ou de aumento de tributos, mais especificamente para evitar que o ônus tributário alcance fatos gerados já ocorridos, torna-se oportuno analisar a possibilidade de sua extensão aos Direitos *Antidumping*. Esse estudo requer reflexão sobre a natureza jurídica dos Direitos *Antidumping*, condição básica para que se possa concluir pela retroatividade, ou não, dos direitos apontados.

Segundo os poucos doutrinadores que se debruçaram sobre o assunto, os Direitos *Antidumping* podem ostentar a natureza jurídica de tributo, como Adicional ao Imposto de Importação, de sanção, em face da ilicitude do *dumping*, ou financeiro, tendo em vista o caráter de compensação que representa. Vale dizer que apenas nos casos de assumirem a natureza de tributo ou de penalidade os Direitos *Antidumping* não retroagem no tempo. Noutro caso, ou seja, como compensação financeira, nada obsta a sua aplicação retroativa.

3. A ocorrência de práticas abusivas no comércio internacional

De início, cabe recordar que a complexidade das relações de troca de mercadorias e o permanente estado de tensão e instabilidade econômica, que resultam da concorrência cada vez mais acirrada, induzem os governos à concessão de incentivos de toda sorte, sejam fiscais, financeiros ou cambiais, além de outros, como forma de compensar o desequilíbrio no comércio com outras nações. A concessão generalizada de incentivos pelos governos em todo o mundo, evidentemente, gera a necessidade de controle mais rigoroso sobre o fluxo de serviços e bens transacionados.

Por sua vez, a intensificação do comércio de mercadorias provoca o crescimento acentuado dos litígios submetidos a julgamento pelo Órgão de Solução de Controvérsias da Organização Mundial de Comércio (OMC), responsável pelo cumprimento do Acordo Geral sobre Tarifas Aduaneiras e Comércio e de outros aprovados com a Ata Final da Rodada Uruguai e por zelar pela manutenção da liberdade no comércio entre as nações.

Uma vez comprovada a violação dos objetivos previstos no GATT, é aplicado o Entendimento para a Solução de Controvérsias, conjunto de normas que prevê a adoção de medidas corretivas, a saber, a recomposição do *status quo ante*, a compensação financeira ou a retaliação. O objetivo maior do órgão é a preservação da liberdade de comércio, regra prevista no preâmbulo do acordo de comércio.

No Brasil, a guarda da Constituição exige a manifestação do STF toda vez que uma norma interna viola dispositivos da Lei Maior, mormente quando regras do Direito Internacional estão em discussão. Importa destacar, neste tema, o art. 98 do Código Tributário Nacional (CTN), que dispõe sobre a supremacia dos tratados e das convenções internacionais em relação à legislação interna, matéria ainda não totalmente pacificada pelo STF, que não será aqui discutida, tendo em vista a impertinência com a questão aqui tratada.

No caso concreto, objeto de Repercussão Geral, a relevância reside na definição do marco temporal que sinaliza em direção aos efeitos da retroatividade ou da irretroatividade em casos de aplicação de Direitos *Antidumping*. A similitude entre o fato gerador da obrigação tributária relativa ao imposto de importação e o motivo pelo qual são exigidos os Direitos *Antidumping*, conduz a uma possível igualdade de tratamento nos dois casos.

Em outras palavras, trata-se de perquirir sobre as hipóteses de ocorrência do fato gerador do imposto de importação e de fixação do momento em que se verifica o termo *a quo* para fins de aplicação dos Direitos *Antidumping* sobre mercadoria importada, sobretudo com vistas a observar a aplicação uniforme da lei no tempo.

4. Aplicação "retroativa" do imposto de importação

É oportuno recordar que o Imposto de Importação incide sobre mercadoria estrangeira importada. Nos termos do que dispõem o art. 19 do CTN e o art. 1º do

Decreto-Lei nº 37/66, constitui fato gerador do imposto a entrada da mercadoria no território nacional,

Contribuinte do imposto é toda pessoa física ou jurídica responsável pela introdução do bem no país. Constitui base de cálculo, conforme o Código de Valoração Aduaneira, adotado no Brasil desde 23 de julho de 1.986, o preço pago ou a pagar pela mercadoria entrada no país, com os acréscimos e deduções permitidos pelo acordo, que disciplina o art. VII, do Acordo Geral sobre Tarifas Aduaneiras e Comércio (GATT), firmado pelo Brasil no ano de 1.947.

Insta destacar o caráter extrafiscal do Imposto de Importação, razão pela qual a alíquota do imposto pode ser majorada ou reduzida de imediato e sem necessidade de um instrumento legal para se atingir esse fim. O caráter regulatório do Imposto de Importação visa proteger a economia do país contra a concorrência desleal, como ocorre no *dumping*, ou nivelar os preços de venda no mercado doméstico, de bens importados e de bens produzidos internamente, fazendo com que a carga tributária não interfira na concorrência.

A fixação da alíquota máxima do Imposto de Importação em 35%, resultante do Protocolo de Assunção, de 26 de março de 1.991, que estabeleceu as bases para a formação do Mercosul, constituiu importante ferramenta para a mudança da política tributária no plano internacional, atribuindo ao Imposto de Importação, em definitivo, a função econômica em substituição ao forte protecionismo que caracterizou a economia do país por muitos anos.

As alíquotas incidentes sobre as mercadorias ingressadas no território nacional são as constantes da Tarifa Externa Comum (TEC), baseada na Nomenclatura Comum do Mercosul (NCM), que, por sua vez, tem por base o Sistema Harmonizado de Codificação e Classificação de Mercadorias (SH).

Em regra, o Imposto de Importação é calculado mediante a aplicação de uma alíquota *ad valorem* sobre uma base de cálculo expressa pelo valor aduaneiro da mercadoria.

A base de cálculo é obtida mediante a conversão da moeda estrangeira, objeto do contrato de câmbio celebrado entre importador e exportador, para a moeda nacional. A taxa de câmbio utilizada para esse fim é alterada diariamente por ato da Secretaria da Receita Federal do Brasil divulgado através do Sistema Integrado de Comércio Exterior (Siscomex).

Assim, é fácil imaginar a dificuldade de se calcular o imposto devido quando a mercadoria transpõe a linha imaginária acima aludida no instante em que ocorre a mudança da taxa de câmbio, isto é, exatamente à meia noite. Deve-se precisar o momento exato da entrada no país, visto que milésimos de segundos de diferença resultam em diferentes valores de imposto, com reflexos no IPI e no ICMS devidos.

O silêncio do acordo, bem como da legislação brasileira, obriga o intérprete a tecer profunda consideração sobre o momento em ocorre a prática do *dumping*, visto inexistir jurisprudência que faça referência ao termo *a quo* para aplicação dos Direitos *Antidumping*.

Já o art. 23 do Decreto-Lei nº 37/66, que codifica as normas atinentes ao Imposto de Importação e reorganiza os serviços aduaneiros, estatui que o fato gerador do imposto, para efeito de lançamento, ocorre no momento em que a Declaração de

Importação é registrada na repartição aduaneira em que se processa o despacho de importação da mercadoria.

O registro da importação, no entanto, não pode ser efetuado antes que a mercadoria tenha chegado ao ponto de destino no país, seja um porto, um aeroporto ou um ponto de fronteira, a fim de garantir a Fazenda Nacional contra possíveis fraudes.

Desse modo, a alteração da alíquota do Imposto de Importação terá que ser publicada antes do registro da documentação na alfândega de jurisdição do ponto de entrada da mercadoria.

Com isso, o Decreto-Lei cria uma ficção que permite calcular o imposto de importação devido a partir de um dado concreto e palatável, a saber, o registro da documentação referente à operação de entrada da mercadoria no país. Diante da impossibilidade prática de se precisar o instante em que a mercadoria importada cruza o limite territorial do Estado brasileiro, o art. 23, de maneira singular, resolveu a questão do cálculo do imposto sobre a importação.

Assim, é válido afirmar que a definição de fato gerador do Imposto de Importação, encontrada no CTN, ou seja, a entrada do produto estrangeiro no território nacional, é compatível com o momento de incidência do imposto, qual seja aquele em que, efetivamente, se inicia o despacho aduaneiro com vistas à internalização da mercadoria.

O antigo Tribunal Federal de Recursos já havia cristalizado esse entendimento mediante a edição da Súmula nº 4, vazada nos seguintes termos:

Súmula nº 4 – É compatível com o art. 19 do Código tributário Nacional a disposição do art. 23 do Decreto-Lei nº 37, de 18 de novembro de 1966.

Na década de noventa, inúmeros importadores, que contestaram o aumento da alíquota do imposto de importação sobre veículos automotores importados, exigido com base em decreto do Presidente da República publicado em momento posterior ao embarque da mercadoria no exterior, mas antes do início do despacho aduaneiro de importação, não obtiveram êxito em sua pretensão.

Preliminarmente, vale lembrar que o Imposto de Importação se insere entre as exceções ao princípio da legalidade, como prevê o art. 153, § 1º, da Constituição da República, assim como aos princípios da irretroatividade, que se encontra no art. 150, inc. III, al. *a*, e da anterioridade da lei, constante do art. 150, inc. III, al. *b*. No primeiro caso, a exceção diz respeito, não só ao exercício financeiro, como também à anterioridade chamada nonagesimal.

Para alcançar o fim desejado, é suficiente que o ato do Poder Executivo que alterou a alíquota seja publicado antes da ocorrência do fato gerador do imposto, sendo irrelevante tratar-se de decreto, ato ministerial ou resolução da CAMEX.

5. O imposto de importação como exceção aos princípios da irretroatividade e da anterioridade da lei

Segundo o brocardo romano *tempus regit actum*, os atos praticados sob a égide do direito devem ser regidos pelas leis em vigor no momento em que são praticados. Essa regra, de caráter universal, foi erigida à categoria dos princípios constitucionais.

Evidentemente, como toda regra, o princípio da irretroatividade da lei admite exceções, sendo uma delas o Imposto de Importação, dada, como se disse acima, a função regulatória que o caracteriza.

Como corolário da irretroatividade e, a fim de preservar a segurança jurídica dos contribuintes, a Carta Magna também estabelece que a lei só pode ser aplicada aos fatos geradores ocorridos a partir do primeiro dia do exercício seguinte ou após decorridos 90 dias da data da publicação da lei.

5.1. O I.I. incidente sobre a importação de veículos automotores

A exceção ao princípio da legalidade permitiu que o Presidente da República expedisse, em 1.995, os Decretos nº 1.391 e nº 1.427. O primeiro incluiu algumas categorias de automóveis na Lista de Exceções à Tarifa Externa Comum (TEC), enquanto o segundo elevou a alíquota *ad valorem* do Imposto de Importação incidente sobre os automóveis listados no decreto anterior, além de outros produtos nele incluídos, de 32% para 70%.

Como fundamento, alegaram as autoridades públicas que o crescimento da importação de veículos ameaçava a saúde econômica da indústria automotiva nacional, além de agravar o déficit da balança comercial, tendo em vista a saída considerável de divisas do país para pagamento das importações.

Em precedente sobre essa questão, o Ministro Carlos Velloso, no voto proferido quando do julgamento do RE 225.602-8/CE, ratificou a constitucionalidade da exceção do imposto de importação ao princípio da legalidade, asseverando que:

> A lei de condições e de limites para a majoração da alíquota do imposto de importação é lei ordinária, dado que a lei complementar somente será exigida se a Constituição, expressamente, assim determinar. No ponto, a Constituição excepcionou a regra inscrita no art. 146, II.

Entre os argumentos levantados contra o Decreto nº 1.427/95, que elevou a alíquota incidente sobre a importação, um deles se referia ao limite de 30% para a majoração, conforme previsto na Lei nº 8.085/90. Qualquer alteração acima desse limite deve ser considerada desproporcional e, portanto, insustentável.

A autorização constitucional para a fixação da alíquota *ad valorem* não confere poderes ao Presidente da República para exceder discricionariamente os parâmetros estabelecidos em lei. Conquanto exceção ao princípio da legalidade, e mesmo considerando tratar-se de imposto por natureza sujeito a contingências de ordem econômica, o limite legal deve ser obedecido.

Na ocasião, o Presidente da República alegou que a majoração da alíquota para 70% constituía medida absolutamente necessária para reprimir a evasão de divisas e restabelecer o estímulo à produção nacional de veículos. Alguns países, como a Argentina, os Estados Unidos, a Coreia do Sul e o Japão, além da União Europeia, contestaram o governo brasileiro, que mais tarde foi instado a retroceder da decisão.

Vale acrescentar que os atos praticados pela administração pública devem ser motivados para que tenham validade e aptidão para integrar o ordenamento jurídico pátrio. Todavia, convém deixar claro que a motivação não consta do ato baixado, mas sim do processo administrativo que o motivou ou da Exposição de Motivos, como, há muito, já decidiu o STF em voto do então Ministro Soares Muñoz, no RE 93.770-RJ, não reproduzido por despiciendo.

A discricionariedade prevista nos decretos assinados encontra respaldo em toda a estrutura jurídica nacional, particularmente, no art. 153, § 1º, que autoriza a exceção mencionada, assim como pelo disposto no art. 146, inc. II, do CTN, respeitados os parâmetros estabelecidos em lei.

No RE 224.285, alegava-se que a elevação da alíquota ocorreu após a assinatura do contrato de compra e venda do produto importado, momento em que se efetivou a mudança de titularidade do bem.

5.2. As decisões judiciais que confirmam a exceção ao princípio da anterioridade da lei

Em que pese a complexidade que envolve uma importação, que se inicia com os primeiros contatos e a negociação entre comprador e vendedor, o fato que materializa e produz consequências jurídicas concretas, sem dúvida, é o registro da Declaração de Importação no Siscomex.

O legislador, recorde-se, tem inteira liberdade para dispor sobre o conteúdo das normas legais, limitando-se apenas pela razoabilidade e pela coerência dos comandos com os princípios e institutos jurídicos.

Considerar que o fato gerador na importação é representado pela assinatura de contrato de compra e venda, ponto fulcral do Recurso Extraordinário 632.250-SC, é falácia, visto que, não obstante o momento em que se configura a transmissão da propriedade do bem, o legislador optou por considerar ocorrido o fato gerador, para fins de lançamento do crédito tributário, na data do registro da documentação relativa à importação na repartição aduaneira de despacho.

O contrato, alegado pela parte, foi respeitado pela autoridade fiscal. Todavia, o efeito que daí decorre é, muitas vezes, imprevisível devido às vicissitudes a que está sujeito após a sua formalização, como, por exemplo, a sua rescisão, eventual acidente ocorrido no trajeto até o ponto de destino, a exportação do produto pode ser proibida, a venda no país de destino pode sofrer alguma restrição ou, ainda, a mercadoria pode extraviar-se ou se deteriorar, entre outras possibilidades. Por todas essas razões, o registro da documentação constitui o procedimento que melhor caracteriza a efetiva entrada do produto no país.

É incabível, desse modo, sustentar que a assinatura do contrato partes constitui ato jurídico perfeito para fins tributários, garantia inafastável prevista no art. 5º, inc. XXXVI, da Carta constitucional.

Confirmando esse entendimento, frise-se que o § 2º, do art. 1º, do Decreto-Lei 37/66, preconiza que se considera entrada no território nacional a mercadoria que constar como embarcada e cuja falta venha a ser apurada pela autoridade aduaneira.

Nessas circunstâncias, e desde que o ato administrativo tenha sido editado antes do registro da documentação na repartição aduaneira, não há que falar em violação do princípio da anterioridade ou, mesmo, da irretroatividade da lei.

O que se indaga é se o ato foi editado e publicado antes da ocorrência do fato gerador. Nos dois casos, ou seja, na data de entrada da mercadoria e na data do registro da documentação, os decretos já haviam sido publicados. Não há, portanto, que se falar em violação da anterioridade ou da irretroatividade da lei, uma vez que nenhum deles pode ser desconsiderado como fato gerador do Imposto de Importação, em favor da data da assinatura do contrato de compra e venda.

A Secretaria da Receita Federal do Brasil, entendendo que se tratava de direitos aplicáveis *erga omnes*, ou seja, a todo e qualquer importador que se enquadrasse naquela hipótese, exigiu tributos sobre a importação de veículos entrados no país após a publicação dos decretos referidos.

6. A opção do produtor pela venda no mercado externo e o *dumping*

A opção pela exportação decorre da maior elasticidade de preços, em função da maior demanda de produtos, que caracteriza o mercado externo. A expansão interna dos negócios opera-se em ritmo mais lento, restringindo as oportunidades e, consequentemente, reduzindo o lucro e desestimulando os investimentos.

Dessa forma, os preços dos produtos vendidos no próprio país tendem a ser mais estáveis, enquanto que nas vendas para terceiros países é possível vislumbrar-se possibilidades mais amplas de comercialização.

Dessa forma, a escolha feita pelas empresas no sentido de vender seus produtos no mercado externo, mais atraente, como se disse, deve-se, em grande parte, à necessidade de segurança econômica e financeira do vendedor.

O redirecionamento das vendas previne a oscilação de preços e resulta em maior tranquilidade para os produtores, uma vez que o ganho obtido nas exportações é capaz de suportar eventual queda nas vendas para o mercado doméstico. Em que pese o fato de que o ganho marginal conquistado nas vendas a outros mercados seja maior, a probabilidade de ocorrência de práticas danosas contra a economia do país receptor, como o *dumping*, por exemplo, é igualmente grande.

Diversos autores procuram definir *dumping*, palavra originária do verbo *to dump*, – em português, depositar, lançar ou descarregar alguma coisa – a partir da comparação do preço de um produto normalmente praticado no mercado interno e preço de venda para exportação.

7. Definição e características do *dumping*

A liberdade de comércio, objetivo maior perseguido pelo Acordo Geral sobre Tarifas Aduaneiras e Comércio, o GATT 1994, sucessor do acordo de 1.947, permite aos países lançarem mão de diversos mecanismos de defesa e proteção comercial e econômica contra abusos ou ilicitudes praticados por empresas exportadoras ou governos. Neste último caso, está-se referindo aos subsídios concedidos pelos Estados--Membros da OMC.

As medidas previstas reúnem aquelas que dizem respeito à proteção da saúde, da moralidade pública, da segurança nacional e de defesa comercial, tais como os Direitos *Antidumping*, os direitos compensatórios e as medidas de salvaguarda.

A propósito, diz o artigo 2 do Acordo para Implementação do Artigo VI do GATT/94, internalizado no país pelo Decreto nº 1.355/94, com vigência a partir de 1 de janeiro de 1995:

> Para as finalidades do presente Acordo, considera-se haver prática de dumping, isto é, oferta de um produto no comércio de outro país a preço inferior àquele praticado, no curso normal das atividades comerciais, para o mesmo produto quando destinado ao consumo no país exportador.

Para a aferição do preço normalmente praticado, o Acordo prevê a adoção de critérios que levam em conta a comparação de preços, estabelecendo que, não havendo preço comparável, a margem de *dumping* será determinada com base na comparação do preço de produto similar exportado para um terceiro país, ou com o custo de produção no país acrescido de montante razoável por conta de custos administrativos, comercialização e lucros, além de outros fatores, o que se denomina "valor construído".

Segundo Joël Boudant,[2] o art. VI, do GATT derivou da necessidade de harmonização das legislações nacionais no plano internacional, com o fim de evitar que os governos dos países fizessem uso indevido dos Direitos *Antidumping*, impondo-os como barreira de proteção contra a concorrência julgada desleal.

Assim, o Acordo *Antidumping* visou uniformizar os conceitos consagrados nas diversas legislações e padronizar medidas repressoras, com o objetivo de disciplinar e incentivar a troca de produtos em todo o mundo.

Diversos são os conceitos de *dumping*, embora haja um consenso entre os autores que decorre da própria definição contida no art. 6, do GATT. A título de exemplo, veja-se a lição de Umberto Forte,[3] abaixo transcrita:

O *dumping* consiste na venda para o exterior de um produto a preço muito inferior àquele praticado no mercado interno, preço este muitas vezes inferior ao custo de produção, com o fim de conquistar ou dominar um determinado mercado externo.

Outros autores, no entanto, como Daniel Azúa,[4] condicionam a prática do *dumping* ao dano ou à ameaça de dano causado pela venda no país importador. Assim o autor define o *dumping*, nos termos do que dispõe o art. VI, do GATT, como a

discriminação de preços entre dois mercados, o que acontecerá quando uma mercadoria for vendida no mercado exterior a preços inferiores aos do mercado interno, causando dano à atividade industrial do país importador.

Releva notar, com Daniel Azúa, que o Acordo Multilateral de Comércio de 1947 estrema-se do conceito clássico da figura em tela, pois só admite a prática desleal, quando a venda causa dano ou ameaça causar dano material à indústria do país importador, ou, ainda, quando retarda a instalação de planta industrial projetada e aprovada pelas autoridades do país importador. A intenção de simplesmente conquistar e dominar o mercado não é mais elemento suficiente para caracterizar a prática lesiva, sendo o dano – ou a ameaça de dano – materialmente provados, a condição necessária e imprescindível à caracterização do *dumping*.

É o que dispõe o artigo 3 do AAD, segundo o qual a determinação do dano deve estar baseada em provas materiais e incluir exame objetivo do volume das importações a preços de *dumping* e do seu efeito sobre os preços de produtos similares no mercado interno, além do consequente impacto de tais importações sobre os produtores nacionais desses produtos.

Vale concluir que a prática do *dumping* viola os padrões concebidos para uma concorrência normal nas relações de compra e venda entre exportadores e importadores.

---

[2] BOUDANT, Joël. *L'Antidumping Communautaire*. Paris: Economica, 1991, p. 26.

[3] FORTE, Umberto. *União Europeia*, trad. Ana Tereza Marino Falcão. São Paulo: Malheiros, 1994, p. 335.

[4] AZÚA, Daniel E. Real. *O Neoprotecionismo e o Comércio Exterior*. São Paulo: Aduaneiras, 1986, p. 126.

7.1. A defesa do consumidor

Welber Barral[5] aponta "uma distância epistemológica entre a abordagem econômica e a abordagem jurídica do *dumping*," ressaltando que esta última dificulta a categorização, não só do fundamento jurídico, como também da natureza jurídica do *dumping*. Reconhece o autor que a intenção de inundar o mercado comprador de produtos é vista como uma conduta nefasta e, por isso, deve ser reprimida mediante a imposição de medidas protetivas.

A defesa do consumidor, entretanto, não pode ser confundida com a defesa da concorrência, ou, melhor dizendo, o interesse industrial não coincide, via de regra, com o interesse da economia nacional. Essa confusão decorre da análise precipitada dos efeitos da venda de mercadoria por preço abaixo do praticado no mercado interno do país exportador.

Hindley e Messerlin[6] vão mais além ao resaltarem que, mesmo as empresas que dominam determinado mercado, podem vender seus produtos por preços consideravelmente mais baixos, a fim de competirem com seus concorrentes diretos, ao passo que estes, em contrapartida, tudo farão para excluí-los do mercado.

A partir dessa afirmação, concluem que só o *dumping* praticado com a intenção de prejudicar o funcionamento normal do mercado é de ser condenado. A empresa que pratica o *dumping* não é, por essa única razão, injusta ou desleal com os demais *players* do mercado.

Como exemplos de comercialização de bens a preços abaixo dos preços abaixo do normal, citam os autores a venda de produtos que não satisfazem o gosto dos consumidores, cujo preço de venda esteja sobrevalorizado, que seja inadequado à utilidade ou à necessidade do consumidor ou, ainda, que não compreendam serviços de reparo e manutenção eficientes.

7.2. A defesa da concorrência

Aqui, mais uma vez nos socorremos de Welber Barral,[7] para quem "a livre concorrência nem sempre é assegurada através da legislação *Antidumping*". Pelo contrário, num primeiro momento, diz ele, a concorrência é estreitada mediante o afastamento de produtos estrangeiros impedidos de competir no mercado, provocando um reajuste de preços para cima, em função da restrita quantidade de fornecedores em ação.

Quanto menor o número de concorrentes, menor será o tamanho do mercado. Sob outra perspectiva, quanto mais restrita e fechada a oferta, maior o preço praticado. Sendo um dos objetivos do GATT a eliminação de toda e qualquer barreira ao comércio internacional, a redução artificial do volume de vendas, mesmo que de iniciativa oficial com o intuito de eliminar danos à economia, deve ser vista com reservas.

---

[5] BARRAL, Welber Oliveira. *dumping e Comércio Internacional: A Regulamentação Antidumping após a Rodada Uruguai*. Rio de Janeiro: Forense, 2000, p. 34.

[6] HINDLEY, Brian e MESSERLIN, Patrick A. *Antidumping Industrial Police*. Washington: The AEI Press, 1996, p. 14.

[7] BARRAL, Welber Oliveira. *dumping e Comércio Internacional: A Regulamentação Antidumping após a Rodada Uruguai*. Rio de Janeiro: Forense, 2000, p. 36.

Assim, só o mercado ampliado, em que o número de produtos oferecidos seja suficientemente grande é capaz de estabelecer o equilíbrio saudável de preços com vantagens para os consumidores.

Na sequência desse raciocínio, vale aduzir que o aumento de preços leva, inevitavelmente, à intervenção estatal, mediante a concessão de subsídios à produção e à comercialização interna e externa, a expansão de financiamentos por bancos oficiais, a concessão de isenções a título de incentivos destinados a alavancar a produção ou a venda, entre outros meios de atuação no domínio econômico privado.

Sob outra perspectiva, persistindo a prática do *dumping*, não necessariamente a economia do país será afetada. É o que afirma Guillermo Cabanellas,[8] para quem

debe precisarse cuál es su efecto sobre la estructura competitiva del mercado importador. Si ésta no resulta perjudicada, no existiría una conducta sujeta a la legislación de defensa de la competencia.

Com efeito, ainda que o resultado seja danoso à economia do país importador, o nível do prejuízo é tão pequeno, que não configura posição dominante no mercado que sujeite o importador à imposição de mediadas restritivas. Conquanto os preços dos produtos ofertados no mercado importador possam ser baixos o suficiente para que haja um predomínio no fornecimento, ao longo do tempo o mercado vai se acomodando a ponto de fazer surgirem novos concorrentes, conclui o professor argentino.

Um mercado excessivamente regulado não se harmoniza com as normas de Direito Internacional, nomeadamente, o Acordo Geral sobre Tarifas Aduaneiras e Comércio.

Com toda propriedade, Eduardo Lessa Bastos[9] alerta para o intervencionismo, por vezes inoportuno ou levado a cabo por conveniência, que, afinal, pode causar dano maior ao equilíbrio econômico que o próprio *dumping*.

Confiram-se abaixo as palavras do autor.

Geralmente, os países adotam medidas Antidumping quando os produtores locais, no mercado importador, são mais bem organizados que os consumidores ou quando os governos locais considerem a existência dessa legislação específica como uma proteção (...).

Em face do exposto, fácil é concluir que o excesso de proteção e de incentivos distorce de tal maneira o mercado, de forma a atingir a liberdade de iniciativa e de estabelecimento, além de limitar a concorrência, em claro prejuízo dos consumidores.

8. Os direitos *antidumping* e sua natureza jurídica

A legislação *antidumping* visa a compensar a prática abusiva mediante a aplicação de direitos que desestimulem as vendas em condições que afrontam a livre concorrência, independentemente de sua modalidade, quais sejam, o predatório, o defensivo, o inverso, o recíproco ou qualquer outra. A aplicação dos direitos, contudo, não pode servir para reduzir o volume de bens transacionados no mundo. Por isso mesmo, na fase de apuração, é possível que o compromisso de preços, firmado entre exportador e importador, previna a aplicação de direitos.

---

[8] CABANELLAS, Guillermo. *El dumping. Legislación Argentina y Derecho Comparado*. Buenos Aires: Heliasta, 1981, p. 68/69.

[9] BASTOS, Eduardo Lessa. *Estudo Analítico do dumping na Esfera Internacional*. Curitiba: Juruá, 2012, p. 85.

A Lei nº 9.019/95 dispõe sobre a aplicação dos Direitos *Antidumping* e compensatórios de subsídios. Hoje, o *dumping* é regulamentado pelo Decreto nº 8.058/13, publicado em 29 de julho deste ano, que prevê a adoção dos procedimentos administrativos com vistas à aplicação dos direitos provisórios, caso assim se decida, e dos definitivos, além do prazo de vigência e dos mecanismos de revisão da aplicação dos direitos.

A natureza jurídica dos Direitos *Antidumping* tem gerado enorme controvérsia entre os autores, embora seja fundamental para a definição da retroatividade ou não dos Direitos *Antidumping*. Com efeito, o caráter tributário, punitivo ou de compensação financeira influirá decisivamente na possibilidade de retroagirem ou não os direitos aplicados.

Alertando para a profunda divergência conceitual exposta pelos autores, serão vistos e analisados, a seguir, alguns desses posicionamentos, que, resumidamente, tratam os Direitos *Antidumping* como uma espécie tributária, para os mais conservadores, certamente, como uma forma de sanção pela prática de ato ilícito ou, ainda, uma mera compensação financeira.

Em que pese os argumentos utilizados, assim como as críticas eventualmente feitas a cada uma dessas correntes doutrinárias, a verdade é que até o momento não há, ainda, uma palavra definitiva e convincente sobre o assunto.

8.1. A natureza tributária dos Direitos Antidumping

Inicialmente, deve-se analisar a hipótese de os Direitos *Antidumping* assumirem características de tributo, qual seja, de Adicional ao Imposto de Importação. Entendem os adeptos dessa teoria que os direitos são calculados mediante a aplicação de uma alíquota, *ad valorem* ou específica, sobre o valor da mercadoria importada, tal qual o Imposto de Importação.

Com base em Bernardo Ribeiro de Moraes,[10] adicional de imposto, imposto é. Ou, nas exatas palavras do mestre, "o adicional , como o nome indica, é algo que se acrescenta ao tributo anterior, preservando a mesma natureza da espécie tributária, o que confirma a suposição".

Visto por outro ângulo, os direitos incidentes no momento da entrada da mercadoria são aplicados sobre os importadores, por definição contribuintes do imposto de importação, segundo o Decreto-Lei º 37/66.

Nestes termos, é de se aceitar a ideia da retroatividade, prevista no art. 144, do Código Tributário Nacional, segundo o qual o fato gerador do tributo se rege pela lei vigente ao tempo da sua ocorrência.

Adilson Rodrigues Pires[11] admite que esse raciocínio, em que pese rejeitá-lo, não autoriza outra conclusão se não a da retroatividade. Diz o autor, *in verbis*:

> Nestes termos, atribuir caráter de imposto de importação adicional aos Direitos Antidumping conduz à suposição de que as medidas Antidumping constituiriam uma exação aplicada retroativamente (...).

Só este dado, entretanto, não é suficiente para confirmar a natureza tributária dos Direitos *Antidumping*, mesmo que se considere a liberdade do legislador ordinário para a escolha do fato gerador e do contribuinte dos tributos, limitando-se, porém, a observar o critério de razoabilidade.

---

[10] MORAES, Bernardo Ribeiro de. *Compêndio de Direito Tributário*. Rio de Janeiro: Forense, 1984, p. 197.

[11] PIRES, Adilson Rodrigues. *Práticas Abusivas no Comércio Internacional*. Rio de Janeiro: Forense, 2001, p. 149.

Ainda uma importante consideração diz respeito ao caráter público da receita tributária, o que a torna indisponível. Ora, os Direitos *Antidumping* são aplicados facultativamente, isto é, o valor pode não ser exigido ou pode ser reduzido em razão de aspectos econômicos, sociais ou políticos.

Vale recordar que, embora a Resolução nº 1.227/87, do extinto Conselho de Política Aduaneira, do Ministério da Fazenda, literalmente, conferia a natureza tributária aos direitos aplicados, o parágrafo único do art. 1º da Lei nº 9.019/95, retira-lhe esse caráter. Dizia, expressamente, o art. 1º da Resolução que os Direitos *Antidumping* e os direitos compensatórios têm natureza de "imposto de importação adicional".

A natureza jurídica do tributo, conforme estatui o Código Tributário Nacional, em seu art. 3º, em que define tributo, independe do nome pelo qual é denominado pela lei. Essa aberração jurídica, felizmente, foi corrigida com a publicação da mencionada lei, que dispõe, *in verbis*:

Art. 1º (...)

Parágrafo único – Os Direitos Antidumping e os Direitos Compensatórios serão cobrados independentemente de quaisquer obrigações de natureza tributária relativas à importação dos produtos afetados.

Complementarmente, vale dizer que o art. 10, da lei, diz, taxativamente, que as medidas *Antidumping* têm natureza financeira e são consideradas como entradas compensatórias, nos termos do art. 3º da Lei nº 4.320/64, que dispõe sobre normas de Direito Financeiro.

Por outro lado, a natureza tributária dos Direitos *Antidumping* implica a vedação da retroatividade, em verdadeira afronta ao art. VI, do GATT, que prevê possibilidade de aplicação nos noventa dias anteriores à decisão que determinou a aplicação dos direitos.

8.2. A natureza sancionatória dos Direitos Antidumping

Partindo da premissa de que os Direitos *Antidumping* não possuem o caráter tributário, passa-se a estudar a segunda corrente doutrinária, para a qual referidos direitos encerram o caráter punitivo, uma vez que se destinam a coibir atos contrários à livre concorrência no plano internacional.

Mais uma vez, é de se elidir tal possibilidade, visto que o disciplinamento legal a que se sujeitam as penalidades impõe rígida forma de aplicação, como, por exemplo, não permitir que a punição atinja pessoas jurisdicionadas fora do âmbito de aplicação da norma de regência. Em outras palavras, não pode a autoridade brasileira, a saber, a Câmara de Comércio Exterior, aplicar medidas punitivas ao exportador estabelecido no exterior.

Outra observação importante faz alusão às considerações de conveniência e oportunidade na aplicação dos Direitos *Antidumping*, como se sabe, incompatível com a natureza das penalidades.

Com efeito, o artigo 9 do Acordo *Antidumping* faculta às autoridades do país importador a imposição dos direitos, desde que preenchidos os requisitos necessários e que configuram a prática lesiva, em montante nunca superior à margem de *dumping* apurada. A redução é cabível quando as autoridades entenderem que esse montante seja suficiente para eliminar o dano à indústria nacional e seja o bastante para corrigir distorções no comércio internacional, e não inibir a liberdade das transações.

Registre-se, ainda, que a aplicação dos direitos decorre do dano causado à indústria local do país importador. Dessa forma, o que se leva em conta é o prejuízo causado e não a prática em si, qual seja o ato que enseja a caracterização de infração ou delito.

8.3. A natureza financeira dos Direitos Antidumping

Para Tércio Sampaio Ferraz Júnior, José Del Chiaro Ferreira da Rosa e Mauro Grinberg,[12] "os Direitos *Antidumping* constituem medidas de proteção econômica." Acrescentam os autores que:

> O ato da administração, portanto, [dada a faculdade de impor os direitos] contém uma verificação (existência de dumping ou subsídio), uma avaliação econômica – em caso de dumping – (existência de dano ou ameaça de dano à indústria nacional) e uma eventual imposição (juízo de conveniência e oportunidade).

Complementam os autores, lembrando que, efetivamente, a imposição dos direitos constitui um ato administrativo discricionário, enquanto os tributos incidem com o caráter vinculado. A possibilidade de o exportador reajustar seus preços, de forma a eliminar a caracterização do dano, consiste em mais um indicativo que afasta a natureza tributária dos direitos em tela.

Diferentemente da liberdade concedida pelo acordo aos aplicadores dos Direitos *Antidumping*, o art. 3º, do Código Tributário Nacional, ao definir tributo como prestação pecuniária compulsória, restringe as considerações de conveniência e oportunidade que caracterizam os atos administrativos discricionários, impondo a obrigatoriedade da cobrança do tributo lançado.

Da mesma forma, a legitimidade para a exigência de tributo decorre de lei, uma vez que só a lei pode criar ou majorar tributo. Em se tratando de Direitos *Antidumping*, a aplicação é determinada por Resolução da Câmara de Comércio Exterior, após a apuração da prática lesiva.

Todavia, não só por exclusão se permite concluir pela natureza financeira dos direitos de que se trata. Com efeito, o art. 3º da Lei nº 4.320/64, determina que sejam incluídas na lei de orçamento todas as receitas próprias dos órgãos de governo. De outra parte, o art. 10 da Lei nº 9.019/95, que dispõe sobre a aplicação dos direitos previstos no Acordo *Antidumping*, reza, expressamente, que:

> As receitas oriundas da cobrança dos direitos antidumping e dos direitos compensatórios, classificadas como receitas originárias, serão enquadradas na categoria de entradas compensatórias previstas no parágrafo único do art. 3º da Lei nº 4.320, de 17 de março de 1964.

Como receitas originárias, os direitos aludidos devem ser entendidos como provenientes do exercício de atividades próprias da administração pública direta, que não se confundem com as receitas derivadas, entre as quais está prevista a arrecadação de tributos e multas. Assim, as receitas originárias não comportam outra espécie de receita, que não as derivadas dos Direitos *Antidumping*.

Dado o exposto, é de se concluir que os Direitos *Antidumping*, aplicados como medida compensatória pela prática lesiva aos interesses econômicos nacionais, possuem natureza financeira.

---

[12] FERRAZ JÚNIOR, Tércio Sampaio, ROSA, José Del Chiaro Ferreira da e GRINBERG, Mauro. Direitos Anti--"*dumping*" e Compensatórios: sua Natureza Jurídica e Consequências de tal caracterização. *In*: Revista de Direito Mercantil nº 96, p. s/d.

9. A retroatividade dos Direitos *Antidumping*

No plano do Direito da Integração, a retroatividade dos Direitos *Antidumping* é regulada pelo § 6º do artigo 10 do Acordo *Antidumping*, cujo *caput* segue abaixo.

Poder-se-á cobrar retroativamente Direito Antidumping definitivo sobre produtos que tenham entrado para consumo até 90 dias antes da data de aplicação das medidas provisórias, sempre que as autoridades determinem o seguinte acerca do produto importado a preços de *dumping*:

As cláusulas referenciadas no dispositivo transcrito apontam para os casos de *dumping* nocivo à economia detectados em processos anteriores e para o grande volume de importações efetuadas em curto período de tempo, entre outras. Caso as autoridades do país entendam que os fatores arrolados tenham, já, causado ou venham a causar prejuízos consideráveis quando da aplicação dos direitos definitivos, de modo a tornar inócuo o efeito corretivo que se esperava, os Direitos *Antidumping* podem retroagir.

Para o Ministro Relator do RE 632.250/SC, "é irrelevante a data da celebração do contrato de compra e venda da mercadoria para efeitos de aplicação dos Direitos *Antidumping*". Justifica o Ministro Joaquim Barbosa, afirmando que os Direitos *Antidumping* "não incidem sobre o negócio jurídico, mas sobre a importação, (...) que se inicia com o Registro da Declaração de Importação".

Aqui se tem uma nova visão sobre a incidência retroativa dos Direitos *Antidumping*. À evidência, os direitos mencionados não incidem sobre o negócio jurídico, em si, mas sobre a importação da mercadoria, sujeita, ao ingressar no país a processo de despacho aduaneiro, que tem início com o registro da Declaração de Importação junto ao Siscomex.

O Siscomex é um sistema informatizado introduzido no país com o fim de submeter as mercadorias importadas e as destinadas à exportação a processo eletrônico de controle do cumprimento de exigências legais e de atos normativos expedidos pelas autoridades administrativas.

Partindo da premissa, aceita dogmaticamente por todos, de que a importação consiste na entrada da mercadoria no país, tem-se que o elemento fático e concreto, em que se consubstancia a entrada da mercadoria, não é outro se não a transposição da fronteira geográfica, política e econômica do território nacional. Assim, torna-se desprezível admitir-se entendimento diverso, como, por exemplo, a celebração do contrato, o embarque da mercadoria ou qualquer outro fato.

Vale dizer, nos termos expostos pelo Acordo *Antidumping*, os direitos podem ser aplicados sobre as mercadorias entradas no território aduaneiro nos noventa dias que antecederam o ato em que se formalizou a exigência.

10. Conclusão

Como visto linhas atrás, a retroatividade, ou não, dos Direitos *Antidumping* está condicionada à definição da sua natureza jurídica. À guisa de conclusão, pode-se afirmar que o caráter tributário, assim como o punitivo, restam liminarmente afastados.

No primeiro caso, pela impossibilidade de se conciliar os direitos à definição de tributo encontrada no art. 3º, do Código Tributário nacional, bem como às demais peculiaridades conferidas aos tributos por aquele diploma legal.

Da mesma forma, é impróprio falar-se em natureza punitiva, tendo em visa a discricionariedade do aplicador dos direitos, cuja liberdade para graduar – ou mesmo excluir – a aplicação do encargo não se coaduna com essa qualificação.

A retroatividade, convém assinalar, gera consequências desastrosas para o importador que introduziu no país mercadorias sujeitas aos direitos. Isto porque o ônus incidirá sobre produtos já comercializados pelo importador sem os acréscimos decorrentes de uma futura imposição dos direitos, por falta de previsão.

Evidentemente, é impensável que o importador pudesse prever a imposição dos Direitos *Antidumping*, de modo a permitir a cobrança de sobrepreço. Tampouco, é de se imaginar que o importador fosse manter as mercadorias em depósito, enquanto aguardava o resultado do processo de investigação do *dumping*. Nada disso, no entanto, afasta a incidência dos direitos.

Essa é uma consequência inevitável e, pior, irremediável, pelo menos enquanto vigorarem os acordos internacionais nos termos em que foram firmados.

As amarras contidas na Resolução CPA 1.227/87, terminantemente inapropriadas, segundo os modelos de interpretação mais afinados com o mundo jurídico, não mais existem, já que foram corrigidas pelo parágrafo único, do art. 1º da Lei nº 9.019/95.

A incerteza jurídica estudada no presente trabalho decorre da omissão do GATT, assim como do Acordo *Antidumping*, sobre a natureza jurídica dos direitos em questão. À lei, aqui empregada em seu sentido amplo, não compete definir, mas sim estabelecer comandos normativos. De todo modo, vale assinalar que nenhuma indicação foi feita nos atos citados que pudesse levar o intérprete a uma conclusão satisfatória e convincente, diferente da que foi esposada neste texto.

Definida a natureza financeira dos Direitos *Antidumping*, tendo em vista o caráter compensatório que encerram, chega-se à conclusão de que os Direitos *Antidumping* podem perfeitamente retroagir para alcançar situações já definidas no tempo.

— 4.11 —

Tributação de lucros do exterior, o Supremo Tribunal Federal e os tratados internacionais tributários celebrados pelo Brasil

SERGIO ANDRÉ ROCHA[1]

Sumário: 1. Introdução; 2. Tributação do lucro de controladas situadas em países com os quais o Brasil celebrou convenções sobre a tributação da renda e do capital; 2.1. Afastamento do artigo 74 da MP 2.158 pelo artigo 7 (1) dos tratados; 2.2. Afastamento do artigo 74 da MP 2.158 pelo artigo 10 dos Tratados; 2.3. Afastamento do artigo 74 da MP 2.158 nos tratados que estabelecem isenção para dividendos; 2.4. Afastamento do artigo 74 da MP 2.158 por regra específica; 2.5. Requisitos para a utilização do tratado: *treaty shopping*; 2.6. Os comentários da OCDE à sua convenção modelo; 3. O STF, o artigo 74 da MP 2.158 e os tratados internacionais; 3.1. A questão não é a supremacia do tratado sobre a lei interna; 3.2. A competência é do Superior Tribunal de Justiça; 3.3. A decisão será sempre caso a caso; 4. Conclusão.

É uma grande honra participar desta obra em homenagem ao Professor Titular de nossa Universidade do Estado do Rio de Janeiro e Ministro do Supremo Tribunal Federal, Luiz Fux. Jurista de primeira grandeza, a obra do homenageado acompanha a todos nós desde as cadeiras da graduação em direito até as pesquisas mais profundas de temas afetos ao processo civil, sua cadeira no magistério. Na magistratura, seu profundo conhecimento jurídico marcou suas passagens pelo Tribunal de Justiça do Estado do Rio de Janeiro, pelo Superior Tribunal de Justiça, até que passou a ocupar merecida cadeira na Corte mais alta deste país. Feliz em juntar-me aos demais autores neste livro, saúdo o magistrado e professor.

1. Introdução

O tema de que nos ocupamos neste artigo passa pela análise da regra brasileira de tributação de lucros do exterior, prevista no artigo 74 da Medida Provisória n. 2.158-35/2001 (adiante apenas "MP 2.158"). Como esta matéria está entre as que mais foram analisadas pela doutrina tributária nos últimos dez anos, é muito importante delimitarmos o escopo do presente estudo.

---

[1] Professor Adjunto de Direito Financeiro e Tributário da Universidade do Estado do Rio de Janeiro. Sócio da Consultoria Tributária da EY.

Com efeito, desde 2001 (isso para não mencionarmos os trabalhos publicados quando da edição da Lei n. 9.249/1995), rios de tinta correram, e árvores foram ao solo para a publicação de livros e artigos sobre a matéria. Há três livros dedicados exclusivamente a este tema, de autoria de Taísa Oliveira Maciel,[2] João Francisco Bianco[3] e André Martins de Andrade.[4] Também obras gerais sobre tributação internacional incluíram capítulo sobre a matéria, como o livro de Alberto Xavier[5] e a obra que coautorei com os professores Victor Uckmar e Marco Aurélio Greco.[6] Os artigos chegam às dezenas.

As duas principais questões controvertidas relacionadas ao artigo 74 da MP 2.158 referem-se, respectivamente, à sua constitucionalidade e, ultrapassado este tópico e sendo o dispositivo considerado constitucional, à sua compatibilidade com as convenções sobre a tributação da renda e do capital celebradas pelo Brasil.

Em verdadeira afronta à segurança jurídica, a matéria levou quase doze anos até vir a ter um julgamento parcial pelo STF.[7] Inicialmente, a constitucionalidade do referido dispositivo foi questionada por intermédio da ADI n. 2.588, que chegou ao STF em 21 de dezembro de 2001. No início de 2012, quando parecia que finalmente esta ADI seria julgada, o Ministro Joaquim Barbosa, último a votar, surpreendeu ao interromper o julgamento da ADI e propor ao plenário do STF a repercussão geral do Recurso Extraordinário n. 611.586, que tinha como recorrente a COAMO Agroindustrial Cooperativa. Tanto a ADI quanto o referido recurso extraordinário foram julgados pelo pleno do STF em 10 de abril de 2013, juntamente com o Recurso Extraordinário n. 541.090, no qual figurava como recorrida a Empresa Brasileira de Compressores S/A.

Mesmo após tantos anos, o STF não logrou encerrar completamente a controvérsia a respeito da constitucionalidade do artigo 74 da MP 2.158, alcançando maioria apertada apenas para "conferir interpretação conforme, no sentido de que o art. 74 da MP nº 2.158-35/2001 não se aplica às empresas 'coligadas' localizadas em países sem tributação favorecida (não 'paraísos fiscais'), e que o referido dispositivo se aplica às empresas 'controladas' localizadas em países de tributação favorecida ou desprovidos de controles societários e fiscais adequados ('paraísos fiscais', assim definidos em lei)".[8] Essa foi a decisão na ADI 2.588, depois de quase doze anos de tramitação.

Se para o julgamento da ADI 2.588 e do Recurso Extraordinário n. 611.586 a questão da aplicação dos tratados internacionais sobre a tributação da renda e do capital não era relevante, não se podia dizer o mesmo no caso do Recurso Extraordinário

---

[2] MACIEL, Taísa Oliveira. *Tributação dos Lucros das Coligadas e Controladas Estrangeiras*. Rio de Janeiro: Renovar, 2007.

[3] BIANCO, João Francisco. *Transparência Fiscal Internacional*. São Paulo: Dialética, 2007.

[4] ANDRADE, André Martins. *A Tributação Universal da Renda Empresarial*. Belo Horizonte: Editora Fórum, 2008.

[5] XAVIER, Alberto. *Direito Tributário Internacional do Brasil*. 7. ed. Rio de Janeiro: Forense, 2010, p. 372-434.

[6] UCKMAR, Victor; GRECO, Marco Aurélio; ROCHA, Sergio André *et al. Manual de Direito Tributário Internacional*. São Paulo: Dialética, 2012, p. 388-409.

[7] Ver: ROCHA, Sergio André. O Protagonismo do STF na Interpretação da Constituição pode Afetar a Segurança Jurídica em Matéria Tributária? In: ROCHA, Valdir de Oliveira (Coord.). *Grandes Questões Atuais do Direito Tributário: Volume 15*. São Paulo: Dialética, 2011, p. 429-430.

[8] Disponível em: <http://www.stf.jus.br/portal/processo/verProcessoAndamento.asp?incidente=1990416>. Acesso em 01 de junho de 2013.

n. 541.090, o qual passava pela análise das convenções celebradas pelo Brasil com a China e a Itália.

Embora os Ministros Dias Toffoli e Teori Zavascki tenham manifestado opiniões sobre a matéria da aplicabilidade dos tratados internacionais tributários sobre a sistemática brasileira de tributação de lucros do exterior, a decisão final do STF foi no sentido de determinar "o retorno dos autos ao Tribunal de origem para que se pronuncie sobre a questão atinente à vedação da bitributação baseada em tratados internacionais".[9]

Após esta breve digressão, chegamos ao corte temático deste estudo. Nosso objetivo aqui será examinar, apenas e tão somente, o papel das convenções sobre a tributação da renda e do capital na controvérsia a respeito do artigo 74 da MP 2.158, considerando, especialmente, o papel do STF na análise da questão. Para chegarmos a este ponto em nossa análise, iniciaremos examinando as questões relacionadas à aplicação dos tratados internacionais tributários no contexto do tema proposto.[10]

2. Tributação do lucro de controladas situadas em países com os quais o Brasil celebrou convenções sobre a tributação da renda e do capital

O Brasil possui atualmente vinte e nove convenções internacionais tributárias em vigor. As mesmas seguem a estrutura do Modelo de Convenção da OCDE (Organização para Cooperação e Desenvolvimento Econômico), embora com algumas influências importantes do Modelo de Tratado da ONU.[11] No que tange à compatibilidade da aplicação do artigo 74 da MP 2.158 com os tratados brasileiros, é possível identificar quatro situações distintas, examinadas a seguir.

2.1. Afastamento do artigo 74 da MP 2.158 pelo artigo 7 (1) dos tratados

O artigo 7 (1) da Convenção Modelo da OCDE, incorporado nos vinte e nove tratados brasileiros, traz o "princípio" do estabelecimento permanente.[12] A regra geral prevista neste dispositivo é que, no caso de atividades desenvolvidas diretamente pelo residente no outro Estado contratante, ou seja, sem a intermediação de um estabelecimento permanente, apenas o país de residência têm competência tributária, salvo a existência de regra específica no tratado em sentido diverso. Para facilitar a exposição, encontra-se transcrito abaixo o artigo 7 (1) da Convenção Brasil-França:

> Os lucros de uma empresa de um Estado Contratante só podem ser tributados nesse Estado, a não ser que a empresa exerça sua atividade no outro Estado Contratante por meio de um estabelecimento permanente

---

[9] Disponível em: <http://www.stf.jus.br/portal/processo/verProcessoAndamento.asp?incidente=2500965>. Acesso em 01 de junho de 2013.

[10] Uma observação importante. Quando do fechamento deste texto falava-se bastante da edição de novas regras a respeito da tributação de lucros do exterior, contudo, as mesmas ainda não haviam sido veiculadas.

[11] Para uma análise da história do Modelo de tratado da OCDE, ver: ROCHA, Sergio André. *Interpretação dos Tratados para Evitar a Bitributação da Renda*. 2. ed. São Paulo: Quartier Latin, 2013, p. 41-46.

[12] Ver: ROCHA, Sergio André. Imperialismo Fiscal Internacional e o "Princípio" do Estabelecimento Permanente. *Revista Dialética de Direito Tributário*. São Paulo, n. 211, abr. 2013, p. 155-163.

aí situado. Se a empresa exercer sua atividade desse modo, seus lucros poderão ser tributados no outro Estado, mas unicamente na medida em que forem imputáveis a esse estabelecimento permanente.

Como mencionamos, portanto, afora os casos em que a empresa que realiza as atividades possui estabelecimento permanente no país "comprador", a tributação de seus resultados é facultada com exclusividade ao país de residência.

No que se refere ao artigo 74 da MP 2.158 e sua interação com o artigo 7 (1) das convenções brasileiras, argumenta-se que na medida em que aquele dispositivo determina que "*os lucros auferidos por controlada ou coligada no exterior* serão considerados disponibilizados para a controladora ou coligada no Brasil na data do balanço no qual tiverem sido apurados",[13] a regra estaria por tributar o lucro da empresa não residente e, portanto, entrando em conflito com o artigo 7 (1) no caso de controladas situadas em país com o qual o Brasil tenha celebrado tratado sobre a tributação da renda e do capital.

Este raciocínio é corroborado, ainda, pelo disposto no artigo 5 (6) da Convenção Modelo da OCDE, replicado nos tratados brasileiros, segundo o qual o mero fato de uma empresa ser controladora ou controlada de outra situada no outro Estado Contratante não caracteriza, por si só, um estabelecimento permanente. Veja-se o artigo 5 (7) do tratado com a África do Sul, por exemplo:

> O fato de que uma sociedade residente de um Estado Contratante controle ou seja controlada por uma sociedade residente do outro Estado Contratante, ou desenvolva sua atividade nesse outro Estado (quer por intermédio de um estabelecimento permanente quer de outro modo), não caracterizará, por si só, qualquer dessas sociedades como um estabelecimento permanente da outra.

A doutrina brasileira, de forma majoritária, manifesta entendimento no sentido de que a sistemática de tributação automática de lucros do exterior prevista no artigo 74 da MP 2.158 não seria compatível com a regra prevista no artigo 7 (1) dos tratados firmados pelo Brasil. Nesse sentido, por exemplo, vejam-se as opiniões de Alberto Xavier,[14] João Francisco Bianco,[15] Taísa Maciel,[16] Luís Eduardo Schoueri,[17] Heleno

---

[13] Destaque nosso.

[14] Em textual: "Infringiria, por isso, frontalmente, os tratados qualquer tentativa de aplicação de preceito legal que determinasse a adição à base de cálculo do imposto (lucro líquido da sociedade brasileira, contribuinte de um Estado) dos lucros próprios da sociedade controlada domiciliada em outro Estado contratante, pois tal significaria o Brasil arrogar-se uma competência tributária *cumulativa*, quando o tratado é expresso em atribuir ao Estado de domicílio da controlada ou coligada no exterior uma competência tributária *exclusiva*" (XAVIER, Alberto, *Direito Tributário Internacional do Brasil*, 2010, p. 380).

[15] Em textual: "Consequentemente, uma legislação das CFCs, que institua a tributação dos lucros da sociedade investida – desconsiderando a sua personalidade jurídica ou considerando-a transparente para esse fim específico –, é claramente contrária ao artigo 7º, parágrafo 1º, da Convenção Modelo, por extrapolar a competência tributária que lhe foi conferida pelo tratado" (BIANCO, João Francisco, *Transparência Fiscal Internacional*, 2007, p. 149).

[16] Em textual: "Portanto, consoante os tratados que seguem a Convenção Modelo, os lucros de uma sociedade (ainda que 'aparente') só poderiam ser tributados no outro Estado (o da residência do sócio) se a sociedade tivesse um estabelecimento permanente neste – o que não é o caso na situação analisada" (MACIEL, Taísa Oliveira, *Tributação dos Lucros das Coligadas e Controladas Estrangeiras*, 2007, p. 128).

[17] Em textual: "Não possuindo a subsidiária um estabelecimento no Brasil, a regra do parágrafo 1 do artigo VII não deixa dúvidas de que seus lucros *só* podem ser tributados no outro Estado Contratante. O termo 'só', utilizado no Acordo, implica tributação exclusiva naquele Estado, excluindo-se, no acordo, qualquer pretensão tributária brasileira sobre os lucros da subsidiária" (SCHOUERI, Luís Eduardo. Direito Tributário Internacional. Acordos de Bitributação. Imposto de Renda: Lucros Auferidos por Controladas e Coligadas no Exterior. Disponibilidade. Efeitos do Artigo 74 da Medida Provisória n. 2.158-35 – Parecer. *Revista Direito Tributário Atual*, São Paulo, n. 16, 2001, p. 205).

Taveira Tôrres,[18] Clóvis Panzarini Filho e Rafaele Russo,[19] João Dácio Rolim e Gilberto Ayres Moreira,[20] e José Henrique Longo.[21] Já me manifestei na mesma linha em outro estudo, ao qual faço referência.[22]

2.2. Afastamento do artigo 74 da MP 2.158
pelo artigo 10 dos Tratados

Outro ponto de incompatibilidade do artigo 74 da MP 2.158 com as convenções celebradas pelo Brasil seria o disposto no artigo 10 destas. Com efeito, como noticiam Marco Antônio Behrndt e Diana Piatti de Barros Lobo "na visão dos que defendem a incompatibilidade dos tratados e das normas CFC, essa permissão para a exigência do imposto pelo Estado que recebe os dividendos, bem como a previsão de competência concorrente, não autorizariam a aplicação das normas CFC. Isso porque, o teor do próprio art. 10.1 e 2 leva a conclusão de que a norma autoriza a tributação pelo outro Estado dos dividendos *pagos*, enquanto que as normas CFCs voltam-se aos lucros não distribuídos (dividendos que ainda *não* foram pagos). Em resumo, a competência do Estado de residência de tributar os lucros antes da distribuição dos dividendos não se justificaria por tal posicionamento".[23]

O entendimento de que o artigo 74 da MP 2.158 seria incompatível com a regra prevista no artigo 10 (1) e 10 (2) dos tratados celebrados pelo Brasil é também defendida por respeitável doutrina.

João Francisco Bianco argumenta que "o dispositivo convencional assegura competência tributária concorrente tão somente aos *dividendos pagos*. A norma não se refere aos dividendos fictos ou aos dividendos considerados distribuídos".[24] Tam-

---

[18] Em textual: "[...] Na combinação dos dispositivos constantes dos art. 7º e 10 da CDT, exsurge o impedimento à tributação de lucros ou dividendos antes de sua efetiva distribuição, sob condição de disponibilidade então qualificada como 'dividendo pago', como medida para eliminar eventual dupla tributação ou tratamento discriminatório, que são os fins primordiais desses tratados" (TÔRRES, Heleno Taveira. Tributação de Controladas e Coligadas no Exterior e seus Desafios Concretos. In: TÔRRES, Heleno Taveira (Coord.). *Direito Tributário Internacional Aplicado: VI Volume*. São Paulo: Quartier Latin, 2012, p. 435-436).

[19] Em textual: "[...] parece aos autores que, em princípio, a mera aplicação do artigo 7 dos tratados internacionais, *de per se*, impediria a aplicação das regras domésticas de CFC" (PANZARINI FILHO, Clóvis; RUSSO, Raffaele. A Compatibilidade entre as Regras de CFC e os Tratados Internacionais. *Revista de Direito Tributário Internacional*, São Paulo, n. 3, jun. 2006, p. 45).

[20] Em textual: "Nos termos dos tratados em questão, compete apenas ao país de residência das empresas controladas e coligadas estrangeiras tributar a renda destas, nos termos do artigo 7º da Convenção Modelo da OCDE e das Nações Unidas, o que impede a desconsideração da personalidade jurídica destas empresas para alcançar os lucros apurados no exterior pelas sociedades ligadas" (ROLIM, João Dácio; MOREIRA, Gilberto Ayres. Tributação de Lucros Auferidos no Exterior e Limites Relativos de Normas Antielisivas. *Revista de Direito Tributário Internacional*, São Paulo, n. 3, jun. 2006, p.121-122).

[21] Em textual: "Se o Brasil é signatário da Convenção de Viena que prescreve a interpretação dos Tratados tendo em conta a boa-fé das partes (artigo 31), não é razoável (artigo 32) que se permita o uso de ficção em legislação de origem interna para fraudar o disposto no artigo 7º do Tratado que impede a incidência do IRPJ e da CSL sobre o lucro de controlada ou subsidiária na Espanha" (LONGO, José Henrique. O Lucro de Subsidiária no Exterior e o Tratado Internacional. In: *IV Congresso Nacional de Estudos Tributários*. São Paulo: Noeses, 2007, p. 309).

[22] UCKMAR, Victor; GRECO, Marco Aurélio; ROCHA, Sergio André *et al*. *Manual de Direito Tributário Internacional*. São Paulo: Dialética, 2012, p. 408.

[23] BEHRNDT, Marco Antônio; LOBO, Diana Piatti de Barros. Regra de Transparência Fiscal Verde e Amarela e sua In(compatibilidade) com os Tratados Internacionais para Evitar a Bitributação. In: PANZARINI FILHO, Clóvis et. al. (Coords.). *Estudos Avançados de Direito Tributário: Tributação Internacional – Normas Antielisivas e Operações Internacionais*. Rio de Janeiro: Elsevier, 2012, p. 174.

[24] BIANCO, João Francisco, *Transparência Fiscal Internacional*, 2007, p. 152.

bém Alberto Xavier se manifestou sobre o assunto, asseverando que "a incompatibilidade com os tratados contra a dupla tributação decorre ainda de a sistemática por eles adotada apenas prevê um mecanismo de eliminação da dupla tributação dos lucros distribuídos quando a tributação ocorre no momento da distribuição, tendo esta como fato gerador, como sucede com o art. 10 combinado com o art. 23. Essa sistemática não prevê, porém, que a tributação ocorra em momento anterior ao da distribuição efetiva, quando ainda são lucros não distribuídos pela pessoa jurídica estrangeira, pelo que a dupla tributação, neste caso não tem no tratado sistema de eliminação, que fica exclusivamente ao sabor da vontade das leis internas dos Estados em causa".[25]

O artigo 10 (5) da Convenção Modelo também é apontado como impeditivo da aplicação do artigo 74 da MP 2.158,[26] embora entendamos que o mesmo não alcança a situação em tela, já que, como aponta a OCDE nos Comentários à Convenção Modelo, este dispositivo cuida da tributação pelo país de fonte, e não de residência.[27]

Quer-nos parecer que o artigo 10 somente terá um papel no presente debate caso se conclua que o artigo 74 da MP 2.158 trata-se de uma regra de tributação de dividendos fictos, como sustenta Taísa Maciel ao afirmar que "o Brasil adota a teoria do dividendo fictício (*fictive dividend approach*), de forma que o artigo 10 dos tratados veda a aplicação da norma interna".[28]

Do contrário, em não se entendendo tratar o artigo 74 da MP 2.158 da tributação de dividendos fictícios, cremos que o artigo 10 seria inaplicável ao presente caso. Tudo o que este dispositivo faz é tratar das situações em que é legítima a tributação de dividendos pelos Estados contratantes. Parece ser consequência lógica afirmar que, se de dividendos fictos não se tratar, não há razão para se argumentar que o artigo 10 das convenções seria óbice à aplicação do mencionado artigo 74.

A legislação brasileira não faz qualquer referência expressa quanto à natureza da regra prevista no artigo 74 da MP 2.158. Contudo, a relação da tributação dos lucros não distribuídos de empresas controladas no exterior com os futuros dividendos a serem pagos para a controladora brasileira é evidente. Tanto que, uma vez tributados os lucros da controlada não serão tributados os dividendos distribuídos posteriormente.[29] Afinal, não se pode perder de vista que, na origem, a regra do artigo 74 tem como finalidade o controle do diferimento da distribuição de dividendos.

A confusão a respeito da natureza da regra brasileira aparece nas decisões do Conselho Administrativo de Recursos Fiscais sobre a matéria, que não são uniformes a respeito do tema.[30]

Nada obstante, adotando-se o entendimento apresentado no item anterior a respeito da interpretação do artigo 7 (1) das convenções, no sentido de que este não autorizaria a tributação, no Brasil, de lucros não distribuídos, o debate a respeito da natureza da regra prevista no artigo 74 da MP 2.158 perde um pouco a relevância

---

[25] XAVIER, Alberto, *Direito Tributário Internacional do Brasil*, 2010, p. 380.

[26] Cf. MACIEL, Taísa Oliveira, *Tributação dos Lucros das Coligadas e Controladas Estrangeiras*, 2007, p. 131.

[27] OECD. *Model Tax Convention on Income andon Capital*. Paris: OECD, 2010, p. 195.

[28] MACIEL, Taísa Oliveira, *Tributação dos Lucros das Coligadas e Controladas Estrangeiras*, 2007, p. 162.

[29] UCKMAR, Victor; GRECO, Marco Aurélio; ROCHA, Sergio André *et al. Manual de Direito Tributário Internacional*. São Paulo: Dialética, 2012, p. 318.

[30] Para uma análise da evolução da matéria no âmbito do Conselho Administrativo de Recursos Fiscais, que não é objeto deste estudo, ver as seguintes decisões: Acórdão n. 108-08.765, Acórdão n. 1101-00.365, Acórdão n. 1402.000.391, Acórdão n. 101-95.802 e Acórdão n. 1402-00.250.

prática, na medida em que, em se tratando de dividendos fictos, a tributação brasileira estaria afastada pelo artigo 10, em se tratando de tributação de um acréscimo patrimonial reflexo do lucro da empresa não residente, a tributação seria afastada pelo artigo 7 (1).

2.3. Afastamento do artigo 74 da MP 2.158 nos tratados que estabelecem isenção para dividendos

Alguns tratados brasileiros possuem uma regra específica em seus artigos 23 estabelecendo a isenção dos dividendos distribuídos. Este é o caso dos tratados com Áustria, Argentina, Equador, Espanha e Índia. Nesses casos, haveria um argumento adicional para sustentar a incompatibilidade do artigo 74 com as convenções internacionais tributárias. Para Alberto Xavier, "trata-se, na verdade, de incompatibilidade lógica entre a lei interna e o tratado, pois a isenção do dividendo não pode coexistir com a tributação dos lucros que lhe deram origem. Esta incompatibilidade se evidencia pelo fato de que os dividendos cuja isenção é assegurada pelo tratado, já terão sido tributados quando distribuídos, a título de lucros automaticamente adicionados, e o imposto de renda na fonte eventualmente cobrado pelo país de origem sobre os dividendos não será suscetível de neutralização por crédito de imposto, conduzindo assim à dupla tributação que o tratado tem precisamente por fim evitar".[31]

Note-se, ademais, que em termos teleológicos a regra de isenção afasta o próprio fim visado pelo artigo 74 da MP 2.158, que é impedir o diferimento da incidência do imposto de renda no Brasil. Ora, se os rendimentos já eram isentos em virtude da disposição convencional, não se vislumbra hipótese possível de diferimento da tributação brasileira.

2.4. Afastamento do artigo 74 da MP 2.158 por regra específica

Por fim, vale destacar que alguns tratados específicos contêm regras dirigidas a afastar a tributação de lucros não distribuídos. Esse é o caso dos tratados com a Dinamarca,[32] a República Tcheca e a República Eslovaca. Veja-se o artigo 23 (5) dos tratados com as Repúblicas Tcheca e Escolovaca:

> 5. Os lucros não distribuídos de uma sociedade de um Estado Contratante, cujo capital pertencer ou for controlado total ou parcialmente, direta ou indiretamente, por um ou mais residentes do outro Estado Contratante, não serão tributáveis nesse último Estado."

Nesse caso ainda mais clara está a inaplicabilidade do disposto no artigo 74 da MP 2.158 diante da regra convencional.

---

[31] XAVIER, Alberto, *Direito Tributário Internacional do Brasil*, 2010, p. 386. No mesmo sentido: PANZARINI FILHO, Clóvis; RUSSO, Raffaele. A Compatibilidade entre as Regras de CFC e os Tratados Internacionais. *Revista de Direito Tributário Internacional*, São Paulo, n. 3, jun. 2006, p. 45.

[32] Em 2011, Brasil e Dinamarca assinaram novo protocolo à sua convenção sobre a tributação da renda e do capital, o qual alterou o artigo 23 original do tratado, excluindo a regra que previa que "os lucros não distribuídos de uma sociedade anônima de um Estado Contratante cujo capital pertencer ou for controlado, total ou parcialmente, direta ou indiretamente, por um ou mais residentes de outro Estado Contratante não são tributáveis no último Estado" (artigo 23 (5)). Contudo, o novo protocolo ainda não passou pela a aprovação do Congresso Brasileiro e, portanto, não está em vigor.

2.5. Requisitos para a utilização do tratado: treaty shopping

Uma vez assentando que os tratados celebrados pelo Brasil podem afastar a aplicação do artigo 74 da MP 2.158, resta perquirir se há alguma restrição à utilização dos mesmos em casos concretos.

A regra geral sobre o direito à fruição do regime tributário estabelecido em uma convenção tributária é extraída do singelo artigo 1 do tratado, segundo qual o tratado "aplicar-se-á às pessoas residentes de um ou de ambos os Estados Contratantes".

Com efeito, reconhece-se que a própria utilização das convenções pode se dar de forma ilegítima,[33] sendo a principal forma de abuso o chamado *treaty shopping*, o uso impróprio do tratado, o qual, nas palavras de Rosembuj "indica o uso de um convênio de dupla tributação por parte de uma pessoa jurídica, física ou sujeito de direito que, com propriedade, carece de legitimidade para fazê-lo".[34] Na mesma linha, Luc De Broe afirma que o *"treaty shopping* refere-se a uma situação em que uma pessoa que não tem direito aos benefícios de um tratado tributário faz uso de outra pessoa (normalmente jurídica) para obter aqueles benefícios convencionais que não lhe estariam disponíveis diretamente".[35]

Em linha com os referidos autores está Luís Eduardo Schoueri, responsável pelo primeiro estudo de fôlego sobre o tema no Brasil, para quem o *"treaty shopping* ocorre quando, com a finalidade de obter benefícios de um acordo de bitributação, um contribuinte que, de início, não estaria incluído entre seus beneficiários, estrutura seus negócios, interpondo, entre si e a fonte de rendimento, uma pessoa ou um estabelecimento permanente, que faz jus àqueles benefícios".[36]

Note-se que o reconhecimento de que é possível que os contribuintes busquem uma utilização abusiva das convenções para evitar da dupla tributação da renda não significa que o planejamento fiscal internacional seja aprioristicamente uma prática condenável ou ilegítima. Como destaca Pietro Adonnino:

> Desta maneira, o planejamento tributário, como parte do planejamento empresarial, aparece como uma atividade perfeitamente legítima e inclusive estimulável e frequentemente certamente necessária.
>
> Isso vale também para o PFI *[Planejamento Fiscal Internacional]* onde o empresário deve considerar normas pertencentes a ordenamentos diferentes, que podem ainda resultar contraditórias, que podem prever

---

[33] Cf. UCKMAR, Victor. Introducción. In: UCKMAR, Victor (Coord.). *Curso de Derecho Tributario Internacional.* Tradução Cristian J. Billardi; Juan O. Zanotti Aichino. Bogotá: Temis, 2003, v. I, p. 8.

[34] ROSEMBUJ, Tulio. *Fiscalidad Internacional.* Madrid: Marcial Pons, 1998, p. 111. Na doutrina nacional, ver: HUCK, Hermes Marcelo. *Evasão e Elisão: Rotas Nacionais e Internacionais do Planejamento Tributário.* São Paulo: Saraiva, 1997; TÔRRES, Heleno. *Direito Tributário Internacional:* Planejamento Tributário e Operações Transnacionais. São Paulo: Revista dos Tribunais, 2001, p. 323-336; FERNANDES, Edison Carlos. Considerações sobre Planejamento Tributário Internacional. In: PEIXOTO, Marcelo Magalhães; ANDRADE, José Maria Arruda de (Coords.). *Planejamento Tributário.* São Paulo: MP Editora, 2007, p. 20-22; MOREIRA JÚNIOR, Gilberto de Castro. Elisão Fiscal Objetiva no âmbito Internacional. In: PEIXOTO, Marcelo Magalhães; ANDRADE, José Maria Arruda de (Coords.). *Planejamento Tributário.* São Paulo: MP Editora, 2007, p. 49-62; CARVALHO, André de Souza; OLIVEIRA, André Gomes de. Planejamento Tributário Internacional. In: GOMES, Marcus Lívio; ANTONELLI, Leonardo Pietro (Coords.). *Curso de Direito Tributário Brasileiro.* 2. ed. São Paulo: Quartier Latin, 2010. v. III, p. 552-610.

[35] DE BROE, Luc. *International Tax Planning and Prevention of Abuse.* Amsterdam: IBFD, 2008, p. 10.

[36] SCHOUERI, Luís Eduardo. *Planejamento Fiscal Através dos Acordos de Bitributação: Treaty Shopping.* São Paulo: Editora Revista dos Tribunais, 1995, p. 21.

instrumentos de superação de conflitos, mas que também podem deixar espaços utilizados pelos operadores ante a ausência de claros obstáculos ou de critérios normativos.[37]

Para se evitar o *treaty shopping* foram desenvolvidas regras antielusivas específicas internacionais, como, por exemplo, a cláusula do beneficiário efetivo e as regras de limitação de benefícios.[38] Além disso, passou-se a exigir que a pessoa residente em um dos Estados contratantes demonstrasse a substância econômica das atividades desenvolvidas em determinada jurisdição, evitando-se, assim, o reconhecimento da residência das chamadas "empresas de papel".

É importante, portanto, que a empresa situada no país com o qual o Brasil tenha celebrado o tratado desenvolva uma "atividade econômica substantiva", sendo relevante, portanto, compreender o alcance dessa expressão.

Em seu relatório de 1998 sobre *Harmful Tax Competition*, a OCDE tocou no assunto, embora não tenha se aprofundado na análise da questão, como se percebe pela leitura da passagem a seguir:

> Adicionalmente, a ausência de uma exigência para que a atividade seja substantiva é importante, porque sugere que a jurisdição esteja tentando atrair investimentos e transações que visem objetivos puramente fiscais. Pode também indicar que a jurisdição não oferece (ou não pode oferecer) um ambiente legal ou comercial ou qualquer vantagem econômica que seria atrativa para atividades econômicas substantivas na ausência da oportunidade de redução da tributação oferecida. A determinação de quando e se uma atividade é substancial pode ser difícil. Por exemplo, serviços financeiros e administrativos podem em certas circunstâncias envolver atividades substantivas. Contudo, certos serviços prestados por "empresas de papel" indicam de pronto a falta de substância.[39]

Atividade econômica substantiva é um conceito indeterminado, o qual, na lição de Engisch, trata-se de um "conceito cujo conteúdo e extensão são em larga medida incertos. Os conceitos absolutamente determinados são muito raros no Direito. Em todo caso devemos considerar tais os conceitos numéricos (especialmente em combinação com os conceitos de medida e os valores monetários: 50 km, prazo de 24 horas, 10 marcos). Os conceitos jurídicos são predominantemente indeterminados, pelo menos em parte. É o que se pode afirmar, por exemplo, a respeito daqueles conceitos naturalísticos que são recebidos pelo Direito, como os de 'escuridão', 'sossego noturno', 'ruído', 'perigo', 'coisa'. E com mais razão se pode dizer o mesmo dos conceitos predominantemente jurídicos, como os de 'assassinato' ('homicídio qualificado'), 'crime', 'ato administrativo', 'negócio jurídico', etc. Com Philipp Heck podemos distinguir nos conceitos jurídicos indeterminados um *núcleo* conceitual e um *halo* conceitual. Sempre que temos uma noção clara do conteúdo e da extensão dum conceito, estamos no domínio do núcleo conceitual. Onde as dúvidas começam, começa o *halo* do conceito".[40]

Como já afirmamos em outro estudo, os conceitos indeterminados povoam o Direito Tributário,[41] e aqui nos vemos diante de um. Seguindo a passagem transcrita

---

[37] ADONNINO, Pietro. La Planificacion Fiscal Internacional. In: UCKMAR, Victor (Coord.). *Curso de Derecho Tributario Internacional*. Tradução Cristian J. Billardi; Juan O. Zanotti Aichino. Bogotá: Temis, 2003, v. I, p.53.

[38] Ver: UCKMAR, Victor; GRECO, Marco Aurélio; ROCHA, Sergio André *et al. Manual de Direito Tributário Internacional*. São Paulo: Dialética, 2012, p. 362-363.

[39] OECD. *Harmful Tax Competition: An Emerging Global Issue*. Paris: OECD,1998, p. 24.

[40] ENGISCH, Karl. *Introdução ao Pensamento Jurídico*. Tradução J. Baptista Machado. 7. ed. Lisboa: Fundação Calouste Gulbenkian, 1996, p. 208 e 209.

[41] Sobre o tema, ver: ROCHA, Sergio André. A Deslegalização no Direito Tributário Contempoâneo: Segurança Jurídica, Legalidade, Conceitos Indeterminados, Tipicidade e Liberdade de Conformação da Administração Pública.

do relatório da OCDE, em uma situação em que estejamos diante de uma "empresa de papel", estaremos no núcleo do conceito e será evidente a ausência de uma atividade econômica substantiva. Por outro lado, a presença de uma indústria poderia ser o exemplo inverso, da certeza de uma atividade econômica substantiva. Conforme nos afastamos desses exemplos e caminharmos pelo *halo* conceitual, dúvidas surgem, as quais somente podem ser afastadas diante dos casos concretos.

Partindo desses exemplos de completa ausência de atividade econômica substantiva ("empresas de papel") e de sua certa presença (indústria), parece-nos ser possível apontar como elemento principal o exercício de uma atividade empresarial com a existência no local da infraestrutura usualmente necessária para a realização de empreendimentos de semelhante natureza. Dessa maneira, no caso de uma empresa *holding*, a comprovação da existência de atividade econômica substantiva não dependerá da existência dos mesmos fatos presentes quando a empresa investida desenvolve alguma atividade comercial, industrial ou de prestação de serviços.

Vistos esses comentários, pode-se concluir este item no sentido de que o direito à utilização das regras de determinado tratado internacional tributário depende da demonstração de que ambas as empresas tratam-se de pessoas residentes nos Estados contratantes, excluídas as situações em que não se verifica a estrutura necessária para o desenvolvimento do objeto social da empresa, o que somente poderá ser verificado em cada caso concreto.

2.6. Os comentários da OCDE à sua convenção modelo

Uma questão sempre levantada quando do exame das relações entre tratados internacionais e regras de tributação de lucros do exterior consiste no fato de a OCDE, nos comentários à sua Convenção Modelo, deixar claro que, salvo disposição específica negociada pelos Estados contratantes, as regras previstas no tratado não afastariam a aplicação de regras antielusivas no formato CFC. Veja-se, neste sentido, a seguinte passagem:

> O uso de "base companies" pode ser controlado através do uso de regras a respeito de "controlled foreign companies". Um número significativo de países membros e não membros adotaram este tipo de legislação. Embora o design desse tipo de legislação varie consideravelmente entre os países, uma característica comum desses regras, que atualmente são reconhecidas internacionalmente como um instrumento legítimo de proteção da base tributável doméstica, é que elas resultam em um Estado Contratante tributar seus residentes sobre renda atribuível à sua participação em certas entidades estrangeiras. Tem-se argumentado, com base em certa interpretação de regras da Convenção como o § 1º do artigo 7º e o § 5º do artigo 10, que esta característica comum da legislação sobre "controlled foreign companies" conflitaria com esses dispositivos. Pelas razões explicadas nos parágrafos 14 do Comentário sobre o Artigo 7º e 37 do Comentário sobre o Artigo 10, essa interpretação não está de acordo com o texto de tais dispositivos. Ela também não prospera quando os mesmos são lidos em seu contexto. Portanto, embora alguns países tenham achado ser útil esclarecer, em suas convenções, que a legislação sobre "controlled foreign companies" não conflita com a Convenção, tal esclarecimento não é necessário. É reconhecido que a legislação sobre "controlled foreign companies" estruturada dessa maneira não é contrária às regras da Convenção.[42]

In: RIBEIRO, Ricardo Lodi; ROCHA, Sergio André (Coords.). *Legalidade e Tipicidade no Direito Tributário*. São Paulo: Quartier Latin, 2008, p. 242-246.

[42] OECD. *Model Tax Convention on Income andon Capital*. Paris: OECD, 2010, p. 70.

Esta posição da OCDE não é acolhida de forma unânime por seus membros. Países como Bélgica, Holanda, Irlanda, Luxemburgo, Portugal e Suíça registraram suas posições contra a posição genérica adotada pela OCDE.[43]

A doutrina brasileira refuta o entendimento da OCDE tendo em vista a especificidade do regime de tributação instituído pelo artigo 74 da MP 2.158. Em resumo, o argumento defendido por alguns autores é no sentido de que a interpretação da OCDE somente seria aplicável aos sistemas de tributação de lucros do exterior concebidos como regras antielusivas específicas, aplicáveis apenas em casos de planejamentos tributários abusivos, como são os regimes normalmente identificados em outros países. No caso do sistema brasileiro, em que a tributação de lucros não distribuídos foi adotada como regra geral, sem qualquer consideração de especificidades do caso concreto, restaria inaplicável a posição adotada pela OCDE.

Para Marco Antônio Behrndt e Diana Piatti de Barros Lobo "considerado a amplitude do regime de transparência fiscal introduzido pela Lei n. 9.249/1995 e da MP 2.158-35, tem-se que as disposições ali presentes violariam os arts. 7.1 e 10.5 da Convenção Modelo até mesmo sob a ótica da OCDE. O regime de transparência fiscal brasileiro representaria uma tributação automática de lucros auferidos por não residentes, em confronto com a competência impositiva disciplinada nos tratados".[44]

Também João Francisco Bianco comentou a questão, destacando que "os Comentários da OCDE sustentam a compatibilidade da legislação das CFCs com os tratados com base na necessidade de serem coibidos os abusos cometidos por contribuintes, na busca por mecanismos que tenham por objetivo a elisão de impostos. Os investimentos feitos no exterior com objetivos negociais claros, sem caráter abusivo, não devem estar submetidos ao regime de transparência fiscal. Essa é a clara mensagem dos Comentários da OCDE".[45]

Concordamos com essa interpretação. Os regimes de tributação de "controlled foreign companies" no exterior configuram regras antielusivas específicas. Ou seja, não são regras gerais de tributação da renda, mas sim regras especiais de controle de planejamentos fiscais abusivos. Portanto, considerando o alcance do artigo 74 da MP 2.158, não nos parece que os Comentários da OCDE à Convenção Modelo sejam aplicáveis.

3. O STF, o artigo 74 da MP 2.158 e os tratados internacionais

Até o presente momento, fomos fiéis ao corte temático que adotamos neste artigo. Tendo apresentado acima os principais tópicos relacionados à aplicação dos tratados internacionais tributários no caso em tela, devemos focar nossa atenção ao papel do STF na análise da presente questão.

Todos que acompanharam o julgamento da ADI n. 2.588, do Recurso Extraordinário n. 611.586 e do Recurso Extraordinário n. 541.090 recordam-se que a questão

---

[43] OECD. *Model Tax Convention on Income andon Capital*. Paris: OECD, 2010, p. 72-74.

[44] BEHRNDT, Marco Antônio; LOBO, Diana Piatti de Barros. Regra de Transparência Fiscal Verde e Amarela e sua In(compatibilidade) com os Tratados Internacionais para Evitar a Bitributação. In: PANZARINI FILHO, Clóvis et. al. (Coords.). *Estudos Avançados de Direito Tributário: Tributação Internacional – Normas Antielisivas e Operações Internacionais*. Rio de Janeiro: Elsevier, 2012, p. 186.

[45] BIANCO, João Francisco, *Transparência Fiscal Internacional*, 2007, p. 158.

da aplicação das convenções tributárias surgiu em razão do julgamento deste último recurso, onde se discutia a aplicação dos tratados com a China e a Itália. Por fim, a decisão do STF foi a de baixar o processo para que a matéria fosse examinada na segunda instância.

De uma maneira geral, como analisaremos a seguir, havia um grande risco de a decisão do STF, ao enveredar pela análise das convenções internacionais tributárias, gerar mais insegurança do que solucionar a questão. Senão, vejamos.

3.1. A questão não é a supremacia do tratado sobre a lei interna

Uma patologia que encontramos nas decisões dos tribunais superiores sobre questões relacionadas à aplicação das convenções tributárias internacionais é uma espécie de redução de todos os problemas nessa área à supremacia dos tratados internacionais sobre a lei interna e à constitucionalidade do artigo 98 do Código Tributário Nacional.

Embora este tema, ao qual já nos dedicamos mais de uma vez,[46] seja bastante controvertido academicamente, na prática, tendo em vista a aceitação até onde conheço unânime de que os tratados internacionais tributários são regras especiais de tributação,[47] a importância do posicionamento a respeito do nível hierárquico desses tratados passa a um segundo plano. Com efeito, mesmo com base nos critérios de solução de antinomias acolhido no julgamento do Recurso Extraordinário n. 80.004[48] os tratados internacionais tributários prevaleceriam sobre as leis domésticas posteriores, com base na especialidade.

Embora não sejam muitos os casos nos tribunais superiores envolvendo a aplicação das convenções internacionais tributárias, o que se percebe é que quase sempre o artigo 98 do Código Tributário Nacional e a questão da supremacia dos tratados sobre o direito interno acabam assumindo um protagonismo que não é merecido.

Foi assim no "Caso Volvo", cujo objeto é a aplicação do artigo 24 do tratado entre Brasil e Suécia (não discriminação). A análise da decisão proferida pelo Superior Tribunal de Justiça no Recurso Especial n. 426.945 mostra que as discussões referentes à interpretação do artigo 24 do tratado viraram coadjuvantes, diante da importância assumida pela discussão a respeito da posição hierárquica do tratado. O caso agora está em julgamento no STF, onde é objeto do Recurso Extraordinário n° 460.320. Em erudito voto, o Ministro Gilmar Ferreira Mendes nos deu uma verdadeira aula sobre o relacionamento entre o direito interno e o direito internacional, porém, a análise quanto ao escopo e a aplicação da cláusula de não discriminação (artigo 24 do tratado) mereceu limitada atenção.

Situação parecida ocorreu no julgamento, pelo STJ, do "Caso COPESUL".[49] Trata-se, aqui, da decisão proferida pela Segunda Turma do Superior Tribunal de

---

[46] Ver: ROCHA, Sergio André. *Interpretação dos Tratados para Evitar a Bitributação da Renda*. 2. ed. São Paulo: Quartier Latin, 2013, p. 54-71; ROCHA, Sergio André. *Treaty Override no Ordenamento Jurídico Brasileiro*. São Paulo: Quartier Latin, 2007.

[47] Para uma análise de vasta doutrina sobre o tema, ver: ROCHA, Sergio André, *Interpretação dos Tratados para Evitar a Bitributação da Renda*, 2013, p. 71-74.

[48] Sobre o julgamento do Recurso Extraordinário n. 80.004, ver: ROCHA, Sergio André, *Treaty Override no Ordenamento Jurídico Brasileiro*, 2007, p. 25-36.

[49] Ver: ROCHA, Sergio André. Caso Copesul: Tributação pelo IRRF da Prestação de Serviços sem Transferência de Tecnologia Prestados por Não Residentes. In: CASTRO, Leonardo Freitas de Moraes e (coord.). *Tributação Internacional: analise de casos Vol.2*. São Paulo: MP Editora, 2013 (no prelo).

Justiça nos autos do Recurso Especial n. 1.161.467, a qual foi publicada no Diário da Justiça da União no dia 1º de junho de 2012. O objeto da controvérsia é a aplicação das convenções sobre a tributação da renda e do capital, em especial seu artigo 7 (1), nos casos de prestação de serviços sem transferência de tecnologia por não residente no Brasil. Não cabe aqui uma revisão do objeto do processo, contudo, assim como no "Caso Volvo", o deslinde da questão não passava pela superioridade hierárquica das convenções, mas sim, pela interpretação do seu artigo 7 (1).[50]

Aí vem a pergunta: a questão, nos "Casos Volvo e COPESUL", era uma discussão a respeito da supremacia da convenção tributária internacional sobre o direito doméstico? Não! Era uma questão de interpretação das convenções.

Pelas discussões em Plenário sobre o tema que é objeto de nossa análise nesse artigo parece que a discussão se encaminhava da mesma forma,no sentido de se sustentar que os tratados devem ser respeitados, como destacou o Ministro Dias Toffoli em seu voto no Recurso Extraordinário n. 541.090, único que se encontrava disponível quando da redação deste estudo:

> Acerca dos questionamentos trazidos em memoriais de que se estaria a descumprir tratados de bitributação, observo que a matéria não foi objeto de decisão ou de debates prévios. De qualquer forma, pertinente registrar que o entendimento aqui defendido não autoriza o descumprimento de tratados de bitributação dos quais o Brasil seja signatário.

Ora, no caso em tela, afirmar que os tratados devem ser respeitados nada acrescenta ao deslinde da controvérsia. Uma decisão plenária unânime afirmando que os tratados internacionais tributários têm nível hierárquico acima das leis ordinárias domésticas também pouco acrescentaria. Até mesmo um posicionamento do STF acolhendo a posição doutrinária, com a qual não concordamos,[51] de que os tratados internacionais tributários são tratados sobre direitos humanos com status constitucional em nada adiantaria. *A solução da controvérsia apresentada neste artigo, assim como de qualquer caso envolvendo a aplicação das convenções internacionais, passa pela interpretação dos dispositivos do tratado, e não pelo reconhecimento de sua superioridade hierárquica sobre o direito interno.*

Com efeito, quando a União Federal sustenta que os tratados internacionais celebrados pelo Brasil não afastam a aplicabilidade do artigo 74 da MP 2.158, não está (ou pelo menos não deveria estar) sustentando que a legislação doméstica prevalece sobre o tratado. Não! Está, isso sim, sustentando que a interpretação dada pelo contribuinte às regras convencionais está equivocada. Portanto, não se trata de discussão a respeito de que regra vale mais, a doméstica ou a internacional, mas sim do que a regra internacional diz.

3.2. A competência é do Superior Tribunal de Justiça

Feitos os comentários acima, fica claro que a competência para eventual análise da matéria em tela seria do Superior Tribunal de Justiça, conforme previsto na alínea "a" do inciso III do artigo 105 da Constituição Federal, segundo o qual cabe ao STJ

---

[50] Sobre o tema, ver: UCKMAR, Victor; GRECO, Marco Aurélio; ROCHA, Sergio André *et al. Manual de Direito Tributário Internacional*. São Paulo: Dialética, 2012, p. 349-354; ROCHA, Sergio André, *Interpretação dos Tratados para Evitar a Bitributação da Renda*, 2013, p. 247-256.Para uma análise detalhada do tema, ver: XAVIER, Alberto. *Direito Tributário Internacional do Brasil*. 7. ed. Rio de Janeiro: Forense, 2010, p. 563-571.

[51] Sobre o tema, ver: ROCHA, Sergio André, *Interpretação dos Tratados para Evitar a Bitributação da Renda*, 2013, p. 55-62.

"julgar, em recurso especial, as causas decididas, em única ou última instância, pelos Tribunais Regionais Federais ou pelos tribunais dos Estados, do Distrito Federal e Territórios, quando a decisão recorrida:a) contrariar tratado ou lei federal, ou negar- -lhes vigência".

De fato, o argumento que poderia ser utilizado para fazer a questão retornar ao STF seria o bom e velho artigo 98 do Código Tributário Nacional e a questão da relação entre o direito interno e o direito internacional. Contudo, acreditamos ter esclarecido no item anterior que, no caso em tela, este aspecto não é relevante para o deslinde da controvérsia. Portanto, não vemos como a questão da aplicação das convenções sobre a tributação da renda e do capital e sua relação com o artigo 74 da MP 2.158 possa chegar ao STF isoladamente, uma vez que a competência constitucional para sua análise seria do STJ.

3.3. A decisão será sempre caso a caso

Outro aspecto importante a ser considerado é que, tendo em vista a questão posta no item 2.5 acima, no sentido de que aspectos específicos do caso concreto deverão ser levados em consideração, mesmo que haja uma decisão final do plenário do STF ou da Primeira Seção do STJ a respeito da correta interpretação/aplicação dos tratados no caso em tela, ainda assim não se excluirá a necessidade de análise dos fatos envolvidos no caso concreto, já que os mesmos podem levar à inaplicabilidade do tratado, caso seja caracterizada uma situação de *treaty shopping*.

4. Conclusão

Diante dos comentários anteriores, é possível concluir este artigo nos seguintes termos:

• Considerando o texto das convenções internacionais tributárias celebradas pelo Brasil, cremos que a incidência da regra prevista no artigo 74 da MP 2.158 seria afastada pelas mesmas.

• Tal fato seria reforçado nos casos em que a convenção internacional possui regra de isenção de dividendos distribuídos ou dispositivo expresso específico afastando a tributação de lucros não distribuídos.

• A análise das questões referentes à aplicação dos tratados internacionais tributários brasileiros ao caso em tela é tema de competência do Superior Tribunal de Justiça. Dessa forma, a matéria não deveria retornar ao STF para julgamento, caso seja este o único fundamento do recurso extraordinário (o que poderia acontecer, caso o STF já tenha se manifestado sobre a questão atinente à constitucionalidade do artigo 74 da MP 2.158).

• A questão da posição hierárquica dos tratados internacionais tributários e da constitucionalidade do artigo 98 do Código Tributário Nacional é irrelevante para o deslinde da presente controvérsia. A discussão que aqui se coloca refere-se à interpretação das regras contidas nos tratados e não de sua hierarquia no ordenamento jurídico.

Impressão:
Evangraf
Rua Waldomiro Schapke, 77 - POA/RS
Fone: (51) 3336.2466 - (51) 3336.0422
E-mail: evangraf.adm@terra.com.br